Larousse

diccionario

Básico

escolar

Larousse

diccionario
Básico
escolar

por

Ramón García Pelayo y Gross

Profesor de la Universidad de París (Sorbona)
y del Instituto de Estudios Políticos de París
Miembro c. de la Academia Argentina de Letras,
de la Academia de San Dionisio de Ciencias, Artes y Letras,
de la Academia Boliviana de la Historia
y de la Real Academia de Bellas Artes de San Telmo

LAROUSSE

Mallorca 45
08029 Barcelona

Londres 247
México 06600, D.F.

21 Rue du Montparnasse
75298 París Cedex 06

Valentín Gómez 3530
1191 Buenos Aires

NI UNA FOTOCOPIA MÁS

D. R. © Larousse

D. R. © MMVI, por Ediciones Larousse, S. A. de C. V.
         Londres núm. 247, México 06600, D. F.

ISBN 2-03-450002-4 (Larousse)
ISBN 970-22-1421-1 (Ediciones Larousse, S. A. de C. V.)
    978-970-22-1421-2

PRIMERA EDICIÓN — 11ª reimpresión

Impreso en México — Printed in Mexico

Esta obra se terminó de imprimir en abril de 2008
en Cía. Editorial Ultra, S.A. de C.V. Centeno 162
Col. Granjas Esmeralda, México 09810, D.F.

PRÓLOGO

Los diccionarios, solemnes y grandiosos, rodeados de un aura de prestigio en un ayer no muy lejano, son hoy una parte esencial de la vida cotidiana. Sus variadas especies, según formatos y contenido, constituyen para el consultante una guía o vademécum fundamental e imprescindible para saber puntualmente lo que ocurre en el agitado mundo en el que vivimos.

Vástago de una larga serie de obras educativas de la misma índole, pero de tamaño diferente, el diccionario **Básico Escolar**, que Larousse ofrece a sus habituales clientes, está dictado por la ambición de crear para éstos un útil de cómodo manejo que les sirva para desvanecer las dudas sobre el significado de algunas palabras que ignoran y eliminar cualquier dificultad ortográfica que se les presenten. Lo dedicamos también en especial a los jóvenes ávidos de conocer bien el español y a los extranjeros que aprenden este idioma.

Tras una cuidadosa encuesta preliminar efectuada con la ayuda de profesores, consejeros pedagógicos, libreros y usuarios, he pretendido, a semejanza de distintos glosarios elaborados por mí, que este repertorio lingüístico refleje lo más importante de la actualidad que aparece en la prensa o se oye a través de las ondas de la radio o de los canales de televisión. Se incluyen atinados ejemplos para esclarecer el verdadero sentido de muchas acepciones que, sin este aditamento, resultarían confusas, numerosos tecnicismos, necesarios a causa de las aportaciones de las ciencias, neologismos de amplia difusión y el caudal léxico de carácter comercial, docente, político, deportivo, sin olvidar los extranjerismos, ineludibles si se tiene en cuenta la universalidad de infinidad de términos que se han incorporado a nuestro diario hablar.

He intentado, y si lo he conseguido me parecen bien empleados los esfuerzos realizados en el estudio y redacción de este libro, evitar definiciones imprecisas, conceptos mal delimitados, falta de exactitud. Sólo he querido que este trabajo, hecho con amor, ardua paciencia y tesonera voluntad, ponga de relieve con nitidez el genio, la fisonomía, las imágenes y los símbolos que llevan en sí cada voz, es decir, construir el armazón básico de la lengua castellana, vehículo de expresión de tantos millones de hispanohablantes que pueblan la vieja España y los extensos territorios del Nuevo Mundo.

Ramón García-Pelayo y Gross

ABREVIATURAS

abrev.	Abreviatura	Fam.	Familiar	Nicar.	Voz de Nicaragua
adj.	Adjetivo	Farm.	Farmacia	n. pr.	Nombre propio
adv.	Adverbio, adverbial	Fig.	Figurado	num.	numeral
Agr.	Agricultura	Fil.	Filosofía	núm.	número
Albañ.	Albañilería	Filip.	Voz de Filipinas	OBSERV.	Observación
alem.	Alemán	Fís.	Física	Ópt.	Óptica
amb.	Ambiguo	Fisiol.	Fisiología	pág.	Página
Amer.	Americanismo	flam.	Flamenco	pal.	Palabra
Amér. C.	Voz de América	For.	Forense	Pan.	Voz de Panamá
	Central	Fort.	Fortificación	Parag.	Voz de Paraguay
Amér. M.	Voz de América	Fot.	Fotografía	Per.	Peruanismo
	Meridional	fr.	Frase, francés	pers.	Persona, personal
Anat.	Anatomía	fut.	Futuro	Pint.	Pintura
And.	Andalucismo	Galic.	Galicismo	pl.	Plural
ant.	Antiguamente,	gén.	Género	Poét.	Poética
	antes, anticuado	Geogr.	Geografía	Pop.	Popular
Antill.	Voz de las Antillas	Geol.	Geología	Por ext.	Por extensión
Arg.	Argentinismo	Geom.	Geometría	pos.	Posesivo
Arq.	Arquitectura	ger.	Gerundio	pot.	Potencial
art.	Artículo	Gram.	Gramática	p. p.	Participio pasivo
Astr.	Astronomía,	Guat.	Voz de Guatemala	pr.	Pronúnciese,
	astronáutica	Hist.	Historia		pronominal
aum.	Aumentativo	Hist. nat.	Historia natural	pref.	Prefijo
Autom.	Automovilismo	Hond.	Voz de Honduras	prep.	Preposición
B. Art.	Bellas Artes	i.	Intransitivo	pres.	Presente
barb.	Barbarismo	imper.	Imperativo	pret.	Pretérito
Biol.	Biología	imperf.	Imperfecto	P. Rico	Voz de Puerto Rico
Blas.	Blasón	impers.	Impersonal	pron.	Pronombre
Bol.	Bolivianismo	Impr.	Imprenta	prov.	Proverbio,
Bot.	Botánica	ind.	Indicativo		provincia
c.	Ciudad, como	indet.	indeterminado	Provinc.	Provincianismo
cat.	Catalán	Inform.	Informática	P. us.	Poco usado
Chil.	Chilenismo	ingl.	Inglés	Quím.	Química
Cin.	Cinematografía	interj.	Interjección	Rad.	Radiotécnica
Cir.	Cirugía	interr.	Interrogativo	Rel.	Religión
Col.	Colombianismo	inv.	Invariable	rel.	Relativo
Com.	Comercio	Irón.	Irónico	Ret.	Retórica
com.	Común	irreg.	Irregular	Riopl.	Voz rioplatense
conj.	Conjunción	ital.	Italiano	s.	Sustantivo, siglo
C. Rica	Voz de Costa Rica	lat.	Latín	Salv.	Voz de El Salvador
Cub.	Cubanismo	Lit.	Literatura	símb.	Símbolo
dem.	Demostrativo	loc.	Locución	sing.	Singular
Dep.	Deportes	Lóg.	Lógica	subj.	Subjuntivo
Despect.	Despectivo	lunf.	Lunfardo	t.	Transitivo, tiempo
determ.	Determinado	m.	Masculino, modo	Taurom.	Tauromaquia
dim.	Diminutivo		muerto, murió, más	tb., t.	También
Dom.	Voz de la República	Mar.	Marina	Teatr.	Teatro
	Dominicana	Mat.	Matemáticas	Tecn.	Tecnicismo
Ecuad.	Voz del Ecuador	Mec.	Mecánica	Teol.	Teología
ej.	Ejemplo	Med.	Medicina	Topogr.	Topografía
Electr.	Electricidad	Metal.	Metalurgia	ú.	Úsase
Equit.	Equitación	Méx.	Voz de México	Urug.	Voz del Uruguay
Esp.	Voz de España	Mil.	Militar	V., v.	Véase, verbo
etc.	Etcétera	Min.	Mineralogía	Venez.	Voz de Venezuela
exclamat.	Exclamativo	Mit.	Mitología	Veter.	Veterinaria
expr.	Expresión	Mús.	Música	Vulg.	Vulgarismo
f.	Femenino	Neol.	Neologismo	Zool.	Zoología

INSTRUCCIONES PARA EL USO DEL DICCIONARIO

A continuación encontrarán algunas indicaciones que consideramos necesarias para el manejo de este diccionario.

• Las diferentes acepciones de cada vocablo están separadas entre sí por dos barras (‖). A veces, una definición va precedida de una abreviatura, que indica el carácter técnico de la palabra, su condición de figurada, familiar o popular o el uso exclusivo de esa voz en algún país de América.

• En el caso de que una abreviatura sea común a dos o más acepciones sucesivas, éstas aparecen separadas entre sí por una sola barra (|).

• En cuanto a la estructura interna de los artículos lingüísticos, conviene señalar las siguientes particularidades: 1.º los sustantivos que tienen dos géneros (m. y f.) figuran en la misma reseña; para pasar de uno a otro se ponen dos barras y una raya (‖—) y a continuación el género correspondiente, con letra mayúscula (M. o F.); 2.º los adjetivos pueden presentarse de tres formas: *a)* cuando la palabra sólo tiene una función adjetiva, en cuyo caso se advierte simplemente (V. gr. **pedregoso, sa**); *b)* cuando la palabra es a la vez adjetivo y sustantivo, ambos con el mismo sentido, se señala adj. y s., si se aplica a los dos géneros (v. gr. **demócrata, americano, na**), mientras que si el sustantivo es sólo aplicable a uno de los géneros se pone adj. y s. m. o adj. y s. f. (v. gr. **misógino, na**); *c)* cuando el vocablo tiene un significado adjetivo y también uno o varios significados sustantivos, se define en primer lugar el adjetivo y a continuación se ponen dos barras y raya (‖—) seguidas del género en mayúscula y de la explicación correspondiente (v. gr. **secreto, ta**). Finalmente, una palabra que es más

que nada adjetiva puede ir seguida de las abreviaturas (ú. t. c. s.) o (ú. t. c. f.), para indicar que es posible usarla también como sustantivo (v. gr. **chumbo**); 3.º los adverbios, modos adverbiales, preposiciones, conjunciones e interjecciones figuran siempre después de los adjetivos y sustantivos, separados de éstos mediante dos barras y rayas (‖—).

• Las acepciones transitivas, intransitivas y pronominales de los verbos, cada una de ellas con sus expresiones correspondientes, van separadas por dos barras y raya (‖—). A veces un verbo tratado como transitivo puede usarse también como intransitivo o pronominal, con un sentido fácilmente deducible. En tal caso esta posibilidad se indica abreviadamente entre paréntesis (ú. t. c. i) o (ú. t. c. pr.).

• Las expresiones y frases figuradas, familiares o técnicas se incluyen en la parte gramatical a que pertenecen y van separadas de la acepción por dos barras y raya (‖—), en el caso de que sean más de una. Si varias de éstas corresponden a una misma rúbrica entonces van separadas entre sí por una barra (|).

• Con el fin de ganar espacio, se ha prescindido de los adverbios terminados en -mente y de algunos derivados y compuestos formados por la adición de una partícula antepuesta o pospuesta, particularmente con los aumentativos y diminutivos de formación regular.

• Para concluir, señalaremos que cuando una palabra tiene dos ortografías distintas se ha dado la preferencia a la más corriente, a la cual se remite desde la otra (v. gr. **sustituir** y **substituir**).

a

a f. Primera letra del alfabeto castellano y primera de sus vocales || – A, símbolo del *amperio*.

a prep. Denota: 1.º Dirección: *voy a Madrid*; 2.º Término del movimiento: *llegó a Lima*; 3.º Lugar o tiempo: *sembrar a los cuatro vientos*; 4.º Situación: *a mi derecha*; 5.º Espacio de tiempo o de lugar: *de diez a once de la mañana*; 6.º Modo de la acción: *a pie*; 7.º Distribución o proporción: *a veinte por cabeza*; 8.º Comparación o contraposición: *va mucho de uno a otro*; 9.º Complemento directo de persona: *escribo a mi padre*; 10.º Finalidad. || Con: *dibujar a pluma*. || Hasta: *con el agua a la cintura*.

abad m. Superior de un monasterio.

abadejo m. Bacalao.

abadesa f. Superiora.

abadía f. Iglesia o monasterio regido por un abad.

abajeño, ña adj. y s. De las costas.

abajo adv. En lugar o parte inferior.

abalanzarse v. pr. Arrojarse.

abalorio m. Cuentas de vidrio.

abanderado, da m. y f. Persona distinguida en la lucha por una causa. || Encargado de llevar la bandera en los actos públicos.

abandonar v. t. Dejar a una persona o cosa.

abandono m. Acción y efecto de abandonar o abandonarse. || Descuido.

abanicar v. t. Hacer aire con el abanico.

abanico m. Instrumento para hacer aire. || *Fig.* Gama.

abaratamiento m. Acción y efecto de abaratar.

abaratar v. t. e i. Disminuir de precio.

abarcar v. t. Comprender, contener.

abarquillarse v. pr. Curvarse.

abarrotar v. t. *Fig.* Atestar, llenar con exceso.

abarrotería f. *Amer.* Local donde se venden abarrotes.

abarrotero, ra m. y f. *Amer.* Persona que vende abarrotes.

abarrotes m. pl. *Amer.* Comestibles.

abastecedor, ra adj. y s. Que abastece.

abastecer v. t. Aprovisionar (ú. t. c. pr.).

abastecimiento m. Acción y efecto de abastecer o abastecerse.

abasto m. Provisión de víveres.

abate m. Clérigo.

abatelenguas m. *Med.* Instrumento en forma de paleta que usan los médicos para examinar la garganta.

abatimiento m. Desaliento.

abatir v. t. Derribar. || Hacer perder el ánimo.

abdicación f. Acción y efecto de abdicar.

abdicar v. t. Renunciar al trono.

abdomen m. Vientre.

abdominal adj. y s. Referido al abdomen. || – M. Ejercicio gimnástico para los músculos del abdomen.

abecé m. Alfabeto.

abecedario m. Alfabeto.

abedul m. Árbol betuláceo.

abeja f. Insecto que produce la cera y la miel.

abejorro m. Insecto himenóptero.

aberración f. Error de juicio.

aberrante adj. Alejado de lo común.

abertura f. Acción de abrir o abrirse.

abeto m. Árbol conífero.

abierto, ta adj. Sin límites aparentes: *campo abierto*. || Aplícase a la persona sincera y comunicativa.

abiótico, ca adj. Se dice de los lugares y condiciones adversos a la vida y a las relaciones químicas con participación de seres vivos.

abisal adj. De las profundidades submarinas.

abisinio, nia adj. y s. De Abisinia.

abismar v. t. Confundir, abatir (ú. t. c. pr.).

abismo m. Sima, gran profundidad.

abjuración f. Acción de abjurar.

abjurar v. t. Renunciar a una religión.

ablación f. *Cir.* Extirpación de cualquier parte del cuerpo.

ablandar v. t. Poner blanda.

ablativo adj. y s. m. *Gram.* Dícese de uno de los casos de la declinación gramatical que expresa relación de situación, modo, tiempo, etc.

ablución f. Lavado.

abnegación f. Renuncia de los propios intereses.

abochornar v. t. Avergonzar.

abofetear v. t. Pegar bofetadas.

abogado, da m. y f. Persona que defiende en juicio los intereses de los litigantes sobre cuestiones jurídicas. || *Fig.* Defensor.

abogar v. i. Defender en juicio.

abolición f. Acción y efecto de abolir.

abolir v. t. Derogar, dejar sin vigor un precepto.

abombado, da adj. De figura convexa.

abombarse v. pr. *Amér. M.* Descomponerse un comestible. || *Arg., Chil., Parag. y Urug.* Aturdirse por fatiga o exceso de comida.

abominación f. Aversión.

abominar v. t. Detestar.

abonado, da m. y f. Persona que ha tomado un abono. || – M. Abono de tierras.

abonar v. t. Pagar. || Poner abono en la tierra. || Tomar un abono para otro. || – V. pr. Tomar un abono.

abono m. Derecho del que se abona o suscribe. || Materia con que se fertiliza la tierra. || Pago.

abordaje m. Acción de abordar.

abordar v. t. e i. *Fig.* Acercarse a uno para hablarle. | Emprender, empezar un asunto.

1

aborigen adj. y s. Originario del país en que vive.

aborrecer v. t. Detestar.

aborrecimiento m. Odio.

abortar v. t. e i. Parir antes de tiempo.

aborto m. Acción de abortar. || *Fig.* Feo.

abotonar v. t. Cerrar con botones.

abra f. Bahía pequeña.

abrasar v. t. Quemar, reducir a brasa.

abrasión f. Acción de desgastar por fricción.

abrasivo m. Cuerpo para pulimentar.

abrazar v. t. Rodear con los brazos. || Adoptar.

abrazo m. Acción de abrazar.

abrelatas m. inv. Instrumento para abrir latas.

abrevadero m. Pila donde beben los animales.

abrevar v. t. Dar de beber.

abreviar v. t. Hacer más breve.

abreviatura f. Representación abreviada de una palabra.

abrigar v. t. Poner al abrigo. || Cubrir con algo para que no se enfríe. || *Fig.* Tratándose de ideas, afectos, etc., tenerlos.

abrigo m. Sitio para resguardarse del frío o de la lluvia. || *Fig.* Amparo. || Prenda que sirve para abrigar.

abril m. Cuarto mes del año que tiene 30 días.

abrillantar v. t. Dar brillo.

abrir v. t. Hacer que lo que estaba cerrado deje de estarlo. || Extender: *abrir la mano*. || Horadar, hacer: *abrir un túnel.* || Principiar, inaugurar. || Ir a la cabeza o delante: *abrir la marcha.*

abrochadora f. *Arg.* Utensilio para sujetar los papeles con grapas.

abrochar v. t. Cerrar con broches, botones, etc.

abrogación f. Acción y efecto de abrogar.

abrogar v. t. *For.* Derogar (ú. t. c. pr.).

abrojo m. Planta espinosa y su fruto.

abrumar v. t. Agobiar.

abrupto, ta adj. Cortado a pico.

absceso m. Acumulación de pus, grano.

abscisa f. *Geom.* Coordenada que determina la posición de un punto en un plano.

ábside amb. Parte posterior de un templo.

absolución f. Acción de absolver.

absolutismo m. Gobierno absoluto.

absoluto, ta adj. Ilimitado, no limitado por una constitución: *poder absoluto.* || Sin restricción: *necesidad absoluta.* || Total: *mi certeza es absoluta.*

absolver v. t. Liberar de algún cargo u obligación.

absorber v. t. Atraer un cuerpo y retener entre sus moléculas las de otro en estado líquido o gaseoso. || — V. pr. Ensimismarse.

absorción f. Acto de absorber.

absorto, ta adj. Abstraído.

abstemio, mia adj. y s. Que no bebe vino.

abstención f. Acción de abstenerse.

abstencionismo m. Actitud de los que se abstienen.

abstencionista adj. y s. Que se abstiene.

abstenerse v. pr. Privarse de algo o impedirse hacer o tomar algo. || No tomar parte en un voto.

abstinencia f. Acción de abstenerse.

abstracción f. Acción de abstraer. || *Hacer abstracción de,* no tener en cuenta.

abstracto, ta adj. Difícil de comprender.

abstraer v. t. Considerar aparte las cosas unidas entre sí. || — V. pr. Entregarse a la meditación.

absuelto, ta p. p. irreg. de *absolver.*

2 **absurdo, da** adj. Contrario a la razón. || — M. Dicho o hecho contrario a la razón.

abuchear v. t. Sisear.

abucheo m. Acción de abuchear.

abuela f. Madre del padre o de la madre.

abuelo m. Padre del padre o de la madre.

abulia f. Falta de voluntad.

abultamiento m. Bulto.

abultar v. t. Aumentar el tamaño de una cosa.

abundancia f. Gran cantidad.

abundante adj. Que abunda.

abundar v. i. Haber gran cantidad de una cosa.

aburrido, da adj. Cansado, fastidiado.

aburrimiento m. Cansancio, fastidio, tedio.

aburrir v. t. Molestar, fastidiar, cansar (ú. t. c. pr.).

abusado, da adj. *Guat., Hond.* y *Méx.* Listo, despierto, avispado.

abusar v. i. Usar mal o indebidamente algo.

abusivo, va adj. Que abusa, producido gracias al abuso.

abuso m. Uso indebido. || Cosa abusiva.

abyección f. Bajeza.

abyecto, ta adj. Bajo, vil.

Ac, símbolo químico del *actinio.*

acá adv. Aquí.

acabado, da adj. Perfecto, consumado. || *Producto acabado,* el industrial listo para su uso.

acabar v. t. Poner o dar fin a una cosa. || Dar muerte a un herido. || — V. i. Terminar.

acacia f. Árbol de flores amarillas olorosas.

academia f. Sociedad literaria, científica o artística. || Establecimiento de enseñanza para ciertas carreras o profesiones.

académico, ca adj. Relativo a las academias. || Aplícase a los estudios, diplomas o títulos cursados en la universidad. || Dícese del año escolar. || — M. y f. Miembro de una academia.

acaecer v. i. Suceder.

acaloramiento m. Ardor.

acalorar v. t. Dar o causar calor.

acampar v. i. Detenerse, hacer alto en el campo.

acantilado m. Talud vertical en un terreno.

acantonar v. t. Alojar tropas en varios lugares.

acaparador, ra adj. y s. Que acapara.

acaparamiento m. Acción y efecto de acaparar.

acaparar v. t. Adquirir y retener un producto comercial para que escasee y especular con él.

acapulquense y **acapulqueño, ña** adj. y s. De Acapulco (México).

acariciar v. t. Hacer caricias. || *Fig.* Tratar con amor y ternura. || Tocar suavemente.

ácaro m. Arácnido microscópico.

acarrear v. t. Transportar. || *Fig.* Ocasionar.

acarreo m. Transporte.

acartonarse v. pr. Endurecerse como cartón.

acaso m. Casualidad. || — Adv. Quizás, tal vez. || *Por si acaso,* por si sucede algo.

acatamiento m. Obediencia.

acatar v. t. Obedecer. || Respetar, observar.

acatarrar v. t. Resfriar (ú. t. c. pr.).

acaudalar v. t. Reunir caudal y dinero.

acaudillar v. t. Mandar como jefe.

acceder v. i. Consentir. || Convenir.

acceso m. Acción de llegar. || Entrada. || *Fig.* Comunicación con alguno. || Exaltación. || Ingreso a través de una red informática.

accesorio, ria adj. Que depende de lo principal. || — M. Elemento, pieza o utensilio auxiliar: *accesorios de automóvil.*

accidentado, da adj. Abrupto. || — M. y f. Víctima de un accidente.

accidental adj. No esencial. || Casual.

accidentar v. t. Causar un accidente.

accidente m. Calidad no esencial. || Suceso eventual, imprevisto: *accidente de aviación*. || Desigualdad: *accidentes del terreno*.

acción f. Efecto de hacer, hecho, acto: *buena acción*. || *Com.* Título que representa los derechos de un socio en algunas sociedades. || *For.* Demanda judicial. || *Mil.* Combate.

accionamiento m. Puesta en marcha.

accionar v. t. Poner en movimiento.

accionario, ria y **accionista** com. Poseedor de acciones de una sociedad.

acechanza f. Acecho.

acechar v. t. Observar, vigilar.

aceitar v. t. Engrasar con aceite.

aceite m. Grasa empleada como lubricante y para guisar.

aceituna f. Fruto del olivo.

aceitunado, da adj. Verdoso.

aceleración f. Aumento de velocidad.

acelerador, ra adj. Que acelera. || — M. Mecanismo del automóvil que regula la entrada de la mezcla explosiva en el motor para hacer variar su velocidad.

acelerar v. t. Dar celeridad, activar. || — V. i. Aumentar la velocidad de un motor.

acelerón m. Acción de pisar el acelerador.

acelga f. Planta hortense comestible.

acémila f. Mula.

acendramiento m. Acción de acendrar.

acendrar v. t. Purificar.

acento m. Intensidad con que se hiere determinada sílaba al pronunciar una palabra. || Signo para indicarla (´). || Pronunciación particular.

acentuación f. Acción y efecto de acentuar.

acentuar v. t. Levantar el tono en las vocales tónicas. || Poner el acento ortográfico. || *Fig.* Subrayar una palabra o frase para llamar la atención. | Aumentar, resaltar. || — V. pr. Aumentar.

acepción f. Significado en que se toma una palabra.

aceptación f. Acción de aceptar.

aceptar v. t. Recibir uno lo que le dan, ofrecen o encargan. || Aprobar, dar por bueno.

acequia f. Canal.

acera f. Orilla de la calle.

acerar v. t. Convertir en acero. || Recubrir de acero. || Poner aceras: *acerar las calles*.

acerbo, ba adj. Mordaz.

acerca adv. *Acerca de*, de lo que se trata.

acercamiento m. Acción y efecto de acercar.

acercar v. t. Poner cerca o a menor distancia, aproximar. || — V. pr. Aproximarse. || Ir.

acero m. Aleación de hierro y carbono.

acérrimo, ma adj. *Fig.* Muy fuerte.

acertar v. t. Atinar. || Hallar. || Dar con lo que es cierto, elegir bien. || Hacer con acierto una cosa (ú. t. c. i.).

acertijo m. Adivinanza.

acervo m. Conjunto de bienes en común.

acetato m. Sal de ácido acético. || Soporte para diapositivas.

acético, ca adj. Relativo al vinagre y sus derivados.

acetona f. Líquido incoloro, inflamable y volátil, usado como solvente.

achabacanar v. t. Volver chabacano.

achacar v. t. Imputar.

achaparrado, da adj. De corta estatura.

achaque m. Indisposición habitual.

achatamiento m. Acción de achatar.

achatar v. t. Poner chato.

achicar v. t. Disminuir. || Extraer el agua de una mina, de una embarcación. || *Fig.* Humillar. || Acobardar (ú. t. c. pr.).

achicharrar v. t. Freír, asar o tostar demasiado.

achichincle m. *Méx.* Persona servil.

achicoria f. Planta de hojas comestibles.

achiote m. *Amér. C.*, *Bol.* y *Méx.* Árbol pequeño con fruto oval y carnoso, de cuya pulpa se elabora un condimento y de las semillas un tinte rojo.

achispar v. t. Embriagar ligeramente (ú. t. c. pr.).

acholar v. t. Avergonzar.

achuchar v. t. *Fam.* Empujar.

acicalar v. t. *Fig.* Arreglar mucho (ú. t. c. pr.).

acicate m. *Fig.* Incentivo.

acidez f. Calidad de ácido.

acidificar v. t. Hacer ácida una cosa.

ácido, da adj. Agrio. || — M. *Quím.* Cualquier cuerpo compuesto que contiene hidrógeno que, al ser sustituido por radicales o un metal, forma sales.

acierto m. Acción y efecto de acertar.

aclamación f. Acción y efecto de aclamar.

aclamar v. t. Vitorear.

aclaración f. Acción de aclarar.

aclarar v. t. Disipar lo que ofusca la claridad de una cosa. || Hacer menos espeso. || *Fig.* Poner en claro. || — V. i. Amanecer. || Disiparse las nubes o la niebla. || — V. pr. Entender, comprender. || *Fam.* Explicarse, dar precisiones.

aclimatación f. y **aclimatamiento** m. Acción y efecto de aclimatar o aclimatarse.

aclimatar v. t. Acostumbrar (ú. t. c. s.).

acné m. Enfermedad cutánea.

acobardar v. t. Causar miedo (ú. t. c. pr.).

acocil m. Crustáceo mexicano de aguas dulces parecido al camarón.

acogedor, ra adj. Que acoge, agradable.

acoger v. t. Admitir uno en su casa. || *Fig.* Dispensar buena aceptación. || — V. pr. Refugiarse. || *Fig.* Valerse de un pretexto, recurrir a.

acogida f. Recibimiento.

acometer v. t. Atacar. || Emprender. || Venir súbitamente el sueño, un deseo, etc.

acometida f. Ataque. || Lugar en el que la línea de conducción de un fluido enlaza con la principal.

acometividad f. Agresividad.

acomodador, ra adj. Que acomoda. || — M. y f. En los espectáculos, persona que designa a los asistentes su respectivo asiento.

acomodar v. t. Colocar a uno en un espectáculo. || Dar colocación o empleo. || — V. pr. Avenirse. || Colocarse, ponerse: *se acomodó en su silla*.

acompañamiento m. Acción de acompañar.

acompañante, ta adj. y s. Que acompaña.

acompañar v. t. Estar o ir en compañía de otro. || Adjuntar o agregar una cosa a otra.

acomplejar v. t. Dar complejos. || — V. pr. Padecer complejos.

acondicionado, da adj. *Aire acondicionado*, el dotado artificialmente de una temperatura y graduación higrométrica determinadas.

acondicionamiento m. Acción y efecto de acondicionar.

acondicionar v. t. Dar cierta calidad o condición. || Dar temperatura, presión y el grado de humedad convenientes a un local cerrado.

aconsejar v. t. Dar consejo.

acontecer v. i. Suceder.

acontecimiento m. Suceso.

acopiar v. t. Reunir.

acopio m. Reunión.

acoplado, da adj. Conectado, unido. || — M. *Amér.* M. Remolque.

acoplar v. t. Unir entre sí dos piezas de modo que ajusten exactamente. || Adaptar, encajar. || *Fís.* Agrupar dos aparatos o sistemas.

acorazado m. Buque de guerra blindado.

acorazar v. t. Revestir con láminas de acero.

acordar v. t. Determinar de común acuerdo o por mayoría de votos. || *Mús.* Afinar los instrumentos o las voces. || Traer a la memoria. || — V. pr. Venir a la memoria.

acorde adj. Conforme. || Con armonía. || — M. *Mús.* Conjunto de tres o más sonidos diferentes combinados armónicamente.

acordeón m. Instrumento músico de viento. || *Méx.* Papelito que llevan los estudiantes a escondidas para ayudarse en un examen.

acordeonista com. Persona que toca el acordeón.

acordonamiento m. Acción de acordonar.

acordonar v. t. Sujetar con cordones. || *Fig.* Rodear de gente un lugar para incomunicarlo.

acorralamiento m. Acción y efecto de acorralar.

acorralar v. t. Encerrar.

acortar v. t. Reducir la longitud, duración o cantidad (ú. t. c. pr.).

acosar v. t. Perseguir.

acostar v. t. Echar o tender en la cama o en tierra. || — V. i. Llegar a la costa.

acostumbrar v. t. Hacer adquirir costumbre. || — V. i. Tener costumbre. || — V. pr. Adaptarse. || Tomar la costumbre.

acotamiento m. Acción y efecto de acotar.

acotar v. t. Poner cotos. || Fijar o señalar.

acre adj. Áspero.

acrecentamiento m. Aumento.

acrecentar v. t. Aumentar.

acreditado, da adj. Que tiene crédito.

acreditar v. t. Hacer digno de crédito o reputación. || *Com.* Abonar, anotar en el haber. || — V. pr. Conseguir crédito o fama. || Presentar sus cartas credenciales un embajador.

acreedor, ra adj. Dícese de la persona a quien se debe algo. || Merecedor (ú. t. c. s.).

acribillar v. t. Abrir muchos agujeros en algo.

acrílico m. Fibra textil sintética.

acrimonia f. Desabrimiento.

acrisolar v. t. Purificar.

acritud f. Acrimonia. || Calidad de acre.

acrobacia f. Ejercicio del acróbata.

acróbata com. Persona que ejecuta ejercicios difíciles, y a veces peligrosos, en los circos, etc.

acrópolis f. Sitio elevado y fortificado en las ciudades antiguas.

acta f. Relación de lo tratado en una reunión.

actinio m. Metal radiactivo.

actitud f. Postura del cuerpo humano: *actitud graciosa.* || *Fig.* Disposición de ánimo.

activación f. Acción de activar.

activar v. t. Avivar, excitar, acelerar.

actividad f. Facultad de obrar. || Diligencia.

activo, va adj. Que obra: *vida activa.* || Vivo, laborioso. || Que denota acción en sentido gramatical: *verbo activo.* || — M. Total de lo que posee un comerciante. || *En activo,* en funciones.

acto m. Hecho. || División de la obra teatral.

actor, triz m. y f. Artista de una obra de teatro o film. || Persona que toma parte activa en algo.

actuación f. Acción y efecto de actuar.

actual adj. Presente.

actualidad f. Tiempo presente.

actualización f. Acción de actualizar.

actualizar v. t. Volver actual.

actuar v. i. Ejercer actos propios de su cargo. || Representar un papel en una obra de teatro o película.

acuacultura o **acuicultura** f. Cultivo y crianza de peces, crustáceos y otros seres vivos acuáticos con fines comerciales.

acuarela f. Pintura que se hace con colores diluidos en agua.

acuarelista com. Pintor de acuarelas.

acuario m. Depósito de agua para peces vivos.

acuartelamiento m. Acción de acuartelar.

acuartelar v. t. *Mil.* Poner la tropa en cuarteles.

acuático, ca adj. Se aplica a lo que vive en el agua. || Relativo al agua.

acuatizar v. i. Posarse un hidroavión en el agua.

acuchillar v. t. Dar cuchilladas. || Matar a cuchillo.

acuciante o **acuciador, ra** adj. Que acucia.

acuciar v. t. Estimular. || Desear con vehemencia.

acudir v. i. Ir a. || Valerse de una cosa para un fin.

acueducto m. Conducto artificial subterráneo o elevado para conducir agua.

acuerdo m. Resolución tomada por dos o más personas o adoptada en tribunal, junta o asamblea. || Unión, armonía: *en perfecto acuerdo.* || Pacto, tratado.

acuicultura f. Cría de animales y plantas acuáticas. || Cultivo de plantas de tierra en un suelo estéril regado por una solución de sales minerales.

acuífero, ra adj. y s. Dícese de los lugares en los que hay aguas subterráneas.

acumulación f. Acción de acumular.

acumulador m. Aparato que almacena energía eléctrica para restituirla en el momento deseado.

acumular v. t. Juntar.

acuñar v. t. Imprimir monedas y medallas.

acuoso, sa adj. De agua. || Parecido al agua.

acupuntura f. *Cir.* Operación que consiste en clavar agujas en el cuerpo con fin terapéutico.

acusación f. Acción de acusar o acusarse.

acusado, da adj. Dícese de la persona a quien se acusa (ú. t. c. s.). || Notable.

acusar v. t. Imputar a uno algún delito o culpa. || Tachar, calificar. || Censurar. || Denunciar, delatar. || Indicar, avisar. || Manifestar, revelar. || *For.* Exponer los cargos y las pruebas contra el acusado.

acusativo m. *Gram.* Caso de la declinación.

acuse m. Acción de acusar el recibo de cartas.

acústica f. Parte de la física que trata de la formación y propagación de los sonidos.

acústico, ca adj. Del oído o de la acústica.

acutángulo adj. Con tres ángulos agudos.

adagio m. *Mús.* Ritmo bastante lento.

adalid m. Caudillo, jefe.

adaptación f. Acción de adaptar o adaptarse.

adaptar v. t. Acomodar, ajustar una cosa a otra.
adecentar v. t. Poner decente.
adecuación f. Adaptación.
adecuado, da adj. Apropiado.
adecuar v. t. Acomodar.
adefesio m. Persona fea.
adelantado, da adj. Precoz. || Evolucionado. || — M. Título concedido, hasta fines del s. XVI, a la primera autoridad política, militar y judicial en las colonias españolas de América.
adelantamiento m. Acción y efecto de adelantar. || Fig. Progreso.
adelantar v. t. Mover o llevar hacia adelante. || Anticipar. || Dejar atrás: adelantar un coche (ú. t. c. pr.). || Tratándose del reloj, hacer que señale hora posterior a la que es. || Fig. Mejorar. || — V. i. Andar el reloj más aprisa de lo debido.
adelante adv. Más allá.
adelanto m. Anticipo de un pago. || Progreso.
adelfa f. Arbusto parecido al laurel.
adelgazar v. t. Poner delgado (ú. t. c. i.).
ademán m. Movimiento del cuerpo con que se manifiesta un afecto del ánimo.
además adv. A más de esto.
adentrarse v. pr. Penetrar.
adentro adv. A o en lo interior.
adepto, ta adj. y s. Afiliado.
aderezar v. t. Adornar. || Sazonar.
aderezo m. Acción de aderezar.
adeudar v. t. Deber.
adherencia f. Acción y efecto de pegarse.
adherente adj. Que adhiere o se adhiere. || — Com. Persona que forma parte de un grupo.
adherir v. i. Pegarse, unirse una cosa con otra. || — V. pr. Fig. Mostrar adhesión por una idea.
adhesión f. Adherencia. || Fig. Acción y efecto de adherir o adherirse: adhesión a un partido.
adhesivo m. Sustancia adhesiva.
adicción f. Hábito de consumir drogas.
adición f. Acción de añadir. || Mat. Suma.
adicionar v. t. Agregar.
adicto, ta adj. y s. Partidario. || Que tiene el hábito de tomar drogas.
adiestramiento m. Acción y efecto de adiestrar.
adiestrar v. t. Hacer diestro (ú. t. c. pr.). || Enseñar, instruir.
adiós m. Despedida. || — Interj. ¡Hasta la vista!
adiposidad f. Calidad de adiposo.
adiposo, sa adj. Con mucha grasa. || Referido a la grasa.
adivinación f. Acción y efecto de adivinar.
adivinador, ra adj. y s. Que adivina.
adivinanza f. Acertijo.
adivinar v. t. Descubrir lo futuro o lo oculto.
adivino, na m. y f. Persona que adivina.
adjetivo, va adj. Que se refiere a una cualidad o accidente. || Gram. Perteneciente al adjetivo. || — M. Palabra que se agrega al sustantivo para designar una cualidad o determinar su extensión.
adjudicación f. Acción y efecto de adjudicar.
adjudicar v. t. Declarar que una cosa corresponde a una persona. || — V. pr. Apropiarse.
adjuntar v. t. Unir una cosa con otra.
adjunto, ta adj. Que va unido.
administración f. Acción de administrar. || Ciencia del gobierno de un Estado.
administrador, ra adj. y s. Que administra.

administrar v. t. Gobernar, regir: administrar el Estado. || Conferir: administrar los sacramentos. || Tratándose de medicamentos, aplicarlos. || Dar, propinar: administrar una paliza.
admirable adj. Digno de admiración.
admiración f. Sensación de sorpresa, placer. || Signo ortográfico (¡!) que expresa admiración.
admirador, ra adj. y s. Que admira.
admirar v. t. Mirar con entusiasmo, sorpresa o placer. || Causar sorpresa o placer.
admisible adj. Que se admite.
admisión f. Acción de admitir.
admitir v. t. Recibir, dar entrada. || Aceptar, reconocer. || Permitir, tolerar.
A.D.N. m. Biol. Ácido desoxirribonucleico, uno de los componentes esenciales del núcleo de las células.
adobar v. t. Componer, preparar. || Aderezar.
adobe m. Ladrillo secado al sol.
adobo m. Salsa para sazonar.
adoctrinamiento m. Acción de adoctrinar.
adoctrinar v. t. Instruir, enseñar (ú. t. c. pr.).
adolecer v. i. Caer enfermo o padecer una dolencia habitual. || Fig. Tener algún defecto.
adolescencia f. Período entre la infancia y la edad adulta.
adolescente adj. y s. Que está en la adolescencia.
adonde adv. Donde.
adopción f. Acción de adoptar.
adoptar v. t. Prohijar. || Admitir alguna opinión o doctrina. || Aprobar.
adoptivo, va adj. Que ha sido adoptado.
adoquín m. Piedra labrada para empedrados. || Fam. Necio.
adoquinado m. Suelo con adoquines.
adoquinar v. t. Empedrar con adoquines.
adoración f. Acción de adorar.
adorar v. t. Amar en extremo.
adoratorio m. Templo de algunas culturas prehispánicas: los aztecas construyeron muchos adoratorios.
adormecer v. t. Dar o causar sueño.
adormilarse v. pr. Dormirse a medias.
adornar v. t. Engalanar con adornos.
adorno m. Lo que sirve para hermosear.
adosar v. t. Arrimar.
adquiridor, ra adj. y s. Comprador.
adquirir v. t. Alcanzar. || Hacer propio pagando cierta cantidad.
adquisición f. Acción de adquirir.
adrede adv. De intento.
adsorber v. t. Fijar por adsorción.
adsorción f. Fís. Penetración de un gas o líquido en un sólido.
aduana f. Administración que percibe derechos sobre las mercancías importadas o exportadas.
aducir v. t. Presentar o alegar pruebas, razones.
adueñarse v. pr. Hacerse dueño.
adulación f. Lisonja, halago.
adulador, ra adj. y s. Lisonjero, que adula.
adular v. t. Halagar.
adulteración f. Acción y efecto de adulterar.
adulterar v. i. Cometer adulterio. || — V. t. Falsificar.
adulterio m. Ayuntamiento carnal fuera del matrimonio. || Falsificación, fraude.
adúltero, ra adj. y s. Que comete adulterio.
adultez f. Condición de adulto.
adulto, ta adj. y s. Llegado al término de la adolescencia.

5

advenedizo, za adj. y s. Persona humilde que ha conseguido cierta fortuna.

advenimiento m. Llegada. || Subida al trono.

adverbial adj. Del adverbio.

adverbio m. *Gram.* Parte de la oración que modifica la significación del verbo, del adjetivo.

adversario, ria m. y f. Rival.

adversidad f. Calidad de adverso.

adverso, sa adj. Contrario.

advertencia f. Acción y efecto de advertir.

advertir v. t. Observar. || Llamar la atención.

adviento m. Tiempo que precede a la Navidad.

adyacente adj. Contiguo.

aéreo, a adj. De aire. || De la aviación.

aerodinámica f. Parte de la mecánica que estudia el movimiento de los gases.

aeródromo m. Campo de aviación.

aerolito m. Fragmento de materia mineral que cae del espacio a la tierra.

aeronauta com. Persona que practica la navegación aérea.

aeronáutico, ca adj. Relativo a la aeronáutica. || — F. Ciencia de la navegación aérea.

aeronave f. Vehículo que navega por el aire.

aeroplano m. Avión.

aeropuerto m. Instalación para el funcionamiento regular de las líneas aéreas de transporte.

afabilidad f. Calidad de afable.

afable adj. Agradable.

afán m. Anhelo vehemente.

afasia f. Pérdida de la palabra.

afear v. t. Hacer o poner feo. || *Fig.* Tachar.

afección f. Amor, cariño. || Enfermedad.

afectación f. Acción de afectar.

afectado, da adj. Que muestra afectación. || Aparente, fingido. || Perjudicado. || Aquejado, afligido.

afectar v. t. Fingir. || *Med.* Producir alteración en algún órgano. || Dañar. || Atañer, tocar.

afectividad f. Calidad de afectivo.

afectivo, va adj. Sensible. || Cariñoso.

afecto, ta adj. Inclinado a una persona o cosa. || — M. Cariño, amistad.

afectuoso, sa adj. Cariñoso.

afeitado m. Acción y efecto de afeitar.

afeitar v. t. Cortar con maquinilla la barba.

afeite m. Cosmético.

afeminado, da adj. Dícese del hombre que se parece a las mujeres (ú. t. c. s. m.).

afianzar v. t. Afirmar con puntales.

afiche m. *Amer.* Cartel.

afición f. Inclinación. || Conjunto de aficionados.

aficionado, da adj. y s. Que tiene afición. || Que cultiva algún arte o deporte sin tenerlo por oficio.

aficionarse v. pr. Gustarle a una persona.

afilar v. t. Sacar filo o punta.

afiliar v. t. Asociar una persona a una corporación o sociedad (ú. t. c. pr.).

afín adj. Próximo, contiguo.

afinar v. t. Hacer fino. || Purificar los metales. || Poner en tono justo los instrumentos músicos.

afincarse v. pr. Establecerse.

afinidad f. Semejanza de una cosa con otra.

afirmación f. Acción de afirmar.

afirmar v. t. Dar por cierta alguna cosa.

afirmativo, va adj. Que afirma.

aflicción f. Pesar, sentimiento.

afligir v. t. Causar pena. || — V. pr. Sentir pesar.

aflojar v. t. Disminuir la presión o tirantez.

afluente m. Río que desemboca en otro.

afonía f. Falta de voz.

afónico, ca adj. Falto de voz.

aforismo m. Sentencia breve.

aforo m. Cabida de una sala de espectáculos.

afortunado, da adj. Que tiene fortuna o suerte.

afrancesar v. t. Dar carácter francés (ú. t. c. pr.).

afrecho m. Salvado.

afrenta f. Vergüenza y deshonor.

afrentar v. t. Causar afrenta.

africano, na adj. y s. De África.

afroantillano adj. De las antillas con mezcla de las culturas africanas.

afrontamiento m. Acción de afrontar.

afrontar v. t. Hacer frente.

afta f. Úlcera en la boca.

afuera adv. Fuera del sitio en que uno está. || — F. pl. Alrededores de una población.

Ag, símbolo químico de la *plata*.

agachar v. t. Bajar una parte del cuerpo (ú. t. c. pr.).

agalla f. Órgano de la respiración de los peces. || *Fig. y fam.* Valor.

agarrar v. t. Coger, tomar. || *Fig. y fam.* Conseguir. | Contraer una enfermedad. || — V. pr. Asirse con fuerza. || *Fig. y fam.* Tratándose de enfermedades, apoderarse de uno. || Disputarse.

agarrotado, da adj. Dícese de la pieza que no funciona por falta de engrase. || Dícese de los músculos o tendones que se contraen e impiden su normal funcionamiento. || *Fig.* Tieso y rígido.

agarrotamiento m. Acción y efecto de agarrotar.

agarrotar v. t. Dar garrote al reo. || — V. pr. Entumecerse los miembros del cuerpo. || Moverse con dificultad una pieza por falta de engrase.

agasajar v. t. Obsequiar.

agasajo m. Muestra de afecto. || Fiesta.

ágata f. Cuarzo jaspeado.

agave m. Pita.

agencia f. Empresa comercial para la gestión de asuntos ajenos.

agenciar v. t. Proporcionar (ú. t. c. pr.). || — V. pr. Hacer las diligencias oportunas.

agenda f. Librito de notas.

agente m. Todo lo que obra: *agentes atmosféricos.* || El que obra con poder de otro: *agente diplomático.* || Lo que produce un efecto.

ágil adj. Ligero, pronto.

agilidad f. Ligereza, prontitud.

agilización f. Aceleración, acción de agilizar.

agilizar v. t. Dar mayor rapidez.

agio m. Beneficio obtenido del cambio de la moneda o de descontar letras, etc. || Especulación sobre el alza y la baja de los fondos públicos.

agitación f. Acción de agitar.

agitador, ra adj. Que agita. || — M. y f. Persona que provoca conflictos.

agitar v. t. Mover violentamente. || *Fig.* Turbar el ánimo. || Excitar (ú. t. c. pr.).

aglomeración f. Acción y efecto de aglomerar o aglomerarse. || Gran acumulación de personas o cosas: *aglomeración urbana.*

aglomerar v. t. Amontonar. || V. pr. Reunirse.

agobiar v. t. *Fig.* Causar gran molestia o fatiga.

agobio m. Sofocación, angustia.

agonía f. Últimos momentos del moribundo. || *Fig.* Final.

agonizar v. i. Estar en la agonía. ‖ Extinguirse o terminarse. ‖ *Fig.* Sufrir angustiosamente.

agorar v. t. Predecir, presagiar.

agorero, ra adj. y s. Que adivina o predice.

agosto m. Octavo mes del año que tiene 31 días.

agotamiento m. Acción de agotar.

agotar v. t. *Fig.* Gastar del todo. | Terminar con una cosa. | Tratar a fondo: *agotar un tema.* ‖ — V. pr. *Fig.* Extenuarse.

agraciado, da adj. Gracioso, hermoso. ‖ Que ha obtenido una recompensa, afortunado en un sorteo (ú. t. c. s.).

agraciar v. t. Embellecer, hermosear.

agradable adj. Que agrada.

agradar v. i. Complacer, gustar.

agradecer v. t. Sentir o mostrar gratitud.

agradecimiento m. Gratitud.

agrado m. Trato amable. ‖ Voluntad o gusto.

agrandamiento m. Acción de agrandar.

agrandar v. t. Hacer mayor.

agrario, ria adj. Del campo.

agravación f. y **agravamiento** m. Acción y efecto de agravar o agravarse.

agravante adj. y s. f. Que agrava.

agravar v. t. Hacer más grave (ú. t. c. pr.).

agraviar v. t. Hacer agravio.

agravio m. Afrenta, ofensa.

agredido, da adj. y s. Que ha sufrido agresión.

agredir v. t. Acometer, atacar.

agregado m. Especialista comercial, cultural, militar, etc., de una embajada. ‖ Profesor de instituto o universidad de rango inmediatamente inferior al de catedrático.

agreaduría f. Cargo y oficina de un agregado.

agregar v. t. Añadir.

agremiar v. t. Reunir en gremio (ú. t. c. pr.).

agresión f. Ataque.

agresividad f. Acometividad.

agresivo, va adj. Que ataca. ‖ *Fig.* Acometedor.

agresor, ra adj. Que comete agresión (ú. t. c. s.).

agriar v. t. Poner agrio (ú. t. c. s.).

agrícola adj. De la agricultura.

agricultor, ra adj. y s. Persona que labra o cultiva la tierra.

agricultura f. Labranza o cultivo de la tierra.

agridulce adj. Con una mezcla de agrio y de dulce.

agrietar v. t. Abrir grietas (ú. t. c. pr.).

agrio, gria adj. Ácido. ‖ *Fig.* Acre, áspero, desabrido. ‖ — M. Sabor agrio. | — Pl. Frutas agrias o agridulces, como el limón, las naranjas, etc.

agro m. Campo.

agronomía f. Ciencia o teoría de la agricultura.

agrónomo adj. y s. m. Dícese de la persona que se dedica a la agronomía.

agropecuario, ria adj. De la agricultura y la ganadería.

agrupación f. y **agrupamiento** m. Acción y efecto de agrupar o agruparse.

agrupar v. t. Reunir en grupo (ú. t. c. pr.).

agua f. Líquido transparente, insípido e inodoro. ‖ Lluvia. ‖ Vertiente de un tejado. ‖ — *Agua de socorro*, bautismo sin solemnidad. ‖ *Aguas minerales*, las cargadas de sustancias minerales y medicinales. ‖ *Aguas territoriales*, parte del mar cercano a las costas de un Estado y sometida a su jurisdicción.

aguacate m. Árbol de fruto muy sabroso.

aguacero m. Lluvia repentina.

aguada f. Pintura con color disuelto en agua. ‖ Sitio donde hay agua potable. ‖ *Amer.* Abrevadero.

aguafiestas com. inv. Persona que fastidia o turba una diversión.

aguamiel m. *Méx.* Jugo del maguey.

aguantar v. t. Sufrir, soportar. ‖ Resistir, soportar un peso. ‖ Reprimir. ‖ — V. pr. Tolerar, resignarse.

aguante m. Paciencia.

aguar v. t. Mezclar con agua. ‖ *Fig.* Turbar, estropear.

aguardar v. t. Esperar.

aguardiente m. Bebida que, por destilación, se saca del vino y otras sustancias.

aguarrás m. Aceite volátil de trementina.

aguascalentense adj. y s. De Aguascalientes (México).

agudeza f. Calidad de agudo. ‖ *Fig.* Perspicacia.

agudización f. y **agudizamiento** m. Agravamiento. ‖ Intensificación.

agudizar v. t. Hacer aguda una cosa. ‖ *Fig.* Acentuar, intensificar. ‖ — V. pr. Agravarse.

agudo, da adj. Delgado, afilado. ‖ *Fig.* Sutil, perspicaz. | Vivo, gracioso, penetrante. ‖ *Gram.* Dícese de la voz cuyo acento tónico se carga en la última sílaba. ‖ *Mús.* Aplícase al sonido alto por contraposición al bajo. ‖ *Ángulo agudo*, aquel cuyo valor no llega a los noventa grados.

agüero m. Presagio.

aguijón m. Dardo de los insectos.

aguijonear v. t. Estimular.

águila f. Ave rapaz diurna.

aguileño, ña adj. Dícese de la nariz encorvada.

aguilucho m. Pollo de águila.

aguinaldo m. Regalo que se da en Navidad.

aguja f. Barrita puntiaguda de acero con un ojo en el extremo superior por donde se pasa el hilo con que se cose. ‖ Varilla de metal para diversos usos: *aguja de hacer medias.* ‖ Tubito metálico para poner inyecciones. ‖ Púa del gramófono.

agujerear v. t. Hacer agujeros (ú. t. c. pr.).

agujero m. Abertura.

agujetas f. pl. Dolores que se sienten en el cuerpo después de un ejercicio violento. ‖ *Méx.* Cordones para amarrarse los zapatos.

agustino, na adj. y s. Religioso de la orden de San Agustín.

agutí m. Pequeño roedor.

¡ah! interj. Denota admiración, sorpresa o pena.

ahí adv. En ese lugar o a ese lugar: *ahí está ella.* ‖ En esto o en eso: *ahí está la dificultad.*

ahijado, da m. y f. Cualquier persona respecto a sus padrinos.

ahijar v. t. Prohijar.

ahínco m. Empeño grande.

ahíto, ta adj. Harto.

ahogar v. t. Quitar la vida a alguien impidiéndole la respiración. ‖ Tratándose del fuego, apagarlo. ‖ En el ajedrez, hacer que el rey adverso no pueda moverse sin quedar en jaque. ‖ *Fig.* Reprimir. ‖ — V. pr. Perecer en el agua. ‖ Asfixiarse. ‖ Estrangularse. ‖ Sentir sofocación.

ahogo m. Opresión en el pecho. ‖ *Fig.* Angustia.

ahondar v. t. Hacer más hondo.

ahora adv. En este momento. ‖ Pronto: *hasta ahora.* ‖ *Ahora que,* pero. ‖ — Conj. Ora, bien, ya. ‖ Pero, sin embargo.

ahorcar v. t. Quitar a uno la vida colgándole del cuello en la horca u otra parte (ú. t. c. pr.).

ahorrador, ra adj. y s. Que ahorra.

ahorrar v. t. Reservar una parte del gasto ordinario (ú. t. c. pr.). || *Fig.* Evitar algún trabajo, riesgo.

ahorrativo, va adj. Que ahorra.

ahorrista adj. com. *Arg., Bol., Cub., Ecuad., Urug.* y *Venez.* Titular de una cuenta de ahorros en un banco.

ahorro m. Acción de ahorrar. || Lo que se ahorra.

ahuecar v. t. Poner hueca o cóncava una cosa. || *Fig.* Tratándose de la voz, hacerla más grave.

ahuehué o **ahuehuete** m. Árbol robusto y longevo, común en México.

ahuilote m. *Méx.* Bejuco de fruto comestible.

ahuizote m. *Méx.* Nutria, animal que, según los aztecas, anuncia desgracias. | Mal presagio. | Persona fastidiosa.

ahumar v. t. Llenar de humo. || — V. i. Despedir humo. || *Fam.* Emborrachar (ú. m. c. pr.).

ahuyentar v. t. Hacer huir.

aillo m. *Chil.* Aillu.

aillu m. *Bol., Chil.* y *Per.* Grupo familiar que forma parte de una comunidad indígena.

aimara o **aimará** adj. y s. Dícese del individuo de un pueblo indio de Bolivia y del Perú que vive cerca del lago Titicaca. || — M. Lengua que habla.

aire m. Fluido gaseoso que forma la atmósfera de la Tierra. Ú. t. en pl.: *volar por los aires.* || Viento o corriente de aire. || *Fig.* Parecido a las personas o cosas. | Aspecto: *con aire triste.* | Vanidad.

airear v. t. Poner al aire, ventilar. || *Fig.* Dar publicidad o actualidad a una cosa.

airoso, sa adj. *Fig.* Garboso.

aislador, ra adj. y s. m. *Fís.* Aplícase a los cuerpos que interceptan el paso de la electricidad.

aislamiento m. Acción de aislar o aislarse.

aislante adj. Que aísla. || — M. Sustancia o cuerpo que aísla del calor, electricidad, sonido.

aislar v. t. Cercar por todas partes. || Dejar solo.

ajar v. t. Quitar el brillo, la frescura (ú. t. c. pr.).

ajedrecista com. Persona que juega al ajedrez.

ajedrez m. Juego entre dos personas, que se juega con 32 piezas movibles.

ajeno, na adj. Que es de otro. || Extraño, de nación o familia distinta. || Que nada tiene que ver.

ajetréarse v. pr. Atarearse.

ajetreo m. Acción de ajetrearse.

ají m. *Amer.* Pimiento picante, chile.

ajiaco m. *Amer.* Caldo con carne, pollo o pescado, verdura y raíces cortados en trozos y especias cuya preparación varía de acuerdo con los países. || *Cub.* Desorden, anarquía, confusión.

ajo m. Planta cuyo bulbo es un condimento.

ajolote m. Animal anfibio de México y América del Norte.

ajuar m. Muebles, alhajas y ropas que aporta la mujer al matrimonio.

ajustador, ra adj. y s. Que ajusta. || — M. pl. *Col.* y *Cub.* Sostén. || *Col., Dom., Ecuad., Guat., Méx., P. Rico, Pan.* y *Per. Ajustador de seguros,* profesional independiente que evalúa los daños cubiertos por una póliza.

ajustar v. t. Poner justa una cosa, arreglarla: *ajustar un vestido.* || *Fig.* Concertar. || Ordenar, arreglar: *ajustar un horario.* || Concretar el precio. || Liquidar una cuenta. || Asestar, dar. || — V. pr. Adaptarse.

ajuste m. Acción de ajustar.

ajusticiamiento m. Acción y efecto de ajusticiar.

ajusticiar v. t. Castigar con la pena de muerte.

al, contracción de la prep. *a* y el artículo *el.*

Al, símbolo del *aluminio.*

ala f. Parte del cuerpo de algunos animales o del avión que sirve para volar. || Parte lateral de alguna cosa. || Parte del sombrero que rodea la copa. || Extremo en anatomía.

alabanza f. Elogio.

alabar v. t. Elogiar.

alabastro m. Mármol translúcido.

alacena f. Armario en la pared.

alacrán m. Arácnido pulmonado.

ALADI, Asociación Latinoamericana de Integración.

alado, da adj. Que tiene alas.

alajuelense adj. y s. De Alajuela (Costa Rica).

alamar m. Cairel.

alambicar v. t. Complicar, sutilizar con exceso.

alambique m. Aparato empleado para destilar.

alambrada f. Red de alambre grueso.

alambrar v. t. Poner una tela de alambre.

alambre m. Hilo de metal.

alameda f. Sitio con álamos.

álamo m. Árbol de las regiones templadas.

alarde m. Ostentación.

alardear v. i. Hacer alarde.

alardeo m. Ostentación, alarde.

alargamiento m. Acción de alargar.

alargar v. t. Dar mayor longitud. || Hacer que una cosa dure más tiempo. || Retardar. || Dar. || *Fig.* Aumentar. || — V. pr. Hacerse más largo. || *Fam.* Ir.

alargue m. *Amer.* En deportes, tiempo complementario.

alarido m. Grito lastimero.

alarma f. Señal dada para que se prepare inmediatamente la tropa a la defensa o al combate. || Señal que avisa de un peligro.

alarmar v. t. Dar la alarma. || *Fig.* Inquietar.

alarmismo m. Exageración de los peligros reales.

alazán, ana adj. y s. Dícese del caballo de color canela.

alba f. Luz del día antes de salir el sol.

albacea com. Ejecutor testamentario.

albacetense y **albaceteño, ña** adj. y s. De Albacete (España).

albahaca f. Planta labiada de flores blancas.

albanés, esa adj. y s. De Albania.

albañil m. Obrero de la construcción.

albarda f. Silla de las caballerías de carga.

albaricoque m. Fruto del albaricoquero. || Albaricoquero.

albaricoquero m. Árbol de fruto amarillo.

albatros m. Ave marina de los mares del sur.

albayalde m. Carbonato de plomo usado en muchas pinturas debido a su color blanco.

albedrío m. Potestad de obrar por elección.

alberca f. Depósito de agua con muros de fábrica. || *Méx.* Piscina.

albergar v. t. Dar albergue. || *Fig.* Alimentar: *albergamos esperanzas.* || Sentir.

albergue m. Lugar donde se hospeda.

albóndiga f. Bolita de carne picada o pescado que se come guisada.

alborear v. impers. Amanecer.

albornoz m. Bata amplia de tejido esponjoso.

alborotamiento m. Alboroto.

alborotar v. i. Armar ruido, meter jaleo. || Causar desorden. || Agitarse, moverse. || — V. pr. Perturbarse. || Amotinarse. || Agitarse el mar.

alboroto m. Vocerío. || Motín. || Desorden.
alborozar v. t. Causar gran placer (ú. t. c. pr.).
alborozo m. Extraordinario regocijo.
albricias interj. Expresión que indica júbilo.
álbum m. Libro en blanco cuyas hojas se llenan con composiciones literarias, máximas, fotografías, firmas, sellos de correo, etc. || Carpeta que contiene varios discos fonográficos. (Pl. *álbumes*.)
albumen m. *Bot.* Materia feculenta que envuelve el embrión de algunas semillas.
albúmina f. Sustancia blanquecina de la clara del huevo y del suero de la sangre.
albur m. Pez de río, mújol. || *Fig.* Riesgo, azar: *los albures de la vida.* || *Méx.* Retruécano, equívoco.
alcachofa f. Planta hortense. || Pieza con orificios que se adapta a la regadera, al tubo de aspiración de las bombas o a los aparatos de ducha.
alcahuete, ta m. y f. Persona que se entremete para facilitar amores ilícitos.
alcahuetear v. i. Hacer de alcahuete.
alcahuetería f. Oficio de alcahuete.
alcaide m. El que tenía a su cargo la guarda y defensa de una fortaleza o de una cárcel.
alcalde m. Presidente de un Ayuntamiento.
alcaldía f. Cargo y casa u oficina del alcalde.
álcali m. Sustancia como la sosa y la potasa.
alcalino, na adj. *Quím.* De álcali o que lo contiene. || *Metales alcalinos*, metales muy oxidables como el litio, potasio, rubidio, sodio y cesio.
alcalinotérreo adj. y s. Aplícase a los metales del grupo del calcio (calcio, estroncio, bario, radio).
alcance m. Distancia a que llega el brazo. || Lo que alcanza cualquier arma. || *Fig.* Importancia.
alcancía f. Hucha.
alcanfor m. Sustancia aromática cristalizada.
alcantarilla f. Conducto subterráneo para recoger las aguas llovedizas o inmundas.
alcantarillado m. Conjunto de alcantarillas.
alcanzar v. t. Llegar a juntarse con una persona o cosa que va delante. || Coger algo alargando la mano. || Alargar, tender una cosa a otro. || Llegar hasta. || Llegar a percibir con la vista, el oído o el olfato. || *Fig.* Hablando de un período de tiempo, haber uno vivido en él. | Conseguir, lograr.
alcaparra f. Arbusto de flores blancas. || Su fruto.
alcaraván m. Ave zancuda de cuello muy largo.
alcatraz m. Pelícano americano.
alcaucil m. Alcachofa.
alcázar m. Fortaleza. || *Mar.* Espacio que media entre el palo mayor y la popa.
alce m. Mamífero rumiante.
alcista adj. Que está en alza.
alcoba f. Dormitorio.
alcohol m. Líquido obtenido por la destilación del vino y otros licores fermentados.
alcohólico, ca adj. y s. Que abusa de bebidas alcohólicas.
alcoholismo m. Abuso de bebidas alcohólicas.
alcoholizado, da adj. y s. Que padece alcoholismo.
alcornoque m. Variedad de encina cuya corteza es el corcho. || *Fig.* Idiota, necio.
aldaba f. Pieza de metal para llamar a las puertas.
aldea f. Pueblo de pocos vecinos.
aldeano, na adj. y s. Natural de una aldea.
aldehído m. *Quím.* Compuesto de la deshidrogenación u oxidación de ciertos alcoholes.
aleación f. Mezcla de dos o más metales.

alear v. t. Mezclar metales.
aleatorio, ria adj. Fortuito.
aleccionamiento m. Enseñanza.
aleccionar v. t. Enseñar, instruir (ú. t. c. pr.).
aledaño, ña adj. Limítrofe.
alegación f. Acción de alegar.
alegar v. t. Invocar.
alegato m. *For.* Alegación por escrito.
alegoría f. Ficción que presenta un objeto al espíritu para que sugiera la idea de otro.
alegórico, ca adj. Relativo a la alegoría.
alegrar v. t. Causar alegría. || *Fig.* Adornar.
alegre adj. Que denota alegría. || *Fig.* Aplícase al color muy vivo. || Excitado por la bebida.
alegría f. Placer.
alejamiento m. Acción de alejar.
alejar v. t. Poner lejos. || — V. pr. Ir lejos.
alelar v. t. Poner lelo (ú. t. c. pr.).
aleluya amb. Voz en señal de júbilo.
alemán, ana adj. y s. De Alemania. || — M. Idioma alemán.
alentar v. t. Animar.
alergia f. Estado de una persona provocado por una sustancia, a la que es muy sensible, que causa en ella diferentes trastornos como la crisis de asma, urticaria, eczema, etc. || *Fig.* Sensibilidad extremada y contraria respecto a algo.
alero m. Parte inferior del tejado que sale fuera de la pared.
alerta f. Señal de peligro.
alertar v. t. Poner alerta.
aleta f. Cada una de las membranas externas que tienen los peces para nadar. || *Anat.* Cada una de las dos alas de la nariz. || Parte saliente.
aletargar v. t. Producir letargo.
aletear v. i. Agitar las alas. || Mover los brazos.
aleteo m. Acción de aletear.
alevosía f. Traición, perfidia.
alfa f. Primera letra del alfabeto griego. || *Rayos alfa*, radiaciones de los cuerpos radiactivos.
alfabético, ca adj. Relativo al alfabeto.
alfabetización f. Acción de enseñar a leer y escribir.
alfabetizar v. t. Enseñar a leer y a escribir.
alfabeto m. Abecedario. || En informática, sistema de signos convencionales, como perforación de tarjetas, que sirve para sustituir al conjunto de las letras y de los números.
alfajor m. *Amér. M.* Golosina hecha con dos o más capas de masa unidas con dulce. || *Méx.* Dulce hecho con harina, miel, especias y coco o cacahuate.
alfalfa f. Planta forrajera.
alfanumérico, ca adj. Referido a la clasificación en la que se emplean tanto las letras del alfabeto como los números.
alfarería f. Arte de fabricar vasijas de barro.
alfarero, ra m. y f. Fabricante de vasijas de barro.
alféizar m. *Arq.* Vuelta de la pared en el corte de una puerta o ventana.
alfeñique m. Persona delicada.
alférez m. *Mil.* Oficial inferior al teniente.
alfil m. Pieza del juego de ajedrez.
alfiler m. Clavillo con punta en un extremo, que sirve para varios usos. || Joya a modo de alfiler.
alfombra f. Tapiz con que se cubre el suelo.
alfombrar v. t. Cubrir con alfombras.
alforja f. Talega que se echa al hombro.
alforza f. Pliegue que se hace a una ropa.

9

alga f. Planta que vive en el fondo de las aguas.

algarabía f. Gritería confusa.

algarada f. Motín.

algarroba f. Planta de flores blancas. || Su fruto.

algarrobo m. Árbol de flores purpúreas.

algazara f. Griterío.

álgebra f. Parte de las matemáticas que estudia la cantidad considerada en abstracto.

algebraico, ca y **algébrico, ca** adj. Del álgebra.

algo pron. Designa una cosa que no se quiere o no se puede nombrar: *leeré algo antes de dormirme*. || Denota cantidad indeterminada: *apostemos algo*. || *Fig.* Cosa de alguna importancia: *creerse algo*. || — Adv. Un poco: *algo tímido*.

algodón m. Planta cuyo fruto tiene semillas envueltas en una borra blanca. || Esta borra y tejido hecho con ella.

algoritmo m. Proceso de cálculo para obtener un resultado final: *los programas de computación usan algoritmos*.

alguacil m. El que en las corridas de toros precede a la cuadrilla durante el paseo.

alguien pron. Alguna persona.

algún adj. Apócope de *alguno*.

alguno, na adj. Se aplica a una persona o cosa con respecto a otras. || Algo. || — Pron. Alguien.

alhaja f. Joya.

alhajero m. *Amer.* Caja para guardar joyas.

alharaca f. Muestra exagerada de algún sentimiento.

alhelí m. Planta de flores blancas o rojas.

alhóndiga f. Sitio destinado a la venta y almacenaje de granos.

aliado, da adj. y s. Unido por una alianza.

alianza f. Acción de aliarse. || Parentesco contraído por casamiento. || Anillo de casado.

aliar v. t. Poner de acuerdo. || — V. pr. Unirse los Estados contra enemigos comunes.

alias adv. Por otro nombre. || — M. Apodo.

alicate m. y **alicates** m. pl. Tenacillas de acero.

aliciente m. Incentivo, atractivo.

alienación f. Acción y efecto de alienar. || Enajenación mental.

alienado, da adj. y s. Loco.

alienar v. t. Enajenar.

aliento m. Respiración.

aligeramiento m. Acción y efecto de aligerar.

aligerar v. t. Hacer menos pesado (ú. t. c. pr.). || Apresurar: *aligerar un trabajo*. || *Fig.* Moderar.

alijo m. Géneros de contrabando.

alimaña f. Animal dañino.

alimentación f. Acción y efecto de alimentar.

alimentador, ra adj. y s. Que alimenta.

alimentar v. t. Dar alimento, sustentar. || *Fig.* Sostener, fomentar vicios, pasiones, sentimientos, etc. || — V. pr. Tomar alimento.

alimentario, ria y **alimenticio, cia** adj. Relativo a la alimentación.

alimento m. Sustancia que sirve para nutrir.

alimón (al) loc. adv. Hecho entre dos personas.

alineación f. Acción y efecto de alinear o alinearse. || Composición de un equipo deportivo.

alinear v. t. Poner en línea recta: *árboles alineados* (ú. t. c. pr.). || Componer un equipo deportivo.

aliñar v. t. Arreglar. || Aderezar: *aliñar la ensalada*.

alisar v. t. Poner lisa alguna cosa.

alisios adj. Clase de vientos fijos que soplan en la zona tórrida.

alistamiento m. Acción de alistar.

alistarse v. pr. Enrolarse.

aliviar v. t. Aligerar, hacer menos pesado (ú. t. c. pr.). || *Fig.* Mitigar la enfermedad (ú. t. c. pr.).

alivio m. Acción de aliviar.

aljaba f. Caja para llevar flechas.

aljibe m. Cisterna para el agua llovediza.

allá adv. En aquel lugar. || En otro tiempo.

allanamiento m. Acción y efecto de allanar. || *Allanamiento de morada*, violación de domicilio.

allanar v. t. Poner llano o igual. || *Fig.* Vencer alguna dificultad: *allanar los obstáculos*. || Entrar por la fuerza en casa ajena y recorrerla contra la voluntad de su dueño. || — V. pr. Someterse a algo.

allegado, da adj. Pariente (ú. t. c. s.).

allegar v. t. Recoger.

allende adv. De la parte de allá.

allí adv. En aquel lugar o sitio. || A aquel lugar.

alma f. Principio de la vida. || Cualidades morales buenas o malas. || Pensamiento íntimo. || *Fig.* Persona, individuo. || Lo que da aliento a algo y fuerza a alguna cosa.

almacén m. Sitio donde se tienen mercancías.

almacenaje m. Derecho de almacén.

almacenamiento m. Acción de almacenar.

almacenar v. t. Guardar en almacén. || *Fig.* Reunir, guardar.

almacenero, ra m. y f. *Riopl.* Encargado de un almacén.

almácigo m. Lugar donde se siembran semillas para trasplantarlas.

almanaque m. Registro de los días del año.

almecino m. Árbol que da almecinas.

almeja f. Molusco acéfalo comestible.

almena f. Cada uno de los prismas que coronan los muros de las antiguas fortalezas.

almendra f. Fruto del almendro.

almendro m. Árbol de flores blancas o rosadas.

almeriense adj. y s. De Almería (España).

almíbar m. Azúcar espesado al fuego.

almibarar v. t. Bañar con almíbar.

almidón m. Fécula blanca y suave al tacto.

almidonado, da adj. Preparado con almidón. || M. Acción de almidonar.

almidonar v. t. Mojar la ropa con almidón.

alminar m. Torre de la mezquita desde la cual llama al almuédano a los fieles.

almirantazgo m. Ministerio de Marina.

almirante m. Jefe de la armada.

almohada f. Colchoncillo para reclinar la cabeza en la cama.

almohade adj. y s. Dícese del individuo de una dinastía beréber que destronó a los almorávides en Andalucía y África del Norte (1147 a 1269).

almohadón m. Almohada para sentarse.

almoneda f. Venta pública de bienes muebles.

almorávide adj. y s. Dícese del individuo perteneciente a una tribu guerrera del Atlas que impuso su dominio en el S. de España de 1055 a 1147.

almorranas f. pl. Varices de las venas del ano.

almorzar v. i. Tomar el almuerzo: *almorzar temprano*. || — V. t. Comer en el almuerzo.

almuerzo m. Comida del mediodía.

alocado, da adj. Algo loco.

alocución f. Discurso.

alojamiento m. Acción de alojar.

alojar v. t. Aposentar.

alondra f. Pájaro de color pardo.

alpaca f. Rumiante de América, cubierto de pelo largo, fino y rojizo. || Pelo de este animal. || Tela hecha del pelo de este animal, o tejido fino empleado en la confección de trajes de verano.

alpargata f. Calzado de cáñamo o lona.

alpinismo m. Deporte que consiste en la ascensión a altas montañas.

alpinista com. Persona aficionada al alpinismo.

alpino, na adj. De los Alpes o del alpinismo.

alpiste m. Planta graminéa.

alquilar v. t. Dar o tomar alguna cosa por tiempo determinado mediante el pago de cierta cantidad.

alquiler m. Acción de alquilar. || Su precio.

alquimia f. Transmutación de los metales.

alquitrán m. Sustancia resinosa, residuo de la destilación de la leña de pino, de la hulla, de la turba, de los lignitos y otros combustibles.

alrededor adv. Denota la situación de personas o cosas que circundan a otras. || Cerca, sobre poco más o menos. || — M. pl. Contornos: *los alrededores de Buenos Aires.*

alta f. En los hospitales, orden que se comunica a un enfermo a quien se da por sano. || Entrada de una persona en un cuerpo, profesión, etc.

altanería f. *Fig.* Altivez.

altanero, ra adj. Altivo.

altar m. Lugar destinado para ofrecer el sacrificio.

altaverapacense adj. y s. De Alta Verapaz (Guatemala).

altavoz m. Aparato que eleva la intensidad del sonido.

alteración f. Acción de alterar o alterarse. || Inquietud. || Alboroto, motín. || Pelea.

alterar v. t. Cambiar la esencia o forma de una cosa (ú. t. c. pr.). || Perturbar, trastornar (ú. t. c. pr.).

alternación f. Acción y efecto de alternar.

alternador adj. Que alterna. || — M. *Electr.* Máquina generadora de corriente alterna.

alternar v. t. Repetir con más o menos regularidad cosas diferentes. || Distribuir por turno. || — V. i. Sucederse unas cosas a otras repetidamente. || Tener trato amistoso las personas entre sí. || Desempeñar un cargo varias personas por turno.

alternativa f. Acción o derecho de alternar. || Opción entre dos cosas. || Sucesión de cosas que alternan. || Opción entre dos posibilidades. || Solución de recambio. || *Taurom.* Autorización que el matador da al novillero para que alterne con él como espada.

alternativo, va adj. Con alternación.

alterno, na adj. Alternativo. || Que sucede cada dos días, cada dos meses, cada dos años.

altero m. Pila.

alteza f. *Fig.* Elevación: *alteza de sentimientos.* || Tratamiento que se da a los príncipes.

altibajos m. pl. Alternativa de bienes y males.

altiplanicie f. y **altiplano** m. *Amer.* Meseta de mucha extensión y gran altitud.

altitud f. Altura.

altivez f. Soberbia.

altivo, va adj. Orgulloso.

alto, ta adj. De altura considerable. || De gran estatura. || Sonoro, ruidoso: *en alta voz.* || De gran dignidad y representación: *de alta estirpe.* || Superior: *altos estudios.* || Gravísimo: *alta traición.* || Caro, subido: *precio alto.* || Avanzado: *bien alta la noche.* || — M.

Altura. || Sitio elevado. || Parte en que un río está cerca de su nacimiento: *el Alto Amazonas.* || Parte de un país más distante del mar: *el Alto Perú.* || Detención o parada en general. || *Mús.* Voz de contralto. || — Adv. Arriba. || En voz fuerte o que suene bastante.

altoparlante m. *Amer.* Altavoz.

altorrelieve m. Alto relieve.

altozano m. Monte poco alto.

altruismo m. Amor desinteresado al prójimo.

altruista adj. y s. Que profesa el altruismo.

altura f. Elevación de cualquier cuerpo sobre la superficie de la tierra. || Dimensión de un objeto desde la base hasta el vértice. || Cumbre de los montes. || Altitud con relación al nivel del mar. || Nivel: *a la misma altura.* || Estatura.

alubia f. Judía.

alucinación f. Acción de alucinar o alucinarse.

alucinamiento m. Alucinación.

alucinar v. t. Producir alucinación.

alud m. Masa considerable de nieve que se desprende de los montes con violencia y estrépito.

aludir v. i. Referirse a una persona o cosa.

alumbramiento m. Acción de alumbrar. || Parto.

alumbrar v. t. Llenar de luz. || Poner luz en algún lugar. || *Fig.* Enseñar. || — V. i. Parir la mujer.

aluminio m. Metal (Al) de color y brillo parecidos a los de la plata, muy sonoro, tenaz, ligero.

alumnado m. Conjunto de alumnos.

alumno, na m. y f. Discípulo.

alunizaje m. Acción de alunizar.

alunizar v. i. Posarse un aparato en la Luna.

alusión f. Acción de aludir.

alusivo, va adj. Que alude.

aluvión m. Inundación.

alveolo o **alvéolo** m. Celdilla.

alza f. Aumento de precio.

alzada f. Estatura del caballo hasta la cruz.

alzamiento m. Acción de alzar. || Rebelión.

alzar v. t. Mover de abajo arriba una cosa. || En la misa, elevar la hostia y el cáliz tras la consagración. || Levantar la voz. || — V. pr. Levantarse. || Huir con una cosa. || Sublevarse. || Apelar.

a. m., abrev. de antes de mediodía.

Am, símbolo químico del *americio.*

ama f. Dueña. || Señora, respecto a sus criados. || — *Ama de llaves* o *de gobierno,* criada encargada de la economía de la casa. || *Ama de cría* o *de leche,* mujer que cría en sus pechos a una criatura ajena.

amabilidad f. Calidad de amable.

amable adj. Afable.

amaestramiento m. Acción de amaestrar.

amaestrar v. t. Enseñar o adiestrar (ú. t. c. pr.).

amagar v. t. Dejar ver la intención de hacer algo. || Amenazar. || — V. i. Estar a punto de suceder.

amago m. Amenaza. || Señal, indicio.

amainar v. t. *Mar.* Recoger las velas de una embarcación. || — V. i. Aflojar, perder fuerza el viento.

amalgama f. Aleación de mercurio con otro metal. || *Fig.* Unión de cosas.

amalgamar v. t. *Quím.* Combinar el mercurio con otro u otros metales. || *Fig.* Unir o mezclar.

amamantar v. t. Dar de mamar.

amanecer v. i. Empezar a clarear el día. || Llegar a un lugar al rayar el día: *amanecer en Sevilla.* || *Fig.* Empezar a manifestarse.

amanerado, da adj. Que adolece de amaneramiento (ú. t. c. s.).

amaneramiento m. Acción de amanerarse.

amanerarse v. pr. Tener una persona cierta afectación en el modo de expresarse o en los gestos.

amansar v. t. Hacer manso a un animal.

amante adj. y s. Que ama. || — Com. Persona que ama a otra y que tiene relaciones sexuales con ella sin estar casadas.

amanuense com. Escribiente.

amapola f. Planta silvestre de flores rojas.

amar v. t. Tener amor.

amaranto m. Planta cuyas flores rojas se utilizan como ornamento y sus semillas en la alimentación.

amargar v. i. Tener sabor parecido al de la hiel, al acíbar, etc. || Dar sabor desagradable.

amargo, ga adj. Que amarga. || Fig. Que causa disgusto. || — M. Amargor. || Amer. Mate sin azúcar.

amargor m. Sabor o gusto amargo.

amargura f. Aflicción.

amarillear v. i. Ponerse amarillo.

amarillento, ta adj. Que tira a amarillo (ú. t. c. s. m.).

amarillo, lla adj. De color semejante al del oro, al limón. || — Med. Fiebre amarilla, enfermedad gastrointestinal. || Raza amarilla, raza humana de Asia que tiene la piel amarilla. || — M. Color amarillo.

amarra f. Cable para amarrar. || Protección.

amarrar v. t. Asegurar por cuerdas, cadenas, etc. || Por ext. Sujetar. || — V. pr. Fam. Asegurarse.

amarrete, ta adj. Tacaño, egoísta.

amasandería f. Chil. Panadería.

amasar v. t. Hacer masa de harina, yeso, tierra, etc., con algún líquido.

amate m. Árbol de las regiones cálidas de México. || Papel que se hace con la corteza del árbol del mismo nombre.

amateur adj. y s. (pal. fr.). Aficionado.

amatista f. Cuarzo transparente de color violeta.

amauta m. Sabio, entre los antiguos peruanos.

amazona f. Mujer que monta a caballo. || Traje que lleva ésta para montar a caballo.

amazonense adj. y s. De Amazonas.

amazónico, ca adj. Relativo al río Amazonas.

ambages m. pl. Fig. Rodeos.

ámbar m. Resina fósil de color amarillo. || Perfume delicado.

ambateño, ña adj. y s. De Ambato (Ecuador).

ambición f. Pasión por la gloria o la fortuna.

ambicionar v. t. Desear mucho.

ambicioso, sa adj. y s. Que tiene ambición.

ambientación f. Acción de dar ambiente. || Ambiente. || Efectos sonoros en la radio.

ambientar v. t. Dar al ambiente adecuado. || — V. pr. Acostumbrarse, aclimatarse.

ambiente adj. Aplícase a cualquier fluido que rodea un cuerpo: el aire ambiente. || — M. Lo que rodea a las personas o cosas. || Clase, grupo, sector social: ambientes chabacanos. || Medio ambiente, compendio de valores naturales, sociales y culturales existentes en un lugar que influye en la vida material y psicológica del hombre.

ambigüedad f. Calidad de ambiguo.

ambiguo, gua adj. Confuso. || Aplícase a los sustantivos que son masculinos o femeninos.

ámbito m. Espacio incluido dentro de ciertos límites. || Esfera, campo.

ambos, bas adj. pl. El uno y el otro.

ambulancia f. Coche para transportar enfermos.

ambulante adj. Que va de un lugar a otro. || — M. Amer. Vendedor ambulante.

ameba o **amiba** f. Zool. Protozoo provisto de seudópodos.

amedrentar v. t. Infundir miedo (ú. t. c. pr.).

amén, voz hebrea que significa así sea, y que se usa al final de las oraciones. || — Adv. Además.

amenaza f. Dicho o hecho con que se amenaza.

amenazador, ra adj. Que amenaza (ú. t. c. s.).

amenazar v. t. Dar a entender con actos o palabras que se quiere hacer algún mal a otro. || — V. i. Estar en peligro de suceder alguna cosa.

amenidad f. Calidad de ameno.

amenizar v. t. Hacer ameno.

ameno, na adj. Grato.

americanismo m. Voz o giro de los americanos que hablan castellano. || Exaltación del espíritu americano. || Amor a América. || Condición de americano.

americanista adj. Relativo a América. || — Com. Persona que se dedica al estudio de América.

americanización f. Acción de americanizar.

americanizar v. t. Dar carácter americano. || — V. pr. Volverse americano.

americano, na adj. y s. De América.

americio m. Quím. Elemento transuránico (Am), de número atómico 95.

amerindio, dia adj. y s. Indio americano.

ameritar v. t. Amer. Dar méritos. | Merecer.

ametrallador, ra adj. Dícese de las armas que disparan por ráfagas (ú. t. c. s. f.).

ametrallamiento m. Acción de ametrallar.

ametrallar v. t. Disparar con ametralladora.

amianto m. Mineral de fibras blancas.

amibiasis f. Med. Parasitosis causada por amebas.

amígdala f. Glándula roja situada a uno y otro lado de la entrada del istmo de las fauces.

amigo, ga adj. y s. Que tiene amistad: persona amiga. || Amistoso. || Fig. Aficionado o inclinado a alguna cosa: amigo del arte. || — M. Amante. || Tratamiento afectuoso: ¿dónde va, amigo?

amilanar v. t. Causar miedo (ú. t. c. pr.).

aminoácido m. Quím. Sustancia orgánica que forma parte de las proteínas.

aminoración f. Disminución.

aminorar v. t. Disminuir.

amistad f. Afecto o cariño. || — Pl. Amigos.

amistoso, sa adj. Que demuestra amistad.

amnesia f. Pérdida de la memoria.

amnistía f. Perdón de los delitos políticos.

amnistiar v. t. Conceder amnistía.

amo m. Dueño. || El que tiene criados.

amodorrarse v. pr. Caer en modorra.

amolado, da adj. Méx. Que se encuentra en malas condiciones.

amoldamiento m. Acción de amoldar.

amoldar v. t. Ajustar una cosa al molde. || Fig. Arreglar la conducta a una pauta determinada. Ú. t. c. pr.: amoldarse a todo.

amonestación f. Acción y efecto de amonestar.

amonestador, ra adj. y s. Que amonesta.

amonestar v. t. Regañar.

amoniaco m. Gas compuesto de nitrógeno e hidrógeno (NH_3).

amonio m. Quím. Radical compuesto de un átomo de nitrógeno y cuatro de hidrógeno.

amontonar v. t. Poner en montón. || Reunir en abundancia.

amor m. Sentimiento del ánimo hacia lo que place. || Persona u objeto amado. || Interés: *trabajar con amor*. || — Pl. Relaciones amorosas.

amoral adj. Sin moral.

amoralidad f. Calidad de amoral.

amordazar v. t. Poner mordaza.

amorfo, fa adj. Sin forma regular.

amorío m. *Fam.* Enamoramiento.

amoroso, sa adj. Que siente o manifiesta amor. || *Amer.* Encantador.

amortajamiento m. Acción de amortajar.

amortajar v. t. Poner la mortaja al difunto.

amortiguador, ra adj. Que amortigua. || — M. Dispositivo que amortigua la violencia de un choque, la intensidad de un sonido o el trepidar de una máquina o vehículo automóvil.

amortiguar v. t. Hacer menos viva o violenta una cosa (ú. t. c. pr.).

amortización f. Acción de amortizar.

amortizar v. t. Pagar el capital de un préstamo. || Recuperar los fondos invertidos.

amotinamiento m. Rebelión.

amotinar v. t. Alzar en motín (ú. t. c. pr.).

amparar v. t. Proteger (ú. t. c. pr.).

amparo m. Acción de amparar. || Defensa.

amperio m. *Electr.* Unidad de intensidad de una corriente eléctrica (símb. A).

ampliación f. Acción de ampliar.

ampliar v. t. Extender. || Agrandar una foto.

amplificación f. Acción de amplificar.

amplificador, ra adj. y s. m. Que aumenta.

amplificar v. t. Ampliar.

amplio, plia adj. Extenso.

ampolla f. Vejiga en la epidermis. || Tubito de vidrio que tiene un medicamento inyectable.

ampulosidad f. Calidad de ampuloso.

ampuloso, sa adj. Redundante.

amputación f. Acción y efecto de amputar.

amputar v. t. Cortar del cuerpo un miembro o parte de él.

amueblar v. t. Poner muebles.

amuleto m. Medalla u otro objeto al que se atribuye virtud de protección.

amurallar v. t. Cercar con murallas.

anaconda f. Serpiente americana.

anacoreta com. Ermitaño.

anacrónico, ca adj. Que padece anacronismo.

anacronismo m. Error de cronología. || Cosa impropia de las costumbres de una época.

ánade amb. *Zool.* Pato.

anafe o **anafre** m. Hornillo portátil.

anales m. pl. Relación de sucesos por años.

analfabetismo m. Falta de instrucción elemental.

analfabeto, ta adj. y s. Que no sabe leer ni escribir. || *Fig.* Ignorante.

analgesia f. *Med.* Falta o supresión del dolor.

analgésico, ca adj. Que calma el dolor (ú. t. c. m.).

análisis m. Distinción de las partes de un todo para conocer sus principios constitutivos. || Examen químico o bacteriológico de los humores, secreciones o tejidos para hacer un diagnóstico. || En informática, primera etapa de la programación para saber lo que ha de resolver un ordenador.

analista com. Autor de anales. || Persona que hace análisis. || Especialista de informática que, en la primera etapa de la programación, realiza el análisis del problema planteado para la elaboración del programa de un ordenador.

analizar v. t. Hacer el análisis de algo.

analogía f. Similitud.

análogo, ga adj. Que tiene similitud.

ananás m. Planta de fruto como una piña.

anaquel m. Estante de armario.

anaranjado, da adj. De color naranja (ú. t. c. s. m.).

anarquía f. Ausencia de gobierno.

anarquismo m. Doctrina política que preconiza la completa libertad del individuo, la supresión de la propiedad privada y la abolición del Estado.

anarquista adj. Propio del anarquismo o de la anarquía. || — Com. Partidario de la anarquía.

anatema amb. Excomunión.

anatomía f. Ciencia que da a conocer el número, estructura, situación y relaciones de las diferentes partes de los cuerpos orgánicos.

anca f. Caderas de los animales.

ancestral adj. De los antepasados.

ancho, cha adj. Que tiene anchura o la tiene excesiva. || Holgado, amplio. || — M. Anchura.

anchoa f. Boquerón curado en salmuera.

anchoveta f. *Chil., Ecuad., Méx.* y *Per.* Pez semejante a la anchoa.

anchura f. Latitud. || Amplitud. || Libertad.

anciano, na adj. y s. Viejo.

ancla f. Instrumento de hierro para aferrar las embarcaciones al fondo del mar.

anclar v. i. Echar el ancla.

andalucismo m. Palabra o giro del castellano hablado en Andalucía. || Amor a Andalucía. || Condición de andaluz.

andaluz, za adj. y s. De Andalucía. || — M. Modalidad del castellano hablado en Andalucía.

andamiaje m. Conjunto de andamios. || *Fig.* Estructura conceptual para la elaboración de una teoría.

andamio m. Armazón provisional levantado delante de una fachada para facilitar la construcción, la reparación o la pintura de muros.

andanada f. Descarga cerrada de toda la batería de un buque de guerra. || Localidad cubierta y con gradas en las plazas de toros.

andanza f. Recorrido. || — Pl. Aventuras.

andar v. i. Ir de un lugar a otro dando pasos. || Funcionar un mecanismo. || *Fig.* Estar: *andar uno triste.* || Pasar el tiempo: *andan los días.* || Con la prep. *a,* dar: *andar a palos.* || Con la prep. *con* o *sin,* tener o padecer: *andar con miedo.* || Con la prep. *en,* hurgar: *andar en un cajón;* meterse en algo: *andar en pleitos;* estar para cumplir: *andar en los treinta años.* || Antepuesto a un gerundio, denota que éste significa. || Con las prep. *con* o *en,* usar, emplear: *andar con bromas.* || — *Fig. Andar tras algo,* pretenderlo. | *Andar tras alguno,* buscarlo. || — V. t. Recorrer. || — V. pr. Marcharse.

andas f. pl. Tablero para llevar algo en hombros.

andén m. En las estaciones, acera a lo largo de la vía. || Muelle de un puerto. || *Amer.* Acera.

andinismo m. *Amer.* Montañismo en los Andes.

andinista com. Que practica el andinismo.

andino, na adj. y s. Relativo a los Andes.

andrajo m. Pedazo roto o jirón.

androceo m. Tercer verticilo de la flor formado por los estambres.

anécdota f. Relación breve de un suceso curioso.

anecdotario m. Colección de anécdotas.

anegar v. t. Inundar.

anejo, ja adj. Anexo, dependiente: *local anejo*.

anélidos m. pl. Animales vermiformes como la lombriz.

anemia f. Empobrecimiento de la sangre.

anémico, ca adj. Relativo a la anemia.

anémona f. Planta de flores grandes.

anestesia f. Privación de la sensibilidad.

anestesiar v. t. *Med.* Provocar la anestesia.

anestesista com. Persona que anestesia.

anexión f. Acción y efecto de anexionar.

anexionar v. t. Unir una cosa a otra.

anexo, xa adj. y s. m. Unido a otra cosa.

anfibio, bia adj. Dícese de los que pueden vivir en el agua y en la tierra (ú. t. c. s. m.). || Dícese del vehículo o del aparato que puede funcionar lo mismo en tierra que en el agua o en el aire.

anfiteatro m. Edificio oval con gradas alrededor. || Conjunto de asientos en gradas semicirculares.

ánfora f. Cántaro de dos asas.

ángel m. Cualquiera de los espíritus celestes que pertenecen al último de los nueve coros. || *Fig.* Gracia, simpatía, atractivo. | Persona muy dulce.

angelopolitano, na adj. y s. De Puebla de los Ángeles (México).

angina f. *Med.* Inflamación de la garganta. || *Angina de pecho*, afección de la región precordial.

angiospermo, ma adj. *Bot.* Referido a la planta cuya semilla se halla envuelta por un pericarpio.

anglicanismo m. Conjunto de las doctrinas de la religión reformada predominante en Inglaterra.

anglicano, na adj. Relativo al anglicanismo.

anglicismo m. Giro, vocablo o modo de hablar propio del inglés y empleado en otra lengua.

anglosajón, ona adj. y s. De los anglosajones y, por ext., de los pueblos de raza inglesa. || — M. Individuo perteneciente a unos grupos germánicos que invadieron Inglaterra a partir del s. V. || Lengua germánica hablada por los anglosajones.

angoleño, ña adj. y s. De Angola (África).

angora com. Gato de Angora o Ankara. || Su piel.

angosto, ta adj. Estrecho.

angostura f. Estrechura.

angström m. Unidad de medida de las longitudes de onda (diezmillonésima parte de un mm).

anguila f. Pez de agua dulce.

angula f. Cría de anguila.

angular adj. De figura de ángulo.

ángulo m. *Geom.* Abertura formada por dos líneas que parten de un mismo punto. || Esquina. || *Fig.* Punto de vista.

angustia f. Aflicción, congoja.

angustiar v. t. Causar angustia.

angustioso, sa adj. Que causa angustia.

anhelar v. t. Ansiar.

anhelo m. Deseo vehemente.

anhídrido m. *Quím.* Cuerpo que puede formar un ácido combinado con el agua.

anhidro, dra adj. Que no contiene agua.

anidar v. t. Hacer su nido (ú. t. c. pr.).

anilina f. *Quím.* Alcaloide artificial líquido.

anilla f. Anillo.

anillar v. t. Sujetar con anillos.

anillo m. Aro pequeño. || Sortija.

animación f. Acción y efecto de animar o animarse. || Vivacidad. || Concurso de gente. || Alegría.

animado, da adj. Dotado de vida. || *Fig.* Divertido. | Movido de: *animado de buena fe.* || *Dibujos animados*, sucesión de dibujos que, cinematografiados, dan la ilusión del movimiento.

animador, ra adj. y s. Que anima.

animadversión f. Enemistad.

animal m. Ser orgánico que vive, siente y se mueve voluntariamente. || Ser irracional por oposición al hombre. | — Adj. Del animal: *funciones animales*. || *Fig.* Dícese de la persona ignorante.

animar v. t. Dar fuerza y vigor. || Dar movimiento, alegría y vida: *animar una feria, una fiesta.* || — V. pr. Cobrar ánimo. || Atreverse.

anímico, ca adj. Del alma.

ánimo m. Valor. || Intención, voluntad.

animosidad f. Aversión, odio.

anión m. *Electr.* Ion cargado negativamente.

aniquilación f. Acción de aniquilar.

aniquilamiento m. Aniquilación.

aniquilar v. t. Reducir a la nada, destruir.

anís m. Planta aromática. || Grano de anís bañado en azúcar. || Aguardiente de anís.

aniversario, ria adj. Anual. || — M. Día en que se cumplen años de algún suceso.

ano m. *Anat.* Orificio del recto.

anoche adv. Ayer por la noche.

anochecer v. i. Venir la noche. || Llegar o estar en un paraje determinado al empezar la noche.

anodino, na adj. Insípido.

ánodo m. *Electr.* Polo positivo de un generador.

anomalía f. Irregularidad.

anómalo, la adj. Irregular.

anonadar v. t. Apocar, abatir.

anonimato m. Carácter anónimo.

anónimo, ma adj. Dícese del escrito sin nombre de autor (ú. t. c. m.). || *Sociedad anónima*, asociación comercial cuyos socios sólo son responsables por el valor del capital aportado.

anormal adj. Irregular, contra la regla. || — Com. Persona cuyo desarrollo es deficiente.

anormalidad f. Carácter de anormal.

anotación f. Acción de anotar.

anotar v. t. Poner o tomar notas.

anquilosar v. t. Causar anquilosis (ú. t. c. pr.).

anquilosis f. *Med.* Privación de movimiento en las articulaciones. || *Fig.* Detención.

ánsar m. Ave palmípeda.

ansia f. Inquietud. || Anhelo. || — Pl. Náuseas.

ansiar v. t. Desear con ansia.

ansiedad f. Ansia.

ansioso, sa adj. y s. Que tiene ansia.

antagonismo m. Oposición.

antagonista adj. y s. Dícese de la persona o cosa opuesta: *es mi antagonista.*

antaño adv. En tiempo antiguo.

antártico, ca adj. Austral.

ante m. Especie de ciervo. || Su piel.

ante prep. En presencia de, delante de.

anteanoche adv. Anteayer por la noche.

anteayer adv. El día anterior a ayer.

antebrazo m. Brazo entre el codo y la muñeca.

antecedente adj. Que antecede (ú. t. c. s. m.).

anteceder v. t. Preceder.

antecesor, ra adj. Anterior en tiempo. || — M. y f. Persona que precedió a otra. || Antepasado.

antelación f. Anticipación.

antemano adv. *De antemano,* antes.

ante merídiem loc. lat. Indica las horas del día desde medianoche hasta mediodía (símb. *a. m.*).

antena f. *Electr.* Conductor metálico que permite emitir y recibir las ondas electromagnéticas.

anteojo m. Instrumento para ver de lejos.

antepasado, da adj. Anterior, pasado. || — M. Ascendiente.

antepecho m. Pretil.

antepenúltimo, ma adj. Antes del penúltimo.

anteponer v. t. Poner inmediatamente antes.

anterior adj. Que precede.

anterioridad f. Precedencia.

antes adv. Expresa prioridad de tiempo o lugar: *antes de llegar.* || Denota preferencia: *antes morir que capitular.* || — Adj. Anterior: *el día antes.*

antesala f. Pieza delante de la sala.

antiácido, da adj. y s. Que resiste la acción de los ácidos || — M. Medicamento para neutralizar la acidez gástrica.

antiaéreo, a adj. De la lucha contra la aviación.

antiatómico, ca adj. Contra cualquier radiación o de los proyectiles atómicos.

antibiótico, ca adj. y s. m. *Med.* Dícese de las sustancias químicas que impiden la multiplicación o desarrollo de los microbios.

anticanceroso, sa adj. Contra el cáncer.

anticapitalista adj. y s. Hostil al capitalismo.

anticiclón m. Centro de elevadas presiones atmosféricas.

anticipación f. Acción y efecto de anticipar.

anticipado, da adj. Prematuro: *pago anticipado.*

anticipar v. t. Hacer que ocurra algo antes.

anticipo m. Anticipación. || Dinero anticipado.

anticlericalismo m. Oposición al clero.

anticolonialismo m. Oposición al colonialismo.

anticonceptivo, va adj. y s. m. Que evita el embarazo.

anticontaminante adj. Que no contamina o combate la contaminación.

anticuado, da adj. Fuera de uso.

anticuarse v. pr. Hacerse antiguo.

anticuario, ria m. y f. Vendedor de cosas antiguas.

anticuchos m. pl. *Per.* Brochetas.

anticuerpo m. *Med.* Sustancia que se opone a la acción de las bacterias, toxinas, etc.

antídoto m. Contraveneno.

antiestético, ca adj. No estético.

antifaz m. Máscara para cubrir la cara.

antigüedad f. Calidad de antiguo. || Tiempo antiguo. || Tiempo transcurrido desde el cual se obtiene un empleo: *ascenso por antigüedad.* || — Pl. Monumentos u objetos de arte antiguos.

antígeno m. *Med.* Sustancia que al entrar en un cuerpo animal provoca la aparición de anticuerpos para inmunizarlo.

antiguo, gua adj. Viejo.

antihistamínico m. Sustancia empleada para el tratamiento de las alergias porque contrarresta la acción de la histamina.

antillano, na adj. y s. De las Antillas.

antílope m. Rumiante parecido al ciervo.

antimonio m. Metal blanco azulado (Sb).

antinomia f. Contradicción.

antinuclear adj. Opuesto a la utilización de la energía nuclear.

antipartícula f. *Fís.* Partícula elemental (positrón, antiprotón, antineutrón) con propiedades opuestas a las de los átomos de los elementos químicos.

antipatía f. Repugnancia instintiva hacia alguien.

antipático, ca adj. Que causa antipatía (ú. t. c. s.).

antipatizar v. i. *Amer.* Sentir antipatía.

antipatriótico, ca adj. Contrario al patriotismo.

antípoda m. Persona que se halla en un lugar de la Tierra diametralmente opuesto a otra. || *Fig.* Lo que es enteramente contrario. || — Pl. Tierras situadas en lugar diametralmente opuesto.

antiprotón m. Protón negativo.

antirracismo m. Oposición al racismo.

antirracista adj. y s. Opuesto al racismo.

antirrobo adj. y s. m. Dícese del dispositivo de seguridad que impide el robo.

antisemita adj. y s. Hostil a los judíos.

antisemitismo m. Odio a los judíos.

antiséptico, ca adj. y s. m. *Med.* Dícese del producto que destruye los microbios.

antiterrorismo m. Lucha contra el terrorismo.

antiterrorista adj. Contra el terrorismo.

antítesis f. *Ret.* Oposición de sentido entre dos frases o palabras: *la naturaleza es «grande» hasta en las cosas más «pequeñas».*

antitetánico, ca adj. *Med.* Dícese del remedio empleado para luchar contra el tétanos.

antitoxina f. *Med.* Sustancia que destruye las toxinas.

antojadizo, za adj. Caprichoso.

antojarse v. pr. Desear mucho una cosa.

antojito m. *Méx.* Bocado ligero.

antojo m. Deseo vivo y pasajero de algo.

antología f. Colección de trozos literarios.

antónimo, ma adj. y s. Contrario.

antorcha f. Tea para alumbrar. || *Fig.* Luz, guía.

antracita f. Carbón fósil seco.

ántrax m. *Med.* Tumor inflamatorio en la piel.

antro m. Caverna, cueva.

antropofagia f. Costumbre de comer carne humana.

antropófago, ga adj. y s. Que come carne humana.

antropología f. Ciencia que trata del hombre.

antropológico, ca adj. De la antropología.

antropólogo, ga m. y f. Persona dedicada al estudio de la antropología.

antropopiteco m. Animal fósil.

anual adj. Que sucede cada año o dura un año.

anualidad f. Calidad de anual. || Importe anual de cualquier renta.

anuario m. Libro que se publica de año en año para que sirva de guía.

anudar v. t. Hacer uno o más nudos.

anulación f. Acción de anular.

anular m. Cuarto dedo de la mano (ú. t. c. adj.).

anular v. t. Dar por nulo.

anunciación f. Acción y efecto de anunciar. || Fiesta con que la Iglesia católica celebra la visita del arcángel Gabriel a la Virgen.

anunciante adj. y s. Que anuncia.

anunciar v. t. Hacer saber. || Publicar: *anunciar una subasta.* || — V. pr. Hacer publicidad.

anuncio m. Aviso con que se anuncia algo. || Publicidad. || Pronóstico. || Signo, índice.

anuros m. pl. Orden de batracios sin cola, que comprende las ranas, los sapos, etc. (ú. t. c. adj.).

anverso m. Haz de monedas, impresos, etc.

anzoateguiense adj. y s. De Anzoátegui (Venezuela).

anzuelo m. Arponcillo que, pendiente de un sedal, sirve para pescar. || *Fig.* y *fam.* Atractivo.

añadido m. Añadidura.

añadidura f. Lo que se añade.

añadir v. t. Agregar, incorporar una cosa a otra.

añejo, ja adj. Que tiene mucho tiempo.

añil m. Arbusto de cuyas hojas se saca una pasta colorante azul. || Color de esta pasta.

año m. Tiempo que tarda la Tierra en hacer su revolución alrededor del Sol: *el año consta de 52 semanas o 365 días.* || Período de doce meses.

añoranza f. Nostalgia.

añorar v. t. Sentir nostalgia.

aorta f. *Anat.* Arteria principal del cuerpo que arranca del ventrículo izquierdo del corazón.

apabullar v. t. Reducir al silencio, dejar confuso.

apacentamiento m. Acción de apacentar.

apacentar v. t. Dar pasto al ganado.

apache adj. y s. Dícese de un pueblo indio del SO. de Estados Unidos y del N. de México.

apachurrar v. t. *Amér. C.* y *Méx.* Aplastar.

apacible adj. Tranquilo.

apaciguador, ra adj. y s. Que apacigua.

apaciguamiento m. Acción de apaciguar.

apaciguar v. t. Sosegar.

apadrinamiento m. Acción de apadrinar.

apadrinar v. t. Ser padrino. || *Fig.* Patrocinar.

apagar v. t. Extinguir el fuego o la luz. || *Fig.* Aplacar: *apagar el odio.* || Echar agua a la cal viva.

apaisado, da adj. Oblongo.

apalabrar v. t. Convenir de palabra.

apalancamiento m. Acción de apalancar.

apalancar v. t. Levantar, mover con palanca.

apaleamiento m. Acción y efecto de apalear.

apalear v. t. Dar golpes con un palo.

apañado, da adj. Hábil, mañoso.

apañar v. t. *Fig.* Apoderarse de algo. || Preparar. || *Fam.* Remendar lo roto. || — V. pr. *Fam.* Darse maña para una cosa. || *Apañárselas,* arreglárselas.

apaño m. Arreglo. || *Fam.* Maña. | Relación amorosa irregular.

apapachar v. t. *Méx.* Mimar en demasía.

aparador m. Mueble de comedor donde se coloca lo necesario para el servicio de la mesa.

aparato m. Pompa, ostentación: *con mucho aparato.* || Máquina, conjunto de instrumentos o útiles para ejecutar un trabajo. || *Fam.* Teléfono: *¿quién está al aparato?* | *Anat.* Conjunto de órganos para una misma función. || Conjunto de los responsables permanentes de un partido o sindicato.

aparatoso, sa adj. Que tiene mucho aparato, ostentoso, pomposo. || Espectacular.

aparcamiento m. Acción de aparcar. || Sitio donde se aparca.

aparcar v. t. Estacionar un coche.

aparcería f. Contrato o convenio de los que van a la parte en una finca rústica.

aparcero, ra m. y f. Persona que tiene aparcería.

aparear v. t. Formar pares. || Unir animales para que se reproduzcan. || — V. pr. Juntarse las hembras con los machos para procrear.

aparecer v. i. Manifestarse, dejarse ver (ú. t. c. pr.). || Encontrarse, hallarse: *aparecer lo perdido.*

aparecido m. Espectro de un difunto.

aparejador, ra adj. y s. Que apareja. || — M. y f. Ayudante de un arquitecto.

aparejar v. t. Poner el aparejo a las caballerías.

aparejo m. Preparación. || Arreo de las caballerías. || Sistema de poleas compuestas. || Conjunto de cosas necesarias para algo: *aparejo de pescar.*

aparentar v. t. Manifestar lo que no es. || Corresponder la edad de alguien a su aspecto. || Fingir. || — V. i. Hacerse ver: *le gusta mucho aparentar.*

aparente adj. Que parece y no es. || Visible.

apareo m. Acción y efecto de aparear o aparearse.

aparición f. Acción de aparecer.

apariencia f. Aspecto exterior.

apartado, da adj. Distante, remoto: *caserío apartado.* || — M. Correspondencia que se aparta en Correos para que la recoja el destinatario. || Acción de encerrar los toros en los chiqueros. || Conjunto de párrafos de una ley, decreto, etc.

apartamento m. Piso pequeño.

apartamiento m. Acción y efecto de apartar.

apartar v. t. Alejar: *apartar un obstáculo.* || Quitar a una persona o cosa de un lugar, apartar a uno. || Escoger, entresacar. || — V. i. Empezar: *apartar a correr.* || — V. pr. Echarse a un lado.

aparte adv. En otro lugar: *poner aparte.* || A un lado: *broma aparte.* || Con omisión: *aparte de lo dicho.* | Además. || — M. Párrafo. || *Teatr.* Lo que el personaje dice suponiendo que no le oyen los demás. || — Adj. Diferente: *es una persona aparte entre todas.*

apasionamiento m. Pasión.

apasionar v. t. Causar pasión (ú. m. c. pr.).

apatía f. Falta de ganas.

apático, ca adj. y s. Que tiene apatía.

apátrida adj. y s. Sin patria.

apeadero m. En los ferrocarriles, sitio donde pueden bajar viajeros, pero sin estación. || *Fig.* Casa que uno habita de paso fuera de su domicilio.

apear v. t. Bajar del caballo o coche (ú. t. c. pr.).

apechugar v. i. *Fig.* Resignarse, cargarse.

apedreamiento m. Acción y efecto de apedrear.

apedrear v. t. Tirar piedras.

apegarse v. pr. Cobrar apego.

apego m. *Fig.* Cariño.

apelación f. Acción de apelar.

apelar v. i. Pedir al juez o tribunal superior que revoque la sentencia del inferior. || *Fig.* Recurrir a una persona o cosa.

apelativo adj. *Gram.* Dícese del nombre común. || — M. Nombre de una persona.

apellidar v. t. Nombrar a uno por su apellido. || Llamar, dar por nombre. || — V. pr. Tener tal nombre o apellido: *se apellida Pelayo.*

apellido m. Nombre de familia.

apelmazar v. t. Hacer más compacto.

apenar v. t. Causar pena.

apenas adv. Casi no: *apenas se mueve.* || Luego que: *apenas llegó se puso a trabajar.*

apéndice m. Cosa adjunta o añadida a otra.

apendicitis f. *Med.* Inflamación del apéndice.

aperitivo m. Bebida que se toma antes de la comida. || Manjares que acompañan a esta bebida.

apero m. Conjunto de instrumentos de un oficio.

apertura f. Acción de abrir. || Comienzo del curso escolar, de las sesiones de un parlamento, de una partida de ajedrez, de una partida de rugby.

apesadumbrar y **apesarar** v. t. Entristecer.

apestar v. i. Despedir mal olor.

apetecer v. t. Tener ganas de alguna cosa o desearla. || — V. i. Gustar.

apetecible adj. Que se apetece.

apetencia f. Deseo.
apetito m. Ganas de comer. || *Fig.* Deseo.
apetitoso, sa adj. Que excita el apetito.
apicultura f. Actividad destinada a la cría de abejas.
apilar v. t. Amontonar.
apiñamiento m. Acción de apiñar o apiñarse.
apiñar v. t. Juntar personas o cosas (ú. t. c. pr.).
apio m. Planta hortense comestible.
apisonadora f. Máquina para afirmar caminos.
apisonar v. t. Apretar con apisonadora.
aplacar v. t. Suavizar: *aplacar el enojo* (ú. t. c. pr.).
aplanadora f. *Amer.* Apisonadora.
aplanamiento m. Acción y efecto de aplanar.
aplanar v. t. Allanar. || *Fig.* Desanimar.
aplastamiento m. Acción y efecto de aplastar.
aplastante adj. Que aplasta. || *Fig.* Abrumador.
aplastar v. t. Aplanar. || *Fig.* Vencer.
aplatanado, da adj. *Fam.* Indolente.
aplatanamiento m. *Fam.* Indolencia.
aplatanarse v. pr. *Fam.* Ser o volverse apático.
aplaudir v. t. Palmotear en señal de aprobación. || Celebrar: *aplaudir una medida.*
aplauso m. Acción de aplaudir. || Aprobación.
aplazamiento m. Acción y efecto de aplazar.
aplazar v. t. Diferir, retardar. || *Arg.* y *Urug.* Suspender a uno que se examina.
aplicación f. Adaptación. || Ejecución: *la aplicación de una teoría.* || *Fig.* Esmero, diligencia.
aplicado, da adj. *Fig.* Estudioso.
aplicar v. t. Poner una cosa sobre otra: *aplicar una cataplasma.* || *Fig.* Adaptar, apropiar: *aplicar las artes a la industria.* || Atribuir, referir a un caso particular. || Emplear. || — V. pr. Poner esmero, diligencia. || Concernir: *esta ley se aplica a todos.*
aplique m. Lámpara fijada en la pared.
aplomo m. Serenidad.
apocado, da adj. Pusilánime.
apocamiento m. Timidez.
apocarse v. pr. Asustarse.
apocopar v. t. *Gram.* Hacer apócope.
apócope f. *Gram.* Supresión de una o más letras al fin de un vocablo: *tan es un apócope de tanto.*
apócrifo, fa adj. No auténtico.
apodar v. t. Poner motes a uno.
apoderado, da m. y f. Persona que tiene poder para representar a otra.
apoderamiento m. Acción de apoderarse.
apoderar v. t. Hacer apoderado a una persona. || — V. pr. Hacerse dueño de una cosa.
apodo m. Sobrenombre.
apófisis f. *Anat.* Parte saliente de un hueso.
apogeo m. El máximo de grandeza.
apolillar v. t. Roer la polilla.
apologética f. Parte de la teología que tiene por objeto la justificación del cristianismo.
apología f. Discurso de alabanza.
apologista com. Persona que hace la apología.
apólogo m. Fábula moral.
apoltronarse v. pr. Arrellanarse.
apoplejía f. *Med.* Parálisis cerebral producida por derrame sanguíneo en el encéfalo o las meninges.
apoquinar v. i. *Pop.* Pagar.
aporrear v. t. Golpear (ú. t. c. i.).
aportación f. Acción de aportar.
aportar v. i. *Fig.* Llegar a parte no pensada: *aportó por allí.* || — V. t. Llevar uno bienes a la sociedad de la que es miembro. || *Fig.* Proporcionar.

aporte m. *Amer.* Aportación.
aposentar v. t. Dar habitación y hospedaje.
aposento m. Cuarto de una casa. || Domicilio.
aposición f. Efecto de poner dos o más sustantivos sin conjunción: *Madrid, capital de España.*
apostar v. t. e i. Hacer una apuesta. || Poner gente en un sitio para algún fin (ú. t. c. pr.).
apostasía f. Abandono de la religión profesada.
apóstata adj. y s. Que comete apostasía.
a posteriori loc. adv. Que va del efecto a la causa: *razonamiento «a posteriori».*
apostilla f. Anotación.
apóstol m. Cada uno de los doce primeros discípulos de Jesús. || Propagador.
apostolado m. Ministerio del apóstol.
apostólico, ca adj. De los apóstoles o del Papa.
apostrofar v. t. Dirigir apóstrofes.
apóstrofe amb. Palabras dirigidas con vehemencia a una persona. || *Fig.* Insulto.
apóstrofo m. Signo ortográfico (') que indica elisión de vocal.
apostura f. Actitud, prestancia.
apotema f. *Geom.* Perpendicular trazada del centro de un polígono regular a uno de sus lados.
apoteósico, ca adj. Relativo a la apoteosis.
apoteosis f. Honores extraordinarios.
apoyar v. t. Hacer que una cosa descanse sobre otra: *apoyar los codos en la mesa.* || Basar, fundar. || *Fig.* Favorecer: *apoyar a un candidato.* || Confirmar una opinión o doctrina: *apoyar una teoría en hechos indiscutibles.* || — V. pr. Servirse de una persona o cosa como apoyo: *apoyarse en alguien.*
apoyo m. Lo que sostiene.
apreciación f. Estimación.
apreciar v. t. Valorar. || Estimar.
aprecio m. Estima.
apremiar v. t. Dar prisa. || — V. i. Urgir.
apremio m. Urgencia, prisa. || *For.* Mandamiento judicial ejecutivo.
aprender v. t. Adquirir el conocimiento de una cosa: *aprender de memoria* (ú. t. c. pr.).
aprendiz, za m. y f. Persona que aprende.
aprendizaje m. Acción de aprender algún arte u oficio. || Tiempo que en ello se emplea.
aprensión f. Escrúpulo. || Temor infundado.
aprensivo, va adj. Temeroso.
apresar v. t. Hacer presa con las garras o colmillos. || Apoderarse.
aprestar v. t. Aparejar, preparar lo necesario. || Engomar los tejidos. || — V. pr. Estar listo para.
apresto m. Acción de aprestar. || — Pl. Utensilios.
apresuramiento m. Prisa.
apresurar v. t. Dar prisa (ú. t. c. pr.).
apretar v. t. Estrechar con fuerza. || Oprimir: *apretar el gatillo.* || Comprimir. || *Fig.* Activar: *apretar el paso.* || — V. i. Intensificarse: *la lluvia aprieta.*
apretón m. Estrechamiento fuerte y rápido.
apretujar v. t. *Fam.* Apretar.
apretura f. Aprieto, dificultad.
aprieto m. Apuro.
a priori loc. adv. Dícese de los conocimientos que son anteriores a la experiencia.
aprisa adv. Rápidamente.
aprisionar v. t. Poner en prisión. || *Fig.* Sujetar.
aprobación f. Acción y efecto de aprobar.
aprobado, da adj. Que ha pasado con éxito un examen. || — M. Nota de aptitud en un examen.

aprobar v. t. Dar por bueno. || Obtener una nota de aptitud en un examen (ú. t. c. i.).

apropiación f. Acción y efecto de apropiarse.

apropiarse v. pr. Apoderarse de alguna cosa.

aprovechado, da adj. Bien empleado. || Que trata de sacar provecho de todo (ú. t. c. s.).

aprovechamiento m. Provecho.

aprovechar v. i. Servir de provecho alguna cosa. || Adelantar en estudios, etc. || — V. t. Emplear útilmente una cosa. || — V. pr. Sacar utilidad de algo.

aprovisionamiento m. Acción de aprovisionarse.

aprovisionar v. t. Abastecer (ú. t. c. pr.).

aproximación f. Proximidad. || Acercamiento. || Número de la lotería anterior o posterior al del primer premio. || Estimación aproximada.

aproximar v. t. Acercar (ú. t. c. pr.).

aptitud f. Disposición natural o adquirida. || Idoneidad para un cargo.

apto, ta adj. Hábil para hacer alguna cosa.

apuesta f. Acción y efecto de apostar.

apunarse v. pr. *Amer.* Padecer puna o soroche.

apuntalar v. t. Poner puntales.

apuntar v. t. Dirigir hacia un punto un arma arrojadiza o de fuego. || Señalar: *apuntar con el dedo.* || Tomar nota de alguna cosa. || En el teatro, decir el texto de una obra a un actor. || Facilitar la lección a un alumno que no se la sabe. || *Fig.* Insinuar: *apuntar una idea.* | Señalar o indicar. || — V. i. Empezar a manifestarse una cosa: *apuntar el día.* || Encararse un arma. || — V. pr. Inscribirse.

apunte m. Nota que se toma por escrito. || Dibujo ligero. || — Pl. Notas de las explicaciones de un profesor, orador, etc.: *tomar apuntes.*

apuñalar v. t. Dar de puñaladas.

apurado, da adj. Pobre. || Molesto: *estoy muy apurado.* || Falto: *apurado de tiempo.*

apurar v. t. Acabar o agotar: *apurar un cigarrillo.* || *Fig.* Apremiar, dar prisa: *no me apures más.* | Molestar: *me apura decírtelo.* || — V. pr. Afligirse, acongojarse. | Preocuparse. | Apresurarse.

apuro m. Aprieto, trance, dificultad. || — Pl. Escasez grande: *apuros de dinero.* || Aflicción, tristeza. || Vergüenza, sonrojo. || *Amer.* Prisa.

aquejar v. t. Sufrir, padecer.

aquel, aquella, aquello adj. y pron. Designa lo que está lejos de la persona que habla y de la persona con quien se habla. || — M. *Fam.* Encanto, gracia: *tiene su aquél.* || Algo, un poco de.

aquí adv. En este lugar: *aquí ocurrió el accidente.* || A este lugar: *ven aquí.* || En esto o en eso, de esto: *de aquí viene su desgracia.*

aquiescencia f. Consentimiento.

aquietar v. t. Sosegar.

aquilatar v. t. *Fig.* Apreciar el mérito.

Ar, símbolo químico del *argón.*

ara f. Altar en que se ofrecen sacrificios. || *En aras de,* en honor a. || — M. Guacamayo.

árabe adj. y s. De Arabia. || — M. Lengua árabe.

arábigo, ga adj. De Arabia.

arabizar v. t. Dar carácter árabe.

arácnidos m. pl. Clase de animales que comprende las arañas, escorpiones, etc. (ú. t. c. adj.).

arado m. Instrumento para labrar la tierra.

aragonés, esa adj. y s. De Aragón (España).

aragüeño, ña adj. y s. De Aragua (Venezuela).

arahuaco adj. Dícese de un pueblo indio que vivió en el Alto Paraguay. || — M. Lengua que hablaba.

arancel m. Tarifa oficial de derechos de aduanas.

arancelario, ria adj. Del arancel.

arandela f. Anillo de metal.

araña f. Arácnido pulmonado de cuatro pares de patas y abdomen no segmentado que segrega un hilo sedoso. || Lámpara colgante con varios brazos.

arañar v. t. Raspar con las uñas, un alfiler, etc.

arañazo m. Rasguño.

arar v. t. Remover la tierra con el arado.

arauaco, ca adj. y s. Arawako.

araucanismo m. Voz de origen indio propia del castellano hablado en Chile. || Condición de araucano. || Afecto a lo araucano.

araucano, na adj. y s. De la ant. Araucania o Arauco. || De Arauco, prov. de Chile. || De Arauca (Colombia). || — M. Lengua de los araucanos.

araucaria f. Árbol conífero de América del Sur.

arawako, ka adj. y s. Dícese del individuo de un pueblo indio de América en la cuenca del Orinoco.

arbitraje m. Arreglo de un litigio por un árbitro y sentencia así dictada. || Acción del juez que arbitra un partido deportivo.

arbitrar v. t. Hacer que se observen las reglas de un juego.

arbitrariedad f. Acto o proceder contrario a la justicia, la razón o las leyes, ilegalidad.

arbitrario, ria adj. Que incluye arbitrariedad.

arbitrio m. Facultad que tiene la voluntad de elegir o de determinarse: *libre arbitrio.*

árbitro m. Persona escogida por un tribunal para decidir una diferencia. || Juez que cuida de la aplicación del reglamento en un encuentro deportivo.

árbol m. Planta perenne, de tronco leñoso y elevado, que se ramifica a mayor o menor altura del suelo. || *Mar.* Palo de un buque. || *Mec.* Eje que sirve para recibir o transmitir el movimiento en las máquinas: *árbol motor.*

arbolado m. Conjunto de árboles.

arboladura f. Conjunto de palos de un buque.

arboleda f. Sitio con árboles.

arborescente adj. Con forma y características de árbol.

arbusto m. Planta de tallos leñosos.

arca f. Caja de madera con tapa asegurada con bisagras, candados o cerraduras. || — Pl. Armario metálico donde se guarda el dinero en las tesorerías. || — *Arca de Noé,* embarcación grande en que se salvaron del diluvio Noé, su familia y cierto número de animales. || *Arcas públicas,* el erario.

arcabuz m. Arma de fuego antigua.

arcada f. Conjunto o serie de arcos. || Ojo de puente. || — Pl. Náuseas.

arcaico, ca adj. Viejo.

arcaísmo m. Voz o frase anticuada.

arcángel m. Ángel de orden superior.

arcano, na adj. y s. m. Secreto.

arce m. Árbol de madera dura.

arcén m. Espacio entre la calzada y la cuneta.

archidiócesis f. Arquidiócesis.

archiducado m. Dignidad del archiduque.

archiduque m. y **archiduquesa** f. Dignidad de los príncipes de las casas de Austria y de Baviera.

archimillonario, ria adj. y s. Varias veces millonario.

archipiélago m. Conjunto de islas.

archisabido, da adj. Muy sabido.

archivador m. Mueble o caja para archivar.

archivar v. t. Poner en el archivo.

archivero, ra m. y f. Persona encargada de un archivo. || — M. *Méx.* Mueble donde se guardan archivos, archivador.

archivo m. Local donde se custodian documentos. || Fichero de informática.

arcilla f. Roca pulverulenta formada principalmente por un silicato alumínico.

arcilloso, sa adj. Con arcilla o parecido a ésta.

arcipreste m. Primer presbítero.

arco m. *Geom.* Porción de curva: *arco de círculo.* || *Arq.* Fábrica en forma de arco: *arco de puente.* || Arma para disparar flechas: *tirar con arco.* || *Mús.* Varilla de cerdas para tocar el violín. || *Arco iris,* iris.

arder v. i. Consumirse con el fuego. || *Fig.* Estar muy agitado por una pasión. || V. t. Quemar.

ardid m. Artificio, maña para lograr algo.

ardiente adj. Que arde: *carbón ardiente.* || *Fig.* Activo. | Vehemente: *deseo ardiente.*

ardilla f. Mamífero roedor de cola larga.

ardor m. Calor grande. || *Fig.* Vehemencia. | Anhelo: *desear con ardor.* | Valor. || — Pl. Ardentía.

ardoroso, sa adj. Que tiene ardor.

arduo, dua adj. Muy difícil.

área f. Espacio de tierra ocupado por un edificio. || Medida agraria (100 m²). || *Geom.* Superficie comprendida dentro de un perímetro: *el área de un triángulo.* || Superficie, zona, extensión. || Zona de un terreno de juego deportivo delante de la meta. || *Fig.* Campo, esfera: *área de influencia.*

arena f. Conjunto de partículas desagregadas de las rocas. || Metal en polvo: *arenas de oro.* || *Fig.* Lugar del combate. | Redondel de la plaza de toros.

arenar v. t. Cubrir de arena.

arenga f. Discurso enardecedor.

arengar v. t. Dirigir una arenga.

arenque m. Pez teleósteo parecido a la sardina.

areópago m. *Fig.* Reunión de personas consideradas competentes en una materia.

arepa f. *Amer.* Torta de maíz con manteca que se sirve rellena de carne de cerdo, chicharrón, etc.

arequipeño, ña adj. y s. De Arequipa (Perú).

arete m. Pendiente, arillo.

argamasa f. Mezcla de cal, arena y agua.

argelino, na adj. y s. De Argel o Argelia.

argentinidad f. Sentimiento de la nacionalidad argentina.

argentinismo m. Palabra o giro propio de los argentinos. || Carácter o condición de argentino. || Afecto a la Argentina.

argentinizar v. t. Dar carácter argentino.

argentino, na adj. y s. De la República Argentina. || — Adj. Que tiene el sonido vibrante de la plata: *voz argentina.* || — M. Modalidad del español hablado en la Argentina.

argolla f. Aro grueso de metal. || *Fam. Méx.* Suerte. || *Amer.* Anillo de matrimonio.

argón m. *Quím.* Elemento simple, gaseoso, incoloro, inodoro y sin actividad química (símb. Ar).

argot m. Germanía, jerga. || Lenguaje convencional, especialmente utilizado por un grupo.

argucia f. Sutileza, sofisma.

argüende m. *Méx.* Habladuría, chisme.

argüir v. t. Deducir. || Probar, demostrar. || — V. i. Oponer argumentos, impugnar. || Discutir.

argumentación f. Acción de argumentar.

argumentar v. i. Argüir. || — V. t. Alegar.

argumento m. Razonamiento para demostrar una proposición. || Asunto o materia de una obra.

aria f. *Mús.* Composición para una sola voz.

aridez f. Calidad de árido.

árido, da adj. Seco, estéril: *tierra árida.* || — M. pl. Granos, legumbres, etc.

ariete m. Máquina militar para derribar murallas. || *Fig.* En fútbol, delantero centro.

ario, ria adj. y s. De un pueblo primitivo de Asia Central del que proceden los indoeuropeos. || — M. Lengua de este pueblo.

arisco, ca adj. Desabrido.

arista f. Línea de intersección de dos planos.

aristocracia f. Clase noble.

aristócrata com. Persona de la aristocracia.

aristocratizar v. t. Dar carácter aristocrático.

aritmética f. Ciencia de los números.

aritmético, ca adj. Relativo a la aritmética.

arlequín m. Cómico de la comedia italiana.

arma f. Instrumento destinado a ofender o defenderse: *arma de fuego.* || *Blas.* Escudo. || *Fig.* Medios para conseguir un fin. || *Mil.* Cada uno de los diversos institutos que constituyen la parte principal de los ejércitos combatientes: *el arma de infantería.* || — Pl. Tropas o ejércitos de un Estado: *las armas de España.* || Profesión militar. || *Taurom.* Asta, cuerno. || *Zool.* Defensas de los animales.

armada f. Las fuerzas navales de un país.

armadillo m. Cierto mamífero desdentado.

armador, ra m. y f. Persona que arma o monta. || — M. El que arma o equipa una embarcación.

armadura f. Conjunto de armas defensivas que protegían el cuerpo. || *Arq.* Armazón.

armamento m. Acción de armar. || Conjunto de armas. || Armas de un soldado.

armar v. t. Dar armas. || Disponer para la guerra: *armar un ejército.* || Aprestar un arma para disparar. || *Por ext.* Tensar el muelle de un mecanismo. || Montar las piezas de un mueble, artefacto, etc.: *armar una máquina.* || *Fig.* Organizar. | Causar, provocar: *armar disgustos.* || — V. pr. *Fig.* Disponer deliberadamente el ánimo para conseguir un fin o resistir una contrariedad: *armarse de paciencia.* | Estallar, producirse: *se armó un escándalo.*

armario m. Mueble con puertas y anaqueles para guardar objetos o ropa.

armazón m. y f. Estructura para montar una cosa.

armería f. Museo de armas. || Arte de fabricar armas. || Tienda del armero.

armiño m. Mamífero de piel muy suave y delicada. || Su piel.

armisticio m. Cese de hostilidades.

armonía f. Arte de formar los acordes musicales.

armónico, ca adj. Relativo a la armonía. || — F. Instrumento músico que se toca con los labios.

armonio m. *Mús.* Órgano pequeño.

armonioso, sa adj. Que tiene armonía.

armonización f. Acción de armonizar.

armonizar v. t. Poner en armonía.

A.R.N. m. *Biol.* Ácido ribonucleico, que en los organismos celulares transporta la información que conforma la estructura de las proteínas.

arnés m. Guarniciones de las caballerías.

árnica f. Planta medicinal. || Tintura hecha con las flores de la planta de ese nombre.

aro m. Anillo de hierro, madera, etc. || Servilletero.

aroma m. Olor muy agradable.

aromatización f. Acción de aromatizar.

aromatizar v. t. Dar aroma.

arpa f. *Mús.* Instrumento triangular de cuerdas verticales que se toca con ambas manos.

arpía f. *Fig.* Mujer perversa o muy fea.

arpillera f. Tejido basto.

arpista com. Persona que tañe el arpa.

arquear v. t. Dar figura de arco: *arquear un mimbre.* || *Mar.* Medir la capacidad de un buque.

arqueo m. Acción y efecto de arquear o arquearse. || *Com.* Reconocimiento de los caudales y papeles de una caja. || *Mar.* Cabida de la nave.

arqueología f. Ciencia que estudia las artes y los monumentos de la Antigüedad.

arqueólogo, ga m. y f. Persona que tiene especiales conocimientos sobre arqueología.

arquero m. Soldado con arco. || Tesorero. || *Amer.* Guardameta, portero de un equipo de fútbol.

arquetipo m. Modelo original. || Tipo ideal.

arquidiócesis f. Diócesis episcopal.

arquitecto, ta m. y f. Persona que ejerce la arquitectura.

arquitectura f. Arte de proyectar, construir y adornar edificios. || *Fig.* Forma, estructura.

arrabal m. Barrio contiguo a una población.

arrabalero, ra y **arrabalesco, ca** adj. y s. Habitante de un arrabal. || *Fig.* y *fam.* Vulgar, bajo.

arrabio m. Hierro bruto de primera fusión.

arraigar v. i. *Bot.* Echar raíces. || *Fig.* Hacerse muy firme algo inmaterial: *arraigar una costumbre.* || — V. t. Fijar, afirmar, establecer.

arrancar v. t. Sacar de raíz: *arrancar un árbol, una muela.* || Sacar con violencia. || *Fig.* Obtener con violencia, trabajo o astucia: *arrancar una confesión.* | Separar con violencia a una persona de alguna parte o costumbre. || Poner en marcha, hacer funcionar: *arrancar el barco.* || Iniciar el funcionamiento: *arrancar el motor.* || — V. i. Andar, partir: *el coche arrancó.* || Arrojarse: *el toro arrancó contra él.* || *Arq.* Principiar el arco o la bóveda. || — V. pr. Empezar, ponerse: *arrancarse a cantar.*

arranque m. Acción y efecto de arrancar. || *Fig.* Arrebato: *arranque de ira.* | Pujanza, brío. | Ocurrencia. | Comienzo, punto de partida. || *Mec.* Pieza para poner en funcionamiento un motor.

arras f. pl. Lo que se da como prenda de un contrato. || Monedas que al celebrarse el matrimonio entrega el desposado a la desposada.

arrasar v. t. Echar por tierra. || — V. pr. Sumirse: *arrasarse en lágrimas.*

arrastrar v. t. Llevar a una persona o cosa por el suelo tirando de ella: *la multitud arrastró al asesino.* || *Fig.* Impulsar irresistiblemente: *arrastrar al crimen.* | Tener por consecuencia inevitable: *la guerra arrastra la ruina.* || — V. i. Jugar triunfos en las cartas. || — V. pr. Trasladarse rozando el suelo: *la culebra se arrastra.* || *Fig.* Humillarse demasiado.

arrastre m. Acción de arrastrar.

arrayán m. Arbusto de flores blancas.

¡arre! interj. Se emplea para arrear a las bestias.

arrear v. t. Estimular a las bestias con la voz o el látigo. || Dar prisa. || *Fam.* Dar, soltar (bofetada).

arrebatar v. t. Quitar o tomar algo con violencia. || *Fig.* Sacar de sí, entusiasmar.

arrebato m. Furor: *hablar con arrebato.* || Manifestación brusca de un sentimiento. || Éxtasis.

arreciar v. i. Hacerse más violenta una cosa.

arrecife m. Banco o bajo formado en el mar por rocas o pólíperos casi a flor de agua.

arredrar v. t. Atemorizar (ú. t. c. pr.).

arreglar v. t. Sujetar a regla. || Reparar: *arreglar un traje.* || Poner orden. || Instalar. || Solucionar: *arreglar un asunto.* || Decorar: *arreglar un piso.* || Enmendar: *arreglar una comedia.* || — V. pr. Conformarse: *me arreglo con esto.* || Ataviarse: *se arregló para salir.* || Arreglárselas, componérselas.

arreglo m. Acuerdo. || Reparación. || Adaptación. || Amancebamiento. || *Con arreglo a,* según.

arrellanarse v. pr. Sentarse con toda comodidad.

arremangar v. t. Recoger hacia arriba las mangas.

arremeter v. t. e i. Acometer.

arremetida f. Acción de arremeter.

arrendador, ra m. y f. Persona que da en arriendo alguna cosa. || Arrendatario, inquilino.

arrendamiento m. Acción de arrendar.

arrendar v. t. Adquirir mediante precio el disfrute temporal de bienes inmuebles.

arrendatario, ria adj. y s. Que toma en arrendamiento.

arreos m. pl. Guarniciones de las caballerías.

arrepentimiento m. Pesar.

arrepentirse v. pr. Pesarle a uno haber hecho o no una cosa.

arrestado, da adj. y s. Preso.

arrestar v. t. Poner preso.

arresto m. Acción de arrestar. || Detención provisional. || Arrojo, audacia.

arriar v. t. Bajar las velas o las banderas.

arriate m. Cuadro de plantas.

arriba adv. A lo alto. || En la parte alta. || En lugar anterior. || Más de: *de cinco euros arriba.* || — Interj. Voz que se emplea para alentar o aclamar.

arribismo m. Deseo de triunfar a toda costa.

arribista adj. y s. Dícese de persona dispuesta a triunfar a cualquier precio.

arriendo m. Arrendamiento.

arriero, ra m. y f. Conductor de caballerías de carga.

arriesgado, da adj. Peligroso.

arriesgar v. t. Poner en peligro: *arriesgar la vida.*

arrimar v. t. Acercar: *arrimar un armario a la pared.* || *Fig.* y *fam.* Dar un golpe: *arrimar un bofetón.* | *Fam. Arrimar el ascua a su sardina,* velar por los propios intereses.

arrinconar v. t. Poner en un rincón.

arroba f. Peso equivalente a 11,502 kilogramos.

arrobar v. t. Embelesar.

arrobo m. Éxtasis.

arrocero, ra adj. Relativo al arroz. || — M. y f. Persona que cultiva o vende arroz.

arrodillar v. t. Hacer que uno hinque las rodillas. || — V. i. y pr. Ponerse de rodillas.

arrogancia f. Altanería. || Gallardía, elegancia.

arrogante adj. Altanero. || Gallardo, elegante.

arrogarse v. pr. Atribuirse.

arrojar v. t. Lanzar: *arrojar una piedra.* || Echar: *arrojar a la basura.* || Alcanzar: *arrojar un gran beneficio.* || *Fig.* Dar como resultado: *el debe arroja más que el haber.* || Señalar, mostrar. || *Fam.* Vomitar. || — V. pr. Precipitarse: *arrojarse al agua.* || Abalanzarse: *arrojarse contra uno.*

arrojo m. Osadía, intrepidez.

arrollar v. t. Envolver una cosa en forma de rollo. || Atropellar: *el coche arrolló a un peatón.* || *Fig.* Desbaratar: *arrollar al enemigo.*

arropar v. t. Cubrir, abrigar.
arrostrar v. t. *Fig.* Afrontar.
arroyo m. Riachuelo.
arroz m. Planta cuya semilla es comestible.
arrozal m. Campo de arroz.
arruga f. Pliegue.
arrugar v. t. Hacer arrugas.
arruinar v. t. Causar ruina.
arrullo m. Canto monótono con que se enamoran las palomas y las tórtolas. || *Fig.* Cantarcillo para adormecer a los niños.
arsenal m. Establecimiento en que se construyen, reparan y conservan las embarcaciones. || Depósito o almacén de armas y otros efectos de guerra.
arsénico m. Cuerpo simple (As), de número atómico 33, de brillo metálico, y densidad 5,7.
arte amb. Virtud, poder, eficacia y habilidad para hacer bien una cosa: *trabajar con arte.* || Obra humana que expresa simbólicamente, mediante diferentes materias, un aspecto de la realidad entendida estéticamente. || Aparato para pescar. || Cautela, astucia. || — *Artes liberales,* las que requieren el ejercicio de la inteligencia. || *Bellas Artes,* pintura, escultura, arquitectura, música, literatura, danza, teatro y cine. — OBSERV. Es m. en sing. y f. en pl.
artefacto m. Aparato.
arteria f. Cada uno de los vasos que llevan la sangre desde el corazón a las demás partes del organismo. || *Fig.* Gran vía de comunicación.
artero, ra adj. Astuto.
artesanado m. y **artesanía** f. Clase social de los artesanos. || Actividad u oficio del artesano.
artesano, na m. y f. Trabajador manual.
artesón m. Adornos con molduras en techos.
artesonado, da adj. Adornado con artesones. || — M. Techo de artesones.
ártico, ca adj. Relativo al polo Norte.
articulación f. Unión de un hueso con otro. || División o separación. || *Pronunciación* clara y distinta de las palabras. || *Mec.* Unión de dos piezas.
articulado m. Conjunto o serie de artículos.
articular v. t. Unir, enlazar. || Pronunciar clara y distintamente.
articulista com. Persona que escribe artículos.
artículo m. Una de las partes en que suelen dividirse los escritos. || Escrito publicado en un periódico. || Cada una de las divisiones de un diccionario. || Cada una de las divisiones numeradas de una ley, tratado. || Objeto de comercio: *artículo de moda.* || *Gram.* Parte de la oración que se antepone al nombre para determinarlo.
artífice com. *Fig.* Autor.
artificial adj. Hecho por mano del hombre.
artificio m. Arte, habilidad con que está hecha una cosa. || Aparato, mecanismo. || *Fig.* Astucia.
artificioso, sa adj. Habilidoso.
artiguense adj. y s. De Artigas (Uruguay).
artillería f. Material de guerra que comprende los cañones, morteros, etc. || Cuerpo de artilleros.
artillero m. Soldado de artillería.
artilugio m. Aparato. | *Fig.* Maña, trampa.
artimaña f. Trampa. || Astucia.
artista com. Persona que se dedica a alguna de las bellas artes, como el pintor, el escultor, etc. || Persona que interpreta una obra musical, teatral, etc. || — Adj. Que tiene gustos artísticos.
artístico, ca adj. Relativo a las artes.

artritis f. *Med.* Inflamación de las articulaciones.
artrópodos m. pl. *Zool.* Animales articulados, como los crustáceos y los insectos (ú. t. c. adj.).
arveja f. Algarroba. || Guisante.
arzobispado m. Dignidad del arzobispo.
arzobispal adj. Perteneciente al arzobispo.
arzobispo m. Obispo de una provincia eclesiástica de quien dependen otros sufragáneos.
arzón m. Fuste de la silla de montar.
as m. Carta de la baraja o cara del dado que lleva el número uno. || *Fig.* El primero en su clase.
As, símbolo del *arsénico.*
asa f. Asidero.
asado m. Carne asada.
asadura f. Conjunto de las entrañas del animal (ú. más en pl.). || *Pop.* Pachorra.
asalariado, da adj. y s. Que trabaja por salario.
asalariar v. t. Señalar a uno salario.
asaltar v. t. Acometer.
asalto m. Acción de asaltar. || Cada una de las partes de un combate de boxeo o esgrima.
asamblea f. Reunión de personas convocadas para un fin. || Cuerpo deliberante.
asar v. t. Someter ciertos manjares a la acción del fuego. || *Fig.* Importunar con insistencia: *me asaron con preguntas.* || — V. pr. Sentir mucho calor.
asaz adv. Harto, muy. || Mucho.
ascendencia f. Serie de ascendientes o abuelos. || *Fig.* Influencia.
ascender v. i. Subir. || Importar: *la cuenta asciende a mil euros.* || Alcanzar, elevarse. || *Fig.* Adelantar en un empleo o dignidad. || — V. t. Dar o conceder un ascenso.
ascendiente m. y f. Padre o abuelo. || — M. Influencia moral.
ascensión f. Acción de ascender o subir. || Por antonomasia, la de Jesucristo a los cielos.
ascenso m. Adelanto de un funcionario.
ascensor m. Aparato para subir o bajar en los edificios.
asceta com. Persona que hace vida ascética.
ascético, ca adj. Relativo al ascetismo. || Que trata de la vida ascética. || — M. Ascetismo.
ascetismo m. Doctrina de la vida ascética.
asco m. Repugnancia.
ascua f. Pedazo de materia sólida candente.
asear v. t. Lavar (ú. t. c. pr.).
asechanza f. Artificio, trampa.
asechar v. t. Armar asechanzas.
asediar v. t. Sitiar. || *Fig.* Importunar.
asedio m. Cerco, sitio. || *Fig.* Molestia.
asegurado, da adj. y s. Dícese de la persona que ha contratado un seguro.
asegurador, ra adj. Que asegura. || — M. y f. Persona o empresa que asegura riesgos ajenos.
asegurar v. t. Dar firmeza y seguridad a una cosa. || Afirmar, garantizar: *le aseguro que es así.* || Tranquilizar. || Proteger de riesgos: *asegurar contra incendio.* || — V. pr. Cerciorarse. || Suscribir un contrato de seguro.
asemejar v. t. Hacer una cosa a semejanza de otra. || — V. i. Tener semejanza con otra cosa.
asentamiento m. Acción y efecto de asentar.
asentar v. t. Colocar sobre algo.
asentimiento m. Aprobación.
asentir v. i. Admitir.
aseo m. Limpieza. || Pequeña habitación para asear el cuerpo. || — Pl. Excusado.

asepsia f. Ausencia de gérmenes patógenos.
aséptico, ca adj. *Med.* Relativo a la asepsia.
aseptizar v. t. Poner aséptico.
asequible adj. Que puede conseguirse.
aserción f. Acción y efecto de afirmar.
aserto m. Aserción.
asesinar v. t. Matar alevosamente.
asesinato m. Crimen premeditado.
asesino, na adj. y s. Que asesina.
asesor, ra adj. y s. Que asesora.
asesoramiento m. Consejo.
asesorar v. t. Dar consejo o dictamen.
asesoría f. Oficio de asesor.
asestar v. t. Dirigir un arma hacia un objetivo.
aseverar v. t. Asegurar lo dicho.
asfaltado m. Acción de asfaltar.
asfaltar v. t. Revestir de asfalto.
asfalto m. Betún sólido, lustroso, que se emplea en el pavimento de carreteras, aceras, etc.
asfixia f. Suspensión de la función de respirar.
asfixiar v. t. Producir asfixia (ú. t. c. pr.).
así adv. De esta manera: *así habló.* || — Conj. Tanto. || En consecuencia. || Por esto. || — Adj. De esta clase: *un caso así.*
asiático, ca adj. y s. De Asia.
asiduidad f. Frecuencia.
asiduo, dua adj. Frecuente, puntual. || — M. y f. Persona que suele frecuentar algún lugar.
asiento m. Cosa que sirve para sentarse. || Localidad en un espectáculo. || *Com.* Anotación en un libro de cuentas. | Capítulo de un presupuesto. | Partida de una cuenta.
asignación f. Atribución.
asignar v. t. Señalar.
asignatura f. Materia que se enseña en un centro docente.
asilar v. t. Albergar en un asilo.
asilo m. Refugio, retiro. || Establecimiento en que se albergan los ancianos y desvalidos.
asimilación f. Acción de asimilar.
asimilar v. t. Asemejar. || *Fisiol.* Apropiarse los órganos las sustancias nutritivas.
asimismo adv. También.
asir v. t. Agarrar, tomar (ú. t. c. pr.).
asirio, ria adj. y s. De Asiria.
asistencia f. Presencia. || Auditorio. || Socorro, favor, ayuda. || Tratamiento o cuidados médicos.
asistenta f. Criada que no vive en la casa.
asistente adj. y s. Que asiste o ayuda. || Que está presente en un sitio. || — M. *Mil.* Soldado al servicio personal de un oficial. || *Asistente social,* persona contratada por entidades públicas o privadas para ayudar a solucionar los problemas sociales.
asistir v. t. Acompañar a alguno en un acto: *asistir a un profesor.* || Auxiliar. || Socorrer: *asistir a un herido.* || Cuidar a los enfermos. || Estar de parte de una persona. || — V. i. Estar presente.
asma m. *Med.* Enfermedad de los pulmones que se manifiesta por sofocaciones intermitentes.
asmático, ca adj. Del asma. || — M. y f. Persona que la padece.
asno m. Animal solípedo más pequeño que el caballo y de orejas largas. || *Fig.* Persona bruta.
asociación f. Conjunto de asociados.
asociado, da adj. y s. Dícese de la persona que acompaña a otra en alguna comisión. || — M. y f. Miembro de una asociación.

asociar v. t. Juntar una cosa con otra. || — V. pr. Reunirse para un fin.
asolar v. t. Destruir.
asomar v. i. Empezar a mostrarse alguna cosa. || — V. t. Sacar o mostrar una cosa por una abertura: *asomar la cabeza por la ventana* (ú. t. c. pr.). || — V. pr. Mostrarse.
asombrar v. t. Causar admiración (ú. t. c. pr.).
asombro m. Sorpresa.
asombroso, sa adj. Que causa asombro.
asomo m. Acción de asomar. || Apariencia.
asorocharse v. pr. *Arg., Chil.* y *Per.* Sufrir el soroche.
aspa f. Brazo de un molino de viento. || Signo de la multiplicación.
aspecto m. Apariencia.
aspereza f. Desigualdad del terreno. || Desabrimiento en el trato.
áspero, ra adj. De superficie desigual: *terreno áspero.* || Desabrido.
aspersión f. Acción de rociar.
áspid m. Víbora muy venenosa.
aspillera f. *Fort.* Abertura estrecha en el muro para poder disparar contra el enemigo.
aspiración f. Acción de aspirar. || Vivo anhelo.
aspirador, ra adj. Que aspira. || — M. Aspiradora. || — F. Aparato doméstico de limpieza que aspira el polvo.
aspirante adj. Que aspira. || M. y f. Candidato.
aspirar v. t. e i. Atraer el aire exterior. || Atraer un líquido, un gas. || Ansiar: *aspirar a los honores.* || *Gram.* Pronunciar la letra *hache* como *jota.*
aspirina f. Ácido acetilsalicílico, muy usual como analgésico: *la aspirina alivia el dolor de cabeza.*
asquear v. t. e i. Tener asco.
asquerosidad f. Lo que da asco.
asqueroso, sa adj. y s. Repugnante.
asta f. Palo de la pica, la lanza, la alabarda, etc. || Palo de la bandera. || Cuerno: *las astas del toro.*
asterisco m. Signo ortográfico en forma de estrella (*) para hacer llamada a notas.
asteroide m. Cuerpo estelar rocoso muy pequeño cuya órbita se halla entre Marte y Júpiter.
astigmatismo m. *Med.* Turbación de la vista por desigualdad en la curvatura del cristalino.
astilla f. Lo que salta de una cosa que se rompe.
astillero m. Lugar donde se construyen y reparan buques.
astracán m. Piel de cordero nonato.
astringente adj. Aplícase a lo que contrae los tejidos o aminora la secreción.
astringir v. t. Sujetar, constreñir.
astro m. Cuerpo celeste. || *Fig.* Estrella de cine, etc. | Persona que sobresale en cualquier actividad.
astrolabio m. Instrumento de observación de los astros usado en la antigüedad.
astrología f. Predicción mediante los astros.
astronauta com. Piloto interplanetario.
astronáutica f. Ciencia que estudia los vuelos interplanetarios. || Navegación extraterrestre.
astronave f. Vehículo destinado a la navegación interplanetaria.
astronomía f. Ciencia que trata de la posición, movimiento y constitución de los cuerpos celestes.
astronómico, ca adj. Relativo a la astronomía. || *Fig.* Exagerado.

astrónomo, ma m. y f. Persona que profesa la astronomía.

astucia f. Calidad de astuto. || Ardid, maña.

astur y **asturiano, na** adj. y s. De Asturias (España). || — M. Bable, lengua.

astuto, ta adj. Sagaz, taimado.

asueto m. Vacación corta.

asumir v. t. Tomar para sí. || Aceptar.

asunceno, na y **asunceño, ña** adj. y s. De Asunción (Paraguay).

asunción f. Acción y efecto de asumir. || Por ext. Elevación de la Virgen Santísima al cielo.

asunto m. Materia de que se trata.

asustar v. t. Dar o causar susto (ú. t. c. pr.).

At, símbolo químico del *astato.*

atacameño, ña adj. y s. De Atacama (Chile).

atacar v. t. Acometer: *atacar a un adversario.* || Quím. Ejercer acción una sustancia sobre otra: *el orín ataca al hierro.* || Fig. Tratándose del sueño, enfermedades, etc., acometer, dar.

atajar v. t. Fig. Cortar, impedir.

atajo m. Senda más corta.

atalaya f. Torre en lugar alto para vigilar.

atañer v. i. Corresponder.

ataque m. Acción militar ofensiva ejecutada con la idea de apoderarse de una posición o de un país. || Fig. Acometimiento repentino de algún mal: *ataque de apoplejía.* | Acceso: *ataque de tos.*

atar v. t. Unir, con ligaduras: *atar las manos.* || Fig. Impedir o quitar el movimiento.

atardecer v. i. Caer el día.

atascar v. t. Obstruir un conducto.

atasco m. Estorbo. || Obstrucción de un conducto. || Embotellamiento de automóviles.

ataúd m. Caja para un cadáver.

ataviar v. t. Componer, asear (ú. t. c. pr.).

atávico, ca adj. Del atavismo.

atavío m. Adorno.

atavismo m. Herencia de algunos caracteres que provienen de los antepasados.

ate m. Méx. Pasta dulce que se elabora con frutas como guayaba, membrillo o durazno.

ateísmo m. Doctrina que niega la existencia de Dios.

atemorizar v. t. Causar temor.

atenazar v. t. Fig. Hacer sufrir. | Atormentar.

atención f. Aplicación de la mente a un objeto. || Interés. || Cortesía, urbanidad. || — Pl. Negocios, ocupaciones. || Cumplidos, amabilidades.

atender v. t. Acoger con favor: *atender una petición.* || Servir en una tienda: *¿le atienden?* || — V. i. y t. Cuidar de una persona: *atender a un enfermo.*

ateneo m. Asociación científica o literaria.

atenerse v. pr. Ajustarse, sujetarse.

ateniense adj. y s. De Atenas (Grecia).

atentado m. Acto criminal contra las personas o cosas.

atentar v. i. Cometer atentado.

atento, ta adj. Que tiene fija la atención en algo. || Servicial, complaciente. || Cortés.

atenuación f. Acción y efecto de atenuar.

atenuante adj. Que atenúa. || — F. pl. Hechos que disminuyen la responsabilidad criminal.

atenuar v. t. Fig. Disminuir.

ateo, a adj. y s. Que no cree en Dios.

aterirse v. pr. Tener mucho frío.

aterrar v. t. Causar terror (ú. t. c. pr.)

aterrizaje m. Acción de aterrizar.

aterrizar v. i. Tomar tierra un avión. || Fig. Llegar.

aterrorizar v. t. Aterrar. || Fig. Llegar a un sitio.

atesoramiento m. Acción y efecto de atesorar.

atesorar v. t. Reunir dinero o cosas de valor.

atestación f. For. Deposición de testigo o de persona que afirma alguna cosa.

atestado m. Acta en que se da fe de un hecho.

atestar v. t. Llenar. || For. Testificar.

atestiguar v. t. Declarar como testigo.

atiborrar v. t. Llenar (ú. t. c. pr.).

ático m. Dialecto de la lengua griega. || Último piso de una casa bajo el tejado.

atildado, da adj. Pulcro.

atinado, da adj. Acertado.

atinar v. t. Acertar.

atipicidad f. Carácter de atípico.

atípico, ca adj. Que no es normal.

atizar v. t. Remover el fuego. || Avivar las pasiones. || Fig. Dar, pegar: *atizar un palo.*

atlanticense adj. y s. De Atlántico (Colombia).

atlantidense adj. y s. De Atlántida (Honduras).

atlas m. Colección de mapas.

atleta com. Persona que practica deportes.

atletismo m. Conjunto de deportes (carreras, saltos y lanzamientos) destinados a conservar o a mejorar la condición física del hombre.

atmósfera f. Masa gaseosa que rodea el globo terráqueo y, más generalmente, masa gaseosa que rodea un astro. || Aire de un lugar: *atmósfera sofocante.* || Fig. Medio en el que se vive.

atmosférico, ca adj. Relativo a la atmósfera.

atole m. Bebida muy común en América hecha con harina de maíz, agua, leche y azúcar.

atolladero m. Fig. Dificultad.

atolón m. Geogr. Isla de coral.

atolondramiento m. Aturdimiento.

atolondrar v. t. Aturdir (ú. t. c. pr.).

atómico, ca adj. Relativo a los átomos. || — *Arma atómica,* arma que utiliza las reacciones de fisión a base de plutonio o de uranio. || *Energía atómica,* la liberada por transmutaciones nucleares. || *Masa atómica,* masa relativa de los átomos de diversos elementos (la del oxígeno se ha fijado convencionalmente en 16). || *Número atómico,* número de un elemento en la clasificación periódica. || *Proyectil atómico,* el de carga atómica.

atomización f. Pulverización.

atomizador m. Méx. Pulverizador.

atomizar v. t. Dividir un líquido o un sólido en partes sumamente pequeñas.

átomo m. Quím. Elemento primario de los cuerpos. || Fig. Cosa sumamente pequeña.

atonía f. Falta de vigor.

atónito, ta adj. Estupefacto.

átono, na adj. Sin vigor. || Gram. Sin acentuación.

atontamiento m. Aturdimiento.

atontar y **atontolinar** v. t. Aturdir a uno.

atorar v. t. Atascar (ú. t. c. i. y pr.).

atormentar v. t. Causar dolor.

atornillar v. t. Fijar con tornillos.

atorrante adj. y s. Arg. Holgazán | Granuja.

atosigamiento m. Fig. Acosamiento.

atosigar v. t. Fastidiar.

atracador, ra m. y f. Salteador.

atracar v. t. Mar. Arrimar las embarcaciones a tierra. || Fam. Hacer comer y beber mucho. || Asaltar a los transeúntes para desvalijarlos.

23

atracción f. Acción de atraer. || *Fig.* Atractivo. || *Fís.* Fuerza en virtud de la cual se atraen recíprocamente las diversas partes de un todo. || — Pl. Espectáculos o diversiones variados.

atraco m. Robo.

atractivo, va adj. Que atrae (ú. t. c. m.).

atraer v. t. Traer hacia sí algo.

atragantarse v. pr. Ahogarse por detenerse algo en la garganta.

atrancar v. t. Cerrar la puerta con tranca.

atrapar v. t. *Fam.* Coger.

atrás adv. En la parte posterior, detrás: *ir atrás*. || Antes: *algunos días atrás*.

atrasado, da adj. Débil mental (ú. t. c. s.). || De menor desarrollo: *país atrasado*.

atrasar v. t. Retardar. || Hacer retroceder las agujas del reloj. || — V. i. Andar despacio: *su reloj atrasa*. || — V. pr. Quedarse atrás. || Llevar atraso.

atraso m. Efecto de atrasar o atrasarse. || Falta de desarrollo. || — Pl. *Fam.* Pagos vencidos.

atravesar v. t. Poner una cosa de modo que pase de una parte a otra. || Pasar de parte a parte: *el agua atraviesa el gabán*. || Pasar cruzando de una parte a otra: *atravesar la calle*. || *Fig.* Pasar, vivir: *atravesar un período difícil*. || Pasar, cruzar: *atravesar el pensamiento*. || — V. pr. Ponerse una cosa entre otras. || *Fig.* No poder sufrir a una persona.

atreverse v. pr. Osar.

atrevimiento m. Osadía.

atribución f. Acción de atribuir.

atribuir v. t. Aplicar, conceder. || *Fig.* Achacar, imputar. || — V. pr. Reivindicar, arrogarse.

atributo m. Cada una de las cualidades de un ser. || *Gram.* Lo que se enuncia del sujeto.

atril m. Mueble para sostener libros abiertos.

atrincherar v. t. *Fort.* Rodear con trincheras.

atrocidad f. Crueldad grande. || *Fam.* Necedad.

atrofia f. *Med.* Falta de desarrollo del cuerpo.

atrofiarse v. pr. Disminuir de tamaño.

atropellar v. t. Pasar por encima de una persona: *atropellado por un coche*.

atropello m. Acción y efecto de atropellar.

atroz adj. Espantoso.

atuendo m. Atavío.

atún m. Pez acantopterigio.

aturdimiento m. Perturbación de los sentidos.

aturdir v. t. Causar aturdimiento.

aturrullar v. t. Turbar (ú. t. c. pr.).

Au, símbolo químico del *oro*.

audacia f. Osadía.

audaz adj. y s. Osado.

audición f. Acción de oír. || Ensayo o prueba que hace un artista ante un director de teatro o de un espectáculo de variedades.

audiencia f. Admisión a presentarse ante una autoridad: *obtener o dar audiencia*. || Número de personas que oyen o ven una emisión de radio o televisión. || Acto de oír los jueces a los litigantes. || Tribunal de justicia y su territorio. || Edificio donde éste se reúne. || Órgano judicial y administrativo en las antiguas colonias españolas de América.

audífono m. *Amer.* Auricular.

audiovisual adj. Aplícase al método pedagógico que utiliza los sentidos del educando, en especial el y el visual, por medio de películas, fotografías, grabaciones sonoras, etc.

auditor m. Interventor de cuentas.

auditoría f. Intervención de cuentas.

auditorio m. Local para oír conferencias, etc. || Número de asistentes.

auge m. Desarrollo.

augurar v. t. Predecir.

aula f. Sala destinada a la enseñanza.

aullar v. i. Dar aullidos.

aullido m. Voz quejosa de animales.

aumentar v. t. Hacer mayor en número, el tamaño o la intensidad (ú. t. c. pr.).

aumentativo, va adj. y s. *Gram.* Aplícase al vocablo que aumenta la significación de otro.

aumento m. Acrecentamiento.

aun adv. Denota a veces idea de encarecimiento y equivale a *hasta* en sentido afirmativo, y a *siquiera* en sentido negativo.

aún adv. Todavía.

aunar v. t. Asociar para un fin.

aunque conj. Denota oposición: *aunque es malo le quiero*.

aura f. Zopilote.

áureo, a adj. Dorado.

aureola f. Círculo luminoso detrás de la cabeza de las imágenes religiosas. || *Fig.* Fama. || *Astr.* Luminosidad que envuelve al Sol o a la Luna. || Círculo, mancha de forma circular.

aurícula f. Cavidad de la parte superior del corazón que recibe la sangre de las venas. || Oreja.

auricular adj. Relativo al oído o a las aurículas del corazón: *conducto auricular*. || Que ha oído. || *Dedo auricular*, el meñique. || — M. Pieza del teléfono que se aplica al oído.

auriñaciense adj. Dícese de un período del paleolítico superior (ú. t. c. s. m.).

aurora f. Claridad que precede a la salida del Sol.

auscultación f. Acción de auscultar.

auscultar v. t. *Med.* Aplicar el oído o el estetoscopio para explorar los sonidos y ruidos en las cavidades del tórax o del abdomen.

ausencia f. Acción y efecto de ausentarse.

ausentarse v. pr. Irse.

ausente adj. y s. Que no está presente.

auspiciar v. t. Favorecer.

auspicio m. Protección: *bajo los auspicios de*.

austeridad f. Calidad de austero.

austero, ra adj. Riguroso, severo.

austral adj. Del polo Sur.

australiano, na adj. y s. De Australia.

austriaco, ca adj. y s. De Austria.

autarcía f. Independencia económica.

autarquía f. Gobierno de los ciudadanos por sí mismos. || Gobierno que no depende de una autoridad exterior. || Independencia económica de un Estado. || Autosuficiencia.

autenticidad f. Calidad de auténtico.

auténtico, ca adj. Cierto, verídico.

autentificar y **autentizar** v. t. Hacer auténtico.

auto m. *For.* Resolución o sentencia judicial. || Composición dramática alegórica. || Automóvil. || *Auto de fe*, castigo impuesto por la Inquisición.

autobiografía f. Vida de una persona escrita por ella misma.

autobús m. Vehículo automóvil de transporte.

autocar m. Autobús de turismo.

autoclave m. Aparato para la desinfección por medio del vapor.

autóctono, na adj. y s. Originario del país en que vive.

autodidáctico, ca y **autodidacto, ta** adj. y s. Que se instruye por sí mismo.

autódromo m. Pista para carreras de coches.

autoencendido m. *Mec.* Encendido espontáneo de una mezcla de gases en un motor.

autoescuela f. Escuela para enseñar a conducir automóviles.

autofinanciación f. o **autofinanciamiento** m. Financiación de una empresa con las inversiones de una parte de los beneficios.

autofinanciar v. t. Financiar con sus propios fondos (ú. t. c. pr.).

autógeno, na adj. Dícese de la soldadura en la que se funde una parte de metal con un soplete.

autogestión f. Gestión de una empresa por los que trabajan en ella.

autogiro m. Avión provisto de un rotor horizontal que permite aterrizajes casi verticales.

autógrafo, fa adj. Dícese del texto escrito de mano de su mismo autor. || — M. Firma con dedicatoria que se solicita a una persona famosa.

automación f. Funcionamiento de una máquina que efectúa, sin la intervención de la persona humana, una serie de operaciones.

autómata m. Máquina que imita los movimientos de un ser animado. || *Fig.* y *fam.* Persona que se deja dirigir por otra.

automático, ca adj. Maquinal. || Que obra mecánicamente: *teléfono automático.* || Inmediato.

automatismo m. Ejecución de actos automáticos. || Automación.

automatización f. Acción de automatizar.

automatizar v. t. Volver automático.

automotor, triz adj. Dícese del aparato que ejecuta ciertos movimientos sin intervención exterior. || *Amer.* Automóvil: *industria automotriz.* || — M. Vehículo ferroviario con motor eléctrico o diésel.

automóvil adj. Dícese de los aparatos que se mueven solos: *lancha, torpedo, coche automóvil.* || — M. Vehículo que camina movido por un motor.

automovilismo m. Deporte del automóvil.

automovilista com. Conductor de un automóvil.

autonomía f. Facultad de gobernarse por sus propias leyes, de gozar de entera independencia. || Potestad que dentro del Estado tiene una entidad política o administrativa para dictar, por medio de un gobierno propio, las leyes que regularán sus intereses peculiares: *la autonomía de Cataluña, del País Vasco, de Andalucía,* etc. || *Fig.* Condición de la persona que no depende de otra. || Distancia máxima que puede recorrer un vehículo de motor con el depósito lleno de combustible.

autonomista adj. y s. Partidario de la autonomía.

autónomo, ma adj. Que goza de autonomía: *poder autónomo.* || Dícese de algunas entidades territoriales de España que gozan de cierta autonomía con respecto al gobierno central: *a partir de 1979 se han creado diecisiete comunidades autónomas en España.* || Dícese del trabajador que realiza de forma personal y directa una actividad económica a título lucrativo sin sujeción a un determinado contrato de trabajo (ú. t. c. s.).

autopista f. Carretera adaptada especialmente a la circulación rápida de los automóviles.

autopsia f. *Med.* Examen anatómico y patológico del cadáver para conocer la causa de la muerte.

autor, ra m. y f. Persona que es causa de alguna cosa. || Persona que produce una obra.

autoría f. Condición de autor.

autoridad f. Derecho o poder de mandar, de hacerse obedecer. || Persona revestida de poder.

autoritario, ria adj. Que abusa de su autoridad.

autorización f. Permiso.

autorizado, da adj. Digno de crédito.

autorizar v. t. Dar a uno autoridad o facultad para hacer una cosa. || Permitir.

autorretrato m. Retrato hecho de sí mismo.

autosatisfacción f. Satisfacción de sí mismo.

autoservicio m. Almacén, tienda, restaurante, etc., en los que el cliente se sirve él mismo.

autostop m. Manera de viajar un peatón consistente en parar a un automovilista y pedirle que lo lleve en su coche.

autosuficiencia f. Suficiencia propia.

autosugestión f. Sugestión de sí mismo.

autosugestionarse v. pr. Sugestionarse.

autovía m. Ferrocarril propulsado por un motor de combustión interna.

auxiliar adj. Que auxilia (ú. t. c. s. m.). || Dícese de los verbos como *haber* y *ser,* que sirven para conjugar los demás verbos (ú. t. c. s. m.). || — M. y f. Empleado subalterno. || Profesor que sustituye al catedrático.

auxiliar v. t. Dar auxilio.

auxilio m. Ayuda, socorro.

auyama f. *Antill., Col., C. Rica, Ecuad., Per.* y *Venez.* Calabaza y calabacera.

aval m. *Com.* Garantía.

avalancha f. Alud.

avalar v. t. Garantizar.

avance m. Acción de avanzar. || Adelanto. || Anticipo de dinero. || Balance comercial.

avanzado, da adj. Adelantado: *avanzado de (en) edad.* || De ideas políticas liberales.

avanzar v. t. e i. Ir hacia adelante. || Anticipar.

avaricia f. Apego a las riquezas.

avaricioso, sa adj. y s. Avaro.

avaro, ra adj. y s. Que acumula dinero y no lo emplea. || *Fig.* que reserva o escatima alguna cosa.

avasallador, ra adj. y s. Que avasalla.

avasallamiento m. Acción y efecto de avasallar.

avasallar v. t. Someter a obediencia.

avatar m. Vicisitud.

ave f. Animal vertebrado, ovíparo, de respiración pulmonar y sangre caliente, pico córneo, cuerpo cubierto de plumas y con dos patas y dos alas.

avecinarse v. pr. Aproximarse.

avecindarse v. pr. Residir en un pueblo.

avejentar v. t. Poner viejo (ú. m. c. pr.).

avellana f. Fruto del avellano de corteza leñosa.

avellanar v. t. Ensanchar con una barrena o broca.

avellano m. Arbusto cuyo fruto es la avellana.

avemaría f. Salutación del arcángel San Gabriel a la Virgen.

avena f. Planta que se cultiva para alimento de caballerías y otros animales. || Su grano.

avenamiento m. Drenaje.

avenar v. t. Drenar.

avenencia f. Convenio.

avenida f. Crecida impetuosa de un río. || Calle ancha con árboles.

aventado, da adj. y s. *Méx.* Audaz.

aventajado, da adj. Que aventaja.

aventajar v. t. Llevar ventaja. || Dar ventaja.

aventón m. *Méx.* Viaje logrado con autostop. || *Al aventón,* a la carrera, con descuido.

aventura f. Suceso extraño. || Azar. || Riesgo.

aventurar v. t. Poner en peligro. || Decir una cosa atrevida. || — V. pr. Arriesgarse.

aventurero, ra adj. Que busca aventuras (ú. t. c. s.).

avergonzar v. t. Causar vergüenza. || — V. pr. Sentir vergüenza.

avería f. Deterioro.

averiado, da adj. Deteriorado.

averiarse v. pr. Estropearse.

averiguación f. Acción y efecto de averiguar.

averiguar v. t. Buscar la verdad. || — V. i. *Amer.* Discutir, debatir.

averno m. *Poét.* Infierno.

aversión f. Repugnancia, asco.

avestruz m. Ave corredora.

avezar v. t. Acostumbrar (ú. t. c. pr.).

aviación f. Navegación aérea con aparatos más pesados que el aire. || Ejército del Aire.

aviador, ra m. y f. Persona que tripula un avión.

aviar v. t. Arreglar: *aviar la carne.* || Componer. Ú. t. c. pr.: *aviarse para ir a cenar.* || Convenir: *¿te avía si te llevo en coche?*

avícola adj. De la avicultura.

avicultor, ra m. y f. Criador de aves.

avicultura f. Arte de criar las aves.

avidez f. Ansia.

ávido, da adj. Codicioso.

avieso, sa adj. *Fig.* Malo.

avilés, esa adj. y s. De Ávila (España).

avinagrar v. t. Poner agrio.

avío m. Preparativo. || — Pl. Utensilios necesarios para algo. || *Hacer avío,* arreglar.

avión m. Vehículo aéreo capaz de desplazarse en la atmósfera mediante una o varias hélices propulsoras o mediante la expulsión de gases.

avioneta f. Avión pequeño.

avisar v. t. Dar noticia de una cosa. || Advertir.

aviso m. Noticia. || Consejo. || Atención, cuidado. || Prudencia. || Advertencia. || *Amer.* Anuncio.

avispa f. Insecto himenóptero provisto de un aguijón en la parte posterior.

avispado, da adj. Espabilado.

avispar v. t. Espabilar el ingenio (ú. t. c. pr.).

avistar v. t. Ver.

avitaminosis f. Carencia de vitaminas.

avituallamiento m. Acción y efecto de avituallar.

avituallar v. t. Proveer de vituallas.

avivar v. t. Acalorar: *avivar una discusión.* || Dar más vigor al fuego o a los colores.

avizor adj. *¡Ojo avizor!,* ¡cuidado!

avo, ava, terminación que se añade a los números cardinales para significar las fracciones de unidad: *la dieciseisava parte.*

axila f. *Anat.* Sobaco.

axioma m. Verdad evidente.

axolotl m. Ajolote.

¡ay! interj. Voz que expresa admiración o dolor.

aya f. V. AYO.

ayacuchano, na adj. y s. De Ayacucho (Perú).

ayacucho, cha adj. y s. De Puerto Ayacucho (Venezuela).

ayate m. *Méx.* Tela elaborada con fibra de maguey.

ayer adv. En el día anterior al de hoy.

ayllu m. Aillú.

aymará adj. y s. Aimará.

ayo, ya m. y f. Persona que educa a un niño.

ayocote m. *Méx.* Frijol grueso.

ayote m. *Amér. C.* Calabaza.

ayotera f. *Amér. C.* Calabaza.

ayuda f. Acción de ayudar. || Persona o cosa que ayuda. || Lavativa. || — M. Criado: *ayuda de cámara.*

ayudante adj. Que ayuda. || — M. y f. Profesor adjunto. || Persona que ayuda en general.

ayudar v. t. Prestar auxilio (ú. t. c. pr.). || Valerse: *lo rompió ayudándose con los dientes.*

ayunar v. i. Abstenerse de comer.

ayuno m. Acción de ayunar.

ayuno, na adj. Que no ha comido. || *Fig.* Privado: *ayuno del calor materno.*

ayuntamiento m. Corporación que administra el municipio. || Reunión. || Cópula carnal.

azabache m. Variedad de lignito negro.

azada f. y **azadón** m. Instrumento para escarbar.

azafata f. Criada de la reina. || Mujer que atiende al público en diversos servicios de congresos, reuniones, etc., o a los pasajeros de un avión, barco, tren o autocar o a los que asisten a una feria o visitan una empresa comercial.

azafate m. *Per.* Bandeja.

azafrán m. Planta cuyos estigmas, de color rojo, se emplean para condimentar.

azahar m. Flor del naranjo y del limonero.

azalea f. Planta de tamaño pequeño y flores blancas, rosadas o rosas. || Esta flor.

azar m. Hecho fortuito.

azaramiento m. Vergüenza.

azarar v. t. Avergonzar. || — V. pr. Ruborizarse.

ázimo adj. Sin levadura.

ázoe m. *Quím.* Nitrógeno.

azogado, da adj. Que tiene azogue: *espejo azogado.* || Que padece temblor mercurial (ú. t. c. s.). || *Fig.* Inquieto. || *Fig. Temblar como un azogado,* temblar de miedo o de frío.

azogue m. Mercurio.

azolve m. *Guat. Hond.* y *Méx.* Sedimento o lodo que obstruye un conducto de agua.

azor m. Ave de rapiña diurna.

azoramiento m. Azaramiento.

azorar v. t. Azarar (ú. t. c. pr.).

azotaina f. *Fam.* Paliza.

azotar v. t. Dar azotes.

azote m. Látigo o vergajo con que se azota. || Golpe dado con él. || Embate de agua o aire.

azotea f. Parte superior y llana de una casa.

azteca adj. y s. Aplícase al individuo y a un pueblo indio invasor del territorio conocido hoy con el nombre de México. || — Adj. Relativo a los aztecas. || — M. Idioma náhuatl. || Ant. moneda de oro mexicana de veinte pesos.

aztequismo m. Condición de azteca. || Afecto o admiración de lo azteca. || Voz o giro tomado de la lengua náhuatl.

azúcar amb. y mejor f. Cuerpo sólido cristalizable de color blanco soluble en el agua y extraído especialmente de la caña dulce y de la remolacha. || *Quím.* Nombre genérico de un grupo de hidratos de carbono. || — *Azúcar cande* o *candi,* la que por medio de una evaporación lenta queda reducida a cristales transparentes. || *Azúcar de cortadillo*, la refinada que se expende en terrones.

azucarar v. t. Bañar o endulzar con azúcar.

azucarero, ra adj. Relativo al azúcar. || — F. Fábrica de azúcar. || — M. y f. Vasija para poner azúcar.

azucarillo m. Masa esponjosa de almíbar, clara de huevo y zumo de limón.

azucena f. Planta de flores blancas. || Su flor.

azufrar v. t. Echar azufre en alguna cosa: *azufrar la vid.* || Dar o impregnar de azufre.

azufre m. Metaloide sólido (S), de número atómico 16, amarillo, de densidad 1,96, punto de fusión 119 °C y punto de ebullición 444,6 °C.

azul adj. De color de cielo sin nubes. Ú. t. c. s. m.: *el azul es el quinto color del espectro solar.* || Dícese de algunos pescados, como la sardina, la caballa, etc., por oposición a los llamados *blancos.* || — *Azul celeste*, el más claro. || *Azul de cobalto*, materia usada en pintura y cerámica. || *Azul de Prusia*, ferrocianuro férrico. || *Azul marino*, el oscuro. || *Azul turquí*, el más oscuro. || *Med. Enfermedad azul*, malformación del corazón y de los vasos que produce en la piel una coloración azul por insuficiencia de oxigenación de la sangre. || *Fig. Príncipe azul*, personaje de los cuentos de hadas e ideal masculino de la mujer. | *Sangre azul*, sangre noble.

azulado, da adj. De color azul.

azular v. t. Teñir de azul.

azulear v. i. Tirar a azul.

azulejo m. Ladrillo pequeño vidriado, de varios colores, que se usa generalmente para revestimientos, frisos, etc.

azulino, na adj. Que tira a azul.

azumbre f. Medida de capacidad equivalente a dos litros y 16 mililitros.

azuzar v. t. Incitar.

b

b f. Segunda letra del alfabeto castellano y primera de sus consonantes. || — B, símbolo del *boro*.

Ba, símbolo químico del *bario*.

baba f. Saliva espesa y viscosa.

babahoyense adj. y s. De Babahoyo (Ecuador).

babero m. Lienzo que se pone a los niños en el pecho. || Guardapolvos, bata.

babilonio, nia adj. De Babilonia.

bable m. Dialecto de los asturianos.

babor m. Lado izquierdo de la embarcación, mirando de popa a proa.

babosa f. Molusco gasterópodo.

babucha f. Zapatilla.

baca f. Parte superior de los automóviles y autocares donde se colocan los equipajes.

bacalao m. Pez teleósteo comestible.

bacán m. *Arg.* Rico.

bacanal f. Orgía.

bacará y **bacarrá** m. Juego de naipes en que el banquero juega contra los puntos.

bache m. Hoyo en una carretera. || Corriente atmosférica que provoca un descenso brusco del avión. || — Pl. *Fig.* Momentos difíciles.

bachiller, ra m. y f. Persona que ha obtenido el título al terminar la enseñanza media.

bachillerato m. Grado de bachiller. || Estudios necesarios para conseguirlo.

bacilo m. Microbio del grupo de las bacterias.

bacín m. Orinal grande.

bacteria f. Microorganismo vegetal unicelular de forma alargada *(bacilo)* o esférica *(coco)*.

bacteriano, na adj. Relativo a las bacterias.

bactericida adj. Que destruye las bacterias o impide su desarrollo.

báculo m. Cayado: *báculo pastoral*. || *Fig.* Apoyo.

badajo m. Pieza que hace sonar la campana.

badana f. Piel curtida de oveja.

badminton m. (voz ingl.). Juego del volante.

bagaje m. Caudal intelectual. || Equipaje.

bagatela f. Cosa frívola.

bagazo m. Residuos de la caña de azúcar, de uva.

bagre m. Pez de zonas cálidas.

bagual adj. *Amer.* Bravo. | Incivil. || — M. Caballo no domado. || — F. *Arg.* Cierta canción popular.

¡bah! interj. Voz que denota duda.

bahía f. Entrada del mar en la costa.

bailaor, ra m. y f. Bailarín de flamenco.

bailar v. i. Mover el cuerpo al compás de la música. || Girar: *la peonza baila* (ú. t. c t.). || *Fig.* Llevar algo ancho: *mis pies bailan en los zapatos.* || — V. t. Ejecutar un baile: *bailar un tango.*

bailarín, ina adj. Que baila (ú. t. c. s.).

baile m. Acción de bailar. || Manera de bailar. || Reunión para bailar.

baja f. Disminución del precio. || *Mil.* Pérdida de un individuo. || Cese en una corporación, profesión o carrera por traslado, jubilación. || Cese temporal en un servicio o trabajo por enfermedad.

bajacaliforniano, na adj. y s. De Baja California (México).

bajada f. Acción de bajar.

bajar v. i. Ir de un lugar a otro que está más bajo. || Disminuir alguna cosa: *bajar la fiebre.* || *Fig.* Descender: *ha bajado mucho en mi aprecio.* || — V. t. Poner una cosa en lugar inferior al que ocupaba. || Descender: *bajar una escalera.* || Disminuir el precio de una cosa. || Inclinar hacia abajo: *bajar la cerviz.* || — V. pr. Apearse: *bajarse del autobús.*

bajaverapacense adj. y s. De Baja Verapaz (Guatemala).

bajel m. Buque.

bajeza f. Hecho indigno.

bajío m. Banco de arena. || *Amer.* Terreno bajo.

bajo, ja adj. Poco elevado: *una silla baja.* || Que está en lugar inferior. || De poca estatura. || Inclinado hacia abajo: *con los ojos bajos.* || *Fig.* Vulgar, grosero, ordinario. | Poco considerable: *precio bajo.* || Que no se oye de lejos: *en voz baja.* || *Mús.* Grave: *voz baja.* || — M. Parte en que un río está cerca de su desembocadura: *el Bajo Rin.* || Parte de un país más distante del mar. || Piso bajo: *vivo en el bajo* (ú. t. en pl.). || *Mús.* Voz o instrumento que produce los sonidos más graves. || Persona que canta o toca la parte de bajo. || *Fig. Bajos fondos,* conjunto de gente de mala vida. || — Adv. Abajo, en lugar inferior. || En voz baja: *hablar bajo.* || — Prep. Debajo de. || En tiempos de: *bajo la dominación romana.* || Por debajo de, inferior a: *a 15 grados bajo cero.*

bajón m. Instrumento de viento de sonido grave y el que lo toca. || *Fig.* Disminución. || *Dar un bajón,* sufrir un notable menoscabo en la salud.

bajorrelieve m. Obra escultórica cuyas figuras resaltan poco del plano.

bala f. Proyectil. || Fardo de mercaderías. || *Amer.* Prueba atlética que consiste en lanzar un objeto esférico pesado.

balada f. Composición poética sentimental.

baladí adj. Fútil.

baladronada f. Bravuconería.

balance m. Movimiento de un cuerpo que se inclina de un lado a otro. || *Com.* Cuenta general que demuestra el estado de un negocio. || *Fig.* Resultado de un asunto.

balancear v. i. Moverse de un lado para otro una embarcación. || Columpiarse (ú. t. c. pr.).

balanceo m. Oscilación.

balancín m. *Mec.* Pieza o barra dotada de un movimiento oscilatorio que regula generalmente otro movimiento o le da un sentido o amplitud diferentes. || Palo largo de volatinero.

balandro m. Velero de recreo.

balanza f. Instrumento para pesar. || — *Balanza de comercio* o *comercial*, estado de la importación y exportación en un país. || *Balanza de pagos*, relación de las transacciones entre un país y otro.

balar v. i. Dar balidos.

balaustrada f. Serie de balaustres.

balaustre m. Columnita de las barandillas.

balazo m. Tiro o herida de bala.

balboa m. Unidad monetaria de Panamá.

balbucear v. i. Articular mal.

balbuceo m. Acción de balbucear.

balbucir v. i. Balbucear.

balcánico, ca adj. y s. De los Balcanes.

balcón m. Ventana grande con barandilla.

baldado, da adj. Tullido.

baldazo m. Acción y efecto de baldear.

balde m. Cubo. || *De balde*, gratis.

baldear v. t. Echar abundante agua con baldes sobre una superficie.

baldeo m. Limpieza con cubos.

baldío, a adj. Sin cultivar (ú. t. c. s. m.). || *Fig.* Vano, inútil: *esfuerzo baldío*. || — M. *Amer.* Solar.

baldosa f. Ladrillo de enlosar.

balear adj. y s. De las islas Baleares (España).

balear v. t. *Amer.* Tirotear.

balénidos m. pl. Familia de cetáceos.

baleo m. *Amer.* Tiroteo.

balero m. *Amer.* Juguete de madera con un palo en el que se ensarta una bola del mismo material.

balido m. Grito de los óvidos.

balín m. Munición de escopeta.

baliza f. Señal óptica, sonora o radioeléctrica para guiar los barcos y los aviones.

balizar v. t. Señalar con balizas.

ballena f. El mayor de los cetáceos conocidos.

ballenato m. Cría de la ballena.

ballesta f. Arma para disparar flechas y saetas. || Muelle de suspensión para vehículos.

ballet m. Composición destinada a ser interpretada únicamente por la danza y la mímica. || Música que la acompaña.

balneario, ria adj. Relativo a los baños. || — M. Lugar donde se toman baños medicinales.

balón m. Recipiente para cuerpos gaseosos. || Pelota de fútbol y juegos parecidos. || Fardo grande.

baloncesto m. Juego de equipo (cinco jugadores) que consiste en lanzar el balón a un cesto colocado en alto.

balonmano m. Juego de equipo (once jugadores) en el que se emplean sólo las manos.

balonvolea m. Juego de equipo (seis jugadores) que consiste en lanzar el balón por encima de una red sin que aquél toque el suelo.

balsa f. Plataforma flotante.

bálsamo m. Líquido aromático que fluye de ciertos árboles. || *Fig.* Consuelo, alivio.

báltico, ca adj. Relativo al mar Báltico. || De los países del mar Báltico.

baluarte m. Fortificación. || *Fig.* Amparo, defensa.

bamba f. Baile mexicano.

bambolear v. i. y pr. Moverse de un lado a otro en el mismo sitio.

bamboleo m. Acción y efecto de bambolear.

bambú m. Planta gramínea de tallo leñoso.

bambuco m. Música y baile de Colombia.

banal adj. Trivial.

banalidad f. Trivialidad.

banana f. Banano, plátano.

bananal o **bananar** m. Plantío de bananos.

bananero, ra adj. Dícese del plantío de plátanos. || Relativo a los plátanos. || — M. Plátano. || Barco que transporta plátanos.

banano m. Plátano.

banasta f. y **banesto** m. Cesto.

banca f. Asiento de madera sin respaldo. || Juego en que pone el banquero cierta suma de dinero, y los jugadores apuestan la cantidad que deseen a las cartas que ellos eligen. || Establecimiento de crédito que efectúa las operaciones de giro, cambio y descuento de valores, y la compra y venta de efectos públicos. || *Fig.* Conjunto de bancos o banqueros. || *Arg.* Tener banca, tener influencias.

bancada f. *Méx.* y *Riopl.* Conjunto de los diputados del mismo partido en la Asamblea.

bancal m. Parte de una huerta, en un terreno elevado, que forma escalón.

bancario, ria adj. Del banco.

bancarrota f. *Com.* Quiebra.

banco m. Asiento para varias personas. || Tablón grueso entrelargo que sirve de mesa en ciertos oficios: *banco de carpintero*. || Establecimiento público de crédito: *el Banco de España*. || Acción de copar la banca en el juego. || — *Banco azul*, en el Parlamento, el de los ministros. || *Banco de datos*, conjunto de informaciones sobre un sector determinado que se almacenan en un ordenador para que puedan ser utilizadas por todos. || *Banco de esperma*, *de ojos*, *de órganos*, *de sangre*, servicio destinado a recoger, conservar y distribuir a los que lo necesiten esperma, córneas, etc.

banda f. Faja o lista. || Cinta distintiva de ciertas órdenes. || Lado: *por esta banda*. || Grupo de personas o animales. || En el fútbol, línea que delimita el campo: *saque de banda*. || *Rad.* Conjunto de frecuencias comprendidas entre dos límites: *banda reservada a la televisión*. || Cinta que cruza el escudo. || Conjunto de músicos. || *Banda sonora*, parte de la película en la que se graba el sonido.

bandada f. Grupo de aves que vuelan juntas. || Banco de peces. || Grupo de personas.

bandearse v. pr. Ingeniárselas.

bandeja f. Plato grande para presentar algo.

bandera f. Pedazo de tela, colocado en un asta, que lleva los colores de una nación.

banderilla f. Dardo adornado que clavan los toreros en el cerviguillo a los toros.

banderillear v. i. Poner banderillas.

banderillero m. Torero que banderillea.

banderín m. Bandera pequeña.

bandido m. Bandolero.

bando m. Edicto o mandato solemne: *bando de la alcaldía*. || Partido, facción: *está en el bando contrario*. || Bandada de pájaros.

bandolera f. Correa cruzada por el pecho en la que se cuelga un arma.

bandolerismo m. Carácter de los bandoleros.

bandolero m. Salteador de caminos.

bandoneón m. Instrumento músico de la familia de los acordeones.

banjo m. Guitarra de caja circular.

banqueta f. Asiento sin respaldo. || *Méx.* Acera.

banquete m. Comida, festín.

banquillo m. Banco bajo. || Escabel para los pies. || Lugar donde están los jugadores reservas y los cuidadores en un encuentro deportivo. || *For.* Asiento del acusado. || *Amer.* Patíbulo, cadalso.

bañadera f. *Amér. C.* y *Riopl.* Bañera.

bañador m. Traje utilizado para bañarse en el mar, piscina, etc.

bañar v. t. Sumergir en un líquido. Ú. t. c. pr.: *bañarse en el mar.* || Humedecer. || Pasar por algún sitio el mar, un río, etc.

bañera f. Pila para bañarse.

bañista com. Persona que se baña en una playa.

baño m. Inmersión en un líquido: *dar un baño.* || Líquido para bañarse. || Bañera. || Sitio donde hay agua para bañarse. || Aplicación medicinal del aire, vapor, etc.: *baños de sol.* || Capa con que se cubre una cosa: *un baño de laca.* || *Fig.* Tintura, nociones, barniz: *un baño de cultura.* || *Amer.* Excusado. || — Pl. Lugar donde hay aguas medicinales. || *— Baño de María,* recipiente con agua puesta a calentar donde se mete otra vasija para que su contenido reciba calor suave. || *Traje de baño,* bañador.

baptisterio m. Pila bautismal.

baquelita f. Resina sintética.

bar m. Establecimiento en el que se venden bebidas que suelen tomarse en el mostrador.

bar m. *Fís.* Unidad de presión atmosférica equivalente a un millón de barias.

barahúnda f. Ruido, alboroto.

baraja f. Conjunto de naipes para jugar.

barajar v. t. Mezclar las cartas. || *Fig.* Mezclar: *barajar ideas.* | Manejar: *barajar datos.* | Nombrar, citar. Ú. t. c. pr.: *se barajan varios nombres para este nombramiento.*

baranda f. Barandilla.

barandal m. Barandilla.

barandilla f. Antepecho de los balcones, escaleras, etc.

baratija f. Objeto sin valor.

baratillo m. Tienda de objetos de poco valor.

barato, ta adj. De poco precio. || — Adv. Por poco precio: *salir barato.*

barba f. Parte de la cara debajo de la boca. || Pelo que nace en esta parte del rostro.

barbacoa f. *Amer.* Especie de catre abierto y también camilla o andas. || Parrilla para asar la carne al aire libre. || Lo asado de este modo.

barbaridad f. Calidad de bárbaro. || *Fam.* Necedad, disparate. | Atrocidad. | Gran cantidad.

barbarie f. *Fig.* Incultura. | Crueldad.

barbarismo m. Vicio del lenguaje. || Vocablo o giro de una lengua extranjera. || *Fig.* Barbarie.

bárbaro, ra adj. Calificativo que daban los griegos y romanos a los pueblos ajenos a su cultura (ú. t. c. s.). || *Fig.* Bruto, cruel. | Inculto, grosero. || *Fig.* y *fam.* Muy bueno o grande.

barbecho m. Campo que se deja de cultivar.

barbería f. Establecimiento del barbero.

barbero m. El que se dedica a cortar el pelo. || *Méx.* Adulador.

barbilampiño, ña adj. y s. De poca barba.

barbilla f. Mentón, punta o remate de la barba.

barbitúrico, ca adj. y s. m. *Med.* Dícese de un radical químico, base de numerosos hipnóticos.

barbo m. Pez de río.

barca f. Embarcación pequeña.

barcelonense adj. y s. De Barcelona (Venezuela).

barcelonés, esa adj. y s. De Barcelona (España y Venezuela).

barco m. Embarcación.

bardo m. Poeta.

bargueño m. Mueble de madera con cajoncitos.

baria f. Unidad C.G.S. de presión que equivale a una dina por centímetro cuadrado.

barinense adj. y s. De Barinas, ciudad de Venezuela.

barinés, esa adj. y s. De Barinas, estado de Venezuela.

bario m. Metal (Ba), de número atómico 56.

barítono m. *Mús.* Voz media entre la de tenor y la del bajo. | El que tiene esta voz.

barlovento m. *Mar.* Lado de donde procede el viento.

barman m. (pal. ingl.). Camarero de bar.

barniz m. Disolución de una resina en un líquido volátil. || Baño que se da a la loza o porcelana. || *Fig.* Conocimientos poco profundos, capa.

barnizar v. t. Dar barniz.

barómetro m. Instrumento que determina la presión atmosférica.

barón m. Título nobiliario.

baronesa f. Mujer del barón.

barquero, ra m. y f. Conductor de una barca.

barquillo m. Hoja delgada de pasta de harina en forma de canuto.

barquisimetano, na adj. y s. De Barquisimeto (Venezuela).

barra f. Pieza larga y estrecha de cualquier materia: *barra de acero.* || Palanca para levantar grandes pesos. || Lingote: *barra de oro.* || Barandilla que separa a los jueces del público en un tribunal. || Mostrador de un bar. || Pan de forma alargada. || *Arg., Col., Urug.* y *Venez.* Público que asiste a una sesión legislativa. || *Amér. M.* En un espectáculo deportivo, grupo que anima a sus favoritos. || *Arg., Bol., Col., C. Rica, Parag.* y *Urug.* Pandilla de amigos. || *— Barra americana,* bar. || *Barra fija, barras paralelas,* aparatos de gimnasia. || *Fig. Sin pararse en barras,* sin hacer caso.

barrabasada f. Burrada.

barraca f. Casa tosca. || Vivienda rústica de las huertas de Valencia y Murcia. || Caseta, puesto.

barracuda f. Pez marino voraz.

barranco m. Precipicio.

barranquillero, ra adj. y s. De Barranquilla (Colombia).

barrena f. Instrumento para taladrar.

barrenar v. t. Perforar con barreno.

barrendero, ra m. y f. Persona que barre.

barreno m. Orificio relleno de pólvora que se abre en la roca o mina para hacerla volar.

barreño m. Vasija de barro, de metal o de plástico.

barrer v. t. Quitar con la escoba el polvo, la basura, etc. || Pasar rozando: *su vestido barre el suelo.* || Arrastrar: *el viento barre los papeles.* || *Fig.* Quitar todo lo que había en alguna parte.

barrera f. Valla de palos, tablas u otra cosa: *barrera de paso a nivel.* || Parapeto, antepecho. || Valla, en las plazas de toros, que resguarda a los toreros. || Primera fila de asientos en las plazas de toros. || *Fig.* Lo que separa.

barriada f. Barrio.
barrica f. Tonel pequeño.
barricada f. Parapeto.
barrido m. Acción de barrer.
barriga f. Vientre.
barril m. Tonel. || Medida de capacidad para el petróleo, equivalente a 159 litros.
barrilete m. *Riopl.* Cometa, papalote.
barrillo m. Grano en el rostro.
barrio m. Cada una de las partes en que se dividen las ciudades.
barrioporteño, ña adj. y s. De Puerto Barrios (Guatemala).
barro m. Masa de tierra y agua. || Arcilla de alfareros: *modelar con barro*. || Granillo en el rostro.
barroco, ca adj. y s. m. *Arq.* Dícese del estilo artístico caracterizado por la profusión de adornos, propio de los s. XVII y XVIII.
barroquismo m. Calidad de lo barroco. || Tendencia a lo barroco. || *Fig.* Extravagancia.
barrote m. Barra gruesa.
barruntar v. t. Prever.
barrunto m. Indicio. || Presentimiento.
bártulos m. pl. Trastos.
barullo m. *Fam.* Confusión.
basa f. Asiento de una columna.
basalto m. Roca volcánica negra verdosa.
basar v. t. Apoyar en una base. || *Fig.* Fundar, apoyar. Ú. t. c. pr.: *basarse en datos falsos*. || Situar en una base militar (ú. t. c. pr.).
basca f. Ganas de vomitar.
báscula f. Aparato para pesar.
bascular v. i. Ejecutar un movimiento de báscula alrededor de un punto en equilibrio. || Inclinarse la caja de un vehículo de transporte para que la carga que contiene se vierta hacia fuera.
base f. Asiento, apoyo o superficie en que se sostiene un cuerpo. || Basa de una columna. || *Fig.* Fundamento: *la base de un razonamiento*. || *Geom.* Lado o cara en que se supone descansa una figura. || *Mil.* Lugar de concentración de los medios necesarios para emprender una operación terrestre, aérea o naval: *base de operaciones, base aérea*. || *Quím.* Cuerpo que puede combinarse con los ácidos para formar sales. || — *Base de datos*, informaciones almacenadas en un ordenador. || *Base imponible*, cantidad gravada con impuestos.
base-ball [*béisbol*] m. (pal. ingl.). Béisbol.
básico, ca adj. Que sirve de base.
basílica f. Nombre de algunas iglesias.
basket-ball m. (pal. ingl.). Baloncesto.
bastante adj. Suficiente: *tiene bastantes amigos*. || — Adv. Ni mucho ni poco: *hemos comido bastante*. || No poco: *bastante tonto*.
bastar v. i. Ser suficiente.
bastardilla adj. y s. f. Dícese de la letra de imprenta ligeramente inclinada hacia la derecha.
bastardo, da adj. Nacido fuera del matrimonio (ú. t. c. s.). || Que pertenece a dos géneros distintos: *estilo bastardo*.
bastedad f. Condición de basto.
bastidor m. Armazón que sirve de soporte a otros elementos: *bastidor de pintor*.
bastión m. *Fort.* Baluarte.
basto, ta adj. Grosero, tosco: *tela basta*. || Ordinario, vulgar, poco fino: *hombre basto*. || — M. pl. Uno de los cuatro palos de la baraja española.

bastón m. Palo con puño y contera para apoyarse al andar. || Insignia de autoridad.
basura f. Desperdicio, inmundicia.
basural m. *Amer.* Lugar donde se arroja y acumula la basura.
basurear v. t. *Fam. Arg., Bol., Ecuad., Parag., Per.* y *Urug.* Humillar.
basurero m. El que recoge la basura. || Sitio donde se arroja ésta.
bata f. Ropa larga que se usa para estar en casa o para trabajar. || Prenda que se pone sobre el vestido para que éste no se manche.
batacazo m. Caída.
batalla f. Combate.
batallar v. i. Pelear, combatir.
batallón m. Unidad militar de varias compañías.
batallón, ona adj. Combativo.
batata f. Planta de raíz comestible.
bate m. Pala de béisbol.
batea f. Bandeja. || *Amer.* Vasija para lavar.
bateador m. Jugador de béisbol.
batería f. *Mil.* Conjunto de cañones. | Unidad de artillería. | Obra de fortificación con cierto número de cañones. || *Mús.* Conjunto de instrumentos de percusión de una orquesta. | Tambor y platillos de una orquesta. || *Electr.* Agrupación de varios acumuladores, pilas o condensadores dispuestos en serie. | Acumulador. || *Batería de cocina*, conjunto de cacerolas y otros utensilios. || — M. *Mús.* El que toca la batería.
batey m. *Antill.* Lugar destinado en las fincas azucareras a vivienda, trapiche y almacén.
batiborrillo o **batiburrillo** m. Mezcolanza.
batida f. Caza que se hace batiendo el monte. || Reconocimiento de un paraje por la policía.
batido, da adj. Aplícase al camino muy andado. || — M. Acción de batir. || Refresco de leche o fruta pasado por la batidora.
batidora f. Aparato en que se baten los alimentos.
batiente m. Hoja de la puerta.
batín m. Bata corta de casa.
batir v. t. Golpear con fuerza alguna cosa: *las olas baten la costa*. || Dar el sol, el aire, el agua en una parte. || Superar: *batir una marca*. || Mover con fuerza: *batir las alas*. || Revolver una cosa para trabarla: *batir huevos*. || Acuñar: *batir moneda*. || Derrotar, vencer. || En fútbol, marcar un gol: *batir al portero*. || Cardar el pelo. || Reconocer, registrar un lugar: *batir el campo*. || — V. pr. Combatir.
batracios m. pl. Clase de animales como la rana y el sapo.
baturro, rra adj. y s. Aragonés.
batuta f. Varita con que marca el compás el director de orquesta.
baúl m. Maleta muy grande. || *Arg.* Portaequipajes de un coche.
bauprés m. Palo horizontal en la proa del barco.
bautismo m. Sacramento de la Iglesia que confiere el carácter de cristiano.
bautizar v. t. Administrar el bautismo. || *Fig.* Poner nombre: *bautizar una calle*. || *Fam.* Aguar el vino. || — V. pr. Recibir el bautismo.
bautizo m. Acción de bautizar.
bauxita f. Hidrato de alúmina.
baya f. *Bot.* Fruto carnoso con pepitas.
bayamés, esa adj. y s. De Bayamo (Cuba).
bayeta f. Trapo de fregar.

bayoneta f. Hoja de acero en el cañón del fusil.

baza f. Naipes que recoge el que gana. || *Fig.* Oportunidad, posibilidad.

bazar m. Tienda.

bazo m. Víscera situada en el hipocondrio izquierdo entre el colon y las costillas falsas.

bazofia f. Comida mala.

B.C.G., siglas de Bacilo Calmette-Guérin, vacuna contra la tuberculosis.

be f. Nombre de la letra *b.*

Be, símbolo del *berilio.*

beata f. *Fam.* Mujer muy devota. || *Pop.* Peseta.

beatificar v. t. Considerar la Iglesia a alguien entre los bienaventurados.

beatitud f. Bienaventuranza eterna. || *Fam.* Felicidad.

beato, ta adj. Bienaventurado. || Beatificado por la Iglesia católica (ú. t. c. s.). || Piadoso (ú. t. c. s.).

bebé m. y f. Niño pequeño.

bebedor, ra adj. y s. Que bebe.

beber m. Acción y efecto de beber.

beber v. i. y t. Absorber un líquido por la boca. || Brindar: *beber por la salud de uno.* || *Fig.* Abusar de bebidas alcohólicas. | Informarse, aprender: *beber en fuentes fidedignas.* | Suspirar, ansiar.

bebido, da adj. Embriagado. || — F. Cualquier líquido que se bebe.

beca f. Pensión para cursar estudios.

becado, da m. y f. Becario.

becar v. t. Conceder una beca.

becario, ria m. y f. Estudiante que tiene beca.

becerra f. Ternera de menos de un año.

becerro m. Toro de menos de un año.

bechamel f. Salsa blanca hecha con harina y leche.

bedel m. En un centro docente, el que cuida del orden, anuncia la entrada o salida de las clases.

beduino, na adj. y s. Árabe nómada del desierto.

befa f. Burla, escarnio.

begonia f. Planta de flores rosadas. || Su flor.

beige adj. De color café con leche (ú. t. c. s. m.).

béisbol m. Cierto juego de pelota.

bejuco m. Caña.

bel m. Unidad de intensidad sonora.

beldad f. Belleza o hermosura.

belfo m. Labio inferior abultado. || Labio del caballo.

belga adj. y s. De Bélgica.

belicismo m. Tendencia belicista.

belicista adj. y s. Partidario de la guerra.

bélico, ca adj. De la guerra.

belicosidad f. Calidad de belicoso.

belicoso, sa adj. Guerrero. || *Fig.* Agresivo.

beligerancia f. Estado y calidad de beligerante.

beligerante adj. y s. Que participa en una guerra.

belio m. *Fís.* Bel.

bellaco, ca adj. y s. Pícaro.

belleza f. Armonía física o artística que inspira admiración y placer. || Mujer hermosa.

bello, lla adj. Que tiene belleza. || *Fig.* Muy bueno: *es una bella persona.*

bellota f. Fruto de la encina.

bemba f. *Amer.* Boca gruesa. | Hocico, jeta.

bembo, ba adj. *Amer.* De labio grueso.

bemol m. *Mús.* Signo que baja la nota un semitono. || Esta nota.

benceno m. Hidrocarburo incoloro, volátil y combustible extraído de la destilación del alquitrán.

bencina f. *Quím.* Mezcla de hidrocarburos que se emplea como carburante y como solvente.

bencinero m. *Chil.* Encargado de una estación de servicio.

bendecir v. t. Invocar en favor de uno o de algo la bendición divina: *bendecir la mesa.* || Consagrar al culto: *bendecir un templo.* || Alabar, celebrar.

bendición f. Acción de bendecir.

benedictino, na adj. y s. Perteneciente o relativo a la orden de San Benito, fundada en 529.

benefactor, ra adj. y s. Bienhechor.

beneficencia f. Virtud de hacer bien.

beneficiado, da m. y f. Persona que se beneficia.

beneficiar v. t. Hacer bien. || Hacer fructificar una cosa, mejorar: *beneficiar un terreno.* || Explotar una mina. || — V. i. y pr. Sacar provecho.

beneficiario, ria adj. y s. Que beneficia.

beneficio m. Bien hecho o recibido: *colmar a uno de beneficios.* || Utilidad, provecho: *beneficio comercial.* || Producto de un espectáculo. || Explotación de una mina.

beneficioso, sa adj. Benéfico.

benéfico, ca adj. Que hace bien.

benemérito, ta adj. Digno de recompensa. || *La Benemérita,* la Guardia Civil española.

beneplácito m. Aprobación.

benevolencia f. Bondad.

benévolo, la adj. Que tiene buena voluntad o afecto. || Hecho gratuitamente: *acto benévolo.*

benignidad f. Calidad de benigno.

benigno, na adj. Benévolo: *persona benigna.* || *Fig.* Templado: *clima benigno.* | Sin gravedad.

beodo, da adj. y s. Borracho.

berbiquí m. Taladro de mano.

berenjena f. Planta de fruto comestible.

bergantín m. Barco de dos palos y vela cuadrada.

berilio m. Metal ligero (Be), de número atómico 4, llamado también *glucinio.*

berkelio m. Elemento químico (Bk), de número atómico 97.

berlinés, esa adj. y s. De Berlín.

bermejo, ja adj. Rubio rojizo.

berrear v. i. Dar berridos.

berrido m. Voz del becerro y otros animales. || Grito estridente.

berrinche m. Rabieta.

berro m. Planta comestible.

berza f. Col. || — M. pl. Berzotas.

berzas y berzotas m. y f. *Fam.* Idiota.

besar v. t. Tocar con los labios una cosa en señal de amor, saludo, amistad o reverencia (ú. t. c. pr.).

beso m. Acción y efecto de besar.

bestia f. Animal cuadrúpedo, especialmente caballerías. || — Com. *Fig.* Persona bruta.

bestial adj. Brutal, irracional: *instintos bestiales.* || *Fam.* Extraordinario, estupendo: *un proyecto bestial.* | Enorme: *hambre bestial.*

bestialidad f. Brutalidad. || *Fam.* Barbaridad, tontería muy grande. | Gran cantidad.

besuquear v. t. *Fam.* Besar.

besuqueo m. Acción de besuquear.

beta f. Letra griega (β) que corresponde a nuestra *b.* || *Rayos* β, radiaciones emitidas por los cuerpos radiactivos.

betabel m. *Méx.* Remolacha.

betatrón m. Acelerador de partículas beta.

betuláceas f. pl. Familia de árboles.

betún m. Crema para dar brillo al calzado.

betunero m. Limpiabotas.

bevatrón m. *Fís.* Acelerador de partículas.
Bi, símbolo del *bismuto.*
biberón m. Frasco con tetina de goma para la lactancia artificial.
biblia f. Sagrada Escritura.
bibliografía f. Conjunto de títulos de obras sobre un asunto: *bibliografía taurina.*
bibliográfico, ca adj. De la bibliografía.
biblioteca f. Local donde se tienen libros ordenados para la lectura y la consulta. || Colección de libros, etc. || Librería, mueble para los libros.
bibliotecario, ria m. y f. Persona encargada de una biblioteca.
bicarbonato m. *Quím.* Sal ácida del ácido carbónico. || Se dice especialmente de la sal de sodio.
bicentenario m. Segundo centenario.
bíceps adj. y s. Dícese de los músculos que tienen dos cabezas, especialmente el del brazo.
bicharraco m. *Fam.* Animalucho. | Tiparraco.
bicho m. Animal pequeño. || *Fig.* Persona mala.
bici f. *Fam.* Bicicleta.
bicicleta f. Vehículo de dos ruedas iguales en que la de atrás se mueve por medio de unos pedales que actúan en una cadena.
bicoca f. *Fig.* Cosa de poca monta, fruslería. | Ganga. | Puesto ventajoso.
bicornio m. Sombrero de dos picos.
B.I.D., siglas de Banco Interamericano de Desarrollo.
bidé m. Aparato sanitario para lavados íntimos.
bidimensional adj. De dos dimensiones.
bidón m. Recipiente de hojalata para líquidos.
biela f. Barra metálica que une dos piezas por medio de articulaciones para transmitir un movimiento. || Palanca del pedal de la bicicleta.
bieldo m. Instrumento que sirve para aventar.
bien m. Lo que la moral ordena hacer: *discernir el bien del mal.* || Lo que es bueno, favorable o conveniente: *fue un bien para mí.* || Lo que es conforme al deber: *persona de bien.* || Lo que es objeto de un derecho o de una obligación: *bien familiar.* || — Pl. Hacienda, caudal: *hombre de bienes.* || Productos: *bienes de equipo.* || — *Bienes de consumo,* aquellos que satisfacen las necesidades directas de los compradores. || *Bienes de producción,* aquellos que se utilizan para la fabricación de bienes de consumo. || *Bienes gananciales,* los que adquieren los cónyuges durante el matrimonio. || *Bienes inmuebles o raíces,* los que no pueden trasladarse. || *Bienes muebles,* los que pueden trasladarse. || — Adv. Correctamente: *vivir bien.* || De modo agradable: *oler bien.* || Que goza de buena salud. || De modo adecuado: *trabajo que salió bien.* || Con placer, con gusto, de buena gana. || Muy, mucho: *llegó bien tarde.*
bienal adj. Que sucede cada bienio. || — F. Exposición que se celebra cada dos años.
bienaventurado, da adj. y s. Que goza de Dios en el cielo. || Feliz.
bienaventuranza f. Visión beatífica de Dios en el cielo. || Prosperidad, felicidad.
bienestar m. Estado del que está bien.
bienhechor, ra adj. y s. Que hace bien.
bienio m. Período de dos años.
bienvenida f. Parabién: *dar la bienvenida.*
bies m. Sesgo.
bife m. *Amer.* Bistec. || *Arg. Fam.* Guantada.
bífido, da adj. Dividido en dos.
bifocal adj. Aplícase a lo que tiene doble foco.

biftec m. Bistec.
bifurcación f. División en dos.
bifurcarse v. pr. Dividirse en dos una cosa. || Cambiar de dirección.
bigamia f. Estado del bígamo.
bígamo, ma adj. y s. Casado con dos personas.
bigote m. Pelos encima del labio superior.
bikini m. Bañador de dos piezas.
bilabial adj. Dícese de la letra que se pronuncia con ambos labios (ú. t. c. s. f.).
bilateral adj. Relativo a ambas partes.
bilbaíno, na adj. y s. De Bilbao (España).
bilingüe adj. Que habla dos lenguas (ú. t. c. s.). || Escrito en dos idiomas.
bilingüismo m. Uso de dos idiomas.
bilis f. Humor viscoso, de color amarillo verdoso, amargo, segregado por el hígado. || *Fig.* Ira.
billar m. Juego que consiste en empujar bolas de marfil con tacos sobre una mesa rectangular.
billete m. Carta o esquela: *billete amoroso.* || Tarjeta o documento que da derecho para entrar en alguna parte, para viajar, etc. || Papeleta que acredita la participación en una lotería. || Moneda en papel emitida por un banco.
billetera f. y **billetero** m. Cartera de billetes.
billón m. Un millón de millones. (En Estados Unidos, el billón equivale a mil millones.)
bimestre m. Tiempo de dos meses.
bimotor adj. y s. m. Con motores.
binario, ria adj. Compuesto de dos elementos.
bingo m. Especie de lotería con cartones.
binocular adj. y s. Que se lleva a cabo con los dos ojos || M. Instrumento óptico con dos oculares.
binomio m. *Mat.* Expresión algebraica formada por dos términos, como $a - b.$
biobiense adj. y s. De Bíobío (Chile).
biodegradable adj. Característica del producto industrial que al desecharse puede ser degradado por las bacterias u otros agentes biológicos.
biodiversidad f. Diversidad de seres vivos.
biofísica f. Estudio de los fenómenos biológicos desde la óptica de la física.
biografía f. Historia de la vida de una persona.
biografiar v. t. Escribir la biografía de alguien.
biógrafo, fa m. y f. Autor de biografías.
biología f. Estudio de las leyes de la vida.
biólogo, ga m. y f. Persona que se dedica al estudio de la biología.
bioma m. *Biol.* Nombre que reciben los ambientes naturales del planeta.
biomasa f. Masa total de los seres vivos, animales y vegetales, de un biotopo.
biombo m. Mampara formada por varios bastidores articulados.
bioquímica m. *Quím.* Parte de la química que estudia la materia viva y sus procesos.
biosfera f. *Biol.* Conjunto de seres vivos y el medio en el que viven.
biota m. *Biol.* Conjunto de la fauna y flora de un determinado lugar.
biotecnología f. Técnicas para la obtención de productos útiles de las células vivas.
biotipo m. Forma típica de un animal o planta que caracteriza a toda su especie.
biotopo m. Espacio geográfico en el que vive un grupo de seres sometidos a condiciones relativamente constantes o cíclicas.

bióxido m. *Quím*. Combinación en la que hay un radical y dos átomos de oxígeno.

bípedo, da adj. y s. m. De dos pies.

birlar v. t. Robar.

birome f. *Riopl*. Bolígrafo.

birrete m. Gorro con borla negra, propio de magistrados, catedráticos, abogados, jueces.

birria f. *Fam*. Cosa o persona fea.

bis adv. Se emplea para indicar que una cosa debe repetirse. || — Adj. Duplicado, repetido.

bisabuelo, la m. y f. Padre o madre del abuelo o de la abuela.

bisagra f. Conjunto de dos planchitas de metal articuladas entre sí que permite el movimiento de las puertas y ventanas.

bisectriz f. Línea que divide un ángulo en dos partes iguales.

bisel m. Borde cortado oblicuamente.

biselado m. Acción de biselar.

biselar v. t. Cortar en bisel.

bisemanal adj. Dos veces por semana.

bisiesto adj. Dícese del año de 366 días.

bisílabo, ba adj. De dos sílabas.

bismuto m. Metal (Bi) de número atómico 83, de color gris, fusible a 271 °C, de densidad 9,8.

bisnieto, ta m. y f. Hijo o hija del nieto.

bisonte m. Rumiante bóvido salvaje.

bisoñé m. Peluca.

bisoño, ña adj. y s. Novicio.

bisté o **bistec** m. Filete, lonja de carne asada.

bisturí m. Instrumento cortante usado en cirugía.

bisutería f. Joyería de imitación.

bit m. Unidad mínima de información con sólo dos posibilidades de valor, por lo general 1 ó 0.

bitácora f. *Mar*. Caja donde está la brújula.

bivalente adj. *Quím*. Con dos valencias.

bizantino, na adj. y s. De Bizancio, hoy Estambul. || Del Imperio Bizantino. || *Fig*. Decadente.

bizcaitarra com. Nacionalista vasco.

bizco, ca adj. y s. Que tuerce los ojos al mirar.

bizcocho m. Masa de harina, huevo y azúcar cocida al horno.

biznieto, ta m. y f. Bisnieto.

bizquear v. i. *Fam*. Ser bizco. | Asombrarse.

bizquera f. Estrabismo.

Bk, símbolo del *berkelio*.

blanco, ca adj. De color de nieve: *pan blanco*. || De color más claro que otras cosas de la misma especie: *vino blanco*. || Dícese de la raza europea o caucásica (ú. t. c. s.). || *Arma blanca*, la cortante o punzante. || — M. Color blanco. || Tabla que sirve para ejercitarse en el tiro: *dar en el blanco*. || Hueco entre dos cosas. || Espacio que se deja blanco en un escrito. || *Fam*. Vaso de vino blanco. || *Fig*. Meta, objetivo. || *Blanco del ojo*, la córnea.

blancura f. Calidad de blanco.

blandengue adj. Blando, de poco carácter. || — M. Soldado armado con lanza de la antigua provincia de Buenos Aires.

blandir v. t. Mover alguna cosa antes de golpear.

blando, da adj. Que se deforma fácilmente: *masa blanda*. || Que cede a la presión, muelle: *colchón blando*. || Tierno: *pan blando*. || *Fig*. Indulgente. | Débil: *carácter blando*. | Suave, templado.

blandura f. Calidad de blando.

blanqueado m. Blanqueo.

blanqueador m. Sustancia que blanquea.

blanquear v. t. Poner blanca una cosa: *blanquear la ropa*. || Encalar las paredes: *blanquear un patio*. || Poner blanco el azúcar. || — V. i. Presentarse blanca una cosa. || Ponerse blanca.

blanqueo m. Encalado.

blasfemar v. i. Decir blasfemias.

blasfemia f. Insulto dirigido contra Dios.

blasfemo, ma adj. Que contiene blasfemia: *libro blasfemo*. || Que blasfema (ú. t. c. s.).

blasón m. Ciencia heráldica. || Cada pieza del escudo. || Escudo de armas. || *Fig*. Motivo de orgullo.

blasonar v. i. *Fig*. Jactarse.

bledo m. Planta comestible. || *Fig. y fam. No importar un bledo*, sin importancia.

blenorragia f. *Med*. Inflamación infecciosa de la uretra producida por un gonococo.

blenorrea f. Blenorragia crónica.

blindado, da adj. Revestido con blindaje.

blindaje m. Revestimiento con chapas metálicas.

blindar v. t. Revestir con chapas metálicas.

bloc m. Conjunto de hojas de papel blanco.

bloque m. Trozo grande de materia sin labrar: *bloque de piedra*. || Conjunto: *bloque de papel*. || Grupo, unión de varios países, partidos, etc.: *bloque soviético*. || Grupo de viviendas.

bloquear v. t. Cercar una ciudad, un puerto o un país, para cortar todo género de comunicaciones con el exterior. || Inmovilizar los créditos o bienes de alguien: *bloquear la cuenta corriente*. || Detener un vehículo apretando los frenos. || Detener, interceptar: *bloquear el balón*. || *Fig*. Impedir.

bloqueo m. Acción de bloquear.

blue-jean [bluyín] m. Pantalón vaquero.

blues m. (pal. ingl.). Especie de fox trot.

bluff m. (pal. ingl.). Farol.

blusa f. Camisa de mujer.

blusón m. Blusa larga y suelta.

boa f. La mayor de las serpientes conocidas.

boaqueño, ña adj. y s. De Boaco (Nicaragua).

boato m. Lujo.

bobada f. Necedad.

bobalicón, ona adj. *Fam*. Bobo.

bobería f. Dicho o hecho necio.

bobina f. Carrete.

bobinado m. Acción y efecto de bobinar.

bobinar v. t. Enrollar.

bobo, ba adj. y s. Tonto.

boca f. Orificio de la cabeza del hombre y los animales por el cual toman el alimento. || *Fig*. Entrada, abertura: *boca de puerto*. || Órgano de palabra: *cerrar la boca*. | Persona o animal a quien se mantiene: *mantener seis bocas*. || Pico de una vasija. || — Pl. Desembocadura de un río.

bocacalle f. Desembocadura de una calle.

bocadillo m. Emparedado, panecillo abierto o dos rebanadas de pan relleno con jamón, chorizo, queso, etc. || En las historietas ilustradas, elemento gráfico que sale de la boca de los personajes y contiene las palabras que éstos pronuncian.

bocado m. Alimento que cabe de una vez en la boca. || Mordisco. || Freno de la caballería.

bocal m. Jarro de boca ancha.

bocanada f. Cantidad del líquido que llena de una vez la boca. || Porción de humo que se echa cuando se fuma. || Ráfaga de viento.

boceto m. Esbozo, bosquejo.

bochinche m. *Fam*. Alboroto.

bochorno m. Aire caliente de estío. ‖ Calor sofocante. ‖ *Fig.* Sofocación. | Vergüenza.

bochornoso, sa adj. Que causa bochorno.

bocina f. Trompeta para hablar a distancia. ‖ Aparato para avisar: *bocina de un coche.*

bocinazo m. Toque de bocina. ‖ *Pop.* Grito.

bocio m. *Med.* Hipertrofia de la glándula tiroides.

boda f. Casamiento y fiesta con que se solemniza.

bodega f. Lugar donde se guarda y cría el vino. ‖ Espacio interior de los buques y aviones.

bodegón m. Pintura o cuadro donde se representan cosas comestibles, vasijas, cacharros, etc.

bodrio m. Bazofia.

bofetada f. y **bofetón** m. Golpe en la cara con la mano. ‖ *Fig.* Afrenta. | Choque. | Caída.

boga f. *Fig.* Moda: *estar en boga.*

bogar v. i. Remar.

bogavante m. *Zool.* Crustáceo marino.

bogotano, na adj. y s. De Bogotá (Colombia).

bohemio, mia adj. y s. Bohemo. ‖ Dícese de la persona de vida desordenada. ‖ Gitano. ‖ — F. Vida de bohemio. ‖ Conjunto de bohemios.

bohemo, ma adj. y s. De Bohemia (República Checa).

bohío m. *Amer.* Cabaña.

boicot m. Boicoteo.

boicoteador, ra adj. y s. Que boicotea.

boicotear v. t. Practicar el boicoteo.

boicoteo m. Ruptura de relaciones con un individuo, una empresa o nación para causar un perjuicio y obligar a que se realice lo que se exige.

bóiler m. *Méx.* Calentador del agua de uso doméstico: *encendió el bóiler para darse un baño.*

boina f. Gorra redonda.

bojar y **bojear** v. t. *Mar.* Medir el perímetro de una isla, cabo, etcétera.

bojeo m. *Mar.* Perímetro de una isla.

bola f. Cuerpo esférico: *bola de marfil.* ‖ Canica: *jugar a las bolas.* ‖ Esfera empleada en el juego de bolos. ‖ La que se pone en los cojinetes. ‖ Pelota. ‖ Betún: *dar bola a los zapatos.* ‖ *Fig.* y *fam.* Mentira. ‖ *Amer.* Cometa redonda. | Motín.

bolchevique adj. y s. Partidario del bolchevismo.

bolcheviquismo m. **bolchevismo** m. Doctrina del Partido Comunista soviético.

boleada f. *Arg.* Cacería con boleadoras. ‖ *Méx.* Acción y efecto de dar lustre al calzado.

boleador, ra adj. y s. *Méx.* Limpiabotas.

boleadoras f. pl. *Arg.* Arma arrojadiza que consiste en dos o tres bolas unidas con correas y que se utiliza para cazar o apresar animales.

bolear v. t. *Arg.* Cazar con boleadoras. ‖ *Méx.* Limpiar el calzado.

bolero, ra adj. y s. Mentiroso. ‖ — M. Chaqueta corta que suelen usar las mujeres. ‖ *Mús.* Aire español. ‖ — F. Lugar donde se juega a los bolos.

boleta f. Billete de entrada. ‖ Papeleta de una rifa. ‖ *Amer.* Cédula para votar.

boletaje m. *Amer.* Conjunto de boletos o boletas.

boletería f. *Amer.* Taquilla.

boletero, ra m. y f. *Amer.* Taquillero.

boletín m. Papel que se rellena para suscribirse a algo. ‖ Periódico que trata de asuntos especiales.

boleto m. Cierta clase de hongo. ‖ *Amer.* Billete de teatro, de ferrocarril, etc. ‖ Papeleta de rifa.

bólido m. Masa mineral ígnea que atraviesa la atmósfera. ‖ *Fig.* Automóvil muy rápido.

bolígrafo m. Lápiz estilográfico cuya punta es una bolita de acero.

bolillo m. Palito torneado para hacer encajes. ‖ *Méx.* Cierto tipo de pan blanco.

bolita f. *Riopl.* Canica. ‖ Juego de las canicas.

bolívar m. Unidad monetaria de Venezuela.

bolivarense adj. y s. De Bolívar (Ecuador y Colombia).

bolivariano, na adj. y s. Relativo a Bolívar. ‖ De Bolívar, Estado de Venezuela.

bolivariense adj. y s. De Bolívar, c. de Venezuela.

bolivianismo m. Giro propio de Bolivia. ‖ Afecto a la nación boliviana. ‖ Condición de boliviano.

boliviano, na adj. y s. De Bolivia. ‖ — M. Unidad monetaria de Bolivia. ‖ Modalidad del castellano hablado en Bolivia.

bollar v. t. Hacer bollos.

bollo m. Panecillo esponjoso de harina amasada con huevos, leche, etc. ‖ Abolladura, abultamiento o hueco hecho por un golpe en un objeto. ‖ *Fig.* Chichón: *un bollo en la cabeza.* | Lío, embrollo.

bolo m. Palito torneado que se pone derecho en el suelo: *juego de bolos.* ‖ *Bolo alimenticio,* masa de alimento masticado e insalivado que se traga de una vez.

bolsa f. Recipiente flexible de tela, papel, plástico, etc., utilizado para llevar cosas. ‖ Arruga en los vestidos. ‖ Arruga que se forma debajo de los ojos (ú. t. en pl.). ‖ *Com.* Lonja: *Bolsa de granos.* | Edificio donde se reúnen los que compran y venden acciones o títulos. | Esta reunión: *hoy no hay Bolsa.* | Bienes o dinero: *tiene llena la bolsa.* ‖ *Med.* Cavidad llena de materia: *bolsa de pus.* ‖ *Min.* Parte donde se halla metal puro. ‖ *Amer.* Bolsillo.

bolsear v. t. *C. Rica, Guat., Hond.* y *Méx.* Robar.

bolsillo m. Bolsa para el dinero, portamonedas. ‖ Saquillo cosido a los vestidos.

bolso m. Bolsa o estuche de piel u otro material que llevan en las manos las mujeres y en donde guardan los objetos de uso personal. ‖ Bolsillo, portamonedas. ‖ Cualquier caja o estuche de cuero u otro material, con asa, para llevar objetos.

boludez f. *Fam. Riopl.* Tontería.

bomba f. Máquina para elevar agua u otro fluido. ‖ Artefacto explosivo. ‖ *Fig.* Noticia sensacional o inesperada (ú. t. c. adj.). ‖ — *Bomba atómica,* v. ATÓMICO. ‖ *Bomba H o de hidrógeno,* v. TERMONUCLEAR. ‖ — Adj. *Fam.* Extraordinario, formidable. ‖ — Adv. *Fam.* Estupendamente, muy bien.

bombacha f. *Riopl.* Calzón, prenda interior femenina. ‖ — Pl. *Arg.* y *Urug.* Pantalón bombacho campesino.

bombacho adj. m. y s. m. Dícese del calzón o pantalón ancho que se ciñe un poco más abajo de las pantorrillas (ú. más en pl.).

bombardear v. t. Atacar con artillería o arrojar bombas. ‖ Someter a radiaciones.

bombardeo m. Ataque de un objetivo con bombas u obuses.

bombear v. t. Sacar o trasegar con bomba: *bombear agua.* ‖ Dar forma abombada.

bombero m. Miembro de un cuerpo destinado a apagar incendios.

bombilla f. Ampolla o globo de cristal que contiene el filamento de la lámpara eléctrica. ‖ Tubito de caña o de metal para sorber el mate.

bombín m. Sombrero hongo.

bombo m. Tambor grande que se toca con maza. || El que lo toca. || Caja en que están los números de un sorteo: *bombo de la lotería.* || *Fig.* Elogio.

bombón m. Confite de chocolate. || *Fam.* Mujer muy bonita.

bombona f. Vasija.

bombonera f. Caja de bombones.

bonachón, ona adj. y s. Buenazo.

bonaerense adj. y s. De Buenos Aires (Argentina).

bonanza f. Tiempo sereno en el mar. || *Fig.* Tranquilidad.

bondad f. Calidad de bueno.

bondadoso, sa adj. Muy bueno.

bonete m. Birrete, gorro de forma redonda.

bongó m. Tambor de los negros de Cuba.

bongosero m. Tocador de bongó.

boniato m. Planta convolvulácea y su tubérculo.

bonificación f. Mejora. || Rebaja.

bonificar v. t. Mejorar, hacer mejor una cosa.

bonito m. Pez parecido al atún.

bonito, ta adj. Bueno. || Lindo, bello.

bono m. Vale: *bono de pago al portador.* || Cualquier papel fiduciario: *bonos de la deuda pública.*

boñiga f. Excremento del ganado.

boom [bun] m. (pal. ingl.). Auge.

boquerón m. Anchoa.

boqueronense adj. y s. De Boquerón (Paraguay).

boquete m. Agujero.

boquiabierto, ta adj. *Fig.* Asombrado.

boquilla f. Parte de algunos instrumentos músicos de viento que se introduce en la boca. || Tubo pequeño para fumar el cigarro. || Extremo del cigarro: *boquilla con filtro.* || *De boquilla,* de mentirijillas.

borbónico, ca adj. De los Borbones.

borborigmo m. Ruido de los gases del abdomen.

borbotar y **borbotear** v. i. Hacer borbotones.

borboteo m. Acción de borbotar.

borbotón m. Agitación del agua en ebullición. || *Fig. A borbotones,* en cantidad y violentamente.

borceguí m. Bota.

borda f. *Mar.* Parte superior del costado del barco. || *Fig.* y *fam. Arrojar* o *echar* o *tirar por la borda,* deshacerse de algo o alguien. || *Fuera borda,* embarcación con el motor fuera del casco.

bordada f. Camino del barco.

bordado, da adj. *Fig.* Perfecto, logrado. || — M. Labor de relieve en tela o piel con aguja.

bordador, ra m. y f. Persona que borda.

bordar v. t. Hacer bordados. || Hacer muy bien.

borde m. Extremo u orilla de una cosa. || Línea de separación entre el agua y la tierra: *al borde del río.* || En las vasijas, orilla, contorno de la boca. || *Fam.* Persona mala. || *Al borde de,* a punto de.

bordear v. t. Rodear. || *Fig.* Estar cerca de.

bordelés, esa adj. y s. De Burdeos (Francia).

bordillo m. Borde de la acera.

bordo m. Costado de un barco.

bordón m. Bastón largo de los peregrinos. || *Fig.* Muletilla, estribillo.

boreal adj. Del Norte.

borincano, na y **borinqueño, ña** adj. y s. De Puerto Rico.

borla f. Conjunto de hebras unidas por uno de sus cabos. || Insignia de los doctores de universidad. || Lo que utilizan las mujeres para darse polvos.

borne m. Botón de cobre a que se une un conducto eléctrico.

boro m. Metaloide (B) de número atómico 5, de densidad 2,45, sólido, duro y de color pardo.

borra f. Parte basta de la lana.

borrachera f. Embriaguez.

borracho, cha adj. Que toma bebidas alcohólicas con exceso (ú. t. c. s.). || *Fig.* Dominado por una pasión.

borrador m. Escrito de primera intención que ha de sufrir correcciones.

borrar v. t. Tachar lo escrito. || Hacer desaparecer con la goma lo escrito. || *Fig.* Hacer desaparecer, desvanecer, quitar (ú. t. c. pr.). | Quitar de una lista, dar de baja en una asociación.

borrasca f. Tempestad.

borrascoso, sa adj. Que causa borrascas. || Propenso a ellas. || *Fig.* y *fam.* Desenfrenado.

borrego, ga m. y f. Cordero o cordera de uno o dos años. || *Fig.* Persona muy sencilla. | Persona servil que hace lo mismo que los demás.

borrica f. Asna.

borrico m. Asno.

borrón m. Mancha de tinta. || *Fig.* Defecto.

borroso, sa adj. Confuso, poco claro.

bosque m. Terreno con árboles.

bosquejar v. t. Trazar los rasgos principales de una pintura o escultura. || *Fig.* Esbozar.

bosquejo m. Rasgos principales de una cosa.

bostezar v. i. Abrir la boca por cansancio, sueño, aburrimiento.

bostezo m. Acto de bostezar.

bota f. Calzado que cubre el pie y parte de la pierna. || Odre pequeño para vino en el cual se bebe. || Cuba o tonel de madera.

botado, da adj. y s. *Amer.* Expósito. | Expulsado. || *Méx.* Borracho. | Barato.

botador, ra adj. *Amer.* Derrochador.

botadura f. Lanzamiento al agua de un barco.

botánico, ca adj. Relativo a la botánica: *jardín botánico.* || — M. y f. Persona que se dedica a la botánica. || — F. Ciencia de los vegetales.

botar v. t. Arrojar, tirar o echar fuera con violencia. || *Fam.* Despedir, echar a una persona: *lo botaron del colegio.* || Lanzar al agua: *botar un buque.* || *Amer.* Malgastar, despilfarrar. || — V. i. Salir despedida una cosa después de chocar con el suelo: *botar la pelota.* || Saltar: *botar de alegría.*

botarate m. *Fam.* Idiota.

bote m. Salto que da la pelota al chocar con el suelo. || Salto que da una persona. || Lata, vasija pequeña metálica: *bote de leche.* || Barca.

botella f. Vasija, generalmente de vidrio, de cuello largo. || Su contenido.

botellín m. Botella pequeña.

botica f. Farmacia.

boticario, ria m. y f. Farmacéutico.

botijo m. Vasija de barro poroso con asa, boca y pitón destinada a refrescar el agua que contiene.

botín m. Botina. || Despojo tomado al enemigo.

botiquín m. Mueble para guardar las medicinas.

botón m. *Bot.* Yema o brote de los vegetales. | Capullo de flor. || Disco de metal o cualquier otra materia que se pone en los vestidos para abrocharlos. | Cosa en forma de botón: *pulsar el botón.*

botonadura f. Juego de botones.

botones m. *Fam.* Recadero.

boutique [butik] f. (pal. fr.). Tienda pequeña y elegante donde se venden géneros de confección.

bóveda f. *Arq.* Construcción de forma arqueada con objeto de cubrir el espacio comprendido entre muros o pilares. | Habitación subterránea abovedada. || — *Bóveda celeste*, el firmamento. || *Bóveda craneana* (o *craneal*), interior del cráneo. || *Bóveda palatina*, cielo de la boca.

bóvidos m. pl. Familia de rumiantes que comprende los bovinos, ovinos, caprinos, etc.

bovino, na adj. Del buey o vaca (ú. t. c. m.).

boxeador m. El que boxea.

boxear v. i. Luchar dos personas a puñetazos.

boxeo m. Deporte de combate en el cual dos adversarios se acometen a puñetazos.

boya f. Cuerpo flotante sujeto al fondo del mar, de un río o de un lago para la señalización.

boyacense adj. y s. De Boyacá (Colombia).

bozal m. Dispositivo que se pone a los perros en la boca para que no muerdan o a los terneros para que no mamen.

bozo m. Vello en la parte superior del labio.

Br, símbolo del *bromo*.

bracero m. Peón, jornalero.

bráctea f. Hoja en el pedúnculo de la flor.

braga f. Prenda interior femenina a modo de calzón (ú. m. en pl.). || Pañal de los niños.

braguero m. Vendaje para contener las hernias.

bragueta f. Abertura delantera de los pantalones.

brahmán m. Bramán.

brahmánico, ca adj. Bramánico.

brahmanismo m. Bramanismo.

braille m. Escritura con relieve especial para los ciegos.

bramán m. Sacerdote de Brama, divinidad india.

bramánico, ca adj. Relativo al bramanismo.

bramanismo m. Religión de la India.

bramante m. Cuerda delgada.

bramar v. i. Dar bramidos.

bramido m. Mugido, voz del toro y de otros animales. || *Fig.* Grito de cólera.

brandy m. (pal. ingl.). Coñac.

branquias f. pl. Órganos respiratorios de peces, moluscos, batracios, etc.

braquiópodos m. pl. Animales marinos parecidos a los moluscos lamelibranquios con tentáculos alrededor de la boca (ú. t. c. adj.).

brasa f. Ascua: *asar a la brasa.*

brasero m. Recipiente redondo de metal en que se echa carbón menudo para calentar.

brasier o **brassier** m. *Col., Cub., Méx.* y *Venez.* Prenda interior femenina que cubre los senos.

brasileño, ña y **brasilero, ra** adj. y s. Del Brasil.

bravata f. Fanfarronería.

bravío, vía adj. Salvaje.

bravo, va adj. Valiente. || Salvaje, que acomete con los cuernos: *toros bravos.* || Salvaje, sin civilizar: *indio bravo.* | — M. Aplauso: *se oían los bravos.* || — Interj. Voz que expresa aplauso.

bravucón, ona adj. y s. *Fam.* Valentón.

bravuconear v. i. Dárselas de valiente.

bravura f. Fiereza de los animales. || Valentía.

braza f. *Mar.* Medida de longitud que tiene 1,6718 metros. || Uno de los estilos en natación.

brazada f. Movimiento de natación.

brazalete m. Banda que rodea el brazo más arriba del codo: *llevaba un brazalete de luto.*

brazo m. Miembro del cuerpo humano desde el hombro hasta la mano. || Pata delantera de los cuadrúpedos: *los brazos de la yegua.* || Cosa de figura parecida: *los brazos del sillón, de la cruz, de la balanza.* || Rama, ramal: *los brazos de un río.* || *Fig.* Fuerza, poder. || — Pl. *Fig.* Braceros, trabajadores.

brea f. Sustancia resinosa.

brear v. t. *Fam.* Maltratar. | Molestar.

brebaje m. Bebida mala.

brecha f. Abertura.

brega f. Lucha. || Trabajo duro.

bregar v. i. Trabajar mucho.

bretón, ona adj. y s. De Bretaña (Francia). || — M. Lengua de los bretones.

breva f. Primer fruto de la higuera. || *Fig.* Ganga.

breve adj. De poca extensión o duración. || *Gram.* Dícese de la palabra grave y de la vocal o sílaba no acentuada (ú. t. c. s. f.). || — M. Documento pontificio. || — F. *Mús.* Nota que vale dos compases mayores. || *En breve*, muy pronto.

brevedad f. Concisión.

breviario m. Libro de rezos.

bribón, ona adj. y s. Pícaro.

bribonada f. Picardía.

bricolage o **bricolaje** m. Arreglos caseros.

brida f. Freno del caballo con las riendas y demás correaje. || Anillo que une dos tubos.

bridón m. Cabalgadura con silla y brida.

brigada f. *Mil.* Reunión de dos regimientos. | Grado militar entre los de sargento y alférez. || Conjunto de trabajadores, equipo.

brigadier m. Antiguo general de brigada.

brillante adj. Que brilla: *objeto brillante.* || *Fig.* Notable. || — M. Diamante labrado en facetas.

brillantez f. Brillo.

brillantina f. Producto para dar brillo al pelo.

brillar v. i. Resplandecer.

brillo m. Resplandor, destello. || Lustre: *sacar brillo a los zapatos.* || *Fig.* Lucimiento, resplandor.

brincar v. i. Dar brincos, saltar.

brinco m. Salto: *dar un brinco.*

brindar v. i. Beber a la salud de uno. || — V. t. Ofrecer a uno alguna cosa: *brindar una oportunidad.* || Dedicar el torero a alguien o al público una suerte de su faena. || — V. pr. Ofrecerse.

brindis m. Acción de brindar.

brío m. Energía, arresto.

brioso, sa adj. Fogoso.

brisa f. Viento fresco y suave.

británico, ca adj. y s. De Gran Bretaña.

brizna f. *Fig.* Pizca, miaja.

broca f. Barrena para taladrar metales.

brocado, da adj. Dícese del tejido de seda con oro o plata (ú. t. c. s. m.).

brocal m. Pretil de la boca del pozo.

brocha f. Pincel o escobilla para pintar, afeitarse.

brochazo m. Pasada que se da con una brocha.

broche m. Conjunto de dos piezas de metal que enganchan. || Joya en forma de imperdible.

brocheta f. Aguja en la que se ensartan trozos de carne o pescado para asarlos.

bróculi o **brócoli** m. Variedad de la coliflor.

broma f. Dicho o hecho gracioso.

bromear v. i. Estar de broma.

bromeliáceas f. pl. Familia de plantas originarias de América, como el ananás (ú. t. c. adj.).

bromista adj. y s. Aficionado a gastar bromas.

bromo m. *Quím.* Metaloide (Br) líquido de número atómico 35, que suele hervir a 58,8 °C.

bronca f. Disputa ruidosa. || Represión severa.

bronce m. Aleación de cobre y estaño. || *Edad del bronce,* período de la prehistoria que sigue al neolítico en el tercer milenio y concluye hacia el año 1000 a. de J.C.

bronceado, da adj. De color de bronce. || Tostado por el sol. || — M. Acción de broncear.

broncear v. t. Tostar la piel al sol (ú. t. c. pr.).

bronco, ca adj. Tosco. || Aplícase al sonido ronco o grave. || Desabrido.

bronconeumonía f. Inflamación de los bronquios y de los alveolos pulmonares.

bronquio m. *Anat.* Cada uno de los dos conductos en que se divide la tráquea (ú. más en pl.).

bronquitis f. Inflamación de los bronquios.

brotar v. i. Nacer las plantas: *brotar el maíz.* || Echar la planta hojas. || Manar, salir un líquido.

brote m. Acción de brotar.

broza f. Maleza, matorrales. || *Fig.* Relleno, paja.

brujería f. Prácticas supersticiosas de las brujas.

brujo, ja m. y f. Hechicero.

brújula f. Aguja imantada que marca el norte magnético. || *Fig.* Lo que sirve de guía.

bruma f. Niebla.

brumoso, sa adj. Nebuloso.

bruñido m. Pulimento.

bruñir v. t. Sacar brillo.

brusco, ca adj. Repentino. || Desabrido.

brusquedad f. Calidad de brusco.

brutal adj. Que imita o se asemeja a los brutos. || *Fig.* Violento: *niño brutal.* | Falto de delicadeza. | Enorme, mucho.

brutalidad f. Calidad de bruto.

brutalizar v. t. Ser bruto con. || — V. pr. Embrutecerse.

bruto, ta adj. Falto de consideración, de prudencia o de instrucción. || Tosco, sin labrar: *diamante bruto.* || Que no ha sufrido ninguna disminución a causa de determinados gastos, impuestos, retenciones: *sueldo bruto.* || Dícese del petróleo que no ha sido refinado aún. || *Peso bruto,* el de un objeto y su embalaje, por oposición a *peso neto.* || — M. y f. Imbécil. || Salvaje. || — M. Animal.

bucal adj. De o por la boca.

bucanero m. En América, en el s. XVI, aventurero que se dedicaba al tráfico de carnes y pieles.

buceador, ra m. y f. Persona que bucea.

bucear v. i. Nadar bajo el agua.

buceo m. Acción de bucear.

buchaca f. *Amer.* Bolsa.

buche m. Bolsa de las aves para recibir la comida antes de pasarla al estómago. || Estómago de ciertos animales. || Bocanada de líquido.

bucle m. Rizo del pelo.

bucólico, ca adj. Pastoril. || — F. Composición poética de tema campestre o pastoril.

budín m. Plato de dulce a modo de bizcocho, pudín. || Pastel de patatas o de tapioca, etc.

budismo m. Doctrina religiosa de Buda, divinidad hindú.

budista adj. Del budismo. || — Com. Persona que profesa el budismo.

buen adj. Apócope de *bueno.*

bueno, na adj. Que tiene bondad. || Que no da guerra: *niño bueno.* || Conforme con la moral: *buena conducta.* || Favorable: *buena ocasión.* || Hábil en su oficio: *buena costurera.* || Sano: *estar bueno.* || Agradable. || Grande: *buena cantidad.* || Suficiente: *buena porción de comida.* || No deteriorado: *esta carne ya no está*

buena. || Sencillote: *buena chica.* || — M. Lo que es bueno. || Persona buena. || *Amer.* ¡Qué bueno!, ¡qué bien!

buey m. Toro castrado.

búfalo, la m. y f. Rumiante salvaje de Asia y África parecido al toro. || Bisonte de América.

bufanda f. Prenda de abrigo en el cuello.

bufar v. i. Resoplar con furor.

bufete m. Mesa de escribir. || Despacho y clientela de abogado.

buffet [*bufé*] m. (pal. fr.). En los bailes y fiestas, mesa donde se sirven refrescos y comida ligera. || En las estaciones de ferrocarril, fonda.

bufido m. Resoplido.

bufo, fa adj. Cómico: *actor bufo.* || — M. Bufón.

bufón, ona m. y f. Personaje que hace reír.

bufonada f. Dicho o hecho propio de bufón.

bufonería f. Bufonada.

buganvilla f. Planta trepadora de flores moradas.

buharda y **buhardilla** f. Ventana en el tejado. || Habitación en esta clase de ventanas. || Desván.

búho m. Ave rapaz nocturna.

buhonero m. Vendedor ambulante de baratijas.

buitre m. Ave rapaz.

bujía f. Vela de cera. || Órgano del motor de explosión que produce la chispa en los cilindros. || Unidad de intensidad luminosa.

bula f. Documento pontificio.

bulbo m. Parte abultada de la raíz de las plantas. || Parte blanda en el interior del diente. || *Bulbo raquídeo,* primera parte de la médula espinal.

buldog m. Cierto perro de presa.

buldózer o **bulldozer** m. Excavadora.

bulevar m. Avenida ancha con árboles.

búlgaro, ra adj. y s. De Bulgaria. || — M. Lengua búlgara.

bulimia f. Hambre excesiva.

bulla f. Alboroto: *meter bulla.* || *Fig.* Prisa.

bullanguero, ra adj. y s. Alborotador.

bullicio m. Ruido de multitud. || Tumulto.

bullicioso, sa adj. Muy ruidoso. || Inquieto.

bullir v. i. Moverse, agitarse.

bulo m. Noticia falsa.

bulto m. Volumen, tamaño de una cosa: *libro de poco bulto.* || Cuerpo cuya figura se distingue mal: *vi un bulto en la oscuridad.* || Chichón, tumor o hinchazón. || Fardo, paquete: *cargado de bultos.*

bumangués, esa adj. y s. De Bucaramanga (Colombia).

bungalow m. (pal. ingl.). Casita de un piso.

búnquer y **búnker** m. Refugio subterráneo contra bombardeos.

buñuelo m. Masa de harina y agua frita.

buque m. Barco de gran tamaño.

burbuja f. Glóbulo de aire o de otro gas formado en los líquidos.

burbujear v. i. Hacer o formarse burbujas.

burbujeo m. Acción de burbujear.

burdel m. Casa de prostitución.

burdo, da adj. Grosero.

burgalés, esa adj. y s. De Burgos (España).

burgo m. Población pequeña.

burgués, esa m. y f. Persona de la clase acomodada. || — Adj. Relativo a la burguesía.

burguesía f. Clase media o acomodada.

buril m. Punzón para grabar.

burla f. Mofa: *hacer burla de uno.* || Chanza, broma: *entre burlas y veras.* || Engaño.

burlar v. t. Hacer burla (ú. t. c. pr.).

buró m. Escritorio, oficina, despacho. || Comité.

burocracia f. Conjunto de los empleados públicos: *la burocracia municipal.*

burócrata com. Funcionario público.

burocrático, ca adj. De la burocracia.

burra f. Asna.

burrada f. Gran cantidad. || *Fig.* Necedad.

burro m. Asno. || Cierto juego de naipes. || *Fig.* Asno, necio. Ú. t. c. adj.: *es un niño muy burro.*

bursátil adj. *Com.* De la Bolsa.

bus m. Autobús.

busca f. Acción y efecto de buscar.

buscapiés m. Cohete que cuando se enciende se desliza entre los pies de la gente.

buscar v. t. Hacer diligencias para encontrar o conseguir algo: *buscar un objeto.* || *Fam.* Provocar: *¡me estás buscando!*

buscavidas com. inv. *Fig.* Persona que sabe desenvolverse en la vida. | Persona muy curiosa.

buseta f. *Col., C. Rica, Ecuad.* y *Venez.* Autobús pequeño.

búsqueda f. Busca.

busto m. Parte superior del cuerpo humano. || Escultura, pintura o fotografía que la representa.

butaca f. Asiento con brazos.

butano m. Hidrocarburo gaseoso que se suele emplear como combustible.

butifarra f. Tipo de embutido catalán hecho con carne de cerdo.

buzo m. Hombre que trabaja bajo el agua. || *Méx.* y *Salv.* Listo, atento: *¡buzo con los ladrones!*

buzón m. Abertura para echar las cartas en el correo. || Receptáculo para poner las cartas.

byte m. Unidad de información con un número de bits determinado, en general 4, 6 u 8.

C

c f. Tercera letra del alfabeto castellano y segunda de sus consonantes. ‖ — **C**, letra numeral que vale 100 en la numeración romana; precedida de X (XC), vale 90. ‖ Símbolo químico del *carbono*. ‖ Abreviatura del *culombio*. ‖ — °C, indicación de grados centígrados o Celsius en la escala termométrica.

Ca, símbolo químico del *calcio*.

caacupeño, ña adj. y s. De Caacupé (Paraguay).

caaguazuense adj. y s. De Caaguazú (Paraguay).

caazapeño, ña adj. y s. De Caazapá (Paraguay).

cabal adj. Preciso. ‖ *En sus cabales*, en su sano juicio.

cábala f. *Fig.* Conjetura, suposición. ‖ Intriga.

cabalgadura f. Bestia de carga.

cabalgar v. i. Montar a caballo (ú. t. c. t.). ‖ Ir una cosa sobre otra.

cabalgata f. Conjunto de caballistas y de carrozas.

cabalístico, ca adj. Misterioso.

caballa f. Pez comestible de color azul verdoso.

caballeresco, ca adj. Propio de caballero. ‖ De la caballería: *novela caballeresca*. ‖ *Fig.* Galante.

caballería f. Caballo, borrico o mula que sirve para cabalgar. ‖ Cuerpo de soldados a caballo.

caballeriza f. Cuadra para los caballos.

caballero, ra adj. Montado en un caballo: *caballero en un alazán*. ‖ — M. Hidalgo, noble. ‖ Miembro de una orden de caballería: *los caballeros de Calatrava*. ‖ Persona condecorada con la insignia de alguna orden. ‖ El que se conduce con distinción y cortesía: *ser un caballero*. ‖ Señor: *¡señoras y caballeros!; trajes para caballeros*. ‖ *Caballero andante*, el que andaba por el mundo en busca de aventuras; (fig. y fam.) quijote.

caballerosidad f. Distinción, cortesía. ‖ Conducta digna, honrada.

caballeroso, sa adj. Noble, digno. ‖ Cortés.

caballete m. Lomo de un tejado. ‖ Soporte en que descansa el cuadro que se pinta.

caballista com. Jinete.

caballo m. Mamífero doméstico, de la familia de los équidos, con crin larga, que el hombre utiliza para montar o como animal de tiro. ‖ Carta con figura de caballo en la baraja española. ‖ Pieza del ajedrez con figura de caballo. ‖ *Fam.* Persona grande. ‖ — *Fig. Caballo de batalla*, asunto más debatido en una discusión; tema en el que sobresale una persona; punto principal. ‖ *Caballo de Troya*, caballo de madera en cuyo interior se ocultaron los griegos para tomar la ciudad de Troya. ‖ *Caballo de vapor*, unidad de potencia (símb. CV) que corresponde a 75 kilográmetros por segundo.

cabaña f. Casilla rústica, choza. ‖ Número de cabezas de ganado.

cabañense adj. y s. De Cabañas, departamento de El Salvador.

cabaret m. (pal. fr.). Establecimiento público en que la gente se reúne con objeto de beber, bailar y asistir a un espectáculo de variedades.

cabecear v. i. Mover la cabeza: *mula que cabecea*. ‖ Mover la cabeza de un lado a otro en señal de negación.

cabeceo m. Movimiento hecho con la cabeza.

cabecera f. Lugar principal. ‖ Parte de la cama donde se pone la cabeza. ‖ Capital de una nación, provincia o distrito. ‖ Título en la parte superior de una plana de periódico. ‖ *Médico de cabecera*, el que asiste de modo continuo al enfermo.

cabecilla m. Jefe.

cabellera f. Conjunto de los pelos de la cabeza.

cabello m. Cada uno de los pelos de la cabeza.

caber v. i. y t. Poder entrar una cosa en otra. ‖ Tocarle a uno una cosa: *me cupo el honor de acompañarle.* ‖ Ser posible: *no cabe duda*. ‖ *Fig. No caber en sí*, estar uno muy contento.

cabestrillo m. *Cir.* Venda sujeta al cuello para sostener la mano o el brazo rotos o heridos.

cabestro m. Correa al cuello de las caballerías. ‖ Buey manso que guía a los toros.

cabeza f. Parte superior del cuerpo del hombre y superior o anterior del de muchos animales. ‖ Cráneo: *romper la cabeza a uno*. ‖ *Fig.* Mente: *se lo metió en la cabeza*. ‖ Juicio, capacidad: *hombre de cabeza*. ‖ Vida: *defender la cabeza*. ‖ Razón, sangre fría: *conservar la cabeza*. ‖ Persona, individuo: *a cien por cabeza*. ‖ Res: *rebaño de mil cabezas*. ‖ Dirección: *estar a la cabeza de una fábrica*. ‖ Principio o parte extrema de una cosa. ‖ Primera fila: *ir a la cabeza del ejército*. ‖ Capital: *cabeza de distrito*. ‖ Cierto dispositivo de aparato o máquina: *la cabeza de un magnetófono*. ‖ — M. Jefe de una comunidad, corporación, etc.: *cabeza de un partido*. ‖ Padre: *cabeza de familia*. ‖ — Pl. *Amer.* y *Antill.* Fuentes de un río. ‖ — *Cabeza de grabación*, parte de una máquina grabadora que graba los sonidos en un soporte. ‖ *Cabeza de partido*, ciudad o pueblo del que dependen otros pueblos en lo judicial. ‖ *Cabeza de puente*, posición provisional con objeto de una operación militar ulterior. ‖ *Fig. Cabeza de turco*, persona a quien se carga la culpa de todo lo malo.

cabezada f. Golpe dado con la cabeza. ‖ Inclinación de cabeza a modo de saludo. ‖ *Fig. Dar cabezadas*, empezar a dormirse.

cabezal m. Almohada larga.

cabezazo m. Golpe dado con la cabeza.

cabezota f. Cabeza muy grande. ‖ — Com. *Fam.* Persona testaruda.

cabida f. Capacidad de una cosa.

cabildo m. Ayuntamiento de una ciudad. || Cuerpo de eclesiásticos capitulares de una catedral. || Junta celebrada por este cuerpo. || Sala donde se celebra. || En Canarias, organismo que representa a los pueblos de cada isla. || Junta en América creada por los españoles para velar por los intereses de las ciudades.

cabina f. Locutorio telefónico. || Recinto pequeño donde hay un aparato que manejan una o más personas: *cabina de un intérprete.* || En una sala de cine, recinto donde están instalados los proyectores. || Camarote de barco. || Departamento en los aviones para la tripulación y para los pasajeros. || Caseta, recinto donde se cambian de ropa los deportistas, los que se bañan en la playa, etc.

cabinera f. *Col.* y *Ecuad.* Azafata, aeromoza.

cabizbajo, ja adj. Preocupado.

cable m. Cuerda gruesa, maroma. || Hilo metálico para la conducción de electricidad, la telegrafía, la televisión y la telefonía subterránea o submarina. || *Mar.* Medida de 185 m. || Cablegrama. || *Fig.* y *fam.* *Echar un cable,* echar una mano.

cabo m. Extremo de una cosa. || Punta de tierra que penetra en el mar. || Individuo de tropa superior al soldado. || — Pl. Tobillos y muñecas. || — *Al cabo,* al fin. || *De cabo a rabo,* del principio al fin. || *Estar al cabo o al cabo de la calle,* estar al corriente. || *Llevar una cosa a cabo,* concluirla.

cabotaje m. *Mar.* Navegación por la costa.

cabra f. Mamífero rumiante con cuernos vueltos hacia atrás. || *Fig.* y *fam.* *Como una cabra,* loco.

cabrear v. t. *Pop.* Enojar (ú. t. c. pr.).

cabreo m. *Pop.* Enfado.

cabrero, ra m. y f. Pastor de cabras.

cabrestante m. Torno para tirar de un cable.

cabriola f. Brinco.

cabrito m. Cría de la cabra. || *Pop.* Cabrón.

cabro, bra m. y f. *Chil.* Joven, muchacho.

cabrón m. Macho cabrío. || *Fig.* y *fam.* Marido de mujer adúltera. || Persona muy mala.

cabruno, na adj. Referido a las cabras.

caca f. *Fam.* Excremento. | Porquería, inmundicia. | Cosa de poco valor.

cacahual m. *Amer.* Cacao. | Plantío de cacaos.

cacahuatal m. *Amer.* Campo donde se cultivan los cacahuetes.

cacahuate m. *Amer.* Cacahuete.

cacahuete m. Planta de América y África cuyo fruto penetra en tierra para madurar. || Este fruto.

cacao m. Árbol, originario de México, cultivado en los países tropicales. || Semilla de este árbol. || *Fam.* Lío, embrollo. || *Amer.* Chocolate.

cacarear v. i. Cantar el gallo o la gallina.

cacareo m. Acción de cacarear.

cacatúa f. Ave trepadora parecida al papagayo.

cacereño, ña adj. y s. De Cáceres (España).

cacería f. Partida de caza.

cacerola f. Vasija para guisar.

cachaco, ca adj. *Col., Ecuad.* y *Venez.* Dícese del joven elegante y servicial. || — M. *Per.* Militar o policía.

cachada f. *Arg., Bol., Parag.* y *Urug.* Broma que se hace a una persona.

cachalote m. Cetáceo carnívoro.

cachar v. t. *Amér. C., Bol., Col.* y *Méx.* Atrapar en el aire una pelota o un objeto. || *Fam. Amer.* Sorprender a alguien, descubrirlo. || *Fam. Arg., Bol., Parag.* y *Urug.* Burlarse de una persona, tomarle el pelo.

cacharro m. Vasija tosca. || Recipiente. || *Fam.* Cosa, trasto, cachivache, chisme de poco valor. | Máquina vieja, coche viejo. | Utensilio de cocina.

cachaza f. Pachorra, calma.

cachazudo, da adj. y s. Flemático.

cachear v. t. Registrar a gente.

cachemir m. y **cachemira** f. Tejido fabricado con pelo de una cabra de Cachemira.

cacheo m. Registro.

cachete m. Carrillo abultado. || Nalga. || Bofetada.

cachimba f. Pipa.

cachimbo m. *Amer.* Pipa.

cachiporra f. Porra, maza.

cachivache m. *Fam.* Cosa inútil o de poco valor.

cacho m. Trozo, pedazo. || *Amer.* Cuerno.

cachondearse v. pr. *Pop.* Burlarse.

cachondo, da adj. En celo. || *Fig.* y *Pop.* Dominado por el apetito sexual. | Gracioso.

cachorro, rra m. y f. Cría de perro, león, etc.

cacique m. Jefe en algunas tribus de indios americanos. || Persona muy influyente en un pueblo.

caciquismo m. Influencia abusiva de los caciques en los pueblos.

caco m. *Fig.* Ladrón.

cacomixtle m. *Méx.* Animal carnívoro nocturno, parecido a la comadreja.

cactáceas f. pl. Familia de plantas de hojas carnosas (ú. t. c. adj.).

cacto y **cactus** m. Nombre de varias plantas cactáceas como el nopal.

cacumen m. *Fig.* Caletre, cabeza.

cada adj. Úsase para designar separadamente una o más cosas o personas: *a cada cual lo suyo.* || — *Fam. Cada quisque,* cada cual. || *Cada vez que,* siempre que.

cadalso m. Patíbulo para la ejecución de un reo.

cadáver m. Cuerpo muerto.

cadena f. Conjunto de eslabones enlazados: *cadena de reloj.* || Cuerda de presos. || Grupo de emisoras de radiodifusión o de televisión que emiten simultáneamente el mismo programa, o de periódicos que publican la misma serie de artículos. || Sistema de reproducción del sonido que consta de tocadisco, magnetófono o lector de casetes, un elemento amplificador y varios elementos reproductores (baffles). || Serie de empresas enlazadas entre sí: *cadena de hoteles.* || *Fig.* Continuación, serie, sucesión: *cadena de sucesos.* || *For.* En algunos países, pena mayor después de la de muerte: *condenar a cadena perpetua.* || *Quím.* Unión de una fórmula de los átomos de carbono.

cadencia f. Ritmo, compás.

cadera f. Parte del cuerpo donde se unen el muslo y el tronco.

cadete m. Alumno de una academia militar.

cadmio m. Cuerpo simple (Cd), parecido al estaño, de número atómico 48.

caducar v. i. Prescribir: *caducó el pasaporte.*

caducidad f. Acción y efecto de caducar.

caduco, ca adj. Viejo, decrépito. || *Bot.* Que se marchita. || Perecedero: *bienes caducos.* || Nulo.

caer v. i. Venir un cuerpo de arriba abajo por la acción de su propio peso: *caer del tejado* (ú. t. c. pr.). || Perder el equilibrio. Ú. t. c. pr.: *se cayó bajando del caballo.* || Lanzarse, arrojarse: *cayó a sus pies.* || Desprenderse: *caer las hojas del árbol.* || *Fig.* Incurrir: *cayó en error.* | Ponerse: *caer enfermo.* | Venir a dar, dejarse coger: *caer en el garlito.* | Desaparecer: *caer la monarquía.* | Estar situado: *la ventana cae al jardín.* | Tocar: *el premio gordo cayó en Málaga.* | Coincidir: *mi santo cae en lunes.* | Adivinar: *he caído en la solución.* | Recordar: *no caigo en su nombre.*

café m. Cafeto. || Semilla del cafeto. || Infusión hecha con esta semilla tostada y molida. || Establecimiento público donde se vende y toma esta bebida. || — Adj. De color café: *tela café.*

cafeína f. Alcaloide extraído del café, del té.

cafetal m. Plantación de cafetos.

cafetera f. Recipiente para hacer o servir el café.

cafetería f. Despacho de café donde se toman también otras bebidas y se puede comer.

cafetero, ra adj. Del café.

cafeto m. Árbol cuya semilla es el café.

cafre adj. y s. Habitante de la parte oriental de África del Sur. || *Fig.* Bárbaro y cruel, salvaje.

cagada f. Excremento. || *Pop.* Metedura de pata.

cagar v. i. *Pop.* Exonerar el vientre (ú. t. c. pr.). || — V. t. Manchar, echar a perder. || *Pop. Cagarla,* meter la pata. || — V. pr. *Pop.* Tener miedo.

cagarruta f. Excremento del ganado menor.

cagón, ona y **cagueta** adj. y s. *Pop.* Miedoso.

caguama f. Tortuga marina de las Antillas que alcanza grandes dimensiones.

caída f. Acción y efecto de caer: *la caída de un cuerpo en el vacío.* || Bajada o declive. || *Fig.* Hundimiento, ruina: *la caída de un imperio.* || Salto de agua. || Manera de caer los paños o la ropa.

caimán m. Reptil de América semejante al cocodrilo. || *Fig.* Zorro, persona muy astuta.

cairel m. Fleco de algunas ropas.

caja f. Recipiente de madera, metal, materia plástica, etc., que sirve para guardar algo: *caja para embalar.* | Su contenido. || Hueco en que está la escalera de un edificio o una chimenea. || Ataúd. || Armario donde se guarda el dinero: *caja fuerte.* || Oficina o taquilla donde se recibe dinero y se hacen pagos: *caja de ahorros.* || Organismo militar que se encarga de todo lo referente a los reclutas: *entrar en caja.* || — *Caja de cambios,* órgano que encierra los engranajes de los cambios de velocidad en un automóvil. || *Caja del tímpano,* cavidad del oído medio.

cajamarquino, na adj. y s. De Cajamarca (Perú).

cajero, ra m. y f. Persona encargada de la caja de un comercio, banco, etc. || — M. En los bancos, caja automática que permite sacar dinero con una tarjeta de crédito.

cajeta f. *Méx.* Dulce de leche quemada.

cajista com. Tipógrafo.

cajón m. Caja grande. || Caja movible de los armarios, mesas y otros muebles. || *Amer.* Cañada por cuyo fondo corre algún río.

cajuela f. *Méx.* Maletero de un auto, portaequipajes.

cakchiquel adj. Dícese de un antiguo pueblo de Guatemala y de sus habitantes (ú. t. c. s.). || — M. Lengua que hablaban.

cal f. Óxido de calcio.

cala f. Acción de calar. || La parte más baja del barco. || *Mar.* Bahía pequeña. || Supositorio. || Planta acuática de flor blanca. || *Pop.* Peseta.

calabacín m. Calabaza pequeña. || *Fam.* Necio.

calabacita m. *Méx.* Calabacín.

calabaza f. Planta de tallos rastreros y fruto grande. || Su fruto. || *Fig.* y *fam.* Necio, idiota. | Suspenso

en un examen: *recibió calabazas.* || *Dar calabazas,* rechazar la mujer a un pretendiente.

calabobos m. inv. Llovizna.

calabozo m. Lugar para encerrar a los presos.

calado m. Bordado hecho sacando y atando hilos en una tela. || *Mar.* Parte sumergida de un barco, entre la línea de flotación y la base de la quilla. | Profundidad: *puerto de poco calado.*

calafatear v. t. Tapar con estopa y brea las junturas de las tablas del casco de un barco.

calamar m. Molusco cefalópodo comestible.

calambre m. *Med.* Contracción espasmódica y dolorosa de ciertos músculos. || Sensación producida por una descarga eléctrica.

calamidad f. Desgracia general. || *Fig.* y *fam.* Persona torpe, incapaz o pobre de salud.

calamitoso, sa adj. Desgraciado.

calandria f. Pájaro semejante a la alondra. || Máquina para satinar el papel y las telas. || Rejilla de los radiadores de automóviles. || *Méx.* Coche viejo.

calaña f. Índole: *mala calaña.*

calar v. t. Atravesar un líquido: *el agua le caló el vestido.* || Colocarse el sombrero, la gorra. || Poner la bayoneta en el fusil. || Atravesar algo un objeto punzante. || *Fig.* Adivinar, descubrir: *caló mis intenciones.* || — V. pr. Empaparse, mojarse. || Ser atravesado por un líquido: *esta gabardina se cala.* || Ponerse: *calarse las gafas.* || Pararse bruscamente: *se me caló el motor.*

calato, ta adj. *Bol.* y *Per.* Desnudo, sin ropa.

calavera f. Armazón ósea de la cabeza, cráneo. || — M. *Fig.* Juerguista.

calaverada f. Insensatez.

calcáneo m. Hueso del talón.

calcar v. t. Reproducir un escrito o dibujo por transparencia. || *Fig.* Imitar.

calcáreo, a adj. Con cal.

calce m. Cuña o alza.

calcetín m. Prenda de punto para los pies.

calchaquí adj. Dícese del indio de la tribu de los diaguitas (ú. t. c. s.).

calcificación f. Depósito de sales calcáreas en los tejidos orgánicos.

calcificar v. t. Producir por medios artificiales carbonato cálcico. || — V. pr. Depositarse en los tejidos orgánicos sales de calcio.

calcinación f. Acción y efecto de calcinar.

calcinar v. t. Transformar en cal viva los minerales calcáreos. || Quemar: *con la piel calcinada.*

calcio m. Metal (Ca) de número atómico 20, de color blanco y blando, de 1,54 de densidad.

calcita f. Carbonato de cal.

calco m. Reproducción de un dibujo, obtenido por transparencia. || *Fig.* Imitación servil.

calcomanía f. Procedimiento para trasladar imágenes. || Imagen obtenida con ese procedimiento.

calculador, ra adj. y s. Que está encargado de calcular. || *Fig.* Que prevé, interesado: *mente calculadora.* || — M. y f. Dispositivo mecánico o electrónico capaz de efectuar cálculos matemáticos.

calcular v. t. Hacer cálculos. || Apreciar, evaluar.

cálculo m. Operación que se hace para conocer el resultado de la combinación de varios números: *establecer un cálculo.* || Arte de resolver los problemas de aritmética. || Evaluación: *cálculo de gastos.* || Reflexión, prudencia: *obrar con cálculo.* || *Med.*

Concreción pétrea que se forma en alguna parte del cuerpo: *cálculos biliares*.

caldear v. t. Calentar (ú. t. c. pr.).

caldense adj. y s. De Caldas (Colombia).

caldera f. Recipiente de metal en que se calienta cualquier cosa. || Su contenido. || *Caldera de vapor*, aparato generador del vapor en las máquinas.

calderilla f. Moneda fraccionaria de poco valor.

caldero m. Caldera pequeña.

caldo m. Líquido obtenido cociendo carne, pescado, verduras en agua. || *Amer.* Jugo o guarapo de la caña de azúcar. || *Caldo de cultivo*, el preparado para el desarrollo de un microbio.

calefacción f. Producción de calor. || Conjunto de aparatos destinados a calentar un edificio.

calefón m. *Bol.* y *Riopl.* Aparato para calentar el agua de una casa.

calendario m. Sistema de división del tiempo. || Almanaque, cuadro de los días, semanas, meses, estaciones y fiestas del año. || Programa, distribución en el tiempo de la labor que debe efectuarse.

calentador, ra adj. Que calienta (ú. t. c. m.).

calentamiento m. Acción y efecto de calentar.

calentar v. t. Poner caliente. || *Fig.* Enardecer: *calentar al auditorio*. || *Fam.* Excitar sexualmente. || — V. pr. Entrar en calor. || *Fig.* Animarse.

calentura f. Fiebre.

calenturiento, ta adj. Que padece calentura.

caleño, ña adj. y s. De Cali (Colombia).

calera f. Cantera de la caliza. || Horno de cal.

calesita f. *Amér. M.* Tiovivo.

caletre m. *Fam.* Tino, talento.

calibración f. y **calibrado** m. Acción de dar a una pieza el calibre deseado.

calibrador m. Aparato para calibrar.

calibrar v. t. Medir el calibre interior de las armas de fuego o de otros tubos. || Dar el calibre que se desea. || Mandrilar un tubo. || *Fig.* Juzgar.

calibre m. Diámetro interior del cañón de las armas de fuego. || Diámetro del proyectil o de un alambre. || Diámetro interior de un cilindro. || *Fig.* Tamaño, importancia: *de poco calibre*.

calicanto m. Trabajo de mampostería.

calidad f. Manera de ser de una persona o cosa: *artículo de buena calidad*. || Clase: *tejido de muchas calidades*. || Carácter, genio, índole. || Valía, excelencia de una cosa. || Condición social, civil, jurídica, etc.: *calidad de ciudadano*. || Función: *en calidad de jefe*.

cálido, da adj. Que está caliente, caluroso: *clima cálido*. || *Fig.* Ardiente, vivo: *color cálido*.

caliente adj. Que tiene o da calor: *aire caliente*.

califa m. Título de los príncipes musulmanes.

califato m. Dignidad de califa. || Tiempo de su gobierno y territorio gobernado por él.

calificación f. Acción y efecto de calificar. || Nota de un examen.

calificar v. t. Atribuir la calidad de. || Dar o poner una nota: *calificar a un alumno*. || — V. pr. En deportes, ganar las pruebas eliminatorias.

calificativo, va adj. y s. m. Que califica.

californiano, na adj. y s. De California.

californio m. Elemento químico (Cf) de número atómico 98.

californio, nia adj. y s. De California.

caligrafía f. Arte de caligrafiar.

caligrafiar v. t. Escribir con letra bien formada.

cáliz m. Vaso donde se echa el vino para consagrar en la misa. || Cubierta externa de las flores.

caliza m. Roca de carbonato de cal.

calizo, za adj. Dícese del suelo o la piedra con cal.

callampa f. *Bol., Chil., Ecuad.* y *Per.* Hongo, seta. || *Chil.* y *Ecuad.* Vivienda de un barrio marginal.

callar v. i. No hablar, guardar silencio: *los niños deben callar* (ú. t. c. pr.). || Apagarse un sonido: *callaron las campanas* (ú. t. c. pr.). || — V. t. No decir algo. Ú. t. c. pr.: *se calló toda la verdad*.

calle f. Vía de circulación en una población. || Conjunto de ciudadanos: *el hombre de la calle*. || Banda trazada en un campo deportivo para que el atleta corra, o línea o corchera para los nadadores.

callejear v. i. Ir de un sitio a otro sin ningún fin.

callejeo m. Acción de callejear.

callejón m. Calle pequeña. || *Callejón sin salida*, el que sólo tiene entrada y no salida; situación apurada de difícil salida, atolladero.

callejuela f. Calle pequeña.

callo m. Dureza producida en los pies o en las manos por el roce de un cuerpo duro. || *Fig.* y *fam.* Mujer fea. || — Pl. Pedazos del estómago de la ternera o carnero, que se comen guisados.

calma f. Falta de movimiento. || Tranquilidad. || Interrupción momentánea: *calma en los negocios*. || Flema: *hablar con calma*. || Paciencia: *espérame con calma*. || *Calma chicha*, ausencia de viento u oleaje en el mar.

calmante adj. y s. m. Que calma.

calmar v. t. Aliviar, moderar un dolor, el frío. || Dar sosiego o calma a alguien. || — V. i. Calmarse. || — V. pr. Abonanzar el tiempo. || Tranquilizarse.

calor m. *Fís.* Fenómeno que eleva la temperatura. || Calidad de lo que está caliente. || Sensación que produce un cuerpo caliente: *este radiador da mucho calor*. || Elevación de la temperatura del cuerpo: *el calor de la fiebre*. || Temperatura elevada: *el calor canicular*. || *Fig.* Ardor, entusiasmo. | Afecto, interés: *acoger con calor*. | Lo más vivo de la lucha: *el calor del combate*.

caloría f. *Fís.* Unidad de cantidad de calor equivalente a la cantidad de calor necesaria para elevar la temperatura de un gramo de agua de 14,5 °C a 15,5 °C con la presión atmosférica normal.

calorífico, ca adj. Que produce calor.

calpulli m. Cada una de las partes que se hacían de las tierras aztecas cultivadas en común.

calumnia f. Acusación falsa para causar daño.

calumniador, ra adj. y s. Que calumnia.

calumniar v. t. Atribuir falsamente a otro intenciones o actos deshonrosos.

calumnioso, sa adj. Que contiene calumnia.

caluroso, sa adj. Que tiene o da calor. || *Fig.* Fervoroso: *un aplauso caluroso*.

calva f. Parte de la cabeza sin pelo.

calvario m. Vía crucis. || *Fig.* Padecimiento.

calvicie f. Falta de pelo.

calvinismo m. Doctrina religiosa protestante de Calvino, defensora de la predestinación.

calvinista adj. Del calvinismo (ú. t. c. s.).

calvo, va adj. Que ha perdido el pelo (ú. t. c. s.).

calza f. Cuña o calce para calzar.

calzada f. Parte de una calle entre las aceras o de la carretera reservada a los vehículos.

calzado, da adj. Con zapatos. || Con un calzo. || — M. Lo que se pone en los pies para cubrirlos.

calzador m. Instrumento utilizado para meter el pie en el zapato.

calzar v. t. Cubrir el pie con el calzado (ú. t. c. pr.). ‖ Llevar puestos los guantes, las gafas, etc. ‖ Poner cuñas o calces: *calzar una mesa coja*.

calzón m. Pantalón (ú. más en pl.).

calzoncillos m. pl. Prenda interior del hombre, debajo de los pantalones.

cama f. Mueble para dormir. ‖ Plaza: *hospital de cien camas*. ‖ Pieza central del arado.

camada f. Crías de un animal.

camafeo m. Piedra preciosa.

camaleón m. Género de reptiles saurios. ‖ — Adj. y s. *Fig.* Que cambia de opinión.

cámara f. Habitación principal de una casa. ‖ Cuarto de dormir: *cámara nupcial*. ‖ Tomavistas de cine o de televisión. ‖ Armario refrigerador en el que se conservan los alimentos. ‖ Tubo de goma, en el interior de la cubierta de un neumático o en un balón, que se hincha con aire. ‖ Lugar en que se reúnen ciertos cuerpos profesionales: *Cámara de Comercio*. ‖ Edificio en que se reúnen los cuerpos legislativos de un país: *Cámara de Diputados*. ‖ — *Cámara de gas*, recinto en el que, inyectando gases tóxicos, se da muerte a una persona. ‖ *Cámara de los Lores, de los Comunes*, cámara alta, baja del Parlamento británico.

cámara m. Operador de cine.

camarada com. Compañero.

camaradería f. Compañerismo.

camarero, ra m. y f. Persona que sirve a los consumidores de un café, bar, restaurante, etc.

camarilla f. Conjunto de personas que influyen cerca de alguna autoridad o personalidad.

camarón m. Pequeño crustáceo comestible.

camarote m. Dormitorio de barco.

cambalache m. *Fam.* Cambio.

cambiar v. t. Ceder una cosa por otra: *cambiar sellos con un filatelista*. ‖ Reemplazar. ‖ Convertir una moneda en otra. ‖ Convertir en dinero menudo (ú. t. c. i.). ‖ Variar, mudar. ‖ — V. i. Variar, alterarse: *el tiempo cambió*. ‖ Pasar a otra velocidad un automóvil. ‖ — V. pr. Mudarse de ropa.

cambio m. Acción y efecto de cambiar. ‖ Modificación que resulta de ello. ‖ Trueque: *cambio de libros*. ‖ Moneda fraccionaria. ‖ Dinero que se da de vuelta. ‖ Operación que consiste en la compra y venta de valores, monedas y billetes. ‖ — *A las primeras de cambio*, de buenas a primeras; a la primera oportunidad. ‖ *Cambio de marcha o de velocidad*, sistema de engranajes que permite ajustar la velocidad de un vehículo al régimen de revoluciones del motor.

cambista com. Persona que cambia dinero.

camelar v. t. *Fam.* Enamorar. ‖ Embaucar.

cameleo m. *Fam.* Acción de camelar.

camelia f. Arbusto de flores bellas e inodoras.

camélido, da adj. *Biol.* Referido a la familia de los camellos: *el dromedario es un camélido*.

camelista com. *Fam.* Cuentista.

camelístico, ca adj. *Fam.* Fantasioso.

camello m. Rumiante que tiene dos jorobas en el lomo. ‖ *Fam.* Vendedor de drogas al por menor.

camelo m. *Fam.* Galanteo. ‖ Mentira, cuento.

camembert m. Queso de pasta fermentada.

camerino m. Cuarto donde se visten los artistas en el teatro.

camilla f. Cama pequeña o portátil. ‖ Mesa cubierta con faldilla bajo la cual se pone un brasero.

camillero, ra m. y f. Persona que transporta heridos o enfermos en camilla.

caminante adj. y s. Que camina.

caminar v. i. Ir de viaje. ‖ Ir de un sitio a otro.

caminata f. Recorrido largo.

camino m. Cualquier vía de comunicación. ‖ Ruta: *me lo encontré en el camino*. ‖ *Fig.* Medio para conseguir una cosa: *estar en buen camino*. ‖ Vía, medio que conduce a un fin.

camión m. Vehículo grande utilizado para transportar mercancías. ‖ *Amer.* Autobús.

camionero, ra m. y f. Conductor de un camión.

camioneta f. Camión pequeño. ‖ Autobús.

camisa f. Prenda masculina con cuello y puños que cubre el busto. ‖ Revestimiento interior o exterior de una pieza. ‖ Carpeta, portadocumentos. ‖ Sobrecubierta de un libro.

camisería f. Tienda donde se venden camisas.

camiseta f. Prenda de vestir corta, de punto o de franela, que se pone debajo de la camisa. ‖ Camisa de verano cuya botonadura no llega hasta el final. ‖ La usada por los deportistas.

camisón m. Camisa de dormir.

camomila f. Manzanilla.

camorra f. Pendencia, pelea.

camote m. *Méx.* Batata, boniato.

campamento m. Acción de acampar o acamparse. ‖ Lugar donde se acampa.

campana f. Instrumento de bronce, de forma de copa invertida, que tiene en su interior un badajo que lo golpea y lo hace sonar. ‖ *Fig.* Cualquier cosa que tiene forma semejante a este instrumento.

campanada f. Golpe que da el badajo en la campana. ‖ Sonido que hace. ‖ *Fig.* Suceso inesperado que causa escándalo o sorpresa.

campanario m. Torre de iglesia donde se colocan las campanas.

campanilla f. Campana pequeña. ‖ Úvula de la garganta. ‖ Flor de la enredadera.

campaña f. Expedición militar. ‖ Período de tiempo en una guerra. ‖ Cualquier empresa política, económica, publicitaria o de otra cosa, de poca duración, encaminada a obtener un resultado. ‖ Campo llano.

campechanía f. Llaneza.

campechano, na adj. Amistoso.

campechano, na adj. y s. De Campeche (México).

campeche m. Madera dura tintórea de América.

campeón m. Vencedor de una competición deportiva. ‖ *Fig.* Defensor, paladín.

campeonato m. Prueba deportiva entre varios equipos o jugadores.

campero, ra adj. Relativo al campo o en el campo. ‖ — M. Jeep, vehículo todo terreno. ‖ — F. *Bol., Chil.* y *Riopl.* Prenda deportiva abierta por delante que llega hasta la cintura.

campesinado m. Conjunto de los campesinos.

campesino, na adj. Propio del campo. ‖ Que vive en el campo (ú. t. c. s.).

campestre adj. Del campo.

campiña f. Campo.

campirano, na adj. y s. *Ecuad., Hond.* y *Méx.* Campesino.

campista com. Persona que acampa.

campo m. Terreno fuera de poblado. ‖ Tierra laborable. ‖ Lugar en el que tiene lugar un combate:

campo de operaciones. || Lugar donde se celebra un encuentro deportivo: *campo de fútbol.* || *Fig.* Ámbito, medio, esfera: *campo de actividad.* || Espacio en que se hace perceptible un fenómeno: *campo magnético.*

camposanto m. Cementerio.

campus m. Ciudad universitaria para la enseñanza y el alojamiento de los estudiantes.

camuflaje m. Acción de camuflar.

camuflar v. t. Disimular.

can m. Perro.

cana f. Cabello blanco.

canadiense adj. y s. Del Canadá.

canal m. Cauce, paso artificial que, mediante esclusas, permite a las embarcaciones salvar las diferencias de nivel. || Estrecho: *el canal de la Mancha.* || Vaso del organismo animal o vegetal: *canal excretor.* || Banda de frecuencia entre cuyos límites se efectúa una emisión de televisión.

canalización f. Acondicionamiento de un curso de agua para hacerlo navegable. || — Pl. Conjunto de tubos o cañerías. || *Amer.* Alcantarillado.

canalizar v. t. Abrir canales. || Hacer navegable un curso de agua. || *Fig.* Encauzar, orientar.

canalla f. Gente ruin, populacho vil. || — Com. Persona vil, miserable.

canallada f. Acción o dicho propio de un canalla.

canana f. Cartuchera.

canapé m. Sofá. || Pedazo de pan untado de algo (caviar, salmón ahumado, queso, etc.).

canario m. Pájaro de color amarillo claro.

canario, ria adj. y s. De las islas Canarias (España). || — M. Modalidad del castellano hablado en Canarias.

canasta f. Cesto de mimbre ancho de boca. || Juego de naipes con dos o más barajas francesas. || Punto en el baloncesto. || Cesta de baloncesto.

canasto m. Canasta.

cancela f. Reja de hierro forjado de una puerta.

cancelación f. Anulación. || Pago.

cancelar v. t. Anular. || Saldar, pagar una deuda. || Picar o fechar un billete.

cáncer m. Tumor maligno formado por la multiplicación desordenada de las células de un tejido o de un órgano. || *Fig.* Lo que destruye una sociedad, una organización, una empresa, etc.

cancerarse v. pr. Volverse canceroso.

cancerígeno, na adj. Que provoca el cáncer.

canceroso, sa adj. De la naturaleza del cáncer: *úlcera cancerosa.* || Atacado de cáncer (ú. t. c. s.).

cancha f. *Amer.* Campo de deportes: *cancha de fútbol.* | Hipódromo. | Patio, corral. | Trozo de un río entre dos recodos. | Habilidad adquirida con la experiencia. || *Riopl.* Abrir *cancha,* abrir paso.

canchero, ra adj. *Arg., Chil., Parag., Per.* y *Urug.* Experto, conocedor. || — M. *Arg., Bol., Chil., Per.* y *Urug.* Cuidador o dueño de una cancha de juego.

canciller m. Empleado consular inferior al vicecónsul. || En algunos Estados, jefe del Gobierno. || En varios países latinoamericanos, ministro o secretario de Relaciones Exteriores.

cancillería f. Dignidad o cargo de canciller. || Oficina especial en las embajadas y consulados. || Alto centro diplomático que dirige la política exterior.

canción f. Composición en verso que se puede cantar. || Su música.

cancionero m. Colección de canciones y poesías.

candado m. Cerradura móvil.

cande adj. Aplícase al azúcar cristalizado.

candeal adj. Aplícase al trigo blando.

candela f. Lumbre, fuego.

candelabro m. Utensilio para sostener velas.

candidato, ta m. y f. Aspirante.

candidatura f. Aspiración a un honor o cargo.

candidez f. Ingenuidad.

cándido, da adj. y s. Ingenuo.

candil m. Lámpara de aceite con una mecha.

candilejas f. pl. *Teatr.* Luces del proscenio.

candombe m. *Amer.* Baile de los negros de Sudamérica. | Tambor.

candor m. Candidez.

candoroso, sa adj. Cándido.

canela f. Corteza del canelo.

canelo m. Árbol cuya corteza es la canela.

canelonense adj. y s. De Canelones (Uruguay).

cangrejo m. Crustáceo comestible.

canguro m. Mamífero marsupial de Australia.

caníbal adj. y s. Antropófago.

canicas f. pl. Juego de muchachos con bolitas de barro o de cristal. || Estas bolitas.

canicular adj. Del verano.

cánidos m. pl. *Zool.* Familia de mamíferos carniceros cuyo tipo es el perro y el lobo (ú. t. c. adj.).

canijo, ja adj. Enclenque.

canilla f. Huesos largos de los brazos o las piernas. || Huesos principales del ala de un ave. || Grifo.

canillera f. *Amer.* Temblor de las piernas.

canillita m. *Amer.* Vendedor de periódicos.

canino, na adj. Relativo al perro: *raza canina.* || *Fig.* Enorme, muy grande: *hambre canina.* || — M. Colmillo (ú. también *diente canino*).

canje m. Cambio.

canjear v. t. Cambiar, trocar.

canoa f. Embarcación de remo.

canon m. Regla metódica, norma, precepto que se debe observar. || Prototipo, tipo perfecto, modelo. || Precio de un arrendamiento.

canónigo m. Sacerdote.

canonización f. Inclusión entre los santos.

canonizar v. t. Declarar santo.

canoso, sa adj. Con canas.

canotaje m. *Amer.* Deporte en el que se emplean canoas de remos para las competencias.

cansado, da adj. Fatigado. || Fatigoso: *viaje cansado.*

cansancio m. Fatiga.

cansar v. t. Causar cansancio, fatigar. || *Fig.* Aburrir. || — V. pr. Fatigarse.

cantábrico, ca adj. Concerniente a Cantabria.

cántabro, bra adj. y s. De la región autónoma de Cantabria (España).

cantante adj. Que canta (ú. t. c. s.).

cantaor, ra m. y f. Cantor de flamenco.

cantar m. Composición poética, generalmente de cuatro versos, que puede ser cantada. || *Fig.* Asunto, cosa: *eso es ya otro cantar.* || *Cantar de gesta,* poema medieval de origen popular o anónimo, perteneciente al *mester de juglaría,* en que los héroes son en general personajes históricos.

cantar v. t. e i. Emitir con la boca sonidos musicales: *cantó un himno.* || Producir sonidos melodiosos los pájaros, los gallos, los insectos. || *Fig.* Celebrar, ensalzar. || Decir algo con cierta entonación: *cantar los números de la lotería.* || Decir: *cantar misa.*

Anunciar los naipes cuando se tiene tute: *cantar las cuarenta*. || *Fig.* y *fam.* Confesar.

cántaro m. Recipiente de barro. || Su contenido.

cantata f. Composición poética que se canta. || Su música.

cantautor, ra m. y f. Persona que compone las canciones que interpreta.

cantegri m. *Urug.* Barrio marginal.

cantera f. Lugar de donde se extrae piedra de construcción. || *Fig.* Sitio que proporciona personas para el ejercicio de un trabajo o profesión.

cántico m. Canto religioso.

cantidad f. Todo lo que es capaz de aumento o disminución y puede medirse o numerarse. || Porción de algo: *ésta es la cantidad precisa*. || Gran número de algo. || *Mat.* Expresión de una magnitud. || — Adv. *Fam.* Mucho: *me gusta cantidad*.

cantiga f. Antigua composición poética.

cantimplora f. Vasija plana de metal para llevar líquidos en viajes.

cantina f. Sitio donde comen los soldados, los obreros de una fábrica o los niños de una escuela. || *Méx.* Taberna. || *Arg.* Restaurante.

canto m. Acción y efecto de cantar. || Lo que se canta. || Su letra: *canto de amor*. || Canción, cualquier composición poética.

canto m. Extremo o borde: *el canto de una moneda*. || Esquina o arista. || Lado. || Parte del cuchillo o sable opuesta al filo. || Corte del libro opuesto al lomo, etc. || *Canto rodado*, guijarro.

cantón m. Esquina. || Región, país. || División administrativa de ciertos Estados.

cantonal adj. Del cantón.

cantor, ra m. y f. Persona que canta. || Poeta. || — F. pl. *Zool.* Dícese de un orden de aves que cantan (ú. t. c. adj.).

canturrear v. t. e i. Cantar a media voz.

canturreo m. Acción de canturrear.

cánula f. Tubo corto de goma.

caña f. *Bot.* Tallo de las gramíneas: *caña del bambú*. | Nombre de varias plantas gramíneas que se crían a orillas de los ríos y estanques. || Parte de la bota que cubre la pierna. || Vaso troncocónico y alto: *una caña de cerveza*. || Eje del ancla. || Cierta canción popular andaluza. || *Arq.* Fuste. || Cuerpo de varios instrumentos: *caña del timón*. || *Amer.* Ron, tafia. | *Caña de azúcar*, planta cuyo tallo está lleno de un tejido esponjoso del que se extrae el azúcar.

cañada f. Camino por el que pasan los rebaños.

cañamazo m. Esbozo.

cáñamo m. Planta cuyas fibras se utilizan para fabricar tejidos y cuerdas.

cañaveral m. Plantación de cañas.

cañería f. Conducto para un fluido.

caño m. Tubo corto. || Chorro de agua.

cañón m. Tubo que sirve para varios usos: *cañón de órgano*. || Tubo de un arma de fuego. || Pieza de artillería: *cañón antiaéreo*. || Desfiladero, paso entre montañas: *el Cañón del Colorado*.

cañonazo m. Disparo de cañón de artillería. || En el fútbol, chut fuerte. || *Fam.* Gran sorpresa.

caoba f. Árbol de madera rojiza. || Esta madera.

caobo m. Caoba, árbol.

caos m. *Fig.* Confusión grande.

caótico, ca adj. Confuso.

capa f. Prenda de abrigo larga, suelta y sin mangas. || Tela encarnada que usan los toreros para lidiar los toros. || Lo que cubre, revestimiento: *capa de barniz*. || Disposición de terrenos sedimentarios en una masa homogénea: *capa acuífera*. || *Fig.* Baño, barniz, tinte: *capa de cultura*. | Apariencia: *bajo una capa de humildad*. | Clase, categoría: *las capas sociales*. || *Capa de ozono*, capa de contaminación que se forma en la atmósfera debido a la quema de combustibles.

capacidad f. Cabida, contenido. || *Fig.* Inteligencia, aptitud, competencia: *hombre de gran capacidad*. || Aptitud legal para gozar de un derecho.

capacitación f. Formación.

capacitar v. t. Formar, preparar, hacer apto a uno para realizar algo. || Dar derecho.

capar v. t. Castrar.

caparazón m. Cubierta que se pone a una cosa para protegerla. || Cubierta que protege el cuerpo de ciertos animales. || *Fig.* Protección, coraza.

capataz m. Encargado de dirigir trabajadores.

capaz adj. Que puede contener: *estadio capaz para cien mil personas*. || *Fig.* Que puede hacer: *es capaz de matarle*. | Accesible: *capaz de compasión*. | Apto: *capaz para el cargo*. | De buena instrucción. || Apto legalmente para una cosa.

capcioso, sa adj. Engañoso.

capear v. t. Torear con la capa. || *Fig.* y *fam.* Entretener con pretextos. | Eludir un compromiso. || Mantenerse el barco con viento contrario.

capelo m. Sombrero rojo de los cardenales.

capellán m. Sacerdote de una capellanía.

capicúa m. Cantidad que se lee en los dos sentidos. Ú. t. c. adj.: *el 37073 es capicúa*.

capilar adj. Del cabello. || Muy fino.

capilaridad f. Calidad de capilar.

capilla f. Iglesia pequeña.

capirote m. Cucurucho.

cápita (per) V. PER CÁPITA.

capital adj. Esencial, fundamental, importante. || Que es como cabeza de una cosa: *ciudad capital de provincia*. || Que cuesta la vida: *pena capital*. || — M. Bienes, fortuna. || Dinero de que dispone una empresa. || Conjunto de dinero en el aspecto financiero: *el capital y el trabajo*. || — F. Ciudad de un Estado en la que reside el Gobierno. || Población principal y cabeza de un distrito o provincia.

capitalino, na adj. y s. De la capital.

capitalismo m. Régimen económico cuyos medios de producción son de los que han invertido capitales. || Conjunto de capitales y capitalistas.

capitalista adj. Relativo al capital y al capitalismo. || — Com. Persona que posee dinero o que invierte capital en una empresa.

capitalización f. Acción y efecto de capitalizar. || Valoración de un capital por la renta que produce.

capitalizar v. t. Determinar el capital según los intereses que produce. || Agregar al capital los intereses producidos por él. || *Fig.* Sacar ventaja de algo.

capitán m. Jefe de una tropa. || Comandante de un barco, puerto, avión, etc. || Jefe de un grupo de gente, de un equipo deportivo, de una banda.

capitanear v. t. Acaudillar.

capitanía f. *Mil.* Empleo de capitán. || *Capitanía general*, edificio donde están las oficinas y cargo y territorio de un capitán general. (En la América española, la *capitanía general* era una demarcación territorial que gozaba de cierta independencia respecto al virreinato. Las hubo en Cuba, Guatemala, Venezuela, Chile y Puerto Rico.)

capitel m. *Arq.* Parte superior de la columna.

capitolio m. *Fig.* Edificio majestuoso y elevado.

capitulación f. Convenio de rendición. || Abandono de una opinión. || — Pl. Contrato de matrimonio.

capitular v. i. Rendirse.

capítulo m. División de un libro, ley, etc. || Asamblea o cabildo de canónigos o religiosos.

capó m. Cubierta que protege el motor de un automóvil o de un avión.

capot m. (pal. fr.). Capó.

capota f. Cubierta plegable de coche.

capote m. Capa ancha con un agujero en el centro para pasar la cabeza. || Capa de los toreros.

capricho m. Deseo pasajero.

caprichoso, sa adj. Que obra o se hace por capricho.

caprichudo, da adj. *Méx.* Que se deja llevar por los caprichos, caprichoso.

caprino, na adj. Cabruno.

cápsula f. Casquete de metal utilizado para cerrar algunas botellas. || Envoltura soluble en que se encierran algunas medicinas. || Cabina que ocupan los astronautas en el morro del cohete.

captación f. Acción y efecto de captar.

captar v. t. Atraer: *captar el interés.* || Percibir por medio de los sentidos. || Darse cuenta, percatarse de algo. || Recibir una emisión: *captar una estación de radio.* || — V. pr. Granjearse, ganarse: *se captó su enemistad.*

captura f. Acción y efecto de capturar.

capturar v. t. Apresar.

capucha f. Parte de una prenda de vestir con forma de gorro en la parte superior de la espalda.

capuchino, na adj. Dícese del religioso de la orden de San Francisco (ú. t. c. s.). || Relativo a esta orden. || — M. Mono de América del Sur. || *Amer.* Café caliente con leche.

capulín o **capulí** m. *Amer.* Árbol rosáceo, semejante al cerezo, de fruto comestible. | Este fruto.

capulina f. Araña muy venenosa, también llamada viuda negra.

capullo m. Botón de flor. || Extremo del fruto de la bellota. || Envoltura en que se refugian las orugas antes de transformarse en mariposa.

caquetense adj. y s. De Caquetá (Colombia).

caqui m. Árbol ebenáceo. || Su fruto. || Color que va desde el amarillo ocre al verde gris (ú. t. c. adj.).

cara f. Rostro del hombre. || Semblante: *tener buena cara.* || *Fig.* Aspecto. || Superficie: *la cara de una página de papel.* || Anverso de una moneda: *jugar a cara o cruz.* || *Geom.* Cada una de las superficies que forman o limitan un poliedro. || *Fig.* Descaro: *tener mucha cara.* || — M. y f. Caradura, fresco. || — Adv. y prep. Hacia: *cara al sol.*

carabela f. Antigua nave con tres palos.

carabina f. Arma de fuego menor que el fusil. || *Fig.* y fam. Señora de compañía.

carabinero m. En España, guardia destinado a la persecución del contrabando.

carabobeño, ña adj. y s. De Carabobo (Venezuela).

caracará m. Ave de rapiña de América del Sur.

caraceño, ña adj. y s. De Carazo (Nicaragua).

caracol m. Molusco de concha en hélice. || Rizo de pelo. || — ¡*Caracoles!*, ¡caramba! || *Escalera de caracol*, escalera de forma espiral.

caracola f. Caracol.

caracolear v. i. Girar.

carácter m. Letra o signo de la escritura. || Índole o condición de una persona o cosa: *carácter oficial.* || Manera de ser, particularidad. || Energía, entereza, firmeza: *mostrar carácter.* || Genio, humor: *mal carácter.* || Condición: *carácter sagrado.* || Título, dignidad: *con carácter de ministro.* || — Pl. Letras de imprenta.

característico, ca adj. Del carácter. || Que caracteriza. || — F. Particularidad. || La parte entera de un logaritmo. || *Arg.* Prefijo del teléfono.

caracterizar v. t. Determinar con precisión. || — V. pr. Manifestarse por diferentes caracteres.

caradura com. Descarado. || — F. Descaro.

carajo m. *Pop.* Órgano sexual masculino. || — *Pop.* ¡*Carajo!*, expresión de disgusto y, a veces, de sorpresa. | *De carajo*, espléndido. | *Importar un carajo*, importar muy poco. | *Irse al carajo*, irse; malograrse una cosa. | *Ni carajo*, nada de nada.

¡**caramba!** interj. Voz de extrañeza, disgusto.

carambola f. Lance del juego de billar en que la bola atacada toca a las otras dos. || *Fig.* Doble resultado que se consigue sin buscarlo. | Casualidad: *aprobó por carambola.*

caramelo m. Golosina hecha con azúcar.

carancho m. *Riopl.* Cierta ave de rapiña.

caranday o **carandaí** m. *Amer.* Palmera alta cuya madera se emplea en las obras de construcción. || Su madera.

carantoña f. *Fam.* Zalamería.

caráota f. *Venez.* Frijol, poroto.

carapegüeño, ña adj. y s. De Carapeguá (Paraguay).

caraqueño, ña adj. y s. De Caracas (Venezuela).

carátula f. *Amer.* Portada de un libro. || *Méx.* Esfera de un reloj.

caravana f. Grupo de viajeros que se reúnen para atravesar el desierto. || Remolque habitable. || Conjunto de vehículos que van unos detrás de otros.

¡**caray!** interj. ¡Caramba!

carbohidrato m. *Quím.* Hidrato de carbono, como los azúcares y las harinas.

carbón m. Combustible sólido de color negro de origen vegetal. || *Carbón de piedra*, hulla.

carbonada f. *Amer.* Guisado de carne mezclado con choclos, patatas, zapallos y arroz.

carbonato m. *Quím.* Sal resultante de la combinación del ácido carbónico con un radical.

carbonería f. Tienda de carbón.

carbónico, ca adj. Aplícase a un anhídrido resultante de la unión del carbono y el oxígeno.

carbonífero, ra adj. Que contiene carbón. || Aplícase a un período de la era primaria (ú. t. c. s. m.).

carbonizar v. t. Reducir a carbón, calcinar.

carbono m. Cuerpo simple (C) que se encuentra puro en la naturaleza, cristalizado en el diamante y el grafito o amorfo en el carbón de piedra, antracita, lignito o turba.

carburación f. Mezcla de aire a un carburante para formar una combinación detonante.

carburador m. Dispositivo que mezcla la gasolina y el aire en los motores de explosión.

carburante m. Combustible utilizado en los motores de explosión o de combustión interna.

carburar v. i. *Fam.* Pitar, funcionar, ir bien.

carburo m. *Quím.* Combinación del carbono con un radical simple.

carcajada f. Risa ruidosa.

carcajearse v. pr. Reírse a carcajadas.

carcamal m. *Fam.* Vejestorio.

cárcel f. Edificio donde están los presos.

carcelero, ra m. y f. Persona encargada del cuidado de la cárcel y de los presos.

carcoma f. Insecto que roe la madera.

carcomer v. t. Roer la madera. || *Fig.* Corroer.

cardado m. Acción de peinar materias textiles.

cardán m. Articulación mecánica que permite la transmisión de un movimiento de rotación.

cardenal m. Cada uno de los prelados que componen el Sacro Colegio de consejeros del Papa. || Equimosis, mancha amoratada en la piel.

cárdeno, na adj. Morado.

cardiaco, ca y **cardíaco, ca** adj. *Med.* Del corazón. || Que está enfermo del corazón (ú. t. c. s.).

cardinal adj. Principal, fundamental: *virtudes cardinales.* || — *Adjetivo numeral cardinal,* el que expresa el número, como *uno, dos, tres, cuatro,* etc. || *Puntos cardinales,* Norte, Sur, Este y Oeste.

cardiólogo, ga m. y f. *Med.* Especialista en las enfermedades cardiacas.

cardo m. Planta espinosa.

carear v. t. Interrogar juntas dos personas.

carecer v. i. Faltar, no tener.

carena f. *Mar.* Reparación que se hace en el casco de la nave. | Parte sumergida de un barco.

carenado y **carenaje** m. Carena.

carenar v. t. Reparar el casco de una nave.

carencia f. Falta o privación.

carente adj. Que carece, falto.

careo m. Confrontación.

carestía f. Falta, escasez. || Precio elevado.

careta f. Máscara.

carey m. Tortuga de mar. || Su concha.

carga f. Lo que puede llevar un hombre, un animal, un vehículo, etc. || Cantidad de pólvora destinada al lanzamiento de proyectiles en las armas de fuego o a provocar la explosión de una mina o barreno. || Acción de cargar un arma de fuego. | Cantidad de electricidad acumulada en un conductor, en un condensador o en una batería. || Ataque de un cuerpo militar: *carga de la tropa.* || Acción de cargar o llenar: *la carga de un camión.* | Peso que soporta una viga, estructura metálica, etc. || Tributo, impuesto. || Obligación onerosa: *cargas económicas.*

cargador, ra adj. Que carga (ú. t. c. s.).

cargante adj. y s. Fastidioso.

cargar v. t. Poner una carga sobre algo o alguien: *cargar un petrolero.* || Llenar: *cargar un horno.* || Introducir una bala o cartucho en la recámara de un arma. || Achacar: *cargar toda la responsabilidad.* || Gravar, imponer: *cargar de tributos.* || Anotar, apuntar: *cárgueme lo que le debo en mi cuenta.* || Hacer sostener un peso: *cargaron demasiado el estante.* || *Fig.* Fastidiar, molestar: *este trabajo me carga.* || — V. i. Apoyarse. || Pesar, recaer: *impuestos que cargan sobre el pueblo.* || Llevarse: *cargué con todas las maletas.* || Tomar a su cargo: *cargó con la responsabilidad.* || Caer: *acento que carga en la última sílaba.* || — V. pr. Tomar sobre sí una carga: *cargarse de equipaje.* || Romper, destruir: *se cargó los juguetes.* || *Fam.* Dar calabazas, suspender en los exámenes. || Matar: *se lo cargaron en el frente.* | Hacer: *se cargó todo el trabajo.*

cargo m. Empleo. || Responsabilidad, cuidado: *tomar a su cargo.* || Acusación: *testigo de cargo.* || Débito, debe: *cuenta a su cargo.* || Carguero.

cargosear v. t. *Arg., Bol., Chil., Parag., Per.* y *Urug.* Molestar, importunar.

carguero m. Buque de carga.

cariar v. t. Corroer, producir caries.

caribe adj. Dícese de los individuos de un pueblo indio originario de la cuenca del Orinoco (ú. t. c. s.). || De las Antillas. || — M. Lengua de los caribes.

caribeño, ña adj. y s. Del Caribe.

caribú m. *Amer.* Reno.

caricatura f. Dibujo o pintura satírica o grotesca. || Deformación grotesca y exagerada de ciertos defectos. || Persona ridícula. || — Pl. *Méx.* Dibujos animados.

caricaturista com. Dibujante de caricaturas.

caricaturizar v. t. Representar por medio de caricatura.

caricia f. Toque en demostración de cariño.

caridad f. Amor de Dios y del prójimo. || Limosna.

caries f. Picadura de los dientes o muelas.

cariño m. Apego, afecto, amor.

cariñoso, sa adj. Afectuoso.

carioca adj. y s. De Río de Janeiro.

carisma m. Fascinación, gran prestigio del que gozan algunas personas.

caritativo, va adj. Que tiene caridad.

cariz m. Aspecto.

carlinga f. Cabina del piloto de un avión.

carmelita adj. y s. Dícese del religioso o de la religiosa de la orden del Carmen.

carmesí adj. y m. Rojo.

carmín m. Color rojo. || Lápiz rojo de labios.

carnal adj. Relativo a la carne. || Lascivo o lujurioso: *amor carnal.* || Aplícase a los parientes colaterales en primer grado: *tío carnal.*

carnaval m. Los tres días que preceden al miércoles de Ceniza. || Diversiones que tienen lugar en estos días.

carne f. Parte blanda y mollar del cuerpo del hombre y del animal. || Esta misma parte de algunos animales destinada al consumo: *carne de ternera.* || Sensualidad: *pecado de la carne.*

carné m. Carnet.

carnear v. t. *Amer.* Matar y descuartizar las reses. || *Fig. Amer.* Engañar.

carnero m. Animal rumiante de cuernos en espiral y lana espesa. || Carne de este animal.

carnet m. Agenda: *carnet de apuntes.* || Documento, cédula: *carnet de conducir, de identidad.*

carnicería f. Tienda donde se vende la carne al por menor. || *Fig.* Destrozo, mortandad grande.

carnicero, ra adj. y s. Aplícase al animal que mata a otros para devorarlos. || Carnívoro, que le gusta la carne. || *Fam.* Cruel, inhumano. || — M. y f. Persona que vende carne al por menor.

carnitas f. pl. *Méx.* Carnes fritas y adobadas en tacos.

carnívoro, ra adj. Que come carne. || — M. pl. Orden de mamíferos que se alimentan de carne.

carnoso, sa adj. Que tiene carne, de carne. || Con mucha pulpa.

caro, ra adj. Subido de precio. || Querido, amado. || — Adv. A un precio alto: *vivir bien sale caro.*

carolingio, gia adj. Relativo a Carlomagno y a sus descendientes.

carota adj. y s. *Fam.* Caradura.

caroteno m. Pigmento presente en plantas y animales.

carótida adj. y s. f. *Anat.* Dícese de cada una de las dos grandes arterias que por uno y otro lado del cuello llevan la sangre a la cabeza.

carpa f. Pez de agua dulce cuya carne es muy apreciada. || *Amer.* Tienda de campaña. | Puesto de feria cubierto con toldo. | Toldo de circo o de un mercado público. | Caseta de playa.

carpeta f. Cartapacio para guardar papeles.

carpintería f. Oficio y taller de carpintero. || Conjunto de las cosas de madera de una casa.

carpintero, ra m. y f. Persona que por oficio labra la madera.

carpo m. *Anat.* Hueso de la muñeca.

carraspear v. i. Hablar con voz ronca. || Aclararse la voz limpiando la garganta con una tosecilla.

carraspeo m. y **carraspera** f. Cierta irritación o aspereza en la garganta.

carrera f. Paso rápido del hombre o del animal para trasladarse de un sitio a otro. || Espacio recorrido corriendo. || Prisa: *me di una carrera para terminar.* || Curso del tiempo. || Espacio recorrido por un coche de alquiler: *carrera de un taxi.* || Competición de velocidad: *carrera de automóviles.* || Lucha por alcanzar un objetivo más rápidamente que sus adversarios: *carrera de armamentos o armamentista.* || Línea de puntos sueltos en labores de mallas: *carrera en la media.* || Estudios: *la carrera de derecho.* || Profesión: *carrera militar.*

carrerear v. t. *Méx.* Apresurar. || — V. i. *Guat.* Correr.

carreta f. Carro de dos ruedas.

carrete m. Cilindro taladrado en que se arrollan el hilo, seda, etc. || *Electr.* Cilindro hueco de madera o metal en el que se arrolla un alambre. || Rollo de película para hacer fotografías. || Cilindro en que se arrolla la cinta de la máquina de escribir.

carretera f. Camino.

carretilla f. Carro pequeño de mano con una rueda y dos pies, o con dos, tres o cuatro ruedas. || *Riopl.* Carro tirado por mulas.

carril m. Surco que deja en el suelo de tierra la rueda. || Camino estrecho y sin asfaltar. || Vía, cada una de las barras de hierro paralelas por donde corre la locomotora y los vagones de ferrocarril. || Espacio en una calle reservado a la circulación de los medios de transportes públicos.

carrillo m. Parte carnosa de la cara, desde los pómulos hasta la mandíbula inferior. || Mesa provista de ruedas para trasladarla. || Carro pequeño con tres ruedas. || *Comer a dos carrillos,* comer mucho.

carrizo m. Planta semejante a la caña que crece cerca del agua.

carro m. Vehículo de diversas formas. (Dícese generalmente del carro grande, de dos ruedas, tirado por caballerías y dedicado a transportar cargas.) || Carga de un carro. || Parte móvil de algunos aparatos: *carro de un torno.* || *Amer.* Automóvil. | Tranvía. | Coche, vagón. || *Mil.* Carro de combate, automóvil blindado provisto de orugas y armado con cañones y ametralladoras.

carrocería f. Caja de un automóvil.

carrocero m. Constructor de carrocerías.

carromato m. Carro grande.

carroña f. Carne podrida.

carroza f. Coche grande.

carruaje m. Vehículo montado sobre ruedas.

carrusel m. Ejercicio ecuestre. || Tiovivo.

cárstico adj. Kárstico.

---

carta f. Papel escrito que se manda a una persona. || Naipe de la baraja. || Ley constitucional de un país establecida por concesión. || Lista de platos en un restaurante: *comer a la carta.* || Mapa.

cartabón m. Instrumento a modo de escuadra que se emplea en el dibujo lineal.

cartagenero, ra adj. y s. De Cartagena (España y Colombia).

cartaginés, esa adj. y s. De Cartago, ant. c. del N. de África. || De Cartago (Costa Rica).

cartapacio m. Funda o bolsa en que los niños que van al colegio llevan cuadernos y libros.

cartearse v. pr. Escribirse dos personas.

cartel m. Anuncio que se fija en sitio público.

cártel m. Asociación entre empresas, sindicatos o grupos políticos para efectuar una acción común.

cartelera f. Armazón para fijar anuncios o carteles. || En los periódicos, sección donde aparecen los anuncios de espectáculos.

cartelón m. *Méx.* Cartel.

cárter m. *Mec.* Envoltura que protege un engranaje, un motor.

cartera f. Especie de estuche de piel o de otro material para llevar papeles, billetes de banco, etc. || Bolsa de forma mayor para llevar o guardar valores, documentos, libros, etc. || Tira de paño que cubre la abertura del bolsillo. || *Com.* Valores o efectos comerciales de curso legal que forman parte del activo de un comerciante, banco o sociedad: *la cartera de una compañía de seguros.* || *Fig.* Ministerio: *cartera de Marina.* | Ejercicio de un ministerio: *ministro sin cartera.* || *Amer.* Bolso de señora.

cartero, ra m. y f. Repartidor de cartas.

cartesianismo m. Sistema metódico.

cartílago m. *Anat.* Tejido elástico del esqueleto menos duro que el hueso.

cartilla f. Cuaderno con las letras del alfabeto. || Cuaderno con diferentes indicaciones para usos diversos: *cartilla militar, de la Caja de Ahorros.*

cartografía f. Arte de trazar mapas geográficos.

cartógrafo, fa m. y f. Persona que hace mapas.

cartomancia f. Adivinación por las cartas de la baraja.

cartón m. Conjunto de varias hojas de pasta de papel endurecido. || Dibujo o boceto que se ejecuta antes de hacer un cuadro, fresco, tapicería o vidriera. || Caja con diez paquetes de cigarrillos.

cartuchera f. Estuche para llevar los cartuchos de un arma de fuego.

cartucho m. Carga de un arma de fuego encerrada en un cilindro. || Bolsa de papel fuerte o de plástico en la que se meten ciertos géneros.

cartuja f. Nombre de una orden religiosa de regla muy severa. || Convento de esta orden.

cartujo adj. Dícese del religioso de la Cartuja (ú. t. c. s. m.).

cartulina f. Cartón delgado.

casa f. Edificio o piso dedicado a vivienda: *casa amueblada.* || Conjunto de personas que tienen el mismo domicilio: *fuimos toda la casa.* || Conjunto de los asuntos domésticos del hogar: *mujer que lleva una casa.* || Descendencia, dinastía: *la Casa de Borbón.* || Establecimiento o empresa comercial: *casa editorial.* || Término con el que se designan ciertos establecimientos penitenciarios: *casa correccional.* || — *Casa consistorial,* el Ayuntamiento. || *Casa cuna,* hospicio. || *Casa de fieras,* sitio donde están reunidos animales para enseñarlos al público. || *Casa de huéspedes,* pensión. || *Casa de la villa,* Ayuntamiento. || *Casa de socorro,* establecimiento médico en el que se dan los primeros auxilios a los heridos o víctimas de una enfermedad repentina, de un accidente.

casabe m. Pez del Caribe. || Pan de yuca molida.

casaca f. Prenda de vestir de mangas anchas.

casación f. *For.* Anulación de una sentencia.

casamiento m. Matrimonio.

casar v. i. Unirse en matrimonio (ú. m. en pr.). || Corresponderse, armonizar: *colores que casan bien* (ú. t. c. pr.). || — V. t. Celebrar el matrimonio un sacerdote o el juez municipal. || *Fig.* Unir o juntar dos cosas de modo que hagan juego: *casar colores.* || *For.* Anular, derogar: *casar una sentencia.*

cascabel m. Bolita de metal que contiene algo en el interior que la hace sonar.

cascabeleo m. Sonido como de cascabel.

cascada f. Salto de agua. || *En cascada,* en serie.

cascado, da adj. Mellado.

cascar v. t. Rajar, hender: *cascar un huevo, una nuez.* || Perder su sonoridad habitual la voz de alguien. || *Fam.* Golpear, pegar a uno. | Charlar (ú. m. c. i.). | Pagar. | — V. i. *Fam.* Morir.

cáscara f. Corteza o envoltura dura de algo.

cascarón m. Cáscara del huevo.

cascarrabias com. inv. Gruñón.

casco m. Armadura para cubrir y defender la cabeza. || Armadura que se pone en la cabeza para sostener algo: *el casco del auricular.* || Cráneo. || Pedazo de una botella o vaso que se rompe. || Pedazo de metralla. || Recinto de población: *el casco antiguo de Barcelona.* || Envase, botella: *casco pagado.* || Pezuña. || *Mar.* Cuerpo del barco. || — Pl. *Fam.* Cabeza. | Inteligencia.

cascote m. Escombro.

caserío m. Pueblecito en el campo. || Cortijo.

casero, ra adj. Que se hace en casa: *tarta casera.* || Que se cría en casa, doméstico. || Que se hace en las casas, sin cumplido, entre personas de confianza. || Dícese de la persona amante de su hogar. || — M. y f. Dueño de la casa que la alquila a otros.

caseta f. Casilla: *caseta de madera.* || Construcción pequeña de los bañistas en las playas, de los feriantes, expositores, etc. || Vestuario de los deportistas.

casete f. Cajita de plástico con una cinta magnética para la grabación y reproducción del sonido.

casi adv. Cerca de, con poca diferencia.

casilla f. Casa pequeña. || División de un casillero, de un crucigrama, escaque de un tablero de ajedrez, etc. || *Amer.* Apartado postal.

casillero m. División de un mueble para guardar papeles, etc.

casino m. Lugar de reunión. || Lugar donde se juega al bacarrá, a la ruleta, etc.

caso m. Acontecimiento, suceso: *un caso raro.* || Asunto, situación determinada: *le dije mi caso.* || Ocasión: *en este caso venga.* || Punto de consulta: *un caso difícil.* || Tipo: *es un caso de idiotez.* || Relación que guardan las palabras declinables. || Cada una de las manifestaciones individuales de las enfermedades epidémicas: *caso de tifoidea.*

casón m. y **casona** f. Casa grande.

caspa f. Escamilla blanca formada en los pelos.

¡cáspita! interj. Denota sorpresa o admiración.

casquete m. *Geogr. Casquete polar,* superficie comprendida entre el círculo polar y el polo.

casquillo m. Abrazadera de metal: *casquillo de bayoneta.* || Parte metálica de una bombilla. || Parte metálica del cartucho de un arma de fuego.

casquivano, na adj. Poco serio.

cassette amb. (pal. fr.). Casete.

casta f. Raza. || *Fig.* Especie o calidad de una persona o cosa. | Grupo: *una casta aparte.*

castaña f. Fruto del castaño. || *Fig.* Puñetazo. | Golpe, porrazo. | Borrachera.

castañar m. Lugar poblado de castaños.

castañetazo m. *Fam.* Golpe.

castaño, ña adj. Dícese del color de la cáscara de la castaña: *pelos castaños* (ú. t. c. s. m.). || — M. Árbol cuyo fruto es la castaña.

castañuela f. Instrumento músico compuesto de dos tablillas en forma de castaña que se fijan en los dedos y se repican vivamente.

castellanismo m. Palabra o giro de Castilla. || Condición de castellano. || Afecto a Castilla.

castellanización f. Acción de castellanizar.

castellanizar v. t. Dar forma castellana a una palabra de otro idioma, hispanizar (ú. t. c. pr.).

castellano, na adj. y s. De Castilla. || — M. Lengua neolatina hablada en España y en los lugares que un día fueron colonizados por los españoles.

casticismo m. Pureza, propiedad en el lenguaje. || Respeto de los usos o costumbres.

castidad f. Virtud opuesta a la lujuria.

castigar v. t. Imponer castigo. || Maltratar: *castigado por la vida.*

castigo m. Pena, corrección de una falta. || *Fig.* Tormento, sufrimiento: *esta hija es su castigo.* || En deportes, sanción tomada contra un equipo.

castillo m. Edificio fortificado. || Cubierta principal del buque entre el trinquete y la proa.

castizo, za adj. Dícese de la persona o cosa que representa bien los caracteres de su raza, país, ciudad, etc., típico, genuino (ú. t. c. s.). || Dícese del lenguaje puro y del escritor que lo usa.

casto, ta adj. Que tiene pureza de alma, de cuerpo: *casta esposa.* || Decente: *vida casta.*

castor m. Mamífero roedor.

castración f. Ablación de las glándulas genitales.

castrar v. t. Capar, extirpar los órganos necesarios a la generación.

castrense adj. Propio del ejército.

casual adj. Que ocurre accidentalmente.

casualidad f. Combinación de circunstancias que no se pueden prever, azar. || Suceso inesperado.

casulla f. Vestidura sagrada que se pone el sacerdote para celebrar la misa.

cataclismo m. *Fig.* Gran trastorno.

catacumbas f. pl. Galerías subterráneas utilizadas por los cristianos primitivos como templos y cementerios.

catadura f. Aspecto.

catafalco m. Túmulo que se levanta en las iglesias para las exequias solemnes.

catalán, ana adj. y s. De Cataluña. || — M. Idioma hablado en Cataluña, en el antiguo reino de Valencia, islas Baleares, Rosellón (Francia).

catalanidad f. Calidad de catalán.

catalanismo m. Calidad de catalán. || Afecto a Cataluña. || Giro o vocablo catalán. || Doctrina favorable a la autonomía o la independencia de Cataluña.

catalejo m. Anteojo.

catalogación f. Acción de catalogar.

catalogar v. t. Clasificar.

catálogo m. Lista.

catamarqueño, ña adj. y s. De Catamarca (Argentina).

cataplasma f. Masa blanda, envuelta en una tela, que se aplica con fines curativos en cualquier parte del cuerpo. || *Fig.* y *fam.* Pesado, pelmazo.

catapulta f. Máquina de guerra antigua para arrojar piedras o flechas. || Máquina para hacer despegar aviones o cohetes en una superficie de lanzamiento reducida.

catapultar v. t. Lanzar con catapulta.

catar v. t. Probar.

catarata f. Caída grande de agua: *las cataratas del Nilo.* || Opacidad del cristalino del ojo o de su membrana que produce la ceguera total o parcial.

catarro m. *Med.* Resfriado.

catastro m. Censo de las fincas de un país.

catástrofe f. Desastre. || Cosa mal hecha.

catastrófico, ca adj. Desastroso.

catch m. (pal. ingl.). Lucha libre.

cate m. Bofetón. || Suspenso en un examen.

cateador m. *Amer.* El que busca minas.

catear v. t. Suspender en un examen. || *Amer.* Buscar yacimientos minerales.

catecismo m. Enseñanza de la fe cristiana.

catecúmeno, na m. y f. Persona que aprende la doctrina cristiana para bautizarse.

cátedra f. Cargo de catedrático.

catedral adj. y s. f. Dícese de la iglesia episcopal.

catedrático, ca m. y f. Profesor titular de una cátedra en una facultad, instituto, etc.

categoría f. Condición de una persona respecto a otra: *categoría social.* || Clase de objetos semejantes.

categórico, ca adj. Rotundo.

catequesis f. Catecismo.

catequista com. Profesor del catecismo.

catequizar v. t. Enseñar la doctrina cristiana.

caterva f. Multitud.

cateto m. Cada lado del ángulo recto en el triángulo rectángulo.

catión m. *Fís.* Ion positivo.

catire, ra adj. y s. *Col., Cub.* y *Venez.* Rubio de ojos verdosos o amarillentos.

catódico, ca adj. Del cátodo.

cátodo m. Electrodo de un aparato eléctrico por donde sale la corriente.

catolicidad f. Calidad de católico.

catolicismo m. Religión católica.

católico, ca adj. Universal. || Relativo a la Iglesia romana: *dogma católico.* || *Fig.* Correcto. || — M. y f. Persona que profesa el catolicismo.

catorce adj. y s. m. Diez más cuatro. || Decimocuarto.

catorceno, na, catorzavo, va y **catorceavo, va** adj. Decimocuarto (ú. t. c. s.).

catre m. Cama ligera individual.

catrín, ina m. y f. *Méx.* Lechuguino, persona muy bien vestida, muy elegante o emperejilada.

caucano, na adj. y s. De Cauca (Colombia).

cauce m. Lecho de un río o arroyo. || *Fig.* Curso.

caucho m. Sustancia elástica y resistente que se extrae por incisión de varios árboles.

cauchutar v. t. Poner una capa de caucho.

caución f. Garantía, fianza.

caucionar v. t. Garantizar.

caudal m. Dinero, fortuna. || Cantidad de agua que lleva un río. || *Fig.* Abundancia.

caudaloso, sa adj. De mucha agua. || Rico.

caudillaje m. Mando o gobierno de un caudillo.

caudillismo m. Sistema de caudillaje.

caudillo m. Jefe. || Título dado en España al general Franco desde 1936 hasta su muerte. || Denominación dada en Uruguay a Artigas. || *Arg.* Cacique.

causa f. Lo que hace que una cosa exista, origen, principio. || Razón, motivo. || Ideal, interés: *la causa de la justicia.* || *For.* Proceso, pleito: *causa civil.*

causalidad f. Causa, origen.

causar v. t. Ser causa.

causticidad f. Calidad de cáustico.

cáustico, ca adj. Que quema. || *Fig.* Mordaz.

cautela f. Precaución, reserva.

cauteloso, sa adj. Precavido.

cauterizar v. t. *Cir.* Quemar y curar las partes mórbidas de un tejido. || *Fig.* Aplicar un remedio enérgico.

cautivador, ra adj. Que cautiva. || — M. y f. Seductor.

cautivar v. t. Hacer prisionero. || *Fig.* Atraer.

cautiverio m. y **cautividad** f. Prisión.

cautivo, va adj. y s. Prisionero.

cauto, ta adj. Precavido.

cava adj. f. *Anat.* Dícese de cada una de las dos venas mayores que desembocan en la aurícula derecha del corazón. || — F. Acción de cavar. || Champaña. || Bodega de champaña.

cavar v. t. Remover la tierra con una herramienta.

caverna f. Excavación profunda. || Cueva de ladrones.

cavernosidad f. Cavidad.

caviar m. Huevas de esturión.

cavidad f. Vacío, hueco en un cuerpo sólido.

cavilación f. Reflexión.

cavilar v. i. Meditar.

cayado m. Bastón. || *Cayado de la aorta,* curva que forma esta arteria al salir del corazón.

cayo m. Isla rocosa, arrecife.

caza f. Acción de cazar. || — M. Avión de guerra.

cazador, ra adj. y s. Que caza.

cazadora f. Chaqueta deportiva.

cazar v. t. Perseguir la caza: *cazar patos.* || *Fig.* Conseguir una cosa con maña. | Sorprender en un descuido, error: *le cacé dos faltas graves.* | Conquistar a alguien para contraer matrimonio con él.

cazo m. Cacerola.

cazón m. *Antill.* y *Méx.* Tiburón joven.

cazuela f. Vasija para guisar. || Cierto guisado de legumbres con carne.

cazurro, rra adj. Huraño. || Tonto. || Astuto.

cd-rom m. Disco compacto para ordenador o computadora que sólo puede leerse.

ce f. Nombre de la letra *c.*

Ce, símbolo químico del *cerio.*

cebada f. Planta parecida al trigo. || Su semilla.

cebar v. t. Sobrealimentar a los animales para engordarlos. || Atraer los peces con un cebo. || Alimentar el fuego, un horno, etc. || *Riopl. Cebar el mate,* prepararlo. || — V. pr. Encarnizarse, ensañarse: *cebarse en su víctima.*

cebiche m. *Amer.* Plato de pescado o marisco crudo y adobado con jugo de limón, cebolla picada, sal y ají.

cebo m. Alimento que se da a los animales para engordarlos. ‖ Comida que se pone en un anzuelo, en una trampa, para atraer a los animales. ‖ Pólvora con que se ceban las armas de fuego, los barrenos. ‖ *Fig.* Aliciente, incentivo.

cebolla f. Planta hortense, liliácea, de raíz bulbosa comestible. ‖ Bulbo de esta planta.

cebra f. Mamífero, parecido al asno, de pelaje amarillento rayado de negro. ‖ *Fig. Paso de cebra,* parte de la calzada pintada con rayas blancas y negras donde se da preferencia a los peatones.

cebú m. Mamífero bovino con una giba.

cecear v. i. Pronunciar la *s* como *c.*

ceceo m. Acción y efecto de cecear.

cecina f. Carne salada y seca.

cedazo m. Tamiz.

ceder v. t. Dar. ‖ — V. i. Renunciar: *ceder en su derecho.* ‖ Romperse: *el puente ha cedido.* ‖ Disminuir: *ceder la fiebre.* ‖ Ser inferior una persona o cosa a otra semejante.

cedilla f. Virgulilla que se coloca debajo de la *c.*

cedro m. Árbol de tronco grueso. ‖ Su madera.

cédula f. Escrito o documento: *cédula de vecindad.* ‖ Documento de identidad.

cefalópodos m. pl. Clase de moluscos sin concha, con tentáculos y pico en la cabeza (ú. t. c. adj.).

cegar v. i. Perder la vista. ‖ — V. t. Dejar ciego a alguien. ‖ *Fig.* Obcecar: *te ciega la pasión* (ú. t. c. i.). ‖ Obturar: *cegar un tubo.*

cegato, ta adj. y s. Que ve poco.

cegesimal adj. Dícese del sistema científico de medidas, llamado también C.G.S., que tiene por unidades el centímetro, el gramo y el segundo.

ceguera y **ceguedad** f. Privación de la vista. ‖ *Fig.* Ofuscación.

ceiba f. Árbol de tronco grueso cuyos frutos dan una especie de algodón.

ceibo m. Ceiba.

ceja f. Parte curvilínea, cubierta de pelo, en la parte superior del ojo. ‖ Pelo que la cubre. ‖ *Mús.* Abrazadera que se pone en el mástil de la guitarra para elevar el tono de todas las cuerdas.

cejar v. i. Ceder.

celada f. Pieza de la armadura que cubría la cabeza. ‖ Emboscada militar. ‖ *Fig.* Trampa.

celda f. Cuarto de los religiosos en un convento, de los presos en una cárcel, de los internos en un colegio, etc. ‖ Celdilla de un panal de abejas.

celebración f. Acción de celebrar.

celebrar v. t. Alabar. ‖ Conmemorar. ‖ Realizar: *celebrar sesión el Parlamento.* ‖ Decir misa (ú. t. c. i.). ‖ Alegrarse: *celebro su éxito.* ‖ Concluir: *celebraron un contrato.* ‖ — V. pr. Verificarse una entrevista, un encuentro deportivo, un acto.

célebre adj. Famoso, reputado.

celebridad f. Renombre. ‖ Persona célebre.

celenterado, da adj. y s. m. Dícese de los animales de simetría radiada.

celentéreos m. pl. Animales provistos de tentáculos, como las medusas (ú. t. c. adj.).

celeridad f. Rapidez, velocidad.

celeste adj. Del cielo. ‖ Azul pálido (ú. t. c. m.).

celestial adj. Del cielo.

celibato m. Soltería.

célibe adj. y s. Soltero.

celo m. Esmero o cuidado puesto en el cumplimiento de una obligación. ‖ Recelo que inspira el bien ajeno, envidia. ‖ Apetito de la generación en los irracionales: *estar en celo un animal.* ‖ — Pl. Inquietud de la persona que teme que aquella a quien ama dé la preferencia a otra.

celofán m. Tejido delgado y flexible, a manera de papel transparente, que sirve de envoltura.

celosía f. Enrejado de las ventanas.

celoso, sa adj. y s. Que tiene celos.

celta adj. y s. Dícese del individuo de un antiguo pueblo indogermánico establecido en las Galias (Francia), las Islas Británicas y España. ‖ — M. Idioma de este pueblo.

celtibérico, ca adj. De los celtíberos.

celtíbero, ra y **celtibero, ra** adj. y s. De Celtiberia, pueblo de España formado por la unión de razas celta e ibera.

célula f. Elemento anatómico constitutivo de los seres vivos. ‖ *Fig.* Grupo político: *célula comunista.* ‖ *Célula fotoeléctrica,* v. FOTOELÉCTRICO.

celular m. *Amer.* Teléfono móvil.

celular adj. Relativo a las células.

celulitis f. inv. Inflamación del tejido celular subcutáneo que produce obesidad.

celuloide m. *Quím.* Material plástico compuesto de nitrocelulosa y alcanfor con el que se fabrican peines, pelotas, cajas, etc. ‖ Película de cine.

celulosa f. Sustancia orgánica que forma la membrana envolvente de las células vegetales.

cementerio m. Lugar destinado a enterrar cadáveres.

cemento m. Material de construcción, formado por una mezcla de arcilla y silicatos calcinados, que, al añadirle agua, se solidifica rápidamente.

cemita f. *Amér. C.* y *Méx.* Pastel hecho con pan rallado relleno de dulce y de alguna fruta tropical.

cempasúchil m. *Méx.* Planta con flores compuestas de color anaranjado que se usan como ofrenda para los muertos.

cena f. Comida de la noche y lo comido en ella.

cenáculo m. Reunión.

cenar v. i. Tomar la cena. ‖ — V. t. Comer en la cena.

cencerro m. Campanilla que se cuelga en el pescuezo de las reses.

cencuate m. Culebra de México.

cenefa f. Lo que cubre la parte baja de la pared.

cenicero m. Platillo para la ceniza del cigarro.

ceniciento, ta adj. De color de ceniza.

cenit m. *Fig.* Apogeo, punto máximo.

ceniza f. Resto que queda después de una combustión completa. ‖ — Pl. Restos mortales.

cenobita m. Monje, anacoreta.

cenote m. Depósito natural de agua alimentado por corrientes subterráneas.

censar v. t. Registrar en el censo. ‖ — V. i. Hacer el censo de los habitantes de una población.

censo m. Padrón o lista estadística de la población o riqueza de un país. ‖ Tributo. ‖ *For.* Contrato que sujeta un inmueble al pago de una pensión anual. ‖ Registro general de ciudadanos con derecho de voto. ‖ *Fig. Ser un censo,* ser costoso.

censor m. Antiguo magistrado de Roma. ‖ Crítico. ‖ Encargado, por la autoridad, del examen de los libros, periódicos, películas, etc., desde el punto de vista moral o político. ‖ En los colegios, el que vigila la observancia de los reglamentos.

censura f. Cargo y funciones del censor. ‖ Juicio o criterio acerca de la conducta ajena. ‖ Intervención de la autoridad gubernativa en las cosas públicas o privadas. || Órgano que la ejerce.

censurar v. t. Criticar. || Prohibir la publicación o la representación.

centavo, va adj. Centésimo. || — M. Centésima parte de algunas unidades monetarias.

centella f. Rayo.

centellear v. i. Despedir destellos de luz.

centena f. Conjunto de cien unidades.

centenar m. Centena.

centenario, ria adj. Relativo a la centena. || Que tiene cien o más años de edad (ú. t. c. s.). || — M. Fiesta que se celebra cada cien años.

centeno m. Planta semejante al trigo.

centeno, na adj. Centésimo.

centesimal adj. Dividido en cien partes.

centésimo, ma adj. Que ocupa el orden correspondiente al número ciento. || — M. Cada una de las cien partes iguales en que se divide un todo.

centígrado, da adj. Dividido en cien grados. || — M. Centésima parte del grado (símb. cgr).

centigramo m. Centésima parte del gramo (símb. cg).

centímetro m. Centésima parte del metro (símb. cm).

céntimo, ma adj. Centésimo. || — M. Centésima parte de la unidad monetaria.

centinela m. Soldado que hace guardia.

centolla f. y **centollo** m. Cangrejo.

central adj. Relativo al centro. || Que está en el centro. || General: *calefacción central.* || — F. Establecimiento central: *Central de Correos.* || Fábrica productora de energía: *central hidroeléctrica, nuclear.* || Casa matriz de una empresa.

centralismo m. Sistema administrativo en el que el poder central asume todas las funciones.

centralista adj. y s. Partidario de la centralización.

centralita f. Central telefónica que une los teléfonos interiores de un mismo edificio o entidad.

centralización f. Hecho de reunir todo en un centro único de acción o de autoridad.

centralizar v. t. Reunir en un centro común. || Asumir el poder público facultades atribuidas a organismos locales.

centrar v. t. Hacer que se reúnan en un punto los proyectiles, rayos luminosos, etc. || Colocar en el centro. || Determinar el punto céntrico. || *Fig.* Atraer la atención, etc. || Orientar.

céntrico, ca adj. Central.

centrifugación f. Separación de los elementos de una mezcla por la fuerza centrífuga.

centrifugar v. t. Someter los componentes de una mezcla a la fuerza centrífuga para separarlos.

centrífugo, ga adj. Que aleja del centro.

centro m. *Geom.* Punto situado a igual distancia de todos los puntos de un círculo, de una esfera, etc. || *Fig.* Lugar de donde parten o convergen acciones coordenadas, foco: *el centro de la rebelión.* | Círculo: *en los centros diplomáticos.* || Establecimiento, organismo: *centro docente.* || Zona más concurrida de una población: *el centro de Buenos Aires.* || Lugar donde se concentra una actividad: *centro de los negocios.* || Punto de reunión: *centro literario.* || En fútbol, pase largo. || *Centro de gravedad,* punto de un cuerpo situado de tal forma que, si se le suspendiese por él, permanecería en equilibrio en cualquier posición que se le diere.

centroamericano, na adj. y s. De América Central.

centuplicar v. t. Hacer cien veces mayor.

céntuplo, pla adj. Cien veces mayor (ú. t. c. m.).

centuria f. Siglo, cien años. || Compañía de cien hombres en la milicia romana.

cenzontle m. Ave canora de México. || Sinsonte.

ceñir v. t. Rodear o ajustar la cintura. || Rodear: *el mar ciñe la tierra.* || — V. pr. Limitarse, ajustarse: *me ciño a lo dicho.*

ceño m. Gesto hecho arrugando la frente.

cepa f. Parte del tronco de una planta inmediata a las raíces y que está bajo tierra.

C.E.P.A.L., siglas de Comisión Económica para América Latina y el Caribe.

cepillar v. t. Limpiar con cepillo. || Alisar con el cepillo de carpintero. || *Fam.* Quitar el dinero.

cepillo m. Caja para donativos: *cepillo de las iglesias.* || Herramienta de carpintero para alisar las maderas. || Utensilio formado de cerdas o filamentos análogos fijos en una chapa de forma variable y utilizado para limpiar o quitar el polvo: *cepillo para la ropa.*

cepo m. Madero que, fijo a la pierna del reo, le servía de presión. || Trampa para cazar animales. || Cepillo de limosna. || *Fig.* Trampa. || Dispositivo utilizado para inmovilizar, bloqueándole una rueda, un vehículo mal aparcado.

cera f. Sustancia blanda y amarillenta segregada por las abejas y con la que éstas forman las celdillas de los panales. || Sustancia vegetal o animal hecha con ésteres alcohólicos.

cerámica f. Arte de fabricar objetos de barro cocido.

ceramista com. Fabricante de cerámica.

cerbatana f. Tubo para lanzar dardos pequeños.

cerca f. Vallado, valla.

cerca adv. A poca distancia, junto a: *cerca de mi casa.* || *Cerca de,* casi.

cercado m. Terreno rodeado de una valla. || Cerca, valla.

cercanía f. Proximidad. || — Pl. Alrededores: *las cercanías de Madrid.*

cercano, na adj. Próximo.

cercar v. t. Rodear.

cerciorar v. t. Dar a alguien la certeza. || — V. pr. Convencerse.

cerco m. Acción de cercar. || Lo que ciñe. || Aro de un tonel. || Sitio: *alzar o levantar el cerco.* || Corrillo: *cerco de gentes.* || Halo de los astros. || Aureola alrededor del Sol.

cerda f. Pelo duro del cuerpo del jabalí y cerdo, y de la cola y crines de los caballos. || Hembra del cerdo. || *Fam.* Mujer sucia o grosera o mala.

cerdo m. Mamífero ungulado paquidermo, doméstico, de cabeza grande, orejas caídas y hocico casi cilíndrico. || *Fig. y fam.* Puerco, hombre sucio y grosero o de malas intenciones.

cereal m. Planta farinácea, como el trigo, maíz, centeno, cebada, avena, etc.

cerebelo m. Centro nervioso del cerebro.

cerebral adj. Relativo al cerebro.

cerebro m. Centro nervioso que ocupa la parte superior y anterior del cráneo de los vertebrados. || *Fig.* Mente, inteligencia. | Centro de dirección.

ceremonia f. Forma exterior y regular de un culto. || Acto solemne.

cereza f. Fruto redondo del cerezo.

cerezo m. Árbol frutal de la familia de las rosáceas.

cerilla f. Fósforo. || Cerumen.

cerillo m. Cerilla, fósforo.

cerio m. Metal (Ce) de número atómico 58.

cerner y **cernir** v. t. Cribar. || — V. pr. Mantenerse las aves y los aviones en el aire. || Amenazar.

cero m. Signo aritmético sin valor propio.

cerrado, da adj. No abierto. || *Fig.* Cubierto de nubes. | Dícese de la barba muy poblada. | En que es difícil entrar: *sociedad cerrada.* | Que encierra completamente: *curva cerrada.* || Obstinado: *actitud cerrada.* | Poco comunicativo: *carácter cerrado.* | De mucho acento: *hablar un andaluz cerrado.* | Grande: *ovación cerrada.* || Muy torpe: *hombre cerrado de mollera* (ú. t. c. s.).

cerradura f. Mecanismo con llave para cerrar.

cerrajero m. El que fabrica cerraduras, llaves.

cerrar v. t. Hacer que una cosa que estaba abierta deje de estarlo. || Cercar, vallar: *cerrar un terreno.* || Tapar, obstruir: *cerrar un hueco.* || Interrumpir el funcionamiento: *cerrar la escuela, la radio.* || *Fig.* Impedir la entrada: *cerrar el paso.* || Doblar, plegar: *cerrar un paraguas.* || *Fig.* Dar por firme o terminado un contrato, un negocio, etc. || — V. pr. *Fig.* Obstinarse.

cerrazón f. *Fig.* Torpeza. | Obstinación.

cerril adj. Sin domar. || *Fig.* Terco. | Torpe.

cerro m. Elevación del terreno.

cerrojo m. Barra de hierro, movible entre dos armellas, que cierra una puerta o ventana. || En los fusiles y armas ligeras, cilindro metálico que contiene los elementos de percusión, obturación y extracción del casquillo.

certamen m. Concurso sobre un tema.

certero, ra adj. Acertado.

certeza y **certidumbre** f. Conocimiento seguro y claro de algo.

certificación f. Acción y efecto de certificar. || Certificado.

certificado m. Documento o escrito en que se asegura algo: *certificado médico.* || Diploma. || — Adj. y s. m. Dícese del envío postal que se certifica.

certificar v. t. Dar una cosa por segura, afirmar. || Certificar una carta, un paquete, obtener, mediante pago, un certificado con que se puede acreditar haber depositado el objeto en Correos.

certitud f. Certeza.

cerumen m. Secreción del interior del oído.

cervantino, na adj. Propio de Cervantes.

cervato m. Ciervo pequeño.

cervecería f. Fábrica o venta de cerveza.

cerveza f. Bebida alcohólica hecha con cebada.

cervical adj. De la cerviz.

cérvidos m. pl. Familia de mamíferos rumiantes, como el ciervo, el gamo, etc. (ú. t. c. adj.).

cerviz f. Parte posterior del cuello.

cesación f. Interrupción.

cesar v. i. Terminarse una cosa. || Dejar de desempeñar algún empleo o cargo. || Dejar de hacer lo que se estaba haciendo. || — V. t. Hacer dimitir.

césar m. Emperador.

cesárea adj. y s. f. *Med.* Dícese de la extracción del feto por incisión de la pared abdominal.

cese m. Interrupción. || Revocación de un cargo. || Escrito en que se hace constar la revocación.

cesio m. Metal raro (Cs) de número atómico 55.

cesión f. Renuncia de alguna cosa o derecho.

césped m. Hierba corta y tupida.

cesta f. Recipiente de mimbre o junco trenzado que sirve para transportar o guardar cosas. || Su contenido. || Especie de pala utilizada para jugar al frontón. || Red que cuelga de un aro en el juego del baloncesto. || Tanto marcado en este juego.

cestería f. Arte de elaborar cestas.

cesto m. Cesta grande: *cesto de los papeles.*

cestodos m. pl. Orden de gusanos platelmintos.

cetáceos m. pl. Orden de mamíferos marinos de gran tamaño, como la ballena (ú. t. c. adj.).

cetrería f. Caza con halcones.

cetrino, na adj. De color amarillo verdoso.

cetro m. Bastón o insignia de mando.

ceviche m. Cebiche.

Cf, símb. químico del *californio.*

C.G.S. V. CEGESIMAL.

ch f. Antigua letra del alfabeto español.

chabacano y **chabacanería** f. Vulgaridad.

chabacano, na adj. Vulgar (ú. t. c. s.).

chabola f. Choza. || Barraca.

chac m. Entre los mayas, ayudante del sacerdote.

chacal m. Mamífero carnicero de Asia y África.

chachapoyense y **chachapuyno, na** adj. y s. De Chachapoyas (Perú).

cháchara f. *Fam.* Charla.

chaco m. *Amer.* Terreno roturado y llano de cultivo en los alrededores de las poblaciones. | Terreno con riachuelos y lagunas.

chacota f. Burla, broma.

chacra f. *Amer.* Finca rústica.

chafalote adj. *Amer.* Vulgar, grosero.

chafar v. t. Estropear, echar a perder (ú. t. c. pr.).

chaflán m. Plano que, en lugar de esquina, une dos superficies planas que forman ángulo.

chagra com. *Ecuad.* Labrador, campesino. || — F. *Col.* Chacra.

chagual m. *Amer.* Planta con cuyas fibras se fabrican cuerdas.

chal m. Especie de mantón.

chala f. *Arg., Bol., Chil., Parag., Per.* y *Urug.* Hoja que cubre la mazorca del maíz. || *Arg.* y *Urug.* Cigarrillo hecho envuelto en una hoja de maíz seca. || *Chil.* Sandalia.

chalado, da adj. y s. *Fam.* Tonto.

chalán, ana m. y f. Tratante de ganado.

chalana f. Barco de fondo plano.

chalchihuite m. *Méx.* Piedra preciosa verde.

chalé m. Chalet.

chaleco m. Prenda del traje, sin mangas, que se pone sobre la camisa. || Jersey.

chalet m. Casa con jardín.

chalupa f. Lancha, bote.

chamaco, ca m. y f. Muchacho.

chamba f. *Fam.* Chiripa, suerte. || *Méx.* Empleo, aunque sea transitorio y poco remunerado.

chambear v. i. *Méx.* Trabajar.

chambero, ra m. y f. *Méx.* Persona que busca una chamba o que suele trabajar en chambas.

chamizo m. Choza.

champagne [-*pan*] m. (pal. fr.), **champán** m. y **champaña** f. Vino blanco espumoso.

champiñón m. Hongo comestible.

champú m. Jabón líquido para el lavado de la cabeza. || Este lavado.

chamula adj. y s. Relativo a un pueblo amerindio de Chiapas, México, e individuo de ese pueblo.

chamullar v. i. *Pop.* Hablar mal.

chamuscar v. t. Quemar o tostar ligeramente.
chamusquina f. Acción y efecto de chamuscar.
chance m. (pal. fr.). Oportunidad.
chancearse v. pr. Burlarse.
chancha f. *Amer.* Cerda.
chanchada f. *Amer.* Acción indigna.
chancho, cha adj. *Amer.* Sucio, puerco. || — M. y f. *Amer.* Cerdo.
chanchullo m. Negocio sucio.
chancillería f. Tribunal superior de justicia.
chancla y **chancleta** f. Zapatilla sin talón.
chanclo m. Zueco.
chancro m. Úlcera sifilítica.
chandal y **chandail** m. Traje de punto.
chanfle m. *Amér. C.* y *Méx.* Efecto que se imprime a la pelota en el fútbol y otros juegos.
changa f. *Arg.* Trabajo del changador. | Trato.
changador m. *Arg.* Mozo de cuerda.
changar v. i. *Arg.* Trabajar de cargador.
changarro m. *Méx.* Comercio de pequeño tamaño y pequeña escala: *compró medio kilo de azúcar en el changarro de la esquina.*
chango, ga adj. *Amer.* Dícese del niño o muchacho (ú. t. c. s.). || *Méx.* Bromista.
chantaje m. Delito que consiste en obtener dinero o conseguir favores, etc., de una persona con la amenaza de revelaciones escandalosas.
chantajista com. Persona que hace un chantaje.
chanza f. Broma, burla.
¡chao! interj. *Fam.* Adiós.
chapa f. Hoja, lámina, placa o plancha de madera, metal, etc. || Cápsula, tapón, corona: *chapas de botellines.* || Insignia de una profesión, de un cargo: *chapa de policía.* || *Amer.* Cerradura. || *Arg.* y *Urug.* Patente, matrícula de un auto.
chapar v. t. Cubrir con chapa.
chaparreras f. pl. *Méx.* Zahones de piel.
chaparro, rra adj. y s. Persona rechoncha. || *Méx.* Persona de baja estatura. || Arbusto de América Central.
chaparrón m. Lluvia fuerte.
chapetón, ona adj. y s. *Amer.* Español o europeo recién llegado a América. || *Amer.* Novato.
chapetonada f. *Fig. Amer.* Novatada.
chapín, ina adj. y s. *Amer.* Guatemalteco.
chapinada f. Acción o dicho propio de un guatemalteco.
chapinismo m. Palabra, giro o modo especial de hablar de los chapines o guatemaltecos. || Condición de guatemalteco. || Amor a Guatemala.
chapopote m. *Méx.* Asfalto.
chapucear v. t. Hacer algo de prisa.
chapucería f. Acción de hacer mal un trabajo. || Arreglo rápido. || Trabajo mal hecho. || Mentira.
chapucero, ra adj. Hecho de prisa y mal: *trabajo chapucero.* || — Adj. y s. Que trabaja de prisa y mal: *trabajador muy chapucero.* || Embustero.
chapulín m. *Amér. C.* y *Méx.* Langosta, saltamontes.
chapurrear v. t. Hablar mal.
chapurreo m. *Fam.* Modo de hablar mal.
chapuzar v. t. Zambullir (ú. t. c. i. y pr.).
chapuzón m. Zambullida.
chaquense y **chaqueño, ña** adj. y s. Del Chaco (Argentina y Bolivia).
chaqueta f. Prenda de vestir con mangas que cubre el busto hasta las caderas.

chaquetear v. i. *Fig.* Cambiar de ideas. || Tener miedo. || *Fam.* Rajarse.
chaqueteo m. Cambio de ideas. || Miedo.
charada f. Adivinanza.
charanga f. Banda de música. || Baile familiar.
charca f. Charco grande.
charco m. Agua u otro líquido estancados en un hoyo del terreno.
charcutería f. Tienda de embutidos.
charla f. Conversación. || Conferencia.
charlar v. i. *Fam.* Conversar.
charlatán, ana adj. y s. Parlanchín. || Curandero. || Vendedor ambulante.
charlatanería f. Palabrería.
charlotear v. i. Charlar.
charloteo m. Charla.
charol m. Barniz muy brillante.
charola f. *Méx.* Bandeja.
charque y **charqui** m. *Amer.* Cecina.
charrán adj. y s. Granuja. || Patán.
charranada f. Grosería. || Mala jugada.
charreada f. Entretenimiento con ejercicios propios de los charros.
charretera f. Adorno de los militares en el hombro de la guerrera.
charro, rra adj. Nativo de la provincia de Salamanca (ú. t. c. s.). || Relativo a esta provincia. || *Fig.* Llamativo, chillón, muy recargado. | De mal gusto. || — M. Caballista mexicano que lleva un sombrero de grandes alas y un traje ceñido. || Su sombrero.
charrúa adj. y s. Dícese del indio de alguna de las tribus que vivían en el Río de la Plata.
charter m. (pal. ingl.). Avión, fletado por una compañía de turismo, cuyas tarifas son menos elevadas que en las líneas regulares.
chascarrillo m. *Fam.* Chiste.
chasco m. Desilusión que causa un suceso contrario a lo que uno esperaba. || Burla.
chasis m. Armazón que sostiene el motor y la carrocería de un automóvil o un vehículo cualquiera.
chasquear v. i. Dar chasquidos. || — V. t. *Fig.* Decepcionar. || — V. pr. Sufrir un desengaño.
chasqui m. *Amer.* Mensajero.
chasquido m. Ruido del látigo, de la honda al restallar o de la lengua al moverse.
chatarra f. Hierro viejo.
chatarrería f. Lugar donde se vende chatarra.
chatarrero, ra m. y f. Vendedor de hierro viejo.
chato, ta adj. Poco prominente: *nariz chata.* || — M. y f. Persona que tiene la nariz poco abultada. || *Fam.* Expresión de cariño: ¡*chata mía!* || — M. Vaso pequeño de vino.
chaucha f. *Arg.* Judía verde.
chaval, la y **chavea** adj. y s. *Fam.* Niño.
chaveta f. *Fam.* Chiflado.
chayote m. Fruto de la chayotera.
chayotera f. Planta trepadora americana.
che f. Nombre de la letra *ch.*
checar v. t. *Amer.* Comprobar, cotejar. | Facturar el equipaje. | Controlar.
checo, ca adj. y s. De la República Checa. || — M. Lengua eslava hablada en la República Checa.
checoslovaco, ca adj. y s. Checo.
chécheres m. pl. *Amer.* Chismes.
chelín m. Moneda inglesa de cinco peniques.
cheque m. Orden de pago para que una persona cobre la cantidad asignada de los fondos que el ex-

pedidor tiene en una cuenta bancaria. || *Cheque de viaje*, el emitido para los turistas que se puede cobrar en bancos de diversos países.

chequear v. t. *Amér. C.* Hacer un cheque. || Controlar, verificar. || Confrontar, cotejar. || Hacer un reconocimiento médico.

chequeo m. Control. || Cotejo. || Reconocimiento médico.

chequero m. Talonario de cheques.

chévere adj. *Amér. C., Antill., Bol., Col., Ecuad., Per. y Venez.* Excelente, muy bueno. || *Amér. C., Antill., Bol., Col., Ecuad., Per. y Venez.* De buen carácter, de trato agradable. || — Adv. *Col., Cub., Ecuad., Per. y Venez.* Magníficamente, muy bien.

chibcha adj. y s. Relativo o perteneciente a un antiguo pueblo indio de América.

chic m. (pal. fr.). Distinción.

chicana f. Ardid, argucia. || Broma.

chicanear v. t. e i. Tergiversar, trapichear.

chicano, na adj. y s. Dícese del norteamericano de origen mexicano. || — M. Su lengua.

chicha f. Bebida alcohólica americana hecha con maíz o con zumo de uva o manzana fermentados.

chícharo m. Guisante.

chicharra f. Cigarra, insecto.

chicharrón m. Residuo muy frito de las pellas del cerdo. || Carne requemada.

chichería f. *Amer.* Tienda de chicha.

chichimeca adj. y s. Dícese del individuo de un antiguo pueblo indio de raza nahua que, procedente del N. de México, venció a los toltecas.

chichimeco, ca adj. y s. Chichimeca.

chichón m. Bulto en la cabeza o frente.

chicle m. Goma de mascar.

chiclé y **chicler** m. Surtidor, orificio que controla la salida de la gasolina en un carburador.

chico, ca adj. Pequeño: *un libro muy chico.* || *Fam. Perra chica*, moneda de poco valor. || — Adj. y s. Niño, chiquillo. || — M. *Fam.* Recadero o aprendiz joven. || — F. Niña. || Muchacha. || Criada.

chicote m. *Amer.* Látigo.

chicozapote m. Árbol de fruto comestible.

chiflado, da adj. *Fam.* Loco (ú. t. c. s.).

chifladura f. *Fam.* Locura. | Manía.

chiflar v. i. Silbar. || — V. t. Mofarse. || Gustar mucho. || — V. pr. Volverse medio loco.

chiflido m. Silbido.

chihuahuense adj. y s. De Chihuahua (México).

chilacayote m. Calabaza.

chilango m. *Méx.* Nativo de la ciudad de México.

chilaquiles m. pl. *Méx.* Guiso que se elabora con tortillas partidas y fritas a las que se agrega una salsa.

chile m. *Amer.* Ají, pimiento picante.

chilenismo m. Vocablo, giro o habla de los chilenos. || Condición de chileno. || Amor a Chile.

chilenizar v. t. Dar carácter chileno.

chileno, na adj. y s. De Chile. || —M. Modalidad del castellano hablado en Chile.

chillar v. i. Gritar.

chillido m. Grito muy agudo.

chillón, ona adj. Que grita mucho. || Dícese del sonido agudo y desagradable. || *Fig.* Llamativo.

chilmole m. Salsa de chile.

chilote m. *Méx.* Bebida hecha con pulque y chile.

chilote, ta adj. y s. De Chiloé (Chile).

chilpayate com. *Méx.* Niño pequeño: *los chilpayates jugaban en el patio.*

chimalteco, ca adj. y s. De Chimaltenango (Guatemala).

chimboracense adj. y s. De Chimborazo, provincia de Ecuador.

chimenea f. Conducto para dar salida al humo. || Hogar para cocinar o calentarse.

chimpancé m. Mono con brazos muy largos.

chimú adj. y s. Dícese del individuo de un antiguo pueblo indio de América en el litoral N. del Perú.

chimuelo, la adj. y s. *Méx.* Aplícase a las personas a las que les faltan dientes: *los niños que mudan dientes andan chimuelos.*

china f. Piedra pequeña.

china f. Femenino de *chino.* || *Amer.* Criada. | Dícese de la mujer guapa en algunos lugares, en otros, de la india soltera. | Compañera, amiga. | Querida, amante. || *Amér. C. y Arg.* Niñera. || *Arg. y Méx.* Criada mestiza. || *Col.* Peonza.

chinaco m. *Méx.* Hombre del pueblo que peleó en la guerra de la independencia de México y colaboró en la reforma del s. XIX.

chinampa f. Terreno de corta extensión, que antiguamente eran huertos flotantes, en las lagunas vecinas a la ciudad de México.

chinchar v. t. *Pop.* Molestar.

chinche f. Insecto hemíptero de cuerpo elíptico, olor fétido, parásito del hombre. || Clavito metálico de cabeza grande y plana y punta corta y fina. || — Com. *Fig. y fam.* Persona exigente y pesada.

chincheta f. Chinche, clavo.

chinchilla f. Mamífero roedor. || Su piel.

chinchulines m. pl. *Arg.* Tripas de vacunos u ovinos que se comen generalmente asadas.

chingada f. *Pop.* Molestia.

chingar v. t. *Pop.* Fastidiar. | Frustrar. | Perjudicar. | Beber mucho. | Fornicar. || — V. pr. *Pop.* Enfadarse. | Fastidiarse. | Fracasar. | Emborracharse.

chino, na adj. y s. De China (ú. t. c. s.). || *Fig.* Complicado. || — M. Lengua hablada por los chinos.

chino, na adj. y s. *Amer.* Dícese del hijo de mulato y negra. | Dícese del hijo de indio y negra. | Sirviente, criado. || — M. China, piedra. || *Amer.* Enfado. | Hombre del pueblo. | Apelativo de cariño. || — F. Véase CHINA (segundo artículo).

chip m. Pequeña placa con un circuito integrado.

chipirón m. Calamar pequeño.

chipote m. *Guat. y Méx.* Chichón.

chipriota adj. y s. De la isla de Chipre.

chiquero m. Toril.

chiquillada f. Niñería.

chiquillería f. *Fam.* Conjunto de chiquillos. || Chiquillada.

chiquillo, lla adj. y s. Chico.

chiquimulteco, ca adj. y s. De Chiquimula (Guatemala).

chiquito, ta adj. y s. Muy pequeño. || — *Dejar chiquito*, superar en mucho. || *No andarse con chiquitas*, ir con mano franca; no dudar. || — M. Vaso de vino. || *Riopl.* Un poco: *espérese un chiquito.*

chiricano, na adj. y s. De Chiriquí (Panamá).

chirimbolo m. *Fam.* Trasto, chisme.

chirimía f. *Mús.* Especie de flauta.

chirimoya f. Fruto del chirimoyo.

chirimoyo m. Árbol tropical de fruto comestible.

chiringuito m. *Fam.* Merendero.

chiripa f. *Fig.* Suerte.

chiripá m. *Chil.* y *Riopl.* Prenda de vestir de los campesinos consistente en un paño que, a modo de calzones, cubre el delantero de los muslos y se ata a la cintura. || *Riopl.* Pañal del niño.

chirona f. *Fam.* Prisión.

chirriar v. i. Producir cierto sonido discordante.

chirrido m. Sonido estridente.

chisme m. Murmuración. || *Fam.* Cosa, trasto.

chismear v. i. Chismorrear.

chismorrear v. i. Contar chismes.

chismorreo m. y **chismorrería** f. Chismes.

chismoso, sa adj. y s. Que chismea.

chispa f. Partícula pequeña encendida que salta de la lumbre, o de una descarga eléctrica. || *Fig.* Porción pequeña, pedazo: *una chispa de pan*. | Agudeza, viveza de ingenio: *tiene mucha chispa*. || *Fam. Estar chispa*, estar medio borracho.

chispazo m. Chispa.

chispeante adj. Que chispea. || Agudo, ingenioso.

chispear v. i. Echar chispas. || Despedir destellos. || — V. impers. Lloviznar.

chisporrotear v. i. Despedir chispas.

chisporroteo m. Proyección de chispas y ruido que hace algo que está ardiendo.

chistar v. i. Hablar.

chiste m. Historieta burlesca que hace reír: *siempre está contando chistes*. || Agudeza, dicho agudo. || Gracia: *esto no tiene chiste*.

chistera f. Sombrero de copa alta. || Cesta del pelotari.

chistoso, sa adj. Gracioso.

chiva f. Cría de cabra. || *Amer.* Perilla, barba.

chivar y **chivarse** v. pr. Delatar, acusar.

chivatada f. y **chivatazo** m. *Fam.* Delación.

chivatear v. i. *Fam.* Chivar.

chivateo m. *Fam.* Chivatazo.

chivato m. *Fam.* Delator.

chivo, va m. y f. Cría de la cabra. || *Fig. Chivo expiatorio*, el que paga de algo sin merecerlo.

chocante adj. Que choca. || Desagradable: *voz chocante*. || Que causa extrañeza.

chocantería f. *Amer.* Cosa desagradable.

chocar v. i. Golpearse violentamente dos cuerpos o una cosa con otra: *chocar contra, o con, una muralla*. || *Fig.* Pelear, combatir. || Causar extrañeza, extrañar, sorprender: *su conducta me choca*. || — V. t. Entrechocar: *chocaron los vasos al brindar*. || Estrechar: *chocaron las manos*.

chocarrería f. Grosería.

chocha f. Ave zancuda.

chochear v. i. Repetir la misma cosa. || Volver a la infancia un viejo.

chochera y **chochez** f. Repetición de lo mismo. || Disminución de la inteligencia en los viejos. || *Fam.* Admiración, cariño, amor.

chocho, cha adj. *Fam.* Que chochea: *viejo chocho*. || *Fig.* y *fam.* Que le gusta mucho.

choclo m. *Amer.* Mazorca de maíz no madura.

chocolate m. Pasta alimenticia sólida hecha con cacao y azúcar molido. || Bebida hecha con ella.

chófer y **chofer** m. Conductor de un automóvil.

cholada f. y **cholerío** m. *Amer.* Conjunto de cholos.

chollo m. *Fam.* Ganga. | Suerte.

cholo, la adj. *Amer.* Dícese del mestizo de blanco e india (ú. t. c. s.). | Dícese del indio civilizado (ú. t. c. s.). || *Chil.* Dícese del indio puro (ú. t. c. s.). ||

Arg., *Bol.*, *Chil.*, *Ecuad.* y *Per.* Dícese de las personas que tienen la sangre mezclada (ú. t. c. s.).

cholulteco, ca adj. y s. De Cholula (México).

choluteca adj. y s. De Choluteca (Honduras).

chomba y **chompa** f. *Amer.* Suéter.

chontaleño, ña adj. y s. De Chontales (Nicaragua).

chopo m. Álamo.

choque m. Encuentro violento de un cuerpo con otro: *choque de coches*. || *Mil.* Combate, pelea: *un choque de tanques*. || *Fig.* Disputa, lucha, contienda. || *Med.* Conmoción: *choque nervioso*.

chorizo m. Embutido de carne de cerdo. || *Pop.* Maleante. || *Arg.* Lomo de vaca.

chorlito m. Ave zancuda.

chorra f. *Pop.* Suerte.

chorrada f. *Pop.* Tontería.

chorrear v. i. Caer o salir un líquido formando chorro. || Salir el líquido lentamente y goteando. || *Fam.* Abundar: *el dinero chorrea en esta casa*. || — V. t. Derramar, verter: *chorreando sudor*.

chorro m. Salida de un líquido con fuerza: *un chorro de agua*. || Salida violenta de gas o vapor que sirve de fuerza propulsora. || Gran cantidad: *un chorro de luz*. || *Fam. Arg.* Ladrón.

chotearse v. pr. *Fam.* Burlarse.

choteo m. *Fam.* Burla, pitorreo.

choza f. y **chozo** m. Cabaña.

chubasco m. Chaparrón.

chubutense adj. y s. De Chubut (Argentina).

chuchería f. Dulce, golosina. || Cosa sin importancia.

chucho m. Perro.

chueco, ca adj. *Amer.* Torcido.

chufa f. Planta de cuyos tubérculos, comestibles, se hace horchata.

chulada f. *Fam.* Desenfado. | Grosería. | Bravata.

chulear v. t. *Fam.* Burlarse. | Vivir a costa de una mujer. || — V. pr. Burlarse. || *Fam.* Presumir.

chuleta f. Costilla de cerdo, ternera, cordero, etc. || *Fig.* y *fam.* Guantazo, bofetón. | Nota o papelito que llevan escondidamente los estudiantes a los exámenes y en el que están apuntadas fórmulas, resúmenes de temas, etc. || — M. *Fam.* Chulo.

chullpa o **chulpa** f. Monumento funerario precolombino en Bolivia y en Perú.

chulo, la adj. Populachero, propio del pueblo de Madrid, picaresco: *andares chulos*. || Descarado, desenfadado, insolente: *no seas tan chulo* (ú. t. c. s.). || Bravucón, atrevido: *estuvo muy chulo con el director* (ú. t. c. s.). || Presumido (ú. t. c. s.). || Majo, de buen efecto: *¡qué coche tan chulo!* || — M. y f. Persona del pueblo bajo de Madrid. || — M. Hombre que vive de las mujeres. || *Pop.* Tipejo.

chumbera f. Higuera chumba.

chumbo, ba adj. y s. m. Nopal.

chunga f. *Fam.* Burla o broma.

chunguearse v. pr. Burlarse.

chungueo m. *Fam.* Chunga.

chupamirto m. *Méx.* Colibrí.

chupar v. t. Extraer con los labios el jugo de algo. || Lamer: *chupar un caramelo*. || *Fig.* Despojar a uno de sus bienes con astucia y engaño: *chuparle el dinero a uno*. || — V. pr. Pasar entre los labios y humedecer con saliva. || *Fam.* Soportar: *chuparse seis meses de prisión*. || Emplear en provecho propio. || *Amer.* Emborracharse.

chuparrosa m. y f. *Méx.* Colibrí.

chupatintas m. inv. Oficinista.

chupe m. *Per.* Guisado de patatas, carne o camarones, huevos y queso.

chupete m. Objeto que se da a los niños de muy corta edad para que chupen. || Tetina del biberón.

chupetear v. t. e i. Chupar mucho, con fruición.

chupeteo m. Succión.

chuquisaqueño, ña adj. y s. De Chuquisaca (Bolivia).

churrasco m. *Arg.* Carne asada a la brasa.

churrasquear v. i. *Arg.* Comer un churrasco. || — V. t. *Arg.* Asar.

churrasquería f. Tienda de asados.

churrería f. Tienda de churros.

churrigueresco, ca adj. *Arq.* Dícese del estilo derivado del barroco introducido en España a principios del siglo XVIII por Churriguera, Ribera y sus discípulos (ú. t. c. s. m.). || *Fig.* Recargado.

churriguerismo m. Estilo arquitectónico de excesiva o recargada ornamentación.

churro m. Masa de harina y agua que se fríe y tiene forma de bastoncito alargado o en rueda.

chusco, ca adj. Gracioso. || — M. Pieza de pan.

chusma f. Gentuza, populacho.

chusmear v. t. *Fam. Arg.* y *Urug.* Chismorrear, andar con cuentos. || — V. i. *Fam. Arg.* y *Urug.* Husmear.

chusmerío m. *Fam. Arg.* y *Urug.* Acción y efecto de chusmear.

chutar v. i. En fútbol, lanzar el balón con el pie.

ciático, ca adj. De la cadera. || — F. Neuralgia del nervio ciático.

ciberespacio m. Espacio surgido de la realidad virtual creada por computadora o a partir del uso de redes informáticas.

cibernética f. Ciencia que estudia los mecanismos automáticos de las máquinas.

ciboney adj. y s. Dícese del individuo de un antiguo pueblo de Cuba.

cicatería f. Avaricia.

cicatero, ra adj. y s. Tacaño.

cicatriz f. Señal que queda después de cerrarse una herida.

cicatrización f. Fenómeno que hace que una llaga o herida se cierre.

cicatrizar v. t. e i. Completar la curación de una herida o llaga.

cicerone m. Guía.

cíclico, ca adj. Relativo al ciclo.

ciclismo m. Deporte de la bicicleta.

ciclista adj. Relativo al ciclismo. || — Com. Persona que practica el ciclismo.

ciclo m. Período de tiempo en que se cumple una serie de fenómenos realizados en un orden determinado. || Serie de acciones o fenómenos que sufre un cuerpo o sistema que pasa por diferentes fases hasta volver al estado inicial. || Serie de conferencias sobre cierto asunto. || Serie de operaciones destinadas al mismo fin: *ciclo de fabricación*.

ciclón m. Huracán.

ciclotrón m. Acelerador electromagnético de alta frecuencia que comunica a las partículas electrizadas gran velocidad para obtener de este modo transmutaciones y desintegraciones de átomos.

ciego, ga adj. Que no ve, privado de la vista (ú. t. c. s.). || *Fig.* Enloquecido: *ciego de ira.* | Que no ve algo patente. | Obstruido: *tubería ciega.* || — M. Parte del intestino grueso entre el íleon y el colon.

cielito m. *Riopl.* Baile y canto popular.

cielo m. Espacio indefinido, azul de día y poblado de estrellas por la noche, en el cual se mueven los astros. || Mansión de los bienaventurados: *ganarse el cielo.* || *Arg.* y *Urug.* Cielito, baile popular. || *Cielo de la boca*, paladar.

ciempiés m. inv. Miriápodo.

cien adj. Apócope de *ciento*.

ciénaga f. Lugar lleno de cieno.

ciencia f. Conocimiento exacto y razonado de las cosas por sus principios y causas. || Conjunto de los conocimientos humanos. || Conjunto de conocimientos relativos a un objeto determinado: *las ciencias humanas.* || — Pl. Conjunto de conocimientos relativos a las matemáticas, física, química, etc.: *facultad de ciencias.* || — *Ciencias exactas*, las matemáticas. || *Ciencias naturales*, las que estudian los reinos animal, vegetal y mineral.

cienfueguero, ra adj. y s. De Cienfuegos (Cuba).

cienmilésimo, ma adj. Que está en el lugar indicado por el número cien mil. || — M. Cada una de las cien mil partes iguales de un todo.

cieno m. Fango.

científico, ca adj. Relativo a la ciencia. || Que investiga sobre alguna ciencia (ú. t. c. s.).

ciento adj. y s. m. Diez veces diez. || Centésimo: *número ciento.* || — M. Signo o conjunto de signos que expresan la cantidad de ciento. || Centena.

cierre m. Acción y efecto de cerrar o cerrarse.

cierto, ta adj. Seguro: *noticia cierta.* || Determinado: *cierto día.* || Alguno: *ciertas sospechas.*

ciervo m. Género de mamíferos rumiantes con varios cuernos ramificados.

cifra f. Número. || Escritura secreta, clave: *escrito en cifra.* || Cantidad, suma.

cifrar v. t. *Fig.* Fijar en algo: *cifra la ambición en una cosa.* || — V. pr. Elevarse: *cifrarse en mil euros.*

cigala f. Crustáceo marino comestible.

cigarra f. Insecto hemíptero.

cigarrillo m. Cigarro de picadura de tabaco envuelta en papel.

cigarro m. Rollo de hojas de tabaco que se fuma: *cigarro habano.* || Cigarrillo.

cigoto o **zigoto** m. Célula que resulta de la fecundación.

cigüeña f. Ave zancuda migratoria.

cigüeñal m. Eje acodado de un motor, en el que van ajustadas las bielas unidas a los pistones o émbolos, que transforma el movimiento rectilíneo de éstos en circular o rotativo.

cilantro m. Planta aromática que se emplea en la preparación de alimentos.

ciliado, da adj. y s. *Biol.* Dícese de microorganismos con cilios. || — M. Tipo de seres unicelulares.

cilindrada f. Capacidad de los cilindros de un motor de explosión.

cilíndrico, ca adj. Relativo al cilindro.

cilindro m. Cuerpo de sección circular del mismo grosor en toda su longitud. || Cuerpo geométrico limitado por una superficie cilíndrica y dos planos que cortan las generatrices. || Cámara tubular en la que se mueve en sentido alternativo el émbolo de un motor: *automóvil de cuatro cilindros.*

cilio m. *Biol.* Filamento alargado del cuerpo de los ciliados que existe en gran cantidad y sirve para la locomoción.

cima f. Parte más alta, cumbre.

cimarrón, ona adj. *Amer.* Salvaje, montaraz. || *Riopl.* Dícese del mate sin azúcar (ú. t. c. s. m.).

címbalos m. pl. *Mús.* Platillos.

cimentación f. Acción y efecto de cimentar.

cimentar v. t. Poner los cimientos.

cimiento m. Parte del edificio debajo de la tierra en la que estriba toda la construcción. || *Fig.* Origen.

cinc m. Cuerpo simple, metálico (Zn), de número atómico 30 y de color blanco azulado.

cincel m. Herramienta que sirve para labrar maderas, piedras y metales.

cincelado m. Acción y efecto de cincelar.

cincelar v. t. Labrar con el cincel.

cincha f. Faja con que se asegura la silla o albarda a la caballería.

cinchar v. t. Poner la cincha a una caballería.

cinco adj. Cuatro y uno: *tiene cinco niños.* || Quinto: *libro cinco.* || — M. Signo con que se representa el número cinco.

cincuate m. *Méx.* Reptil ofidio.

cincuenta adj. y s. m. Cinco veces diez. || Quincuagésimo.

cincuentenario m. Fecha en que se cumplen los cincuenta años de un hecho.

cine m. Cinematógrafo.

cineasta com. Creador o actor de películas cinematográficas.

cinemateca f. Archivo de cintas cinematográficas.

cinemática f. Parte de la mecánica que estudia el movimiento.

cinematografía f. Arte de representar imágenes en movimiento por medio del cinematógrafo.

cinematografiar v. t. Fotografiar una escena en movimiento para ser reproducida en una pantalla.

cinematógrafo m. Aparato óptico que reproduce en proyección vistas animadas. || Local público en que se exhiben películas cinematográficas.

cinético, ca adj. *Fís.* Relativo al movimiento: *energía cinética.* || — F. Teoría que explica una serie de fenómenos basándose únicamente en los movimientos de las partículas materiales.

cínico, ca adj. y s. Desvergonzado.

cinismo m. Falta de escrúpulos.

cinta f. Tira o banda de tela, papel u otra materia: *una cinta azul.* || Por ext. Lo que tiene aspecto de cinta o tira: *cinta de máquina de escribir.* || Película cinematográfica. || — *Cinta magnetofónica o magnética,* la de materia plástica utilizada para grabar el sonido o la voz. || *Cinta perforada,* tira de papel en la que las cifras y letras quedan registradas mediante perforaciones. || *Cinta transportadora,* cinta sin fin flexible para transportar materias a granel.

cinto m. Cinturón. || Cintura, talle.

cintura f. Talle, parte más estrecha del cuerpo humano por encima de las caderas.

cinturita m. *Méx.* Vividor de las mujeres.

cinturón m. Banda de cuero, tela, plástico u otra materia con que se sujetan los pantalones, las faldas o los vestidos. || *Fig.* Fila o serie de cosas que rodean otra. || Cada una de las categorías en judo: *cinturón negro.*

cipote m. *Amér. C.* Niño: *el viejo contaba cuentos a los cipotes.*

ciprés m. Árbol de copa cónica y madera rojiza.

circense adj. Del circo.

circo m. En la antigua Roma, gran espacio rectangular destinado a los juegos públicos, especialmen-

te luchas, carreras de carros y caballos. || Local público de espectáculos, con gradas y pista circulares donde se realizan ejercicios ecuestres y acrobáticos. || Espectáculo que allí se da.

circonio m. Metal gris (Zr).

circuito m. Contorno, límite exterior: *el circuito de París.* || Itinerario cerrado de una prueba deportiva: *circuito automovilístico.* || Conjunto de conductores eléctricos por el que pasa una corriente. || Cada uno de los enlaces que une los mercados de servicios y de productos. || *Circuito integrado,* conjunto de elementos que realizan una función electrónica compleja y de tamaño muy reducido.

circulación f. Movimiento continuo: *circulación de la sangre.* || Tráfico, facilidad de desplazarse por vías de comunicación: *circulación de los automóviles.* || Movimiento de las monedas, de los artículos de comercio o de los valores bancarios. || Transmisión, propagación: *circulación de noticias.*

circular adj. De forma de círculo: *objeto circular.* || — F. Carta, comunicación o aviso que se envía simultáneamente a varias personas.

circular v. i. Moverse sin parar para llegar al punto de partida: *la sangre circula por las venas.* || Pasar: *el agua circula por tubos.* || Ir por vía de comunicación: *circular por una autopista.* || Pasar de mano en mano: *moneda que circula.* || *Fig.* Propagarse, transmitirse: *circulan noticias.*

círculo m. Superficie plana dentro de la circunferencia. || Circunferencia. || Casino, club: *círculo de juego.* || *Fig.* Extensión: *círculo de ocupaciones.* | Conjunto de amigos y de relaciones personales. | Sector social: *círculos financieros.* || *Círculo vicioso,* razonamiento en el que se toma como prueba lo que precisamente se debe demostrar. || — Pl. Medios: *en los círculos bien informados.* || *Círculos polares,* los menores de la esfera terrestre.

circunferencia f. *Geom.* Línea curva cerrada, cuyos puntos están todos a la misma distancia de un punto interior llamado *centro.* || *Fig.* Contorno.

circunlocución f. y **circunloquio** m. Perífrasis.

circunnavegar v. t. Navegar en torno de algo: *circunnavegar la isla.*

circunscribir v. t. Limitar (ú. t. c. pr.).

circunscripción f. Acción y efecto de circunscribir o circunscribirse. || División administrativa, militar, electoral, eclesiástica, etc., de un territorio.

circunspección f. Prudencia.

circunspecto, ta adj. Prudente.

circunstancia f. Accidente de tiempo, lugar, modo, etc. || *For.* Particularidad que acompaña un acto: *circunstancias atenuantes.* || Situación: *circunstancia favorable.*

circunstancial adj. De una circunstancia.

circunvalación f. Rodeo.

circunvalar v. t. Rodear.

circunvolución f. Vuelta alrededor de un centro.

cirílico, ca adj. Aplícase al alfabeto eslavo con que se transcriben idiomas como el ruso y el búlgaro.

cirio m. Vela grande.

cirrípedos y **cirrópodos** m. pl. Crustáceos marinos que viven adheridos a las rocas (ú. t. c. adj.).

cirrosis f. Enfermedad del hígado.

ciruela f. Fruto del ciruelo.

ciruelo m. Árbol rosáceo.

cirugía f. Parte de la medicina cuyo fin es la curación de las enfermedades mediante operaciones.

cirujano, na m. y f. Médico que se dedica a la cirugía, operador.

cisma m. Separación entre los miembros de una religión o comunidad.

cisne m. Ave palmípeda de cuello largo y flexible.

cisterna f. Depósito de retención de agua. ‖ Recipiente en un vehículo para transportar líquidos. ‖ — Adj. Que transporta líquidos: *camión cisterna.*

cisticerco m. Estado final de la larva de la tenia, enquistada en la carne de cerdo.

cisticercosis f. *Med.* Parasitosis a causa de la presencia de cisticercos.

cita f. Hora y lugar en que acuerdan verse dos personas. ‖ Nota textual sacada de una obra.

citación f. Acción de citar a un acto judicial.

citar v. t. Señalar a un día y lugar para encontrarse con él. ‖ Decir lo que otro ha dicho. ‖ Mencionar. ‖ Provocar el torero al toro para que embista. ‖ — V. pr. Darse cita dos personas.

cítara f. *Mús.* Instrumento de cuerdas algo parecido a la guitarra.

citoplasma m. Parte del protoplasma que en la célula rodea al núcleo.

ciudad f. Población grande. ‖ — *Ciudad satélite,* conjunto urbano de una ciudad pero separado de ella por un espacio sin urbanizar. ‖ *Ciudad universitaria,* conjunto de edificios universitarios y residencias para estudiantes y profesores.

ciudadanía f. Calidad y derecho de ciudadano.

ciudadano, na adj. De la ciudad. ‖ — M. y f. Habitante de una ciudad o natural de un Estado.

ciudadela f. Recinto fortificado.

cívico, ca adj. Relativo al civismo.

civil adj. Relativo a los ciudadanos (dícese en oposición a *militar* y *eclesiástico*): *matrimonio civil.* ‖ Concerniente a las relaciones privadas entre ciudadanos: *vida civil.* ‖ *Fig.* Sociable, urbano. ‖ — M. *Fam.* Guardia civil. ‖ *Fig.* Paisano, no militar.

civilidad f. Cortesía. ‖ Civismo.

civilización f. Acción y efecto de civilizar o civilizarse. ‖ Conjunto de caracteres propios de un pueblo o raza o de los pueblos desarrollados.

civilizado, da adj. Aplícase al que emplea el lenguaje y las costumbres de la gente culta (ú. t. c. s.). ‖ Que tiene civilización.

civilizar v. t. Educar, ilustrar (ú. t. c. pr.).

civismo m. Virtud del buen ciudadano. ‖ Cortesía, educación.

cizalla f. Tijeras o máquina para cortar metal.

cizaña f. Planta gramínea que perjudica los sembrados. ‖ *Fig.* Cosa mala o que echa a perder otra.

Cl, símbolo químico del *cloro.*

cla, V. TLA (para ciertas voces mexicanas).

clamar v. t. Desear vivamente: *clamar venganza.*

clamor m. Grito. ‖ Aclamación.

clan m. Personas unidas por un interés común.

clandestinidad f. Calidad de clandestino.

clandestino, na adj. Secreto.

clara f. Parte transparente y líquida que rodea la yema del huevo. ‖ Mezcla de cerveza y gaseosa. ‖ — Pl. Amanecer: *me levanto a las claras del día.*

claraboya f. Ventana en el techo.

clarear v. t. Poner más claro: *clarear un color.* ‖ Dar claridad o luz. ‖ — V. i. Amanecer: *levantarse al clarear el día.* ‖ Despejarse las nubes: *el cielo clarea.* ‖ — V. pr. Transparentarse.

clarete adj. Dícese del vino tinto ligero y de color más claro que éste (ú. t. c. s. m.).

claridad f. Condición de claro. ‖ Luz: *la claridad del amanecer.* ‖ *Fig.* Nitidez.

clarificación f. Acción de clarificar.

clarificar v. t. Poner claro un líquido. ‖ Aclarar.

clarín m. Trompeta de sonido muy agudo.

clarinete m. *Mús.* Instrumento de viento formado por una boquilla de lengüeta de caña y un tubo de madera con agujeros que se tapan con los dedos o con llaves. ‖ — Com. Músico que lo toca.

clarinetista m. Músico que toca el clarinete.

clarividencia f. Lucidez.

clarividente adj. Lúcido.

claro, ra adj. Que tiene mucha luz, luminoso. ‖ Definido, preciso: *una fotografía clara.* ‖ Transparente: *agua clara.* ‖ Limpio, sin nubes: *cielo claro.* ‖ Pálido, poco subido: *verde claro.* ‖ Evidente, manifiesto: *verdad clara.* ‖ *¡Claro!* o *¡claro está!,* expresión usada para manifestar conformidad. ‖ — M. Espacio, intervalo. ‖ Claridad: *claro de luna.* ‖ Interrupción: *claro de lluvia.* ‖ — Adv. Claramente: *explicarse claro.*

claroscuro m. *Pint.* Técnica que utiliza sólo la luz y sombra omitiendo los diversos colores.

clase f. Conjunto de personas que tienen la misma función, los mismos intereses o la misma condición en una sociedad: *la clase obrera, campesina.* ‖ Conjunto de objetos que poseen uno o varios caracteres comunes. ‖ Distinción: *tiene mucha clase.* ‖ Cada una de las grandes divisiones de los seres vivientes, subdividida en órdenes. ‖ Conjunto de alumnos que reciben la enseñanza de un profesor: *el primero de la clase.* ‖ Enseñanza dada por un profesor: *clase de matemáticas.* ‖ Sala, aula en que se dan los cursos. ‖ Actividad docente. ‖ — *Clase media,* clase social formada por las personas que viven de un trabajo no manual. ‖ *Clases pasivas,* la formada por las personas que reciben del Estado una pensión de jubilación, viudedad.

clasicismo m. Conjunto de caracteres propios a la antigüedad grecolatina o un período de grandes realizaciones artísticas en un país.

clásico, ca adj. Perteneciente a la antigüedad grecolatina o al período de mayor esplendor literario o artístico de un país: *las lenguas clásicas.* ‖ Dícese de aquello que se considera modelo en su género: *obra actualmente clásica.* ‖ Dícese de la música de los grandes autores por oposición a la música moderna. ‖ Conforme a un ideal, a las normas o a las costumbres establecidas: *vestido de forma muy clásica.* ‖ *Fam.* Habitual, común.

clasificación f. Distribución en categorías.

clasificar v. t. Ordenar por clases.

claudicar v. i. Cojear. ‖ *Fig.* Ceder, someterse.

claustro m. Galería que cerca el patio principal de una iglesia. ‖ *Claustro materno,* matriz.

claustrofobia f. *Med.* Angustia producida por la permanencia en lugares cerrados.

cláusula f. *For.* Cada una de las condiciones, disposiciones de un contrato, testamento, documento, etc. ‖ *Gram.* Oración.

clausura f. Aislamiento en que viven ciertos religiosos. ‖ Fin de un congreso, asamblea, etc. ‖ Cierre.

clausurar v. t. Cerrar una universidad, las cortes, una sesión, los tribunales, etc. ‖ Dar por terminado.

clavado, da adj. *Fig.* Puntual, exacto: *llegó a las seis clavadas.* ‖ Pintiparado: *este traje le está clavado.* ‖

Parecido: *es clavado a su hermano.* ‖ — M. *Amer.* Salto de trampolín. ‖ *Méx.* Salto al agua desde un trampolín o plataforma, zambullida.

clavar v. t. Poner clavos. ‖ Fijar con clavos. ‖ *Fig.* Fijar: *clavar la mirada.* ‖ Cobrar muy caro.

clave f. Explicación de los signos para escribir en cifra. ‖ Explicación. ‖ Signo que indica la entonación: *clave de sol.* ‖ — M. Clavicordio. ‖ — Adj. inv. Esencial, capital: *el argumento clave.*

clavel m. Planta de flores.

clavicordio m. *Mús.* Instrumento de cuerdas.

clavícula f. *Anat.* Cada uno de los dos huesos largos en la parte superior del pecho que unen el esternón con los omóplatos.

clavija f. Pieza de madera, metal u otra materia que se usa para ensamblajes. ‖ La que sirve, en los instrumentos músicos con mástil, para atirantar las cuerdas. ‖ Parte macho de un enchufe.

clavo m. Piececilla metálica, con cabeza y punta, que se hinca en un cuerpo para sujetar alguna cosa. ‖ Capullo seco de una flor que se usa como especia. ‖ *Med.* Punto central de un furúnculo.

claxon m. Bocina de los automóviles.

clemencia f. Moderación en el rigor.

clemente adj. Que tiene clemencia. ‖ *Fig.* Poco riguroso: *tiempo clemente.*

cleptomanía f. Propensión morbosa al robo.

clérigo m. Sacerdote.

clero m. Conjunto de sacerdotes.

cliché m. Plancha o grabado para la impresión. ‖ Imagen fotográfica negativa. ‖ *Fig.* Tópico.

cliente, ta m. y f. Respecto del que ejerce una profesión, persona que utiliza sus servicios. ‖ Respecto de un comerciante, el que compra en su establecimiento.

clientela f. Conjunto de clientes.

clima m. Conjunto de fenómenos que caracterizan el estado atmosférico y su evolución en un lugar determinado. ‖ *Fig.* Atmósfera moral.

climatización f. Acondicionamiento del aire.

climatizar v. t. Acondicionar el aire.

clímax m. Gradación. ‖ Momento culminante de un proceso, de un poema o de una acción dramática o cinematográfica.

clínico, ca adj. Relativo a la enseñanza práctica de la medicina. ‖ — F. Hospital privado.

clip m. Sujetapapeles. ‖ Adorno femenino que se sujeta mediante presión o agujas. ‖ Horquilla para el pelo. ‖ Película en vídeo de corta duración en la que se exhibe o canta un artista.

clisé m. Cliché.

clítoris m. Parte superior de la vulva.

cloaca f. Conducto por donde van las aguas sucias de una ciudad.

clon m. *Biol.* Organismo resultado de la clonación.

clonación f. *Biol.* Cultivo de tejidos a partir de una sola célula.

clonar v. t. Hacer una réplica de un organismo vivo a partir de una de sus células.

clorhídrico adj. m. *Ácido clorhídrico,* combinación de cloro e hidrógeno.

cloro m. *Quím.* Cuerpo simple (Cl) de número atómico 17, de color amarillo y olor fuerte.

clorofila f. Pigmento verde de los vegetales.

cloroformizar v. t. Someter a la acción anestésica del cloroformo.

cloroformo m. Líquido incoloro, de olor etéreo, que se emplea como anestésico.

cloromicetina f. Poderoso antibiótico.

cloroplasto m. Elemento de las células vegetales encargado de la fotosíntesis.

clóset m. *Amer.* Armario empotrado en la pared: *colgó el abrigo en el clóset.*

club m. Sociedad deportiva, de recreo, etc.

clueca adj. y s. f. Dícese del ave cuando empolla.

cm, símbolo del *centímetro.*

Cm, símbolo químico del *curio.*

Co, símbolo químico del *cobalto.*

coa f. Barra de madera con un extremo en punta que los antiguos americanos usaban para cultivar.

coacción f. Violencia con que se obliga a uno a hacer una cosa.

coaccionar v. t. Hacer coacción.

coactivo, va adj. Que obliga.

coagulación f. Acción de coagular.

coagular v. t. Cuajar, solidificar lo líquido.

coágulo m. Masa de sustancia cuajada.

coahuilense adj. y s. De Coahuila (México).

coalición f. Unión.

coartada f. *For.* Prueba de haber estado ausente del sitio cuando se cometió un delito.

coartar v. t. Limitar, restringir.

coatí m. Pequeño mamífero carnicero.

coautor, ra m. y f. Autor con otro u otros.

coba f. *Fam.* Lisonja, halago.

cobalto m. Metal blanco rojizo (Co), de número atómico 27, densidad 8,8. ‖ *Bomba de cobalto,* generador de rayos gamma terapéuticos emitidos por una carga de radiocobalto.

cobanero, ra adj. y s. De Cobán (Guatemala).

cobarde adj. y s. Miedoso.

cobardía f. Falta de ánimo y valor, miedo.

cobaya f. y **cobayo** m. Conejillo de Indias.

cobertizo m. Tejado saledizo para resguardarse de la lluvia, etc. ‖ Sitio cubierto por él.

cobertor m. Manta ligera.

cobertura f. Lo que sirve para cubrir o tapar una cosa. ‖ Acción hecha para cubrir una responsabilidad. ‖ Valores que sirven para garantizar una operación financiera o comercial.

cobija f. *Méx.* y *Venez.* Manta.

cobijar v. t. Cubrir o tapar (ú. t. c. pr.). ‖ Albergar.

cobijeño, ña adj. y s. De Cobija (Bolivia).

cobijo m. Acción y efecto de cobijar. ‖ Lugar para cobijarse.

cobista adj. y s. *Fam.* Adulador.

cobol m. Lenguaje de programación usado en informática para resolver problemas de gestión.

cobra f. Serpiente venenosa.

cobrador, ra adj. y s. Que cobra.

cobranza f. Acción de cobrar.

cobrar v. t. Percibir uno lo que se le debe: *cobrar el sueldo.* ‖ Sentir cierto afecto: *cobrar cariño.* ‖ Coger, apoderarse. ‖ Recuperar: *cobrar ánimo.* ‖ Adquirir: *cobrar mala fama.* ‖ — V. pr. Pagarse.

cobre m. Metal (Cu), de número atómico 29, de color pardo rojizo. ‖ — Pl. Instrumentos metálicos de viento de una orquesta. ‖ *Edad de* o *del cobre,* primer período de la edad de los metales.

cobrizo, za adj. De cobre. ‖

cobro m. Cobranza. ‖ Pago.

coca f. Arbusto del Perú de cuyas hojas se extrae la cocaína. ‖ Cocaína.

cocaína f. Alcaloide que se extrae de la coca utilizado como anestésico y como excitante.

cocainómano, na adj. y s. Que toma cocaína.

cocción f. Acción de cocer.

cóccix m. *Anat.* Hueso pequeño al final de la columna vertebral.

cocear v. i. Dar coces.

cocer v. t. Preparar los alimentos por medio del fuego. || Someter una sustancia a la acción del fuego: *cocer ladrillos.* || — V. i. Hervir un líquido.

cochabambino, na adj. y s. De Cochabamba (Bolivia).

cochambre m. y f. *Fam.* Suciedad.

cochambroso, sa adj. y s. Sucio.

coche m. Carruaje de cuatro ruedas. || Automóvil: *coche de carreras.* || Vagón de ferrocarril.

cochera f. Garaje.

cochinilla f. Insecto hemíptero de color rojo.

cochinillo m. Lechón.

cochino, na m. y f. Cerdo. || — Adj. y s. *Fig.* y *fam.* Sucio, puerco. | Cicatero, ruin. | Sucio, grosero. || — Adj. *Fam.* Asqueroso.

cocido m. Guisado de carne, tocino y chorizo con garbanzos y algunas verduras.

cociente m. Resultado obtenido al dividir una cantidad por otra. || *Cociente intelectual*, índice de la capacidad intelectual.

cocimiento m. Cocción.

cocina f. Habitación donde se guisa. || Aparato para guisar. || Arte de preparar los manjares.

cocinar v. t. Guisar.

cocinero, ra m. y f. Persona que guisa por oficio.

coclesano, na adj. y s. De Coclé (Panamá).

coco m. Cocotero. || Fruto de este árbol. || *Fam.* Fantasma con que se mete miedo a los niños. | Cabeza. | Persona fea. || Moño de pelo.

cocodrilo m. Reptil anfibio, de cuatro a cinco metros de largo, cubierto de escamas.

cocoliche m. *Arg.* Habla hispanoitaliana popular. || — M. y f. Persona que la habla.

cocotero m. Palmera de los países tropicales.

cóctel o **coctel** m. Combinación de bebidas alcohólicas y hielo. || Reunión donde se dan.

cocuyo m. Insecto de América tropical que por las noches emite una luz azulada.

codazo m. Golpe con el codo.

codearse v. t. pr. Tener trato con otras personas.

códice m. Libro manuscrito antiguo.

codicia f. Ambición, ansia exagerada.

codiciar v. t. Ambicionar, ansiar.

codicilo m. *For.* Cláusula de un testamento.

codicioso, sa adj. y s. Que tiene codicia.

codificación f. Recopilación de leyes. || Transformación de la formulación de un mensaje por medio de un código determinado.

codificador, ra adj. y s. Que codifica.

codificar v. t. Unir en un cuerpo único textos legislativos de la misma materia. || Transformar, mediante un código, la formulación de un mensaje.

código m. Recopilación de las leyes y estatutos de un país: *código civil, penal, de comercio,* etc. || Reglamento: *código de la circulación.* || *Código postal,* conjunto de cifras que permite identificar la oficina de Correos encargada de repartir las cartas.

codo m. Parte posterior y prominente de la articulación del brazo con el antebrazo.

codo, da adj. *Méx.* Tacaño.

codorniz f. Ave gallinácea.

coeficiente m. Índice, tasa: *coeficiente de incremento.* || Grado: *coeficiente de invalidez.* || Valor relativo que se atribuye a cada prueba de un examen. || *Mat.* Número que se coloca delante de una cantidad para multiplicarla: *2 (a + b).*

coerción f. Obligación.

coercitivo, va adj. Que obliga.

coetáneo, a adj. y s. Contemporáneo.

coexistencia f. Existencia simultánea.

coexistente adj. Que coexiste.

coexistir v. i. Existir al mismo tiempo.

cofradía f. Asociación o hermandad de personas.

cofre m. Caja a propósito para guardar. || Baúl.

coger v. t. Asir, agarrar o tomar: *coger de o por la mano* (ú. t. c. pr.). || Apoderarse: *coger muchos peces.* | Tomar: *cogió el trabajo que le di.* || Ocupar: *la alfombra coge toda la sala.* || Alcanzar, adelantar: *el coche cogió el camión.* || Apresar: *cogieron al asesino.* || Subirse: *cogí el tren.* || Encontrar: *coger a uno de buen humor.* || Contraer enfermedad: *coger un resfriado.* || Experimentar, tener: *he cogido frío.* || Cubrir el macho a la hembra. || Adquirir: *cogió esa manía.* || Cobrar, tomar: *les he cogido cariño.* || Atropellar: *ser cogido por un automóvil.* || *Fig.* Entender: *no han cogido lo que les dije.* || Herir o enganchar el toro con los cuernos a uno. || Captar: *coger Radio España.* || Elegir: *he cogido lo que me pareció mejor.* || — V. i. Tomar, dirigirse: *coger a la derecha.* || Caber: *el coche no coge en el garaje.*

— OBSERV. *Coger* tiene en algunos países de América un sentido equívoco y se sustituye por otros verbos (*tomar, agarrar, alcanzar,* etc.).

cogestión f. Administración de varias personas.

cogollo m. Parte interior de la lechuga, la col, etc. || Brote de un árbol y otras plantas. || *Fig.* Centro. | Lo mejor, élite.

cogote m. Nuca.

cohabitación f. Estado de vivir juntos.

cohabitar v. i. Vivir una persona con otra.

cohecho m. Soborno, corrupción.

coherencia f. Cohesión.

coherente adj. Que se compone de partes unidas.

cohesión f. Cohesión.

cohete m. Tubo cargado de pólvora que se eleva por sí solo y al estallar en el aire produce efectos luminosos. || Artificio que se mueve en el aire por propulsión a chorro y se emplea con fines de guerra o científicos: *cohete espacial.*

cohibición f. Acción y efecto de cohibir.

cohibir v. t. Coartar, contener, reprimir (ú. t. c. pr.). || Intimidar: *su presencia le cohíbe.*

cohorte f. *Fig.* Serie. | Acompañamiento.

coima f. *Amer.* Querida, concubina. | Soborno.

coimear v. i. *Amer.* Dejarse sobornar. | Sobornar.

coimero, ra adj. *Amer.* Sobornado (ú. t. c. s.).

coincidencia f. Concordancia.

coincidir v. i. Ajustarse una cosa con otra: *coincidir en los gustos.* || Suceder al mismo tiempo.

coipo y **coipu** m. *Arg.* y *Chil.* Especie de castor.

coito m. Cópula carnal.

cojear v. i. Caminar inclinando el cuerpo más de un lado que de otro. || No guardar el debido equilibrio un mueble en el suelo. || *Fig.* No ir bien: *negocio que cojea.*

cojera f. Defecto del cojo.

cojín m. Almohadón.

cojinete m. Pieza en la que se apoya y gira un eje: *cojinete de bolas.*

cojo, ja adj. y s. Que cojea. || Falto de una pierna.

col f. Planta crucífera de huerta.

cola f. Rabo largo y flexible en la región posterior del cuerpo de numerosos vertebrados. || Conjunto de plumas largas que tienen las aves al final del cuerpo. || Parte de un vestido que cuelga o arrastra por detrás: *la cola de un traje de novia.* || Estela luminosa que acompaña el cuerpo de un cometa. || *Fig.* Final, último lugar: *en la cola de la lista.* | Último puesto: *la cola de la clase.* | Fila o serie de personas que esperan que les llegue su turno: *ponerse en cola.* | Consecuencias que se derivan de algo: *esto traerá mucha cola.* || Parte posterior del avión. || Sustancia para pegar.

colaboración f. Acción y efecto de colaborar.

colaboracionismo m. En guerra, ayuda prestada al enemigo.

colaboracionista adj. Que ayuda al enemigo en una guerra (ú. t. c. s.).

colaborador, ra adj. Que colabora. || Dícese de la persona que trabaja con otra (ú. t. c. s.). || Dícese de la persona que escribe habitualmente en un periódico o revista (ú. t. c. s.).

colaborar v. i. Trabajar con otros. || Escribir en un periódico o revista. || Ser colaboracionista.

colada f. Lavado de ropa con lejía o esta lejía.

colador m. Utensilio para filtrar café, té, etc.

colapsar v. i. *Fig.* Paralizar o disminuir mucho una actividad (ú. t. c. pr.). || Sufrir un colapso. || — V. t. Producir colapso.

colapso m. *Med.* Postración repentina de las fuerzas vitales y de la presión arterial sin síncope. || *Fig.* Paralización.

colar v. t. Pasar a través de un colador. || Vaciar: *hierro colado.* || *Fig.* Hacer pasar como verdadero lo que no lo es. || — V. i. Pasar. || *Fig.* Intentar dar apariencia de verdad a lo que es falso. || — V. pr. Pasar una persona a escondidas: *colarse en los toros.* || Meterse sin respetar su turno: *se coló en la fila.* || Equivocarse. || Meter la pata.

colateral adj. Lateral. || Aplícase al pariente que no lo es por línea directa (ú. t. c. s.).

colcha f. Cubierta de cama.

colchagüino, na adj. y s. De Colchagua (Chile).

colchón m. Saco o cojín grande, relleno de lana, pluma u otra materia esponjosa, como la goma, colocado encima de la cama para dormir.

colchoneta f. Colchón estrecho.

colección f. Reunión de varias cosas comunes.

coleccionador, ra y **coleccionista** adj. Dícese de la persona que colecciona (ú. t. c. s.).

coleccionar v. t. Hacer colección.

colecta f. Recaudación.

colectar v. t. Recaudar.

colectivero, ra adj. *Arg.* Relativo al colectivo. || — M. *Arg., Bol., Chil., Ecuad., Parag.* y *Per.* Persona que conduce un autotransporte colectivo.

colectividad f. Comunidad de los miembros que forman una sociedad.

colectivismo m. Sistema de comunidad.

colectivizar v. t. Poner los medios de producción y de intercambio al servicio de la colectividad por la expropiación o la nacionalización.

colectivo, va adj. Relativo a cualquier agrupación de individuos. || Realizado por varios: *demanda*

colectiva. || — M. Conjunto de personas. || *Arg.* Autobús pequeño.

colector m. Recaudador.

colega com. Persona de igual cargo.

colegiación f. Inscripción en un colegio oficial.

colegiado, da adj. Dícese de la persona que pertenece al colegio de su profesión: *médico colegiado* (ú. t. c. s.). || Formado por varias personas.

colegial adj. Relativo al colegio. || — M. Estudiante en un colegio.

colegiala f. Alumna de colegio.

colegiarse v. pr. Inscribirse en un colegio. || Constituirse en colegio.

colegio m. Establecimiento de enseñanza. || Corporación, asociación oficial formada por individuos que pertenecen a una misma profesión. || — *Colegio electoral,* conjunto de personas que votan. || *Colegio mayor,* centro adscrito a una universidad que aloja al estudiante.

colegir v. t. Juntar. || Deducir.

coleóptero, ra adj. y s. Dícese de los insectos que tienen boca para masticar, caparazón consistente y dos élitros córneos que cubren dos alas membranosas. || — M. pl. Orden de estos insectos.

cólera f. Ira, enfado. || — M. *Med.* Enfermedad epidémica caracterizada por vómitos y diarreas.

colérico, ca adj. Enojado, iracundo.

colesterol m. y **colesterina** f. *Med.* Sustancia grasa que se encuentra en todas las células, en la sangre y en la bilis.

coleta f. Trenza de pelo detrás de la cabeza.

coletilla f. Repetición.

colgar v. t. Sujetar algo por su parte superior, pender, suspender. || Ahorcar: *lo colgaron por criminal.* || Poner el microteléfono en su sitio e interrumpir la comunicación telefónica. || *Fig.* y *fam.* Suspender en un examen: *le colgó dos asignaturas.* | Endilgar, cargar: *me colgó un trabajo molesto.* | Achacar, imputar, atribuir: *le colgaron ese sambenito.* | Abandonar: *colgó los hábitos.*

colibrí m. Pájaro mosca.

cólico m. Trastorno orgánico que provoca contracciones espasmódicas en el colon y diarrea. || *Cólico nefrítico* o *renal,* el causado por el paso del cálculo por las vías urinarias.

coliflor f. Variedad de col comestible.

colilla f. Punta de cigarrillo.

colimense o **colimeño, ña** o **colimote, ta** adj. y s. De Colima (México).

colina f. Elevación de terreno.

colindar v. i. Limitar.

coliseo m. Teatro.

colisión f. Choque.

colitis f. Inflamación del colon.

colla adj. Dícese del indio aimará que habita en Bolivia y en el norte de la Argentina (ú. t. c. s.).

collado m. Colina.

collar m. Adorno en el cuello. || *Mec.* Anillo.

colmar v. t. Llenar.

colmena f. Habitación artificial para las abejas.

colmillo m. Diente canino. || Cada uno de los dos dientes largos del elefante.

colmo m. Lo que rebasa la medida. || *Fig.* Grado máximo: *el colmo de la locura.*

colocación f. Acción y efecto de colocar o colocarse. || Situación de una cosa. || Empleo, puesto.

colocar v. t. Poner en un lugar: *colocar libros en el estante.* || Dar un empleo: *lo colocó en la imprenta.* || Encontrar trabajo. Ú. t. c. pr.: *me coloqué en Larousse.* || Invertir dinero. || Contar, endilgar: *colocó sus chistes de siempre.* || — V. pr. *Fam.* Entonarse tomando drogas.

colofón m. Remate, fin.

colombianismo m. Voz o giro del castellano hablado en Colombia. || Condición de colombiano. || Amor a Colombia y a sus cosas.

colombiano, na adj. y s. De Colombia. || — M. Modalidad del castellano hablado en Colombia.

colombino, na adj. Relativo a Cristóbal Colón.

colon m. Parte del intestino grueso, entre el ciego y el recto.

colón m. Unidad monetaria de Costa Rica y El Salvador.

colonia f. Grupo de gente que va de un país a otro para poblarlo o establecerse en él. || País donde se establece esta gente. || Establecimiento fundado por una nación en otro país y gobernado por la metrópoli: *las colonias británicas.* || Conjunto de los naturales de un país, región o provincia que viven en una ciudad: *la colonia española de Buenos Aires.* || Grupo de niños que pasan juntos las vacaciones. || Agua de Colonia. || *Amer.* Época colonial. || *Amer.* Barrio.

colonial adj. De la colonia.

colonialismo m. Colonización.

colonialista adj. y s. Relativo al colonialismo.

coloniense adj. y s. De Colonia (Uruguay).

colonización f. Acción y efecto de colonizar. || Movimiento de población de un país (metrópoli) a otro (colonia).

colonizador, ra adj. y s. Que coloniza.

colonizar v. t. Transformar en colonia una tierra extranjera. || Poblar ésta de colonos.

colono m. Habitante de una colonia. || Labrador arrendatario.

coloquial adj. De la conversación.

coloquio m. Conversación.

color m. Impresión producida en los ojos por la luz difundida por los cuerpos. || Lo que se opone al negro o al blanco. || Sustancia colorante. || *Fig.* Brillo, luminosidad: *relato lleno de color.* | Carácter propio de una opinión, de un partido político. | Apariencia, aspecto: *describir con colores trágicos.* | Colorido del rostro: *tienes mal color.* || Cada uno de los cuatro atributos que distinguen los palos de los naipes: *escalera de color.* || Escalera de color en el póker. || — Pl. Bandera.

coloración f. Color.

colorado, da adj. Que tiene color. || Rojo (ú. t. c. s. m.). || Dícese en Uruguay del Partido Liberal y de los miembros de éste (ú. t. c. s.).

colorante adj. Que da color. || — M. Sustancia natural o artificial que da un color determinado.

colorear v. t. Dar color.

colorete m. Afeite de color rojo.

colorido m. Efecto que resulta de la mezcla y el empleo de los colores. || *Fig.* Color: *el colorido de las mejillas.* | Brillo: *lleno de colorido.*

colorín m. *Méx.* Árbol de flores rojas. || Fruto de ese árbol.

colosal adj. De gran tamaño. || *Fig.* Inmenso.

coloso m. Hombre muy grande.

columbrar v. t. Ver.

columna f. Pilar cilíndrico con basa y capitel que sostiene un edificio: *columna corintia.* || Monumento conmemorativo en forma de columna: *la columna de Trajano.* || Apoyo, sostén, pilar, puntal: *las columnas de la sociedad.* || *Fís.* Masa de fluido de forma cilíndrica: *la columna del termómetro.* || Parte de una página de libro dividida verticalmente. || *Columna vertebral,* espina dorsal.

columpiar v. t. Mecer en el columpio.

columpio m. Asiento para mecerse.

colusión f. Acuerdo entre varios.

coma f. Signo de puntuación en forma de trazo curvado hacia la izquierda que sirve para separar las frases de una oración y para separar la parte entera de la decimal en un número. || — M. Estado mórbido caracterizado por un sopor profundo, la pérdida total o parcial de la inteligencia, de la sensibilidad y del movimiento voluntario, sin perder las funciones respiratorias y de la circulación.

comadre f. Partera. || Madrina de un niño respecto del padrino o los padres del niño.

comadrear v. i. *Fam.* Criticar.

comadreja f. Mamífero carnicero.

comadreo m. Chismorreo.

comadrona f. Partera.

comal m. *Amér. C.* y *Méx.* Hoja delgada de barro o metal para cocinar.

comandancia f. Grado de comandante. || División militar al mando de un comandante.

comandante m. Oficial en los ejércitos de tierra y de aire, entre el capitán y el teniente coronel.

comandar v. t. *Mil.* Mandar.

comandita f. *Sociedad en comandita,* sociedad comercial en la que una parte de los socios aporta el capital sin participar en la gestión.

comanditario, ria adj. y s. Dícese del que aporta el capital en una sociedad en comandita.

comando m. *Mil.* Unidad militar de pocos elementos encargada de misiones especiales.

comarca f. Región.

comayagüense adj. y s. De Comayagua (Honduras).

comba f. Saltador, cuerda para saltar.

combar v. t. Torcer (ú. t. c. pr.).

combate m. Lucha.

combatiente adj. y s. Luchador.

combatir v. i. Luchar.

combatividad f. Inclinación a la lucha.

combativo, va adj. Luchador.

combinación f. Unión, arreglo, en cierto orden. || Unión de varios cuerpos químicos para formar otro. || Prenda de ropa interior de las mujeres debajo del vestido. || Bebida alcohólica hecha mezclando otras. || Clave que permite abrir una caja fuerte. || *Fig.* Medidas tomadas para asegurar el éxito de una empresa. | Arreglo, intriga. | Plan.

combinado m. Complejo industrial. || Combinación, bebida. || Aparato telefónico que reúne el micrófono y el auricular en una sola pieza. || *Plato combinado,* plato de comida de diferentes manjares.

combinar v. t. Unir varias cosas.

combustible adj. Que puede quemarse. || — M. Materia cuya combustión da energía calorífica.

combustión f. Acción de arder.

comedia f. Obra dramática de enredo festivo y desenlace feliz. || *Fig.* Ficción.

comediante, ta m. y f. Actor. || Farsante.

comedimiento m. Moderación.

comediógrafo, fa m. y f. Autor de comedias.

comedirse v. pr. Moderarse.

comedor m. Habitación para comer y muebles que la adornan. || Casa de comidas.

comején m. Insecto que roe la madera.

comensal com. Cada una de las personas que comen en la misma mesa.

comentador, ra m. y f. Persona que comenta.

comentar v. t. Hacer comentarios.

comentario m. Exposición e interpretación oral o escrita de noticias o de un texto.

comentarista com. Comentador.

comenzar v. t. e i. Empezar.

comer v. i. Masticar los alimentos en la boca y pasarlos al estómago (ú. t. c. t. y pr.). || Tomar alimento: *comer de todo*. || Tomar la comida principal: *comer al mediodía*. || — V. t. Tomar como alimento: *comer carne*. || En el ajedrez y juego de damas, ganar una pieza: *comer un peón*. || — V. pr. Tomar como alimento. || *Fig.* Saltar algo al hablar, al leer o al escribir: *comerse una línea*.

comercial adj. Del comercio. || De fácil venta.

comercialización f. Introducción de un producto en los canales comerciales.

comercializar v. t. Dar carácter comercial. || Introducir un producto en el mercado de manera que sea posible su venta.

comerciante adj. Que comercia (ú. t. c. s.). || — Com. Persona que se dedica al comercio.

comerciar v. i. Negociar, comprar y vender con fin lucrativo.

comercio m. Compra y venta o cambio de productos. || Conjunto de comerciantes. || Establecimiento comercial. || *Fig.* Trato de personas.

comestible adj. Que se puede comer. || — M. Alimento (ú. m. en pl.).

cometa m. *Astr.* Astro formado por un núcleo poco denso y luminoso que le precede, le envuelve o le sigue según su posición respecto del Sol y que describe una órbita. || — F. Juguete hecho con un armazón de cañas y papel o tela que se mantiene en el aire sujeto con una cuerda.

cometer v. t. Incurrir.

cometido m. Tarea, misión.

comezón f. Picazón.

comicidad f. Carácter cómico.

comicios m. pl. Elecciones.

cómico, ca adj. Divertido. || — M. y f. Actor.

cómics m. pl. (pal. ingl.). Tebeos.

comida f. Alimento que se toma a ciertas horas: *hacer tres comidas al día.* || Almuerzo.

comidilla f. Tema de conversación.

comienzo m. Principio.

comilón, ona adj. y s. Que come mucho. || — F. Festín.

comillas f. pl. *Gram.* Signo ortográfico (« ») al principio y fin de las citas.

comino m. Planta de semillas usadas como condimento. || *Fig.* Niño. | Poco: *importar un comino.*

comisaría f. Lugar y oficina de los comisarios. || *Amer.* Territorio dependiente por un comisario.

comisario m. Jefe de policía. || Delegado de una comisión. || *Amer.* En algunos países, gobernador de una división administrativa del territorio.

comisión f. Cometido: *la comisión de un delito.* || Delegación, orden y facultad que se da a una persona para que ejecute algún encargo. || Delegación,

conjunto de personas delegadas por una corporación. || Porcentaje que recibe alguien en un negocio de compraventa.

comisionado, da adj. y s. Encargado.

comisionista com. Persona que vende y compra por cuenta de otra persona y cobra una comisión.

comité m. Comisión o junta. || *Comité de empresa,* comisión integrada por los representantes de los obreros, empleados y cargos superiores.

comitiva f. Acompañamiento.

como adv. Lo mismo que, del modo que: *haz como quieras.* || Tal como: *un hombre como él.* || En calidad de: *asistió como testigo.* || Porque: *como recibí tarde tu invitación, no pude venir.* || Según: *como dice la Biblia.*

cómo adv. De qué modo: *no sé cómo agradecerle.* || Por qué: *¿cómo no viniste?* || — M. El modo como se hace algo. || — Interj. Denota sorpresa o indignación. || *Amer.* ¡Cómo no!, ciertamente.

cómoda f. Mueble con cajones.

comodidad f. Calidad de cómodo.

comodín m. Lo que puede servir para todo. || Naipe que tiene el valor que se le quiera dar.

cómodo, da adj. Fácil, manejable: *un trabajo cómodo.* || Agradable.

comodoro m. Jefe inferior al contraalmirante.

comoquiera adv. De cualquier modo.

compactar v. t. Hacer compacta una cosa.

compacto, ta adj. De textura apretada.

compadecer v. t. Sentir compasión.

compadraje m. Amistad entre compadres.

compadrazgo m. Parentesco entre el padrino de un niño y los padres de éste. || Compadraje.

compadre m. Padrino del niño respecto de los padres y la madrina de éste. || *Fam.* Amigo.

compadreo m. Compadraje.

compadrito, ta adj. *Riopl.* Fanfarrón.

compaginar v. t. Hacer compatible, combinar (ú. t. c. pr.). || *Impr.* Ajustar.

compaña f. Compañía. || Amante.

compañerismo m. Amistad.

compañero, ra m. y f. Persona que acompaña a otra para algún fin o que convive con ella o tiene relaciones amorosas con ella. || Cada una de las personas miembros de un mismo cuerpo, centro de estudios, equipo deportivo, etc.

compañía f. Efecto de acompañar. || Persona que acompaña a otra. || Sociedad de varias personas unidas para un mismo fin. || Reunión de personas que forman un cuerpo: *compañía teatral.* || Empresa industrial o comercial: *compañía de seguros.* || Unidad de infantería mandada por un capitán.

comparación f. Acción de comparar.

comparar v. t. Examinar las semejanzas y las diferencias que hay entre las personas y las cosas.

comparativo, va adj. Que expresa comparación.

comparecencia f. Presentación ante el juez.

comparecer v. i. Presentarse.

comparsa f. Grupo de gente con máscaras. || — Com. *Teatr.* || Figurante. || Extra (cine). || *Fig.* Persona que desempeña un papel sin importancia.

compartimentar v. t. Dividir en compartimentos.

compartimento y **compartimiento** m. Acción y efecto de compartir. || Departamento de un vagón, de un casillero, etc. || Parte, sección.

compartir v. t. Repartir. || *Compartir una opinión,* tener la misma que otra persona.

compás m. Instrumento de dos brazos articulados para trazar circunferencias. || *Fig. Mús.* Ritmo.

compasión f. Piedad.

compasivo, va adj. Que siente compasión.

compatibilidad f. Calidad de compatible.

compatible adj. Que puede coexistir.

compatriota com. Nacido en la misma patria.

compeler v. t. Forzar, obligar.

compendiar v. t. Resumir.

compendio m. Síntesis.

compenetración f. Penetración mutua.

compenetrarse v. pr. *Fig.* Identificarse las personas en ideas y sentimientos.

compensación f. Acción de compensar. || Indemnización: *dar algo en compensación*. || Operación financiera en la que las compras y ventas se saldan por medio de transferencias recíprocas sin intervención del dinero.

compensar v. t. Equilibrar un efecto con otro.

competencia f. Rivalidad entre varias personas que persiguen el mismo objetivo. || Conjunto de los que ejercen el mismo comercio, la misma industria: *superar a la competencia*. || Atribución para juzgar: *competencia de un tribunal.* || *Amer.* Justa deportiva.

competente adj. Que tiene aptitud para resolver un asunto: *juez competente.* || Capaz o conocedor.

competer v. i. Ser de la competencia de.

competición f. Prueba deportiva. || Competencia entre comerciantes.

competidor, ra adj. y s. Rival. || Concursante en una prueba deportiva.

competir v. i. Rivalizar, oponerse dos o más personas para un puesto o para demostrar superioridad en algo. || Rivalizar en el comercio.

competitividad f. Carácter de competitivo.

competitivo, va adj. Capaz de competir.

compilación f. Colección.

compilar v. t. Reunir.

compinche com. *Fam.* Amigote.

complacencia f. Satisfacción.

complacer v. t. Satisfacer (ú. t. c. pr.).

complaciente adj. Solícito. || Indulgente.

complejidad f. Calidad de complejo.

complejo, ja adj. Formado de elementos diferentes. || Complicado: *asunto complejo.* || *Número complejo,* el formado por unidades de diferente especie. || — M. Conjunto de industrias que se dedican a cierta producción: *un complejo siderúrgico.* || Tendencia independiente e inconsciente de la voluntad de uno que condiciona su conducta: *tiene un complejo de superioridad.*

complementar v. t. Completar.

complementariedad f. Calidad de complementario.

complementario, ria adj. Que completa.

complemento m. Lo que completa algo. || Lo que falta añadir a un ángulo agudo para obtener un ángulo recto. || *Gram.* Palabra u oración que añade algo al sentido de otro vocablo o frase.

completar v. t. Hacer una cosa completa.

completo, ta adj. Que tiene todos los elementos necesarios. || Acabado, perfecto: *deportista completo.* || Absoluto: *un completo fracaso.*

complexión f. Constitución.

complicación f. Estado de lo que es complicado.

complicar v. t. Hacer difícil de comprender. || Comprometer o mezclar en un asunto. || — V. pr. Hacerse difícil. || Presentarse dificultades. || Agravarse una enfermedad.

cómplice com. Copartícipe en un delito.

complicidad f. Participación en un delito.

complot y **compló** m. Conspiración.

complutense adj. y s. De Alcalá de Henares.

componenda f. Combinación.

componente adj. y s. Que forma parte de un todo.

componer v. t. Constituir un todo con diferentes partes. || Hacer una obra literaria o de música: *componer un concierto.* || *Impr.* Reunir caracteres y tipos de letras: *componer en itálicas.* || Adornar, ataviar. || Reparar, arreglar una cosa rota: *componer un mueble.* || *Amer.* Reducir la luxación de un hueso. || — V. i. Hacer versos o composiciones musicales. || — V. pr. Estar formado. || Arreglarse, ataviarse. || *Componérselas,* manejárselas.

comportamiento m. Conducta.

comportar v. t. Traer consigo, acarrear. || — V. pr. Conducirse.

composición f. Acción y efecto de componer. || Manera como forman un todo diferentes partes. || Obra científica, musical, literaria o artística. || Parte de la música relativa a las reglas que deben aplicarse a la creación de obras. || Ejercicio de redacción. || *Impr.* Conjunto de líneas, galeradas y páginas antes de la imposición.

compositor, ra adj. y s. Que compone.

composta f. Mezcla de restos orgánicos que se fermenta.

compostelano, na adj. y s. De Santiago de Compostela (España).

compostura f. Reparación. || Arreglo de una persona. || Manera de comportarse.

compota f. Fruta cocida con azúcar.

compra f. Adquisición mediante pago. || Cosa comprada. || Conjunto de comestibles comprados para el consumo diario.

comprador, ra adj. y s. Que compra.

comprar v. t. Adquirir por dinero.

compraventa f. Contrato de compra y venta.

comprender v. t. Contener. || Entender: *no comprendo bien.* || — V. pr. Avenirse dos personas.

comprensión f. Acción de comprender.

comprensivo, va adj. Que se comprende.

compresa f. Pedazo de gasa o tela empapado con un líquido con el que se comprime una parte del cuerpo.

compresión f. Acción y efecto de comprimir.

comprimido, da adj. Disminuido de volumen: *aire comprimido.* || — M. *Farm.* Pastilla.

comprimir v. t. Hacer presión sobre un cuerpo.

comprobación f. Acción y efecto de comprobar.

comprobante adj. Que comprueba. || — M. Prueba, justificación. || Recibo.

comprobar v. t. Verificar, confirmar algo.

comprometer v. t. Poner en un compromiso.

compromisario, ria adj. y s. Representante.

compromiso m. Convenio entre litigantes para aceptar un fallo. || Obligación contraída, palabra dada: *cumplir sus compromisos.* || Dificultad, apuro: *poner en un compromiso.* || Esponsales.

compuerta f. Portón movible.

compuesto, ta adj. Constituido por varias partes (ú. t. c. m.). || Arreglado, acicalado. || Reparado. || *Gram.* Aplícase a los tiempos de un verbo que se conjugan con el participio pasivo precedido de un auxiliar *(he dado).*

compulsar v. t. Cotejar. || *Amer.* Obligar.
compunción f. Tristeza.
compungirse v. pr. Entristecerse.
computación f. Cómputo.
computadora f. Ordenador.
computar v. t. Calcular. || Contar.
computarizar y **computerizar** v. t. Tratar con un ordenador o computadora.
cómputo m. Cuenta, cálculo.
comulgar v. i. Recibir la comunión. || *Fig.* Tener ideas comunes.
común adj. Aplícase a las cosas que pertenecen a todos. || Admitido por la mayor parte: *opinión común.* || Que se ejecuta con otros. || General, universal: *interés común.* || *Gram. Nombre común,* el que conviene a todos los seres de la misma especie.
comuna f. *Amer.* Municipio.
comunal adj. Del municipio.
comunero, ra adj. y s. Partidario de las comunidades (v. esta palabra).
comunicación f. Acción de comunicar. || Escrito. || Enlace entre dos puntos: *comunicación telefónica.* || Trato entre personas. || — Pl. Correspondencia postal, telegráfica, telefónica. || Medios de transporte: *barrio con malas comunicaciones.*
comunicado, da adj. Que tiene medios de transporte: *barrio bien comunicado.* || — M. Aviso oficial que se transmite a la prensa.
comunicar v. t. Transmitir: *comunicar un virus.* || Hacer partícipe a otro de lo que uno conoce o tiene. || — V. i. Estar en relaciones: *comunicar con una persona* (ú. t. c. pr.). || Estar unidos por un paso común: *cuartos que comunican* (ú. t. c. pr.).
comunidad f. Estado de lo que es común. || Asociación de personas que tienen un interés común. || — Pl. (Ant.). Levantamientos populares habidos en Castilla (1520), en Paraguay (1717) y en el virreinato de Nueva Granada (1780). || *Comunidades autónomas.* V. AUTÓNOMO.
comunión f. Ceremonia y recepción del sacramento de la Eucaristía. || Comunidad de ideas.
comunismo m. Teoría de la colectivización de los medios de producción y de la repartición de los bienes de consumo según las necesidades del individuo. || Aplicación política de esta teoría.
comunista adj. Relativo al comunismo. || Partidario de esta teoría (ú. t. c. s.).
con prep. Indica la manera de hacer algo: *comer con tenedor.* || Juntamente: *salir con él.*
conato m. Intento, tentativa.
concatenación f. Relación.
concavidad f. Calidad de cóncavo. || Cavidad.
cóncavo, va adj. Que forma una cavidad.
concebir v. i. y t. Quedar embarazada la hembra. || *Fig.* Pensar.
conceder v. t. Dar.
concejal m. Miembro de un ayuntamiento.
concejo m. Ayuntamiento.
concentración f. Acción de concentrar.
concentrar v. t. Reunir en un centro (ú. t. c. pr.). || Reunir en un mismo punto: *concentrar tropas* (ú. t. c. pr.). || Tender hacia un único objetivo: *concentrar las energías.* || Reducir la proporción de agua: *concentrar leche.* || — V. pr. Reflexionar.
concéntrico, ca adj. *Mat.* Dícese de las curvas o superficies que tienen el mismo centro.

concepción f. Acción y efecto de concebir. || Por antonomasia, la de la Virgen. || Idea, concepto.
conceptismo m. Estilo literario caracterizado por la sutileza conceptual.
concepto m. Idea.
conceptual adj. Del concepto.
conceptuar v. t. Juzgar.
concerniente adj. Relativo a.
concernir v. i. Atañer, afectar.
concertación f. Convenio, acuerdo.
concertar v. t. Ponerse de acuerdo sobre algo. || Aunar, poner en común: *concertar esfuerzos.* || Pactar: *concertar la paz.*
concertista com. *Mús.* Solista de un concierto.
concesión f. Privilegio que da el Estado para explotar algo: *concesión minera.* || Cosa concedida. || *Fig.* Renuncia a sus derechos, a sus pretensiones.
concesionario, ria adj. Que tiene una concesión (ú. t. c. s.). || Dícese del intermediario comercial que ha recibido de un productor el derecho exclusivo de venta en una región determinada (ú. t. c. s.). || — F. Empresa que tiene este derecho.
concha f. Caparazón que cubre el cuerpo de ciertos animales, como tortugas, moluscos, etc.
conchabarse v. pr. Confabularse.
conchudo, da adj. *Col., Ecuad., Méx.* y *Nicar.* Sinvergüenza, desvergonzado. || *Col., Méx.* y *Per.* Flojo, perezoso. || *Riopl.* Expresión grosera de insulto. || *Bol.* Suertudo.
conciencia f. Conocimiento, noción. || Sentimiento por el cual aprecia el hombre sus acciones: *escuchar la voz de la conciencia.*
concierto m. Ejecución musical. || Lugar donde se verifica. || Composición musical para orquesta y un instrumento solista. || Acuerdo.
conciliábulo m. Reunión secreta.
conciliación f. Acción y efecto de conciliar.
conciliar v. t. Poner de acuerdo a los que estaban opuestos entre sí. || Hacer compatibles. || *Conciliar el sueño,* conseguir dormirse. || — V. pr. Granjearse: *conciliarse la amistad.*
concilio m. Junta o congreso.
concisión f. Brevedad.
conciso, sa adj. Breve.
cónclave m. Asamblea en que los cardenales eligen al Papa.
concluir v. t. Acabar: *ayer concluyó el año.* || Deducir. || — V. i. Determinar, decidir.
conclusión f. Término, fin. || Consecuencia sacada de un razonamiento. || Acuerdo, decisión.
concluyente adj. Categórico.
concordancia f. Conformidad. || *Gram.* Correspondencia entre dos o más palabras variables.
concordar v. t. Poner de acuerdo. || — V. i. Estar de acuerdo. || *Gram.* Formar concordancia.
concordato m. Tratado entre la Santa Sede y un Estado.
concordia f. Acuerdo, conformidad.
concretar v. t. Precisar. || Materializar (ú. t. c. pr.). || — V. pr. Limitarse.
concretización f. Materialización.
concretizar v. t. Materializar (ú. t. c. pr.).
concreto, ta adj. Determinado, preciso. || — M. *Amer.* Hormigón.
concubina f. Querida.
concubinato m. Cohabitación de un hombre y de una mujer que no están casados.

CON

CO

67

conculcar v. t. Infringir.

concupiscencia f. Deseo excesivo de los bienes materiales.

concurrencia f. Asistencia.

concurrente adj. y s. Asistente, que concurre.

concurrir v. i. Asistir. || Influir, contribuir: *concurrir al éxito de una obra.* || Participar en un concurso: *concurrir a una oposición.* || Coincidir en el tiempo o en el lugar: *concurren en él todas las virtudes.*

concursante m. y f. Participante en un concurso.

concurso m. Reunión simultánea de personas o sucesos. || Cooperación, contribución, ayuda. || Licitación para adjudicar algo: *concurso de Obras Públicas.* || Oposición, certamen: *concurso de belleza.* || Prueba deportiva: *concurso hípico.*

condado m. Dignidad del conde.

conde m. Título entre el marqués y el vizconde.

condecoración f. Acción y efecto de condecorar. || Cruz, insignia de una orden.

condecorar v. t. Otorgar una condecoración.

condena f. Decisión o sentencia de un tribunal criminal que pronuncia una pena. || Esta pena.

condenado, da adj. y s. Sometido a una pena por un tribunal. || Que está en el infierno. || — Adj. *Fam.* Malo: *estos condenados niños.*

condenar v. t. Declarar culpable. || Censurar. || Forzar a: *condenar al silencio.* || Desaprobar: *condenar una costumbre.* || Tabicar: *condenar una puerta.* || — V. pr. Incurrir en la pena eterna.

condensación f. Paso de un vapor al estado líquido o al estado sólido. || *Fig.* Síntesis, resumen.

condensador, ra adj. Que condensa.

condensar v. t. Hacer pasar un cuerpo del estado gaseoso al estado líquido. || *Fig.* Sintetizar, resumir.

condescendencia f. Benevolencia, tolerancia.

condescender v. i. Satisfacer los deseos de otro.

condición f. Manera de ser, naturaleza, índole. || Estado social. || Circunstancia exterior de la que dependen las personas o las cosas. || Cláusula, convenio: *condiciones de un pacto.* || — Pl. Cualidades. || Estado: *carne en malas condiciones.*

condicional adj. Dependiente de una condición. || *Gram.* Dícese de la oración, o de la conjunción que la introduce, que expresa una condición. || — M. Tiempo verbal del indicativo que expresa una acción futura, una acción eventual que depende de una condición o una hipótesis.

condicionar v. t. Supeditar.

condimentación f. Aderezo.

condimentar v. t. Sazonar.

condimento m. Sustancia para sazonar.

condolencia f. Pésame. || Pesar.

condolerse v. pr. Compadecerse.

condominio m. Propiedad en común.

cóndor m. Ave rapaz.

conducción f. Acción y efecto de conducir.

conducir v. t. Guiar: *conducir un coche* (ú. t. c. i.). || Llevar: *conducir al colegio.* || Impulsar, llevar: *conducir a la desesperación.* || Transportar un fluido por una tubería, cable, etc. || — V. i. Llevar: *carretera que conduce a París.* || — V. pr. Portarse.

conducta f. Comportamiento.

conducto m. Canal, tubo. || *Fig.* Camino: *por conducto jerárquico.* || Canal: *conducto lagrimal.*

conductor, ra adj. Que conduce (ú. t. c. s.): *conductor de masas.* || Chófer (ú. t. c. s.). || Que transmite calor o electricidad (ú. t. c. s. m.).

conectar v. t. *Electr.* Establecer la comunicación entre dos o más circuitos. || *Fig.* Poner en relación o contacto.

conejillo m. *Conejillo de Indias,* roedor que se emplea para experimentos de laboratorio.

conejo m. Mamífero roedor.

conexión f. Enlace, relación: *hay conexión entre ambas cosas.* || Unión de un aparato eléctrico a un circuito. || Enchufe. || — Pl. Amistades.

conexionar v. t. Enlazar. || *Electr.* Enchufar.

confabulación f. Conjuración.

confección f. Hechura de un traje. || Fabricación en serie de ropa de vestir. || Preparación. || *Impr.* Compaginación.

confeccionado, da adj. Dícese de la ropa no hecha a medida.

confeccionar v. t. Hacer. || *Impr.* Ajustar.

confederación f. Unión.

confederado, da adj. y s. Que forma parte de una confederación.

confederar v. t. Reunir en confederación.

conferencia f. Reunión de personas que tratan de cuestiones internacionales o de temas de interés común. || Discurso destinado a un público que trata de asuntos de índole literaria, artística, etc. || Comunicación telefónica entre dos ciudades.

conferenciante com. Persona que pronuncia una conferencia.

conferenciar v. i. Conversar.

conferir v. t. Dar, otorgar.

confesar v. t. Decir sus pecados en la confesión (ú. t. c. pr.). || Oír en confesión: *confesar a un penitente.* || Proclamar: *confesar la fe.* || *Fig.* Declarar.

confesión f. Declaración de las faltas propias. || Afirmación pública de una creencia, etc.

confesor m. Sacerdote que confiesa.

confetis m. pl. Papelillos que se tiran en carnaval.

confianza f. Sentimiento del que confía, esperanza en una persona o cosa: *él me da confianza.* || Actitud del que confía en sí mismo, seguridad: *tengo confianza en mí.* || Sentimiento de seguridad: *la confianza ha desaparecido.* || Apoyo dado al Gobierno por la mayoría del Parlamento. || Familiaridad: *tengo mucha confianza con él.*

confiar v. t. Dejar al cuidado: *confiar su hijo a sus padres.* || Suponer: *confío en que no lloverá.* || Esperar: *confiaba en su apoyo.* || Fiar, fiarse: *yo confío en su probidad.* || Decir en confianza: *me confió su pena.*

confidencia f. Revelación de un secreto.

confidente m. y f. Persona en quien se confía.

configuración f. Aspecto general.

configurar v. t. Dar forma a.

confín adj. Limítrofe. || — M. pl. Límites.

confinamiento m. Destierro.

confinar v. i. Limitar. || — V. t. Desterrar.

confirmación f. Ratificación, corroboración. || Sacramento de la Iglesia que confirma la gracia adquirida por el bautismo.

confirmar v. t. Corroborar la verdad o certeza de una cosa. || Ratificar. || Dar validez definitiva: *confirmar una sentencia.* || Asegurar la habitación ya retenida en un hotel, una cita, un billete de avión, etc. || Conferir la confirmación religiosa.

confiscación f. Acto de pasar al Estado los bienes de una persona o parte de ellos.

confiscar v. t. Apoderarse el Estado de bienes de una persona.

confitar v. t. Cubrir las frutas con azúcar.

confite m. Golosina pequeña.

confitería f. Tienda donde se venden dulces.

conflagración f. Guerra.

conflicto m. Choque, combate: *conflicto entre dos países.* || Lucha de sentimientos contrarios: *conflicto de intereses.* || *Fig.* Situación difícil.

confluencia f. Acción de confluir. || Paraje donde confluyen dos ríos, caminos, etc.

confluir v. i. Unirse.

conformarse v. pr. Resignarse, contentarse.

conforme adj. Igual. || Que conviene: *conforme con sus ideales.* || De acuerdo: *estar conforme.* || — M. Aprobación puesta al pie de un escrito. || — Adv. Según, con arreglo a: *conforme amanezca iré.* || A medida que: *colóquense conforme lleguen.* || Como, de la misma manera: *te lo cuento conforme lo vi.* || — Interj. ¡De acuerdo!

conformidad f. Acuerdo.

conformismo m. Aceptación de lo establecido.

confort m. (pal. fr.). Comodidad.

confortable adj. Cómodo.

confortar v. t. Reconfortar. || Alentar.

confraternizar v. i. Fraternizar.

confrontación f. Comparación.

confrontar v. t. Comparar.

confundir v. t. Mezclar cosas diversas. || Reunir en un todo. || Equivocar: *confundir el camino.* || Tomar por: *confundir una cosa con otra.* || Humillar: *confundió a sus adversarios.* | Turbar, dejar confuso (ú. t. c. pr.). || — V. pr. Equivocarse: *me he confundido.* || Estar desdibujado, confuso: *su silueta se confundía en la oscuridad.*

confusión f. Desorden. || Falta de claridad. || Error: *confusión de nombres.* || *Fig.* Vergüenza.

confusionismo m. Confusión.

confuso, sa adj. Desordenado. || Oscuro, poco claro: *sentido confuso.* || Vago, incierto: *recuerdo confuso.* || *Fig.* Avergonzado.

congelación f. Paso de un cuerpo del estado líquido al sólido. || Esta misma transformación. || Enfriamiento de alimentos para conservarlos durante cierto tiempo. || Bloqueo: *congelación salarial.*

congelador m. Aparato para congelar.

congelados m. pl. Alimentos congelados.

congelar v. t. Solidificar por el frío un líquido (ú. t. c. pr.). || Enfriar ciertos alimentos para conservarlos. || Bloquear o inmovilizar el Estado ciertos fondos monetarios para que el propietario no pueda utilizarlos. || Impedir, por decisión gubernamental, que aumenten los sueldos, los precios, etc.

congeniar v. i. Tener el mismo carácter.

congénito, ta adj. De nacimiento. || *Fig.* Innato.

congestión f. Afluencia excesiva de sangre en algún órgano del cuerpo. || *Fig.* Aglomeración anormal del tráfico de una vía pública.

congestionar v. t. Producir congestión en una parte del cuerpo (ú. t. c. pr.). || — V. pr. *Fig.* Aglomerarse el tráfico de vehículos.

conglomerado m. Masa compacta de materiales unidos artificialmente.

conglomerar v. t. Reunir en una sola masa.

congoja f. Angustia.

congraciarse v. pr. Atraerse la benevolencia.

congratulación f. Felicitación.

congratular v. t. Felicitar (ú. t. c. pr.).

congregación f. Reunión de personas que viven regidas por los mismos estatutos.

congregar v. t. Reunir.

congresista com. Asistente a un congreso.

congreso m. Asamblea. || Edificio donde está.

congruencia f. Relación lógica.

congruente adj. Conveniente.

cónico, ca adj. De figura de cono.

conífero, ra adj. Dícese de las plantas y árboles de fruto cónico, como el pino (ú. t. c. f.).

conjetura f. Opinión basada en probabilidades.

conjeturar v. t. Suponer.

conjugación f. *Gram.* Acción y efecto de conjugar. | Modo de conjugar un verbo.

conjugar v. t. Poner un verbo en sus diferentes formas para denotar los modos, tiempos, números y personas. || *Fig.* Reunir: *conjugar esfuerzos.*

conjunción f. Reunión. || *Gram.* Palabra invariable que enlaza dos vocablos o dos oraciones.

conjuntar v. t. Reunir.

conjuntivitis f. inv. *Med.* Inflamación de la mucosa de la parte anterior del ojo.

conjunto, ta adj. Unido: *un trabajo conjunto.* || — M. Reunión: *conjunto deportivo.* || Reunión de cosas que se hacen al mismo tiempo: *movimiento de conjunto.* || Totalidad: *en su conjunto.* || Juego de prendas de vestir que se llevan al mismo tiempo: *un conjunto de lana.*

conjura y **conjuración** f. Conspiración.

conjurar v. i. Conspirar (ú. t. c. pr.).

conmemoración f. Ceremonia hecha en recuerdo de un acontecimiento. || *Fig.* Recuerdo.

conmemorar v. t. Recordar.

conmigo ablativo sing. del pron. pers. *yo,* en género m. y f.: *ven conmigo.*

conminación f. Amenaza.

conminar v. t. Amenazar.

conmiseración f. Compasión.

conmoción f. Emoción fuerte. || *Fig.* Trastorno, disturbio: *conmoción política.*

conmocionar v. t. Causar conmoción.

conmover v. t. Perturbar, hacer vacilar. || Emocionar, turbar (ú. t. c. pr.). || Estremecer.

conmutación f. Cambio.

conmutador, ra adj. Que conmuta. || — M. *Electr.* Dispositivo para invertir el sentido de la corriente. || *Arg.* y *Col.* Centralita telefónica.

conmutar v. t. Cambiar.

connivencia f. Complicidad.

connotación f. Significado.

connotado, da adj. *Amer.* Notable.

cono m. Superficie engendrada por una recta, o *generatriz,* que pasa por un punto fijo o *vértice* que se encuentra sobre una curva fija o *directriz.*

conocedor, ra adj. Informado (ú. t. c. s.).

conocer v. t. Saber. || Estar en relación: *lo conozco mucho.* || Haber visto: *lo conozco de vista.* || Tener experiencia de: *conocer a las gentes.* || Sufrir, soportar: *conocí la miseria.* || Ser distinguido por los demás: *hacerse conocer.* || Reconocer: *conocer por la voz.* || Distinguir: *está tan viejo que ya no conoce a nadie.* || — V. pr. Tener una idea cabal de uno mismo: *conócete a ti mismo.* || Tener trato: *se conocen de siempre.*

conocido, da adj. Que se conoce. || — M. y f. Persona con quien se ha tenido algún trato.

conocimiento m. Noción, idea. || Información: *tengo conocimiento de eso.* || Sentido: *perdí el conocimiento.* || — Pl. Saber, erudición. || Personas con las que se tiene relación.

conque conj. Por consiguiente.

conquense adj. y s. De Cuenca (España).

conquista f. Acción y efecto de conquistar.

conquistador, ra adj. y s. Que conquista. || Dícese particularmente de los españoles que llevaron a cabo la conquista de América. || Fig. Aplícase a la persona que enamora a muchas del otro sexo.

conquistar v. t. Ganar, apoderarse con las armas. || Fig. Captar la voluntad de uno: *su simpatía nos ha conquistado.* | Enamorar. | Conseguir.

consabido, da adj. Conocido de antes.

consagración f. Acción de consagrar a Dios.

consagrado, da adj. Que ha recibido la consagración religiosa. || Fig. Dedicado: *monumento consagrado a la Victoria.* | Sancionado, ratificado: *consagrado por el uso.*

consagrar v. t. Dar carácter sagrado. || Transformar el sacerdote el pan y el vino en cuerpo y sangre de Jesucristo. || Fig. Dedicar. | Sancionar, ratificar. | Acreditar. || — V. pr. Fig. Dedicarse.

consanguíneo, a adj. y s. Dícese de los hermanos hijos de un mismo padre y de madre diferente.

consanguinidad f. Ascendencia común.

consciente adj. Que tiene conciencia o noción.

conscripción f. Arg. Servicio militar.

consecución f. Obtención.

consecuencia f. Hecho que se deduce de otro.

consecuente adj. Aplícase a la persona que mantiene sus ideas o principios.

consecutivo, va adj. Que sigue.

conseguir v. t. Lograr, obtener.

consejero, ra adj. Que aconseja (ú. t. c. s.).

consejo m. Parecer o dictamen. || Asamblea, junta o reunión de personas que tiene como misión dirigir, administrar. || Tribunal de jurisdicción superior: *Consejo de Castilla.* || Organismo consultivo. || Sesión que celebra.

consenso m. Aprobación. || Acuerdo.

consentido, da adj. Mimado con exceso.

consentimiento m. Autorización. || Acuerdo.

consentir v. t. e i. Autorizar. || — V. t. Mimar.

conserje m. Portero.

conserjería f. Cargo y habitación del conserje. || Departamento de un hotel donde los clientes dejan las llaves y recogen la correspondencia.

conserva f. Sustancia alimenticia envasada.

conservación f. Acción y efecto de conservar.

conservador, ra adj. Que conserva. || Poco amigo de cambios o reformas (ú. t. c. s.). || En política, defensor de las instituciones tradicionales y enemigo de las innovaciones (ú. t. c. s.).

conservadurismo m. Actitud o tendencia de los que son contrarios a las innovaciones.

conservar v. t. Mantener una cosa o cuidar de su permanencia: *conservar la juventud.* || Guardar cuidadosamente: *conservar un secreto.* || No perder: *conservar las amistades.*

conservatismo m. Conservadurismo.

conservatorio m. Escuela de música o de teatro.

considerable adj. Importante.

consideración f. Examen atento: *digno de consideración.* || Pensamiento. || Estima. || Cortesía. || Fig.

Razón, motivos: *en consideración a su edad.* || Tomar en consideración, tener en cuenta.

considerar v. t. Pensar, reflexionar con atención. || Juzgar, examinar. || Tener en cuenta. || Creer: *lo considero fácil.* || — V. pr. Pensar, creer.

consigna f. Mil. Órdenes que se dan al que manda o vigila un puesto: *la consigna del centinela.* || En las estaciones, aeropuertos, etc., lugar en el que los viajeros depositan los equipajes.

consignar v. t. Entregar en depósito: *consignar una maleta.* || Com. Dirigir a un consignatario. || Poner por escrito: *consignar lo ocurrido.* || Señalar una cantidad en un presupuesto.

consignatario m. Com. Negociante al que se dirige una mercancía.

consigo ablativo sing. y pl. de la forma reflexiva *se, sí* del pron. pers. de 3a. pers., en género m. y f.: *se llevó consigo a los rehenes.*

consiguiente adj. Que resulta de otra cosa.

consistencia f. Estado de un líquido que se solidifica. || Fig. Estabilidad, firmeza, solidez: *su argumentación tenía gran consistencia.*

consistente adj. Que consiste. || Que tiene consistencia, cohesión.

consistir v. i. Residir, radicar. || Estar compuesto.

consistorial adj. Del consistorio. || Del ayuntamiento.

consistorio m. Junta de cardenales convocada por el Papa. || Ayuntamiento.

consola f. Mesa de adorno puesta junto a una pared. || Pupitre de un ordenador.

consolación f. Consuelo.

consolar v. t. Aliviar la pena (ú. t. c. pr.).

consolidación f. Mayor solidez. || Acción de consolidar una deuda.

consolidar v. t. Dar firmeza y solidez a una cosa. || Fig. Asegurar, hacer duradero. || Convertir una deuda a corto o medio plazo en una a largo plazo.

consomé m. Caldo.

consonante adj. y s. f. Dícese de las letras que se pronuncian combinadas con una vocal.

consorcio m. Asociación de empresas.

consorte com. Cónyuge.

conspiración f. Conjura.

conspirador, ra m. y f. Persona que conspira.

conspirar v. i. Unirse varias personas contra un gobierno o contra un particular para hacerle daño.

constancia f. Perseverancia. || Circunstancia de hacer constar o saber: *dejar constancia.*

constante adj. Que tiene constancia. || Duradero. || — F. Mat. Cantidad que guarda valor fijo.

constar v. i. Ser cierto. || Componerse, estar formado de diferentes partes: *consta de dos partes.* || Estar, figurar: *esta cláusula consta en el contrato.*

constatar v. t. Comprobar.

constelación f. Conjunto de estrellas fijas y vecinas que tienen una forma invariable.

consternación f. Profunda aflicción.

consternar v. t. Causar gran aflicción, pena.

constipado, m. Resfriado.

constipar v. t. Resfriar.

constitución f. Acción y efecto de constituir. || Esencia y calidades de una cosa. || Forma o sistema de gobierno de cada Estado. || Ley fundamental de la organización de un Estado.

constitucional adj. Perteneciente a la Constitución. || Sujeto a una Constitución.

constituir v. t. Formar, componer: *constituir un gobierno.* || Ser: *esto no constituye una falta.* || Hacer: *le constituyó heredero.* || Organizar: *constituir una sociedad.* || Establecer: *constituir una pensión.* || — V. pr. Asumir una obligación, un cargo o cuidado. || Entregarse: *me constituí prisionero.*

constituyente adj. Dícese del elemento que entra en la composición de una cosa (ú. t. c. s. m.). || Dícese de las asambleas convocadas para elaborar una Constitución (ú. t. c. s. f.).

constreñir v. t. Obligar, forzar.

construcción f. Acción y efecto de construir. || Disposición de las palabras en una oración.

construir v. t. Poner en orden los elementos diversos que forman un edificio, una máquina, un aparato. || Imaginar, idear. || *Gram.* Colocar, en la oración, las palabras en cierto orden.

consuelo m. Sentimiento de alivio.

consuetudinario, ria adj. De las costumbres.

cónsul m. Magistrado romano que compartía con otro durante un año la magistratura suprema de la República. || Agente diplomático con misión de proteger a sus compatriotas en el extranjero.

consulado m. Dignidad de cónsul romano. || Hoy, cargo, oficina del cónsul en un país.

consulta f. Petición de un consejo. || Examen de un enfermo por un médico. || Consultorio.

consultar v. t. e i. Preguntar su parecer a alguien.

consultorio m. Establecimiento donde se informa o consulta. || Local donde el médico recibe y atiende a los pacientes.

consumación f. Perpetración. || Fin.

consumado, da adj. Perfecto. || Hecho.

consumar v. t. Realizar.

consumición f. Acción y efecto de consumir. || Bebida tomada en un bar, sala de fiestas, etc.

consumidor, ra adj. y s. Dícese de la persona que compra en una tienda o utiliza los servicios de un restaurante, bar, etc.

consumir v. t. Destruir. || Comer o beber. || Gastar: *coche que consume mucha gasolina.* || Tomar alguna bebida o comida en un establecimiento (ú. t. c. i.).

consumo m. Gasto que se hace de los productos naturales o industriales: *bienes de consumo.*

consustancial adj. De la misma sustancia.

contabilidad f. Ciencia de llevar las cuentas.

contabilizar v. t. Anotar en los libros de cuentas. || Contar.

contable com. Tenedor de libros de cuentas.

contacto m. Relación de los cuerpos que se tocan. || Dispositivo que permite la abertura y el cierre de un circuito eléctrico. || Trato, relación: *ponerse en contacto con él.* || *Méx.* Enchufe.

contador m. Aparato que mide una función.

contagiar v. t. Comunicar a otro una enfermedad o costumbres. || — V. pr. Adquirir por contagio.

contagio m. Transmisión de una enfermedad. || Germen de la enfermedad contagiosa. || La misma enfermedad. || *Fig.* Transmisión.

contaminación f. Contagio. || Alteración del ambiente derivada de la actividad de los seres humanos.

contaminar v. t. Contagiar. || Alterar el medio de manera nociva con residuos de la actividad humana.

contar v. t. Calcular. || Poner en el número de: *contar entre sus amistades.* || Tener: *contar poca edad.* || Relatar, narrar: *contar sus aventuras.* || Tener inten-

ción de: *cuento con irme mañana.* || — V. i. Decir los números: *cuenta hasta cinco.* || Hacer cálculos: *contar con los dedos.* || Hacer cuentas. || Tener en cuenta: *lo dicho no cuenta.* || Importar, interesar: *lo que cuenta es su edad.* || Considerar, pensar.

contemplación f. Acción de contemplar. || — Pl. Miramientos.

contemplar v. t. Mirar.

contemporáneo, a adj. y s. Que existe al mismo tiempo. || Del tiempo actual.

contemporización f. Acción de contemporizar.

contemporizar v. i. Ser tolerante, transigir.

contención f. Acción de contener.

contencioso, sa adj. Litigioso. || — M. Conjunto de litigios.

contender v. i. Pelear.

contendiente adj. y s. Que lucha.

contenedor m. Caja metálica normalizada que facilita el transporte de las mercancías.

contener v. t. Llevar dentro de sí una cosa a otra. || Mantener en ciertos límites. || Encerrar, decir: *libro que contiene la verdad.* || *Fig.* Reprimir o moderar: *contener su ira.* || — V. pr. Dominarse.

contenido m. Cosa contenida.

contentar v. t. Poner contento (ú. t. c. pr.).

contento, ta adj. Alegre. || Satisfecho.

contestación f. Respuesta. || Crítica.

contestar v. t. Responder. || Impugnar.

contexto m. Disposición de una obra literaria. || Hito en un relato, discurso, etc. || Conjunto del texto que rodea una palabra o frase. || Conjunto de circunstancias en las que se sitúa un hecho.

contienda f. Guerra. || Lucha.

contigo ablativo sing. del pron. pers. *tú,* en género m. y f.: *llévame contigo.*

contigüidad f. Vecindad.

contiguo, gua adj. Inmediato.

continencia f. Falta de deleites carnales.

continental adj. Del continente.

continente adj. Que contiene a otro. || — M. Cosa que contiene a otra. || Gran extensión de tierra que se puede recorrer sin atravesar el mar.

contingencia f. Posibilidad de que una cosa suceda o no.

contingente adj. Que puede o no suceder. || — M. Contingencia. || *Com.* Cantidad máxima de una mercancía que un país puede importar.

continuación f. Prolongación.

continuador, ra adj. y s. Que continúa.

continuar v. t. Seguir lo comenzado. || — V. i. Proseguir: *la sesión continúa.* || — V. pr. Seguir.

continuidad f. Carácter de continuo. || *Solución de continuidad,* interrupción.

continuo, nua adj. Que dura sin interrupción: *lluvia continua.* || Incesante: *temor continuo.* || Dícese de la corriente eléctrica de intensidad constante que circula siempre en el mismo sentido.

contonearse v. pr. Mover al andar los hombros y las caderas.

contorno m. Territorio que rodea un lugar. || Línea que limita una figura.

contorsión f. Movimiento violento de los miembros o facciones.

contra prep. Indica: 1.º Contacto: *apretado contra su pecho;* 2.º Oposición: *obrar contra nuestras costumbres;* 3.º Hostilidad: *ir contra el enemigo;* 4.º Defensa: *remedio contra la tos;* 5.º Apoyo: *está con-*

71

CON tra la muralla; 6.° Cambio: *dar contra recibo.* || — M. Lo opuesto: *defender el pro y el contra.*

contraatacar v. t. Efectuar un contraataque.

contraataque m. Acción de pasar de la defensiva a la ofensiva.

contrabajo m. *Mús.* El más grave de los instrumentos de cuerda y arco. | El que lo toca. | Voz más grave que la del bajo y persona que la tiene.

contrabandear v. i. Hacer contrabando.

contrabandista adj. y s. Que hace contrabando.

contrabando m. Introducción en un país de mercancías u objetos prohibidos.

contracción f. Disminución del volumen de un cuerpo. || Respuesta mecánica de un músculo correspondiente a una excitación que hace que éste disminuya de longitud y aumente de tamaño. || *Gram.* Unión de dos sílabas, de dos vocales en una, como *al* (a el), *del* (de el).

contracepción f. Infecundidad.

contraceptivo, va y **contraconceptivo, va** adj. y s. m. Anticonceptivo.

contradecir v. t. Decir lo contrario de lo que otro afirma. || — V. pr. Estar en contradicción.

contradicción f. Acción y efecto de contradecir.

contradictorio, ria adj. Que contradice.

contraer v. t. Disminuir de volumen (ú. t. c. pr.). || — *Contraer deudas,* entramparse. || *Contraer matrimonio,* casarse.

contraespionaje m. Servicio de seguridad encargado de descubrir la actividad de los espías.

contrafuerte m. *Arq.* Pilar de un muro.

contrahecho, cha adj. Deforme.

contraindicación f. Peligro que implica la administración de un medicamento determinado.

contralmirante m. Jefe de marina inferior.

contralor m. *Amer.* Inspector de contabilidad.

contraloría f. *Amer.* Servicio encargado de inspeccionar los gastos públicos.

contralto m. *Mús.* Voz femenina entre tiple y tenor. || — M. y f. La que la tiene.

contraluz m. Iluminación que proviene del lado opuesto de quien mira.

contramano (a) m. adv. En dirección contraria a la indicada.

contraofensiva f. *Mil.* Operación ofensiva con la que se responde a otra del enemigo.

contraorden f. Orden opuesta a la dada antes.

contrapartida f. Lo dado a cambio de otra cosa.

contrapelo (a) m. adv. En contra del sentido normal.

contraponer v. t. Oponer (ú. t. c. pr.).

contraportada f. Cuarta página de la cubierta de un libro o revista.

contraposición f. Oposición.

contraproducente adj. De efecto contrario.

contrapropuesta f. Proposición con que se contesta o se impugna otra ya formulada.

contrariar v. t. Oponerse a las palabras, acciones o voluntad de otro. || Disgustar, causar disgusto.

contrariedad f. Oposición de una cosa con otra.

contrario, ria adj. Que se opone a. || En sentido diferente: *en dirección contraria.* || — M. y f. Adversario, enemigo.

contrarrestar v. t. Hacer frente, oponerse. || Neutralizar una cosa los efectos de otra.

contrarrevolución f. Movimiento político que combate una revolución.

contrarrevolucionario, ria adj. y s. Favorable a la contrarrevolución.

contrasentido m. Lo que se opone a la realidad.

contraseña f. Señal convenida para reconocerse. || *Mil.* Consigna. || Tarjeta que se da en los espectáculos a los espectadores que quieren salir en el entreacto para poder luego entrar.

contrastar v. i. Formar contraste. || Ser muy diferente, no parecerse en nada.

contraste m. Acción y efecto de contrastar. || Señal que se pone en los objetos de plata y oro para dar fe de su autenticidad.

contrata f. Contrato.

contratación f. Contrato.

contratante adj. y s. Que suscribe un contrato.

contratar v. t. Hacer un contrato con.

contraterrorismo m. Conjunto de acciones para responder al terrorismo.

contraterrorista adj. Relativo al contraterrorismo. || — Com. Persona que ejecuta actos de contraterrorismo.

contratiempo m. Suceso imprevisto.

contratista com. Persona que ejecuta una obra por contrata.

contrato m. Pacto entre dos o más personas.

contravención f. Infracción.

contravenir v. i. Obrar contra lo mandado.

contraventor, ra adj. y s. Infractor.

contrayente adj. Que contrae. || Que contrae matrimonio (ú. t. c. s.).

contribución f. Acción de contribuir, parte realizada en una obra común. || Carga que se aporta a un gasto común, particularmente a los gastos del Estado o de una colectividad, impuesto.

contribuir v. i. y t. Intervenir en algo: *contribuir al éxito de una empresa.* || Pagar impuestos.

contribuyente adj. y s. Que contribuye. || Dícese de la persona que paga impuestos.

contrición f. Pesar de haber ofendido a Dios.

contrincante com. Competidor.

contrito, ta adj. Arrepentido.

control m. Verificación, comprobación, fiscalización. || Inspección. || Vigilancia. || Lugar donde se verifica esta inspección. || Contraste de pesas y medidas. || Autoridad: *territorio bajo el control de las Naciones Unidas.* || Revisión de entradas o de billetes de transporte. || Regulación: *control de nacimientos.* || Dominio: *control de sí mismo.* || *Control remoto,* telemando.

controlar v. t. Inspeccionar. || Verificar, comprobar. || Fiscalizar, intervenir. || Revisar en los ferrocarriles. || Contrastar pesas y medidas. || Regular los precios, las cuentas, la natalidad. || Vigilar. || Dominar: *controlar sus nervios.*

controversia f. Debate, discusión.

controvertir v. i. Discutir (ú. t. c. t.).

contumaz adj. Obstinado.

contundencia f. Calidad de contundente.

contundente adj. Categórico.

contusión f. Lesión.

conurbación f. Unión de poblaciones vecinas.

conurbado, da adj. *Amer.* Referido a las áreas de una conurbación.

convalecencia f. Estado del convaleciente.

convalecer v. i. Recobrar las fuerzas perdidas por enfermedad.

convaleciente adj. y s. Que se repone de una enfermedad.

convalidación f. Acción de convalidar.

convalidar v. t. Ratificar. || Reconocer la autoridad académica la equivalencia de estudios efectuados en otros centros de enseñanza.

convección f. Movimiento de un fluido a causa de diferencias de temperatura.

convencer v. t. Persuadir, conseguir que uno reconozca una cosa (ú. t. c. pr.). || Gustar.

convencimiento m. Certeza.

convención f. Acuerdo, pacto. || Asamblea.

conveniencia f. Calidad de lo que conviene.

conveniente adj. Que conviene.

convenio m. Pacto, acuerdo.

convenir v. t. e i. Acordar, decidir algo entre varios: *convenimos irnos juntos.* || Asentir: *convengo en que no tengo razón.* || Ser conveniente o apropiado: *no te conviene esa colocación.*

conventillo m. *Amér. M.* Casa de vecindad.

convento m. Casa de religiosos.

convergencia f. Dirección hacia el mismo punto.

converger v. i. Dirigirse a un mismo punto.

conversación f. Charla, plática.

conversador, ra adj. y s. Que conversa.

conversar v. i. Hablar.

conversión f. Acción de convertir.

converso, sa adj. Dícese de los moros y judíos que se convirtieron al catolicismo (ú. t. c. s.).

convertible adj. Que se puede convertir. || — M. *Amer.* Coche con capota plegable.

convertir v. t. Cambiar una cosa en otra, transformarla. || Hacer cambiar de religión, parecer.

convexidad f. Curvatura hacia el exterior.

convexo, xa adj. Esférico.

convicción f. Convencimiento.

convidado, da m. y f. Invitado.

convidar v. t. Invitar. || *Fig.* Mover, incitar.

convincente adj. Que convence.

convite m. Invitación.

convivencia f. Vida en común.

convivir v. i. Vivir con otra u otras personas, cohabitar. || Coexistir.

convocación f. Convocatoria.

convocar v. t. Citar.

convoy m. Grupo de naves, vehículos, etc., escoltados. || Vinagreras. || *Fig.* Séquito. || *Fam.* Cowboy, vaquero.

convulsión f. Contracción involuntaria de los músculos. || *Fig.* Trastorno.

convulsivo, va adj. Relativo a la convulsión.

conyugal adj. De los cónyuges.

cónyuge com. Esposo, esposa.

coñac m. Aguardiente envejecido en toneles de roble según se hace en Cognac (Francia).

coño m. Aparato genital femenino.

cooperación f. Participación en una obra común.

cooperar v. i. Obrar para el mismo fin con otro.

cooperativa f. Sociedad formada por productores o consumidores para producir, vender o comprar en común.

coordenadas f. pl. *Geom.* Líneas que determinan la posición de un punto en el espacio.

coordinación f. Acción de coordinar.

coordinar v. t. Disponer cosas metódicamente. || Reunir esfuerzos para un objetivo común.

copa f. Vaso con pie para beber. || Su contenido. || Parte superior de las ramas de un árbol o de un sombrero. || Premio que se concede en algunos certámenes deportivos: *copa de plata.* || Competición deportiva para lograr este premio. || — Pl. Uno de los palos de la baraja española.

copal m. *Méx.* Resina de varios árboles que se emplea como incienso.

copar v. t. En los juegos de azar, hacer una puesta equivalente a todo el dinero de la banca. || *Fig.* En unas elecciones, conseguir todos los puestos.

copartícipe com. Que participa con otro.

copear v. i. Tomar copas.

copeck m. Moneda rusa.

copete m. Tupé. || Moño de plumas de algunas aves.

copia f. Abundancia de una cosa. || Reproducción de un escrito, etc. || Fotocopia.

copiador f. Fotocopiadora.

copiapeño, ña adj. y s. De Copiapó (Chile).

copiar v. t. Reproducir lo escrito, una obra de arte. || Escribir lo que otro dicta. || Imitar. || Plagiar el ejercicio de otro en un examen.

copihue m. *Arg.* y *Chil.* Arbusto trepador de flores rojas y blancas.

copiosidad f. Abundancia.

copioso, sa adj. Abundante.

copla f. Canción popular.

copo m. Pequeña masa que cae al nevar. || Bolsa que forman algunas redes de pescar.

copón m. Copa grande de la Eucaristía.

coposesión f. Posesión con otro.

copra f. Médula del coco, de la palma.

copretérito m. Pretérito imperfecto en la nomenclatura de Andrés Bello.

coproducción f. Producción en común.

coproductor, ra adj. y s. Que produce en común.

copropiedad f. Propiedad en común.

copropietario, ria adj. y s. Que posee bienes con otras personas.

cópula f. Unión. || Coito.

copulativo, va adj. Que une.

copyright [-*rait*] m. (pal. ingl.). Derecho de propiedad literaria.

coque m. Carbón poroso.

coqueta adj. y s. f. Dícese de la mujer que desea gustar a los hombres. || — F. Tocador.

coquetear v. i. Tratar de agradar. || Flirtear.

coqueteo m. Coquetería, flirteo.

coquetería f. Deseo de una persona de agradar.

coqueto, ta y **coquetón, ona** adj. *Fam.* Atractivo, agradable. || — M. y f. Persona que desea agradar a las del sexo opuesto.

coquimbano, na adj. y s. De Coquimbo (Chile).

coraje m. Valor. || Rabia.

coral m. Celentéreo cuya estructura se emplea en joyería.

coral adj. *Mús.* Relativo al coro. || — F. *Mús.* Composición para coro. | Masa coral.

coralillo m. *Méx.* Serpiente venenosa con anillos rojos, amarillos y negros.

coraza f. Armadura que protegía el pecho y la espalda. || *Fig.* Lo que defiende o protege.

corazón m. Órgano hueco de forma ovoide, situado en el pecho del hombre, que constituye el elemento central de la circulación de la sangre. || *Fig.* Figura en forma de corazón en los naipes franceses. | Parte central de una cosa: *corazón de alcachofa.* | Asiento de los sentimientos, de la sensibilidad: *entristecer los corazones.* | Centro: *en el corazón de la población.*

COR **corazonada** f. Presentimiento.

corbata f. Tira de tela que se anudan los hombres al cuello de la camisa para adorno.

corbeta f. Barco de guerra ligero.

corcel m. Caballo.

corchea f. *Mús.* Nota cuyo valor es la mitad de una negra.

corchete m. Broche compuesto de macho y hembra. || Signo que tiene la figura de [ ].

corcho m. Corteza del alcornoque. || Tapón de corcho.

corcholata f. *Méx.* Chapa de hojalata que cierra herméticamente las botellas de bebidas gaseosas.

corcova f. Joroba.

cordada f. Montañeros unidos por una cuerda.

cordados m. pl. *Zool.* Tipo de metazoos que comprende los vertebrados (ú. t. c. adj.).

cordel m. Cuerda.

cordera f. Oveja.

cordero m. Cría de la oveja. || Piel curtida de cordero. || *Fig.* Hombre muy dócil. || *Cordero de Dios* o *Divino Cordero*, Jesucristo.

cordial adj. Afectuoso.

cordialidad f. Calidad de cordial.

cordillera f. Serie de montes unidos entre sí.

córdoba m. Moneda de Nicaragua.

cordobense adj. y s. De Córdoba (Colombia).

cordobés, esa adj. y s. De Córdoba.

cordón m. Cuerda pequeña: *los cordones de los zapatos*. || Cable o hilo que conduce la electricidad. || Serie de personas o cosas destinadas a proteger o vigilar: *cordón sanitario*. || *Anat.* Fibra: *cordón nervioso*. || *Riopl.* Bordillo de la acera.

cordura f. Juicio, sensatez.

corear v. t. Repetir en coro.

coreografía f. Arte de la danza.

coreógrafo, fa m. y f. Director de un ballet.

corindón m. Piedra preciosa.

corista com. Persona que canta en un coro. || — F. Artista femenina en el conjunto de una revista teatral.

cornada f. Golpe dado por el toro con el cuerno.

cornamenta f. Conjunto de los cuernos.

cornamusa f. Especie de gaita.

córnea f. Membrana transparente y abombada de la parte exterior del globo del ojo.

cornear v. t. Dar cornadas.

córner m. En fútbol, saque de esquina.

corneta f. *Mús.* Instrumento de viento parecido al clarín. || — M. Músico que toca la corneta.

cornetín m. Instrumento músico de pistones o llaves. || Músico que lo toca.

cornisa f. *Arq.* Conjunto de molduras saledizas que corona un entablamento. || Carretera tortuosa al borde del mar o en una montaña.

coro m. Reunión de cantores para ejecutar una obra musical en común. || Grupo de personas que ejecutan un baile reunidas. || Parte de una iglesia en la que están los religiosos. || *Fig.* Conjunto de personas que tienen la misma opinión.

corola f. *Bot.* Segunda envoltura de las flores.

corolario m. Proposición que se desprende de lo demostrado anteriormente.

corona f. Guirnalda de flores o de otra cosa que rodea la cabeza como adorno o como signo de distinción. || Joya de metal que se pone en la cabeza como signo de dignidad, autoridad o potencia: *corona imperial*. || Monarquía: *decíase partidario de la corona*. || Adorno en forma de corona: *corona funeraria*. || Forro de oro o de otro metal para cubrir un diente o muela estropeados. || Unidad monetaria de diversos países (Dinamarca, Noruega, Suecia, Islandia, República Checa).

coronación f. Acción de coronar o coronarse. || Ceremonia con que se celebra la posesión del trono por un rey. || *Fig.* Remate, fin. | Colmo.

coronamiento m. *Fig.* Remate, final.

coronar v. t. Colocar la corona en la cabeza. || Elegir por soberano. || *Fig.* Rematar, acabar: *este éxito coronó su vida.* || Llegar a la cúspide de un monte. || — V. pr. *Fig.* Cubrirse.

coronel m. Oficial superior del ejército entre el teniente coronel y el general.

coronilla f. Parte superior de la cabeza.

corporación f. Asociación de personas.

corporal adj. Del cuerpo.

corporativismo m. Doctrina económica y social que defiende la creación de instituciones profesionales dotadas de varios poderes económicos, sociales e incluso políticos.

corpulencia f. Volumen que tiene un cuerpo.

corpulento, ta adj. Alto y gordo. || Grande.

Corpus o **Corpus Christi** m. Jueves en que la Iglesia conmemora la institución de la Eucaristía.

corpúsculo m. Partícula pequeña.

corral m. Sitio cerrado y descubierto destinado a los animales domésticos. || Patio de una casa de vecinos. || Patio al aire libre donde antiguamente se representaban las obras teatrales.

correa f. Cinturón de cuero. || *Correa de transmisión*, correa sin fin que permite un movimiento circular.

correcamino m. Pájaro mexicano de la clase de los garrapateros.

corrección f. Acción de corregir, de enmendar. || Reprimenda, represión. || Comportamiento conforme a las normas de trato social.

correccional m. Prisión.

correctivo, va adj. Que corrige.

correcto, ta adj. Conforme a las normas.

corrector, ra adj. y s. Que corrige.

corredizo, za adj. Que se desliza fácilmente.

corredor, ra adj. Que corre. || — M. y f. Persona que participa en una carrera. || Persona intermediaria en compras y ventas: *corredor de fincas*. || — M. Pasillo de una casa. || — F. pl. Orden de aves, como el avestruz (ú. t. c. adj.).

corregidor m. (Ant.) Oficial de justicia en algunas poblaciones. | Alcalde nombrado por el rey.

corregir v. t. Quitar los errores. || Amonestar, castigar. || — V. pr. Enmendarse.

correlación f. Relación recíproca.

correlacionar v. t. Relacionar.

correlativo, va adj. Que tiene o indica relación.

correntino, na adj. y s. De Corrientes (Argentina).

correo m. Encargado de llevar y traer la correspondencia. || Administración pública encargada de la correspondencia (ú. t. en pl.). || Correspondencia. || Buzón para las cartas. || Tren correo. || *Correo electrónico*, servicio de mensajería a través de Internet: *tengo que configurar mi cuenta de correo electrónico*; mensaje enviado por este medio; dirección que un usuario tiene en el mismo.

correr v. i. Ir muy rápidamente: *correr tras uno*. || Hacer algo rápidamente. || Participar en una carrera.

Ú. t. c. t.: *correr los mil metros.* || Fluir: *el río corre entre los árboles.* || Soplar: *correr el viento.* || Extenderse: *el camino corre de Norte a Sur.* || Transcurrir el tiempo. || Difundirse. || Encargarse: *correr con los gastos.* || — V. t. Recorrer: *correr mundo.* || Deslizar: *corre un poco la mesa.* || Echar: *correr el pestillo.* || Tender o recoger: *correr las cortinas.* || Estar expuesto a: *correr peligro.* || *Fig.* Avergonzar, confundir. || — V. pr. Apartarse, hacerse a un lado. || *Fam.* Ruborizarse.

correría f. Incursión armada.

correspondencia f. Relación. || Comunicación entre dos localidades, dos vehículos públicos. || Cartas recibidas y expedidas.

corresponder v. i. Pagar a alguien con una atención semejante a la que él ha tenido antes. || Ser adecuado. || Tocar: *te corresponde a ti hacerlo.* || Concordar: *no corresponde a lo que imaginaba.* || Tener un sentimiento recíproco: *él la quiere y ella le corresponde.*

correspondiente adj. Que corresponde.

corresponsal adj. y s. Aplícase al periodista que envía noticias a su periódico desde otro país.

corretaje m. Profesión y comisión del corredor.

corretear v. i. *Fam.* Correr de un lado para otro.

corrido, da adj. Que excede un poco lo justo: *un kilo corrido.* || Contiguo, seguido: *balcón corrido.* || *Fig.* Avergonzado. | Experimentado. || — M. Música y baile mexicanos. || — F. Lidia de toros.

corriente adj. Que corre: *agua corriente.* || Dícese del tiempo que transcurre: *el mes corriente.* || Frecuente: *cosa corriente.* || Ordinario: *vino corriente.* || Habitual: *la moda corriente.* || *Cuenta corriente,* la que se tiene en un banco. || — F. Movimiento de traslación de las aguas o del aire en dirección determinada: *corriente marina.* || *Fís.* Electricidad transmitida a lo largo de un conductor. || *Fig.* Curso, dirección que llevan algunas cosas: *la corriente de la opinión.* || Tiro de aire que hay en un local cerrado entre las puertas y las ventanas.

corro m. Grupo de personas alrededor de algo o de alguien.

corroboración f. Confirmación.

corroborar v. t. Confirmar.

corroer v. t. Desgastar lentamente.

corromper v. t. Alterar, dañar, podrir. || Echar a perder (ú. t. c. pr.). || *Fig.* Depravar. | Sobornar.

corrosión f. Acción y efecto de corromper.

corrosivo, va adj. Que corrompe (ú. t. c. s. m).

corrupción f. Putrefacción. || *Fig.* Soborno. | Depravación.

corruptela f. Corrupción.

corrupto, ta adj. Corrompido.

corruptor, ra adj. y s. Que corrompe.

corsario m. Pirata.

corsé m. Prenda interior para ceñirse el cuerpo.

corso, sa adj. y s. De Córcega (Francia).

cortacircuitos m. inv. *Electr.* Aparato que interrumpe automáticamente la corriente.

cortado, da adj. Coagulado. || *Fig.* Turbado.

cortadura f. Incisión.

cortar v. t. Separar por medio de un instrumento afilado: *cortó las ramas.* || Amputar un miembro: *le cortaron la pierna.* || Hacer una raja, rajar. Ú. t. c. i.: *el filo de esta cartulina corta.* || Separar y dar la forma adecuada a las telas en confección: *cortar un traje.* || Dividir: *calle cortada en dos.* || Interpretar, interrumpir: *cortar las comunicaciones.* || Dividir la

baraja de cartas en dos partes. || Impedir que continúe su proceso: *cortar los abusos.* || Avergonzar, confundir. Ú. m. c. pr.: *me cortan las personas tan importantes.* || — V. i. Tomar el camino más corto: *cortar por un atajo.*

corte m. Acción de cortar. || División de un tejido para la confección de un vestido. || Cantidad de tela necesaria para hacer un traje. || Manera de estar hecho un vestido: *chaqueta de corte elegante.* || *Fig.* Figura, forma: *el corte de su cara.* || Concepción, realización: *es un montaje teatral de corte muy moderno.* || Herida o raja efectuada con un instrumento cortante. || Interrupción: *corte del agua.* || *Fam.* Vergüenza. || — F. El rey y sus servidores que habitan en el palacio. || Lugar donde están establecidos: *la villa y corte.* || *Amer.* Tribunal de justicia. || *Hacer la corte,* galantear a una dama. || — Pl. Asamblea legislativa o consultiva formada por el Senado y el Congreso.

cortedad f. Escasez. || Timidez.

cortejar v. t. Galantear.

cortejo m. Séquito.

cortés adj. Educado.

cortesano, na adj. Relativo a la corte. || Que es miembro de la corte real (ú. t. c. s.).

cortesía f. Demostración de respeto.

corteza f. Capa exterior.

cortijo m. Finca con casa de labranza.

cortina f. Tela que cubre una puerta, ventana.

corto, ta adj. De poca longitud o duración: *falda corta, guerra corta.* || Escaso: *corto de dinero.* || *Fig.* De poco talento: *corto de alcances.* | Tímido, vergonzoso (ú. t. c. s.). || — M. Cortometraje.

cortocircuito m. Fenómeno eléctrico producido al conectar con un conductor de poca resistencia dos puntos de potencial diferente.

cortometraje m. Película de cine corta.

coruñés, esa adj. y s. De La Coruña (España).

corva f. y **corvejón** m. Parte tras la rodilla.

corvina f. Pez marino comestible de gran tamaño.

corzo, za m. y f. Cuadrúpedo rumiante cérvido.

cosa f. Palabra indeterminada cuyo significado (materia, objetos, bienes, palabras, acontecimientos, asuntos) se precisa por lo que la precede o la sigue: *se pueden decir muchas cosas en pocas palabras.* || Ser inanimado, por oposición a ser animado: *personas y cosas.* || Realidad, por oposición a apariencia: *estudiar el fondo de las cosas.* || Lo que depende de nosotros, lo que se posee: *estas cosas son suyas.* || — Pl. Hechos o dichos propios de alguien: *ésas son cosas de Ramón.*

cosaco m. Soldado de caballería ruso.

coscorrón m. Golpe en la cabeza.

cosecha f. Conjunto de frutos recogidos.

cosechadora f. Máquina para cosechar.

cosechar v. i. Hacer la cosecha.

coseno m. Seno del complemento de un ángulo.

coser v. t. Unir con hilo.

cósmico, ca adj. Del universo.

cosmología f. Ciencia de las leyes generales que rigen el mundo.

cosmonauta com. Piloto o pasajero de un vehículo espacial.

cosmonáutica f. Astronáutica.

cosmopolita adj. Aplícase a la persona que ha vivido en muchos países y ha adquirido las costumbres de ellos (ú. t. c. s.). || Dícese de los lugares donde hay muchos extranjeros y de las costumbres influenciadas por éstos.

cosmos m. Universo.

cosquillas f. pl. Excitación nerviosa que se experimenta en ciertas partes del cuerpo cuando son tocadas por otra persona y que provoca la risa.

cosquillear v. t. Hacer cosquillas.

costa f. Orilla del mar y tierra que está cerca de ella. || — Pl. *For.* Gastos judiciales.

costado m. Lado.

costar v. i. Valer una cosa cierto precio. || — V. t. Causar, ocasionar: *me costó trabajo hacerlo.* || Ocasionar una pérdida: *le costó la vida.*

costarricense y **costarriqueño, ña** adj. y s. De Costa Rica.

costarriqueñismo m. Vocablo o giro propio de los costarriqueños. || Carácter propio de Costa Rica. || Afecto a Costa Rica.

coste m. Precio en dinero.

costear v. t. Pagar el gasto: *costeó sus estudios* (ú. t. c. pr.). || *Mar.* Navegar cerca de la costa.

costilla f. *Anat.* Cada uno de los huesos que forman la caja torácica. || *Fam.* Esposa.

costo m. Coste.

costoso, sa adj. Que cuesta mucho.

costra f. Corteza exterior.

costumbre f. Hábito, uso.

costura f. Unión de dos piezas cosidas.

costurar v. t. *Amér. C., Bol.* y *Méx.* Coser.

costurera f. Mujer que cose.

costurero m. Caja, mesita o cesto para la costura.

cota f. Armadura antigua: *cota de mallas.* || *Fig.* Nivel, altura.

cotejar v. t. Comparar.

cotejo m. Comparación.

coterráneo, a adj. y s. Del mismo país.

cotidiano, na adj. Diario.

cotiledón m. *Bot.* Parte de la semilla que rodea el embrión.

cotillear v. i. *Fam.* Chismorrear.

cotilleo m. *Fam.* Chismorreo.

cotización f. Valor de los títulos negociables en la Bolsa. || Cuota.

cotizar v. t. Pagar una cuota. || Asignar o poner un precio en la Bolsa a acciones mercantiles o a cualquier otro valor (ú. t. c. pr.). || Gozar de cierta estimación pública (ú. t. c. pr.). || Fijar, estimar, poner precio a determinada cosa.

coto m. Vedado, terreno acotado. || *Fig.* Fin.

cotopaxense adj. y s. De Cotopaxi (Ecuador).

cotorra f. Papagayo.

cotorrear v. i. Hablar demasiado.

covacha f. Cueva. || *Fam.* Zaquizamí.

coya f. Mujer del emperador o princesa inca.

coyotaje m. *Méx.* Acción de coyotear. | Remuneración del coyote.

coyote m. Lobo de México y América Central. || *Méx.* Traficante en operaciones de Bolsa. | Persona que se encarga de hacer los trámites de otro mediante remuneración.

coyotear v. i. *Méx.* Actuar como coyote.

coyoteo m. *Méx.* Acción de coyotear.

coyuntura f. Articulación o juntura movible de un hueso con otro. || *Fig.* Oportunidad. | Pronóstico sobre la evolución próxima en el sector económico, social, político o demográfico, basado en una comparación de la situación presente con la pasada

y en datos estadísticos. | Conjunto de elementos que constituye la situación presente.

coz f. Golpe violento dado con el pie.

Cr, símbolo químico del *cromo.*

craneal y **craneano, na** adj. Del cráneo.

cráneo m. Caja ósea en que está el encéfalo.

crápula f. Libertinaje. || — Adj. y s. Libertino.

cráter m. Boca de volcán.

crawl [*krol*] m. (pal. ingl.). Forma de nadar consistente en un movimiento rotatorio de los brazos.

creación f. Acto de crear.

creador, ra adj. y s. Que crea.

crear v. t. Producir algo de la nada. || Engendrar. || Hacer Dios el mundo. || *Fig.* Inventar. | Fundar: *crear una academia.* || Establecer: *crear un premio.* || Instituir un cargo. || Designar: *creado Papa.*

crecer v. i. Aumentar: *los días crecen.* || Desarrollarse: *el árbol ha crecido.* || Ponerse más alto: *crecer con la edad.* || — V. pr. Envanecerse. || Ser más osado.

crecida f. Aumento de caudal de un río.

crecido, da adj. Grande: *una suma crecida.*

crecimiento m. Acción de crecer.

credencial f. pl. Cartas que acreditan a un embajador. || *Amer.* Pase. | Permiso.

credibilidad f. Calidad de creíble.

crédito m. Confianza en algo digno de fe. || Reputación de ser solvente: *persona de crédito.* || Plazo concedido para un pago. || Préstamo concedido por un banco. || Parte de la cuenta en la que figura el haber. || *A crédito,* sin pagar inmediatamente.

credo m. Oración, símbolo de la fe.

credulidad f. Facilidad en creerse todo.

crédulo, la adj. Que cree fácilmente (ú. t. c. s.).

creencia f. Acción de creer.

creer v. t. Pensar, estimar, juzgar: *creo que vendrá* (ú. t. c. pr.). || Imaginar, suponer: *nunca lo hubiera creído* (ú. t. c. pr.). || — V. i. Dar por cierta su existencia: *creo en la vida eterna.* || Tener fe en la veracidad de algo. || — V. pr. Tener muy buena opinión de sí mismo.

creído, da adj. Confiado. || Engreído, vanidoso.

crema f. Nata de la leche. || Cosmético para el cutis. || Betún: *crema para el calzado.* || *Fig.* Lo mejor: *la crema de la sociedad.* || *Gram.* Diéresis.

cremación f. Incineración.

cremallera f. Barra con dientes que engranan con un piñón. || Cierre con dos tiras flexibles con dientes por las que se desliza una corredera.

crepitar v. i. Hacer ruido semejante a los chasquidos de la leña que arde.

crepuscular adj. Del crepúsculo.

crepúsculo m. Luz del amanecer y del anochecer. || *Fig.* Decadencia.

crespón m. Tela de seda.

cresta f. Carnosidad en la cabeza de aves.

cretino, na adj. y s. Idiota.

cretona f. Tela de algodón con dibujos.

creyente adj. y s. Que cree.

cría f. Acción y efecto de criar: *cría extensiva.* || Niño o animal mientras se está criando.

criado, da adj. Con los adverbios *bien* o *mal,* de buena o mala educación. || — M. y f. Persona que se ocupa de las faenas domésticas en casa ajena.

criador, ra adj. y s. Que cría animales domésticos: *criador de caballos, gallinas.* || Vinicultor.

crianza f. Acción de criar.

criar v. t. Amamantar a las crías con su leche. || Alimentar a un niño. || Cuidar animales: *criar toros.* ||

Producir: *criar piojos*. || — V. pr. Desarrollarse, crecer, hacerse hombres: *los niños se crían al aire libre*. || Hacerse: *criarse el vinagre*.

criatura f. Niño.

criba f. Tamiz para cribar.

cribado m. Operación de cribar.

cribar v. t. Pasar por la criba.

crimen m. Delito grave.

criminal adj. Del crimen: *atentado criminal*. || Autor de un crimen (ú. t. c. s.).

crin f. Pelos largos en el cuello de un animal.

crío m. *Fam.* Niño.

criollaje m. *Arg.* Conjunto de criollos.

criollismo m. Carácter criollo.

criollo, lla adj. y s. Aplícase al blanco nacido en las colonias y a los españoles nacidos en América. || Dícese del negro nacido en América. || Aplícase en América a los animales, plantas, etc., del país para distinguirlos de los extranjeros.

cripta f. Parte subterránea de una iglesia donde se enterraba a los muertos.

criptograma m. Mensaje escrito en clave.

criptón m. *Quím.* Gas existente en el aire.

crisálida f. Ninfa de insecto.

crisantemo m. Planta de hermosas flores.

crisis f. Cambio brusco que se produce en el transcurso de una enfermedad. || Ataque: *crisis de rabia*. || Manifestación profunda de un sentimiento: *crisis de melancolía*. || Falta, penuria, escasez: *crisis de mano de obra*. || Ruptura del equilibrio entre la producción y el consumo caracterizada por la súbita baja de los precios, quiebras y paro.

crisol m. Recipiente empleado para fundir y purificar metales a gran temperatura.

crispar v. t. Poner nervioso (ú. t. c. pr.).

cristal m. Vidrio incoloro y transparente. || Objeto de cristal. || Hoja de vidrio en las ventanas.

cristalera f. Armario con cristales. || Puerta de cristales. || Techo de cristales.

cristalería f. Fábrica o tienda de objetos de cristal, de placas de vidrio. || Conjunto de vasos, copas, jarras, etc., para el servicio de mesa.

cristalino, na adj. De cristal o semejante a él. || — M. Elemento constitutivo del ojo, de forma de lente biconvexa, que reproduce en la retina la imagen de los objetos.

cristalización f. Acción de cristalizar.

cristalizar v. t. Tomar forma de cristales (ú. t. c. pr.). || *Fig.* Formar un conjunto de diferentes elementos dispersos: *cristalizar el descontento*.

cristiandad f. Conjunto de los fieles cristianos.

cristianismo m. Religión cristiana. || Cristiandad.

cristianización f. Acción y efecto de cristianizar.

cristianizar v. t. Convertir a la religión cristiana. || Dar carácter cristiano.

cristiano, na adj. Que está bautizado y profesa o es propio de la religión de Cristo (ú. t. c. s.).

criterio m. Norma para juzgar, estimar o conocer la verdad. || Juicio, discernimiento. || Opinión.

crítica f. V. CRÍTICO.

criticar v. t. Enjuiciar. || Censurar.

crítico, ca adj. Producido por una crisis, por un ataque: *época crítica*. || Decisivo: *momento crítico*. || Que juzga: *análisis crítico*. || — M. Persona que estudia, analiza o juzga las obras artísticas o literarias. || — F. Juicio que se hace sobre las obras literarias o artísticas. || Conjunto de personas que lo hacen: *la*

crítica es unánime. || Actividad de los críticos: *escribe crítica teatral*. || Ataque, censura.

croar v. i. Cantar las ranas.

croata adj. y s. De Croacia.

cromar v. t. Cubrir con cromo.

cromático, ca adj. De los colores.

cromo m. Metal de color gris claro (Cr), duro e inoxidable. || Estampa, grabado en color.

cromosoma m. Elemento que en forma de corpúsculos, filamentos o bastoncillos existe en el núcleo de las células en su división.

crónica f. Relato de hechos históricos por el orden en que sucedieron. || Artículo de periódico en el que se relatan las noticias de la actualidad.

crónico, ca adj. Constante.

cronista com. Persona que escribe crónicas.

cronología f. Orden y fecha de los sucesos.

cronometraje m. Medición del tiempo.

cronometrar v. t. Medir el tiempo.

cronómetro m. Reloj de precisión.

croqueta f. Fritura de carne o pescado.

croquis m. Apunte, diseño.

cruce m. Acción de cruzar. || Lugar donde se cortan mutuamente dos líneas: *el cruce de dos caminos*. || Paso de peatones. || Reproducción sexual a partir de dos seres de razas diferentes.

crucero m. Viaje de turismo por mar o por aire. || Barco de guerra.

crucial adj. Fundamental.

crucíferas f. pl. Plantas cuyas flores tienen cuatro pétalos en cruz, como la col o el nabo (ú. t. c. adj.).

crucificar v. t. Clavar en una cruz. || Martirizar.

crucifijo m. Imagen de Jesús crucificado.

crucifixión f. Acción de crucificar.

crucigrama m. Juego que consiste en encontrar ciertas palabras, y ponerlas en unos casilleros.

crudeza f. Calidad de riguroso, de severo: *la crudeza del tiempo*. || Realismo de una descripción.

crudo, da adj. Que aún no se ha cocido: *carne cruda*. || De color amarillento: *camisa cruda*. || Dícese del petróleo sin refinar (ú. t. c. s. m.).

cruel adj. Que indica crueldad.

crueldad f. Placer o gozo que se siente haciendo sufrir o viendo sufrir. || Rigor, dureza.

crujido m. Sonido de lo que cruje.

crujir v. i. Hacer un ruido.

crustáceos m. pl. Clase de animales artrópodos, acuáticos, como los cangrejos, langostinos, langostas, percebes, etc. (ú. t. c. adj.).

cruz f. Figura formada de dos líneas que se atraviesan o cortan perpendicularmente. || Instrumento de suplicio formado por un madero, atravesado por otro horizontal en la parte superior, del que se suspendían o clavaban los criminales. || Símbolo de cristiano en memoria de la crucifixión de Jesús. || Distintivo de ciertas órdenes y condecoraciones. || Reverso de las medallas o monedas: *jugar a cara o cruz*.

cruzada f. Expedición para reconquistar Tierra Santa. || *Fig.* Campaña en pro de algún fin.

cruzado, da adj. Atravesado. || Rayado: *cheque cruzado*. || Dícese de la chaqueta o abrigo cuya parte delantera se sobrepone una a otra. || — M. Soldado de una cruzada. || Unidad monetaria del Brasil que sustituyó al cruzeiro en 1986.

cruzar v. t. Atravesar una cosa sobre otra en forma de cruz. || Atravesar: *cruzar la calle*. || Acoplar hembras y machos de distintas razas. || Pasar por un sitio dos personas o cosas que vienen de dirección opuesta (ú. t. c. pr.). || Trazar en un cheque dos rayas paralelas para que éste sólo pueda ser cobrado por medio de una cuenta corriente de la persona a quien va dirigido.

cruzeiro m. Unidad monetaria del Brasil, sustituida por el cruzado en 1986.

Cs, símbolo químico del *cesio.*

Cu, símbolo químico del *cobre.*

cu f. Nombre de la letra *q.*

cuaderno m. Libro de apuntes.

cuadra f. Lugar donde están las caballerías. || Conjunto de caballos o de automóviles de un mismo propietario. || Lugar sucio. || *Amer.* Manzana de casas y distancia entre las esquinas de dos calles.

cuadrado, da adj. De forma cuadrangular. || *Geom. Raíz cuadrada de un número,* el que, multiplicado por sí mismo, da un producto igual a aquel número: *la raíz cuadrada de 64 es 8* y se escribe $\sqrt{64} = 8$. || — M. *Geom.* Cuadrilátero de lados y ángulos iguales. || *Mat.* Segunda potencia de un número: *el cuadrado de 6 es 36.*

cuadragenario, ria adj. y s. De cuarenta años.

cuadragésimo, ma adj. Que está en el lugar del número cuarenta.

cuadrangular adj. De cuatro ángulos.

cuadrante m. Cuarta parte del círculo.

cuadrar v. t. Dar a una cosa forma. || — V. i. Conformarse una cosa con otra: *su carácter no cuadra con el mío.* || Convenir una cosa. || Salir exactas las cuentas. || — V. pr. Ponerse firme un militar delante de un superior.

cuádriceps adj. y s. Dícese del músculo con cuatro inserciones en la parte anterior del muslo.

cuadricular v. t. Dividir en cuadros.

cuadrilátero, ra adj. Con cuatro lados. || — M. *Geom.* Polígono de cuatro lados.

cuadrilla f. Conjunto de personas que realizan juntas una misma obra. || Conjunto de subalternos que ayudan y torean con el mismo matador. || Banda.

cuadringentésimo, ma adj. Que está en el lugar del número cuatrocientos.

cuadruplicar v. t. e i. Cuadruplicar.

cuadro, dra adj. Cuadrado. || — M. Rectángulo. || Lienzo, pintura: *cuadro de Velázquez.* || Marco. || Dibujo en forma de cuadrícula en un tejido. || Armadura de la bicicleta. || Parte de un jardín con plantas en forma de cuadro. || Representación sinóptica. || *Fig.* Descripción de un suceso: *cuadro de costumbres.* || Escena, espectáculo: *cuadro horripilante.* || Ejecutivo, miembro dirigente.

cuadrúmano, na adj. y s. Primate.

cuadrúpedo, da adj. y s. m. Dícese del animal con cuatro pies.

cuádruple y **cuádruplo** adj. Cuatro veces mayor.

cuadruplicación f. Multiplicación por cuatro.

cuadruplicar v. t. e i. Multiplicar por cuatro.

cuajar v. t. Unir y trabar las partes de un líquido para convertirlo en sólido (ú. t. c. pr.). || — V. i. *Fig.* Llegar a realizarse, lograrse.

cuajarón m. Porción de líquido cuajado.

cual pron. relativo. Precedido del artículo equivale al pron. *que.* || Carece de artículo cuando significa *como.* || Se usa con acento en frases interrogativas o dubitativas. || Úsase como pron. indeterminado, repetido, para designar personas o cosas sin nom-

brarlas. (En tal caso lleva acento: *todos contribuyeron, cuál más, cuál menos, a este éxito.*)

cualesquiera pron. en plural de *cualquiera.*

cualidad f. Carácter, característica.

cualificación f. Categoría en la que se califica un trabajador según su formación y experiencia.

cualitativo, va adj. Que denota cualidad.

cualquier pron. indef. Cualquiera. (Solamente se emplea antepuesto al nombre.)

cualquiera pron. indef. Uno o alguno.

cuan adv. Apócope de *cuanto.* (Lleva acento cuando es admirativo o interrogativo.)

cuando adv. En el mismo momento que: *me iré cuando venga él.* || En qué momento: *¿cuándo te vas?* || — Conj. Aunque: *cuando lo dijeras de rodillas.* || En el momento en que: *cuando sea viejo.*

cuanta m. pl. *Fís.* Quanta.

cuantía f. Cantidad.

cuantioso, sa adj. Abundante.

cuanto, ta adj. Qué cantidad: *¿cuántas manzanas quieres?* || Qué: *¡cuánta gracia tiene!* || Todo: *se llevó cuantos objetos había.* || Algún: *unos cuantos amigos.* || — Pron. Qué cantidad: *¿cuántos han muerto?* || Todo lo que: *¡si supieras cuánto me dijo!* || Adv. De qué modo: *ya conoce cuánto le estimo.* || Qué precio: *¿cuánto vale eso?* || Qué tiempo: *¿cuánto duró su discurso?*

cuarenta adj. Cuatro veces diez.

cuarentena f. Cuarenta unidades. || Edad de cuarenta años. || Tiempo que están en observación los que llegan de lugares donde hay una epidemia.

cuarentón, ona adj. y s. De cuarenta años.

cuaresma f. Tiempo de penitencia entre el miércoles de Ceniza y la Pascua de Resurrección.

cuartel m. Edificio destinado a la tropa. || *Blas.* Cualquier división del escudo. || *Cuartel general,* lugar donde se establece el Estado Mayor.

cuarteto m. Combinación de cuatro versos endecasílabos o de arte mayor. || Conjunto musical formado por cuatro voces o instrumentos. || Composición de música escrita para este conjunto.

cuartilla f. Hoja de papel.

cuarto, ta adj. Que ocupa el cuarto lugar. || *Fam. Estar a la cuarta pregunta,* estar sin dinero. || — M. Cada una de las cuatro partes iguales de un todo. || Habitación: *cuarto de dormir.* || Cuarto piso: *vive en el cuarto.* || Dinero: *no tener un cuarto* (ú. t. c. pl.). || Cada una de las cuatro partes del cuerpo de los animales: *cuarto trasero.* || *Astr.* Cuarta parte del tiempo que transcurre entre dos lunas nuevas: *cuarto menguante.* || — *Cuarto de baño, o de aseo,* habitación para lavarse y hacer sus necesidades íntimas. || *Cuarto de estar,* habitación en que se reúne la familia. || *Cuarto de final,* cada una de las cuatro antepenúltimas competiciones de un campeonato.

cuarzo m. Sílice de numerosas rocas.

cuate, ta adj. y s. *Méx.* Gemelo. || Igual o semejante. | Compadre, amigo íntimo.

cuaternario, ria adj. *Geol.* Perteneciente al terreno sedimentario más moderno (3 millones de años) en el que hace su aparición el hombre. Ú. t. c. s. m.: *el cuaternario.*

cuatrero, ra adj. y s. Ladrón de ganado.

cuatricromía f. Impresión en cuatro colores.

cuatrillón m. Millón de trillones.

cuatrimotor m. Avión de cuatro motores.

cuatrisílabo, ba adj. y s. m. De cuatro sílabas.

cuatro adj. Tres y uno. || Cuarto, que sigue en orden al tercero. || — M. Signo que representa al número cuatro. || Naipe de cuatro figuras. || Instrumento musical parecido a una guitarra pequeña que se usa en la música venezolana.

cuatrocientos, tas adj. Cuatro veces ciento. || Cuadrigentésimo.

cuba f. Recipiente de madera. || Su contenido. || *Cuba libre,* bebida hecha con refresco de cola y ron.

cubanismo m. Voz o giro propio de Cuba. || Carácter propio de Cuba. || Amor a Cuba.

cubanizar v. t. Dar carácter cubano.

cubano, na adj. y s. De Cuba. || — M. Modalidad del castellano hablado en Cuba.

cubertería f. Conjunto de los cubiertos de comer.

cubicar v. t. Elevar un número a la tercera potencia. || Medir el volumen de un cuerpo o la capacidad de un recipiente en unidades cúbicas.

cúbico, ca adj. *Geom.* Perteneciente al cubo. || De figura de cubo geométrico. || *Mat.* Dícese de una medida destinada a estimar el volumen de un cuerpo. || Dícese de la raíz tercera de un número.

cubierta f. Lo que tapa o cubre una cosa. || Tapa de libro. || Banda que protege las cámaras de los neumáticos. || *Mar.* Cada uno de los puentes del barco, especialmente el superior.

cubierto m. Servicio de mesa para cada persona. || Juego de cuchara, tenedor y cuchillo. || Comida de los restaurantes a precio fijo.

cubil m. Guarida de las fieras.

cubismo m. Escuela artística vanguardista que representa los objetos bajo formas geométricas.

cubista adj. Del cubismo. || — Com. Artista que sigue el cubismo.

cúbito m. Hueso del antebrazo.

cubo m. Recipiente de diversas formas y materias para contener líquidos. || *Geom.* Sólido limitado por seis cuadrados iguales, hexaedro. || *Mat.* Tercera potencia de un número: *el cubo de 2 es 8.*

cubrir v. t. Poner una cosa encima o delante de otra para ocultarla, protegerla, adornarla, etc. || Tapar: *cubrió la olla.* || Poner un techo en un edificio. || Poner muchas cosas encima: *cubrir de flores.* || Acoplarse el macho con la hembra. || Extenderse: *la nieve cubría el camino.* || Recorrer una distancia: *cubrió muchos kilómetros.* || Compensar: *lo recaudado no cubre los gastos.* || Llenar: *me cubrieron de elogios.* || Apagar: *el ruido de la calle cubría sus gritos.* || Simular, ocultar: *cubrir una mala acción.* || Bastar: *lo que gana no cubre sus necesidades.* || Proveer de lo necesario: *cubrir una vacante.* || — V. pr. Ponerse algo en la cabeza (sombrero, gorra, etc.). || Encapotarse el cielo. || Proveer: *se cubrieron todas las plazas.* || Adquirir: *se cubrió de gloria.* || Precaverse contra un riesgo.

cucaña f. Palo alto resbaladizo por el que hay que subir para alcanzar un premio atado a su extremo.

cucaracha f. Insecto ortóptero.

cuchara f. Utensilio de mesa con mango y una pantalla cóncava para llevar a la boca alimentos líquidos. || Su contenido. || Instrumento parecido a la cuchara utilizado para pescar, para agarrar objetos con la pala mecánica.

cucharada f. Contenido de una cuchara.

cucharón m. Cuchara grande.

cuchichear v. i. Hablar al oído.

cuchilla f. Cuchillo de hoja ancha. || Hoja de arma blanca. || Hoja de afeitar. || *Amer.* Cordillera.

cuchillada f. y **cuchillazo** m. Corte o herida hechos con un cuchillo.

cuchillo m. Utensilio cortante.

cuchitril m. Zaquizamí.

cuchufleta f. *Fam.* Chanza.

cucurbitáceas f. pl. Familia de plantas, como la calabaza, el melón o el pepino (ú. t. c. adj.).

cucurucho m. Papel arrollado en forma de cono que sirve de bolsa. || Capirote, gorro de esta forma.

cucuteño, ña adj. y s. De Cúcuta (Colombia).

cueca f. Baile y música de Chile, Bolivia y Perú.

cuello m. Parte del cuerpo que une la cabeza al tronco. || Gollete, parte alargada y estrecha que precede el orificio de ciertos recipientes: *cuello de botella.* || Parte de un traje o vestido que rodea el cuello. || Medida del cuello de las camisas.

cuenca f. Cavidad en que se encuentra cada uno de los ojos. || Territorio regado por un río. || Importante yacimiento de hulla o de hierro que forma una unidad geográfica y geológica.

cuencano, na adj. y s. De Cuenca (Ecuador).

cuenta f. Valoración de una cantidad: *llevar la cuenta de sus errores.* || Operación de sumar, restar, multiplicar y dividir. || Factura. || Lo que se debe o cobrar o lo que se le debe a otra persona. || Explicación, justificación: *dar cuenta de tus actividades.* || Cosa: *eso es cuenta mía.* || Obligación: *eso corre de su cuenta.* || Bolita, collares o rosarios. || Beneficio: *trabajar por su cuenta.* || — *Cuenta corriente,* depósito de dinero en un banco. || *Darse cuenta de,* comprender. || *Pedir cuentas a uno,* pedir explicaciones. || *Tener cuenta una cosa,* ser ventajosa. || *Tener en cuenta una cosa,* tenerla presente.

cuentacorrentista com. Titular de una cuenta corriente.

cuentista adj. y s. Dícese de la persona que escribe cuentos. || *Fam.* Camelista.

cuento m. Relato, narración breve. || *Fam.* Chisme. | Mentira, camelo.

cuerda f. Unión de hilos de cáñamo, lino u otra materia flexible que torcidos juntos forman un solo cuerpo. || Hilo de tripa, metal o nylon para ciertos instrumentos músicos. || Órgano de cualquier mecanismo que comunica el movimiento a toda la máquina. || *Geom.* Línea recta que une los dos extremos de un arco. || *Cuerdas vocales,* ligamentos de la laringe cuyas vibraciones producen la voz.

cuerdo, da adj. y s. Sensato.

cuerear v. t. *Amer.* Dar una paliza. | Desollar una res para sacarle la piel. || *Riopl.* Criticar.

cueriza f. *Fam. Amer.* Paliza.

cuernavaquense adj. y s. De Cuernavaca (México).

cuerno m. Prolongación ósea y cónica de ciertos rumiantes en la región frontal. || Instrumento músico de viento: *cuerno de caza.* || *Fam.* Atributo del marido engañado.

cuero m. Piel de los animales. || — *Cuero cabelludo,* piel del cráneo. || *En cueros,* desnudo.

cuerpo m. Toda sustancia material orgánica o inorgánica. || Tronco del cuerpo, a diferencia de las extremidades. || Figura o aspecto de una persona: *joven de buen cuerpo.* || Colección de leyes. || Grueso, consistencia: *tela de mucho cuerpo.* || Corporación, comunidad: *el cuerpo diplomático.* || Cada una de las partes de un todo: *armario de tres cuerpos.* || *Impr.* Tamaño de letra.

cuervo m. Pájaro carnívoro.

cuesta f. Terreno en pendiente.

cuestión f. Pregunta. ‖ Materia, objeto de discusión. ‖ Cosa, asunto.

cuestionar v. t. Poner en tela de juicio.

cuestionario m. Lista de asuntos de discusión. ‖ Programa de los temas de un examen u oposición.

cuete m. *Méx.* Borracho. | Borrachera.

cueva f. Caverna, gruta.

cuí m. *Amer.* Cuy.

cuidado m. Esmero: *hacer las cosas con cuidado.* ‖ Asunto a cargo de uno: *esto corre a su cuidado.* ‖ Recelo, temor: *tened cuidado con él.* ‖ Prudencia, precaución: *ten cuidado con lo que haces.* ‖ — Pl. Medios usados para curar a un enfermo. ‖ — Interj. Denota amenaza o la proximidad de un peligro.

cuidador, ra adj. Que cuida (ú. t. c. s.). ‖ — M. y f. Entrenador.

cuidar v. t. Poner esmero en una cosa. ‖ Asistir: *cuidar a un enfermo.* ‖ Conservar: *cuidar la ropa, la casa.* Ú. t. c. i. seguido de la prep. *de: cuidar de su salud.* ‖ — V. pr. Darse buena vida.

cuita f. Pena.

cuitlacoche m. *Méx.* Huitlacoche.

culata f. Parte posterior de la caja de un arma de fuego portátil que sirve para asir o afianzar esta arma. ‖ *Fig.* Parte posterior de una cosa.

culebra f. Reptil sin pies y de cuerpo casi cilíndrico.

culinario, ria adj. De la cocina.

culmen m. Cima.

culminación f. Acción de culminar.

culminante adj. Muy elevado.

culminar v. i. Llegar al punto más alto. ‖ — V. t. Dar fin a algo.

culo m. Parte posterior en el hombre. ‖ Ano. ‖ *Fig.* Fondo de una cosa: *el culo de la botella.*

culombio m. Unidad de cantidad de electricidad.

culpa f. Falta.

culpabilidad f. Calidad de culpable.

culpabilizar v. t. Dar un sentimiento de culpa.

culpable y **culpado, da** adj. y s. Aplícase a aquel a quien se puede echar la culpa.

culpar v. t. Echar la culpa a alguien (ú. t. c. pr.).

culteranismo m. Estilo literario, del final del s. XVI y principios del XVII que empleaba giros rebuscados y una sintaxis complicada.

culterano, na adj. Influido por el culteranismo. ‖ Que seguía este movimiento (ú. t. c. s.).

cultivador, ra adj. y s. Que cultiva.

cultivar v. t. Dar a la tierra y a las plantas las labores necesarias para que fructifiquen. ‖ Criar microbios o gérmenes. ‖ *Fig.* Dedicarse a: *cultivó la poesía.* | Mantener, cuidar de, conservar: *cultivar la amistad.* | Desarrollar: *cultivar el talento.*

cultivo m. Acción de cultivar.

culto, ta adj. Que tiene cultura (ú. t. c. s.). ‖ Empleado por personas instruidas: *palabra culta.* ‖ — M. Homenaje religioso: *culto a los santos.* ‖ Religión. ‖ *Fig.* Veneración, admiración.

cultura f. Conjunto de conocimientos adquiridos, saber. ‖ Conjunto de estructuras sociales, religiosas, etc., de manifestaciones intelectuales, artísticas, etc., que caracteriza una sociedad.

cumbre f. Cima. ‖ *Fig.* Apogeo.

cúmplase m. Fórmula que ordena que se cumpla lo que se dice en un documento.

cumpleaños m. inv. Aniversario del nacimiento.

cumplido, da adj. Que ha pasado una edad: *años cumplidos.* ‖ Realizado: *profecía cumplida.* ‖ Completo: *un cumplido caballero.* ‖ Cortés: *persona cumplida.* ‖ — M. Cortesía.

cumplimentar v. t. Recibir, saludar cortésmente. ‖ Felicitar. ‖ Ejecutar órdenes.

cumplimiento m. Ejecución. ‖ Aplicación de una ley, decreto, etc. ‖ Acatamiento de los requisitos.

cumplir v. t. Realizar, ejecutar: *cumplir una orden.* ‖ Obedecer: *cumplir las leyes.* ‖ Tener: *ha cumplido cuarenta años.* ‖ Purgar: *cumplir condena.* ‖ — V. i. Respetar la palabra o una promesa. ‖ Ejecutar su deber. ‖ Respetar: *cumplir con los requisitos legales.* ‖ Ser obligación de: *cumple a Ramón hacer esto.* ‖ Vencer, llegar a su término: *el pagaré cumple dentro de ocho días.* ‖ — V. pr. Realizarse. ‖ Tener lugar. ‖ Expirar un plazo.

cúmulo m. Montón. ‖ *Fig.* Serie: *cúmulo de necedades.* ‖ Nube blanca con forma de cúpula.

cuna f. Cama de niños. ‖ *Fig.* Origen: *cuna de la civilización.* | *Casa cuna,* inclusa.

cundinamarqués, esa adj. y s. De Cundinamarca (Colombia).

cundir v. i. Propagarse: *cundió el pánico.* ‖ Dar mucho de sí, dar impresión de que hay más cantidad.

cuneiforme adj. Con forma de cuña. ‖ Característica de la escritura de los sumerios.

cuneta f. Zanja. ‖ Arcén.

cuña f. Pieza terminada en ángulo diedro muy agudo que sirve para hender cuerpos sólidos, para calzarlos o para rellenar un hueco. ‖ *Fig.* Influencia. ‖ Anuncio corto en televisión.

cuñado, da m. y f. Hermano o hermana de uno de los esposos respecto del otro.

cuota f. Parte o cantidad fija o proporcionada. ‖ Cantidad que aporta cada contribuyente. ‖ Gastos: *la cuota de instalación del teléfono.* ‖ *Amer.* Plazo: *venta por cuotas.*

cupla f. *Amer.* Par de fuerzas.

cupo m. Parte que cada uno debe pagar o recibir en el reparto de una cantidad total. ‖ Cantidad de una cosa racionada que cada persona tiene derecho a recibir. ‖ *Méx.* Cabida. | Plazas en un vehículo.

cupón m. Título de interés unido a una acción, a una obligación, y que se separa en el momento de su vencimiento. ‖ Vale: *cupón de pedido.* ‖ Billete de la lotería de los ciegos.

cúpula f. Bóveda.

cura m. Sacerdote. ‖ — F. Curación. ‖ Tratamiento a que se somete un enfermo.

curación f. Cura médica.

curandero, ra m. y f. Persona que cura.

curar v. i. Ponerse bien un enfermo, sanar (ú. t. c. pr.). ‖ *Fig.* Quitarse un padecimiento moral. ‖ — V. t. Aplicar al enfermo los remedios adecuados. ‖ Cuidar las heridas. ‖ Exponer al aire o al humo las carnes y pescados para conservarlos.

curare m. Veneno sacado de la raíz del maracure.

curativo, va adj. Que cura.

curda f. *Fam.* Borrachera. ‖ — Adj. Borracho.

cureña f. Armazón del cañón.

curia f. Organismo gubernamental, administrativo y judicial de la Santa Sede: *la Curia romana.*

curicano, na adj. y s. De Curicó (Chile).

curie y **curio** m. Elemento radiactivo (Cm). ‖ Unidad para medir la radiactividad (símb. Ci).

curiosear v. i. *Fam.* Interesarse en averiguar lo que otros hacen.

curioseo m. Acción y efecto de curiosear.

curiosidad f. Deseo de ver, de conocer. || Aseo, limpieza. || Cosa curiosa, rareza. || Esmero, cuidado.

curioso, sa adj. Que tiene o excita curiosidad (ú. t. c. s.). || Extraño, raro. || Limpio (ú. t. c. s.).

currar y **currelar** v. i. Trabajar.

currículo y **currículum vitae** m. Conjunto de datos relativos al estado civil, a los estudios y a la capacidad profesional de una persona, de un candidato a un puesto, historial profesional.

curry m. Combinación de varias especias que se emplea en la cocina oriental.

cursar v. t. Estar estudiando: *cursar Derecho.* || Dar curso, enviar, remitir: *cursé un cable.* || Dar, transmitir: *cursar órdenes.*

cursi adj. *Fam.* De mal gusto: *vestido cursi.* | Que presume de fino y elegante sin serlo (ú. t. c. s.).

cursilada y **cursilería** f. Calidad de cursi.

cursillista com. Estudiante que sigue un cursillo.

cursillo m. Curso breve. || Serie de conferencias sobre determinada materia. || Período de prácticas.

cursivo, va adj. Bastardilla (ú. t. c. s. f.).

curso m. Corriente de agua por un río. || Clase: *un curso de Derecho.* || Año escolar. || Serie o continuación: *el curso del tiempo.* || Desarrollo, período de tiempo: *en el curso de su existencia.* || Circulación: *moneda de curso legal.* || — *Curso de orientación universitaria (C.O.U.),* en España, curso escolar que sigue a la terminación del bachillerato y que está concebido como una preparación para el ingreso en la universidad. || *Dar curso,* dar rienda suelta; remitir, tramitar. || *En curso,* actual: *el año en curso.*

cursor m. Marca que se desplaza en la pantalla de una computadora para indicar el punto donde se trabaja en ese momento.

curtido m. Acción de curtir.

curtir v. t. Adobar las pieles. || *Fig.* Tostar, poner moreno el sol el cutis (ú. t. c. pr.). || *Fig.* Acostumbrar a uno a la vida dura, endurecer (ú. t. c. pr.).

curva f. Línea cuya dirección cambia progresivamente sin formar ningún ángulo. || Representación gráfica de las fases de un fenómeno: *curva de natalidad.* || Vuelta, recodo: *las curvas de un río.* || Forma redondeada: *las curvas del cuerpo.*

curvar v. t. Poner curvo (ú. t. c. pr.).

curvatura f. Forma curva.

curvo, va adj. Que no es recto.

cuscatleco, ca adj. Del departamento salvadoreño de Cuscatlán (ú. t. c. s.).

cuscús m. Plato árabe hecho con pasta de sémola al vapor, carne y legumbres.

cusifai m. *Fam. Arg.* Fulano.

cúspide f. Cima, cumbre, el punto más alto de un monte: *la cúspide del Everest.* || *Geom.* Punta del cono o de la pirámide, opuesta a la base. || *Fig.* Cima, cumbre: *la cúspide de los honores.*

custodia f. Vigilancia: *bajo custodia.* || Persona que custodia a un preso. || Vaso en el que se expone el Santísimo Sacramento.

custodiar v. t. Guardar.

cutáneo, a adj. Del cutis.

cutirreacción f. *Med.* Prueba para descubrir ciertas enfermedades (tuberculosis) que consiste en poner en la piel determinadas sustancias (tuberculina) que provocan una reacción visible.

cutis m. Piel del cuerpo humano, de la cara.

cuy m. Conejillo de Indias.

cuyano, na adj. y s. De Cuyo (Argentina).

cuyo, ya pron. relativo. De quien: *el hombre cuya madre conocemos.* || A quien, en el que: *el amigo a cuya generosidad debo esto.*

cuzqueño, ña adj. y s. De Cuzco (Perú).

CV, abrev. de *caballo de vapor.*

d

d f. Cuarta letra del alfabeto castellano. ‖ **– D**, cifra romana que vale 500.

dactilar adj. Digital.

dactilografía f. Mecanografía.

dádiva f. Don, regalo.

dadivoso, sa adj. y s. Generoso.

dado m. Pieza de forma cúbica en cuyas caras hay señalados puntos o figuras desde uno hasta seis, y que sirve para varios juegos de azar.

daga f. Arma blanca de hoja corta.

dalia f. Planta de flores sin olor. ‖ Su flor.

dama f. Mujer. ‖ La que acompaña o sirve a la reina o a las princesas e infantas. ‖ Actriz que representa los papeles principales. ‖ Pieza coronada en el juego de las damas. ‖ Reina en el ajedrez y en los naipes. ‖ – Pl. Juego que se hace con peones redondos negros y blancos en un tablero escaqueado (dos jugadores).

damajuana f. Botellón grande.

damasco m. Tela de seda con dibujos. ‖ Variedad de albaricoque.

damasquinado m. Incrustación de metales finos.

damasquinar v. t. Incrustar con hilos de oro.

damnificar v. t. Dañar.

danés, esa adj. y s. De Dinamarca. ‖ – M. Lengua de Dinamarca.

danza f. Baile.

danzar v. t. e i. Bailar.

dañar v. t. Causar daño (ú. t. c. pr.).

dañino, na adj. Que hace daño.

daño m. Perjuicio. ‖ Dolor.

dar v. t. Donar: *dar un regalo.* ‖ Entregar. ‖ Conferir: *dar un título.* ‖ Conceder: *dar permiso.* ‖ Proponer: *dar una idea.* ‖ Producir: *el rosal da rosas.* ‖ Comunicar: *dar noticias.* ‖ Causar: *dar mucho qué hacer.* ‖ Ocasionar: *dar alegría.* ‖ Imponer: *dar leyes a un país.* ‖ Asestar: *dar un puñetazo.* ‖ Administrar: *dar un remedio.* ‖ Proporcionar: *dar sustento.* ‖ Untar: *dar betún.* ‖ Hacer: *dar los primeros pasos.* ‖ Lanzar, exhalar: *dar voces.* ‖ Sonar las campanadas: *el reloj da las diez* (ú. t. c. i.). ‖ Echar una película o representar una obra de teatro. ‖ Evaluar: *le doy veinte años.* ‖ Fam. Fastidiar: *me dio la tarde.* ‖ – V. i. Golpear: *darle fuerte a un niño malo.* ‖ Importar: *dar lo mismo.* ‖ Caer: *dar de espaldas.* ‖ Poner en movimiento: *darle a la máquina.* ‖ Pulsar: *dar al botón.* ‖ Empeñarse: *le dio por pintar.* ‖ Tener: *me dio un calambre.* ‖ Acertar: *dar en el blanco.* ‖ Estar orientado hacia: *todas las ventanas de la oficina dan a la avenida.* ‖ Fig. Presagiar: *me da el corazón que va a llover.* ‖ – *Dar de sí,* ensancharse. ‖ *Dar por,* considerar: *dar por acabado algo*; ocurrírsele a uno: *ahora le ha dado por beber.* ‖ – V. pr. Entregarse. ‖ Fig. Ocuparse: *darse a la música.* ‖ Pegarse, topar. ‖

Considerarse: *darse por contento.* ‖ Ocurrir: *se da el caso.* ‖ Producirse las plantas: *esta fruta se da bien aquí.*

dardo m. Arma arrojadiza.

dársena f. Mar. Parte interior de un puerto.

datar v. t. Poner la fecha. ‖ Determinar la época.

dátil m. Fruto de la palmera.

dativo m. Gram. En las lenguas declinables, caso que hace el oficio de complemento indirecto.

dato m. Noción, información: *datos estadísticos.* ‖ Cada una de las cantidades conocidas que constituyen la base de un problema matemático. ‖ Elemento de una información que sirve para el tratamiento de ésta en un ordenador.

de f. Nombre de la letra *d.* ‖ – Prep. Indica la posesión, el origen; la materia; la extracción, el modo de hacer una cosa, el contenido, la separación, las cualidades personales. ‖ Por: *me lo dieron de regalo.* ‖ Desde: *de enero a marzo.* ‖ Durante: *de noche.* ‖ Con: *el señor de las gafas.* ‖ Para: *¿qué hay de postre?* ‖ Como: *estuvo aquí de embajador.* ‖ Entre: *tres de estos aviones.*

deambular v. i. Pasear, andar.

debajo adv. En lugar inferior. ‖ Cubierto por.

debate m. Discusión, disputa.

debatir v. t. Discutir.

debe m. Com. Parte que señala las partidas de cargo en las cuentas corrientes.

deber m. Lo que cada uno está obligado a hacer. ‖ Tarea, trabajo escolar.

deber v. t. Tener la obligación de pagar. ‖ Estar obligado a algo: *debes cumplir las órdenes.* ‖ – V. pr. Tener por motivo: *esto se debe a su fe.*

débil adj. y s. De poca fuerza.

debilidad f. Falta de fuerza. ‖ Flaqueza. ‖ Cariño. ‖ *Debilidad mental,* deficiencia mental.

debilitación f. Disminución de fuerzas.

debilitar v. t. Disminuir la fuerza.

debut m. Primera actuación de un artista o de alguien en una actividad. ‖ Estreno de una obra.

debutante adj. Que debuta (ú. t. c. s.).

debutar v. i. Presentarse por primera vez un artista ante el público o cualquier otra persona en una actividad. ‖ Presentarse en sociedad.

deca, prefijo que, delante de una unidad, multiplica ésta por diez: *decámetro.*

década f. Decena. ‖ Espacio de diez días o años.

decadencia f. Declinación.

decadente adj. Que decae.

decaedro m. Cuerpo geométrico de diez caras.

decaer v. i. Ir a menos, declinar.

decágono m. Polígono de diez lados.

decagramo m. Peso de diez gramos.

decaimiento m. Desaliento. || Prostración.

decalitro m. Diez litros.

decálogo m. Mandamientos de la ley de Dios.

decámetro m. Diez metros. || Cinta o cadena de 10 metros utilizada para medir.

decano, na m. y f. Persona más antigua de una comunidad. || La nombrada para presidir una corporación o facultad.

decantación f. Acción y efecto de decantar.

decantar v. t. Eliminar las impurezas de un líquido.

decapitar v. t. Cortar la cabeza.

decápodos m. pl. Familia de crustáceos o de moluscos con cinco pares de patas, como el cangrejo, o de tentáculos, como el calamar (ú. t. c. adj.).

decasílabo, ba adj. En poesía, dícese del verso que tiene diez sílabas (ú. t. c. s. m.).

decatlón m. Competición atlética que consta de diez pruebas.

decena f. Conjunto de diez unidades.

decencia f. Decoro.

decenio m. Diez años.

decente adj. Conforme a la decencia. || Que obra con dignidad, honestidad o recato. || *Fig.* Correcto.

decepción f. Desengaño.

decepcionar v. t. Desilusionar.

deceso m. Muerte.

deci, prefijo que, delante de una unidad, significa la décima parte de ésta.

decibel o **decibelio** m. Unidad de medida de la intensidad de los sonidos.

decidir v. t. Pronunciar un juicio sobre una cosa discutida: *decidir una cuestión.* || Acordar: *decidieron salir.* || Convencer de hacer algo: *le decidió a que se fuera.* || — V. pr. Tomar una resolución.

decigramo m. Décima parte del gramo.

decilitro m. Décima parte del litro.

décima f. Cada una de las diez partes iguales de un todo. || Composición de diez versos octosílabos.

decimal adj. Que tiene por base el número diez. || Aplícase a la fracción cuyo denominador es divisible por diez. || — M. Cifra colocada después de la coma en un número decimal.

decímetro m. Décima parte del metro.

décimo, ma adj. Que va después del noveno (ú. t. c. s.). || Aplícase a cada una de las diez partes iguales de un todo (ú. t. c. s. m.). || — M. Décima parte de un billete de lotería.

decimoctavo, va adj. Que ocupa el lugar dieciocho (ú. t. c. s.).

decimonono, na adj. Que ocupa el lugar diecinueve (ú. t. c. s.).

decimoséptimo, ma adj. Que ocupa el lugar diecisiete (ú. t. c. s.).

decimosexto, ta adj. Que ocupa el lugar dieciséis (ú. t. c. s.).

decir m. Lo que se dice: *según sus decires.*

decir v. t. Manifestar con palabras o por escrito: *decir la verdad.* || Hablar: *dicen muchas cosas de ti.* || Relatar: *me dijo lo que vio.* || Ordenar: *le dijo que viniera.* || Celebrar: *decir misa.* || Denotar: *su indumentaria dice su pobreza.* || — V. pr. Hablarse a sí mismo: *me dije que debía ir.*

decisión f. Acción de decidir. || Lo decidido. || Determinación. || Ánimo. || Fallo de un tribunal.

decisivo, va adj. Que decide.

declamar v. t. e i. Hablar en público. || Recitar.

declaración f. Acción y efecto de declarar.

declarar v. t. Dar a conocer: *declarar una intención.* || Significar: *declarar la guerra.* || *For.* Hacer una deposición los reos y testigos: *declarar ante el juez.* || — V. pr. Manifestarse una cosa: *se declaró un incendio.* || Hacer confesión de amor.

declinación f. Pendiente, declive. || *Gram.* Serie ordenada de los casos gramaticales.

declinar v. i. Ir hacia su fin: *declinar el día.* || — V. t. *Gram.* Poner una palabra declinable en los distintos casos.

declive m. Inclinación.

decoloración f. Acción y efecto de descolorar.

decolorante m. Producto que decolora.

decolorar v. t. Descolorar.

decoración f. Acción de decorar.

decorado m. Conjunto de lienzos que representan el lugar en que ocurre la escena de una obra de teatro o película.

decorador, ra adj. y s. Que decora.

decorar v. t. Adornar una cosa o sitio con accesorios destinados a embellecerlo.

decoro m. Dignidad: *persona sin decoro.*

decrecer v. i. Disminuir.

decreciente adj. Que decrece.

decrepitud f. Suma vejez.

decretar v. t. Decidir. || Ordenar por decreto.

decreto m. Disposición tomada por el jefe del Estado. || Resolución de carácter gubernativo.

décuplo, pla adj. Diez veces mayor.

dedal m. Estuche que se pone en la extremidad del dedo que empuja la aguja de coser.

dedazo m. *Fam. Méx.* Designación de una persona para ejercer un puesto sin seguir los procedimientos establecidos. || *Salv.* Delación.

dedicación f. Acción y efecto de dedicar.

dedicar v. t. Dirigir a una persona, como homenaje, una obra: *dedicar un libro.* || — V. pr. Entregarse a: *dedicarse al estudio.*

dedicatoria f. Fórmula de dedicar una obra.

dedo m. Cada una de las extremidades móviles de la mano o el pie. || Ancho de un dedo.

deducción f. Conclusión.

deducir v. t. Sacar consecuencias. || Rebajar.

defasaje m. *Electr.* Desfase.

defasar v. t. *Electr.* Desfasar.

defectivo, va adj. *Gram.* Dícese del verbo que no se emplea en todos los tiempos, modos y personas (ú. t. c. s. m.).

defecto m. Carencia, falta. || Imperfección.

defectuosidad f. Carácter de defectuoso.

defectuoso, sa adj. Imperfecto.

defender v. t. Luchar para proteger a uno o algo contra un ataque. || Abogar en favor de uno o de una idea. || — V. pr. Resistir un ataque.

defensa f. Acción de defender o defenderse. || Dispositivos usados para defenderse (ú. t. c. pl.). || Amparo, protección: *defensa del perseguido.* || *For.* Abogado defensor. || En ciertos deportes, parte del equipo que protege la portería. || *Amer.* Parachoques de un vehículo. || — Pl. Colmillos de los elefantes, etc. || Cuernos del toro. || — M. Jugador de la línea de defensa.

defensivo, va adj. Útil para defender. || — F. Actitud de defensa.

defensor, ra adj. y s. Que defiende.

deferencia f. Respeto.

deficiencia f. Defecto. || Insuficiencia.
deficiente adj. Insuficiente. || Mediocre.
déficit m. *Com.* Cantidad que falta para que los ingresos se equilibren con los gastos. (Pl. *déficits*.)
deficitario, ria adj. Que tiene déficit.
definición f. Explicación clara y exacta del significado de una palabra.
definido, da adj. Explicado: *palabra mal definida*. || Que tiene límites precisos. || *Gram.* Determinado: *artículo definido.*
definir v. t. Fijar con precisión el significado de una palabra o la naturaleza de una cosa.
definitivo, va adj. Fijado para siempre.
deflación f. Baja de la circulación fiduciaria.
deflagración f. Explosión violenta.
deforestación f. Acción y efecto de deforestar.
deforestar v. t. Destruir las plantas forestales en un terreno.
deformación f. Alteración de la forma normal.
deformar v. t. Alterar la forma (ú. t. c. pr.).
deforme adj. De forma anormal.
deformidad f. Alteración persistente en la forma.
defraudación f. Fraude.
defraudador, ra adj. y s. Que defrauda.
defraudar v. t. Usurpar a uno lo que le toca de derecho: *defraudar a sus acreedores*. || Eludir el pago de impuestos. || *Fig.* Frustrar.
defunción f. Muerte.
degeneración f. Acción y efecto de degenerar.
degenerado, da adj. y s. Que muestra degeneración física, intelectual.
degenerar v. i. Decaer, degradarse.
deglución f. Acción de tragar.
deglutir v. t. e i. Tragar.
degollar v. t. Cortar la garganta o la cabeza.
degollina f. *Fam.* Matanza.
degradación f. Acción y efecto de degradar.
degradante adj. Que degrada.
degradar v. t. Rebajar de grado o dignidad.
degüello m. Acción de degollar.
degustar v. t. Probar alimentos o bebidas.
dehesa f. Campo de pasto.
deidad f. Divinidad.
dejación f. Abandono, cesión.
dejadez f. Pereza, falta de energía. || Descuido.
dejar v. t. Soltar una cosa: *deja este libro*. || Poner algo que se había cogido en un sitio: *deja este florero aquí*. || Abandonar: *dejar su país*. || Cesar: *dejar sus estudios*. || Hacer que quede de cierto modo: *esta noticia lo dejó pasmado*. || Dar: *le dejó una carta para mí*. || Prestar: *le dejaré mis tocadiscos*. || Olvidar: *dejé el paraguas en casa* (ú. t. c. pr.). || Permitir, no impedir: *deja a su hijo que salga*. || Producir: *el negocio le dejó ganancia*. || No molestar: *déjalo tranquilo*. || Aplazar: *deja este trabajo para mañana*. || Designar, considerar: *dejar como heredero*. || Legar. || — V. pr. Descuidarse. || Abandonarse, entregarse. || Cesar: *déjese de llorar.*
dejo m. Acento de algunas personas al hablar.
del, contracción de la preposición *de* y el art. *el.*
delación f. Denuncia, acusación.
delantal m. Prenda que protege el vestido.
delante adv. En la parte anterior: *ir delante*. || Enfrente: *delante de mi casa*. || En presencia de.
delantero, ra adj. Que va delante. || — M. Jugador de la línea de ataque en un equipo deportivo. || — F. Parte anterior de una cosa. || Primera fila de asientos

en un local público. || Línea de ataque en un equipo deportivo.
delatar v. t. Revelar a la autoridad un delito y designar a su autor.
delator, ra adj. y s. Acusador.
delegación f. Acción y efecto de delegar. || Cargo y oficina del delegado. || Denominación por la que se conocen algunos organismos públicos de carácter provincial: *delegación de Hacienda.*
delegado, da adj. y s. Aplícase a la persona que actúa en nombre de otra.
delegar v. t. Dar autorización a uno para que actúe en lugar de otro.
deleitar v. t. Causar placer (ú. t. c. s.).
deleite m. Placer.
delfín m. Cetáceo carnívoro. || Príncipe heredero en Francia.
delgadez f. Estado de delgado.
delgado, da adj. Poco grueso.
deliberación f. Discusión sobre un asunto.
deliberar v. i. Examinar y discutir una cosa antes de tomar una decisión: *las Cortes deliberan.*
delicadeza f. Finura: *delicadeza del gusto*. || Suavidad. || Miramiento, atención, amabilidad.
delicado, da adj. Agradable al gusto, *manjar delicado*. || Endeble: *delicado de salud*. || Complicado: *un asunto delicado*. || Difícil de contentar. Ú. t. c. s.: *hacerse el delicado*. || Sensible.
delicia f. Placer extremo.
delicioso, sa adj. Muy agradable.
delictivo, va y **delictuoso, sa** adj. Del delito.
delimitar v. t. Limitar.
delincuencia f. Calidad de delincuente. || Conjunto de actos delictivos en un país o época.
delincuente adj. y s. Culpable de un delito.
delineante m. y f. Dibujante que traza planos.
delinear v. t. Trazar las líneas de una cosa.
delinquir v. i. Cometer delito.
delirar v. i. Desvariar.
delirio m. Acción de delirar. || Perturbación mental causada por una enfermedad.
delírium trémens m. Delirio con agitación.
delito m. Infracción a la ley.
delta f. Cuarta letra del alfabeto griego. || — M. Terreno bajo triangular formado en la desembocadura de un río: *el delta del Ebro.*
demacración f. Adelgazamiento.
demacrarse v. pr. Adelgazar mucho.
demagogia f. Política que intenta agradar.
demagógico, ca adj. De la demagogia.
demagogo, ga m. y f. Persona que intenta ganar influencia política halagando al pueblo.
demanda f. Petición. || Acción que se ejercita en juicio. || Pedido de mercancías. | Conjunto de los productos y servicios que los consumidores están dispuestos a adquirir: *la oferta y la demanda.*
demandado, da m. y f. || Acusado en un pleito.
demandante adj. y s. Que demanda.
demandar v. t. *For.* Presentar querella ante un tribunal civil. || Pedir.
demarcación f. Limitación.
demarcar v. t. Limitar.
demás adj. Precedido del artículo *lo, la, los, las* significa *lo otro, la otra, los otros, las otras.*
demasía f. Exceso.
demasiado, da adj. Excesivo.
demencia f. Locura.

demente adj. y s. Loco.

democracia f. Gobierno o país en que el pueblo ejerce la soberanía eligiendo a sus dirigentes.

demócrata adj. De la democracia (ú. t. c. s.).

democrático, ca adj. Conforme con la democracia. || Relativo a la democracia. || Partidario de la democracia (ú. t. c. s.).

democratización f. Acción de democratizar.

democratizar v. t. Hacer demócrata.

demografía f. Estudio estadístico de la población.

demográfico, ca adj. Referente a la demografía.

demoler v. t. Destruir.

demolición f. Destrucción.

demonio m. Diablo.

demora f. Tardanza, retraso.

demorar v. t. Retardar, diferir.

demostración f. Acción de demostrar.

demostrar v. t. Probar de un modo evidente. || Fig. Dar pruebas.

demostrativo, va adj. Que demuestra. || Gram. Dícese de los adjetivos y pronombres que señalan personas o cosas (ú. t. c. s. m.).

denegar v. t. Negar, rehusar.

denigración f. Difamación.

denigrador, ra y **denigrante** adj. Que denigra.

denigrar v. t. Atacar la fama de alguien. || Injuriar.

denodado, da adj. Decidido.

denominación f. Nombre con que se designa una persona o cosa.

denominador, ra adj. y s. Que denomina. || — M. Mat. Divisor en el quebrado.

denominar v. i. Llamar.

denostar v. t. Injuriar.

denotar v. t. Indicar, revelar.

densidad f. Calidad de denso. || Relación entre la masa de un cuerpo y la del agua o aire que ocupa el mismo volumen. || Densidad de población, número de habitantes por kilómetro cuadrado.

denso, sa adj. Compacto, muy pesado en relación con su volumen. || Fig. Espeso: neblina densa.

dentadura f. Conjunto de dientes.

dentellada f. Mordisco.

dentición f. Acción y efecto de echar los dientes.

dentífrico, ca adj. y s. m. Dícese del producto que sirve para limpiar los dientes.

dentista com. Médico que cuida los dientes.

dentro adv. Al o en el interior.

denuedo m. Valor.

denuesto m. Insulto.

denuncia f. Acusación.

denunciador, ra y **denunciante** adj. y s. Que denuncia.

denunciar v. t. For. Acusar ante la autoridad. || Anular. || Poner de manifiesto, indicar.

deontología f. Ciencia o tratado de los deberes.

deparador, ra adj. Que depara (ú. t. c. s.).

deparar v. t. Ofrecer.

departamental adj. Relativo al departamento.

departamento m. División territorial en ciertos países. || Cada una de las partes en que se divide una caja, un edificio, un vagón de ferrocarril, etc.

depauperación f. Empobrecimiento.

depauperar v. t. Empobrecer.

dependencia f. Sujeción, subordinación. || Oficina dependiente de otra superior. || Sucursal. || — Pl. Cosas accesorias de otra principal. || Habitaciones de un edificio grande.

depender v. i. Estar bajo la dependencia.

dependiente f. Empleada de una tienda.

dependiente adj. Que depende. || — M. Empleado de una tienda.

depilación f. Acción de depilar.

depilar v. t. Quitar o arrancar los pelos o vello.

deplorar v. t. Lamentar.

deponer v. t. Dejar: deponer las armas. || Destituir de un empleo. || Declarar ante el juez.

deportación f. Destierro.

deportar v. t. Condenar a deportación.

deporte m. Ejercicio físico practicado individualmente o en grupo según reglas determinadas.

deportista adj. y s. Que practica deportes.

deportividad f. Carácter deportivo.

deportivo, va adj. Relativo al deporte.

deposición f. Privación de empleo. || Declaración hecha ante el juez. || Evacuación del vientre.

depositante adj. y s. Que deposita.

depositar v. t. Poner bienes o cosas de valor bajo la custodia de alguien que responda de ellos. || Colocar en un lugar determinado. || Sedimentar un líquido. || Fig. Fundar esperanzas, ilusiones, etc., en algo o alguien. || — V. pr. Sedimentarse.

depósito m. Acción y efecto de depositar. || Cosa depositada. || Recipiente para contener un líquido. || Almacén, lugar para guardar mercancías.

depravación f. Acción de depravar.

depravado, da adj. y s. Pervertido.

depravar v. t. Pervertir, corromper.

depreciación f. Disminución del valor o precio.

depreciar v. t. Hacer disminuir el precio o valor.

depresión f. Hundimiento natural o accidental en un terreno o superficie. || Estado patológico caracterizado por una tristeza profunda e inmotivada.

deprimente adj. Que deprime.

deprimir v. t. Reducir el volumen por presión. || Fig. Hacer decaer el ánimo física o moralmente.

deprisa adv. Aprisa, con prontitud.

depuración f. Acción de depurar.

depurador, ra adj. Que depura (ú. t. c. s. m.).

depurar v. t. Limpiar.

derecha f. Lado derecho. || Mano derecha. || Parte más conservadora en política.

derechista com. Miembro de un partido político de derecha.

derecho m. Conjunto de las leyes y disposiciones a que está sometida toda sociedad civil. || Su estudio. || Facultad de hacer una cosa. || Tributo, tasa: derechos de aduana. || — Pl. Honorarios.

derecho, cha adj. Recto: camino derecho. || Vertical: poner derecho un poste. || Que no está encorvado. || Dícese de lo que está colocado en el cuerpo del hombre, del lado opuesto al corazón: mano derecha.

deriva f. Desvío del rumbo. || Geol. Deriva continental, desplazamiento lento de los continentes debido a que flotan sobre el magma del interior de la Tierra.

derivación f. Acción de derivar. || Formación de vocablos mediante la adición de sufijos, etc.

derivado, da adj. Gram. Dícese de la palabra que procede de otra (ú. t. c. s. m.). || — M. Producto que se saca de otro. || — F. Mat. Derivada de una función, de una variable, límite hacia el cual tiende la relación entre el incremento de la función y el atribuido a la variable cuando ésta tiende a cero.

derivar v. i. Traer su origen de una cosa (ú. t. c. pr.). || — V. t. Cambiar la dirección. || Traer una palabra de cierta raíz, como *marina* de *mar*. || Llevar parte de una corriente en otra dirección. || *Mat.* Obtener una función derivada. || — V. pr. Proceder, venir.

dermis f. Capa inferior de la piel.

derogación f. Anulación.

derogar v. t. Abolir, anular.

derrama f. Reparto de un impuesto o gasto.

derramamiento m. Acción y efecto de derramar.

derramar v. t. Verter: *derramar agua*. || Esparcir: *derramar arena*. || Repartir los impuestos.

derrapar v. i. Patinar un vehículo.

derrengado, da adj. Cansado.

derretimiento m. Acción de derretir.

derretir v. t. Licuar por medio del calor. || — V. pr. Volverse líquido.

derribar v. t. Echar a tierra. || *Fig.* Derrocar.

derribo m. Acción de derribar.

derrocamiento m. Acción de derrocar.

derrocar v. t. Destituir, deponer.

derrochador, ra adj. y s. Que derrocha.

derrochar v. t. Malgastar.

derroche m. Despilfarro.

derrota f. *Mil.* Fuga en desorden de un ejército. || *Fig.* Fracaso, revés: *las derrotas de la vida*.

derrotar v. t. Vencer al contrario.

derrotero m. Dirección, camino.

derruir v. t. Destruir poco a poco.

derrumbamiento m. Desplome. || Desmoronamiento. || Derrocamiento.

derrumbar v. t. Derribar (ú. t. c. pr.).

desabrido, da adj. Desapacible.

desabrochar v. t. Abrir los botones, etc.

desacatar v. t. Desobedecer.

desacato m. Ofensa a una autoridad. || Infracción.

desacertado, da adj. Hecho sin acierto.

desacertar v. i. No acertar.

desacierto m. Error.

desaconsejar v. t. Aconsejar no hacer.

desacoplar v. t. Desajustar.

desacreditar v. t. Disminuir el crédito de uno.

desactivación f. Acción de desactivar.

desactivar v. t. Quitar la espoleta o el sistema detonador a un artefacto explosivo para evitar que explote. || *Fig.* Suprimir cualquier potencia activa.

desacuerdo m. Disconformidad.

desafecto, ta adj. Que muestra desapego. || Opuesto, contrario. || — M. Falta de afecto.

desafiar v. t. Provocar, retar. || Arrostrar, afrontar.

desafinar v. i. *Mús.* Destemplarse un instrumento o la voz (ú. t. c. pr.).

desafío m. Reto. || Duelo. || Rivalidad.

desaforado, da adj. Excesivo.

desafortunado, da adj. Que tiene mala suerte. || Desgraciado. || Inoportuno, desacertado.

desafuero m. Acto violento contra la ley.

desagradable adj. Que no gusta. || Molesto.

desagradar v. i. Causar desagrado. || Molestar.

desagradecer v. t. Mostrar ingratitud.

desagradecido, da adj. y s. Ingrato.

desagradecimiento m. Ingratitud.

desagrado m. Disgusto.

desagraviar v. t. Reparar un agravio.

desagravio m. Reparación de un agravio.

desagregación f. Acción y efecto de desagregar.

desagregar v. t. Descomponer un conjunto.

desaguar v. t. Extraer el agua de un sitio para desecarlo. || — V. i. Desembocar un río.

desagüe m. Acción de desaguar.

desaguisado, da adj. Hecho contra ley o razón. || — M. Desacierto, cosa mal hecha.

desahogado, da adj. Descarado, desvergonzado. || Que vive con acomodo.

desahogar v. t. Dar libre curso a un sentimiento o pasión: *desahogar su ira*. || — V. pr. Confiarse, sincerarse con una persona: *desahogarse con un amigo*. || Decir lo que se piensa.

desahogo m. Alivio, descanso. || Desenvoltura: *contestar con desahogo*. || Comodidad, bienestar.

desahuciar v. t. Quitar toda esperanza: *desahuciar a un enfermo*. || Expulsar al inquilino.

desahucio m. Expulsión del inquilino.

desairar v. t. Hacer un feo. || Desestimar.

desaire m. Afrenta.

desajustar v. t. Desarreglar.

desajuste m. Acción de desajustar.

desalentar v. t. Desanimar.

desaliento m. Desánimo.

desaliño m. Falta de compostura.

desalmado, da adj. y s. Malvado.

desalojar v. t. Expulsar.

desambientar v. t. Hacer perder la ambientación de algo (ú. t. c. pr.). || *Fig. Estar desambientado,* estar fuera de su ambiente habitual.

desamortización f. Acción de desamortizar.

desamortizar v. t. Liberar bienes amortizados.

desamparar v. t. Dejar sin amparo.

desamparo m. Acción y efecto de desamparar. || Abandono. || Aflicción.

desandar v. t. Volver atrás.

desangramiento m. Acción de desangrar.

desangrar v. t. Sacar la sangre. || *Fig.* Sacarle todo el dinero a uno. || — V. pr. Perder mucha sangre.

desanimación f. Falta de animación.

desanimado, da adj. Falto de ánimo. || Que tiene poca animación.

desanimar v. t. Quitar el ánimo, el valor (ú. t. c. pr.). || Quitar la animación.

desánimo m. Abatimiento.

desapacible adj. Desagradable.

desaparecer v. i. Dejar de ser visible. || Ocultarse, quitarse de la vista. || Irse: *desapareció de la fiesta*.

desaparición f. Acción de desaparecer.

desapasionado, da adj. Falto de pasión.

desapasionar v. t. Quitar la pasión (ú. t. c. pr.).

desapego m. *Fig.* Falta de afecto.

desapercibido, da adj. Desprevenido: *coger desapercibido*. || Inadvertido.

desaprensivo, va adj. Sin escrúpulos (ú. t. c. s.).

desapretar v. t. Aflojar, soltar.

desaprobación f. Falta de aprobación.

desaprobar v. t. Censurar.

desaprovechado, da adj. Aplícase al que pudiendo adelantar en algo no lo hace: *estudiante desaprovechado*. || Mal empleado.

desaprovechar v. t. Desperdiciar.

desarmado, da adj. Sin armas.

desarmador m. *Hond., Méx.* y *Salv.* Destornillador.

desarmar v. t. Quitar las armas: *desarmar al enemigo*. || Desmontar las piezas de un artefacto: *desarmar una máquina*. || *Fig.* Confundir, desconcertar: *su respuesta me desarmó*.

desarme m. Acción de desarmar.

desarraigar v. t. *Fig.* Quitar una costumbre.
desarraigo m. Acción de desarraigar.
desarreglado, da adj. Desordenado.
desarreglar v. t. Desordenar. || *Fig.* Trastornar.
desarreglo m. Falta de arreglo, desorden. || — Pl. Trastornos: *desarreglos intestinales.*
desarrollar v. t. Extender, desplegar lo que está arrollado. || *Fig.* Aumentar: *desarrollar el comercio.* | Explicar una teoría detalladamente. | Tener, realizar: *desarrollar actividades subversivas.* || — V. pr. Crecer, desenvolverse. || Tener lugar.
desarrollo m. Acción y efecto de desarrollar o desarrollarse. || Crecimiento.
desarticulación f. Acción de desarticular.
desarticular v. t. Separar dos o más huesos o piezas articuladas entre sí. || *Fig.* Desorganizar.
desaseo m. Falta de aseo.
desasosegar v. t. Privar de sosiego.
desasosiego m. Falta de sosiego.
desastre m. Calamidad.
desastroso, sa adj. Muy malo, catastrófico.
desatar v. t. Soltar lo atado. || *Fig.* Soltar: *desatar la lengua.* || — V. pr. *Fig.* Descomedirse: *desatarse en insultos.* | Desencadenarse una fuerza física o moral: *se desató una tormenta.*
desatascar v. t. Desobstruir.
desatender v. t. No prestar atención.
desatento, ta adj. Que no presta la atención requerida. || Descortés.
desatinado, da adj. Insensato.
desatinar v. i. Cometer desatinos.
desatino m. Disparate, despropósito.
desatorar v. t. Desobstruir.
desatornillar v. t. Destornillar.
desautorización f. Desaprobación.
desautorizar v. t. Quitar la autoridad.
desavenencia f. Desacuerdo.
desayunar v. i. Tomar el desayuno. || — V. t. Comer en el desayuno.
desayuno m. Primera comida del día.
desazolvar v. t. *Ecuad., Guat., Hond.* y *Méx.* Quitar el azolve que obstruye los conductos de agua.
desazolve m. *Méx.* Acción y efecto de desazolvar.
desazón f. Desasosiego. || Malestar. || Picazón.
desazonar v. t. *Fig.* Disgustar.
desbalagar v. t. *Méx.* Desparramar, dispersar.
desbancar v. t. En los juegos de azar, ganar al banquero todo el dinero. || *Fig.* Suplantar a uno.
desbandarse v. pr. Huir en desorden.
desbarajuste m. Desorden.
desbaratar v. t. Descomponer: *desbaratar un reloj.* || Derrochar, malgastar: *desbaratar sus bienes.* || *Fig.* Hacer fracasar: *desbaratar sus planes.*
desbarrar v. i. *Fig.* Disparatar.
desbloquear v. t. *Com.* Levantar el bloqueo: *desbloquear un crédito.* || Aflojar algo bloqueado.
desbordamiento m. Acción de desbordar.
desbordante adj. Que desborda. || Que se sale de sus límites.
desbordar v. t. Salir de los bordes, derramarse un líquido (ú. t. c. pr.). || Salir de su cauce un río (ú. t. c. pr.). || *Fig.* Rebosar. || — V. pr. Exaltarse.
desbrozar v. t. Quitar la broza, limpiar.
descabellado, da adj. Insensato.
descabellar v. t. *Taurom.* Matar al toro hiriéndolo en la cerviz.
descabello m. Acción de descabellar al toro.

descabezar v. t. Cortar la parte superior de algo. || *Descabezar un sueño,* dormir poco tiempo.
descafeinado, da adj. y s. m. Sin cafeína.
descafeinar v. t. Suprimir la cafeína del café. || *Fig.* Quitar fuerza.
descalabrar v. t. Herir en la cabeza y, por extensión, en otra parte del cuerpo (ú. t. c. pr.). || *Fam.* Causar daño o perjuicio. | Maltratar.
descalabro m. Contratiempo. || Fracaso.
descalcificación f. Acción de descalcificar.
descalcificar v. t. Provocar la disminución de sustancia calcárea en el organismo (ú. t. c. pr.).
descalificación f. Acción y efecto de descalificar.
descalificar v. t. Incapacitar, inhabilitar.
descalzar v. t. Quitar el calzado.
descalzo, za adj. Sin calzado.
descaminar v. t. Apartar a uno del camino recto.
descamisado, da adj. *Fam.* Sin camisa. || Muy pobre, desharrapado (ú. t. c. s.). || — M. pl. En la Argentina, partidarios de Perón.
descampado, da adj. y s. m. Dícese del terreno sin vegetación ni viviendas.
descansar v. i. Dejar de trabajar. || Reparar las fuerzas con reposo. || *Por ext.* Dormir: *el enfermo descansó toda la noche.* | Apoyarse una cosa en otra: *la viga descansa en la pared.*
descansillo m. Rellano de escalera.
descanso m. Quietud. || Cesación del trabajo por algún tiempo: *descanso por enfermedad.* || Alto en una marcha. || Descansillo de una escalera. || Intermedio en un espectáculo. || Pausa entre las dos partes de un partido. || *Fig.* Alivio.
descapitalizar v. t. Hacer perder el capital (ú. t. c. pr.). || *Fig.* Hacer perder el patrimonio histórico o cultural (ú. t. c. pr.).
descapotable adj. y s. m. Dícese del automóvil de capota plegable.
descapotar v. t. Quitar la capota.
descarado, da adj. y s. Desvergonzado.
descararse v. pr. Hablar u obrar con descaro.
descarga f. Acción y efecto de descargar. || Disparo que se hace de una vez por una o más armas. || Proyectil disparado. | Fenómeno producido cuando un cuerpo electrizado pierde su carga.
descargador, ra m. Dícese de la persona que por oficio descarga mercancías (ú. t. c. s.).
descargar v. t. Quitar la carga: *descargar su barca.* || Disparar las armas de fuego. || Extraer la carga de un arma de fuego. || Dar un golpe con violencia: *descargar un puntapié.* || Quitar la carga eléctrica. || *Fig.* Exonerar a uno de una obligación. || *Fig.* Desahogarse (ú. t. c. pr.).
descargo m. *Com.* En las cuentas, partidas de salida. || Defensa: *testigo de descargo.*
descarnado, da adj. Demacrado. || Desnudo. || *Fig.* Crudo, sin paliativos.
descaro m. Desvergüenza.
descarriar v. t. Apartar a uno de su deber.
descarrilamiento m. Acción de descarrilar.
descarrilar v. i. Salir del carril.
descartar v. t. *Fig.* Desechar una cosa o apartarla de sí: *descartar los obstáculos.* || — V. pr. En algunos juegos, dejar las cartas inútiles.
descarte m. Acción de descartar.
descascarar v. t. Quitar la cáscara.
descascarillar v. t. Quitar la cascarilla.
descastado, da adj. y s. Poco cariñoso.

descendencia f. Hijos y generaciones sucesivas.

descender v. i. Bajar. ‖ Proceder. ‖ — V. t. Poner en un lugar más bajo. ‖ Caer, fluir un líquido, correr: *las lágrimas descendían por sus mejillas.*

descendiente adj. Que desciende de otro (ú. t. c. s.).

descendimiento m. Acción de bajar. ‖ Por antonomasia, descenso de Cristo de la Cruz.

descenso m. Acción y efecto de descender. ‖ Bajada. ‖ *Fig.* Decadencia. | Disminución. ‖ Prueba de esquí efectuada en una pista pendiente.

descentrado, da adj. Fuera de su centro.

descentralización f. Acción de descentralizar.

descentralizar v. t. Transferir a corporaciones locales o regionales, servicios privativos del Estado.

descentrar v. t. Sacar de su centro.

descifrado m. Desciframiento.

desciframiento m. Acción y efecto de descifrar.

descifrar v. t. Sacar el significado de lo que está escrito en clave. ‖ *Fig.* Aclarar lo poco claro.

descocado, da adj. Poco sensato.

descodificar v. t. Transformar un mensaje codificado en lenguaje comprensible para todos.

descolgar v. t. Bajar lo colgado: *descolgar una lámpara.* ‖ Tomar el teléfono para hablar por él. ‖ — V. pr. Soltarse y caer. ‖ Escurrirse: *descolgarse por una cuerda.* ‖ Ir bajando rápidamente por una pendiente: *descolgarse de las montañas.* | Presentarse inesperadamente una persona.

descollante adj. Que sobresale.

descollar v. i. Sobresalir.

descolocar v. t. Quitar del lugar en que estaba.

descolonización f. Acción de poner término a la situación de un pueblo colonizado.

descolonizar v. t. Efectuar la descolonización.

descolorar v. t. Quitar el color.

descolorido, da adj. De color pálido.

descomedido, da adj. Sin medida.

descomedirse v. pr. Excederse.

descompensación f. Estado de un órgano o sistema enfermos cuando éstos son incapaces de compensar el equilibrio fisiológico alterado.

descomponedor m. Ser vivo que se alimenta de materia orgánica muerta.

descomponer v. t. Desordenar. ‖ Desarreglar un mecanismo (ú. t. c. pr.). ‖ Podrir, corromper. ‖ Separar las partes que forman un compuesto. ‖ *Fig.* Irritar. | Alterar: *el miedo descompuso sus rasgos.* | Trastornar: *esto ha descompuesto mis proyectos.* ‖ — V. pr. Corromperse: *descomponerse un cadáver.* ‖ Sentirse indispuesto. ‖ *Fig.* Irritarse.

descomposición f. Separación de los elementos de un todo. ‖ Putrefacción. ‖ Alteración: *descomposición del rostro.* ‖ Disgregación.

descompostura f. Avería. ‖ Falta de compostura.

descomprimir v. t. Disminuir la compresión.

descompuesto, ta adj. Que ha sufrido descomposición. ‖ *Fig.* Alterado: *rostro descompuesto.*

descomunal adj. Extraordinario.

desconcentrar v. t. Hacer perder la concentración. ‖ — V. pr. Perder la concentración.

desconcertante adj. Que desconcierta.

desconcertar v. t. Desorientar, turbar (ú. t. c. pr.).

desconchar v. t. Quitar a una pared, vasija, etc., parte de su enlucido o revestimiento (ú. t. c. pr.).

desconcierto m. *Fig.* Desorden, desacuerdo. | Confusión. | Falta de medida en las acciones.

desconectar v. t. Interrumpir una conexión.

desconexión f. Acción de desconectar.

desconfiado, da adj. y s. Que no se fía.

desconfianza f. Falta de confianza.

desconfiar v. i. No confiar.

descongelar v. t. Deshelar.

descongestión f. Acción de descongestionar.

descongestionar v. t. Disminuir o quitar la congestión. ‖ *Fig.* Despejar, dejar libre.

descongestivo adj. y s. m. Que descongestiona.

desconocer v. t. No conocer. ‖ Ignorar.

desconocido, da adj. y s. No conocido.

desconocimiento m. Ignorancia.

desconsideración f. Ausencia de consideración.

desconsiderar v. t. No tener consideración.

desconsolar v. t. Entristecer.

desconsuelo m. Aflicción, pena.

descontaminación f. Acción y efecto de descontaminar.

descontaminar v. t. Suprimir o reducir la contaminación.

descontar v. t. No contar con. ‖ Deducir una cantidad al hacer un pago. ‖ Pagar una letra de cambio antes de vencida rebajándole la cantidad estipulada como interés del dinero anticipado.

descontentar v. t. Disgustar.

descontento, ta adj. y s. Disgustado. ‖ — M. Disgusto.

descorazonamiento m. Desaliento.

descorazonar v. t. Desanimar.

descorchar v. t. Quitar el corcho.

descorrer v. t. Plegar lo que estaba estirado: *descorrer las cortinas.* ‖ Deslizar algo para abrir: *descorrer el pestillo.*

descortés adj. y s. Falto de cortesía.

descortesía f. Falta de cortesía.

descortezar v. t. Quitar la corteza.

descoser v. t. Deshacer una costura.

descoyuntar v. t. Desencajar los huesos de su lugar. Ú. t. c. pr.: *descoyuntarse un brazo.*

descrédito m. Pérdida de crédito.

describir v. t. Relatar.

descripción f. Acción y efecto de describir.

descriptivo, va adj. Que describe (ú. t. c. s. m.).

descuartizamiento m. Acción de descuartizar.

descuartizar v. t. Dividir un cuerpo en trozos.

descubierto, ta adj. Sin sombrero. ‖ — M. Déficit.

descubridor, ra adj. y s. Que descubre.

descubrimiento m. Acción de descubrir un país ignorado o cosas científicas. ‖ Cosa descubierta.

descubrir v. t. Hallar lo escondido o ignorado: *descubrir un tesoro.* ‖ Inventar: *descubrir la litografía.* ‖ *Fig.* Divisar: *descubrir el Guadarrama.* ‖ Enterarse: *descubrir un complot.* | Revelar: *descubrir sus intenciones.* ‖ — V. pr. Quitarse el sombrero, la gorra, etc. ‖ *Fig.* Manifestar admiración: *descubrirse ante un acto de valor.*

descuento m. Acción y efecto de descontar.

descuidar v. t. Desatender una cosa, no poner en ella la atención debida: *descuidar sus obligaciones* (ú. t. c. pr.). ‖ No preocuparse: *descuida, que yo me encargaré de todo.*

descuido m. Falta de cuidado. ‖ Distracción.

desde prep. Denota principio de tiempo o lugar y forma parte de modismos adverbiales: *desde entonces; desde allí.* ‖ *Desde luego*, naturalmente.

desdecir v. i. *Fig.* No ir bien una cosa con otra. || — V. pr. Retractarse: *desdecirse de su palabra.*
desdén m. Desprecio.
desdeñable adj. Despreciable.
desdeñar v. t. Despreciar.
desdicha f. Desgracia.
desdichado, da adj. y s. Desgraciado.
desdoblamiento m. Acción de desdoblar.
desdoblar v. t. Extender una cosa doblada.
desdoro m. Deshonra, descrédito.
desear v. t. Tender a la posesión o realización de algo agradable o útil para sí mismo o para otro. || Expresar algún voto: *le deseo unas felices Pascuas.*
desecación f. Acción y efecto de desecar.
desecar v. t. Secar.
desechable adj. Descartable.
desechar v. t. Rechazar.
desecho m. Lo que se desecha. || Residuo.
desembalar v. t. Deshacer el embalaje.
desembalse m. Acción y efecto de desembalsar.
desembarazar v. t. Quitar lo que estorba.
desembarazo m. Desenvoltura.
desembarcadero m. Lugar donde se desembarca.
desembarcar v. t. Sacar de la embarcación: *desembarcar mercancías.* || — V. i. Salir de la nave.
desembarco m. Acción de desembarcar personas.
desembargar v. t. Levantar el embargo.
desembargo m. *For.* Acción de desembargar.
desembarque m. Acción y efecto de desembarcar mercancías.
desembocadura f. Lugar por donde un río desemboca en otro o en el mar, o una calle en otra.
desembocar v. i. Desaguar un río en otro o en el mar. || Dar una calle en otra. || *Fig.* Conducir.
desembolsar v. t. Gastar o pagar dinero.
desembolso m. Entrega de dinero.
desembragar v. t. Desconectar un mecanismo del eje de un motor.
desembrague m. Acción de desembragar.
desembrollar v. t. Desenredar.
desempacar v. t. Desempaquetar.
desempalmar v. t. Quitar un empalme.
desempalme m. Acción de desempalmar.
desempaquetado m. Acción de desempaquetar.
desempaquetar v. t. Sacar de su paquete.
desempatar v. t. Deshacer el empate.
desempate m. Acción de desempatar.
desempeñar v. t. Liberar lo empeñado. || Ejercer, tener a su cargo: *desempeñar funciones importantes.* || Realizar: *desempeñar una misión peligrosa.* || *Teatr.* Representar un papel.
desempleado, da adj. Sin trabajo (ú. t. c. s.).
desemplear v. t. Dejar sin trabajo.
desempleo m. Paro forzoso.
desempolvar v. i. Quitar el polvo.
desencadenamiento m. Acción y efecto de desencadenar.
desencadenar v. t. Soltar al que está amarrado con cadena. || *Fig.* Provocar: *desencadenarse una guerra.* || Romper la cadena o vínculo de las cosas inmateriales. || — V. pr. *Fig.* Desatarse.
desencajar v. t. Sacar de su encaje. || Dislocar los huesos. || *Fig.* Alterarse el semblante.
desencajonamiento m. Acción de desencajonar: *desencajonamiento de los toros.*
desencajonar v. t. Sacar de un cajón. || Hacer salir al toro del cajón en que está encerrado.

desencantar v. t. Desilusionar.
desencanto m. Desilusión.
desenchufar v. t. Quitar el enchufe.
desencoger v. t. Extender lo encogido.
desencuadernar v. t. Quitar la encuadernación.
desenfadado, da adj. Desenvuelto, desahogado.
desenfadar v. t. Quitar o aplacar el enfado.
desenfado m. Franqueza. || Desenvoltura.
desenfocar v. t. Enfocar mal.
desenfrenado, da adj. Alocado.
desenfreno m. *Fig.* Acción y efecto de desenfrenarse. || Libertinaje.
desenfundar v. t. Sacar de la funda.
desenganchar v. t. Soltar lo enganchado.
desengañado, da adj. Desilusionado.
desengañar v. t. Desilusionar, decepcionar.
desengaño m. Decepción.
desengrasar v. t. Quitar la grasa.
desengrase m. Acción y efecto de desengrasar.
desenlace m. Solución del nudo o enredo de un poema dramático, de una novela, etc.
desenlazar v. t. Soltar lo que está atado. || *Fig.* Dar desenlace o solución a un asunto o problema.
desenmarañar v. t. Desembrollar.
desenmascarar v. t. Quitar la máscara. || Descubrir lo que una persona o cosa es en realidad.
desenmudecer v. i. Romper el silencio.
desenredar v. t. Deshacer lo embrollado.
desenredo m. Acción y efecto de desenredar.
desenrollar v. t. Soltar lo arrollado.
desentenderse v. pr. No querer saber nada.
desenterrar v. t. Sacar lo enterrado.
desentonar v. i. *Mús.* Estar fuera de tono: *desentonar la voz.* || *Fig.* Salir del tono, chocar.
desentono m. Acción y efecto de desentonar.
desentrañar v. t. *Fig.* Indagar, adivinar.
desentrenado, da adj. Falto de entrenamiento.
desentumecer v. t. Hacer que un miembro entorpecido recobre su soltura (ú. t. c. pr.).
desentumecimiento m. Acción y efecto de desentumecer.
desenvainar v. t. Sacar de la vaina.
desenvoltura f. *Fig.* Desenfado.
desenvolver v. t. Deshacer lo envuelto. || *Fig.* Desarrollar, exponer. || — V. pr. Desarrollarse. || *Fig.* Salir adelante, arreglárselas. | Salir de apuro.
desenvuelto, ta adj. Que tiene desenvoltura.
deseo m. Aspiración al conocimiento o la posesión de algo. || Lo que se desea. || Voto: *deseo de felicidad.*
deseoso, sa adj. Que desea.
desequilibrado, da adj. y s. Falto de equilibrio.
desequilibrar v. t. Hacer perder el equilibrio.
desequilibrio m. Falta de equilibrio.
deserción f. Acción de desertar.
desertar v. i. Abandonar el soldado sus banderas.
desértico, ca adj. Desierto.
desertificación f. Acción y efecto de desertificar.
desertificar v. t. Convertir en desierto lo que no lo era.
desertor, ra m. y f. Persona que deserta.
desesperación f. Pérdida total de esperanza.
desesperado, da adj. Poseído de desesperación (ú. t. c. s.). || Sin esperanzas.
desesperante adj. Que desespera.
desesperanza f. Desesperación.
desesperanzar v. t. Quitar la esperanza.

desesperar v. t. Quitar la esperanza. || *Fam.* Irritar, exasperar: *este niño me desespera* (ú. t. c. pr.). || — V. pr. Perder la esperanza.

desestimación f. Acción y efecto de desestimar.

desestimar v. t. Despreciar. || Denegar.

desfachatez f. *Fam.* Descaro.

desfalcador, ra adj. y s. Que desfalca.

desfalcar v. i. Malversar un caudal.

desfalco m. Acción de desfalcar.

desfallecer v. t. Causar desfallecimiento. || — V. i. Debilitarse mucho. || Desmayarse.

desfallecimiento m. Desmayo.

desfasado, da adj. Fuera de fase. || Descentrado.

desfasaje m. *Electr.* Desfase.

desfasar v. t. *Electr.* Establecer una diferencia de fase entre dos fenómenos alternativos que tienen la misma frecuencia.

desfase m. *Electr.* Diferencia de fase entre dos fenómenos alternativos de igual frecuencia. || *Fig.* Falta de correspondencia respecto a las corrientes, condiciones o circunstancias del momento.

desfavorable adj. Contrario, poco favorable.

desfavorecer v. t. Dejar de favorecer.

desfiguración f. Acción y efecto de desfigurar.

desfigurar v. t. Afear el semblante: *una cicatriz le desfigura.* || *Fig.* Alterar: *desfigurar la verdad.*

desfiguro m. *Méx.* Cosa, hecho o acción ridícula.

desfiladero m. Paso entre montañas.

desfilar v. i. Marchar en fila: *desfilar la tropa.* || Pasar los modelos de costura en un salón.

desfile m. Acción de desfilar. || Paso de los modelos de costura en un salón. || *Fig.* Serie.

desfogar v. t. Dar rienda suelta a una pasión.

desgaire m. Descuido.

desgajamiento m. Desprendimiento, ruptura.

desgajar v. t. Arrancar.

desgalichado, da adj. Desgarbado.

desgana f. Falta de ganas.

desganado, da adj. Sin apetito.

desganar v. t. Cortar el apetito, las ganas.

desgañitarse v. pr. Gritar fuerte.

desgarbado, da adj. Sin garbo.

desgarbo m. Ausencia de garbo.

desgarrador, ra adj. Que desgarra.

desgarramiento m. Rotura.

desgarrar v. t. Rasgar: *desgarrar un vestido.* || *Fig.* Destrozar: *desgarrar el corazón.*

desgarro m. Desgarrón. || Rotura muscular.

desgarrón m. Rotura grande en la ropa.

desgastar v. t. Deteriorar poco a poco por el roce o el uso. || — V. pr. *Fig.* Debilitarse, cansarse.

desgaste m. Deterioro progresivo. || Debilitación.

desgracia f. Suerte desfavorable: *labrarse la propia desgracia.* || Revés, acontecimiento adverso: *sufrir muchas desgracias.* || Pérdida de valimiento: *caer en desgracia.* || Suceso en que hay muertos o heridos: *en esta casa ha ocurrido una desgracia.*

desgraciado, da adj. Que no tiene suerte (ú. t. c. s.). || Funesto: *empresa desgraciada.* || Falto de gracia o atractivo. || Desagradable.

desgraciar v. t. Estropear. || Lisiar, herir. || *Fam.* Deshonrar a una mujer. || — V. pr. Salir mal.

desgranar v. t. Separar los granos.

desgravación f. Rebaja, disminución.

desgravar v. t. Rebajar un impuesto.

desgreñado, da adj. Despeinado.

desgreñar v. t. Despeinar.

desguace m. Acción y efecto de desguazar.

desguazar v. t. Deshacer un barco, un coche.

deshabitado, da adj. Sin habitar.

deshabitar v. t. Dejar sin habitantes.

deshabituar v. t. Desacostumbrar (ú. t. c. pr.).

deshacer v. t. Destruir lo hecho: *deshacer la cama.* || Derrotar: *deshacer un ejército.* || Anular: *deshacer un contrato.* || Derretir: *deshacer la nieve.* || *Fig.* Desbaratar: *deshacer una intriga.* || Deshacer agravios, vengarlos. || — V. pr. Descomponerse: *deshacerse las nubes en lluvia.* || *Fig.* Trabajar con ahínco: *deshacerse por conseguir algo.* | Hacer todo lo que se puede: *cuando vine aquí se deshizo por mí.* | Impacientarse. | Extenuarse.

desharrapado, da adj. y s. Andrajoso.

deshecho, cha adj. Extenuado. | Abatido.

deshelar v. t. Derretir lo helado (ú. t. c. pr.).

desherbar o **desyerbar** v. t. Quitar las hierbas perjudiciales.

desheredado, da adj. y s. Que no tiene dones naturales ni bienes de fortuna.

desheredar v. t. Excluir de la herencia.

deshidratación f. Acción de deshidratar.

deshidratar v. t. Quitar a un cuerpo el agua.

deshielo m. Acción de deshelar o deshelarse.

deshilar v. t. Sacar los hilos de un tejido.

deshilvanado, da adj. *Fig.* Sin enlace.

deshilvanar v. t. Quitar hilvanes.

deshinchar v. t. Quitar la hinchazón. || Desinflar.

deshojar v. t. Quitar las hojas a una planta o los pétalos a una flor. || — V. pr. Caerse las hojas.

deshollinar v. t. Limpiar de hollín las chimeneas.

deshonestidad f. Inmoralidad.

deshonesto, ta adj. Falto de honestidad.

deshonor m. Pérdida del honor. || Deshonra.

deshonra f. Pérdida de la honra. || Cosa deshonrosa.

deshonrar v. t. Quitar la honra (ú. t. c. pr.). || Hacer perder la virginidad a una mujer.

deshonroso, sa adj. Vergonzoso.

deshora f. Tiempo inoportuno.

deshumanización f. Acción de deshumanizar.

deshumanizar v. t. Quitar el carácter humano.

deshumedecer v. t. Quitar la humedad.

desidia f. Negligencia, dejadez.

desidioso, sa adj. y s. Negligente.

desierto, ta adj. Despoblado. || Donde hay poca gente: *calle desierta.* || Dícese del concurso o subasta en que nadie toma parte o en que no se concede el premio o la plaza. || — M. Lugar arenoso, árido y despoblado: *el desierto del Sahara.*

designación f. Nombramiento. || Nombre.

designar v. t. Nombrar, destinar para un fin. || Denominar, llamar. || Fijar: *designar el lugar.*

designio m. Proyecto. || Propósito.

desigual adj. No igual.

desigualar v. t. Hacer desigual.

desigualdad f. Falta de igualdad.

desilusión f. Pérdida de las ilusiones. || Desengaño.

desilusionar v. t. Decepcionar (ú. t. c. pr.).

desinencia f. *Gram.* Parte variable al final de una palabra que corresponde a un elemento de su conjugación (verbo) o su flexión (sustantivo).

desinfección f. Acción y efecto de desinfectar.

desinfectante adj. y s. m. Dícese del producto que sirve para desinfectar.

desinfectar v. t. Destruir los gérmenes nocivos.

desinflar v. t. Sacar el aire o gas de un cuerpo inflado (ú. t. c. pr.). || – V. pr. Acobardarse.

desintegración f. Descomposición. || Disgregación. || Transformación provocada o espontánea del núcleo del átomo.

desintegrar v. t. Separar los elementos que forman un todo. || – V. pr. Disgregarse. || Hablando del átomo radiactivo, transformarse espontáneamente el núcleo para dar origen a una radiación.

desinterés m. Falta de interés.

desinteresado, da adj. Que no está movido por el interés (ú. t. c. s.).

desinteresarse v. pr. No mostrar ningún interés.

desintoxicación f. Acción de desintoxicar.

desintoxicar v. t. Evitar la intoxicación.

desistimiento m. Acción y efecto de desistir.

desistir v. i. Renunciar.

deslave m. *Méx.* Porción de tierra que se desprende de un cerro a causa de la lluvia.

desleal adj. Falto de lealtad (ú. t. c. s.).

deslealtad f. Falta de lealtad.

desleír v. t. Disolver un cuerpo sólido en otro líquido.

desliar v. t. Deshacer un lío.

desligar v. t. Desatar, quitar las ligaduras. || *Fig.* Separar. | Eximir de una obligación (ú. t. c. pr.).

deslindar v. t. Limitar, poner los lindes a un lugar: *deslindar una heredad.* || *Fig.* Determinar.

desliz m. Acción y efecto de deslizar. || *Fig.* Falta.

deslizamiento m. Desliz.

deslizar v. t. Resbalar (ú. t. c. pr.). || – V. pr. Escurrirse. || *Fig.* Introducirse: *se ha deslizado una falta.* | Caer en una flaqueza: *deslizarse en el vicio.* || – V. t. Poner con disimulo una cosa en un sitio. || *Fig.* Decir: *deslizar una palabra.*

deslucimiento m. Falta de lucimiento.

deslucir v. t. Quitar la gracia o belleza a una cosa.

deslumbramiento m. Acción y efecto de deslumbrar. || Ofuscación de la vista por exceso de luz.

deslumbrar v. t. Ofuscar la vista un exceso de luz. || *Fig.* Causar mucha impresión algo que no tiene gran valor. | Confundir, engañar.

desmadejar v. t. y pr. Provocar debilidad. || Desenredar.

desmadrarse v. pr. *Fig.* y *fam.* Obrar sin complejos. | Propasarse.

desmadre m. *Fam.* Caos. | Jolgorio. | Exceso.

desmalezar v. t. Remover la maleza, desbrozar.

desmán m. Exceso, abuso.

desmandarse v. pr. Descomedirse, pasarse de la raya. || Desobedecer.

desmano (a) loc. adv. Fuera del camino seguido.

desmantelamiento m. Acción y efecto de desmantelar.

desmantelar v. t. *Fig.* Desorganizar. || Desarmar y desaparejar un barco.

desmañado, da adj. y s. Falto de maña, torpe.

desmarcarse v. pr. En el fútbol y otros deportes, liberarse de la vigilancia del adversario (ú. t. c. t.).

desmayado, da adj. *Fig.* Dícese del color apagado. || *Fig.* Sin fuerzas. | Muy hambriento.

desmayarse v. pr. Perder el sentido.

desmayo m. Pérdida del sentido.

desmedido, da adj. Desproporcionado.

desmejoramiento m. Empeoramiento.

desmejorar v. i. y pr. Ir perdiendo la salud. || Empeorar: *todo ha desmejorado.*

desmelenamiento m. Acción y efecto de desmelenar o desmelenarse.

desmelenar v. t. Desordenar el cabello. || – V. pr. *Fig.* Enardecerse.

desmembramiento m. División.

desmembrar v. t. Dividir.

desmentido m. Mentís.

desmentir v. t. e i. Decir a uno que miente. || Negar: *desmentir una noticia.*

desmenuzamiento m. División. || Examen.

desmenuzar v. t. Dividir en trozos pequeños. || *Fig.* Examinar minuciosamente.

desmerecer v. t. No ser digno de algo. || – V. i. Perder mérito o valor.

desmesura f. Falta de mesura.

desmesurado, da adj. Excesivo.

desmilitarización f. Acción de desmilitarizar.

desmilitarizar v. t. Quitar el carácter militar.

desmitificación f. Acción de desmitificar.

desmitificar v. t. Quitar el carácter mítico.

desmontable adj. Que se puede desmontar.

desmontaje m. Acción de desmontar.

desmontar v. t. Deshacer: *desmontar un neumático.* || Desarmar: *desmontar una máquina.* || Rozar, talar el monte: *desmontar árboles.*

desmonte m. Acción de desmontar un monte.

desmoralización f. Desánimo.

desmoralizador, ra adj. y s. Que desmoraliza.

desmoralizante adj. Que desmoraliza.

desmoralizar v. t. Desalentar (ú. t. c. pr.).

desmoronamiento m. Acción y efecto de desmoronar o desmoronarse.

desmoronar v. t. Disgregar lentamente una cosa. || *Fig.* Destruir poco a poco.

desmovilización f. Acción de desmovilizar.

desmovilizar v. t. Licenciar tropas. || *Fig.* Quitar energía o entusiasmo por una causa.

desnacionalización f. Acción y efecto de desnacionalizar.

desnacionalizar v. t. Quitar el carácter nacional.

desnatar v. t. Quitar la nata.

desnaturalización f. Acción y efecto de desnaturalizar.

desnaturalizar v. t. Alterar.

desnivel m. Diferencia de altura.

desnivelación f. Acción y efecto de desnivelar.

desnivelar v. t. Sacar de nivel (ú. t. c. pr.).

desnuclearización f. Acción y efecto de desnuclearizar.

desnuclearizar v. t. Prohibir la fabricación o la posesión de armas nucleares.

desnudar v. t. Quitar la ropa (ú. t. c. pr.).

desnudez f. Calidad de desnudo.

desnudismo m. Nudismo.

desnudista adj. y s. Nudista.

desnudo, da adj. Sin ropa. || *Fig.* Desprovisto de todo. | Falto de algo no material: *desnudo de talento.* | Sin rebozo, tal y como es: *la verdad desnuda.* || – M. Figura humana desnuda.

desnutrición f. *Med.* Depauperación.

desnutrirse v. pr. Padecer desnutrición.

desobedecer v. t. No obedecer.

desobediencia f. Falta de obediencia.

desobediente adj. y s. Que desobedece.

desobligado, da adj. *Méx.* Irresponsable, indolente, que no cumple las obligaciones familiares.

desobstruir v. t. Quitar lo que obstruye.

desocupación f. Falta de ocupación, ocio. || *Amer.* Desempleo.

desocupado, da adj. y s. Ocioso. || *Amer.* Desempleado. || — Adj. Vacío: *piso desocupado.*

desocupar v. t. Desalojar, abandonar: *desocupar una casa.* || — V. pr. Liberarse de ocupación.

desodorante adj. y s. m. Dícese del producto que destruye los olores molestos.

desodorizar v. t. Hacer desaparecer los olores.

desoír v. t. No hacer caso.

desolación f. Aflicción, desconsuelo.

desolador, ra adj. Que aflige.

desolar v. t. Asolar. || — V. pr. Afligirse.

desolidarizarse v. pr. Dejar de ser solidario.

desolladura f. Rasguño.

desollar v. t. Despellejar: *desollar una res.* || *Fig.* Sacarle a uno todo el dinero.

desorbitado, da adj. Excesivo.

desorbitar v. t. *Fig.* Exagerar.

desorden m. Falta de orden. || Confusión.

desordenado, da adj. Sin orden.

desordenar v. t. Poner en desorden.

desorganización f. Falta de organización.

desorganizador, ra adj. y s. Que desorganiza.

desorganizar v. t. Desordenar (ú. t. c. pr.).

desorientación f. Acción y efecto de desorientar.

desorientar v. t. Hacer perder la orientación. || *Fig.* Desconcertar.

desoxidación f. Acción y efecto de desoxidar.

desoxidante adj. y s. m. Que desoxida.

desoxidar v. t. Quitar el oxígeno a una sustancia.

desoxigenación f. Acción de desoxigenar.

desoxigenar v. t. Quitar el oxígeno.

despabilado, da adj. Despierto.

despabilar v. t. *Fig.* Espabilar. || — V. pr. Despertarse: *despabilarse temprano.* || Darse prisa.

despachar v. t. Espabilar: *despachar el correo.* || Enviar. || Vender: *despachar vinos.* || Despedir: *despachar a un importuno.* || Concluir, resolver un asunto. || *Fig. y fam.* Acabar rápidamente: *despachar un discurso.* | Matar. || — V. i. Hablar francamente. Ú. t. c. pr.: *se despachó a sus anchas.*

despacho m. Acción de despachar. || Envío. || Venta. || Oficina: *despacho del director.* || Mobiliario de esta oficina. || Mesa de oficina. || Comunicación: *despacho diplomático.* || Comunicación, transmitida por telégrafo o teléfono.

despachurrar v. t. Aplastar.

despacio adv. Lentamente. || *Amer.* En voz baja.

despacioso, sa adj. Lento.

despanchurrar v. t. *Fam.* Aplastar.

desparejar v. t. Quitar su pareja.

desparpajo m. Descaro. || *Amer.* Desorden.

desparramar v. t. Dispersar.

despatarrar v. t. Abrir las piernas (ú. t. c. pr.).

despavorido, da adj. Asustado.

despavorirse v. pr. Asustarse.

despecho m. Descontento.

despectivo, va adj. Despreciativo. || *Gram.* Dícese de la palabra que incluye la idea de menosprecio, como *pajarraco, poetastro, villorrio.*

despedazamiento m. Acción de despedazar.

despedazar v. t. Cortar en pedazos.

despedida f. Acción de despedir.

despedir v. t. Lanzar: *el sol despide rayos.* || Echar: *despedir a un empleado.* || Desprender: *despedir olor.* || Acompañar al que se marcha: *fui a despedirlo al*

puerto. || — V. pr. Saludar al irse: *se fue sin despedirse.* || Separarse: *nos despedimos en la estación.* || Emplear una expresión de cortesía al final de una carta. || *Fig.* Dar algo por perdido.

despegar v. t. Separar lo pegado. || — V. i. Dejar el suelo un avión. || *Fig.* Comenzar, iniciar.

despegue m. Acción de despegar. || Inicio.

despeinar v. t. Desarreglar el peinado.

despejado, da adj. Sin nubes: *cielo despejado.* || Sin estorbos: *camino despejado.* || *Fig.* Espabilado, listo. || Espacioso, ancho: *plaza despejada.*

despejar v. t. Desocupar un sitio: *despejar el local.* || Desembarazar: *despejar la calle de escombros.* || *Mat.* Separar la incógnita de la ecuación. || *Fig.* Aclarar: *despejar una situación.* || Echar la pelota hacia el campo enemigo: *el defensa despejó el balón* (ú. t. c. i.). || — V. pr. Espabilarse. || Quedar sin nubes: *despejarse el cielo.*

despeje m. Acción y efecto de despejar.

despellejar v. t. *Fig.* Criticar.

despelotarse v. pr. *Fam.* Desnudarse. | Morirse de risa.

despelucar v. t. *Chil., Col., Hond., Pan.* y *Méx.* Desarreglar el peinado. || *Fam. Arg., Chil., Cub., Méx.* y *Urug.* Robar, ganar en el juego a alguien todo el dinero.

despensa f. Lugar para guardar alimentos.

despeñadero m. Precipicio.

despeñar v. t. Precipitar desde una altura.

desperdiciar v. t. No sacar provecho.

desperdicio m. Lo que no se aprovecha.

desperdigar v. t. Desparramar.

desperezarse v. t. Estirar los miembros para desentumecerse.

desperfecto m. Ligero deterioro.

despersonalizar v. t. Quitar carácter personal.

despertador m. Reloj para despertar.

despertar v. t. Cortar el sueño. || *Fig.* Traer a la memoria: *despertar recuerdos.* | Suscitar: *despertar interés.* || — V. i. y pr. Dejar de dormir. || Espabilarse.

despertar m. Acción de salir de la inactividad.

despiadado, da adj. Sin piedad.

despido m. Acción de despedir.

despierto, ta adj. *Fig.* Espabilado, listo.

despilfarrar v. t. Derrochar.

despilfarro m. Derroche.

despistado, da adj. Desorientado.

despistar v. t. Hacer perder la pista: *el ciervo despistó a sus perseguidores* (ú. t. c. pr.). || *Fig.* Desorientar (ú. t. c. pr.). || — V. pr. Extraviarse.

despiste m. Acción de despistarse.

desplante m. *Fig.* Descaro.

desplazado, da adj. *Fig.* Descentrado.

desplazamiento m. Traslado.

desplazar v. t. *Mar.* Desalojar el buque un volumen de agua igual al de la parte sumergida. || Trasladar. || — V. pr. Trasladarse.

desplegable m. Prospecto de pliegues.

desplegar v. t. Extender: *desplegar las banderas.* || *Fig.* Dar muestras de una cualidad: *desplegar ingenio.* || *Mil.* Hacer pasar del orden compacto al abierto: *desplegar la tropa en guerrillas.*

despliegue m. Acción de desplegar.

desplomarse v. pr. Perder la posición vertical: *desplomarse un edificio.* || Derrumbarse.

desplome m. Acción de desplomar.

desplumar v. t. Quitar las plumas. || *Fig.* Quitar el dinero.

despoblado m. Sitio no poblado.

despoblar v. t. Dejar sin habitantes. || — V. pr. Quedarse un lugar sin vecinos. || Clarear el pelo: *frente despoblada.*

despojar v. t. Quitarle a uno lo que tiene o a una cosa lo que la cubre o adorna. || — V. pr. Quitarse: *despojarse de su abrigo.*

despojo m. Acción y efecto de despojar.

desposado, da adj. Recién casado (ú. t. c. s.). || Aprisionado con esposas.

desposar v. t. Autorizar el párroco o el juez el matrimonio. || Casar. || — V. pr. Contraer esponsales.

desposeer v. t. Quitarle a uno lo que posee. || — V. pr. Desprenderse, renunciar a lo que se posee.

desposorios m. pl. Matrimonio.

déspota m. Soberano absoluto.

despótico, ca adj. Tiránico.

despotismo m. Poder absoluto.

despreciable adj. De poco valor.

despreciar v. t. Desdeñar (ú. t. c. pr.).

desprecio m. Falta de estimación. || Desaire.

desprender v. t. Desunir || — V. pr. Privarse de algo: *se desprendió de sus joyas.* || *Fig.* Deducirse. || Hundirse, soltarse: *la cornisa se desprendió.*

desprendido, da adj. Generoso.

desprendimiento m. Acción de desprenderse.

despreocupación f. Estado de ánimo libre de preocupaciones. || Negligencia, descuido.

despreocupado, da adj. y s. Indiferente.

despreocuparse v. pr. Librarse de una preocupación.

desprestigiar v. t. Quitar el prestigio (ú. t. c. pr.).

desprestigio m. Pérdida del prestigio.

desprevenido, da adj. Sin prevenir.

desprolijo, ja adj. *Amer.* Falto de cuidado, sin prolijidad.

desproporción f. Falta de proporción.

desproporcionado, da adj. Sin proporción.

desproporcionar v. t. Quitar la proporción.

despropósito m. Dicho o hecho falto de sentido.

desprotegido, da adj. Que no tiene protección.

desprovisto, ta adj. Falto de lo necesario.

después adv. Indica posterioridad de lugar, de tiempo, de jerarquía o preferencia: *después de mi casa, de la guerra, del jefe.*

despuntar v. t. Quitar la punta. || — V. i. Empezar a brotar las plantas. || Manifestar inteligencia: *muchacho que despunta.* || *Fig.* Destacarse. || Empezar: *al despuntar la aurora.*

desquiciar v. t. Desencajar o sacar de quicio: *desquiciar una puerta.* || *Fig.* Trastornar.

desquitar v. t. Recuperar. || — V. pr. Resarcirse.

desquite m. Satisfacción que se toma de una ofensa o agravio.

desriñonar v. t. Cansar mucho (ú. t. c. pr.).

destacado, da adj. Notable, distinguido.

destacamento m. Tropa destacada.

destacar v. t. *Mil.* Separar un cuerpo una porción de tropa. || *Fig.* Hacer resaltar una cosa de modo que sobresalga o se note (ú. t. c. pr.). | Recalcar, subrayar. || — V. i. y pr. Descollar.

destajista com. Persona que trabaja a destajo.

destajo m. Trabajo que se contrata por un tanto alzado. || *A destajo,* por un tanto alzado.

destapar v. t. Quitar la tapa o tapón. || Quitar lo que abriga. Ú. t. c. pr.: *destaparse en la cama.*

destaponar v. t. Quitar el tapón.

destartalado, da adj. Desproporcionado.

destazar v. t. Cortar en piezas.

destellar v. t. e i. Despedir ráfagas de luz, rayos.

destello m. Resplandor momentáneo. || *Fig.* Manifestación inesperada y momentánea de talento: *destello de genio.*

destemplado, da adj. Falto de mesura. || Desconcertado. || Desafinado. || Calenturiento.

desteñir v. t. Quitar el tinte o color (ú. t. c. s.).

desternillarse v. pr. *Desternillarse de risa,* reírse mucho.

desterrado, da adj. Que se encuentra en el destierro (ú. t. c. s.).

desterrar v. t. Echar a uno de un lugar o territorio. || *Fig.* Apartar de sí: *desterrar la tristeza.* || — V. pr. Expatriarse.

destiempo (a) adv. Fuera de tiempo.

destierro m. Pena que consiste en echar a una persona de su lugar de residencia. || Situación del que está desterrado. || Lugar donde reside el desterrado.

destilación f. Acción de destilar.

destilar v. t. Evaporar una sustancia para separarla de otras y reducirla después a líquido: *destilar vino.* || Filtrar. || *Fig.* Contener algo que se va desprendiendo: *este libro destila amargura.*

destilería f. Lugar donde se destila.

destinar v. t. Determinar el empleo de una persona o cosa: *edificio destinado a oficinas.* || Asignar a una persona el sitio donde ha de servir un cargo.

destinatario, ria m. y f. Persona a quien se dirige una cosa.

destino m. Hado, sino: *un destino desgraciado.* || Fin para el cual se designa una cosa. || Sitio a donde se dirige algo: *buque con destino a Buenos Aires.* || Empleo, colocación: *obtener un destino en Correos.* || Misión histórica de una colectividad.

destitución f. Acción y efecto de destituir.

destituir v. t. Quitar a uno su cargo.

destornillador m. Instrumento para atornillar y destornillar.

destornillar v. t. Dar vueltas a un tornillo para quitarlo.

destreza f. Habilidad.

destripar v. t. Quitar o sacar las tripas.

destronamiento m. Acción de destronar.

destronar v. t. Echar del trono.

destrozar v. t. Hacer trozos, romper: *destrozar la ropa.* || *Fig.* Arruinar: *destrozar la salud.* | Echar abajo, destruir: *destrozar los planes de uno.* | Causar quebranto moral: *destrozar el corazón.* | Abatir, dejar sin ánimo: *esta noticia le ha destrozado.*

destrozo m. Acción de destrozar.

destrucción f. Acción de destruir.

destructivo, va adj. Que destruye.

destructor, ra adj. y s. Que destruye. || — M. Torpedero utilizado como escolta.

destruir v. t. Echar abajo: *destruir una casa.* || Aniquilar, asolar: *destruir un país.* || Hacer desaparecer por varios medios: *destruir unos documentos.* || *Fig.* Deshacer una cosa inmaterial: *destruir un argumento.* | Desbaratar: *destruir unos proyectos.*

desunión f. Separación.

desunir v. t. Separar.

desusado, da adj. Fuera de uso.

desuso m. Falta de uso.

desvaído, da adj. Descolorido.

desvalido, da adj. y s. Menesteroso.

desvalijar v. t. Robar.

desvalorar v. t. Quitar valor.

desvalorización f. Acción de desvalorizar.

desvalorizar v. t. Hacer perder parte del valor.

desván m. Parte más alta de una casa inmediata al tejado.

desvanecer v. t. Disipar, hacer desaparecer.

desvanecimiento m. Desmayo.

desvariar v. i. Delirar.

desvarío m. Delirio. || *Fig.* Desatino: *los desvaríos de la imaginación.* | Monstruosidad. | Capricho.

desvelar v. t. Impedir o quitar el sueño: *el café me desveló.* || — V. pr. *Fig.* Desvivirse, afanarse.

desvelo m. Insomnio. || Preocupación. || Esfuerzo.

desventaja f. Perjuicio. || Inconveniente.

desventajoso, sa adj. Que no tiene ventaja.

desventura f. Desgracia.

desventurado, da adj. y s. Desgraciado.

desvergonzado, da adj. y s. Fresco.

desvergonzarse v. pr. Perder la vergüenza.

desvergüenza f. Falta de vergüenza.

desviación f. Acción de desviar o desviarse. || Cambio de dirección en un camino o carretera para evitar una población u obras que se están realizando. || Cambio de la posición natural de los huesos: *desviación de la columna vertebral.*

desviar v. t. Hacer cambiar de dirección: *desviar el curso de un río.* || *Fig.* Apartar: *desviar a uno de su deber.* || — V. pr. Cambiar de dirección.

desvinculación f. Acción de desvincular.

desvincular v. t. Suprimir un vínculo. || *Arg.* y *Chil.* Desamortizar.

desvío m. Desviación. || *Arg.* y *Chil.* Apartadero de ferrocarril.

desvirtuar v. t. Quitar a una cosa su virtud.

desvitalizar v. t. Quitar la pulpa de un diente.

desvivirse v. pr. Afanarse.

detallar v. t. Referir con todos sus pormenores.

detalle m. Pormenor, circunstancia. || *Amer.* Comercio de menudeo. || *Fig.* Amabilidad, atención.

detallista adj. Con muchos detalles. || — M. y f. Comerciante que vende al por menor, minorista. || Persona que tiene siempre muchos detalles.

detección f. Acción de detectar. || Determinación, localización.

detectar v. t. Descubrir, localizar.

detective com. Persona encargada de investigaciones privadas.

detector m. *Electr.* Aparato destinado a detectar.

detención f. Parada, suspensión: *la detención de los negocios.* || Tardanza. || Prisión, arresto. || Sumo cuidado: *examinar con detención.*

detener v. t. Parar: *detener un coche.* || Entretener: *no me detengas mucho.* || Arrestar, poner en prisión. || — V. pr. Pararse.

detenido, da adj. y s. Arrestado.

detenimiento m. Detención.

detentador, ra adj. y s. Que posee.

detentar v. t. Tener.

detergente adj. y s. m. Dícese del producto que sirve para limpiar o lavar.

deterioración f. Acción y efecto de deteriorar.

deteriorar v. t. Estropear (ú. t. c. pr.).

deterioro m. Deterioración.

determinación f. Fijación. || Decisión.

determinado, da adj. Resuelto, decidido. || Preciso: *una misión determinada.* || *Gram.* Artículo determi-

nado, el que limita la extensión del nombre que acompaña: *el, la, lo, los, las.*

determinar v. t. Fijar con precisión: *determinar el volumen de un cuerpo.* || Decidir: *determinaron firmar la paz* (ú. t. c. pr.). || Señalar: *determinar el día de una visita.* || Causar.

detestable adj. Odioso.

detestar v. t. Aborrecer.

detonación f. Acción de detonar.

detonador m. Carga que provoca la explosión.

detonante adj. Que detona.

detonar v. i. Dar estampido al explotar.

detractar v. t. Denigrar.

detractor, ra adj. y s. Infamador.

detrás adv. En la parte posterior.

detrimento m. Daño, perjuicio.

detrito o **detritus** m. Resultado de la desagregación de una masa sólida en partículas.

deuda f. Lo que uno debe a otro. || Obligación moral contraída con uno.

deudo, da m. y f. Pariente.

deudor, ra adj. y s. Que debe.

deuterio m. Isótopo del hidrógeno pesado.

deuterón y **deutón** m. Núcleo, compuesto de un protón y de un neutrón, del átomo del deuterio.

devaluación f. Acción de devaluar.

devaluar v. t. Disminuir el valor (ú. t. c. pr.).

devanar v. t. Arrollar hilo en ovillo o carrete. || — V. pr. *Fig.* y *fam. Devanarse los sesos,* cavilar.

devaneo m. Pasatiempo vano.

devastación f. Acción y efecto de devastar.

devastar v. t. Destruir, arrasar.

devengar v. t. Tener derecho a retribución: *devengar salarios, intereses.*

devenir m. Transformación, evolución.

devenir v. i. Suceder. || *Fil.* Llegar a ser.

devoción f. Fervor religioso. || Práctica religiosa. || *Fig.* Predilección, simpatía.

devocionario m. Libro de oraciones.

devolución f. Restitución. || Reenvío: *devolución de una carta al remitente.* || Reembolso.

devolver v. t. Restituir: *devolver un libro.* || Reenviar: *devolver un paquete.* || Volver a entregar una cosa comprada: *devolver un vestido.* || Corresponder a un favor o a un agravio. || *Fam.* Vomitar. || — V. pr. *Amer.* Dar la vuelta.

devorar v. t. Comer desgarrando con los dientes, hablando de las fieras. || Comer con ansia. || *Fig.* Consumir: *el fuego devoraba el bosque.*

devoto, ta adj. Piadoso. || Adicto a una persona.

día m. Tiempo que tarda la Tierra en girar sobre sí misma: *día solar.* || Tiempo que dura la claridad del Sol. || Tiempo atmosférico: *día lluvioso.* || Fecha en que la Iglesia católica celebra la memoria de un santo. || Aniversario o cumpleaños y fecha onomástica (ú. t. en pl.). || — Pl. Vida. || Época, tiempos: *nuestros días.* || — *Día civil,* tiempo comprendido entre dos medias noches consecutivas. || *Día de Reyes,* la Epifanía (6 de enero). || *Día del Juicio,* último de los tiempos en que Dios juzgará a los vivos y a los muertos; (fig. y fam.) muy tarde, nunca. || *Día feriado,* el festivo. || *Poner al día,* actualizar. || *Romper el día,* amanecer.

diabetes f. *Med.* Enfermedad caracterizada por la presencia de glucosa en la orina o sangre.

diabético, ca adj. De la diabetes. || Que padece diabetes (ú. t. c. s.).

diablo m. Ángel rebelde. || *Fig.* Persona mala o traviesa. | Persona muy fea. || *Méx.* Conexión fraudulenta en una red eléctrica.

diablura f. Travesura.

diabólico, ca adj. Del diablo.

diadema f. Cinta blanca que antiguamente ceñía la cabeza de los reyes. || Corona. || Adorno femenino de cabeza en forma de media corona. || Aro que emplean las mujeres para sujetarse el pelo.

diáfano, na adj. Transparente. || *Fig.* Claro.

diafragma m. Músculo ancho y delgado que separa el pecho del abdomen. || *Fot.* Disco para limitar la entrada de la luz.

diagnosticar v. t. Determinar por los síntomas el carácter de una enfermedad.

diagnóstico m. *Med.* Determinación de una enfermedad por los síntomas.

diagonal adj. y s. f. Dícese de la línea recta que va de un vértice a otro.

diagrama m. Dibujo en el que se muestran las relaciones o etapas de un proceso.

diaguita adj. Dícese del individuo de un pueblo indio establecido en la región andina del NO argentino (ú. t. c. s.).

dial m. Placa exterior de un receptor de radio detrás de la cual se mueve una aguja que permite seleccionar la emisora deseada.

dialéctico, ca adj. Propio del arte de razonar. || F. *Lóg.* Arte de razonar metódicamente.

dialecto m. Variante de un idioma.

dialogar v. i. Hablar o escribir en diálogo.

diálogo m. Conversación. || Obra literaria escrita en forma de conversación.

diamante m. Piedra preciosa formada por carbono puro cristalizado.

diámetro m. Línea recta que pasa por el centro del círculo y termina por ambos extremos en la circunferencia. | Línea que divide en dos partes un sistema de cuerdas paralelas de una curva.

diana f. *Mil.* Toque militar al amanecer. | Punto central de un blanco de tiro.

diapositiva f. Imagen fotográfica positiva puesta en un soporte transparente para la proyección.

diario, ria adj. De todos los días: *uso diario.* || — M. Periódico. || Relación de acontecimientos hecha por días. || *Com.* Libro en que el comerciante apunta día por día las operaciones que efectúa. || *Diario hablado, televisado,* noticias de actualidad transmitidas por la radio, la televisión.

diarrea f. *Med.* Evacuación frecuente de excrementos líquidos.

diáspora f. Dispersión de un pueblo.

diástole f. Movimiento de dilatación del corazón.

diatriba f. Crítica violenta.

dibujante adj. y s. Que dibuja.

dibujar v. t. Representar con el lápiz, la pluma, el pincel, etc., una cosa copiada o inventada. || *Fig.* Describir. || — V. pr. Manifestarse.

dibujo m. Cosa dibujada. || Arte que enseña la manera de dibujar. || *Dibujos animados,* serie de dibujos que, una vez cinematografiados, producen la sensación de movimiento.

dicción f. Modo de pronunciar.

diccionario m. Reunión de todas las palabras de un idioma o de una ciencia, seguidas de su definición o de su traducción a otro idioma.

dicha f. Felicidad.

dicharachero, ra adj. y s. *Fam.* Parlanchín.

dicho, cha p. p. irreg. de *decir.* || — M. Frase o sentencia: *dicho agudo.* || Ocurrencia. || Refrán.

dichoso, sa adj. Feliz. || *Fam.* Enfadoso, molesto, malhadado.

diciembre m. Duodécimo mes del año.

dicotiledóneas f. pl. Planta cuyo embrión tiene dos cotiledones (ú. t. c. adj.).

dictado m. Acción de dictar.

dictador, ra m. y f. Jefe supremo.

dictadura f. Dignidad y gobierno de dictador. || Tiempo que dura. || Gobierno que se ejerce al margen de las leyes constitucionales. || *Dictadura del proletariado,* principio marxista del ejercicio del poder del Estado por una minoría que actúa en nombre de la clase obrera y campesina.

dictamen m. Opinión, parecer.

dictaminar v. t. e i. Dar su opinión.

dictar v. i. Decir algo para que otro lo escriba: *dictar una carta.* || *For.* Pronunciar un fallo o sentencia. || Dar, expedir leyes, preceptos.

dictatorial adj. Relativo al dictador.

dicterio m. Insulto.

didáctico, ca adj. Relativo a la enseñanza. || Propio para enseñar. || — F. Arte de enseñar.

diecinueve adj. Diez más nueve (ú. t. c. s. m.). || Decimonono (ú. t. c. s.).

dieciocho adj. Diez más ocho (ú. t. c. s. m.). || Decimoctavo (ú. t. c. s.).

dieciséis adj. Diez más seis (ú. t. c. s. m.). || Decimosexto (ú. t. c. s.).

diecisiete adj. Diez más siete (ú. t. c. s. m.). || Decimoséptimo (ú. t. c. s.).

diedro adj. Dícese del ángulo formado por dos planos que se cortan entre sí (ú. t. c. s. m.).

diente m. Cada uno de los huesos visibles de las mandíbulas que sirven para masticar: *el hombre tiene treinta y dos dientes.* || Puntas de ciertas herramientas, instrumentos: *dientes de sierra.* || Parte de la cabeza del ajo.

diéresis f. *Gram.* Signo ortográfico (¨) que se coloca sobre la u de las sílabas *gue, gui* para que se pronuncie *vergüenza, argüir.*

diésel adj. y s. m. Dícese del motor de combustión interna por inyección y compresión de aceite pesado o gasoil.

diestro, tra adj. Hábil. || — M. Matador de toros. || — F. Mano derecha.

dieta f. Asamblea legislativa de ciertos Estados que forman confederación. || *Med.* Privación total o parcial de comer. | Régimen que sigue un enfermo: *estar a dieta.* || Indemnización dada a una persona por trabajar fuera de su residencia.

dietético, ca adj. Relativo a la dieta.

diez adj. Nueve y uno. || Décimo. || — M. El número diez. || Carta que tiene el número diez.

diezmar v. t. Causar gran mortandad.

diezmilésimo, ma adj. y s. Aplícase a cada una de las diez mil partes iguales de un todo.

diezmilímetro m. Décima parte de un milímetro.

diezmo m. Tributo.

difamación f. Acción y efecto de difamar.

difamador, ra adj. Que difama (ú. t. c. s.).

difamar v. t. Desacreditar.

diferencia f. Falta de similitud. || Discrepancia, disensión. || *Mat.* Resto en una sustracción.

diferenciación f. Acción y efecto de diferenciar.

DIF

diferencial adj. *Mat.* Dícese de la cantidad infinitamente pequeña. || — M. En un automóvil, dispositivo por el que en las curvas la rueda exterior puede girar más deprisa que la interior al recorrer ésta un arco más pequeño. || — F. *Mat.* diferencia infinitamente pequeña de una variable.

diferenciar v. t. Hacer distinción. || — V. pr. Diferir, ser diferente.

diferente adj. Diverso.

diferir v. t. Aplazar. || Dar después de grabada, una emisión de televisión. || — V. i. Ser diferente.

difícil adj. Complicado: *cuestión difícil de resolver*. || Descontentadizo: *persona difícil*.

dificultad f. Calidad de difícil. || Problema: *las dificultades de una empresa*. || Obstáculo, impedimento.

dificultar v. t. Complicar.

dificultoso, sa adj. Difícil.

difteria f. Enfermedad contagiosa caracterizada por la formación de falsas membranas en las mucosas, generalmente en las de la garganta.

difuminar v. t. Frotar con difumino un dibujo.

difumino m. Papel arrollado para difuminar.

difundir v. t. Divulgar: *difundir una noticia*. || Propagar: *difundir una epidemia*. || Transmitir: *difundir una emisión radiofónica*.

difunto, ta adj. y s. Fallecido.

difusión f. Acción y efecto de difundir o difundirse. || Propagación, divulgación.

difuso, sa adj. Poco preciso, confuso. || Prolijo en palabras.

digerir v. t. Hacer la digestión.

digestión f. Transformación de los alimentos en el aparato digestivo.

digestivo, va adj. Que ayuda a la digestión. || *Anat. Aparato digestivo,* conjunto de órganos que concurren a la digestión.

digital adj. Relativo a los dedos. || Numérico, que se expresa o funciona por medio de números (ordenador). || *Calculador digital,* el que funciona con valores discontinuos en oposición al calculador analógico.

digitalizar v. t. Presentar una información a través de dígitos, o de unidades discretas: *al digitalizar una foto sus características se convierten en números que una máquina puede leer.*

dígito adj. y s. m. Dícese del número que puede expresarse con un solo guarismo: *1, 6.*

dignarse v. pr. Servirse por condescendencia a hacer una cosa.

dignatario, ria m. y f. Persona investida de una dignidad.

dignidad f. Calidad de digno. || Alto cargo o título eminente: *la dignidad cardenalicia*. || Nobleza, gravedad en los modales: *obrar con gran dignidad*.

dignificar v. t. Hacer digno.

digno, na adj. Que merece algo en sentido favorable o adverso. || Correspondiente al mérito y condición: *hijo digno de su padre*.

digresión f. Desviación en el hilo de un relato.

dije m. Joya, alhaja.

dilacerar v. t. Desgarrar.

dilación f. Retraso, demora.

dilapidación f. Disipación, acción de malgastar.

dilapidar v. t. Malgastar, disipar.

dilatación f. Acción y efecto de aumentar.

dilatar v. t. Aumentar el volumen de un cuerpo. || — V. pr. Extenderse. || *Amer.* Demorarse.

dilema m. Obligación de escoger entre dos cosas.

diligencia f. Cuidado en hacer una cosa. || Prisa. || Coche grande empleado antiguamente para el transporte por carretera. || Trámite, gestión.

diligenciar v. t. Tramitar.

diligente adj. Cuidadoso y activo. || Pronto.

dilucidar v. t. Aclarar.

diluir v. t. Desleír.

diluviar v. impers. Llover mucho.

diluvio m. Inundación universal. || *Fig.* y *fam.* Lluvia torrencial. | Excesiva abundancia.

dimanar v. i. *Fig.* Proceder.

dimensión f. Cada una de las tres direcciones en que se mide la extensión de un cuerpo (largo, ancho, altura o profundidad). || Tamaño. || *Fig.* Importancia: *las dimensiones de un conflicto*.

diminutivo, va adj. Que tiene cualidad de disminuir o reducir a menos una cosa. || — M. *Gram.* Palabra derivada de otra y que encierra un matiz de pequeñez, de atenuación o de familiaridad.

diminuto, ta adj. Muy pequeño.

dimisión f. Renuncia.

dimitir v. t. e i. Presentar la dimisión.

dina f. *Mec.* Unidad de fuerza C.G.S.

dinamarqués, esa adj. y s. Danés. || — M. Danés, lengua hablada en Dinamarca.

dinámico, ca adj. Relativo a la fuerza cuando produce movimiento: *efecto dinámico*. || *Fig.* y *fam.* Activo, enérgico: *hombre dinámico*. || F. Parte de la mecánica que estudia el movimiento.

dinamismo m. Energía, actividad.

dinamita f. Explosivo de nitroglicerina.

dinamitar v. t. Hacer saltar o volar con dinamita.

dinamizar v. t. Intensificar.

dinamo o **dínamo** f. *Fís.* Máquina destinada a transformar la energía mecánica (movimiento) en energía eléctrica (corriente) o viceversa.

dinar m. Unidad monetaria de Argelia, Iraq, Jordania, Kuwait, Libia, Túnez, Yemen y Serbia.

dinastía f. Serie de soberanos de una misma familia. || Serie de hombres de una misma familia.

dinástico, ca adj. De la dinastía.

dineral m. Abundancia de dinero.

dinero m. Cualquier moneda. || *Fig.* Riqueza.

dinosaurio m. Reptil fósil gigantesco.

dintel m. Parte superior de puertas y ventanas.

diócesis f. Territorio en que ejerce jurisdicción espiritual un obispo o arzobispo.

diodo m. Válvula electrónica de dos electrodos por la cual pasa la corriente en un solo sentido.

dioptría f. Unidad de convergencia de las lentes y de potencia de los aparatos ópticos.

dios m. Ser supremo y creador del universo. || *Mit.* Deidad: *los dioses del Olimpo*.

diosa f. Deidad del sexo femenino.

diplodoco m. Reptil fósil de gran tamaño.

diploma m. Documento en que consta un título.

diplomacia f. Ciencia de las relaciones entre Estados soberanos. || Cuerpo o carrera de los representantes de un país en otro. || *Fig.* y *fam.* Tacto.

diplomado, da adj. y s. Que tiene un título.

diplomar v. t. Conferir un diploma. || — V. pr. Obtener un diploma.

diplomático, ca adj. De la diplomacia. || *Fig.* Que tiene tacto. || — M. y f. Persona que se dedica a la diplomacia.

dípteros m. pl. Orden de insectos con dos alas membranosas (ú. t. c. adj.).

diptongar v. t. *Gram.* Unir dos vocales pronunciándolas en una sola sílaba: *cau-sa, cue-llo.*

diptongo m. *Gram.* Reunión de dos vocales en una sola sílaba.

diputación f. Conjunto de diputados. ‖ Cargo de diputado. ‖ Duración de este cargo. ‖ Edificio en el que celebran sus reuniones los diputados.

diputado, da m. y f. Persona nombrada para representar a otras.

dique m. Muro para contener las aguas. ‖ Parte de un puerto cerrada con obra de fábrica donde se puede reparar el casco de las naves.

dirección f. Acción y efecto de dirigir o dirigirse. ‖ Rumbo que un cuerpo sigue en su movimiento. ‖ Persona o conjunto de personas encargadas de dirigir. ‖ Cargo de director. ‖ Señas donde una persona o entidad tienen su domicilio. ‖ Mecanismo para guiar un vehículo. ‖ Realización escénica o cinematográfica de una obra.

directivo, va adj. Que dirige (ú. t. c. s.). ‖ — F. Línea de conducta, instrucción. ‖ Mesa o junta de dirección de una corporación, sociedad, etc.

directo, ta adj. Derecho, en línea recta. ‖ Que va de una parte a otra sin pararse en los puntos intermedios: *tren directo.* ‖ *Fig.* Sin intermediario. | Sin rodeos: *pregunta directa.* | Encaminado a su objeto por medios expeditivos: *acción directa.* ‖ Que se sigue de padre a hijo. ‖ *Gram. Complemento directo*, el que recibe la acción del verbo.

director, ra adj. Que dirige. ‖ — M. y f. Persona que dirige una administración, establecimiento, una película cinematográfica, una orquesta, etc.

directorio, ria adj. Destinado a dirigir. ‖ — M. Asamblea directiva. ‖ Gobierno. ‖ *Amer.* Lista de direcciones. | Guía de teléfonos.

directrices f. pl. Instrucciones.

dirigente adj. y s. Que dirige.

dirigible m. Globo que puede dirigirse.

dirigir v. t. Encaminar hacia cierto punto: *dirigir la mirada.* ‖ Gobernar: *dirigir una empresa.* ‖ Mandar: *dirigir las operaciones.* ‖ Poner las señas en una carta, paquete, etc., para encaminarlos a su destino. ‖ Aconsejar. ‖ Aplicar a una persona un dicho: *dirigir unos insultos a alguien.* ‖ *Dirigir la palabra a uno*, hablarle. ‖ — V. pr. Ir.

dirimir v. t. Resolver.

discar v. t. *Amer.* Marcar un número telefónico.

discernimiento m. Juicio recto.

discernir v. t. Distinguir con acierto.

disciplina f. Conjunto y observancia de las leyes o reglamentos que rigen ciertos cuerpos, como la Magistratura, la Iglesia, el Ejército, las escuelas. ‖ Asignatura. ‖ Objeto de estudio.

disciplinado, da adj. Que observa la disciplina.

discípulo, la m. y f. Alumno.

disco m. Objeto plano y circular. ‖ Pieza giratoria del aparato telefónico en la que se marca el número con el que se quiere establecer comunicación. ‖ Placa circular de materia plástica en la que se graba el sonido: *disco microsurco.* ‖ Señal luminosa para el tráfico: *disco rojo.* ‖ Especie de placa que lanzan los atletas en los juegos gimnásticos. ‖ *Disco compacto*, disco de pequeño tamaño, con sonido o información, grabado con técnica digital.

díscolo, la adj. Indócil (ú. t. c. s.).

disconforme adj. No conforme.

disconformidad f. Desacuerdo.

discontinuidad f. Falta de continuidad.

discontinuo, nua adj. Interrumpido.

discordancia f. Desacuerdo.

discordante adj. Opuesto.

discordar v. i. Ser opuestas o diferentes entre sí dos o más cosas. ‖ Estar en desacuerdo.

discorde adj. No conforme.

discordia f. Desacuerdo.

discoteca f. Colección de discos fonográficos. ‖ Mueble donde se guardan. ‖ Local donde se baila al son de música grabada.

discreción f. Moderación. ‖ Capacidad para guardar los secretos. ‖ Agudeza, ingenio. ‖ *A discreción*, sin tasa ni limitación.

discrecional adj. Que se hace libremente.

discrepancia f. Disentimiento.

discrepante adj. y s. Que discrepa.

discrepar v. i. Disentir.

discreto, ta adj. Dotado de discreción (ú. t. c. s.). ‖ Que no llama la atención.

discriminación f. Acción y efecto de discriminar.

discriminar v. t. Separar, distinguir.

discriminatorio, ria adj. Que da muestras de discriminación.

disculpa f. Razón que se da para excusarse.

disculpar v. t. Dar razones que descarguen de una culpa o delito. Ú. t. c. pr.: *se disculpó de su retraso.* ‖ Perdonar las faltas hechas por otro.

discurrir v. i. Caminar, andar por un sitio. ‖ Correr un líquido. ‖ Pasar el tiempo. ‖ *Fig.* Reflexionar. ‖ — V. t. Imaginar, idear.

discurso m. Exposición oral de alguna extensión. ‖ Facultad de discurrir, raciocinio.

discusión f. Acción y efecto de discutir.

discutidor, ra adj. y s. Amante de discusiones.

discutir v. t. e i. Examinar minuciosamente una materia. ‖ Debatir: *discutir una cuestión.*

disecar v. t. Preparar animales muertos para su conservación.

disección f. Acción de disecar.

diseminación f. Difusión.

diseminar v. t. Dispersar, esparcir. ‖ *Fig.* Difundir.

disensión f. Desacuerdo.

disentería f. Diarrea dolorosa con sangre.

disentimiento m. Desacuerdo.

disentir v. t. Ser diferente.

diseñador, ra m. y f. Persona que diseña.

diseñar v. t. Hacer un diseño.

diseño m. Dibujo. ‖ Descripción o bosquejo.

disertación f. Conferencia.

disertar v. i. Razonar sobre algo.

disfraz m. Vestido de máscara.

disfrazar v. t. Desfigurar la forma natural de una persona o cosa para que no se la conozca. ‖ Vestir de máscara (ú. t. c. pr.). ‖ *Fig.* Cambiar, alterar.

disfrutar v. t. Poseer. ‖ — V. i. Gozar.

disfrute m. Acción y efecto de disfrutar.

disgregación f. Separación.

disgregar v. t. Separar.

disgustado, da adj. Descontento. ‖ Enfadado.

disgustar v. t. Causar disgusto. ‖ — V. pr. Enfadarse.

disgusto m. Contrariedad: *llevarse un disgusto.* ‖ Decepción. ‖ Revés, desgracia. ‖ Desavenencia, disputa: *tener un disgusto con uno.*

disidencia f. Separación de una doctrina.

disidente adj. y s. Que diside.

disidir v. i. Separarse de una doctrina, etc.

disímbolo, la adj. *Méx.* Dispar, diverso.

disimilitud f. Desemejanza.

disimulación f. Disimulo.

disimulado, da adj. Que disimula.

disimular v. t. Ocultar, esconder. || Encubrir algo que uno siente o padece: *disimular su alegría.* || — V. i. Fingir que no se ve o se siente algo.

disimulo m. Arte con que se oculta lo que se siente o sabe. || Hipocresía, encubrimiento.

disipación f. Despilfarro. || Vida disoluta.

disipado, da adj. y s. Dado a diversiones.

disipador, ra adj. y s. Malgastador.

disipar v. t. Derrochar: *disipar la hacienda.* || Hacer desaparecer (ú. t. c. pr.).

dislate m. Disparate, desatino.

dislexia f. Lectura penosa.

dislocación f. Acción y efecto de dislocarse.

dislocar v. t. Sacar una cosa de su lugar. Ú. más c. pr.: *dislocarse un brazo.*

disminución f. Acción de disminuir.

disminuir v. t. Reducir (ú. t. c. i. y pr.).

disnea f. Dificultad de respirar.

disociación f. Acción de disociar.

disociar v. t. Separar (ú. t. c. pr.).

disolución f. *Fís.* Descomposición de los cuerpos por la acción de un agente que se une a ellos. | Solución así formada. || Solución de caucho para reparar cámaras de neumáticos. || *Fig.* Relajación de las costumbres. | Rompimiento de vínculos: *disolución del matrimonio.* | Acción de hacer cesar: *disolución de las Cortes.*

disoluto, ta adj. Relajado: *vida disoluta.*

disolvente adj. y s. m. Que disuelve.

disolver v. t. Descomponer un cuerpo por medio de un líquido. || Suprimir: *disolver un partido.* || Poner fin al mandato de una asamblea antes de tiempo. || Relajar: *disolver las costumbres.*

disonancia f. Sonido desagradable.

dispar adj. Desigual.

disparador, ra m. y f. Persona que dispara. || — M. Pieza de las armas de fuego que se suelta para disparar. || Pieza del obturador automático de una cámara fotográfica.

disparar v. t. Arrojar, lanzar con violencia. || Lanzar un proyectil con un arma (ú. t. c. pr.). || Enviar con fuerza el balón hacia la meta. || — V. i. Apretar el disparador de un mecanismo. || *Salir disparado,* salir corriendo. || — V. pr. *Fig.* Dejarse llevar por un sentimiento violento.

disparatado, da adj. Que disparata. || Absurdo.

disparatar v. i. Decir o hacer tonterías.

disparate m. Cosa absurda o tonta: *hacer, decir disparates.* || *Fam. Un disparate,* mucho.

disparidad f. Desemejanza.

disparo m. Acción de disparar. || Tiro. || Tiro, chut.

dispendio m. Gasto excesivo.

dispendioso, sa adj. Costoso.

dispensa f. Excepción.

dispensar v. t. Dar, conceder. || Eximir de una obligación: *dispensar la asistencia a un acto* (ú. t. c. pr.). || Perdonar, excusar.

dispensario m. Centro de asistencia médica destinado a enfermos que no se alojan en él.

dispersar v. t. Diseminar (ú. t. c. pr.). || *Fig.* Repartir entre muchas cosas: *dispersar sus esfuerzos.*

dispersión f. Acción y efecto de dispersar.

disperso, sa adj. Disgregado.

displicencia f. Descuido.

displicente adj. Que desagrada y disgusta: *tono displicente.* || Descuidado.

disponer v. t. Colocar en cierto orden: *disponer en orden.* || Preparar a alguien a una cosa. || Preparar algo: *disponer el salón para una fiesta.* || Decidir, determinar. || — V. i. Tener: *disponer de mucho dinero.* || Valerse de: *disponer de alguien.* || V. pr. Prepararse: *disponerse a* (o *para*) *salir.*

disponibilidad f. Calidad de disponible. || Situación de excedencia. || Cesantía. || — Pl. Conjunto de bienes o dinero de que se puede disponer.

disponible adj. Que se puede disponer.

disposición f. Distribución, colocación. || Posibilidad de disponer de algo. || *Fig.* Aptitud: *tener disposición para la pintura.* || Estado de salud o de ánimo: *estar en buena disposición para ir.* || Precepto legal o reglamentario. || Orden, mandato. || Medida que se ha de tomar para hacer algo.

dispositivo, va adj. Que dispone. || — M. Mecanismo, aparato.

dispuesto, ta adj. Listo. || Servicial.

disputa f. Discusión.

disputar v. t. Debatir, discutir. || Pretender lo mismo que otro (ú. t. c. pr.).

disquete m. Disco magnético pequeño para guardar información.

disquisición f. Exposición.

distancia f. Intervalo de espacio o de tiempo. || *Fig.* Diferencia entre unas cosas y otras.

distanciar v. t. Alejar: *el acompañarte me distanciaría de mi casa.* || Separar, apartar (ú. t. c. pr.). || Dejar atrás. || Desunir (ú. t. c. pr.).

distante adj. Apartado, lejano.

distar v. i. Estar una cosa apartada de otra.

distensión f. Lesión producida por la tensión violenta de un músculo o de una articulación. || Disminución de la tensión entre países o personas.

distinción f. División, separación. || Diferencia: *no hacer distinción entre dos cosas.* || Dignidad, prerrogativa, honor. || Elegancia, buenas maneras.

distinguido, da adj. Notable. || Elegante.

distinguir v. t. Saber hacer la diferencia entre dos o más cosas o personas. || Caracterizar: *la razón distingue al hombre.* || Mostrar preferencia por una persona. || Otorgar una prerrogativa, dignidad, etc. || — V. pr. Descollar.

distintivo, va adj. Que distingue. || — M. Insignia, señal. || Cualidad que distingue una cosa.

distinto, ta adj. Diferente.

distorsionar v. t. Deformar.

distracción f. Diversión. || Falta de atención.

distraer v. t. Divertir, entretener. Ú. t. c. pr.: *distraerse con cualquier cosa.* || Sustraer: *distraer sumas importantes.* || — V. pr. No prestar atención.

distribución f. Reparto. || Disposición: *la distribución de una casa.* || Reparto de papeles a los actores. || Difusión de películas. || Conjunto de las operaciones por las cuales las mercancías se encaminan del productor al consumidor.

distribuidor, ra adj. y s. Que distribuye. || — M. Aparato que sirve para distribuir.

distribuir v. t. Repartir una cosa entre varios.

distrito m. División administrativa o judicial.

disturbio m. Perturbación.

disuadir v. t. Convencer a uno con razones para que cámbie de propósito o de vida.

disuasión f. Acción y efecto de disuadir.

disuasivo, va y **disuasorio, ria** adj. Que disuade.

disyuntivo, va adj. Que separa. || *Gram. Conjunción disyuntiva,* la que uniendo las palabras separa las ideas, como *o, ni.* || — F. Alternativa entre dos cosas por una de las cuales hay que optar.

diurético, ca adj. *Med.* Que facilita la secreción de orina (ú. t. c. s. m.).

diurno, na adj. Del día.

diva f. V. DIVO.

divagación f. Acción y efecto de divagar.

divagar v. i. Andar sin rumbo fijo. || Desatinar.

diván m. Sofá.

divergencia f. *Fig.* Desacuerdo.

divergente adj. Que diverge.

divergir v. i. Irse apartando progresivamente una de otra dos líneas o rayos. || *Fig.* Disentir.

diversidad f. Variedad.

diversificación f. Variación.

diversificar v. t. Variar.

diversión f. Pasatiempo, recreo.

diverso, sa adj. Diferente.

divertido, da adj. Que divierte.

divertir v. t. Recrear, entretener (ú. t. c. pr.).

dividendo m. Cantidad que se divide por otra. || Ganancia que corresponde a cada acción.

dividir v. t. Partir, separar en partes. || Repartir: *dividir entre cuatro.* || *Fig.* Desunir: *este asunto dividió a la familia.* || Averiguar cuántas veces el divisor está contenido en el dividendo.

divinidad f. Esencia, naturaleza divina. || *Fig.* Persona o cosa dotada de gran belleza. || — Pl. Dioses o diosas de la mitología.

divinizar v. t. Considerar como un dios.

divino, na adj. De Dios.

divisa f. Lazo que permite distinguir los toros de varias ganaderías. || *Blas.* Lema debajo del escudo. || Dinero en moneda extranjera.

divisar v. t. Ver (ú. t. c. pr.): *divisar en la lejanía.*

divisibilidad f. Calidad de divisible.

división f. Acción y efecto de dividir, separar o repartir. || Parte de un todo dividido. || *Mat.* Operación de dividir. || *Fig.* Desunión. || *Mil.* Parte de un cuerpo de ejército.

divisor adj. y s. m. *Mat.* Submúltiplo. || — M. Número que divide a otro llamado *dividendo.* || — *Común divisor,* el que divide exactamente a varios otros. || *Máximo común divisor,* el mayor de los divisores comunes de varios números.

divo m. y f. Cantante famoso.

divorciar v. t. Separar judicialmente a dos casados (ú. t. c. pr.).

divorcio m. Disolución del matrimonio. || *Fig.* Desacuerdo.

divulgación f. Acción de divulgar.

divulgar v. t. Difundir.

dm, símbolo de *decímetro.*

do m. Primera nota de la escala musical.

dobladillo m. Pliegue en el borde de una tela.

doblaje m. Acción de doblar una película.

doblar v. t. Aumentar una cosa para que sea el doble: *doblar el precio* (ú. t. c. i.). || Aplicar una sobre otra dos partes de una cosa flexible: *doblar un man-*

tel. || Torcer, curvar, cimbrar: *doblar una barra de* **DOL** *hierro.* || Torcer. Ú. t. c. i.: *doblar a la izquierda.* || Franquear: *doblar el cabo de Hornos.* || Sustituir la voz del actor de una película o reemplazarle en las escenas peligrosas. || Grabar en otro idioma las voces de los actores de una película. || — V. i. Tocar a muerto: *doblar las campanas.*

doble adj. Duplo, dos veces mayor. || Que se repite dos veces: *consonante doble.* || *Fig.* Disimulado, hipócrita. || — M. Cantidad dos veces más grande. || Vaso de cerveza de gran tamaño. || Copia, reproducción: *el doble de un acta.* || Persona muy parecida a otra y que puede sustituirla en una actividad. || Actor parecido a la estrella de una película a quien sustituye en las escenas peligrosas. || En el tenis, partido jugado dos contra dos.

doblegar v. t. *Fig.* Hacer ceder: *doblegar la voluntad de uno.* || — V. pr. *Fig.* Someterse, ceder.

doblez f. Falsedad, hipocresía.

doblón m. Moneda de oro.

doce adj. Diez y dos. || Duodécimo: *número doce; Pío doce.* || — M. Conjunto de signos con que se representa el número doce.

doceavo, va adj. Duodécimo (ú. t. c. s.).

docencia f. Enseñanza.

docente adj. De la enseñanza: *centro docente.*

dócil adj. Obediente.

docilidad f. Calidad de dócil.

docto, ta adj. y s. Erudito.

doctor, ra m. y f. Persona que ha obtenido el último grado universitario. || Médico.

doctorado m. Grado de doctor y estudios seguidos para obtenerlo.

doctorar v. t. Graduar de doctor (ú. t. c. pr.).

doctrina f. Conjunto de las ideas de una escuela literaria o filosófica, de un partido político o de los dogmas de una religión.

documentación f. Acción y efecto de documentar. || Conjunto de documentos, particularmente los de identidad.

documentado, da adj. Dícese de la persona bien informada o que posee los documentos de identidad personal.

documental adj. Fundado en documentos: *prueba documental.* || — M. Película cinematográfica tomada con fines didácticos o de información.

documentar v. t. Probar, justificar con documentos. || Informar sobre un asunto (ú. t. c. pr.).

documento m. Escrito con que se prueba o hace constar una cosa. || *Documento nacional de identidad,* tarjeta o carnet con el nombre, foto y otras informaciones que permiten verificar la identidad de una persona.

dodecaedro m. Sólido de doce caras.

dodecágono m. *Geom.* Polígono de doce ángulos y doce lados.

dogma m. Punto fundamental de una doctrina.

dogmático, ca adj. Relativo al dogma. || *Fig.* Intransigente en sus convicciones (ú. t. c. s.).

dogmatismo m. Tendencia a creer y afirmar sin discutir.

dogmatizar v. t. Enseñar dogmas. || Afirmar categóricamente principios contradictorios.

dogo, ga m. y f. Perro guardián.

dólar m. Unidad monetaria de los Estados Unidos y Canadá.

dolencia f. Enfermedad.

doler v. i. Sufrir dolor: *doler la cabeza.* || — V. pr. Arrepentirse: *dolerse de su conducta.* || Afligirse, lamentarse. || Compadecer.

dolicocéfalo, la adj. De cráneo muy oval.

doliente adj. Enfermo (ú. t. c. s.). || Dolorido.

dolo m. Engaño, fraude.

dolor m. Sufrimiento.

dolorido, da adj. Apenado, triste.

doloroso, sa adj. Que causa dolor.

doloso, sa adj. Fraudulento.

doma f. Acción de domar.

domador, ra m. y f. Persona que doma.

domar v. t. Amansar a un animal: *domar potros.* || Amaestrarlo. || *Fig.* Sujetar, reprimir.

domeñar v. t. Someter.

domesticación f. Acción y efecto de domesticar.

domesticar v. t. Acostumbrar a un animal a la vista y compañía del hombre.

doméstico, ca adj. Relativo al hogar. || Dícese del animal que se cría en la compañía del hombre. || — M. y f. Criado.

domiciliar v. t. Asignar un domicilio. || — V. pr. Establecer su domicilio.

domiciliario, ria adj. Referente al domicilio.

domicilio m. Casa en que uno habita.

dominación f. Soberanía. || *Fig.* Influencia.

dominador, ra adj. y s. Que domina.

dominante adj. Que domina. || — F. Rasgo característico.

dominar v. t. Tener bajo su dominio. Reprimir: *dominar las pasiones.* || Contener: *dominar una rebelión.* || Predominar, sobresalir. || *Fig.* Conocer perfectamente: *dominar el inglés.* || Ocupar una posición más alta: *la loma que domina la ciudad* (ú. t. c. i.). || Divisar una extensión de terreno desde una altura. || — V. pr. Reprimirse.

domingo m. Primer día de la semana.

dominical adj. Del domingo.

dominicano, na adj. y s. Dominico. || De la República Dominicana.

dominico, ca adj. y s. Aplícase a los religiosos de la orden de Santo Domingo.

dominio m. Libre disposición de lo que es suyo: *dominio de sus bienes.* || Territorio sujeto a un Estado o soberano (ú. m. en pl.). || Nombre de varios Estados de la Comunidad Británica, políticamente independientes, pero ligados a la Corona de Inglaterra. || *Fig.* Conocimiento perfecto: *dominio de un idioma.* | Represión de las pasiones.

dominó m. Juego que se hace con veintiocho fichas rectangulares marcadas con puntos.

don m. Dádiva, regalo. || Talento: *el don de la palabra.* | Tratamiento que hoy se usa por lo común antepuesto al nombre de pila: *Don Pedro.*

dona f. *Méx.* Rosquilla.

donador, ra adj. y s. Que da.

donaire m. Prestancia.

donante adj. Donador (ú. t. c. s.). || Dícese de la persona que da su sangre para una transfusión o de la que acepta, en vida o después de su muerte, que le sea extirpado un tejido u órgano propio para que sea trasplantado a otro (ú. t. c. s.).

donar v. t. Dar.

donativo m. Regalo.

doncel m. Joven.

doncella f. Mujer virgen. || Soltera. || Criada que se ocupa de todo menos de la cocina.

donde adv. En un lugar: *allí es donde vivo.*

dondequiera adv. En cualquier sitio.

donoso, sa adj. Gracioso.

donostiarra adj. y s. De San Sebastián (España).

donosura f. Donaire, gracia.

doña f. Tratamiento dado a las mujeres, antepuesto al nombre de pila.

dopar v. t. Drogar (ú. t. c. pr.).

doping m. (pal. ingl.). Estimulante tomado antes de una prueba deportiva.

doquier y **doquiera** adv. Dondequiera.

dorado, da adj. De color de oro: *un marco dorado.* || *Fig.* Esplendoroso: *siglos dorados.* || — M. Acción y efecto de dorar. || — F. Pez marino.

dorar v. t. Cubrir con oro. || *Fig.* Asar o freír ligeramente. || — V. pr. Tomar color dorado.

dormilón, ona adj. y s. Que duerme mucho.

dormir v. i. Descansar con el sueño. Ú. t. c. t.: *dormir la siesta.* || Pernoctar: *dormimos en Madrid.* || *Fig.* Obrar con poca diligencia (ú. t. c. pr.). || *Fig.* Dejar dormir un asunto, no ocuparse de él. || — V. t. Hacer dormir: *dormir a un niño.* || — V. pr. Entregarse al sueño. || Entumecerse un miembro.

dormitar v. i. Estar medio dormido.

dormitorio m. Cuarto de dormir.

dorsal adj. Del dorso, espalda o lomo.

dorso m. Espalda. || Revés: *dorso de un escrito.*

dos adj. Uno y uno. || Segundo: *año dos.* || — M. Guarismo que representa el número dos. || Segundo día del mes. || Naipe que tiene dos figuras.

doscientos, tas adj. pl. Dos veces ciento.

dosel m. Colgadura que cubre el sitial o el altar. || Techo de madera cubierto de tela y sostenido por columnas que se pone encima de ciertas camas. || Parte superior de la selva tropical: *en el dosel viven los loros.*

dosificación f. Acción de dosificar.

dosificar v. t. Graduar las dosis.

dosis f. inv. Cantidad de medicina que se toma de una vez. || *Fig.* Porción.

dossier m. (pal. fr.). Conjunto de documentos.

dotación f. Acción de dotar. || *Mar.* Tripulación.

dotar v. t. Constituir dote a la mujer que va a casarse. || Dar, proveer. || *Fig.* Adornar la naturaleza a uno con dones: *dotar de hermosura.*

dote f. Caudal que aporta la mujer al matrimonio o que entrega la monja al convento. || — F. pl. Aptitudes excepcionales: *dotes de mando.*

dozavo, va adj. Duodécimo (ú. t. c. s.).

dracma f. Antigua moneda griega.

draconiano, na adj. Muy severo.

draga f. Máquina o barco para dragar.

dragado m. Acción de dragar.

dragaminas m. inv. Barco que quita las minas.

dragar v. t. Limpiar de fango y arena los puertos, etc. || Limpiar de minas los mares.

dragón m. Monstruo fabuloso.

drama m. Obra escénica. || Obra cuyo argumento es a la vez cómico y trágico. || *Fig.* Catástrofe.

dramático, ca adj. Relativo al drama. || *Fig.* Emocionante. | Afectado, teatral. | Que hace obras dramáticas (ú. t. c. s.): *autor dramático.* || — F. Arte de componer obras dramáticas.

dramatismo m. Cualidad de dramático.

dramatizar v. t. Dar forma dramática a una cosa.

dramaturgia f. Dramática.

dramaturgo m. Escritor de dramas.

drástico, ca adj. Draconiano.

drenaje m. Avenamiento. || *Med.* Procedimiento para facilitar la salida de humores de una herida.

drenar v. t. Avenar. || *Med.* Hacer un drenaje.

driblar v. i. En el fútbol, engañar al adversario sin perder el balón, regatear.

droga f. Cualquier sustancia medicamentosa estimulante, deprimente o narcótica. || Cualquier producto para limpiar, etc. || *Amer.* Medicamento. || *Chil., Méx.* y *Per.* Deuda: *no le alcanza con lo que gana, tiene muchas drogas.*

drogadicto, ta adj. y s. Que toma drogas.

drogar v. t. Dar drogas. || Dar un estimulante a un deportista. || — V. pr. Administrarse drogas.

droguería f. Comercio en drogas y tienda en que se venden. || Tienda donde se venden productos de limpieza, pinturas, etc. || *Amer.* Farmacia.

dromedario m. Rumiante parecido al camello, pero con una sola giba.

dualidad f. Condición de reunir dos caracteres un mismo sujeto.

dualismo m. Dualidad.

dubitativo, va adj. Dudoso.

ducado m. Título de duque. || Antigua moneda.

ducentésimo, ma adj. Que ocupa el lugar doscientos.

ducha f. Dispositivo por el cual el agua sale a chorro. || Cuarto de aseo en el que hay una ducha. || Acción y efecto de duchar o ducharse.

duchar v. t. Dar una ducha. || — V. pr. Tomarla.

ducho, cha adj. Experimentado.

dúctil adj. Que puede alargarse, estirarse y adelgazarse sin romperse. || *Fig.* Acomodadizo.

duda f. Incertidumbre: *no cabe duda.* || Sospecha.

dudar v. i. No estar seguro de algo. || Vacilar: *dudo en salir.* || Tener sospechas acerca de uno.

dudoso, sa adj. Poco cierto. || Sospechoso.

duelo m. Combate entre dos a consecuencia de un desafío. || Sentimiento por la muerte de una persona. || Cortejo fúnebre: *presidir el duelo.*

duende m. Espíritu travieso. || *And.* Encanto.

dueño, ña m. y f. Propietario.

dulce adj. De sabor agradable. || De sabor azucarado: *el café está muy dulce.* || Que produce una impresión agradable: *música dulce.* || *Fig.* Amable, benevolente: *carácter dulce.* || Cariñoso: *mirada dulce.* || — M. Manjar compuesto con azúcar. || Fruta o cosa confitada. || — Pl. Golosinas.

dulcificación f. Acción de dulcificar.

dulcificar v. t. Volver dulce.

dulzor m. y **dulzura** f. Calidad de dulce.

dumping m. (pal. ingl.). Venta de mercancías en el mercado exterior a un precio inferior al que se paga en el mismo país exportador.

duna f. Amontonamiento de arena.

dúo m. *Mús.* Composición escrita para dos voces o instrumentos. | Conjunto de dos cantantes o instrumentistas.

duodécimo, ma adj. Que ocupa el lugar doce. || — M. Cada una de las 12 partes de un todo.

duodeno, na adj. *Mat.* Duodécimo. || — M. *Anat.* Primera sección del intestino delgado que va desde el estómago hasta el yeyuno.

duplex o **dúplex** m. Vivienda de dos plantas que comunican una con otra.

duplicación f. Acción de duplicar.

duplicado, da adj. Doblado. || Reproducido. || Dícese de un número repetido: *calle Luchana, número 5 duplicado.* || *Por duplicado,* en dos ejemplares. || — M. Reproducción de un documento.

duplicar v. t. Hacer doble. || Multiplicar por dos (ú. t. c. pr.). || Reproducir, sacar copia.

duplicata m. Duplicado.

duplicidad f. Doblez, falsedad.

duplo, pla adj. Que contiene un número dos veces. Ú. t. c. s. m.: *veinte es el duplo de diez.*

duque m. y **duquesa** f. Título nobiliario.

duración f. Espacio de tiempo que dura algo.

duradero, ra adj. Que dura.

duraluminio m. Aleación ligera y resistente de aluminio, cobre, magnesio y silicio.

duramadre y **duramáter** f. Membrana fibrosa que envuelve el encéfalo y la médula espinal.

duranguense y **durangueño, ña** adj. y s. Del Estado de Durango (México).

durante adv. Mientras.

durar v. i. Continuar.

duraznense adj. y s. De Durazno (Uruguay).

duraznero m. Variedad de melocotón.

durazno m. Duraznero y su fruto. || Melocotonero y su fruto.

dureza f. Calidad de duro. || *Fig.* Insensibilidad. || *Med.* Tumor o callosidad.

duro, ra adj. Dícese del cuerpo sólido difícil de romper o doblar. || *Fig.* Resistente: *muchacho duro a la fatiga.* | Violento, cruel. || Penoso: *trabajo duro.* || Aplícase al agua que, al contener ciertos compuestos minerales, no hace espuma con el jabón. || — M. Antigua moneda o billete de cinco pesetas. || — Adv. Con fuerza: *dale duro al trabajo.*

e

e f. Quinta letra del alfabeto castellano y segunda de sus vocales. || — Conj. Se usa en vez de la *y* para evitar el hiato antes de las palabras que empiezan por *i* o *hi: Federico e Isabel son mis hijos.*

¡ea! interj. Denota resolución o sirve para animar.

ebanista m. Carpintero que fabrica muebles.

ebanistería f. Arte o taller del ebanista.

ébano m. Árbol cuya madera se usa para hacer muebles. || Su madera.

ebriedad f. Embriaguez.

ebrio, a adj. y s. Embriagado.

ebullición f. Hervor.

ebúrneo, a adj. De marfil.

eccema m. Inflamación local de la piel.

echar v. t. Lanzar: *échame la pelota.* || Arrojar, tirar: *echar mercancías al mar.* || Tender: *echar las redes.* || Despedir: *echar olor, chispas.* || Dejar caer: *echar dinero en un saco.* || Verter: *echar agua en un vaso.* || Poner: *echar un remiendo.* || Poner en el buzón: *echar una carta.* || Expulsar: *echar del Poder a un tirano.* || Brotar: *echar las plantas raíces* (ú. t. c. i.). || Salirle a una persona o animal cualquier complemento natural de su cuerpo: *echar los dientes.* || Acostar: *echar un niño en la cama.* || Inclinar: *echar el cuerpo hacia atrás.* || Correr: *echar el pestillo a la puerta.* || Imponer: *echar una multa.* || Atribuir: *echar la culpa a otro.* || Dar: *echar la comida a las bestias.* || Hacer: *echar cálculos.* || Decir: *echar pestes de uno.* || Pronunciar: *echar un discurso.* || Dirigir una reprimenda: *echar una bronca.* || Conjeturar, suponer: *¿cuántos años me echas?* || Tardar: *echar una hora en ir.* || Ir: *echar por la derecha.* || Proyectar o representar: *echar una película.* || — *Echar a,* seguido de un sustantivo, indica la manera de tomar una cosa: *echar a broma.* || *Echar* (o *echarse*) *a,* significa empezar cuando va seguido de un infinitivo: *echar a correr, a llorar.* || *Echar a perder,* estropear. || *Echar de menos,* sentir la falta de. || *Fam. Echarla* (o *echárselas*) *de,* jactarse de. || — V. pr. Arrojarse: *echarse al agua.* || Tumbarse, acostarse: *echarse en la cama.* || Hacerse a un lado, apartarse. || Empezar a tener: *echarse novio.* || Calmarse el viento.

eclecticismo m. Modo de juzgar que procura evitar las soluciones extremas.

ecléctico, ca adj. Compuesto de elementos muy diversos.

eclesiástico, ca adj. De la Iglesia. || — M. Clérigo.

eclipsar v. t. Causar un astro el eclipse de otro. || *Fig.* Oscurecer, deslucir. || — V. pr. Ocurrir el eclipse de un astro. || *Fig.* Ausentarse.

eclipse m. Ocultación de un astro por la interposición de otro cuerpo celeste. || *Fam.* Ausencia.

eclosión f. Aparición.

eco m. Repetición de un sonido por reflexión de las ondas sonoras. || *Fig.* Resonancia: *sus palabras no tuvieron eco.* | Rumor, noticia imprecisa.

ecografía f. Método de exploración médica por medio de ultrasonidos.

ecográfico, ca adj. De la ecografía.

ecología f. Parte de la biología que estudia la relación de los seres vivos con la naturaleza. || Defensa de la naturaleza, protección del medio ambiente. || Parte de la sociología que trata de la relación existente entre los grupos humanos y su ambiente físico y social.

ecológico, ca adj. De la ecología.

ecologismo m. Aplicación de los conceptos de ecología a la realidad social.

ecologista adj. Relativo a la ecología. || — M. y f. Defensor, amante de la naturaleza. || Ecólogo.

ecólogo, ga m. y f. Especialista en ecología. || Defensor de la naturaleza y del medio ambiente.

economato m. Establecimiento en forma de cooperativa que depende de una sociedad y donde su personal puede adquirir o comprar los productos más baratos que en otro sitio.

economía f. Arte de administrar y ordenar los gastos e ingresos de una casa. || Riqueza pública, conjunto de los recursos de un país. || Moderación en los gastos. || Ahorro: *economía de tiempo.* || — Pl. Lo que se economiza. || *Economía política,* ciencia que estudia los mecanismos que regulan la producción, repartición y consumo de las riquezas.

económico, ca adj. Relativo a la economía. || Parco en el gasto. || Poco costoso.

economista com. Especialista en economía.

economizar v. t. Ahorrar.

ecónomo, ma m. y f. Administrador.

ecosistema m. Sistema constituido por los seres vivos existentes en un lugar determinado y el medio ambiente que les es propio.

ectoplasma m. Exterior del citoplasma.

ecuación f. *Mat.* Igualdad que contiene una o más incógnitas.

ecuador m. *Astr.* Círculo máximo de la esfera celeste perpendicular al eje de la Tierra.

ecuánime adj. Que da pruebas de ecuanimidad.

ecuanimidad f. Imparcialidad.

ecuatorial adj. Relativo al ecuador.

ecuatorianismo m. Voz o giro propios de la República del Ecuador. || Afecto al Ecuador. || Carácter propio del Ecuador.

ecuatoriano, na adj. y s. Del Ecuador. || — M. Modalidad del castellano hablado en Ecuador.

ecuestre adj. Relativo al caballero, al caballo o a la orden y ejercicio de la caballería.

ecuménico, ca adj. Universal.

eczema m. Eccema.

edad f. Tiempo transcurrido desde el nacimiento. || Duración de la vida. || Vejez: *persona de edad*. || Período de la vida. || Período histórico: *la Edad Moderna*. || Época: *en la edad de vuestros padres*. || — *Edad del juicio o de razón*, aquella en la que se tiene conciencia de sus actos. || *Edad de Oro*, período de mayor esplendor. || *Edad Media*, tiempo del siglo v a la mitad del xv. || *Mayor edad*, la requerida por la ley para tener derecho a ejercer sus derechos. || *Tercera edad*, edad avanzada que empieza cuando una persona se jubila y deja de ejercer sus actividades profesionales.

edema m. Hinchazón de una parte del cuerpo.

edición f. Impresión, publicación de una obra.

edicto m. Ley u ordenanza.

edificación f. Construcción.

edificar v. t. Construir.

edificio m. Construcción.

edil, la m. y f. Concejal de ayuntamiento.

editar v. t. Imprimir, publicar y difundir una obra.

editor, ra m. y f. Persona que edita. || — Adj. Que edita: *casa, sociedad editora*. || — F. Editorial.

editorial adj. De la edición. || — M. Artículo de fondo en un periódico. || — F. Casa editora.

editorialista m. Autor de un editorial.

edredón m. Cubierta de cama rellena de plumón.

educación f. Acción y efecto de educar. || Instrucción, enseñanza: *educación primaria*. || Conocimiento de las normas de cortesía: *tener educación*. || *Educación física*, gimnasia. || *Educación general básica* (E.G.B.), enseñanza obligatoria en España hasta los 14 años.

educar v. t. Desarrollar las facultades intelectuales del niño o del joven (ú. t. c. pr.). || Enseñar la urbanidad. || Perfeccionar, afinar los sentidos: *educar el gusto*. || Acostumbrar un miembro a realizar cierta función por medio del ejercicio apropiado.

efe f. Nombre de la letra *f*.

efebo m. Adolescente.

efectividad f. Calidad de efectivo.

efectivo, va adj. Real, verdadero: *ayuda efectiva*. || Aplícase al empleo o cargo de plantilla, por oposición al interino. || Contante: *dinero efectivo*. || — M. Número exacto de los componentes de una colectividad (ú. m. en. pl.). || Dinero en metálico. || *En efectivo*, en numerario.

efecto m. Resultado de una acción. || Artículo de comercio. || Documento o valor mercantil. || Movimiento giratorio que toman una bola de billar o una pelota al picarla lateralmente. || *Efecto invernadero*, acumulación de gases provocados por la contaminación y que afectan al clima.

efectuar v. t. Hacer (ú. t. c. pr.).

efemérides f. pl. Escrito en que se refieren los acontecimientos de cada día.

efervescencia f. *Fig.* Agitación muy viva.

efervescente adj. Que está en efervescencia.

eficacia f. Lo que produce el efecto deseado.

eficaz adj. Que produce el efecto deseado.

eficiencia f. Facultad para lograr un efecto.

eficiente adj. Que tiene eficiencia. || Capaz.

efigie f. Representación pictórica o escultórica de una persona. || *Fig.* Personificación, imagen viva.

efímero, ra adj. De poca duración.

efluvio m. Emanación desprendida de un cuerpo.

efusión f. Derramamiento de un líquido. || *Fig.* Manifestación de un sentimiento muy vivo.

efusividad f. Carácter de efusivo.

efusivo, va adj. Afectuoso.

egipcio, cia adj. y s. De Egipto.

égloga f. Poesía bucólica.

egocentrismo m. Exagerada exaltación de la propia personalidad.

egoísmo m. Inmoderado amor de sí mismo.

egoísta adj. y s. Que da muestras de egoísmo.

egolatría f. Amor de sí mismo.

egregio, gia adj. Insigne.

egresado, da adj. y s. Graduado de una escuela o universidad.

egresar v. i. Graduarse en una escuela o universidad (ú. t. c. pr.).

egreso m. *Com.* Salida, partida de descargo. | Gasto. || *Amer.* Acción y efecto de egresar.

¡eh! interj. para llamar la atención.

einstenio m. Elemento químico artificial.

eje m. Varilla que atraviesa un cuerpo giratorio. || Línea alrededor de la cual se supone que gira una figura: *eje de un cono*. || *Fig.* Idea fundamental.

ejecución f. Realización. || Suplicio de un condenado a muerte: *ejecución de un asesino*.

ejecutar v. t. Realizar, llevar a cabo. || Ajusticiar: *ejecutar a un reo*. || *Mús.* Tocar, cantar.

ejecutivo, va adj. Encargado de la aplicación de las leyes: *poder ejecutivo*. || Encargado de aplicar un mandato: *consejo ejecutivo*. || Urgente. || — M. Poder ejecutivo. || Miembro del personal dirigente de una empresa. || — F. Junta dirigente.

ejecutor, ra adj. y s. Que ejecuta.

ejecutoria f. Título de nobleza. || *Fig.* Mérito.

ejemplar adj. Que puede servir de ejemplo. || — M. Cada objeto sacado de un mismo modelo: *ejemplar de un libro*. || Número suelto de una revista. || *Fig.* Individuo: *¡menudo ejemplar!*

ejemplo m. Caso o hecho que se propone y cita para que se imite o para que se evite, si es malo.

ejercer v. t. e i. Practicar los actos propios de una profesión. || — V. t. Hacer uso de.

ejercicio m. Acción y efecto de ejercer. || Trabajo que se hace para el aprendizaje de una cosa: *ejercicios de matemáticas*. || Paseo u otro esfuerzo corporal: *ejercicio gimnástico*. || Prueba en un examen o en una oposición: *ejercicio escrito*. || Período al final del cual se establece el balance del presupuesto: *ejercicio económico*.

ejercitar v. t. Enseñar con la práctica. || — V. pr. Adiestrarse.

ejército m. Conjunto de las fuerzas militares de un país o que operan juntas en un conflicto.

ejidatario, ria m. y f. *Méx.* Persona que cultiva un terreno comunal.

ejido m. Campo común situado en las afueras de un pueblo y donde suelen reunirse los ganados o establecerse las eras. || En México, parcela o unidad agrícola, forestal o ganadera establecida por la Ley, no menor de diez hectáreas.

ejote m. Vaina del frijol verde.

el art. determ. en gén. m. y núm. sing.

él pron. pers. de 3a. pers. en gén. m. y núm. sing.: *él me lo dio*.

elaboración f. Preparación.

elaborar v. t. Transformar en producto una materia prima. || Preparar un largo trabajo: *elaborar una ley*.

elasticidad f. Condición de elástico.

elástico, ca adj. Que recobra su forma inicial después de haber sido estirado. || — M. Tejido que tiene elasticidad. || Cinta o cordón elástico.

ele f. Nombre de la letra *l*.

elección f. Designación por votación: *elección de un diputado*. || Acción y efecto de escoger.

electivo, va adj. Que se elige.

elector, ra adj. y s. Que vota en unas elecciones.

electorado m. Conjunto de electores.

electricidad f. *Fís.* Forma de energía que se manifiesta por fenómenos mecánicos, luminosos, térmicos, fisiológicos y químicos.

electricista adj. Que se dedica al estudio de la electricidad: *ingeniero electricista*. || Que se ocupa de las instalaciones eléctricas (ú. t. c. s.).

eléctrico, ca adj. Relativo a la electricidad: *luz eléctrica*. || Que funciona con electricidad.

electrificación f. Utilización de la electricidad para hacer funcionar una máquina o una explotación. || Producción y suministro de energía eléctrica en un sitio desprovisto anteriormente de ella.

electrificar v. t. Dotar de instalación eléctrica. || Adaptar a una instalación un equipo eléctrico.

electrizar v. t. Comunicar o producir energía eléctrica. || *Fig.* Entusiasmar, exaltar.

electrocardiograma m. Gráfico de la actividad cardiaca.

electrocución f. Muerte producida por una descarga eléctrica.

electrocutar v. t. Matar por una descarga eléctrica (ú. t. c. pr.).

electrodo o **eléctrodo** m. Polo de una corriente eléctrica que se pone en un líquido o un gas para que la electricidad pase a través de él.

electrodoméstico, ca adj. y s. m. Aplícase a los aparatos eléctricos destinados al uso doméstico (aspiradora, nevera, etc.).

electroencefalografía f. Parte de la medicina que trata de la obtención e interpretación de los electroencefalogramas.

electroencefalograma m. Gráfico de la actividad del cerebro.

electrógeno, na adj. Que produce electricidad.

electroimán m. Aparato que produce corriente magnética por medio de corriente eléctrica.

electrólisis f. Descomposición de un cuerpo haciendo pasar por su masa una corriente eléctrica.

electrólito m. Cuerpo que en estado líquido puede ser descompuesto por la electricidad.

electrolización f. Electrólisis.

electrolizar v. t. Efectuar la electrólisis.

electrón m. *Fís.* Partícula elemental constituyente del átomo dotada de una carga de electricidad negativa. || *Electrón positivo*, el positrón.

electrónico, ca adj. *Fís.* De los electrones o de la electrónica. || — F. Parte de la física que estudia los fenómenos en que intervienen los electrones. || Aplicación industrial de estos conocimientos.

electrotecnia f. Estudio de las aplicaciones técnicas de la electricidad.

electrotécnico, ca adj. De la electrotecnia. || — F. Electrotecnia.

elefante m. Mamífero herbívoro que tiene trompa prensil y dos colmillos de marfil.

elefantiasis f. *Med.* Enfermedad de los países tropicales caracterizada por el desarrollo excesivo de algunas partes del cuerpo, especialmente de las extremidades, y por la rugosidad de la piel.

elegancia f. Gracia y distinción en el porte, el vestido y los modales.

elegante adj. Distinguido, de buen gusto: *hombre, traje, estilo elegante*. || Fino, sin mezquindad: *una acción elegante*.

elegía f. Poesía lírica triste.

elegido, da adj. y s. Designado por elección.

elegir v. t. Escoger.

elemental adj. Fundamental.

elemento m. Componente de un cuerpo. || Cuerpo simple: *elemento químico*. || Parte integrante del todo: *los elementos de una obra*. || Motivo: *un elemento descontento*. || Medio en que se desenvuelve un ser: *el aire es el elemento de los pájaros*. || Individuo. || — Pl. Fundamentos, primeras nociones. || Fuerzas naturales: *luchar contra los elementos*.

elevación f. Acción y efecto de elevar o elevarse. || Eminencia. || Momento de alzar en la misa.

elevador, ra adj. Que eleva. || — M. Aparato para cargar mercancías. || *Amer.* Ascensor.

elevar v. t. Levantar, alzar: *elevar un peso* (ú. t. c. pr.). || *Mat.* Poner un número en una potencia: *elevar al cuadrado*. || *Elevar protestas*, suscitarlas. || — V. pr. *Fig.* Ascender, alcanzar. | Alcanzar una posición social elevada.

eliminación f. Supresión. || Exclusión de una competición deportiva o de un concurso.

eliminar v. t. Suprimir, quitar.

eliminatorio, ria adj. Que elimina. || — F. Prueba para eliminar a los concursantes más débiles.

elipse f. Curva plana y cerrada con dos ejes de simetría que se cortan perpendicularmente.

élite o **elite** f. Minoría selecta.

elixir m. Medicamento.

ella pron. personal de 3a. pers. en género f. núm. sing.: *ella es la mejor de todas*.

elle f. Nombre de la letra *ll*.

ello pron. pers. de 3a. pers. en género neutro.

ellos, ellas pron. pers. de 3a. pers. en género m. y f. núm. pl.: *ellos me lo dijeron*.

elocuencia f. Facultad de hablar bien.

elocuente adj. Que tiene elocuencia. || Significativo, expresivo.

elogiar v. t. Hacer elogios.

elogio m. Palabras empleadas para expresar la admiración que tiene alguien.

elongación f. *Astr.* Para el observador de la Tierra, distancia angular de un astro al Sol. || *Med.* Incremento de la longitud de un miembro.

elote m. *Amér. C.* y *Méx.* Mazorca tierna de maíz.

elucidar v. t. Aclarar, dilucidar.

elucubración f. Lucubración.

elucubrar v. t. Lucubrar.

eludir v. t. Evitar.

emanación f. Olor o exhalación que se desprende de algunos cuerpos. || *Fig.* Manifestación.

emanar v. i. Desprenderse. || *Fig.* Proceder.

emancipación f. Acción y efecto de emancipar.

emancipar v. t. Libertar de alguna dependencia.

embadurnar v. t. Untar.

embajada f. Cargo de embajador. || Su residencia. || Sus empleados. || Representación de un Estado ante otro.

embajador, ra m. y f. Representante de un Estado ante otro.

embalaje m. Acción de embalar.

embalar v. t. Envolver, empaquetar, poner en cajas. || Acelerar un motor (ú. t. c. pr.). || — V. pr. Hablar o ir de prisa. || *Fig.* Entusiasmarse.

embaldosar v. t. Cubrir con baldosas.

embalsamamiento m. Acción de embalsamar.

embalsamar v. t. Aplicar tratamiento especial a un cadáver para evitar su putrefacción. || Perfumar.

embalse m. Retención artificial de las aguas de un río para utilizarlas en la producción de energía o en el riego de los campos.

embarazado, da adj. Cohibido, molesto. || Dícese de la mujer que ha concebido (ú. t. c. f.).

embarazar v. t. Impedir, estorbar, dificultar: *embarazar el paso.* || Dejar encinta a una mujer. || *Fig.* Molestar. || — V. pr. Estar molesto por algo.

embarazo m. Dificultad, obstáculo. || Falta de soltura. || Estado de la mujer o hembra que ha concebido y tiene el feto en el vientre.

embarazoso, sa adj. Molesto.

embarcación f. Barco.

embarcadero m. Sitio para embarcar.

embarcar v. t. Meter a personas, mercancías, etc., en una embarcación. || *Fig.* Meter a uno en un negocio: *le embarcaron en un pleito.* || — V. pr. Subir a un barco. || *Fig.* Meterse, emprender.

embargar v. t. Embarazar. || Llenar totalmente: *la felicidad le embargaba.* || Retener una cosa judicialmente: *le embargaron todos sus bienes.*

embargo m. Retención de bienes por mandamiento judicial. || *Sin embargo,* no obstante.

embarrar v. t. y pr. Untar, manchar con barro. || *Amer.* Calumniar, desacreditar. || *Amer.* Complicar a alguien en un asunto sucio. || *Arg., Chil., Col.* y *Per. Embarrarla,* cometer un error, empeorar las cosas.

embate m. Acometida impetuosa.

embaucador, ra adj. y s. Que embauca.

embaucamiento m. Engaño. || Seducción.

embaucar v. t. Engañar. || Seducir.

embeber v. t. Absorber un cuerpo un líquido: *la esponja embebe el agua.* || Empapar: *embeber en agua* (ú. t. c. pr.). || — V. pr. Quedarse extasiado.

embelecar v. t. Engañar.

embelesar v. t. Encantar.

embeleso m. Encanto. || Arrebato.

embellecedor, ra adj. Que embellece. || — M. Moldura cromada de los coches. || Tapacubos.

embellecer v. t. Dar belleza (ú. t. c. i. y pr.).

embellecimiento m. Acción de embellecer.

emberrenchinarse v. pr. Encolerizarse.

embestida f. Ataque, acometida.

embestir v. t. Arrojarse con ímpetu sobre una persona, animal o cosa. || — V. i. Atacar, acometer.

emblema m. Representación simbólica.

embobamiento m. Atontamiento.

embobar v. t. Atontar (ú. t. c. pr.).

embocadura f. Acción de embocar. || Lugar donde se emboca. || Parte de un instrumento musical de viento a la que se aplican los labios.

embocar v. t. Dirigir algo hacia una entrada. || Llevar a los labios un instrumento musical.

embolado m. *Fam.* Engaño. | Engorro.

embolar v. t. *Amer.* Dar betún a los zapatos.

embolia f. *Med.* Obstrucción de un vaso sanguíneo por un coágulo.

émbolo m. *Mec.* Disco cilíndrico que se desplaza alternativamente en el cuerpo de una bomba o en el cilindro de una máquina de vapor.

embolsar v. t. Cobrar (ú. t. c. pr.).

embonar v. i. *Cub., Ecuad.* y *Méx.* Empalmar.

emboque m. En algunos juegos, paso de la bola por el aro. || *Chil.* Boliche, balero.

emborrachar v. t. Poner borracho. || Atontar (ú. t. c. pr.). || — V. pr. Beber más de la cuenta.

emborronar v. t. Llenar de borrones.

emboscada f. Ataque por sorpresa. || *Fig.* Asechanza, trampa.

embotamiento m. Acción y efecto de embotar.

embotar v. t. Volver menos cortante la hoja de un cuchillo o herramienta (ú. t. c. pr.). || *Fig.* Debilitar: *el ocio embota el ánimo* (ú. t. c. pr.).

embotellado, da adj. En botella. | *Fig.* Dícese del discurso preparado de antemano. || — M. Acción de embotellar.

embotellador, ra m. y f. Persona encargada de embotellar. || — F. Máquina para embotellar.

embotellamiento m. Embotellado. || *Fig.* Atasco de la circulación.

embotellar v. t. Meter en botellas. || *Fig.* Obstruir, estorbar: *embotellar la circulación.* | Aprender de memoria. Ú. t. c. pr.: *se embotelló el Código Civil.*

embozar v. t. Cubrir la parte inferior del rostro.

embozo m. Parte de la capa o prenda que sirve para embozarse. || Parte doblada de la sábana de encima que toca el rostro.

embragar v. t. Establecer conexión entre el motor y los órganos que debe poner en movimiento. Ú. t. c. i.: *el coche hace ruido al embragar.*

embrague m. Acción de embragar. || Dispositivo que pone a máquina en movimiento uniéndola al motor: *embrague automático.*

embriagar v. t. Poner ebrio (ú. t. c. pr.). || *Fig.* Enajenar: *embriagado por la gloria* (ú. t. c. pr.).

embrión m. *Biol.* Organismo en vías de desarrollo desde la fecundación del óvulo hasta el momento en que puede llevar una vida autónoma. || *Fig.* Origen: *esto fue el embrión de la revolución.*

embrollar v. t. Enredar (ú. t. c. pr.).

embrollo m. Enredo.

embromar v. t. Dar bromas. || Engañar. || *Méx.* Retardar el despacho de un asunto.

embrujar v. t. Hechizar.

embrujo m. Hechizo.

embrutecer v. t. Volver bruto.

embrutecimiento m. Acción de embrutecer.

embudo m. Utensilio hueco de forma cónica para trasegar líquidos.

embuste m. Mentira.

embustero, ra adj. y s. Mentiroso.

embutido m. Intestino de animal relleno con carne picada y condimentos.

eme f. Nombre de la letra *m.*

emergencia f. Circunstancia imprevista. || Peligro: *salida de emergencia.*

emérito, ta adj. Dícese del que se ha retirado de un cargo y disfruta de un premio por sus servicios.

emigración f. Acción de emigrar. || Conjunto de personas que han abandonado su residencia habitual para establecerse en otro país o región. || *Fig.* Salida de un país: *emigración de capitales.*

emigrado, da adj. y s. Que vive fuera de su patria o región por motivos políticos o económicos.

emigrante adj. y s. Que emigra.

emigrar v. i. Abandonar su residencia habitual para establecerse en otro país o región. || Cambiar periódicamente de clima ciertos animales.

eminencia f. Parte del terreno más elevada que la circundante. || *Por ext.* Cualquier cosa que sobresale. || Persona eminente.

eminente adj. Distinguido.

emir m. Príncipe o jefe árabe.

emirato m. Dignidad de emir, tiempo que dura su mandato y territorio donde éste se ejerce.

emisario, ria m. y f. Mensajero.

emisión f. Acción y efecto de emitir. || Difusión por radio o televisión. || Puesta en circulación de monedas o valores.

emisor, ra adj. y s. Que emite: *centro emisor.* || — M. Aparato de emisión radiofónica. || — F. Estación emisora de radio o televisión.

emitir v. t. Despedir, producir: *emitir radiaciones, sonidos.* || Poner en circulación: *emitir moneda.* || Manifestar, expresar: *emitir un juicio.* || — V. i. Difundir emisiones de radio o televisión.

emoción f. Alteración del ánimo provocada por la alegría, la sorpresa, el miedo, etc. || Expectación.

emocionante adj. Que causa emoción.

emocionar v. t. Conmover, causar emoción.

emotividad f. Sensibilidad a las emociones.

emotivo, va adj. Que produce emoción. || Que se emociona fácilmente (ú. t. c. s.).

empacado m. Empacamiento.

empacador, ra adj. Que empaca (ú. t. c. s.).

empacamiento m. *Amer.* Acción de empacar.

empacar v. t. Poner en pacas, paquetes o cajas. || — V. pr. Obstinarse. || Avergonzarse. || *Amer.* Plantarse una bestia. || — V. i. *Amer.* Hacer las maletas.

empachar v. t. Causar indigestión.

empacho m. Indigestión.

empadronamiento m. Inscripción en el padrón. || Padrón, lista.

empadronar v. t. Inscribir en un padrón.

empalagar v. t. Empachar un alimento por ser muy dulce (ú. t. c. pr.). || *Fig.* Fastidiar.

empalago m. Hartura.

empalagoso, sa adj. Que empalaga.

empalizada f. Cerca, vallado.

empalmar v. t. Unir dos cosas por sus extremos. || *Fig.* Ligar, enlazar. || — V. i. Juntarse una cosa con otra. || Unirse dos carreteras. || Combinarse adecuadamente la hora de llegada de un tren u otro vehículo público con la de salida de otro.

empalme m. Acción de empalmar. || Punto en que empalman dos cosas. || Conexión eléctrica. || Cosa que empalma con otra. || Tramo de carretera que permite pasar de una vía pública a otra.

empanada f. Manjar que consiste en una vianda cubierta de masa y cocida al horno o frita.

empanadilla f. Pastel pequeño y relleno.

empanar v. t. Rebozar con pan rallado.

empanizar v. t. *Méx.* Empanar.

empañado, da adj. Sin brillo.

empañar v. t. *Fig.* Manchar, deslucir (ú. t. c. pr.).

empapar v. t. Mojar, humedecer. || Absorber: *la tierra empapa la lluvia.* || Penetrar un líquido en un cuerpo: *el agua empapa la esponja.* || — V. pr. Penetrar: *la lluvia se empapa en el suelo.* || Calarse, mojarse mucho: *mi traje se ha empapado.* || *Fig.* Meterse en la cabeza: *empapar un discurso.*

empapelado m. Revestimiento de la pared con papel pintado.

empapelar v. t. Envolver en papel. || Cubrir de papel. || *Fig.* y *fam.* Formar un proceso a uno.

empaque m. Distinción. || Afectación. || *Amer.* Frescura, desfachatez. || *Méx.* Envase.

empaquetado y **empaquetamiento** m. Acción y efecto de empaquetar.

empaquetar v. t. Poner en paquetes. || *Fig.* Amontonar.

emparedado m. Dos rebanadas de pan con jamón, queso, etc., en medio.

emparejamiento m. Formación de una pareja.

emparejar v. t. Formar una pareja: *emparejar guantes.* || Combinar: *emparejar una cosa con otra.* || Poner al mismo nivel. || — V. i. Alcanzar: *tuve que correr para emparejar con él.* || — V. pr. Formar pareja con una persona.

emparentado, da adj. Que mantiene relación de parentesco. || Que guarda relación.

emparentar v. i. Contraer parentesco.

emparrado m. Armazón que sostiene la parra.

empastado, da adj. *Arg., Chil., Méx.* y *Urug.* Dícese del campo que tiene pasto. || *Arg.* y *Urug.* Dícese del ganado que sufre meteorismo. || — M. *Bol., Col., C. Rica, Ecuad., Guat., Méx., Per.* y *Venez.* Encuadernación.

empastar v. t. Encuadernar en pasta. || Llenar con pasta o metal un diente cariado.

empaste m. Acción y efecto de empastar. || Pasta o metal con que se llena un diente cariado.

empatar v. i. Obtener el mismo número de votos. || Tener el mismo número de tantos dos equipos deportivos contrarios.

empate m. Igual número de puntos.

empavesar v. t. *Mar.* Engalanar un buque. || Adornar, engalanar.

empecinarse v. pr. Obstinarse.

empedernido, da adj. *Fig.* Insensible, duro: *corazón empedernido.* || Incorregible, impenitente.

empedrado m. Pavimento de piedra.

empeine m. Parte superior del pie o del calzado.

empellón m. Empujón.

empelotarse v. pr. *Bol., Chil., Col., Dom., Ecuad., Esp., Méx.* y *Nicar.* Desnudarse, quitarse la ropa. || *Arg.* y *Urug.* Enojarse, molestarse. || *Arg.* y *Urug.* Aburrirse. || *Venez.* Complicarse, dificultarse un asunto.

empenaje m. Planos de estabilización de un avión.

empeñar v. t. Dejar un objeto de valor en garantía de un préstamo. || Comprometer: *empeñar su palabra* (ú. t. c. pr.). || Empezar: *empeñar una discusión.* || — V. pr. Obstinarse: *empeñarse en hacer algo.* || Insistir: *si te empeñas tanto lo haré.* || Endeudarse. || Trabarse en una lucha o disputa.

empeño m. Acción de empeñar un objeto. || Afán: *empeño en algo.* || Obstinación: *trabajar con empeño.* || *Casa de empeño,* Monte de Piedad.

empeoramiento m. Acción de empeorar.

empeorar v. t. Poner peor (ú. t. c. pr.).

empequeñecer v. t. Hacer más pequeño.

emperador m. Jefe de un imperio. || Pez espada.

emperatriz f. Mujer del emperador. || Soberana de un imperio.

emperejilar v. t. Acicalar (ú. t. c. pr.).

emperramiento m. Obstinación.

emperrarse v. pr. *Fam.* Obstinarse.

empezar v. t. Comenzar, dar principio. ¶| Fig. *Empezar la casa por el tejado*, empezar una cosa por donde se debía acabar. || — V. i. Tener principio. || Hacer algo por primera vez: *empezó a trabajar*.

empilchar v. t. y pr. *Arg., Bol.* y *Urug.* Vestir, en particular esmeradamente.

empinado, da adj. En pendiente.

empinar v. t. Levantar. || Poner en alto. || Inclinar una botella para beber. || *Empinar el codo*, beber mucho. || — V. pr. Ponerse de puntillas.

empírico, ca adj. Relativo al empirismo.

empirismo m. Procedimiento fundado en la experiencia. || Sistema filosófico que considera la experiencia como única fuente del conocimiento.

empizarrar v. t. Cubrir con pizarras.

emplazamiento m. Citación judicial. || Sitio.

emplazar v. t. Citar ante un tribunal. || Situar.

empleado, da m. y f. Asalariado.

empleador, ra adj. Que emplea. || — M. y f. Persona que tiene empleados, patrono.

emplear v. t. Utilizar: *emplear una palabra* (ú. t. c. pr.). || Ocupar, dar empleo: *emplear a un trabajador*. || Invertir dinero: *emplear la fortuna*. || Gastar: *emplear bien el tiempo*.

empleo m. Uso: *el empleo de una palabra*. || Colocación: *tener un buen empleo*. || *Pleno empleo*, trabajo para ocupar a toda la mano de obra.

emplomadura f. Acción y efecto de emplomar. || Cantidad de plomo con la que se realiza. || *Arg., Parag.* y *Urug.* Empaste dental.

emplomar v. t. Empastar un diente.

empobrecer v. t. Hacer pobre (ú. t. c. i. y pr.).

empobrecimiento m. Pobreza.

empollar v. t. Calentar el ave los huevos para que nazcan los pollos (ú. t. c. i.). || *Fig.* y *fam.* Estudiar mucho (ú. t. c. pr.).

empolvar v. t. Echar polvo o polvos. || — V. pr. Cubrirse de polvo. || Ponerse polvos en la cara.

emponzoñamiento m. Envenenamiento.

emponzoñar v. t. Envenenar.

emporio m. Gran centro comercial.

empotrar v. t. Fijar una cosa en un muro.

emprendedor, ra adj. Que toma iniciativas.

emprender v. t. Comenzar una obra o empresa.

empresa f. Acción dificultosa que se comete con resolución. || Sociedad comercial o industrial.

empresariado m. Conjunto de empresas o de empresarios o de sociedades.

empresarial adj. Relativo a la empresa. || — F. pl. Estudios hechos para dirigir empresas.

empresario, ria m. y f. Persona que explota una empresa, un espectáculo, etc.

empréstito m. Acción de pedir un préstamo. || Préstamo que toma el Estado o una corporación o empresa cuando está representado por títulos negociables al portador. || Cantidad así prestada.

empujar v. t. Impulsar, hacer fuerza contra una persona o cosa para moverla. || *Fig.* Incitar.

empuje m. Acción y efecto de empujar. || Fuerza propulsiva de los motores de reacción. || *Fig.* Energía, brío, eficacia: *persona de empuje*.

empujón m. Golpe brusco para apartar o mover a una persona o cosa. || Avance notable y rápido: *dar un empujón a un trabajo*.

empuñadura f. Puño.

empuñar v. t. Coger, asir.

emulación f. Deseo de igualar o superar.

emular v. t. Competir con uno intentando imitarle o superarle.

émulo, la m. y f. Competidor.

emulsión f. Líquido constituido por dos sustancias no miscibles, una de las cuales se halla dispersa en la otra en forma de gotas pequeñísimas.

en prep. que indica el lugar, la situación, el tiempo, el modo: *estar en casa; el libro está en la mesa; sucedió en domingo*. || Con un gerundio significa *en cuanto, luego que* o *si: en saliendo a la calle lo compro*. || Seguido de infinitivo equivale a *por: le conocí en el andar*. || Se usa a veces antes de un precio: *vender algo en muchos millones*.

enagua f. Prenda interior femenina bajo la falda (ú. t. en pl.).

enajenación f. Acción y efecto de enajenar. || Cesión, venta. || *Fig.* Turbación. | Embelesamiento, éxtasis. || *Enajenación mental*, locura.

enajenado, da adj. Vendido. || Loco (ú. t. c. s.).

enajenamiento m. Enajenación.

enajenar v. t. Transmitir a otro la propiedad. || *Fig.* Trastornar, hacer perder el juicio: *el miedo lo enajenó*. | Embelesar: *la música lo enajena*. || — V. pr. Perder: *enajenarse la amistad de uno*. || *Fig.* Volverse loco. | Extasiarse.

enaltecer v. t. Ensalzar.

enaltecimiento m. Ensalzamiento.

enamorado, da adj. y s. Que siente amor.

enamoramiento m. Acción de enamorar.

enamorar v. t. Despertar amor. | Cortejar, galantear. || — V. pr. Sentir amor por una persona.

enamoricarse y **enamoriscarse** v. pr. *Fam.* Enamorarse superficialmente.

enano, na adj. Muy pequeño (ú. t. c. s.).

enarbolar v. t. Levantar.

enardecer v. t. *Fig.* Excitar.

enardecimiento m. Excitación.

encabezado m. *Arg., Ecuad., Guat., Hond., Méx.* y *Urug.* Titular de un diario.

encabezamiento m. Fórmula para empezar una carta o un escrito. || Titulares de un periódico.

encabezar v. t. Poner el encabezamiento. || Comenzar: *encabezó su libro así*. || Estar al principio, iniciar: *encabezar una lista*. || Estar en la cabeza o al frente: *encabezar una rebelión*.

encadenamiento m. Sujeción con cadena. || Enlace, trabazón.

encadenar v. t. Sujetar con cadena. || *Fig.* Trabar, enlazar unas cosas con otras (ú. t. c. pr.).

encajar v. t. Meter una cosa en otra de modo que ajuste. || Poner en su sitio: *encajar un hueso*. || *Fig.* Hacer soportar: *le encajó una arenga*. | Soportar, aguantar: *encajar un golpe, críticas* (ú. t. c. i.). | Dar: *encajar un billete falso*. | Asestar: *le encajó un puñetazo*. || — V. i. Quedar bien ajustado: *la ventana no encaja* (ú. t. c. pr.). || *Fig.* Ir bien: *esto no encaja en mis proyectos*. || — V. pr. Meterse en un sitio de donde no se puede salir. || *Fig.* Ponerse una prenda: *se encajó el gabán*. | Adaptarse: *encajado en su nueva colocación*. | Ir, hacer un desplazamiento: *me encajé a su casa*.

encaje m. Ajuste de dos piezas. || Tejido de mallas que se obtiene entrelazando hilos: *encaje de bolillos*. || *Amer.* Dinero o valores en caja.

encajonado y **encajonamiento** m. Acción y efecto de encajonar.

encajonar v. t. Meter algo en un cajón. || Meter en un sitio angosto: *río encajonado entre rocas*. || Poner los toros en cajones para transportarlos.

encajoso, sa adj. *Méx.* Molesto.

encalado m. Acción de encalar.

encalar v. t. Cubrir con cal.

encallamiento m. Acción de encallar.

encallar v. i. Varar, quedarse inmovilizado un barco en arena o rocas. || *Fig.* Quedarse detenido, no poder salir adelante en un negocio. || — V. pr. Encallecerse.

encallecer v. i. Criar callos (ú. t. c. pr.). || — V. pr. Endurecerse.

encallecimiento m. Acción de encallecer.

encamarse v. pr. Meterse en la cama el enfermo.

encaminar v. t. Indicar el camino o poner en camino (ú. t. c. pr.). || Dirigir, orientar.

encanallar v. t. Corromper, envilecer. || — V. pr. Hacerse canalla.

encandilar v. t. *Fig.* Deslumbrar con apariencias falsas (ú. t. c. pr.). | Crear un deseo o ilusión (ú. t. c. pr.). || — V. pr. Ponerse muy brillantes los ojos.

encanecer v. i. Ponerse cano. || *Fig.* Envejecer.

encanijar v. t. Poner flaco (ú. t. c. pr.).

encantado, da adj. Muy contento. || Que parece habitado por fantasmas.

encantador, ra adj. Muy agradable.

encantamiento m. Acción y efecto de encantar.

encantar v. t. *Fig.* Gustar mucho.

encanto m. Cualidad de lo que agrada. || *Fig.* Persona muy simpática. | Cosa muy agradable.

encañonar v. t. Apuntar con un arma.

encapotarse v. pr. Nublarse el cielo.

encaprichamiento m. Acción de encapricharse.

encapricharse v. pr. Obstinarse, empeñarse uno en un capricho. || Enamorarse, aficionarse mucho.

encaramarse v. pr. Trepar, subir.

encarar v. t. Poner dos cosas cara a cara. || Apuntar: *encarar el fusil*. || Mirar cara a cara. || *Fig.* Afrontar, hacer frente. Ú. t. c. pr.: *encararse con las dificultades*. || — V. pr. Ponerse cara a cara. || Oponerse, tener o manifestar actitudes contrarias.

encarcelamiento m. Acción de encarcelar.

encarcelar v. t. Meter en la cárcel.

encarecer v. t. Aumentar, subir el precio de alguna cosa. Ú. t. c. i.: *la vida ha encarecido*. || *Fig.* Ponderar, alabar. | Insistir, instar: *se lo encarezco*.

encarecimiento m. Subida de precio, aumento. || Insistencia.

encargado, da adj. Que recibe el encargo de hacer algo (ú. t. c. s.).

encargar v. t. Confiar a uno la realización de una cosa. || Dar el cuidado de algo: *encargar a alguien del teléfono*. || Ordenar, pedir: *encargar la comida*. || — V. pr. Tomar a su cuidado, tomar la responsabilidad de algo. || Mandar hacer: *acabo de encargarme un traje*.

encargo m. Acción de encargar. || Mandado, recado, compra: *hacer sus encargos*. || *Com.* Pedido.

encariñar v. t. Tomar cariño (ú. t. c. pr.).

encariñarse v. pr. Tomar cariño.

encarnación f. Personificación.

encarnado, da adj. Rojo (ú. t. c. s. m.).

encarnar v. i. Haberse hecho hombre el Verbo Divino (ú. t. c. pr.). || — V. t. *Fig.* Ser la personificación de una cosa: *encarnar la justicia*.

encarnizamiento m. Acción de encarnizarse. || *Fig.* Crueldad.

encarnizarse v. pr. Cebarse un animal en su presa. || *Fig.* Ensañarse: *encarnizarse en la lucha*.

encarrerar v. t. Señalar el camino. || — V. pr. *Méx.* Tomar vuelo.

encarrilar v. t. Encaminar, dirigir. || — V. pr. *Fig.* Llevar una vida formal y estable.

encartar v. t. Implicar en un asunto. || — V. i. *Fig.* Ir bien: *esto no encarta con mis proyectos*.

encartonar v. t. Cubrir con cartones.

encasillar v. t. Poner en casillas. || Clasificar. || *Fig.* Encerrar: *encasillado en su egoísmo*.

encasquetar v. t. Calarse bien el sombrero. (ú. t. c. pr.) || *Fig.* Meter en la cabeza (ú. t. c. pr.): *encasquetar a uno una idea*. | Hacer aguantar algo molesto: *nos encasquetó un discurso largo*.

encastrar v. t. Encajar.

encauchado, da adj. y s. *Col., Ecuad.* y *Venez.* Dícese de la tela impermeabilizada con caucho. || — M. *Col., Ecuad.* y *Venez.* Ruana o poncho impermeabilizados.

encauzamiento m. Orientación.

encauzar v. t. Orientar.

encebollado m. Guisado de carne con cebollas.

encefálico, ca adj. Del encéfalo.

encéfalo m. Conjunto de los órganos nerviosos (cerebro, cerebelo) encerrados en el cráneo.

encefalografía f. Radiografía del encéfalo.

encefalograma m. Electroencefalograma.

encelamiento m. Celo.

encelar v. t. Dar celos. || — V. pr. Tener celos.

encendedor, ra adj. y s. Que enciende. || — M. Utensilio para encender los cigarrillos.

encender v. t. Prender fuego: *encender un cigarrillo*. || Hacer funcionar: *encender la luz*. || *Fig.* Causar ardor: *la pimienta enciende la lengua*. | Avivar, excitar: *encender una pasión*. | Provocar, ocasionar: *encender un conflicto*.

encendido m. Acción de encender. || En los motores de explosión, inflamación, por medio de una chispa eléctrica, de la mezcla carburante.

encerado m. Pizarra en las escuelas para escribir.

encerar v. t. Aplicar cera.

encerrar v. t. Meter en un sitio cerrado.

encestador, ra adj. Que encesta (ú. t. c. s.).

encestar v. t. Meter en un cesto. || Marcar un tanto en baloncesto.

enceste m. Tanto en baloncesto.

enchalecar v. t. *Fam.* Guardar el dinero (ú. t. c. pr.).

encharcamiento m. Formación de charcos. || *Med.* Hemorragia interna de los pulmones.

encharcar v. t. Formar charcos (ú. t. c. pr.).

enchastrar v. t. y pr. *Arg.* y *Urug.* Ensuciar, embadurnar.

enchastre m. *Arg.* y *Urug.* Acción y efecto de enchastrar o enchastrarse.

enchilado, da adj. *Méx.* De color de chile, bermejo: *toro enchilado*. | Rabioso. || — M. *Méx.* Guisado de mariscos con salsa de chile. || — F. *Méx.* Tortilla de maíz enrollada o doblada, rellena con alguna vianda y aderezada con chile.

enchilar v. t. *Amer.* Untar o sazonar con chile. || *Méx.* Enfadar.

enchiquerar v. t. Encerrar en el chiquero.

enchufado, da adj. y s. *Fam.* Dícese del que tiene un puesto o cargo obtenidos por influencia.

enchufar v. t. Empalmar tubos. || Establecer una conexión eléctrica por medio de un enchufe: *enchu-*

...doscopio m. Aparato destinado al examen visual de la uretra y de la vejiga urinaria.

...doso m. *Com.* Acción y efecto de endosar.

...ndrogarse v. pr. *Chil., Méx.* y *Per.* Contraer deudas. || *Amér. C., Chil., Cub., P. Rico* y *Venez.* Drogarse.

...ndulzar v. t. Poner dulce.

...ndurecer v. t. Poner duro: *la sequía endurece la tierra* (ú. t. c. pr.). || *Fig.* Hacer a uno resistente.

...ndurecimiento m. Dureza. || Aumento de la dureza. || *Fig.* Resistencia.

...ene f. Nombre de la letra *n*.

eneágono, na adj. y s. m. *Geom.* Aplícase al polígono que tiene nueve ángulos y lados.

enebro m. Arbusto de fruto aromático.

enemigo, ga adj. y s. Contrario: *países enemigos.* || Que odia y procura hacer daño: *es mi enemigo personal.* || Que aborrece: *enemigo de trasnochar.* || — M. El contrario en la guerra: *el enemigo fue rechazado.* || — F. Enemistad.

enemistad f. Aversión, odio.

enemistar v. t. Hacer perder la amistad. Ú. t. c. pr.: *se enemistó conmigo.*

energético, ca adj. De la energía. || — F. Ciencia que se ocupa de la energía.

energía f. Fuerza: *la energía muscular.* || Eficacia: *la energía de un medicamento.* || *Fig.* Fuerza de carácter. || *Fís.* Capacidad que tiene un cuerpo de producir un trabajo: *energía eléctrica.*

enérgico, ca adj. Que tiene o implica energía.

energúmeno, na m. y f. Persona exaltada.

enero m. Primer mes del año que tiene 31 días.

enervación f. y **enervamiento** m. Nerviosismo.

enervante f. Sustancia tóxica, droga.

enésimo, ma adj. Aplícase al número indeterminado de veces que se repite una cosa: *decir por enésima vez.*

enfadar v. t. Disgustar (ú. t. c. pr.).

enfado m. Enojo, disgusto.

enfadoso, sa adj. Enojoso.

énfasis m. Exageración en la manera de expresarse que implica cierta afectación.

enfático, ca adj. Con énfasis.

enfatizar v. t. Expresarse con énfasis.

enfermar v. i. Ponerse enfermo. || — V. t. Causar enfermedad.

enfermedad f. Alteración en la salud. || *Enfermedad de las vacas locas,* enfermedad de los bovinos que da al cerebro un aspecto esponjoso.

enfermería f. Departamento de algún establecimiento donde se cura a los enfermos y heridos.

enfermero, ra m. y f. Persona que atiende a los enfermos.

enfermo, ma adj. y s. Que tiene enfermedad.

enfeudar v. t. Dar en feudo.

enfisema m. *Med.* Inflamación a causa de aire en un tejido, sobre todo en el respiratorio.

enflaquecer v. t. e i. Adelgazar mucho.

enflaquecimiento m. Adelgazamiento excesivo.

enfocar v. t. Dirigir: *enfocar los gemelos hacia cierto punto.* || Centrar en el visor de la cámara fotográfica la imagen que se desea reproducir (ú. t. c. pr.). || *Fig.* Considerar, analizar (ú. t. c. pr.).

enfoque m. Acción y efecto de enfocar. || *Fig.* Manera de considerar y tratar un asunto.

enfrascamiento m. Acción de enfrascarse.

enfrascarse v. pr. Entregarse.

enfrentamiento m. Acción de enfrentarse.

enfrentar v. t. Afrontar: *enfrentar el peligro* (ú. t. c. pr.). || Oponer. || — V. pr. Tener ante sí: *enfrentarse con una duda.* || Hacer frente: *enfrentarse con una persona.* || Oponerse: *se enfrenta con todos.* || Luchar dos equipos o jugadores.

enfrente adv. Delante: *mi casa está enfrente.* | En contra: *se pusieron enfrente del proyecto.*

enfriamiento m. Acción y efecto de enfriar o enfriarse. || Resfriado.

enfriar v. t. Poner fría una cosa: *enfriar un líquido.* || *Fig.* Moderar las pasiones: *enfriar el entusiasmo.* || — V. pr. Resfriarse.

enfrijolada f. Comida típica mexicana hecha de tortilla de maíz, puré de frijoles y queso.

enfrijolarse v. pr. *Méx.* Enredarse una cosa.

enfundar v. t. Poner en una funda.

enfurecer v. t. Poner furioso. || — V. pr. *Fig.* Embravecerse el mar o alterarse el viento.

enfurecimiento m. Irritación.

enfurruñarse v. pr. *Fam.* Enfadarse, gruñir.

engalanar v. t. Adornar. || Ataviar (ú. t. c. pr.).

engallamiento m. Engreimiento.

engallarse v. pr. *Fig.* Engreírse.

enganchar v. t. Agarrar con un gancho. || Colgar de un gancho. || Sujetar las caballerías a un carruaje o los vagones entre sí. || *Fig.* Atraer a uno con arte: *lo engancharon para que les ayudase.* | Coger, apresar: *enganchar una borrachera, un marido.* || — V. pr. Quedarse prendido en un gancho. || Sentar plaza de soldado.

enganche m. Acción y efecto de enganchar.

engañabobos m. inv. Engaño falaz.

engañar v. t. Hacer creer algo que es falso: *la vista engaña.* || *Fig.* Producir o causar ilusión. || Estafar: *engañar a un cliente.* || Hacer más llevadero: *engañar el hambre.* || Ser infiel a su cónyuge. || — V. pr. Equivocarse. || No querer ver la verdad.

engañifa f. *Fam.* Engaño.

engaño m. Acción de engañar. || Error. || Cualquier arte de pescar. || *Taurom.* Capa o muleta.

engañoso, sa adj. Que engaña.

engarce m. Acción de engarzar. || Metal en que se engarza una piedra preciosa. || *Fig.* Enlace.

engarzar v. t. Reunir formando cadena: *engarzar perlas.* || Engastar: *engarzar un brillante en platino.*

engatusamiento m. Embaucamiento.

engatusar v. t. Embaucar.

engendramiento m. Acción de engendrar.

engendrar v. t. Procrear. || *Fig.* Causar, ocasionar.

engendro m. Engendramiento. || *Fig.* Monstruo.

englobar v. t. Reunir en un conjunto.

engolado, da adj. Presuntuoso.

engolamiento m. Afectación.

engolosinar v. t. Excitar el deseo. || — V. pr. Aficionarse.

engordar v. t. Poner gordo (ú. t. c. pr.). || Cebar: *engordar cerdos.* || — V. i. Ponerse gordo.

engorro m. Molestia.

engorroso, sa adj. Molesto.

engranaje m. *Mec.* Acción y efecto de engranar. | Piezas que engranan. | Conjunto de los dientes de una máquina. || *Fig.* Enlace, conexión.

engranar v. t. e i. *Mec.* Introducir unos en otros los dientes de dos piezas. || *Fig.* Enlazar (ú. t. c. pr.).

engrandecer v. t. Aumentar, hacer mayor: *engrandecer la fama de uno.* || *Fig.* Alabar. | Exaltar.

far una lámpara. || *Fig.* Valerse de su influencia para favorecer a uno. | Enlazar, unir. || — V. pr. *Fam.* Obtener un enchufe por influencia.

enchufe m. Acción de enchufar. || Dispositivo para conectar un aparato con la red eléctrica. || *Fam.* Influencia: *tener enchufe.* | Recomendación. | Puesto o cargo obtenidos por influencia.

encía f. Carne que cubre la raíz de los dientes.

encíclica f. Carta del Papa a los obispos.

enciclopedia f. Conjunto de los conocimientos humanos. || Obra que trata metódicamente de las ciencias y artes. || *Fig.* Persona que posee muchos conocimientos sobre materias muy variadas.

enciclopédico, ca adj. De la enciclopedia.

enciclopedismo m. Doctrinas filosóficas profesadas por los autores de la *Enciclopedia* publicada en Francia en el s. XVIII y por sus seguidores.

enciclopedista adj. Del enciclopedismo (ú. t. c. s.).

encierro m. Acción y efecto de encerrar o encerrarse. || Sitio donde se encierra. || Acto de conducir los toros al toril: *los encierros de Pamplona.*

encima adv. En lugar o situación superior. || Sobre sí: *llevar encima un abrigo.* || Además: *le insultaron y encima le pegaron.*

encimoso, sa adj. *Méx.* Molesto.

encina f. y **encino** m. Árbol de madera dura, cuyo fruto es la bellota. || Su madera.

encinta adj. Embarazada.

enclave m. Territorio perteneciente a un país, pero situado dentro de otro.

enclenque adj. y s. Enfermizo.

encoger v. t. Contraer: *encoger el brazo* (ú. t. c. pr.). || Disminuir, reducir: *el lavado encoge ciertos tejidos* (ú. t. c. i.). || — V. pr. *Fig.* Acobardarse.

encolar v. t. Pegar con cola.

encolerizar v. t. Enfurecer (ú. t. c. pr.).

encomendar v. t. Confiar (ú. t. c. pr.).

encomendero m. En América, el que tenía indios en encomienda.

encomiar v. t. Alabar, celebrar.

encomiástico, ca adj. Laudatorio.

encomienda f. Encargo. || Dignidad en las órdenes militares y civiles. || Cruz de los caballeros de las órdenes militares. || Amparo, protección. || Institución colonial española en América que consistía en el repartimiento de indios entre los conquistadores, quienes a cambio de enseñar la doctrina cristiana, instruir y proteger a aquéllos, se beneficiaban de su trabajo o del pago de un tributo. || Pueblo de indios sometido a la encomienda. || *Amer.* Paquete.

encomio m. Alabanza, elogio.

enconado, da adj. Inflamado: *herida enconada.* || *Fig.* Apasionado.

enconamiento m. Inflamación. || *Fig.* Encono.

enconar v. t. Inflamar una herida (ú. m. c. pr.). || *Fig.* Intensificar (ú. m. c. pr.).

encono m. Rencor. || Ensañamiento.

encontrar v. t. Hallar una cosa: *encontrar una solución.* || Enfrentar: *encontrar muchos obstáculos.* || Juzgar: *¿cómo encuentras este libro?* || Ver: *te encuentro mala cara.* || — V. i. Tropezar. || — V. pr. Coincidir en un sitio: *se encontraron en la playa.* || Reunirse: *se encuentran en este bar.* || Hallarse, estar: *encontrarse mal.* || Ser contrarias dos cosas. || Coincidir, estar de acuerdo: *no encontrarse en las opiniones.*

encontrón y **encontronazo** m. Choque.

encorajinar v. t. Encolerizar (ú. t. c. [...]

encornadura f. Disposición de los c[...]

encornar v. t. Coger el toro con los c[...]

encorvadura f. y **encorvamiento** [...]

encorvar v. t. Dar forma curva (ú. t. c[...]

encristalar v. t. Poner cristales.

encrucijada f. Cruce.

encuadernación f. Acción y efecto de en[...] || Tapa o cubierta de un libro.

encuadernador, ra m. y f. Persona que en[...]

encuadernar v. t. Poner cubierta a un lib[...]

encuadrar v. t. Colocar en un marco: *encua[...] fotografía.* || Servir de marco. || Enfocar bien [...] gen en foto y cine.

encuadre m. *Fot.* y *Cin.* Enfoque de la ima[...]

encubierto, ta adj. Tapado.

encubridor, ra adj. y s. Que encubre.

encubrimiento m. Ocultación.

encubrir v. t. Ocultar.

encuentro m. Acción de encontrarse. || Halla[...] *un encuentro interesante.* || Competición depo[...] || Oposición.

encuerado, da adj. *Amer.* Desnudo.

encuerar v. t. *Cub.* y *Méx.* Desnudar.

encuesta f. Averiguación, investigación: *encue[...] policial.* || Averiguación de la opinión domina[...] sobre una materia por medio de unas preguntas [...] chas a muchas personas.

encuestado, da adj. y s. Sometido a una encue[...]

encuestador, ra m. y f. Persona que interroga p[...] una encuesta.

encumbramiento m. Acción y efecto de encu[...] brar o encumbrarse. || Posición encumbrada.

encumbrar v. t. Poner en alto. || *Fig.* Ensalzar. [...] V. pr. Llegar a gran altura. || *Fig.* Envanecerse.

endeble adj. Débil.

endecágono adj. y s. m. Dícese del polígono [...] once ángulos y lados.

endecasílabo, ba adj. y s. m. Aplícase al verso [...] once sílabas.

endemia f. *Med.* Epidemia en un sitio.

endémico, ca adj. *Med.* Relativo a la endemia [...]

endemoniado, da adj. Muy malo.

enderezamiento m. Acción de enderezar.

enderezar v. t. Poner derecho lo que está tor[...] *enderezar una viga.* || *Fig.* Corregir, enmendar [...] *derezar entuertos.* | Orientar, encaminar: *ende[...] sus esfuerzos a un propósito noble.*

endeudarse v. pr. Contraer deudas.

endiablado, da adj. Endemoniado.

endibia f. Especie de achicoria.

endilgar v. t. Hacer aguantar algo malo.

endiosamiento m. Soberbia.

endiosar v. t. Divinizar. || — V. pr. *Fig.* Ens[...] cerse.

endocardio m. Membrana que cubre el in[...] corazón.

endocarditis f. *Med.* Inflamación del en[...]

endocarpio y **endocarpo** m. Interior de[...]

endocrino, na adj. Aplícase a las glánd[...] creción interna.

endocrinología f. Estudio de las glánd[...] crinas.

endosable adj. *Com.* Que se puede e[...]

endosar v. t. *Com.* Traspasar a otro un [...] de crédito haciéndolo constar al dorso. [...] Encargar a alguien una cosa molesta.

engrandecimiento m. Aumento. ‖ *Fig.* Elogio.
engrane m. *Méx.* Rueda dentada.
engrapar v. t. Coser con grapas.
engrasar v. t. Untar o ensuciar con grasa. Ú. t. c. pr.: *las bujías se han engrasado.* ‖ Lubricar.
engreído, da adj. Creído de sí mismo.
engreimiento m. Vanidad.
engreír v. t. Llenar de vanidad (ú. t. c. pr.).
engrosamiento m. Acción y efecto de engrosar.
engrosar v. t. Poner grueso. ‖ *Fig.* Aumentar: *engrosar las filas del ejército* (ú. t. c. i.).
engrudo m. Masa de harina o almidón cocidos en agua que sirve para pegar.
enguirnaldar v. t. Adornar con guirnaldas.
engullir v. t. Tragar.
enharinar v. t. Cubrir con harina.
enhebrar v. t. Pasar la hebra por el ojo de la aguja. ‖ Ensartar: *enhebrar perlas.* ‖ *Fig.* y *fam.* Decir muchas cosas seguidas.
enhiesto, ta adj. Alzado.
enhorabuena f. Felicitación.
enigma m. Adivinanza. ‖ Misterio.
enigmático, ca adj. Misterioso.
enjabonado m. Jabonado.
enjabonar v. t. Jabonar, dar jabón.
enjaezar v. t. Poner los jaeces. ‖ *Fig.* Ataviar.
enjalbegado m. Encalado.
enjalbegar v. t. Encalar.
enjambre m. Conjunto de abejas con su reina. ‖ *Fig.* Gran cantidad de hombres o animales. ‖ *Astr.* Conjunto de numerosas estrellas que pertenecen al mismo sistema.
enjaretar v. t. Hacer pasar por una cinta, etc. ‖ *Fig.* Hacer o decir algo atropelladamente: *enjaretar versos.* ‖ Hacer aguantar algo molesto.
enjaular v. t. Encerrar en una jaula.
enjuagar v. t. Limpiar la boca con agua u otro líquido (ú. m. c. pr.). ‖ Aclarar con agua limpia.
enjuague m. Acción de enjuagar. ‖ Recipiente para enjuagarse.
enjugar v. t. Secar: *enjugar el sudor* (ú. t. c. pr.). ‖ Liquidar una deuda o un déficit.
enjuiciamiento m. Acción de enjuiciar.
enjuiciar v. t. Someter una cuestión a examen, discusión. ‖ *Fig.* Instruir una causa. ‖ Juzgar.
enjundia f. *Fig.* Importancia.
enjundioso, sa adj. Que tiene enjundia.
enjuto, ta adj. Muy delgado.
enlace m. Acción de enlazar. ‖ Relación: *enlace entre las ideas.* ‖ Dicho de los trenes, empalme: *enlace ferroviario.* ‖ Comunicación: *enlace aéreo.* ‖ *Fig.* Intermediario: *enlace sindical.* ‖ Casamiento.
enladrillar v. t. Poner ladrillos.
enlatado, da adj. Dícese de las conservas en lata (ú. t. c. s. m.). ‖ — M. Envase en latas.
enlatar v. t. Envasar conservas en botes de lata.
enlazar v. t. Sujetar con lazos. ‖ Unir, trabajar, relacionar: *enlazar una idea con otra.* ‖ — V. i. Hablando de los medios de comunicación, unir varios sitios. ‖ — V. pr. *Fig.* Casarse.
enlistar v. t. *Amer.* Alistar, inscribir en una lista. ‖ *Amer.* Reclutar.
enlodar v. t. Ensuciar con lodo.
enloquecer v. t. Hacer perder el juicio, volver loco (ú. t. c. i. y pr.). ‖ Gustar mucho (ú. t. c. pr.).
enloquecimiento m. Locura.
enlosado m. Pavimento de losas.

enlosar v. t. Pavimentar con losas.
enlucido, da adj. Blanqueado con yeso. ‖ — M. Capa de yeso o estuco que se da a los muros.
enlucir v. t. Poner una capa de yeso.
enlutado, da adj. De luto (ú. t. c. s.).
enlutar v. t. Vestir de luto (ú. t. c. pr.).
enmadejar v. t. Hacer madeja. ‖ *Fig.* Enredar.
enmaniguarse v. pr. *Cub.* Convertirse un terreno en manigua. ‖ Acostumbrarse a la vida del campo.
enmarañamiento m. Confusión.
enmarañar v. t. Poner en desorden: *enmarañar el pelo* (ú. t. c. pr.). ‖ Complicar: *enmarañar un pleito* (ú. t. c. pr.). ‖ — V. pr. Confundirse.
enmarcar v. t. Encuadrar.
enmascarado, da adj. Cubierto el rostro.
enmascaramiento m. Acción de enmascarar.
enmascarar v. t. Cubrir el rostro con máscara. ‖ *Fig.* Encubrir.
enmendar v. t. Corregir, quitar defectos.
enmicar v. t. *Méx.* Colocar algo, por lo general un papel o documento, entre dos capas de plástico transparente y sellado: *enmicó su identificación para protegerla.*
enmienda f. Corrección. ‖ Rectificación.
enmohecer v. t. Cubrir de moho (ú. t. c. pr.).
enmohecimiento m. Moho.
enmudecer v. i. Perder el habla.
enmudecimiento m. Silencio.
ennegrecer v. t. Poner negro (ú. t. c. pr.).
ennegrecimiento m. Negrura.
ennoblecer v. t. Conceder un título de nobleza. ‖ Dar nobleza.
ennoblecimiento m. Acción de ennoblecer.
enojar v. t. Disgustar (ú. t. c. pr.).
enojo m. Ira, cólera. ‖ Enfado.
enojón, ona adj. y s. *Bol., Chil.* y *Méx.* Enojadizo.
enojoso, sa adj. Molesto.
enología f. Conocimiento relativo al vino.
enólogo, ga m. y f. Especialista en enología.
enorgullecer v. t. Envanecer.
enorme adj. Muy grande.
enormidad f. Muy grande. ‖ Desatino.
enquistado, da adj. Que toma la forma de quiste.
enquistamiento m. Acción de enquistarse.
enquistarse v. pr. *Med.* Formarse un quiste.
enraizar v. i. Arraigar (ú. t. c. pr.).
enrarecer v. t. Hacer menos denso un cuerpo gaseoso (ú. t. c. i. y pr.). ‖ Hacer que escasee.
enrarecimiento m. Rarefacción. ‖ Escasez.
enredadera f. Planta de flores acampanadas.
enredador, ra adj. y s. Que enreda.
enredar v. t. Mezclar desordenadamente (ú. t. c. pr.). ‖ *Fig.* Meter en un mal negocio, liar (ú. t. c. pr.). ‖ Complicar: *enredar un asunto* (ú. t. c. pr.). ‖ — V. i. Travesear: *está siempre enredando.* ‖ — V. pr. *Fam.* Amancebarse.
enredo m. Maraña, lío. ‖ *Fig.* Situación inextricable, lío. ‖ Confusión. ‖ Engaño, mentira. ‖ Relaciones amorosas ilícitas.
enrejado m. Conjunto de rejas.
enrejar v. t. Cercar con rejas.
enrevesado, da adj. Complicado.
enriquecer v. t. Hacer rico. ‖ Efectuar el enriquecimiento de un mineral. ‖ *Fig.* Adornar, embellecer. ‖ — V. i. y pr. Hacerse rico.
enriquecimiento m. Acción y efecto de enriquecer o enriquecerse. ‖ Aumento de la cantidad de metal

en un mineral o concentración de un isótopo en una mezcla de isótopos (uranio).

enrojecer v. t. Dar color rojo. || Encender el rostro (ú. t. c. pr.) || — V. i. Ruborizarse.

enrojecimiento m. Acción de ponerse rojo.

enrolamiento m. Alistamiento.

enrolar v. t. Inscribir en la lista de tripulantes de un buque. || — V. pr. Sentar plaza en el ejército. || Adherir a un partido, una organización, etc.

enrollar v. t. Arrollar. || Fam. Liar, enredar (ú. t. c. pr.). | Conquistar, enamorar. || — V. pr. Fam. Liarse a hablar. | Meterse en un lío, enredarse. | Ocuparse, dedicarse. | Participar en algo.

enronquecer v. t. Poner la voz ronca (ú. t. c. pr.).

enroscar v. t. Dar forma de rosca. || Atornillar.

ensaimada f. Bollo de pasta hojaldrada.

ensalada f. Hortaliza aderezada con vinagreta. || Fig. y fam. Mezcla de cosas inconexas. | Lío.

ensaladilla f. Ensalada.

ensalzamiento m. Exaltación.

ensalzar v. t. Alabar, celebrar.

ensamblado m., **ensambladura** f. y **ensamblaje** m. Unión de dos piezas encajando una en otra.

ensamblar v. t. Unir dos piezas encajando la parte saliente de una en la entrante de la otra.

ensanchamiento m. Aumento de la anchura.

ensanchar v. t. Poner más ancho. || Extender: ensanchar una ciudad. || — V. pr. Fig. Engreírse.

ensangrentar v. t. Manchar con sangre. Ú. t. c. pr.: ensangrentarse las manos.

ensañamiento m. Acción y efecto de ensañarse.

ensañar v. t. y **ensañarse** v. pr. Disfrutar haciendo daño a una persona indefensa.

ensartar v. t. Pasar por un hilo, alambre, etc.: ensartar perlas. || Enhebrar: ensartar una aguja. || Fig. Decir una serie de cosas seguidas.

ensayar v. t. Poner a prueba (ú. t. c. pr.). || Hacer el ensayo de un espectáculo (ú. t. c. i.).

ensayista com. Autor de ensayos.

ensayo m. Prueba a que se somete una cosa: ensayo de una máquina. || Análisis rápido de un producto químico. || Obra literaria que consiste en la reunión de algunas reflexiones hechas sobre un tema determinado. || Representación preparatoria de un espectáculo antes de presentarlo al público: ensayo general. || En rugby, acción de colocar el balón detrás de la línea de meta adversaria.

enseguida adv. Inmediatamente.

ensenada f. Pequeña bahía.

enseña f. Insignia.

enseñanza f. Instrucción, acción de enseñar los conocimientos humanos de una materia. || Método empleado para ello. || Ejemplo, experiencia.

enseñar v. t. Instruir, hacer que alguien aprenda algo: enseñar a bailar. || Dar clases: enseñar latín. || Indicar: enseñar el camino. || Mostrar.

enseres m. pl. Efectos, muebles, utensilios.

ensilar v. t. Guardar en un silo.

ensimismado, da adj. Absorto.

ensimismamiento m. Reflexión profunda.

ensimismarse v. pr. Abstraerse. || Reflexionar.

ensoberbecer v. t. Causar soberbia (ú. t. c. pr.).

ensombrecer v. t. Oscurecer.

ensordecer v. t. Causar sordera.

ensordecimiento m. Sordera.

ensortijar v. t. Rizar el cabello.

ensuciar v. t. Manchar, poner sucia una cosa. Ú. t. c. pr.: ensuciarse con lodo. || Fig. Manchar (ú. t. c. pr.): ensuciar su fama. || — V. pr. Fam. Hacer las necesidades corporales. || Fig. y fam. Meterse en negocios sucios: ensuciarse por dinero.

ensueño m. Cosa que se sueña. || Ilusión.

entablado m. Armazón de tablas.

entablamento y **entablamiento** m. Arq. Cornisamento.

entablar v. t. Iniciar: entablar negociaciones. || Trabar: entablar amistad. || — V. i. Amer. Hacer tablas, empatar.

entablillar v. t. Med. Sujetar con tablillas y vendaje un miembro.

entallar v. t. Ajustar un vestido.

entarimado m. Suelo de tablas.

entarimar v. t. Cubrir el suelo con tablas.

ente m. Ser: ente racional. || Sociedad comercial, organismo. || Ente público, televisión.

entendederas f. pl. Comprensión.

entender v. t. Comprender: entender el inglés. || Querer decir: ¿qué entiendes por esta palabra? | Creer: entiendo que será mejor así. || Imaginar. | Querer, exigir: yo entiendo que se me obedezca. || Dar a entender, insinuar. || — V. i. Conocer muy bien. || — V. pr. Comprenderse: entenderse por señas. || Llevarse bien dos o más personas. | Ponerse de acuerdo: entenderse con sus socios.

entender m. Opinión.

entendido, da adj. Conocedor (ú. t. c. s.).

entendimiento m. Comprensión.

entenebrecer v. t. Oscurecer.

enterar v. t. Notificar, informar: enterar de un asunto. || — V. pr. Informarse || Saber: me enteré de su muerte ayer. || Darse cuenta.

entereza f. Integridad. || Fig. Firmeza. | Energía.

enternecer v. t. Fig. Conmover (ú. t. c. pr.).

enternecimiento m. Acción de enternecer.

entero, ra adj. Completo: la casa entera. || Aplícase al animal no castrado. || Fig. Que tiene entereza de carácter. || Número entero, el que no contiene fracciones de unidad. || — M. Punto en la cotización de la Bolsa. || Billete de la lotería entero.

enterramiento m. Entierro. || Sepultura.

enterrar v. t. Poner debajo de tierra. || Sepultar, dar sepultura. || Fig. Poner debajo de algo que lo tapa todo: el libro estaba enterrado debajo de otros. | Olvidar: enterrar un asunto. | Abandonar: enterrar las ilusiones. | Sobrevivir: enterrar a todos sus deudos. | — V. pr. Fig. Apartarse del mundo.

entidad f. Fil. Esencia de una cosa. | Ente, ser. || Colectividad, sociedad, empresa: entidad privada. || Fig. Importancia: asunto de entidad.

entierro m. Acción de enterrar.

entoldado m. Acción de entoldar. || Conjunto de toldos.

entoldar v. t. Cubrir con toldos. || — V. pr. Nublarse: entoldarse el cielo.

entomología f. Estudio de los insectos.

entonación f. Tono.

entonar v. t. Empezar a cantar. || Dar cierto tono a la voz. || Fortalecer, tonificar: esta medicina me ha entonado. || Armonizar los colores (ú. t. c. i.). || — V. i. Cantar ajustado al tono, afinar la voz.

entonces adv. En aquel tiempo: entonces llegué yo. || En este caso: entonces váyase.

entontecer v. t. Volver tonto (ú. t. c. i. y pr.).

entornar v. t. Cerrar a medias la puerta, la ventana o los ojos.

entorno m. Medio ambiente.

entorpecer v. t. Poner torpe: *el frío entorpece los miembros*. || *Fig*. Embotar, debilitar: *el alcohol entorpece la inteligencia*. | Dificultar, estorbar.

entorpecimiento m. Acción de entorpecer.

entrada f. Acción de entrar. || Sitio por donde se entra. || Vestíbulo. || Billete: *entrada de cine*. || Cantidad de personas que asisten a un espectáculo. || Lo recaudado en la venta de billetes. || Caudal que ingresa en una caja: *mes de buenas entradas*. || Desembolso inicial: *pagar una entrada para comprar un piso*. || Principio: *la entrada del invierno*. || Ingreso, admisión en una colectividad. || Plato al principio de la comida. || Palabra que encabeza un artículo en un diccionario.

entramado m. *Fig*. Estructura.

entrambos, bas adj. y pron. determ. pl. Ambos.

entramparse v. pr. Endeudarse.

entrante adj. Que entra (ú. t. c. s.).

entraña f. Víscera (ú. m. en pl.). || — Pl. *Fig*. Parte más oculta: *las entrañas de la Tierra*. | Lo más íntimo o esencial de una cosa. | Sensibilidad.

entrañable adj. Íntimo.

entrañar v. t. Llevar en sí.

entrar v. i. Pasar adentro: *entrar en una casa*. || Encajar, caber: *el libro no entra en el cajón*. || Penetrar: *el clavo entra en la pared*. || *Fig*. Ser admitido: *entrar en la Academia, en una sociedad*. | Empezar a desempeñar una función: *entrar de criada*. | Estar incluido: *esto no entra en mis atribuciones*. | Haber: *en la paella entran arroz y carne*. | Hacerse sentir: *le entraron ganas de hablar*. | Tener un ataque de: *entrar en cólera*. | Ser asimilable: *no me entra la geometría*. || *Mec*. Engranar: *no entra la tercera velocidad*.

entre prep. En medio de: *está entre tú y yo*. || En el intervalo: *entre las dos y las tres*. || En: *coger algo entre sus manos*. || En el número de: *contar a alguien entre sus amigos*. || Contando: *entre chicos y chicas serán unos veinte*. || Indica cooperación: *hacer un trabajo entre dos*. || Significa estado intermedio: *sabor entre dulce y agrio*. || Unida a otra palabra debilita el significado de ésta, v. gr. *entreabrir, entrever*.

entreabrir v. t. Abrir a medias.

entreacto m. Intermedio.

entrecejo m. Espacio entre ceja y ceja.

entrecortar v. t. Cortar una cosa a medias.

entrecote m. (voz fr.). Lomo de carne.

entredicho m. Prohibición. || — *Fig. Estar en entredicho*, estar en duda. | *Poner en entredicho*, poner en tela de juicio.

entrega f. Acción de entregar. || Rendición: *la entrega de una ciudad*. || Cuadernillo de un libro que se vende a medida que se imprime: *novela por entregas*. || Devoción: *entrega a una causa*.

entregar v. t. Dar algo a la persona a quien corresponde. || Hacer que uno caiga entre las manos de otro: *entregar a la policía*. || Abandonar. || Rendir: *entregar la ciudad*. || *Entregar el alma*, expirar. || — V. pr. Ponerse a la disposición de uno: *entregarse a un enemigo*. | Declararse vencido. | Dedicarse por entero: *entregarse al estudio*. | *Fig*. Dejarse dominar: *entregarse a un vicio*, etc. | Confiarse.

entrelazar v. t. Enlazar.

entrelínea f. Espacio entre dos líneas.

entremés m. Obra de teatro jocosa en un acto que hacía de intermedio. || Manjares que se sirven en una comida antes de los platos fuertes.

entremeter v. t. Meter una cosa entre otras. || — V. pr. Inmiscuirse.

entremetido, da adj. y s. Que se mete en todo.

entremezclar v. t. Mezclar.

entrenador, ra m. y f. Persona que entrena.

entrenamiento m. Acción y efecto de entrenar.

entrenar v. t. Preparar para la práctica de un deporte o a la utilización de algo (ú. t. c. i. y pr.).

entreoír v. t. Oír a medias.

entrepiso m. Espacio entre dos pisos.

entreplanta f. Piso intermedio que se construye dividiendo parcialmente la altura de un local.

entrerriano, na adj. y s. De la provincia argentina de Entre Ríos.

entresacar v. t. Sacar una cosa de entre otras.

entresijo m. *Fig*. Cosa oculta.

entresuelo m. Piso entre la planta baja y el principal.

entresueño m. Tiempo entre dos sueños.

entretanto adv. Mientras tanto. || — M. Intervalo: *en el entretanto*.

entretener v. t. Detener a uno: *me entretuvo en la calle* (ú. t. c. pr.). || Divertir: *esta película me ha entretenido mucho* (ú. t. c. pr.). || *Fig*. Hacer olvidar momentáneamente algo desagradable: *entretener el hambre*. | Embaucar: *entretener con promesas*. | Dar largas a un asunto. | Ocupar, tomar cierto tiempo. | Mantener, conservar.

entretenido, da adj. Que distrae. || Que toma mucho tiempo.

entretenimiento m. Distracción. || Pasatiempo. || Conservación.

entretiempo m. Tiempo de primavera y otoño.

entrever v. t. Vislumbrar.

entrevista f. Encuentro concertado entre dos o más personas para tratar de un asunto. || Conversación que tiene un periodista con una persona importante para interrogarla.

entrevistador, ra m. y f. Persona que hace una entrevista.

entrevistar v. t. Hacer una entrevista a una persona. || — V. pr. Tener una entrevista con alguien.

entristecer v. t. Causar tristeza. || Dar aspecto triste. || — V. pr. Ponerse triste.

entristecimiento m. Tristeza.

entrometer v. *y sus derivados*. V. ENTREMETER.

entroncar v. i. Tener o contraer parentesco.

entronización f. Acción y efecto de entronizar.

entronizar v. t. Colocar en el trono.

entubado m. Colocación de un tubo.

entubar v. t. Poner un tubo.

entuerto m. Agravio, daño.

entumecer v. t. Impedir, entorpecer el movimiento de un miembro: *entumecer la pierna* (ú. t. c. pr.). || Hinchar: *labios entumecidos*.

entumecimiento m. Torpor de un miembro.

enturbiamiento m. Acción y efecto de enturbiar.

enturbiar v. t. Poner turbio.

entusiasmar v. t. Provocar entusiasmo. || Encantar, gustar mucho. || — V. pr. Sentir entusiasmo.

entusiasmo m. Excitación que impulsa a actuar. || Admiración apasionada. || Adhesión fervorosa: *acoger una reforma con entusiasmo*.

entusiasta adj. Que siente entusiasmo (ú. t. c. s.).

113

enumeración f. Enunciación sucesiva de las partes de un todo. || Cómputo, cuenta.

enumerar v. t. Enunciar sucesivamente.

enunciación f. y **enunciado** m. Formulación.

enunciante m. Persona o personaje que enuncia.

enunciar v. t. Exponer, formular.

envalentonar v. t. Dar valor. || Estimular. || — V. pr. Cobrar valentía. || Animarse.

envanecer v. t. Poner vanidoso (ú. t. c. pr.).

envanecimiento m. Orgullo.

envasado m. Acción de poner en un envase.

envasar v. t. Poner un líquido en una vasija.

envase m. Acción de envasar. || Recipiente: *envase de gas butano*. || Envoltorio: *envase de cartón*.

envejecer v. t. Hacer viejo. || Hacer parecer más viejo de lo que uno es: *este traje te envejece*. || — V. i. Hacerse viejo: *envejecer de pena* (ú. t. c. pr.).

envejecimiento m. Acción de envejecer.

envenenamiento m. Acción de envenenar.

envenenar v. t. Provocar la muerte o enfermedad por la ingestión de veneno. || *Fig.* Amargar: *este hijo me envenena la existencia*. | Enconar, agriar: *envenenar una discusión*.

envergadura f. Distancia entre las puntas de las alas extendidas de las aves o entre los extremos de las alas de un avión. || *Fig.* Importancia.

envés m. Revés. || *Fam.* Espalda.

enviado m. Persona enviada a un sitio.

enviar v. t. Mandar, hacer llegar a un lugar.

enviciamiento m. Acción y efecto de enviciar.

enviciar v. t. Corromper con un vicio (ú. t. c. pr.). || — V. pr. Aficionarse con exceso.

envidia f. Deseo del bien ajeno.

envidiar v. t. Tener envidia.

envidioso, sa adj. y s. Que envidia.

envilecer v. t. Hacer vil y despreciable. || Quitar la honra y estimación a uno. || — V. pr. Degradarse.

envío m. Acción de enviar. || Cosa enviada.

envite m. Apuesta añadida a la ordinaria en ciertos juegos de naipes.

enviudar v. i. Quedar viudo.

envoltorio m. Paquete. || Cosa para envolver.

envoltura f. Lo que envuelve.

envolver v. t. Cubrir completamente (ú. t. c. pr.). || *Fig.* Ocultar. || Enrollar: *envolver hilo en un carrete*.

envuelto m. *Méx.* Tortilla de maíz guisada.

enyerbar v. t. *Méx.* Hechizar. || — V. i. *Amer.* Envenenarse un animal por comer hierba. || — V. pr. *Amer.* Llenarse de malezas.

enyesado m. Escayolado.

enzarzarse v. pr. Enredarse.

enzima f. *Quím.* Sustancia orgánica que actúa como catalizador en los procesos de metabolismo.

eñe f. Nombre de la letra ñ.

eoceno m. *Geol.* Primer período de la era terciaria. || — Adj. Relativo a este período.

eólico, ca adj. Del viento o producido por él.

epazote m. Planta de México que se usa como condimento.

épica f. Poesía épica.

epiceno adj. *Gram.* Dícese del género de las palabras que tienen una sola forma para el macho y la hembra, v. gr.: *águila, lince, ardilla, perdiz*.

epicentro m. Centro de los terremotos.

épico, ca adj. Que relata epopeyas: *poesía épica*. || Propio de la epopeya: *estilo épico*. || Cultivador del género épico. || Heroico: *combate épico*.

epicureísmo m. Búsqueda del placer.

epidemia f. Enfermedad de muchas personas en un sitio determinado. || *Fig.* Cosa que se produce al mismo tiempo en muchos sitios.

epidémico, ca adj. Contagioso.

epidérmico, ca adj. De la piel.

epidermis f. Piel.

Epifanía f. Festividad de la adoración de los Reyes Magos (6 de enero).

epigastrio m. *Anat.* Parte superior del abdomen.

epiglotis f. *Anat.* Cartílago que tapa la glotis.

epígono, na m. y f. Persona que sigue las huellas o enseñanzas de alguien.

epígrafe m. Cita o sentencia a la cabeza de una obra o capítulo. || Resumen que se pone a veces al principio de un capítulo. || Título, rótulo.

epigrama m. Poesía satírica.

epilepsia f. Enfermedad crónica caracterizada por convulsiones.

epiléptico, ca adj. *Med.* Que padece epilepsia (ú. t. c. s.). | De la epilepsia.

epilogar v. t. Resumir.

epílogo m. Conclusión.

episcopado m. Dignidad de obispo. || Gobierno de un obispo. || Conjunto de los obispos.

episcopal adj. Del obispo.

episodio m. Acción secundaria relacionada con la principal en una composición literaria. || Circunstancia que forma parte de una serie de acontecimientos que constituyen un todo. || División de la acción dramática: *película por episodios*.

epístola f. Carta. || Cierta parte de la misa.

epistolar adj. Relativo a las cartas.

epistolario m. Colección de cartas de un autor.

epitafio m. Inscripción fúnebre.

epíteto m. Calificativo.

época f. Momento determinado en el tiempo.

epopeya f. Poema extenso que relata hechos heroicos. || *Fig.* Empresa difícil.

épsilon f. Nombre de la e breve griega.

equidad f. Justicia.

equidistante adj. A igual distancia.

equidistar v. i. Estar a igual distancia.

équidos adj. Aplícase a los animales de la familia de los caballos, asnos, cebras (ú. t. c. s. m.).

equilátero, ra adj. De lados iguales.

equilibrado, da adj. *Fig.* Sensato, prudente.

equilibrar v. t. Poner en equilibrio. || *Fig.* Armonizar, proporcionar.

equilibrio m. Estado de reposo de un cuerpo sometido a dos fuerzas que se contrarrestan: *el equilibrio de la balanza*. || *Fig.* Armonía, proporción: *el equilibrio de las fuerzas militares*. | Combinación ajustada de los varios elementos de un todo: *equilibrio político*. | Moderación. | Ponderación.

equilibrista com. Acróbata.

equimosis f. Cardenal.

equino, na adj. Del caballo. || — M. Caballo.

equinoccio m. *Astr.* Momento del año en que el día y la noche tienen la misma duración.

equinodermo adj. y s. Animales del tipo de la estrella de mar y el erizo de mar.

equipaje m. Conjunto de maletas en los viajes.

equipamiento m. Equipo, material.

equipar v. t. Proveer de lo necesario.

equiparable adj. Comparable.

equiparación f. Comparación.

equiparar v. t. Comparar dos cosas.
equipo m. Acción y efecto de equipar. ‖ Lo que sirve para equipar, accesorios necesarios para determinado fin: *equipo eléctrico, quirúrgico.* ‖ Conjunto de ropas y otras cosas para uso personal: *equipo de colegial.* ‖ Conjunto de personas que efectúan un mismo trabajo: *equipo de colaboradores.* ‖ Grupo de jugadores que compiten siempre juntos contra otros: *equipo de fútbol.* ‖ Sistema de reproducción del sonido constituido por un tocadiscos, un amplificador y pantallas acústicas.
equis f. Nombre de la letra *x.* ‖ Incógnita en los cálculos. ‖ Cantidad desconocida.
equitación f. Arte de montar a caballo.
equitativo, va adj. Justo.
equivalencia f. Igualdad.
equivalente adj. Igual, que tiene el mismo valor. ‖ — M. Lo que equivale a otra cosa. ‖ Término que sustituye a otro de sentido parecido.
equivaler v. i. Tener igual valor.
equivocación f. Error.
equivocar v. t. Tomar, decir o hacer una cosa por otra. Ú. m. c. pr.: *equivocarse de nombre.* ‖ Incurrir en error. Ú. m. c. pr.: *equivocarse en un cálculo.*
equívoco, ca adj. De doble sentido. ‖ *Fig.* Sospechoso: *individuo equívoco.* ‖ — M. Palabra con más de un significado, como *cáncer* (signo zodiacal y también enfermedad). ‖ Confusión.
Er, símbolo químico del erbio.
era f. *Fig.* Época, período. ‖ Lugar descubierto donde se trillan las mieses.
erario m. Tesoro público.
erbio m. Metal raro de número atómico 68 (Er).
erección f. Acción y efecto de levantar o erigir. ‖ Fundación, institución: *la erección de un tribunal.* ‖ Hinchazón de un órgano causada por la afluencia de sangre.
eréctil adj. Que se pone tieso.
erecto, ta adj. Erguido.
eremita m. Ermitaño.
erg y **ergio** m. *Fís.* Unidad de trabajo, de energía y de cantidad de calor en el sistema cegesimal.
erguido, da adj. Derecho, alzado.
erguir v. t. Levantar (ú. t. c. pr.).
erial m. Terreno sin cultivar.
erigir v. t. Construir, levantar: *erigir un edificio.* ‖ Instituir. ‖ Atribuir una función (ú. t. c. pr.).
erisipela f. *Med.* Enfermedad infecciosa caracterizada por una inflamación cutánea superficial.
eritrocito m. Glóbulo rojo.
erizado, da adj. *Fig.* Lleno.
erizar v. t. Poner rígido. Ú. m. c. pr.: *erizarse el pelo de miedo.* ‖ *Fig.* Poner obstáculos.
erizo m. Mamífero roedor cuyo cuerpo está cubierto de púas. ‖ Envoltura espinosa de la castaña. ‖ *Fig.* y *fam.* Persona huraña y arisca.
ermita f. Santuario.
ermitaño, ña m. y f. Persona que vive en la ermita y cuida de ella. ‖ Religioso que vive solitario.
erosión f. Desgaste en un cuerpo por el roce de otro. ‖ Destrucción lenta causada por algún agente físico: *erosión fluvial.* ‖ Herida producida por el roce continuo de algo. ‖ *Fig.* Deterioro.
erosionar v. t. Deteriorar.
erótico, ca adj. De asunto amoroso.
erotismo m. Amor sensual.

erradicación f. Desaparición.
erradicar v. t. Hacer desaparecer.
errar v. t. No acertar: *errar el golpe.* ‖ Equivocarse: *errar la vocación.* ‖ — V. i. Vagar. ‖ *Fig.* Divagar el pensamiento. ‖ Equivocarse: *errar es humano.*
errata f. Falta que se ha dejado en un impreso.
erre f. Nombre de la letra *r.*
erróneo, a adj. Que no es exacto.
error m. Falta.
eructar v. i. Expeler con ruido por la boca los gases del estómago.
eructo m. Acción y efecto de eructar.
erudición f. Conocimientos amplios adquiridos por el estudio en una o varias materias.
erudito, ta adj. y s. Que tiene erudición.
erupción f. Salida repentina y violenta de alguna materia contenida en las profundidades de la Tierra: *la erupción de un volcán.* ‖ *Med.* Aparición de granos, manchas, etc., en la piel.
esbelto, ta adj. Bello.
esbozar v. t. Bosquejar.
esbozo m. Bosquejo, boceto.
escabeche m. Salsa de vinagre, aceite, sal, laurel y otros ingredientes en que se conservan pescados o carnes. ‖ Carne o pescado con esta salsa.
escabel m. Asiento sin respaldo.
escabrosidad f. Lo que es escabroso.
escabroso, sa adj. Desigual, lleno de asperezas: *terreno escabroso.* ‖ *Fig.* Difícil: *asunto escabroso.* ‖ Al borde de lo obsceno: *novela escabrosa.*
escabullirse v. pr. Escaparse.
escafandra f. Aparato hermético de los buzos o navegantes espaciales provisto de un dispositivo para renovar el aire.
escala f. Escalera de mano. ‖ Serie de cosas ordenadas según cierto criterio: *escala de colores.* ‖ Puerto o aeropuerto donde toca una embarcación o un avión. ‖ *Fís.* Graduación de un instrumento de medida: *escala termométrica.* ‖ Relación que existe entre una dimensión y su representación en un plano o mapa. ‖ *Mil.* Escalafón. ‖ Sucesión de las siete notas: *escala musical.* ‖ *Fig.* Orden de magnitud: *a escala internacional.* ‖ *Escala de Richter,* graduación empleada para medir la intensidad de los terremotos.
escalada f. Acción y efecto de escalar. ‖ *Mil.* Progresión en el empleo de armas estratégicas que motiva la agravación de un conflicto bélico. ‖ *Fig.* Progresión: *escalada de precios.*
escalador, ra adj. y s. Que escala.
escalafón m. Lista de los individuos de un cuerpo clasificados según su categoría. ‖ Grado.
escalar v. t. Subir y pasar por encima: *escalar un muro.* ‖ Ascender: *escalar una montaña.*
escaldar v. t. Sumergir o limpiar en agua hirviendo: *escaldar la verdura antes de cocerla.*
escaleno adj. m. Aplícase al triángulo de lados desiguales (ú. t. c. s. m.).
escalera f. Serie de escalones que permiten subir y bajar y que unen dos pisos o lugares situados a dos niveles distintos. ‖ Sucesión de cartas de valor correlativo: *escalera de color.*
escalinata f. Escalera grande.
escalofriante adj. Asombroso.
escalofrío m. Sensación de frío.
escalón m. Peldaño.
escalonamiento m. Distribución en el tiempo.

escalonar v. t. Situar de trecho en trecho: *escalonar las tropas* (ú. t. c. pr.). || Distribuir en el tiempo: *escalonar los pagos.* || Graduar.

escalope m. Filete delgado de ternera.

escalpar v. t. Separar la piel del cráneo.

escalpelo m. Bisturí para disecciones anatómicas.

escama f. Cada una de las laminillas que cubren la piel de los peces y ciertos reptiles. || Lo que tiene forma parecida: *jabón de escamas.* || *Fig.* Recelo.

escamado, da adj. Desconfiado.

escamar v. t. Volver desconfiado. || Parecer sospechoso. || — V. pr. *Fam.* Desconfiar.

escamoso, sa adj. Con escamas.

escamotear v. t. Hacer desaparecer un objeto sin que nadie se dé cuenta. || Robar sutilmente. || Eludir: *escamotear la resolución de un asunto.*

escamoteo m. Acción de escamotear.

escampada f. Momento en que deja de llover.

escampar v. impers. Dejar de llover.

escandalizar v. t. Indignar, causar escándalo. || Armar escándalo. || — V. pr. Mostrar indignación.

escándalo m. Acción que ofende a la moral. || Indignación provocada por una mala acción. || Alboroto, jaleo: *escándalo nocturno.*

escandaloso, sa adj. Que causa escándalo.

escandinavo, va adj. y s. De Escandinavia.

escandio m. Cuerpo simple metálico (Sc).

escáner m. Scanner.

escaño m. Banco en el Parlamento.

escapada f. Acción de escapar.

escapar v. i. Huir, salir de un sitio donde se estaba encerrado. Ú. t. c. pr.: *se escapó por la azotea.* || Librarse de un peligro: *escapar de la muerte.* || Irse apresuradamente. || — V. pr. Salirse un líquido o gas por algún resquicio. || Dejar salir un líquido o gas. || Adelantar mucho un ciclista a los demás en una carrera. || Quedar fuera del dominio o influencia. Ú. t. c. i.: *esto escapa a mi poder.*

escaparate m. Parte delantera de una tienda con cristales donde se exponen las mercancías.

escapatoria f. Acción de escaparse. || Evasiva.

escape m. Pérdida: *un escape de gas.* || Válvula que abre o cierra la salida de los gases en los automóviles. || *Fig.* Salida, solución: *no tenemos escape.* || Acción de escaparse.

escapulario m. Objeto de piedad, compuesto de dos trozos de tela reunidos con cintas, que se lleva sobre el pecho y la espalda.

escarabajo m. Insecto coleóptero.

escaramuza f. Combate.

escarapela f. Divisa compuesta de cintas.

escarbar v. t. Remover la tierra ahondando.

escarcela f. Bolsa que pendía de la cintura.

escarceos m. pl. Vueltas que da el caballo. || *Fig.* Rodeos. | Divagaciones. | Primeros pasos.

escarcha f. Rocío helado.

escarchar v. impers. Formarse escarcha en las noches frías. || — V. t. Preparar frutas para que queden cubiertas de azúcar cristalizada.

escardar v. t. Arrancar las malas hierbas.

escardillo m. Instrumento para escardar.

escarlata f. Color rojo subido (ú. t. c. adj.).

escarlatina f. Enfermedad infecciosa que produce manchas rojas difusas en la piel.

escarmentar v. i. Enmendarse.

escarmiento m. Castigo.

escarnecer v. t. Ofender a uno burlándose de él.

escarola f. Achicoria.

escarpado, da adj. Con declive. || Dícese de las montañas con laderas empinadas.

escasear v. i. Faltar.

escasez f. Insuficiencia.

escaso, sa adj. Insuficiente. || Poco abundante: *escasos recursos.* || No completo, falto de algo: *un metro escaso.* || Poco. || Tacaño.

escatimar v. t. Ser parco en.

escaut m. Explorador.

escayola f. Yeso calcinado. || Estuco.

escayolado, da adj. Con un vendaje de escayola. || — M. Este mismo vendaje.

escayolar v. t. Inmovilizar un miembro roto con un vendaje endurecido con escayola.

escena f. Escenario. || Subdivisión de un acto. || *Fig.* Arte dramático: *vocación para la escena.* | Suceso o espectáculo digno de atención: *escena conmovedora.* | Lugar de un suceso.

escenario m. Parte del teatro donde se representa el espectáculo. || Sitio donde se ruedan los interiores de una película. || Lugar donde se desarrolla una película. || *Fig.* Lugar de un suceso. | Ambiente, medio, que rodea algo o a alguien.

escenificación f. Disposición de la escena para representar una obra teatral o rodar una película.

escenificar v. t. Dar forma dramática a una obra.

escenografía f. Arte de realizar los decorados de teatro o cine.

escenógrafo, fa m. y f. Autor de la escenografía.

escepticismo m. Tendencia a no creer nada.

escéptico, ca adj. y s. Que duda de todo.

escindir v. t. Dividir, separar. || *Fís.* Romper un núcleo atómico en dos porciones iguales.

escisión f. División.

esclarecer v. t. Poner en claro.

esclarecido, da adj. Insigne.

esclarecimiento m. Aclaración.

esclavitud f. Condición de esclavo.

esclavización f. Acción y efecto de esclavizar.

esclavizar v. t. Someter a esclavitud.

esclavo, va adj. y s. Que está bajo la dependencia absoluta del que lo compra o hace prisionero. || *Fig.* Completamente dominado por una persona o cosa: *esclavo del tabaco.* | Enteramente sometido a una obligación: *esclavo de su deber.*

esclerosar v. t. Producir esclerosis.

esclerosis f. Endurecimiento patológico de tejidos u órganos.

esclerótica f. *Anat.* Membrana dura y blanca que cubre el globo del ojo, salvo la córnea.

esclusa f. Recinto en un canal de navegación con puertas movibles de entrada y salida que se pueden cerrar y abrir según se quiera contener las aguas o dejarlas correr.

escoba f. Utensilio para barrer.

escocer v. t. Causar una sensación parecida a una quemadura. || *Fig.* Herir, doler: *la reprimenda le escoció.* || — V. pr. Irritarse una parte del cuerpo. || Tener escocedura. | *Fig.* Picarse, dolerse.

escocés, esa adj. De Escocia (ú. t. c. s.). || Aplícase a las telas de cuadros de distintos colores. || — M. Dialecto céltico hablado en Escocia.

escoger v. t. Tomar entre varias personas o cosas la que mejor parece.

escolapio m. Religioso de las Escuelas Pías.

escolar adj. De la escuela. || — M. Alumno.

escolaridad f. Duración de los estudios.

escolarizar v. t. Crear escuelas. || Dar instrucción.

escolástica f. y **escolasticismo** m. Filosofía de la Edad Media ligada a la teología y basada en los libros de Aristóteles.

escolástico, ca adj. Del escolasticismo. || — F. Escolasticismo.

escollera f. Dique de defensa contra el oleaje en un puente..

escollo m. Peñasco a flor de agua. || *Fig.* Peligro.

escolta f. Conjunto de soldados, barcos o vehículos que escoltan algo o a alguien.

escoltar v. t. Acompañar para proteger o vigilar.

escombro m. Material de desecho de un edificio derribado, de la explotación de una mina, etc.

esconder v. t. Ocultar (ú. t. c. pr.).

escondidillas f. pl. *Méx.* Juego del escondite.

escondite y **escondrijo** m. Lugar oculto.

escopeta f. Arma de fuego para cazar.

escoplo m. Herramienta parecida al cincel.

escora f. *Mar.* Inclinación accidental del barco.

escorbuto m. Enfermedad producida por la carencia de vitamina C.

escoria f. Residuo, sustancia de desecho. || Lava esponjosa de los volcanes. || *Fig.* Lo más vil, desecho: *la escoria de la sociedad.*

escoriación f. Irritación en la piel.

escorpión m. Alacrán.

escotar v. t. Hacer escote.

escote m. Corte que forma en una prenda la abertura del cuello. || *Fam.* Lo que paga cada uno en un gasto común.

escotilla f. *Mar.* Abertura que permite pasar de un piso del barco a otro. || Puerta de acceso a un carro de combate, avión, etc.

escozor m. Sensación dolorosa parecida a la de una quemadura. || *Fig.* Dolor. | Remordimiento.

escriba m. Doctor e intérprete de la ley judaica.

escribanía f. Profesión de escribano. || Despacho del escribano. || *Amer.* Notaría.

escribano, na m. y f. Persona que por oficio público está autorizado para dar fe de las escrituras que pasan ante él. || *Amer.* Notario.

escribiente com. Oficinista.

escribir v. t. Representar palabras, ideas o sonidos por signos convencionales. || Redactar: *escribir libros.* || Componer: *escribir música.* || Comunicar por escrito: *escribir una noticia.* || Ortografiar: *escribir «hombre» con «h» y «jilguero» con «j».* || *Fig.* Marcar, señalar: *la ignominia escrita en su cara.*

escrito m. Cualquier cosa escrita. || Obra literaria. || Conjunto de pruebas escritas en un examen.

escritor, ra m. y f. Persona que escribe.

escritorio m. Mesa de despacho. || Cuarto donde tiene su despacho una persona.

escritura f. Acción y efecto de escribir. || Arte de escribir, letra. || Escrito. || *For.* Documento público de que da fe el notario: *escritura de venta.* || *La Sagrada Escritura,* la Biblia.

escriturar v. t. *For.* Hacer constar en escritura pública. Ú. t. c. pr.: *escriturar la casa que compré.*

escroto m. *Anat.* Piel que cubre los testículos.

escrúpulo m. Aprensión de hacer algo.

escrupulosidad f. Minuciosidad.

escrupuloso, sa adj. Minucioso.

escrutar v. t. Hacer el recuento de votos. || Mirar con atención, escudriñar.

escrutinio m. Recuento de los votos.

escuadra f. Utensilio de dibujo para trazar ángulos rectos. || Pieza de hierro, de forma de L o de T, para asegurar una ensambladura. || *Mar.* Conjunto de barcos de guerra que maniobran juntos. || *Mil.* Cierto número de soldados con su cabo.

escuadrilla f. Escuadra de buques pequeños. || Conjunto de aviones que vuelan juntos.

escuadrón m. Compañía de un regimiento de caballería o de las fuerzas aéreas.

escualidez f. Flaqueza.

escuálido, da adj. Muy flaco.

escuchar v. t. Oír.

escudar v. t. Proteger (ú. t. c. pr.).

escudería f. Servicio u oficio de escudero. || Conjunto de pilotos de carrera que representan a una marca de automóviles.

escudero m. Paje que llevaba el escudo del señor. || Hidalgo.

escudilla f. Vasija semiesférica.

escudo m. Arma para cubrirse el cuerpo que se llevaba en el brazo izquierdo. || Figura en forma de escudo con los blasones de un Estado, ciudad o familia. || *Fig.* Protección, defensa. || Moneda antigua en algunos países como Portugal.

escudriñamiento m. Acción de escudriñar.

escudriñar v. t. Otear de lejos.

escuela f. Establecimiento donde se da la primera enseñanza. || Establecimiento donde se da cualquier género de instrucción: *escuela de ingenieros.* || Instrucción: *tener buena escuela.* || Conjunto de los seguidores de un maestro o doctrina: *escuela estoica, de pintores.*

escueto, ta adj. Sobrio. || Conciso, sucinto.

escuincle, cla m. y f. *Fig. Méx.* Muchacho, rapaz.

escuintle m. *Méx.* Perro callejero.

escuintleco, ca adj. y s. De Escuintla (Guatemala).

esculpir v. t. Labrar con cincel.

escultor, ra m. y f. Artista que esculpe.

escultura f. Arte de labrar figuras de bulto. || Obra así hecha.

escupidera f. Recipiente para escupir. || *Amer.* y *And.* Orinal.

escupir v. i. Arrojar saliva por la boca: *escupir en el suelo.* || — V. t. Arrojar por la boca: *escupir sangre.* || Despreciar: *escupir a uno.* || *Pop.* Pagar.

escupitajo y **escupitinajo** m. Saliva que se escupe de una vez.

escurridizo, za adj. Que se escurre.

escurrir v. t. Verter las últimas gotas de un líquido fuera del recipiente donde estaban. || Hacer que una cosa mojada suelte el líquido que contiene: *escurrir la ropa.* || *Fig.* *Escurrir el bulto,* esquivarse. || — V. i. Caer o dejar el líquido contenido. || Resbalar: *el suelo escurre.* || — V. pr. Deslizarse: *escurrirse por la pendiente.* || Escaparse.

esdrújulo, la adj. y s. Aplícase al vocablo acentuado en la antepenúltima sílaba, como *carátula.*

ese f. Nombre de la letra s. || Zigzag: *carretera con eses.*

ese, esa, esos, esas adj. dem. Sirven para designar lo que está cerca de la persona con quien se habla: *ese libro.* || — Pron. dem. Se escriben con acento y corresponden a la persona que está cerca de aquella con quien se habla: *ése quiero.*

esencia f. Ser y naturaleza propia de las cosas. || Perfume. || Extracto concentrado: *esencia de café.* || Lo esencial, lo principal.

esencial adj. Dícese de lo que constituye la esencia de algo. || Principal.

esfenoides adj. y s. m. Aplícase al hueso que ocupa la parte anterior y mediana del cráneo.

esfera f. Globo, sólido limitado por una superficie curva cuyos puntos equidistan todos de otro interior llamado *centro*. || Círculo en que giran las manecillas del reloj. || *Fig.* Clase social: *hombre de alta esfera.* | Círculo, medio, ambiente: *salirse de su esfera.* | Campo, terreno: *esfera de actividad.*

esférico, ca adj. De la esfera. || De forma de esfera. || M. *Fam.* Balón.

esferográfica f. y **esferográfico** m. *Amer.* Bolígrafo.

esfinge f. Animal fabuloso de los egipcios con cabeza y pecho de mujer, cuerpo y pies de león.

esfínter m. *Anat.* Anillo muscular que abre y cierra un orificio natural.

esforzar v. t. Obligar a hacer un esfuerzo. || Infundir ánimo o valor. || — V. pr. Hacer esfuerzos.

esfuerzo m. Empleo enérgico de la fuerza física o de la actividad del ánimo.

esfumarse v. pr. Desaparecer.

esgrima f. Arte de manejar la espada.

esgrimidor, ra m. y f. Persona que practica la esgrima.

esgrimir v. t. Manejar un arma blanca como la espada. || Blandir: *esgrimía un palo.* || *Fig.* Valerse de algo para defenderse o lograr un objetivo.

esguince m. Movimiento del cuerpo para evitar algo. || Distensión de una articulación.

eslabón m. Pieza en forma de anillo o de s que, engarzada con otras, forma una cadena. || Hierro con que se sacan chispas del pedernal.

eslavo, va adj. Relativo a los eslavos, etnia de Europa Oriental y Central. || De raza eslava (ú. t. c. s.). || — M. Conjunto de las lenguas indoeuropeas habladas en Europa Oriental y Central.

eslora f. *Mar.* Longitud interior de la nave desde el codaste hasta la roda.

esmaltar v. t. Aplicar esmalte.

esmalte m. Barniz vítreo. || Objeto esmaltado. || Materia dura que cubre la superficie de los dientes. || Barniz que sirve para adornar las uñas.

esmerado, da adj. Hecho con sumo cuidado. || Que se esmera: *una persona esmerada.* || Aseado.

esmeralda f. Piedra fina de color verde.

esmeraldeño, ña adj. y s. De Esmeralda (Ecuador).

esmerarse v. pr. Poner sumo cuidado.

esmeril m. *Papel de esmeril,* papel de lija.

esmerilar v. t. Pulir con esmeril.

esmero m. Sumo cuidado.

esmog m. Concentración de elementos contaminantes en la atmósfera.

esmoquin m. Smoking.

esnob adj. y s. Que da pruebas de esnobismo.

esnobismo m. Admiración infundada por todas las cosas que están de moda.

eso pron. dem. Forma neutra que sirve para designar lo que está más cerca de la persona con quien se habla.

esófago m. Primera parte del tubo digestivo que va de la faringe al estómago.

esotérico, ca adj. Oculto, secreto.

espabilar v. t. Despabilar.

espacial adj. Del espacio. || *Guerra espacial,* competencia entre naciones para conquistar el dominio del espacio con naves o vehículos aéreos.

espaciar v. t. Separar las cosas en el espacio o en el tiempo: *espaciar los pagos.* || Separar las palabras, letras o renglones en un impreso.

espacio m. Extensión indefinida que contiene todo lo existente: *el espacio es indivisible al infinito.* || Extensión limitada: *hay un gran espacio delante de la casa.* | Sitio. | Transcurso de tiempo: *un espacio de dos años.* || Blanco dejado entre las líneas. || Programa de televisión o de radio. || — *Espacio publicitario,* película de publicidad de corta duración. || *Geometría del espacio,* la que estudia las figuras de tres dimensiones.

espaciosidad f. Condición de espacioso.

espacioso, sa adj. Muy ancho.

espada f. Arma blanca, recta, aguda y cortante. || Persona diestra en su manejo. || *Fig.* Autoridad, figura: *es primera espada en su profesión.* || Torero que mata al toro con espada (ú. más c. m.). || — Pl. En el juego de naipes, palo en la baraja española que representa una o más espadas.

espagueti m. Pasta alimenticia con forma de varilla.

espalda f. Parte posterior del cuerpo desde los miembros hasta la cintura (ú. t. en pl.). || Parte posterior del vestido. || Parte de atrás. Ú. t. en pl.: *las espaldas del edificio.* || Estilo de natación en el que se nada boca arriba.

espaldar m. Respaldo de un banco.

espaldarazo m. Golpe de plano con la espada.

espantada f. Huida repentina.

espantapájaros m. inv. Objeto grotesco que figura un hombre y sirve para ahuyentar los pájaros.

espantar v. t. Causar espanto, asustar. || Ahuyentar a un animal. || — V. pr. Asustarse.

espanto m. Terror. || Horror.

espantoso, sa adj. Que causa espanto. || Horrible. || *Fig.* Muy grande: *sed espantosa.* | Muy feo.

español, la adj. y s. De España. || — M. Castellano, lengua.

españolada f. Dicho o hecho propio de españoles. || Acción, obra literaria o espectáculo que exagera y deforma las cosas típicas de España o el carácter español.

españolismo m. Admiración o apego a las cosas españolas. || Hispanismo. || Carácter español.

españolización f. Acción y efecto de españolizar.

españolizar v. t. Dar carácter español a algo. || Dar forma española a un vocablo de otro idioma. || — V. pr. Adoptar costumbres españolas.

esparadrapo m. Tela adherente que sirve para sujetar vendajes o como apósito.

esparcimiento m. Acción de esparcir o esparcirse. || Diversión, ocio.

esparcir v. t. Echar, derramar: *esparcir la arena.* || Desparramar: *esparcir flores.* || Divulgar, difundir: *esparcir una noticia.* || — V. pr. Divertirse.

espárrago m. Planta de tallos comestibles.

espartano, na adj. De Esparta (ú. t. c. s.).

esparto m. Planta con cuyas fibras se hacen sogas, esteras, etc.

espasmo m. Contracción de los músculos.

espatarrarse v. pr. Abrirse de piernas.

espátula f. Paleta de farmacéuticos, pintores, etc.

especia f. Sustancia aromática usada como condimento, como el comino, azafrán, chile.

especial adj. Particular.

especialidad f. Particularidad. || Parte de una ciencia o arte a que se dedica una persona. || Cosa que alguien conoce o hace bien. || Rama de la medicina o de otras ciencias ejercida exclusivamente por ciertos médicos o científicos. || Producto característico de una región, de un restaurante, etc.

especialista adj. y s. Que se dedica a una especialidad. || Aplícase en particular a los médicos que tienen una especialidad determinada.

especialización f. Acción de especializar.

especializar v. t. Destinar para un fin determinado. || — V. pr. Adquirir conocimientos especiales para dedicarse a una ciencia o arte en particular.

especie f. Conjunto de seres o cosas que tienen uno o varios caracteres comunes: *especie humana.* || Género humano: *la propagación de la especie.* || Variedad: *la toronja es una especie de cidra.* || Género, clase: *gente de toda especie.* || Asunto: *se trató de aquella especie.* || Noticia: *una especie falsa.* || *En especie,* en mercancías o productos y no en metálico: *pagar en especie.*

especificación f. Determinación.

especificar v. t. Determinar con todo detalle.

especificidad f. Cáracter específico.

específico, ca adj. Que caracteriza y distingue una especie de otra. || *Fís. Peso específico,* relación entre la masa o peso de un cuerpo y su volumen. || — M. *Med.* Medicamento.

especímen m. Muestra, modelo. || Ejemplar.

espectacular adj. Que tiene caracteres de espectáculo público. || Impresionante, ostentoso.

espectáculo m. Función o diversión pública. || Lo que atrae la atención.

espectador, ra adj. y s. Dícese de la persona que presencia un acontecimiento y más particularmente un espectáculo público. || — M. pl. Público.

espectro m. Figura fantástica y horrible, aparecido, fantasma. || *Fís.* Resultado de la descomposición de la luz a través de un prisma.

especulación f. Reflexión: *especulación filosófica.* || *Com.* Operación consistente en comprar algo con la idea de venderlo sacando un beneficio.

especulador, ra adj. y s. Que especula.

especular v. i. Reflexionar, meditar. || Hacer operaciones comerciales o financieras de las cuales se espera sacar provecho gracias a las variaciones de los precios. || Comerciar, negociar: *especular en carbones.* || Utilizar algo para obtener provecho o ganancia: *especular con su cargo.*

especulativo, va adj. *Com.* Relativo a la especulación. || Teórico: *conocimientos especulativos.*

espejismo m. Ilusión óptica característica de los países cálidos, particularmente de los desiertos, por la cual los objetos lejanos producen una imagen invertida como si se reflejasen en una superficie líquida. || *Fig.* Ilusión engañosa.

espejo m. Lámina de cristal azogada por la parte posterior para reflejar los objetos. || *Fig.* Imagen.

espejuelos m. pl. Anteojos, gafas.

espeleología f. Estudio y exploración de las grutas o cavernas.

espeluznante adj. Espantoso.

espeluznar v. i. Horrorizar.

espera f. Acción y tiempo de espera.

esperanto m. Lengua internacional que fue creada en 1887 por el médico polaco Zamenhof.

esperanza f. Confianza en lograr una cosa. || Objeto de esta confianza: *vivir de esperanzas.* || Una de las tres virtudes teologales.

esperanzador, ra adj. Alentador.

esperar v. t. e i. Confiar en que vaya a ocurrir algo que se desea: *esperar tener éxito.* || Desear: *espero que te vaya bien.* || Contar con la llegada: *esperar una carta.* || Permanecer en un sitio hasta que llegue una persona o cosa que ha de venir. || Dejar pasar cierto tiempo. || Prever, suponer. Ú. t. c. pr.: *no me esperaba tal cosa.* || Suponer que va a ocurrir algo: *muchas dificultades le esperan.* || Tener confianza: *esperar en Dios.*

esperma amb. Líquido seminal.

espermatocito m. Célula del germen masculino que se divide en el momento de la meiosis.

espermatozoide m. Gameto masculino destinado a la fecundación del óvulo y a la creación, en unión de éste, de un nuevo ser.

espermatozoo m. Espermatozoide.

esperpento m. *Fam.* Persona fea o ridícula.

espesar v. t. Volver más espeso.

espeso, sa adj. Poco fluido: *salsa espesa.* || Denso: *humo espeso.* || Tupido: *bosque, tejido espeso.* || Grueso: *muros espesos.*

espesor m. Grueso.

espesura f. Calidad de espeso. || Sitio muy poblado de árboles.

espeto o **espetón** m. Varilla de hierro para asar carne o pescado.

espía com. Persona encargada de recoger informaciones secretas sobre las acciones de otra.

espiar v. t. Observar con disimulo lo que pasa.

espichar v. t. *Fam.* Morirse.

espiga f. Conjunto de flores a lo largo de un tallo: *espiga de trigo.* || Extremidad de un madero o eje adelgazados para entrar en el hueco de otro.

espigón m. Malecón.

espina f. Púa que tienen algunas plantas. || Astilla pequeña: *clavarse una espina en el pie.* || *Anat.* Columna vertebral: *espina dorsal.* || Hueso de pez. || *Fig.* Pena muy grande y duradera.

espinaca f. Hortaliza de hojas comestibles.

espinazo m. Columna vertebral.

espinilla f. Parte anterior de la canilla de la pierna. || Grano, tumorcillo de la piel.

espino m. Arbusto espinoso de flores blancas.

espinoso, sa adj. Que tiene espinas. || *Fig.* Difícil.

espionaje m. Acción y efecto de espiar. || Conjunto de personas que espían.

espiración f. Segundo tiempo de la respiración en que se expele el aire.

espiral adj. De forma de espiral: *línea, escalera espiral.* || — F. Curva que se desarrolla alrededor de un punto del cual se aleja progresivamente. || Repercusión sucesiva entre dos cosas: *espiral de precios.*

espirar v. i. Expulsar el aire aspirado (ú. t. c. t.). || Respirar. || — V. t. Exhalar: *espirar un olor.*

espirilo m. Bacteria de forma alargada y espiral.

espiritismo m. Doctrina según la cual por ciertos procedimientos los vivos pueden entrar en comunicación con el alma de los difuntos.

espiritista adj. Relativo al espiritismo. || Que cree en el espiritismo y lo practica (ú. t. c. s.).

espíritu m. Alma: *espíritu humano.* || Ser inmaterial: *los ángeles son espíritus.* || Aparecido o ser sobrenatural como los genios y gnomos. || Don sobrenatural:

espíritu de profecía. || Tendencia natural: *espíritu de sacrificio.* || Sentido profundo: *el espíritu de una ley.* || Manera de pensar propia de un grupo de personas: *espíritu de clase.* || *Quím.* Sustancia extraída: *espíritu de vino.* || — Espíritu maligno, el demonio. || *Espíritu Santo,* tercera persona de la Santísima Trinidad.

espiritual adj. Del espíritu.

espiritualidad f. Calidad de espiritual.

espiritualización f. Acción de espiritualizar.

espiritualizar v. t. Hacer espiritual.

espiroqueta f. Bacteria con el cuerpo arrollado, por lo general causante de enfermedades, como la sífilis.

espita f. Canilla de cuba.

esplendidez f. Magnificencia. || Generosidad.

espléndido, da adj. Magnífico: *un día espléndido.* || Generoso, liberal: *un hombre espléndido.*

esplendor m. Resplandor. || *Fig.* Apogeo.

esplendoroso, sa adj. Resplandeciente.

espliego m. Planta de cuyas flores azules se extrae una esencia olorosa llamada también *lavanda.*

espolear v. t. Picar con la espuela. || *Fig.* Incitar.

espoleta f. Dispositivo que provoca la explosión de los proyectiles.

espolón m. Protuberancia ósea en el tarso de varias aves gallináceas. || *Arq.* Contrafuerte. || Tajamar de un puente y de un barco. || Malecón para contener las aguas de un río o del mar.

espolvorear v. t. Esparcir polvo.

esponja f. *Zool.* Cualquier animal espongiario. || Esqueleto de estos animales empleado para diversos usos. || Imitación artificial de este esqueleto: *esponja de plástico.*

esponjar v. t. Volver esponjoso.

esponjoso, sa adj. Muy poroso.

esponsales m. pl. Promesa de matrimonio.

espontaneidad f. Calidad de espontáneo.

espontáneo, a adj. Voluntario, sin influencia externa. || Natural: *carácter espontáneo.* || — M. Espectador que se lanza al ruedo para torear.

espora f. Célula reproductora de las criptógamas y algunos protozoos.

esporádico, ca adj. Aislado.

esposado, da adj. y s. Casado.

esposar v. t. Ponerle a uno esposas.

esposo, sa m. y f. Persona casada. || En relación con una persona, la que está casada con ella. || — F. pl. Manillas unidas por una cadena con las cuales se sujetan las muñecas de los presos.

espray m. Pulverizador.

espuela f. Espiga de metal ajustada al talón para picar a la cabalgadura. || *Fig.* Estímulo, aliciente.

espuerta f. Cesta para transportar materiales.

espulgar v. t. Quitar las pulgas o piojos. || *Fig.* Examinar de muy cerca para quitar lo malo.

espuma f. Conjunto de burbujas que se forman en la superficie de un líquido.

espumarajo m. Saliva espumosa.

espumoso, sa adj. Que tiene o forma espuma.

espurio, ria adj. Bastardo.

esputo m. Lo que se escupe.

esquela f. Carta breve. || Carta para comunicar una invitación o ciertas noticias. || *Esquela de defunción,* notificación de la muerte de alguien.

esquelético, ca adj. Del esqueleto. || *Fam.* Muy flaco.

esqueleto m. Armazón ósea de los vertebrados. || *Fig.* Armazón, armadura.

esquema m. Representación de una figura sin entrar en detalles, indicando solamente sus relaciones y funcionamiento. || Plan, bosquejo.

esquematización f. Acción de esquematizar.

esquematizar v. t. Representar una cosa en forma de esquema.

esquí m. Plancha de madera o de metal, larga, estrecha y algo encorvada en la punta para patinar sobre nieve o agua. (Pl. *esquíes* o *esquís.*) || Deporte practicado sobre estos utensilios.

esquiador, ra m. y f. Persona que esquía.

esquiar v. t. Patinar con esquíes.

esquila f. Cencerro.

esquilar v. t. Cortar el pelo de los animales.

esquilmar v. t. *Fig.* Agotar. | Despojar.

esquimal adj. y s. De las regiones polares.

esquina f. Ángulo exterior formado por dos superficies unidas por uno de sus lados.

esquinado, da adj. Que hace esquina.

esquinar v. t. e i. Formar esquina. || Poner en una esquina.

esquinera f. *Amer.* Rinconera (mueble).

esquirla f. Fragmento pequeño de un hueso roto.

esquirol m. Obrero que sustituye a un huelguista.

esquite m. *Amér. C.* y *Méx.* Granos de maíz cocidos con epazote.

esquivar v. t. Evitar con habilidad, rehuir.

esquivo, va adj. Arisco.

esquizofrenia f. Enfermedad mental.

esquizofrénico, ca adj. y s. Demente.

estabilidad f. Equilibrio: *la estabilidad de un avión.* || Firmeza, resistencia: *la estabilidad de un puente.* || Permanencia: *la estabilidad del poder.*

estabilización f. Acción de estabilizar.

estabilizador, ra adj. Que estabiliza (ú. t. c. s.).

estabilizar v. t. Dar estabilidad. || Fijar oficialmente el valor de una moneda o el precio.

estable adj. Que no va a caerse, bien equilibrado. || Seguro, duradero. || Constante: *carácter estable.*

establecer v. t. Instalar. || Fundar, instituir: *establecer la República.* || Fijar: *establecer una regla.* || — V. pr. Instalarse: *establecerse en París.*

establecimiento m. Fundación, institución. || Fijación: *establecimiento de una regla.* || Local donde se desarrolla una actividad de enseñanza, de beneficencia, comercial o industrial.

establo m. Lugar donde se encierra el ganado.

estaca f. Palo que se clava en el suelo.

estacar v. t. Poner estacas.

estacazo m. Golpe con estaca.

estación f. Cada una de las cuatro épocas en que se divide el año y que son la primavera, el verano, el otoño y el invierno. || Temporada, período: *estación de lluvias.* || Lugar donde se pasa una temporada para hacer una cura, para practicar ciertos deportes, etc.: *estación balnearia, de esquí.* || Lugar donde paran los trenes: *estación de metro.* || Establecimiento donde se efectúan investigaciones científicas: *estación meteorológica.* || Estado, posición: *estación vertical.* || — Estación de radio, emisora. || *Estación de servicio,* puesto donde se alimentan los vehículos de gasolina, aceite, agua. || *Estación terminal,* terminal.

estacionamiento m. Acción de estacionar. || Lugar donde se estaciona.

estacionar v. t. Dejar momentáneamente un vehículo en un lugar público autorizado para ello (ú. t. c. pr.). || — V. pr. Quedarse estacionario.

estacionario, ria adj. Que no sufre ningún cambio. || Temporal.

estada y **estadía** f. Estancia.

estadio m. Lugar público con graderíos para competiciones deportivas. || Fase, período corto.

estadista m. Hombre que se ocupa de política. || Estadístico, especialista en estadística.

estadístico, ca adj. De la estadística. || — M. Especialista en estadística. || — F. Ciencia que se ocupa de la reunión de todos los hechos que se pueden valorar numéricamente para hacer comparaciones entre las cifras y sacar conclusiones aplicando la teoría de las probabilidades. || — Pl. Conjunto de los hechos así reunidos.

estado m. Manera de ser: *estado de salud.* || Condición: *en estado de funcionamiento.* || Situación: *estado de los negocios.* || Condición social: *estado de casado.* || Nación o grupo de territorios autónomos que forman una nación. || Gobierno, administración superior: *la Iglesia y el Estado.* || Forma de gobierno: *Estado monárquico.* || Inventario: *estado de gastos.*

estadounidense adj. y s. De Estados Unidos de Norteamérica.

estafa f. Timo.

estafador, ra m. y f. Persona que estafa.

estafar v. t. Sacar cosas de valor con engaño.

estafeta f. Oficina del correo.

estalactita f. Concreción calcárea formada en la bóveda de las cuevas.

estalagmita f. Concreción calcárea formada en el suelo de las cuevas.

estallar v. i. Reventar violentamente y con ruido: *estallar una bomba.* || *Fig.* Suceder de repente: *estalló un incendio.* | Manifestarse bruscamente: *estalló su cólera.* | Irritarse: *esto le hizo estallar.*

estallido m. Acción y efecto de estallar.

estambre m. Órgano sexual masculino de las plantas fanerógamas.

estamento m. Clase. || Grado.

estampa f. Imagen, grabado impreso. || *Fig.* Aspecto, traza, figura: *hombre de buena estampa.*

estampado, da adj. Aplícase a las telas en que se estampan dibujos (ú. t. c. s. m.).

estampar v. t. Imprimir. || Dejar huella: *estampar el pie en la arena.* || *Fam.* Arrojar, hacer chocar contra algo: *estampó la botella contra la pared.* | Asestar, dar: *le estampó una bofetada.*

estampido m. Ruido de una cosa que explota.

estampillar v. t. Poner un sello.

estancación f. y **estancamiento** m. Detención.

estancar v. t. Detener, parar. || Embalsar: *estancar las aguas* (ú. t. c. pr.). || Monopolizar la venta de ciertas mercancías: *estancar el tabaco.* || — V. pr. Quedar en suspenso o parado.

estancia f. Permanencia en un sitio. || Precio que se paga por alojarse cierto tiempo en un sitio. || Tiempo que se queda un enfermo en un hospital y cantidad que por ello paga. || Morada. || Habitación. || Estrofa. || *Amer.* Hacienda de campo. || *Chil.* y *Riopl.* Finca de ganadería.

estanciero m. *Amer.* Dueño de una estancia.

estanco, ca adj. Que no deja filtrar el agua. || — M. Prohibición de la venta libre de una mercancía, monopolio: *el estanco del tabaco.* || Sitio donde se despachan los géneros estancados. || Tienda donde se venden tabaco, cerillas y sellos.

estándar m. Tipo, modelo. || *Estándar de vida,* nivel de vida. || — Adj. De serie: *producción estándar.*

estandarización f. Estandarización.

estandardizar v. Estandarizar.

estandarización f. Tipificación, normalización.

estandarizar v. t. Tipificar, normalizar.

estandarte m. Insignia, bandera.

estanque m. Balsa de agua artificial.

estanquillo m. *Méx.* Tienda pequeña. || *Cub.* Quiosco de venta de publicaciones. || *Ecuad.* Taberna.

estante m. Anaquel, tabla para colocar objetos. || Mueble formado por un conjunto de anaqueles.

estantería f. Conjunto de estantes.

estañado m. Baño o soldadura con estaño.

estañar v. t. Soldar con estaño.

estaño m. Metal blanco (símb. Sn) usado para soldar y para proteger otros metales.

estar v. i. Hallarse con cierta permanencia en un lugar: *estar en casa.* || Indica un estado momentáneo: *estar de rodillas.* || Indica la fecha: *estamos a martes.* || Sentar bien o mal: *este traje le está ancho.* || Tener como actividad: *estar de embajador.* || Entender: *¿estás en ello?* || Costar: *el pan está caro.* || Con el gerundio, indica la duración de la acción: *estar durmiendo.* || — *Estar al tanto,* estar al corriente. || *Estar para,* estar a punto de hacer algo; estar de cierto humor. || *Estar por,* quedar por hacer una cosa; estar uno a favor de otro. || — V. pr. Permanecer: *estarse quieto.*

estatal adj. Del Estado.

estático, ca adj. Del equilibrio de las fuerzas: *energía estática.* || Que permanece en el mismo sitio o estado. || *Fig.* Que se queda parado de asombro o de emoción. || — F. Parte de la mecánica que estudia el equilibrio de los sistemas de fuerzas.

estatizar v. t. Controlar o pasar a poder del Estado una empresa o sector económico.

estatua f. Escultura de un ser animado.

estatuir v. t. e i. Establecer.

estatura f. Altura de persona.

estatutario, ria adj. Conforme a los estatutos.

estatuto m. Reglamento que rige el funcionamiento de una comunidad. || Régimen jurídico. || Ley básica por la cual un Estado concede autonomía a una de sus regiones: *el estatuto catalán.*

este m. Parte del horizonte por donde sale el Sol, oriente. || Uno de los cuatro puntos cardinales. || Parte oriental de un país o región.

este, esta, estos, estas adj. dem. Designan lo que se halla más cerca de la persona que habla o lo que acaba de mencionar: *este periódico; estas mujeres; este objetivo.* || Expresa el tiempo actual o inmediatamente pasado: *este año.* (Cuando es pronombre llevan acento: *ésta es mi casa.*)

estela f. Huella o rastro momentáneo que deja el barco en la superficie del agua, un cuerpo luminoso en el cielo o cualquier cuerpo en movimiento en el espacio. || *Fig.* Rastro que queda de una cosa.

estelar adj. De las estrellas.

estenio m. Unidad de fuerza en el sistema M.T.S.

estenotipia f. Transcripción rápida de la palabra por medio de un estenotipo.

estenotipo m. *Máquina* para transcribir discursos mediante una forma fonética simplificada.

estentóreo, a adj. Muy fuerte.

estepa f. Llanura extensa.

éster m. Cuerpo derivado de la acción de un ácido sobre un alcohol.

estera f. Tejido para cubrir el suelo.

estercolar v. t. Abonar las tierras con estiércol.

estéreo adj. Estereofónico. || — F. Estereofonía.

estereofonía f. Reproducción de los sonidos destinada a dar la impresión del relieve acústico.

estereofónico, ca adj. De la estereofonía.

estereotipar v. t. Imprimir con estereotipos. || *Fig.* Hacer inmutable: *frase estereotipada.*

estereotipia f. Reproducción con estereotipos. || Taller o máquina donde se estereotipa.

estereotipo m. Plancha o cliché de imprenta. || *Fig.* Imagen o idea adoptada por un grupo, concepción muy simplificada de algo o de alguien.

estéril adj. Que nada produce: *terreno estéril.* || Que no puede tener hijos: *mujer estéril.* || *Fig.* Inútil, sin resultado: *conversaciones estériles.*

esterilidad f. Condición de estéril.

esterilización f. Acción de esterilizar.

esterilizar v. t. Volver estéril. || *Med.* Destruir los fermentos o microbios: *esterilizar la leche.*

esterlina adj. f. V. LIBRA *esterlina.*

esternón m. Hueso plano en la caja torácica al cual están unidas las costillas verdaderas.

estero m. Estuario. || *Arg.* Terreno pantanoso.

estertor m. Respiración anhelosa.

esteta com. Amante de la belleza.

estético, ca adj. De la estética. || De la belleza. || Artístico, bello: *postura estética.* || *Cirugía estética,* la que corrige las alteraciones no patológicas del cuerpo humano. || — M. y f. Persona que se dedica a la estética. || — F. Ciencia que trata de la belleza.

estetoscopio m. *Med.* Instrumento para auscultar el pecho.

estiaje m. Caudal mínimo de un río en verano.

estiba f. *Mar.* Carga en la bodega de los barcos.

estibador m. El que estiba.

estibar v. t. Colocar la carga en un barco.

estiércol m. Excrementos de los animales. || Materias vegetales usadas como abono.

estigma m. Huella.

estigmatizar v. t. Marcar con hierro candente. || *Fig.* Infamar. | Condenar: *estigmatizar el vicio.*

estilar v. t. Acostumbrar. || — V. pr. Usarse: *los jubones ya no se estilan.*

estilista com. Escritor de estilo muy pulcro.

estilizar v. t. Representar artísticamente un objeto por sus rasgos característicos.

estilo m. Modo de escribir o hablar propio de los varios géneros literarios: *estilo oratorio.* || Carácter original de un artista, arte, época, etc.: *estilo colonial.* || Manera de comportarse: *no me gusta el estilo de esta chica.* || Manera de hacer algo: *tiene un estilo muy particular para peinarse.* || Clase, categoría: *esta mujer tiene mucho estilo.* || Manera de practicar un deporte: *estilo mariposa.* || *Bot.* Prolongación del ovario que sostiene el estigma.

estilográfico, ca adj. Dícese de la pluma que almacena tinta en el mango (ú. t. c. s. f.).

estima f. Opinión favorable.

estimable adj. Apreciable.

estimación f. Evaluación, valoración. || Estima.

estimar v. t. Evaluar, valorar. || Juzgar, creer, considerar: *estimo que no es así.* || Tener buena opinión de alguien: *todos le estiman.* || *For.* Aceptar y examinar una demanda. || — V. pr. Tener dignidad: *ninguna persona que se estime obraría así.*

estimulante adj. y s. m. Que estimula.

estimular v. t. Incitar.

estímulo m. Incitación.

estío m. Verano.

estipendio m. Pago.

estipulación f. *For.* Cláusula. || Acuerdo verbal.

estipular v. t. *For.* Formular muy claramente una cláusula en un contrato. || Convenir, decidir.

estirar v. t. Alargar una cosa tirando de sus extremos. || *Fig.* Hacer durar: *estirar el dinero.* || — V. pr. Desperezarse.

estirón m. Tirón. || Crecimiento rápido.

estirpe f. Linaje de una familia.

estival adj. Del estío.

esto pron. dem. Forma neutra que sirve para designar lo que se halla más cerca de la persona que habla o lo que se acaba de mencionar.

estocada f. Golpe dado con la punta de la espada o estoque. || Herida producida.

estofa f. *Fig.* Calidad, clase.

estofado m. Guisado de carne.

estoicismo m. Entereza ante la adversidad.

estoico, ca adj. Del estoicismo.

estola f. Ornamento litúrgico que el sacerdote se pone en el cuello.

estoma m. *Bot.* Pequeña abertura microscópica en las hojas de las plantas.

estomacal adj. Del estómago.

estómago m. Bolsa del aparato digestivo situada entre el esófago y el duodeno.

estomatitis f. Inflamación de las encías.

estomatología f. Estudio y tratamiento de las enfermedades de la boca.

estomatólogo, ga m. y f. Especialista en estomatología.

estopa f. Parte basta del lino o del cáñamo.

estoque m. Espada del torero.

estoquear v. t. Herir o matar con el estoque.

estorbar v. t. Embarazar, molestar.

estorbo m. Molestia. || Obstáculo.

estornino m. Pájaro negro de cabeza pequeña.

estornudar v. i. Expeler ruidosamente aire por la boca y la nariz.

estornudo m. Expulsión ruidosa de aire por la boca y la nariz.

estrabismo m. Defecto de la vista por el cual el eje óptico derecho se dirige en sentido opuesto al izquierdo.

estrado m. Tarima.

estrafalario, ria adj. y s. *Fam.* Extravagante.

estragar v. t. Causar estrago, deteriorar.

estrago m. Daño, destrozo. || Matanza de gente.

estragón m. Planta usada como condimento.

estrambótico, ca adj. *Fam.* Extravagante.

estrangulación f. Ahogo por opresión del cuello.

estrangulador adj. Que estrangula.

estrangular v. t. Ahogar oprimiendo el cuello.

estratagema f. Treta, artimaña.

estratega com. Especialista en estrategia.

estrategia f. *Mil.* Arte de dirigir y proyectar las operaciones militares. || *Fig.* Arte de coordinar las acciones y de obrar para alcanzar un objetivo.

estratificar v. t. Formar estratos (ú. t. c. pr.).

estrato m. Capa formada por rocas sedimentarias. || Nube en forma de banda paralela al horizonte. || *Fig.* Capa o clase de la sociedad.

estratosfera f. Parte de la atmósfera entre la troposfera y la mesosfera.

estrechamiento m. Disminución de la anchura. || *Fig.* Fortalecimiento, unión más fuerte.

estrechar v. t. Volver más estrecho (ú. t. c. pr.). || *Fig.* Apretar (ú. t. c. pr.): *estrechar las manos*.

estrechez f. Falta de anchura. || Falta de espacio o de tiempo. || *Fig.* Apuro, escasez de dinero.

estrecho, cha adj. De poca anchura. || *Fig.* Apocado, de cortos alcances: *espíritu estrecho*. | Íntimo: *amistad estrecha*. | Muy próximo: *parentesco estrecho*. | Riguroso: *persona de moral estrecha*. | Tacaño. || — M. Brazo de mar entre dos tierras.

estrechura f. Estrechez.

estregar v. t. Frotar.

estrella f. Astro brillante que aparece en el cielo como un punto luminoso. || Figura convencional y estilizada con que se representa. || Objeto de forma parecida. || Hado, suerte, destino: *nacer con buena estrella*. || *Fig.* Artista de mucha fama. || Signo con que se indica la categoría de un hotel. || *Estrella fugaz*, cuerpo luminoso que se mueve con gran velocidad por el cielo.

estrellar v. t. *Fam.* Arrojar con violencia una cosa contra otra haciéndola pedazos (ú. t. c. pr.). || Constelar. || — V. pr. Caer brutalmente: *estrellarse contra el suelo*. || Chocar violentamente contra algo. || Lisiarse o matarse a consecuencia de un choque: *estrellarse contra un poste*. || *Fig.* Fracasar: *mis proyectos se han estrellado*.

estremecer v. t. Hacer temblar, sacudir. || *Fig.* Sobresaltar. | Emocionar. || — V. pr. Temblar.

estremecimiento m. Sacudida. || Temblor, escalofrío. || *Fig.* Sobresalto. | Conmoción.

estrenar v. t. Usar por primera vez. || Representar por primera vez: *estrenar una comedia, una película* (ú. t. c. pr.).

estreno m. Primera representación. || Primer uso de una cosa.

estreñimiento m. Dificultad o imposibilidad de evacuar el vientre.

estreñir v. t. Dificultar o imposibilitar la evacuación del vientre.

estrépito m. Ruido muy grande.

estrepitoso, sa adj. Muy grande.

estreptococo m. Bacteria infecciosa.

estreptomicina f. Cierta clase de antibiótico.

estrés m. Situación en la que un individuo se somete a mucha tensión y se altera su estado de salud física y mental.

estría f. Raya en hueco.

estriar v. t. Formar estrías.

estribación f. Ramal lateral de una cordillera.

estribar v. i. Apoyarse. || *Fig.* Residir.

estribillo m. Verso que se repite al fin de cada estrofa. || *Fig.* Lo que se repite constantemente.

estribo m. Pieza de metal en que el jinete apoya el pie. || Escalón para subir o bajar del coche. || Uno de los tres huesecillos del oído medio.

estribor m. Costado derecho del barco.

estricnina f. Veneno sacado de la nuez vómica.

estricto, ta adj. Riguroso.

estridencia f. Calidad de estridente.

estridente adj. Agudo.

estrofa f. Grupo de versos que tiene correspondencia métrica con otro u otros parecidos.

estrógeno f. Hormona femenina.

estroncio m. Metal blanco (Sr).

estropajo m. Manojo de esparto para fregar.

estropear v. t. Dejar en mal estado: *una máquina le estropeó la mano*. || Lisiar. || Deteriorar: *el granizo estropeó la cosecha*. || *Fig.* Echar a perder: *el vicio le estropeó la salud*. || Volver inservible.

estropicio m. Destrozo.

estructura f. Disposición de las partes de un todo.

estructurar v. t. Dar una estructura.

estruendo m. Ruido grande.

estruendoso, sa adj. Ruidoso.

estrujar v. t. Apretar una cosa para sacarle el zumo. || Exprimir el agua: *estrujar la ropa*. || Apretar algo arrugándolo: *estrujar un papel*.

estuario m. Entrada del mar en la desembocadura de un río.

estucar v. t. Cubrir con estuco.

estuche m. Caja o funda.

estuco m. Masa de cal y mármol pulverizado.

estudiantado m. Conjunto de estudiantes.

estudiante m. y f. Persona que estudia.

estudiantil adj. De los estudiantes.

estudiantina f. Conjunto musical de estudiantes.

estudiar v. t. Ejercitar el entendimiento para comprender o aprender una cosa. || Seguir un curso. Ú. t. c. i.: *estudiar para médico*. || Aprender de memoria. || — V. pr. Observarse.

estudio m. Aplicación del espíritu para aprender o comprender algo. || Obra en que un autor examina y aclara una cuestión. || Cuarto donde trabajan los pintores, escultores, arquitectos, fotógrafos, etc. || Apartamento con una habitación, una cocina y un cuarto de aseo. || Local donde se hacen las tomas de vista o de sonido para las películas o donde se transmiten programas radiofónicos o de televisión (ú. m. en pl.). || *Pint.* Dibujo o pintura de tanteo: *estudio del natural*. || *Riopl.* Bufete de abogado. || — M. pl. Serie completa de cursos seguidos para hacer una carrera.

estudioso, sa adj. Que estudia (ú. t. c. s.).

estufa f. Aparato para la calefacción.

estulticia f. Necedad, sandez.

estulto, ta adj. Necio.

estupefacción f. Asombro, pasmo.

estupefaciente m. Sustancia narcótica.

estupefacto, ta adj. Atónito.

estupendo, da adj. Magnífico.

estupidez f. Tontería, necedad.

estúpido, da adj. y s. Tonto.

estupor m. Pasmo, asombro.

estupro m. *For.* Delito consistente en el acceso carnal de un hombre con una menor.

esturión m. Pez de mar.

eta f. Séptima letra del alfabeto griego.

etano m. Carburo de hidrógeno.

etanol m. Alcohol etílico.

etapa f. Sitio donde para un viajero, un ciclista, un soldado para descansar. || Distancia que hay que recorrer para llegar a este sitio. || Período que media entre dos puntos importantes de una acción.

etarra adj. y s. De la E.T.A. (organización terrorista vasca creada en 1959).

etcétera loc. adv. Y lo demás (ú. t. c. s. m.).

éter m. *Quím.* Óxido de etilo, líquido muy volátil e inflamable, de olor muy fuerte, que se emplea como anestésico. || *Poét.* Espacio celeste.

eternidad f. Tiempo que no tiene fin.

eternizar v. t. Hacer durar mucho (ú. t. c. pr.).

eterno, na adj. Que dura mucho tiempo.

ETE

ES

123

ético, ca adj. Relativo a los principios de la moral. || — M. Moralista. || — F. Moral.

etileno n. Hidrocarburo derivado del petróleo.

etilismo m. Intoxicación causada por el alcohol.

etilo m. Radical del etano formado por dos átomos de carbono y cinco de hidrógeno.

etimología f. Origen y derivación de las palabras.

etiqueta f. Ceremonial observado en actos públicos solemnes. || Trato ceremonioso: *recibir sin etiqueta.* || Marbete, rótulo, inscripción: *poner una etiqueta.* || *Fig.* Calificativo, clasificación.

etiquetar v. tr. Poner etiquetas.

etnia f. Raza.

étnico, ca adj. Relativo a una etnia o raza.

etnografía f. Estudio de las razas.

etnología f. Parte de las ciencias humanas que estudia los distintos caracteres de las razas.

etnólogo, ga m. y f. Especialista en etnología.

etrusco, ca adj. y s. De Etruria, antigua región de Italia, hoy Toscana.

eucalipto m. Árbol de hojas olorosas.

eucaristía f. Sacramento que consiste en la transformación del pan y el vino en el cuerpo y sangre de Cristo por la consagración.

eucarístico, ca adj. De la Eucaristía.

euclidiano, na adj. *Mat.* Relativo a Euclides y sus teorías geométricas.

eufemismo m. Expresión o vocablo que sustituye a otro demasiado fuerte o malsonante.

eufonía f. Sonoridad agradable de la palabra.

euforia f. Sensación de satisfacción y bienestar.

eunuco m. Hombre castrado.

euro m. Unidad monetaria de los países miembros de la Unión Europea.

europeísmo m. Unión europea.

europeísta adj. Relativo a la unión europea: *política europeísta.* || — Com. Partidario de ésta.

europeización f. Introducción de las costumbres europeas.

europeizar v. t. Introducir en un pueblo las costumbres y la cultura europea (ú. t. c. pr.).

europeo, a adj. y s. De Europa.

euscaldún, una adj. Vasco. || — Com. Persona que habla vascuence. || — M. Lengua vascuence.

éuscaro, ra adj. y s. Vasco. || — M. Lengua vascuence.

euskaldún, una adj. y s. Euscaldún.

euskara o **euskera** adj. y s. Éuscaro.

eusquero, ra adj. y s. Éuscaro.

eutanasia f. *Med.* Muerte dada a un enfermo incurable para que no sufra.

evacuación f. Expulsión.

evacuar v. t. Hacer salir de un sitio. || Marcharse de un sitio: *evacuar una sala, un país.* || Expeler del cuerpo humores o excrementos.

evadir v. t. Evitar un peligro. || Eludir, esquivar: *evadir una dificultad.* || — V. pr. Fugarse.

evaluación f. Valoración.

evaluar v. t. Valorar.

evangelio m. Historia de la vida, doctrina y milagros de Jesucristo y libros en los que se relatan (ú. t. en pl.). || Parte de estos relatos que se lee o canta en la misa. || *Fig.* Doctrina cristiana.

evangelista m. Cada uno de los cuatro apóstoles que escribieron el Evangelio (San Mateo, San Marcos, San Lucas y San Juan).

evangelización f. Acción y efecto de evangelizar.

evangelizar v. t. Predicar el Evangelio.

evaporación f. Transformación en vapor.

evaporar v. t. Transformar en vapor (ú. t. c. pr.). || — V. pr. *Fig.* Desaparecer. | Marcharse.

evaporizar v. t. Vaporizar.

evasión f. Fuga. || *Fig.* Evasiva.

evasivo, va adj. Impreciso. || — F. Recurso para no comprometerse con una respuesta o promesa.

evento m. Acontecimiento.

eventual adj. Posible.

eventualidad f. Posibilidad.

evidencia f. Calidad de evidente.

evidenciar v. t. Hacer patente, demostrar la evidencia de algo. || — V. pr. Ser evidente.

evidente adj. Patente.

evitar v. t. Escapar de algo peligroso o molesto.

evocación f. Acción de evocar.

evocar v. t. *Fig.* Traer alguna cosa a la memoria, recordar. | Mencionar.

evolución f. Transformación progresiva.

evolucionar v. i. Transformarse poco a poco.

ex, prefijo que significa *fuera* o *más allá de.* Ante un sustantivo o un adjetivo indica lo que ha sido o ha tenido una persona: *ex presidente.* || — *Ex aequo,* de igual mérito, en el mismo lugar. || *Ex profeso,* de propósito, expresamente.

exabrupto m. Salida, contestación brusca.

exacerbar v. t. Exasperar, irritar: *exacerbar los ánimos* (ú. t. c. pr.). || Avivar, agudizar (ú. t. c. pr.).

exactitud f. Puntualidad y fidelidad en la ejecución de una cosa. || Justeza. || Fidelidad.

exacto, ta adj. Conforme a la realidad. || Justo: *un cálculo exacto.* || Fiel: *exacto cumplimiento.* || Puntual.

exageración f. Acción de propasarse en cualquier cosa. || Abuso.

exagerado, da adj. Que exagera (ú. t. c. s.).

exagerar v. t. e i. Deformar las cosas dándoles proporciones mayores de las que tienen en realidad. || Abusar, pasarse de la raya, propasarse.

exaltación f. Elevación a una dignidad o cargo importante. || Ponderación, enaltecimiento. || Intensificación: *exaltación de un sentimiento.* || Acaloramiento: *exaltación de un debate.*

exaltamiento m. Exaltación.

exaltar v. t. Elevar a una dignidad o a un cargo importante. || Ponderar, enaltecer. || Entusiasmar. || — V. pr. Excitarse, apasionarse. || Avivarse.

examen m. Acción de observar algo con mucho cuidado: *examen de un asunto.* || Prueba a que se somete a un candidato para evaluar sus conocimientos o capacidades.

examinador, ra m. y f. Persona que examina.

examinar v. t. Someter a examen. || Hacer sufrir un examen. || — V. pr. Sufrir un examen.

exangüe adj. Agotado.

exánime adj. Inanimado.

exasperación f. Irritación.

exasperar v. t. Irritar.

excavación f. Acción de excavar.

excavar v. t. Cavar: *excavar un pozo.*

excedencia f. Condición de excedente. || Sueldo que se da al empleado excedente.

excedente adj. Dícese del empleado que durante cierto tiempo deja de prestar un servicio. || Sobrante: *sumas excedentes.* || — M. Lo que sobra.

exceder v. t. Superar. || — V. pr. Propasarse.

excelencia f. Suma perfección. || Título honorífico dado a los ministros, embajadores, etc.
excelente adj. Muy bueno, perfecto.
excelso, sa adj. Muy elevado.
excentricidad f. Rareza, extravagancia. || Estado de lo que se halla lejos de su centro.
excéntrico, ca adj. Muy raro. || *Geom.* Que está fuera del centro.
excepción f. Lo que se aparta de la regla general. || — *A excepción de o con excepción de,* excepto. || *Estado de excepción,* suspensión de las garantías constitucionales en una nación.
excepcional adj. Extraordinario.
excepto adv. Menos, salvo.
exceptuar v. t . Excluir, no comprender (ú. t. c. pr.). || Hacer salvedad.
excesivo, va adj. Muy grande. || Exagerado.
exceso m. Lo que sobra: *exceso de peso.* || Lo que pasa de los límites: *exceso de velocidad.* || Lo que sobrepasa una cantidad: *exceso de natalidad.* || Abuso: *exceso de poder.*
excitable adj. Capaz de ser excitado.
excitación f. Incitación. || Estado de agitación.
excitante adj. y s. m. Que excita.
excitar v. t. Suscitar, causar: *excitar la sed.* || Activar la energía: *el café excita el sistema nervioso.* || Provocar: *excitar la envidia.* || Estimular, animar.
exclamación f. Voz, grito, frase o expresión provocados por una alegría, indignación o sorpresa súbitas. || Signo ortográfico de admiración (¡!) colocado al principio y al final de la oración.
exclamar v. i. Proferir exclamaciones.
excluir v. t. Echar a una persona del lugar que ocupaba. || Rechazar: *excluir una hipótesis.*
exclusión f. Acción y efecto de excluir.
exclusiva f. Derecho exclusivo de algo.
exclusividad f. Exclusiva.
exclusivo, va adj. Que excluye.
excombatiente adj. y s. Que luchó en una guerra.
excomulgar v. t. Apartar la Iglesia a una persona del uso de los sacramentos.
excomunión f. Censura por la cual se aparta a uno de la comunión de los fieles.
excreción f. Secreción.
excremento m. Heces.
excretar v. t. e i. Expeler el excremento. || Expeler las glándulas las sustancias que secretan.
excursión f. Paseo o viaje corto recreativo.
excursionista com. Persona que hace excursiones.
excusa f. Razón dada para disculparse.
excusado, da adj. Inútil: *excusado es decirlo.* || Secreto: *puerta excusada.* || — M. Retrete.
excusar v. t. Disculpar (ú. t. c. pr.).
execración f. Profunda aversión. || Maldición.
execrar v. t. Aborrecer.
exégesis f. Explicación.
exención f. Efecto de eximir o eximirse. || Privilegio que exime de un cargo u obligación.
exento, ta adj. Libre.
exequias f. pl. Honras fúnebres.
exhalación f. Emanación de gases, vapores u olores. || Estrella fugaz. || Rayo. || Centella.
exhalar v. t. Despedir gases, vapores, olores. || *Fig.* Lanzar: *exhalar suspiros.* | Proferir: *exhalar quejas.* || *Exhalar el último suspiro,* morir.
exhaustivo, va adj. Que agota por completo.
exhausto, ta adj. Agotado.

exhibición· f. Demostración. || Presentación: *exhibición de modelos de alta costura.* || Exposición. || Proyección cinematográfica.
exhibicionismo m. Prurito de exhibirse.
exhibir v. t. Presentar, mostrar. || Exponer. || Proyectar una película. || — V. pr. Mostrarse en público.
exhortación f. Incitación.
exhortar v. t. Incitar con razones.
exhumación f. Desenterramiento.
exhumar v. t. Desenterrar.
exigencia f. Lo que uno exige de otro. || Obligación.
exigente adj. y s. Que exige demasiado.
exigir v. t. Instar u obligar a alguien a que haga o dé algo en virtud de un derecho o por fuerza. || *Fig.* Demandar imperiosamente, reclamar: *un crimen así exige venganza.* | Necesitar, requerir.
exigüidad f. Pequeñez.
exiguo, gua adj. Muy pequeño.
exiliado, da adj. y s. Desterrado.
exiliar v. t. Desterrar (ú. t. c. pr.).
exilio m. Destierro, expatriación.
eximente adj. Que exime.
eximir v. t. Liberar.
existencia f. Hecho de existir. || Vida: *la existencia humana.* || — Pl. Mercancías sin vender.
existencialismo m. Filosofía según la cual el hombre crea y escoge su propia personalidad por sus actos.
existencialista adj. Del existencialismo. || — M. y f. Seguidor de esta doctrina.
existente adj. Que existe.
existir v. i. Tener una cosa o persona ser real.
éxito m. Resultado feliz de un negocio, actuación, etc. || Aprecio: *tener éxito.* | Cosa muy conseguida y apreciada: *su recital ha sido un éxito.*
exitoso, sa adj. Con éxito.
exocrino, na adj. De secreción externa.
éxodo m. *Fig.* Emigración.
exoneración f. Acción de exonerar.
exonerar v. t. Liberar de una carga u obligación.
exorbitante adj. Excesivo.
exorcismo m. Conjuro ordenado por la Iglesia católica contra el espíritu maligno.
exorcizar v. t. Usar exorcismos.
exótico, ca adj. Extraño, raro.
exotismo m. Calidad de exótico.
expansión f. *Fís.* Dilatación, aumento de la superficie: *la expansión de un gas o vapor.* || *Fig.* Dilatación: *la expansión del espíritu.* | Desahogo, exteriorización: *expansión de alegría.* | Recreo, diversión. | Tendencia a incrementar sus posesiones, la influencia política, etc.
expansionarse v. pr. Desahogarse, sincerarse. || Recrearse.
expansionismo m. Expansión territorial.
expatriación f. Abandono de la patria.
expatriado, da adj. Que se expatria (ú. t. c. s.).
expatriarse v. pr. Abandonar su patria.
expectación f. Impaciencia, interés.
expectativa f. Espera.
expectoración f. Expulsión por la boca.
expectorar v. t. Expeler por la boca secreciones.
expedición f. Envío o remesa: *expedición de mercancías.* || Viaje de exploración: *expedición al Polo Norte.* || Viaje para cumplir una misión particular:

expedición de salvamento. || Conjunto de personas que participan en estos viajes.

expedicionario, ria adj. y s. Que participa en una expedición.

expedidor, ra m. y f. Persona que manda algo.

expedientar v. t. Someter a expediente.

expediente m. Recurso para conseguir algún fin. || Habilidad. || Investigación oficial sobre la conducta de un empleado. || Conjunto de documentos relativos a un asunto.

expedir v. t. Enviar. || Resolver un asunto. || Extender un documento. || Hacer rápidamente.

expeditivo, va adj. Rápido.

expedito, ta adj. Libre.

expeler v. t. Arrojar, expulsar.

expender v. t. Vender al por menor.

expensas f. pl. Gastos, costas.

experiencia f. Enseñanza sacada de lo que uno ha hecho. || Conocimientos adquiridos por la práctica. || Hecho de haber experimentado o presenciado algo: *conocer por experiencia.* || Suceso con el cual se adquiere conocimiento de la vida: *experiencia desagradable.* || Experimento.

experimentación f. Acción de experimentar.

experimentar v. t. Someter a experimentos. || Conocer por experiencia. || Sentir: *experimentar satisfacción.* || Sufrir: *experimentar una derrota.*

experimento m. Operación que consiste en observar las reacciones de un cuerpo u objeto cuando se le somete a ciertos fenómenos.

experto, ta adj. Que conoce muy bien (ú. t. c. s.). || — M. y f. Perito.

expiación f. Castigo.

expiar v. t. Sufrir un castigo por una falta o delito.

expiración f. Término de un plazo.

expirar v. t. Morir. || *Fig.* Acabar.

explanada f. Terreno llano.

explayar v. t. Extender (ú. t. c. pr.). || — V. pr. *Fig.* Desahogarse, confiarse.

explicación f. Palabras que permiten hacer comprender algo. || Razón por la cual ocurre algo.

explicar v. t. Hacer comprender. || Enseñar. || Justificar, motivar. || — V. pr. Comprender: *ahora me lo explico.* || Expresarse: *no sabe explicarse.*

explícito, ta adj. Claro.

exploración f. Reconocimiento, observación de un país o sitio. || *Med.* Examen.

explorador, ra adj. Que explora (ú. t. c. s.). || — Com. Muchacho o muchacha afiliados a cierta asociación educativa y deportiva.

explorar v. t. Recorrer un país o sitio desconocidos observándolos detenidamente. || Examinar una herida o una parte interna del organismo para formular un diagnóstico.

explosión f. Acción de estallar violentamente un cuerpo o recipiente. || Dilatación de un gas en el interior de un cuerpo hueco sin que éste estalle: *motor de explosión.* || Tercer tiempo en el funcionamiento de un motor de explosión. || *Fig.* Manifestación viva y repentina: *explosión de entusiasmo.* || — *Explosión atómica* o *nuclear,* la que producen las bombas atómicas. || *Explosión termonuclear,* la que producen las bombas termonucleares.

explosivo, va adj. Que hace explosión o puede producirla (ú. t. c. s. m.).

explotación f. Aprovechamiento. || Sitio donde se explota alguna riqueza.

explotar v. t. Aprovechar una riqueza natural: *explotar una mina.* || *Fig.* Sacar provecho abusivo de alguien o de algo. || — V. i. Estallar.

expoliar v. t. Despojar.

exponente adj. y s. Que expone. || — M. *Mat.* Número que indica la potencia a que se ha de elevar otro número. || *Fig.* Expresión, ejemplo.

exponer v. t. Dar a conocer. || Mostrar: *exponer al Santísimo.* || Presentar en una exposición. || Arriesgar: *exponer la vida* (ú. t. c. pr.). || Someter: *un sitio expuesto a las intemperies.*

exportación f. Envío de un producto a otro país. || Conjunto de mercancías que se exportan.

exportador, ra adj. y s. Que exporta.

exportar v. t. Mandar mercancías a otro país.

exposición f. Acción y efecto de poner algo a la vista. || Exhibición pública de artículos de la industria, ciencias o artes. || Narración hecha verbalmente o por escrito. || Orientación: *exposición de una casa al Este.* || *Fot.* Tiempo durante el cual una placa recibe la luz. || Riesgo.

expósito, ta adj. y s. Dícese del recién nacido abandonado en un sitio público.

expositor, ra adj. y s. Que expone.

exprés m. Tren expreso (ú. t. c. adj.). || Manera de preparar el café (ú. t. c. adj.).

expresar v. t. Manifestar lo que se piensa, siente o quiere (ú. t. c. pr.).

expresión f. Manifestación de un pensamiento, sentimiento o deseo. || Manera de expresarse verbalmente. || Palabra, frase, giro: *expresión impertinente.* || Aspecto del semblante que traduce un sentimiento: *expresión de bondad.* || *Mat.* Representación de una cantidad: *expresión algébrica.*

expresionismo m. Tendencia artística y literaria del siglo XX.

expresivo, va adj. Que expresa perfectamente lo que piensa, quiere o siente. || Que tiene expresión: *mirada expresiva.* || Cariñoso: *hombre expresivo.*

expreso, sa adj. Explícito: *por orden expresa.* || Aplícase a los trenes de viajeros rápidos (ú. t. c. s. m.). || — M. Correo extraordinario.

exprimir v. t. Sacar el zumo.

expropiación f. Desposeimiento legal de una propiedad. || Cosa expropiada.

expropiar v. t. Desposeer a alguien de su propiedad por motivos de utilidad pública.

expulsar v. t. Despedir, echar.

expulsión f. Acción y efecto de expulsar.

expurgar v. t. Quitar de algo lo que es malo.

exquisitez f. Calidad de exquisito.

exquisito, ta adj. De muy buen gusto. || Muy fino: *manjar exquisito.* || Muy agradable.

extasiarse v. pr. Arrobarse. || Maravillarse.

éxtasis m. Estado de admiración o alegría intensa.

extemporáneo, a adj. Impropio del tiempo en que ocurre.

extender v. t. Hacer que una cosa ocupe más espacio que antes. || Abrir: *extender las alas.* || Aumentar: *extender su influencia.* || Desdoblar, desplegar: *extender un mapa.* || Redactar: *extender un cheque.* || — V. pr. Ocupar cierto espacio de tiempo o terreno. || Alcanzar: *su venganza se extendió a toda su familia.* || *Fig.* Propagarse: *extenderse una epidemia.* | Hablar dilatadamente.

extensión f. Dimensiones, espacio ocupado por una cosa. || Acción y efecto de extender o extenderse: *la* extensión de un miembro. || Duración: *la extensión de un discurso.* || Propagación: *extensión de un conflicto, un suceso.*

extensivo, va adj. Que se extiende.

extenso, sa adj. Amplio.

extenuación f. Debilitación.

extenuar v. t. Debilitar (ú. t. c. pr.).

exterior adj. Que está por la parte de fuera. || Que da a la calle: *ventana exterior.* || Relativo a otros países: *comercio exterior.* || — M. Superficie externa de los cuerpos: *el exterior de una casa.* || Países extranjeros. || — M. pl. Escenas rodadas fuera de un estudio.

exteriorizar v. t. Manifestar ante los demás lo que se piensa.

exterminación f. Exterminio.

exterminar v. t. Acabar por completo.

exterminio m. Destrucción completa.

externado m. Centro de enseñanza para alumnos externos. || Estado y régimen de vida de un alumno que está externo en un colegio. || Conjunto formado por los alumnos externos.

externo, na adj. Que se manifiesta al exterior o viene de fuera: *influencia externa.* || Que se pone fuera: *medicina de uso externo.* || Aplícase al alumno que toma clases en una escuela sin dormir ni comer en ella (ú. t. c. s.).

extinción f. Acción de apagar o apagarse. || Cesación o desaparición.

extinguir v. t. Hacer que cese el fuego o la luz, apagar (ú. t. c. pr.). || *Fig.* Hacer cesar o desaparecer (ú. t. c. pr.). || — V. pr. Morirse.

extirpación f. Supresión completa y definitiva.

extirpar v. t. Arrancar de cuajo o de raíz. || Sacar, quitar por medio de la cirugía una parte del organismo. || *Fig.* Acabar definitivamente con algo.

extorsión f. Despojo violento. || *Fig.* Molestia.

extorsionar v. t. Usurpar. || Molestar.

extra prep. Significa *fuera de,* como en *extramuros, extraoficial.* || *Fam.* Aislada, significa *además: extra del sueldo, tiene otras ganancias.* || — Adj. Extraordinario. || Suplementario: *horas extras.* || — M. Beneficio accesorio: *cobrar extras.* || Gasto o comida especial. || — M. y f. Actor de cine que no desempeña papel importante en una película.

extracción f. Acción y efecto de extraer. || *Mat.* Operación consistente en sacar la raíz de una cantidad. || Origen, estirpe: *de extracción noble.*

extractar v. t. Resumir.

extracto m. Resumen, compendio. || Perfume concentrado. || Sustancia que se extrae de otro cuerpo. || Preparación concentrada de un alimento. || Estado de cuentas bancarias.

extractor, ra m. y f. Persona que extrae. || — M. Aparato que sirve para extraer.

extradición f. Entrega del reo refugiado en un país al gobierno de otro que lo reclama.

extraditar v. t. Someter a extradición.

extraer v. t. Sacar, arrancar: *extraer una muela.* || Sacar, tomar parte de algo: *extraer una cita de un libro.* || Sacar la raíz de un número. || Separar una sustancia del cuerpo en que está contenida.

extralimitarse v. pr. Propasarse.

extramuros adv. Fuera del recinto de la ciudad.

extranjería f. Calidad o carácter de extranjero.

extranjerismo m. Afición desmedida a todo lo extranjero. || Palabra, giro extranjero.

extranjerizar v. t. Introducir en un país las costumbres de otro (ú. t. c. pr.).

extranjero, ra adj. y s. De otro país. || — M. Toda nación que no es la propia: *ir al extranjero.*

extrañamiento m. Destierro. || Asombro.

extrañar v. t. Sorprender: *me extraño verte allí.* || Encontrar una cosa extraña por ser nueva: *no durmió por extrañarle la cama del hotel.* || Amer. Echar de menos. || — V. pr. Sorprenderse.

extrañeza f. Admiración, asombro. || Calidad de extraño. || Cosa extraña.

extraño, ña adj. Que pertenece a una nación, familia, grupo u oficio distintos (ú. t. c. s.). || Raro, extravagante: *extraño humor.* || Sorprendente. || Ajeno a una cosa: *extraño a un hecho.*

extraoficial adj. No oficial.

extraordinario, ria adj. Fuera de lo corriente. || Suplementario: *horas extraordinarias.* || — M. Número especial de un periódico.

extraplano, na adj. Extremadamente plano.

extrapolación f. Operación consistente en hacer previsiones a partir de los datos estadísticos disponibles. || *Fig.* Deducción y generalización.

extraterritorialidad f. Inmunidad que exime a los diplomáticos, buques de guerra, etc., de la jurisdicción del Estado en que se encuentran.

extravagancia f. Calidad de extravagante. || Excentricidad, acción o cosa extravagante.

extravagante adj. Raro, extraño (ú. t. c. s.).

extraversión f. Carácter de la persona siempre dirigida hacia el mundo exterior.

extravertido, da adj. Dado a la extraversión (ú. t. c. s.).

extraviado, da adj. Perdido.

extraviar v. t. Desorientar (ú. t. c. pr.). || Perder, no acordarse de dónde se puso una cosa: *extravió su libro* (ú. t. c. pr.). || — V. pr. *Fig.* Pervertirse.

extravío m. Acción y efecto de extraviar o extraviarse. || *Fig.* Desorden en las costumbres. | Error.

extremado, da adj. Sumamente.

extremar v. t. Llevar hacia el más alto grado.

extremaunción f. Sacramento que se administra a los moribundos.

extremeño, ña adj. y s. De Extremadura (España).

extremidad f. Punta, cabo: *la extremidad de una lanza.* || — Pl. Pies y manos del hombre. || Cabeza, manos, pies y cola de los animales.

extremismo m. Tendencia a adoptar ideas o actitudes extremas, exageradas.

extremista adj. y s. Partidario del extremismo.

extremo, ma adj. Que llega al mayor grado: *bondad extrema.* || Más alejado de un sitio: *la punta extrema de una península.* || *Fig.* Excesivo, falto de moderación: *opiniones extremas.* || Distante, diferente. || — M. Extremidad: *el extremo de un palo.* || Situación extremada: *llegó al extremo que quiso matarse.* || Punto, tema. || En fútbol, cada uno de los delanteros exteriores.

extremosidad f. Exceso.

extrínseco, ca adj. Externo.

extroversión f. Extraversión.

extrovertido, da adj. y s. Extravertido.

exuberancia f. Gran abundancia. || *Fig.* Temperamento vivo y demostrativo.

exuberante adj. Muy abundante. || Que manifiesta sus sentimientos excesivamente.

exudación f. Acción de exudar.

exudar v. i. Rezumar.

exvoto m. Ofrenda hecha en agradecimiento de un beneficio obtenido que se cuelga en los muros de las capillas.

eyaculación f. Expulsión violenta del líquido contenido en un órgano o cavidad.

eyacular v. t. Lanzar con fuerza el contenido de un órgano o cavidad. || Expeler el semen.

eyección f. Extracción. || Deyección.

eyectar v. t. Proyectar al exterior.

eyrá m. Pequeño puma de América.

f

f f. Sexta letra del alfabeto castellano. || — **F**, símbolo del *faradio* y del *flúor*. || **°F**, símbolo del grado en la escala de Fahrenheit.

fa m. Cuarta letra de la escala musical.

fabada f. Plato de alubias con tocino.

fábrica f. Establecimiento industrial en el que se transforman los productos semimanufacturados o materias primas para la creación de objetos destinados al consumo. || Fabricación.

fabricación f. Acción de fabricar.

fabricante com. Persona que fabrica productos.

fabricar v. t. Transformar materias en productos industriales: *fabricar automóviles*. || Edificar, construir: *fabricar un puente*. || *Fig*. Inventar. | Hacer.

fabril adj. Industrial.

fábula f. Relato alegórico del que se saca una moraleja. || Mentira.

fabular v. i. Inventar falsedades.

fabulista com. Autor de fábulas.

fabuloso, sa adj. Imaginario. || Extraordinario.

faca f. Cuchillo grande.

facción f. Rasgos del rostro. || Conjunto de gentes.

faccioso, sa adj. y s. Rebelde.

faceta f. Cara.

facha f. Presencia, aspecto. || — Com. *Fam*. Fascista.

fachada f. Aspecto exterior de un edificio. || *Fam*. Apariencia.

fachoso, sa adj. De mal aspecto. || *Méx*. Que viste de manera poco adecuada. || *Per*. Que se ve muy vistoso.

facial adj. De la cara.

fácil adj. Que cuesta poco trabajo, sencillo. || Cómodo: *llevar una vida fácil*. || Dócil, manejable: *temperamento fácil*. || Probable: *es fácil que lo haga pronto*. || Liviana, poco recatada: *mujer fácil*.

facilidad f. Calidad de fácil. || — Pl. Comodidades: *facilidades de comunicaciones*. || Plazos para pagar: *obtener facilidades*.

facilitación f. Acción de facilitar.

facilitar v. t. Hacer fácil una cosa. || Dar.

facineroso, sa adj. y s. Malhechor.

facón m. *Riopl*. Gran puñal.

factible adj. Hacedero.

fáctico, ca adj. Real, verdadero.

facto m. *De facto*, de hecho.

factor m. Cada uno de los términos de un producto: *el orden de los factores no altera el producto*. || Elemento: *los factores de una desgracia*. || Agente causal hereditario que determina un cierto carácter en la descendencia: *factor Rhesus*. || *Factores de producción*, elementos que hacen posible la fabricación de un producto.

factoría f. Fábrica.

factorial adj. Del método estadístico que busca factores comunes. || — M. *Mat*. Producto de una cantidad determinada de primeros números enteros: *el factorial de 3 es* $3 \times 2 \times 1 = 6$.

factura f. *Com*. Cuenta. || Hechura. || *Arg*. y *Urug*. Panecillo o bizcocho.

facturación f. Acción de facturar. || Volumen de ventas de un negocio.

facturar v. t. Extender una factura. || En los ferrocarriles, hacer registrar el depósito de las mercancías o equipajes que se envían.

facultad f. Aptitud, capacidad, potencia: *facultad de pensar*. || Poder, derecho para hacer algo. || Virtud, propiedad. || En la universidad, sección y edificio de la enseñanza superior. || — Pl. Disposiciones, aptitudes.

facultar v. t. Autorizar.

facultativo, va adj. Perteneciente a una facultad. || Que puede hacerse o no. || Propio del médico: *parte facultativo*. || *El cuerpo facultativo*, los médicos. || — M. y f. Médico.

faena f. Trabajo, labor. || Trabajo del torero con la muleta. || *Fig*. Mala jugada: *hacer una faena a un amigo*.

fagocito m. Glóbulo blanco de la sangre.

fagot m. Instrumento músico de viento. || — M. y f. Persona que lo toca.

fainá f. *Arg*. y *Urug*. Masa delgada y horneada de harina de garbanzo.

faisán m. Ave gallinácea comestible.

faja f. Lista: *las fajas de un escudo*. || Tira de lienzo o tejido elástico para ceñir el cuerpo por la cintura. || Banda de papel con que se rodean los periódicos o impresos enviados por correo o las que tienen algunos libros. || Insignia de algunos cargos militares o civiles.

fajada f. *Amer*. Acometida.

fajador m. Boxeador, luchador fogoso.

fajar v. t. Envolver con faja. || *Amer*. Pegar a uno.

fajilla f. *Amer*. Faja de los diarios, impresos.

fajo m. Haz o atado: *fajo de leña*. || Paquete: *un fajo de billetes*.

fakir m. Faquir.

falacia f. Engaño o mentira.

falange f. Cada uno de los huesos de los dedos. || Partido político español fundado por José Antonio Primo de Rivera en 1933. || Cierto partido político en Bolivia y en Líbano.

falangeta f. Última falange de los dedos.

falangina f. Segunda falange de los dedos.

falaz adj. Engañoso, falso.

falda f. Parte del vestido de las mujeres que cubre de la cintura hasta las rodillas. || Vertiente de una montaña. || Regazo: *con su hijo en la falda*. || Tela

129

que va del tablero al suelo en una mesa camilla. ‖ — Pl. *Fam.* Mujeres: *cuestión de faldas.*

faldón m. Parte trasera de trajes y camisas.

falibilidad f. Posibilidad de equivocarse.

falible adj. Que puede equivocarse.

falla f. Quiebra del terreno provocada por movimientos geológicos. ‖ Falta, defecto. ‖ Monumento de cartón con figuras grotescas que se quema en las calles de Valencia (España) en la noche de San José. ‖ — Pl. Fiestas de Valencia (España).

fallar v. t. Sentenciar, pronunciar una sentencia. ‖ Otorgar, atribuir: *fallar un premio literario.* ‖ — V. i. Dar signos de debilidad: *le falló la memoria.* ‖ Faltar: *le fallaron las fuerzas.* ‖ No rendir lo esperado: *falló en el examen.* ‖ Fracasar: *fallaron sus intentos.* ‖ No dar en el blanco: *falló el tiro.* ‖ Ceder, no cumplir su cometido: *fallaron los frenos.* ‖ Resultar completamente distinto de lo que se esperaba: *fallaron nuestros cálculos.* ‖ Jugar triunfo en los naipes por carecer de cartas del palo que echa el contrincante. ‖ *Sin fallar,* sin falta.

fallecer v. i. Morir.

fallecimiento m. Muerte.

fallido, da adj. Que no da el resultado esperado.

fallo m. Sentencia. ‖ Falta de carta del palo que se juega en los naipes que obliga a echar triunfo. ‖ Falta: *fallo de la naturaleza.* ‖ Error.

falluto, ta adj. *Arg., Bol., Chil.* y *Urug.* Dícese de la persona que es falsa, desleal. ‖ *Arg.* y *Urug.* Dícese de las herramientas que suelen fallar.

falo m. Miembro viril.

falseamiento m. Falsedad.

falsear v. t. Contrahacer una cosa.

falsedad f. Falta de verdad o autenticidad.

falsete m. *Mús.* Voz más aguda que la natural.

falsificación f. Imitación fraudulenta.

falsificador, ra adj. y s. Que falsifica o falsea.

falsificar v. t. Imitar fraudulentamente.

falso, sa adj. Que no es verdadero.

falta f. Ausencia, carencia. ‖ Ausencia: *falta de asistencia.* ‖ Anotación de esta ausencia. ‖ Defecto: *tu traje tiene muchas faltas.* ‖ Cosa censurable: *falta de respeto.* ‖ Error: *falta de ortografía.* ‖ Infracción de la ley: *juicio de faltas.* ‖ Acción en contra de las reglas de un juego.

faltar v. i. No tener, carecer. ‖ Morir, desaparecer. ‖ Estar ausente: *faltan muchos alumnos.* ‖ Incumplir: *faltó a su palabra.* ‖ No respetar: *faltó a sus superiores.* ‖ Quedar: *faltan tres días para la fiesta.* ‖ Haber sido robado: *me falta dinero en mi cartera.* ‖ Dejar de haber: *jamás faltan las distracciones.* ‖ Estar por ejecutar: *faltan todavía unos cuantos detalles en la decoración.* ‖ Defraudar: *faltó a la confianza que teníamos en él.*

falto, ta adj. Carente, privado.

fama f. Prestigio, reconocimiento de la excelencia.

famélico, ca adj. Hambriento.

familia f. Conjunto de un matrimonio y sus hijos, y, en general, todas las personas unidas por un parentesco. ‖ Grupo de seres con caracteres comunes: *familia espiritual.* ‖ Cada una de las divisiones de un orden de seres vivientes: *familia de plantas.* ‖ *Fig.* Linaje: *de familia aristocrática.*

familiar adj. De la familia. ‖ Que tiene trato frecuente con alguien. ‖ Que se permite demasiada confianza. ‖ Que se sabe, que se hace por costumbre: *problema muy familiar.* ‖ Natural, sencillo: *estilo*

familiar. ‖ De la conversación, sin protocolo: *vocablo familiar.* ‖ — M. Pariente. ‖ Íntimo. ‖ Furgoneta automóvil.

familiaridad f. Gran intimidad, confianza.

familiarizar v. t. Hacer familiar (ú. t. c. pr.).

famoso, a adj. Que tiene fama.

fámula f. *Fam.* Criada.

fan adj. y s. (pal. ingl.). Fanático.

fanal m. Farol grande. ‖ Campana de cristal.

fanático, ca adj. y s. Que defiende con apasionamiento creencias u opiniones religiosas. ‖ Entusiasmado ciegamente por algo.

fanatismo m. Apasionamiento.

fanega f. Medida de capacidad para áridos (55 litros y medio). ‖ Medida agraria, variable en cada región, que en Castilla equivale a unos 6 500 m².

fanerógamo, ma adj. Dícese de los vegetales que se reproducen por semillas (ú. t. c. s. f.).

fanfarrón, ona adj. y s. Jactancioso.

fanfarronada f. Dicho o hecho del fanfarrón.

fanfarronear v. i. Alardear.

fango m. Lodo.

fantaseador, ra adj. y s. Fantasioso.

fantasear v. i. Dejar correr la imaginación.

fantasía f. Imaginación: *dejar correr la fantasía.* ‖ Imagen creada por la imaginación: *forjarse fantasías.* ‖ Cosa sin fundamento.

fantasioso, sa adj. y s. Que tiene mucha imaginación. ‖ Presuntuoso.

fantasma m. Espectro, visión. ‖ Apariencia.

fantástico, ca adj. Imaginario. ‖ Magnífico.

fantoche m. (pal. fr.). Títere, muñeco. ‖ Persona informal. ‖ Cuentista. ‖ Presumido.

faquir m. Asceta musulmán. ‖ Artista de circo que ejecuta delante del público diferentes números de adivinación, hipnosis, insensibilidad, etc.

faraón m. Rey del antiguo Egipto.

fardo m. Lío, paquete.

farfullar v. t. *Fam.* Hablar de prisa y mal.

faringe f. Conducto muscular y membranoso situado en el fondo de la boca y unido al esófago.

faringitis f. Inflamación de la faringe.

fariña f. *Arg., Bol., Col., Parag., Per.* y *Urug.* Harina gruesa de mandioca.

fariseo m. Judío que observaba las normas de la ley de Moisés. ‖ *Fig.* Hipócrita.

farmacéutico, ca adj. De la farmacia. ‖ — M. y f. Persona que ha hecho la carrera de farmacia.

farmacia f. Ciencia que tiene por objeto la preparación de medicamentos. ‖ Carrera o estudios en que se adquieren estos conocimientos. ‖ Establecimiento que vende y prepara medicamentos.

fármaco m. Medicamento.

faro m. Torre en las costas con una luz que sirve para guiar a los navegantes durante la noche. ‖ Luz potente que llevan en la parte delantera los automóviles. ‖ *Fig.* Persona o cosa que guía.

farol m. Luz que ilumina las calles. ‖ En el juego, falso envite para desorientar a los adversarios. ‖ *Fig.* y *fam.* Mentira, exageración.

farola f. Farol grande.

farolear v. i. *Fam.* Exagerar.

farra f. *Amer.* Juerga. ‖ Burla.

fárrago m. Aglomeración confusa.

farrear v. i. *Amer.* Ir de juerga.

farsa f. Comedia burlesca. ‖ *Fig.* Comedia, engaño.

farsante com. Actor, comediante.

farsear v. i. *Amer.* Bromear.

fascículo m. Cada una de las entregas de una obra publicada en partes sucesivas. || Cuadernillo.

fascinación adj. Atracción.

fascinar v. t. Atraer, seducir.

fascismo m. Régimen implantado por Mussolini en Italia de 1922 a 1945. || Doctrina fundada en el ejercicio del poder mediante un partido único, el nacionalismo y la organización corporativa.

fascista adj. Del fascismo. || Partidario del fascismo (ú. t. c. s.).

fase f. Cada una de las apariencias o figuras con que se dejan ver la Luna y algunos planetas, según los ilumina el Sol. || Conjunto de labores efectuadas en un puesto de trabajo para la misma unidad de producción. || *Electr.* Cada una de las corrientes alternas que componen una corriente polifásica. || *Fig.* Cada uno de los cambios de un fenómeno en evolución.

fastidiar v. t. Molestar (ú. t. c. pr.).

fastidio m. Molestia. || Aburrimiento.

fastidioso, sa adj. Que fastidia.

fasto, ta adj. Feliz, venturoso. || — M. Fausto.

fastuosidad f. Fausto.

fastuoso, sa adj. Ostentoso.

fatal adj. Fijado por el destino. || Funesto: *fatal resolución*. || Que debe suceder. || Muy malo: *película fatal*. || Mortal: *accidente fatal*. || Que seduce: *mujer fatal*. || — Adv. Muy mal: *canta fatal*.

fatalidad f. Destino ineludible. || Acontecimiento inevitable. || Desgracia.

fatídico, ca adj. Que anuncia un futuro malo.

fatiga f. Cansancio. || Ahogo en la respiración. || Náusea. || Vergüenza.

fatigar v. t. Causar fatiga, cansar (ú. t. c. pr.).

fatuidad f. Vanidad ridícula.

fatuo, a adj. y s. Tonto. || Engreído.

fauces f. pl. Faringe, parte posterior de la boca.

fauna f. Conjunto de los animales de una región.

fauno m. *Mit.* Divinidad campestre romana.

fausto, ta adj. Feliz, venturoso. || — M. Boato.

favela f. *Amer.* Chabola.

favor m. Ayuda: *hacer un favor*. || Protección: *implorar el favor de alguien*. || *Por favor*, expresión de cortesía utilizada para pedir algo.

favorable adj. Conveniente.

favorecedor, ra adj. y s. Que favorece.

favorecer v. t. Ayudar. || Embellecer, agraciar.

favoritismo m. Abuso de los favores.

favorito, ta adj. Preferido. || — M. y f. Persona predilecta de un príncipe o magnate. || Competidor con muchas posibilidades de ser el vencedor.

fax m. Telefacsímil.

fayuca f. *Méx.* Contrabando: *en el comercio callejero venden fayuca*.

faz f. Rostro o cara. || Anverso de una cosa.

fe f. Fidelidad en cumplir los compromisos, lealtad. || Confianza en alguien: *testigo digno de fe*. || Virtud teologal que consiste en la creencia en los dogmas de una religión. || Fidelidad: *fe conyugal*. || Acta, certificado: *fe de bautismo*.

Fe, símbolo químico del *hierro*.

fealdad f. Calidad de feo.

febrero m. Segundo mes del año de veintiocho días y veintinueve en los años bisiestos.

febril adj. De la fiebre. || Que tiene fiebre. || *Fig.* Intenso, vivo: *actividad febril*.

fecal adj. Relativo a los excrementos.

fecha f. Tiempo en que se hace una cosa.

fechar v. t. Poner fecha.

fechoría f. Mala acción.

fécula f. Sustancia blanca convertible en harina de los tubérculos de ciertas plantas.

fecundación f. Acción de fecundar.

fecundar v. t. Hacer productivo. || Unirse los elementos reproductores masculino y femenino para originar un nuevo ser.

fecundidad f. Capacidad de ser fecundado. || Fertilidad. || Facultad de producir.

fecundizar v. t. Hacer fecundo.

fecundo, da adj. Capaz de fecundar o de ser fecundado.

federación f. Alianza entre pueblos o unión de Estados para formar un solo Estado soberano. || Asociación de clubes deportivos. || Unión de sociedades que tienen un fin común.

federado, da adj. Integrado en una federación. || Dícese del miembro de ésta (ú. t. c. s.).

federal adj. De una federación (ú. t. c. s.).

federalismo m. Principio fundado en la autonomía de los miembros (Estado, región, etc.).

federalizar y **federar** v. t. Organizar en federación (ú. t. c. pr.).

feldespato m. Silicatos de aluminio presentes en las rocas eruptivas.

felicidad f. Satisfacción, placer.

felicitación f. Acción de felicitar.

felicitar v. t. Expresar a uno la satisfacción que le produce un acontecimiento feliz que le atañe, dar la enhorabuena (ú. t. c. pr.).

félidos m. pl. Familia de mamíferos carnívoros, como el tigre, el gato, el lince, etc. (ú. t. c. adj.).

feligrés, esa m. y f. Parroquiano.

feligresía f. Conjunto de feligreses.

felino, na adj. Relativo al gato. || — M. pl. Félidos.

feliz adj. Que goza felicidad, satisfecho, dichoso: *persona feliz*. || Oportuno, acertado.

felonía f. Traición.

felpa f. Tejido esponjoso. || *Fig.* Paliza.

felpudo m. Tejido de felpa en la entrada de las casas para limpiarse el barro del calzado.

femenino, na adj. De la mujer. || Hembra: *flores femeninas*. || Característico de la mujer: *voz femenina*. || *Gram.* Dícese del género a que pertenecen las hembras y de lo relativo al género femenino: *un nombre femenino* (ú. t. c. s. m.).

fémina f. Mujer.

feminidad f. Carácter femenino.

feminismo m. Doctrina que da a la mujer los mismos derechos que al varón.

feminista adj. Relativo al feminismo. || — Com. Partidario del feminismo.

femoral adj. *Anat.* Del fémur (ú. t. c. s. f.).

fémur m. *Anat.* Hueso del muslo.

fenecer v. i. Fallecer.

fenicio, cia adj. y s. De Fenicia.

fenol m. Derivado oxigenado del benceno.

fenomenal adj. Extraordinario.

fenómeno m. Hecho científico que se puede observar: *fenómenos de la naturaleza*. || Lo que es percibido por los sentidos. || Persona o cosa que tiene algo de anormal o de sorprendente. || *Fam.* Persona muy original o notable. || Suceso, hecho: *es un fenómeno bastante corriente*.

feo, a adj. Desagradable a la vista: *mujer fea* (ú. t. c. s.). || Contrario al deber, a lo que habría que hacer: *es feo faltar a la palabra*. || Que carece de belleza: *espectáculo feo*. || Malo: *la cosa se pone fea*. || — M. Afrenta: *me hizo un feo intolerable*. || Fealdad: *es de un feo que impresiona*.

feraz adj. Fértil.

féretro m. Ataúd.

feria f. Mercado de más importancia que el común. || Fiesta popular en fecha fija. || Exposición comercial anual.

feriado, da adj. Dícese del día de descanso.

feriar v. i. No trabajar.

fermentación f. Cambio químico sufrido por ciertas sustancias orgánicas con desprendimiento de gases. || *Fig.* Agitación, efervescencia.

fermentar v. i. Estar en fermentación. || *Fig.* Estar en un estado de agitación moral.

fermento m. Agente que produce la fermentación. || *Fig.* Lo que excita.

fermio m. Elemento químico artificial (Fm).

ferocidad f. Barbarie, inhumanidad.

feroz adj. Salvaje y sanguinario: *bestia feroz*. || Que causa mucho miedo o daño: *feroz padecimiento*. | Enorme, tremendo: *resistencia feroz*.

férreo, a adj. De hierro: *vía férrea*. || *Fig.* Tenaz.

ferretería f. Tienda de herramientas, clavos, etc.

ferretero, ra m. Quincallero.

ferrocarril m. Camino con dos vías o rieles paralelos sobre los cuales ruedan los vagones de un tren arrastrados por una locomotora. || Empresa, explotación y administración de este medio de transporte. || *Ferrocarril urbano* o *metropolitano*, el que circula dentro del casco de una población.

ferrocarrilero, ra adj. *Amer.* Ferroviario.

ferroviario, ria adj. De los ferrocarriles.

fértil adj. Fecundo.

fertilidad f. Calidad de fértil.

fertilización f. Acción de fertilizar.

fertilizante adj. Que fertiliza. || — M. Abono.

fertilizar v. t. Abonar.

férula f. *Med.* Sostén rígido para el tratamiento de fracturas óseas.

ferviente adj. Ardiente.

fervor m. Devoción intensa. || Entusiasmo, ardor.

fervoroso, sa adj. Ardiente.

festejar v. t. Hacer festejos. || Galantear. || — V. pr. Celebrarse.

festejo m. Acción de festejar. || Fiesta. || Galanteo. || — Pl. Actos públicos de diversión.

festín m. Banquete.

festival m. Gran fiesta. || Serie de representaciones consagradas a un arte o a un artista.

festividad f. Fiesta.

festivo, va adj. Chistoso. || Que no se trabaja.

fetiche m. Objeto venerado como un ídolo.

fetidez f. Mal olor, hedor.

fétido, da adj. Hediondo.

feto m. Producto de la concepción desde el período embrionario hasta el parto. || *Fig.* Engendro.

feudal adj. Relativo al feudo.

feudalismo m. Sistema feudal de gobierno y organización política y social de la propiedad que estuvo en vigor en la Edad Media.

feudo m. Contrato por el cual cedía el rey o el señor a su vasallo una tierra con la obligación de que le jurase fidelidad. || Tierra dada en feudo.

fi f. Letra griega equivalente a la *f* castellana.

fiabilidad f. Calidad de fiable.

fiable adj. De lo que se puede uno fiar.

fiaca adj. y s. *Arg.* Dícese de la persona perezosa. || — F. *Arg.* y *Chil.* Pereza, flojera. || *Urug.* Hambre.

fiado, da adj. A crédito.

fiambre adj. Dícese de la comida fría (ú. t. c. s. m.). || — M. *Pop.* Cadáver.

fiambrera f. Cacerola en que se lleva la comida.

fianza f. Garantía.

fiar v. t. Garantizar que otro hará lo que promete, obligándose a hacerlo en caso contrario. || Vender a crédito. || — V. i. Confiar: *fiar en él*. || Tener confianza. Ú. t. c. pr.: *fiarse de una persona seria*.

fiasco m. Fracaso completo.

fibra f. Filamento de ciertos tejidos animales y vegetales. || Filamento obtenido por procedimiento químico para su uso principalmente en la industria textil. || *Fig.* Nervio, energía.

fibroma m. Tumor.

ficción f. Creación de la imaginación.

ficha f. Pieza para marcar los tantos en el juego. || Pieza del dominó o de otro juego. || Tarjeta de cartulina o papel fuerte que suele clasificarse, papeleta. || Pieza que hace funcionar un mecanismo automático: *ficha de teléfono*. || Contrato de un jugador deportivo profesional. || Pieza pequeña de cartón, plástico, metal o cualquier otra materia que sirve a modo de contraseña en guardarropas, aparcamiento de automóviles, etc.

fichaje m. Acción de fichar.

fichar v. t. Anotar en una ficha. || Controlar en un reloj especial las horas de entrada y salida de los obreros (ú. t. c. i.). || Contratar los servicios de un jugador en un equipo de fútbol u otro deporte. Ú. t. c. i.: *fichar por un club deportivo*.

fichero m. Colección de fichas o papeletas y mueble donde se guarda. || En informática, conjunto de datos que se utiliza en un mismo tratamiento. || Soporte material en este tratamiento.

ficticio, cia adj. Imaginario.

fideicomiso m. Mandato o tutela de un territorio. || *Méx.* Depósito de una cantidad en un banco para que éste la entregue posteriormente a otra persona o la invierta en un proyecto determinado.

fidelidad f. Exactitud en cumplir un compromiso. || Constancia en el afecto. || Exactitud, veracidad. || Calidad en la reproducción de sonidos.

fideo m. Pasta alimenticia.

fiebre f. Aumento de la temperatura normal del cuerpo. || *Fig.* Actividad viva y desordenada: *fiebre electoral*.

fiel adj. Que cumple sus compromisos. || Constante: *amigo fiel*. || Exacto: *relato fiel*. || Que retiene lo que se le confía: *memoria fiel*. || — M. y f. Persona que pertenece a una Iglesia. || Partidario. || — M. Aguja de la balanza.

fieltro m. Tela hecha con la lana o pelo abatanados. || Sombrero hecho con esta tela.

fiera f. Animal.

fiereza f. Carácter feroz.

fiero, ra adj. Feroz.

fierro m. *Amer.* Hierro.

fiesta f. Solemnidad religiosa o civil en conmemoración de un hecho histórico. || Día consagrado a la memoria de un santo: *la fiesta de San Jaime*. || Reunión de gente con fines de diversión. || Alegría,

regocijo, placer: *estar de fiesta*. || Día en que no se trabaja: *hoy es fiesta*. || Caricia.

figura f. Forma exterior de un cuerpo por la cual se distingue de otro. || Escultura o dibujo que representa el cuerpo humano, el de un animal, etc. || Símbolo: *el esqueleto, figura de la muerte*. || Personaje, persona notable. || *Geom.* Conjunto de puntos, de líneas o superficies: *trazar figuras en el encerado*. || Ejercicio de patinaje, esquí, saltos de trampolín, etc., que se exige en el programa de ciertas competiciones. || Cualquiera de los naipes que representa un personaje, como la sota, el caballo y el rey. || Ficha del ajedrez. || Personaje principal de una obra de teatro y actor que lo representa.

figurado, da adj. Dícese del sentido en que se toman las palabras para que denoten idea diversa de la que recta y literalmente significan.

figurar v. i. Formar parte de: *figurar en una junta*. || Ser tenido como persona importante: *figura mucho en la sociedad de Buenos Aires*. || — V. pr. Creer, imaginarse.

figurín m. Dibujo o patrón o revista de modas.

fijación f. Acción de fijar.

fijar v. t. Poner algo en un sitio de manera segura: *fijar carteles*. || Clavar, hincar: *fijar una chinche*. || Dirigir: *fijar la mirada*. || Determinar, precisar: *fijar una fecha*. || Establecer: *fijó su domicilio en París*. || — V. pr. Localizarse en un sitio. || Prestar atención: *se fijó en los detalles*. || Darse cuenta: *no me fijé en sus facciones*. || Mirar, observar.

fijo, ja adj. Sujeto, que no se mueve: *punto fijo*. || Inmóvil: *con ojos fijos*. || Que vive permanentemente en un lugar: *domicilio fijo*. || Que no cambia: *fiesta fija*. || Definitivo: *sueldo fijo*. || — M. Sueldo o cantidad que uno recibe cada cierto tiempo.

fila f. Hilera de personas o cosas puestas unas detrás de otras. || *Fig.* Antipatía, tirria: *le tenía fila*.

filamento m. Elemento fino y alargado de un órgano animal o vegetal. || Hilo muy delgado. || En una bombilla o lámpara, hilo metálico, conductor que se pone incandescente al pasar la corriente.

filamentoso, sa adj. Que tiene filamentos.

filantropía f. Amor al género humano.

filántropo, pa m. y f. Persona que tiene amor al prójimo.

filatelia f. Arte del conocimiento de los sellos.

filete m. Lonja de carne o de pescado sin espinas. || Espiral saliente del tornillo.

filiación f. Línea directa que va de los antepasados a los hijos o de éstos a los antepasados. || Enlace de unas cosas o personas con otras. || Carácter, tendencia: *de filiación izquierdista*.

filial adj. De hijo: *respeto filial*. || — F. Sucursal.

filibustero m. Pirata.

filigrana f. Cosa finamente trabajada.

filipino, na adj. y s. De Filipinas.

film o **filme** m. Película cinematográfica.

filmación f. Rodaje.

filmar v. t. Cinematografiar, rodar una película.

filmoteca f. Colección de cintas cinematográficas. || Local donde se guardan o se proyectan cintas cinematográficas.

filo m. Arista o borde agudo de un instrumento.

filología f. Estudio de una lengua basándose en los textos y documentos que nos la hacen conocer. || Estudio de textos. || Lingüística.

filólogo, ga m. y f. Especialista en filología.

filón m. Yacimiento. || *Fig.* Ganga.

filosofar v. i. Reflexionar.

filosofía f. Ciencia general de los seres, de los principios y de las causas y efectos de las cosas naturales. || Sistema particular de un filósofo, de una escuela o de una época. || Resignación del que soporta todas las contrariedades de la vida.

filósofo, fa m. y f. Persona que estudia filosofía. || *Fig.* Persona muy resignada.

filtración f. Paso de un líquido a través de un filtro o a través de la tierra, la arena. || *Fig.* Revelación de algo que debía mantenerse secreto.

filtrar v. t. Hacer pasar un líquido por un filtro (ú. t. c. i. y pr.). || *Fig.* Ser revelada una noticia por indiscreción o descuido.

filtro m. Cuerpo poroso o aparato a través de los cuales se hace pasar un líquido o un gas para eliminar las partículas sólidas en suspensión. || Extremo de un cigarrillo en el que hay una materia porosa que retiene el paso de la nicotina.

fin m. Término: *el fin del año*. || Muerte: *acercarse uno a su fin*. || Finalidad, objeto: *perseguir un fin*. || Destino: *el fin del hombre*. || — *A fin de*, para. || *Al fin o al fin y al cabo*, por último. || *Por fin*, finalmente. || *Fin de semana*, el sábado y domingo.

finado, da m. y f. Difunto.

final adj. Que termina o acaba. || — M. Fin. || — F. Última prueba de una competición deportiva por eliminatorias.

finalidad f. Propósito por el que se hace algo.

finalista adj. y s. En una competición deportiva o en un concurso, equipo o persona que llega a la prueba o votación final.

finalización f. Término, fin.

finalizar v. t. Concluir, dar fin. || — V. i. Extinguirse, terminarse o acabarse.

financiación f. y **financiamiento** m. Aportación de capitales.

financiar v. t. Aportar dinero para una empresa o proyecto. || — V. i. Dar dinero o capital.

financiero, ra adj. Relativo a las finanzas. || — M. Hacendista. || Banquero, bolsista.

finanzas f. pl. Hacienda pública. || Dinero. || Mundo financiero.

finca f. Propiedad rústica o urbana.

finés, esa adj. y s. Finlandés.

fingir v. t. e i. Dar a entender lo que no es cierto.

finiquitar v. t. Liquidar una cuenta. || Acabar.

finiquito m. Saldo de una cuenta.

finlandés, esa adj. y s. De Finlandia.

fino, na adj. Menudo, sutil: *lluvia fina*. || Puntiagudo: *extremidad fina*. || Delgado: *papel fino*. || Delicado: *gusto fino*. || Agudo: *oído fino*. || De buena calidad, excelente: *turrón fino*. || Ligero: *tejido fino*. || Dícese de las perlas o de las piedras naturales empleadas en joyería. || Puro: *oro fino*. || Muy cortés o educado: *joven muy fino*.

finta f. Además con la espada. || Regate.

fintar v. t. e i. Hacer fintas.

finura f. Primor. || Detalle. || Cortesía.

fiord o **fiordo** m. Golfo estrecho y profundo.

firma f. Nombre de una persona, con rúbrica, que se pone al pie de un escrito. || Conjunto de documentos que se presentan a una persona para que los firme, y acto de firmarlos. || Empresa.

firmamento m. Cielo.

firmar v. t. Poner uno su firma.

firme adj. Estable, fuerte: *la mesa está firme.* || *Fig.* Entero, constante, que no se vuelve atrás: *carácter firme.* || Definitivo: *decisión firme.* || — M. Pavimento de una carretera. || — Adv. Con firmeza.

firmeza f. Estabilidad, fortaleza: *la firmeza de unos cimientos.* || Perseverancia.

fiscal adj. Relativo al fisco o al oficio de fiscal. || — M. Agente del fisco. || En los tribunales, el que representa al ministerio público.

fiscalía f. Cargo y oficina del fiscal.

fiscalización f. Examen, control.

fiscalizar v. t. Controlar.

fisco m. Tesoro o erario del Estado.

fisgar y **fisgonear** v. t. Curiosear.

fisible adj. Escindible.

física f. Ciencia que estudia los cuerpos y sus leyes y propiedades, mientras no cambia su composición, así como los agentes naturales con los fenómenos que en los cuerpos produce su influencia.

físico, ca adj. Perteneciente a la física: *ciencias físicas.* || Relativo al cuerpo del hombre: *educación física.* || Efectivo, material: *imposibilidad física.* || — M. y f. Especialista en física. || (Ant.) Médico. || — M. Fisonomía, exterior de una persona.

fisiología f. Ciencia que tiene por objeto el estudio de las funciones de los seres orgánicos.

fisión f. *Fís.* Escisión del núcleo de un átomo, a causa de un bombardeo de neutrones, que provoca la liberación de energía.

fisionar v. t. e i. Producir una fisión (ú. t. c. pr.).

fisonomía f. Cara, rostro, semblante. || Aspecto.

fisura f. Grieta.

fitoplancton m. *Biol.* Plancton vegetal.

fláccido, da y **flácido, da** adj. Blando.

flaco, ca adj. Muy delgado: *niño flaco.* || *Fig.* Débil: *la carne es flaca.* || Punto flaco, debilidad. || — M. Debilidad moral: *es su flaco.* || — F. *Méx.* Muerte. || *Méx.* Acompañar a la flaca, morir.

flagelación f. Azotamiento.

flagelar v. t. Azotar. || Criticar.

flagelo m. Azote. || Calamidad. || Órgano locomotor de ciertos protozoos y de los espermatozoides.

flagrante adj. Evidente, indiscutible. || Que se realiza en el momento en que se habla.

flama f. Llama, lumbre.

flamante adj. Resplandeciente. || Nuevo.

flamear v. i. Llamear. || Ondear al viento una vela o una bandera. || — V. t. Quemar alcohol para esterilizar algo. || Pasar por una llama.

flamenco, ca adj. De Flandes (en Francia y Bélgica) [ú. t. c. s.]. || *Fam.* Achulado: *ponerse flamenco* (ú. t. c. s.). || Dícese de la música, del baile y del cante folklórico andaluz (ú. t. c. s. m.). || Que tiende a hacerse agitanado: *aire, tipo flamenco* (ú. t. c. s.). || — M. Ave palmípeda zancuda de plumaje blanco en el pecho y rojo en la espalda.

flamígero, ra adj. Que arroja llamas. || Aplícase al último período (s. xv) del gótico (ú. t. c. m.).

flan m. Plato de dulce de huevo, leche y azúcar.

flanco m. Lado.

flanquear v. t. Estar colocado a los lados de algo. || Acompañar: *flanqueado por dos guardaespaldas.*

flaquear v. i. Fallar, mostrarse débil: *me flaquea la memoria.* || *Fig.* Debilitarse: *le flaquea la voluntad.* || Fallar, mostrar menos conocimientos.

flaqueza f. Debilidad.

flash m. (pal. ingl.). Luz relámpago para hacer una fotografía. || Información concisa.

flato m. Acumulación molesta de gases en el tubo digestivo. || Emisión de estos gases por la boca.

flauta f. Instrumento músico de viento formado por un tubo con agujeros. || — Com. Flautista.

flautín m. Flauta pequeña.

flautista com. Músico que toca la flauta.

flecha f. Arma arrojadiza consistente en un asta con punta afilada que se dispara con el arco. || Señal con esta forma empleada para indicar algo.

flechar v. t. *Fig.* Seducir, inspirar amor.

flechazo m. Disparo de flecha o herida causada por él. || *Fig.* Amor repentino.

fleco m. Hilos o cordoncillos que cuelgan y sirven de ornamento a vestidos, etc. || Flequillo de pelo.

fleje m. Tira o banda de hierro o acero. || Ballesta.

flema f. Mucosidad de la boca. || *Fig.* Cachaza.

flemón m. Inflamación del tejido celular.

flequillo m. Pelo que cae sobre la frente.

fletar v. t. Alquilar un barco o avión o parte de él para conducir personas o mercancías.

flete m. Precio de alquiler de una nave o un avión. || Carga de un barco o avión. || *Amer.* Transporte. || Carga transportada.

fletero, ra adj. *Amer.* Alquilado para el transporte: *camión fletero.* || — M. *Amer.* Transportista.

flexibilidad f. Calidad de flexible.

flexibilización f. Acción de flexibilizar.

flexibilizar v. t. Dar mayor flexibilidad.

flexible adj. Que se dobla fácilmente. || *Fig.* Que se acomoda sin dificultad: *carácter flexible.*

flexión f. Acción de doblar.

flirt [*flert*] m. (pal. ingl.). Flirteo.

flirtear v. i. Coquetear.

flirteo m. Coqueteo.

flojear v. i. Obrar con pereza. || Flaquear.

flojedad f. Debilidad. || Flaqueza. || *Fig.* Pereza.

flojera f. Flojedad, pereza.

flojo, ja adj. Mal atado, poco apretado o poco tirante: *nudo flojo.* || Sin fuerza: *cerveza floja.* || *Fig.* Sin intensidad: *sonido flojo.* | Regular, no muy bueno: *película floja.* | Que le faltan conocimientos suficientes: *flojo en matemáticas.* | Mediocre: *razonamiento flojo.* | Perezoso, holgazán. || Poco activo: *mercado flojo.* || *Amer.* Cobarde.

flor f. Parte de un vegetal que contiene los órganos de la reproducción. || *Fig.* Lo más escogido de una cosa: *la flor de la sociedad.* || Novedad, frescor: *la flor de la juventud.* | Piropo, requiebro: *decir o echar flores a una mujer.*

flora f. Conjunto de las plantas de un país o región. || *Flora microbiana,* conjunto de bacterias.

floración f. Aparición de las flores. || Su época.

florear v. t. Adornar.

florecer v. t. Echar flor o cubrirse de flores. || *Fig.* Prosperar: *la industria florece.* | Existir.

floreciente adj. Que florece.

florero m. Vasija para las flores.

florete m. Espada fina sin filo cortante.

florido, da adj. Que tiene flores. || *Arq.* Flamígero. || *Fig.* Escogido, selecto. || Aplícase al lenguaje o estilo elegante y adornado.

florilegio m. Colección de obras literarias.

florín m. Antigua unidad monetaria de Holanda.

florista com. Vendedor de flores.

floritura f. Adorno.

flota f. Gran número de barcos que navegan juntos. || Conjunto de las fuerzas navales o aéreas de un país o de una compañía de transportes. || *Por ext.* Conjunto de vehículos terrestres.

flotación f. Estado de un objeto que flota. || Estado de una moneda cuya paridad respecto al patrón establecido cambia constantemente.

flotador, ra adj. Que flota en un líquido. || — M. Cuerpo destinado a flotar en un líquido. || Órgano de flotación de un hidroavión. || Banda de corcho o aparato de goma hinchada que sirve para hacer flotar a las personas que no saben nadar.

flotamiento m. Flotación.

flotante adj. Que flota. || Que no está fijo: *costillas flotantes*. || — *Deuda flotante*, parte de la deuda pública sujeta a cambios diarios. || *Moneda flotante*, la que no tiene un tipo de cambio fijo. || *Población flotante*, la de paso en una ciudad.

flotar v. i. Sostenerse un cuerpo en la superficie de un líquido. || *Fig.* Tener una moneda un valor variable en relación con el oro o con otra divisa.

flotilla f. Flota de pequeños barcos o aviones.

flotillero m. y f. *Méx.* Dueño de varios vehículos alquilados a distintos chóferes.

fluctuación f. Cambio.

fluctuar v. i. *Fig.* Oscilar. | Vacilar, dudar.

fluidez f. Calidad de fluido.

fluido, da adj. Aplícase al cuerpo cuyas moléculas tienen entre sí poca o ninguna coherencia y toma siempre la forma del recipiente que lo contiene: *sustancia fluida* (ú. t. c. s. m.). || *Fig.* Corriente, suelto, fácil: *prosa fluida*. | Dícese del tráfico automovilístico cuando éste se efectúa a una velocidad normal, sin paradas debidas a embotellamientos. || — M. Nombre de algunos agentes de naturaleza desconocida que intervienen en ciertos fenómenos: *fluido nervioso*. || Corriente eléctrica.

fluir v. i. Correr un líquido.

flujo m. Movimiento de los fluidos. || *Fig.* Abundancia excesiva.

fluminense adj. y s. De Río de Janeiro (Brasil).

flúor m. Cuerpo simple gaseoso (símb. F).

fluorescencia f. Propiedad de ciertos cuerpos de emitir luz cuando reciben ciertas radiaciones.

fluorescente adj. Que tiene fluorescencia.

fluvial adj. Relativo a los ríos.

flux m. *Amer.* Traje de hombre. || *— Amer. Estar a flux*, no tener nada. | *Tener flux*, tener suerte.

Fm, símbolo químico del *fermio.*

fobia f. Miedo angustioso.

foca f. Mamífero carnicero de los mares polares.

foco m. *Fís.* Punto donde convergen los rayos luminosos reflejados por un espejo esférico o refractados por una lente de cristal. || *Geom.* Punto cuya distancia a cualquier otro de ciertas curvas (elipse, parábola, hipérbola) se puede expresar en función de las coordenadas de dichos puntos. || *Fig.* Centro activo de ciertas cosas: *un foco de ilustración.* || Proyector de donde salen potentes rayos luminosos o caloríficos. || *Méx.* Bombilla.

fodongo, ga adj. y s. *Méx.* Perezoso, desaliñado.

fofo, fa adj. Blando.

fogata f. Fuego con llamas.

fogón m. Cocina. || Hogar de las locomotoras.

fogonazo m. Llama que levanta la pólvora o el magnesio cuando explota o se inflama. || *Fig.* Flash: *los fogonazos de la actualidad.*

fogosidad f. Ardor, ímpetu.

fogoso, sa adj. Ardiente.

fogueado, da adj. Experimentado, ducho.

folclor y **folclore** m. Folklore.

folclórico, ca adj. Folklórico.

folclorismo m. Folklorismo.

folclorista com. Folklorista.

folio m. Hoja del libro o cuaderno. || Titulillo o encabezamiento de las páginas de un libro.

folklore m. Ciencia o conjunto de las tradiciones y leyendas de un país. || *Fam.* Lío, follón.

folklórico, ca adj. Del folklore.

folklorismo m. Condición de folklórico.

folklorista com. Especialista en folklore.

folletín m. Fragmento de novela que se inserta en un periódico. || Novela mala. || *Fig.* Suceso melodramático.

folleto m. Impreso.

follón, ona adj. *Fam.* Pesado, latoso (ú. t. c. s.). || — M. *Fam.* Lío, enredo: ¡*vaya follón!* | Desorden, confusión. | Jaleo: *estaba metido en un follón.* | Escándalo: *forma un follón por naderías.* | Alboroto, discusión, riña. | Asunto complicado.

fomentador, ra adj. y s. Que fomenta.

fomentar v. t. Favorecer.

fomento m. Ayuda, protección: *sociedad de fomento.* || Promoción: *fomento de las ventas.* || Desarrollo: *Banco de Fomento.* || Paño o compresa caliente para ablandar los furúnculos.

fonación f. Producción de la voz.

fonda f. Pensión.

fondear v. i. *Mar.* Anclar.

fondo m. Parte inferior de una cosa hueca: *el fondo de un vaso.* || Parte sólida en la que descansa el agua del mar o de un río. || Profundidad: *con poco fondo.* || Catálogo de una biblioteca o editorial. || Capital, caudal: *fondo social.* || *Fig.* Índole: *chica de buen fondo.* | Ambiente, medio. | Tema, idea: *el fondo de su comedia.* | Resistencia física. | Lo esencial de una cosa: *el fondo de un problema.* | Lo más oculto: *en el fondo del corazón.* || — Pl. Dinero: *tener fondos disponibles.*

fonema m. Cada uno de los sonidos simples del lenguaje hablado (sonido y articulación).

fonético, ca adj. Relativo al sonido. || — F. Estudio de los sonidos del lenguaje.

fonógrafo m. Gramófono.

fontanero m. Obrero que pone y repara las cañerías o conductos domésticos de agua y gas.

forajido, da adj. y s. Malhechor.

foráneo, a adj. Forastero.

forastero, ra adj. y s. Dícese de la persona que no tiene su domicilio en la localidad donde está.

forcejear v. i. Esforzarse.

forcejeo m. Esfuerzo.

fórceps m. *Cir.* Instrumento que se usa para la extracción de las criaturas en los partos difíciles.

forense adj. Jurídico. || Dícese del médico que efectúa los reconocimientos por orden judicial (ú. t. c. s.).

forestal adj. De los bosques.

forja f. Fragua de los metales.

forjado, da adj. Acción y efecto de forjar.

forjar v. t. Dar la primera forma con el martillo a cualquier metal. || *Fig.* Crear. | Inventar, imaginar.

forma f. Figura exterior. || Aspecto: *de forma extraña.* || Modo de proceder: *obrar en la forma debida.* || Tamaño de un libro, grabado, etc.: *forma apaisada.*

|| Modo, manera: *no hay forma de ir.* || Modales: *guardar las formas.* || Carácter de un gobierno, de un Estado, según la Constitución: *forma republicana.* || Buena condición física: *estar en forma.*

formación f. Acción y efecto de formar o formarse. || Educación, instrucción. || *Mil.* Conjunto de los elementos que constituyen un cuerpo de tropas. || Equipo deportivo. || Grupo, conjunto de personas: *formación política.*

formal adj. Relativo a la forma. || Relativo a la apariencia y no al fondo. || Que tiene formalidad, serio. || Con todos los requisitos: *renuncia formal.*

formalidad f. Exactitud, puntualidad. || Seriedad. || Requisito, condición necesaria para la validez de un acto civil, judicial.

formalismo m. Observancia de formas o normas.

formalizar v. t. Hacer formal o serio: *formalizó su situación.* || Legalizar: *formalizar un expediente.* || Regularizar. || Concretar. || Dar forma legal.

formar v. t. Dar el ser y la forma (ú. t. c. pr.). || Componer: *colinas que forman un anfiteatro.* || Concebir: *formar planes* (ú. t. c. pr.). || Constituir: *formar una sociedad* (ú. t. c. pr.). || Integrar: *ellos forman el consejo.* || Instruir: *estas lecturas le formaron.* || Reunirse en: *formaron un corro.* || — V. pr. Tomar forma. || Hacerse: *se formó una idea errónea.* || Desarrollarse una persona. || Criarse.

formato m. Tamaño.

formato m. En informática, estructura básica que torna operativo un disco de almacenamiento: *antes de instalar los programas tienes que dar formato al disco rígido.* || En un archivo electrónico, estructura de salida que le da un determinado programa: *el formato de este documento no es compatible con tu procesador de textos.*

formica f. Material que está cubierto de una resina artificial: *mesa de formica.*

formidable adj. Extraordinario.

formón m. Escoplo.

fórmula f. Modelo que contiene los términos en que debe redactarse un documento. || Modo de expresarse, de obrar según las buenas costumbres: *fórmulas de cortesía.* || Resultado de un cálculo; expresión de una ley física. || *Quím.* Representación por medio de símbolos de la composición de un cuerpo compuesto.

formulación f. Acción de formular.

formular v. t. Expresar de manera precisa. || Recetar según una fórmula. || Expresar, manifestar.

formulario, ria adj. Hecho por cumplir: *una visita formularia.* || — M. Colección de fórmulas. || Impreso en el que figura una serie de preguntas.

fornicar v. i. Tener ayuntamiento o cópula carnal.

fornido, da adj. Robusto.

foro m. Ejercicio de la abogacía o de la magistratura. || *Teatr.* Fondo del escenario. || Reunión pública para discutir de asuntos delante de un auditorio que a veces interviene en el debate.

forraje m. Pienso.

forrar v. t. Poner un forro. || Poner o recubrir con una materia protectora: *forrar un sillón.* || *Fig.* y *fam.* *Estar forrado,* ser muy rico. || — V. pr. *Pop.* Enriquecerse, ganar mucho. || Comer mucho.

forro m. Tela con la que se forra un vestido. || Cubierta protectora con la que se cubre un libro, un sillón, un cable, etc.

fortalecer v. t. Fortificar.

fortalecimiento m. Acción y efecto de fortalecer.

fortaleza f. Fuerza. || Una de las virtudes cardinales que consiste en vencer el temor. || Recinto fortificado para defender una ciudad, una región, etc. || *Fortaleza volante,* bombardero pesado.

fortificación f. Acción de fortificar.

fortificar v. t. Dar vigor y fuerza a algo o a alguien (ú. t. c. pr.). || *Mil.* Poner fortificaciones (ú. t. c. pr.).

fortín m. Fuerte pequeño.

fortuito, ta adj. Casual.

fortuna f. Suerte. || Bienes, riqueza.

forzar v. t. Romper, violentar: *forzar una cerradura.* || Entrar con violencia: *forzar una morada.* || Violar a una mujer. || Hacer un esfuerzo excesivo.

forzoso, sa adj. Obligado.

fosa f. Sepultura: *fosa común.* || Depresión: *fosa submarina.* || Cavidad del cuerpo: *fosas nasales.* || Excavación alrededor de una fortaleza. || *Fosa séptica,* fosa construida especialmente para desechar los excrementos humanos.

fosfato m. Sal del ácido fosfórico.

fosforescente adj. Que desprende luz en la oscuridad.

fósforo m. Cuerpo simple (P), transparente, incoloro o ligeramente amarillento, muy inflamable y luminoso en la oscuridad. || Cerilla.

fósil adj. Aplícase a los fragmentos de animales o plantas petrificados que se encuentran en diversos terrenos geológicos antiguos: *carbón fósil* (ú. t. c. s. m.). || *Fig.* Viejo, anticuado (ú. t. c. s.).

foso m. Hoyo. || Fosa de una fortaleza. || *Teatr.* Piso inferior del escenario. || *Fig.* Distancia que separa: *entre ambos hermanos hay un foso.*

foto pref. Significa *luz* y entra en la composición de voces científicas: *fotoquímico, fotoeléctrico,* etc. || — F. Apócope familiar de fotografía.

fotocelda f. Célula fotoeléctrica.

fotocomposición f. *Impr.* Procedimiento que permite componer los textos en películas fotográficas sin tener que utilizar tipos metálicos.

fotocopia f. Procedimiento rápido de reproducción de un documento.

fotocopiadora f. Máquina para hacer fotocopias.

fotocopiar v. t. Hacer fotocopias.

fotoeléctrico, ca adj. Aplícase a las reacciones eléctricas provocadas por la luz. || *Celda fotoeléctrica,* interruptor eléctrico que funciona activado por la luz.

fotogénico, ca adj. Aplícase a las personas que salen muy bien en las fotografías.

fotograbado m. Arte de grabar planchas por acción química de la luz. || Lámina grabada así.

fotograbar v. t. Grabar con fotograbado.

fotografía f. Procedimiento de fijar en una placa o película las imágenes obtenidas con ayuda de una cámara oscura. || Reproducción obtenida. || *Fig.* Representación, descripción.

fotografiar v. t. Obtener por la fotografía.

fotógrafo, fa m. y f. Persona que fotografía.

fotólisis f. Descomposición química por la luz.

fotolito m. Cliché fotográfico que produce el original en una película o soporte transparente.

fotometría f. Parte de la física que estudia todo lo relacionado con la luz.

fotómetro m. Instrumento para medir la intensidad de la luz.

fotón m. Partícula de radiación que se propaga en el vacío a 300 000 kilómetros por segundo.

fotoquímica f. Estudio de los efectos químicos producidos por la luz.

fotosíntesis f. Conjunto de reacciones químicas para sintetizar sustancias orgánicas que las plantas con clorofila realizan mediante la energía luminosa.

fototipia f. Impresión de grabados sobre una placa de cristal o cobre recubierta de una capa de gelatina con bicromato. || Lámina así impresa.

Fr, símbolo químico del *francio.*

frac m. Traje de hombre que tiene en la parte trasera dos faldones.

fracasar v. i. No conseguir lo intentado.

fracaso m. Falta de éxito.

fracción f. División de una cosa en partes: *una fracción de pan.* || Parte, porción. || *Mat.* Quebrado, número que expresa una o varias partes de la unidad dividida en cierto número de partes iguales.

fraccionamiento m. División en partes. || *Méx.* Terreno para uso residencial dividido en partes.

fraccionar v. t. Dividir.

fraccionario, ria adj. Que representa determinada parte.

fractal adj. Dícese de las figuras geométricas y los objetos matemáticos construidos con base en la fragmentación continua y los patrones sin uniformidad precisa.

fractura f. Rotura.

fracturar v. t. Romper (ú. t. c. pr.).

fragancia f. Aroma, perfume.

fragante adj. Que huele bien.

fragata f. Barco de tres palos.

frágil adj. Que se rompe o quiebra fácilmente. || Que se estropea con facilidad. || *Fig.* Débil.

fragilidad f. Calidad de frágil.

fragmentación f. División en fragmentos.

fragmentar v. t. Fraccionar, dividir (ú. t. c. pr.).

fragmento m. Trozo.

fragor m. Ruido, estruendo.

fragua f. Forja, herrería.

fraguar v. t. Forjar el hierro. || *Fig.* Idear y discurrir.

fraile m. Religioso, monje.

frambuesa f. Fruto comestible del frambueso.

frambueso m. Arbusto rosáceo.

francachela f. Juerga, jarana.

francés, esa adj. y s. De Francia. || — M. Lengua hablada en Francia y en otros países.

francio m. Metal alcalino radiactivo (Fr).

franciscano, na adj. y s. Dícese del religioso de la orden fundada por San Francisco de Asís en 1209 (ú. t. c. s.). || Relativo a esta orden.

francmasón m. Masón.

francmasonería f. Masonería.

francmasónico, ca adj. Masónico.

franco, ca adj. Leal, sincero: *carácter muy franco.* || Abierto, comunicativo: *mirada franca.* || Exento, que no paga: *puerto franco.* || Libre, expedito: *paso franco.* || Evidente, claro, cierto: *franco empeoramiento.* || Nombre que se da a los pueblos antiguos de la Germania Inferior (ú. t. c. s.). || En palabras compuestas significa francés: *el comercio franco-español.* || — M. Antigua unidad monetaria de Francia y Bélgica, actual en Luxemburgo y Suiza.

franela f. Tejido fino de lana.

franja f. Borde, faja.

franqueamiento m. Franqueo.

franquear v. t. Libertar, exceptuar a uno de un pago o tributo. || Conceder, dar: *franquear la entrada.*

|| Desembarazar: *franquear el camino.* || Pagar previamente en sellos el porte de lo que se remite por correo: *franquear una carta.* || Salvar: *franquear un obstáculo.* || — V. pr. Descubrir sus intenciones, hablar francamente.

franqueo m. Acción y efecto de franquear.

franqueza f. Sinceridad.

franquicia f. Exención de derechos de aduana, de sellos de correo, etc.

frasco m. Botella alta y estrecha.

frase f. Conjunto de palabras que tienen sentido.

fraternal adj. De hermanos.

fraternidad f. Unión entre hermanos.

fraternización f. Fraternidad.

fraternizar v. i. Tratarse como hermanos.

fratricida adj. y s. Que mata a su hermano.

fratricidio m. Asesinato de un hermano.

fraude m. Engaño. || Contrabando.

fraudulento, ta adj. Que contiene fraude.

fray m. Apócope de *fraile.*

fraybentino, na adj. y s. De o relativo a Fray Bentos (Uruguay).

frazada f. Manta de cama.

freático adj. *Manto freático,* agua de lluvia que se acumula en el subsuelo y abastece manantiales.

frecuencia f. Repetición a menudo de un acto. || Número de ondulaciones por segundo de un movimiento vibratorio. || — *Alta frecuencia,* la de varios millones de períodos por segundo. || *Baja frecuencia,* la que corresponde a un sonido audible. || *Frecuencia modulada* o *modulación de frecuencia,* la que mantiene constante la amplitud de las ondas portadoras y hace variar su frecuencia.

frecuentación f. Acción de ir mucho a un lugar.

frecuentar v. t. Ir con frecuencia. || Tratar.

frecuente adj. Que se repite a menudo.

fregadero m. Pila para fregar.

fregado, da adj. *Méx.* Averiado.

fregar v. t. Estregar con fuerza: *fregar el suelo.* || Lavar los platos, cubiertos y cacerolas. || *Amer.* Fastidiar.

fregón, ona adj. y s. *Amer.* Molesto, fastidioso. || *Ecuad.* Descarado.

fregona f. Mujer que friega los platos y los suelos. || Criada. || *Fam.* Mujer ordinaria. || Cubo y escoba que se moja para limpiar los suelos.

freír v. t. Guisar en una sartén con aceite o manteca: *freír patatas.* || *Fam.* Fastidiar, desesperar, molestar: *me frieron a preguntas.*

fréjol m. Frijol.

frenado m. Detención con el freno.

frenar v. t. e i. Disminuir o detener la marcha de una máquina con un freno. || — V. t. *Fig.* Contener, reprimir, retener: *frenar las pasiones.* | Detener el desarrollo: *frenar las importaciones.*

frenesí m. Exaltación del ánimo.

frenético, ca adj. Poseído de frenesí. || Furioso.

freno m. Bocado, pieza de la brida que llevan los caballos en la boca para gobernarlos. || Órgano en las máquinas destinado a disminuir o parar el movimiento. || *Fig.* Lo que retiene u obstaculiza: *ambiciones sin freno.*

frente f. Región anterior de la cabeza que, en el hombre, va desde el nacimiento del pelo hasta las cejas y entre las dos sienes. || *Por ext.* Cabeza: *bajar la frente.* || — M. Parte delantera de algo. || Límite antes de la zona de combate. || Esta misma zona. || Agrupación política de diversos partidos o concordancia de las tendencias de la opinión para resolver ciertos problemas: *frente nacional*.

fresa f. Planta de fruto rojo sabroso. || Su fruto. || Barrena, herramienta empleada para horadar o labrar los metales. || Instrumento usado por los dentistas para limar dientes o muelas. || — Adj. inv. Dícese de lo que tiene color fresa.

fresado m. Avellanado.

fresal m. Plantío de fresas.

frescales com. inv. Desvergonzado.

fresco, ca adj. Ligeramente frío: *viento fresco* (ú. t. c. adv.). || Ligero, que no es caluroso: *llevo un traje fresco*. || Que no está marchito, que conserva la juventud: *tez fresca*. || Que no está cansado. || Dícese de las cosas que, pudiéndose estropear por el paso del tiempo, no han sufrido alteración: *pescado fresco*. || Húmedo, sin secar: *la pintura está fresca*. || *Fig.* Acabado de suceder, reciente: *noticias frescas*. | Tranquilo, sin perder la calma: *y se quedó tan fresco*. || Descarado, aprovechado, caradura. Ú. t. c. s.: *es un fresco*. | Dícese de la mujer libre en su trato con los hombres (ú. t. c. s. f.). || — M. Frío moderado: *el fresco del atardecer*. || Mural, pintura hecha en una pared. || *Amer.* Bebida fresca. || — F. Frío moderado: *salir con la fresca*. || *Fig.* Inconveniencia, dicho molesto.

frescor m. Fresco.

frescura f. Calidad de fresco. || *Fam.* Descaro.

fresno m. Árbol de madera estimada.

fresquera f. Fiambrera.

fresquería f. *Amer.* Tienda de helados o refrescos.

frialdad f. Sensación que proviene de la falta de calor. || Frigidez. || *Fig.* Falta de ardor, indiferencia.

fricción f. Acción de friccionar. || Limpieza de la cabeza con una loción. || Roce de dos superficies en contacto. || *Fig.* Desavenencia.

friccionar v. t. Dar fricciones.

friega f. Fricción.

frigidez f. Falta de deseo sexual.

frígido, da adj. Falto de deseo sexual (ú. t. c. s.).

frigoría f. Unidad calorífica.

frigorífico, ca adj. Que produce frío. |† Dícese de los lugares donde se conservan los productos por medio del frío: *armario frigorífico*. || — M. Mueble, cámara enfriada artificialmente para conservar carnes u otras mercancías perecederas.

fríjol y **frijol** m. Judía.

frío, a adj. Dícese de la temperatura muy inferior a la ordinaria: *aire frío*. || Que no da calor. || Que ha perdido el calor: *comida fría*. || *Fig.* Reservado, falto de afecto: *hombre frío*. | Insensible: *mujer fría*. | Desapasionado: *mediador frío*. | Tranquilo, sereno: *su enemistad me deja frío*. | Menos entusiasmado: *estoy más frío con sus proposiciones*. | Que carece de interés sexual. || — M. Baja temperatura. || *Fig.* Ausencia de cordialidad.

friolero, ra adj. Sensible al frío.

frisar v. t. e i. *Fig.* Acercarse.

friso m. Parte del cornisamiento entre el arquitrabe y la cornisa. || Zócalo, cenefa de una pared.

fritar v. t. *Arg., Bol., Col., Parag.* y *Urug.* Freír.

frito, ta adj. *Amer. Estar frito*, hallarse en una situación sin salida. *Estar perdido*.

fritura f. Cosa frita.

frivolidad f. Ligereza, superficialidad.

frívolo, la adj. Ligero, superficial.

frondosidad f. Abundancia de hojas.

frondoso, sa adj. Abundante en hojas.

frontal adj. De la frente. || — M. Hueso de ésta.

frontera f. Límite de dos Estados.

fronterizo, za adj. Que está en la frontera.

frontispicio m. Fachada.

frontón m. Pared contra la cual se lanza la pelota en el juego. || Edificio para jugar a la pelota.

frotación, frotadura f. y **frotamiento** m. Acción y efecto de frotar o frotarse.

frotar v. t. Pasar muchas veces una cosa sobre otra (ú. t. c. pr.).

fructífero, ra adj. Que da frutos.

fructificación f. Acción y efecto de fructificar.

fructificar v. i. Dar fruto.

frugal adj. Sobrio.

frugalidad f. Sobriedad.

fruición f. Placer, gozo.

frunce m. Pliegue, doblez.

fruncido m. Frunce.

fruncimiento m. Frunce.

fruncir v. t. Arrugar la frente, la boca: *fruncir el entrecejo*. || Hacer en una tela frunces o arrugas.

fruslería f. Insignificancia.

frustración f. No consecución de un deseo.

frustrar v. t. Privar a uno de lo que esperaba. || Malograr un intento o pretensión (ú. t. c. pr.).

fruta f. Fruto de ciertas plantas.

frutal adj. Que da frutas.

frutería f. Tienda de frutas.

frutero, ra adj. De la fruta. || — M. y f. Vendedor de frutas. || — M. Recipiente donde se coloca la fruta.

frutilla f. *Chil.* y *Riopl.* Fresa.

fruto m. Órgano de la planta que contiene las semillas. || Producto, resultado: *fruto de sus afanes*. || Utilidad: *influencia que no da ningún fruto*.

fuego m. Desprendimiento simultáneo de calor y luz producido por la combustión de ciertos cuerpos. || Lugar donde se enciende fuego, lumbre. || Lo que se necesita para alumbrar: *¿tiene fuego?* || Incendio: *los bomberos combaten el fuego*. || Tiro, disparo: *el fuego del enemigo*. || Combate: *bautismo de fuego*. || *Fig.* Pasión: *fuego sagrado*. | Ardor, vehemencia: *en el fuego de la discusión*. || — A *fuego lento*, poco a poco. || *¡Fuego!*, voz de mando para disparar. || *Fuegos artificiales* o *de artificio*, cohetes lanzados con fines de diversión.

fueguino, na adj. De la Tierra del Fuego.

fuelle m. Instrumento que recoge aire y lo lanza en una dirección. || Pliegue en un vestido. || Cualquier parte que se puede plegar o doblar en las máquinas de fotografía, los bolsos, etc.

fuente f. Lugar donde brota agua de la tierra. || Construcción destinada a la salida y distribución de aguas. || Monumento en los sitios públicos con caños y surtidores de agua. || Pila de bautismo. || Plato grande en el que se sirve la comida. || *Fig.* Origen, causa: *fuente de discordias*.

fuera adv. En la parte exterior. || — *Estar fuera de sí*, estar muy encolerizado. || *Fuera de*, salvo. || *Fuera de juego*, en fútbol y en rugby, posición de un jugador detrás de la defensa del equipo contrario que le impide participar en el juego sin que se le señale una falta.

fuero m. Privilegio o ley especial que gozaba antiguamente alguna región, ciudad o persona. || Compilación de leyes. || Competencia jurisdiccional. || *En mi fuero interno*, en mi intimidad.

fuerte adj. Que tiene buena salud o mucha fuerza: *es el más fuerte de todos.* ‖ Resistente: *tejido fuerte.* ‖ Que posee mucho poder, poderoso: *nación fuerte:* ‖ Grande: *un fuerte capital.* ‖ Que tienen gran intensidad, energía o violencia: *calor, voz fuerte.* ‖ Que causa viva impresión en el gusto, en el olfato: *licor fuerte.* ‖ Copioso, abundante: *fuerte diarrea.* ‖ Intenso, vivo: *rojo fuerte.* ‖ Acre, picante: *pimiento fuerte.* ‖ Atrevido, picante: *chiste fuerte.* ‖ Que conoce bien una materia: *fuerte en matemáticas.* ‖ Fortificado: *plaza fuerte.* ‖ Apretado: *nudo fuerte.* ‖ *Gram.* Dícese de las vocales que son más perceptibles como a, e, o. ‖ — M. Hombre poderoso, con medios o recursos. ‖ Obra de fortificación. ‖ *Fig.* Aquello en que una persona sobresale: *la historia es su fuerte.* ‖ — Adv. Con intensidad: *hablar fuerte.* ‖ Mucho: *trabajar, jugar fuerte.*
fuerza f. Cualquier causa capaz de obrar, de producir un efecto: *las fuerzas naturales.* ‖ *Fís.* Cualquier acción que modifica el estado de reposo o movimiento de un cuerpo. ‖ Poder, capacidad o vigor físico: *tiene mucha fuerza.* ‖ Intensidad, eficacia: *fuerza de un medicamento.* ‖ Energía: *la fuerza de un ácido.* ‖ Violencia, coacción: *ceder por fuerza.* ‖ Autoridad: *la fuerza de la ley.* ‖ Esfuerzo: *agárralo con fuerza.* ‖ Electricidad, energía eléctrica. ‖ Condición, estado, potencia para hacer algo: *fuerza de ánimo.* ‖ — Pl. Conjunto de las formaciones militares de un Estado.
fuete m. *Amer.* Látigo.
fuga f. Huida, evasión.
fugacidad f. Calidad de breve.
fugarse v. pr. Escaparse, huir.
fugaz adj. De corta duración.
fugitivo, va adj. Que huye (ú. t. c. s.). ‖ Breve.
fulano, na m. y f. Palabra con que se designa a una persona indeterminada: *Fulano de Tal.*
fulgor m. Resplandor, brillo.
fulgurante adj. Rápido, incisivo.
fulgurar v. i. Brillar.
fullería f. Trampa.
fullero, ra adj. y s. Tramposo.
fulminante adj. Que fulmina: *ataque de gota fulminante.* ‖ *Fig.* Amenazador: *mirada fulminante.* ‖ Muy rápido, de efecto inmediato: *éxito fulminante.* ‖ — M. Pistón del arma de fuego.
fulminar v. t. Arrojar rayos. ‖ *Fig.* Herir o matar un rayo. | Imponer con cierta solemnidad. | Matar: *fulminado por la enfermedad.* | Mirar irritado.
fumador, ra adj. y s. Que fuma.
fumar v. i. Aspirar y despedir humo de tabaco, de opio, etc. (ú. t. c. t. y pr.). ‖ — V. pr. *Fam.* Tirarse, gastar por completo: *fumarse la paga.* | Faltar, dejar de acudir: *fumarse la clase.*
fumarola f. Emanación de gases de origen volcánico.
fumigación f. Acción de fumigar.
fumigar v. t. Desinfectar por medio de humo.
función f. Desempeño de un cargo: *entrar en funciones.* ‖ Cargo; obligaciones impuestas por este cargo. ‖ Papel: *desempeñar una función.* ‖ Actividad ejecutada por un elemento vivo, órgano o célula en el campo de la fisiología: *funciones de reproducción.* ‖ *Quím.* Conjunto de propiedades de un grupo de cuerpos: *función ácida.* ‖ *Gram.* Actividad de una palabra en una oración: *función de complemento.* ‖ *Mat.* Magnitud que depende de una o varias

variables. ‖ Fiesta, solemnidad religiosa. ‖ Representación teatral.
funcionamiento m. Modo como funciona algo.
funcionar v. i. Ponerse en función o marcha.
funcionario, ria m. y f. Empleado de la administración pública.
funda f. Cubierta que protege.
fundación f. Creación.
fundador, ra adj. Que crea o funda (ú. t. c. s.).
fundamental adj. Esencial.
fundamentar v. t. Tomar como base. ‖ Sentar las bases. ‖ Establecer. ‖ — V. pr. Apoyarse.
fundamento m. Principal apoyo, base. ‖ Causa: *noticias sin fundamento.* ‖ — Pl. Rudimentos.
fundar v. t. Crear. ‖ Basar (ú. t. c. pr.).
fundición f. Acción y efecto de fundir o fundirse. ‖ Hierro colado, arrabio. ‖ Lugar donde se funde.
fundir v. t. Convertir un sólido en líquido, derretir. Ú. t. c. pr.: *fundir plomo.* ‖ Vaciar en un molde: *fundir una estatua.* ‖ — V. pr. Fusionarse, unir: *sus intereses se fundieron.* ‖ Estropearse un órgano en movimiento por falta de engrase: *se fundió la biela.* ‖ Dejar de funcionar por un cortocircuito o un exceso de tensión: *fundirse una bombilla.*
fúnebre adj. De los difuntos.
funeral m. Misa celebrada para un difunto.
funerario, ria adj. Relativo al entierro o a las exequias. ‖ — F. Agencia de pompas fúnebres.
funesto, ta adj. Aciago.
fungir v. i. *Amer.* Desempeñar una función. ‖ *Méx.* Dárselas de, presumir de: *fungir de rico.*
funicular adj. y s. m. Aplícase al ferrocarril en el cual la tracción se hace por medio de cable o cremallera y que se utiliza en recorridos muy pendientes (ú. t. c. s. m.). ‖ — M. Teleférico.
furgón m. Automóvil cerrado que se utiliza para transportes. ‖ Vagón de equipajes en un tren.
furgoneta f. Pequeño vehículo comercial que tiene una puerta en la parte posterior.
furia f. Cólera o irritación muy violenta. ‖ Movimiento impetuoso de las cosas: *la furia de las olas.* ‖ Coraje, valor, ímpetu. ‖ Momento culminante. ‖ — M. y f. Persona mala y violenta.
furibundo, da adj. Furioso. ‖ Muy entusiasta, gran partidario (ú. t. c. s.).
fúrico, ca adj. *Méx.* Furioso.
furioso, sa adj. Irritado, colérico.
furor m. Cólera. ‖ *Fig.* Violencia: *el furor de la lluvia.* ‖ *Hacer furor,* estar en boga.
furúnculo m. Divieso.
fusa f. *Mús.* Nota que dura media semicorchea.
fuselaje m. Cuerpo de un avión.
fusible adj. Que puede fundirse. ‖ — M. Hilo o chapa que, en un circuito eléctrico, se funde e interrumpe la corriente si ésta es excesiva.
fusil m. Arma de fuego portátil. ‖ El tirador.
fusilamiento m. Ejecución con una descarga de fusilería. ‖ *Fig.* y *fam.* Plagio.
fusilar v. t. Ejecutar con fusil. ‖ *Fig.* Plagiar.
fusilería f. Fuego o tiros disparados por un conjunto de fusiles. ‖ Conjunto de fusiles. ‖ Conjunto de soldados con fusil.
fusilero m. Soldado con fusil.
fusión f. Paso de un cuerpo sólido al estado líquido por medio del calor. ‖ Unión de varios núcleos de átomos ligeros a elevada têmperatura en un solo núcleo de masa más elevada (por ej. hidrógeno y

litio en la bomba de hidrógeno). || *Fig.* Unión: *la fusión de dos partidos.*

fusionar v. t. Reunir en una sola sociedad, en una sola asociación, en un solo partido, etc. (ú. t. c. pr.). || Producir la fusión de un cuerpo.

fusta f. Látigo.

fuste m. *Fig.* Importancia. || *Arq.* Parte de la columna entre el capitel y la basa.

fustigador, ra adj. y s. Que fustiga.

fustigar v. t. *Fig.* Censurar con dureza.

fútbol o **futbol** *Amer.* m. Deporte practicado por dos equipos de 11 jugadores cada uno en el que éstos intentan con los pies enviar un balón hacia la portería o meta contraria sin intervención de las manos y siguiendo determinadas reglas. || — *Fútbol norteamericano,* juego, parecido al rugby, de 60 minutos de duración, divididos en cuatro cuartos de hora, en el que, a diferencia del rugby normal, se utiliza un balón más pequeño y ligero, los ensayos no se realizan poniendo la pelota en el suelo y los jugadores, once en cada equipo, pueden cambiarse cuantas veces quieran. || *Fútbol-sala,* variante del fútbol que se juega en una cancha más reducida por equipos de cinco jugadores y con una pelota más pequeña.

futbolín m. Juego practicado en una mesa que representa un campo de fútbol en el cual las figurillas de los jugadores, colocadas en varias barras, se mueven por medio de unas manijas accionadas por las dos o cuatro personas que se enfrentan.

futbolista com. Jugador de fútbol.

fútil adj. De escasa importancia.

futilidad f. Condición de fútil.

futurismo m. Movimiento literario y artístico, fundado en Italia por Marinetti (1911), que se rebelaba contra la tradición, el academicismo, la moral, y preconizaba la búsqueda de sensaciones y estados dinámicos o no simultáneos. || Actitud mental, cultural, científica, política, etc., orientada hacia el futuro.

futurista adj. Conforme con el futurismo. || Partidario del futurismo (ú. t. c. s.). || Que trata de evocar la sociedad, las técnicas del porvenir. || *Amer.* Se aplica especialmente a los aspirantes a la sucesión presidencial (ú. t. c. s.).

futuro, ra adj. Que está por venir, venidero: *sucesos futuros.* || — M. Porvenir: *veo el futuro pesimista.* || *Gram.* Tiempo verbal que expresa una acción que ha de venir: *futuro imperfecto* (dirá) y *futuro perfecto* (habrá ido). || *Fig.* Novio.

futurología f. Conjunto de las investigaciones sobre el futuro destinadas a prever la evolución del mundo o de un país en los campos político, económico, social, tecnológico, etc.

futurólogo, ga m. y f. Persona especializada en futurología.

g

g f. Séptima letra del alfabeto castellano y quinta de sus consonantes. ‖ — **g,** abreviatura de *gramo.*

Ga, símbolo químico del *galio.*

gabacho, cha adj. y s. Francés.

gabán m. Abrigo.

gabardina f. Tejido ligero empleado en trajes de verano. ‖ Impermeable.

gabinete m. Sala pequeña de recibir. ‖ Conjunto de muebles para este aposento. ‖ Conjunto de ministros de un Estado, Gobierno. ‖ Conjunto de colaboradores de un dirigente encargados de un sector específico. ‖ Sala en la que reciben los dentistas y los médicos.

gacela f. Antílope.

gaceta f. Periódico en que se dan noticias de algún ramo especial. ‖ Ant. Boletín oficial.

gacetilla f. Noticia de poca extensión en un periódico.

gacetillero, ra m. y f. Persona que escribe gacetillas.

gacho adj. Inclinado: *con la cabeza gacha.* ‖ *Méx.* De mala calidad, feo: *qué gacho cuaderno compraste.*

gachupín, ina m. y f. *Amer.* Español establecido en la América hispana.

gaditano, na adj. y s. De Cádiz (España).

gadolinio m. Metal raro (símb. Gd).

gaélico, ca adj. Dícese del dialecto hablado en ciertas partes de Irlanda y Escocia (ú. t. c. s. m.).

gafas f. pl. Lentes.

gafe adj. Dícese de la persona que tiene o trae mala suerte (ú. t. c. s.). ‖ — M. Mala suerte.

gag m. (pal. ingl.). Situación, episodio o golpe de efecto cómico.

gagá adj. y s. Chocho.

gaita f. *Mús.* Instrumento de viento formado de una bolsa de cuero. ‖ *Fig.* Cosa pesada, lata.

gaitero, ra m. y f. Músico que toca la gaita.

gajes m. pl. Salario de un empleado. ‖ *Gajes del oficio,* molestias inherentes a un empleo.

gajo m. Racimo pequeño: *gajo de uvas.* ‖ División interior de varias frutas: *un gajo de naranja.*

gala f. Vestido suntuoso. ‖ Gracia, garbo o donaire. ‖ Lo más selecto. ‖ Adorno, ornato. ‖ Fiesta o espectáculo de carácter extraordinario.

galaico, ca adj. Gallego.

galaicoportugués, esa adj. y s. m. Dícese de la lengua romance hablada en Galicia y Portugal.

galán m. Hombre bien parecido. ‖ Hombre que corteja a una mujer. ‖ Actor que representa los papeles de tipo amoroso.

galante adj. Atento, obsequioso.

galanteador adj. m. y s. m. Que galantea.

galantear v. t. Cortejar.

galanteo m. Flirteo.

galantería f. Acción o expresión obsequiosa.

galápago m. Reptil parecido a la tortuga. ‖ Lingote corto. ‖ Silla de montar para mujer.

galardón m. Premio, recompensa.

galardonado, da adj. y s. Premiado.

galardonar v. t. Recompensar.

galaxia f. *Astr.* Vía Láctea. ‖ *Guerra de las galaxias.* V. GUERRA.

galena f. Sulfuro natural de plomo.

galeno m. *Fam.* Médico.

galeón m. Gran nave de guerra.

galeote m. Forzado que remaba en la galera.

galera f. Antigua nave de guerra o de transporte movida por remos o velas.

galería f. Pieza larga y cubierta. ‖ Pasillo o corredor con vidriera. ‖ Local para exposiciones: *galería de pinturas.* ‖ Camino subterráneo en las minas. ‖ *Fig.* Opinión pública: *trabajar para la galería.*

galerna f. Viento del Noroeste.

galerón m. *Amér. C.* Cobertizo. ‖ *Méx.* Edificación tosca con un gran espacio interior y que se emplea como bodega.

galés, esa adj. y s. De Gales (Gran Bretaña). ‖ — M. Lengua de los galeses.

galgo, ga m. y f. Variedad de perro cazador.

galicismo m. Palabra francesa utilizada en castellano. ‖ Giro o construcción propios del francés.

galicista com. Persona que emplea galicismos.

galileo, a adj. y s. De Galilea (ant. prov. de Palestina). ‖ Cristiano. ‖ *El Galileo,* Cristo.

galimatías m. Jerga, jerigonza.

galio m. Metal (Ga) parecido al aluminio.

gallardete m. Bandera pequeña.

gallardía f. Gracia. ‖ Valor.

gallego, ga adj. y s. De Galicia. ‖ *Amer. Fam.* Español. ‖ — M. Lengua neolatina hablada en Galicia.

gallera y **gallería** f. Sitio donde se efectúan las peleas de gallos.

gallero, ra m. y f. Criador de gallos de pelea.

galleta f. Pasta, bizcocho seco. ‖ *Fam.* Bofetada.

gallina f. Ave doméstica, hembra del gallo. ‖ — Com. *Fig.* y *fam.* Persona cobarde.

gallináceo, a adj. De la gallina. ‖ — F. pl. Orden de aves que tienen por tipo el gallo, el pavo, etc.

gallinazo m. *Ecuad.* y *Per.* Ave similar al buitre de color negro.

gallinero m. Sitio en el que se recogen las gallinas. ‖ *Fig.* Paraíso, localidad más alta de un teatro.

gallito adj. *Fig.* Bravucón.

gallo m. Ave gallinácea doméstica con pico corto, cresta roja, abundante plumaje y patas con espolones. ‖ Platija, acedía, pez. ‖ *Fig.* y *fam.* Hombre que

141

todo lo manda o quiere mandar. | Hombre que quiere ser el más importante y admirado de un lugar: *gallo del pueblo*. || Categoría en la que se clasifican los boxeadores que pesan de 53,524 a 57,125 kg.

galo, la adj. y s. De la Galia (Francia). || Francés.

galón m. Cinta de tejido grueso, de hilo de oro, plata, seda, etc., utilizada como adorno en ribetes. || *Mil*. Distintivo de los grados inferiores: *galón de cabo*. || Medida de capacidad de 4,546 litros en Gran Bretaña y de 3,785 en los Estados Unidos.

galopante adj. *Inflación galopante*, la que no puede controlarse. || *Tisis galopante*, la fulminante.

galopar v. i. Ir a galope el caballo. || Ir montado en un caballo que galopa. || *Fig*. Ir muy rápido.

galope m. Marcha más veloz del caballo.

galpón m. *Amer*. Cobertizo.

galvanismo m. *Fís*. Acción que ejercen las corrientes eléctricas continuas en los órganos vivos.

galvanizar v. t. *Fís*. Electrizar por medio de una pila. || *Fig*. Entusiasmar.

galvanotipo m. Cliché en relieve, en la impresión tipográfica, obtenido por electrólisis.

gama f. *Mús*. Escala musical. || Escala de colores. || *Fig*. Serie, sucesión.

gamba f. Crustáceo comestible.

gamberrada f. Vandalismo.

gamberrismo m. Conjunto de gamberros. || Gamberrada.

gamberro, rra adj. y s. Golfo, sinvergüenza.

gambetear v. i. Regatear en deporte.

gambeteo m. Regate.

gambusino m. y f. *Méx*. Persona que busca yacimientos de minerales preciosos.

gameto m. Célula reproductora.

gamma f. Tercera letra del alfabeto griego (γ). || — M. Unidad internacional de peso que vale una millonésima de gramo. || *Rayos gamma*, radiaciones análogas a los rayos X, pero más fuertes.

gamo m. Mamífero rumiante.

gamuza f. Rumiante con cuernos curvados. || Piel delgada de este animal. || Tejido de lana del mismo color para quitar el polvo.

gana f. Ansia, deseo.

ganadería f. Cría de ganado.

ganadero, ra adj. De ganado. || — M. y f. Persona que cría ganado.

ganado m. Conjunto de animales de pasto en una finca, hacienda o granja. || Rebaño.

ganador, ra adj. y s. Que gana.

ganancia f. Beneficio.

ganancial adj. De las ganancias. || *Bienes gananciales*, bienes adquiridos a título oneroso durante el matrimonio por uno de los dos esposos.

ganar v. t. Adquirir una ganancia: *ganar dinero*. || Recibir como sueldo, etc.: *ganaba un salario miserable*. || Conseguir: *ganar un premio*. || Conquistar: *ganó tierras a sus enemigos*. || Obtener el aprecio, la fama, etc.: *ganó la gloria*. || Lograr atravesar un examen: *ganó las oposiciones*. || Salir vencedor: *el equipo ganó el campeonato*. || Obtener en el juego: *ganó dinero en el casino*. || Llegar a un lugar: *ganaron la cumbre del Aconcagua*. || Adelantar: *ganar tiempo*. || — V. i. Ser vencedor: *ganó en los juegos de azar*. || Superar, ser superior: *me ganas en destreza*. || Atraer: *le ganó para nuestro bando*. || Mejorar: *ganamos con el cambio*. || Ser mayor: *ganar en altura*.

|| Vencer: *las tropas enemigas ganaron*. || — V. pr. Adquirir ganancia. || Atraerse: *ganarse su amistad*. || Merecer: *se ganó grandes ovaciones*.

gancho m. Garfio, instrumento corvo por la punta para colgar, sujetar, etc. || *Fig*. Atractivo: *esta mujer tiene mucho gancho*. | El que atrae a los clientes. || En boxeo, puñetazo en la cara dado con el brazo en forma horizontal y doblado.

gandul, la adj. y s. Perezoso.

gandulear v. i. Holgazanear.

ganga f. *Fig*. Cosa que se adquiere a poca costa. || Materia inútil que se separa de los minerales.

ganglio m. Abultamiento en los vasos linfáticos. || Tumor pequeño que se forma en los tendones y en las aponeurosis.

gangoso, sa adj. Que habla con sonido nasal.

gangrena f. Destrucción de un tejido por falta de riego sanguíneo. || *Fig*. Cáncer, corrupción.

gangrenarse v. pr. Ser atacado por la gangrena.

gángster m. (pal. ingl.). Atracador, malhechor.

gansada f. *Fig*. Necedad.

ganso, sa m. y f. Ave palmípeda doméstica menor que el ánsar. || *Fig*. Persona poco inteligente. | Patoso. | Bromista. | Persona poco seria.

ganzúa f. Alambre o garfio para abrir sin llave las cerraduras.

gañán m. Mozo de labranza. || *Fig*. Patán.

gañote m. *Fam*. Garguero o gaznate. || *Fam*. Gorrón, parásito. || *Fam*. *De gañote*, de balde.

gap m. (pal. ingl.). Intervalo de tiempo o de espacio que separa dos palabras, registros, bloques, etc., en informática.

garabatear v. i. Escribir mal (ú. t. c. t.).

garabateo m. Acción y efecto de garabatear.

garabato m. Escritura mal formada.

garaje m. Local en que se guardan automóviles.

garajista com. Encargado de un garaje.

garambullo m. *Méx*. Cacto con una tuna roja. || Fruto de ese cacto.

garante adj. y s. Fiador.

garantía f. Responsabilidad asumida por uno de los que han hecho un contrato. || Contrato por el que una persona se compromete con un acreedor a reemplazar al deudor en caso de que éste no pueda cumplir sus obligaciones. || Fianza. || Lo que proporciona seguridad: *una garantía de éxito*. || — Pl. Derechos que reconoce el Estado a todos sus ciudadanos.

garantizador, ra adj. y s. Que garantiza.

garantizar v. t. Responder del valor o de la calidad de una cosa. || Comprometerse a mantener el funcionamiento de un aparato vendido. || Asegurar. || Hacerse responsable de los compromisos de otro si éste no los cumple.

garañón m. Macho de asno, caballo, etc.

garbanzo m. Planta leguminosa cuyas semillas son comestibles. || Fruto y semilla de esta planta.

garbo m. Prestancia, buena facha.

garboso, sa adj. De buena facha.

garceta f. Ave zancuda.

gardenia f. Planta rubiácea de flores blancas.

garfio m. Gancho.

gargajo m. Escupitajo.

garganta f. Parte de delante del cuello, tanto exterior como interiormente. || Empeine del pie. || Parte más estrecha de algunas cosas.

gargantilla f. Collar. || Cuenta de un collar.

gárgara f. Medicamento para enjuagar la garganta. || Enjuague de la garganta con un líquido. || *Fig.* Mandar a hacer gárgaras, mandar a paseo.

gargarear v. i. Hacer gárgaras.

gargarismo m. Gárgara.

gargarizar v. i. Hacer gárgaras.

gárgola f. Caño por donde se vierte el agua de los tejados.

garita f. Casilla del centinela.

garito m. Casa de juego.

garlopa f. Cepillo de carpintero.

garra f. Mano o pie de un animal de uñas encorvadas y fuertes. || *Fig.* Nervio, empuje, vigor. || — Pl. Dominio: *cayó en sus garras.*

garrafa f. Recipiente ancho y redondo y de largo cuello. || *Arg.* Bombona metálica.

garrafal adj. Enorme, monumental.

garrafón m. Garrafa de gran tamaño.

garrapata f. Ácaro parásito que chupa la sangre.

garrapatear v. i. Garabatear.

garrapatero m. *Col., Ecuad.* y *Venez.* Ave que se alimenta de garrapatas que saca de la piel del ganado.

garrapiñada f. Almendra recubierta de almíbar.

garrocha f. Vara para picar toros.

garronero, ra adj. y s. *Arg.* y *Urug.* Que acostumbra garronear.

garrotazo m. Golpe de garrote.

garrote m. Palo grueso. || Ligadura fuerte que se retuerce con un palo para detener una hemorragia. || Instrumento con que en España se estrangulaba a los condenados a muerte.

garrucha f. Polea.

garúa f. *Amer.* Lluvia ligera, llovizna.

garuar v. i. *Amer.* Lloviznar.

garza f. Ave zancuda de largo pico.

gas m. Cualquier fluido aeriforme. || Uno de los tres estados de la materia, caracterizado por su poder de compresión y de expansión. || Gas del alumbrado, de calefacción, etc. || Residuos gaseosos que se forman en el tubo digestivo con los productos volátiles de la fermentación. || — *Fig. A todo gas*, con gran rapidez. || Gas butano, butano. || Gas ciudad, gas combustible para los servicios domésticos. || *Gas del alumbrado*, el empleado para el alumbrado, para la calefacción y como combustible.

gasa f. Tejido ligero y transparente de seda o algodón. || Tejido de algodón muy claro que se emplea en la curación de las heridas.

gaseoducto m. Gasoducto.

gaseoso, sa adj. Aplícase al líquido de que se desprenden gases. || — F. Bebida azucarada, efervescente y sin alcohol.

gásfiter o **gasfíter** m. *Chil., Ecuad.* y *Per.* Fontanero, plomero.

gasfitería f. *Chil., Ecuad.* y *Per.* Fontanería, conjunto de instalaciones. || *Chil., Ecuad.* y *Per.* Oficio del fontanero.

gasoducto m. Tubería para conducir gases.

gasolina f. Mezcla de hidrocarburos líquida.

gasolinera f. Lancha con motor de gasolina. || Surtidor de gasolina.

gastar v. t. Utilizar el dinero para comprar algo. || Consumir: *gastar gasolina.* || Emplear: *gastar el tiempo.* || Estropear, desgastar: *esos frenazos gastan las zapatillas.* || Llevar: *gasta bigotes.* || Tener: *¿has visto el coche que gasta?* || Ponerse: *gasta vestidos muy estrafalarios.* || Usar, emplear, tener: *gasta un len-*

guaje arrabalero. || Dar: *te gastaron una broma muy graciosa.* || Estar de: *gastar mal humor.* || — V. pr. Deteriorarse, desgastarse. || Emplear dinero. || *Fam.* Llevarse, estilarse: *ese peinado ya no se gasta.*

gasterópodos m. pl. Clase de moluscos cubiertos de una concha, como el caracol (ú. t. c. adj.).

gasto m. Utilización del dinero con fines que no sean los de inversión. || Cantidad que se gasta. || Consumo: *gasto de agua.* || Empleo: *gasto de fuerzas.* || — *Gastos de representación*, dinero empleado para asumir con decoro ciertos cargos. || *Gastos e ingresos*, entradas y salidas de dinero. || *Gastos generales*, los hechos en una empresa que no son imputables a la fabricación de algo, pero que intervienen en el precio de costo.

gástrico, ca adj. Del estómago.

gastritis f. Inflamación del estómago.

gastroenteritis f. *Med.* Inflamación de las membranas del estómago y los intestinos.

gastronomía f. Conjunto de conocimientos en relación con comer bien.

gastrónomo, ma m. y f. Persona aficionada a comer bien.

gata f. Hembra del gato. || *Fam.* Madrileña. || *Méx.* Criada.

gatas (a) m. adv. Con las manos y los pies o las rodillas en el suelo.

gatear v. i. Andar a gatas.

gatillo m. Disparador de armas.

gato m. Género de mamíferos félidos y carnívoros. || Aparato para levantar pesos a poca altura: *gato hidráulico.* || *Fig.* Madrileño. | Hombre astuto. || *Arg.* Baile popular. || *Méx.* Criado. || *Méx.* Juego de tres en raya, que consiste en dibujar cuatro líneas cruzadas que ofrecen nueve espacios; gana el jugador que logra ocupar tres espacios en fila.

gauchada f. Acción propia de un gaucho. || *Arg.* Verso improvisado. | Servicio o favor.

gauchaje m. *Arg.* y *Chil.* Conjunto de gauchos. | El populacho.

gauchear v. i. *Arg.* Conducirse como un gaucho, practicar sus costumbres. | Vagabundear.

gauchesco, ca adj. Relativo al gaucho. || Dícese de la literatura que describe la vida y las costumbres de los gauchos en la pampa argentina.

gauchinango m. *Méx.* Huachinango.

gauchismo m. Movimiento literario y musical rioplatense, en la segunda mitad del s. XIX, inspirado en la vida del gaucho argentino.

gaucho, cha adj. *Amer.* Dícese del natural de las pampas del Río de la Plata en la Argentina, Uruguay y Río Grande do Sul: *un payador gaucho* (ú. m. c. s.). | Relativo a esos gauchos: *un apero gaucho.* | Buen jinete. || *Arg.* Grosero, zafio. || *Arg.* y *Chil.* Ducho en tretas, malevo, astuto.

gaveta f. Cajón de los escritorios.

gavilán m. Ave rapaz diurna.

gavilla f. Paquete de mieses.

gaviota f. Ave palmípeda.

gazapo m. Conejo joven. || *Fig.* y *fam.* Hombre astuto. | Disparate: *un gazapo monumental.*

gazmoñería f. Mojigatería.

gazmoño, ña adj. y s. Mojigato.

gaznate m. Garganta.

gazpacho m. Sopa fría de pan, aceite, vinagre, tomates, ajo, pepino, etc.

gazuza f. *Fam.* Hambre.

ge f. Nombre de la letra *g*.

Ge, símbolo del *germanio*.

géiser m. Géyser.

gelatina f. Jugo de carne que, al enfriarse, se espesa y adquiere una consistencia blanda, elástica.

gelatinoso, sa adj. De consistencia similar a la gelatina. || Que contiene gelatina.

gema f. Piedra preciosa.

gemelo, la adj. Aplícase a cada uno de dos o más hermanos nacidos de un mismo parto (ú. t. c. s.). || Aplícase a dos músculos de la pantorrilla y a dos de la región glútea. || — M. Pasador o sujetador en cada puño de camisa. || — Pl. Anteojos dobles.

gemido m. Quejido lastimero.

gemir v. t. Expresar con voz lastimera la pena.

gen o **gene** m. Elemento del cromosoma de la célula que condiciona la transmisión de los caracteres hereditarios. (Pl. *genes.*)

genealogía f. Conjunto de antepasados.

generación f. Función por la que los seres se reproducen. || Grado de filiación de padre e hijo: *hay dos generaciones entre el abuelo y el nieto.* || Período de tiempo que separa cada uno de los grados de filiación: *hay unas tres generaciones en un siglo.* || Conjunto de seres coetáneos y de aproximadamente la misma edad: *las personas de mi generación.* || Conjunto de las personas que viven en la misma época. || Conjunto de escritores o artistas de poco más o menos la misma edad cuya obra presenta algunos caracteres similares.

generador, ra adj. Que engendra (ú. t. c. s.). || Relativo a la generación. || — M. Aparato que transforma una energía en corriente eléctrica.

general adj. Que se aplica a un conjunto de personas o de cosas: *poder general.* || Considerado en su conjunto, sin tener en cuenta los detalles: *impresión general.* || Que es el resultado de una generalización: *ideas generales.* || Vago, indeterminado: *en términos generales.* || Referente al conjunto de un servicio, de una jerarquía: *inspector general.* || *Mil.* Dícese del grado superior de la jerarquía de oficiales o de los organismos que conciernen la totalidad de un ejército (ú. t. c. m.). || Común, usual, corriente: *creencia general.*

generalato m. Grado de general y tiempo que dura. || Conjunto de generales.

generalidad f. Calidad de general. || Vaguedad. || El mayor número: *la generalidad de los hombres.* || Gobierno autónomo de Cataluña.

generalización f. Acción de hacer general.

generalizar v. t. e i. Hacer común: hacer aplicable a un conjunto. || Sacar conclusiones generales de algo particular. || — V. pr. Extenderse.

generar v. t. Engendrar, producir.

genérico, ca adj. Del género.

género m. Grupo formado por seres u objetos que tienen entre ellos características comunes. || Manera, clase, modo: *género de vida.* || Clase de obras literarias emparentadas por ciertos caracteres semejantes: *género dramático.* || En historia natural, subdivisión de la familia que se descompone a su vez en especies. || *Gram.* Forma que reciben las palabras para indicar el sexo de los seres animados o para diferenciar el nombre de las cosas: *género neutro.* || Costumbre: *pintor de género.* || Artículo, mercancía: *en la tienda hay toda clase de géneros.* || Tejido: *género de punto.*

generosidad f. Inclinación a dar con liberalidad.

generoso, sa adj. Desinteresado, liberal. || Que da gran rendimiento: *tierra generosa.*

génesis f. Conjunto de hechos que concurren en la formación de una cosa.

genética f. Ciencia que estudia los fenómenos relativos a la herencia.

genial adj. Que tiene genio: *escritor genial.* || *Fig.* Sobresaliente: *descubrimiento genial.*

genialidad f. Calidad de genio.

genio m. Carácter: *tiene mal genio.* || Humor: *de mal genio.* || Poder o facultad de creación: *el genio de Pasteur.* || Persona que tiene este poder. || *Corto de genio,* tímido.

genital adj. Referente al sexo. || — M. pl. Partes externas del aparato genital.

genitivo m. Caso, en una lengua con declinaciones, que indica la dependencia, la posesión.

genocidio m. Exterminio de un grupo étnico.

genoma m. *Biol.* Conjunto de genes de una especie.

genotipo m. *Biol.* Conjunto de aspectos hereditarios que caracterizan a una especie.

genovés, esa adj. De Génova (Italia).

gente f. Pluralidad de personas: *la gente de la calle.* || Personas en general. || Tropa de soldados: *gente de armas.* || Nación: *derecho de gentes.*

gentil adj. Amable, simpático. || *Fam.* Notable: *gentil disparate.* || Pagano (ú. t. c. s.).

gentileza f. Cortesía. || Amabilidad.

gentilicio, cia adj. Relativo a una nación.

gentío m. Aglomeración, reunión de una gran cantidad de personas.

gentuza f. Gente despreciable.

genuflexión f. Arrodillamiento.

genuino, na adj. Puro, auténtico.

geoda f. Cavidad en una roca en cuyo interior hay cristales.

geodesia f. Ciencia del globo terrestre.

geofísica f. Geología de física terrestre.

geografía f. Ciencia que estudia la descripción y la explicación del aspecto actual, natural y humano de la superficie de la Tierra.

geográfico, ca adj. De la geografía.

geógrafo, fa m. y f. Especialista en geografía.

geoide m. Forma ideal de la Tierra de acuerdo con la geodesia.

geología f. Ciencia que trata de la forma exterior e interior del globo terrestre.

geólogo, ga m. y f. Especialista en geología.

geómetra com. Especialista en geometría.

geometría f. Disciplina matemática que estudia el espacio y las figuras o cuerpos que se pueden formar. || Obra que trata de esta materia.

geométrico, ca adj. De la geometría. || *Fig.* Exacto, preciso.

geoplano m. Lámina cuadrada de madera o plástico con clavos o postes en los que se colocan cordeles o bandas elásticas para estudiar superficies geométricas: *en la clase de hoy estudiamos triángulos con un geoplano.*

geopolítica f. Estudio de las relaciones entre los elementos naturales y la política de los Estados.

geopolítico, ca adj. Relativo a la geopolítica.

geotermia f. Estudio de los circunstancias térmicas de la Tierra.

geranio m. Planta de flores de colores vivos.

gerencia f. Función del gerente. || Tiempo que dura. || Su oficina.

gerente com. Encargado por los otros interesados de la dirección de una sociedad.

geriatría f. Estudio de la vejez.

germanía f. Lenguaje vulgar.

germánico, ca adj. Alemán.

germanio m. Metal raro (Ge).

germanismo m. Giro o voz propio de la lengua alemana. || Empleo de ellos en otro idioma. || Carácter alemán. || Afecto a Alemania.

germanizar v. t. Dar carácter germánico.

germano, na adj. y s. De Germania o Alemania.

germen m. Primera fase de cualquier ser vegetal o animal. || Microbio que engendra una enfermedad. || Fig. Principio, fuente.

germicida adj. y s. m. Que destruye los gérmenes.

germinación f. Desarrollo del germen.

germinar v. i. Salir el germen en la semilla. || Fig. Empezar a desarrollarse. | Brotar, aparecer.

gerundense adj. y s. De Gerona (España).

gerundio m. Gram. Forma verbal invariable que expresa la acción del verbo como ejecutándose en el tiempo en que se habla: estaban durmiendo.

gesta f. Poema épico. || Conjunto de hazañas.

gestación f. Estado de una hembra embarazada. || Elaboración de una obra o de cualquier otra cosa.

gestar v. t. Llevar y sustentar la madre en sus entrañas a su futuro hijo. || Fig. Preparar, elaborar.

gesticulación f. Movimiento de las facciones.

gesticular v. i. Hacer gestos.

gestión f. Administración. || Trámite, paso.

gestionar v. t. Hacer gestiones. || Administrar.

gesto m. Movimiento de las facciones que expresa un estado de ánimo. || Ademán. || Rasgo.

gestor, ra adj. y s. Que gestiona.

gestoría f. Agencia.

gettho m. Gueto.

géyser m. Fuente intermitente de agua caliente.

ghetto m. Judería. || Fig. Lugar donde vive una minoría separada del resto de la sociedad.

giba f. Joroba.

gibosidad f. Giba.

giboso, sa adj. y s. Jorobado.

gibraltareño, ña adj. y s. De Gibraltar.

gigante adj. Muy grande. — M. Hombre muy alto. || Personaje de cartón que, junto a los cabezudos, figura en ciertos festejos populares.

gigantesco, ca adj. Enorme.

gijonense y **gijonés, esa** adj. y s. De Gijón.

gimnasia f. Arte de desarrollar el cuerpo por medio de ciertos ejercicios. || Estos ejercicios.

gimnasio m. Local para hacer gimnasia.

gimnasta com. Persona que hace gimnasia.

gimnástico, ca adj. De la gimnasia.

gimotear v. i. Fam. Lloriquear.

gimoteo m. Fam. Lloriqueo.

ginebra f. Bebida alcohólica aromatizada con bayas de enebro.

ginebrés, esa y **ginebrino, na** adj. y s. De Ginebra (Suiza).

gineceo m. Bot. Parte femenina de la flor compuesta por los pistilos.

ginecología f. Especialidad médica que trata de las enfermedades de la mujer.

ginecólogo, ga m. y f. Médico de ginecología.

gingival adj. Relativo a las encías.

gingivitis f. Med. Infamación de las encías.

gira f. Excursión de recreo. || Viaje de un artista, un escritor, etc., por varios sitios.

girar v. i. Moverse en redondo, dar vueltas: la rueda gira en su eje. || Com. Expedir letras u órdenes de pago. Ú. t. c. t.: girar una letra. | Transferir una cantidad (ú. t. c. t.). | Remitir por correo o por telégrafo dinero (ú. t. c. t.). || Torcer, desviarse de la dirección: la calle gira a la derecha. || — V. t. Hacer dar vueltas: girar la peonza.

girasol m. Planta de flores amarillas.

giro m. Movimiento circular. || Dirección o aspecto que toma una conversación, un asunto, etc. || Construcción de la frase: un giro elegante. || Transferencia o envío de dinero.

gis m. Méx. Tiza.

gitano, na adj. Dícese de un pueblo nómada que se cree procede del N. de la India (ú. t. c. s.). || Propio de los gitanos. || Fig. Zalamero, adulador.

glaciación f. Transformación en hielo.

glacial adj. Que hiela, de frío intenso. || De hielo: océano Glacial. || Fig. Frío, muy poco caluroso.

glaciar m. Masa de hielo formada en las altas montañas que se desliza hacia los valles.

gladiador m. Luchador que en Roma combatía, en los juegos del circo, contra un hombre o fiera.

gladiolo m. Planta de flores ornamentales.

glande m. Cabeza del miembro viril.

glándula f. Órgano cuya función es la de segregar ciertas sustancias fuera o dentro del organismo.

glandular adj. De las glándulas.

glicerina f. Sustancia líquida y viscosa extraída de los cuerpos grasos por saponificación.

glifo m. Canal vertical y poco profundo. || Elemento de un conjunto de signos que emplearon los antiguos mayas.

global adj. En conjunto.

globalización f. Acción y efecto de globalizar.

globalizar v. i. Adquirir algo carácter de global. || — V. t. Hacer que algo se vuelva global.

globo m. Esfera. || La Tierra. || Cubierta de cristal esférica que se pone sobre una bombilla eléctrica u otro foco de luz para protegerlos. || Aeróstato, bolsa que se hincha con un gas menos pesado que el aire y que se eleva en la atmósfera. || Objeto de goma, de plástico o de cualquier otro material, de forma parecida, lleno también de un gas ligero, que se usa como juguete o como adorno en las fiestas. || En las historietas ilustradas, espacio donde figuran las palabras de los personajes.

globulina f. Elemento de la sangre que interviene en la coagulación.

glóbulo m. Nombre de las células de la sangre y de la linfa: glóbulos rojos (hematíes, eritrocitos) y glóbulos blancos (leucocitos).

gloria f. Fama grande. || Motivo de orgullo. || Persona de gran fama. || Cielo, paraíso. || Fig. Goce.

glorieta f. Plazoleta.

glorificación f. Ensalzamiento.

glorificar v. t. Honrar (ú. t. c. pr.). || Alabar.

glorioso, sa adj. Que ha adquirido gloria o fama.

glosa f. Comentario.

glosador, ra adj. y s. Comentador.

glosar v. t. Comentar.

glosario m. Diccionario o léxico.

glotis f. Orificio superior de la laringe.

glotón, ona adj. y s. Que come mucho.

glotonería f. Vicio del glotón.

glucemia f. Presencia de azúcar en la sangre.

glucosa f. Azúcar que hay en ciertas frutas.

glúteo, a adj. De la nalga (ú. t. c. s. m.).

G.M.T., Hora media del meridiano de Greenwich.

gneis m. Roca pizarrosa.

gnomo m. Enano.

gobernación f. Gobierno. || En ciertos países, territorio que depende del gobierno nacional.

gobernador, ra adj. Que gobierna (ú. t. c. s.). || — M. y f. Persona que gobierna un territorio por delegación del Poder central. || Autoridad que en España gobierna una provincia o una división administrativa (*gobernador civil, militar*). || En América, jefe del Poder ejecutivo de un Estado federado. || Director de un gran establecimiento financiero público: *el gobernador del Banco de España.*

gobernanta f. Mujer que administra.

gobernante adj. y s. Que gobierna.

gobernar v. t. Dirigir la política de: *gobernar un Estado.* || Dirigir la conducta de. || *Fig.* Dominar, manejar. || Dirigir un barco con el timón.

gobierno m. Dirección. || Dirección de la política de un país. || Conjunto de los órganos de un Estado que determinan la orientación de la política del país. || Conjunto de los ministros que llevan a cabo la política interior o exterior de un Estado. || Tiempo que dura la autoridad de un jefe de gobierno. || Circunscripción administrativa en algunos países. || Dirección de una provincia o de una división administrativa: *gobierno civil, militar.* || Edificio donde está. || *Mar.* Timón. || *Fig.* Lo que debe servir de dirección, de regla de conducta.

goce m. Sensación de placer.

godo, da adj. De los godos. || — M. Individuo de un pueblo germánico, llamado también *visigodo*, que se estableció en España de 410 a 711.

gofio m. *Arg., Bol., Cub., Ecuad., Esp., P. Rico y Urug.* Polvo de harina tostada con azúcar que se consume como golosina. || *C. Rica, Nicar. y Venez.* Masa dulce hecha con harina y papelón.

gol m. En el fútbol y en otros deportes, suerte de entrar un equipo el balón en la portería contraria.

goleada f. Tanteo excesivo en un partido.

goleador, ra m. y f. Jugador que marca goles.

golear v. t. Marcar muchos goles.

goleta f. Barco pequeño.

golf m. Juego que consiste en introducir una bola o pelota, por medio de palos (*clubs*), en una serie de agujeros u hoyos abiertos en un terreno accidentado cubierto de césped. || *Pantalón de golf*, pantalón bombacho.

golfista com. Jugador de golf.

golfo, fa adj. y s. Sinvergüenza. || — M. Parte del mar que penetra en la tierra entre dos cabos.

golilla f. Cuello de tela blanca de los togados.

gollete m. Cuello. || Cuello de las botellas.

golondrina f. Pájaro emigrante de alas largas.

golosina f. Dulce, manjar delicado.

goloso, sa adj. Aficionado a golosinas (ú. t. c. s.).

golpe m. Choque que resulta del movimiento de un cuerpo que se junta con otro de manera violenta: *golpe en la puerta.* || Sonido que hacen ciertos cuerpos cuando se los golpea. || Acción de pegarse: *llegaron a darse golpes.* || Vez: *consiguió todo de golpe.* || *Fig.* Admiración, sorpresa: *dio el golpe con su traje.* | Agudeza, chiste, gracia: *¡tiene cada golpe!*

| Azar en el juego: *tres golpes como éste y ganas una fortuna.* | Desgracia, contratiempo. | Acceso, ataque: *golpe de tos.* | Ataque: *proyectaron un golpe para asaltar al cajero.* || *Amer.* Solapa. | Mazo. || — *De golpe*, súbitamente. || *De un golpe*, en una sola vez. || *Golpe de Estado*, acción de apoderarse del poder político valiéndose de medios ilegales.

golpeador, ra adj. y s. Que golpea.

golpear v. t. e i. Dar golpes.

golpeo m. Golpe.

golpetear v. t. e i. Golpear.

golpeteo m. Golpes frecuentes.

golpismo m. Golpe de Estado.

golpista adj. Relativo a un golpe de Estado. || Que lleva a cabo un golpe de Estado (ú. t. c. s.).

golpiza f. *Amer.* Paliza.

goma f. Sustancia más o menos viscosa, pegajosa, que fluye de ciertos árboles o plantas de modo natural o después de una incisión. || Caucho: *suela de goma.* || Grupo de sustancias análogas obtenidas por polimerización. || Cámara de un neumático. || Trozo de caucho que sirve para borrar lo escrito. || Cinta o elástico que se utiliza para sujetar cosas o fajos. || *Fig. Amer.* Resaca después de haber tomado muchas bebidas alcohólicas. || *Goma-2*, plástico explosivo.

gomería f. *Arg., Bol., Chil., Parag. y Urug.* Establecimiento donde se venden o reparan neumáticos.

gomita f. *Arg., Parag. y Urug.* Banda elástica.

gónada f. Glándula sexual masculina o femenina.

góndola f. Embarcación de un remo.

gong m. Instrumento de percusión para llamar.

gongorino, na adj. Culterano (ú. t. c. s.).

gongorismo m. Culteranismo.

gongorista adj. y s. Culterano.

gonococo m. Microbio de la blenorragia.

gonorrea f. Blenorragia.

gordinflón, ona adj. *Fam.* Muy gordo y blando, obeso.

gordo, da adj. Voluminoso, que supera el volumen corriente: *hombre gordo.* || Dícese del agua que contiene ciertos compuestos minerales y no hace espuma con el jabón. || *Fig. y Fam.* Importante, de peso: *tratar con gente gorda.* | Importante, enorme: *un error gordo.* | Grande: *piedra gorda.* || Espeso, grueso: *un hilo gordo.* || Burdo, basto: *gracia gorda.* || — *Dedo gordo*, el pulgar. || *Fam.* Caerle gordo a uno, resultarle antipático. || — M. y f. Persona corpulenta. || — M. Parte grasa de la carne. || Premio mayor en la lotería. || — F. Moneda antigua de diez céntimos en España.

gordolobo m. Planta herbácea que se usa con fines medicinales.

gordura f. Grasa del cuerpo. || Corpulencia.

gorgojo m. Insecto que ataca las semillas.

gorgorito m. Quiebro hecho con la voz.

gorgoteo m. Ruido hecho por un líquido.

gorila m. Género de monos. || Guardaespaldas.

gorjear v. i. Realizar requiebros con la voz los humanos y las aves.

gorjeo m. Canto de las aves.

gorra f. Prenda con visera para cubrir la cabeza. || — M. *Fig.* Gorrón. || *De gorra*, sin pagar.

gorrión m. Pájaro pequeño.

gorro m. Prenda usada para cubrirse la cabeza.

gorrón, ona adj. y s. Parásito, aprovechado, dícese de las personas que se hacen siempre invitar.

gorronear v. i. No pagar nunca.
gorronería f. Acción del gorrón.
gota f. Pequeña cantidad de líquido. || *Fig.* Pequeñez, cosa de poca importancia. | Un poco: *una gota de vino.* || Enfermedad caracterizada por la hinchazón de algunas articulaciones.
gotear v. i. Caer gota a gota. || *Fig.* Dar o recibir poco a poco. || — V. impers. Lloviznar poco.
goteo m. Acción de gotear.
gotera f. Filtración de gotas de agua en el techo.
gótico, ca adj. De los godos. || Dícese del arte que se desarrolló en Europa desde el s. XII hasta el Renacimiento. || — M. *Arq.* Arte gótico.
gozada f. *Fam.* Disfrute.
gozar v. t. e i. Poseer alguna cosa: *gozar buena salud.* || — V. i. Disfrutar: *gozar con su visita.* || — V. pr. Complacerse, recrearse.
gozo m. Placer extremo.
gr, símbolo del *grado* y *gramo.*
grabación f. Registro de sonidos en un disco fonográfico, una cinta magnetofónica, etc.
grabado m. Arte de grabar: *grabado en madera.* || Estampa obtenida en una plancha grabada. || Grabación de discos, de cintas magnetofónicas.
grabador, ra adj. Que imprime discos, etc. || — M. y f. Persona que se dedica al grabado. || *Grabador de cinta* o *grabadora,* magnetófono.
grabar v. t. Trazar una figura o caracteres en metal, madera, mármol o piedra por medio de una herramienta o de un ácido: *grabar una inscripción.* || Trazar en una plancha de metal o madera la copia de un cuadro, etc., para reproducirlo después por impresión. || Registrar el sonido o la imagen en disco, cinta magnetofónica, etc.: *grabar su voz, un programa.* || *Fig.* Fijar, dejar fijo en el recuerdo de alguien: *escena grabada en mi mente* (ú. t. c. pr.).
gracejo m. Gracia.
gracia f. Suspensión o perdón de una condena: *pedir gracia al Jefe del Estado.* || Encanto: *la gracia de sus facciones.* || Don o ayuda sobrenatural que Dios concede a los hombres con vistas a su salvación: *en estado de gracia.* || Cosa que hace reír: *tiene más gracia que nadie.* || Broma, chiste: *siempre está diciendo gracias.* || Mala jugada, mala pasada: *¡menuda gracia!* || Disposición amistosa hacia alguien: *gozaba de la gracia del rey.* || Habilidad, arte: *tiene gracia para conquistarse a los clientes.* || Lo que asombra por su falta de lógica: *¡qué gracia tiene su conducta!* || Cosa que fastidia: *ésta es una de sus gracias.* || — *Caer en gracia,* gustar. || *Dar las gracias,* agradecer. || *En estado de gracia,* limpio de pecado. || *Hacer gracia,* ser simpático, agradar; divertir, hacer reír. || — Pl. Agradecimiento: *dar las gracias.* || *Acción de gracias,* testimonio de agradecimiento. || *Gracias a,* por causa de. || *Gracias por,* agradecer por. || — Interj. Expresa el agradecimiento: *¡muchas gracias!*
grácil adj. Sutil, flexible.
gracioso, sa adj. Cómico. || Divertido. || Encantador. || Gratuito: *concesión graciosa.* || Dícese de los reyes de Inglaterra: *Su Graciosa Majestad.* || — M. y f. Persona que tiene gracia o comicidad.
grada f. Escalón. || Graderío (ú. t. en pl.).
gradación f. Escala de grados.
graderío m. Conjunto de escalones en un anfiteatro, campo de fútbol, plaza de toros, etc.
grado m. Cada una de las divisiones de una escala de medida adaptada a un aparato. || Unidad de

arco o ángulo que vale 1/360° de la longitud de la circunferencia. || Unidad de ángulo (símb. °) igual a la 360ava parte de la circunferencia. || Unidad de medida de la temperatura, la presión o la densidad. || Unidad de medida de la concentración alcohólica. || Proximidad más o menos grande que existe en el parentesco: *primo en tercer grado.* || Índice: *grado de invalidez.* || Fase, estadio: *los grados de una evolución.* || Título universitario o militar. || Curso, año: *alumno del quinto grado.* || Situación considerada en relación con una serie de otras superiores o inferiores: *subir un grado en la escala social.* || Gusto, voluntad: *hacerlo de buen grado.* || Manera de significar la intensidad de los adjetivos (*positivo, comparativo y superlativo*).
graduación f. Acción de graduar. || División en grados. || Número de grados que tiene una cosa. || Cada uno de los grados de una jerarquía.
graduado, da adj. Que se halla dividido en grados. || — Adj. y s. Persona que obtuvo un grado o título universitario.
gradual adj. Que avanza de grado en grado.
graduar v. t. Dividir en grados. || Medir los grados: *graduar la vista.* || Regular: *graduar entradas y salidas.* || Escalonar, someter a una graduación: *graduar los efectos.* || Ascender de un grado: *graduar de capitán.* || Conceder un título universitario. || — V. pr. Recibir un título universitario.
grafía f. Modo de escribir.
gráfico, ca adj. De la escritura. || Representado por signos o dibujos. || *Fig.* Rico de imágenes sugerentes o metáforas, expresivo: *decir de modo gráfico.* || — M. Representación por el dibujo o cualquier otro método análogo de los grados o estados de un fenómeno que se estudia y que sirve en estadística para esquematizar los datos y señalar sus relaciones esenciales. || — F. Gráfico.
grafito m. Carbono natural.
grajo m. Pájaro de pico y pies rojos.
gramaje m. Peso del papel o del cartón expresado en gramos por metro cuadrado.
gramática f. Ciencia de las reglas de una lengua hablada o escrita. || Libro que trata de esta materia.
gramatical adj. Relativo a la gramática.
gramático, ca adj. Gramatical. || — M. y f. Especialista en gramática.
gramilla f. *Riopl.* Césped.
gramíneas f. pl. Familia de plantas monocotiledóneas en la que están los cereales (ú. t. c. adj.).
gramo m. Unidad de masa (símb. g o gr) del sistema C.G.S., equivalente a la milésima parte del kilogramo. || Cantidad de algo que pesa un gramo.
gramófono m. Aparato que reproduce las vibraciones del sonido de un disco fonográfico.
gran adj. Apócope de *grande.*
grana f. Encarnado, granate (ú. t. c. adj.).
granada f. Fruta del granado. || Proyectil ligero.
granadero m. *Mil.* Soldado que llevaba granadas.
granadino, na adj. y s. De Granada (España). || (Ant.). De Nueva Granada o Colombia. || — F. Jarabe de zumo de granada.
granate m. Piedra fina de silicato de alúmina y de hierro. || — Adj. y s. m. Color rojo oscuro.
grancolombiano, na adj. De la Gran Colombia, antigua república formada por Venezuela, Colombia y Ecuador de 1819 a 1830.

grande adj. Dícese de las cosas que sobrepasan las dimensiones corrientes: *ciudad grande.* || Aplícase a las personas que han pasado la primera juventud, mayor. || Superior al promedio, hablando de objetos o cosas que no se pueden medir: *reputación, ruido grande.* || Que sobresale por la potencia, la autoridad, la influencia: *las grandes industrias.* || Que se distingue por las cualidades morales, por el genio: *los grandes pintores.* || Importante: *grandes acontecimientos.* || Dícese de la Semana Santa. || Intenso, fuerte: *dolor grande.* || — M. Persona ya en edad adulta. || Título nobiliario que llevan algunas personas en España. || Nombre que se da a algunos jefes de Estado de las principales potencias: *los cuatro grandes.*

grandeza f. Importancia.

grandilocuente adj. Enfático.

grandiosidad f. Grandeza.

grandioso, sa adj. Que impresiona.

grandulón, ona adj. *Arg.* y *Méx.* Niño muy crecido en relación con su edad.

granel (a) m. adv. Sin orden, en montón: *cargar a granel.* || Sin envase: *agua de colonia a granel.* || Al detalle. || *Fig.* En abundancia.

granero m. Almacén de cereales.

granito m. Roca cristalina formada por feldespato, cuarzo y mica.

granizada f. Precipitación de granizo. || Bebida refrescante con hielo machacado.

granizar v. impers. Caer granizo.

granizo m. Lluvia helada que cae formando granos. || Estos granos.

granja f. Explotación agrícola dedicada al cultivo o a la cría de ganado doméstico. || Comercio en el que se venden leche y sus derivados. || Cafetería.

granjear v. pr. Ganarse.

granjero, ra m. y f. Encargado de una granja.

grano m. Semilla de los cereales, de las especias, de otras plantas. || Partícula, porción: *grano de arena.* || Furúnculo en la piel.

granuja com. Pillo. || Canalla.

grapa f. Gancho de hierro para reunir papeles.

grapadora f. Aparato para unir papeles.

grapar v. t. Sujetar con grapas.

grasa f. Sustancia untuosa de origen animal o vegetal. || Lubricante de origen mineral.

grasiento, ta adj. Untado de grasa.

graso, sa adj. Que tiene grasa.

gratén m. Pan rallado que se pone sobre ciertos manjares cuando se guisan al horno.

gratificación f. Recompensa.

gratificar v. t. Recompensar con dinero.

gratín [*gratán*] m. (pal. fr.). Gratén.

gratis adv. Sin pagar.

gratitud f. Agradecimiento.

grato, ta adj. Agradable.

gratuidad f. Calidad de gratuito.

gratuito, ta adj. Sin pagar o sin cobrar. || Sin fundamento, sin motivo.

grava f. Piedra machacada.

gravamen m. Obligación. || Impuesto o tributo.

gravar v. t. Imponer un tributo.

grave adj. Que puede tener consecuencias importantes, que acarrea cierto peligro. || Austero, serio: *semblante grave.* || Dícese del sonido producido por ondas de poca frecuencia o vibraciones. || *Fís.* Atraído por la fuerza de la gravedad. || Elevado: *estilo*

grave. || *Gram.* Que tiene el acento en la penúltima sílaba, como *mañana, casa.*

gravedad f. Acción que hace que los cuerpos materiales sean atraídos hacia el centro de la Tierra. || Carácter peligroso: *la gravedad del incendio.* || Importancia, carácter grave: *la gravedad de los sucesos.* || Seriedad, austeridad: *la gravedad de sus palabras.* || *Med.* Carácter de las afecciones de salud que ponen en peligro la vida o que son de gran importancia. || *Centro de gravedad,* punto de un cuerpo que constituye la resultante de las acciones de la gravedad en todas las partes de él.

gravitación f. *Fís.* Fuerza en virtud de la cual todos los cuerpos se atraen mutuamente en razón directa de sus masas y en razón inversa a los cuadrados de sus distancias.

gravitar v. i. *Fís.* Moverse según las leyes de la gravedad. || *Fig.* Pesar una obligación. | Girar en torno a. | Pender.

gravoso, sa adj. Costoso, oneroso.

graznar v. i. Dar graznidos.

graznido m. Voz del cuervo, del grajo, del ganso.

greca f. Adorno que repite en una franja los mismos elementos, por lo general ángulos rectos.

greda f. Arcilla.

gremial adj. De los gremios. || Sindical.

gremialismo m. Tendencia a formar gremios. || *Amer.* Sindicalismo.

gremialista adj. Del gremialismo (ú. t. c. s.). || — Com. *Amer.* Miembro de un gremio. | Sindicalista.

gremio m. Conjunto de personas que se dedican a la misma profesión u oficio. || *Amer.* Sindicato.

greña f. Cabellera despeinada.

gresca f. Pelea. || Ruido.

grey f. *Fig.* Congregación.

griego, ga adj. y s. De Grecia. || — M. Lengua antigua y moderna hablada en este país.

grieta f. Quiebra en el suelo, en el hielo de un glaciar, en una pared, etc. || Hendidura o resquebrajadura pequeña en la piel.

grifa f. Marihuana.

grifero, ra m. y f. *Per.* Persona que tiene por oficio expender gasolina.

grifo m. Llave que permite la salida o la interrupción voluntaria del paso de un líquido.

grilletes m. pl. Cadena de los presos.

grillo m. Insecto ortóptero.

gringada f. *Amer.* Acción propia de los gringos.

gringo, ga adj. Extranjero de habla inglesa o de otro idioma diferente al español (ú. t. c. s.). || *Fam.* Yanqui, norteamericano (ú. t. c. s.).

gripe f. Enfermedad contagiosa caracterizada por un estado febril y catarro.

griposo, sa adj. Que tiene gripe.

gris adj. Color entre blanco y negro (ú. t. c. s. m.). || *Fig.* Sombrío, triste: *tiempo gris.* || — *Gris marengo,* el muy oscuro. || *Gris perla,* el bastante claro. || *Sustancia gris,* materia gris.

grisáceo, a adj. Algo gris.

gritar v. i. Dar gritos: *gritar de dolor.* || Hablar en voz muy alta: *gritar a voz en cuello* (ú. t. c. t.). || — V. t. Abuchear en señal de protesta.

gritería f. y **griterío** m. Gritos.

grito m. Sonido de la voz fuerte y violento: *dar gritos.* || Gemido, queja: *gritos de dolor.*

grosella f. Fruto del grosellero de color negro.

grosellero m. Arbusto cuyo fruto es la grosella.

grosería f. Carácter de lo que es grosero, basto.

grosero, ra adj. Basto, poco fino. || Falto de delicadeza, común, vulgar. || Carente de educación, de cortesía (ú. t. c. s.).

grosor m. Grueso.

grosso modo loc. adv. En términos generales.

grotesco, ca adj. Ridículo.

grúa f. Aparato con un brazo giratorio y una o más poleas para levantar, cargar y transportar pesos.

grueso, sa adj. De gran dimensión o corpulencia. || Grande: *granos de arroz gruesos.* || Espeso: *tela gruesa.* || Gordo: *hombre grueso.* || — M. Volumen, dimensión. || La mayor parte: *el grueso del ejército.* || Espesor: *el grueso de un papel.* || — Adv. Con caracteres grandes: *escribir grueso.*

grulla f. Ave zancuda.

grumete m. Aprendiz de marinero.

grumo m. Parte de un líquido que se coagula.

gruñido m. Voz del cerdo. || Voz ronca del perro u otros animales. || *Fig.* Voz de mal humor.

gruñir v. i. Dar gruñidos. || *Fig.* Murmurar.

gruñón, ona adj. Aplícase a quien gruñe mucho.

grupa f. Anca de una caballería.

grupo m. Pluralidad de personas o cosas que forman un conjunto. || Conjunto de figuras pintadas o esculpidas: *un grupo escultórico.* || — *Grupo de presión,* asociación de personas que están unidas por un interés común y reúnen dinero para llevar a cabo una acción simultánea en la opinión pública, en los partidos políticos, en la administración o en los gobernantes. || *Grupo electrógeno,* aparato generador de electricidad. || *Grupo sanguíneo,* cada uno de los distintos tipos en que se clasifica la sangre de los individuos.

gruta f. Cueva o cavidad natural.

gua, elemento que entra en muchas voces americanas que, a veces, toma la forma *hua.*

guabirá m. *Arg.* Árbol grande de tronco blanco.

guabiyú m. Árbol mirtáceo de fruto comestible.

guaca f. *Amer.* Sepultura de los antiguos indios. || *Amer.* Tesoro escondido. | Hucha, alcancía. | *C. Rica* y *Cub.* Hoyo donde se ponen las frutas para su maduración. || *Méx.* Escopeta de dos cañones.

guacal m. *Antill., Col., Méx.* y *Venez.* Cesta portátil para llevar a la espalda. || *Amér. C.* Árbol de fruto parecido a la calabaza. | Recipiente hecho con el fruto de este árbol. || Huacal.

guacamayo, ya m. y f. Especie de papagayo.

guacamole m. *Amér. C., Cub.* y *Méx.* Ensalada de aguacate, cebolla, chile y tomate picados.

guacamote m. *Méx.* Yuca.

guaco m. Planta americana de propiedades medicinales. || Ave gallinácea americana de carne apreciada. || *Per.* Objeto que se saca de una guaca.

guachapelí m. *Ecuad.* y *Venez.* Árbol cuya madera se emplea en construcciones navales.

guache m. *Col.* y *Venez.* Hombre del pueblo, de la clase baja. || *Col.* Instrumento de música en forma de canuto con semillas secas en el interior.

guachimán m. *Amer.* Vigilante.

guachinango, ga adj. *Méx.* Dícese en la costa oriental del habitante del interior del país.

guacho, cha adj. *Amer.* Huérfano. || — M. Pollo.

guadalajarense adj. y s. De Guadalajara (México).

guadalajareño, ña adj. y s. De Guadalajara (España).

guadaña f. Instrumento para segar. || Símbolo de la muerte y del tiempo.

guadañar v. t. Segar con guadaña.

guagua f. Cosa baladí. || *Amer.* Nene, niño de teta. || Autobús en las islas Canarias y en las Antillas. || *De guagua,* de balde, gratis.

guagüero m. *Antill.* Conductor de guagua.

guaira f. *Amér. C.* Flauta de varios tubos que usan los indios. || Vela triangular.

guaireño, ña adj. y s. Del departamento de Guairá (Paraguay). || De La Guaira (Venezuela).

guairo m. *Amer.* Barco pequeño de cabotaje.

guaje m. *Méx.* Árbol leguminoso de fruto en forma de calabaza.

guajiro, ra adj. y s. De La Guajira (Colombia). || Pueblo amerindio que vive en Venezuela. || *Cub.* Campesino. || — F. Canción popular en Cuba. || Canción aflamencada derivada de la anterior.

guajolote m. *Méx.* Pavo común. || — Adj. y s. *Fam. Méx.* Tonto.

gualdo, da adj. Amarillo.

gualicho o **gualichú** m. Entre los gauchos, genio del mal. || *Arg.* Talismán.

guamúchil m. *Méx.* Árbol espinoso y su fruto.

guanábana f. Fruto con pulpa blanca, sabor delicioso y semillas negras.

guanábano m. Árbol con fruto de sabor muy agradable.

guanacaste m. Árbol de Centroamérica.

guanaco m. Mamífero rumiante parecido a la llama. || *Amer.* Necio. | Cateto, palurdo.

guanajo adj. y s. *Amer.* Tonto.

guanajuatense adj. y s. De Guanajuato (México).

guanarense y **guanareño, ña** adj. y s. De Guanare (Venezuela).

guanche adj. y s. Dícese de la raza que poblaba las islas Canarias. || — M. Lengua que hablaba.

guanear v. t. *Per.* Abonar con guano. || — V. i. *Amer.* Defecar.

guanero, ra adj. y s. Relativo al guano. || — M. Buque que transporta guano. || — F. Lugar donde hay guano.

guano m. Materia excrementicia de aves marinas que se encuentra acumulada en gran cantidad en las costas y en varias islas del Perú y del norte de Chile. || *Amer.* Abono mineral sucedáneo del guano natural.

guantada f. y **guantazo** m. *Fam.* Bofetón.

guantanameño, ña y **guantanamero, ra** adj. y s. De Guantánamo (Cuba).

guante m. Prenda que se adapta a la mano para abrigarla. || Objeto análogo para diferentes usos.

guapetón, ona adj. Muy guapo (ú. t. c. s.).

guapo, pa adj. Bien parecido: *mujer guapa* (ú. t. c. s.). || *Fam.* Apelativo cariñoso: *anda, guapo, no te enfades así.* || — M. Hombre pendenciero: *el guapo del pueblo.* || *Fam.* Galán.

guará m. *Amer.* Lobo de las pampas.

guaraca f. *Amer.* Honda.

guaracha f. Aire y danza popular antillanos.

guarache m. *Méx.* Sandalia. || *Méx.* Huarache.

guarango, ga adj. y s. *Riopl.* Mal educado.

guaraní adj. y s. Relativo a un pueblo indio de la familia cultural tupí-guaraní (Paraguay, Brasil). || — M. Idioma de los guaraníes. || Unidad monetaria paraguaya.

guaranismo m. Voz propia del guaraní.

guaranítico, ca adj. Guaraní.

GUA

GR

GUA

guaraña f. Baile venezolano. || Su música.
guarapeta f. *Méx.* Borrachera.
guarapo m. Jugo de la caña dulce. || Bebida fermentada a base de guarapo.
guarda com. Persona que tiene a su cargo cuidar o vigilar algo. || — F. Acción de guardar, conservar o defender. || Hoja de papel blanco o de color al principio y al fin de los libros (ú. m. en pl.). || Guarnición en el puño de la espada.
guardabarrera m. y f. Persona que vigila un paso a nivel.
guardabarros m. inv. Aleta del coche, de la bicicleta o motocicleta para protegerse del barro.
guardacantón m. Poste de piedra que se pone en las esquinas de las casas o a los lados de los paseos para protegerlos de los vehículos.
guardacoches com. inv. Guarda de un aparcamiento.
guardacostas m. inv. Barco de guerra cuya misión es defender las costas.
guardaespaldas m. inv. Persona destinada a proteger a otra.
guardameta m. Portero en ciertos deportes.
guardapolvo m. Tela que se emplea para preservar algo del polvo. || Prenda de tela ligera que se usa encima de la ropa para protegerla.
guardar v. t. Cuidar, vigilar: *guardar bajo llave.* || Preservar una persona o cosa de cualquier daño. || Conservar, retener para sí: *guardo un buen recuerdo.* || Cumplir lo que se debe: *guardar el secreto.* || Tener un sentimiento: *guardar rencor.* || Estar en, quedarse en: *guardar cama.* || Poner en su sitio: *guardar un libro.* || *Fig.* Mantener, observar: *guardar silencio.* || — V. pr. Evitar algo, precaverse de un riesgo. || Poner cuidado en no hacer algo. || Quedarse con, conservar para sí.
guardarropa m. Local donde se deposita el abrigo y otros objetos en teatros u otros establecimientos públicos. || Armario ropero y su contenido.
guardavalla m. En algunos deportes, portero, arquero.
guardería f. Establecimiento donde se cuida a los niños pequeños mientras sus padres trabajan.
guardia f. Conjunto de soldados o gente armada encargada de la custodia de una persona o de que se respete el orden público y el cumplimiento de las leyes. || Defensa, amparo, custodia. || Posición de defensa en boxeo, esgrima, lucha, etc. || *En guardia,* prevenido. || — M. Individuo perteneciente a ciertos grupos armados: *un guardia civil.* || *Guardia marina,* guardiamarina.
guardiamarina m. Alumno de la Escuela Naval.
guardián, ana m. y f. Persona que custodia.
guarecer v. t. Dar asilo. || — V. pr. Refugiarse.
guarida f. Cueva donde se guarecen los animales. || *Fig.* Refugio.
guarismo m. Cada uno de los signos o cifras arábigas que expresan una cantidad. || Cualquier cantidad que tiene dos o más cifras.
guarnecer v. t. Poner guarnición o alguna cosa: *guarnecer una joya.* || Proveer. || Estar de guarnición un regimiento.
guarnición f. Lo que se pone para adornar algunas cosas: *la guarnición de un vestido.* || Engaste de las piedras preciosas. || Parte de la espada que protege la mano. || *Mil.* Tropa que guarnece una plaza, castillo o buque de guerra. || Arreos de las caballerías

(ú. m. en pl.). || Añadido de verdura, pastas, etc., que se suele servir con la carne o pescado para acompañarlos.
guarrada f. *Fam.* Guarrería.
guarro, rra m. y f. Cochino.
guasa f. *Fam.* Burla, broma.
guasca f. *Chil.* y *Per.* Látigo.
guascazo m. *Amer.* Latigazo.
guasearse v. pr. Chancearse.
guasería f. *Amer.* Acción propia de un guaso.
guaso, sa m. y f. Campesino chileno. || — Adj. *Amer.* Rústico.
guasón, ona adj. y s. Bromista.
guasteca adj. y s. Huasteca.
guata f. Algodón en rama que se coloca dentro del forro de los vestidos o de la ropa de cama.
guatemalense adj. y s. Guatemalteco.
guatemaltecanismo m. Guatemaltequismo.
guatemaltecanista adj. y s. Que estudia y es especialista del habla o de la cultura de Guatemala.
guatemalteco, ca adj. y s. De Guatemala. || — M. Modalidad del español hablado en Guatemala.
guatemaltequismo m. Palabra o giro propios del español hablado en Guatemala. || Carácter de guatemalteco. || Amor a Guatemala.
guateque m. Fiesta con baile.
guatusa o **guatuza** f. Especie de paca.
guau, ladrido del perro.
¡guay! interj. ¡Ay!
guayaba f. Fruto del guayabo de forma de huevo y de carne más o menos dulce. || Conserva y jalea de esta fruta. || *Amer.* Mentira.
guayabal m. Plantío de guayabos.
guayabera f. Chaquetilla o camisa de hombre, que se suele llevar por encima del pantalón.
guayabo m. Árbol que tiene por fruto la guayaba. || — Com. *Fam.* Persona joven y atractiva.
guayaca f. *Arg.* y *Chil.* Bolsa o taleguilla para el tabaco o dinero. || *Fig.* Amuleto.
guayacán m. Árbol de madera muy dura, propia para la ebanistería.
guayaco m. Árbol de la América tropical cuya madera se emplea en ebanistería.
guayanés, esa adj. y s. De Guayana.
guayaquileño, ña adj. y s. De Guayaquil (Ecuador).
guayasense adj. y s. De Guayas (Ecuador).
guazubirá m. Venado de las regiones platenses.
gubernamental adj. Relativo al gobierno del Estado. || Partidario del gobierno (ú. t. c. s.). || Propiedad del gobierno: *radio gubernamental.*
gubernativo, va adj. Relativo al gobierno.
gubia f. Formón de media caña.
güe, elemento que entra en muchas voces americanas que, a veces, toma la forma hue.
guedeja f. Cabellera larga.
guepardo m. Felino africano semejante al leopardo, de patas largas y cabeza pequeña. (Caza gracias a su gran velocidad en la carrera.)
güero, ra adj. *Méx.* Que tiene los cabellos rubios.
guerra f. Lucha armada entre dos o más países o entre ciudadanos de un mismo territorio. || Pugna, disidencia, discordia entre dos o más personas. || *Fig.* Oposición de una cosa con otra: *guerra de intereses.* || — *Fam. Dar guerra,* molestar. || *Guerra civil,* la que tiene lugar entre ciudadanos de una misma nación. || *Guerra de las galaxias,* sistema estratégico ofensivo y defensivo a base de armamentos anti-

150

misiles colocados en satélites espaciales. || *Guerra fría* o *de nervios*, dícese de las relaciones internacionales caracterizadas por una política constante de hostilidad sin que se llegue al conflicto armado. || *Guerra santa*, cruzada, guerra emprendida por motivos religiosos.

guerrear v. t. e i. Luchar, combatir.

guerrerense adj. y s. De Guerrero (México).

guerrero, ra adj. Relativo a la guerra: *valor guerrero*. || Marcial, belicoso, que tiene afición a la guerra. || — M. Soldado. || — F. Chaqueta abrochada hasta el cuello del uniforme militar.

guerrilla f. *Mil.* División de la tropa en pequeñas partidas de tiradores para hostilizar al enemigo. || Partida de paisanos que, independientemente del ejército regular, acosa al enemigo.

guerrillero, ra m. y f. Persona que pelea en las guerrillas.

gueto m. Barrio de judíos. || Sitio en el que se concentra una minoría separada del resto de la sociedad.

güi, elemento que entra en muchas voces americanas que, a veces, toma la forma *hui*.

guía com. Persona que acompaña a otra para enseñarle el camino o para explicarle una visita. || — M. Manillar de una bicicleta. || *Fig.* Persona que da instrucciones y consejos que son seguidos por las gentes: *guías de la juventud.* || — F. Libro de indicaciones: *guía de teléfonos.*

guiar v. t. Ir delante mostrando el camino. || Conducir: *guiar un vehículo.* || Fig. Aconsejar a uno en algún negocio. || Hacer obrar: *le guía sólo el interés.* || — V. pr. Dejarse uno dirigir o llevar.

guija f. Piedra pequeña.

guijarral m. Sitio con guijarros.

guijarro m. Piedra pequeña.

guillotina f. Máquina que sirve para decapitar a los condenados a muerte. || Pena de muerte. || *Impr.* Máquina para cortar papel.

guillotinar v. t. Dar muerte con guillotina.

güinche m. *Amer.* Grúa.

guinda f. Fruto del guindo.

guindado m. *Arg., Bol., Chil.* y *Urug.* Bebida alcohólica elaborada con guindas.

guindar v. t. *Fam.* Robar.

guindilla f. Pimiento pequeño, encarnado y muy picante. || *Fam.* En España, guardia municipal.

guindo m. Árbol rosáceo.

guineano, na adj. Perteneciente o relativo a Guinea. || — M. y f. Habitante de Guinea.

guineo m. *Amér. C., Ecuad., Per., P. Rico* y *Venez.* Variedad de plátano pequeño y dulce.

guiñapo m. Andrajo.

guiñar v. t. e i. Cerrar un ojo momentáneamente, lo que suele hacerse a modo de advertencia disimulada: *guiñar a alguien* (ú. t. c. pr.).

guiño m. Acción de guiñar.

guiñol m. Títere.

guión m. Cruz que va delante del prelado. || Estandarte. || Esquema director para la redacción de un texto o para pronunciar un discurso. || Texto en el que figura el diálogo de una película. || *Gram.* Signo ortográfico (-) que se pone al fin del renglón que termina con parte de una palabra cuya continuación, por no caber en él, se ha de escribir en el siguiente. (Sirve también para separar en varios casos los miembros de una palabra compuesta: *germanosoviético.*)

guionista com. Autor de un guión de cine.

guipuzcoano, na adj. y s. De la provincia de Guipúzcoa (España).

güira f. Árbol americano de cuyo fruto, parecido a la calabaza, se hacen platos y tazas. || Fruto de este árbol. || *Fam. Amer.* Cabeza, calabaza.

guirigay m. *Fam.* Griterío.

guirnalda f. Corona de ramas, flores o papel.

güiro m. *Bol.* y *Per.* Tallo del maíz verde. || *Amer.* Planta que tiene como fruto una calabaza de corteza dura y de color amarillo cuando se seca. || *Antill., Méx.* y *Venez.* Instrumento músico hecho con una calabaza larga.

guisa f. Manera, modo.

guisado m. Guiso de carne.

guisante m. Planta cuya semilla es comestible. || Su semilla, llamada a veces *chícharo* o *arveja.*

guisar v. t. e i. Someter los alimentos a diversas manipulaciones utilizando el fuego con objeto de hacerlos aptos para consumirlos.

guiso m. Manjar guisado.

guisotear v. t. e i. Guisar de cualquier manera.

guisoteo m. Acción y efecto de guisotear. || Guiso casero.

güisqui m. Whisky.

guita f. Cuerda delgada. || *Fam.* Dinero.

guitarra f. Instrumento músico de cuerda compuesto de una caja de madera de forma ovalada, con un estrechamiento en el centro, un mástil con varios trastes y seis clavijas para templar otras tantas cuerdas. || *Amer. Fam.* Dinero.

guitarreo m. Rasgueo de guitarra.

guitarrista com. Tocador de guitarra.

gula f. Exceso en la comida.

gurí, isa m. y f. *Arg.* y *Urug.* Niño, muchacho.

gurripato m. Pollo de gorrión. || *Pop.* Chiquillo.

gurrumino, na adj. Pop. Desmedrado, enclenque. || *Bol.* y *Per.* Cobarde. || — M. y f. Niño pequeño.

gurú m. Jefe religioso en la India.

gusanillo m. *Fam. El gusanillo de la conciencia*, el remordimiento.

gusano m. Nombre vulgar de varios animales invertebrados de cuerpo blando, alargado y segmentado que carecen de extremidades y se mueven mediante contracciones.

gusarapo, pa m. y f. Cualquiera de los animales de forma de gusanos que se crían en los líquidos.

gustar v. t. Probar, sentir y percibir en el paladar el sabor de las cosas. || Experimentar. || — V. i. Agradar una cosa, parecer bien: *me gustan las novelas policíacas.* || Desear, querer, tener gusto en algo: *gustar de leer.* || — *Amer.* Gustar de, apetecer, tener ganas de: *¿gusta de ir a dar un paseo? || ¿Usted gusta?,* expresión de cortesía usada cuando alguien empieza a comer delante de otros.

gustativo, va adj. Relativo al gusto.

gustillo m. Dejo o saborcillo.

gusto m. Uno de los cinco sentidos corporales con que se percibe y distingue el sabor de las cosas. || Sabor: *comida de gusto dulce.* || Placer, agrado: *lo haré con gusto.* || Propia voluntad, propia determinación. || Facultad de apreciar lo bello: *tener buen gusto.* || Gracia, elegancia: *vestir con gusto.* || Manera de expresar una obra artística: *obra de gusto helénico.* || Modo de apreciar las cosas: *el gusto peculiar de cada uno.* || Inclinación, afición: *tener gustos diferentes.* || Capricho, antojo: *por su gusto nunca* *saldríamos de paseo*. || — *A gusto*, con gusto, con agrado o placer. || *Con mucho gusto*, expresión de cortesía con la que se acepta algo. || *Dar gusto a uno*, complacerle. || *Fam. Despacharse a su gusto*, hacer o decir algo sin traba de ninguna clase. || *Hay gustos que merecen palos*, hay gente con el gusto extraviado. || *Mucho gusto* o *tanto gusto*, encantado de conocerle (en una presentación). || *Tomar gusto a algo*, aficionarse a ello, empezar a gustar.

gustoso, sa adj. Sabroso: *plato gustoso*. || Que hace con gusto una cosa: *iré gustoso a verle*. || Agradable, placentero.

gutapercha f. Sustancia gomosa, más blanda que el caucho, que se obtiene de un árbol grande de Indonesia que pertenece a la familia de las sapotáceas. || Tela barnizada con esta sustancia.

gutural adj. Relativo a la garganta: *grito gutural*. || *Gram.* Dícese de las consonantes cuyos sonidos se producen por aproximación o contacto del dorso de la lengua y del velo del paladar (la *g*, la *j* y la *k* son *consonantes guturales*) [ú. t. c. s. f.].

guyanés, esa adj. Relativo a Guyana (Estado al norte de América del Sur, antes Guayana Británica). || Natural de Guyana (ú. t. c. s.).

h

h f. Octava letra del alfabeto castellano. ‖ — **H**, símbolo del *hidrógeno*. ‖ — **h**, símbolo de la *hora*. ‖ — *La hora H*, momento fijado para una operación.

ha, abreviatura de *hectárea*.

haba f. Planta de semilla comestible. ‖ Su semilla.

habanero, ra adj. y s. De La Habana. ‖ — F. Danza originaria de La Habana. ‖ Su música.

habano, na adj. De La Habana y, por extensión, de Cuba: *cigarro habano*. ‖ Del color de tabaco claro. ‖ — M. Cigarro puro de Cuba.

hábeas corpus m. Institución de Derecho que protege las detenciones arbitrarias.

haber m. Hacienda, caudal (ú. t. en pl.). ‖ Parte de la cuenta de una persona donde se apuntan las cantidades que se le deben. ‖ — Pl. Retribución.

haber v. t. Poseer, tener una cosa (en este sentido se suele usar *tener*). ‖ — V. auxiliar. Sirve para conjugar los tiempos compuestos de los verbos: *he amado; habrás leído*. ‖ — V. impers. Suceder, ocurrir, acaecer, sobrevenir: *hubo una hecatombe*. ‖ Verificarse, efectuarse, celebrarse: *ayer hubo conferencia*. ‖ Dicho del tiempo, hacer: *habrá diez años que ocurrió*. ‖ Hallarse: *había mucha gente en el mercado*. ‖ — *Haber de*, tener que. ‖ *Habérselas con uno*, enfrentarse con él. ‖ *Hay que*, es preciso. ‖ *Fam. ¿Qué hay?*, fórmula de saludo.

habichuela f. Judía.

hábil adj. Capaz, diestro. ‖ Inteligente: *hábil maniobra*. ‖ *For.* Apto: *hábil para contratar*. ‖ *Días hábiles*, días laborables.

habilidad f. Capacidad y disposición para una cosa. ‖ Destreza: *la habilidad de un operario*. ‖ Inteligencia, talento: *la habilidad de un político*.

habilidoso, sa adj. y s. Que tiene habilidad.

habilitación f. Acción y efecto de habilitar. ‖ Cargo del habilitado. ‖ Autorización legal dada a una persona para que ésta pueda llevar a cabo un acto jurídico.

habilitado m. Persona encargada de pagar los haberes de militares y funcionarios.

habilitar v. t. Hacer a una persona hábil o apta desde el punto de vista legal: *habilitar para suceder*. ‖ Proveer de: *habilitar un millón de euros*. ‖ Dar el capital necesario para poder negociar. ‖ Disponer, arreglar: *habilitar una casa*.

habitación f. Acción y efecto de habitar. ‖ Cualquiera de los aposentos de la casa o morada. ‖ Cuarto de dormir.

habitante adj. Que habita. ‖ — M. Cada una de las personas de la población de un lugar.

habitar v. t. Vivir, morar (ú. t. c. i.).

hábitat m. Conjunto de hechos geográficos relativo a la residencia del hombre. ‖ Conjunto de condiciones referentes a la vivienda.

hábito m. Traje o vestido. ‖ Vestido que se lleva en cumplimiento de un voto. ‖ Vestidura de los religiosos. ‖ Costumbre.

habitual adj. De siempre.

habituar v. t. Acostumbrar.

habla f. Facultad o acción de hablar. ‖ Idioma, lenguaje: *países de habla española*. ‖ Manera de hablar: *el habla de los niños*.

hablada f. *Méx.* Chisme, fanfarronada.

hablador, ra m. y f. *Méx.* Mentiroso, fanfarrón.

habladuría f. Rumor.

hablante adj. Que habla (ú. t. c. s.).

hablar v. i. Articular, proferir palabras para darse a entender. ‖ Conversar (ú. t. c. pr.). ‖ Perorar: *hablar en un mitin*. ‖ Tratar: *hablar de literatura*. ‖ Dirigir la palabra: *le tengo que hablar*. ‖ Aplicar cierto tratamiento: *hablar de tú a un amigo*. ‖ Murmurar: *hablar mal del vecino*. ‖ Rogar, interceder: *hablar en favor de un amigo*. ‖ *Fig.* Tener relaciones amorosas (ú. t. c. pr.). ‖ — *Fig. Fam.* Hablar como una cotorra o más que un papagayo o por los codos, hablar mucho. ‖ *¡Ni hablar!*, de ninguna manera. ‖ — V. t. Conocer, emplear un idioma: *hablar inglés*. ‖ Decir: *hablar disparates*. ‖ — V. pr. *Fig.* Tratarse.

hacendado, da adj. y s. Rico, adinerado. ‖ *Amer.* Dueño de una estancia.

hacendoso, sa adj. Cuidadoso.

hacer v. t. Producir una cosa, darle el primer ser. ‖ Fabricar, componer: *hacer un mueble*. ‖ Disponer, arreglar: *hacer la comida*. ‖ Causar, ocasionar: *hacer humo*. ‖ Caber, contener: *esta bota hace cien litros de vino*. ‖ Efectuar: *hacer un milagro*. ‖ Ejercitar los miembros para procurar su desarrollo: *hacer piernas*. ‖ Representar: *hacer un papel de cómico*. ‖ Ocuparse en algo: *tener mucho qué hacer*. ‖ Convertir: *hacer trizas una cosa*. ‖ Dar cierta impresión: *este vestido me hace más gorda*. ‖ Creer, suponer: *hacía a Ramón en Málaga* (ú. t. c. pr.). ‖ Expeler del cuerpo: *hacer de vientre*. ‖ Obligar: *hacer salir del local*. ‖ Aparentar: *hacer el muerto* (ú. t. c. pr.). ‖ Proferir o producir cierto sonido: *el reloj hace tic tac*. ‖ — *Hacer las veces de*, reemplazar; servir para. ‖ *Hacer saber o hacer presente*, poner en conocimiento. ‖ *Hacer tiempo*, dejar pasar el tiempo. ‖ — V. i. Importar, convenir: *lo que hace al caso*. ‖ — *Hacer como*, aparentar. ‖ *Hacer de*, desempeñar el oficio de. ‖ *Hacer para o por*, procurar. ‖ — V. pr. Proveerse: *hacerse con dinero*. ‖ Volverse: *hacerse viejo*. ‖ Resultar: *este viaje se hace muy largo*. ‖ Crecer, irse formando: *hacerse los árboles*. ‖ Convertirse en, llegar a ser. ‖ Apartarse: *se hizo a un lado*. ‖ *Fam.* Acostumbrarse: *yo me hago a cualquier clase de vida*. ‖ Lograr: *se hizo con mucho dinero con aquel* negocio. || —V. impers. Hablando del tiempo, hacerlo bueno o malo: *hace calor*. || Haber transcurrido cierto tiempo: *hace tres días*.

hacha f. Tea de esparto y alquitrán. || Herramienta cortante provista de un mango utilizada para cortar leña. || As, persona que sobresale en algo.

hache f. Nombre de la letra *h*.

hachís m. Composición narcótica extraída del cáñamo oriental.

hacia prep. Indica la dirección del movimiento: *hacia la derecha*. || Alrededor de, cerca de: *hacia las cuatro de la tarde*.

hacienda f. Finca agrícola o rural. || Fortuna. || *Amer.* Ganado. || — *Hacienda pública*, tesoro público. || *Ministerio de Hacienda*, el que se ocupa de la recaudación fiscal y de proveer los gastos públicos.

hacinado, da adj. Amontonado.

hacinamiento m. Amontonamiento.

hacinar v. t. Poner los haces unos sobre otros formando hacina. || *Fig.* Amontonar, acumular.

hada f. Ser fantástico de sexo femenino.

hado m. Destino.

hafnio m. Metal blanco del grupo de las tierras raras (Hf).

haitiano, na adj. y s. De Haití.

halagador, ra adj. Que halaga.

halagar v. t. Adular. || Satisfacer.

halago m. Alabanza, lisonja.

halagüeño, ña adj. Que halaga.

halar v. t. *Mar.* Tirar de un cabo.

halcón m. Ave rapaz diurna.

hallar v. t. Encontrar (ú. t. c. pr.).

hallazgo m. Acción de hallar.

halo m. Cerco luminoso que rodea a veces el Sol y la Luna. || Cerco brillante que se pone sobre la cabeza de las imágenes de los santos.

halterofilia f. Deporte consistente en el levantamiento de pesos.

hamaca f. Red o lona que se cuelga horizontalmente y sirve de cama y columpio. || Tumbona.

hambre f. Gana y necesidad de comer. || *Fig.* Deseo ardiente.

hambriento, ta adj. y s. Que tiene hambre. || *Fig.* Deseoso.

hamburgués, esa adj. y s. De Hamburgo (Alemania). || — F. Bistec de carne picada hecho a la parrilla y que suele servirse en un panecillo.

hamburguesería f. Restaurante de precio módico en el que se sirven platos de comida poco elaborados.

hampa f. Conjunto de maleantes.

hand ball [*janbol*] m. (pal. ingl.). Balonmano.

handicap m. (pal. ingl.). Desventaja.

hangar m. Cobertizo.

haragán, ana adj. y s. Holgazán.

haraganear v. i. Holgazanear.

harakiri [*jara-*] o **haraquiri** m. En el Japón, suicidio ritual que consiste en abrirse el vientre.

harapiento, ta adj. Haraposo.

harapo m. Andrajo, guiñapo.

haraposo, sa adj. Andrajoso.

hardware m. (pal. ingl.). Conjunto de los elementos materiales que constituyen un ordenador.

harén m. Entre los musulmanes, departamento de la casa donde viven las concubinas. || Conjunto de estas mujeres.

harina f. Polvo resultante de la molienda de diversos granos.

hartada f. Hartazgo.

hartar v. t. Saciar el apetito de comer o beber (ú. t. c. i. y pr.). || *Fig.* Satisfacer el deseo de una cosa. Ú. t. c. pr.: *hartarse de dormir*. || Fastidiar, cansar. Ú. t. c. pr.: *hartarse de esperar*. || Dar en gran cantidad: *hartar a uno de palos.*.

hartazgo m. y **hartura** f. Saciedad.

hasta prep. Sirve para expresar el término de lugares, acciones y cantidades continuas o discretas: *desde aquí hasta allí*. || — Conj. y adv. Equivalente a *incluso, aun, también*: *le hubiese hasta pegado*.

hastiar v. t. Asquear (ú. t. c. pr.).

hastío m. Asco.

hato m. Porción de ganado: *un hato de bueyes*. || *Fig.* Junta de gente de mal vivir: *un hato de pícaros*. | Lío de ropa y efectos que lleva uno consigo cuando va de un sitio para otro.

haya f. Árbol de tronco liso. || Su madera.

hayense adj. y s. Del departamento de Presidente Hayes (Paraguay).

haz m. Porción atada de mieses, leña, etc. || *Fís.* Conjunto de rayos luminosos emitidos por un foco. || — F. Cara o rostro. || Cara de una hoja, de cualquier tela, etc., opuesta al envés.

hazaña f. Hecho heroico.

hazmerreír m. Objeto de burlas.

He, símbolo del *helio*.

hebilla f. Broche para ajustar correas, cintas, etc.

hebra f. Porción de hilo que se pone en una aguja. || Fibra de la carne. || Filamento de las materias textiles: *hebra de lino*. || Filamento del tabaco picado. || *Fig.* Hilo del discurso.

hebraico, ca adj. Hebreo.

hebreo, a adj. y s. Aplícase al pueblo semítico que conquistó y habitó Palestina, también llamado *israelita y judío*. || — M. Lengua de los hebreos.

hecatombe f. Calamidad.

hechicería f. Hechizo, maleficio.

hechicero, ra m. y f. Brujo. || — Adj. *Fig.* Atractivo, que cautiva.

hechizar v. t. Emplear prácticas para someter a uno a influencias maléficas. || *Fig.* Despertar una persona o cosa admiración, cautivar.

hechizo m. Cosa supersticiosa de que se vale el hechicero para lograr su objetivo. || *Fig.* Persona o cosa que cautiva el ánimo.

hecho, cha adj. Perfecto, acabado: *hombre hecho; vino hecho*. || *Fig.* Semejante a: *estaba hecho una fiera*. || Con los adv. *bien* o *mal*, bien o mal proporcionado: *mujer muy bien hecha*. || — M. Acción, obra. || Acontecimiento, suceso.

hechura f. Ejecución, confección: *la hechura de un traje*. || Criatura, respecto de su creador: *somos hechuras de Dios*.

hectárea f. Diez mil metros cuadrados (símb. ha).

hecto, prefijo que multiplica por cien la unidad.

hectogramo m. Cien gramos.

hectolitro m. Cien litros.

hectómetro m. Cien metros.

heder v. i. Despedir mal olor.

hediondez f. Hedor, mal olor.

hediondo, da adj. Pestilente.

hedor m. Mal olor.

hegemonía f. Supremacía.

hégira o **héjira** f. Comienzo de la cronología musulmana, situado el 16 de julio de 622, día de la huida de Mahoma de La Meca a Medina.

heladería f. Tienda de helados.

helado, da adj. De consistencia sólida a causa del frío: *lago helado*. || *Fig.* Muy frío: *tener los pies helados*. | Atónito: *helado del susto*. || — M. Crema azucarada, a veces con zumo de frutas, que se congela para hacer un manjar refrescante. || — F. Congelamiento del rocío nocturno.

helar v. t. Solidificar un líquido por medio del frío: *el frío hiela el agua de los ríos*. || *Fig.* Dejar a uno asombrado. | Desanimar, amilanar: *helar el entusiasmo a uno*. || — V. pr. Ponerse helada una cosa. || Quedarse muy frío. || *Fig.* Pasar mucho frío. || — V. impers. Formarse hielo.

helecho m. Género de plantas criptógamas.

helénico, ca adj. Griego.

helenismo m. Período histórico de Grecia antigua, comprendido entre los reinados de Alejandro Magno y Augusto. || Presencia de la antigua cultura griega en la cultura moderna.

helenista com. Persona versada en la lengua y literatura griegas.

helenizar v. t. Dar carácter griego. || — V. pr. Adoptar las costumbres y civilización griegas.

heleno, na adj. y s. Griego.

hélice f. Sistema de propulsión, tracción o sustentación constituido por palas helicoidales que giran sobre un eje: *hélice del avión*. || Parte más externa y periférica del pabellón auditivo.

helicoidal adj. De figura de hélice.

helicóptero m. Aeronave cuya sustentación y propulsión se deben a hélices horizontales que le permiten ascender y descender en sentido vertical.

helio m. *Quím.* Cuerpo simple gaseoso (He).

heliograbado m. *Impr.* Procedimiento fotomecánico para obtener grabados en hueco. || Estampa así obtenida.

heliotropo m. Planta de flores olorosas.

helipuerto m. Lugar donde despegan y aterrizan helicópteros.

helvético, ca adj. y s. Suizo.

hematíe m. Glóbulo rojo de la sangre.

hematoma m. Derrame de sangre en una cavidad natural o en un tejido.

hembra f. Animal del sexo femenino. || Mujer. || *Fig.* Pieza con un hueco o agujero por donde otra se introduce y encaja. | El mismo hueco.

hemeroteca f. Biblioteca dedicada a reunir periódicos y revistas.

hemiciclo m. Semicírculo. || Salón de forma semicircular con gradas.

hemiplejía o **hemiplejia** f. Parálisis de todo un lado del cuerpo.

hemipléjico, ca adj. Relativo a la hemiplejía. || Que padece esta parálisis (ú. t. c. s.).

hemisferio m. Mitad de una esfera. || *Astr.* Cada una de las dos partes iguales en que se divide el globo terrestre o la esfera celeste.

hemofilia f. Enfermedad caracterizada por la dificultad de coagulación de la sangre.

hemoglobina f. Materia colorante del glóbulo rojo de la sangre.

hemorragia f. Flujo de sangre de cualquier parte del cuerpo. || *Fig.* Pérdida: *hemorragia de divisas*.

hemorroide f. *Med.* Almorrana.

henchir v. t. Llenar.

hender v. t. Hacer o causar una hendidura.

hendidura f. Abertura.

hendir v. t. Hender.

henequén m. *Amer.* Agave.

heno m. Planta gramínea de los prados.

hepático, ca adj. Del hígado.

hepatitis f. Inflamación del hígado.

heptaedro m. Poliedro de siete caras.

heptágono, na adj. Que tiene siete ángulos. || — M. Polígono de siete lados.

heptasílabo, ba adj. De siete sílabas.

heraldo m. Mensajero, portavoz.

herbáceo, a adj. *Bot.* Con aspecto y características de la hierba.

herbario adj. Relativo a las hierbas. || — M. y f. Persona dedicada a la botánica. || — M. Colección de plantas secas.

herbicida adj. y s. Dícese de la sustancia empleada para combatir las hierbas malas.

herbívoro, ra adj. y s. m. Aplícase al animal que se alimenta de hierbas.

herbolario, ria m. Vendedor de plantas medicinales. || Herbario. || — F. Parte de la botánica que estudia las plantas medicinales.

herciano, na adj. Hertziano.

herciniano, na adj. *Geol.* Aplícase al último plegamiento del primario (ú. t. c. s. m.).

hercio m. Hertz.

heredad f. Finca o hacienda.

heredar v. t. Suceder por disposición testamentaria o legal los bienes y acciones que tenía uno al tiempo de su muerte (ú. t. c. i.). || *Biol.* Recibir los seres vivos los caracteres físicos y morales que tienen sus padres.

heredero, ra adj. y s. Que hereda.

hereditario, ria adj. Transmisible por herencia.

hereje com. Persona que defiende una herejía.

herejía f. Doctrina que, dentro del cristianismo, es contraria a la fe católica. || *Fig.* Sentencia errónea contra los principios de una ciencia o arte.

herencia f. Derecho de heredar. || Bienes que se transmiten por sucesión. || *Biol.* Transmisión de los caracteres normales o patológicos de una generación a otra.

heresiarca com. Hereje.

herida f. Rotura hecha en las carnes con un instrumento o por efecto del fuerte choque con un cuerpo duro. || *Fig.* Dolor profundo.

herir v. t. Romper o abrir la carne de una persona o animal con un arma o cualquier otra cosa (ú. t. c. pr.). || *Fig.* Ofender. | Producir una impresión desagradable.

hermafrodita m. Individuo que reúne los órganos reproductores de ambos sexos.

hermanamiento m. Acción y efecto de hermanar o hermanarse. || Convenio de hermandad.

hermanar v. t. Aparear objetos de la misma índole: *hermanar calcetines de varios colores*. || Unir, juntar: *hermanar esfuerzos*. || Hacer a uno hermano de otro espiritualmente: *la desgracia los hermanó* (ú. t. c. pr.). || Asociar dos ciudades de distintos países para desarrollar intercambios.

hermanastro, tra m. y f. Hijo de uno de los dos consortes con respecto al hijo del otro.

hermandad f. Relación de parentesco que hay entre hermanos. || *Fig.* Amistad íntima, fraternidad. | Analogía o correspondencia entre dos cosas. | Cofradía. | Liga o confederación. | Asociación de dos ciudades del mismo o de distinto país.

hermano, na m. y f. Persona que con respecto a otra tiene los mismos padres o por lo menos uno de ellos. || *Fig.* Dícese de las personas que están unidas por algún motivo afectivo: *hermanos en el dolor.* | Individuo de una hermandad, cofradía, etc. | Religioso de ciertas órdenes. || — Adj. Dícese de las cosas que, por su común origen, tienen caracteres análogos: *lenguas hermanas.*

hermético, ca adj. Que no deja pasar nada ni hacia fuera ni hacia dentro. || *Fig.* Difícil de entender.

hermetismo m. Calidad de hermético.

hermosear v. t. Embellecer.

hermosillense adj. y s. De Hermosillo (México).

hermoso, sa adj. Dotado de hermosura.

hermosura f. Belleza grande.

hernia f. Tumor blando producido por la salida total o parcial de una víscera u otra parte blanda de la cavidad que la encerraba.

herniado, da adj. y s. Que padece hernia.

héroe m. El que ejecuta una acción heroica. || *Fig.* Personaje principal de una obra literaria, de una película. (El femenino es *heroína.*)

heroicidad f. Calidad de heroico. || Acción heroica.

heroico, ca adj. Propio del héroe. || Que requiere valor. || Muy poderoso: *remedio heroico.*

heroína f. Mujer que lleva a cabo un hecho heroico. || *Fig.* La protagonista de una obra literaria o de una aventura. || Alcaloide derivado de la morfina, analgésico y sedante.

heroísmo m. Acción heroica.

herpes m. Erupción cutánea.

herradura f. Semicírculo de hierro que se pone para protección en el casco de las caballerías.

herramental m. Conjunto de herramientas de un oficio.

herramienta f. Instrumento con el que se realiza un trabajo manual o mecánico.

herrar v. t. Ajustar y clavar las herraduras a una caballería. || Marcar con hierro candente.

herrerano, na adj. y s. De Herrera (Panamá).

herrería f. Oficio, taller o tienda del herrero.

herrero m. Operario que forja el hierro a mano.

herrín m. y **herrumbre** f. Orín.

herrumbroso, sa adj. Mohoso.

hertz m. *Fís.* Unidad de frecuencia (símb. Hz), igual a un período de una vibración por segundo.

hertziano, na adj. *Fís.* Dícese de las hondas radioeléctricas.

hertzio m. Hertz.

hervidero m. Muchedumbre, multitud.

hervido m. *Amer.* Cocido u olla.

hervir v. i. Agitarse un líquido por la acción del calor (ú. t. c. t.). || *Fig.* Abundar: *hervir de gente.* || *Fig. Hervir en cólera,* estar furioso. || — V. t. Cocer en un líquido que está en ebullición.

hervor m. Ebullición. || *Fig.* Fogosidad.

heterodoxia f. No conformidad con la doctrina fundamental.

heterodoxo adj. y s. No conforme con la doctrina fundamental.

heterogeneidad f. Calidad de heterogéneo.

heterogéneo, a adj. De distinta naturaleza.

heterosexual m. y f. Dícese de aquel que se siente atraído por personas del sexo opuesto.

hevea m. Árbol cuyo látex da caucho.

hexadecimal adj. Sistema de numeración con base 16.

hexaedro m. Poliedro de seis caras planas.

hexágono m. Polígono de seis lados y seis ángulos.

hexápodo, da adj. Con seis patas (ú. t. c. s.).

hez f. Poso de un líquido (ú. m. en pl.). || *Fig.* Lo más despreciable. || — Pl. Excrementos.

Hf, símbolo del *hafnio.*

Hg, símbolo del *mercurio.*

hibernación f. Estado letárgico invernal de ciertos animales, entre ellos la marmota, el murciélago, etc. | Terapéutica basada en el enfriamiento del organismo para reducir las necesidades energéticas vitales y facilitar ciertas intervenciones quirúrgicas.

hibernar v. i. Ser tiempo de invierno. || Pasar el invierno. || — V. t. Someter a hibernación.

hibridación f. Producción de seres híbridos.

híbrido, da adj. Aplícase al animal o al vegetal que procede de dos individuos de distinta especie. || Constituido por elementos de distinto origen.

hidalgo, ga adj. Noble (ú. t. c. s.).

hidalguense adj. y s. De Hidalgo (México).

hidalguía f. Nobleza.

hidra f. Culebra acuática.

hidratación f. Transformación en hidrato.

hidratar v. t. Combinar un cuerpo con agua.

hidrato m. *Quím.* Combinación de un cuerpo simple o compuesto con moléculas de agua.

hidráulico, ca adj. Relativo a la hidráulica. || Que se mueve o funciona por medio del agua. || — F. Parte de la mecánica de los fluidos que trata de las leyes que rigen los movimientos de los líquidos.

hidroavión m. Avión que puede posarse en el agua y despegar de ella.

hidrocarburo m. Carburo de hidrógeno.

hidrodinámico, ca adj. De la hidrodinámica. || — F. Estudio del movimiento de los líquidos.

hidroelectricidad f. Energía eléctrica obtenida por medios hidráulicos.

hidroeléctrico, ca adj. Relativo a la electricidad obtenida por hulla.

hidrofobia f. Miedo al agua. || Rabia.

hidrogenar v. t. Combinar con hidrógeno.

hidrógeno m. Cuerpo simple (símb. H) de número atómico 1, gaseoso, peso atómico 1,008, que entra en la composición del agua.

hidrografía f. Estudio de los mares y ríos.

hidrólisis f. *Quím.* Descomposición de ciertos compuestos orgánicos por la acción del agua.

hidroplano m. Embarcación provista de unos patines inclinados que, al aumentar la velocidad, tienden a levantarla del agua. || Hidroavión.

hidrosfera f. Parte líquida de la Tierra.

hidrostático, ca adj. Relativo al equilibrio de los líquidos. || — F. Parte de la mecánica que estudia las condiciones de equilibrio de los líquidos y la repartición de las presiones que éstos ejercen.

hidroterapia f. Curación por medio del agua.

hidróxido m. *Quím.* Combinación del agua con un óxido metálico.

hidroxilo m. Radical formado por un átomo de hidrógeno y otro de oxígeno.

hiedra f. Planta trepadora.

hiel f. Bilis. || *Fig.* Amargura.

hielera f. *Arg.* Recipiente para llevar hielos a la mesa. || *Arg., Chil.* y *Méx.* Depósito de hielo portátil.

hielo m. Agua solidificada por el frío.

hiena f. Mamífero carnicero nocturno.

hierba f. Planta pequeña de tallo tierno cuyas partes aéreas mueren cada año. || Pastos. || Años.

hierbabuena f. Planta labiada aromática usada como condimento. || Su hoja.

hierbero, ra m. y f. *Méx.* Persona que vende hierbas o cura con ellas.

hierro m. Metal de color gris azulado de gran utilización en la industria y en las artes (símb. Fe). || Marca que con hierro candente se pone a los ganados y se ponía a los delincuentes. || — Pl. Grillos o cadenas que se ponían a los presos. || — *Fig.* De hierro, robusto, resistente: *salud de hierro*; inflexible: *disciplina de hierro*. || *Edad de hierro*, período prehistórico en que el hombre comenzó a usar este metal. || *Hierro colado* o *fundido*, el que sale de los altos hornos.

hígado m. *Anat.* Víscera que segrega la bilis. || — Pl. *Fig.* Valor.

higiene f. Parte de la medicina que estudia la manera de conservar la salud mediante la adecuada adaptación del hombre al medio en que vive y contrarrestando las influencias nocivas que puedan existir en este medio. || *Fig.* Limpieza, aseo.

higiénico, ca adj. De la higiene. || *Papel higiénico*, el fino utilizado para el aseo en el retrete.

higienizar v. t. Hacer higiénico.

higo m. Fruto que da la higuera.

higrometría f. Humedad atmosférica.

higuera f. Árbol de la familia de las moráceas cuyos frutos son primero la breva y luego el higo.

hijastro, tra m. y f. Hijo o hija de uno de los cónyuges respecto del otro que no los procreó.

hijo, ja m. y f. Persona o animal respecto a su padre o a su madre. || Expresión de cariño: *ven aquí, hijo, que te abrace*. || *Fig.* Cualquier persona, respecto del país, provincia o pueblo de que es natural: *hijo de España*. | Obra o producción del ingenio: *hijo de su talento*. || — Pl. *Fig.* Descendientes: *hijos de los incas*.

hijodalgo m. Hidalgo.

hijuela f. Cosa aneja a otra principal. || Conjunto de los bienes que forman la herencia.

hilacha f. Hilo desprendido del tejido de una tela. || *Méx.* Andrajo, ropa vieja.

hilado m. Acción de hilar.

hilandero, ra m. y f. Persona que hila.

hilar v. t. Convertir en hilo: *hilar algodón*. || *Fig.* Inferir unas cosas de otras. || Tramar.

hilarante adj. Que da risa.

hilaridad f. Explosión de risa.

hilaza f. Hilo que se emplea para tejer algo.

hilera f. Formación en línea recta.

hilo m. Hebra larga y delgada que se forma retorciendo cualquier materia textil: *hilo de seda*. || Tela de fibra de lino: *pañuelo de hilo*. || Cordón o cable conductor de la electricidad. || Alambre muy delgado. || Hebra que producen las arañas y el gusano de seda. || *Fig.* Chorro muy delgado: *hilo de sangre*. | Desarrollo del discurso, de un relato, de un pensamiento. || — *Fig. Estar pendiente de un hilo*, estar en constante peligro. | *Estar con el alma en un hilo*, estar lleno de inquietud. | *Hilo de voz*, voz muy débil. | *Mover los hilos*, dirigir algo.

hilván m. Costura a grandes puntadas con que se une provisionalmente lo que se ha de coser.

hilvanar v. t. Coser con hilvanes. || *Fig.* Trazar.

himen m. *Anat.* Membrana que en la mujer virgen reduce el orificio externo de la vagina.

himeneo m. Casamiento.

himenóptero, ra adj. y s. m. Dícese de los insectos que tienen cuatro alas.

himno m. Cántico.

hincapié m. *Hacer hincapié*, insistir.

hincar v. t. Introducir una cosa en otra. Ú. t. c. pr.: *se me ha hincado una astilla en la mano*. || *Pop. Hincar el pico*, morir. || — V. pr. *Hincarse de rodillas*, arrodillarse.

hincha f. Antipatía: *tener hincha a uno*. || — M. y f. Fanático defensor.

hinchado, da adj. Lleno: *globo hinchado*. || *Fig.* Vanidoso, presumido: *persona hinchada*. | Hiperbólico y afectado: *estilo hinchado*. || — F. *Fig.* Conjunto de hinchas: *la hinchada del fútbol*.

hinchar v. t. Hacer que aumente el volumen de un cuerpo: *hinchar un balón*. || *Fig.* Exagerar: *hinchar una noticia*. || — V. pr. Aumentar de volumen: *hincharse una mano*. | *Fig.* Envanecerse: *hincharse de orgullo*. | Comer con exceso: *me hinché de caviar*. | Hartarse: *hincharse de correr*. || *Fam.* Ganar mucho dinero.

hinchazón f. Efecto de hincharse.

hindi m. Idioma de la India.

hindú adj. Que profesa la doctrina del hinduismo (ú. t. c. s.). || Nativo de la India, indio (ú. t. c. s.).

hinduismo m. Religión bramánica en la India.

hinojo m. Planta de la familia de las umbelíferas muy aromática. || — Pl. Rodillas: *está de hinojos*.

hipar v. i. Tener hipo.

hiper m. *Fam.* Hipermercado.

hipérbola f. *Geom.* Lugar de los puntos de un plano cuya diferencia de distancias a dos puntos fijos (focos) es constante.

hipérbole f. Exageración de la verdad.

hiperbolizar v. i. Utilizar hipérboles.

hiperespacio m. Espacio matemático imaginario de más de tres dimensiones.

hipermercado m. Supermercado de grandes dimensiones situado fuera de las poblaciones.

hipersensibilidad f. Gran sensibilidad.

hipertensión f. *Med.* Tensión alta de la sangre.

hipertexto m. Conjunto de textos en un programa de computación que permiten saltar a diferentes partes del documento de acuerdo con patrones preestablecidos.

hipertrofia f. Desarrollo excesivo.

hipertrofiar v. t. *Med.* Aumentar con exceso el volumen de un órgano (ú. t. c. pr.).

hípico, ca adj. Del caballo o de la equitación.

hípido [*jípido*] m. Acción de hipar.

hipismo m. Deporte hípico.

hipnosis f. Sueño dado por el hipnotismo.

hipnótico, ca adj. Relativo a la hipnosis. || — M. Medicamento narcótico.

hipnotismo m. Procedimiento empleado para producir el sueño llamado magnético por fascinación, mediante influjo personal o por aparatos adecuados. || Ciencia que trata de estos fenómenos.

hipnotización f. Acción de hipnotizar.

hipnotizador, ra adj. y s. Que hipnotiza.

hipnotizar v. t. Dormir a alguien por el procedimiento del hipnotismo. || *Fig.* Atraer mucho.

hipo m. Movimiento convulsivo del diafragma que produce una respiración interrumpida y violenta que causa algún ruido.

hipocentro m. *Geol.* Punto subterráneo, debajo del epicentro, donde se ha originado el seísmo.

hipocresía f. Fingimiento de cualidades o sentimientos contrarios a los que verdaderamente se tienen. || Acción hipócrita.

hipócrita adj. Que finge cualidades o sentimientos que no tiene (ú. t. c. s.). || Fingido, falso.

hipodérmico, ca adj. Que está o se pone debajo de la piel.

hipodermis f. Parte profunda de la piel.

hipódromo m. Campo de carreras de caballos.

hipófisis f. Glándula endocrina localizada en el encéfalo que produce la hormona del crecimiento.

hipopótamo m. Mamífero paquidermo de labios grandes y patas cortas. || Fig. Persona enorme.

hipoteca f. Finca que garantiza el pago de un empréstito. || For. Derecho real que grava bienes inmuebles para responder del pago de una deuda.

hipotecar v. t. Garantizar un crédito mediante hipoteca. || Someter a hipoteca: *hipotecar una casa.* || Fig. Comprometer: *hipotecar el futuro.*

hipotecario, ria adj. Relativo a la hipoteca. || Garantizado por una hipoteca.

hipotenusa f. Lado opuesto al ángulo recto en un triángulo rectángulo.

hipótesis f. Suposición.

hipotético, ca adj. Dudoso.

hirsuto, ta adj. Dícese del pelo erizado.

hisopo m. Utensilio para echar agua bendita.

hispánico, ca adj. De España. || Español (ú. t. c. s.).

hispanidad f. Conjunto de los pueblos hispanos. || Hispanismo, amor a lo hispano.

hispanismo m. Giro o vocablo propio de la lengua española. || Voz de esta lengua introducida en otra. || Carácter hispano o español.

hispanista com. Persona que se dedica a los estudios hispánicos.

hispanizar v. t. Españolizar.

hispano, na adj. y s. Hispánico. || Español. || De Hispanoamérica. || Dícese de los hispanoamericanos residentes en Estados Unidos.

hispanoamericanismo m. Doctrina que tiende a la unión de los pueblos hispanoamericanos.

hispanoamericano, na adj. Relativo a los españoles y americanos. || De Hispanoamérica o conjunto de países americanos donde se habla español (ú. t. c. s.).

hispanoárabe adj. Del arte o civilización árabe en España (ú. t. c. s.).

hispanófilo, la adj. y s. Aficionado a la cultura, historia y costumbres de España.

hispanófobo adj. y s. Que tiene odio a España.

hispanohablante adj. y s. Dícese de la persona que tiene el español como lengua materna.

histamina f. Sustancia presente en los tejidos animales que provoca contracción de los músculos, vasodilatación y participa en las inflamaciones.

histeria f. o **histerismo** m. Neurosis caracterizada por ataques convulsivos, sofocaciones, etc.

histérico, ca adj. Relativo a la histeria (ú. t. c. s.). || Fig. Que padece histeria (ú. t. c. s.).

histograma m. Gráfica estadística elaborada con rectángulos cuya altura representa frecuencias.

historia f. Desarrollo de la vida de la humanidad. || Narración verdadera y ordenada de los acontecimientos pasados o de las cosas memorables de la actividad humana. || Descripción de los seres: *historia natural.* || Relato: *contar una historia.* || Fig. Fábula, cuento: *no me vengas con historias.* | Chisme, enredo: *historias de comadres.*

historiador, ra m. y f. Persona que escribe historia o que la estudia.

historial adj. Relativo a la historia. || — M. Reseña detallada de los antecedentes de un asunto, de los servicios o carrera de un funcionario o empleado. || Breve reseña sobre la actividad de un deportista, de un club, etc.

historiar v. t. Contar o escribir historias.

histórico, ca adj. Perteneciente a la historia: *edificio histórico.* || Digno de figurar en la historia: *acontecimiento histórico.* || Fig. Muy importante: *entrevista histórica.* || Gram. Presente histórico, tiempo usado a menudo en los relatos.

historieta f. Cuento breve. || *Historietas ilustradas,* tiras cómicas, tebeos.

hito m. Punto de referencia.

hobby m. (pal. ingl.). Ocupación secundaria que sirve para distraerse.

hocico m. Parte saliente más o menos alargada de la cabeza de ciertos animales. || Fam. Cara.

hockey m. (pal. ingl.). Juego de pelota sobre terreno de hierba o de hielo en el que se utiliza un bastón (*stick*) y cuyas reglas recuerdan las del fútbol.

hogaño adv. Hoy, actualmente.

hogar m. Sitio donde se enciende lumbre. || Fig. Casa o domicilio de uno. || Familia.

hogareño, ña adj. Amante del hogar (ú. t. c. s.). || De la familia.

hogaza f. Pan grande.

hoguera f. Porción de materias combustibles que, encendidas, levantan mucha llama.

hoja f. Cada una de las partes verdes, planas y delgadas que nacen en la extremidad de los tallos y ramas de los vegetales. || Lámina delgada de cualquier materia: *hoja de papel, de metal.* || Folio de un libro o cuaderno. || Cuchilla de ciertas armas o herramientas: *hoja de afeitar.* || Cada una de las partes de la puerta o ventana que se cierra. || Fig. Diario: *Hoja oficial.* || *Hoja de servicios,* historial profesional de un funcionario o deportista.

hojalata f. Lámina de hierro o acero.

hojalatería f. Méx. Local donde se repara la carrocería de un auto.

hojalatero, ra m. y f. Persona que trabaja en hojalata. || Méx. Chapista.

hojaldre m. Masa que, al cocerse, hace hojas delgadas superpuestas.

hojarasca f. Hojas secas.

hojear v. t. Pasar las hojas de un libro.

¡hola! interj. Se emplea como saludo o para expresar sorpresa.

holandés, esa adj. y s. De Holanda. || — M. Idioma hablado en este país.

holgado, da adj. Ancho: *traje holgado.* || Desocupado, ocioso. || Que vive con bienestar.

holganza f. Descanso. || Ociosidad.

holgar v. i. Descansar. || Ser inútil: *huelgan explicaciones.* || — V. pr. Divertirse. || Alegrarse.

holgazán, ana adj. y s. Perezoso.

holgazanear v. i. Estar voluntariamente ocioso.

holgazanería f. Pereza.

holgura f. Anchura. || Bienestar: *vive con holgura.* || Ajuste amplio entre piezas mecánicas.

hollar v. t. Pisar.

hollejo m. Piel delgada de algunas frutas.

hollín m. Materia crasa y negra del humo.

holocausto m. Sacrificio.

holografía f. Técnica fotográfica para obtener imágenes tridimensionales.

holograma m. Imagen fotográfica obtenida mediante la holografía.

hombre m. Ser humano del sexo masculino: *el hombre y la mujer.* || El que ha llegado a la edad viril, adulto. || Especie humana en general: *el hombre fue creado por Dios a su imagen.* || — ¡Hombre!, interj. de sorpresa, cariño, admiración, duda. || *Hombre de la calle,* el ciudadano medio. || *Hombre de letras,* literato. || *Fig. Hombre de paja,* persona que presta su nombre en un negocio que en realidad pertenece a otro, testaferro. || *Hombre rana,* el provisto del equipo necesario para descender a las profundidades submarinas.

hombrera f. Adorno de algunos vestidos en el hombro. || Relleno de guata que los sastres colocan en las chaquetas para armar el hombro.

hombría f. Calidad de hombre. || *Hombría de bien,* honradez.

hombro m. Parte superior y lateral del tronco, del hombre y de los cuadrúmanos, de donde nace el brazo. || Parte correspondiente del vestido.

homenaje m. Juramento de fidelidad. || Acto en honor de una persona. || *Fig.* Sumisión.

homenajeado, da m. y f. Persona que recibe un homenaje.

homenajear v. t. Rendir homenaje.

homeopatía f. *Med.* Sistema curativo que aplica a las enfermedades, en dosis mínimas, las mismas sustancias que en mayores cantidades producirían síntomas iguales a los que se trata de combatir.

homicida adj. Que causa la muerte de una persona. || — M. y f. Asesino.

homicidio m. Muerte de una persona por otra.

homilía f. Plática religiosa.

homínido m. *Zool.* Aplícase a un grupo de primates superiores, de los cuales sólo sobrevive el hombre.

homófono, na adj. *Gram.* Aplícase a las voces de distinto significado pero de igual sonido, como *solar,* sustantivo, *solar,* adjetivo, y *solar,* verbo.

homogeneidad f. Calidad de homogéneo.

homogeneización f. Acción de homogeneizar.

homogeneizar v. t. Volver homogéneo.

homogéneo, a adj. Perteneciente a un mismo género. || *Fig.* Muy unido.

homologación f. Acción y efecto de homologar. || Inscripción oficial de un récord deportivo.

homologar v. t. Registrar y confirmar oficialmente el resultado de una prueba deportiva realizada de acuerdo con las normas federativas: *homologar un récord.* || Reconocer conforme a ciertas normas. || Hacer homólogo, equiparar dos cosas en función de su igualdad o semejanza.

homólogo, ga adj. Dícese de lo que corresponde a la misma estructura, de lo que desempeña iguales funciones que otra cosa. || Dícese de las voces sinónimas.

homonimia f. Calidad de homónimo.

homónimo, ma adj. y s. Dícese de dos o más personas o cosas que llevan el mismo nombre. || *Gram.* Dícese de las palabras que siendo iguales por su forma tienen distinta significación, como *banco,* establecimiento de crédito, *banco,* asiento.

homosexual adj. y s. Dícese de la persona que tiene afinidad sexual con las de su mismo sexo.

homosexualidad f. Afinidad sexual con las personas de su propio sexo.

honda f. Tira de cuero para lanzar piedras.

hondo, da adj. Que tiene profundidad. || *Fig.* Recóndito: *en lo hondo de mi alma.* | Intenso: *hondo pesar.* | Aplícase al cante andaluz o flamenco. (Se dice también *cante jondo.*)

hondonada f. Depresión.

hondura f. Profundidad.

hondureñismo m. Vocablo o giro de Honduras. || Condición de hondureño. || Amor a Honduras.

hondureño, ña adj. y s. Natural de Honduras. || Perteneciente a esta nación de América. || — M. Modalidad del castellano hablado en Honduras.

honestidad f. Honradez.

honesto, ta adj. Honrado.

hongo m. Cualquier planta talófita, sin clorofila, que vive como saprófita, parásita o en simbiosis. || Sombrero de fieltro de copa redonda.

honor m. Sentimiento profundo de la propia dignidad moral: *hombre de honor.* || Honestidad, recato en la mujer. || Buena fama, consideración: *defender el honor de alguien.* || Cosa que honra: *su invitación es un honor para mí.* || Prestigio. || — Pl. Ceremonial que se tributa a una persona.

honorabilidad f. Condición de honorable.

honorable adj. Digno de ser honrado.

honorar v. t. Honrar.

honorario, ria adj. Que honra a uno. || Que sólo tiene los honores del cargo: *presidente honorario.* || — M. pl. Emolumentos, sueldo.

honorífico, ca adj. Que da honor.

honoris causa loc. lat. A título honorífico.

honra f. Estima y respeto de la dignidad propia. || Buena fama. || *Fig.* Cosa o persona de la cual se puede uno sentir orgulloso. || — Pl. Exequias.

honradez f. Cualidad de honrado.

honrado, da adj. Que procede con rectitud.

honrar v. t. Respetar, venerar. || Enaltecer o premiar el mérito: *honrar al sabio.* || Ser motivo de orgullo. || Conceder algo que se considera honorífico: *honrar con su amistad.* || — V. pr. Tener a honra ser o hacer una cosa.

honroso, sa adj. Que da honra.

hora f. Cada una de las veinticuatro partes en que se divide el día solar. || *Fig.* Cita: *pedir hora a un médico.* | Momento de la muerte: *a cada uno le llega su hora.* || — *Hora punta* o *pico,* momento de mayor afluencia (transportes) o de mayor consumo (energía). || *Horas extraordinarias,* las que se trabajan de más.

horadación f. Perforación.

horadar v. t. Perforar.

horario, ria adj. Relativo a las horas. || *Círculos horarios,* círculos máximos que pasan por los polos, señalan las horas del tiempo y dividen el globo en *husos horarios* que abarcan las regiones que tienen la misma hora oficial. || — M. Cuadro indicador de las horas de salida y llegada: *horario de trenes.* || Repartición de las horas del trabajo.

horca f. Conjunto de dos maderos hincados en el suelo y otro que los une por encima sobre el cual se colgaba a los ajusticiados.

horcajadas (a) m. adv. A caballo.

horchata f. Bebida refrescante de almendras.

horchatería f. Local para vender horchata.

horda f. Tropa salvaje.

horizontal adj. Paralelo al horizonte. || — F. Línea horizontal.

horizontalidad f. Calidad o carácter de horizontal.

horizonte m. Línea aparente que separa la tierra del cielo. || Espacio a que puede extenderse la vista. || *Fig.* Extensión de una actividad.

horma f. Molde para dar forma.

hormiga f. Género de insectos que viven en hormigueros. || Persona paciente y trabajadora.

hormigón m. Mezcla de arena, grava y mortero.

hormigonado m. Trabajo hecho con hormigón.

hormigueo m. Comezón, picor.

hormiguero m. Lugar donde se crían las hormigas. || *Fig.* Sitio donde hay muchas personas.

hormona f. *Biol.* Producto de secreción interna de ciertos órganos.

hornacina f. Hueco en un muro.

hornada f. Lo que se cuece de una vez en un horno. || Compañero de la misma promoción.

hornero m. Persona que atiende un horno. || Pájaro americano que construye sus nidos con barro y paja.

hornilla f. y **hornillo** m. Horno.

horno m. Obra abovedada de fábrica que sirve para someter a la acción del calor diversas sustancias. || Compartimento en el interior de una cocina donde se asan las viandas. || *Fig.* Lugar muy caliente. || *Alto horno,* el que funde mena de hierro.

horóscopo m. Predicción.

horquilla f. Alfiler doblado para sujetar el cabello. || Pieza de la bicicleta o motocicleta en que entra la rueda delantera.

horrendo, da adj. Espantoso.

hórreo m. Granero.

horrible adj. Horrendo.

horripilar v. t. Horrorizar.

horrísono, na adj. Horroroso.

horror m. Temor causado por algo espantoso. || Repulsión, odio, aversión. || *Fig.* Atrocidad. Ú. más en pl.: *los horrores de la guerra.* || — Adv. *Fam.* Mucho: *me gusta horrores comer.*

horrorizar v. t. Causar horror. || — V. pr. Tener horror.

horroroso, sa adj. Que produce horror. || *Fam.* Muy feo o malo.

hortaliza f. Verdura.

hortelano, na adj. De las huertas. || M. y f. Cultivador de huertas.

hortensia f. Arbusto de hermosas flores.

hortícola adj. Relativo al huerto.

horticultor, ra m. y f. Hortelano.

horticultura f. Cultivo de los huertos y huertas.

hosco, ca adj. Severo, áspero.

hospedaje u **hospedamiento** m. Alojamiento.

hospedar v. t. Recibir huéspedes en su casa. || — V. pr. Alojarse.

hospicio m. Casa para albergar peregrinos y pobres. || Asilo en el que se aloja y educa a niños pobres, expósitos u huérfanos.

hospital m. Establecimiento público o privado donde los enfermos reciben tratamiento médico.

hospitalario, ria adj. Acogedor.

hospitalidad f. Acción de recibir y albergar a uno.

hospitalización f. Admisión en un hospital.

hospitalizar v. t. Llevar a uno al hospital.

hosquedad f. Mal humor.

hostelería f. Conjunto de la profesión hotelera.

hostelero, ra m. y f. Persona dueña o encargada de una hostería.

hostería f. Establecimiento hotelero.

hostia f. Disco de pan sin levadura que el sacerdote consagra en el sacrificio de la misa.

hostigamiento m. Acción de hostigar.

hostigar v. t. Acosar.

hostil adj. Contrario, enemigo.

hostilidad f. Condición de hostil. || Acción hostil. || Enemistad. || Oposición. || — Pl. Estado de guerra.

hostilizar v. t. Hostigar.

hotel m. Establecimiento donde los viajeros pueden comer y albergarse mediante pago. || Edificio separado de los otros, generalmente con jardín.

hotelería f. Hostelería.

hotelero, ra adj. Relativo al hotel. || — M. y f. Propietario de un hotel o encargado del mismo.

hoy adv. En este día.

hoya f. Hoyo grande. || Sepultura: *tener un pie en la hoya.* || Llano extenso entre montañas.

hoyar v. t. *Amér. C., Col., Cub., Méx.* y *Venez.* Hacer hoyos en la tierra.

hoyo m. Agujero en la tierra o en cualquier superficie. || Sepultura. || En golf, agujero.

hoz f. Instrumento de hoja corva y mango corto para segar mieses. || *La hoz y el martillo,* emblema de la ex U.R.S.S. y de los partidos comunistas.

hua, elemento que entra en muchas voces americanas y a veces toma la forma *gua.*

huaca f. *Amer.* Guaca.

huacal m. *Amer.* Guacal.

huacamole m. *Amer.* Guacamole.

huachinango m. *Méx.* Pez de color rojo de carne muy apreciada.

huaco m. *Chil.* y *Per.* Guaco.

huachafería f. *Per.* Cursilería.

huachafo, fa y **huachafoso, sa** adj. *Per.* Cursi (ú. t. c. s.).

huaino m. *Arg., Bol., Chil.* y *Per.* Baile popular de grupo.

huancaíno, na adj. y s. De Huancayo (Perú).

huancavelicano, na adj. y s. Huancavelica (Perú).

huanuqueño, ña adj. y s. De Huánuco (Perú).

huapango m. *Méx.* Fiesta popular típica de Veracruz. || Música, baile y cantos de esa fiesta.

huarache m. *Méx.* Sandalia.

huarasino, na adj. y s. De Huarás (Perú).

huasca f. *Per.* Guasca.

huasipungo m. *Ecuad.* Tierra que reciben los jornaleros del campo además de su jornal.

huaso, sa adj. y s. *Amer.* Guaso.

huasteca, huaxteca o **huazteca** adj. y s. Dícese del miembro y de lo relativo a un antiguo pueblo maya (ú. t. c. s.).

huasteco, ca adj. y s. *Méx.* De la zona de la Huasteca.

hue, elemento que entra en varias voces americanas que, a veces, toma la forma de *güe.*

hueco, ca adj. Vacío, que tiene una cavidad interior: *pared hueca.* || De sonido retumbante y profundo: *voz hueca.* || *Fig.* Sin ideas: *discurso hueco.* || Afectado: *estilo hueco.* || Cavidad: *aquí hay un hueco.* || Intervalo de tiempo o lugar: *encontrar un hueco en sus ocupaciones.*

huecograbado m. *Impr.* Heliograbado en hueco sobre cilindros de cobre para reproducirlo en máquina rotativa. || Este grabado.

huelga f. Interrupción concertada del trabajo que hacen los obreros para obligar a los patronos a ceder ante sus reivindicaciones: *huelga de brazos caídos, de celo, de hambre, general, salvaje.*

huelguista com. Persona que está en huelga.

huelguístico, ca adj. Relativo a la huelga.

huella f. Señal que deja el pie: *se ven huellas en la nieve.* || *Fig.* Marca, vestigio. || *Huella digital* o *dactilar,* marca dejada por la yema de los dedos.

huemul m. *Arg.* y *Chil.* Ciervo de los Andes.

huérfano, na adj. Dícese del niño que se ha quedado sin padre o sin madre o que ha perdido a los dos (ú. t. c. s.). || *Fig.* Falto de alguna cosa.

huerta f. Huerto grande.

huertano, na adj. y s. Dícese del habitante de las comarcas de regadío, como Murcia, Valencia, etc., llamadas *huertas.*

huerto m. Terreno de poca extensión donde se cultivan verduras, legumbres y frutales.

hueso m. Cada una de las piezas duras que forman el esqueleto de los vertebrados. || Materia que las constituye. || Parte dura interior que contiene la semilla de ciertos frutos: *hueso de cereza.* || *Fig.* y *fam.* Cosa trabajosa: *este trabajo es un hueso.* | Persona de carácter desagradable y trato difícil: *este capitán es un hueso.* | Asignatura muy difícil.

huésped, da m. y f. Persona que se hospeda en casa ajena o en un establecimiento hotelero.

hueste f. Ejército en campaña.

hueva f. Masa de huevecillos de ciertos peces.

huevo m. *Biol.* Célula resultante de la unión del gameto masculino con el femenino y que por división producirá un nuevo ser. | Cuerpo orgánico, que contiene el germen o embrión del nuevo individuo, producido por las hembras de muchos animales. | El de las aves domésticas: *huevos de gallina.*

huevón, ona adj. *Méx.* Dícese de la persona lenta, tarda, despaciosa (ú. t. c. s.). | Dícese de la persona tonta, mentecata (ú. t. c. s.). | Dícese de la persona cándida (ú. t. c. s.). | Dícese de la persona valiente, valerosa (ú. t. c. s.).

hui, elemento que entra en varias voces americanas y a veces adopta la forma *güi.*

huichol, la adj. y s. Aplícase a un pueblo indio de México y a sus integrantes.

huida f. Acción de huir.

huidizo, da adj. Que se escapa, con tendencia a huir.

huilense adj. y s. De Huila (Colombia).

huipil m. *Guat.* y *Méx.* Prenda de vestir de algodón sin mangas y con bordados llamativos.

huir v. i. Escaparse, evitar.

huitlacoche m. *Méx.* Hongo comestible parásito del maíz.

huizache m. *Méx.* Árbol espinoso con cuyo fruto se fabrica tinta y su flor se emplea en perfumería.

hule m. Tela impermeable.

hulla f. Carbón fósil de vegetales que han sufrido una transformación a través de las eras geológicas: se le llama también *carbón de piedra.* || *Hulla blanca,* energía obtenida de los saltos de agua.

hullero, ra adj. Relativo a la hulla.

humaiteño, ña adj. y s. De Humaitá (Paraguay).

humanidad f. Naturaleza humana. || Género humano. || Bondad, benevolencia. || *Fam.* Muchedumbre: *este cuarto huele a humanidad.* || — Pl. Letras humanas: *estudiar humanidades.*

humanismo m. Conjunto de tendencias intelectuales y filosóficas cuyo objetivo es el desarrollo de

las cualidades esenciales del hombre. || Movimiento intelectual de la época del Renacimiento (s. XVI) para renovar el estudio de las lenguas, literaturas y civilizaciones griega y latina.

humanista com. Filósofo que funda su doctrina en el estudio de las cualidades esenciales del hombre. || Persona versada en las letras humanas. || Escritor perteneciente al movimiento llamado *humanismo.* || — Adj. Relativo al humanismo.

humanitario, ria adj. Humano.

humanizar v. t. Volver más humano (ú. t. c. pr.).

humano, na adj. Del hombre. || Compasivo.

humareda f. Humo.

humear v. i. Echar humo.

humedad f. Estado de húmedo.

humedecer v. t. Volver húmedo (ú. t. c. pr.).

humedecimiento m. Acción de humedecer.

húmedo, da adj. Impregnado de un líquido.

húmero m. Hueso del brazo que se articula en la escápula y el codo.

humidificación f. Humedecimiento.

humidificar v. t. Humedecer.

humildad f. Virtud opuesta al orgullo. || Modestia.

humilde adj. Que da muestra de humildad. || De muy modesta condición (ú. t. c. s.).

humillación f. Acción de humillar.

humillar v. t. Bajar, abatir: *humillar el orgullo.* || Avergonzar, rebajar a alguien en su dignidad. || — V. pr. Rebajarse voluntariamente.

humita f. *Arg., Chil.* y *Per.* Pasta a base de maíz tierno rallado, pimientos, tomates, cebollas, queso, ají y ajo que se cuece en agua hirviendo envuelta en la hoja verde de la mazorca.

humitero, ra m. y f. Persona que fabrica o vende humitas.

humo m. Mezcla de gases, de vapor de agua y de partículas tenues de carbón que se desprende de los cuerpos en combustión. || Vapor que se desprende de un líquido caliente o de cualquier cosa que fermenta. || Pl. *Fig.* Vanidad, presunción.

humor m. Cualquiera de los líquidos del cuerpo del animal, como la sangre, la bilis. || *Fam.* Pus. || *Fig.* Estado de ánimo: *tener buen humor.* | Gracia, agudeza: *hombres de humor.* || *Humor negro,* gracia a costa de cosas que suscitarían, desde otra perspectiva, compasión o lástima.

humorismo m. Estilo literario en que se hermanan la gracia con la ironía y lo alegre con lo triste.

humorista com. Dícese del autor en cuyos escritos predomina el humorismo (ú. t. c. s.). || — M. y f. Autor de canciones satíricas.

humorístico, ca adj. Relativo al humorismo.

humus m. Tierra con residuos orgánicos apropiada para el desarrollo de muchos vegetales.

hundimiento m. Acción de hundir.

hundir v. t. Meter en lo hondo: *hundir un puñal en el pecho.* || Hacer bajar el nivel de algo: *las lluvias han hundido el terreno.* || Echar a pique: *hundir un barco* (ú. t. c. pr.). || *Fig.* Abrumar, abatir: *la muerte de su padre le hundió.* | Arruinar: *hundir un negocio* (ú. t. c. pr.). | Enflaquecer: *hundir las mejillas* (ú. t. c. pr.). | — V. pr. Sucumbir: *hundirse un imperio.* | Derrumbarse, desplomarse.

húngaro, ra adj. y s. De Hungría. || — M. Lengua hablada en Hungría.

huno, na adj. y s. Dícese del individuo de un pueblo bárbaro de raza mongólica en Asia Central.

huracán m. Viento violento.

huraño, ña adj. Poco sociable.

hurgar v. t. Menear o remover: *hurgar la lumbre*. ||
Tocar: *hurgar un mecanismo*. || Fisgar (ú. t. c. i.).

hurón m. Mamífero carnívoro.

huronear v. i. *Fig.* Curiosear.

¡hurra! interj. Expresa admiración, entusiasmo.

hurtadillas (a) adv. A escondidas.

hurtar v. t. Robar. || *Fig.* Apartar, esquivar, alejar: *hurtar el cuerpo*.

hurto m. Robo. || Cosa hurtada.

húsar m. Soldado de caballería ligera.

husmeador, ra adj. y s. Que husmea.

husmear v. t. Oler, olfatear. || *Fig.* Indagar, curiosear.
|| Presentir: *husmear el peligro*.

husmeo m. Acción de husmear.

huso m. Palo para hilar. || Instrumento para devanar la seda. || — *Geom. Huso esférico*, parte de la superficie de una esfera comprendida entre dos mitades de círculo máximo de diámetro común. || *Huso horario*, cada uno de los 24 husos geométricos con amplitud de 15° en que se divide convencionalmente la esfera terrestre y en los cuales la hora legal es la misma.

hutía f. Mamífero roedor americano.

¡huy! interj. Expresa dolor, melindre, asombro.

Hz, símbolo del *hertz*.

i

i f. Novena letra del alfabeto castellano y tercera de sus vocales. ‖ — **I**, cifra romana que vale uno. ‖ Símbolo químico del *yodo*. ‖ *Fam. Poner los puntos sobre las íes*, hablar de manera muy clara.

ibagüereño, ña adj. y s. De Ibagué (Colombia).

ibérico, ca adj. Íbero (ú. t. c. s.).

iberismo m. Carácter de íbero.

ibero, ra adj. y s. De Iberia, pueblo que habitó en España. ‖ — M. Lengua de los íberos.

iberoamericano, na adj. y s. De Iberoamérica (países de América de lengua española o portuguesa).

ibis f. Ave zancuda de pico largo.

iceberg m. (pal. ingl.). Masa de hielo flotante.

icono m. En la Iglesia ortodoxa, imagen sagrada.

iconoclasta adj. y s. Dícese de los miembros de una secta que proscribía el culto a las imágenes. ‖ *Fig.* Que no respeta los valores tradicionales.

iconografía f. Estudio de las imágenes. ‖ Colección de imágenes.

iconográfico, ca adj. Relativo a la iconografía.

icosaedro m. Sólido limitado por veinte caras.

ictericia f. *Med.* Enfermedad producida por la presencia en la sangre de pigmentos de la bilis.

icho o **ichu** m. Planta gramínea de América.

ida f. Acción de ir: *billete de ida y vuelta.*

idea f. Representación mental de una cosa real o imaginaria: *tener una idea clara de algo.* ‖ Modo de ver: *ideas políticas.* ‖ Intención: *tener idea de casarse.* ‖ Impresión, creencia. ‖ Opinión. ‖ Conocimiento: *no tengo la menor idea de lo que quiere.* ‖ Primera concepción: *a este técnico se le debe la idea de una máquina.* ‖ Imagen, recuerdo.

ideal adj. Relativo a la idea. ‖ Que existe sólo en la imaginación, irreal. ‖ Perfecto: *mujer ideal.* ‖ Maravilloso. ‖ — M. Perfección suprema: *ideal de belleza.* ‖ Prototipo, modelo o ejemplar perfecto. ‖ Objetivo al que uno aspira: *tener un ideal.*

idealismo m. Tendencia a idealizar las cosas.

idealista adj. y s. Que persigue un ideal.

idealización f. Forma imaginaria de algo.

idealizar v. t. Dar un carácter ideal.

idear v. t. Pensar, discurrir. ‖ Imaginar, inventar.

ídem adv. lat. El mismo, lo mismo.

idéntico, ca adj. Exactamente igual.

identidad f. Calidad de idéntico. ‖ Conjunto de caracteres que diferencian a las personas.

identificación f. Acción de identificar.

identificar v. t. Hacer que dos o varias cosas distintas aparezcan como idénticas (ú. m. c. pr.). ‖ *For.* Reconocer si una persona es la que se busca: *identificar a un delincuente.* ‖ — V. pr. Llegar a tener las mismas ideas, voluntad, deseo, etc.

ideograma m. Forma de escritura en la que se representa una palabra, una frase o una idea, pero no los sonidos.

ideología f. Conjunto de ideas características de una persona, una clase social o una época.

idílico, ca adj. Maravilloso.

idilio m. Poema de asunto amoroso. ‖ Amor.

idioma m. Lengua de un país o nación.

idiosincrasia f. Manera de ser.

idiota adj. y s. *Fig.* Tonto.

idiotez f. Insuficiencia de desarrollo mental. ‖ *Fig.* Imbecilidad.

idiotismo m. Expresión.

idiotizar v. t. Volver idiota.

ido, da adj. Chiflado.

idólatra adj. y s. Que adora ídolos.

idolatrar v. t. Adorar.

idolatría f. Adoración.

ídolo m. Figura de una divinidad a la que se da adoración. ‖ *Fig.* Persona amada o admirada.

idoneidad f. Aptitud para algo.

idóneo, a adj. Adecuado.

iglesia f. Templo cristiano. ‖ Sociedad religiosa fundada por Jesucristo. ‖ Cualquier comunión cristiana: *la Iglesia protestante.* ‖ Conjunto de las creencias, ministros y fieles de la religión católica.

ignífugo, ga adj. Que evita el fuego.

ignominia f. Infamia.

ignominioso, sa adj. Infame.

ignorancia f. Carencia de instrucción.

ignorante adj. y s. Que no tiene instrucción.

ignorar v. t. No saber.

ignoto, ta adj. No conocido.

igual adj. De la misma naturaleza, calidad o cantidad: *dos distancias iguales.* ‖ Semejante: *no he visto cosa igual.* ‖ Muy parecido: *su hija es igual que ella.* ‖ De la misma clase o condición. Ú. t. c. s.: *es mi igual.* ‖ Liso: *superficie igual.* ‖ Indiferente: *me es igual.* ‖ — M. Signo de la igualdad (=). ‖ — Adv. De la misma manera.

igualación f. o **igualamiento** m. Acción y efecto de igualar.

igualar v. t. Hacer igual. ‖ Allanar, alisar: *igualar los terrenos.* ‖ — V. i. Ser una cosa igual a otra. Ú. t. c. pr.: *igualarse dos cantidades.* ‖ En deporte, tener un tanteo igual al de la parte adversa.

igualatorio m. Centro médico que presta servicio a sus asociados mediante una cuota periódica.

igualdad f. Conformidad de una cosa con otra en naturaleza, forma, calidad o cantidad. ‖ Identidad: *igualdad de opiniones.* ‖ *Mat.* Expresión de equivalencia de dos cantidades. ‖ Carácter liso.

igualitario, ria adj. Que tiende a la igualdad.

iguana f. Reptil saurio.

163

iguánidos m. pl. Familia de reptiles (ú. t. c. adj.).

ijada f. o **ijar** m. Cavidad entre las costillas falsas y las caderas.

ilación f. Conexión.

ilegal adj. Que va contra la ley. || *Méx.* Inmigrante que carece de documentos.

ilegalidad f. Falta de legalidad.

ilegitimar v. t. Privar de legitimidad.

ilegítimo, ma adj. No legítimo. || Nacido de padres que no están casados (ú. t. c. s.).

íleon m. Tercera parte del intestino delgado desde el yeyuno hasta el ciego. || Porción lateral del hueso innominado que forma la cadera.

ileso, sa adj. Sin lesión.

iletrado, da adj. y s. Analfabeto.

iliaco, ca o **ilíaco, ca** adj. Relativo al ilion. || *Hueso iliaco*, el que forma el esqueleto de la cadera.

ilicitano, na adj. y s. De Elche (España).

ilícito, ta adj. No legal.

ilicitud f. Calidad de ilícito.

ilimitado, da adj. Sin límites.

ilion m. *Anat.* Hueso de la cadera que unido al isquion y al pubis forma el hueso iliaco.

iluminación f. Acción de iluminar. || Alumbrado. Cantidad de luz.

iluminado, da adj. Alumbrado. || Dícese de las personas que ven visiones (ú. t. c. s.).

iluminar v. t. Alumbrar, dar luz: *el Sol ilumina los planetas.* || *Fig.* Ilustrar el entendimiento.

ilusión f. Error del entendimiento que nos hace tomar las apariencias por realidades. || Esperanza quimérica. || *Fig.* Alegría muy grande.

ilusionar v. t. Hacer concebir ilusiones. || Causar gran alegría. || — V. pr. Forjarse ilusiones.

ilusionismo m. Tendencia a forjarse ilusiones. || Arte de producir fenómenos en contradicción con las leyes naturales, prestidigitación.

ilusionista adj. y s. Prestidigitador.

iluso, sa adj. y s. Soñador.

ilusorio, ria adj. Que no se ha de realizar.

ilustración f. Instrucción. || Grabado o fotografía que adorna un texto. || Movimiento filosófico del siglo XVIII en pro de la difusión del saber.

ilustrado, da adj. Instruido: *hombre ilustrado.* || Que tiene dibujos.

ilustrador, ra adj. Dícese de la persona que ilustra un libro (ú. t. c. s.).

ilustrar v. t. Aclarar: *ilustrar con una cita.* || *Fig.* Instruir, civilizar: *ilustrar a un pueblo.* || Adornar con grabados. || — V. pr. Llegar a ser ilustre.

ilustre adj. De fama. || Título de dignidad.

ilustrísimo, ma adj. Muy ilustre.

imagen f. Representación en pintura o escultura de una persona o cosa. || Representación de la divinidad, de los santos, etc.: *imagen de la Virgen.* || Semejanza: *a imagen de Dios.* || Representación de las personas y objetos en la mente.

imaginación f. Facultad de poder imaginar. || Cosa imaginada.

imaginar v. t. Representar idealmente una cosa. || Crear. || Pensar. || — V. pr. Figurarse.

imaginaria f. Guardia, funcionario o empleado que sólo presta servicio en caso necesario.

imaginario, ria adj. No real.

imaginativo, va adj. Que imagina.

imán m. Óxido natural de hierro que atrae el hierro y otros metales. || *Fig.* Atractivo.

imán m. Entre los musulmanes, el encargado de dirigir la oración y título de ciertos soberanos.

imanar v. t. Magnetizar (ú. t. c. pr.).

imantar v. t. Imanar.

imbabureño, ña adj. y s. De Imbabura (Ecuador).

imbatible adj. Invencible.

imbécil adj. y s. Tonto.

imbecilidad f. Debilidad mental.

imberbe adj. Sin barba. || *Fig.* Muy joven.

imborrable adj. Que no se puede borrar.

imitación f. Acción de imitar. || Cosa imitada.

imitador, ra adj. y s. Que imita.

imitar v. t. Hacer una cosa a ejemplo o semejanza de otra. || Actuar de la misma manera.

impaciencia f. Falta de paciencia.

impacientar v. t. Hacer perder la paciencia. || — V. pr. Perder la paciencia.

impaciente adj. y s. Que no tiene paciencia.

impacto m. Choque de un proyectil en el blanco. || Huella que deja en él. || *Fig.* Repercusión, efecto.

impagado, da adj. y s. m. Sin pagar.

impar adj. No divisible por dos: *número impar* (ú. t. c. s. m.). || Que no tiene igual, único.

imparcial adj. Justo, objetivo.

imparcialidad f. Carácter de justo.

impartir v. t. Conceder. || Dar: *impartir clases.*

impasibilidad f. Falta de reacción ante algo.

impasible adj. Insensible.

impavidez f. Impasibilidad.

impávido, da adj. Impasible.

impecable adj. Sin faltas.

impedimento m. Obstáculo.

impedir v. t. Dificultar. || Hacer imposible.

impeditivo, va adj. Que obstaculiza.

impeler v. t. Dar empuje. || *Fig.* Estimular, incitar.

impenetrable adj. Que no se puede penetrar. || *Fig.* Que no puede descubrirse.

imperar v. t. Ejercer el imperio. || Gobernar.

imperatividad f. Obligatoriedad.

imperativo, va adj. Que impera o manda: *deber imperativo.* || — M. *Gram.* Modo y tiempo del verbo que expresa la orden, la exhortación o la súplica. || Principio que tiene carácter de orden.

imperceptibilidad f. Calidad de imperceptible.

imperceptible adj. Incomprensible.

imperdible m. Alfiler que se abrocha.

imperecedero, ra adj. Eterno.

imperfección f. Carencia de perfección. || Defecto ligero.

imperfecto, ta adj. No perfecto. || — M. Pretérito imperfecto.

imperial adj. Relativo al emperador o al imperio.

imperialismo m. Política de un Estado tendente a someter a otros Estados bajo su dependencia.

imperialista adj. y s. Favorable al imperialismo.

impericia f. Falta de pericia.

imperio m. Acción de mandar con autoridad. || Tiempo durante el cual hubo un emperador en determinado país. || Estado gobernado por un emperador. || Países o Estados sujetos a la misma autoridad: *el antiguo Imperio Británico.* || *Fig.* Orgullo, altanería. | Dominación, poder.

imperioso, sa adj. Autoritario.

impermeabilidad f. Calidad de impermeable.

impermeabilización f. Operación de impermeabilizar un tejido.

impermeabilizante adj. Que forma una capa impermeable (ú. t. c. s. m.).

impermeabilizar v. t. Hacer impermeable.

impermeable adj. Impenetrable al agua. ‖ — M. Prenda de abrigo cuya tela es impermeable.

impersonal adj. Carente de personalidad: *una escritura impersonal.* ‖ Que no se aplica a nadie personalmente: *alusión impersonal.* ‖ Gram. Dícese del verbo que sólo se usa en infinitivo y en la tercera persona del sing., como *llover, nevar.*

impertérrito, ta adj. Que no es fácil de asustar.

impertinencia f. Palabra o acción insolente.

impertinente adj. Inoportuno, molesto. ‖ Enfadoso, insolente. Ú. t. c. s.: *no soporto a los impertinentes.* ‖ — M. pl. Anteojos plegables.

imperturbable adj. Impasible.

ímpetu m. Violencia. ‖ Energía.

impetuosidad f. Ímpetu.

impetuoso, sa adj. Violento.

impío, a adj. Falto de religión (ú. t. c. s.).

implacable adj. Que no se puede templar.

implantación f. Acción de implantar. ‖ Med. Fijación o injerto de un tejido u órgano en otro. | Introducción de un medicamento bajo la piel.

implantar v. t. Establecer, instaurar. ‖ Med. Hacer una implantación. ‖ — V. pr. Establecerse.

implante m. Medicamento que se introduce bajo la piel para que se disuelva lentamente.

implementación f. Acción de implementar.

implementar v. t. Llevar a cabo, realizar. ‖ Aplicar, poner en práctica.

implemento m. Utensilio.

implicación f. Participación en un delito. ‖ Cosa implicada. ‖ Consecuencia.

implicar v. t. Envolver: *implicado en un asunto.* ‖ Fig. Llevar en sí.

implícito, ta adj. Que está incluido en algo.

imploración f. Ruego, súplica.

implorar v. t. Suplicar, rogar.

imponderable adj. Que no puede pesarse. ‖ Fig. Inapreciable. | Imprevisible. ‖ — M. Circunstancia difícil de prever.

imponente adj. Magnífico.

imponer v. t. Poner una carga u obligación: *imponer un gravamen.* ‖ Hacer prevalecer: *imponer su voluntad.* ‖ Infundir respeto o miedo. Ú. t. c. i.: *un espectáculo que impone.* ‖ Ingresar dinero en un establecimiento bancario. ‖ Impr. Disponer las planas de composición con sus márgenes correspondientes. ‖ Poner encima: *imponer las manos.* ‖ — V. pr. Mostrar superioridad. ‖ Predominar, distinguirse: *esta moda acabó imponiéndose.*

impopular adj. Que no es popular.

impopularidad f. Falta de popularidad.

importación f. Acción de importar o introducir géneros extranjeros en un país.

importador, ra adj. y s. Que se dedica al comercio de importación.

importancia f. Calidad de lo que es de mucho valor. ‖ Carácter de lo que es considerable.

importante adj. Que importa, considerable: *ocasión importante.* ‖ Que tiene autoridad o importancia: *un cargo importante.* ‖ Esencial.

importar v. t. e i. Convenir, interesar: *importa mucho hacerlo bien.* ‖ Valer, costar: *la póliza importa mucho dinero.* ‖ — ¿Le importa...?, seguido de verbo en infinitivo, fórmula de cortesía para pedir un favor: *¿le importa llevar esta maleta?* ‖ Fam. Me importa un bledo o un comino o un pito o tres pepinos, me da absolutamente igual. ‖ — V. t. Introducir en un país mercancías procedentes del extranjero: *España importa petróleo.*

importe m. Valor a que asciende una cosa.

importunar v. t. Molestar.

importunidad f. Molestia.

importuno, na adj. Inoportuno.

imposibilidad f. Carácter de lo que es imposible.

imposibilitar v. t. Hacer imposible.

imposible adj. No posible. ‖ Inaguantable.

imposición f. Acción de imponer.

impostor, ra adj. y s. Que engaña.

impostura f. Engaño.

impotencia f. Falta de poder. ‖ Incapacidad para realizar el coito.

impotente adj. y s. Que no puede. ‖ Incapaz de realizar el coito.

imprecación f. Acción de imprecar.

imprecar v. t. Proferir palabras con las que se pide un daño a alguien.

imprecisión f. Poca precisión.

impreciso, sa adj. Falto de precisión.

impregnar v. t. Hacer penetrar una sustancia en otro cuerpo.

imprenta f. Arte de imprimir. ‖ Establecimiento donde se imprime.

imprescindible adj. Indispensable.

imprescriptible adj. Que no puede prescribir.

impresión f. Acción de imprimir: *la impresión de un diccionario.* ‖ Obra impresa. ‖ Grabación de un disco o de una cinta magnetofónica. ‖ Efecto producido sobre los sentidos o el ánimo: *impresión de frío.* ‖ Punto de vista, opinión.

impresionado, da adj. Que ha recibido una impresión.

impresionar v. t. Producir alguna impresión material: *impresionar un disco fonográfico.* ‖ Fig. Producir una impresión moral (ú. t. c. pr.).

impresionismo m. Tendencia pictórica de finales del siglo XIX.

impresionista adj. Del impresionismo. ‖ Partidario del impresionismo o que lo practica (ú. t. c. s.).

impreso, sa adj. Hecho en la imprenta. ‖ — M. Libro, folleto, formulario hechos en la imprenta.

impresor, ra adj. Que imprime. ‖ — M. Propietario o director de una imprenta. ‖ — F. Imprenta. ‖ Elemento de un ordenador que permite obtener resultados impresos.

imprevisible adj. Que no puede preverse.

imprevisión f. Falta de previsión.

imprevisto, ta adj. No previsto. ‖ — M. Cosa no prevista. ‖ — M. pl. Gastos no previstos.

imprimir v. t. Poner en el papel, tela, etc., las letras u otros caracteres por medio de la impresión: *imprimir un periódico.* ‖ Fig. Dejar huella en algo. ‖ Fig. Marcar: *la virtud estaba impresa en su rostro.* ‖ Dar, comunicar: *imprimir movimiento.*

improcedencia f. Calidad de improcedente.

improcedente adj. Inadecuado.

improductivo, va adj. Que no produce.

improperio m. Injuria.

impropiedad f. Falta de propiedad.

impropio, pia adj. Inadecuado.

improvisación f. Acción y efecto de improvisar.

improvisado, da adj. Producto de la improvisación.

improvisador, ra adj. y s. Que improvisa.
improvisar v. t. Hacer una cosa de pronto.
imprudencia f. Falta de prudencia.
imprudente adj. y s. Sin prudencia.
impúber adj. Que no ha llegado aún a la pubertad (ú. t. c. s.).
impudicia o **impudicicia** f. Deshonestidad.
impúdico, ca adj. y s. Deshonesto.
impudor m. Falta de pudor.
impuesto m. Tributo, gravamen, prestación económica, a título definitivo y sin contrapartida, requerida por el Estado a los ciudadanos o empresas con el objeto de financiar los gastos públicos. || — *Impuesto directo*, el que grava directamente los ingresos económicos de una persona o sociedad. || *Impuesto indirecto*, el que grava los bienes de consumo. || *Impuesto progresivo*, el que aumenta progresivamente a medida que aumenta el líquido imponible. || *Impuesto sobre el valor añadido (I.V.A.)*, impuesto pagado por las empresas sobre el aumento de valor que aquéllas dan, en las diferentes fases de producción, a un bien o servicio.
impugnación f. Refutación.
impugnar v. t. Combatir, refutar.
impulsar v. t. Dar impulso. || *Fig.* Estimular.
impulsión f. Impulso, fuerza.
impulsivo, va adj. Que impele o puede impeler: *fuerza impulsiva*. || *Fig.* Que actúa sin reflexionar.
impulso m. Fuerza que pone algo en movimiento. || Fuerza: *dar impulso a la industria*.
impune adj. Sin castigar.
impunidad f. Falta de castigo.
impureza f. Calidad de impuro.
impuro, ra adj. No puro.
imputable adj. Atribuible.
imputación f. Acción de imputar.
imputar v. t. Atribuir a otro una culpa. || Abonar una partida en cuenta.
In, símbolo del *indio*, metal blanco.
inabarcable adj. Que no es posible abarcar.
inabordable adj. Que no puede abordarse.
inaccesible adj. No accesible.
inacción f. Falta de acción.
inactivar v. i. Hacer perder la actividad.
inactividad f. Falta de actividad.
inactivo, va adj. Sin acción o movimiento.
inadaptación f. Falta de adaptación.
inadecuado, da adj. No adecuado.
inadmisible adj. No admisible.
inadvertencia f. Descuido.
inadvertido, da adj. No advertido.
inagotable adj. Que no se agota. || Que no se cansa.
inaguantable adj. Que no se puede aguantar.
inalcanzable adj. Que no se alcanza.
inalienabilidad f. Condición de inalienable.
inalienable adj. Que no se puede enajenar.
inalterable adj. Que no se puede alterar.
inamistoso, sa adj. Poco amistoso.
inamovible adj. Fijo.
inane adj. Vano, fútil, inútil.
inanición f. Estado de debilidad extrema por falta de alimentos.
inanimado, da adj. Sin vida.
inaplazable adj. Que no se puede aplazar.
inaplicable adj. Que no se puede aplicar.
inapreciable adj. Muy pequeño: *diferencia inapreciable*. || De mucho valor: *ayuda inapreciable*.

inaptitud f. Falta de aptitud.
inasequible adj. No asequible.
inasible adj. Que no puede cogerse, huidizo.
inasistencia f. Falta de asistencia.
inaudible adj. Que no se puede oír.
inaudito, ta adj. Extraordinario, increíble.
inauguración f. Acto de inaugurar.
inaugural adj. Concerniente a una inauguración.
inaugurar v. t. Dar principio a una cosa con solemnidad: *inaugurar el curso académico*. || Abrir un establecimiento, un templo, etc. || Poner en servicio: *inaugurar una carretera*. || Celebrar el estreno de una obra, la erección de un monumento, etc.
inca m. Rey o varón de estirpe regia entre los antiguos peruanos. || Habitante del Imperio de los Incas. || Moneda de oro del Perú. || — Adj. Incaico.
incaico, ca adj. Relativo a los incas.
incandescente adj. Candente.
incansable adj. Incapaz o muy difícil de cansarse.
incapacidad f. Falta de capacidad.
incapacitar v. t. Inhabilitar.
incapaz adj. Que no es capaz: *incapaz de hacer algo*. || Falto de talento (ú. t. c. s.). || *For.* Que no tiene aptitud legal para ciertos actos civiles.
incario m. Período del Imperio Inca.
incásico, ca adj. Incaico.
incautación f. Embargo.
incautarse v. pr. Tomar posesión.
incauto, ta adj. y s. Que no tiene cautela.
incendiar v. t. Prender fuego.
incendiario, ria adj. Que provoca incendio (ú. t. c. s.). || *Fig.* Subversivo: *artículo incendiario*.
incendio m. Fuego grande que abrasa total o parcialmente lo que no está destinado a arder.
incensar v. t. Agitar el incensario. || *Fig.* Adular.
incensario m. Braserillo donde arde el incienso.
incentivo m. Lo que incita.
incertidumbre f. Duda.
incesto m. Unión sexual entre parientes.
incestuoso, sa adj. Que comete incesto (ú. t. c. s.). || Relativo al incesto.
incidencia f. Lo que sobreviene en el curso de un asunto o negocio y tiene con éste algún enlace.
incidental adj. Fortuito.
incidente adj. Que sobreviene en el curso de un asunto (ú. t. c. s. m.).
incidir v. i. Incurrir en una falta.
incienso m. Gomorresina que se quema en ciertas ceremonias del culto. || *Fig.* Adulación.
incierto, ta adj. Dudoso.
incineración f. Reducción a cenizas.
incinerar v. t. Reducir a cenizas.
incipiente adj. Que empieza.
incisión f. Corte.
incisivo, va adj. Cortante. || Dícese de cada uno de los dientes delanteros que sirven para cortar: *dientes incisivos* (ú. t. c. s. m.). || *Fig.* Mordaz.
inciso m. Frase en medio de otra.
incitación f. Instigación.
incitador, ra adj. y s. Que incita.
incitar v. t. Estimular, instigar.
inclasificable adj. Que no es posible clasificar.
inclemencia f. Falta de clemencia.
inclemente adj. Falto de clemencia.
inclinación f. Acción de inclinar o inclinarse. || Reverencia en señal de respeto: *inclinación de cabeza*. || *Fig.* Afición. | Afecto, cariño. | Tendencia. || Estado

de lo que está inclinado: *la inclinación de la torre de Pisa.*

inclinar v. t. Apartar una cosa de su posición vertical: *inclinar la cabeza* (ú. t. c. pr.). || *Fig.* Dar propensión a decir o hacer algo: *inclinar a la benevolencia.* || — V. pr. Tener tendencia a algo.

incluir v. t. Poner una cosa dentro de otra. || Contener una cosa a otra o llevarla implícita.

inclusa f. Asilo de niños.

inclusión f. Acción de incluir. || *Con inclusión de,* que contiene a.

inclusive adv. Con inclusión de.

inclusivo, va adj. Que incluye.

incluso, sa adj. Incluido: *factura inclusa.* || — Adv. Con inclusión de. || Hasta: *llegamos incluso a Suiza.*

incógnito, ta adj. No conocido. || *De incógnito,* sin ser conocido. || — M. Situación de una persona que mantiene secreta su identidad. || — F. *Mat.* Cantidad desconocida de una ecuación o de un problema. || *Fig.* Misterio, cosa desconocida.

incoherencia f. Falta de coherencia.

incoherente adj. No coherente.

incoloro, ra adj. Sin color.

incólume adj. Sin daño.

incombustible adj. Que no puede quemarse.

incomodar v. t. Molestar (ú. t. c. pr.).

incomodidad f. Falta de comodidad. || Malestar.

incómodo, da adj. Molesto.

incomparable adj. Que no se puede comparar.

incompatibilidad f. Imposibilidad de coexistir.

incompatible adj. No compatible.

incompetencia f. Falta de competencia.

incompetente adj. No competente.

incompleto, ta adj. No completo.

incomprendido, da adj. No comprendido.

incomprensible adj. Que no se comprende.

incomprensión f. Falta de comprensión.

incomprensivo, va adj. Que no es capaz de comprender o que no se puede comprender.

incompresible adj. Que no se puede comprimir.

incomunicación f. Acción de incomunicar.

incomunicado, da adj. Aislado, sin comunicación.

incomunicar v. t. Privar de comunicación.

inconcebible adj. Que no puede concebirse.

inconcluso, sa adj. Inacabado.

incondicional adj. Absoluto. || Que sigue ciegamente a una persona o idea (ú. t. c. s.).

inconexo, xa adj. Sin relación.

inconforme adj. Que no está conforme.

inconformidad f. Falta de conformidad.

inconfortable adj. No confortable.

inconfundible adj. No confundible.

incongruencia f. Falta de congruencia.

incongruente adj. No congruente.

incongruidad f. Falta de congruencia.

inconmensurable adj. No conmensurable.

inconmovible adj. Que no se puede conmover.

inconsciencia f. Falta de juicio.

inconsciente adj. y s. No consciente. || Irreflexivo. || — M. Conjunto de procesos que actúan sobre la conducta y no en la conciencia.

inconsecuencia f. Calidad de inconsecuente. || Cosa inconsecuente.

inconsecuente adj. y s. Que no actúa de conformidad con su conducta previa o sus ideas. || Que cambia fácilmente de ideas.

inconsiderado, da adj. Que actúa sin reflexionar o que trata sin consideración (ú. t. c. s.).

inconsistencia f. Falta de consistencia.

inconsistente adj. Falto de consistencia.

inconstancia f. Falta de constancia.

inconstante adj. No constante.

inconstitucional adj. Contra la Constitución.

inconstitucionalidad f. Oposición a los preceptos de la Constitución.

incontestable adj. Que no se puede negar.

incontinencia f. Vicio opuesto a la continencia. || *Med.* Emisión involuntaria de la orina, de las materias fecales, etc.

incontrovertible adj. Indiscutible.

inconveniencia f. Calidad de inconveniente.

inconveniente adj. No conveniente. || Desatento, descortés. || — M. Aspecto desfavorable de algo.

incorporación f. Acción y efecto de incorporar.

incorporar v. t. Unir dos o más cosas para formar un todo: *incorporar una sustancia a otra: incorporar Fernando el Católico incorporó Navarra a España* (ú. t. c. pr.). || Sentar el cuerpo que estaba echado: *incorporar al enfermo en la cama* (ú. t. c. pr.). || — V. pr. Ingresar una persona en un cuerpo.

incorrección f. Calidad de incorrecto. || Descortesía.

incorrecto, ta adj. No correcto.

incorregible adj. No corregible.

incorrupción f. Estado de lo incorruptible.

incorruptible adj. No corruptible.

incorrupto, ta adj. Que está sin corromperse.

incredulidad f. Dificultad para creer una cosa.

incrédulo, la adj. y s. Dícese del que no cree.

increíble adj. Que no puede creerse.

incrementar v. t. Aumentar.

incremento m. Aumento.

incriminar v. t. Acusar.

incruento, ta adj. No sangriento.

incrustación f. Acción de incrustar.

incrustar v. t. Embutir en una superficie lisa y dura piedras, metales, maderas, etc., formando dibujos. || — V. pr. Adherirse fuertemente.

incubación f. Acción de empollar las aves los huevos. || *Med.* Desarrollo de una enfermedad.

incubadora f. Aparato o local para la incubación artificial. || Urna de cristal para mantener a los nacidos prematuramente.

incubar v. t. Empollar el ave los huevos. || Tener una enfermedad en estado de incubación.

inculcar v. t. *Fig.* Imprimir algo en el espíritu.

inculpación f. Acusación.

inculpar v. t. Acusar, culpar.

inculto, ta adj. No cultivado. || Carente de cultura o instrucción (ú. t. c. s.).

incultura f. Falta de cultura.

incumbencia f. Función de una persona.

incumbir v. i. Estar a cargo de una cosa.

incumplimiento m. Falta de cumplimiento.

incumplir v. t. Dejar de cumplir.

incurable adj. y s. Que no se cura.

incurrir v. i. Cometer error, delito, etc.

incursión f. *Mil.* Correría.

incursionar v. i. *Amer.* Penetrar en.

indagación f. Investigación.

indagar v. t. Investigar.

indecencia f. Falta de decencia.

indecente adj. Contrario a la decencia. || *Fig.* Muy malo. | Asqueroso.

167

IND

IM

indecisión f. Falta de decisión.

indeciso, sa adj. Pendiente de resolución.

indecoroso, sa adj. Sin decoro.

indefectible adj. Que ha de ocurrir.

indefenso, sa adj. Sin defensa.

indefinido, da adj. No definido: *tristeza indefinida*. || Que no tiene límites, ilimitado: *espacio indefinido*. || Indeterminado: *proposición indefinida*. || *Gram*. Dícese de las palabras que determinan o representan los nombres de una manera vaga, general: *artículo indefinido*. || *Pretérito indefinido*, tiempo verbal que indica la acción pasada con independencia de otra, como *escribí, llegué*, etc.

indeleble adj. Imborrable.

indemne adj. Ileso.

indemnización f. Reparación legal de un daño o perjuicio causado. || Cosa con que se indemniza.

indemnizar v. t. Resarcir de un daño o perjuicio.

independencia f. Estado de una persona o cosa independiente. || Autonomía de un Estado.

independentismo m. Movimiento que reclama la independencia.

independentista e **independista** adj. Partidario del independentismo (ú. t. c. s.).

independiente adj. Que no depende.

independizarse v. pr. Hacerse independiente.

indescifrable adj. Que no se puede descifrar.

indescriptible adj. Que no se puede describir.

indeseable adj. y s. Poco deseable.

indestructible adj. Que no se puede destruir.

indeterminación f. Falta de determinación.

indeterminado, da adj. No determinado.

indexación f. Ajuste de la variación de una cantidad en función de un índice determinado: *indexación de los salarios*.

indexar v. t. Someter a indexación.

indicación f. Acción y efecto de indicar. || Dato.

indicador, ra adj. Que indica (ú. t. c. s.). || *Indicador económico*, índice económico para conocer la situación en un momento dado.

indicar v. t. Dar a entender o significar una cosa con señales. || Enseñar a uno lo que busca.

indicativo, va adj. Que sirve para indicar. || — M. *Gram*. Uno de los modos del verbo con el que se expresa una afirmación sencilla y absoluta.

índice m. Lista de los capítulos de una obra. || Catálogo de una biblioteca. || Indicio, señal. || Dedo segundo de la mano. || *Mat*. Número que indica el grado de una raíz. || Relación entre dos cantidades que muestra la evolución de un fenómeno: *índice de natalidad*. || Número que indica la proporción de una sustancia: *índice de alcohol*.

indicio m. Signo aparente que informa sobre la existencia de algo.

índico, ca adj. Relativo a las Indias Orientales.

indiferencia f. Estado del ánimo en que no hay preferencia por algo.

indiferente adj. Que no tiene preferencia por una cosa. || Que no atrae ni repugna: *esta persona me resulta indiferente*. || Que causa poca impresión: *la noticia le dejó indiferente*. || Que no se conmueve: *indiferente al dolor ajeno*.

indígena adj. y s. Nativo del país.

indigencia f. Falta de recursos.

indigenismo m. Tendencia o escuela literaria que estudia los tipos y asuntos indígenas. || Movimiento americano que trata de revalorizar todo lo referente al mundo indígena. || Vocablo de origen indígena adaptado al castellano.

indigenista adj. Relativo al indigenismo. || — M. y f. Partidario del indigenismo.

indigente adj. y s. Falto de recursos.

indigestarse v. pr. No sentar bien una comida. || *Fig*. No poder soportar a alguien.

indigestión f. Trastorno del organismo causado por una mala digestión. || *Fig*. Saciedad, hartura.

indigesto, ta adj. Que no se digiere.

indignación f. Enfado, irritación.

indignado, da adj. Enojado, enfadado.

indignante adj. Que indigna.

indignar v. t. Irritar, enfadar (ú. t. c. pr.).

indignidad f. Acción reprobable.

indigno, na adj. Que no se merece algo: *indigno de mi aprecio*. || Vil, ruin: *persona indigna*.

indio, dia adj. y s. De la India o Indias Orientales. || Hindú, natural de la India. || Nombre dado por Colón a los indígenas de América o Indias Occidentales y aplicado después a sus descendientes. || Relativo a los indios: *costumbres indias*. || — M. *Min*. Metal blanco parecido al estaño.

indirecto, ta adj. Que no es directo. || *Gram*. Dícese del complemento o frase que expresa fin, daño o provecho de la acción verbal. || — F. Frase indirecta para dar a entender algo sin expresarlo.

indisciplina f. Falta de disciplina.

indisciplinado, da adj. Falto de disciplina, desobediente (ú. t. c. s.).

indisciplinarse v. pr. Quebrantar la disciplina.

indiscreción f. Falta de discreción.

indiscreto, ta adj. Sin discreción (ú. t. c. s.).

indiscutible adj. Evidente.

indisolubilidad f. Calidad de indisoluble.

indisoluble adj. Que no se puede deshacer.

indispensable adj. Que no se puede dispensar.

indisponer v. t. Causar indisposición. || *Fig*. Enemistar (ú. t. c. pr.).

indisposición f. Enfermedad.

indispuesto, ta adj. Enfermo. || Enfadado.

indistinto, ta adj. Que no se distingue de otra cosa. || Dícese de la cuenta corriente a nombre de dos o más personas de la cual puede disponer cualquiera de ellas.

individual adj. Relativo al individuo. || Particular, propio. || — M. Partida simple de tenis entre dos adversarios.

individualidad f. Lo que caracteriza a una persona diferenciándola de otra.

individualismo m. Aislamiento y egoísmo de cada cual en los afectos, en los intereses, en los estudios, etc. || Existencia individual.

individualista adj. Relativo al individualismo. || Partidario del individualismo (ú. t. c. s.).

individualizar v. t. Especificar una cosa. || Clasificar individuos de la misma especie.

individuo, a adj. Individual. || Indivisible. || — M. Ser organizado respecto a su especie: *individuo animal*. || Persona indeterminada: *se acercó un individuo* (la forma femenina es familiar). || Miembro de una corporación. || — F. Mujer despreciable.

indivisible adj. Que no puede dividirse.

indivisión f. Carencia de división.

indiviso, sa adj. No dividido. || — M. Indivisión.

indo, da adj. Indio, de la India (ú. t. c. s.).

indócil adj. Que no es dócil.

indocumentado, da adj. y s. *Méx.* Inmigrante que carece de documentos.

indoeuropeo, a adj. Dícese de la familia lingüística de la mayoría de las lenguas europeas (latinas, germánicas, eslavas, griego, etc.), junto con otras de Asia. || — M. y f. Individuo de los pueblos que hablan cada una de estas lenguas.

índole f. Inclinación natural.

indolencia f. Calidad de indolente.

indolente adj. Perezoso, apático.

indoloro, ra adj. Que no causa dolor.

indomable o **indómito, ta** adj. Imposible de domar, que no se somete.

indonesio, sia adj. y s. De Indonesia. || — M. Lengua hablada en Indonesia, país de Asia.

inducción f. Acción de inducir. || Razonamiento que va de lo particular a lo general. || *Fís.* Producción de corrientes en un circuito cuando éste se encuentra en un campo magnético variable.

inducir v. t. Incitar, instigar. || Deducir.

inductor, ra adj. Que induce (ú. t. c. s.).

indudable adj. Cierto, seguro.

indulgencia f. Facilidad de perdonar.

indulgente adj. Fácil en perdonar.

indultar v. t. Perdonar la pena.

indulto m. Remisión de una pena.

indumentaria f. Vestido.

indumento m. Vestidura.

industria f. Destreza para hacer una cosa. || Conjunto de actividades que tiene como fin la fabricación de productos a partir de las materias primas. || Conjunto de empresas pertenecientes a un sector industrial determinado: *industria automovilística.* || Planta industrial. || *Industria pesada*, la metalurgia.

industrial adj. Perteneciente o relativo a la industria. || Dícese del lugar en el que hay industrias: *zona industrial.* || — *Centro industrial*, lugar donde hay muchas industrias. || *Fig. En cantidad industrial*, en gran abundancia. || *Planta industrial*, fábrica. || — Com. Persona que tiene una industria.

industrialismo m. Predominio de la industria.

industrialización f. Desarrollo de la industria. || Aplicación de procedimientos industriales a una actividad.

industrializar v. t. Dar carácter industrial. || — V. pr. Tomar carácter industrial.

inédito, ta adj. No publicado.

inefable adj. No expresable con palabras.

ineficacia f. Falta de eficacia.

ineficaz adj. No eficaz.

inelegible adj. Que no puede ser elegido.

ineluctable adj. Inevitable.

ineludible adj. Que no puede eludirse.

inenarrable adj. Que no se puede decir, contar.

inepcia f. Necedad. || Ineptitud.

ineptitud f. Falta de capacidad.

inepto, ta adj. y s. Sin aptitud.

inercia f. Flojedad, desidia, falta de energía. || *Fuerza de inercia*, incapacidad de los cuerpos para modificar su estado de reposo o de movimiento.

inerte adj. Sin movimiento.

inestabilidad f. Falta de estabilidad.

inestable adj. No estable.

inevitable adj. Que no se puede evitar.

inexactitud f. Falta de exactitud.

inexacto, ta adj. Que carece de exactitud.

inexistencia f. Falta de existencia.

inexistente adj. Que carece de existencia.

inexperimentado, da o **inexperto, ta** adj. y s. Sin experiencia.

inexplicable adj. Incomprensible.

inexpugnable adj. Que no se puede conquistar.

inextinguible adj. No extinguible.

infalibilidad f. Calidad de infalible. || *Infalibilidad pontificia*, la del Papa que, cuando habla ex cátedra sobre materia de fe, no puede equivocarse.

infalible adj. Que no puede equivocarse.

infamar v. t. Deshonrar.

infame adj. Muy malo (ú. t. c. s.).

infamia f. Vergüenza pública. || Maldad.

infancia f. Primer período de la vida del hombre desde su nacimiento hasta la pubertad. || *Fig.* Conjunto de niños. || El principio de una cosa.

infante, ta m. y f. Niño hasta la edad de siete años. || Hijo o hija del rey nacido después del príncipe o de la princesa.

infantería f. *Mil.* Tropa que lucha a pie.

infanticida adj. y s. Dícese de la persona que mata a un niño.

infanticidio m. Asesinato de un niño.

infantil adj. Relativo a la infancia. || Propio de niño. || Ingenuo, cándido.

infantilismo m. Calidad de infantil.

infantilizar v. t. Volver infantil.

infarto m. *Med.* Lesión de un tejido por obstrucción de la circulación sanguínea: *infarto de miocardio.*

infatigable adj. Incansable.

infección f. Penetración y desarrollo en el organismo de gérmenes patógenos.

infeccioso, sa adj. Que causa infección.

infectar v. t. Causar infección (ú. t. c. pr.).

infecto, ta adj. Contagiado. || *Fig.* Muy malo.

infecundo, da adj. Estéril.

infeliz adj. y s. Desgraciado.

inferior adj. Que está debajo de otra cosa o más bajo que ella. || *Fig.* Menor, menos importante: *de categoría inferior.* || Subordinado, subalterno (ú. t. c. s.): *saludar a los inferiores.*

inferioridad f. Calidad de inferior. || Situación de una cosa que está más baja que otra. || *Complejo de inferioridad*, sentimiento de ser inferior a los demás.

inferir v. t. Sacar una consecuencia de algo.

infernal adj. Del infierno. || *Fig.* Malo, perverso.

infernillo m. Cocinilla portátil.

infestación f. Infección.

infestar v. t. Causar infección. || *Fig.* Abundar.

infición f. Infección.

inficionar v. t. Infestar.

infidelidad f. Falta de fidelidad.

infiel adj. y s. Falto de fidelidad: *marido infiel.* || Que no profesa la fe católica: *convertir a los infieles.* || Falto de exactitud: *historiador infiel.*

infiernillo m. Cocinilla portátil.

infierno m. Lugar del eterno castigo y este mismo castigo. || *Fig.* Demonio: *las tentaciones del infierno.* | Lugar donde se sufre mucho o donde hay mucho desorden y discordia.

infiltración f. Paso de un líquido a través de los poros de un sólido. || *Fig.* Penetración.

infiltrar v. t. Introducir un líquido entre los poros de un sólido (ú. t. c. pr.). || — V. pr. *Fig.* Penetrar.

ínfimo, ma adj. Muy bajo.

infinidad f. Gran número.

infinitesimal adj. Infinitamente pequeño. || *Cálculo infinitesimal*, parte de las matemáticas que estudia el cálculo diferencial y las integrales.

infinitivo m. Modo del verbo que no expresa número ni persona ni tiempo determinado, como *amar*.

infinito, ta adj. Que no tiene ni puede tener fin ni término: *espacio infinito*. || Muy extenso, muy largo: *un desierto infinito*. || — M. Mat. Signo (∞) para significar un valor mayor que cualquier otra cantidad.

inflación f. Desequilibrio económico caracterizado por una subida general de los precios.

inflacionario, ria adj. Relativo a la inflación.

inflacionismo m. Inflación.

inflacionista adj. Que tiende a la inflación.

inflamación f. Acción y efecto de inflamar o inflamarse. || *Med.* Alteración patológica en una parte cualquiera del cuerpo caracterizada por trastornos de la circulación de la sangre, con enrojecimiento, calor, hinchazón y dolor.

inflamar v. t. Encender algo levantando llama. || *Fig.* Enardecer las pasiones y afectos del ánimo. || — V. pr. Encenderse. || *Med.* Producirse una inflamación. || *Fig.* Enardecerse.

inflar v. t. Hinchar un objeto con aire o gas: *inflar un globo*. || *Fig.* Envanecer, engreír. Ú. t. c. pr.: *inflarse con un éxito*. | Exagerar.

inflexibilidad f. Rigidez.

inflexible adj. Rígido. || *Fig.* Que no desiste.

inflexión f. Cambio de tono en la voz.

infligir v. t. Imponer.

influencia f. Efecto que produce una cosa sobre otra o fuerza moral que se ejerce sobre una persona. || Fuerza moral ejercida por una persona sobre otra.

influenciar v. t. Influir.

influir v. i. Producir una cosa cierto efecto sobre otra o ejercer fuerza moral sobre las personas: *la calidad influye en el precio*. || Ejercer una persona fuerza moral sobre otra.

influjo m. Influencia.

influyente adj. Que influye.

información f. Conocimiento que se tiene de algo. || Noticia dada por cualquier medio de comunicación. || *For.* Averiguación de un hecho.

informador, ra adj. y s. Que informa.

informal adj. y s. Poco serio.

informalidad f. Calidad de informal.

informar v. t. Dar noticia. || Avisar, decir. || — V. i. Dar información. || — V. pr. Enterarse.

informático, ca adj. Relativo a la informática: *especialista, técnico, método informático*. || — F. Ciencia del tratamiento automático y racional de la información considerada como soporte de los conocimientos y las comunicaciones.

— El tratamiento de la información se hace con el *ordenador* o la *computadora*, complejo instrumento que, a partir de determinados datos, realiza una serie de operaciones aritméticas y lógicas, todo ello según unos esquemas previamente trazados en los *programas*. La informática, que apareció y se desarrolló a partir de la segunda mitad del siglo XX, ha producido ya una profunda transformación en la vida del hombre. En el momento actual se aplica prácticamente a todas las actividades humanas, científicas, administrativas, industriales, comerciales, médicas, militares, deportivas, artísticas y profesionales de cualquier índole.

informativo, va adj. Que informa. || — M. Diario con las noticias del día en la radio o televisión.

informatización f. Acción de informatizar.

informatizar v. t. Dotar de todos los medios proporcionados por la informática.

informe m. Noticia sobre un asunto o persona. || *For.* Exposición oral que hace el letrado o el fiscal ante el tribunal. || Exposición de las conclusiones sacadas de una investigación.

infortunado, da adj. Desgraciado, triste.

infortunio m. Desgracia.

infracción f. Transgresión.

infraccionar v. t. *Arg., Chil.* y *Méx.* Multar.

infractor, ra adj. y s. Transgresor.

infraestructura f. Conjunto de las obras subterráneas de una construcción. || Base material sobre la que se asienta algo: *la infraestructura económica*.

infrahumano, na adj. Inferior a lo humano.

infrarrojo, ja adj. y s. m. *Fís.* Dícese de las radiaciones oscuras menos refrangibles que el rojo.

infringir v. t. Quebrantar leyes.

infructuoso, sa adj. Inútil.

ínfulas f. pl. *Fig.* Presunción.

infundado, da adj. Que carece de fundamento.

infundio m. Mentira.

infundir v. t. Comunicar un sentimiento.

infusión f. Extracción de los principios medicinales o aromáticos de una planta por medio del agua caliente. || Brebaje así obtenido.

infuso, sa adj. Que infunde Dios.

ingeniar v. t. Imaginar, inventar.

ingeniería f. Aplicación de los conocimientos científicos a la invención, perfeccionamiento y utilización de la técnica industrial en todas sus ramas. || Conjunto de los estudios que permiten determinar, para la realización de una obra o de un programa de inversiones, las orientaciones más deseables, la mejor concepción, las condiciones de rentabilidad óptimas y los materiales y procedimientos más adecuados.

ingeniero m. Persona que profesa la ingeniería.

ingenio m. Habilidad para inventar o resolver dificultades: *un hombre de ingenio*. || Talento. || Agudeza, gracia. || Máquina o artificio: *ingenio espacial*. || *Ingenio de azúcar*, fábrica de azúcar.

ingeniosidad f. Calidad de ingenioso. || Cosa o idea ingeniosa.

ingenioso, sa adj. Con ingenio.

ingenuidad f. Inocencia. || Palabra ingenua.

ingenuo, nua adj. y s. Inocente.

ingerir v. t. Tragar.

ingesta f. Conjunto de sustancias que entran al organismo para alimentarlo.

ingestión f. Acción de ingerir.

ingle f. Unión de los muslos con el vientre.

inglés, esa adj. y s. De Inglaterra. || — M. Lengua hablada en Gran Bretaña, Eire, Estados Unidos, Canadá, Australia y África del Sur.

ingratitud f. Falta de gratitud. || Acción ingrata.

ingrato, ta adj. Desagradecido (ú. t. c. s.). || Desagradable: *tiempo ingrato*.

ingravidez f. Estado del cuerpo que no se halla sometido a ninguna fuerza de gravedad.

ingrediente m. Parte de una mezcla.

ingresar v. i. Entrar.

ingreso m. Entrada.

inhábil adj. Falto de habilidad. || Que no puede desempeñar un cargo. || Festivo: *día inhábil*.

inhabilitar v. t. Declarar a una persona inhábil para ejercer cargos públicos o para ejercitar derechos. || Imposibilitar para algo (ú. t. c. pr.).
inhalación f. Acción y efecto de inhalar.
inhalar v. t. Aspirar.
inherencia f. Calidad de inherente.
inherente adj. Que está unido a otra cosa.
inhibición f. Acción de inhibir.
inhibirse v. pr. Abstenerse.
inhóspito, ta adj. Sin hospitalidad.
inhumación f. Enterramiento.
inhumano, na adj. Falto de humanidad.
inhumar v. t. Enterrar.
iniciación f. Principio.
iniciador, ra adj. y s. Que inicia.
inicial adj. Que se verifica al principio. || Dícese de la primera letra de una palabra (ú. t. c. s. f.).
iniciar v. t. Empezar. || Instruir a uno en los conocimientos de una ciencia, arte o deporte.
iniciativa f. Idea inicial para emprender algo. || Cualidad del que suele tener estas ideas.
inicio m. Principio, comienzo.
inicuo, cua adj. Malvado.
inimaginable adj. Increíble.
inimitable adj. No imitable.
ininterrumpido, da adj. Continuo.
iniquidad f. Injusticia. || Maldad.
injerencia f. Acción de injerirse.
injerirse v. pr. Entrometerse.
injertable adj. Que se puede injertar.
injertar v. t. Aplicar un injerto a un árbol. || *Med.* Implantar en una zona del cuerpo humano partes tomadas de otra región del mismo individuo o de otro distinto.
injerto m. Acción de injertar. || Rama con una o más yemas que se separa de un vegetal para adherirla a otro. || Planta injertada. || Operación quirúrgica consistente en implantar en el cuerpo de una persona tejidos, huesos, órganos sacados de otro individuo o de otra parte de su cuerpo. || Lo que se ha injertado: *rechazar un injerto.*
injuria f. Ofensa, agravio.
injuriar v. t. Ofender, agraviar.
injurioso, sa adj. Que injuria.
injusticia f. Acción injusta. || Falta de justicia.
injustificable adj. Que no se puede justificar.
injusto, ta adj. y s. No justo.
inmaculado, da adj. Sin mancha. || — F. La Purísima, la Virgen María.
inmaterial adj. No material.
inmaterializar v. t. Volver inmaterial.
inmediación f. Calidad de inmediato.
inmediato, ta adj. Contiguo, próximo. || Instantáneo: *efecto inmediato.*
inmemorial adj. Muy antiguo.
inmensidad f. Gran extensión. || Muchedumbre.
inmenso, sa adj. Que no tiene medida, infinito, ilimitado. || *Fig.* Muy grande. || *Fam.* Formidable.
inmersión f. Acción de introducir en un líquido.
inmerso, sa adj. Sumergido.
inmigración f. Llegada de personas a un país o región para establecerse.
inmigrado, da adj. y s. Dícese de la persona que se ha ido de su país para instalarse en otro.
inmigrante adj. y s. Que inmigra.
inmigrar v. t. Llegar a un país para establecerse.
inminencia f. Calidad de inminente.

inminente adj. Próximo a suceder.
inmiscuir v. t. Mezclar (ú. t. c. pr.).
inmobiliario, ria adj. Relativo a los inmuebles. || — F. Sociedad constructora de edificios.
inmoderado, da adj. Falto de moderación.
inmodestia f. Falta de modestia.
inmodesto, ta adj. No modesto.
inmolación f. Sacrificio.
inmolar v. t. Sacrificar (ú. t. c. pr.).
inmoral adj. Opuesto a la moral (ú. t. c. s.).
inmoralidad f. Falta de moralidad.
inmortal adj. No mortal. || *Fig.* Imperecedero.
inmortalidad f. Calidad de inmortal.
inmortalizar v. t. Hacer perpetua (ú. t. c. pr.).
inmóvil adj. Sin movimiento.
inmovilidad f. Calidad de inmóvil.
inmovilismo m. Hostilidad a las innovaciones.
inmovilización f. Acción y efecto de inmovilizar.
inmovilizar v. t. Privar de movimiento: *inmovilizar un vehículo* (ú. t. c. pr.).
inmueble adj. Dícese de los bienes raíces. || — M. Edificio.
inmundicia f. Suciedad, basura.
inmundo, da adj. Repugnante.
inmune adj. Libre, exento.
inmunidad f. Calidad de inmune. || Resistencia de un organismo vivo a la agresión de agentes infecciosos o tóxicos. || Privilegio que exime a determinadas personas de obligaciones y penalidades a las cuales están sujetos todos los demás.
inmunitario, ria adj. Relativo a la inmunidad.
inmunización f. Protección contra ciertas enfermedades.
inmunizar v. t. Hacer inmune.
inmunodeficiencia f. *Med.* Estado clínico en el que están debilitadas las defensas del cuerpo.
inmunología f. *Med.* Estudio de la inmunidad.
inmunológico, ca adj. Relativo a la inmunología.
inmutable adj. No mudable. || Que no se inmuta.
inmutar v. t. Alterar.
innato, ta adj. Connatural.
innecesario, ria adj. No necesario.
innoble adj. Vil, abyecto.
innovación f. Novedad.
innovador, ra adj. y s. Que innova.
innovar v. t. e i. Introducir novedades.
innumerable adj. Muy abundante.
inocencia f. Estado del alma que está limpia de culpa. || Exención de toda culpabilidad. || Candor.
inocentada f. Broma del día de los Inocentes (el 28 de diciembre).
inocente adj. y s. Libre de pecado. || Sencillo, sin malicia. || *Fam.* Tonto, fácil de engañar. || *Día de los Santos Inocentes,* el 28 de diciembre.
inocuidad f. Calidad de inocuo.
inoculación f. Introducción de un virus.
inocular v. t. *Med.* Comunicar un virus, vacuna, etc., por medio de la inoculación (ú. t. c. pr.).
inocuo, cua adj. Que no hace daño.
inodoro, ra adj. Que no tiene olor, que no huele. || — M. Retrete.
inofensivo, va adj. Incapaz de ofender. || Que no causa daño ni molestia.
inolvidable adj. Que no puede olvidarse.
inoportuno, na adj. No oportuno.
inorgánico, ca adj. Sin órganos para la vida.
inoxidable adj. Que no se oxida.

inquebrantable adj. Que no es posible quebrantar.

inquietar v. t. Quitar el sosiego. || Acosar: *inquietar al adversario.* || — V. pr. Preocuparse.

inquieto, ta adj. Preocupado.

inquietud f. Preocupación.

inquilinato m. Alquiler.

inquilino, na m. y f. Persona que alquila.

inquina f. Aversión, tirria.

inquirir v. t. Indagar, investigar.

inquisición f. Averiguación, indagación. || Tribunal eclesiástico establecido antiguamente para castigar lo considerado delito contra la fe católica.

inquisidor, ra m. y f. Persona que indaga algo. || — M. Juez de la Inquisición.

inquisitivo, va adj. Que inquiere.

insaciabilidad f. Calidad de insaciable.

insaciable adj. Que no se puede saciar o hartar.

insalubre adj. Malsano.

insalubridad f. Falta de salubridad.

insatisfacción f. Falta de satisfacción.

insatisfecho, cha adj. No satisfecho.

inscribir v. t. *Geom.* Trazar una figura dentro de otra. || Registrar (ú. t. c. pr.).

inscripción f. Acción de inscribir. || Letras grabadas en el mármol, la piedra, las monedas, etc.

inscrito, ta adj. *Geom.* Dícese del ángulo que tiene su vértice en la circunferencia. | Dícese del polígono que resulta de la unión de varios puntos de la circunferencia por medio de cuerdas.

insecticida adj. y s. m. Dícese del producto que sirve para matar insectos.

insectívoro, ra adj. Dícese de plantas o animales que se alimentan de insectos. || — M. pl. Orden formado por estos animales.

insecto m. Animal de respiración traqueal, cabeza provista de antenas y tres pares de patas.

inseguridad f. Falta de seguridad.

inseminación f. Introducción de esperma en las vías genitales de la mujer o de las hembras por un procedimiento artificial.

insensatez f. Calidad de insensato.

insensato, ta adj. Falto de sentido.

insensibilidad f. Falta de sensibilidad.

insensibilización f. Acción de insensibilizar.

insensibilizar v. t. Quitar la sensibilidad.

insensible adj. Falto de sensibilidad.

inserción f. Acción y efecto de insertar.

insertar v. t. Incluir una cosa en otra.

insidia f. Asechanza.

insidioso, sa adj. Que utiliza la insidia: *juez insidioso* (ú. t. c. s.). || Que se hace con insidias. || Malicioso con apariencias inofensivas.

insigne adj. Célebre, famoso.

insignia f. Señal honorífica. || Pendón. || Signo distintivo de los miembros de una asociación.

insignificancia f. Pequeñez.

insignificante adj. Pequeño. || Sin importancia.

insinuación f. Manera sutil de decir algo.

insinuar v. t. Dar a entender algo sin expresarlo claramente.

insipidez f. Falta de sabor.

insípido, da adj. Falto de sabor.

insistencia f. Persistencia.

insistente adj. Que insiste.

insistir v. i. Pedir, decir algo reiteradas veces.

insobornable adj. Que no puede ser sobornado.

insolación f. Enfermedad causada por la exposición excesiva al sol. || En meteorología, tiempo con sol y sin nubes.

insolencia f. Dicho o hecho ofensivo e insultante. || Atrevimiento.

insolentar v. t. Hacer insolente. || — V. pr. Mostrarse insolente.

insolente adj. y s. Descarado.

insolidaridad f. Falta de solidaridad.

insólito, ta adj. No común.

insoluble adj. Que no se disuelve. || Sin solución.

insolvencia f. Incapacidad de pagar una deuda.

insolvente adj. Incapaz de pagar sus deudas (ú. t. c. s.).

insomne adj. Que no duerme (ú. t. c. s.).

insomnio m. Falta de sueño.

insonoridad f. Condición de insonoro.

insonorización f. Protección contra los ruidos.

insonorizar v. t. Volver insonoro.

insoportable adj. Que no se puede soportar.

inspección f. Acción y efecto de inspeccionar.

inspeccionar v. t. Examinar, reconocer atentamente una cosa.

inspector, ra adj. Que hace la inspección (ú. t. c. s.).

inspiración f. Acción de inspirar o atraer el aire exterior a los pulmones. || *Fig.* Capacidad creadora: *poeta de gran inspiración.* | Cosa inspirada.

inspirar v. t. Aspirar el aire exterior hacia los pulmones. || Hacer surgir ideas creadoras: *inspirar al poeta.* || Suscitar un sentimiento: *inspira celos.* || — V. pr. Servirse de las ideas, de las obras de otro: *inspirarse en los clásicos.*

instalación f. Acción y efecto de instalar.

instalador, ra m. y f. Persona que instala.

instalar v. t. Dar posesión de un empleo o dignidad: *instalar colonos.* || Colocar en condiciones de funcionamiento: *instalar una fábrica.* || — V. pr. Tomar posesión: *instalarse en su cargo.*

instancia f. Solicitud.

instantáneo, a adj. Que sólo dura un instante. || Que se produce rápidamente: *muerte instantánea.* || — F. Imagen fotográfica obtenida rápidamente.

instante m. Tiempo brevísimo.

instauración f. Establecimiento.

instaurar v. t. Establecer.

instigación f. Incitación.

instigador, ra adj. y s. Que instiga.

instigar v. t. Inducir o incitar.

instintivo, va adj. Hecho por instinto.

instinto m. Impulso o estímulo interior.

institución f. Establecimiento de una cosa. || Cosa instituida. || Establecimiento de educación. || *For.* Nombramiento que se hace de la persona que ha de heredar. || — Pl. Leyes fundamentales de un Estado, nación o sociedad.

institucionalización f. Acción y efecto de institucionalizar.

institucionalizar v. t. Dar a una cosa carácter de institución.

instituir v. t. Fundar, establecer.

instituto m. Corporación científica, literaria o artística. || En España, establecimiento oficial de segunda enseñanza. || Organismo administrativo.

institutriz f. Mujer encargada de la educación e instrucción de los niños en el domicilio de éstos.

instrucción f. Acción de instruir o instruirse. || Caudal de conocimientos adquiridos. || Orden: *dar ins-*

trucciones. || *For.* Curso de un proceso. || — Pl. Informaciones dadas para el manejo de una cosa: *instrucciones para el uso y conservación.*

instruir v. t. Enseñar. || Informar de una cosa (ú. t. c. pr.). || *For.* Formalizar un proceso.

instrumental m. Conjunto de instrumentos.

instrumento m. Aparato, utensilio o herramienta para realizar un trabajo. || Aparato para producir sonidos musicales: *instrumento de viento.*

insubordinación f. Falta de subordinación.

insubordinado, da adj. y s. Rebelde.

insubordinar v. t. Introducir la insubordinación. || — V. pr. Rebelarse.

insubstancial adj. Insustancial.

insubstituible adj. Insustituible.

insuficiencia f. Calidad de insuficiente.

insuficiente adj. No suficiente.

ínsula f. Isla.

insular adj. y s. Isleño.

insulina f. Hormona segregada por el páncreas que regula la cantidad de glucosa de la sangre.

insulso, sa adj. Insípido, soso.

insultar v. t. Ofender, ultrajar.

insulto m. Ultraje, ofensa.

insumiso, sa adj. y s. Rebelde.

insumo m. Factor de producción, bienes empleados en la producción de otros bienes.

insuperable adj. No superable.

insurgente adj. y s. Sublevado.

insurrección f. Sublevación.

insurreccionar v. t. Sublevar.

insurrecto, ta adj. y s. Rebelde.

insustancial adj. De poca sustancia.

insustituible adj. Que no se puede sustituir.

intacto, ta adj. Íntegro.

integración f. Acción y efecto de integrar.

integral adj. Completo: *pan integral.* || *Mat.* Dícese del cálculo que tiene por objeto determinar las cantidades variables conociendo sus diferencias infinitamente pequeñas. | Dícese del signo de la integración ($\int$). || — F. Dicha cantidad variable.

integrar v. t. Componer un todo con sus partes: *asamblea integrada por 200 personas.* || Hacer entrar en un conjunto. || Reintegrar. || *Mat.* Determinar la integral de una diferencial. || *Amer.* Pagar.

integridad f. Calidad de íntegro.

íntegro, gra adj. Completo. || *Fig.* Honrado.

intelecto m. Entendimiento.

intelectual adj. Relativo al entendimiento: *las facultades intelectuales.* || — M. y f. Persona dedicada al cultivo de las ciencias y letras.

intelectualidad f. Conjunto de los intelectuales.

inteligencia f. Facultad de concebir, conocer y comprender las cosas. || Trato y correspondencia secreta: *inteligencia con el enemigo.*

inteligente adj. Con inteligencia (ú. t. c. s.).

inteligible adj. Que se puede comprender u oír.

intemperie f. Destemplanza del tiempo. || *A la intemperie,* a cielo descubierto.

intempestivo, va adj. Inoportuno.

intemporal adj. Que no es temporal.

intención f. Deseo.

intencionado, da adj. Con ciertas intenciones.

intendencia f. Dirección y gobierno de una cosa. || Cargo, jurisdicción y oficina del intendente. || *Mil.* Cuerpo cuya misión consiste en organizar el abastecimiento y alojamiento de la tropa.

intendente m. Jefe superior económico. || Jefe de los servicios de administración militar.

intensidad f. Grado de energía de un agente natural o mecánico. || Cantidad de electricidad continua en la unidad de tiempo. || *Fig.* Fuerza.

intensificación f. Aumento de la intensidad.

intensificar v. t. Dar mayor intensidad (ú. t. c. pr.).

intensivo, va adj. Que es intenso.

intenso, sa adj. Que tiene intensidad.

intentar v. t. Procurar o pretender.

intento m. Propósito. || *De intento,* adrede.

intentona f. *Fam.* Tentativa.

interacción f. Acción recíproca.

interaccionar v i. Llevar a cabo acciones recíprocas.

interactivo, va adj. Que exige acción recíproca.

interactuar v. i. Llevar a cabo acciones recíprocas.

interamericano, na adj. Relativo a las naciones de América.

interandino, na adj. De uno y otro lado de los Andes.

intercalar v. t. Interponer.

intercambiar v. t. Cambiar.

intercambio m. Reciprocidad de servicios entre una persona o una entidad y otra. || *Intercambios internacionales,* transferencias comerciales o culturales entre dos o más naciones. || *Biol.* Entrada y distribución de sustancias entre una célula y el exterior.

interceder v. i. Pedir algo por otro.

intercepción e **interceptación** f. Interrupción.

interceptar v. t. Apoderarse de algo antes de llegar a su destino: *interceptar la correspondencia.* || Detener una cosa en su camino: *interceptar un tren.* || Interrumpir, obstruir: *interceptar una calle.*

interceptor, ra adj. Que intercepta.

intercesión f. Petición.

intercesor, ra adj. y s. Que intercede.

intercomunicación f. Sistema de comunicación interna.

interconectar v. t. Poner en conexión.

intercontinental adj. Común a continentes.

interdependencia f. Dependencia recíproca.

interés m. Provecho, utilidad. || Beneficio del dinero prestado. || Dinero invertido en alguna empresa y que proporciona una renta. Ú. más en pl.: *tener intereses en una compañía.* || Valor intrínseco que tiene algo: *descubrimiento de gran interés.* || *Fig.* Inclinación hacia alguna persona o cosa: *tomarse interés por uno.* | Curiosidad y atención: *escuchar con mucho interés.* | Deseo: *tengo interés en ir.* || — *Com. Interés simple,* devengado por un capital sin tener en cuenta los intereses anteriores. | *Interés compuesto,* el devengado por el capital aumentado con los intereses anteriores.

interesado, da adj. y s. Que tiene interés.

interesante adj. Que interesa.

interesar v. t. Dar parte a uno en un negocio. || Importar: *me interesa saberlo.* || Afectar: *la herida le interesa un pulmón.* || — V. i. Tener interés por una persona o cosa (ú. t. c. s.).

interfase f. En informática, límite entre dos sistemas o unidades que hace posible un intercambio de informaciones.

interfaz f. En informática, unidad de hardware o software que permite la comunicación entre máquinas o sistemas.

interferencia f. Superposición de dos o más movimientos vibratorios de la misma frecuencia. || Perturbación en las emisiones de radio o televisión causadas por este fenómeno.

interferir v. i. Producir interferencias. ‖ *Fig.* Interponerse.

interfono m. Instalación telefónica para comunicar en un mismo edificio.

interinato m. *Amer.* Cargo, empleo interino. | Tiempo que esta ocupación dura. | Interinidad.

interino, na adj. y s. Que ocupa provisionalmente un cargo. ‖ — F. Asistenta, criada.

interior adj. Que está en la parte de dentro. ‖ Propio de la nación y no del extranjero: *política interior.* ‖ Del espíritu: *vida interior.* ‖ Que se lleva directamente encima del cuerpo: *ropa interior.* ‖ — M. La parte de dentro: *el interior de una casa.* ‖ Parte de un país alejada del mar. ‖ En el fútbol, delantero situado entre el extremo y el delantero centro. ‖ *Ministerio del Interior,* el encargado del mantenimiento del orden público. ‖ — Pl. Entrañas.

interioridad f. Calidad de interior. ‖ — Pl. Cosas privadas de una persona o grupo.

interjección f. Parte de la oración con que se expresan de manera enérgica las emociones, los sentimientos o las órdenes (¡ah!, ¡ay!).

interlínea f. Espacio o escritura entre dos líneas.

interlocutor, ra m. y f. Persona que participa en una conversación.

intermediar v. i. Mediar.

intermediario, ria adj. Que media entre dos o más personas: *agente intermediario* (ú. t. c. s.).

intermedio, dia adj. Que está en medio. ‖ — M. Espacio, intervalo. ‖ *Teatr.* Entreacto.

interminable adj. Sin fin.

interministerial adj. De varios ministerios.

intermitencia f. Calidad de intermitente.

intermitente adj. Que se interrumpe y vuelve a empezar de modo alternativo. ‖ — M. Luz intermitente situada en los lados de los automóviles que sirve para avisar a los demás vehículos que el conductor va a cambiar de dirección.

internacional adj. Que se verifica entre varias naciones. ‖ Relativo a varias naciones: *conferencia internacional.* ‖ *Derecho internacional,* el que rige las relaciones entre los diferentes países. ‖ — M. y f. Deportista que ha intervenido en pruebas internacionales. ‖ — F. *La Internacional,* asociación de trabajadores de diversos países para la defensa de sus intereses; himno revolucionario.

internacionalización f. Intervención de varios Estados o de un organismo internacional en el gobierno de una región. ‖ Extensión a distintos países de un conflicto, de una crisis o de un problema.

internacionalizar v. t. Convertir en internacional lo que era nacional: *internacionalizar un conflicto.*

internado, da adj. Encerrado en un asilo, campo de concentración, etc. (ú. t. c. s.). ‖ — M. Centro de estudios en el que los alumnos internos residen. ‖ Estado, régimen del alumno interno. ‖ Conjunto de alumnos internos y lugar donde habitan. ‖ Estado o condición de un alumno interno en una facultad de medicina. ‖ — F. En fútbol, penetración de un jugador por entre las líneas adversarias.

internamiento m. Reclusión en un hospital.

internar v. t. Conducir tierra adentro a una persona o cosa. ‖ Encerrar: *internar en un campo de concentración.* ‖ Poner a un niño en un internado.

‖ — V. pr. Penetrar: *internarse en un bosque.* ‖ En fútbol, penetrar por entre las líneas adversarias.

internet f. Red internacional de computación en la que se coloca e intercambia información.

internista adj. Dícese del médico que cuida las enfermedades de los órganos internos (ú. t. c. s.).

interno, na adj. Que está dentro, interior: *hemorragia interna.* ‖ *Medicina interna,* la que trata de las enfermedades de los órganos internos. ‖ — M. y f. Alumno que está a pensión completa en un colegio. ‖ Médico que se inicia en la práctica de la medicina dentro de un hospital.

interpelación f. Acción de interpelar.

interpelar v. t. Recurrir a alguien para solicitar algo. ‖ Exigir a uno explicaciones sobre un hecho.

interplanetario, ria adj. Entre los planetas.

interpolar v. t. Interponer, intercalar.

interponer v. t. *For.* Entablar algún recurso legal, como el de nulidad, de apelación, etc. ‖ *Fig.* Hacer intervenir: *interponer su autoridad.* ‖ — V. pr. *Fig.* Mediar, intervenir como mediador.

interposición f. Acción y efecto de interponer.

interpósito, ta adj. *Méx.* Que interfiere o media.

interpretación f. Acción y efecto de interpretar.

interpretador, ra adj. Que interpreta (ú. t. c. s.). ‖ — F. En informática, máquina que traduce el código de perforación de una tarjeta con caracteres legibles y los imprime en la parte superior de ésta.

interpretar v. t. Explicar el sentido de algo que no está expresado claramente: *interpretar un texto.* ‖ Dar a algo una determinada significación: *interpreto esta actitud como ofensiva.* ‖ Traducir oralmente de una lengua a otra. ‖ Representar un papel en una obra. ‖ Ejecutar un trozo de música.

intérprete com. Persona que traduce de viva voz de una lengua a otra. ‖ Artista que representa un papel o ejecuta una obra musical.

interpuesto, ta adj. Puesto entre otras cosas.

interrelación f. Correspondencia recíproca entre individuos, objetos o fenómenos.

interrogación f. Pregunta. ‖ Signo ortográfico (¿?) que se pone al principio y al fin de una palabra o frase interrogativa.

interrogante adj. Que interroga. ‖ — M. Pregunta. ‖ Incógnita.

interrogar v. t. Preguntar.

interrogativo, va adj. Que denota interrogación.

interrogatorio m. Serie de preguntas que se dirigen a una persona.

interrumpir v. t. Suspender la continuación de.

interrupción f. Suspensión, cese.

interruptor, ra adj. Que interrumpe. ‖ — M. Dispositivo para interrumpir o establecer una corriente en un circuito eléctrico.

intersección f. Encuentro de dos líneas, dos superficies o dos sólidos que se cortan.

intersticio m. Espacio pequeño entre dos cuerpos.

interurbano, na adj. Dícese de las relaciones y servicios de comunicación entre distintos barrios de la misma ciudad o entre dos poblaciones.

intervalo m. Distancia que hay de un tiempo a otro o de un lugar a otro. ‖ Espacio de tiempo.

intervención f. Acción y efecto de intervenir. ‖ Oficina del interventor. ‖ Operación quirúrgica.

intervenir v. i. Participar en un asunto. ‖ Entremeterse: *intervenir en los asuntos de los demás.* ‖ Actuar, entrar en juego. ‖ Llevar a cabo un país una política de participar en los asuntos de otro. || — V. t. Realizar una operación quirúrgica.

interventor, ra adj. y s. Que interviene. || — M. y f. Persona que fiscaliza ciertas operaciones para que se hagan con legalidad. || Revisor de tren.

intestinal adj. Del intestino.

intestino, na adj. Civil: *discordias intestinas.* || — M. Tubo membranoso plegado en numerosas vueltas y que va desde el estómago hasta el ano.

intimación f. Notificación, advertencia severa.

intimar v. t. e i. Notificar con autoridad: *intimar una orden.* || — V. i. Trabar profunda amistad.

intimidación f. Acción de intimidar.

intimidad f. Amistad íntima. || Carácter de íntimo. || Sentimientos más profundos de una persona.

intimidar v. t. Infundir miedo.

íntimo, ma adj. Interior: *convicción íntima.* || Privado: *vida íntima.* || Muy estrecho: *amistad íntima.* || Hecho entre amigos y familiares: *reunión íntima.* || — M. y f. Amigo muy querido y de confianza.

intolerable adj. Que no se puede tolerar.

intolerancia f. Actitud agresiva contra las personas que profesan diferentes ideas.

intoxicación f. Introducción de un veneno en el organismo. || *Fig.* Influencia insidiosa.

intoxicar v. t. Envenenar (ú. t. c. pr.). || *Fig.* Ejercer una influencia insidiosa en una persona para sensibilizarla a una propaganda determinada.

intramuros adv. En el recinto interior de una ciudad.

intranquilidad f. Desasosiego.

intranquilizador, ra adj. Que intranquiliza.

intranquilizar v. t. Desasosegar.

intranquilo, la adj. Falto de tranquilidad.

intranscendencia f. Calidad de intranscendente.

intranscendente adj. No transcendente.

intransferible adj. No transferible.

intransigencia f. Carácter de intransigente.

intransigente f. Que no transige.

intransitivo, va adj. En gramática, que no pasa del sujeto a un objeto: *acción intransitiva.* || *Verbo intransitivo,* el que no admite complemento directo, como *nacer, morir, ir.*

intrascendencia f. Intranscendencia.

intrascendente adj. Intranscendente.

intrasferible adj. Intransferible.

intrepidez f. Valor, valentía.

intrépido, da adj. Valiente.

intriga f. Maquinación.

intrigante adj. y s. Que intriga.

intrigar v. i. Tramar maquinaciones. || — V. t. e i. Excitar la curiosidad.

intrínseco, ca adj. Íntimo.

introducción f. Acción y efecto de introducir o introducirse. || Preámbulo de un libro.

introducir v. t. Hacer entrar. || *Fig.* Hacer adoptar: *introducir una moda.* | Hacer que uno sea recibido en un lugar o sociedad. || Hacer aparecer: *introducir el desorden.* || — V. pr. Meterse.

introductor, ra adj. y s. Que introduce.

intromisión f. Acción y efecto de entrometerse.

introspección f. Examen que la conciencia hace de sí misma.

introspectivo, va adj. De la introspección.

introversión f. Repliegue del alma en sí.

introvertido, da adj. Que presenta introversión (ú. t. c. s).

intrusión f. Acción de introducirse sin derecho.

intruso, sa adj. y s. Que se introduce sin derecho en algún sitio. || Que ocupa sin derecho algún puesto. || Que practica el intrusismo.

intuición f. Acción de intuir.

intuir v. t. Percibir clara o instantáneamente.

intuitivo, va adj. Relativo a la intuición.

inundación f. Acción de inundar. || *Fig.* Abundancia excesiva.

inundar v. t. Cubrir de agua un terreno, un río o lago que se ha salido de madre (ú. t. c. pr.). || Cubrir un sitio de agua (ú. t. c. pr.).

inusitado, da adj. No usado.

inútil adj. Que no es útil (ú. t. c. s.).

inutilidad f. Calidad de inútil.

inutilizar v. t. Hacer inútil una cosa (ú. t. c. pr.).

invadir v. t. Entrar por fuerza en una parte: *los árabes invadieron España.* || *Fig.* Llenar un sitio alguna cosa muy numerosa: *los turistas invaden el país.* | Apoderarse del ánimo un sentimiento.

invalidación f. Acción de invalidar.

invalidar v. t. Hacer inválido.

invalidez f. Falta de validez. || Calidad de inválido.

inválido, da adj. Que no puede andar o ejercer una actividad por tener algún miembro tullido o cortado (ú. t. c. s.). || *Fig.* Que no tiene las condiciones fijadas por la ley: *matrimonio inválido.*

invariabilidad f. Calidad de invariable.

invariable adj. Que no puede variar.

invasión f. Irrupción en un país de fuerzas militares extranjeras. || Presencia masiva de personas en algún sitio: *una invasión de turistas.*

invasor, ra adj. y s. Que invade.

invectiva f. Palabra mordaz.

invencible adj. Que no puede ser vencido.

invención f. Acción de inventar. || Invento. || Ficción, engaño. || Hallazgo, descubrimiento.

inventar v. t. Hallar algo nuevo.

inventariar v. t. Hacer el inventario.

inventario m. Relación ordenada de los bienes de una persona o comunidad. || Documento en que se hace. || *Com.* Estimación de las mercancías en almacén y de los diversos valores que componen la fortuna del comerciante. || *Fig. A beneficio de inventario,* con prudencia y reservas.

inventiva f. Facultad de inventar.

invento m. Cosa inventada.

inventor, ra adj. y s. Que inventa.

invernadero m. Local cerrado y acristalado para proteger del tiempo ciertas plantas.

invernal adj. Del invierno.

invernar v. t. Pasar el invierno.

inverosímil adj. Que no puede ser verdad.

inversión f. Acción de invertir. || Colocación de dinero. || *Inversión térmica,* aumento de la temperatura atmosférica a causa de una capa de aire caliente, lo que provoca el aumento de la contaminación.

inversionista adj. Dícese de la persona u organismo que invierte un capital (ú. t. c. s.).

inverso, va adj. Opuesto a la dirección natural.

inversor, ra adj. Inversionista (ú. t. c. s.).

invertebrado, da adj. y s. m. Dícese de los animales que carecen de columna vertebral.

invertido m. Homosexual.

invertir v. t. Cambiar el sentido u orden de las cosas. || Colocar un capital en una empresa. || Emplear el tiempo: *invertir dos horas en un recorrido.*

investidura f. Acción y efecto de investir.

investigación f. Acción de investigar. || Búsqueda, indagación.

investigador, ra adj. Que investiga (ú. t. c. s.).

investigar v. t. Hacer indagaciones, búsquedas.

investir v. t. Conferir una dignidad o un cargo.

invicto, ta adj. No vencido.

invidente adj. Que no ve (ú. t. c. s.).

invierno m. Estación fría del año que en el hemisferio norte va desde el 22 de diciembre al 22 de marzo y en el hemisferio sur desde el 22 de junio al 22 de septiembre.

inviolabilidad f. Calidad de inviolable.

inviolable adj. Que no se debe violar.

invisible adj. Que no se ve.

invitación f. Acción y efecto de invitar. || Tarjeta con que se invita.

invitado, da m. y f. Persona que ha sido invitada.

invitar v. t. Convidar.

invocación f. Oración o ruego.

invocar v. t. Pedir la ayuda de Dios o de los santos. || *Fig.* Citar en defensa propia.

involución f. *Fig.* Regresión.

involucionismo m. Regresión.

involucionista adj. y s. Regresivo.

involucrar v. t. Mezclar en un discurso o escrito asuntos ajenos. || *Fig.* Participar.

involuntario, ria adj. No voluntario.

invulnerable adj. Que no puede ser afectado.

inyección f. Introducción a presión de una sustancia líquida o semilíquida dentro de un cuerpo. || *Med.* Sustancia contenida en una ampolla que se introduce con jeringuilla. || *Fig.* Aportación masiva de fondos o capitales. | Aportación: *inyección de optimismo.* || *Motor de inyección*, motor de explosión que carece de carburador.

inyectado, da adj. Con marcas de sangre: *ojos inyectados.*

inyectar v. t. Introducir a presión una sustancia en otra o un medicamento en el organismo mediante una aguja o jeringa. || — V. pr. Enrojecer por el aflujo de sangre: *se le inyectaron los ojos.*

inyector m. Aparato para introducir a presión un fluido.

ion m. Partícula dotada de una carga eléctrica formada por un átomo o grupo de átomos que ha ganado o perdido uno o varios electrones.

ionización f. Formación de iones.

ionizar v. t. Disociar una molécula en iones o convertir en ion (ú. t. c. pr.).

ionosfera f. Capa ionizada de la atmósfera, situada entre los 60 y los 600 km de altura.

iota f. Novena letra del alfabeto griego (ι).

ipecacuana f. Planta de América del Sur.

ípsilon f. Vigésima letra del alfabeto griego (υ).

ipso facto loc. lat. En el acto.

iqueño, ña adj. y s. De Ica (Perú).

iquiqueño, ña adj. y s. De Iquique (Chile).

iquiteño, ña adj. y s. De Iquitos (Perú).

ir v. i. Moverse hacia cierto sitio: *fueron en coche.* || Presenciar algún espectáculo: *ir a los toros.* || Dar clases: *va al colegio.* || Convenir: *te irá bien verlo.* || Venir, estar: *esto va de maravilla.* || Extenderse: *la calle va del bulevar a la avenida.* || Haber diferencia: *¡lo que va del padre al hijo!* || Obrar: *ir con cautela.* || Marchar: *su empresa va muy bien.* || Ser: *lo dicho va en serio.* || Con un gerundio, empezar a efectuarse la acción del verbo: *va*

anocheciendo. || Con la prep. *con*, llevar, tener: *ir con cuidado.* || Con la prep. *a* y un infinitivo, estar a punto de empezar la acción del verbo: *iba a gritar cuando vino.* || Con la prep. *en*, importar, interesar: *en eso le va la vida.* || Con la prep. *para*, acercarse a cierta edad: *va para doce años.* || Con la prep. *por*, ir a buscar: *ir por carbón*; y llegar a cierto número: *ya voy por el tercer bocadillo.* || — V. pr. Marcharse. || Morirse: *irse de este mundo.* || Deslizarse: *se le fueron los pies.* || Gastarse o perderse una cosa: *el dinero se va rápido.* || Desaparecer: *esta mancha no se va.* || Escaparse: *írsele a uno la mano.*

Ir, símbolo químico del *iridio.*

ira f. Cólera.

iracundo, da adj. y s. Colérico.

iraní adj. y s. Del Irán moderno.

iranio, nia adj. y s. Del Irán antiguo.

iraquí adj. y s. De Irak.

irascible adj. Colérico.

iribú m. *Amer.* Zopilote.

iridio m. Metal blanco (símb. Ir).

iris m. Arco iris o arco en el cielo, aparecido cuando la luz del Sol atraviesa unas partículas de agua en suspensión, que presenta los siete colores del espectro (rojo, anaranjado, amarillo, verde, azul, añil y violado). || *Anat.* Membrana del ojo, situada detrás de la córnea y delante del cristalino, que está atravesada por la pupila.

irisar v. i. Presentar los colores del arco iris.

irlandés, esa adj. y s. De Irlanda.

ironía f. Burla fina y disimulada.

irónico, ca adj. Con ironía.

irracional adj. Falto de razón. || — M. Animal.

irracionalidad f. Calidad de irracional.

irradiación f. Acción de irradiar. || *Fig.* Influencia.

irradiar v. t. e i. Despedir un cuerpo rayos de luz, calor u otra energía. || Someter un cuerpo a radiaciones. || *Fig.* Difundirse, tener influencia.

irreal adj. No real.

irrealidad f. Calidad de no real.

irreducible o **irreductible** adj. Que no se puede reducir.

irreflexión f. Falta de reflexión.

irreflexivo, va adj. Que no reflexiona. || Hecho o dicho sin reflexionar.

irrefutable adj. Incontrovertible.

irregular adj. Que no es simétrico: *polígono irregular.* || Que no obra de un modo regular. || Relativo a las palabras cuya declinación o conjugación se apartan del modelo normal: *verbo irregular.*

irregularidad f. Calidad de irregular. || Cosa irregular.

irreligioso, sa adj. Que no tiene religión o que se opone a ésta (ú. t. c. s.).

irremediable adj. No remediable.

irrepetible adj. Que no puede repetirse.

irreprochable adj. Sin falta.

irresoluto, ta adj. y s. Indeciso.

irresponsabilidad f. Calidad de irresponsable.

irresponsable adj. No responsable.

irretroactividad f. Carencia de retroactividad.

irreverencia f. Falta de respeto.

irreversibilidad f. Condición de irreversible.

irreversible adj. Que no puede ser repetido en sentido inverso.

irrevocable adj. Que no se puede revocar.

irrigación f. Técnica de llevar el agua a las tierras secas para mejorar el cultivo. || *Med.* Riego por inyección de una cavidad orgánica.

irrigar v. t. *Med.* Rociar con un líquido alguna parte del cuerpo. || Regar: *irrigar un terreno.*

irrisión f. Mofa. || Objeto de risa.

irrisorio, ria adj. Ridículo.

irritable adj. Que se irrita.

irritación f. Acción de irritar o irritarse.

irritado, da adj. Colérico.

irritar v. t. Enfadar: *irritar a uno.* || Excitar vivamente otros afectos: *irritar el apetito.* || *Med.* Causar dolor o inflamación. || — V. pr. Enfadarse.

irrumpir v. t. Entrar violentamente.

irrupción f. Entrada violenta. || Invasión.

isabelino, na adj. Relativo a la reina Isabel.

isla f. Porción de tierra rodeada de agua. || Manzana de casas. || Isleta de peatones.

islam m. Islamismo. || Religión y civilización de los musulmanes. || El mundo musulmán.

islámico, ca adj. Del Islam.

islamismo m. Religión de Mahoma, musulmana.

islamita adj. Que profesa el islamismo (ú. t. c. s.).

islamización f. Acción y efecto de islamizar.

islamizar v. t. Adoptar la religión y usos islámicos (ú. t. c. pr.). || — V. t. Difundir la religión islámica (ú. t. c. pr.).

islandés, esa adj. y s. De Islandia.

isleta f. Pequeña acera en medio de una calzada o plaza que sirve de refugio a los peatones o para señalar el tránsito rodado. || Islote.

islote m. Isla pequeña. || Isleta en una calle.

ismaelita adj. y s. Descendiente de Ismael, hijo de Abrahán. || Dícese de los árabes miembros de una secta de musulmanes chiítas.

isobárico, ca adj. De igual presión atmosférica: *líneas isobáricas.*

isóbaro, ra adj. *Quím.* Dícese de los elementos con el mismo peso atómico. || — F. Línea isobárica.

isobata adj. De igual profundidad.

isómero, ra adj. Aplícase a los cuerpos de igual composición química y distintas propiedades físicas (ú. t. c. s. m.).

isósceles adj. Dícese del triángulo que tiene dos lados iguales.

isotermia f. Temperatura constante.

isotérmico, ca adj. Que se mantiene a temperatura constante: *vagón isotérmico.*

isotermo, ma adj. *Fís.* De igual temperatura. || Aplícase a la línea que une los puntos de la Tierra de igual temperatura media en un período dado (ú. t. c. s. f.).

isótono, na adj. Dícese de los átomos y de los elementos que tienen en el núcleo igual número de neutrones y diferente número de protones.

isotopía f. Calidad de isótopo.

isotópico adj. Relativo a los isótopos: *separador isotópico.*

isótopo, pa adj. Dícese de los elementos químicos idénticos con masas atómicas diferentes (ú. t. c. s. m.).

isotropía f. Calidad de isótropo.

isótropo, pa adj. Dícese de los cuerpos cuyas propiedades físicas son idénticas en todas las direcciones (ú. t. c. s. m.).

isquion m. *Anat.* Hueso que, junto al ilion y el pubis, constituye el hueso iliaco.

israelí adj. y s. Del Estado moderno de Israel.

israelita adj. y s. De la religión judía. || — M. y f. Descendiente de Israel y de Jacob, hebreo.

istmeño, ña adj. Relativo a un istmo. || Natural de istmo (ú. t. c. s.). || Relativo al istmo de Tehuantepec, región mexicana en el estado de Oaxaca. || Natural de esta región mexicana o del istmo de Panamá (ú. t. c. s.).

istmo m. Lengua de tierra que une dos continentes o una península con un continente. || *Anat.* Parte estrecha del organismo, por oposición a otras de mayor anchura.

itacate m. *Méx.* Paquete de comida que se lleva para consumir en el camino.

italianismo m. Vocablo o giro del italiano. || Vocablo o giro del italiano empleados en otra lengua. || Carácter italiano. || Amor por lo italiano.

italiano, na adj. y s. De Italia. || — M. Lengua hablada en Italia.

itálico, ca adj. y s. De la Italia antigua: *Pueblos itálicos.* || *Letra itálica,* la cursiva.

itapuense o **itapueño, ña** adj. Del departamento paraguayo de Itapúa (ú. t. c. s.).

ítem adv. lat. que significa *además.* || — M. Párrafo, artículo. || Aquello que se añade a una serie de cosas: *y puso en la retahíla mencionada otros ítems.* || En informática, cada uno de los elementos de que consta un conjunto de informaciones procesables por ordenador.

iteración f. Repetición. || En informática, cualquiera de las acciones realizadas por un bucle en el desarrollo de un programa.

iterar v. t. Repetir.

iterativo, va adj. Que se repite, capaz de repetirse. || Aplícase a los verbos que dan idea de una repetición de la acción (ú. t. c. s. m.): *parpadear, golpear* son verbos *iterativos,* llamados también *frecuentativos.*

iterbio m. Elemento químico simple (Yb).

itinerante adj. Que recorre varios sitios.

itinerario m. Recorrido, trayecto.

itrio m. Elemento químico simple (Y).

itzá adj. y s. Dícese de un indio centroamericano de la familia maya. (Los *itzás* o *itzáes* son los fundadores de Chichén Itzá.)

I.V.A. m. Impuesto sobre el valor añadido.

ixtle m. *Méx.* Especie de agave y la fibra que de esa planta se obtiene.

izabaleño, ña o **izabalino, na** adj. y s. De Izabal (Guatemala).

izar v. t. Levantar.

izote m. *Amér. C.* y *Méx.* Especie de palma.

izquierda f. Mano izquierda. || Lado izquierdo: *torcer a la izquierda.* || Colectividad política partidaria del cambio y que se opone a la acción conservadora de la derecha.

izquierdismo m. Conjunto de corrientes políticas de extrema izquierda que preconiza la realización de acciones revolucionarias inmediatas y radicales.

izquierdista adj. y s. Relativo a la izquierda política o partidario de la misma. || Revolucionario.

izquierdo, da adj. Dícese de lo que en el hombre está del lado en que late el corazón: *mano izquierda.* || En un edificio, monumento, etc., dícese de lo que corresponde a este lado con relación a una persona que da su espalda a la fachada.

j

j f. Décima letra del alfabeto castellano y séptima de sus consonantes. ‖ — **J,** abrev. de *julio* o *joule.*

jabalí m. Especie de cerdo salvaje.

jabalina f. Arma arrojadiza. ‖ Instrumento para lanzar, con forma de pica, empleado en atletismo.

jabato m. Cría del jabalí. ‖ *Fig.* Joven valiente.

jabón m. Producto obtenido por la acción de un álcali en un cuerpo graso que sirve para lavar. ‖ Pastilla de esta materia. ‖ *Por ext.* Lavado con jabón. ‖ *Fig.* Reprensión severa.

jabonar v. t. Dar jabón. ‖ Humedecer la barba con agua jabonosa para afeitarse.

jaboncillo m. Árbol americano de cuyo fruto se extrae saponina.

jabonoso, sa adj. Que contiene jabón o tiene su naturaleza.

jaborandi m. Árbol del Brasil y del Paraguay con cuyas hojas se hace una infusión.

jabutí m. *Arg.* y *Col.* Variedad de tortuga.

jaca f. Caballo pequeño.

jacal m. *Méx.* y *Venez.* Choza.

jacalón m. *Méx.* Cobertizo.

jácara f. Romance festivo.

jacarandá m. Árbol de América tropical, de flores azules, cuya madera se usa en ebanistería.

jacarandoso, sa adj. Alegre.

jacaré m. *Amer.* Yacaré.

jacinto m. Planta liliácea de hermosas flores. ‖ Su flor. ‖ Circón, piedra preciosa.

jactancia f. Vanagloria.

jactancioso, sa adj. y s. Vanidoso.

jactarse v. pr. Vanagloriarse.

jade m. Piedra fina muy dura y de color verdoso.

jadeante adj. Que jadea.

jadear v. i. Respirar anhelosamente.

jadeo m. Respiración jadeante.

jaez m. Clase, género.

jaguar m. Mamífero félido.

jaguareté m. Yaguareté.

jaguarundí m. Yaguarundí.

jagüey m. *Amer.* Pozo de agua, zanja inundada.

jaiba f. *Amer.* Cangrejo.

¡ja, ja, ja!, onomatopeya de la risa.

jalado, da adj. *Amer.* Ebrio.

jalapeño, ña adj. y s. De Jalapa (Guatemala y México).

jalar v. t. *Fam.* Tirar, halar. ‖ *Pop.* Comer. ‖ *Méx.* Tirar. ‖ — V. i. *Amer.* Correr o andar muy deprisa. ‖ Largarse, irse. ‖ — V. pr. *Amer.* Emborracharse.

jalea f. Zumo gelatinoso y transparente de frutas. ‖ Salsa de carne clarificada y solidificada.

jalear v. t. Aclamar con palmas y exclamaciones.

jaleo m. Gritos, aplausos. ‖ Cierta música y baile andaluz. ‖ Última parte del merengue, baile domini-

cano. ‖ *Fam.* Alboroto: *armar jaleo.* ‖ Juerga: *estaban de jaleo.* ‖ Lío: *se ha formado un jaleo tremendo.*

jalisciense adj. y s. De Jalisco (México).

jalón m. Palo que se clava en tierra para determinar puntos fijos.

jalonamiento m. Colocación de jalones.

jalonar v. t. Alinear con jalones. ‖ *Fig.* Fijar.

jalonear v. t. *Bol., Guat., Hond., Méx.* y *Nicar.* Tironear.

jamaicano, na y **jamaiquino, na** adj. y s. De Jamaica (isla de las Antillas).

jamás adv. Nunca, en ninguna ocasión.

jamba f. Pieza que sostiene el dintel.

jamelgo m. *Fam.* Caballo flaco.

jamón m. Carne curada de la pierna del cerdo.

jamoncillo m. *Méx.* Dulce de leche.

jangada f. Balsa.

japonés, esa adj. y s. Del Japón. ‖ — M. Lengua hablada en este país de Asia.

jaque m. Jugada en el ajedrez en que el rey o la reina están amenazados por una pieza adversaria.

jaqueca f. Dolor de cabeza.

jara f. Arbusto siempre verde y con flores blancas.

jarabe m. Bebida hecha con azúcar y sustancias aromáticas o medicinales. ‖ *Fig.* Bebida dulce. ‖ *Méx.* Baile popular parecido al zapateado.

jarana f. *Fam.* Diversión, juerga. ‖ Ruido.

jaranear v. i. Andar de jarana.

jaranero, ra adj. y s. Aficionado a las jaranas.

jarano adj. *Méx.* Dícese del sombrero de fieltro blanco, ala ancha y copa baja (ú. t. c. s. m.).

jarcia f. *Mar.* Aparejos y cuerdas de un buque.

jarciería f. *Méx.* Conjunto de utensilios domésticos hechos a partir de fibras. ‖ Tienda donde se venden esos utensilios.

jardín m. Terreno en una casa en el que se cultivan flores, árboles de sombra o adorno, etc. ‖ Mancha en las esmeraldas o en otras piedras preciosas. ‖ *Jardín de la infancia* (en América *jardín de infantes*), colegio de párvulos. ‖ *Jardín botánico,* sitio donde se cultivan especies vegetales para estudiarlas.

jardinero, ra m. y f. Encargado de los jardines.

jareta f. Dobladillo aplicado a una tela en cuyo interior hay un cordón para fruncirla. ‖ *C. Rica.* Bragueta.

jaripeada f. *Méx.* Acción de jaripear.

jaripear v. t. *Méx.* Participar en un jaripeo.

jaripeo m. *Méx.* Lidia taurina con suertes a caballo. ‖ Fiesta charra en la que se montan potros cerriles con suertes de lazo y canciones rancheras.

jarocho, cha adj. y s. De Veracruz (México).

jarra f. Vasija con cuello y boca anchos.

jarrete m. Corva, corvejón.

jarro m. Vasija de boca más estrecha que la jarra. || Cantidad de líquido que cabe en ella.

jarrón m. Jarro grande.

jaspeado, da adj. Aplícase a lo que presenta vetas.

jaspe m. Piedra de joyería.

jaula f. Recinto para encerrar aves u otros animales. || Aparato para bajar o subir en las minas.

jauría f. Conjunto de perros que cazan juntos. || *Fig.* Conjunto de personas en contra de otra.

jazmín m. Arbusto de flores blancas. || Su flor.

jazz m. Música de origen afroamericano.

jeep [*yip*] m. (pal. ingl.). Vehículo automóvil descubierto para terrenos desiguales, llamado también *coche todo terreno* o *campero.*

jefa f. Superiora. || Mujer del jefe.

jefatura f. Dignidad, oficina y funciones de jefe.

jefe m. Superior de un cuerpo o asociación. || En la jerarquía militar, categoría superior a capitán e inferior a general. || *Méx.* Señor, caballero.

jején m. *Amer.* Insecto díptero de pequeñas dimensiones cuya picadura es muy irritante.

jeque m. Jefe árabe.

jerarca m. Alto dignatario.

jerarquía f. Orden, graduación. || Autoridad.

jerárquico, ca adj. Relativo a la jerarquía.

jerarquizar v. t. Establecer un orden de mando.

jerbo m. Roedor de las praderas arenosas del norte de África cuyas patas posteriores largas le permiten dar grandes saltos.

jerez m. Vino de fina calidad que se cría en Jerez de la Frontera (España).

jerezano, na adj. y s. De Jerez de la Frontera o de Jerez de los Caballeros (España).

jerga f. Tela gruesa basta. || Jergón, colchón. || Lenguaje especial de ciertas profesiones o círculos.

jergón m. Colchón de paja.

jeringa f. Instrumento para poner inyecciones.

jeringar v. t. *Fig.* Molestar, fastidiar.

jeroglífico, ca adj. Aplícase a la escritura usada por los egipcios y algunos pueblos aborígenes americanos en la que las palabras se representan con símbolos o figuras. || — M. Carácter de esta escritura. || Pasatiempo consistente en sustituir una palabra o frase con signos o figuras.

jerónimo, ma adj. Relativo a la orden de San Jerónimo. || Perteneciente a ella (ú. t. c. s.).

jersey m. (pal. ingl.). Prenda de abrigo de tejido de punto elástico que se introduce por la cabeza.

jesuita adj. De la Compañía de Jesús. || Religioso de la Compañía de Jesús (ú. t. c. s. m.).

jesuítico, ca adj. De los jesuitas.

jet [*yet*] m. (pal. ingl.). Avión de reacción. || Chorro de fluido que impulsa con un efecto de propulsión.

jeta f. Boca abultada. || *Pop.* Cara.

ji f. Vigésima segunda letra del alfabeto griego (χ).

jíbaro, ra adj. Dícese del indio de origen caribe (ú. t. c. s.). || *Amer.* Campesino (ú. t. c. s.).

jibia f. Molusco cefalópodo.

jícama f. *Méx.* Tubérculo comestible blanco y jugoso.

jícara f. Taza pequeña.

jicote m. *Amér. C.* y *Méx.* Avispa de gran tamaño cuya picadura es muy dolorosa.

jicotea f. *Cub., Méx.* y *P. Rico.* Especie de tortuga.

jilguero m. Pájaro de plumaje pardo.

jilote m. *Amér. C.* y *Méx.* Mazorca de maíz con los granos sin cuajar. || Xilote.

jilotear v. i. *Amér. C.* y *Méx.* Xilotear.

jinete m. Caballista.

jinotegano, na adj. y s. De Jinotega (Nicaragua).

jinotepino, na adj. y s. De Jinotepe (Nicaragua).

jiote m. *Méx.* Erupción en la piel que produce escozor.

jipi m. *Fam.* Jipijapa.

jipido m. Hipido.

jipijapa f. Sombrero de palma.

jira f. Merienda campestre.

jirafa f. Mamífero rumiante de cuello largo y extremidades abdominales cortas. || *Cin.* Brazo articulado que sostiene un micrófono.

jirón m. Desgarrón.

jitomate m. *Méx.* Tomate.

jiu-jitsu m. Lucha japonesa.

jockey [*yoki*] m. (pal. ingl.). Jinete de carreras.

jocoatle m. *Méx.* Bebida de atole.

jocoque m. *Méx.* Leche agria similar al yogur.

jocosidad f. Calidad de jocoso. || Chiste, donaire.

jocoso, sa adj. Gracioso.

jocundo, da adj. Alegre.

joder v. tr. *Pop.* Practicar el coito. | Fastidiar. | Romper, estropear. | Lastimar, hacer daño. | Echar a perder, estropear. || *¡Joder!,* interjección de fastidio, enfado, cólera, asombro, admiración.

jofaina f. Palangana.

jolgorio m. Regocijo, diversión.

jondo m. Dícese del cante hondo flamenco.

jónico, ca adj. y s. De Jonia (Grecia).

jopo m. Rabo. || *Arg.* Alfiler para sujetar el pelo.

jordano, na adj. y s. De Jordania.

jornada f. Camino que se anda en un día. || Todo el camino o todo el viaje. || Día. || Acto en los dramas antiguos. || Episodio de una película o novela.

jornal m. Lo que gana el trabajador en un día.

jornalero, ra m. y f. Persona que trabaja a jornal.

joroba f. Giba. || *Fig.* Molestia.

jorobado, da adj. Corcovado, gibado (ú. t. c. s.). || *Fig.* Fastidiado.

jorobar v. t. *Fig.* Fastidiar (ú. t. c. pr.). | Estropear (ú. t. c. pr.). || — V. pr. Aguantarse.

jorongo m. *Méx.* Poncho o capote.

joropo m. *Venez.* Baile popular. || Fiesta.

josefino, na adj. y s. De San José (Costa Rica).

jota f. Nombre de la letra *j.* || Baile popular de Aragón, Navarra y Valencia. || Su música y copla. || Sota en la baraja francesa.

joule m. *Fís.* Julio.

joven adj. De poca edad (ú. t. c. s.).

jovial adj. Alegre, festivo.

jovialidad f. Alegría.

joya f. Objeto de metal precioso o perlas de adorno. || Cosa o persona de valor.

joyería f. Comercio de joyas.

joyero, ra m. y f. Comerciante en joyas. || — M. Estuche para joyas.

joystick m. (pal. ingl.). Palanca para desplazar el cursor o controlar juegos de computadora.

juanete m. Hueso del dedo grueso del pie. || *Mar.* Verga que cruza sobre las gavias.

jubilación f. Acción y efecto de jubilar o jubilarse de un empleo. || Pensión del jubilado.

jubilado, da adj. y s. Dícese de la persona que se ha retirado del ejercicio de sus funciones.

jubilar v. t. Eximir del servicio a un empleado o funcionario civil por antigüedad o enfermedad. || — V. i.

Alegrarse (ú. t. c. pr.). || — V. pr. Dejar el trabajo activo a causa de la jubilación.

jubileo m. Entre los católicos, indulgencia plenaria concedida por el Papa.

júbilo m. Viva alegría.

jubón m. Especie de chaleco ajustado al cuerpo.

judaico, ca adj. Relativo a los judíos.

judaísmo m. Hebraísmo.

judeoalemán, ana adj. Aplícase a los descendientes de los judíos expulsados de Alemania (s. XIV). || — M. Lengua hablada por ellos o yiddish.

judeoespañol adj. y s. Dícese de los judíos expulsados de España en 1492, que conservan en Oriente la lengua española. || — M. Lengua sefardí.

judería f. Barrio de judíos.

judía f. Planta de fruto comestible. || Su fruto.

judicial adj. Relativo a la justicia.

judío, a adj. y s. Hebreo. || De Judea.

judo m. Método japonés de lucha.

judoka com. Luchador de judo.

juego m. Acción y efecto de jugar. || Ejercicio recreativo sometido a reglas, y en el cual se gana o se pierde: *juego de ajedrez.* || En sentido absoluto, juego de naipes. || Conjunto de cartas de un jugador: *tener buen juego.* || *Por ext.* Juego de azar, de la lotería. || Ejercicio público deportivo: *juegos olímpicos.* || División de un set en tenis. || Disposición de dos cosas articuladas: *juego de goznes.* || Holgura de una pieza mecánica. || Serie completa de objetos de una misma especie: *un juego de llaves.* || Servicio: *juego de té.* || *Fig.* Funcionamiento adecuado: *el juego de las instituciones.* || — *Hacer juego,* armonizarse. || *Juego de manos,* prestidigitación. || *Juego de palabras,* equívoco. || *Juegos florales,* certamen poético.

juerga f. *Fam.* Fiesta, jolgorio.

juerguearse v. pr. Irse de juerga. || Reírse.

juerguista adj. y s. Aficionado a juergas.

jueves m. Quinto día de la semana.

juez m. Magistrado encargado de juzgar. || Árbitro.

jugada f. Acción de jugar. || Lance de juego. || *Fig.* Treta, jugarreta.

jugador, ra adj. y s. Persona que juega.

jugar v. t. e i. Entretenerse, divertirse: *jugar al ajedrez.* || Tomar parte en juegos de azar: *jugar a la lotería.* || Tomar parte en los juegos de equipo: *jugar un partido de fútbol.* || *Fig.* No dar la importancia debida: *no hay que jugar con la salud.* || Moverse ciertas cosas: *una puerta que juega.* || Hacer juego: *un mueble que juega con otro.* || — V. tr. Arriesgar: *jugar dinero a la lotería.* || Echar una carta: *no jugar el as de bastos.* || — V. pr. Sortearse. || Arriesgar: *jugarse la vida.* || Estar en juego: *lo que se juega es el porvenir del país.*

jugarreta f. *Fig.* Mala jugada, treta, faena.

juglar m. Poeta que recitaba versos.

juglaría f. Arte de los juglares.

jugo m. Zumo de una sustancia animal o vegetal. || Líquido orgánico: *jugo gástrico, pancreático.* || *Fig.* Lo más sustancial de algo.

jugoso, sa adj. Con jugo.

juguetear v. i. Divertirse con algo.

juguete m. Objeto para jugar.

juguetear v. i. Divertirse jugando.

jugueteo m. Acción de juguetear.

juguetería f. Tienda donde se venden juguetes.

juicio m. Acción de juzgar. || Facultad de distinguir el bien del mal y lo verdadero de lo falso. || Opinión: *a su juicio.* || Sentido común, cordura: *buen juicio.* || Decisión o sentencia de un tribunal. || *Juicio Final,* el que, según la religión católica, ha de pronunciar Dios al fin del mundo.

juicioso, sa adj. Que tiene juicio.

jujeño, ña adj. De la ciudad de San Salvador de Jujuy y de la provincia de Jujuy en la Argentina (ú. t. c. s.).

juliana f. Sopa hecha con diferentes verduras y hierbas picadas.

juliano, na adj. Relativo a Julio César. || *Calendario juliano,* calendario establecido por Julio César.

julias f. pl. Fiestas conmemorativas de la Independencia argentina (9 de julio de 1816).

julio m. Séptimo mes del año que tiene treinta y un días. || *Fís.* Unidad de trabajo, de energía o de cantidad de calor.

jumento, ta m. y f. Asno.

juncáceas f. pl. Familia de plantas (ú. t. c. adj.).

juncal m. Sitio poblado de juncos. || — Adj. Esbelto: *talle, mozo juncal.*

junco m. Planta de la familia de las juncáceas de tallos flexibles. || Tallo de esta planta. || Tipo de velero con mástiles de bambú que se utiliza en Oriente.

jungla f. Selva.

juniense adj. y s. De Junín (Perú).

junino, na adj. y s. De Junín (Argentina).

junio m. Sexto mes del año que tiene treinta días.

júnior m. Deportista comprendido entre las edades de 17 y 21 años. || El más joven entre dos del mismo apellido: *Ramírez, júnior.*

junta f. Reunión de personas para tratar un asunto. || Cada una de las reuniones que celebran. || Juntura: *junta de culata.* || Nombre que se da a ciertos gobiernos de origen insurreccional. || Órgano administrativo. || Órgano de gobierno y administración en ciertas comunidades autónomas españolas (Galicia, Castilla-La Mancha, Extremadura, Andalucía, Canarias).

juntar v. t. Unir unas cosas con otras. || Acopiar, amontonar: *juntar dinero.* || Reunir: *juntar amigos en su casa.* || — V. pr. Reunirse. || Arrimarse.

junto, ta adj. Unido. || En compañía: *vivían juntos.* || — Adv. *Junto a,* al lado de.

juntura f. Unión.

jura f. Acto solemne en el que se jura fidelidad a la Constitución, a un cargo o función, etc.

jurado, da adj. Que ha prestado juramento: *guarda jurado.* || — M. Tribunal cuyo cargo es juzgar el hecho, quedando al cuidado de los magistrados la designación de la pena. || Individuo de dicho tribunal. || Conjunto de examinadores de un certamen o competición deportiva. || *Jurado de empresa,* organismo encargado de ocuparse de las cuestiones sociales en una empresa.

juramentar v. t. Tomar juramento. || — V. pr. Comprometerse con juramento.

juramento m. Afirmación o negación de una cosa poniendo por testigo a Dios. || Voto, reniego.

jurar v. t. Afirmar con juramento: *jurar por Dios.* || Reconocer solemnemente la soberanía de un príncipe o jefe: *jurar acatamiento.* || Obligarse con juramento a los preceptos constitucionales de un país, estatutos de órdenes religiosas, deberes de determinados cargos, etc. || — V. i. Echar votos, renegar.

jurásico, ca adj. *Geol.* Aplícase al terreno sedimentario que sigue cronológicamente al triásico y precede al cretácico (ú. t. c. s. m.).

jurel m. Pez marino.

jurídico, ca adj. Del Derecho.

jurisconsulto, ta m. y f. Jurista.

jurisdicción f. Autoridad para gobernar. || Término, extensión de un lugar.

jurisdiccional adj. Relativo a la jurisdicción.

jurisprudencia f. Ciencia del Derecho. || Conjunto de las decisiones de los tribunales sobre una materia.

jurista com. Especialista en Derecho.

justa f. Combate. || *Fig.* Certamen.

justicia f. Virtud que nos hace dar a cada cual lo que le pertenece. || Derecho, equidad: *obrar con justicia.* || *For.* Derecho de pronunciar sentencias y de castigar los delitos: *administrar justicia.* | Conjunto de los tribunales y magistrados. || Una de las cuatro virtudes cardinales.

justicialismo m. En la Argentina, política social durante el régimen del general Perón.

justicialista adj. Relativo al justicialismo. || — M. y f. Su partidario.

justiciero, ra adj. y s. Que observa la justicia.

justificación f. Motivo que justifica una acción. || Prueba de una cosa. || *Impr.* Longitud de la línea.

justificante adj. y s. m. Dícese de lo que justifica.

justificar v. t. Probar el fundamento de algo. || *Impr.* Igualar el largo de las líneas compuestas.

justificativo, va adj. Que justifica (ú. t. c. s. m.).

justipreciar v. t. Estimar.

justiprecio m. Evaluación.

justo, ta adj. Que juzga y obra con justicia y equidad: *persona justa.* || Conforme con la justicia. || Legítimo, fundado: *reclamaciones justas.* || Exacto: *hora justa.* || Conforme a la razón y a la verdad: *razonamiento justo.* || Apretado, estrecho: *este traje me está justo.* || Que es fiel a la ley de Dios y a la moral (ú. t. c. s. m.). || — Adv. Exactamente: *ha ocurrido justo lo que te anuncié antes.* || Con estrechez: *vivir justo, con dificultades.*

jutía f. Roedor de las selvas de América.

juvenil adj. Relativo a la juventud. || — Com. En deportes, júnior.

juventud f. Edad que media entre la niñez y la edad madura. || Conjunto de jóvenes. || Condición de joven. || Primeros tiempos de alguna cosa.

juzgado m. Conjunto de los jueces que concurren a dar sentencia. || Tribunal de un solo juez. || Sitio donde se juzga. || *Juzgado municipal,* el que tiene jurisdicción en asuntos menores.

juzgar v. t. *For.* Deliberar y sentenciar acerca de la culpabilidad de uno. || Estimar.

k

k f. Undécima letra del alfabeto castellano y octava de sus consonantes. || – **k**, símbolo de *kilo*.

K, símbolo químico del *potasio* y del *Kelvin*.

ka f. Nombre de la letra *k*.

káiser m. (pal. alem.). Emperador.

kaki adj. y s. m. Caqui, color.

kamichí m. *Amer.* Género de aves zancudas.

kamikase m. (pal. japonesa). Avión cargado de explosivos que un piloto suicida lanzaba contra un barco enemigo. || Este piloto.

kan m. Título de príncipe turcomongol.

kappa f. Décima letra del alfabeto griego (κ).

karate m. (pal. japonesa). Modalidad de lucha japonesa basada en golpes secos dados con el borde de la mano, los codos o los pies.

karateka com. Luchador de karate.

katún m. Período de veinte años del calendario maya.

kayac m. Canoa.

kc, símbolo del *kilociclo*.

kcal, símbolo de *kilocaloría*.

kelvin m. Unidad de temperatura (símb. K).

keniata adj. y s. De Kenia, país de África.

kepis m. Quepis, gorro militar.

kermesse f. Feria, verbena.

kerosén m. Queroseno.

ketchup m. (pal. ingl.). Condimento o salsa preparado a base de tomate y especias.

keynesianismo m. Doctrina económica que afirma que el sistema capitalista podrá evitar las crisis y alcanzar el pleno empleo con una mayor intervención del Estado.

keynesiano, na adj. Perteneciente o relativo a la doctrina defendida por el economista inglés J. M. Keynes (1883-1946).

kg, símbolo del *kilogramo masa*.

kgf, símbolo del *kilogramo fuerza*.

kgm, símbolo del *kilográmetro*.

khan m. Kan.

kibutz o **kibbutz** m. Granja colectiva en Israel. (Pl. *kibutzim*.)

kif m. Grifa, cáñamo indio mezclado con tabaco.

kikapú adj. y s. Aplícase al pueblo amerindio que vive en la frontera entre México y los Estados Unidos y a sus integrantes.

kilo, prefijo que significa *mil: kilómetro, kilogramo.* || – M. Kilogramo. || *Fam.* Un millón de pesetas. || *Fam. Un kilo,* mucho.

kiloamperio m. Mil amperios.

kilocaloría f. Mil calorías (símb. kcal).

kilociclo m. Unidad eléctrica de frecuencia (1 000 oscilaciones por segundo) [símb. kc].

kilográmetro m. Antigua unidad de trabajo (símb. kgm) que equivale al esfuerzo hecho para levantar un kilo a la altura de un metro.

kilogramo m. Peso de mil gramos (símb. kg).

kilohercio m. Mil hercios.

kilojulio m. Unidad legal de trabajo en el sistema M.T.S. (símb. kJ).

kilometraje m. Medida en kilómetros. || Acción de medir las distancias en kilómetros. || Número de kilómetros recorridos por un vehículo.

kilometrar v. t. Medir en kilómetros.

kilométrico, ca adj. Relativo al kilómetro. || *Fig.* y *fam.* Muy largo, interminable: *distancia kilométrica.* || *Billete kilométrico,* el de ferrocarril, dividido en cupones, que permite recorrer un determinado número de kilómetros en un plazo dado.

kilómetro m. Medida de mil metros (símb. km). || *Kilómetro cuadrado,* unidad de superficie equivalente al área de un cuadrado cuyos lados miden un kilómetro (símb. km²).

kilovatio m. Unidad de potencia equivalente a 1 000 vatios (símb. kW).

kilovoltio m. Mil voltios (símb. kV).

kimono m. Especie de bata larga.

kindergarten m. (pal. alem.). Jardín de infancia.

kinesiología f. Parte de la medicina que estudia la kinesiterapia.

kinesiólogo, ga m. y f. Kinesiterapeuta.

kinesiterapeuta com. Masajista.

kinesiterapia f. Curación por medio de masajes.

kinestesia f. Conjunto de sensaciones de origen muscular o articular que manifiesta la posición de los diferentes segmentos del cuerpo humano en el espacio.

kiosco m. Quiosco.

kirsch m. (pal. alem.). Aguardiente hecho con cerezas.

kiwi m. Pájaro corredor de Nueva Zelanda. || Fruta de cáscara marrón y pulpa verde, originaria de Nueva Zelandia.

kJ, símbolo del *kilojulio*.

klaxon m. Claxon.

km, símbolo del *kilómetro*. || Km², símbolo del *kilómetro cuadrado*.

knock-out [*nokaut*] adv. y s. m. inv. (pal. ingl.). Fuera de combate.

know how [*noujao*] m. (pal. ingl.). Conocimientos, tecnología.

K.O. V. KNOCK-OUT.

koala m. Mamífero trepador de Australia.

kopeck m. Copeck.

Kr, símbolo químico del *criptón.*

krausismo m. Doctrina del filósofo alemán Krause que trata de conciliar el teísmo y el panteísmo.

krausista adj. Relativo al krausismo. ‖ — Com. Partidario o seguidor de esta doctrina.

krill m. (pal. noruega). Conjunto de crustáceos del zooplancton que sirve de alimento a las ballenas.

kriptón m. Criptón.

kV, abreviatura de *kilovoltio.*

kW, abreviatura de *kilovatio.*

K

KW

l

l f. Duodécima letra del alfabeto castellano. || — **l,** símbolo de *litro*. || — **L,** letra que tiene el valor de cincuenta en la numeración romana.

la art. determinado femenino singular: *la silla*. || Acusativo del pronombre personal femenino singular de tercera persona: *a ella la vi ayer*.

la m. *Mús*. Sexta nota de la escala musical.

La, símbolo químico del *lantano*.

lábaro m. *Méx*. Bandera nacional.

laberinto m. Lugar formado de intrincados caminos y rodeos en el que es muy difícil encontrar la salida. || *Fig*. Cosa confusa. || *Anat*. Oído interno.

labia f. Gran facilidad de palabra.

labiadas f. pl. Familia de plantas (ú. t. c. adj.).

labial adj. Relativo a los labios. || Dícese de la consonante que se pronuncia con los labios, como *b, p* (ú. t. c. s. f.).

labio m. Cada una de las partes exteriores de la boca que cubren la dentadura. || *Fig*. Borde.

labor f. Trabajo: *las labores de la casa*. || Obra de costura o bordado. || Labranza.

laborable adj. Que se dedica al trabajo: *día laborable*. || Que se puede labrar.

laboral adj. Relativo al trabajo.

laboralista adj. Dícese del abogado especializado en temas laborales (ú. t. c. s.).

laborar v. i. Trabajar.

laboratorio m. Local dispuesto para hacer investigaciones científicas: *laboratorio químico*. || Sitio donde se efectúan trabajos fotográficos.

laboratorista com. *Amer*. Persona que realiza análisis químicos o médicos.

laborero m. *Bol., Chil*. y *Per*. Capataz, persona que dirige una labor.

laboriosidad f. Aplicación al trabajo.

laborioso, sa adj. Trabajador.

laborismo m. Tendencia política de signo socialista en Gran Bretaña.

laborista adj. y s. Perteneciente o relativo al *Labour Party* o Partido Laborista británico.

labrado, da adj. Aplícase a las telas con dibujo en relieve. || Dícese de las piedras, maderas u otros materiales a los que se ha tallado una forma.

labrador, ra adj. y s. Que labra la tierra.

labranza f. Cultivo de la tierra.

labrar v. t. Dar una forma: *labrar un bloque de mármol*. || Cultivar la tierra. || *Arar*. || Llevar una tierra en arrendamiento. || *Fig*. Causar, hacer.

labriego, ga m. y f. Agricultor.

laburar v. i. *Arg*. y *Urug*. Trabajar.

laburo m. *Fam. Arg*. y *Urug*. Trabajo.

laca f. Sustancia aluminosa de color que se emplea en pintura. || Objeto pintado con este barniz. || Sus-

tancia incolora que se aplica al pelo para fijarlo. || Barniz para colorear las uñas.

lacado, da adj. Con laca. || — M. Acción y efecto de lacar.

lacandón, ona adj. y s. Aplícase al pueblo amerindio que vive en la frontera de México y Guatemala y a sus integrantes.

lacar v. t. Cubrir con laca.

lacayo m. Criado de librea.

lacerar v. t. Lastimar, herir (ú. t. c. pr.).

lacio, cia adj. Marchito. || Sin ondular. || *Fig*. Sin fuerzas, flojo, abatido.

lacónico, ca adj. Breve.

laconismo m. Concisión.

lacra f. Señal dejada por una enfermedad. || *Fig*. Defecto, tara, vicio. | Plaga, miseria.

lacrar v. t. Cerrar con lacre.

lacre m. Pasta o barra de goma laca que sirve para cerrar y sellar cartas.

lacrimal adj. Lo que se refiere a las lágrimas: *glándulas, conductos lacrimales*.

lacrimógeno, na adj. Que hace llorar.

lactación f. Amamantamiento.

lactancia f. Lactación. || Período de la vida en que la criatura mama. || Secreción de la leche.

lactante adj. Dícese del niño que mama (ú. t. c. s.). || Que amamanta (ú. t. c. s.).

lactar v. t. Amamantar. || Criar con leche.

lacteado, da adj. Con leche.

lácteo, a adj. De leche.

lacustre adj. Relativo a los lagos.

ladear v. t. Inclinar y torcer una cosa hacia un lado (ú. t. c. pr.): *ladear un clavo*. || *Fig*. Soslayar, esquivar: *ladear una dificultad*.

ladera f. Vertiente de un monte.

ladilla f. Piojo del pubis.

ladino, na adj. Aplícase al castellano antiguo. || *Fig*. Astuto. || *Amer*. Dícese del indio o negro que habla bien el español (ú. t. c. s.). || *Guat*. Mestizo (ú. t. c. s.). || — M. Retorromano. || Judeoespañol.

lado m. Lo que está a la derecha e izquierda de un todo. || Cualquiera de los parajes que están alrededor de un cuerpo: *por el lado del río*. || Sitio, lugar: *déjame un lado*. || *Geom*. Cada una de las líneas que forman el contorno de una figura. || Cada una de las dos caras de una cosa. || Línea genealógica: *lado paterno*. || Opinión, partido: *estoy a su lado*. || *Fig*. Aspecto: *tiene un lado bueno*. | Camino: *se fueron cada uno por su lado*.

ladrar v. i. Dar ladridos.

ladrido m. Voz del perro.

ladrillo m. *Arcilla* cocida, en forma de paralelepípedo rectangular, utilizada para construir paredes. || Baldosa para solar habitaciones, etc.

FIGURAS PLANAS

◆ Cuadrado

a = lado

◆ Rectángulo

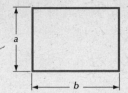

a = altura; b = base

◆ Rombo

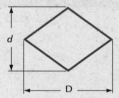

d = diámetro menor;
D = diámetro mayor

◆ Paralelogramo

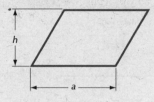

a = base; h = altura

◆ Trapecio

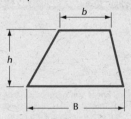

b = base menor; B = base mayor;
h = altura

◆ Hexágono

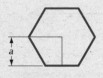

a = apotema

◆ Círculo

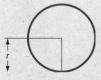

r = radio

◆ Elipse

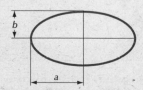

a = radio mayor;
b = radio menor

LÍNEAS Y TRIÁNGULOS

ÁNGULO AGUDO

Mide más de 0° y
menos de 90°

AÔB AGUDO

ÁNGULO RECTO

Mide 90° y posee líneas
perpendiculares

90°

AÔB RECTO

ÁNGULO OBTUSO

Mide más de 90° y
menos de 180°

120°

AÔB OBTUSO

ÁNGULO EXTENDIDO

Mide 180°

180°

AÔB LLANO

ÁNGULO CONVEXO

Mide más de 180° y
menos de 360°

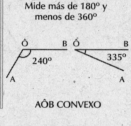

240°   335°

AÔB CONVEXO

ÁNGULO COMPLETO

Mide 360°

360°

LÍNEAS PARALELAS

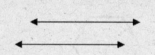

Dos líneas son paralelas si y solamente
si ellas se encuentran en el mismo
plano y no se intersectan.

LÍNEAS PERPENDICULARES

Dos líneas son perpendiculares si
y solamente si ellas se intersectan
para formar un ángulo recto.

TRIÁNGULOS

El triángulo equilátero
tiene tres lados iguales.
AB = AC = BC

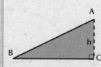

Triángulo rectángulo:
dos de sus lados
forman un ángulo recto.

Triángulo isósceles:
dos lados iguales.
AB = AC

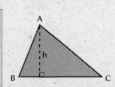

Triángulo escaleno: ningún
lado es igual, no se forma
un ángulo recto.

VOLÚMENES

♦ Cubo

♦ Paralelepípedo

♦ Tetraedro

♦ Esfera

♦ Segmento esférico

♦ Anillo esférico

♦ Sector esférico

♦ Romboedro

♦ Cubo de arena

♦ Prisma recto

♦ Prisma oblicuo

♦ Toro

♦ Prisma truncado

♦ Pirámide truncada

♦ Pirámide regular

♦ Cono oblicuo

♦ Cono truncado

♦ Cilindro truncado

♦ Cilindro oblicuo

Nota: B, *b* = base; H = altura; D, *d* = diámetro;
R, *r* = radio; *a* = lado, arista

SISTEMAS DE NUMERACIÓN

	Mesopotamia	Egipto	Grecia	Roma	Maya	China
1	▼	I	∝'	I	•	一
5	▼▼▼▼▼	I₁I₁I	Ɛ'	V	—	丘
10	◀	∩	L'	X	═	十
15	◀ ▼▼▼▼▼	∩I₁I₁I	LƐ'	VX	≡	十丘
18	◀ ▼▼▼▼	∩||||	Lη'	XVIII	⁞	十八
100	▼◀◀◀◀	℮	Ρ'	C	⊤	百

LOS DOS PRINCIPALES SISTEMAS DE NUMERACIÓN

El sistema de yuxtaposición

De tipo aditivo, es poco práctico, ya que se necesitan muchos signos para escribir números grandes (sistema mesopotámico o egipcio).

El sistema de posición

La posición del número determina su valor (nuestro sistema decimal).

EL RELOJ

Manecillas

Manecilla mayor Indica los minutos.

Manecilla menor Indica la hora.

Segundero Indica los segundos.

Hora exacta

Primer cuarto de hora 15 minutos

Media hora 30 minutos

Tercer cuarto de hora 45 minutos

DIVISIÓN CELULAR Y TIPOS DE CÉLULAS

♦ **La división celular: mitosis y meiosis**

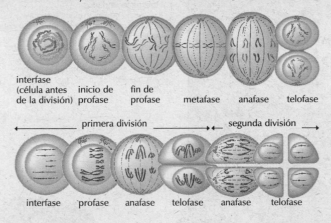

interfase
(célula antes
de la división)   inicio de   fin de
                   profase   profase   metafase   anafase   telofase

← primera división →   ← segunda división →

interfase   profase   anafase   telofase   anafase   telofase

♦ **Los tipos de células**

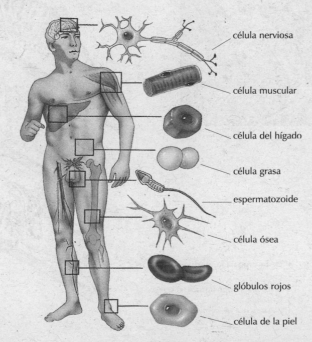

célula nerviosa

célula muscular

célula del hígado

célula grasa

espermatozoide

célula ósea

glóbulos rojos

célula de la piel

METAMORFOSIS

♦ Del renacuajo a la rana

1. Huevos fecundados.
2. Renacuajo con branquias externas.
3. Renacuajo con branquias internas y patas posteriores.
4. Renacuajo con cuatro patas. El tamaño de los renacuajos es muy variable (hasta 16 cm), como lo es la duración del estadio.

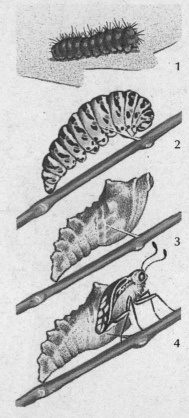

♦ De la oruga a la mariposa

1. Oruga.
2. La oruga se transforma en crisálida.
3. Crisálida.
4. Nacimiento de la mariposa.

INVERTEBRADOS

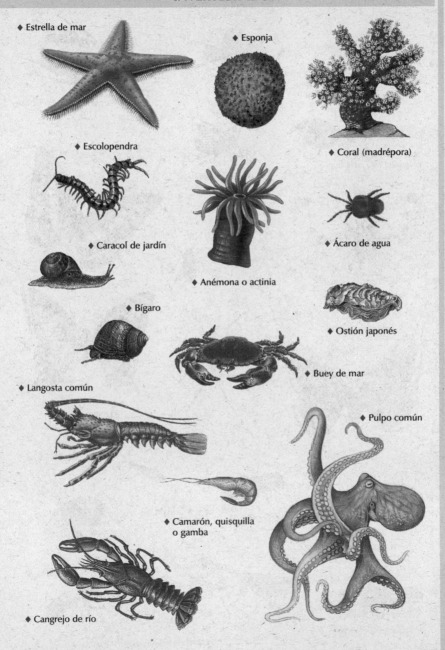

◆ Estrella de mar

◆ Esponja

◆ Coral (madrépora)

◆ Escolopendra

◆ Caracol de jardín

◆ Ácaro de agua

◆ Anémona o actinia

◆ Bígaro

◆ Ostión japonés

◆ Buey de mar

◆ Langosta común

◆ Pulpo común

◆ Camarón, quisquilla
o gamba

◆ Cangrejo de río

INVERTEBRADOS

♦ Ciervo volante

♦ Libélula azul
o caballito
del diablo

♦ Escarabajo Goliat

♦ Mariquita, catarina
o vaquita de San Antonio

♦ Escarabajo
de la papa

♦ Morfo azul

♦ Cucaracha
oriental

♦ Mariposa de la col

♦ Gran pavón

♦ Mosquito anofeles

♦ Macaón
o mariposa rey

♦ Abejorro

♦ Pulga

♦ Grillo doméstico

♦ Lepisma

♦ Hormiga roja

♦ Saltamontes verde

♦ Mantis religiosa

VERTEBRADOS

◆ Ardilla roja

◆ Liebre

◆ Lobo común

◆ León

◆ Canguro gigante

◆ Mono aullador

◆ Quetzal

◆ Águila real

◆ Gorila

◆ Cenzontle

◆ Tonina o delfín mular

VERTEBRADOS

◆ Camaleón común

◆ Nauyaca

◆ Rana verde

◆ Tortuga mediterránea

◆ Cocodrilo del nilo

◆ Áspid

◆ Pitón reticulada

◆ Geco común

◆ Tiburón peregrino

◆ Pez mariposa o isabelita

◆ Pejelagarto o catán

◆ Manta raya

◆ Celacanto

◆ Pez espada

◆ Blanco de Pátzcuaro

FLORES

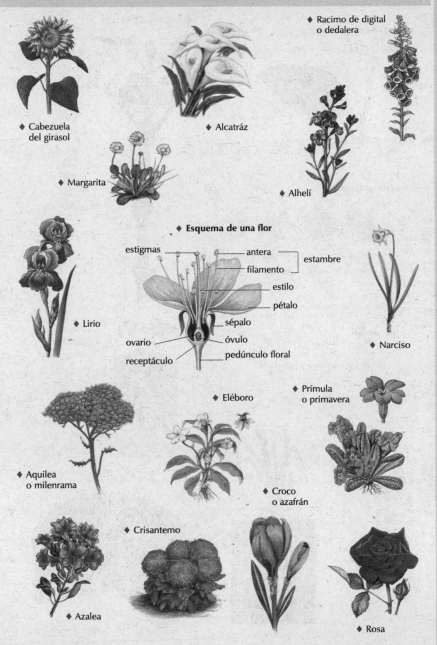

♦ Racimo de digital
  o dedalera

♦ Cabezuela
  del girasol

♦ Alcatráz

♦ Margarita

♦ Alhelí

♦ Esquema de una flor

estigmas

antera

filamento

estambre

estilo

pétalo

sépalo

ovario

óvulo

receptáculo

pedúnculo floral

♦ Lirio

♦ Narciso

♦ Prímula
  o primavera

♦ Eléboro

♦ Aquilea
  o milenrama

♦ Croco
  o azafrán

♦ Crisantemo

♦ Azalea

♦ Rosa

HOJA, TALLO Y RAÍZ

◆ Partes de una hoja típica

tallo
pecíolo
limbo
yema axilar
vaina foliar o nudo
estípula
nervadura secundaria
nervadura principal

◆ Formas de las hojas

Hojas simples de distintas formas

ovalada   en corazón   palmeada   peltada

Hojas simples de bordes más o menos recortados

borde liso   borde dentado   borde lobulado   borde muy recortado

Hojas compuestas

trifoliada   pinada   palmeada

◆ Estructura de una raíz pivotante

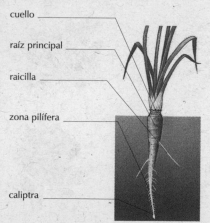

cuello

raíz principal

raicilla

zona pilífera

caliptra

◆ Estructura de un tallo

yema apical

tallo secundario

yema axilar

internudo

nudo

◆ Tallos subterráneos

papa

◆ Corte de un tronco de árbol

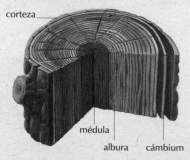

corteza

médula

albura   cámbium

PLANTAS SEGÚN REGIONES

◆ **Bosque boreal y tundra**

◆ Tuya de Canadá o tsuga americana

◆ Abeto blanco

◆ **Bosques templados**

◆ **Plantas mediterráneas**

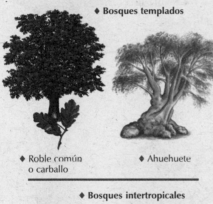

◆ Roble común o carballo

◆ Ahuehuete

◆ **Bosques intertropicales**

◆ Carrasca o encina

◆ Higuera estranguladora

◆ Árbol con contrafuertes

◆ Romero

PLANTAS SEGÚN REGIONES

♦ **Plantas de la montaña**

♦ **Plantas de las zonas áridas**

♦ Acacia sahariana

♦ Ranúnculo de la sierra

♦ Nopal o tuna

♦ **Pastizales**

♦ Abeto blanco

♦ Trébol blanco

♦ Caña brava

♦ **La sabana**

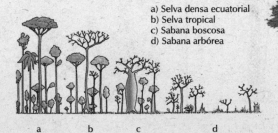

a) Selva densa ecuatorial
b) Selva tropical
c) Sabana boscosa
d) Sabana arbórea

a   b   c   d

♦ Acacia

◆ **Derivados de la vaca**

◆ **Derivados vegetales**

PIRÁMIDE ALIMENTICIA Y CONTAMINACIÓN

♦ **Pirámide alimenticia**

dulces

grasas

leche y derivados

carnes

verduras

frutas

féculas

♦ **Contaminación**

PRODUCTOS RENOVABLES Y NO RENOVABLES

NO RECICLABLES

RECICLABLES

ORGÁNICOS E INORGÁNICOS

SEPARACIÓN DE BASURA

VIDRIO   PLÁSTICO   PAPEL   LATA

RECICLAJE

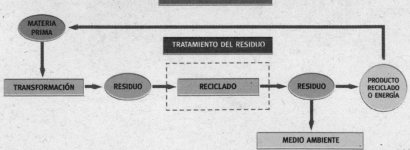

MATERIA PRIMA

TRATAMIENTO DEL RESIDUO

TRANSFORMACIÓN → RESIDUO → RECICLADO → RESIDUO → PRODUCTO RECICLADO O ENERGÍA

MEDIO AMBIENTE

♦ **Aparato respiratorio**

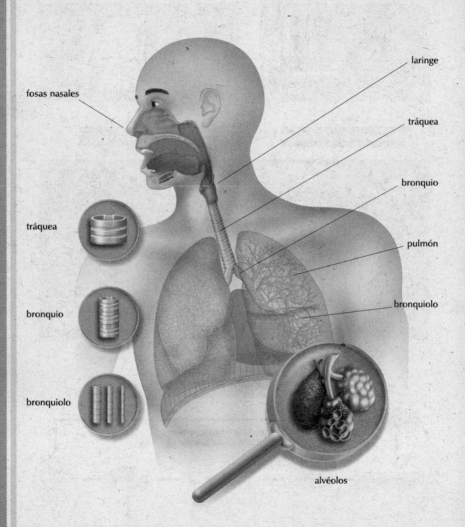

laringe

fosas nasales

tráquea

bronquio

tráquea

pulmón

bronquio

bronquiolo

bronquiolo

alvéolos

♦ El funcionamiento cardiaco

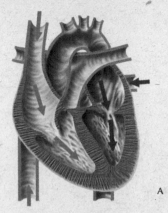

A

La sangre llena las cavidades
del corazón (diástole).

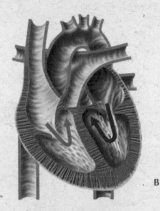

B

La sístole (contracción)
es primero auricular.

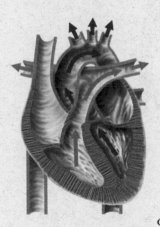

C

La contracción de los
ventrículos expulsa la sangre.

♦ La circulación

La circulación permite distribuir a los órganos
el oxígeno y otras moléculas indispensables para
la vida, y participa en la eliminación de desechos
como el dióxido de carbono. Se efectúa gracias
a la acción de una bomba: el corazón. Las arterias
conducen la sangre del corazón hacia los órganos;
las venas hacen lo contrario.

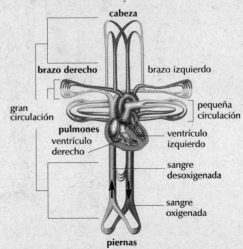

cabeza

brazo derecho — brazo izquierdo

gran circulación — pequeña circulación

pulmones — ventrículo izquierdo

ventrículo derecho

sangre desoxigenada

sangre oxigenada

piernas

ANATOMÍA

♦ **Esqueleto humano**

**cara
anterior**

**cara
posterior**

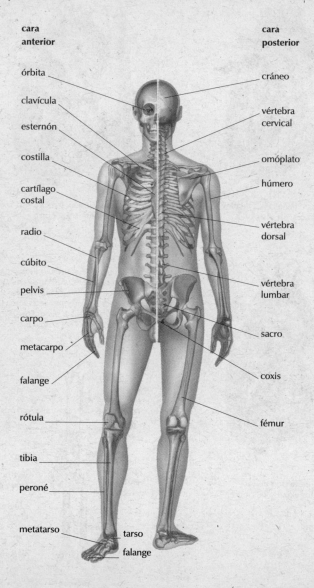

órbita

clavícula

esternón

costilla

cartílago
costal

radio

cúbito

pelvis

carpo

metacarpo

falange

rótula

tibia

peroné

metatarso

tarso

falange

cráneo

vértebra
cervical

omóplato

húmero

vértebra
dorsal

vértebra
lumbar

sacro

coxis

fémur

CICLO DEL AGUA Y CADENA TRÓFICA

♦ **Ciclo del agua**

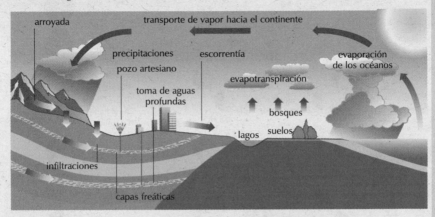

arroyada

transporte de vapor hacia el continente

precipitaciones

escorrentía

evaporación de los océanos

pozo artesiano

evapotranspiración

toma de aguas profundas

bosques

lagos   suelos

infiltraciones

capas freáticas

♦ **Cadena trófica**

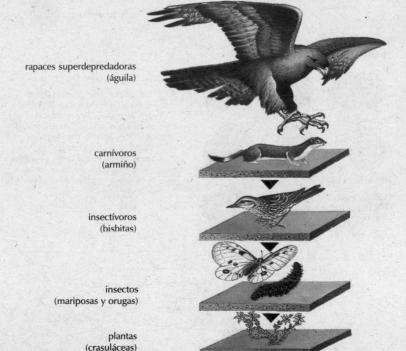

rapaces superdepredadoras
(águila)

carnívoros
(armiño)

insectívoros
(bisbitas)

insectos
(mariposas y orugas)

plantas
(crasuláceas)

◆ **Fases de la Luna**

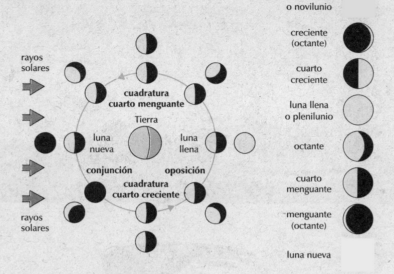

luna nueva
o novilunio

creciente
(octante)

cuarto
creciente

luna llena
o plenilunio

octante

cuarto
menguante

menguante
(octante)

luna nueva

rayos
solares

cuadratura
cuarto menguante

Tierra

luna
nueva

luna
llena

conjunción   oposición

cuadratura
cuarto creciente

rayos
solares

◆ **Distintos tipos de eclipses solares**

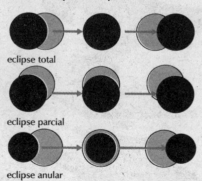

eclipse total

eclipse parcial

eclipse anular

Un eclipse solar ocurre cuando
la Luna oculta al Sol en el cielo.
Los diámetros aparentes de los dos
astros son muy cercanos (alrededor
de 32') y el de la Luna varía en
función de su distancia respecto
de la Tierra. Por lo tanto, el eclipse
puede ser total, parcial o anular
y ocurre siempre en luna nueva.

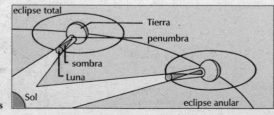

eclipse total

Tierra

penumbra

sombra

Luna

Sol

eclipse anular

◆ **Eclipses solares**

♦ **El Sistema Solar**

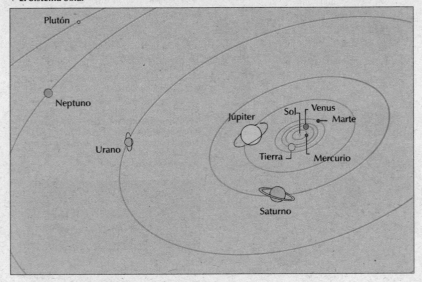

♦ **Dimensiones relativas de los planetas**

Aquí aparecen los planetas del Sistema Solar representados en la misma escala, junto con sus satélites conocidos (para los más pequeños no se respetó la escala). A partir del Sol (del cual aparece una parte a la derecha), se encuentran Mercurio, Venus, la Tierra con la Luna, Marte, Júpites, Saturno, Urano, Neptuno y Plutón. También aparecen algunas lunas.

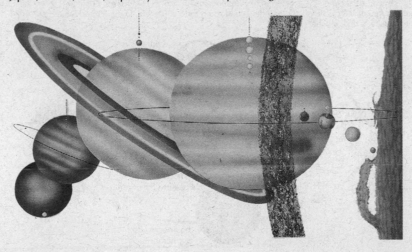

LA TIERRA

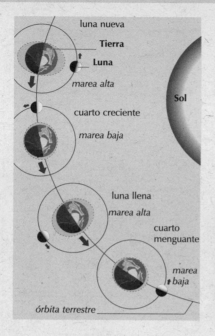

luna nueva

Tierra

Luna

marea alta

cuarto creciente

marea baja

luna llena

marea alta

cuarto menguante

marea baja

órbita terrestre

Sol

♦ El fenómeno de las mareas

Sometida a la atracción simultánea de la Tierra, la Luna y el Sol, la superficie de los océanos se deforma y presenta un abultamiento que se desplaza siguiendo a la Luna. La ocurrencia de un segundo abultamiento opuesto al que sigue a la Luna se debe a que la fuerza gravitatoria ejercida por nuestro satélite decrece con la distancia y es más fuerte en la cara de la Tierra que mira hacia la Luna que en la cara opuesta. Esta diferencia de atracción es equivalente a una repulsión hacia la cara opuesta de la Luna. El efecto del Sol se manifiesta en una modulación en la amplitud de las mareas durante el ciclo lunar.

♦ El principio de las estaciones

La división del año en estaciones se debe a la inclinación del eje de rotación de la Tierra (23º 26´) respecto de su plano de traslación alrededor del Sol. En el solsticio de junio, el Hemisferio Norte experimenta los días más largos del año, y lo mismo ocurre en el Hemisferio Sur durante el solsticio de diciembre. En los equinoccios (marzo y septiembre), el Sol se encuentra exactamente en el plano del ecuador: en todo el planeta, la duración del día es igual a la de la noche.

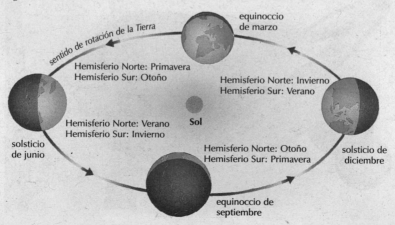

sentido de rotación de la Tierra

equinoccio de marzo

Hemisferio Norte: Primavera
Hemisferio Sur: Otoño

Hemisferio Norte: Invierno
Hemisferio Sur: Verano

Hemisferio Norte: Verano
Hemisferio Sur: Invierno

Sol

solsticio de junio

Hemisferio Norte: Otoño
Hemisferio Sur: Primavera

solsticio de diciembre

equinoccio de septiembre

◆ **La Estación Espacial Internacional.** Esta estación comenzó a ensamblarse en 1998, para sustituir a la estación espacial rusa MIR. Es un proyecto de colaboración internacional en el que participan Estados Unidos, varios países europeos y Japón.

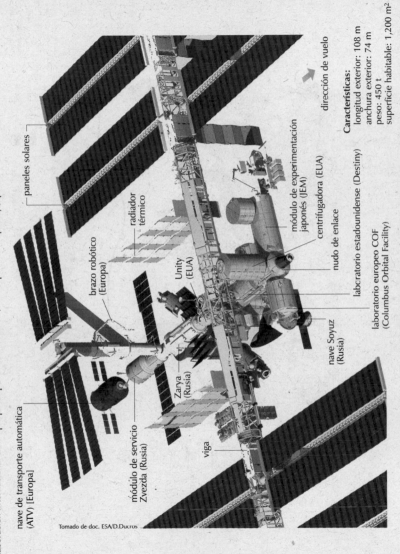

nave de transporte automática (ATV) [Europa]

módulo de servicio Zvezda (Rusia)

viga

Zarya (Rusia)

nave Soyuz (Rusia)

Unity (EUA)

brazo robótico (Europa)

radiador térmico

paneles solares

módulo de experimentación japonés (JEM)

centrifugadora (EUA)

nudo de enlace

laboratorio estadounidense (Destiny)

laboratorio europeo COF (Columbus Orbital Facility)

dirección de vuelo

Características:
longitud exterior: 108 m
anchura exterior: 74 m
peso: 450 t
superficie habitable: 1,200 m²

Tomado de doc. ESA/D.Ducros

◆ Los climas del mundo

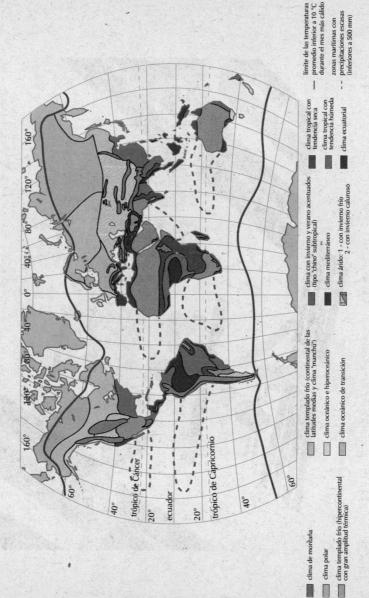

clima de montaña

clima polar

clima templado frío (hipercontinental con gran amplitud térmica)

clima templado frío (continental de las latitudes medias y clima 'manchú' subtropical)

clima oceánico e hiperoceánico

clima oceánico de transición

clima con invierno y verano acentuados (tipo 'chino' subtropical)

clima mediterráneo

clima árido: 1 - con invierno frío
2 - con invierno caluroso

clima tropical con tendencia seca

clima tropical con tendencia húmeda

clima ecuatorial

— límite de las temperaturas promedio inferior a 10 °C durante el mes más cálido

- - - zonas marítimas con precipitaciones escasas (inferiores a 500 mm)

trópico de Cáncer

ecuador

trópico de Capricornio

160° 120° 80° 40° 0° 40° 80° 120° 160°

60° 40° 20° 20° 40° 60°

AMÉRICA DEL NORTE

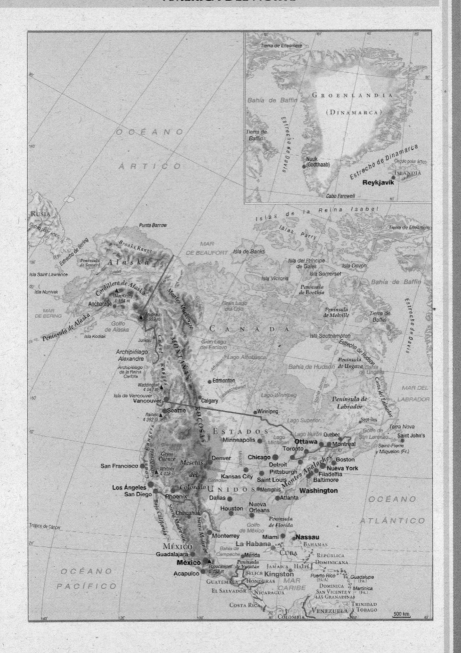

AMÉRICA DEL SUR

BANDERAS DEL MUNDO

AFGANISTÁN

ALBANIA

ALEMANIA

ANDORRA

ANGOLA

ANTIGUA Y BARBUDA

ARABIA SAUDÍ

ARGELIA

ARGENTINA

ARMENIA

AUSTRALIA

AUSTRIA

AZERBAIYÁN

BAHAMAS

BAHRAYN

BANGLA DESH

BARBADOS

BÉLGICA

BELICE

BENÍN

BHUTÁN

BIELORRUSIA

BIRMANIA

BOLIVIA

BOSNIA-HERZEGOVINA

BOTSWANA

BRASIL

BRÚNEI

BULGARIA

BURKINA FASO

BURUNDI

CABO VERDE

CAMBOYA

CAMERÚN

CANADÁ

CENTROAFRICANA (Rep.)

CHAD

CHECA (Rep.)

CHILE

CHINA

CHIPRE

COLOMBIA

COMORES

CONGO (Rep. del)

CONGO (Rep. Dem. del)

COREA (Rep. del)

COREA (Rep. Pop. del)

COSTA DE MARFIL

COSTA RICA

CROACIA

BANDERAS DEL MUNDO

CUBA	DINAMARCA	DJIBOUTI	DOMINICA	DOMINICANA (Rep.)
ECUADOR	EGIPTO	EL SALVADOR	EMIRATOS ÁRABES (Unión de)	ERITREA
ESLOVAQUIA	ESLOVENIA	ESPAÑA	E.U.A.	ESTONIA
ETIOPÍA	FIDJI	FILIPINAS	FINLANDIA	FRANCIA
GABÓN	GAMBIA	GEORGIA	GHANA	GRAN BRETAÑA
GRANADA	GRECIA	GUATEMALA	GUINEA	GUINEA ECUATORIAL
GUINEA-BISSAU	GUYANA	HAITÍ	HONDURAS	HUNGRÍA
INDIA	INDONESIA	IRÁN	IRAQ	IRLANDA
ISLANDIA	ISRAEL	ITALIA	JAMAICA	JAPÓN
JORDANIA	KAZAJSTÁN	KENIA	KIRGUIZISTÁN	KIRIBATI

BANDERAS DEL MUNDO

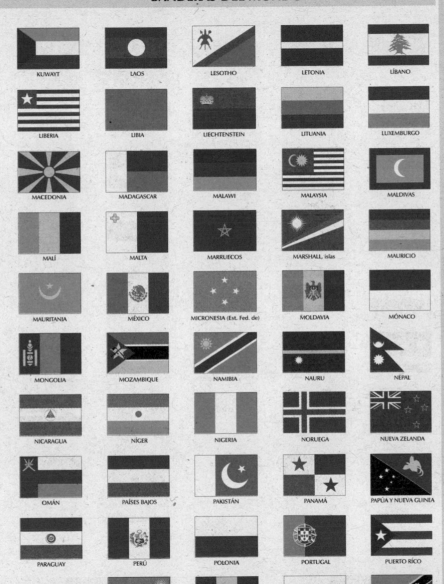

KUWAIT — LAOS — LESOTHO — LETONIA — LÍBANO

LIBERIA — LIBIA — LIECHTENSTEIN — LITUANIA — LUXEMBURGO

MACEDONIA — MADAGASCAR — MALAWI — MALASIA — MALDIVAS

MALÍ — MALTA — MARRUECOS — MARSHALL, islas — MAURICIO

MAURITANIA — MÉXICO — MICRONESIA (Est. Fed. de) — MOLDAVIA — MÓNACO

MONGOLIA — MOZAMBIQUE — NAMIBIA — NAURU — NEPAL

NICARAGUA — NÍGER — NIGERIA — NORUEGA — NUEVA ZELANDA

OMÁN — PAÍSES BAJOS — PAKISTÁN — PANAMÁ — PAPÚA Y NUEVA GUINEA

PARAGUAY — PERÚ — POLONIA — PORTUGAL — PUERTO RÍCO

QATAR — RUANDA — RUMANIA — RUSIA — SAINT-KITTS Y NEVIS

BANDERAS DEL MUNDO

SALOMÓN

SAMOA

SAN MARINO

SAN VICENTE Y LAS GRANADINAS

SANTA LUCÍA

SANTO TOMÉ Y PRÍNCIPE

SENEGAL

SERBIA Y MONTENEGRO

SEYCHELLES

SIERRA LEONA

SINGAPUR

SIRIA

SOMALIA

SRÍ LANKA

SUDÁFRICA (Rep. de)

SUDÁN

SUECIA

SUIZA

SURINAM

SWAZILANDIA

TADZHIKISTÁN

TAILANDIA

TAIWAN

TANZANIA

TIMOR ORIENTAL

TOGO

TONGA

TRINIDAD Y TOBAGO

TÚNEZ

TURKMENISTÁN

TURQUÍA

TUVALU

UCRANIA

UGANDA

URUGUAY

UZBEKISTÁN

VANUATU

VATICANO (Ciudad del)

VENEZUELA

VIETNAM

YEMEN

ZAMBIA

ZIMBABWE

UNIÓN EUROPEA

JUEGOS OLÍMPICOS

O.N.U.

O.T.A.N.

ladrón, ona adj. Que roba (ú. t. c. s.).

lagaña f. *Méx.* Legaña.

lagar m. Sitio donde se pisa la uva o se prensa la aceituna.

lagarta f. Hembra del lagarto. || *Fig.* y *fam.* Mujer astuta. | Mujer mala.

lagartija f. Lagarto pequeño.

lagarto m. Reptil saurio insectívoro. || Bíceps, músculo del brazo. || *Fig.* y *fam.* Hombre astuto.

lago m. Gran masa de agua depositada en hondonadas del terreno.

lágrima f. Líquido de los ojos que humedece la conjuntiva y la córnea.

lagrimal adj. Dícese de los órganos de secreción y excreción de las lágrimas: *conductos lagrimales.* || — M. Extremidad del ojo próxima a la nariz.

lagrimear v. i. Llorar.

lagrimeo m. Acción de lagrimear.

laguna f. Lago pequeño. || *Fig.* Olvido.

laicismo m. Doctrina que defiende la independencia del Estado de toda influencia eclesiástica.

laicista com. Partidario del laicismo.

laicizar v. t. Eliminar el carácter religioso.

laico, ca adj. Que no pertenece a la Iglesia o al clero (ú. t. c, s.).

laísmo m. Empleo defectuoso de *la, las* en lugar de *le, les* en el dativo del pronombre personal femenino *ella* como en *la dijeron* en vez de *le dijeron.*

laja f. Piedra lisa.

lambda f. Undécima letra del alfabeto griego (λ).

lambetear v. t. *Arg., Col., Cub., Méx., Nicar.* y *Urug.* Lamer. | *Méx.* y *Urug.* Adular.

lambiscón, ona adj. y s. *Fam. Méx.* Adulador.

lambisconear v. t. *Fam. Méx.* Adular.

lambisconería f. *Fam. Méx.* Adulación.

lambisquear v. t. *Fam. Méx.* Adular.

lamelibranquios m. pl. Clase de moluscos que tienen una concha de dos valvas (mejillones, ostras, almejas, etc.) [ú. t. c. adj.].

lamentable adj. Digno de compasión. || Malo: *espectáculo lamentable.*

lamentación f. Queja con muestra de dolor.

lamentar v. t. Sentir. || — V. pr. Quejarse.

lamento m. Lamentación, queja.

lamer v. t. Pasar la lengua por algo.

lámina f. Plancha delgada de un metal: *lámina de oro.* || Plancha grabada: *láminas al agua fuerte.* || Grabado: *las láminas de un libro.* || Chapa.

laminación f. Laminado.

laminado, da adj. Reducido a láminas. || Cubierto de láminas de metal. || — M. Reducción a chapa, a plancha: *tren de laminado.*

laminador m. Máquina que reduce a láminas.

laminar v. t. Deformar un producto por compresión entre dos cilindros que modifican su constitución interna y su forma al alargarlo y disminuir su espesor: *laminar el hierro.* || Cubrir con láminas.

lámpara f. Aparato, provisto de una o varias bombillas, que da luz artificial. || Bombilla eléctrica. || Tubo en el que se ha hecho el vacío, con varios electrodos, utilizado en radio y en televisión para emitir, captar, amplificar o rectificar corrientes que son oscilantes: *lámpara diodo.*

lamparón m. Mancha de aceite.

lampiño, ña adj. Sin barba.

lamprea f. Pez de cuerpo cilíndrico y liso.

lana f. Pelo de ovejas u otros rumiantes. || Tejido e hilo hecho con él. || *Amer.* Dinero.

lanar adj. Dícese del ganado ovino.

lance m. Lanzamiento. || Acontecimiento, circunstancia, ocasión. || Trance, situación crítica: *un lance apretado.* || Aventura: *lance de amor.* || Encuentro, riña: *lance de honor.* || Peripecia en una obra de teatro. || Suerte de capa en el toreo.

lancero m. Soldado con lanza.

lancha f. Barca.

langosta f. Insecto ortóptero con patas posteriores saltadoras. || Crustáceo marino de gran tamaño y con cinco pares de patas.

langostino m. Crustáceo marino.

languedociano, na adj. Perteneciente o relativo a Languedoc, región de Francia.

languidecer v. i. Estar en un estado de debilidad física o moral. || Carecer de animación.

languidez f. Falta de ánimo o vigor.

lánguido, da adj. Falto de fuerzas.

lanoso, sa adj. Que tiene lana.

lantano m. Metal (La) de las tierras raras.

lanudo, da adj. Que tiene abundante lana.

lanza f. Arma ofensiva de asta larga y hierro. || Lancero. || Extremidad de una manga de riego.

lanzacohetes m. Aparato para lanzar cohetes.

lanzado, da adj. Atrevido, decidido. || Muy veloz.

lanzamiento m. Acción de lanzar. || Acción de dar a conocer: *el lanzamiento de un producto comercial.* || *Mar.* Botadura. || Conjunto de operaciones que acompañan la salida de un vehículo espacial. || Acción de lanzar la pelota o el balón para castigar una falta o simplemente para empezar el juego. || Acción de lanzar la jabalina o el peso.

lanzar v. t. Arrojar con fuerza: *lanzar una piedra.* || Decir en voz alta: *lanzar gritos.* || Dar a conocer al público: *lanzar una actriz.* || Hacer correr un rumor, etc.: *lanzar una acusación.* || Dejar caer, saltar: *lanzar paracaidistas.* || Echar, dirigir: *me lanzaba miradas cariñosas.* || Botar un barco. || Poner en órbita un vehículo espacial. || — V. pr. Ir precipitadamente en pos de, precipitarse: *lanzarse en persecución.* || Abalanzarse. || Echarse: *lanzarse a los mares.* || *Fig.* Meterse: *lanzarse en los negocios.* || Emprender con decisión una acción.

lapa f. Molusco de concha cónica aplastada. || *Fam.* Persona pegajosa. || *Amer.* Paca, animal.

lapicera f. *Amer.* y **lapicero** m. Instrumento en que se pone el lápiz. || Lápiz. || *Amer.* Bolígrafo.

lápida f. Piedra que lleva una inscripción.

lapidar v. t. Apedrear.

lápiz m. Barrita de grafito con que se escribe o dibuja. || Barrita cilíndrica empleada para maquillarse: *lápiz de labios.*

lapón, ona adj. y s. De Laponia, región situada al norte de Europa.

lapso m. Espacio de tiempo. || Lapsus.

lapsus m. Error, desliz, equivocación.

laquear v. t. Barnizar con laca.

lar m. Hogar (fuego).

lares m. pl. *Fig.* Hogar, casa propia.

largar v. t. Aflojar, ir soltando poco a poco. || *Fam.* Decir: *largar un discurso.* | Dar: *largar un bofetón.* | Tirar, deshacerse de algo: *largar un coche viejo.* || — V. pr. *Fam.* Marcharse, irse.

largo, ga adj. Que tiene longitud considerable. || Que dura mucho tiempo: *espera muy larga.* || Dícese de la persona muy alta. || Muchos: *largos años.* || Más de la cuenta: *dos millones largos.* || — M. Largor, longitud: *dos metros de largo.* || En deportes, ventaja en la llegada equivalente a la longitud de un caballo, de una bicicleta, etc.

largometraje m. Película larga.

larguero m. Travesaño. || Almohada larga. || Tabla que permite alargar una mesa. || Poste superior de una portería de fútbol o de otros deportes.

largueza f. Generosidad.

laringe f. Parte superior de la tráquea.

laringitis f. Inflamación de la laringe.

larva f. Primera forma de ciertos animales.

las art. determinado de género femenino y número plural: *las manos.* || — Acusativo del pronombre personal femenino plural o de tercera persona: *las encontró en la calle.*

lasaña f. Pasta alimenticia en forma de placa delgada que se prepara superponiendo capas de la pasta y de carne picada.

lasca f. Trozo que salta de una piedra.

lascivia f. Propensión a los deleites carnales.

lascivo, va adj. Propenso a la lujuria (ú. t. c. s.). || Que excita la lujuria.

láser m. (pal. ingl.). Fuente luminosa que produce una luz coherente muy intensa y que se utiliza en biología, medicina, tiro, misiles, etc.

lástima f. Compasión que excitan los males de otro. || Objeto que excita la compasión. || Queja.

lastimador, ra adj. Que hace daño.

lastimadura f. Acción y efecto de lastimar.

lastimar v. t. Herir, dañar. || *Fig.* Herir, ofender.

lastimoso, sa adj. Que da lástima.

lastrar v. t. Poner lastre.

lastre m. Peso que se pone en el fondo de una embarcación o vehículo para facilitar su conducción. || Arena que llevan los globos libres para arrojarla y aliviar su peso. || *Fig.* Cosa que impide el buen funcionamiento o causa dificultades.

lata f. Hoja de lata. || Envase de hoja de lata: *lata de sardinas.* || Bidón: *lata de aceite.* || *Fig.* Cosa pesada o fastidiosa. | Persona pesada. || — *Fig. Dar la lata,* fastidiar. | *Sin una lata,* sin dinero.

latente adj. Que no se manifiesta exteriormente.

lateral adj. Que está en un lado. || *Fig.* Que no viene por línea recta. || — M. Costado.

latería m. Conjunto de latas de conserva.

látex m. Líquido de aspecto lechoso que producen ciertos vegetales.

latido m. Movimiento alternativo de contracción y dilatación del corazón y de las arterias.

latifundio m. Finca rústica de gran extensión.

latifundista com. Propietario de latifundios.

latigazo m. Golpe con el látigo.

látigo m. Azote para pegar.

latín m. Lengua del antiguo Lacio o Roma.

latinismo m. Vocablo, giro de la lengua latina.

latinizar v. t. Dar forma o terminación latina a palabras de otra lengua. || Dar carácter latino.

latino, na adj. Perteneciente al Lacio o Roma o a sus habitantes (ú. t. c. s.). || Relativo al latín: *gramática latina.* || Aplícase a la Iglesia de Occidente, en contraposición a la griega. || *Naciones latinas,* aquellas cuya lengua deriva del latín (España, Portugal, Francia, Italia y los países latinoamericanos).

latinoamericano, na adj. Dícese de los países, personas o cosas de América Latina o Latinoamérica,

conjunto de naciones americanas de lengua y cultura española o portuguesa (ú. t. c. s.).

latir v. i. Dar latidos.

latitud f. Anchura. || Distancia de un lugar al ecuador de la Tierra.

latón m. Aleación de cobre y cinc.

latoso, sa adj. Pesado (ú. t. c. s.).

latrocinio m. Hurto, robo.

laucha f. *Arg.* y *Chil.* Ratón. | *Fig.* Persona lista. | Persona delgada (ú. t. c. s. m.).

laúd m. *Mús.* Instrumento de cuerdas pulsadas.

laudable adj. Elogiable.

láudano m. Medicamento líquido a base de opio.

laudatorio, ria adj. Elogioso.

laudo m. Arbitraje.

laureado, da adj. Premiado (ú. t. c. s.). || Recompensado con la cruz de San Fernando (ú. t. c. s.). || — F. Cruz laureada de San Fernando, condecoración más importante en España.

laurear v. t. Coronar con laureles. || Premiar. || Condecorar con la cruz laureada.

laurel m. Árbol de hojas aromáticas utilizadas como condimento. || — Pl. Galardón, premio.

laurencio m. Elemento transuránico (Lw).

lava f. Materia en fusión de los volcanes.

lavable adj. Que permite lavarse.

lavabo m. Lavamanos. || Cuarto de aseo. || Retrete.

lavadero m. Lugar para lavar la ropa y pila donde se hace. || Sitio donde se lava la arena de un río aurífero o cualquier otro mineral.

lavado m. Acción y efecto de lavar o lavarse. || Aseo de una persona. || *Fam.* Riña, reprimenda.

lavadora f. Máquina de lavar ropa.

lavamanos m. inv. Recipiente para lavarse las manos.

lavanda f. Espliego. || Agua de colonia hecha con esta planta.

lavandería f. Establecimiento para lavar la ropa.

lavaparabrisas m. inv. Chorros de agua que limpian los parabrisas de un automóvil.

lavar v. t. Quitar con un líquido lo sucio, limpiar con agua u otro líquido (ú. t. c. pr.).

lavativa f. Inyección de un líquido en el intestino grueso por medio de una jeringa. || Esta jeringa.

lawrencio m. Laurencio.

laxante m. Medicamento purgante.

laxitud f. Aflojamiento.

laxo, xa adj. Flojo, relajado.

lazada f. Nudo, lazo.

lazareto m. Establecimiento sanitario para personas con enfermedades contagiosas.

lazarillo m. Guía de un ciego.

lazo m. Nudo apretado hecho con un hilo, cinta, cuerda, etc. || Cuerda con un nudo corredizo utilizada para cazar animales o apresar cualquier otra cosa. || *Fig.* Vínculo: *los lazos del matrimonio.* | Enlace, unión: *España sirve de lazo entre Europa y América Latina.* | Trampa: *caer en el lazo.* || Condecoración que tiene una cinta doblada.

le el dativo del pron. de tercera persona en singular en los dos géneros: *le dije la verdad.* || — Acusativo del pron. masculino de tercera persona en singular: *ya le veo.* || — Acusativo del pron. masculino de la segunda persona en singular cuando se habla de usted: *le vi ayer en la calle.*

leal adj. Que sigue las reglas de la fidelidad. || Fiel a un régimen político, a una dinastía (ú. t. c. s.).

lealtad f. Carácter leal.

lebrel m. Perro que caza liebres.

lección f. Enseñanza dada en una clase a una o varias personas. || Lo que un profesor da a sus discípulos para que lo sepan en la clase siguiente. || Capítulo en que se halla dividido un texto de enseñanza. || *Fig.* Advertencia, consejo dado a alguien para orientar su conducta. | Advertencia que, recibida de una persona o sacada de la experiencia, sirve en el futuro de enseñanza.

leche f. Líquido blanco de sabor dulce segregado por las glándulas mamarias de la mujer y por las de las hembras de los mamíferos. || Cosmético semifluido que suaviza y refresca la epidermis y sirve para quitar el maquillaje. || *Pop.* Puñetazo. | Golpe. | Choque. | Malhumor. | Molestia. | Semen. || — Pl. *Pop.* Monsergas, tonterías.

lechería f. Despacho de leche.

lechero, ra adj. Que tiene leche: *vaca lechera.* || Relativo a la leche y a sus derivados. || — M. y f. Comerciante en leche.

lecho m. Cama. || *Fig.* Cauce: *el lecho de un río.*

lechón m. Cochinillo de leche.

lechuga f. Planta de hojas comestibles.

lechuguilla f. *Col., Cub.* y *Méx.* Planta semejante a la lechuga que sobrenada en lagunas y aguas estancadas.

lechuza f. Ave rapaz nocturna.

lectivo, va adj. Escolar.

lector, ra m. y f. Persona que lee. || Profesor extranjero auxiliar en la enseñanza de idiomas. || Colaborador que lee los manuscritos enviados a un editor. || — M. Aparato reproductor del sonido grabado en cinta magnética. || Dispositivo para almacenar la información en la memoria de un ordenador.

lectorado m. y **lectoría** f. Empleo de lector religioso o en la enseñanza.

lectura f. Acción de leer. || Cosa leída. || Introducción de la información en la memoria de un ordenador: *cabeza de lectura.*

leer v. t. Conocer y saber juntar las letras: *aprender a leer.* || Comprender lo que está escrito o impreso en una lengua extranjera: *leer alemán.* || Decir en voz alta o pasar la vista por lo que está escrito o impreso: *leer el periódico.* || Enterarse de lo que contiene este texto escrito. || Darse cuenta del significado de algo, de un sentimiento oculto, interpretando ciertos signos: *leyó en la mirada su desgracia.* || *Impr.* Corregir: *leer pruebas.*

legación f. Misión diplomática de un gobierno en un país en donde no tiene embajada.

legado m. Disposición testamentaria a favor de una persona. || *Fig.* Herencia.

legajo m. Carpeta de documentos.

legal adj. Conforme a la ley.

legalidad f. Calidad de legal.

legalización f. Acción de legalizar.

legalizar v. t. Dar estado legal. || Certificar la autenticidad de algo.

légamo m. Cieno, lodo.

legaña f. Humor viscoso de los párpados.

legar v. t. *Fig.* Dejar en herencia.

legatario, ria m. y f. Beneficiario de un legado.

legendario, ria adj. Que pertenece a la leyenda.

legión f. Cuerpo de tropa romana de 6 000 hombres. || Cuerpo de tropa en Francia y España compuesto de soldados voluntarios, generalmente extranjeros. || *Fig.* Gran número de personas.

legionario m. Soldado de la legión.

legislación f. Conjunto de leyes.

legislador, ra adj. y s. Que legisla.

legislar v. i. Dar leyes.

legislativo, va adj. Aplícase al derecho de hacer leyes: *asamblea legislativa.* || Relativo a las leyes.

legislatura f. Tiempo en que hay cuerpos legislativos. || Cuerpo de leyes. || Período de sesiones de las Asambleas deliberantes.

legista com. Jurisconsulto.

legítima f. Parte de la herencia asignada obligatoriamente a determinados herederos.

legitimación f. Acción y efecto de legitimar.

legitimar v. t. Probar la legitimidad. || Hacer legítimo al hijo natural.

legitimidad f. Calidad de legítimo.

legítimo, ma adj. Que reúne los requisitos ordenados por las leyes. || Dícese de la unión matrimonial consagrada por la ley. || Genuino, cierto o verdadero en cualquier línea: *cuero, oro legítimo.* || Justo, equitativo: *deseos legítimos.*

lego, ga adj. Seglar, laico (ú. t. c. s.). || Sin instrucción, ignorante.

legrado m. Raspado.

legrar v. t. Raspar la superficie de un hueso o la mucosa del útero.

legua f. Medida itineraria de 5 572 metros.

leguleyo m. Mal abogado.

legumbre f. Hortaliza.

leguminosas f. pl. Familia de plantas cuyo fruto está en una vaina, como la lenteja (ú. t. c. adj.).

leísmo m. Empleo de la forma *le* del pronombre en el acusativo masculino singular, por ej.: *aquel juguete no te* LE *doy,* por *no te* LO *doy.*

leísta adj. y s. Que emplea el pronombre *le* como único acusativo masculino.

leitmotiv m. Motivo central que se repite.

lejanía f. Distancia grande.

lejano, na adj. Que está lejos.

lejía f. Producto detergente.

lejos adv. A gran distancia. || En tiempo remoto.

lelo, la adj. y s. Tonto.

lema m. Divisa que se pone en los emblemas, armas, empresas, etc. || Palabra o frase de contraseña con que se firma el trabajo presentado en algunos concursos. || *Fig.* Norma.

lempira m. Unidad monetaria de Honduras.

lempirense adj. y s. De Lempira (Honduras).

lencería f. Conjunto de ropa blanca y comercio que se hace con ella. || Tienda de ropa blanca.

lengua f. Órgano móvil constituido por numerosos músculos cubiertos de una mucosa situado en la cavidad bucal que interviene en la percepción del gusto, en la masticación, deglución y en la articulación de los sonidos. || Lenguaje propio de un pueblo o de una comunidad de pueblos: *lengua castellana.* || Conjunto del vocabulario y de la sintaxis propias de determinadas épocas, de ciertos escritores, de algunas profesiones, etc.

lenguado m. Pez marino de forma aplanada.

lenguaje m. Conjunto de sonidos articulados con que el hombre manifiesta lo que piensa o siente. || Facultad de expresarse por medio de estos sonidos. || Idioma hablado por un pueblo o nación. || Manera de expresarse: *lenguaje culto.* || En informática, conjunto de caracteres, símbolos y reglas utilizado para escribir las instrucciones dadas a un ordenador.

LEN
LA
187

lenguaraz adj. y s. Mal hablado.

lengüeta f. Lengua pequeña. || Laminilla vibrátil en algunos instrumentos músicos de viento.

lente amb. Cristal refringente de superficie esférica con caras cóncavas o convexas que se emplea en varios instrumentos ópticos. || Cristal de gafas. || Lupa. || Monóculo. || — M. pl. Gafas. || *Lente de contacto*, disco pequeño, cóncavo de un lado, convexo del otro, que se aplica sobre la córnea para corregir los vicios de refracción del ojo.

— OBSERV. Esta palabra ambigua se usa como masculino plural cuando significa gafas y como femenino en el sentido de cristal refringente.

lenteja f. Planta de semillas alimenticias. || Semilla de esta planta.

lentejuela f. Laminilla de metal o cristal puesta en el tejido de un vestido que brilla.

lenticular adj. De forma de lenteja. || — M. Hueso pequeño del oído medio.

lentilla f. Lente de contacto.

lentitud f. Falta de rapidez.

lento, ta adj. Poco rápido.

leña f. Madera utilizada para quemar. || *Fig.* Paliza. | Juego duro en la práctica de un deporte.

leñador, ra m. y f. Persona que corta o vende leña.

leñazo m. *Fam.* Golpe. | Choque.

leño m. Trozo de árbol cortado y sin ramas.

leñoso, sa adj. Que posee las características de la madera.

león, ona m. y f. Gran mamífero carnicero de la familia de los félidos, de color entre amarillo y rojo, cuyo macho tiene una abundante melena. || — M. *Fig.* Persona valiente y atrevida. || *Amer.* Puma.

leonera f. Jaula o foso de leones.

leonés, esa adj. y s. De León (España). || — M. Dialecto que se habló en el antiguo reino de León.

leonino, na adj. Relativo o semejante al león. || *For.* Aplícase al contrato poco equitativo.

leopardo m. Mamífero carnicero de piel rojiza con manchas negras. || Su piel.

leotardo m. Media de mujer hasta la cintura.

leperada f. *Amér. C.* y *Méx.* Dicho grosero.

lépero m. *Amér. C.* y *Méx.* Persona soez, indecente.

lepidóptero, ra adj. y s. m. Aplícase a los insectos con boca chupadora, como las mariposas.

leporino, na adj. Relacionado con la liebre. || *Med. Labio leporino*, malformación del labio superior.

lepra f. Infección crónica de la piel, debida a la presencia del bacilo de Hansen, que cubre la piel de pústulas y escamas.

leprosería f. Hospital de leprosos.

leproso, sa adj. y s. Que padece lepra.

lerdo, da adj. y s. Torpe.

leridano, na adj. y s. De Lérida (España). || — M. Dialecto del catalán.

les dativo del pronombre personal de tercera persona en ambos géneros y números (*les propuse venir conmigo*) y de segunda cuando se habla de usted (*les digo que no*).

lesbiana adj. y s. f. Dícese de la mujer homosexual.

lesera f. *Bol., Chil.* y *Per.* Tontería.

lesión f. Herida: *lesión en la pierna.* || *Fig.* Perjuicio. || *For.* Daño causado en un contrato.

lesionado, da adj. Dícese de quien sufrió una lesión.

lesionar v. t. Causar lesión (ú. t. c. pr.).

lesivo, va adj. Perjudicial.

letanía f. Oración con una serie de breves invocaciones. || *Fig.* Enumeración larga.

letargo m. Estado de somnolencia enfermiza, profunda y prolongada. || Estado de sopor.

leticiano, na adj. y s. De Leticia (Colombia).

letón, ona adj. y s. De Letonia. || — M. Lengua de los letones.

letra f. Cada uno de los signos del alfabeto con los que se indican los sonidos de una lengua. || Cada uno de los estilos de escritura: *letra itálica.* || Manera de escribir. || Texto de una canción. || Sentido riguroso de un texto: *la letra de un escrito.* || — Pl. Carta: *me envió dos letras.* || Literatura (por oposición a ciencias). || Conocimientos: *hombre de letras.* || *Letra de cambio*, documento de giro en el cual el firmante ordena a una persona que pague, en una época determinada, cierta cantidad a otra.

letrado, da adj. Instruido (ú. t. c. s.). || — M. y f. Abogado.

letrero m. Escrito o rótulo.

letrilla f. Composición poética de versos cortos.

letrina f. Retrete.

letrista com. Autor de la letra de una canción.

leucemia f. Enfermedad que se caracteriza por un aumento del número de glóbulos blancos (leucocitos) en la sangre (hasta 500 000 por mm^3).

leucocito m. Glóbulo blanco de la sangre.

levadizo, za adj. Que permite levantarse gracias a un mecanismo.

levadura f. Masa, con la que se hace el pan, que se aparta y se deja agriar para añadirla después a la masa fresca y provocar su esponjamiento.

levantamiento m. Acción y efecto de levantar. || Alzamiento, rebelión, sublevación.

levantar v. t. Mover de abajo hacia arriba: *levantó la cabeza.* || Colocar derecho lo que estaba inclinado. || Alzar, dirigir hacia arriba: *levantó la vista.* || Destapar, retirar: *levantar la cubierta.* || Hacer, provocar: *levantar una polvareda.* || Construir: *levantar una torre.* || Trazar: *levantó un plano.* || Poner: *siempre levanta obstáculos.* || Hacer constar, tomar por escrito: *levantaron un atestado.* || Retirar: *levantar el ancla.* || Subir: *levantar el telón.* || Abandonar, cesar: *levantar el asedio.* || *Fig.* Trastornar, remover: *eso levanta el estómago.* | Sublevar: *levantar al hijo contra el padre.* | Restablecer la prosperidad de: *levantar la economía nacional.* | Suscitar, provocar: *problemas levantados por su política.* | Hacer: *levantar falso testimonio.* | Suprimir: *levantar un castigo.* | Suspender: *levantar la excomunión.* | Dar por terminado: *levantar una sesión, la veda.* | Irse de: *levantó el campo.* | Alistar, reclutar: *levantar un ejército.* | Alzar: *no levantes la voz.* | Animar, hacer más animoso: *¡levanta tu moral!* | Causar, ocasionar: *su discurso levantó gritos de aprobación.* || — V. pr. Comenzar a aparecer: *el Sol se levanta temprano.* || Empezar a formarse, a extenderse, a soplar: *se levantó un gran viento.* || Ponerse de pie: *se levantó al llegar las señoras.* || Abandonar o dejar la cama: *levantarse tarde.* || Rebelarse, sublevarse: *el pueblo se levantó en armas.* || Subir en el aire: *el avión se levantó majestuosamente.* || Alzarse, erguirse: *a lo lejos se levanta un campanario.*

levante m. Punto por donde parece salir el Sol, Este. || Viento que sopla del Este.

levar v. t. Levantar las anclas.

leve adj. Ligero. || Poco grave.

levedad f. Ligereza.

levita f. Traje de hombre con faldones largos.

léxico, ca adj. Relativo al léxico. || — M. Diccionario. || Conjunto de las palabras de una lengua.

lexicografía f. Arte de hacer diccionarios.

lexicógrafo, fa m. y f. Autor de diccionarios.

lexicología f. Estudio científico de las palabras.

lexicólogo, ga m. y f. Especialista en lexicología.

ley f. Expresión de la relación necesaria que une entre sí dos fenómenos naturales; regla constante que expresa esta relación: *leyes de la atracción de la Tierra.* || Destino ineludible: *eso es ley de vida.* || Cariño, afecto: *le he cobrado mucha ley.* || Lealtad. || Proporción que un metal precioso debe tener en una aleación: *oro de ley.* || Conjunto de reglas dictadas por el legislador. || Cualquier regla general y obligatoria a la que ha de someterse una sociedad: *leyes fundamentales.* || Poder, autoridad, dominio: *la ley del más fuerte.*

leyenda f. Relato de la vida de un santo. || Relato de carácter imaginario. || Pie de una foto, grabado, mapa, etc. || *Leyenda negra,* interpretación de la historia desfavorable para los españoles.

lezna f. Instrumento para agujerear el cuero.

Li, símbolo del *litio.*

liana f. Bejuco.

liar v. t. Envolver. || *Fig.* y *fam.* Engatusar. | Meter en un compromiso (ú. t. c. pr.). || Envolver en un papel el tabaco para hacer un cigarrillo. || — V. pr. *Pop.* Amancebarse. || *Fig.* Trabucarse.

libación f. Acción de libar.

libanés, esa adj. y s. Del Líbano.

libar v. t. Chupar. || Probar un líquido.

libelo m. Escrito difamatorio.

libélula f. Insecto con cuatro alas.

liberación f. Acción de poner en libertad.

liberador, ra adj. y s. Libertador.

liberal adj. Favorable a las libertades individuales. || Indulgente, tolerante: *reglas muy liberales.* || Generoso. || — *Artes liberales,* las que eran antiguamente realizadas por personas de condición libre, como la pintura y la escultura. || *Profesión liberal,* profesión intelectual en la que no existe ninguna subordinación entre el que la efectúa y el que acude a sus servicios (notarios, procuradores, abogados, médicos, consejeros, etc.). || — M. y f. Partidario de la libertad individual en política y en economía.

liberalidad f. Generosidad.

liberalismo m. Doctrina política o económica que defiende la libertad en la sociedad.

liberalización f. Acción de liberalizar. || Tendencia a promover una mayor libertad en los intercambios comerciales entre naciones.

liberalizar v. t. Hacer más liberal.

liberar v. t. Libertar. || Eximir a uno de una obligación. || Librar un país de la ocupación extranjera.

libertad f. Ausencia de obligación. || Estado de un pueblo que no está dominado por un poder tiránico o por una potencia extranjera. || Estado de una persona que no está prisionera o que no depende de nadie. || Poder de hacer lo que no está prohibido, de obrar a su antojo. || Facilidad, falta de impedimento: *libertad de movimientos.*

libertador, ra adj. y s. Que liberta.

libertar v. t. Poner en libertad.

libertinaje m. Manera de vivir disoluta.

libertino, na adj. y s. Disoluto.

liberto, ta m. y f. Esclavo liberado.

libidinosidad f. Lujuria.

libidinoso, sa adj. y s. Lujurioso.

libido f. Manifestación del instinto sexual.

libio, bia adj. y s. De Libia.

libra f. Antigua medida de peso, de valor variable en diferentes lugares, que oscilaba entre 400 y 460 gramos. || Unidad monetaria inglesa (*libra esterlina*), dividida hasta 1971 en 20 chelines o 240 peniques y ahora en 100 nuevos peniques. || Unidad de moneda de Egipto, Israel, Turquía, Líbano, Siria, Chipre y Sudán.

librado, da m. y f. Persona contra quien se gira una letra de cambio.

librador, ra adj. y s. Que libra. || — M. y f. Persona que gira una letra de cambio.

librar v. t. Sacar a uno de un peligro. || Empeñar, entablar, trabar: *librar batalla.* || *Com.* Girar. || Eximir de una obligación. || — V. i. Disfrutar los empleados y obreros del día de descanso semanal. || — V. pr. Evitar: *librarse de un golpe.* || Eximirse de una obligación. || Deshacerse de un prejuicio.

libre adj. Que posee la facultad de obrar como quiere. || Que no está sujeto a la dominación extranjera, independiente: *nación libre.* || Que no depende de nadie. || Que hace lo que quiere. || Que ha pasado el peor momento: *libre de cuidados.* || Sin ninguna sujeción o traba: *comercio libre.* || Que no tiene obstáculos: *la vía está libre.* || Desocupado: *queda todavía un piso libre.* || Que no está preso: *lo dejaron pronto libre.* || Que no tiene ocupación: *en mis ratos libres.* || Exento: *libre de franqueo.* || En algunas pruebas deportivas, como natación, gimnasia, patinaje artístico, dícese del estilo o ejercicio de libre elección practicado por los participantes en las pruebas.

librea f. Uniforme de ciertos criados.

librería f. Tienda de libros. || Armario para libros.

librero, ra m. y f. Persona que vende libros. || — M. *Amér. C.* y *Méx.* Librería, mueble.

libreta f. Cuaderno.

libretista com. Autor de un libreto.

libreto m. Obra de teatro con música.

libro m. Conjunto de hojas de papel escritas o impresas reunidas en un volumen cosido o encuadernado: *libro de texto.* || Obra de carácter científico o literario de cierta extensión. || Tercera de las cuatro cavidades del estómago de los rumiantes. || — *Libro de caballerías,* relato de las aventuras heroicas de los caballeros andantes. || *Libro escolar,* el de las notas de un alumno.

licencia f. Permiso. || Grado universitario: *licencia en Derecho.* || Libertad dada por los poderes públicos para el ejercicio de ciertas profesiones y también para la importación o exportación de ciertos productos. || Documento que autoriza la práctica de la caza o la pesca. || Terminación del servicio militar. || Libertad demasiado grande y contraria al respeto y a la buena educación. || *Amer.* Permiso de conducir automóviles.

licenciado, da adj. Que ha hecho los estudios universitarios de una licencia (ú. t. c. s.). || Despedido, expulsado (ú. t. c. s.). || Que ha acabado el servicio militar (ú. t. c. s.).

licenciamiento m. Despido.

licenciar v. t. Despedir, echar. || Dar el título universitario de licenciado. || Autorizar, dar permiso. || Dar por terminado el servicio militar. || — V. pr. Obtener el título de licenciado universitario.

licenciatura f. Licencia universitaria.
licencioso, sa adj. Contrario al pudor.
licitación f. Venta en subasta.
licitar v. t. Ofrecer precio por una cosa en subasta. || *Amer.* Subastar.
lícito, ta adj. Permitido por la ley.
licitud f. Calidad de lícito.
licor m. Bebida alcohólica.
licuado m. *Amer.* Batido, refresco.
licuadora f. Aparato para licuar frutas, etc.
licuar v. t. Convertir en líquido.
licuecer y **licuefacer** v. t. Licuar.
lid f. Combate, lucha.
líder m. Jefe. || El primero en una clasificación.
lideraje, liderato y **liderazgo** m. Jefatura.
lidia f. Acción de lidiar.
lidiádor, ra m. y f. Torero.
lidiar v. i. Combatir. || — V. t. Torear.
liebre f. Mamífero parecido al conejo.
liendre f. Huevo del piojo.
lienzo m. Tela en general. || Tela en un bastidor en la que se pinta. || Cuadro pintado.
liga f. Cinta elástica con que se sujetan las medias o calcetines. || Mezcla, aleación. || Confederación, alianza. || Acuerdo de personas o colectividades. || En deportes, campeonato. || *Méx.* Banda de caucho pequeña, gomita.
ligadura f. Atadura de una vena o arteria.
ligamento m. Conjunto de haces fibrosos que une dos huesos entre sí.
ligar v. t. Atar. || Alear metales. || Unir, enlazar. || Obligar: *estar ligado por una promesa.* || Trabar: *ligar amistad.* || Hacer una ligadura en un órgano. || Hacer un torero una faena o dar pases con determinada continuidad. || — V. i. Trabar amistad, entenderse. || Reunir dos o varios naipes del mismo color. || *Fam.* Hacer la conquista de una mujer.
ligereza f. Calidad de ligero.
ligero, ra adj. Que pesa poco. || Ágil. || Rápido: *ligero de pies.* || Fácil de digerir. || Que tiene poca fuerza: *café ligero.* || Frugal: *comida ligera.* || Desconsiderado: *pecar de ligero.* || Atolondrado. || Superficial: *sueño ligero.* || Inconstante, voluble: *mujer ligera.* || Poco grave: *falta ligera.* || — Adv. De prisa. || *Peso ligero,* una de las categorías de boxeo, de 61,235 a 66,678 kg de peso.
lignito m. Carbón fósil.
ligue m. *Fam.* Relación amorosa. | Persona con quien se tiene esta relación.
liguilla f. En fútbol y en otros deportes, torneo o competición entre un reducido número de equipos en el que se proclama vencedor al conjunto que obtenga el mayor número de puntos.
lija f. Pez marino. || Papel de lija.
lijar v. t. Pulir con lija.
lila f. Arbusto común en los jardines. || Su flor. || — M. Color morado. || — Adj. inv. y s. Tonto.
liliáceas f. pl. Familia de plantas (ú. t. c. adj.).
liliputiense adj. y s. *Fig.* Enano.
lima f. Instrumento de acero templado, con la superficie estriada, que sirve para alisar metales o madera. || *Bot.* Limero. | Fruto de este árbol.
limado m. Limadura.
limadura f. Acción y efecto de limar.
limar v. t. Alisar con la lima. || *Fig.* Pulir, perfeccionar una obra. | Debilitar: *limar las asperezas.*
limbo m. Lugar a donde van las almas de los niños que mueren sin bautizar.

limeño, ña adj. y s. De Lima (Perú).
limero, ra m. y f. Vendedor de limas. || — M. Árbol parecido al limonero, cuyo fruto es la lima.
limitación f. Término.
limitar v. t. Poner límites. || Reducir a ciertos límites (ú. t. c. pr.). || — V. i. Lindar, ser fronterizo.
límite m. Línea común que divide dos Estados, dos posesiones, etc. || Línea, punto o momento que señala el final de una cosa material o no: *fuerza sin límites.* || *Fig.* Tope: *el límite presupuestario.* || — Adj. Que no se puede sobrepasar.
limítrofe adj. Que limita.
limo m. Cieno, légamo.
limón m. Fruto del limonero.
limonada f. Bebida con zumo de limón.
limonar m. Sitio plantado de limoneros.
limonero m. Árbol cuyo fruto es el limón.
limosna f. Lo que se da por caridad.
limpiabotas com. inv. Persona que limpia y lustra el calzado.
limpiado m. Limpieza, lavado.
limpiador, ra adj. y s. Que limpia. || — M. Herramienta o sustancia química para limpiar.
limpiaparabrisas m. inv. Dispositivo para mantener limpio el parabrisas de un automóvil.
limpiar v. t. Quitar la suciedad de una cosa. || Quitar las partes malas de un conjunto: *limpiar las lentejas.* || Desembarazar: *limpiar un sitio de mosquitos.* || Podar. || *Fig.* Hurtar: *me limpiaron el reloj.* | Ganar a alguien todo el dinero en el juego.
limpidez f. Calidad de límpido.
límpido, da adj. Limpio, puro.
limpieza f. Acción y efecto de limpiar.
limpio, pia adj. Que no tiene mancha o suciedad. || Puro. || Aseado, pulcro: *niño limpio.* || *Fig.* Exento: *limpio de sospecha.* | Que lo ha perdido todo en el juego. | Sin dinero. | Claro: *motivos poco limpios.* | Despejado, claro: *cielo limpio.* | Sin conocimiento alguno, ignorante.
lináceas f. pl. Familia de plantas (ú. t. c. adj.).
linaje m. Raza, familia.
lince m. Mamífero carnicero parecido al gato, pero mayor. || *Fig.* Persona muy perspicaz.
linchamiento m. Acción de linchar.
linchar v. t. Ejecutar un grupo de personas a un supuesto delincuente sin someterlo a proceso.
lindar v. i. Estar contiguo.
linde f. Límite.
lindero, ra adj. Que limita. || — M. Linde.
lindeza f. Calidad de lindo. || — Pl. *Fam.* Insultos.
lindo, da adj. Hermoso, bonito.
línea f. Trazo continuo, visible o imaginario, que separa dos cosas contiguas: *línea del horizonte.* || Trazo que limita un objeto, perímetro. || Raya: *trazar líneas en un papel.* || Renglón. || Corte de los trajes, silueta señalada por la moda: *la línea del año 1990.* || Silueta de una persona: *guardar la línea.* || Serie de puntos unidos entre sí de manera que formen un conjunto: *línea de fortificaciones.* || Conjunto de puntos comunicados por el mismo medio de transporte. || Este servicio de comunicación: *línea aérea.* || *Fig.* Manera de pensar o de obrar conforme a la ortodoxia: *en la línea del cristianismo.* | Orden de valores: *escritores en la misma línea.* || Conjunto de conductores destinado a llevar la energía eléctrica por los medios de telecomunicación. || Filiación, sucesión de generaciones de la misma familia: *por*

la línea paterna. || *Mat.* Conjunto de puntos que dependen continuamente del mismo parámetro. || *Mil.* Dispositivo formado por hombres o por medios de combate unos al lado de otros: *línea de batalla.* || Raya que señala los límites de un terreno de deportes: *línea de banda.* || En un equipo deportivo, conjunto de jugadores que están, a derecha o izquierda, en la misma parte del campo y que desarrollan una misión semejante: *línea de defensa, de ataque.*

lineal adj. Relativo a las líneas. || Que representa cierta cantidad igual para todos: *un aumento lineal de 5 000 euros mensuales para todos.*

linfa f. Líquido, fuera de los vasos sanguíneos, que baña constantemente células y tejidos.

linfático, ca adj. Relativo a la linfa.

linfocito m. Leucocito.

lingote m. Barra de metal en bruto.

lingüista com. Especialista en lingüística.

lingüístico, ca adj. Relativo al estudio científico de la lingüística. || — F. Ciencia de las lenguas.

linimento m. Medicamento para dar masajes.

lino m. Planta cuya corteza está formada de fibras textiles. || Tejido hecho de esta planta.

linóleo o **linóleum** m. Tela fuerte e impermeable que se usa para recubrir pisos.

linotipia f. *Impr.* Máquina de componer de la que sale la línea en una sola pieza.

linotipista com. Trabajador en la linotipia.

linotipo m. Máquina de componer, linotipia.

linterna f. Aparato manual, provisto de una pila eléctrica, que sirve para alumbrar.

linyera m. *Arg.* y *Urug.* Paquete en el que se guarda ropa. | Vagabundo.

lío m. Paquete. || *Fig.* Embrollo, enredo. | Jaleo, desorden. | Amancebamiento.

lípido m. Grasa.

liquefacción f. Licuefacción.

liquelique m. Liqui-liqui.

liquen m. Reunión de un alga y un hongo.

liquidación f. Acción y efecto de licuefacer. || *Com.* Pago de una cuenta. | Venta a bajo precio de géneros por cesación, quiebra, reforma o traslado de una casa de comercio. || Solución.

liquidar v. t. Licuar, convertir en líquido. || *Com.* Saldar, vender en liquidación. | Hacer el ajuste final de cuentas en un negocio. | Pagar: *le liquidé mi deuda.* | Poner fin, acabar: *liquidar un asunto.* || *Fig.* y *fam.* Quitarse de encima: *liquidar una visita.* | Matar: *lo liquidaron sus enemigos.*

liquidez f. Estado de líquido. || En economía, carácter de los medios de pago que son inmediatamente disponibles.

líquido, da adj. Que fluye o puede fluir. || Que tiene poca densidad. || Aplícase al dinero del que se puede disponer inmediatamente. || Limpio, neto: *ganancia líquida.* || — M. Sustancia líquida. || Bebida o alimento líquido. || Cantidad sujeta a gravamen: *líquido imponible.*

liqui-liqui m. Traje de hombre, típico de los países caribeños, compuesto de una chaqueta sin solapas y pantalones blancos.

lira f. Instrumento de música de varias cuerdas tañidas con ambas manos como el arpa. || Antigua unidad monetaria de Italia. || Composición poética.

lírico, ca adj. Dícese de la poesía en la que se expresan con ardor y emoción sentimientos colectivos

o la vida interior del alma. || — M. Poeta lírico. || — F. Género de la poesía lírica.

lirio m. Planta de hermosas flores. || Esta flor.

lirismo m. Poesía lírica. || Inspiración lírica.

lirón m. Mamífero roedor semejante al ratón. || *Fig.* Dormilón.

lisa f. Mújol, pez.

lisboeta, lisbonense y **lisbonés, esa** adj. y s. De Lisboa (Portugal).

lisiado, da adj. y s. Baldado.

lisiar v. t. Producir lesión en una parte del cuerpo.

liso, sa adj. Igual, llano, sin aspereza: *superficie lisa.* || Exento de obstáculós: *cien metros lisos.*

lisonja f. Alabanza, adulación.

lisonjear v. t. Adular, alabar.

lisonjero, ra adj. Que agrada.

lista f. Raya de color en una tela o tejido. || Serie de nombres. || Papel en que se encuentra. || Recuento en alta voz: *pasar lista.* || En informática, conjunto de elementos informativos estructurados de tal forma para que se pueda perfectamente conocer la posición relativa de cada uno de estos elementos en el conjunto. || *Lista de correos,* mención que indica que una carta debe quedar en la oficina de correos durante cierto plazo para que el destinatario pase a recogerla.

listado, da adj. Con listas. || — M. Lista. || En informática, resultado de un proceso que se imprime en papel continuo.

listeza f. Inteligencia. || Sagacidad.

listo, ta adj. Inteligente: *chico muy listo.* || Sagaz, astuto. || Preparado: *listo para salir.*

listón m. Tabla de madera estrecha y larga.

litera f. Cama superpuesta a otra.

literal adj. Conforme al sentido estricto del texto.

literario, ria adj. Relativo a la literatura.

literato, ta m. y f. Escritor.

literatura f. Arte cuyo modo de expresión es generalmente la palabra escrita y en algunos casos la hablada. || Conjunto de las obras literarias de un país, de una época. || Su estudio.

litigante adj. Que litiga (ú. t. c. s.).

litigar v. t. Pleitear, discutir en juicio una cosa.

litigio m. Pleito.

litigioso, sa adj. En pleito.

litio m. Metal alcalino (Li).

litografía f. Arte de impresión con una tinta grasa sobre una piedra caliza.

litografiar v. t. Imprimir por la litografía.

litoral adj. Relativo a la costa. || — M. Costa.

litosfera f. Parte sólida de la corteza terreste.

litro m. Medida de capacidad que equivale a un decímetro cúbico (símb. l).

lituano, na adj. y s. De Lituania.

liturgia f. Orden y forma determinados por la Iglesia para la celebración de los oficios divinos.

liviandad f. Ligereza.

liviano, na adj. De poco peso.

lívido, da adj. Pálido.

ll f. Antigua letra del alfabeto español.

llaca f. Animal marsupial que vive en terrenos pedregosos de la Argentina y Chile.

llaga f. Úlcera.

llagar v. t. Hacer llagas (ú. t. c. pr.).

llama f. Gas incandescente producido por una sustancia en combustión. || Mamífero doméstico de América del Sur donde se aprovecha la carne y la lana

LLA y es utilizado como bestia de carga. || *Las llamas eternas*, las torturas del infierno.

llamada f. Llamamiento. || Voz o señal con que se llama. || Invitación urgente para que alguien venga: *se oían llamadas plañideras*. || Invitación a una acción: *llamada a la sublevación*. || Remisión en un libro. || Sonido del timbre. || Comunicación: *llamada telefónica*. || Acción de traer a la mente: *llamada de atención*. || *Fig*. Atracción.

llamado m. Llamamiento.

llamamiento m. Acción y efecto de llamar. || Convocatoria.

llamar v. t. Invitar a alguien para que venga o preste atención por medio de una palabra, de un grito o de cualquier otro signo: *llamar a voces*. || Invocar, pedir socorro o auxilio por medio de la palabra o mentalmente. || Dar un nombre a alguien, a algo: *llamar las cosas con la palabra adecuada*. || Dar un calificativo: *le llamaron ladrón*. || Convocar, citar: *lo llamaron ante los tribunales*. || Atraer: *eso llama la atención*. || Destinar; *está llamado a desempeñar un gran papel*. || — V. i. Tocar, pulsar: *llamar con el timbre*. || Golpear: *llamó a la puerta con los puños*. || Sonar el timbre de la puerta o del teléfono. || Comunicar: *llamar por teléfono*. || — V. pr. Tener como nombre o apellido. || Tener cierto título una obra.

llamarada f. Llama intensa y breve.

llamativo, va adj. Que llama la atención.

llamear v. i. Echar llamas.

llampo m. *Chil*. Parte menuda de mineral.

llana f. Paleta para extender la argamasa o yeso.

llanero, ra adj. Relativo a la llanura. || Relativo a Los Llanos de Venezuela y a los Llanos Orientales de Colombia. || Dícese de los habitantes de estas dos regiones (ú. t. c. s.).

llaneza f. *Fig*. Sencillez.

llano, na adj. Liso, igual, plano. | *Fig*. Que no tiene adornos. | Claro, que no admite duda. | Simple, afable. || Que carga el acento en la penúltima sílaba: *palabra llana*. || — M. Llanura.

llanta f. Cerco de hierro o de goma que rodea las ruedas del coche. || Corona de la rueda sobre la que se aplica el neumático. || *Amer*. Neumático.

llantén m. Planta herbácea.

llantera y **llantina** f. *Fam*. Ataque de llanto.

llanto m. Efusión de lágrimas.

llanura f. Terreno llano.

llapa f. Yapa.

llave f. Pieza metálica con la que se abre una cerradura. || Nombre dado a diversas herramientas utilizadas para apretar o aflojar tuercas o tornillos, los muelles de un mecanismo, las cuerdas de un instrumento de música, etc. || Grifo: *llave de paso*. || Tecla móvil de los instrumentos de música de viento. || Corchete ({) en que se encierra una enumeración de puntos. || Presa, manera de agarrar al adversario en la lucha para inmovilizarlo y vencerlo. || *Fig*. Posición, punto estratégico: *Gibraltar era la llave del Mediterráneo*. | Medio de acceder a: *cree poseer las llaves del Paraíso*. | *Llave inglesa*, instrumento de hierro con un dispositivo para abrir las dos partes que forman la cabeza de tal modo que se puedan aplicar a la tuerca o al tornillo que se han de mover. | *Méx. Llave de agua*, grifo.

llavero, ra m. y f. Persona que tiene las llaves. || — M. Anillo en que se ponen las llaves.

llavín m. Llave pequeña.

llegada f. Acción de llegar.

llegar v. i. Alcanzar el sitio adonde se quería ir: *llegó a la ciudad*. || Acercarse: *al llegar la noche*. || Alcanzar su destino: *llegó el correo*. || Alcanzar: *llegar a la vejez*. || Tocar: *le llegó su vez*. || Subir: *el precio no llega a tanto*. || Suceder: *llegó lo que esperaba*. || Conseguir: *llegó a ser presidente*. || Venir: *ya llegó el verano*. || Extenderse hasta cierto punto: *el abrigo le llega a las rodillas*. || — *Llegar a las manos*, reñir, pelearse. || *Llegar a ser*, convertirse en. || — V. pr. Ir: *llégate a su casa*.

llenar v. t. Ocupar con algo lo que estaba vacío: *llenar un vaso*. || Ocupar: *llenar el teatro*. || *Fig*. Colmar: *la noticia me llena de alegría*. | Emplear: *lo hago para llenar el tiempo*. || Poner las indicaciones necesarias, rellenar un formulario. || — V. pr. No dejar sitio libre. || Cubrirse: *llenarse los dedos de tinta*. || *Fam*. Hartarse.

lleno, na adj. Ocupado completamente por algo: *una botella llena*. || Que contiene algo en gran cantidad: *con el estómago lleno*. || Que tiene abundancia: *lleno de orgullo*. || Redondo: *mejillas llenas*. || *Dar de lleno*, dar completamente. || — M. Gran concurrencia: *lleno en la plaza de toros*.

llevar v. t. Estar cargado de un peso (persona o cosa): *llevar un saco en las espaldas*. || Impulsar: *llevado por su entusiasmo*. || Arrastrar: *el viento lo llevó todo*. || Transportar: *llévame en coche*. || Conducir, dirigir, manejar: *no sabes llevar el coche*. || Traer: *lo llevé a mi opinión*. || Vestir: *llevaba chaqueta*. || Tener de cierta manera: *llevar la cabeza alta*. || Coger consigo y depositar en un sitio: *lleva esta carta al buzón*. || Dirigir, mover hacia: *llevó la copa a sus labios*. || Tener: *la vida que yo llevaba*. || Poseer: *lleva un nombre ilustre*. || Incitar, impulsar a algo: *esto me lleva a decir*. || Someter a una jurisdicción: *lo llevaron a los tribunales*. || Causar, provocar: *esto te llevará a la ruina*. || Manifestar, presentar: *lleva la crueldad en su rostro*. || Soportar: *lleva sus males con resignación*. || Ir, conducir: *este camino lleva a mi casa*. || Tener consigo: *no llevo ningún dinero*. || Durar: *me llevó un día este artículo*. || Estar desde hace: *lleva un mes en la cama*. || Contener: *este vino lleva mucha agua*. || Pedir, cobrar: *me ha llevado muy caro el sastre*. || Encargarse: *lleva los negocios de la familia*. || Anotar: *llevar las cuentas en un libro*. || Presentar, encerrar: *asunto que lleva muchas dificultades*. || Conducir: *¿adónde nos lleva la guerra?* || Acompañar: *llevó a sus hermanitas al cine*. || Retener: *veintitrés, pongo tres y llevo dos*. || Haber: *llevar estudiado*. || Tener de más: *le llevo trece años*. || Tener: *lleva una barba espesa*. || Acomodarse al carácter de una persona: *sabe llevar muy bien a su marido*. || *Dejarse llevar*, dejarse influir. || — V. pr. Tomar consigo: *se llevó todos mis libros*. || Ganar: *me llevé un premio*. || Obtener, lograr, ganar: *en ese negocio se llevó un millón de pesos*. || Estilarse: *esos sombreros ya no se llevan*. || Tener: *llevarse un susto*. || Recibir: *se llevó un bofetón*. || Entenderse: *estas dos chicas se llevan muy bien*.

lliclla f. *Bol., Ecuad*. y *Per*. Mantilla de lana que llevan las mujeres indias en los hombros.

llicta f. *Arg*. y *Bol*. Mezcla de ceniza de quinua y puré de papas.

lloclla f. *Per*. Inundación.

llorar v. i. Derramar lágrimas. || — V. t. Sentir vivamente la pérdida de alguien. || Sentir mucho.

lloriqueo m. Gimoteo.

lloro m. Llanto, lágrimas.

llorón, ona adj. Que llora mucho (ú. t. c. s.). || Dícese de algunos árboles con ramas colgantes: *sauce llorón*. || — F. Plañidera. || — F. pl. *Arg.* y *Bol.* Grandes espuelas de los vaqueros.

llover v. impers. Caer agua de las nubes: *llueve a cántaros*. || — V. i. *Fig.* Caer una cosa sobre uno con abundancia. || — *Fig. Como llovido del cielo*, inesperadamente. | *Llover sobre mojado*, venir una cosa molesta tras otras. || — V. pr. Calarse con las lluvias.

llovizna f. Lluvia menuda.

lloviznar v. impers. Caer llovizna.

llovíznoso, sa adj. *Amer.* Con lloviznas.

lluvia f. Precipitación de agua de la atmósfera en forma de gotas: *temporada de las lluvias*. || *Fig.* Caída de objetos como si fuesen gotas de lluvia: *lluvia de balas*. | Gran abundancia o cantidad. || *Lluvia ácida*, tipo de contaminación por la presencia de azufre en el aire.

lluvioso, sa adj. Abundante en lluvias.

lo art. neutro: *lo triste del caso*. || — Acusativo del pronombre personal de tercera persona en género masculino o neutro singular: *lo veo*.

loa f. Alabanza. || Poema en honor de alguien.

loar v. t. Alabar, hacer elogios.

lobato m. Cría del lobo.

lobezno m. Lobato.

lobo m. Mamífero carnicero de la familia de los cánidos que tiene un pelaje gris amarillento.

lóbrego, ga adj. Oscuro.

lóbulo m. Parte redonda y saliente de una cosa. || Perilla de la oreja. || Porción redondeada y saliente del pulmón, del cerebro, etc.

locación f. *Amér. C.* Arrendamiento.

local adj. Relativo al lugar: *costumbre local*. || — M. Sitio cerrado y cubierto. || Domicilio de una administración o de un organismo.

localidad f. Lugar o población. || Local. || Cada uno de los asientos de un sitio destinado a espectáculos. || Billete de entrada a un espectáculo.

localismo m. Regionalismo. || Carácter local.

localista adj. Relativo al localismo.

localización f. Acción de localizar.

localizar v. t. Determinar el lugar.

loción f. Producto de perfumería para friccionar la piel o el cuero cabelludo.

loco, ca adj. Que ha perdido la razón (ú. t. c. s.). || *Fig.* Fuera de sí: *loco de dolor*. | Muy grande, extraordinario: *suerte loca*.

locomoción f. Traslado de un punto a otro.

locomotor, ra adj. Propio para la locomoción. || — F. Máquina de vapor, eléctrica, etc., que remolca los vagones de ferrocarril.

locro m. *Amer.* Guisado de carne con choclos o zapallos, papas, ají, etc.

locuacidad f. Propensión a hablar mucho.

locuaz adj. Que habla mucho.

locución f. Expresión.

locura f. Demencia. || Amor exagerado.

locutor, ra m. y f. Presentador de una emisión de radio o televisión.

locutorio m. Departamento donde reciben visitas los presos, las monjas. || Cabina telefónica pública.

lodazal m. Lugar donde hay mucho lodo.

lodo m. Barro, fango.

log, símbolo de *logaritmo*.

logaritmo m. *Mat.* Exponente a que es necesario elevar una cantidad positiva para que resulte un número determinado.

logia f. Local donde se reúnen los masones.

lógica f. Método en las ideas, razonamiento.

logicial m. Conjunto de los programas y sistemas de un ordenador, software.

lógico, ca adj. Conforme a la lógica. || Normal.

lograr v. t. Conseguir (ú. t. c. pr.).

logro m. Obtención. || Éxito.

loísmo m. Empleo de *lo* en lugar de *le* en el dativo del pronombre personal *él* (*lo doy* en vez de *le doy*). || Tendencia a emplear *lo* en lugar de *le* en el acusativo (*lo miro* en vez de *le miro*).

loma f. Altura pequeña.

lombriciento, ta adj. *Amér. C., Col., Cub.* y *Méx.* Que tiene muchas lombrices.

lombriz f. Gusano anélido.

lomerío m. *Méx.* Conjunto de lomas.

lomo m. Espalda de un animal. || Carne sacada de este sitio. || Parte posterior de un libro en que suele ir escrito el título. || Parte opuesta al filo en los instrumentos cortantes. || Caballón, tierra levantada por el arado entre dos surcos.

lona f. Tela fuerte para hacer toldos, etc.

lonch o **lonche** m. *Méx.* Comida ligera.

loncha f. Tajada, lonja.

lonchería f. *Amer.* Restaurante.

londinense adj. y s. De Londres.

longanimidad f. Magnanimidad.

longaniza f. Cierto embutido.

longevidad f. Larga duración de la vida.

longevo, va adj. Muy viejo.

longitud f. Dimensión de una cosa. || *Geogr.* Distancia de un lugar en relación con un meridiano, expresada en grados. || *Fís. Longitud de onda*, distancia entre dos puntos de una onda que pertenecen a la misma fase.

longitudinal adj. De la longitud.

lonja f. Tira larga y poco gruesa: *lonja de jamón*. || Centro de contratación o bolsa de comercio.

loor m. Alabanza, elogio.

loretano, na adj. y s. De Loreto (Perú).

loro m. Papagayo. || *Fig.* y *fam.* Mujer fea o vieja.

los, las art. determinado plural de ambos géneros. || — Acusativo del pron. personal de tercera persona en número plural.

losa f. Baldosa.

loseta f. Losa pequeña.

lote m. Parte en que se divide un todo para su distribución. || Premio de lotería. || Grupo de objetos que se venden juntos. || Solar en que se divide un terreno edificable.

lotería f. Juego de azar con una serie de billetes numerados que, después de verificado el sorteo, resultarán premiados o no. || Juego de azar en el que los participantes poseen uno o varios cartones numerados que cubren a medida que se sacan bolas con los números correspondientes.

loto m. Planta acuática. || Lotería.

loza f. Barro fino cocido y barnizado para hacer platos, tazas, jarros, etc.

lozanía f. Frondosidad de las plantas. || Vigor, robustez. || Frescura, juventud: *la lozanía de su cutis*. || Altivez, altanería.

lozano, na adj. Con lozanía.

Lu, símbolo químico del *lutecio*.

lubricante adj. y s. m. Lubrificante.

lubricar v. t. Lubrificar.

lubricidad f. Lujuria.

lúbrico, ca adj. Lujurioso.

lubrificación f. Acción y efecto de lubrificar.

lubrificante adj. y s. m. Que lubrifica.

lubrificar v. t. Engrasar con lubrificante una superficie para que se deslice mejor sobre otra.

lucense adj. y s. De Lugo (España).

lucero m. Astro brillante, estrella grande.

lucha f. Combate.

luchador, ra m. y f. Persona que lucha o que tiene como profesión algún deporte de lucha.

luchar v. i. Combatir, pelear.

lucidez f. Clarividencia.

lucido, da adj. Que tiene gracia. || Fig. Brillante.

lúcido, da adj. Claro en el estilo. || Clarividente.

luciérnaga f. Insecto coleóptero.

lucifer m. Demonio.

lucimiento m. Brillantez.

lucio m. Pez de río muy voraz.

lucir v. i. Brillar, resplandecer. || Fig. Sobresalir en algo: lucir en el foro (ú. t. c. pr.). || Ser de provecho: le luce lo que come. | Hacer buen efecto. || Corresponder claramente a la utilidad de lo que se hace en cualquier tarea. || — V. t. Iluminar (ú. t. c. i.). || Fig. Hacer ver, mostrar: lucir su valor. | Llevar: luce una bonita corbata. || — V. pr. Salir airoso de una empresa, quedar bien. || Fig. y fam. Quedar mal, hacer mal papel: ¡te has lucido!

lucrarse v. t. Aprovecharse.

lucrativo, va adj. Beneficioso.

lucro m. Ganancia.

lucubración f. Divagación.

lucubrar v. t. Divagar.

luego adv. Pronto: vuelvo luego. || Después: iré luego al cine. || — Conj. que denota deducción o consecuencia: pienso, luego existo. || — Desde luego, naturalmente. || Hasta luego, expresión de despedida. || Luego que, en seguida que.

luengo, ga adj. Largo.

lugar m. Parte determinada del espacio. || Sitio no material que ocupa uno. || Localidad, población. || Sitio, tiempo conveniente para decir o hacer algo. || Motivo, causa, origen: dar lugar a críticas. || — En lugar de, en vez de. || Fuera de lugar, en un momento poco oportuno. || Lugar común, expresión trillada que se repite siempre en casos análogos. || Tener lugar, suceder, ocurrir.

lugareño, ña adj. y s. Vecino de un lugar.

lugarteniente com. Persona que puede sustituir al jefe para desempeñar un cargo o empleo.

lúgubre adj. Triste, fúnebre.

lugués, esa adj. y s. De Lugo (España).

lujo m. Suntuosidad, fausto, boato.

lujoso, sa adj. Con lujo.

lujuria f. Vicio de los placeres de la carne.

lujurioso, sa adj. Lascivo (ú. t. c. s.).

lumbago m. Dolor en la espalda.

lumbar adj. De la parte posterior de la cintura.

lumbre f. Luz. || Fuego.

lumbrera f. Abertura en un techo. || Claraboya en un barco. || Fig. Persona sabia o inteligente.

luminiscente o **luminescente** adj. Que emite rayos luminosos sin que haya incandescencia.

luminosidad f. Calidad de luminoso.

luminoso, sa adj. Que despide luz.

luminotecnia f. Técnica del alumbrado.

luminotécnico, ca adj. Relativo o perteneciente a la luminotecnia. || — M. y f. Persona que se dedica a la iluminación con propósitos artísticos.

luna f. Cuerpo celeste que gira alrededor de la Tierra y recibe la luz del Sol que refleja en nuestro planeta. || Esta misma luz. || Cada fase que presenta este cuerpo celeste. || Espejo: armario de luna. || Cristal: la luna de un escaparate. || Luneta. || — Fig. De buena (o mala) luna, de buen (o mal) humor. | Estar en la Luna, estar en Babia. | Luna de miel, primeros tiempos de casado.

lunar adj. Relativo a la Luna. || — M. Mancha pequeña y negra o parda en la piel.

lunático, ca adj. y s. Loco.

lunch [lanch] m. (pal ingl.). Almuerzo ligero.

lunes m. Segundo día de la semana.

luneta f. Cristal grande utilizado para cerrar un recinto: luneta trasera, delantera de un automóvil. || Amer. Platea, sitio en el que hay butacas.

lunfardismo m. Voz o giro propio del lunfardo.

lunfardo, da adj. Relativo o perteneciente al lunfardo. || — M. Ladrón. | Rufián. || Jerga de la delincuencia porteña o de Buenos Aires que se emplea a veces en el lenguaje familiar de los argentinos.

lupa f. Lente de aumento con un mango.

lupanar m. Casa de prostitución.

lusitanismo m. Palabra o giro propio de la lengua portuguesa o empleada en otra lengua diferente de ésta. || Carácter de portugués. || Amor a Portugal.

lustrador m. Arg., Bol., Chil., Per. y Urug. Persona que tiene por oficio lustrar muebles. || Amér. C., Arg., Bol., Chil., Per. y Urug. Persona que tiene por oficio limpiar el calzado.

lustrar v. t. Dar lustre o brillo.

lustre m. Brillo.

lustrín m. Chil. Persona que tiene por oficio limpiar el calzado.

lustro m. Período de cinco años.

lustroso, sa adj. Brillante.

lutecio m. Metal del grupo de las tierras raras (símb. Lu).

luteranismo m. Doctrina de Lutero.

luterano, na adj. Relativo a la doctrina de Lutero. || — M. y f. Partidario de la doctrina de Lutero.

luto m. Situación producida por la muerte de un pariente cercano, de un gran personaje, etc. || Conjunto de signos exteriores de duelo en vestidos, adornos, etc. || Dolor, pena.

lux m. Unidad de iluminación.

luxación f. Dislocación de un hueso.

luxar v. t. Dislocar (ú. t. c. pr.).

luxemburgués, esa adj. y s. De Luxemburgo.

luz f. Lo que ilumina los objetos y les hace visibles. || Cualquier objeto que ilumina: tráeme una luz. || Claridad que este objeto da: apaga la luz. || Electricidad: pagar la luz. || Claridad del día dada por el Sol: hoy hay poca luz. || Faro de un automóvil: luces muy potentes. || Destello de una piedra preciosa. || — Pl. Cultura, ilustración: el siglo de las luces. || Inteligencia: hombre de pocas luces. || — Dar a luz, parir la mujer. || Fig. Dar luz verde, autorizar a hacer algo. || Luces de tráfico o señalización, semáforos para regular la circulación. || Luz de carretera o larga, de cruce o corta, la de los automóviles cuando están en una carretera y es larga o más baja para no deslumbrar a otro coche que viene en sentido contrario. || Luz *de población*, la utilizada por los automóviles en la ciudad. || *Luz de posición o de situación*, las que se colocan en automóviles, barcos y aviones para distinguirlos en la noche. || *Salir a luz*, imprimirse un libro; descubrirse, aparecer lo que estaba oculto. || *Ver la luz*, nacer.

Lw, símbolo del *laurencio*.

lycra f. (marca registrada). Tela sintética muy elástica.

m

m f. Decimotercera letra del alfabeto castellano. || — **M**, letra numeral que tiene valor de mil en la numeración romana. || — **m**, símbolo del *metro*, del *minuto* y del prefijo *mili*.

macabro, bra adj. Relativo a la muerte. || Tétrico. || *Danza macabra*, la de la muerte.

macaco, ca adj. Feo, mal hecho. || — M. Mono de Asia, de estatura media.

macagua f. Ave rapaz de América. || Árbol silvestre de Cuba. || Serpiente venenosa de Venezuela.

macana f. *Amer.* Arma contundente parecida al machete. || *Fig. Amer.* Garrote, porra. | Disparate, tontería. | Mentira, bola. | Cosa deteriorada o anticuada. | Chisme, cosa. | Especie de chal de algodón que usan las mujeres mestizas.

macanazo m. *Amer.* Golpe dado con la macana. || *Amer.* Disparate.

macaneador, ra adj. *Arg.* Amigo de macanear, embustero (ú. t. c. s.).

macanear v. i. *Amer.* Mentir.

macaneo m. *Arg.* Acción de macanear.

macanero, ra adj. *Arg.* Macaneador.

macanudo, da adj. *Fam.* Magnífico, formidable.

macarela f. *Venez.* Caballa.

macarrones m. pl. Pasta de harina de trigo, recortada en canutos largos.

macedonia f. Ensalada de frutas o de verduras.

macegual m. *Méx.* Macehual.

macehual m. *Méx.* Entre los aztecas, hombre dedicado a las tareas más bajas.

maceración f. Operación consistente en dejar remojar cuerpos en un líquido.

macerar v. t. Poner a remojar una cosa en un líquido (ú. t. c. pr.). || Ablandar una cosa golpeándola o estrujándola (ú. t. c. pr.).

maceta f. Tiesto para plantas.

macetero m. Mueble para poner macetas.

mach m. Unidad de velocidad para aviones y cohetes que equivale a la del sonido.

machaca f. *Méx.* Carne seca y deshebrada.

machacador, ra adj. y s. Que machaca o muele. || — F. Máquina trituradora de materias duras.

machacadura f. Acción y efecto de machucar.

machacamiento m. Acción de machacar.

machacar v. t. Quebrantar o reducir a polvo una cosa golpeándola. || *Fig.* Repetir insistentemente. || — V. i. *Fig.* Insistir. | Estudiar con ahínco.

machacón, ona adj. y s. Pesado, que repite.

machaconería f. Insistencia, repetición pesada.

machamartillo (a) m. adv. Firmemente.

machaqueo m. Trituración. || Repetición.

machear v. i. Dárselas de hombre.

machetazo m. Golpe de machete.

machete m. Cuchillo grande. || *Arg.* y *Col.* Papelito que llevan los estudiantes escondido para resolver un examen. || *Urug.* Tacaño.

machetear v. t. Golpear con un machete. || *Méx.* Trabajar con tesón: *macheteó toda la noche y terminó el informe.*

machetero m. Hombre que usa el machete.

machihembrar v. t. Ensamblar dos piezas de madera a caja y espiga o a ranura y lengüeta.

machincuepa f. *Méx.* Voltereta, maroma.

machismo m. Importancia exagerada dada a la condición de varón.

machista adj. Relativo al machismo. || — M. Persona que pone de relieve su condición de varón.

macho adj. m. Que pertenece al sexo masculino. || *Fig.* Fuerte, vigoroso. | Varonil, viril. || — M. Animal del sexo masculino: *macho y hembra.* || Mulo. || Parte del corchete que engancha en otra llamada hembra. || Pieza que penetra en otra.

machorra f. Marimacho.

machote adj. y s. Muy hombre. || — M. *Méx.* Modelo. | Borrador. | Formulario.

machucar v. t. Golpear.

machucón m. *Amer.* Machacadura.

macilento, ta adj. Pálido.

macizo, za adj. Grueso: *mueble macizo.* || Ni chapado ni hueco: *pulsera de oro macizo.* || *Fig.* De peso: *argumentos macizos.* || — M. Grupo de alturas generalmente montañosas.

macramé m. Tejido hecho a mano con cuerdas trenzadas.

macrocosmo y **macrocosmos** m. El universo considerado en relación con el hombre.

macroeconomía f. Parte de la economía que estudia las relaciones entre cantidades globales con objeto de promover una política económica que pueda ejercer una influencia en éstas.

macroscópico, ca adj. Lo que se aprecia a simple vista.

macuco, ca y **macucón, ona** adj. *Arg., Chil.* y *Per.* Macanudo. | Astuto. | Muy grande.

mácula f. Mancha.

macular v. t. Manchar.

macuto m. Mochila.

madeja f. Hilo de seda o de lana recogido en varias vueltas iguales.

madera f. Sustancia dura de los árboles debajo de la corteza. || Trozo labrado de esta sustancia. || *Fig.* Disposición natural, valor personal: *tener madera de pintor.* || — M. Vino de la isla de Madera.

maderable adj. Aplícase al árbol cuya madera es útil.

maderero, ra adj. Relativo a la industria de la madera.

madero m. Pieza larga de madera. || *Fig.* Necio.

madona f. Representación de la Virgen.

madrastra f. Mujer del padre respecto de los hijos que éste tiene de un matrimonio anterior.

madre f. Mujer que ha tenido hijos. || Hembra de un animal que ha tenido crías. || Tratamiento que se da a ciertas religiosas: *madre superiora*. || *Fam.* Mujer de edad avanzada. || *Fig.* Cuna, lugar de donde procede una cosa: *Grecia, madre de las artes*. | Causa, origen: *la ociosidad es madre de todos los vicios*. || Cauce de un río. || — *Lengua madre*, aquella de la cual se han derivado otras lenguas. || *Madre patria*, país que ha fundado una colonia. || *Madre política*, suegra; madrastra.

madreperla f. Concha donde están las perlas.

madrépora f. Pólipo de los mares intertropicales.

madreselva f. Planta trepadora.

madrigal m. Poesía galante.

madriguera f. Guarida de animal. || *Fig.* Refugio.

madrilense adj. y s. De Madrid (Colombia).

madrileñismo m. Carácter madrileño.

madrileño, ña adj. y s. De Madrid.

madrina f. Mujer que asiste a uno en el bautismo, la confirmación, la boda, etc.

madroño m. Arbusto de fruto parecido a una cereza. || Su fruto. || Borlita redonda que se pone de adorno en la montera del torero y en la mantilla.

madrugada f. Alba, amanecer. || Horas después de medianoche: *las tres de la madrugada*.

madrugador, ra adj. y s. Que madruga.

madrugar v. i. Levantarse temprano.

maduración f. Acción de madurar.

madurar v. t. Dar sazón a los frutos: *madurar las mieses*. || Reflexionar detenidamente. || — V. i. Ir sazonándose una fruta. || Adquirir experiencia.

madurez f. Sazón de los frutos. || Edad adulta. || Juicio, cordura.

maduro, ra adj. Que está en sazón: *fruta madura*. || *Fig.* Sentado, reflexivo. || Entrado en años.

maese, sa m. y f. (Ant.) Maestro.

maestra f. Profesora.

maestrante m. Miembro de una maestranza.

maestranza f. Sociedad de equitación. || Ciertas corporaciones nobiliarias: *maestranzas de Sevilla*.

maestrazgo m. Dignidad de maestre.

maestre m. Superior de las órdenes militares.

maestría f. Arte, destreza.

maestro, tra adj. Muy bien hecho, perfecto: *obra maestra*. || — M. y f. Persona que enseña un arte o ciencia. || Profesor de primera enseñanza: *maestro de escuela*. || Persona que dirige el personal y las operaciones de un servicio: *maestro de obras*. || Persona muy diestra: *ser maestro en un arte*.

maffia f. (pal. ital.). Mafia.

mafia f. Asociación secreta de malhechores o de otras personas unidas por intereses comunes.

mafioso, sa adj. y s. De la mafia.

magallánico, ca adj. Del estrecho de Magallanes. || De Magallanes, prov. de Chile (u. t. c. s.).

magdalena f. Bollo pequeño de forma ovalada.

magdalenense adj. y s. De Magdalena (Colombia).

magdaleniense adj. y s. m. Aplícase al último período del paleolítico.

maghrebí, na o **maghrebino, na** adj. y s. Del norte de África (Marruecos, Túnez, Argelia).

magia f. Ciencia oculta que pretende realizar prodigios. || Encanto.

magiar adj. y s. Húngaro.

mágico, ca adj. Relativo a la magia.

magisterio m. Enseñanza dada por el maestro. || Profesión de maestro. || Título o grado de maestro. || Conjunto de maestros. || *Fig.* Gravedad afectada.

magistrado m. Juez.

magistral adj. Hecho con maestría: *un discurso magistral*. || *Fig.* Afectado, solemne.

magistratura f. Dignidad o cargo de magistrado. || *Magistratura del Trabajo*, en España, tribunal integrado por representantes de los asalariados y los empresarios, encargado de resolver los litigios de tipo profesional.

magma m. *Geol.* Masa de materias en fusión.

magnanimidad f. Generosidad.

magnánimo, ma adj. Generoso.

magnate m. Persona importante.

magnesia f. Óxido de magnesio.

magnesio m. Metal blanco sólido (símb. Mg).

magnético, ca adj. Relativo al imán.

magnetismo m. Fuerza atractiva del imán. || *Fig.* Atractivo que tiene una persona sobre otra.

magnetización f. Acción y efecto de magnetizar.

magnetizar v. t. Comunicar las propiedades del imán. || Hipnotizar. || *Fig.* Ejercer una atracción.

magneto f. Generador eléctrico en el cual la inducción es producida por un imán permanente.

magnetófono m. Aparato que registra sonidos.

magnetoscopio m. Sistema de grabación en una cinta de las imágenes y del sonido de la televisión.

magnicida adj. y s. Que comete magnicidio.

magnicidio m. Muerte dada a una persona que ocupa el Poder.

magnificencia f. Esplendor.

magnífico, ca adj. Espléndido.

magnitud f. Tamaño de un cuerpo. || *Fig.* Importancia. || *Mat.* Cantidad.

magno, na adj. Grande.

magnolia f. Árbol de flores aromáticas. || Esta flor.

magnolio m. Árbol que da magnolias.

mago, ga adj. y s. Que ejerce la magia. || Aplícase a los tres reyes que adoraron a Jesús recién nacido (Melchor, Gaspar y Baltasar).

magro m. Carne sin grasa.

maguey m. Pita, agave.

magulladura f. y **magullamiento** m. Contusión.

magullar v. t. Producir contusión o cardenal en la piel por un golpe.

magullón m. *Arg., Chil., Cub., Ecuad., Méx., Nicar., Per.* y *Urug.* Magulladura.

maharajá m. Título de los príncipes feudatarios de la India. (El femenino es *maharaní*.)

mahatma m. Personalidad espiritual en la India.

mahometano, na adj. y s. Seguidor de la religión de Mahoma.

mahometismo m. Religión de Mahoma.

maicena f. Harina fina de maíz.

maicería f. *Amer.* Casa que vende maíz.

maicero, ra adj. *Amer.* Del maíz.

maíz m. Cereal que produce mazorcas con granos amarillos. || Su grano.

maizal m. Campo de maíz.

maja f. Mano de almirez. || Mujer joven y apuesta.

majada f. Refugio del ganado y los pastores. || *Arg., Chil.* y *Urug.* Hato de ganado lanar.

majadería f. Necedad, tontería.

majadero, ra adj. y s. Necio.

majar v. t. Machacar, moler.
maje m. *C. Rica, Hond., Méx., Nicar.* y *Salv.* Tonto: *no seas maje, te cobraron de más.* ‖ *Hacerse maje,* hacerse tonto.
majestad f. Título dado a Dios y a los reyes.
majestuosidad f. Calidad de majestuoso.
majestuoso, sa adj. Que tiene majestad.
majo, ja adj. Que ostenta elegancia y guapeza propia de la gente del pueblo. Ú. t. c. s.: *los majos fueron representados por Goya.* ‖ *Fam.* Compuesto: *ir muy majo.* | Bonito. | Simpático.
mal adj. Apócope de *malo: mal día; mal humor.* ‖ — M. Lo opuesto al bien o a la moral: *no hacer nunca mal.* ‖ Daño: *hacer mucho mal a uno.* ‖ Desgracia: *los males de la guerra.* ‖ Enfermedad. ‖ Inconveniente: *esto es un mal necesario.* ‖ *Mal de las vacas locas,* enfermedad de los bovinos que da al cerebro un aspecto esponjoso.
mal adv. De manera muy imperfecta: *cantar mal.* ‖ Contrariamente a lo que se esperaba: *el negocio ha salido mal.* ‖ Difícilmente: *mal puede ayudarme.* ‖ Poco, no suficientemente: *oír mal.* ‖ De manera poco agradable: *oler, saber mal.*
malabarismo m. Juegos de destreza.
malabarista com. Persona que hace juegos de destreza, equilibrista. ‖ *Fig.* Persona muy hábil.
malacate m. Máquina que sirve para levantar objetos pesados.
malacopterigio, gia adj. y s. Aplícase a los peces de aletas blandas y esqueleto óseo, como el salmón. ‖ — Pl. Orden de estos peces.
malagueño, ña adj. y s. De Málaga (España). ‖ — F. Aire popular y baile de la prov. española de Málaga, parecido al fandango.
malaleche com. *Pop.* Persona de muy mala intención.
malambo m. *Riopl.* Baile típico del gaucho. ‖ Su música.
malapata com. Persona de mala suerte. ‖ — F. Mala suerte.
malaria f. *Med.* Paludismo.
malasombra com. *Fam.* Persona con poca gracia. ‖ — F. *Fam.* Mala suerte. ‖ Falta de gracia.
malcomer v. i. Comer mal.
malconsiderado, da adj. Desconsiderado.
malcriado, da adj. De mala educación.
malcriar v. t. Educar mal.
maldad f. Propensión a obrar mal. ‖ Acción mala.
maldecir v. t. Echar maldiciones.
maldiciente adj. y s. Que habla mal de la gente.
maldición f. Imprecación.
maldito, ta adj. Muy malo: *¡maldito clima!* ‖ Odioso: *¡maldito embustero!* ‖ Condenado por la justicia divina (ú. t. c. s.). ‖ *Fam.* Ninguno, nada.
maldonadense adj. y s. De Maldonado (Uruguay).
maleabilidad f. Calidad de maleable.
maleable adj. Que puede batirse o aplastarse en láminas sin romperse. ‖ Que se puede modelar o labrar fácilmente: *la cera es muy maleable.* ‖ *Fig.* Dócil, flexible: *persona maleable.*
maleado, da adj. Pervertido.
maleante com. Que malea. ‖ Perverso, malo. ‖ Maligno. ‖ — M. Malhechor.
malear v. t. Echar a perder (ú. t. c. pr.).
malecón m. Dique en la entrada de un puerto.
maledicencia f. Murmuración, denigración.
maleficio m. Sortilegio.

maléfico, ca adj. Que perjudica con maleficios.
malentender v. t. Entender mal.
malentendido m. Equívoco, mal entendimiento.
maléolo m. *Anat.* Cada una de las dos protuberancias huesudas que forman el tobillo.
malestar m. Sensación de incomodidad.
maleta f. Especie de cofre pequeño y ligero que uno lleva de viaje para transportar ropa u otros enseres. ‖ Portaequipaje de un coche. ‖ — M. *Fam.* El que es muy torpe en la práctica de su profesión.
maletero m. Fabricante o vendedor de maletas. ‖ Mozo de equipajes. ‖ Portaequipajes de un coche.
maletín m. Maleta pequeña.
malevaje m. *Riopl.* Conjunto de malevos, hombres matones.
malevo, va adj. *Arg.* Malévolo. | Pendenciero (ú. t. c. s.). | Resuelto, valiente. | Audaz.
malevolencia f. Mala voluntad.
malévolo, la adj. y s. Inclinado a hacer mal.
maleza f. Abundancia de malas hierbas.
malformación f. Deformación.
malgache adj. y s. De Madagascar.
malgastar v. t. Gastar el dinero en cosas inútiles.
malhablado, da adj. Dícese de quien acostumbra emplear expresiones groseras.
malhaya interj. Expresión de dolor.
malhecho, cha adj. Aplícase a lo hecho con negligencia.
malhechor, ra adj. y s. Que comete un delito.
malherir v. t. Herir de gravedad.
malhora m. y f. *Méx.* Persona dada a cometer maldades.
malhumor m. Mal humor.
malhumorado, da adj. De mal humor.
malhumorar v. t. Poner de mal humor.
malicia f. Maldad, inclinación a lo malo: *tener malicia.* ‖ Perversidad. ‖ Agudeza, sutileza.
maliciar v. t. Sospechar, recelar. Ú. t. c. pr.: *maliciarse de algo.* ‖ Malear, pervertir, corromper.
malicioso, sa adj. y s. Con malicia.
malignidad f. Calidad de maligno.
maligno, na adj. Propenso a lo malo y perverso.
malinchismo m. *Méx.* Inclinación favorable a lo extranjero, en particular a lo español.
malintencionado, da adj. y s. Que tiene mala intención.
malla f. Cada uno de los cuadriláteros que forman el tejido de la red. ‖ Red. ‖ *Amer.* Bañador. | Camiseta de deportista.
mallorquín, ina adj. y s. De Mallorca (España). ‖ — M. Variedad del catalán de Mallorca.
malo, la adj. Que no es bueno: *comida mala.* ‖ Inclinado al mal: *ser malo con su familia.* ‖ Perjudicial: *malo para la salud.* ‖ Sin talento o habilidad: *cómico malo.* ‖ Desagradable: *sabor malo.* ‖ Difícil: *malo de entender.* ‖ Peligroso: *malas compañías.* ‖ Enfermo: *estar malo.* ‖ Muy travieso o desobediente: *niños malos.* ‖ Insuficiente: *mala cosecha.* ‖ — Adv. Mal, de modo contrario a lo que es debido: *no puede quedarse sin hacer nada.* ‖ — Interj. Denota disgusto. ‖ — M. *El malo,* el demonio; el malhechor de un relato, de una película, etc. ‖ — M. y f. Persona que no es buena. | Travieso.
malograr v. t. No aprovechar, perder. ‖ — V. pr. Frustrarse, fracasar.
maloja f. *Amer.* Planta de maíz para pastos.
maloliente adj. Que huele mal.

malón m. *Amer.* Correría de indios. | Grupo de personas que provocan desórdenes. | Mala jugada.

malpaís m. Nombre dado a terrenos formados con lava rugosa e irregular.

malparado, da adj. En mala situación o estado.

malpensado, da adj. Aplícase a las personas que suelen pensar con malicia.

malquerencia f. Mala voluntad.

malquerer v. t. Tener mala voluntad.

malquistar v. t. Enemistar.

malsano, na adj. Nocivo para la salud. || Enfermizo.

malsonante adj. Que suena mal.

malta f. Cebada germinada para fabricar cerveza y, a veces, para hacer café.

maltraer v. t. Maltratar.

maltratar v. t. Tratar duramente.

maltrecho, cha adj. En mal estado.

maltusianismo m. Limitación de la natalidad.

malva f. Planta de flores moradas. || *Fam. Méx.* Marihuana. || *Pop.* Criar malvas, estar muerto. || — Adj. inv. Violeta pálido. || — M. Color malva.

malvado, da adj. y s. Perverso.

malversación f. Utilización fraudulenta de los caudales ajenos que uno tiene a su cargo.

malversador, ra adj. y s. Que malversa.

malversar v. t. Hacer malversaciones.

malvivir v. i. Vivir mal.

malvón m. *Arg., Méx., Parag.* y *Urug.* Planta con muchas ramificaciones de flores rosadas o rojas.

mama f. Teta, pecho. || *Fam.* Madre.

mamá f. *Fam.* Madre.

mamacona f. *Amer.* Virgen anciana que estaba al servicio de los templos incaicos.

mamadera f. *Amér.* M. Biberón.

mamado, da adj. *Pop.* Ebrio. | Fácil, sencillo.

mamar v. t. Chupar con los labios la leche de los pechos. || *Fam.* Tragar. || *Fig.* Aprender algo desde la infancia. || — V. pr. *Fam.* Emborracharse.

mamario, ra adj. Relativo a las mamas. || *Glándula mamaria*, mama.

mamarrachada f. Tontería.

mamarracho m. *Fam.* Imbécil, tonto. | Fantoche.

mambí o **mambís, isa** adj. y s. Dícese del cubano que se rebeló contra los españoles en 1868.

mambo m. Baile cubano. || Su música.

mamboretá m. *Arg., Parag.* y *Urug.* Mantis, santateresa.

mamey m. Árbol cuyos frutos tienen una pulpa rosada muy aromática y sabrosa. || Fruto de ese árbol.

mamífero, ra adj. y s. m. Dícese de los animales vertebrados cuyas hembras alimentan a sus crías con la leche de sus mamas.

mamila f. *Méx.* Biberón.

mamotreto m. Libro o legajo muy voluminoso. || Cosa que abulta.

mampara f. Tabique movible y plegable.

mamut m. Elefante fósil.

maná m. Alimento que envió Dios a los israelitas.

manabita adj. y s. De Manabí (Ecuador).

manada f. Bandada de animales. || Puñado, manojo. || *Fig.* y *fam.* Grupo de personas.

managüense adj. y s. De Managua (Nicaragua).

manantial m. Sitio donde las aguas salen de la tierra.

manar v. i. Brotar.

manatí y **manato** m. Mamífero herbívoro.

manaticero, ra y **manatiero, ra** adj. y s. De Manatí (Colombia).

manazas m. y f. inv. *Fam.* Persona poco hábil.

manceba f. Concubina.

mancebo m. Chico joven. || Hombre soltero. || Auxiliar de farmacia.

mancha f. Marca dejada por un cuerpo sucio. || Parte de una cosa de distinto color que el resto de ella. || *Fig.* Lo que empaña la reputación.

manchar v. t. Ensuciar (ú. t. c. pr.).

manchego, ga adj. y s. De La Mancha (España). || — M. Queso fabricado en La Mancha.

mancillar v. t. Deshonrar.

manco, ca adj. y s. Que ha perdido un brazo.

mancomunar v. t. Unir (ú. t. c. pr.).

mancomunidad f. Unión.

mandado m. Compra. || Recado.

mandamás com. inv. Personaje poderoso.

mandamiento m. Cada uno de los preceptos del Decálogo y de la Iglesia católica. || Orden judicial.

mandar v. t. Ordenar. || Enviar: *mandar una carta*. || Encargar. || Confiar. || *Fam. Mandar a paseo o con viento fresco*, despedir de mala manera. || — V. t. e i. Gobernar, dirigir. || *Amer. ¡Mande!*, interjección usada para hacer repetir algo que no se ha oído.

mandarín m. Título de los altos funcionarios chinos. || *Fig.* Persona muy influyente.

mandarina f. Variedad de naranja pequeña.

mandarino m. Árbol que da mandarinas.

mandatario, ria m. y f. Persona que actúa en nombre de otra. || Gobernante.

mandato m. Orden. || *For.* Poderes que da una persona a otra para que actúe en su nombre. || Funciones delegadas por el pueblo o por una clase de ciudadanos: *mandato de diputado*. || Soberanía temporal ejercida por un país en un territorio en nombre de la Sociedad de Naciones y que la O.N.U. ha sustituido por la *tutela*.

mandíbula f. Cada una de las dos piezas que limitan la boca y en las cuales están los dientes.

mandil m. Delantal grande.

mandingo, ga adj. y s. Relativo a los pueblos de lenguas nigeriano-congoleñas y los individuos que los integran.

mandioca f. Arbusto de cuya raíz se extrae la tapioca. || Tapioca.

mando m. Autoridad, poder. || Empleado de alto rango: *los mandos de un país*. || Dispositivo que sirve para poner en marcha, regular, gobernar y parar un aparato, una máquina, un vehículo, etc.

mandoble m. Golpe dado con espada.

mandolina f. *Mús.* Instrumento de cuerdas.

mandón, ona adj. y s. Autoritario. || — M. y f. Mandamás. || — M. *Amer.* Capataz de una mina.

mandril m. Dispositivo con que se asegura en una máquina herramienta la pieza que se ha de labrar.

mandrilar v. t. Calibrar.

manecilla f. Broche para cerrar libros y otros objetos. || Aguja del reloj o de otros instrumentos. || Palanquilla, llave de ciertos mecanismos.

manejar v. t. Manipular, tocar con las manos. || Servirse de una cosa: *manejar una herramienta*. || *Fig.* Dirigir: *Manejar a uno a su antojo*. || *Amer.* Conducir un automóvil. || — V. pr. Moverse. || Saberse conducir. || Arreglárselas.

manejo m. Acción de manejar. || Maquinación, intriga. || *Amer.* Conducción de un automóvil.

manera f. Modo particular de ser o de hacer algo. || Porte y modales de una persona (ú. m. en pl.).

manga f. Parte del vestido que cubre el brazo. ‖ Tubo largo de material flexible que se adapta a las bombas o bocas de riego. ‖ En los juegos, una de las pruebas que se ha convenido jugar.

manganeso m. Metal de color gris (Mn), duro.

manglar m. Terreno con mangles.

mangle m. Arbusto y fruto de América.

mango m. Asidero de un instrumento o utensilio. ‖ Árbol de Asia y América. ‖ Su fruto comestible.

mango m. *Fam. Arg., Bol., Chil., Parag.* y *Urug.* Dinero, plata.

mangonear v. i. *Fam.* Mandar.

mangoneo m. *Fam.* Mando.

manguera f. Manga de riego.

maní m. Cacahuete.

manía f. Forma de locura dominada por una idea fija: *lleno de manías.* ‖ Extravagancia, capricho. ‖ *Fam.* Ojeriza: *tenerle manía a uno.*

maniatar v. t. Atar de manos.

maniático, ca adj. Que tiene manías (ú. t. c. s.).

manicomio m. Casa de locos.

manicurista m. y f. Manicuro.

manicuro, ra m. y f. Persona que cuida las manos, uñas, etc. ‖ — F. Cuidado de las manos, uñas.

manifestación f. Acción de manifestar o manifestarse: *manifestación de alegría.* ‖ Expresión pública de un sentimiento o de una opinión política.

manifestante com. Persona que toma parte en una manifestación.

manifestar v. t. Dar a conocer. ‖ Descubrir, poner a la vista. ‖ — V. i. Hacer una demostración colectiva pública. ‖ — V. pr. Darse a conocer.

manifiesto, ta adj. Claro, patente. ‖ — M. Escrito dirigido a la opinión pública.

manigua f. *Cub.* Terreno cubierto de malezas. ‖ Selva. ‖ *Fig.* Desorden, confusión.

manigüero, ra adj. Habitante de la manigua.

manileño, ña adj. y s. De Manila (Filipinas).

manillar m. Barra con puños que sirve para guiar las bicicletas o motocicletas.

maniobra f. Cualquier operación material que se ejecuta con las manos. ‖ *Fig.* Manejo, intriga. ‖ *Mar.* Arte de gobernar la embarcación. ‖ *Mil.* Evolución o ejercicio de la tropa.

maniobrar v. i. Hacer maniobras.

manipulación f. y **manipulado** m. Manejo.

manipular v. t. Manejar.

maniquí m. Armazón de madera o de mimbre que sirve a los sastres y costureras para probar los vestidos. ‖ — M. y f. Modelo de una casa de costura. ‖ *Fig.* Persona sin carácter.

manirroto, ta adj. y s. Despilfarrador.

manisero, ra m. y f. Vendedor de maní.

manito, ta m. y f. *Méx.* Hermano, amigo.

manivela f. Palanca acodada que sirve para imprimir un movimiento de rotación continua.

manizaleño, ña adj. y s. De Manizales (Colombia).

manjar m. Comestible. ‖ *Fig.* Deleite.

mano f. Parte del cuerpo humano que va de la muñeca a la extremidad de los dedos. ‖ Extremidad de algunos animales de carnicería: *mano de cerdo.* ‖ Lado: *a mano derecha.* ‖ Capa de pintura, barniz, etc. ‖ Conjunto de cinco cuadernillos de papel o vigésima parte de la resma. ‖ En varios juegos, partida o uno de los lances en que se divide: *una mano de cartas.* ‖ *Fig.* Serie: *dar una mano de azotes.* ‖ Destreza: *tener buena mano.* ‖ Persona que ejecuta una cosa: *faltan manos en la agricultura.* ‖ La mujer pretendida por esposa: *pedir la mano de la hija de un amigo.* ‖ Ayuda, auxilio: *echar una mano.* ‖ Prioridad, preferencia de paso en la carretera. ‖ *Amer.* Conjunto de cuatro, cinco o seis objetos de la misma especie. ‖ — Com. En el juego, el primero de los que juegan. ‖ — *Fig. Bajo mano,* ocultamente. ‖ *Dar de mano,* dejar de trabajar. ‖ *Dar la última mano,* acabar. ‖ *De primera mano,* nuevo: *coche de primera mano;* directamente, sin intermediarios, de la misma fuente: *saber de primera mano.* ‖ *De segunda mano,* usado, de lance; por un intermediario. ‖ *Mano a mano,* competición entre dos contendientes; entrevista entre dos personas; corrida en la que sólo participan dos matadores. ‖ *Mano de obra,* trabajo manual que se emplea para hacer una cosa; conjunto de obreros necesarios para efectuar un trabajo dado. ‖ *Fig. Traerse entre manos una cosa,* ocuparse de ella.

mano m. *Fam. Amer.* Amigo.

manojo m. Lo que coge con la mano.

manopla f. Guante.

manosear v. t. Tocar constantemente con la mano. ‖ *Tema manoseado,* tema trillado.

manoseo m. Acción de manosear.

manotada f. y **manotazo** m. Golpe con la mano.

mansedumbre f. Apacibilidad.

mansión f. Morada.

manso, sa adj. Apacible, muy bueno. ‖ Domesticado: *toro manso.* ‖ Tranquilo: *aguas mansas.* ‖ — M. En un rebaño, macho que sirve de guía.

manta f. Pieza, por lo común de lana o algodón, que sirve de abrigo en la cama. ‖ *Fam.* Paliza.

mantear v. t. Hacer saltar a uno en una manta.

manteca f. Grasa de los animales, especialmente la del cerdo. ‖ Sustancia grasa de la leche. ‖ Mantequilla: *untar manteca en el pan.*

mantecado m. Bollo amasado con manteca de cerdo. ‖ Helado de leche, huevos y azúcar.

mantel m. Paño sobre la mesa para comer.

mantelería f. Conjunto de manteles.

mantenedor, ra m. y f. Persona encargada de las leyes o reglas en un torneo, justa, juegos florales, etc. ‖ Persona que hace el discurso de presentación en ciertos certámenes, como los juegos florales. ‖ Persona que mantiene a otras.

mantener v. t. Proveer a uno de alimento. ‖ Proveer de todo lo necesario. ‖ Conservar, hacer que una cosa siga siendo lo mismo o igual que anteriormente. ‖ Sostener: *los puntales mantienen el muro.* ‖ Proseguir lo que se está haciendo: *mantener la conversación.* ‖ *Fig.* Afirmar, sostener, defender: *mantener una opinión.* ‖ Conservar, guardar: *mantener su rango.* ‖ Hacer durar: *mantener la paz.* ‖ Conservar en buen estado. ‖ Tener, celebrar: *mantener una entrevista.* ‖ — V. pr. Alimentarse. ‖ Satisfacer sus necesidades: *se mantiene con su trabajo.* ‖ Perseverar en una opinión. ‖ Permanecer en el mismo estado.

mantenimiento m. Subsistencia. ‖ Alimento. ‖ Conservación del buen estado de las instalaciones de una industria, de una construcción, etc.

manteo m. Manteamiento.

mantequería f. Tienda donde se venden mantequilla, quesos, fiambres y otros productos.

mantequilla f. Sustancia grasa y pastosa obtenida de la leche de vaca al batir la nata.

mantilla f. Prenda de encaje femenina para cubrirse la cabeza. ‖ Pieza de lana en que se envuelve al niño. ‖ *Fig. En mantillas*, en sus principios.

mantillo m. Capa superior del terreno formada por la descomposición de materias orgánicas.

mantis f. Insecto ortóptero.

mantisa f. Parte decimal de un logaritmo decimal.

manto m. Ropa suelta a modo de capa que llevan las mujeres encima del vestido. ‖ Vestidura recamada que cubre la imagen de la Virgen. ‖ Ropa talar para ciertas ceremonias. ‖ *Fig.* Lo que encubre una cosa: *el manto de la indiferencia.*

mantón m. Pañuelo grande que abriga los hombros y la espalda.

manual adj. Que se ejecuta con las manos: *trabajos manuales.* ‖ Manejable. ‖ — M. Libro que contiene las nociones esenciales de algo.

manualidad f. Trabajo elaborado con las manos. ‖ — Pl. Trabajos que realizan los escolares.

manubrio m. Manivela.

manufactura f. Establecimiento industrial. ‖ Fabricación en gran cantidad de un producto.

manufacturación f. Acción de manufacturar.

manufacturado, da adj. Aplícase al producto derivado de la transformación de las materias primas.

manufacturar v. t. Fabricar.

manufacturero, ra adj. Que pertenece a la manufactura.

manumisión f. Liberación legal de un esclavo.

manumitir v. t. Dar libertad a un esclavo.

manuscrito, ta adj. Escrito a mano. ‖ — M. Obra escrita a mano. ‖ Original de un libro.

manutención f. Manipulación de mercancías. ‖ Mantenimiento y cuidado. ‖ Conservación.

manzana f. Fruto del manzano. ‖ Grupo de casas delimitado por calles. ‖ *Amer.* Nuez de la garganta.

manzanilla f. Planta compuesta cuyas flores amarillas se usan en infusión como estomacal. ‖ Esta infusión. ‖ Vino blanco que se hace en Sanlúcar de Barrameda (Cádiz).

manzano m. Árbol cuyo fruto es la manzana.

maña f. Destreza, habilidad.

mañana f. Tiempo que media entre el amanecer y el mediodía: *trabajar por la mañana.* ‖ Espacio de tiempo desde la medianoche hasta el amanecer: *a las tres de la mañana.* ‖ — M. Tiempo futuro: *pensar en el mañana.* ‖ — Adv. El día después de hoy: *mañana será domingo.* ‖ En tiempo futuro.

mañanero, ra adj. Madrugador.

mañanita f. Prenda de punto que las mujeres llevan sobre el camisón para abrigarse. ‖ — Pl. *Méx.* Canto popular para celebrar a un personaje o un hecho famoso.

mañoso, sa adj. Hábil, diestro.

maorí adj. y s. Relativo al pueblo polinesio de Nueva Zelandia e individuo de ese pueblo.

mapa m. Representación convencional de alguna parte de la Tierra.

mapache m. Mamífero parecido al tejón.

mapamundi m. Mapa de toda la Tierra.

mapuche adj. y s. Relativo a un pueblo amerindio araucano e individuo de él.

maqueta f. Representación a escala reducida de una construcción, máquina, decoración de teatro, etc. ‖ Boceto de presentación de un libro.

maquetista com. Persona que hace maquetas.

maquiavelismo m. Política falta de lealtad.

maquiladora f. *Méx.* Fábrica que ejecuta, para una empresa más importante, una de las operaciones del proceso de fabricación de un producto.

maquilar v. t. *Méx.* Realizar una parte del trabajo en la fabricación de un producto, por ejemplo ensamblado.

maquillaje m. Acción de maquillar.

maquillar v. t. Pintar la cara con productos de belleza para hacer resaltar sus cualidades estéticas (ú. t. c. pr.). ‖ Pintar y componer la cara para lograr determinados efectos en teatro, cine o televisión (ú. t. c. pr.). ‖ *Fig.* Alterar, falsificar.

máquina f. Conjunto de mecanismos combinados para aprovechar, dirigir, regular o transformar una energía o para producir cierto efecto. ‖ Artefacto cualquiera: *máquina fotográfica.* ‖ *Teatr.* Tramoya. ‖ — *Máquina de vapor*, la que utiliza la fuerza de expansión del vapor. ‖ *Máquina herramienta*, la que efectúa cualquier trabajo habitualmente manual.

maquinación f. Intrigas secretas.

maquinador, ra adj. y s. Que trama maquinaciones.

maquinal adj. Instintivo.

maquinar v. t. Preparar.

maquinaria f. Mecanismo que da movimiento a un artefacto. ‖ Conjunto de máquinas. ‖ *Fig.* Conjunto de órganos destinados a un mismo fin.

maquinista com. Persona que vigila o dirige o conduce una máquina.

mar m. Gran extensión de agua salada que ocupa la mayor parte de la Tierra. ‖ *Fig.* Gran cantidad de agua o de cualquier líquido: *un mar de sangre.* ‖ *Fig. A mares*, en gran abundancia. ‖ *La mar*, mucho: *la mar de gente, de trabajo*; muy: *es la mar de simpático.* ‖ *Mar patrimonial*, el que se extiende hasta las 200 millas marinas desde la costa, sobre el cual se reconoce a los Estados costeros derechos de explotación y conservación de los recursos naturales. ‖ *Mar territorial*, el que se extiende hasta las doce millas marinas de la costa, sobre el cual los Estados ejercen su soberanía.

— OBSERV. La palabra *mar* se emplea en masculino en el habla corriente y en femenino cuando la usa la gente de mar.

marabú m. Ave zancuda.

maraca f. *Mús.* Instrumento formado por una calabaza hueca con granos o piedrecitas dentro. ‖ Instrumento semejante utilizado en las orquestas modernas.

maracaibero, ra y **maracayero, ra** adj. y s. De Maracaibo (Venezuela).

maracaná m. *Arg.* Especie de papagayo.

maracayá m. *Amer.* Pequeño animal carnicero.

maracucho, cha adj. y s. de Maracay (Venezuela).

maracure m. Bejuco de Venezuela.

maranta f. Planta de América del Sur de cuyo tubérculo se saca el arrurruz.

maraña f. *Fig.* Cosa enmarañada.

maraquero, ra adj. *Amer.* Que toca las maracas (ú. t. c. s.).

marasmo m. *Fig.* Apatía. ‖ Disminución de la actividad económica o comercial.

maratón m. Carrera pedestre de un recorrido de 42,195 km.

maratónico, ca adj. *Arg.* y *Méx.* Agotador, que dura mucho tiempo, muy largo.

maravedí m. Antigua moneda.

maravilla f. Cosa que suscita la admiración.

maravillar v. t. Hacer admiración (ú. t. c. pr.).

maravilloso, sa adj. Admirable.

marbete m. Etiqueta en las mercancías para indicar su contenido, precio, marca, etc.

marca f. Señal que se pone a una cosa para reconocerla. || Distintivo de un fabricante o comerciante. || Casa productora: *las grandes marcas de coñac.* || En deportes, récord y resultado: *batir una marca.* || — *Marca de fábrica*, distintivo que el fabricante pone a sus productos. || *Marca registrada*, la reconocida legalmente para su uso exclusivo.

marcado m. Ondulación del cabello.

marcador, ra adj. Que marca (ú. t. c. s.). || — M. Tablero para anotar los puntos de un jugador o un equipo o para marcar una votación.

marcapaso o **marcapasos** m. Aparato eléctrico que provoca la contracción del corazón cuando ésta no puede efectuarse normalmente.

marcar v. t. Poner una marca. || *Dep.* Conseguir un gol, un tanto, un ensayo (ú. t. c. pr.). || Contrarrestar un jugador el juego de su contrario por medio de una gran vigilancia (ú. t. c. i.). || *Fig.* Dejar una señal. || Apuntar: *marcar una dirección.* || Señalar el reloj la hora o indicar otro aparato un número, precio, peso, etc. || Formar un número de teléfono. || Ondular el cabello.

marcha f. Acción de andar. || Movimiento regular de un mecanismo, funcionamiento. || Salida. || *Fig.* Curso: *la marcha del tiempo.* || *Mús.* Pieza para regularizar el desfile de una tropa o comitiva. || Ejercicio atlético que consiste en andar manteniendo siempre el contacto de los pies con el suelo. || *Fig.* y *fam.* Euforia general. | Juerga, jolgorio. || — *Marcha Real*, himno nacional español. || *Poner en marcha*, hacer funcionar.

marchante, ta m. y f. Vendedor. || Cliente.

marchar v. i. Caminar, ir de un sitio a otro (ú. t. c. pr.). || Funcionar: *este reloj no marcha bien.* || *Fig.* Progresar: *el negocio no marcha.*

marchitar v. t. Ajar (ú. t. c. pr.).

marcial adj. De aspecto bélico o muy varonil.

marciano, na adj. Del planeta Marte. || — M. y f. Supuesto habitante del planeta Marte.

marco m. Cerco que rodea algunas cosas: *marco de un cuadro.* || Antigua unidad monetaria alemana y finlandesa. || *Fig.* Ámbito.

marea f. Ascenso y descenso de las aguas del mar.

marear v. t. *Fig.* Molestar, fastidiar: *marear a preguntas.* || Causar mareo: *el movimiento del barco me marea.* || — V. pr. Tener náuseas.

marejada f. Agitación de las olas.

maremoto m. Agitación del mar.

mareo m. Turbación de la cabeza y del estómago. || *Fig.* Fastidio, molestia.

marfil m. Materia dura, rica en sales de calcio, de que están formados los colmillos de los elefantes. || Parte de los dientes cubierta por el esmalte.

margarina f. Especie de mantequilla hecha con aceites vegetales.

margarita f. Planta de flores blancas con corazón amarillo. || Bebida mexicana a base de tequila.

margen amb. Linde u orilla: *la margen del río.* || Espacio blanco que se deja alrededor de un escrito: *el margen de una página.* || *Com.* Cuantía del beneficio que puede sacarse en un negocio: *un margen de ganancias.* || *Fig.* Facilidad, libertad: *dejar un margen de movimiento.* || Oportunidad: *dar margen.*

— OBSERV. El género de esta palabra es masculino cuando designa el blanco de una página y femenino cuando se trata de la orilla de un río.

marginación f. Aislamiento.

marginado, da adj. Que vive al margen de la sociedad (ú. t. c. s.).

marginal adj. Al o en el margen.

marginar v. t. Dejar márgenes. || Dejar de lado.

mariachi, mariachis y **mariache** m. Música popular procedente del Estado de Jalisco (México) y orquesta que la interpreta. || Miembro de ésta.

mariano, na adj. De la Virgen.

marica, maricón m. y **maricona** f. *Fam.* Hombre afeminado.

marido m. Hombre casado con una mujer.

mariguana f. Marihuana.

marihuana y **marijuana** f. Cáñamo cuyas hojas producen efecto narcótico en el que las fuma.

marimacho m. Mujer hombruna.

marimba f. *Amer.* Instrumento músico parecido al xilófon.

marina f. Arte de la navegación marítima. || Conjunto de los buques de una nación. || Conjunto de las personas que sirven en la armada. || Cuadro que representa una vista marítima.

marinar v. t. Poner en escabeche.

marinero, ra adj. Que navega bien: *barco marinero.* || De la marina y los marineros. || — M. El que se ocupa del servicio de los barcos.

marino, na adj. Relativo al mar. || — M. El que sirve en la marina.

marioneta f. Títere.

mariposa f. Insecto provisto de cuatro alas cubiertas de escamas. || Lamparilla flotante en un vaso con aceite. || Tuerca para ajustar tornillos.

mariquita f. Insecto coleóptero. || *Arg.* Danza popular. | Su música y cante. || — M. y f. Marica.

mariquiteño, ña adj. De Mariquita (Colombia).

mariscal m. Título concedido a un general por sus victorias militares.

marisco m. Animal marino invertebrado, especialmente el crustáceo y molusco comestibles.

marisma f. Terreno anegadizo situado a orillas del mar o de los ríos.

marítimo, ma adj. Del mar o de la navegación.

marmita f. Olla de metal.

mármol m. Piedra caliza, de textura compacta y cristalina, susceptible de buen pulimento.

marmota f. Mamífero roedor que pasa el invierno durmiendo. || *Fig.* Persona que duerme mucho. || *Fam.* Criada.

maroma f. Cuerda gruesa. || *Amer.* Voltereta, salto acrobático.

maromero, ra adj. *Amer.* Versátil. || — M. y f. *Amer.* Volatinero.

marplatense adj. y s. De Mar del Plata (Argentina).

marqués m. Título nobiliario, entre los de conde y duque. || El que lo tiene.

marquesa f. Mujer o viuda del marqués, o la que tiene un marquesado.

marquesado m. Dignidad de marqués.

marquesina f. Cobertizo, generalmente de cristal, que avanza sobre una puerta, escalinata, etc.

marquesote m. *Hond.* y *Nicar.* Torta en forma de rombo.

marranada y **marranería** f. Cochinada.

marrano m. Cerdo.

marras adv. *De marras*, consabido.

marro m. *Méx.* Mazo.

marrón adj. De color de castaña (ú. t. c. s. m.).

marroquí adj. y s. De Marruecos. || — M. Tafilete.

marroquinería f. Tafiletería.

marrullería f. Astucia.

marrullero, ra adj. y s. Astuto.

marsopa y **marsopla** f. Cierto cetáceo.

marsupial adj. y s. Subclase de mamíferos en la que las hembras incuban a las crías en una bolsa o marsupio después de nacidos y lo relacionado con esa subclase.

marsupio m. Bolsa ventral de los marsupiales en las que amamantan a sus crías.

marta f. Mamífero carnicero de pelaje suave.

martes m. Tercer día de la semana.

martillar y **martillear** v. t. Dar martillazos.

martillazo m. Golpe de martillo.

martilleo m. Acción de martillear.

martillo m. Herramienta de percusión compuesta de una cabeza de acero duro templado y un mango. || Utensilio de forma parecida a esta herramienta que usa el presidente de una sesión o el subastador. || *Anat.* Primer huesecillo del oído interno. || Esfera metálica con un cable de acero y una empuñadura que lanzan los atletas.

martiniqués, esa adj. y s. De la isla Martinica.

mártir adj. y s. Que prefiere morir y no renunciar a su fe. || *Fig.* Que ha padecido grandes sufrimientos e incluso la muerte por defender sus opiniones.

martirio m. Tormento o muerte padecidos por la fe o un ideal. || *Fig.* Sufrimiento grande y largo.

martirizar v. t. Hacer sufrir el martirio.

marxismo m. Conjunto de las teorías socialistas de Karl Marx y sus seguidores fundadas en la doctrina del materialismo dialéctico e histórico. || *Marxismoleninismo*, doctrina política inspirada en Marx y Lenin, base teórica del comunismo.

marxista adj. y s. Del marxismo.

marzo m. Tercer mes del año de 31 días.

mas conj. Pero.

más adv. Indica superioridad en la calidad, cantidad, distancia y valor: *más simpático*. || Mejor: *más vale olvidar todo eso*. || Muy: *¡es más tonto!* || Durante más tiempo: *no te detengas más*. || — M. La mayor cosa: *el más y el menos*. || *Mat.* Signo de la adición (+).

masa f. Totalidad de una cosa cuyas partes son de la misma naturaleza: *la masa de la sangre*. || Cuerpo sólido y compacto: *masa de hierro*. || Conjunto de cosas que forman un todo: *masa de bienes*. || Harina amasada con un líquido empleada para hacer un pastel. || *Fig.* Conjunto: *todos vinieron en masa*. | Gran cantidad de gente: *manifestación en masa*. | Pueblo: *la rebelión de las masas*. || *Mec.* Cociente de la intensidad de una fuerza constante por la aceleración del movimiento que produce cuando se aplica al cuerpo considerado: *la unidad de masa es el kilogramo*. || *Masa salarial*, conjunto de todos los salarios de una empresa.

masaje m. Fricción terapéutica del cuerpo.

masajista com. Persona que da masajes.

mascar v. t. Masticar.

máscara f. Figura de cartón pintado o de otra materia con que se tapa uno el rostro para disfrazarse. || Careta de protección contra los productos tóxicos: *máscara de gas*. || Aparato de protección que

usan los colmeneros, los esgrimidores, los pescadores submarinos, etc. || Mascarilla. || — Com. Persona enmascarada.

mascarilla f. Máscara que sólo tapa la parte superior de la cara. || Vaciado de yeso sacado sobre el rostro de una persona o escultura, particularmente de un cadáver. || Aparato utilizado por los anestesistas para hacer inhalar oxígeno que se aplica sobre la nariz y la boca del paciente.

masculinizar v. t. Dar carácter masculino.

masculino, na adj. Perteneciente o relativo al macho. || *Fig.* Viril: *voz masculina*. || Aplícase al género gramatical que corresponde a los varones o a las cosas consideradas como tales (ú. t. c. s. m.).

mascullar v. t. *Fam.* Hablar entre dientes.

masilla f. Mezcla de yeso para sujetar cristales.

masita f. *Amér. M.* Pastelito dulce.

masivo, va adj. Que reúne gran número de personas o se refiere a gran cantidad de cosas.

masón m. Miembro de la masonería.

masonería f. Asociación secreta cuyos miembros profesan la fraternidad.

masónico, ca adj. De la masonería.

masoquismo m. Perversión sexual del que encuentra placer en verse humillado o maltratado.

masoquista adj. Del masoquismo. | Que padece masoquismo (ú. t. c. s.).

mastelero m. *Mar.* Palo menor sobre cada uno de los palos mayores.

masticación f. Acción de masticar sólidos.

masticar v. t. Triturar los alimentos sólidos con los dientes.

mástil m. *Mar.* Palo de una embarcación.

mastín m. Perro grande.

mastodonte m. Mamífero paquidermo fósil que tenía cuatro colmillos. || *Fam.* Persona o cosa enorme.

masturbación f. Acción de masturbarse.

masturbar v. t. Producir el orgasmo excitando los órganos genitales con la mano (ú. t. c. pr.).

mata f. Planta perenne de tallo bajo y ramificado. || *Mata de pelo*, conjunto de cabellos.

matachín m. En la antigüedad, hombre con disfraz ridículo. || *Méx.* Ejecutantes de danzas tradicionales que usan trajes vistosos.

matadero m. Sitio donde se sacrifica el ganado para el consumo.

matado, da adj. y s. *Méx.* Dícese de las personas que trabajan o estudian mucho.

matador, ra adj. Que mata (ú. t. c. s.). || — M. Torero que mata al toro.

matadura f. Llaga.

matagalpino, na adj. y s. De Matagalpa (Nicaragua).

matancero, ra adj. y s. De Matanzas (Cuba).

matanza f. Acción de matar a una o varias personas. || Exterminio, hecatombe. || Operación que consiste en matar los cerdos y preparar su carne.

matar v. t. Quitar la vida de manera violenta (ú. t. c. pr.). || Provocar la muerte: *el alcoholismo le mató*. || *Fig.* Apagar: *matar la sed*. | Poner el matasellos: *matar un sobre*. | Arruinar la salud: *esta vida me mata*. | Echar abajo: *matar un negocio*. | Fastidiar, importunar: *matar a preguntas*. | Cansar mucho física o moralmente: *el ruido me mata*. | Hacer más llevadero, distraer: *matar el tiempo*. || — V. i. Hacer la matanza del cerdo. || — V. pr. *Fig.* Fatigarse mucho.

matarife m. El que por oficio mata las reses.

matasanos m. inv. Médico malo.

matasellos m. inv. Marca hecha en los sobres por el servicio de correos para inutilizar los sellos. || Instrumento con que se hace esta marca.

mate adj. Que no tiene brillo: *color mate.* || — M. Lance final del ajedrez. || En el tenis, golpe fuerte hacia abajo de una pelota alta.

mate m. *Amer.* Calabaza que, seca y vaciada, tiene numerosos usos domésticos. | Planta parecida al acebo con cuyas hojas se hace una infusión como la del té. | Infusión, especialmente la de hojas de esta planta tostadas. | Vasija en que se bebe esta infusión. || *Fam. Amer.* Cabeza. || — *Cebar el mate,* hacerlo añadiendo agua caliente a la yerba. || *Curar el mate,* preparar la calabacita en que se toma el mate. || *Mate amargo* o *verde,* el que se ceba sin azúcar. || *Mate cimarrón,* mate amargo. || *Mate dulce,* el que se prepara con azúcar.

matear v. i. Tomar mate.

matemático, ca adj. Relativo a las matemáticas. || Preciso: *exactitud matemática.* || — M. y f. Especialista en matemáticas. || — F. Ciencia que estudia por razonamiento deductivo las propiedades de los seres abstractos (números, figuras geométricas, etc.) y las relaciones entre sí (ú. m. en pl.).

materia f. Sustancia extensa, divisible y pesada que puede tomar cualquier forma. | *Fig.* Tema de que se trata. | Motivo, causa. || Asignatura. || — *Materia gris,* parte del sistema nervioso formada por el cuerpo de las neuronas. || *Materia prima,* producto natural que tiene que ser transformado antes de ser vendido a los consumidores.

material adj. Formado por materia. || Que no es espiritual: *bienes materiales.* || Demasiado apegado a las cosas materiales. || — M. Conjunto de instrumentos, herramientas o máquinas necesarios para la explotación de una finca, de una industria, etc. (ú. m. en pl.). || Materia con que se hace una cosa: *material de construcción.* || Cuero.

materialidad f. Realidad.

materialismo m. Doctrina que considera la materia como la única realidad.

materialista adj. Del materialismo. || Partidario del materialismo (ú. t. c. s.).

materialización f. Acción de materializar.

materializar v. t. Volver material. || Volver concreto, hacer realidad una idea, etc. Ú. t. c. pr.: *no se ha materializado todavía el proyecto.*

maternidad f. Estado o calidad de madre. || Hospital donde se efectúan los partos.

materno, na adj. Relativo a la madre. || Nativo.

matinal adj. De la mañana.

matiz m. Cada una de las gradaciones que puede tomar un color. || *Fig.* Pequeña diferencia que existe entre cosas parecidas. | Aspecto, rasgo.

matización f. Acción de matizar.

matizar v. t. Dar a un color un matiz determinado. || *Fig.* Graduar.

matlazinca m. Pueblo amerindio de México antiguo.

matón m. *Fam.* Bravucón.

matorral m. Campo de matas.

matraca f. Carraca. || *Fig.* Molestia, lata.

matrero, ra adj. Astuto. || *Amer.* Suspicaz, receloso. | Dícese del individuo que anda por los montes huyendo de la justicia.

matriarcado m. Preponderancia de las madres.

matricida adj. y s. Asesino de su madre.

matricidio m. Delito de matar uno a su madre.

matrícula f. Inscripción en algún registro de una persona o cosa con el número que se le atribuye para facilitar su identificación. || Documento o registro en que se acredita esta inscripción. || Inscripción en un centro de enseñanza. || Placa metálica en los vehículos automóviles que indica el número de inscripción. || Este número.

matriculación f. Matrícula.

matriculado, da adj. Que se halla inscrito en una matrícula o registro (ú. t. c. s.).

matricular v. t. Inscribir en algún registro. || — V. pr. Inscribirse en un centro de enseñanza.

matrimonial adj. Del matrimonio.

matrimonio m. Unión legítima de hombre y mujer. || Fam. Marido y mujer.

matritense adj. y s. Madrileño.

matriz f. Víscera de los mamíferos en que se desarrollan el embrión y el feto en la madre. || Molde para fundir ciertos objetos. || Parte del talonario que queda después de cortar los talones. || — Adj. *Fig.* Madre, principal: *casa matriz.*

matrona f. Madre de familia de cierta edad. || Partera.

maturinense, maturinés, esa y **maturino, na** adj. y s. De Maturín (Venezuela).

matutino, na adj. De la mañana.

maullido m. Voz del gato.

mausoleo m. Sepulcro. || Monumento funerario.

maxilar adj. y s. m. Relativo a la mandíbula.

máxima f. Sentencia o proposición general que sirve de precepto. || Temperatura más alta.

máxime adv. Principalmente.

máximo, ma adj. Aplícase a lo más grande en su género. || — M. Límite superior de una cosa.

maya adj. Relativo a un pueblo americano del sureste de México y Guatemala. || Perteneciente a él (ú. t. c. s.). || — M. Lengua hablada por él.

mayo m. Quinto mes del año de 31 días.

mayonesa f. Salsa fría hecha con aceite, yema de huevo y sal.

mayor adj. Que excede a una cosa en cantidad o calidad: *esta casa es mayor que la tuya.* || Más intenso, más grande: *ése es mi mayor deseo.* || De más edad. Ú. t. c. s.: *el mayor de los hijos.* || Que es mayor de edad: *sus hijos ya son mayores.* || Entrado en años: *una señora mayor.* || Calificativo de ciertos grados y dignidades: *oficial mayor del Congreso.* || — *Al por mayor,* en grandes cantidades. || *Mayor edad,* edad a partir de la cual, según la ley, una persona tiene la plena capacidad de ejercer sus derechos y es considerada responsable de todos sus actos. || — M. Oficial superior o jefe. || *Mat.* Entre dos cantidades, signo (>) que indica que la primera es superior a la segunda. || — Pl. Antepasados. || Personas adultas.

mayoral m. Encargado que cuida de los rebaños.

mayorazgo m. Institución destinada a perpetuar en una familia la posesión de ciertos bienes transmitiéndolos al hijo mayor.

mayordomo m. Criado principal.

mayoría f. Mayor edad. || La mayor parte: *la mayoría de los asistentes.* || Partido más numeroso de una asamblea. || En unas elecciones, número de votos que permite a un candidato vencer a los demás. || Condición de mayor.

mayorista m. Comerciante al por mayor. || — Adj. Al por mayor.

mayoritario, ria adj. De la mayoría.

mayúsculo, la adj. Dícese de la letra de mayor tamaño que se usa en principio de frase, de nombre propio, etc. (ú. t. c. s. f.). || *Fig.* Muy grande.

maza f. Arma contundente antigua. || Insignia de los maceros. || Palillo con una pelota de cuero para tocar el bombo. || *Amer.* Cubo de una rueda.

mazahua adj. y s. Relativo a un pueblo amerindio de México e individuo de ese pueblo.

mazapán m. Pasta de almendra y azúcar.

mazateca adj. y s. Relativo al pueblo amerindio que habita en los estados mexicanos de Guerrero, Oaxaca y Veracruz e individuo de ese pueblo.

mazateco, ca adj. y s. De Mazatenango (Guatemala).

mazatleco, ca adj. y s. De Mazatlán (México).

mazmorra f. Calabozo subterráneo.

mazo m. Martillo grande de madera. || Manojo.

mazorca f. Panoja del maíz, del cacao. || *Fig. Chil.* Grupo de personas que forman un gobierno dictatorial. || Nombre dado en Buenos Aires a la Sociedad Popular Restauradora durante la dictadura de Rosas (1835-1851).

mazurca f. Baile y música de origen polaco.

mbaracayá m. Mamífero carnívoro, especie de gato montés, que tiene piel con pintas negras.

me, dativo y acusativo del pronombre personal *yo: me lo prometió.*

meandro m. Curva de un río o camino.

mear v. i. *Vulg.* Orinar (ú. t. c. pr.). || — V. pr. *Pop.* Tener miedo. | Despreciar. | Reírse mucho.

meca f. Centro: *meca del mundo artístico.*

¡mecachis! interj. *Fam.* ¡Caray!

mecánica f. Ciencia que estudia las fuerzas y sus acciones. || Obra que trata de esta ciencia. || Estudio de las máquinas, de su construcción y de su funcionamiento. || Combinación de órganos propios para producir un movimiento: *la compleja mecánica de un aparato.*

mecánico, ca adj. De la mecánica. || Perteneciente a los oficios manuales: *artes mecánicas.* || Efectuado con una máquina: *lavado mecánico.* || Maquinal: *ademán mecánico.* || Que obra con arreglo a las leyes del movimiento y de las fuerzas, que no tiene efecto químico: *acción mecánica de los vientos.* || — M. y f. Persona que arregla máquinas. || — M. Conductor de vehículos automóviles.

mecanismo m. Combinación de piezas para producir un movimiento. || *Fig.* Conjunto de varios órganos que concurren a una misma tarea.

mecanización f. Sustitución del hombre por las máquinas. || Transformación en una cosa mecánica.

mecanizar v. t. Dotar de aparatos mecánicos. || Someter a la elaboración mecánica. || Aplicar las técnicas de la informática.

mecano m. Juguete con diversas piezas con las que se arman modelos de objetos a escala.

mecanografía f. Arte de escribir con máquina.

mecanografiar v. t. Escribir con máquina.

mecanógrafo, fa m. y f. Persona que escribe con máquina.

mecapal m. *Méx.* Trozo de cuero que se ponen los mozos de cordel en la frente para llevar cargas.

mecapalero m. *Amér. C.* y *Méx.* Mozo de cordel.

mecatazo m. *Méx.* Latigazo. | Trago.

mecate m. *Méx.* Cuerda fibrosa de pita. | Bramante o cordel. || *Fig.* Persona inculta y tosca. || *A todo mecate,* muy bien, estupendo.

mecedor, ra adj. Que mece. || — M. Columpio. || — F. Silla de brazos para mecerse.

mecenas m. Protector.

mecenazgo m. Protección.

mecer v. t. Mover, menear, balancear acompasadamente. || — V. pr. Balancearse.

mecha f. Conjunto de hilos torcidos de una lámpara o vela al cual se prende fuego. || Cuerda combustible para prender fuego a cohetes, minas, barrenos, etc. || Gasa retorcida que se emplea en cirugía para facilitar la salida del exudado de una herida. || Manojillo de pelo. || *Amer.* Broma, burla.

mechero m. Encendedor.

mechón m. Mecha grande. || Manojillo de pelos.

mechudo, da adj. y s. *Méx.* Que tiene el pelo largo y disparejo. || — M. Utensilio para fregar el piso que tiene un mango largo y flecos de cordel o tela.

meclascal m. *Méx.* Tortilla hecha con maguey.

medalla f. Pieza metálica, redonda u ovalada, acuñada con alguna figura o emblema. || Pieza de metal que se concede como recompensa en exposiciones y certámenes, por algún mérito, etc.

médano m. Duna en las costas.

medellinense adj. y s. De Medellín (Colombia).

media f. Prenda de punto que cubre el pie y la pierna. || *Amer.* Calcetín.

media f. Cantidad que representa el promedio de varias otras: *media horaria.* || Media hora: *tocar la media.* || En los deportes de equipo, línea de jugadores que ocupa el centro del terreno.

mediación f. Intervención destinada a producir un arbitraje o un acuerdo.

mediador, ra adj. y s. Que media.

mediana f. *Geom.* En un triángulo, línea que une un vértice con el punto medio del lado opuesto.

medianería f. Pared común a dos casas o fincas.

medianero, ra adj. Dícese de la cosa que está en medio de otras dos. || — M. y f. Aparcero, labrador que trabaja a medias con otro en una finca.

medianía f. Término medio entre dos extremos. || Situación económica modesta: *vivir en la medianía.* || *Fig.* Persona corriente.

mediano, na adj. De calidad intermedia: *inteligencia mediana.* || Ni muy grande ni muy pequeño. || Ni bueno ni malo, regular.

medianoche f. Las doce de la noche. || *Fig.* Emparedado hecho en un bollo pequeño.

mediante prep. Gracias a.

mediar v. i. Llegar a la mitad de una cosa concreta o no. || Estar en medio. || Interponerse entre personas que están en desacuerdo. || Interceder. || Transcurrir el tiempo: *mediaron tres años.* || Ocurrir: *lo haré, de no mediar una contraorden.*

mediatinta f. Tono entre lo claro y lo oscuro.

mediatizar v. t. Influir.

mediatriz f. *Geom.* Perpendicular levantada en el punto medio de un segmento de recta.

médica f. Mujer que ejerce la medicina.

medicación f. Empleo o conjunto de medicamentos con fin terapéutico determinado.

medicamentar v. t. Medicinar.

medicamento m. Sustancia empleada para curar una enfermedad.

medicar v. t. Dar un medicamento.

medicina f. Ciencia que se ocupa de precaver y curar las enfermedades. || Profesión de médico. || Sistema empleado para curar. || Medicamento: *tomar medicinas.*

MED

MA

205

medicinar v. t. Administrar o dar medicamentos.

médico, ca adj. Relativo a la medicina. || — M. y f. Persona que ejerce la medicina.

medida f. Evaluación de una magnitud en relación con otra magnitud de la misma especie adoptada como unidad. || Medición: *medida de las tierras.* || Proporción: *se paga el jornal a medida del trabajo.* || Disposición, recurso tomado con algún fin: *tomar medidas enérgicas.* || Moderación: *hablar con medida.* || — Pl. Dimensiones de una persona que se evalúan con objeto de hacerle un traje, etc.

medidor, ra adj. y s. Que mide. || — M. Aparato para medir, contador.

medieval adj. De la Edad Media.

medievo m. Edad Media.

medio m. Parte que en una cosa equidista de sus extremos, centro. || Mitad. || Procedimiento, lo que sirve para conseguir una cosa. || Medida: *tomar los medios necesarios.* || Elemento físico en que vive un ser: *el medio atmosférico.* || Ambiente, esfera intelectual, social y moral en que vivimos. || Grupo social o profesional: *en los medios bien informados.* || Lo que puede servir para un fin determinado: *medios de comunicación.* || Tercer dedo de la mano. || Medium. || *Dep.* Jugador que ocupa el centro del terreno. || Categoría de boxeadores del peso medio. || Término de un silogismo que enlaza el término mayor con el menor (se llama tb. *término medio*). || — Pl. Caudal, recursos: *estar corto de medios.* || Elementos: *medios de producción.* || — *Medio ambiente,* v. AMBIENTE. || *Medios de transporte,* modos de locomoción que permiten desplazarse. || *Por medio de,* en medio de; gracias a, mediante.

medio, dia adj. Exactamente igual a la mitad de una cosa: *media naranja.* || Que es tan distante de un extremo como de otro: *de estatura media.* || Que divide en dos partes iguales: *línea media.* || *Fig.* Mediocre, ni bueno ni malo. | Corriente, de una posición económica, social o intelectual mediana: *el español medio.* || Calculado haciendo un promedio: *temperatura media.* || — Adv. No completamente: *una botella medio llena* (con el infinitivo va precedido de *a:* a *medio terminar*). || — A *medias,* no del todo: *satisfecho a medias;* por mitad: *ir a medias en un negocio.* || *Medio fondo,* carrera de a pie de media distancia, entre 800 y 1 500 metros; carrera ciclista disputada tras moto. || *Peso medio,* categoría de boxeadores que tienen un peso entre 72,574 y 79,378 kilos. || *Por medio de,* mediante. || *Término medio,* promedio.

mediocre adj. Mediano.

mediocridad f. Medianía.

mediodía m. Mitad del día. || Sur.

medir v. t. Determinar la longitud, extensión, volumen o capacidad de una cosa. || Tomar las dimensiones de una persona. || Tener cierta dimensión. || *Fig.* Comparar una cosa con otra: *medir las fuerzas.* | Examinar: *medir las consecuencias de un acto.* || Moderar: *medir las palabras.*

meditabundo, da adj. Pensativo.

meditación f. Reflexión.

meditar v. t. Pensar.

mediterráneo, a adj. Del mar Mediterráneo.

médium m. Persona que pretende comunicar con los espíritus.

medrar v. i. Enriquecerse.

medroso, sa adj. y s. Miedoso.

médula f. Sustancia grasa, blanquecina o amarillenta que se halla dentro de los huesos. || *Médula espinal,* prolongación del encéfalo que ocupa la cavidad de la columna vertebral.

medular adj. De la médula.

medusa f. Celentéreo de cuerpo gelatinoso.

megaciclo m. Unidad de frecuencia en ondas de radiodifusión equivalente a un millón de ciclos.

megafonía f. Conjunto de aparatos electrónicos destinados a aumentar el volumen del sonido.

megáfono m. Bocina para reforzar la voz.

megalito m. Piedra monumental levantada por los hombres de la edad del cobre o del bronce.

megalomanía f. Delirio de grandezas.

megatón m. *Fís.* Unidad de potencia de los proyectiles y bombas nucleares.

mejicanismo m. Mexicanismo.

mejicano, na adj. y s. Mexicano.

mejilla f. Parte lateral del rostro.

mejillón m. Cierto molusco.

mejor adj. Más bueno. Ú. t. c. s.: *el mejor de todos los hermanos.* || — Adv. Más bien: *mejor dicho.* || Antes: *escogería mejor este abrigo.*

mejora f. Cambio hacia algo mejor. || Progreso, adelanto. || Aumento. || Puja en una subasta. || *For.* Porción de bienes que puede dejar el testador a uno de sus herederos además de la legítima.

mejoramiento m. Mejora.

mejorana f. Planta aromática.

mejorar v. t. Volver mejor. || Hacer recobrar la salud a un enfermo. || Aumentar: *mejorar el sueldo.* || *For.* Dejar mejora a un heredero. || — V. i. Irse reponiéndo el enfermo. || Ponerse el tiempo más benigno. || Volverse mejor.

mejoría f. Mejora.

mejunje m. Mezcla.

melancolía f. Tristeza profunda.

melancólico, ca adj. y s. Que está triste.

melanesio, sia y **melanésico, ca** adj. y s. De Melanesia, parte de Oceanía.

melanina f. Pigmento de la piel.

melaza f. Residuo de la cristalización del azúcar.

melena f. Cabello largo. || Crin del león.

melindre m. Delicadeza afectada.

melindroso, sa adj. y s. Muy delicado.

mella f. Rotura en el filo de un arma, en el borde de un objeto, etc., y hueco que resulta de ella. || Hueco que hay cuando se caen los dientes.

mellado, da adj. Que presenta mella.

mellar v. t. Hacer mellas. || *Fig.* Menoscabar.

mellizo, za adj. y s. Gemelo.

melocotón m. Fruto del melocotonero.

melocotonero m. Árbol rosáceo.

melodía f. Sucesión de sonidos armoniosos.

melodioso, sa adj. Dulce y agradable al oído.

melodrama m. Drama.

melómano, na adj. y s. Aficionado a la música.

melón m. Planta de fruto ovalado. || Este fruto.

melosidad f. Dulzura, suavidad.

meloso, sa adj. De dulzura afectada.

membrana f. Tejido fino que forma, cubre o tapiza algunos órganos. || Lámina delgada.

membrete m. Inscripción estampada en la parte superior del papel de escribir que indica el nombre y señas de una persona, oficina, etc.

membrillo m. Arbusto de fruto amarillo. || Su fruto. || *Carne de membrillo,* dulce de membrillo.

memela f. *Méx.* Tortilla de maíz.

memento m. Parte de la misa en que se reza por vivos y difuntos. || Manual, compendio. || Agenda.

memorable adj. Digno de ser recordado.

memoria f. Facultad de recordar algo aprendido. || Estudio breve sobre alguna materia. || Informe de una asamblea. || En informática, órgano esencial de un ordenador que consiste en un dispositivo electrónico capaz de almacenar la información o datos y restituirlos en el momento que lo requiera el usuario. || — Pl. Relación escrita de ciertos acontecimientos públicos o privados. || Recuerdos: *déle memorias a su padre.*

memorial m. Petición escrita para solicitar un favor. || Libro donde se apuntan hechos memorables.

memorización f. Fijación en la memoria.

memorizar v. t. Aprender de memoria. || Retener, registrar datos en la memoria.

mena f. Mineral metalífero.

mención f. Acción de referir un hecho o de nombrar a una persona.

mencionar v. t. Hacer mención.

mendelevio m. Elemento transuránico (Mv).

mendicidad f. Acción de mendigar.

mendigar v. t. Pedir limosna (ú. t. c. i.). || Pedir con insistencia.

mendigo, ga m. y f. Persona que pide limosna.

mendocino, na adj. y s. De Mendoza (Argentina).

mendrugo m. Trozo de pan duro.

menear v. t. Agitar, mover: *menear la mano, el café.* || *Fig.* Manejar, dirigir. || — V. pr. Moverse. || *Fig.* Hacer lo necesario para conseguir algo.

meneo m. Movimiento, agitación. || Contoneo al andar. || *Fig. y fam.* Dificultad. | Paliza.

menester m. Necesidad.

menesteroso, sa adj. y s. Indigente.

mengano, na m. y f. Nombre indeterminado que se usa para designar a una persona sin nombrarla.

mengua f. Reducción. || Falta.

menguar v. t. e i. Disminuir.

menhir m. Megalito formado por una piedra larga.

meninge f. Membrana del encéfalo.

meningitis f. Inflamación de las meninges.

menisco m. Cartílago situado entre los huesos en algunas articulaciones.

menopausia f. Cesación de la menstruación.

menor adj. Más pequeño: *el menor ruido.* || Que no ha llegado a la mayor edad legal. Ú. t. c. s.: *tribunal de menores.* || Más joven: *soy menor que tú* (ú. t. c. s.). || — *Al por menor,* en pequeñas cantidades. || *Menor que,* signo matemático (<) que, colocado entre dos cantidades, indica ser menor la primera que la segunda.

menorquín, ina adj. y s. De Menorca (España).

menos adv. Indica inferioridad en la calidad, cantidad, distancia y valor: *menos inteligente.* || — *Al menos, a lo menos, lo menos, por lo menos,* como mínimo. || *A menos que,* a no ser que. || *Echar de menos,* notar la ausencia de una cosa o persona. || *Ser lo de menos,* no importar. || *Venir a menos,* decaer. || — Prep. Excepto: *fueron todos menos yo.* || — Pron. Una cantidad menor: *hoy vinieron menos.* || — M. Signo de la sustracción o resta y de las cantidades negativas (–).

menoscabar v. t. Disminuir.

menoscabo m. Disminución. || Daño, perjuicio.

menospreciar v. t. Despreciar.

menosprecio m. Poco aprecio.

mensaje m. Recado de palabra que envía una persona a otra. || Comunicación importante.

mensajería f. Transporte rápido de mercaderías por ferrocarril, camiones o mar.

mensajero, ra adj. y s. Que transmite mensajes.

menso, sa adj. y s. *Méx.* Tonto.

menstruación f. y **menstruo** m. Flujo de sangre procedente de la matriz que evacuan periódicamente las mujeres.

mensual adj. Que sucede o se repite cada mes. || Que dura un mes.

mensualidad f. Sueldo de un mes. || Cantidad abonada cada mes.

mensualizar v. t. Efectuar la mensualización.

menta f. Hierbabuena.

mental adj. Relativo a la mente.

mentalidad f. Modo de pensar.

mentalizar v. t. Hacer adquirir plena conciencia de algo (ú. t. c. pr.).

mentar v. t. Mencionar. || — V. i. *Amer.* Apodar.

mente f. Pensamiento.

mentecato, ta adj. y s. Necio.

mentir v. i. Decir mentiras.

mentira f. Declaración falsa. || Cuento, historia falsa. || Mancha blanca en las uñas.

mentiroso, sa adj. Que miente (ú. t. c. s.).

mentís m. Negación de lo afirmado por otro.

mentón m. Barbilla.

mentor m. *Fig.* Consejero.

menú m. Lista de platos. || Comida que se toma. || Comida a precio fijo de un restaurante.

menudencia f. Pequeñez.

menudeo m. Frecuencia.

menudillos m. pl. Sangre, higadillo, molleja y otras vísceras de las aves.

menudo, da adj. Pequeño. || Usado irónica y enfáticamente significa enorme, difícil, grave, increíble: *menuda catástrofe.* || — *A menudo,* frecuentemente. || *La gente menuda,* los niños.

menique adj. y s. m. Aplícase al dedo quinto y más pequeño de la mano.

meollo m. Seso. || Médula. || *Fig.* Sustancia, lo principal de una cosa. || Entendimiento, juicio.

mequetrefe com. *Fam.* Persona sin importancia.

mercadeo m. Investigación de mercado, conjunto de operaciones por las que pasa una mercancía desde el productor al consumidor.

mercader m. Comerciante.

mercadería f. Mercancía.

mercado m. Lugar público cubierto o al aire libre donde se venden y compran mercancías. || Concurrencia de gente en estos sitios. || Salida económica: *el mercado de ultramar.* || Situación de la oferta y la demanda: *mercado en retroceso.* || *Estudio de mercado,* conjunto de técnicas de investigación empleadas para adquirir un mejor conocimiento del mercado de venta.

mercancía f. Lo que se vende o compra.

mercantil adj. Comercial. || *Fig.* Que tiene afán de lucro.

mercantilismo m. Espíritu mercantil aplicado a cualquier cosa.

mercantilizar v. t. Valorar todo en función del dinero.

mercar v. t. Comprar.

merced f. Favor, gracia. || Voluntad, arbitrio: *a la merced de alguien.* || Tratamiento de cortesía: *vuestra merced.* || *Merced a,* gracias a.

mercedario, ria adj. y s. De la orden religiosa de la Merced.

mercenario, ria adj. Que se hace por dinero.

mercería f. Comercio de objetos menudos para las labores femeninas.

MERCOSUR, siglas de Mercado Común del Sur.

mercurio m. Metal líquido de color blanco brillante (símb. Hg).

merecedor, ra adj. Que merece (ú. t. c. s.).

merecer v. t. Ser o hacerse digno de algo: *merecer un premio* (ú. t. c. pr.). || Presentar los requisitos necesarios para una cosa: *documento que merece aprobación.* || Conseguir algo, lograr. || — V. i. Hacer méritos, ser digno de premio.

merecimiento m. Mérito.

merendar v. i. Tomar la merienda: *merendar por la tarde.* || — V. t. Comer en la merienda.

merendero m. Sitio donde se pueden tomar consumiciones y a veces bailar. || Establecimiento público en el campo, en la playa, donde se come.

merendona f. *Fig.* Merienda.

merengue m. Dulce hecho con claras de huevo y azúcar. || Baile típico dominicano. || Su música.

meridano, na adj. y s. De Mérida (México).

meridense adj. y s. De Mérida (c. de Venezuela).

merideño, ña adj. y s. De Mérida (España). || De Mérida, estado de Venezuela.

meridiano, na adj. Relativo al mediodía. || Dícese del plano que, en un lugar dado, contiene la vertical del mismo y el eje de rotación del globo terrestre (ú. t. c. s. m.). || Aplícase a los instrumentos que sirven para observar el paso de los astros por el meridiano local. || *Fig.* Luminosísimo, clarísimo: *luz meridiana.* || — M. Círculo máximo de la esfera celeste que pasa por los polos. || *Geogr.* Cualquier semicírculo de la esfera terrestre que va de polo a polo. || *Astr.* Intersección del plano meridiano y del horizontal en un lugar determinado. || — F. Siesta.

meridional adj. Del Sur.

merienda f. Comida ligera de tarde.

mérito m. Acción que hace al hombre digno de premio o estima.

meritorio, ria adj. Digno de elogio. || — M. y f. Aprendiz de un despacho.

merluza f. Pez teleósteo marino de carne blanca. || *Pop.* Borrachera.

merma f. Disminución.

mermar v. t. e i. Disminuir.

mermelada f. Dulce de fruta triturada.

mero, ra adj. Puro, solo. || — M. Pez marino.

merodeador, ra adj. y s. Que merodea.

merodear v. i. Errar, vagabundear.

merolico m. *Méx.* Vendedor ambulante que vocea de manera muy llamativa su mercancía.

merza adj. y s. *Fam. Arg.* Cursi.

mes m. Cada una de las doce divisiones del año. || Espacio de treinta días. || Mensualidad, salario mensual. || Menstruo de la mujer.

mesa f. Mueble compuesto de una tabla lisa sostenida por uno o varios pies y que sirve para comer, escribir, etc. || Conjunto de personas que presiden una asamblea: *la Mesa del Congreso.*

mesana f. *Mar.* Mástil de popa. || Vela que tiene.

mesar v. t. Arrancar o estrujar el cabello o la barba con las manos (ú. t. c. pr.).

mesero, ra m. y f. *Méx.* Camarero.

meseta f. Llanura extensa.

mesiánico, ca adj. Del Mesías.

mesías m. Cristo.

mesnada f. Antigua compañía de soldados.

mesoamericano, na adj. De Mesoamérica.

mesolítico adj. Dícese del período comprendido entre el paleolítico y el neolítico (ú. t. c. s. m.).

mesón m. Posada, venta. || *Fís.* Masa intermedia entre el protón y el electrón.

mesonero, ra m. y f. Propietario o encargado de un mesón.

mesopotámico, ca adj. y s. De Mesopotamia.

mesosfera f. Capa atmosférica superior a la estratosfera, entre 40 y 80 km.

mesozoico, ca adj. Aplícase a los terrenos de la época secundaria (ú. t. c. s. m.).

mesta f. Antigua asociación de propietarios de ganado transhumante.

mester m. *Mester de clerecía, de juglaría,* género literario cultivado por clérigos o por los cantores populares en la Edad Media.

mestizaje m. Cruce de dos razas.

mestizar v. t. Cruzar dos razas.

mestizo, za adj. y s. Nacido de padres de raza diferente.

mesura f. Moderación.

mesurar v. t. Moderar (ú. t. c. pr.).

meta f. Final de una carrera. || En fútbol, portería o guardameta. || *Fig.* Finalidad, objetivo.

metabolismo m. *Biol.* Conjunto de transformaciones materiales que se efectúa constantemente en las células del organismo vivo.

metacarpo m. Parte de la mano entre el carpo y los dedos.

metafísica f. Filosofía, teoría general y abstracta.

metáfora f. Traslación del sentido recto de una palabra a otro figurado.

metal m. Cuerpo simple sólido a la temperatura ordinaria, a excepción del mercurio, conductor del calor y de la electricidad. || *Fig.* Dinero: *el vil metal.* | Timbre de la voz. || *Mús.* Término genérico con el que se designan los instrumentos de viento de una orquesta (trompeta, trombones, bugles, trompas). || *Metales preciosos,* el platino, el oro y la plata.

metaldehído m. Polímero del aldehído acético.

metálico, ca adj. De metal o parecido a él: *objeto metálico.* || Que contiene metal. || — M. Dinero en monedas o billetes, por oposición a cheques.

metalistería f. Arte de trabajar los metales.

metalizar v. t. Dar un brillo metálico.

metaloide m. *Quím.* Cuerpo simple, mal conductor del calor y de la electricidad, que combinado con el oxígeno produce compuestos ácidos o neutros (flúor, cloro, bromo, yodo, oxígeno, azufre, selenio, telurio, nitrógeno, fósforo, arsénico, carbono, silicio y boro).

metalurgia f. Arte de extraer y tratar los metales.

metalúrgico, ca adj. Relativo a la metalurgia. || — M. Metalurgista.

metalurgista m. El que se dedica a la metalurgia.

metamorfismo m. Transformación.

metamorfosear v. t. Transformar.

metamorfosis f. Transformación de un ser en otro. || Mudanza de forma y de modo de vida que experimentan los insectos y otros animales.

metano m. Gas incoloro.

metástasis f. Reproducción de una enfermedad al aparecer nuevos focos.

metatarso m. Parte del pie entre el tarso y los dedos.

metate m. Piedra cuadrada usada en Guatemala y México para moler el maíz.

metedura f. *Metedura de pata*, dicho o hecho poco adecuado.

metempsicosis f. Supuesta reencarnación de las almas de un cuerpo en otro.

meteorito m. Fragmento de piedra de los espacios interplanetarios.

meteoro m. Cualquier fenómeno atmosférico. || *Fig.* Persona o cosa que brilla de modo fugaz.

meteorología f. Estudio de los fenómenos atmosféricos, de la previsión del tiempo.

meteorólogo, ga m. y f. Especialista en meteorología.

meter v. t. Introducir: *meter la llave en la cerradura.* || Encerrar: *meter en la cárcel.* || Hacer entrar: *meter a un niño en el colegio.* || Introducir de contrabando: *meter tabaco.* || Hacer participar a una persona: *meter a uno en un negocio.* || Causar, producir: *meter ruido.* || Embeber tela en una costura. || En el juego de la lotería, poner el dinero que se ha de jugar. || *Fam.* Dar, asestar: *meter un bofetón.* || — V. pr. Introducirse: *meterse en la cama.* || Enredarse en una cosa: *meterse en un mal negocio.* || Abrazar una profesión, seguir un oficio o estado: *meterse a fraile.* || *Fig.* Frecuentar, tratar: *anda siempre metido con mala gente.* | Sumirse, abstraerse: *estar metido en un problema.* | Empezar: *meterse a escribir.* | Ocuparse: *¡métete en tus cosas y no en las mías!*

metiche adj. y s. *Méx.* Entremetido.

meticulosidad f. Carácter meticuloso.

meticuloso, sa adj. Minucioso.

metódico, ca adj. Con método.

método m. Modo de decir o hacer una cosa con orden y según ciertos principios. || Obra que reúne según un sistema lógico los principales elementos de un arte o ciencia: *método de lectura.*

metralla f. Fragmento en que se divide un proyectil al estallar.

metralleta f. Pistola ametralladora.

métrica f. Ciencia que estudia los versos.

métrico, ca adj. Relativo al metro y a las medidas: *sistema métrico.* || — *Quintal métrico*, peso de cien kilogramos (símb. q). || *Tonelada métrica*, peso de mil kilogramos (símb. t).

metro m. Unidad de longitud adoptada en casi todos los países y que sirve de base a todo un sistema de pesas y medidas (símb. m). || Objeto de medida que tiene una longitud igual a esta unidad. || Grupo determinado de sílabas largas o breves en una composición poética. || — *Metro cuadrado*, unidad de superficie equivalente a la de un cuadrado de un metro de lado (símb. m²). || *Metro cúbico*, unidad de volumen que equivale al de un cubo de un metro de lado (símb. m³).

metro m. Metropolitano.

metrópoli f. Ciudad principal. || Iglesia arzobispal que tiene dependientes otras sufragáneas. || La nación, respecto a sus colonias.

metrópolis f. Metrópoli.

metropolitano, na adj. Relativo a la metrópoli. || — M. Arzobispo. || Ferrocarril urbano.

mexica adj. y s. Azteca.

mexicanismo m. Voz o giro propio de los mexicanos. || Carácter mexicano. || Amor a México.

mexicano, na adj. y s. De México. || — M. Lengua azteca. || Modalidad del castellano hablado en México.

mezcal m. Variedad de pita. || Aguardiente que se saca de ella.

mezcla f. Acción y efecto de mezclar o mezclarse. || Reunión de cosas o personas diversas. || Argamasa. || Grabación simultánea en la cinta sonora cinematográfica de todos los sonidos necesarios (palabras, música, etc.).

mezclar v. t. Juntar, incorporar una cosa con otra (ú. t. c. pr.): *mezclar licores.* || Reunir personas o cosas distintas. || Desordenar, revolver: *mezclar papeles.* || — V. pr. Introducirse, meterse uno entre otros. || Intervenir, participar en una cosa.

mezclilla m. *Méx.* Tela de los pantalones vaqueros.

mezcolanza f. Mezcla confusa.

mezquindad f. Avaricia.

mezquino, na adj. Avaro. || Escaso.

mezquita f. Edificio religioso musulmán.

mezquite m. *Méx.* Planta similar a la acacia.

mg, abrev. de *miligramo.*

Mg, símbolo químico del *magnesio.*

mi adj. pos. Apócope de *mío, mía* que sólo se emplea antepuesto al nombre: *mi casa; mi esposa.* || — M. *Mús.* Tercera nota de la escala musical.

mí pron. pers. de primera persona: *me lo dijo a mí.*

mica f. Mineral hojoso.

micénico, ca adj. De Micenas.

michoacano, na adj. y s. De Michoacán (México).

micifuz m. *Fam.* Gato.

mico f. Mono pequeño de cola larga.

micosis f. *Med.* Infección causada por hongos.

micra f. Millonésima parte de un metro (símb. μ).

micro m. *Fam.* Apócope de *micrófono.*

microamperio m. Millonésima parte del amperio.

microbiano, na adj. Relativo a los microbios.

microbio m. Ser unicelular muy pequeño.

microbús m. Pequeño autobús.

microchip m. Placa de tamaño muy reducido con un circuito electrónico.

microcircuito m. Circuito electrónico de muy reducidas dimensiones constituido por circuitos integrados, transistores, diodos y resistencias.

microcosmo m. Microcosmos.

microcosmos m. Universo en pequeño.

microelectrónica f. Parte de la electrónica relacionada con la concepción y fabricación de material electrónico de muy pequeñas dimensiones.

microfilm y **microfilme** m. Película de fotografías pequeñas para reproducir documentos.

micrófono m. Aparato eléctrico que recoge y transmite los sonidos aumentando su intensidad.

microhmio m. Millonésima parte del ohmio.

micrón m. Micra.

micronesio, sia adj. y s. De Micronesia.

microonda f. Onda electromagnética de pequeña longitud. || *Horno de microondas*, horno que produce calor gracias a una emisión de microondas.

microordenador m. Ordenador pequeño.

microorganismo m. Ser vivo microscópico.

microprocesador m. Órgano de tratamiento de la información constituido por microcircuitos electrónicos integrados.

microscópico, ca adj. Muy pequeño.

microscopio m. Instrumento óptico para observar de cerca objetos extremadamente pequeños.

microsurco m. Ranura muy fina de algunos discos fonográficos. || Disco con estas ranuras.

miedo m. Sentimiento de gran inquietud suscitado por un peligro. || — *Fam. De miedo*, extraordinario, estupendo. || *Meter miedo*, asustar.

miedoso, sa adj. *Fam.* Que se asusta (ú. t. c. s.).

miel f. Sustancia dulce y viscosa que preparan ciertos insectos con el néctar de las flores.

miembro m. Cualquiera de las extremidades del hombre y de los animales articuladas con el tronco: *miembros inferiores.* || Órgano de la generación en el hombre y algunos animales: *el miembro viril.* || Individuo que forma parte de una comunidad, sociedad o cuerpo: *miembro de la Academia.* || *Mat.* Cada una de las dos expresiones de una igualdad o desigualdad.

mientras adv. y conj. Durante el tiempo en que: *hazlo mientras voy.*

miércoles m. Cuarto día de la semana.

mierda f. *Vulg.* Excremento. || *Pop.* Suciedad. | Cosa sin valor. || — M. y f. *Pop.* Persona que no vale nada.

mies f. Cereal maduro.

miga f. Migaja. || Parte más blanda del pan.

migaja f. Parte pequeña y menuda del pan.

migración f. Desplazamiento de individuos de un sitio a otro por razones económicas, sociales o políticas. || Viaje periódico de ciertos animales.

migraña f. Fuerte dolor en una parte del cráneo, jaqueca.

mijo m. Planta gramínea.

mil adj. Diez veces ciento. || Milésimo: *el año mil.* || *Fig.* Gran número: *pasar mil angustias.* || — M. Signo o conjunto de signos con que se representa el número mil. || Millar: *gastar miles de euros.*

milagro m. Hecho sobrenatural: *los milagros de Jesucristo.* || Cosa extraordinaria que la razón no puede explicar. || Cosa magnífica: *los milagros de la ciencia.* || Drama religioso de la Edad Media.

milanesa f. *Arg.* Filete de carne empanada.

milano m. Ave rapaz diurna.

milenario, ria adj. Que tiene mil unidades o mil años. || *Fig.* Muy antiguo. || — M. Período de mil años. || Milésimo aniversario.

milenio m. Período de mil años.

milésimo, ma adj. Que ocupa el lugar indicado por el número mil (ú. t. c. s. m.). || — M. Cada una de las mil partes iguales de un todo.

miliamperio m. Milésima parte del amperio.

milicia f. Gente armada que no forma parte del ejército activo y es una fuerza auxiliar. || Cuerpo de organización militar nacional. || Servicio militar.

miliciano, na m. y f. Persona perteneciente a una milicia.

milico m. *Amér.* M. Militar, soldado o policía.

miligramo m. Milésima parte de un gramo (símb. mg).

mililitro m. Milésima parte de un litro (símb. ml).

milímetro m. Milésima parte de un metro (símb. mm).

militar adj. Relativo a la milicia, al ejército o a la guerra. || — M. El que forma parte del ejército.

militar v. i. Servir como soldado. || *Fig.* Tener una actividad política o religiosa: *militar en un partido.*

militarizar v. t. Infundir la disciplina o el espíritu militar. || Dar una organización militar.

milivatio m. Milésima parte del vatio.

milivoltio m. Milésima parte del voltio.

milla f. Medida itineraria marina (1 852 m). || Medida itineraria inglesa (1 609 m).

millar m. Mil unidades. || *Fig.* Número grande.

millón m. Mil millares. || *Fig.* Número muy grande, indeterminado.

millonada f. Cantidad aproximada de un millón. || *Fig.* Cantidad muy grande: *gastó una millonada.*

millonario, ria adj. y s. Muy rico.

millonésimo, ma adj. y s. Dícese de cada una del millón de partes iguales en que se divide un todo. || Que ocupa el lugar indicado por un millón.

milonga f. Canción y baile de la Argentina.

milonguero, ra m. y f. Persona que canta o baila milongas.

milpa f. *Méx.* Tierra en que se cultiva maíz.

mimar v. t. Tratar con cariño.

mimbre m. Mimbrera y su rama.

mimbrera f. Arbusto cuyas ramas flexibles se utilizan en cestería.

mimetismo m. Reproducción maquinal de gestos o ademanes.

mímico, ca adj. Relativo al mimo o a la mímica. || — F. Arte de imitar o de darse a entender por medio de gestos.

mimo m. Representación en la que el actor manifiesta con gestos su acción. || Este actor. || Cariño, demostración excesiva de ternura.

mimosa f. Planta con hermosas flores.

mimoso, sa adj. Muy cariñoso.

mina f. Yacimiento de minerales. || Carga explosiva que estalla por presión, choque, magnetismo, etc. || *Fig.* Lo que abunda en cosas útiles o curiosas: *una mina de noticias.* | Empleo o negocio que, sin mucho trabajo, produce grandes ganancias: *este comercio es una mina.* || *Mina de lápiz*, barrita de grafito mezclado con arcilla.

mina f. *Fam. Chil.* y *Riopl.* Mujer.

minar v. t. Cavar lentamente por debajo: *el agua mina las piedras.* || *Fig.* Ir consumiendo poco a poco. || Colocar minas: *minar un puerto.*

minarete m. Alminar.

mineral adj. Relativo a los cuerpos inorgánicos: *reino mineral.* || — M. Cuerpo inorgánico, sólido a la temperatura normal, que constituye las rocas de la corteza terrestre. || Elemento del terreno que contiene metales o metaloides aprovechables.

mineralogía f. Ciencia que estudia los minerales.

minería f. Explotación de minas.

minero, ra adj. Relativo a las minas o a su explotación. || — M. El que trabaja en las minas.

miniatura f. Pintura de pequeñas dimensiones. || Reproducción de un objeto en tamaño reducido.

miniaturizar v. t. Dar las dimensiones más pequeñas posibles.

minifundio m. Finca rústica de poca extensión.

mínima f. Cosa muy pequeña. || Temperatura más baja en un tiempo y lugar dados.

minimizar v. t. Reducir algo al mínimo.

mínimo, ma adj. Muy pequeño: *cantidad mínima.* || Que ha llegado al mínimo: *temperatura mínima.* || — M. Grado más pequeño al que puede reducirse una cosa. || Valor matemático más pequeño que puede tomar una magnitud variable entre ciertos límites. || *Mat. Mínimo común múltiplo* (m. c. m.), el menor de los múltiplos comunes de dos o más números.

minino, na m. y f. Gato.

ministerio m. Misión, función: *el ministerio del sacerdocio.* || Conjunto de los ministros de un gobierno. || Empleo de ministro. || Cada uno de los departamentos en que se divide el gobierno de un Estado. || Edificio donde se encuentra la oficina del ministro. || *Ministerio público o fiscal,* el que vela por los intereses del Estado.

ministro m. Hombre de Estado encargado de un ministerio.

minoración f. Disminución.

minorar v. t. Disminuir.

minoría f. El número menor en una nación, población o asamblea, en oposición a *mayoría.* || Condición de una persona que, a causa de su poca edad, no está considerada por la ley como responsable de sus actos o no es plenamente capaz jurídicamente: *minoría de edad.*

minorista m. Comerciante al por menor.

minoritario, ria adj. y s. De la minoría.

minucia f. Esmero. || Pequeño detalle.

minuciosidad f. Minucia, esmero.

minucioso, sa adj. Hecho con mucho esmero.

minuendo m. En una resta, cantidad de la que se sustrae otra.

minúsculo, la adj. Diminuto, muy pequeño. || — F. Letra ordinaria menor que la mayúscula.

minusválido, da adj. y s. Dícese de la persona disminuida físicamente por una afección motriz.

minuta f. Lista de los platos de una comida. || Honorarios de un abogado.

minutar v. t. Medir el tiempo.

minutero m. Aguja que señala los minutos en el reloj.

minuto m. Cada una de las sesenta partes iguales en que se divide una hora.

mío, mía adj. y pron. pos. De mí: *este libro es mío.*

miocardio m. Parte musculosa del corazón.

mioceno adj. *Geol.* Aplícase al período de la era terciaria que sigue al oligoceno (ú. t. c. s. m.).

miope adj. y s. Corto de vista.

miopía f. Defecto de la vista que sólo permite ver los objetos próximos a uno.

mira f. Pieza de las armas de fuego para asegurar la puntería. || *Fig.* Intención, objetivo: *tener miras altas.* || *Con miras a,* con la idea de.

mirada f. Acción de mirar.

mirado, da adj. Cuidadoso. || Tenido en buena o mala estima. || Analizado: *bien mirado, su situación no es tan mala como parece.*

mirador m. Lugar desde donde se contempla un paisaje. || Balcón cubierto cerrado con cristales.

miraguano m. Palmera cuyo fruto se usa para rellenar cojines, etc.

miramiento m. Consideración.

mirandense adj. y s. De Miranda (Venezuela).

mirandeño, ña adj. y s. De Miranda (Colombia).

mirar v. t. Fijar atentamente la mirada en (ú. t. c. pr.). || Estar orientado hacia: *la casa mira al Sur.* || Buscar, considerar: *sólo mira a su provecho.* || *Fig.* Juzgar, estimar: *mirar bien a uno.* | Examinar, reflexionar, considerar: *bien mirado todo.* | Cuidar, ocuparse de: *mirar por sus negocios.*

miriámetro m. Medida de diez mil metros.

miriápodo adj. y s. m. Dícese del animal que tiene uno u dos pares de patas en cada uno de sus numerosos artejos. || — M. pl. Clase de estos animales.

mirilla f. Abertura para mirar.

mirlo m. Pájaro de plumaje oscuro.

mirón, ona adj. Que mira con mucha curiosidad.

mirra f. Gomorresina.

misa f. Ceremonia religiosa en la que el sacerdote católico, ante el altar, ofrece a Dios Padre el sacrificio del cuerpo y la sangre de Jesucristo.

misal m. Devocionario.

misantropía f. Odio a los hombres.

misántropo, pa m. y f. Persona huraña que huye del trato humano.

miscelánea f. Mezcla.

miserable adj. Tacaño, mezquino (ú. t. c. s.). || Pobre: *una familia miserable.* || Ínfimo, escaso: *sueldo miserable.* || Mísero: *¡miserable de mí!*

miseria f. Pobreza extremada. || Avaricia, mezquindad. || Cosa de poco valor.

misericordia f. Virtud que nos inclina a ser compasivos. || Perdón: *pedir misericordia.*

misericordioso, sa adj. y s. Inclinado a la compasión y al perdón.

mísero, ra adj. y s. Desgraciado. || Tacaño.

misil m. Cohete, proyectil balístico.

misión f. Facultad que se otorga a una persona para que desempeñe algún cometido: *cumplir una misión.* || Comisión temporal otorgada por el Gobierno a un agente especial: *misión diplomática.* || Serie de predicaciones para la instrucción de los fieles y la conversión de los pecadores. || Establecimiento de misioneros o región que predican: *las misiones del Paraguay.* || Labor que hace una persona en razón de su cargo o condición.

misionero, ra adj. De la misión evangélica. || — M. y f. Persona que predica la religión en las misiones. || — Adj. y s. De Misiones (Argentina y Paraguay).

misiva f. Carta, mensaje.

mismo, ma adj. Idéntico, igual: *del mismo color.* || Se agrega a los pronombres personales y adverbios para darles más fuerza: *yo mismo.* || Hasta, incluso: *sus mismos hermanos le odian.*

misoginia f. Odio a las mujeres.

misógino adj. y s. m. Que odia a las mujeres.

míster m. (pal. ingl.). Señor.

misterio m. En la religión cristiana, cosa inaccesible a la razón y que debe ser objeto de fe. || *Fig.* Cosa incomprensible. || Cosa secreta: *andar con misterios.* || Obra teatral de la Edad Media de asunto religioso que trataba de la Pasión de Jesucristo.

misterioso, sa adj. Que encierra en sí misterio.

mística f. Vida espiritual y contemplativa. || Literatura basada en esta vida.

misticismo m. Contemplación de Dios o de las cosas espirituales. || Unión entre el alma y Dios por medio del amor. || Mística, literatura espiritual.

místico, ca adj. Que se refiere a los misterios cristianos y a las realidades invisibles. || Que pertenece al misticismo: *autor místico* (ú. t. c. s.).

mistificación f. Falseamiento.

mistificador, ra adj. y s. Que mistifica.

mistificar v. t. Falsear, falsificar. || Burlarse.

mita f. Trabajo pagado al que estaba obligado durante cierto tiempo el indio americano. || Tributo que pagaban los indios del Perú.

mitad f. Cada una de las dos partes iguales en que se divide un todo. || Medio: *llegar a la mitad del camino.* || *Fig.* La mayor parte: *la mitad del tiempo no está en su casa.* || *Fam.* Cónyuge. || — Adv. En parte: *mitad hombre, mitad animal.*

mitayo m. En América, indio sorteado para el trabajo. || Indio que llevaba lo recaudado en la mita.

mitificar v. t. Dar carácter de mito.

mitigar v. t. Disminuir (ú. t. c. pr.).

mitin m. Reunión pública de asuntos políticos.

mito m. Relato de los tiempos fabulosos y heroicos de sentido generalmente simbólico: *los mitos griegos.* || *Fig.* Cosa que no tiene realidad concreta. | Personaje fabuloso.

mitocondria f. Cuerpo presente en el citoplasma de las células.

mitología f. Historia de los dioses.

mitológico, ca adj. Relacionado con la mitología.

mitosis f. División de la célula.

mitra f. Toca de los prelados.

mitrado m. Obispo.

mitral adj. Dícese de la válvula que existe entre la aurícula y el ventrículo izquierdos del corazón.

mixe adj. y s. Del pueblo amerindio que vive en México, en el estado de Oaxaca.

mixteca adj. y s. Dícese de un pueblo indio mexicano que vivía en el S. del país.

mixtificación f. Mistificación.

mixtificador, ra adj. y s. Mistificador.

mixtificar v. t. Mistificar.

mixto, ta adj. Mezclado e incorporado con una cosa. || Compuesto de elementos de distinta naturaleza: *cuerpo mixto.* || Que comprende personas de ambos sexos o pertenecientes a grupos distintos: *escuela mixta.* || — M. Fósforo, cerilla. || Partido de doble en tenis jugado por dos equipos compuestos de un hombre y una mujer.

mixtura f. Mezcla.

ml, abreviatura del *mililitro.*

mm, abreviatura de *milímetro.*

Mm, abreviatura de *miriámetro.*

Mn, símbolo del *manganeso.*

mnemotecnia f. Arte de cultivar la memoria mediante ejercicios apropiados.

mnemotécnico, ca adj. De la mnemotecnia. || — F. Mnemotecnia.

Mo, símbolo del *molibdeno.*

moaré m. Muaré.

mobiliario, ria adj. Mueble. || Transmisible: *valor mobiliario.* || — M. Conjunto de muebles.

moblaje m. Mobiliario.

moca m. Café árabe.

mocasín m. Zapato muy flexible de una sola pieza y pala cerrada.

mocedad f. Juventud.

mochica adj. Dícese de un pueblo indio que vivía en la costa septentrional del antiguo Perú. || Relativo a este pueblo. || Natural de él (ú. t. c. s.).

mochila f. Morral.

mochuelo m. Ave rapaz nocturna.

moción f. Proposición hecha en una asamblea.

moco m. Sustancia pegajosa segregada por la nariz. || Extremo del pabilo de una vela encendida.

mocoso, sa adj. y s. *Fig.* Niño.

moda f. Gusto que predomina en cierta época y determina el uso de vestidos, muebles, etc.

modal adj. Que comprende o incluye modo o determinación particular. || — M. pl. Manera de portarse en sociedad: *modales finos.*

modalidad f. Modo de ser.

modelado m. Acción de modelar.

modelar v. t. Formar con barro, cera, etc., una figura. || Adaptar: *modelar su conducta.*

modelista m. y f. Operario encargado de los moldes para el vaciado de piezas de metal, cemento, etc. || Persona que dibuja modelos de costura.

modelo m. Objeto que se reproduce o se imita. || Representación de alguna cosa en pequeña escala. || Persona, animal u objeto que reproduce el pintor o escultor: *un modelo clásico.* || Obra de arte de barro o cera que se reproduce luego en forma de escultura. || Persona o cosa digna de ser imitada: *modelo de virtudes.* || Vestido original en una colección de alta costura. || *Tecn.* Construcción de una o varias piezas para hacer el molde en el cual se vaciarán los objetos. || — F. Mujer que en las casas de modas exhibe los nuevos trajes y vestidos. || — Adj. inv. Perfecto en su género, digno de ser imitado: *escuela modelo.*

módem m. Aparato para conectar equipos y redes de computación a través de las líneas telefónicas.

moderación f. Virtud que consiste en permanecer alejado de ambos extremos. || Cordura.

moderador, ra adj. Que modera (ú. t. c. s. m.). || Que dirige un debate en una asamblea (ú. t. c. s.).

moderar v. t. Reducir la intensidad: *moderar la velocidad.* || Contener fuera de todo exceso: *moderar las pasiones.* || — V. pr. Contenerse.

modernismo m. Calidad de moderno. || Afición a las cosas modernas. || Movimiento literario, relacionado con el parnasianismo y el simbolismo franceses, que surge a fines del s. XIX y principios del XX en Hispanoamérica y España.

modernista adj. Relativo al modernismo. || Partidario del modernismo (ú. t. c. s.).

modernización f. Acción y efecto de modernizar.

modernizar v. t. Dar forma moderna (ú. t. c. pr.).

moderno, na adj. Que pertenece a la época actual o existe desde hace poco tiempo. || *Edad Moderna,* tiempo posterior a la Edad Media.

modestia f. Sencillez.

modesto, ta adj. y s. Sencillo.

módico, ca adj. Limitado, reducido.

modificación f. Cambio.

modificar v. t. Cambiar.

modismo m. Expresión.

modista com. Costurero de señoras.

modisto m. Modista.

modo m. Manera de ser, de manifestarse o de hacer una cosa. || *Gram.* Manera de expresar el estado o la acción el verbo. (Los *modos* del verbo castellano son cinco: *infinitivo, indicativo, imperativo, condicional* o *potencial* y *subjuntivo.*) || *Méx. Ni modo,* dícese de lo que es irreversible, que ya no tiene solución.

modorra f. Sueño pesado, sopor.

modosidad f. Calidad de modoso.

modoso, sa adj. Recatado.

modulación f. Acción de modular la voz o el tono. || Variación en el tiempo de una de las características de una onda (amplitud, frecuencia, fase) con arreglo a una ley determinada.

modular v. t. e i. Ejecutar algo por medio de inflexiones diversas de la voz. || *Electr.* Modificar la amplitud, frecuencia o fase de una onda portadora.

módulo m. Unidad convencional que sirve para determinar las proporciones de una construcción. || *Mat.* Cantidad que sirve de comparación para medir otras.

|| Unidad que se toma para establecer una proporción. || *Fig.* Modelo, tipo.

mofa f. Burla.

mofar v. i. Burlarse (ú. t. c. pr. y t.).

mofeta f. Animal carnívoro americano que se defiende lanzando un líquido maloliente.

moflete m. *Fam.* Carrillo.

mohín m. Mueca o gesto.

moho m. Capa de óxido que se forma en la superficie de algunos metales, como el hierro.

mohoso, sa adj. Con moho.

moiré [*muaré*] m. (pal. fr.). Muaré.

moisés m. Cuna de mimbre.

mojar v. t. Humedecer una cosa con agua u otro líquido: *mojar la ropa* (ú. t. c. pr.).

mojarra f. Especie de pez comestible.

mojiganga f. Burla.

mojigatería f. Hipocresía. || Beatería.

mojigato, ta adj. y s. Hipócrita. || Santurrón.

mojón m. Hito, poste o señal para indicar los límites. || Excremento humano.

molar adj. Relativo a la muela. || *Diente molar*, diente posterior a los caninos.

molcajete m. Mortero de piedra con tres patas.

moldavo, va adj. y s. De Moldavia.

molde m. Pieza en la que se hace en hueco la figura del objeto que se quiere reproducir. || Instrumento que sirve para dar forma a una cosa. || *Fig.* Modelo. || *Letra de molde*, la impresa.

moldear v. t. Sacar el molde de un objeto. || Vaciar en un molde. || Dar cierta forma (ú. t. c. pr.).

moldura f. Parte saliente que sirve de adorno.

mole f. Cosa voluminosa. || — M. *Méx.* Guiso que se prepara con salsa de chile y de ajonjolí.

molécula f. Partícula formada de átomos que representa la cantidad más pequeña de un cuerpo que pueda existir en estado libre.

molecular adj. De la molécula.

moler v. t. Triturar, reducir un cuerpo a polvo: *moler grano*. || *Fig.* Fatigar, cansar: *moler a uno con el trabajo*. | Maltratar: *moler a golpes*.

molestar v. t. Causar molestia: *¿le molesta el humo?* || Fastidiar: *le molesta hacer visitas.* || Ofender, herir: *lo que le dije le molestó.* || — V. pr. Tomarse la molestia de hacer algo: *no se ha molestado en ayudarme.* || Picarse, ofenderse: *se molesta por cualquier cosa.*

molestia f. Contrariedad, disgusto: *su carácter le acarreó muchas molestias.* || Fastidio: *es una molestia ir allí.* || Trabajo: *tomarse la molestia de hacer un recado.* || — Pl. Achaques de salud.

molesto, ta adj. Que causa molestia.

molibdeno m. Metal muy duro (símb. Mo).

molicie f. Mucha comodidad.

molido, da adj. Muy cansado.

molienda f. Acción de moler. || Lo que se muele de una vez. || Temporada en que se muele.

molinero, ra m. y f. Persona que tiene un molino o trabaja en él.

molinillo m. Utensilio pequeño para moler.

molino m. Máquina para moler o estrujar.

molleja f. Estómago de las aves.

mollendino, na adj. y s. De Mollendo (Perú).

mollera f. Cabeza. || *Fig.* Juicio.

moluscos m. pl. Tipo de animales invertebrados, de cuerpo blando protegido por una concha, como el caracol, la ostra, el pulpo, la jibia, etc.

momentáneo, a adj. Que dura poco.

momento m. Espacio de tiempo muy corto o indeterminado. || Ocasión: *escoger el momento oportuno.* || Tiempo presente, actualidad.

momia f. Cadáver conservado por medio de sustancias balsámicas.

momificar v. t. Convertir en momia (ú. m. c. pr.).

momio m. *Fig.* Ganga.

mona f. *Fam.* Borrachera.

monada f. Cosa o persona pequeña, delicada y muy bonita: *¡qué monada de pulsera!* || Amabilidad. || Gesto o ademán gracioso.

monaguense adj. y s. De Monagas (Venezuela).

monaguillo m. Niño que ayuda al sacerdote en las ceremonias religiosas.

monarca m. Rey.

monarquía f. Estado regido por un monarca.

monárquico, ca adj. Del monarca o de la monarquía. || Partidario de la monarquía (ú. t. c. s.).

monasterio m. Convento.

monda f. Operación consistente en mondar árboles, frutas o legumbres.

mondadientes m. inv. Palillo para limpiarse los dientes.

mondadura f. Monda.

mondante adj. Muy divertido.

mondar v. t. Pelar las frutas y las legumbres. || *Fig.* Quitarle a uno lo que tiene: *le mondaron en el juego.* || *Mondar a palos*, pegar muy fuerte. || — V. pr. *Fam. Mondarse de risa*, partirse de risa.

moneda f. Instrumento legal de los pagos: *moneda de papel.* || Pieza de metal acuñada que facilita las transacciones comerciales.

monedero m. Bolsa para guardar las monedas.

monegasco, ca adj. y s. De Mónaco.

monema m. Morfema.

monería f. Monada.

monetario, ria adj. De la moneda.

mongol, la adj. y s. De Mongolia. || — M. Lengua hablada por los mongoles.

mongólico, ca adj. y s. Mongol. || Que padece mongolismo.

mongolismo m. Enfermedad caracterizada por la deformación del rostro y retraso mental.

monigote m. *Fig.* Muñeco ridículo. | Pintura o dibujo mal hecho. || *Fam.* Persona despreciable.

monitor, ra m. y f. Persona que enseña algunos deportes o algunas disciplinas. || — M. En las emisoras de televisión, aparato que permite controlar el buen funcionamiento. || En informática, programa de control que sirve para seguir la ejecución de distintos programas sin relación unos con otros. || Dispositivo en cuya pantalla se observan las imágenes generadas o enviadas por una computadora, una cámara de vigilancia o un equipo de medición.

monja f. Religiosa.

monje m. Fraile.

mono, na adj. *Fig.* Bonito o gracioso: *un niño muy mono.* || — M. Mamífero primate. || *Fig.* Persona muy fea. | Dibujo tosco, monigote. | Traje de faena, de tela fuerte y por lo común azul. || Comodín en los juegos de naipes. || — Pl. *Méx.* Grabados, historietas ilustradas.

monocorde adj. Monótono.

monocotiledóneo, a adj. Dícese de las plantas angiospermas de un solo cotiledón (ú. t. c. s. f.).

monocromía f. Calidad o condición de lo que tiene un solo color.

monocromo, ma adj. De sólo un color.

monóculo m. Lente para un solo ojo.

monocultivo m. Agr. Cultivo en un terreno de un solo producto.

monofásico, ca adj. Aplícase a las tensiones o a las corrientes alternas simples.

monogamia f. Régimen jurídico que no admite la pluralidad de cónyuges.

monógamo, ma adj. Que practica la monogamia. || Que sólo se ha casado una vez.

monografía f. Estudio sobre cierto tema.

monolingüe adj. En un solo idioma.

monolítico, ca adj. Relativo al monolito. || Hecho de un solo bloque.

monolito m. Monumento de piedra de una sola pieza.

monólogo m. Escena dramática en que sólo habla un personaje. || Discurso a sí mismo.

monomanía f. Trastorno en el que una sola idea absorbe todas las facultades intelectuales.

monomio m. Expresión algébrica que consta de un solo término.

monopolio m. Exclusividad de la venta, fabricación o explotación de una cosa. || Fig. Posesión exclusiva: atribuirse el monopolio de la verdad.

monopolista com. Persona que ejerce monopolio.

monopolístico, ca adj. Relativo al monopolio.

monopolización f. Acción de monopolizar.

monopolizador, ra adj. y s. Que monopoliza.

monopolizar v. t. Adquirir o atribuirse un monopolio. || Fig. Acaparar.

monosílabo, ba adj. y s. m. De una sola sílaba.

monoteísmo m. Creencia en un solo Dios.

monotipia f. Procedimiento de composición tipográfica por medio del monotipo.

monotipo m. Máquina de componer en imprenta que funde los tipos por separado.

monotonía f. Falta de variedad.

monótono, na adj. Demasiado uniforme.

monovalente adj. Quím. De una sola valencia (ú. t. c. s. m.).

monseñor m. Tratamiento que se da en Italia a los prelados y en Francia a los obispos.

monserga f. Tostón, pesadez.

monstruo m. Ser que presenta una malformación. || Ser fantástico de la mitología o la leyenda. || Fig. Persona perversa. | Persona o cosa muy fea: casarse con un monstruo. || — Adj. Fig. Enorme.

monstruosidad f. Calidad de monstruoso.

monstruoso, sa adj. Que está contra el orden de la naturaleza: cabeza monstruosa. || Fig. Extraordinario: animal monstruoso. | Excesivo. | Espantoso: crimen monstruoso. | Muy feo.

monta f. Acción de montar. || Suma, total de varias partidas. || Fig. Importancia, valor.

montacargas m. inv. Ascensor destinado a elevar bultos o mercancías.

montador, ra m. y f. Persona que monta.

montaje m. Operación consistente en unir las distintas piezas de un objeto, particularmente de una máquina. || Organización. || Fig. Farsa, tinglado.

montante m. Madero que en los edificios y máquinas se pone verticalmente para servir de apoyo. || Suma total. || Importe, cuantía.

montaña f. Gran elevación natural del terreno. || Fig. Amontonamiento, gran cantidad: tuve una montaña de dificultades.

montañero, ra m. y f. Persona que practica el montañismo.

montañés, esa adj. y s. Que ha nacido o vive en la Montaña de Santander (España). || — M. Modalidad dialectal hablada en Santander.

montañismo m. Práctica de las ascensiones de montaña.

montañoso, sa adj. Relativo a las montañas o cubierto de ellas.

montar v. i. Instalarse en un vehículo para viajar en él: montar en avión. || Subir en un caballo o cabalgar en él. Ú. t. c. t.: montar un alazán. || Ser de importancia: este negocio monta poco. || Importar una cantidad: la factura monta a mil euros. || Montar en cólera, ponerse furioso. || — V. t. Armar, efectuar un montaje: montar una máquina. || Fig. Organizar. || Instalar: montar una fábrica. || Engastar: montar un rubí en una sortija. || Armar una pistola o fusil. || Realizar el montaje de una película. || Poner en escena una obra de teatro.

montaraz adj. Salvaje.

monte m. Gran elevación natural de terreno. || Cierto juego de naipes. || Monte de piedad, establecimiento público que hace préstamos.

montepío m. Establecimiento de socorros mutuos público o privado. || Amer. Monte de piedad.

montera f. Gorro de los toreros.

montería f. Caza mayor.

montevideano, na adj. y s. De Montevideo (Uruguay).

montículo m. Monte pequeño.

monto m. Importe, suma.

montón m. Conjunto de cosas puestas sin orden unas encima de otras. || Fig. Gran cantidad. || — Fig. A montones, con abundancia. | Del montón, corriente. | Un montón, mucho.

montonera f. En América Meridional, tropa irregular de caballería durante la guerra de Independencia. || Arg. y Urug. Luego de la Independencia y hasta la consolidación del Estado Nacional, caballería irregular al mando de un caudillo.

montonero m. Amer. Guerrillero.

montubio, bia m. y f. Ecuad. y Per. Campesino.

montura f. Cabalgadura. || Silla para montar a caballo. || Montaje de una máquina. || Armadura, soporte: la montura de las gafas.

monumental adj. Enorme. || Excelente.

monumento m. Obra arquitectónica o escultórica destinada a recordar un acontecimiento o a un personaje ilustre. || Fam. Cosa o persona magnífica.

monzón m. Viento de Asia.

moño m. Pelo recogido detrás o encima de la cabeza. || Lazo de cintas. | Penacho de pájaros. || Fam. Méx. Ponerse sus moños, ponerse alguien pesado.

moqueguano, na adj. y s. De Moquegua (Perú).

moqueta f. Tela fuerte para alfombrar.

mor de (por) loc. Por culpa de.

mora f. Fruto del moral o de la morera.

moráceas f. pl. Familia de plantas como el moral, la morera, la higuera, etc. (ú. t. c. adj.).

morado, da adj. De color violeta (ú. t. c. s. m.). || — Fam. Estar morado, estar borracho. | Pasarlas moradas, pasarlo mal. | Ponerse morado, comer o beber mucho. || — F. Casa.

morador, ra adj. y s. Habitante.

moral adj. Relativo a la moral o a la moralidad: *el progreso moral*. || Conforme con la moral: *vida moral*. || — F. Parte de la filosofía que enseña las reglas que deben gobernar la actividad libre del hombre. || Estado de ánimo: *levantar la moral de uno*. || — M. Árbol cuyo fruto es la mora.

moraleja f. Enseñanza de un cuento, fábula, etc.

moralidad f. Conformidad con la moral.

moralizar v. t. Volver conforme a la moral. || — V. i. Hacer reflexiones morales.

morar v. i. Residir, vivir.

moratoria f. *For.* Suspensión de la exigibilidad de los créditos.

morazanense adj. y s. De Morazán (El Salvador).

mórbido, da adj. Relativo a la enfermedad. || Malsano.

morbo m. *Med.* Enfermedad.

morbosidad f. Calidad de morboso.

morboso, sa adj. Enfermo. || Mórbido.

morcilla f. Embutido de sangre y manteca de cerdo cocidas.

mordacidad f. Calidad de mordaz.

mordaz adj. Sarcástico.

mordaza f. Pañuelo o cualquier objeto que se aplica a la boca de una persona para que no pueda gritar. || *Tecn.* Nombre de diversos aparatos usados para apretar.

mordedura f. Acción de morder.

morder v. t. Clavar los dientes en una cosa (ú. t. c. i.). || Coger con la boca: *el pez ha mordido el anzuelo*. || Hacer presa en algo. || *Fig.* y *fam. Morder el polvo*, ser vencido en un combate. || — V. i. *Méx.* Exigir indebidamente un funcionario dinero para prestar un servicio. || — V. pr. *Fig. Morderse los dedos o los puños*, arrepentirse.

mordida f. Mordedura, mordisco. || Acción de picar un pez el anzuelo. || Pez que ha picado el anzuelo. || *Amer.* Soborno. | Cantidad de dinero obtenida por medio del soborno.

mordisquear v. t. Morder ligeramente.

mordisco m. Mordedura.

morelense adj. y s. De Morelos (México).

moreliano, na adj. y s. De Morelia (México).

morena f. Pez teleósteo parecido a la anguila.

moreno, na adj. y s. De tez muy tostada por el Sol. || De pelo negro o castaño.

morera f. Árbol moráceo con fruto blanco.

moretón m. *Méx.* Marca de un golpe, cardenal.

morfema m. La más pequeña unidad significativa en lingüística.

morfina f. Medicamento narcótico y estupefaciente derivado del opio.

morfinómano, na adj. y s. Que abusa de la morfina o del opio.

morfología f. Parte de la biología que trata de la forma y estructura de los seres orgánicos. || *Gram.* Estudio de las formas de las palabras consideradas aisladamente. || Aspecto del cuerpo humano.

moribundo, da adj. y s. Que se está muriendo.

morigerar v. t. Moderar los excesos.

morir v. i. Perder la vida: *morir de muerte natural*. || *Fig.* Dejar de existir (ú. t. c. pr.). | Desaparecer: *la envidia nunca muere*. | Sentir violentamente alguna pasión: *morir de pena* (ú. t. c. pr.). | Sufrir mucho: *morir de frío, de hambre* (ú. t. c. pr.).

morisco, ca adj. Aplícase a los moros bautizados que permanecieron en España después de la Reconquista (ú. t. c. s.). || Relativo a ellos.

mormón, ona m. y f. Persona que profesa el mormonismo.

mormonismo m. Secta religiosa fundada en los Estados Unidos por Joseph Smith en 1830.

moro, ra adj. y s. Árabe.

morocho, cha adj. *Amer.* Aplícase a una variedad de maíz (ú. t. c. s. m.). || *Fam. Amer.* Tratándose de personas, robusto, fuerte. || *Arg.* Moreno.

morosidad f. Desidia. || Retraso en el pago.

moroso, sa adj. Lento. || Que tarda en pagar sus deudas (ú. t. c. s.).

morral m. Saco o talego.

morralla f. Pescado menudo. || *Fig.* Conjunto de personas o cosas de poco valor.

morrión m. Clase de casco.

morro m. Extremidad redonda de una cosa. || Extremo de un malecón. || *Fig.* Hocico de un animal. || *Fam.* Labio abultado de una persona. || Parte anterior de un coche, avión o cohete. || *Fam. Estar de morros*, estar enfadado.

morsa f. Mamífero anfibio de los mares árticos.

morse m. Sistema telegráfico que utiliza un alfabeto de puntos y rayas. || Este alfabeto.

mortadela f. Embutido de carne de cerdo, de ternera y tocino.

mortaja f. Sábana o lienzo en que se envuelve el cadáver antes de enterrarlo. || *Tecn.* Muesca.

mortal adj. Que ha de morir: *el hombre es mortal*. || Que puede provocar la muerte: *caída mortal*. || Que hace perder la gracia de Dios: *pecado mortal*. || *Fig.* Que llega hasta desear la muerte, encarnizado: *odio mortal*. | Aburrido: *trabajo mortal*. || — M. y f. Ser humano: *un mortal feliz*.

mortalidad f. Condición de mortal. || Número proporcional de defunciones en una población o tiempo determinados.

mortandad f. Gran número de muertes.

mortero m. Recipiente que sirve para machacar en él especias, semillas, drogas, etc. || Pieza de artillería de cañón corto destinada a tirar proyectiles por elevación. || Argamasa de yeso, arena y agua.

mortífero, ra adj. Que ocasiona la muerte.

mortificación f. Acción de mortificar.

mortificar v. t. Castigar el cuerpo con ayunos y austeridades (ú. t. c. pr.). || *Fig.* Atormentar, molestar mucho: *me está mortificando*. | Afligir.

mortuorio, ria adj. Relativo al muerto o a los funerales.

mosaico, ca adj. De Moisés. || Aplícase a la obra taraceada de piedras, vidrios, baldosas de varios colores (ú. t. c. m.).

mosca f. Nombre dado a varios insectos dípteros. || Pelo que se deja crecer entre el labio inferior y la barba. || *Fig.* Dinero. || — Adj. *Fam.* Receloso. | Muisca (ú. t. c. s.).

mosca adj. Que está en la categoría de los boxeadores de los pesos moscas (ú. t. c. s. m.).

moscardón m. Mosca parásita de los rumiantes.

moscatel adj. Aplícase a una uva, al viñedo que la produce y al vino hecho con ella (ú. t. c. s. m.).

moscovita adj. y s. De Moscú. || De Moscovia. || Ruso.

mosqueado, da adj. *Fig.* Receloso. | Enfadado.

mosquearse v. pr. *Fig.* Sospechar. | Enfadarse.

mosqueo m. Enfado.

mosquerío m. Abundancia de moscas.

mosquete m. Arma de fuego portátil antigua.

mosquetero m. Soldado armado de mosquete.

mosquitero m. Cortina de gasa o tul para protegerse de los mosquitos.

mosquito m. Insecto díptero, de cuerpo cilíndrico, patas largas y finas y alas transparentes.

mostaza f. Planta cuya semilla picante se emplea como condimento. || Este condimento.

mosto m. Zumo de la uva antes de fermentar.

mostrador m. Mesa larga para presentar los géneros en las tiendas o servir en los bares.

mostrar v. t. Exponer a la vista, enseñar: *mostrar unas joyas*. || Demostrar: *su contestación muestra que es inteligente*. || — V. pr. Portarse de cierta manera: *mostrarse generoso*. || Exponerse a la vista: *mostrarse en público*.

mota f. Pequeña partícula sobre algo.

mote m. Apodo.

motejar v. t. Acusar, tachar.

motel m. Hotel en la carretera.

motete m. Breve composición musical religiosa.

motín m. Sedición.

motivación f. Acción y efecto de motivar. || Conjunto de motivos.

motivar v. t. Dar motivo. || Explicar la razón que ha tenido para actuar. || Impulsar a actuar.

motivo m. Causa que mueve a actuar.

moto f. Motocicleta.

motocarro m. Vehículo de tres ruedas con motor que se utiliza para el transporte.

motocicleta f. Vehículo de dos ruedas con un motor de explosión.

motociclista com. Motorista.

motocross m. Carrera de motocicletas en un terreno accidentado.

motor, ra adj. Que produce movimiento o lo transmite: *árbol motor, nervio motor*. || — M. Lo que comunica movimiento, como el viento, el agua, el vapor. || Sistema material que permite transformar cualquier forma de energía en energía mecánica. || *Fig.* Instigador: *ser el motor de una rebelión*. | Causa. || — *Motor de combustión interna*, el que convierte directamente en energía mecánica la energía proporcionada por un combustible. || *Motor de explosión*, el que toma su energía de la explosión de una mezcla gaseosa. || *Motor de reacción*, aquel en que la acción mecánica está producida por la proyección hacia fuera de chorros de gases a gran velocidad.

motora f. Lancha de motor.

motorista com. Persona que va en moto.

motorización f. Generalización del empleo de vehículos de transporte en el ejército, industria, etc. || Colocación de un motor en un vehículo.

motorizar v. t. Generalizar el empleo de vehículos de transporte. || Dotar de un motor. || — V. pr. *Fam.* Tener un vehículo automóvil.

motosierra f. Sierra impulsada por un motor.

motricidad f. Movimiento.

motriz adj. f. Motora.

movedizo, za adj. Que se mueve.

mover v. t. Poner en movimiento. || Cambiar de sitio o de posición: *mueve un poco el sillón*. || Menear, agitar: *mover el brazo*. || *Fig.* Incitar: *mover a la rebelión*. | Excitar: *mover la curiosidad*. || Causar: *mover a risa*. || — V. pr. Ponerse en movimiento:

no te muevas. || Agitarse: *este niño se mueve mucho*. || Cambiar de sitio, trasladarse: *moverse con dificultad*. || *Fam.* Hacer todo lo posible para conseguir algo: *en la vida hay que moverse*. | Darse prisa.

movido, da adj. *Fig.* Activo, inquieto: *persona muy movida*. | Agitado: *debate movido*. | Aplícase a la fotografía borrosa o confusa. || — F. Movimiento de masas o de grupos. || *Esp.* Jaleo. || *Méx.* Asunto, maniobra: *mira, la movida es así*.

móvil adj. Que puede moverse. || Que carece de estabilidad o permanencia. || *Fiesta móvil*, aquella cuyo día de celebración cambia cada año. || — M. Causa, motivo. || Cuerpo en movimiento. || Escultura metálica cuyos elementos se mueven impulsados por el aire. || Teléfono móvil.

movilidad f. Capacidad de mover o de moverse.

movilización f. Acción de movilizar.

movilizar v. t. Poner en pie de guerra. || *Fig.* Solicitar la participación de alguien en la realización de una obra colectiva.

movimiento m. Estado de un cuerpo cuya posición cambia continuamente. || Acción o manera de moverse. || Animación, vida: *el movimiento de la calle*. || Corriente de opinión o tendencia artística de una época determinada. || Tendencia de un grupo político o alianza de varios de éstos: *movimiento republicano*. || Curso real o aparente de los astros. || *Fig.* Sublevación. | Sentimiento fuerte y pasajero: *un movimiento de cólera*. || *Mús.* Parte de una composición musical. || — *Movimiento continuo*, el que dura por tiempo indefinido sin ser impulsado por una fuerza motriz. || *Movimiento uniformemente acelerado, retardado*, aquellos en que la velocidad aumenta o disminuye según el tiempo transcurrido. || *Movimiento variado*, movimiento en el que la velocidad no es constante.

moviola f. Aparato de visión individual para mirar en una pantalla una película que se proyecta a diferente velocidad, detenerse o volver hacia atrás con objeto de efectuar las operaciones de montaje.

moza f. Muchacha joven. || Soltera. || Criada.

mozárabe adj. Cristiano de España que vivía entre los árabes (ú. t. c. s.). || Relativo a los mozárabes, a su arte y literatura (s. X y principios del XI).

mozo, za adj. y s. Joven. || Soltero. || — M. Criado. || Camarero. || Joven alistado para el servicio militar. || Maletero en una estación.

muaré m. Tejido que forma visos.

mucamo, ma m. y f. *Amer.* Sirviente.

muchacho, cha m. y f. Niño. || Joven. || — F. Sirvienta en una casa.

muchedumbre f. Multitud.

mucho, cha adj. Abundante, numeroso: *mucha gente*. || — Pron. Gran cantidad de personas. || Muchas cosas: *tener mucho que contar*. || — Adv. Con abundancia: *trabaja mucho*. || Con gran intensidad: *divertirse mucho*. || Con un adverbio de comparación indica una gran diferencia: *llegó mucho más tarde*. || Equivale a veces a *sí*, *ciertamente*. || Largo tiempo: *hace mucho que no voy*.

mucosa f. Membrana humedecida por mucosidades que tapiza cavidades y conductos.

mucosidad f. Humor espeso.

mucoso, sa adj. De las mucosidades.

múcura f. *Bol.*, *Col.* y *Venez.* Recipiente de barro para almacenar y conservar fresca el agua.

muda f. Acción de mudar una cosa. || Conjunto de ropa blanca que se muda de una vez. || Época en que mudan las plumas las aves.

mudanza f. Cambio. || Traslado de domicilio.

mudar v. t. e i. Transformar, cambiar, variar de aspecto o de naturaleza. || Sustituir una cosa por otra: *mudar de vestido.* || Cambiar los pañales a un niño. || Efectuar la muda los animales. || *Fig.* Cambiar, variar: *mudar de parecer.* || — V. pr. Cambiarse: *mudarse de ropa interior.* || Cambiarse de domicilio: *me mudé de casa.*

mudéjar adj. Dícese del mahometano que se quedó en España después de la Reconquista sin cambiar de religión, siendo vasallo de los reyes cristianos (ú. t. c. s.). || *Arq.* Aplícase al estilo que floreció desde el siglo XII al XVI, caracterizado por el empleo de elementos del arte cristiano y árabe (ú. t. c. s. m.).

mudo, da adj. Privado de la facultad de hablar (ú. t. c. s.). || Callado, silencioso: *dolor mudo.* || Aplícase a los mapas que no llevan ningún nombre escrito. || Dícese de las películas cinematográficas que no van acompañadas de sonido.

mueble adj. Dícese de los bienes que se pueden trasladar. || — M. Cualquier objeto que sirve para la comodidad o el adorno de una casa.

mueca f. Contorsión del rostro.

muela f. Piedra superior en los molinos con la que se tritura el grano, etc. || Diente grande situado detrás de los caninos.

muelle adj. Voluptuoso: *vida muelle.* || — M. Construcción hecha en un puerto, en la orilla del mar o de un río para permitir el atraque de los barcos. || Andén de ferrocarril. || Pieza elástica que, después de haber sido comprimida, distendida o doblada, tiende a recobrar su forma.

muerte f. Cesación completa de la vida. || Acción de matar. || Pena capital: *condenar a muerte.* || *Fig.* Dolor profundo. | Desaparición: *muerte de un imperio.* | Causa de ruina: *el monopolio es la muerte de la pequeña industria.*

muerto, ta adj. Que está sin vida (ú. t. c. s.). || *Fam.* Matado (ú. t. c. s.). || *Fig.* Poco activo: *ciudad muerta.* | Apagado, desvaído: *color muerto.* | Que ya no se habla: *lengua muerta.* | Dícese del yeso o de la cal apagados con agua.

muesca f. Entalladura.

muestra f. Pequeña cantidad de una mercancía o de un producto para darla a conocer o estudiarla. || Modelo: *piso de muestra.* || *Fig.* Señal: *muestra de cansancio.* | Prueba: *muestra de inteligencia.* | Ejemplo: *nos dio una muestra de su saber.* || Exposición artística. || Fracción representativa de un grupo de personas consultadas en una encuesta. || *Feria de muestras,* exposición periódica de productos industriales o agrícolas.

muestrario m. Colección de muestras.

muestreo m. Selección de muestras. || En estadística, estudio de la distribución de determinadas características de una población utilizando una muestra representativa de la misma.

mugido m. Bramido.

mugir v. i. Dar mugidos.

mugre f. Suciedad grasienta.

mugriento, ta adj. Sucio.

mujer f. Persona del sexo femenino. || La que ha llegado a la edad de la pubertad. || Esposa: *tomar mujer.*

mujerío m. Conjunto de mujeres.

mula f. Hembra del mulo.

muladar m. Sitio donde se echan las basuras.

mulato, ta adj. y s. Nacido de negra y blanco.

muleta f. Palo en el que se apoyan las manos para ayudar a andar. || *Taurom.* Palo del que cuelga un paño encarnado con el cual el matador engaña al toro antes de matarlo.

muletilla f. Voz o frase que una persona repite por hábito vicioso en la conversación.

mulita f. *Riopl.* Armadillo, tatú.

mullido, da adj. Blando.

mulo m. Cuadrúpedo nacido de burro y yegua o de caballo y burra. || *Fam.* Bruto. | Idiota.

multa f. Pena pecuniaria.

multar v. t. Imponer una multa.

multicolor adj. De muchos colores.

multicopiar v. t. Reproducir con multicopista.

multicopista f. Máquina para sacar varias copias de un escrito.

multifamiliar m. *Amer.* Edificio de departamentos de varias plantas.

multilateral adj. Aplícase a los tratados en los que participan varios países.

multimillonario, ria adj. y s. Muy rico.

multinacional adj. Relativo a varias naciones. || — F. Empresa comercial cuyas actividades se encuentran repartidas en varios países.

múltiple adj. Vario, que no es simple: *contacto múltiple.* || — Pl. Diversos, muchos, varios.

multiplicación f. Aumento en número. || *Mat.* Operación que consiste en multiplicar dos cantidades.

multiplicador, ra adj. Que multiplica. || — M. *Mat.* Número o cantidad que multiplica.

multiplicando adj. y s. m. Dícese del número o cantidad que se multiplica.

multiplicar v. t. Aumentar en número. || *Mat.* Repetir una cantidad llamada *multiplicando* tantas veces como unidades contiene otra llamada *multiplicador* para obtener una cantidad llamada *producto.* || — V. pr. Afanarse; ser muy activo: *multiplicarse en su trabajo.* || Reproducirse.

multiplicidad f. Diversidad.

múltiplo, pla adj. y s. m. *Mat.* Aplícase al número que contiene a otro un número exacto de veces.

multiprocesador adj. y s. m. Dícese de un sistema informático compuesto por varias unidades de tratamiento.

multiprogramación f. Modo de explotación de un ordenador que permite ejecutar distintos programas con una misma máquina.

multitratamiento m. Ejecución simultánea de varios programas de informática.

multitud f. Gran número de personas o cosas.

multitudinario, ria adj. De la multitud.

mundano, na adj. Del mundo. || Relativo a la vida de sociedad.

mundial adj. Universal.

mundillo m. *Fig.* Mundo, grupo determinado.

mundo m. Universo. || Tierra, el planeta en que vivimos: *dar la vuelta al mundo.* || Parte de la Tierra: *el mundo árabe.* || *Fig.* Conjunto de los hombres: *reírse del mundo entero.* | Humanidad: *la evolución del mundo.* | Conjunto de individuos que se dedican a la misma clase de actividades: Conjunto de cosas que forman un todo: *el mundo exterior.* || Vida seglar: *dejar el mundo.* || Baúl. || *Fig.* Experiencia de la vida, de la sociedad: *es hombre de mucho mundo.* || Diferencia muy grande: *hay un mundo* entre las dos versiones. || — *El Nuevo Mundo*, América. || *Fig. El otro mundo*, la otra vida.

munición f. *Mil.* Carga de las armas.

municipal adj. Relativo al municipio. || — M. Guardia municipal. || *Chil.* Concejal.

municipalidad f. Municipio.

municipalizar v. t. Hacer depender del municipio.

municipio m. División territorial administrada por un alcalde. || Conjunto de habitantes de este territorio. || Ayuntamiento, alcaldía. || Concejo.

munificencia f. Generosidad.

muñeca f. Articulación que une la mano con el antebrazo. || Figurilla que representa una niña o una mujer y sirve de juguete. || Lío o pelotilla de trapo que se embebe de un líquido para barnizar, estarcir u otros usos. || *Fig. y fam.* Muchacha preciosa y delicada. | Chica presumida. || *Arg.* Maqueta. | Influencia para lograr algo.

muñeco f. Figurilla de niño que sirve de juguete. || Figurilla humana hecha de pasta, trapo, etc. || *Fig.* Persona que se deja llevar por otra.

muñón m. Parte de un miembro amputado.

mural adj. Que se aplica o coloca sobre el muro. || — M. *Pint.* Fresco: *los murales de Orozco.*

muralismo m. Pintura de murales.

muralista adj. Relativo al muralismo. || Dícese del pintor que hace murales (ú. t. c. s.).

muralla f. Muro muy grueso.

murcianismo m. Palabra o giro propios del castellano de Murcia. || Amor a las cosas de Murcia.

murciano, na adj. y s. De Murcia (España). || — M. Habla de la provincia española de Murcia.

murciélago m. Mamífero de alas membranosas.

murga f. Banda de músicos callejeros. || *Fam.* Lata, cosa pesada: *dar la murga.*

murmullo m. Ruido que se hace hablando bajo.

murmuración f. Crítica.

murmurador, ra adj. y s. Que murmura.

murmurar v. i. Hacer un ruido sordo y apacible. || *Fig. y fam.* Criticar.

muro m. Pared o tapia hecha de fábrica.

musa f. Cada una de las nueve deidades que habitaban el Parnaso y presidían las artes liberales y las ciencias. || *Fig.* Numen, inspiración de un poeta.

musaraña f. Mamífero parecido al ratón.

muscular adj. De los músculos.

musculatura f. Conjunto de los músculos.

músculo m. Órgano fibroso que al contraerse o distenderse produce los movimientos en un ser vivo.

muselina f. Tejido muy ligero.

museo m. Colección pública de objetos de arte o científicos. || Edificio en que está.

musgo m. Planta formada por varios tallos menudos y apiñados que crece en lugares sombríos.

música f. Arte de combinar los sonidos conforme a las normas de la melodía, armonía y ritmo. || Teoría de este arte: *clases de música.* || Conjunto de músicos, banda: *la música municipal.* || — Pl. *Fam.* Monsergas, latas: *déjame de músicas.*

musical adj. Relativo a la música. || En que se hace música. || — M. Comedia musical.

músico, ca adj. Relativo a la música. || — M. y f. Persona que compone o ejecuta obras de música.

musitar v. t. e i. Susurrar.

muslo m. Parte de la pierna que va desde la cadera hasta la rodilla.

mustio, tia adj. Triste, melancólico. || Ajado, marchito: *flores mustias.*

musulmán, ana adj. Relativo al Islam. || Adepto de la religión del Islam, mahometano (ú. t. c. s.).

mutación f. Cambio.

mutilación f. Acción de mutilar.

mutilado, da adj. y s. Que sufre mutilación.

mutilar v. t. Cortar un miembro u otra parte de un cuerpo vivo. || Cortar parte de una cosa.

mutismo m. Silencio.

mutual adj. Mutuo, recíproco. || — F. Mutualidad.

mutualidad f. Sistema de prestaciones mutuas.

mutualismo m. Conjunto de asociaciones basadas en la mutualidad.

mutualista adj. Relativo a la mutualidad. || — Com. Miembro de una mutualidad.

mutuo, tua adj. Recíproco: *ayuda mutua.* || *Seguro mutuo*, sociedad cuyos miembros se aseguran mutuamente. || — F. Mutualidad.

muy adj. En grado sumo: *es muy bonito.*

Mv, símbolo del *mendelevio.*

my f. Duodécima letra del alfabeto griego (μ).

n

n f. Decimocuarta letra del alfabeto castellano. || Signo con que se nombra a alguien indeterminado. || — N, símbolo del nitrógeno y del newton. || — N., Abreviatura de norte.

Na, símbolo químico del sodio.

nabo m. Planta de raíz carnosa comestible.

nácar m. Sustancia dura, brillante, irisada, que se forma en la concha de algunos moluscos.

nacarado, da y **nacarino, na** adj. Que tiene aspecto de nácar.

nacatamal m. Méx. Tamal relleno de carne.

nacer v. i. Venir al mundo: Cervantes nació en Alcalá. || Brotar, salir: el trigo nace en primavera. || Empezar su curso, brotar: el Ebro nace en Fontibre. || Salir (un astro). || Originarse: el vicio nace del ocio. || Descender de una familia o linaje: Goya nació de familia humilde. || Tener condiciones innatas, estar destinado a: Lope de Vega nació (para) escritor. || Fig. Surgir, aparecer.

nacido, da adj. Propio de una cosa. || Apto y a propósito para algo. || — M. y f. Ser humano: están invitados todos los nacidos en mi pueblo.

nacimiento m. Acción y efecto de nacer. || Extracción: de ilustre nacimiento. || Principio de una cosa: el nacimiento de un río. || Representación por medio de figuras del nacimiento de Jesús.

nación f. Comunidad humana, generalmente establecida en un mismo territorio, unida por lazos históricos, lingüísticos, religiosos, económicos en mayor o menor grado.

nacional adj. Relativo a la nación o natural de ella. || — M. pl. Individuos de una nación.

nacionalidad f. Condición y carácter peculiar de los pueblos e individuos de una nación.

nacionalismo m. Doctrina fundada en la exaltación de la idea de patria o nación.

nacionalista adj. Del nacionalismo. || Partidario del nacionalismo (ú. t. c. s.).

nacionalización f. Acción y efecto de nacionalizar. || Transferencia a la colectividad de la propiedad de ciertos medios de producción de particulares para servir al interés público o para asegurar mejor la independencia del Estado o para castigar la falta de civismo de sus propietarios.

nacionalizar v. t. Dar carácter nacional: nacionalizar las minas, la banca. || Naturalizar o dar la ciudadanía (ú. t. c. pr.).

nacionalsocialismo m. Doctrina política y económica fundada por Hitler en 1923.

nacionalsocialista adj. Relativo al nacionalsocialismo. || Partidario de esta doctrina (ú. t. c. s.).

nada f. El no ser o carencia absoluta de todo ser. || Cosa mínima: por nada se asusta. || — Pron. indef.

Ninguna cosa: no decir nada. || — Adv. Poco: no hace nada que salió.

nadador, ra adj. y s. Que nada.

nadar v. i. Sostenerse flotando y moverse en el agua. || Fig. Estar muy holgado: nadar en su abrigo. | Abundar: está nadando en dinero. || — V. t. Participar en una prueba de natación.

nadería f. Cosa sin importancia.

nadie pron. indef. Ninguna persona: no ha venido nadie. || — M. Fig. Persona insignificante.

nafta f. Carburo de hidrógeno obtenido del petróleo. || Amer. Gasolina.

nagua f. Méx. Enagua.

nahua adj. y s. Aplícase al individuo de un pueblo indio americano de México y parte de América Central. || — M. Lengua que hablaba.

náhuatl adj. y s. m. Dícese de la lengua de los indígenas nahuas de México.

nahuatlato m. Méx. En tiempos de la Conquista, intérprete que hablaba castellano y alguna lengua indígena.

naipe m. Cada una de las cartulinas rectangulares que sirven para jugar a las cartas. || — Pl. Baraja.

nalga f. Cada una de las dos partes carnosas y posteriores del muslo que constituyen el trasero.

nana f. Fam. Abuela. || Canción de cuna.

nanche m. Méx. Arbusto de fruto pequeño y amarillo. || Fruto de ese arbusto.

nao f. Nave, barco.

napoleónico, ca adj. Relativo a Napoleón.

napolitano, na adj. y s. De Nápoles (Italia).

naranja f. Fruto del naranjo. || — Fig. y fam. Media naranja, la esposa. || Pop. ¡Naranjas! o ¡naranjas de la China!, ¡ni hablar! || — Adj. inv. y s. m. Anaranjado (color).

naranjada f. Zumo de naranja.

naranjal m. Sitio plantado de naranjos.

naranjo m. Árbol cuyo fruto es la naranja.

narcisismo m. Amor excesivo de sí mismo.

narcisista adj. Relativo al narcisismo. || — Com. Persona enamorada de sí misma, narciso.

narciso m. Planta de flores blancas o amarillas. || Fig. Hombre enamorado de sí mismo.

narcótico, ca adj. y s. m. Dícese de la droga que produce sueño, como el opio, los barbitúricos, etc.

narcotización f. Adormecimiento por medio de narcóticos.

narcotizante adj. y s. m. Que narcotiza.

narcotizar v. t. Adormecer por un narcótico.

narcotraficante com. Traficante de drogas.

narcotráfico m. Tráfico en drogas.

nardo m. Planta de flores blancas aromáticas.

narigón, ona adj. De nariz prominente.

narigudo, da adj. De narices grandes (ú. t. c. s.).

nariñense adj. y s. De Nariño (Colombia).

nariz f. Órgano saliente de la cara, entre la frente y la boca, con dos orificios que comunican con la membrana pituitaria y el aparato de la respiración (ú. t. en pl.). || *Fig.* Sentido del olfato. | Perspicacia. | Extremidad aguda de algunas cosas.

narizota y **narizotas** f. *Fam.* Nariz grande y fea. || — Com. *Fam.* Narigudo.

narración f. Relato.

narrador, ra adj. Que narra (ú. t. c. s.).

narrar v. t. Relatar, contar.

narrativo, va adj. Relativo a la narración. || — F. Habilidad para narrar. || Narración.

nasal adj. Relativo a la nariz. || *Gram.* Dícese del sonido modificado por la vibración del aire en las fosas nasales y de la consonante pronunciada con este sonido (ú. t. c. s. f.).

nasalidad f. Calidad de nasal.

nata f. Materia grasa de la leche con que se hace la mantequilla. || Esta materia grasa batida con azúcar. || *Fig.* Lo principal: *la nata de la sociedad.*

natación f. Acción de nadar.

natal adj. Del nacimiento.

natalicio m. Nacimiento.

natalidad f. Relación entre el número de nacimientos y el de habitantes de un país.

natillas f. pl. Dulce de huevo, leche y azúcar.

Natividad f. Fiesta que conmemora el nacimiento de Jesucristo, de la Virgen María.

nativo, va adj. Natural, en estado puro: *plata nativa.* || Natal: *país nativo.* | De origen: *profesor nativo; lengua nativa.* || Innato, natural, propio: *cualidades nativas.* || — M. y f. Indígena, natural de un país. || *Nativo de,* nacido en.

natural adj. Conforme al orden de la naturaleza. || Que aparece en la naturaleza: *gas natural.* || Fresco: *fruta natural.* || Que se trae al nacer: Inherente, propio: *el escándalo es natural en él.* || Conforme con el uso: es *natural pagar a quien trabaja.* || Que no está cohibido: *estuvo muy natural.* || Que carece de afectación, sencillo: *modales naturales.* || Nativo: *natural de Málaga.* || Nacido fuera del matrimonio, ilegítimo: *hijo natural.* || — *Ciencias naturales,* las derivadas del estudio de la naturaleza (física, química, geología). || *Historia natural,* ciencia que describe y clasifica los seres vivos. || — M. Cosa que se toma por modelo en pintura o escultura: *tomado del natural.* || Índole, carácter, condición: *un natural agresivo.* || *Taurom.* Pase de muleta dado con la mano izquierda y sin ayuda del estoque.

naturaleza f. Esencia y propiedad de cada ser. || Mundo físico: *las maravillas de la naturaleza.* || Clase: *objetos de diferente naturaleza.* || Índole, carácter, condición: *ser de naturaleza fría.* || *Naturaleza muerta,* bodegón.

naturalidad f. Calidad natural.

naturalismo m. Escuela literaria de fines del s. XIX, opuesta al romanticismo.

naturalización f. Acción de naturalizarse.

naturalizado, da adj. Dícese de la persona que ha cambiado de nacionalidad (ú. t. c. s.).

naturalizar v. t. Dar a un extranjero los derechos de ciudadanía (ú. t. c. pr.).

naturismo m. Doctrina higiénica y deportiva que propugna la vida al aire libre. || Nudismo.

naturista adj. Del naturismo: *revista naturista.* || — M. y f. Partidario del naturismo. || Nudista.

naufragar v. i. Hundirse un barco. || Fracasar.

naufragio m. Hundimiento.

náufrago, ga adj. y s. Que ha naufragado.

náusea f. Ansia, ganas de vomitar. || — Pl. *Fig.* Repugnancia.

nauseabundo, da adj. Que produce náuseas.

náutica f. Ciencia de navegar.

náutico, ca adj. De la navegación. || Dícese de los deportes practicados en un medio acuático (pesca, vela, remo, submarinismo, etc.).

navaja f. Cuchillo.

navajada f. o **navajazo** m. Cuchillada.

navajero m. Malhechor que ataca con una navaja.

naval adj. Relativo a las naves y a la navegación. || *Escuela naval,* la de la marina militar.

navarro, rra adj. y s. De Navarra (España).

nave f. Barco, embarcación. || *Arq.* Parte de una iglesia comprendida entre dos muros o dos filas de arcadas. || Sala muy grande: *la nave de una fábrica.* || *Nave espacial* o *del espacio,* astronave.

navegación f. Viaje en una nave.

navegante adj. Que navega (ú. t. c. s.).

navegar v. i. Viajar en una nave por el mar, los lagos, los ríos o los aires. || Hacer seguir una ruta.

Navidad f. Nacimiento de Jesucristo y día en que se celebra (25 de diciembre). || Época de esta fiesta (ú. m. en pl.).

navideño, ña adj. De Navidad.

naviero, ra adj. De las naves. || — M. Propietario de barcos, armador. || — F. Compañía de navegación.

navío m. Barco.

nayarita adj. y s. De Nayarit (México).

nazareno m. Penitente en las procesiones de Semana Santa. || *El Nazareno,* Jesucristo.

nazi adj. y s. Nacionalsocialista.

nazismo m. Nacionalsocialismo.

Ne, símbolo químico del *neón.*

neblina f. Niebla espesa y baja.

nebulosidad f. Nubosidad.

nebuloso adj. Oscurecido por las nubes. || *Fig.* Falto de claridad: *estilo nebuloso.*

necedad f. Tontería.

necesario, ria adj. Indispensable.

necesidad f. Calidad de necesario. || Lo que no puede evitarse: *necesidad ineludible.* || Pobreza, carencia: *estar en la necesidad.* || Falta de alimento. || — Pl. Evacuación del vientre.

necesitado, da adj. y s. Sin lo necesario.

necesitar v. t. e i. Haber menester.

necio, cia adj. y s. Tonto.

necrología f. Notificación de las muertes.

necrópolis f. Cementerio.

néctar m. Licor delicioso, exquisito. || Líquido azucarado segregado por las flores.

neerlandés, esa adj. y s. Holandés.

nefando, da adj. Infame.

nefasto, ta adj. Triste, funesto.

nefrítico, ca adj. De los riñones.

nefritis f. Inflamación de los riñones.

negación f. Acción y efecto de negar. || Carencia o falta total de una cosa. || *Gram.* Partícula o voz que sirve para negar, como *no, ni.*

negar v. t. Decir que una cosa no es cierta, desmentir. || Dejar de reconocer una cosa, no admitir su existencia: *negar a Dios.* || Denegar: *negar una gracia.* || — V. pr. Rehusar hacer una cosa.

negativo, va adj. Que incluye o supone negación. || Que no es positivo, que indica falta de algo: *resultado negativo.* || — M. Cliché fotográfico. || — F. Respuesta negativa, negación: *contestar con la negativa.* || No concesión de lo que se pide.

negatón y **negatrón** m. Electrón negativo.

negligencia f. Abandono.

negligente adj. y s. Descuidado.

negociación f. Acción de negociar.

negociado m. Cada una de las dependencias en que se divide una oficina.

negociador, ra adj. y s. Que negocia.

negociante com. Persona que negocia.

negociar v. i. Dedicarse a negocios, comerciar. || — V. t. Tratar dos o más personas para la resolución de un asunto. || Tratar de resolver asuntos internacionales: *negociar la paz.* || Efectuar una operación con un valor bancario o de Bolsa. || Descontar una letra. || Gestionar, tramitar.

negocio m. Establecimiento comercial. || Cualquier cosa de la que se saca ganancia o ventaja.

negro, gra adj. De color totalmente oscuro: *cabellos negros.* || Oscuro, sombrío: *cielo negro.* || *Fig.* Magullado, lívido: *lo puso negro a palos.* || Furioso, indignado: *estar negro por algo.* | Apurado: *verse negro para resolver un problema.* | Desgraciado, infeliz: *suerte negra.* | *Trabajo negro,* que se efectúa clandestinamente de tal modo que no se ve gravado con impuestos. || Dícese del individuo perteneciente a la raza negra. Ú. t. c. s.: *un negro de África.* || M. Color negro: *negro subido.* || El que escribe obras literarias por cuenta de otro, quien las firma sin ser el autor.

negrura f. Calidad de negro.

negruzco, ca adj. Casi negro.

neivano, na adj. y s. De Neiva (Colombia).

nematelmintos m. pl. Clase de gusanos de cuerpo fusiforme (ú. t. c. m.).

nematodo adj. m. Dícese de los gusanos nematelmintos con tubo digestivo (ú. t. c. s. m.).

nemotecnia f. Mnemotecnia.

nemotécnico, ca adj. Mnemotécnico.

nene, na m. y f. *Fam.* Niño.

nenúfar m. Planta acuática.

neoclasicismo m. Corriente literaria y artística inspirada en la Antigüedad clásica.

neoclásico, ca adj. y s. Del neoclasicismo.

neófito, ta adj. Principiante, novato (ú. t. c. s.).

neogranadino, na adj. y s. De Nueva Granada, hoy Colombia.

neolatino, na adj. Procedente o derivado de los latinos. || Aplícase a las lenguas derivadas del latín, como el castellano, el catalán, el gallego, el francés, el portugués, el italiano, el rumano, etc.

neoleonés, esa adj. y s. De Nuevo León (México).

neolítico, ca adj. y s. m. Aplícase al período de la era cuaternaria (5000 al 2500 a. de J.C.), entre el mesolítico y la edad de los metales.

neologismo m. Vocablo nuevo en una lengua.

neón m. Elemento químico de la familia de los gases raros, de número atómico 10 (símb. Ne).

neosegoviano, na adj. y s. De Nueva Segovia (Nicaragua).

neoyorquino, na adj. y s. De Nueva York (Estados Unidos).

neozoico, ca adj. De la era terciaria (ú. t. c. s. m.).

nepotismo m. Abuso de poder en favor de parientes o amigos.

neptunio m. Elemento químico, transuránico (símb. Np), radiactivo, que se obtiene en los reactores nucleares.

nervio m. *Anat.* Cada uno de los cordones fibrosos blanquecinos que, partiendo del cerebro y de la médula espinal u otros centros, se distribuyen por todas las partes del cuerpo y son los órganos de la sensibilidad y del movimiento. || *Fig.* Vigor, energía: *un hombre de mucho nervio.* | Ánimo, brío. | Alma: *el nervio de la empresa.*

nerviosidad f. Inquietud, falta de calma.

nerviosismo m. Nerviosidad.

nervioso, sa adj. Que tiene nervios: *tejido nervioso.* || Relativo a los nervios: *dolor nervioso.* || De nervios irritables. || Irritado. || *Fig.* Que tiene vivacidad, inquieto: *niño nervioso.*

neto, ta adj. Claro: *afirmación neta.* || Dícese de un ingreso del que ya se han hecho los descuentos correspondientes: *sueldo neto.* || Dícese del beneficio o ganancia de un comerciante una vez hechos los descuentos en concepto de cargas o gravámenes. || Aplícase al peso de una mercancía después de quitar el de los embalajes, envases.

neumático m. Cubierta de caucho vulcanizado que se fija a las ruedas de los vehículos y en cuyo interior va una cámara de aire.

neumococo m. Microbio que produce neumonía, bronconeumonía, peritonitis, meningitis.

neumonía f. *Med.* Pulmonía.

neumotórax m. *Med.* Enfermedad producida por la entrada del aire en la cavidad de la pleura.

neuquino, na adj. y s. De Neuquén (Argentina).

neuralgia f. Dolor en un nervio.

neurálgico, ca adj. Relativo a la neuralgia. || *Fig.* Sensible. | Más importante: *problema neurálgico.*

neurastenia f. Enfermedad del sistema nervioso.

neurasténico, ca adj. Relativo a la neurastenia. || Que la padece (ú. t. c. s.).

neuritis f. Inflamación de un nervio.

neurología f. Parte de la anatomía que trata del sistema nervioso.

neurólogo, ga m. y f. Especialista en neurología.

neurona f. Célula nerviosa de forma variable provista de diversas prolongaciones.

neuropatía f. Afección nerviosa.

neurosis f. Enfermedad nerviosa.

neurótico, ca adj. De la neurosis. || Que padece neurosis (ú. t. c. s.).

neutonio m. *Fís.* Newton.

neutral adj. Que no está a favor de uno ni de otro: *hombre neutral* (ú. t. c. s. m.). || Que no interviene en la guerra: *país neutral.*

neutralidad f. Calidad de neutral.

neutralización f. Acción y efecto de neutralizar.

neutralizar v. t. Hacer neutral. || *Quím.* Hacer neutra una sustancia: *neutralizar un ácido.* || *Fig.* Anular el efecto de una causa mediante una acción contraria. || — V. pr. Anularse.

neutro, tra adj. *Gram.* Relativo al género que es masculino ni femenino (ú. t. c. s. m.). || Dícese del verbo que no puede tener complemento directo, intransitivo. || *Quím.* Aplícase al compuesto que no es básico ni ácido: *sal neutra.*

neutrón m. *Fís.* Partícula eléctricamente neutra que, junto con los protones, constituye uno de los núcleos de los átomos. || *Bomba de neutrones,* carga termonuclear que, en comparación con las otras bombas, tiene una radiación neutrónica superior, pero una onda de choque y una emisión de calor y de radiactividad más reducidas.

nevada f. Acción y efecto de nevar. || Nieve caída.

nevado, da adj. Cubierto de nieve. || *Fig.* Blanco como la nieve: *cabeza nevada.* || — M. *Amer.* Alta cumbre cubierta de nieve.

nevar v. impers. Caer nieve.

nevera f. Refrigerador.

newton o **neutonio** m. *Fís.* Unidad de fuerza (símb. N) equivalente a la fuerza que comunica a una masa de un kg una aceleración de un metro por segundo cada segundo.

nexo m. Lazo, unión.

ni conj. Enlaza vocablos u oraciones expresando negación: *ni pobre ni rico.* || *Ni lo dijo a sus amigos.* || *Ni que,* como si: *ni que fuera tonto.*

Ni, símbolo químico del *níquel.*

nicaragüeñismo m. Locución, modo de hablar o palabra propios de los nicaragüenses. || Condición propia de Nicaragua. || Amor a Nicaragua.

nicaragüeño, ña o **nicaragüense** adj. y s. De Nicaragua. || — M. Modalidad del castellano hablado en Nicaragua.

nicho m. Hueco en un muro que sirve de sepultura o para poner una imagen, estatua, etc.

nicotina f. Alcaloide del tabaco muy venenoso.

nido m. Especie de lecho que forman las aves, ciertos insectos y algunos peces para depositar sus huevos. || Cavidad en que viven ciertos animales: *nido de ratas.* || *Fig.* Lugar donde se agrupan ciertas cosas: *nido de ametralladoras.* | Lugar originario de ciertas cosas inmateriales: *nido de disputas.* | Casa, patria, morada de uno: *nido patrio.* | Guarida, madriguera: *nido de malhechores.*

niebla f. Nube en contacto con la Tierra.

nieto, ta m. y f. Hijo o hija del hijo o de la hija.

nieve f. Agua helada desprendida de las nubes en forma de copos blancos. || *Fig.* Blancura extremada. || *Fam.* Cocaína. || *Amer.* Helado polo.

nigeriano, na adj. y s. De Nigeria.

nihilismo m. Negación de toda creencia.

nihilista adj. y s. Partidario del nihilismo.

nilón m. Nylon.

nimbo m. Aureola en la cabeza de las imágenes de santos. || Nube baja formada por la aglomeración de cúmulos. || Círculo que rodea un astro.

nimiedad f. Pequeñez.

nimio, mia adj. Pequeño.

ninfa f. Divinidad femenina que vivía en las fuentes, los bosques, los montes y los ríos. || *Fig.* Joven hermosa. || Insecto que ha pasado del estado de larva. || *Fig. Ninfa Egeria,* consejera.

ningún adj. Apócope de *ninguno* empleado delante de los nombres masculinos.

ninguno, na adj. Ni uno. || Nulo: *no posee interés ninguno.* || — Pron. indef. Ni uno: *no hay ninguno.* || Nadie: *ninguno lo sabrá.*

niña f. Pupila del ojo. || V. NIÑO.

niñada f. Acción de niños.

niñera f. Criada de niños.

niñería f. Acción de niños.

niñez f. Primer período de la vida humana.

niño, ña adj. y s. Que está en la niñez. || Joven.

niobio m. Metal de color gris (Nb).

nipón, ona adj. y s. Japonés.

níquel m. Metal (Ni) de color blanco agrisado y fibroso. || *Urug.* Dinero, fortuna. | Moneda.

niquelado m. Acción de niquelar.

niquelar v. t. Cubrir con un baño de níquel.

nirvana m. En el budismo, última etapa de la contemplación caracterizada por la ausencia de dolor y la posesión de la verdad.

niscome o **niscómel** m. *Méx.* Recipiente para cocer el maíz y hacer tortillas.

níspero m. Árbol rosáceo y su fruto.

nitidez f. Limpieza, claridad.

nítido, da adj. Limpio, claro.

nitrato m. Sal que resulta de la combinación del ácido nítrico con un radical. || *Nitrato de Chile,* nitrato sódico, nitrato potásico y pequeñas cantidades de boro, yodo y otros elementos cuya combinación constituye un abono nitrogenado natural.

nítrico, ca adj. Relativo al nitro o al nitrógeno. || *Ácido nítrico,* líquido ácido formado por nitrógeno, oxígeno e hidrógeno.

nitro m. Salitre o nitrato de potasio.

nitrogenación f. Fijación del nitrógeno libre en los tejidos de plantas y animales.

nitrogenado, da adj. Con nitrógeno.

nitrógeno m. Gas incoloro, insípido (símb. N).

nitroglicerina f. *Quím.* Cuerpo oleaginoso formado por la acción del ácido nítrico sobre la glicerina. (Es un explosivo muy potente.)

nitruro m. Combinación de nitrógeno y metal.

nivel m. Instrumento para averiguar la horizontalidad de un plano o la diferencia de altura entre dos puntos. || Horizontal: *estar al nivel.* || Altura: *al nivel de mis hombros.* || Altura a que llega la superficie de un líquido o gas: *el nivel de la pleamar.* || *Fig.* Igualdad, equivalencia. | Grado: *nivel económico.* || — *Nivel de vida,* valoración cuantitativa de los medios de existencia de un grupo social. || *Nivel mental,* grado de evolución intelectual.

nivelación f. Acción de nivelar.

nivelar v. t. Comprobar con el nivel la horizontalidad de una cosa. || Allanar, poner un plano en posición horizontal: *nivelar un camino.* || *Fig.* Igualar una cosa con otra, material o inmaterial: *nivelar las exportaciones con las importaciones.*

nixtamal m. *Méx.* Harina de maíz ablandada con agua de cal para hacer tortillas.

no adv. de negación para contestar preguntas: *¿vienes al cine? No, no voy.* || — *¿Cómo no?,* forma de contestar afirmativamente. || *No más,* solamente. || — M. Negación: *contestar con un no.*

— OBSERV. En varios puntos de América *no más* significa *pues, nada más, pero, sólo.*

NO., abreviatura de *noroeste.*

No, símbolo químico del *nobelio.*

nobelio m. Elemento transuránico (No) obtenido bombardeando curio con átomos de carbono.

nobiliario, ria adj. De la nobleza.

noble adj. Generoso, magnánimo: *corazón noble.* || Que goza de ciertos privilegios y tiene títulos heredados o concedidos por un soberano (ú. t. c. s.). || Aplícase a los cuerpos que son químicamente inactivos. || Dícese de los animales, como el perro y el caballo, muy amigos del hombre.

nobleza f. Calidad de noble. || Conjunto de los nobles de un país.

noche f. Tiempo en que falta sobre el horizonte la claridad del Sol. || — *Ayer noche,* anoche. || *Noche*

Triste, la del 30 de junio de 1520 en que Hernán Cortés fue derrotado por los aztecas.

Nochebuena f. Noche de la víspera de Navidad (24 de diciembre).

nochecita f. *Amer.* Crepúsculo vespertino.

nochero, ra m. y f. *Amer.* Vigilante nocturno.

Nochevieja f. La última noche del año.

noción f. Concepto.

nocivo, va adj. Perjudicial.

noctámbulo, la adj. y s. Que vive de noche.

nocturno, na adj. Relativo a la noche. || Que se hace o sucede durante la noche.

nodo m. *Astr.* Cada uno de los dos puntos opuestos en que la órbita de un astro corta la eclíptica.

nodriza f. Ama de cría.

nódulo m. Nudosidad.

nogal m. Árbol de madera dura y apreciada cuyo fruto es la nuez. || Esta madera.

nómada adj. y s. Que vive errante, sin domicilio.

nomás adv. *Méx.* No más.

nombradía f. Fama, reputación.

nombrado, da adj. Célebre, famoso. || Citado.

nombramiento m. Designación. || Título en que se designa a uno para algún cargo, empleo.

nombrar v. t. Decir el nombre de algo o alguien. || Designar para un cargo. || Poner nombre.

nombre m. Palabra con la que se designa a una persona o cosa. || Conjunto del nombre de pila y del apellido de una persona. || Fama. || *Gram.* Parte de la oración con la que se designan las personas o cosas. || — *Nombre común*, el que conviene a las personas o cosas de una misma clase. || *Nombre de pila*, el que se recibe en el bautismo. || *Nombre propio*, el que se da á persona o cosa para distinguirla de los demás de su especie.

nomenclatura f. Conjunto de palabras empleadas en una materia determinada. || Catálogo, lista.

nómina f. Lista de nombres. || Relación nominal de empleados en una empresa. || *Estar en nómina*, formar parte del personal fijo.

nominación f. Nombramiento.

nominal adj. Relativo al nombre.

nominar v. t. Nombrar. || Dar o poner un nombre. || Proponer un candidato.

nominativo, va adj. Aplícase a los títulos o valores bancarios que llevan el nombre de su propietario. || — M. Caso de la declinación que designa el sujeto de la oración.

nonada f. Pequeñez.

nonagenario, ria adj. y s. Que ha cumplido la edad de noventa años.

nonagésimo, ma adj. Que ocupa el lugar noventa. || — M. Cada una de las noventa partes iguales en que se divide un todo.

nonato, ta adj. No nacido.

noningentésimo, ma adj. Que ocupa el lugar novecientos. || — M. Cada una de las 900 partes iguales en que se divide un todo.

nono, na adj. Noveno.

nopal m. Planta cuyo fruto es el higo chumbo.

nopalera y **nopaleda** f. Terreno con nopales.

noquear v. t. Dejar fuera de combate o K.O.

nordeste m. Punto entre el norte y el este.

nórdico, ca adj. y s. Del norte.

nordista adj. Relativo al gobierno federal durante la guerra de Secesión de los Estados Unidos. || Partidario de este gobierno federal (ú. t. c. s.).

noreste m. Nordeste.

noria f. Máquina para sacar agua de un pozo. || Recreo de feria que consiste en varias vagonetas que giran alrededor de un eje horizontal.

norma f. Regla.

normal adj. Natural. || Aplícase a las escuelas para preparar maestros (ú. t. c. s. f.). || *Geom.* Perpendicular (ú. t. c. s. f.).

normalidad f. Calidad de normal.

normalización f. Acción y efecto de normalizar. || Conjunto de normas técnicas adoptadas por acuerdo entre productores y consumidores cuyo fin es unificar y simplificar el uso de determinados productos y facilitar la fabricación.

normalizar v. t. Hacer normal. || Regularizar, poner en buen orden lo que no lo estaba. || Aplicar normas adaptadas a la industria.

normando, da adj. y s. De Normandía (Francia).

normativo, va adj. Que da normas, reglas. || — F. Reglas.

noroeste m. Punto entre el norte y el oeste.

norte m. Uno de los puntos cardinales, hacia donde está la estrella Polar. || *Fig.* Objetivo, meta.

norteado, da adj. *Méx.* Desorientado, perdido.

norteamericano, na adj. Relativo a América del Norte. || Estadounidense (ú. t. c. s.).

nortear v. pr. *Méx.* Perder la orientación: *al caer la noche se norteó y se salió del camino.*

norteño, ña adj. y s. Del Norte.

nortino adj. y s. *Chil.* y *Per.* Norteño.

noruego, ga adj. y s. De Noruega. || — M. Lengua hablada en este país.

nos, pron. pers. de primera pers. en masculino o femenino y número pl. en dativo y acusativo: *nos da; háblanos.*

nosotros, tras pron. de primera pers. pl.

nostalgia f. Pena de verse ausente de personas o cosas queridas. || Sentimiento de pena causado por el recuerdo de un bien perdido.

nostálgico, ca adj. Relativo a la nostalgia. || Que padece nostalgia (ú. t. c. s.).

nota f. Señal, breve indicación que se hace para recordar algo: *tomo nota de lo dicho*. || Comentario breve que se hace en los márgenes de un escrito. || Calificación: *tener buena nota en matemáticas.* || Noticia de periódico: *notas necrológicas.* || Comunicación hecha en forma de carta: *nota diplomática.* || Noticia sucinta, comunicación corta: *encontré una nota suya.* || Detalle: *hay una nota discordante en su proceder.* || Signo de música que representa un sonido y su duración.

notabilidad f. Calidad de notable. || Persona notable.

notable adj. Digno de atención: *obra notable.* || Grande. || — M. Persona principal. || Calificación de los exámenes, inferior al sobresaliente.

notación f. Acción de notar.

notar v. t. Advertir, darse cuenta: *notar la diferencia.* || Experimentar una sensación: *no noto la fiebre.* || — V. pr. Verse: *se nota el cambio.*

notaría f. Empleo y oficina de notario.

notariado, da adj. Legalizado ante notario. || — M. Carrera, profesión o ejercicio de notario.

notarial adj. Relativo al notario.

notario, ria m. y f. Funcionario público que da fe de los contratos, escrituras de compra y venta, testamentos y otros actos extrajudiciales.

noticia f. Información. || — Pl. Diario hablado en la radio o televisión, noticiario.

noticiar v. t. Dar noticia.

noticiario m. Película con noticias de actualidad. || Diario hablado en la radio o televisión.

noticiero, ra adj. Que da noticias (ú. t. c. s.). || — M. *Méx.* Noticiario.

noticioso m. *Amer.* Programa de radio o de televisión que emite noticias.

notificación f. Acción de notificar. || Documento en que consta.

notificar v. t. Hacer saber.

notoriedad f. Calidad de notorio.

notorio, ria adj. Evidente, patente.

novatada f. Broma o vejamen hecho en colegios y cuarteles a los individuos de nuevo ingreso.

novato, ta adj. y s. Principiante.

novecientos, tas adj. Noningentésimo. || Nueve veces ciento (ú. t. c. s. m.). || — M. Conjunto de signos que representan el número novecientos.

novedad f. Calidad de nuevo. || Cambio inesperado. || Noticia o suceso reciente. || — Pl. Géneros de moda: *almacén de novedades.*

novedoso, sa adj. *Amer.* Nuevo.

novel adj. y s. Principiante.

novela f. Obra literaria extensa, en prosa, en la que se describen y narran acciones fingidas, caracteres, costumbres, etc. || Género literario constituido por estos relatos.

novelar v. i. Componer o escribir novelas. || *Fig.* Referir cuentos. || — V. t. Dar forma de novela.

novelesco, ca adj. De novela.

novelista com. Escritor de novelas.

novelístico, ca adj. Relativo a la novela. || — F. Género de las novelas.

novena f. Ejercicio devoto de nueve días.

noveno, na adj. Que sigue en orden a lo octavo. || — M. Cada una de las nueve partes iguales en que se divide un todo.

noventa adj. Nueve veces diez (ú. t. c. s. m.). || Nonagésimo (ú. t. c. s.).

noviazgo m. Estado de novio o novia.

noviciado m. Estado de los novicios antes de profesar. || Tiempo que dura este estado. || Casa en que residen los novicios. || *Fig.* Aprendizaje.

novicio, cia adj. y s. Religioso que aún no ha tomado el hábito. || Principiante en un arte u oficio.

noviembre m. Undécimo mes del año.

novillada f. Corrida de novillos.

novillero m. Torero de novillos.

novillo, lla m. y f. Res vacuna de dos o tres años. || *Hacer novillos,* faltar sin motivo al colegio.

novio, via m. y f. Persona que tiene relaciones amorosas con propósito de contraer matrimonio. || Contrayente en la ceremonia del matrimonio.

novohispano, na adj. De la Nueva España, hoy México.

Np, símbolo químico del *neptunio.*

nube f. Masa de vapor acuoso en suspensión en la atmósfera. || Polvareda, humo u otra cosa que enturbia la atmósfera. || Multitud: *una nube de fotógrafos.* || *Fig.* Cosa que oscurece.

nublado m. Ocultación del cielo por las nubes.

nublar v. t. Ocultar. || — V. pr. Cubrirse de nubes. || Volverse poco claro: *nublarse la vista.*

nubosidad f. Abundancia de nubes.

nuca f. Parte posterior del cuello.

nuclear adj. Relativo al núcleo de los átomos.

núcleo m. Parte central del globo terrestre. || Parte más luminosa y más densa de un planeta. || Corpúsculo esencial de la célula. || Parte central del átomo formada por protones y neutrones. || *Fig.* Elemento primordial de una cosa. | Grupo reducido de personas. | Centro urbano.

nucleoeléctrica adj. y s. Dícese de la planta de generación de electricidad a partir de la energía nuclear.

nucléolo m. Cuerpo esférico en el interior del núcleo de la célula.

nudillo m. Articulación de los dedos.

nudismo m. Práctica que consiste en exponer el cuerpo desnudo a los agentes naturales.

nudista adj. Que practica el nudismo (ú. t. c. s.).

nudo m. Lazo muy apretado. || Lugar donde se cruzan dos o más sistemas montañosos: *nudo de montañas.* || Cruce: *nudo de carreteras.* || *Fig.* Unión, vínculo. || *Mar.* Unidad de velocidad equivalente a una milla (1 852 m) por hora.

nudoso, sa adj. Que tiene nudos.

nuera f. Hija política.

nuestro, tra adj. y pron. pos. De nosotros.

nueva f. Noticia.

nueve adj. Ocho y uno. || Noveno día del mes. || — M. Cifra que representa el número nueve. || Naipe con nueve figuras.

nuevo, va adj. Que se ve u oye por primera vez: *un nuevo sistema.* || Que sucede a otra cosa en el orden natural: *el nuevo parlamento.* || Novicio, inexperto: *ser nuevo en natación.* || Recién llegado: *nuevo en esta plaza.* || *Fig.* Poco usado: *un traje nuevo.* || —*Año Nuevo,* primer día del año. || *De nuevo,* nuevamente. || *El Nuevo Mundo,* América.

nuez f. Fruto del nogal. || Prominencia de la laringe en el varón adulto.

nulidad f. Calidad de nulo. || Vicio que anula un acto jurídico. || *Fam.* Persona inútil, nula.

nulo, la adj. Que carece de efecto legal: *fallo nulo.* || Incapaz, inútil, inepto: *hombre nulo.* || *Combate nulo,* tablas, empate.

numen m. Inspiración.

numeración f. Acción de numerar. || *Mat.* Sistema empleado para expresar todos los números. || — *Numeración arábiga* o *decimal,* la que emplea los diez signos árabes que, por su valor absoluto combinado con su posición relativa, pueden expresar cualquier cantidad. || *Numeración romana,* la que expresa los números por medio de siete letras del alfabeto latino.

Numeración romana

I	1	XII	12	C	100
II	2	XIV	14	CXC	190
III	3	XIX	19	CC	200
IV	4	XX	20	CCC	300
V	5	XXX	30	CD	400
VI	6	XL	40	D	500
VII	7	L	50	DC	600
VIII	8	LX	60	DCC	700
IX	9	LXX	70	DCCC	800
X	10	LXXX	80	CM	900
XI	11	XC	90	M	1000

numerador m. *Mat.* Término que indica cuántas partes de la unidad contiene un quebrado.

numeral adj. Relativo al número. || Dícese de los adjetivos que indican un número (ú. t. c. s. m.).

numerar v. t. Contar por el orden de los números. ‖ Poner número a una cosa.

numerario, ria adj. Numeral, relativo al número. ‖ — M. Dinero efectivo.

numérico, ca adj. Relativo a los números.

número m. *Mat.* Expresión de la cantidad computada con relación a una unidad. ‖ Cifra o guarismo: *el número 7.* ‖ Parte del programa de un espectáculo. ‖ Tamaño de ciertas cosas: *¿qué número de zapatos tienes?* ‖ *Gram.* Accidente que expresa si una palabra se refiere a una persona o cosa o a más de una. ‖ *Fig.* Clase: *no está en el número de sus admiradores.* ‖ Billete de lotería. ‖ Cada una de las publicaciones periódicas: *lo leí en un número del diario ABC.* ‖ — *Número redondo,* el que tiene unidades completas. ‖ *Números rojos,* saldo negativo en una cuenta de banco. ‖ *Ser el número uno,* ser el primero, el mejor. ‖ *Sin número,* en gran cantidad. ‖ *Número imaginario,* el que se produce al extraer la raíz cuadrada de un número negativo. ‖ *Número irracional,* el real, que no es racional. ‖ *Número racional,* el que resulta cociente de dos números enteros. ‖ *Número real,* el que se expresa por un número entero o decimal.

numeroso, sa adj. Muchos.

numismática f. Ciencia de monedas y medallas.

nunca adv. En ningún tiempo: *nunca ocurrió tal cosa.* ‖ Ninguna vez: *nunca volveré a esta ciudad.*

nunciatura f. Cargo de nuncio.

nuncio m. Mensajero. ‖ Representante diplomático del Papa.

nupcial adj. Relativo a las bodas.

nupcias f. pl. Boda.

nutria f. Mamífero carnívoro de color pardo rojizo.

nutrición f. Conjunto de funciones orgánicas por las que los alimentos son transformados y hechos aptos para la actividad de un ser viviente.

nutrido, da adj. *Fig.* Lleno, abundante.

nutriente adj. y s. m. Que nutre.

nutrimento o **nutrimiento** m. Nutrición. ‖ Sustancia de los alimentos que se aprovecha.

nutriología f. Estudio de la nutrición.

nutriólogo, ga adj. y s. Que se especializa en aspectos de la nutrición.

nutrir v. t. Alimentar (ú. t. c. pr.).

nutritivo, va adj. Que nutre.

ny f. Letra del alfabeto griego (v).

nylon m. Fibra textil sintética.

ñ

ñ f. Decimoquinta letra del alfabeto castellano.

ña f. *Amer.* Tratamiento dado a ciertas mujeres.

ñacaniná f. *Arg.* Víbora grande.

ñácara f. *Amér. C.* Úlcera, llaga.

ñaco m. *Chil.* Gachas, puches.

ñacundá m. *Arg.* Ave nocturna parda.

ñacurutú m. *Amer.* Búho.

ñamal m. Plantío de ñames.

ñame m. Planta comestible parecida a la batata.

ñamera f. Planta del ñame.

ñancu m. *Chil.* Ave falcónida.

ñandú m. Ave corredora de América, semejante al avestruz.

ñandubay m. Árbol mimosáceo de América de madera rojiza.

ñandutí m. *Riopl.* Encaje muy fino, de origen paraguayo, que dio fama a la ciudad de Itaguá.

ñanga f. *Amér. C.* Fango, lodo.

ñango, ga adj. *Amer.* Desgarbado. | Débil.

ñaño, ña adj. *Col.* Consentido, mimado. || *Per.* Íntimo amigo. || — F. *Arg.* y *Chil.* Hermana mayor. || *Fam. Chil.* Niñera. || *Amer.* Excremento

ñapa f. *Amer.* Propina. | Añadidura. || *Méx.* Robo, hurto. || *De ñapa*, por añadidura.

ñapango, ga adj. y s. *Col.* Mestizo, mulato.

ñapindá m. *Riopl.* Arbusto, parecido a la acacia.

ñapo m. *Chil.* Junco.

ñato, ta adj. *Amer.* Chato, romo. || — F. *Amer.* Nariz.

ñaupa adj. *Amer.* Viejo (ú. t. c. s.).

ñeembucuense adj. y s. De Ñeembucú (Paraguay).

ñeque m. *Amer.* Fuerza, vigor. || *Méx.* Bofetada.

ño, ña m. y f. *Amer.* Tratamiento de señor.

ñoclo m. Buñuelo.

ñoñería y ñoñez f. Acción o dicho propio de una persona ñoña.

ñoño, ña adj. y s. *Fam.* Apocado, tímido, de poco ingenio. | Melindroso. | Soso, de poca gracia.

ñoqui m. Plato de pastas dispuestas en masitas irregulares aderezadas de varias maneras. || *Chil.*, *Riopl.* y *Urug.* Masa de patatas, mezcladas con harina de trigo, mantequilla, leche, huevos y queso rallado, que se hierve y se come en trocitos.

ñorbo m. *Per.* Planta de adorno. || Su flor.

ñu m. Género de antílope del África del Sur.

ñublense adj. y s. De Nuble (Chile).

ñuco, ca adj. y s. *Amer.* Dícese de la persona que perdió los dedos o parte de ellos.

ñufla f. *Chil.* Cosa sin valor.

ñusta f. Hija de los emperadores incaicos o joven perteneciente a la familia real.

O

o f. Decimosexta letra del alfabeto castellano y cuarta de sus vocales. || — **O,** símbolo químico del *oxígeno.* || **O.,** abreviatura de *Oeste.*

o conj. Denota alternativa o diferencia: *ir o venir.* || Denota también idea de equivalencia significando *o sea, esto es.*

oasis m. Lugar con vegetación en el desierto.

oaxaqueño, ña adj. y s. De Oaxaca (México).

obcecar v. t. Cegar, ofuscar.

obedecer v. t. Hacer lo que otro manda. || Ejecutar lo que ordenan las leyes. || Tener un motivo: *mi acción obedece a razones humanitarias.* || *Fig.* Estar sometido a una fuerza, a un impulso.

obediencia f. Acción o hábito de obedecer.

obediente adj. Que obedece (ú. t. c. s.).

obelisco m. Monumento cuadrangular en forma de aguja.

obertura f. Trozo de música instrumental con que se da principio a una ópera, oratorio, concierto.

obesidad f. Exceso de tejido adiposo.

obeso, sa adj. y s. Muy grueso.

obispado m. Dignidad y cargo del obispo. || Diócesis.

obispo m. Prelado que gobierna una diócesis.

objeción f. Impugnación de algo.

objetar v. t. Impugnar.

objetivar v. t. Hacer objetivo.

objetividad f. Calidad de objetivo.

objetivo, va adj. Relativo al objeto en sí. || Imparcial: *explicación objetiva.* || — M. Lente de un aparato de óptica o máquina fotográfica dirigida hacia el objeto que se observa. || Finalidad.

objeto m. Todo lo que es materia de conocimiento intelectual o sensible: *las imágenes de los objetos.* || Cosa: *había muchos objetos tirados por el suelo.* || Propósito, intención: *su conducta tenía por objeto ser simpático.* || Asunto, motivo: *ser objeto de admiración.* || *Con objeto de,* para.

objetor adj. y s. Que se opone a algo. || *Objetor de conciencia,* el que se niega a hacer el servicio militar por razones de orden político o religioso.

oblea f. Hoja muy delgada de harina y agua con la que se hacen las hostias.

oblicuángulo, la adj. Sin ángulo recto.

oblicuidad f. Calidad de oblicuo.

oblicuo, cua adj. Sesgado, inclinado al través o desviado de la horizontal. || *Geom.* Dícese del plano o línea que se encuentra con otro u otra y forma con él o ella un ángulo que no es recto.

obligación f. Imposición o exigencia moral que limita el libre albedrío. || Vínculo que sujeta a hacer o no hacer una cosa. || Título negociable de interés fijo que representa una suma prestada a favor de una sociedad o colectividad pública.

obligado, da adj. Que hay que hacer.

obligar v. t. Hacer realizar algo por la fuerza o autoridad. || Tener autoridad para forzar: *la ley obliga a todos.* || Afectar: *norma que obliga a todos.* || — V. pr. Comprometerse a cumplir una cosa.

obligatoriedad f. Calidad de obligatorio.

obligatorio, ria adj. Que obliga.

obliteración f. Acción y efecto de obliterar.

obliterar v. t. Poner una marca sobre los sellos de correos para que no se utilicen de nuevo.

oblongo, ga adj. Más largo que ancho.

obnubilación f. Ofuscamiento.

oboe m. Instrumento músico de viento provisto de doble lengüeta. || — M. y f. Oboísta.

óbolo m. Contribución pequeña.

obra f. Cosa hecha o producida por un agente. || Edificio en construcción. || *Obras públicas,* las realizadas en cosas de utilidad general.

obrador m. Taller: *obrador de costura.*

obraje m. Prestación o realización de un trabajo. || En la época colonial, carga de trabajo impuesta a los indios de América.

obrar v. t. Hacer una cosa. || Edificar. || — V. i. Causar efecto. || Exonerar el vientre. || Estar en poder de: *obra en mi poder su carta.*

obrero, ra adj. Que trabaja (ú. t. c. s.).

obscenidad f. Calidad de obsceno. || Cosa obscena.

obsceno, na adj. Contrario al pudor.

obscuro y derivados. V. OSCURO y derivados.

obsequiar v. t. Agasajar con atenciones o regalos.

obsequio m. Agasajo. || Regalo. || Deferencia.

obsequiosidad f. Cortesía. || Amabilidad.

obsequioso, sa adj. Cortés.

observación f. Acción de observar. || Atención dada a algo: *la observación de las costumbres.* || Advertencia. || Nota explicativa en un libro.

observador, ra adj. Que observa (ú. t. c. s.).

observar v. t. Examinar con atención: *observar los síntomas de una enfermedad.* || Acatar, cumplir lo que se manda y ordena: *observar una ley.* || Advertir, darse cuenta, notar: *observar un error.* || — V. pr. Notarse: *se observa una mejoría.*

observatorio m. Lugar para hacer observaciones astronómicas o meteorológicas.

obsesión f. Idea fija que se apodera del espíritu.

obsesionante adj. Obsesivo.

obsesionar v. t. Causar obsesión.

obsesivo, va adj. Que obsesiona.

obseso, sa adj. y s. Dominado por una obsesión.

obsidiana f. Mineral volcánico vítreo de color negro o verde oscuro.

obsolescencia f. Calidad de antiguo.

obsolescente adj. Anticuado, en desuso.

obsoleto, ta adj. Anticuado.

obstaculizar v. t. Poner obstáculos.

obstáculo m. Impedimento, estorbo. || Cada una de las vallas en la pista de algunas carreras.

obstante adj. *No obstante*, sin embargo.

obstar v. i. Impedir. || — V. impers. Oponerse o ser contraria una cosa a otra: *eso no obsta*. (Este verbo se emplea en oraciones negativas.)

obstetricia f. Parte de la medicina que trata del embarazo, el parto y el puerperio.

obstinación f. Terquedad.

obstinado, da adj. Terco (ú. t. c. s.).

obstinarse v. pr. Empeñarse.

obstrucción f. Acción de obstruir. || *Med.* Atascamiento de un conducto natural. || En una asamblea, táctica que retarda o impide los acuerdos.

obstruccionismo m. Práctica de la obstrucción.

obstruir v. t. Estorbar el paso, cerrar un camino o conducto. || *Fig.* Impedir la acción, dificultar, obstaculizar. || — V. pr. Taparse un agujero, caño, etc.

obtención f. Consecución.

obtener v. t. Alcanzar.

obturación f. Acción y efecto de obturar.

obturador, ra adj. Que sirve para obturar. || — M. *Fot.* Aparato que cierra el objetivo.

obturar v. t. Tapar, obstruir.

obtuso, sa adj. Sin punta. || Tardo en comprender: *obtuso de entendimiento* (ú. t. c. s.). || *Ángulo obtuso*, el mayor o más abierto que el recto.

obús m. Cañón corto. || Proyectil de artillería.

obviar v. i. Obstar, oponerse.

obvio, via adj. *Fig.* Muy claro.

oca f. Ansar. || Juego que se practica con dos dados y un cartón. || *Fam. ¡La oca!*, ¡el colmo!

ocarina f. Instrumento músico de viento.

ocasión f. Oportunidad. || Objeto que se vende a un precio muy bajo o después de haber sido usado. || — *De ocasión*, de lance. || *En cierta ocasión*, una vez.

ocasional adj. Accidental.

ocasionar v. t. Ser causa o motivo.

ocaso m. Puesta del Sol. || *Fig.* Decadencia.

occidental adj. Relativo al Occidente. || Dícese de los pueblos de Occidente y de los Estados Unidos, por oposición a los del Este de Europa (ú. t. c. s. m.).

occidente m. Punto cardinal por donde se oculta el Sol, oeste. || Parte del hemisferio Norte situada hacia donde se pone el Sol. || Conjunto de los Estados del O. de Europa y los Estados Unidos, por oposición a los del E. y a los de Asia.

occipital adj. Del occipucio.

occipucio m. Parte de la cabeza en que ésta se une a las vértebras del cuello.

occiso, sa adj. y s. Muerto violentamente.

occitano, na adj. De Occitania, región en que se hablaba la lengua de oc (Francia). || — M. y f. Habitante de Occitania. || — M. Lengua de oc.

oceánico, ca adj. Del océano u Oceanía.

océano m. Masa total de agua que cubre las tres cuartas partes de la tierra. || Cada una de sus grandes divisiones: *océano Glacial del Norte o Ártico, océano Atlántico, océano Pacífico y océano Índico.* || *Fig.* Inmensidad, infinitud.

ocelote m. Mamífero felino.

ochenta adj. y s. Ocho veces diez. || Octogésimo.

ochentavo, va adj. Aplícase a cada una de las ochenta partes iguales de un todo (ú. t. c. s.).

ocho adj. Siete y uno, o dos veces cuatro. || Octavo: *el año ocho.* || — M. Cifra que representa el número ocho. || Naipe con ocho figuras.

ochocientos, tas adj. y s. m. Ocho veces ciento. || — M. Conjunto de signos que representan el número ochocientos.

ocio m. Tiempo libre.

ociosidad f. Estado de ocioso.

ocioso, sa adj. Que está sin trabajar (ú. t. c. s.). || Innecesario, inútil.

ocluir v. t. Cerrar un conducto.

oclusión f. Cierre accidental de un conducto.

ocotal m. *Guat.* y *Méx.* Sitio donde hay ocotes.

ocote m. *Guat.* y *Méx.* Árbol resinoso, cuya madera es buen combustible.

ocre m. De color amarillo oscuro (ú. t. c. s. m.).

octaedro m. *Geom.* Sólido de ocho caras que son triángulos.

octágono, na adj. y s. m. Octógono.

octanaje m. Octanos de un carburante.

octano m. Hidrocarburo saturado del petróleo.

octava f. Los ocho días que siguen a ciertas fiestas religiosas.

octavilla f. Octava parte de un pliego de papel. || Hoja de propaganda. || Estrofa de ocho versos.

octavo, va adj. Que sigue en orden a lo séptimo. || — M. Cada una de las ocho partes iguales en que se divide un todo.

octogenario, ria adj. y s. De ochenta años.

octogésimo, ma adj. Que ocupa el lugar ochenta. || — M. Cada una de las 80 partes iguales en que se divide un todo.

octógono, na adj. y s. m. Dícese del polígono de ocho lados y ángulos.

octosílabo, ba adj. De ocho sílabas. || — M. Verso de ocho sílabas.

octubre m. Décimo mes del año de 31 días.

ocular adj. De los ojos o vista. || — M. En óptica, lente que aplica el ojo el observador.

oculista adj. y s. Médico especialista de los ojos.

ocultación f. Acción y efecto de ocultar.

ocultador, ra adj. Que oculta (ú. t. c. s.).

ocultar v. t. Impedir que sea vista una persona o cosa. || Esconder: *ocultar el dinero* (ú. t. c. pr.). || Callar: *ocultar la verdad.*

oculto, ta adj. Escondido. || Misterioso.

ocupación f. Acción y efecto de ocupar: *la ocupación de una ciudad.* || Trabajo que impide emplear el tiempo en otra cosa. || Empleo, oficio.

ocupante adj. y s. Que ocupa.

ocupar v. t. Tomar posesión, apoderarse de una cosa: *ocupar un país.* || Llenar un espacio: *ocupar un local.* || Habitar: *ocupar un piso.* || Desempeñar un cargo: *ocupar la presidencia.* || Llevar: *su encargo me ocupó el día.* || Dar en qué trabajar: *ocupar a los obreros.* || — V. pr. Emplearse en algo.

ocurrencia f. Idea de hacer algo que tiene una persona. || Gracia, agudeza.

ocurrente adj. Que ocurre. || Gracioso.

ocurrir v. i. Acontecer, suceder. || — V. pr. Venir a la imaginación.

oda f. Composición lírica.

odalisca f. Mujer del harén.

odiar v. t. Sentir odio, aborrecer.

odio m. Aversión.

odioso, sa adj. Abominable.

odisea f. Aventura.

odontología f. Tratamiento de los dientes.

odontólogo, ga m. y f. Dentista.

odre m. Piel cosida para contener vino, etc.

O.E.A., siglas de Organización de los Estados Americanos.

oeste m. Occidente. || Punto cardinal situado donde se pone el Sol. || *Película del Oeste*, la que relata la colonización de los pioneros y vaqueros en el Oeste de los Estados Unidos.

ofender v. t. Injuriar. || — V. pr. Enfadarse.

ofendido, da adj. y s. Agraviado.

ofensa f. Palabra que agravia.

ofensivo, va adj. Que ofende o puede ofender. || Que sirve para atacar: *arma ofensiva*. || — F. Actitud o estado del que trata de ofender o atacar.

ofensor, ra adj. y s. Que ofende.

oferta f. Proposición de un contrato a otra persona. || Ofrecimiento de un bien o de un servicio que puede ser vendido a un precio determinado. || La cosa ofrecida: *oferta interesante*. || *Méx.* Ganga.

ofertar v. t. Ofrecer en venta.

offset m. Procedimiento de impresión en el cual la plancha entintada imprime un cilindro de caucho que traslada la impresión al papel.

offside [*ofsaid*] m. (pal. ingl.). En fútbol, rugby, etc., falta del delantero que se sitúa entre el portero y los defensas contrarios, fuera de juego.

oficial adj. Que proviene de una autoridad. || Formal, serio: *novia oficial*. || — M. Obrero. || Militar desde alférez a capitán.

oficializar v. t. Hacer oficial.

oficiar v. t. e i. Celebrar los oficios religiosos. || Hacer el papel de.

oficina f. Despacho.

oficinista com. Empleado en una oficina.

oficio m. Profesión. || Función, papel: *desempeñar su oficio*. || Comunicación escrita oficial. || *De oficio*, automáticamente.

oficiosidad f. Calidad de oficioso.

oficioso, sa adj. Sin carácter oficial.

ofidios m. pl. Orden de reptiles que comprende las culebras y las serpientes (ú. t. c. adj.).

ofrecer v. t. Prometer, asegurar: *ofrecer ayuda*. || Presentar o dar una cosa: *le ofrecí un cigarrillo*. || Tener, mostrar, presentar ventajas. || Decir lo que uno está dispuesto a pagar por algo. || — V. pr. Proponerse. || Ocurrir: *¿qué se te ofrece?*

ofrecimiento m. Acción de ofrecer.

ofrenda f. Don que se ofrece a Dios. || Regalo.

ofrendar v. t. Hacer una ofrenda. || Sacrificar.

oftalmología f. Estudio de los ojos.

oftalmólogo, ga m. y f. Oculista.

ofuscación f. y **ofuscamiento** m. Turbación de la vista por deslumbramiento. || *Fig.* Ceguera.

ofuscado, da adj. Confundido, trastornado.

ofuscar v. t. Obcecar (ú. t. c. pr.).

ogro m. Gigante que devora a las personas.

¡oh! interj. Indica asombro, admiración, dolor.

ohm y **ohmio** m. Unidad de medida de la resistencia eléctrica (símb. Ω).

oído m. Sentido del oír. || Aparato de la audición en su parte interna. || — *Dar oídos*, dar crédito. || *Ser todo oídos*, escuchar atentamente. || *Tener buen oído*, tener disposición para la música.

oír v. t. Percibir los sonidos: *oír un ruido*. || Acceder a los ruegos de uno: *oír sus súplicas*.

ojal m. Abertura por donde entra un botón.

¡ojalá! interj. Expresa deseo de que ocurra algo.

ojeada f. Mirada rápida.

ojeador, ra m. y f. Persona que ojea la caza.

ojear v. t. Mirar. || Espantar la caza para que vaya al sitio donde están los cazadores.

ojera f. Círculo amoratado que rodea a veces el ojo (ú. m. en pl.).

ojeriza f. Odio, inquina, tirria.

ojiva f. *Arq.* Figura formada por dos arcos iguales cruzados en ángulo. | Arco de esta forma. || Carga atómica que se desprende de los cohetes.

ojo m. Órgano de la vista: *tener algo ante los ojos*. || Agujero de ciertos objetos: *ojo de la aguja*. || Agujero de las herramientas por donde pasa el mango o de las tijeras por donde se meten los dedos. || *Fig.* Atención, cuidado: *tenga mucho ojo*. | Perspicacia, acierto: *tiene mucho ojo en los negocios*. || Palabra que se dice y pone como señal al margen de un escrito para llamar la atención de algo. || — *Fig. A ojo*, a bulto. || *A ojos cerrados*, sin reflexionar. || *A ojos vistas*, claramente. || *Fam. Costar un ojo de la cara*, costar muy caro. || *Fig. En un abrir y cerrar de ojos*, con gran rapidez. | *Estar a ojo alerta o avizor*, estar sobre aviso. | *No pegar (el) ojo*, no dormir. | *¡Ojo!* o *¡mucho ojo!*, ¡cuidado! || *Ojo de buey*, ventana o claraboya circular. || *Fig. Saltar a los ojos*, ser evidente. | *Ser el ojo derecho de uno*, ser el de su mayor confianza y el preferido. | *Ser todo ojos*, mirar muy atentamente.

ojota f. *Amer.* Sandalia.

ola f. Onda de gran amplitud en la superficie de las aguas. || Fenómeno atmosférico que produce variación repentina de la temperatura de un lugar: *ola de frío*. || *Fig.* Multitud, oleada: *ola de gente*.

OLADE f. Organización Latinoamericana de Energía.

olán m. *Méx.* Adorno de la ropa en forma de pliegue.

¡ole! y **¡olé!** interj. para animar o aplaudir.

oleada f. Ola grande. || *Fig.* Movimiento impetuoso de la gente. | Abundancia repentina.

oleaginoso, sa adj. Aceitoso.

oleaje m. Sucesión de olas.

óleo m. Aceite que usa la Iglesia en los sacramentos y otras ceremonias: *los santos óleos*. || *Pintura al óleo*, la que se hace con colores disueltos en aceite secante.

oleoducto m. Tubería para la conducción de petróleo.

oler v. t. Percibir los olores. || *Fig.* Figurarse, imaginarse, sospechar una cosa. U. t. c. pr.: *olerse un peligro*. | Curiosear. || — V. i. Exhalar olor. || *Fig.* Tener aspecto de una cosa: *eso huele a mentira*.

olfatear v. t. Oler mucho. || *Fam.* Sospechar.

olfateo m. Acción y efecto de olfatear.

olfato m. Sentido para percibir los olores. || *Fig.* Sagacidad, perspicacia.

oligarca m. Persona de una oligarquía.

oligarquía f. Gobierno en que unas cuantas personas de una misma clase asumen todos los poderes del Estado. || *Fig.* Conjunto de negociantes poderosos que imponen su monopolio.

oligoceno adj. y s. m. Dícese del período de la era terciaria entre el eoceno y el mioceno.

oligofrenia f. Desarrollo mental defectuoso.

olimpiada u **olimpíada** f. Entre los griegos, fiesta o juego que se celebraba cada cuatro años en la ciudad de Olimpia. || Período de cuatro años entre estas fiestas. || Juegos olímpicos.

olímpico, ca adj. Relativo al Olimpo o a Olimpia (Grecia). || Propio de los Juegos olímpicos. || *Fig.* Altanero, orgulloso: *olímpico desdén.* || *Juegos olímpicos,* competiciones deportivas que se verifican cada cuatro años con la participación de atletas aficionados de todos los países.

olimpo m. Residencia de los dioses.

oliscar y **olisquear** v. t. Olfatear.

oliva f. Aceituna.

olivar m. Terreno con olivos.

olivo m. Árbol oleáceo cuyo fruto es la aceituna.

olla f. Vasija redonda con asas.

olmeca adj. y s. Dícese del individuo de un pueblo mexicano en los actuales estados de Veracruz, Tabasco y Oaxaca. || adj. Del pueblo amerindio prehispánico que vivió en Veracruz, México.

olmo m. Árbol de excelente madera.

ológrafo, fa adj. Escrito por el testador.

olor m. Emanación transmitida por un fluido y percibida por el olfato.

oloroso, sa adj. De buen olor.

olote m. *Amér. C.* y *Méx.* Mazorca de maíz desgranada.

olvidadizo, za adj. Que olvida (ú. t. c. s.).

olvidar v. t. Perder el recuerdo de una cosa: *olvidar su nombre* (ú. t. c. pr.). || Dejar por inadvertencia: *olvidar el paraguas* (ú. t. c. pr.). || No agradecer: *olvidó todos mis favores.*

olvido m. Falta de memoria.

ombligo m. Cicatriz redonda y arrugada en el vientre. || *Fig.* Centro de una cosa.

ombú m. Árbol de América de madera fofa.

omega f. Última letra del abecedario griego (ω).

ómicron f. O breve del alfabeto griego.

ominoso, sa adj. Abominable.

omisión f. Abstención de hacer o decir. || Lo omitido. || Olvido.

omiso, sa adj. Flojo y descuidado. || *Hacer caso omiso,* no hacer caso.

omitir v. t. Dejar de hacer una cosa.

ómnibus m. Vehículo que lleva viajeros.

omnímodo, da adj. Total, absoluto.

omnipotencia f. Poder omnímodo.

omnipotente adj. Todopoderoso.

omnipresencia f. Presencia constante.

omnipresente adj. Que está siempre presente.

omnisciencia f. Conocimiento de todo.

omnisciente adj. Que sabe todo.

omnívoro, ra adj. y s. Aplícase a los animales que se nutren con toda clase de sustancias.

omóplato y **omoplato** m. Hueso ancho y casi plano a uno y otro lado de la espalda donde se articulan los húmeros y las clavículas.

once adj. Diez y uno. || Undécimo: *Alfonso XI (once).* || — M. Equipo de once jugadores. || Cifra que representa el número once.

onceavo, va adj. Undécimo.

onda f. Cada una de las elevaciones producidas en la superficie del agua. || Ola. || Ondulación. || *Fig.* Curva que forma el pelo, una tela, etc. || *Fís.* Modificación de un medio físico que, como consecuencia de una perturbación inicial, se propaga por el mismo en forma de oscilaciones periódicas. || — *Onda corta, larga, media,* en radio, las que tienen longitudes comprendidas entre 10 y 100, 1 000 y 2 000 y 200 y 600 metros.

ondear v. i. Formar ondas.

ondulación f. Movimiento oscilatorio que se produce en un líquido. || Forma sinuosa del pelo.

ondulado, da adj. Que forma ondas.

ondular v. i. Moverse una cosa formando giros en figura de eses. || — V. t. Hacer ondas en el pelo.

oneroso, sa adj. Que cuesta dinero.

O.N.G., siglas de Organización no gubernamental.

ónice y **ónix** f. Ágata veteada.

onírico, ca adj. De los sueños.

onomástico, ca adj. De los nombres propios. || *Día onomástico,* el del santo de uno (ú. t. c. s. f.).

onomatopeya f. Palabra que imita el sonido de la cosa como *paf* y *runrún.*

ontología f. Estudio del ser en general.

O.N.U., siglas de Organización de las Naciones Unidas.

onubense adj. y s. De Huelva (España).

onza f. Mamífero carnicero. || Peso equivalente a 287 decigramos. || *Onza de oro,* moneda española antigua.

onzavo, va adj. y s. Undécimo.

opacar v. t. *Amer.* Oscurecer, hacer opaco, nublar. || *Amer.* Superar algo o a alguien mucho.

opacidad f. Calidad de opaco.

opaco, ca adj. No transparente.

ópalo m. Piedra preciosa tornasolada.

ópata adj. y s. Del grupo amerindio del que forman parte ópatas, cahítas y tarahumaras, que habita en el norte de México.

opción f. Facultad de elegir.

opcional adj. Facultativo.

ópera f. Obra teatral cantada. || Teatro donde se representan estas obras. || — *Ópera bufa,* la de carácter humorístico. || *Ópera cómica,* la que alterna el canto con el diálogo hablado.

operación f. Acción o labor necesarias para hacer una cosa. || *Com.* Negociación o contrato sobre valores o mercaderías: *operación de Bolsa.* || *Mat.* Ejecución de un cálculo determinado sobre una o varias entidades matemáticas con objeto de hallar otra entidad llamada *resultado.* || *Med.* Intervención quirúrgica. || *Mil.* Conjunto de maniobras, combates, etc., en una región determinada.

operador, ra adj. y s. Que opera. || m. y f. Persona o máquina que lleva a cabo una cosa o manipula algo.

operar v. t. Someter a una intervención quirúrgica. || Efectuar una operación de cálculo, de química. || *Fig.* Producir. || — V. i. Obrar, producir su efecto. || *Com.* Negociar. || — V. pr. Realizarse. || Someterse a una operación quirúrgica.

operario, ria m. y f. Obrero.

opereta f. Obra musical de carácter alegre.

opinar v. i. Tener opinión. || Expresarla.

opinión f. Parecer, concepto.

opio m. Droga narcótica.

opíparo, ra adj. Abundante.

oponer v. t. Poner una cosa contra otra para estorbarla o impedirle su efecto. || Poner enfrente. || *Fig.* Objetar, opugnar: *oponer argumentos.* || — V. pr. Ser una cosa contraria a otra. || Mostrarse contrario: *oponerse a una decisión.*

oportunidad f. Ocasión.

oportunismo m. Acción de aprovechar las oportunidades.

oportunista adj. y s. Partidario del oportunismo.

oportuno, na adj. Conveniente.

oposición f. Disconformidad, desacuerdo. || Concurso para la obtención de ciertos empleos: *oposición* a *una cátedra*. || Minoría que en los cuerpos legislativos impugna los actos del Gobierno.

opositor, ra m. y f. Persona que se opone a otra. || Candidato que toma parte en las oposiciones.

opresión f. Acción de oprimir.

opresivo, va adj. Que oprime.

opresor, ra adj. y s. Que oprime.

oprimir v. t. Ejercer presión sobre una cosa: *oprimir un botón*. || Gobernar tiránicamente. || Afligir.

oprobio m. Infamia.

optar v. t. e i. Elegir.

óptico, ca adj. Relativo a la óptica. || — M. Comerciante en instrumentos de óptica. || — F. Estudio de las leyes y los fenómenos de la luz. || Sistema óptico. || Arte de hacer lentes e instrumentos de óptica. || Tienda de éstos. || *Fig.* Punto de vista: *según la óptica con que se mire.*

optimismo m. Propensión a ver en las cosas el aspecto más favorable.

optimista adj. y s. Que tiene optimismo.

óptimo, ma adj. Muy bueno.

opuesto, ta adj. Enfrente. || Contrario.

opulencia f. Gran riqueza.

opulento, ta adj. Muy rico. || Abundante.

opúsculo m. Libro pequeño.

oquedad f. Hueco.

ora conj. Expresa una relación de alternancia: *ora sabio, ora ignorante.*

oración f. Rezo. || *Gram.* Frase.

oráculo m. *Fig.* Persona de gran autoridad.

orador, ra m. y f. Persona que pronuncia un discurso en público.

oral adj. Expresado verbalmente. || — M. Examen que consta de preguntas hechas de viva voz.

¡órale! interj. *Méx.* ¡Hey!, ¡adelante!, ¡vamos!

orangután m. Mono de brazos muy largos.

orar v. i. Rezar. || — V. t. Rogar.

orate com. Loco.

oratoria f. Arte de hablar.

orbe m. Mundo, universo.

órbita f. Curva elíptica que describe un astro o un satélite o cohete alrededor de un planeta. || Cavidad o cuenca del ojo. || *Fig.* Ámbito, esfera.

orca f. Cetáceo carnívoro.

orden m. Colocación de las cosas en el lugar que les corresponde. || Conjunto de reglas, leyes, estructuras que constituyen una sociedad. || Paz, tranquilidad: *asegurar el orden*. || Clase, categoría: *problemas de orden financiero*. || *Arq.* Cierta disposición y proporción de los cuerpos principales que componen un edificio. || *Hist. nat.* División o grupo en la clasificación de las plantas y animales intermedio entre la clase y la familia. || *El orden del día*, lista de asuntos que tratará una asamblea. || — F. Mandato: *obedecer una orden*. || Decisión: *orden ministerial*. || Sociedad religiosa cuyos miembros hacen el voto de seguir una regla. || Instituto civil o militar. || — *Orden del día*, la dada diariamente a los cuerpos de un ejército. || *Orden de pago*, documento en el que se dispone que sea pagada una cantidad al portador o nominalmente.

ordenación f. Disposición, arreglo. || Ceremonia para conferir las sagradas órdenes. || Mandato.

ordenado, da adj. Que tiene orden. || Que ha recibido las órdenes sagradas (ú. t. c. s.). || Encaminado, dirigido. || — F. *Geom.* Recta tirada desde un punto perpendicularmente al eje de las abscisas.

ordenador, ra adj. y s. Que ordena. || — M. Calculador electrónico constituido por un conjunto de máquinas especializadas dependientes de un programa común que permite efectuar complejas operaciones aritméticas y lógicas.

ordenamiento m. Acción y efecto de ordenar. || Conjunto de leyes.

ordenanza f. Conjunto de disposiciones referentes a una materia. || Reglamento militar. || — M. *Mil.* Soldado puesto a la disposición de un oficial.

ordenar v. t. Poner en orden. || Mandar: *ordenar que venga*. || Destinar y dirigir a un fin. || Conferir las sagradas órdenes: *ordenar un presbítero*. || — V. pr. Recibir las órdenes sagradas.

ordeñar v. t. Extraer la leche de la ubre.

ordinal adj. Dícese del adjetivo numeral que expresa orden o sucesión: *ocho es un número cardinal y octavo un número ordinal.*

ordinariez f. *Fam.* Vulgaridad.

ordinario, ria adj. Común, usual. || Basto, vulgar. || Diario: *gasto ordinario*. || — M. Recadero.

orear v. t. Poner al aire.

orégano m. Planta aromática.

oreja f. Oído en su parte externa. || Parte lateral.

orejera f. Pieza de una gorra que cubre la oreja. || Pieza de metal de un casco que protege la oreja.

orejón m. Pedazo de fruta seca.

orensano, na adj. y s. De Orense (España).

orense adj. y s. De El Oro (Ecuador).

orfanato m. Asilo de huérfanos.

orfanatorio m. *Méx.* Orfanato.

orfandad f. Estado y pensión de huérfano.

orfebre com. Persona que hace orfebrería.

orfebrería f. Obra de oro o de plata. || Oficio de orfebre.

orfeón m. Agrupación coral.

organdí m. Tejido de algodón.

orgánico, ca adj. Relativo a los órganos o a los organismos animales o vegetales: *la vida orgánica*. || Dícese de las sustancias cuyo componente constante es el carbono. || *Fig.* Aplícase a la constitución de las entidades colectivas o a sus funciones: *estatutos orgánicos*. || *Química orgánica*, parte de la química dedicada al estudio del carbono. || *Basura orgánica*, desechos de materia derivada de compuestos orgánicos.

organigrama m. Gráfico de la estructura de una organización.

organismo m. Ser vivo. || Conjunto de órganos y funciones del cuerpo animal o vegetal. || *Fig.* Conjunto de oficinas, dependencias o empleos que forman un cuerpo o institución.

organista com. Persona que toca el órgano.

organización f. Acción de organizar. || Disposición de los órganos de un cuerpo. || Orden. || Apelación de ciertas instituciones internacionales: *Organización Internacional del Trabajo.*

organizador, ra adj. y s. Que organiza.

organizar v. t. Fundar, establecer: *organizar una escuela*. || Preparar: *organizar una fiesta*. || — V. pr. Tomar una forma regular. || Arreglarse: *yo sé organizarme*. || Formarse: *se organizó un desfile.*

órgano m. *Mús.* Instrumento de viento de grandes dimensiones con tubos donde se produce el sonido y un teclado. || Parte del cuerpo animal o vegetal que ejerce una función. || En las máquinas, aparato elemental que transmite o guía un movimiento.

|| *Fig.* Medio, conducto. || Periódico portavoz de un grupo.

orgasmo m. Fin del placer sexual.

orgía f. Festín. || *Fig.* Desenfreno.

orgullo m. Exceso de estimación propia. || *Fig.* Cosa o persona de la cual la gente está muy ufana.

orgulloso, sa adj. y s. Que tiene orgullo.

orientación f. Acción de orientar u orientarse.

oriental adj. De Oriente. || — Adj. y s. De Oriente. || De Morona-Santiago, Zamora-Chinchipe, Napo y Pastaza (Ecuador), de Oriente (Cuba) o del Uruguay. || — M. pl. Los pueblos de Oriente.

orientar v. t. Situar una cosa en posición determinada respecto a los puntos cardinales: *orientar un edificio.* || Dirigir. || — V. pr. *Fig.* Estudiar bien las circunstancias: *orientarse en un asunto.* || Dirigirse hacia un lugar.

oriente m. Punto cardinal del horizonte por donde sale el Sol. || Asia y regiones inmediatas de África y Europa. || Brillo de las perlas. || Nombre que dan los masones a las logias de provincias. || — *Cercano* o *Próximo Oriente*, dícese del conjunto de países del Mediterráneo oriental (Turquía, Siria, Líbano, Israel y Egipto). || *Extremo* o *Lejano Oriente*, China, Japón, Corea, Vietnam, Laos, Kampuchea o Camboya, Insulindia y Siberia Oriental. || *Gran Oriente*, logia central masónica de un país. || *Oriente Medio*, Iraq, Arabia, Irán, India, Paquistán y Afganistán.

orificio m. Agujero.

origen m. Principio de una cosa. || Causa, motivo. || Ascendencia, clase social de donde procede una persona. || Patria: *de origen español.* || Etimología.

original adj. Relativo al origen. || Que no es copia o imitación. || Que parece haberse producido por primera vez: *idea original.* || Singular, extraño, raro: *un hombre muy original.* (ú. t. c. s.). || — M. Manuscrito primitivo del que se sacan copias. || Manuscrito que se da a la imprenta.

originalidad f. Calidad de original.

originar v. t. Dar origen o lugar, ser causa. || — V. pr. Traer una cosa su principio u origen de otra.

orilla f. Borde de una superficie. || Parte de tierra contigua a un río, mar, etc. || Acera de las calles. || — Pl. *Arg.* y *Méx.* Afueras de una población.

orillar v. t. Evitar, sortear una dificultad.

orillero, ra adj. y s. *Amer.* De las afueras de una población.

orín m. Herrumbre.

orina f. Secreción de los riñones que se acumula en la vejiga y se expele por la uretra.

orinal m. Recipiente para la orina.

orinar v. i. Echar fuera o hacer salir del cuerpo la orina (ú. t. c. pr.). || — V. t. Echar fuera por la uretra cualquier otro líquido: *orinar sangre.*

oriundo, da adj. Que viene de algún lugar.

orla f. Adorno que rodea una cosa.

orlar v. t. Adornar con orla.

ornamentación f. Adorno.

ornamentar v. t. Adornar.

ornamento m. Adorno.

ornar v. t. Adornar.

ornato m. Adorno.

ornitología f. Estudio de las aves.

ornitorrinco m. Mamífero de Australia.

oro m. Metal precioso de color amarillo brillante. || Color amarillo. || Cualquiera de los naipes del palo de oros. || — Pl. Palo de la baraja española,

en cuyos naipes hay monedas de oro. || *Oro negro*, petróleo.

orografía f. Estudio de las montañas. || Conjunto de los montes de un país, región, etc.

orográfico, ca adj. Relativo a la orografía.

orondo, da adj. Presuntuoso, satisfecho de sí mismo.

oropel m. Cosa de apariencia y escaso valor.

orquesta f. Conjunto de músicos que ejecutan una obra instrumental.

orquestación f. Acción y efecto de orquestar.

orquestar v. t. Instrumentar para orquesta.

orquidáceo, a adj. y s. f. Dícese de una familia de plantas con hermosas flores.

orquídea f. Planta orquidácea. || Su flor.

ortiga f. Planta urticácea.

ortodoxia f. Calidad de ortodoxo.

ortodoxo, xa adj. Conforme con cualquier doctrina considerada como la única verdadera (ú. t. c. s.). || *Iglesia ortodoxa*, nombre de las Iglesias cristianas orientales separadas de Roma desde 1054.

ortografía f. Manera de escribir correctamente.

ortografiar v. t. Escribir según la ortografía.

ortográfico, ca adj. Relativo a la ortografía.

ortopedia f. Arte de corregir las deformaciones del cuerpo humano.

ortopédico, ca adj. De la ortopedia.

ortópteros m. pl. Orden de insectos masticadores como la langosta, el grillo, etc. (ú. t. c. adj.).

oruga f. Larva de los insectos que se alimenta de vegetales. || Banda sin fin compuesta de placas metálicas articuladas e interpuesta entre el suelo y las ruedas de un vehículo (ú. t. c. adj.).

orujo m. Residuo de la uva o de la aceituna una vez exprimidas.

orureño, ña adj. y s. De Oruro (Bolivia).

orzuelo m. Divieso en los párpados.

os, dativo y acusativo plural del pronombre de segunda persona en ambos géneros: *os amé.*

Os, símbolo químico del *osmio.*

osa f. Hembra del oso.

osadía f. Atrevimiento, valor.

osado, da adj. y s. Atrevido.

osamenta f. Esqueleto.

osar v. i. Atreverse a algo.

osario m. Lugar para enterrar los huesos.

oscense adj. y s. De Huesca (España).

oscilación f. Balanceo.

oscilar v. i. Moverse alternativamente un cuerpo de un lado a otro. || *Fig.* Variar: *los precios oscilan.* | Crecer y disminuir alternativamente la intensidad de algunos fenómenos. | Vacilar.

ósculo m. Beso.

oscurantismo m. Oposición a la difusión de la instrucción entre el pueblo.

oscurantista adj. y s. Del oscurantismo.

oscurecer v. t. Privar de luz. || Debilitar el brillo. || *Fig.* Quitar claridad a la mente. || — V. i. Anochecer. || — V. pr. Nublarse el cielo, la vista.

oscurecimiento m. Acción y efecto de oscurecer.

oscuridad f. Falta de luz o de claridad. || Sitio sin luz. || *Fig.* Humildad, bajeza en la condición social.

oscuro, ra adj. Que no tiene luz o claridad. || De color casi negro: *color oscuro.* || Que carece de brillo. || Nublado: *día oscuro.* || De noche: *llegamos ya oscuro.* || *Fig.* Poco conocido, humilde. | Confuso, incomprensible: *estilo oscuro.* | Turbio: *proyectos oscuros.* | Incierto: *porvenir muy oscuro.*

óseo, a adj. Del hueso.

osezno m. Cachorro del oso.

osmio m. Metal raro (Os).

ósmosis f. Paso de líquidos de distinta densidad a través de una membrana porosa que los separa. ‖ *Fig.* Influencia recíproca entre dos personas.

oso m. Mamífero carnicero plantígrado. ‖ *Fig.* Hombre peludo y feo. | Hombre poco sociable.

osornino, na adj. y s. De Osorno (Chile).

ostensible adj. Manifiesto, visible.

ostensivo, va adj. Que muestra algo.

ostentación f. Acción de ostentar.

ostentar v. t. Mostrar o hacer patente una cosa. ‖ Hacer gala de grandeza, lucimiento y boato.

ostentoso, sa adj. Magnífico, lujoso. ‖ Claro.

ostión m. Ostra grande.

ostionería f. *Méx.* Restaurante especializado en ostiones y otros moluscos.

ostra f. Molusco lamelibranquio comestible que vive adherido a las rocas.

ostracismo m. Destierro político.

ostrero, ra adj. Relativo a las ostras. ‖ — M. y f. Persona que vende ostras.

ostrícola adj. De la cría y conservación de las ostras.

ostricultor, ra m. y f. Persona que se dedica a la ostricultura.

ostricultura f. Cría de ostras.

ostrogodo, da adj. Perteneciente o relativo a un antiguo pueblo germánico que formaba parte de los godos. ‖ — M. y f. Persona de este pueblo.

otalgia f. Dolor de oídos.

otaria f. Mamífero parecido a la foca.

otario, ria adj. *Arg.* Tonto. | Incauto.

otear v. t. Dominar desde lo alto (ú. t. c. i.).

otero m. Cerro aislado.

otitis f. Inflamación del oído.

otomano, na adj. Turco (ú. t. c. s.).

otomí adj. y s. m. Dícese de una de las lenguas de México, la más importante después del náhuatl. ‖ — M. Indio de México en los estados de Querétaro, Guanajuato, en el NO. del de Hidalgo y parte del de México.

otoñal adj. Del otoño.

otoño m. Estación del año que, en el hemisferio boreal, dura del 23 de septiembre al 21 de diciembre y, en el austral, del 21 de marzo al 21 de junio. ‖ *Fig.* Edad madura: *el otoño de la vida.*

otorgador, ra adj. Que otorga (ú. t. c. s.).

otorgamiento m. Concesión.

otorgar v. t. Conceder, dar.

otorrino, na m. y f. Otorrinolaringólogo.

otorrinolaringología f. Parte de la medicina que trata de las enfermedades del oído, nariz y laringe.

otorrinolaringólogo, ga m. y f. Especialista en otorrinolaringología.

otro, tra adj. Distinto: *otra máquina.* ‖ Semejante: *es otro Cid.* ‖ Anterior: *otro día, año.* ‖ — Pron. Persona distinta: *unos iban, otros venían.*

otrora adv. En otro tiempo.

output [autput] m. (pal. ingl.). En economía, producción. ‖ En informática, salida de un computador.

ovación f. Aplauso ruidoso del público.

ovacionar v. t. Aclamar, aplaudir.

oval y **ovalado, da** adj. De forma de óvalo.

ovalar v. t. Dar forma de óvalo.

óvalo m. Figura plana, oblonga y curvilínea.

ovario m. Glándula genital femenina en la que se forman los óvulos y que segrega varias hormonas.

oveja f. Hembra del carnero. ‖ *Amer.* Llama, mamífero. ‖ — *Fig. Oveja descarriada*, persona que no sigue el buen ejemplo. ‖ ‖ *Oveja negra*, persona que en una familia o colectividad desdice de las demás.

overo, ra adj. y s. *Amer.* Dícese del animal blanco con manchas extensas de otro color.

overol m. (pal. deriv. de la inglesa *overall*). *Amer.* Mono de trabajo o deportivo.

ovetense adj. y s. De Oviedo (España).

óvidos m. pl. Familia de rumiantes como los carneros, cabras, etc.

oviducto m. *Anat.* Conducto por el que salen los óvulos para ser fecundados.

ovillar v. t. Hacer ovillos. ‖ — V. pr. *Fig.* Encogerse, hacerse un ovillo.

ovillo m. Bola de hilo que se forma al devanar una fibra textil.

ovino, na adj. y s. m. Aplícase al ganado lanar.

ovíparo, ra adj. y s. Que pone huevos.

ovni m. Nombre con el que se designan los objetos celestes de origen misterioso que algunos pretenden haber visto volar en la atmósfera.

ovovíparo, ra adj. *Zool.* Aplícase a los animales ovíparos cuyos huevos permanecen en el cuerpo de la madre hasta avanzado el desarrollo del embrión.

ovulación f. Desprendimiento natural de un óvulo en el ovario.

óvulo m. Célula sexual femenina destinada a ser fecundada.

oxidación f. Formación del óxido. ‖ Estado de oxidado.

oxidante adj. Que oxida (ú. t. c. s. m.).

oxidar v. t. Transformar por la acción de un oxidante (ú. t. c. pr.). ‖ Poner mohoso (ú. t. c. pr.).

óxido m. Combinación de oxígeno y un radical.

oxigenación f. Acción y efecto de oxigenar u oxigenarse: *una cura de oxigenación.*

oxigenado, da adj. Que contiene oxígeno: *agua oxigenada.* ‖ Rubio con agua oxigenada: *pelo oxigenado.*

oxigenar v. t. Combinar el oxígeno formando óxidos. ‖ Decolorar el pelo con oxígeno (ú. t. c. pr.). ‖ — V. pr. *Fig.* Respirar al aire libre.

oxígeno m. Metaloide gaseoso, elemento principal del aire, cuyo símbolo es O.

oxigenoterapia f. Tratamiento medicinal mediante inhalaciones de oxígeno.

oyamel m. *Méx.* Árbol que produce trementina y cuya madera se aprovecha.

oyente adj. Que oye. ‖ Dícese del alumno asistente a una clase sin estar matriculado (ú. t. c. s.). ‖ — Com. Auditores.

ozono m. Cuerpo gaseoso, de color azul, formado por tres átomos de oxígeno. ‖ *Capa de ozono*, franja de la atmósfera donde se concentra el ozono y sirve de filtro para los rayos ultravioleta.

ozonosfera f. Capa de la atmósfera, entre 15 y 40 km de altura, que contiene ozono.

p

p f. Decimoséptima letra que figura en el alfabeto castellano. || — **P**, símbolo químico del *fósforo*.

pabellón m. Edificio construido para un fin determinado. || Vivienda para militares, funcionarios, etc. || Bandera nacional: *pabellón argentino*. || *Fig.* Nación a la que pertenece un barco mercante. || Parte exterior de la oreja.

pabilo m. Mecha de una vela.

paca f. Mamífero roedor americano del tamaño de una liebre.

pacato, ta adj. y s. Tranquilo.

paceño, ña adj. y s. De La Paz (Bolivia, Honduras y El Salvador).

pacer v. i. Comer hierba el ganado en prados.

pachá m. Bajá. || Persona que vive muy bien.

pachamama f. *Amer.* Divinidad inca que representa la madre tierra.

pachamanca f. *Amer.* Carne asada entre piedras.

pachanga f. *Méx.* Diversión ruidosa. | Desorden. | Borrachera. | Cierto baile.

pachón, ona adj. y s. Dícese de un perro de caza.

pachorra f. *Fam.* Flema.

pachorrudo, da adj. y s. Flemático, indolente.

paciencia f. Virtud del que sabe sufrir con resignación. || Capacidad para esperar con tranquilidad.

paciente adj. Que tiene paciencia. || Sufrido. || — M. Sujeto que recibe la acción del agente. || — Com. Enfermo.

pacificación f. Obtención de la paz.

pacificador, ra adj. y s. Que pacifica.

pacificar v. t. Obtener la paz. || — V. pr. Sosegarse, calmarse.

pacífico, ca adj. Amigo de la paz. || Tranquilo: *temperamento pacífico*. || Que transcurre en paz.

pacifismo m. Condena de la guerra.

pacifista adj. Relativo al pacifismo. || Partidario de él (ú. t. c. s.).

pactar v. t. e i. Comprometerse a cumplir algo.

pacto m. Convenio o concierto entre dos o más personas o entidades. || Tratado.

padecer v. t. e i. Sentir física y moralmente un daño o dolor. || Soportar. || Sufrir.

padecimiento m. Sufrimiento.

padrastro m. Marido de la madre respecto de los hijos llevados en matrimonio. || *Fig.* Mal padre. || Pedazo de pellejo que se levanta junto a las uñas.

padre m. El que tiene uno o varios hijos. || *Teol.* Primera persona de la Santísima Trinidad. || Nombre que se da a ciertos religiosos y a los sacerdotes: *el padre Bartolomé de las Casas*. || *Fig.* Origen, principio: *el ocio es padre de todos los vicios.* || — Pl. El padre y la madre: *mañana iré a ver a mis padres.* || — *Padre espiritual*, confesor. || *Padre eterno*, Dios. || *Padre de familia*, cabeza de una casa o familia. || *Padre nuestro*, la oración dominical. || *Padre político*, suegro. || *Santo Padre*, el Sumo Pontífice. || — Adj. *Fam.* Muy grande, extraordinario: *llevarse un susto padre*.

padrino m. Hombre que asiste a otro a quien se administra un sacramento: *padrino de pila, de boda*. || El que presenta y acompaña a otro que recibe algún honor, grado, etc. || *Fig.* Protector. || — Pl. El padrino y la madrina.

padrón m. Lista de vecinos de una población.

paella f. Plato de arroz con carne y pescado.

paga f. Acción de pagar. || Sueldo: *hoja de paga*.

pagadero, ra adj. Que se ha de pagar.

pagaduría f. Oficina donde se paga.

paganismo m. Estado de no ser cristiano.

pagano, na adj. y s. Dícese del que no es cristiano. || *Fam.* Dícese de la persona que paga.

pagar v. t. e i. Dar uno a otro lo que le debe: *pagar el sueldo*. || Dar cierta cantidad por lo que se compra o disfruta. || Satisfacer una deuda, impuesto, etc. || Costear: *pagar los estudios*. || *Fig.* Corresponder: *un amor mal pagado*. || Expiar: *pagar un crimen*. || — *Pagar al contado, a crédito o a plazos*, pagar inmediatamente, poco a poco. || *Fam. Pagar el pato* o *los vidrios rotos* o *los platos rotos*, sufrir las consecuencias de un acto ajeno.

pagaré m. Obligación escrita de pagar en un tiempo determinado: *un pagaré a sesenta días*.

página f. Cada una de las dos planas de la hoja de un libro o cuaderno. || Lo escrito o impreso en cada una de ellas. || *Fig.* Suceso, lance o episodio.

paginar v. t. Numerar páginas.

pago m. Acción de pagar. || Cantidad que se da para pagar algo. || *Fig.* Satisfacción, recompensa o lo que uno se merece: *el pago de la gloria*. || Finca o heredad. || *Amer.* País o pueblo.

pagoda f. Templo en Oriente.

paila f. Vasija de metal a modo de sartén. || *Amer.* Machete para cortar la caña de azúcar.

pailero, ra m. y f. *Ecuad.* y *Méx.* Persona que fabrica, repara o vende pailas u otros objetos semejantes. || *Amér. C., Méx.* y *Venez.* Persona que se sirve de la paila en los ingenios de azúcar.

país m. Territorio que forma una entidad geográfica o política.

paisaje m. Porción de terreno considerada en su aspecto artístico. || Pintura o dibujo que representa el campo, un río, bosque, etc.

paisajista adj. y s. Aplícase al pintor de paisajes.

paisano, na adj. y s. Del mismo país o lugar que otro. || *Méx.* Español. || — M. y f. *Provinc.* y *Amer.* Campesino. || — M. El que no es militar. || *Traje de paisano*, el que no es un uniforme.

paja f. Caña de las gramíneas después de seca y separada del grano. || Tubito hecho con esta gramínea u otra materia para sorber líquidos. || *Amér. C.* Grifo. || *Amér. C.* Paja de agua, conducto de agua que llega a una edificación.

pajar m. Almacén de paja.

pájaro m. Cualquiera de las aves terrestres de tamaño pequeño, como el tordo, el gorrión. || *Fig.* Persona que es muy astuta o muy mala.

pajarraco m. Pájaro grande. || Persona muy mala.

paje m. Joven noble que servía a un caballero.

pajero m. *Amér. C.* Fontanero.

pajizo, za adj. De color de paja.

pala f. Instrumento compuesto de una plancha de hierro, más o menos combada, prolongada por un mango. || Contenido de este instrumento. || Hoja metálica de la azada. || Tabla con mango para jugar a la pelota vasca, al béisbol. || Raqueta: *pala de ping-pong.* || Parte plana del remo. || Cada uno de los elementos propulsores de una hélice. || Lo ancho y plano de los dientes.

palabra f. Sonido o conjunto de sonidos que designan una cosa o idea. || Representación gráfica de estos sonidos. || Facultad de hablar: *perder la palabra.* || Promesa: *dar su palabra.* || Derecho para hablar en las asambleas: *hacer uso de la palabra.* || — Pl. Texto de un autor. || — *De palabra,* verbalmente. || *Palabras cruzadas,* crucigrama. || *Palabras mayores,* las injuriosas.

palabrear v. t. *Bol.* y *Chil.* Insultar. || *Bol., Chil., Col., Cub., Ecuad.* y *Per.* Tratar algún asunto verbalmente.

palabreo m. Acción de hablar mucho y en vano.

palabrería f. Exceso de palabras.

palabrota f. Palabra injuriosa o grosera.

palacete m. Casa lujosa.

palaciego, ga adj. Relativo a palacio.

palacio m. Casa suntuosa.

paladar m. Parte interior y superior de la boca. || *Fig.* Capacidad para apreciar el sabor.

paladear v. t. Saborear.

paladín m. Defensor acérrimo.

palafito m. Vivienda lacustre.

palanca f. Barra rígida, móvil alrededor de un punto de apoyo, que sirve para transmitir un movimiento, para levantar grandes pesos. || Plataforma flexible al borde de una piscina para efectuar saltos. || *Fig.* Apoyo, influencia. || *Palanca de mando,* barra para manejar un avión.

palangana f. Recipiente ancho y poco profundo para lavarse. || — Com. *Arg.* y *Per.* Fanfarrón.

palapa f. *Méx.* Construcción abierta con techo de palma.

palatal adj. Del paladar: *bóveda palatal.* || Dícese de las vocales o consonantes cuya articulación se forma en cualquier punto del paladar, como la *i,* la *e,* la *ll,* la *ñ* (ú. t. c. s. f.).

palatino, na adj. Del paladar o del palacio.

palco m. En los teatros y plazas de toros, departamento con balcón donde hay varios asientos.

palenque m. Sitio cercado donde se celebra una función pública, torneo, etc. || *Riopl.* Estaca para atar los animales. || *Fig.* Sitio donde se combate.

palentino, na adj. y s. De Palencia (España).

paleoceno, na adj. Del primer período de la era terciaria, entre 65 y 55 millones de años (ú. t. c. s. m.).

paleolítico, ca adj. y s. m. Aplícase al período de la edad de piedra tallada.

paleontología f. Tratado de los seres orgánicos cuyos restos o vestigios se encuentran fósiles.

paleozoico adj. y s. m. Aplícase al segundo período de la historia de la Tierra.

palestino, na adj. y s. De Palestina.

palestra f. Sitio donde se lidia o lucha.

paleta f. Pala pequeña. || Tabla pequeña con un agujero por donde se introduce el pulgar y en la cual el pintor tiene preparados los colores que usa. || Espátula. || Utensilio de cocina a modo de pala. || Badila para revolver la lumbre. || Llana de albañil. || Raqueta de ping-pong. || *Anat.* Paletilla. || Álabe de la rueda hidráulica. || Pala de hélice, ventilador, etc. || *Méx.* Caramelo montado sobre un palo.

paletilla f. *Anat.* Omóplato.

paliacate m. *Méx.* Pañuelo grande.

paliar v. t. Encubrir, disimular. || Disculpar.

paliativo, va adj. y s. m. Que puede paliar.

palidecer v. i. Ponerse pálido.

palidez f. Calidad de pálido.

pálido, da adj. Amarillo, macilento. || *Fig.* Falto de colorido o expresión.

palillo m. Varilla en que se encaja la aguja de hacer media. || Mondadientes de madera. || Bolillo para hacer encaje. || Cada una de las dos varitas para tocar el tambor. || — Pl. Varitas que usan los asiáticos para comer. || Espátulas de escultor. || Castañuelas.

palimpsesto m. Manuscrito antiguo.

palio m. Dosel portátil.

palique m. *Fam.* Conversación.

paliza f. Conjunto de golpes: *pegar una paliza.* || *Fig.* Trabajo o esfuerzo grandes. | Derrota.

palizada f. Valla de estacas.

palla f. *Amer.* Mujer inca de sangre.

palma f. Palmera. || Hoja de este árbol. || Datilera. || Palmito. || Parte interna de la mano desde la muñeca hasta los dedos. || — Pl. Palmadas, aplausos.

palmáceo, a adj. y s. f. Dícese de ciertas plantas de grandes hojas. || — F. pl. Familia que forman.

palmada f. Aplauso.

palmar adj. De la palma de la mano. || *Fig.* Claro, manifiesto. || — M. Sitio donde se crían palmas.

palmar v. i. *Fam.* Morir.

palmarés m. (pal. fr.). Historial, hoja de servicios.

palmario, ria adj. Patente.

palmatoria f. Candelero bajo.

palmeado, da adj. Con forma de palma. || *Zool.* Aplícase a los animales con los dedos unidos por una membrana.

palmera f. Árbol palmáceo cuyo fruto es el dátil.

palmípedo, da adj. y s. f. Dícese de las aves que tienen las patas palmeadas, como el ganso.

palmireño, ña adj. y s. De Palmira (Colombia).

palmito m. Planta con cuyas hojas se hacen escobas y esteras. || Tallo blanco y comestible de esta planta. || *Fig.* Cara bonita de una mujer.

palmo m. Medida de longitud (21 cm), equivalente al largo de la mano extendida.

palo m. Trozo de madera cilíndrico. || Golpe dado con este objeto. || Madera: *cuchara de palo.* || Estaca, mango: *el palo de la escoba.* || *Taurom.* Banderilla. || *Mar.* Mástil del barco. || Cada una de las cuatro series de naipes de la baraja: *palo de oros, de bastos, de copas, de espadas.* || *Méx.* Palo blanco, nombre dado a varias plantas. || *Palo de rosa,* madera de un árbol americano muy estimada en ebanistería. || *Méx.* Palo fierro, árbol de madera muy dura.

paloma f. Ave doméstica. ‖ *Fig.* Persona muy bondadosa. ‖ Símbolo de la paz. ‖ Aguardiente con agua. ‖ *Méx.* Canción típica del país. ‖ *Méx.* Signo de aprobación (✓). ‖ *Paloma torcaz*, especie de paloma silvestre.

palomar m. Edificio donde se crían las palomas.

palomilla f. Especie de soporte de madera para mantener tablas, estantes, etc. ‖ Palometa, tuerca. ‖ Aguardiente anisado con agua. ‖ *Chil., Hond.* y *Méx.* Polilla. ‖ Pandilla.

palomita f. Roseta de maíz. ‖ Anís con agua.

palomo m. Macho de la paloma.

palote m. Trazo recto que hacen los niños en el colegio para aprender a escribir.

palpable adj. Manifiesto, evidente.

palpar v. t. Tocar con las manos. ‖ *Fig.* Notar.

palpitación f. Latido.

palpitante adj. Que palpita.

palpitar v. i. Contraerse y dilatarse alternativamente: *el corazón palpita.* ‖ *Fig.* Manifestarse.

palta f. *Amer.* Aguacate, fruto.

palto m. *Amer.* Aguacate, árbol.

palúdico, ca adj. Dícese de la fiebre causada por el microbio procedente de los terrenos pantanosos y transmitido por el anofeles. ‖ Que padece paludismo (ú. t. c. s.).

paludismo m. Enfermedad del que padece fiebres palúdicas.

palurdo, da adj. y s. Rústico, campesino.

pamba f. *Méx.* Tunda, felpa, paliza.

pampa f. Llanura extensa de América Meridional desprovista de vegetación arbórea. ‖ — Adj. y s. *Arg.* Indio de origen araucano de la Pampa.

pámpano m. Sarmiento de la vid. ‖ Pez marino con rayas en el cuerpo, apreciado por su carne.

pampeano, na adj. y s. Pampero.

pampear v. i. *Amer.* Recorrer la pampa.

pampeño, ña adj. De la pampa.

pamperada f. Viento pampero.

pampero, ra adj. De las pampas. ‖ Dícese del habitante de las pampas (ú. t. c. s.). ‖ Aplícase al viento impetuoso y frío de las pampas (ú. t. c. s. m.).

pamplina y **pamplinada** f. Tontería.

pamplonés, esa y **pamplonica** adj. y s. De Pamplona (España).

pan m. Alimento hecho de harina amasada y cocida en el horno. ‖ Alimento en general. ‖ *Amér. C.* y *Méx. Pan de caja*, pan de elaboración industrial, por lo común de miga, cortado y envasado. ‖ *Arg. Pan lactal* (marca registr.), pan blanco de elaboración industrial enriquecido con leche.

pana f. Tela de algodón fuerte acanalada. ‖ *Fam. Ecuad., P. Rico* y *Venez.* Amigo, compañero.

panacea f. Medicamento que se creía podía curar todas las enfermedades. ‖ *Fig.* Solución que puede aplicarse a cualquier problema.

panadería f. Establecimiento donde se hace o vende el pan.

panadero, ra m. y f. Persona que hace o vende pan.

panadizo m. Inflamación de los dedos, principalmente junto a la uña.

panal m. Conjunto de celdillas de cera que forman las abejas para depositar en ellas la miel.

panamá m. Sombrero de paja muy flexible.

panameñismo m. Locución, modo de hablar y palabra propios de los panameños. ‖ Condición de panameño(a).

panameño, ña adj. y s. De Panamá. ‖ — M. Modalidad del castellano hablado en Panamá.

panamericanismo m. Doctrina que preconiza las relaciones entre los países americanos.

panamericanista adj. Del panamericanismo. ‖ Partidario de él (ú. t. c. s.).

panamericano, na adj. Relativo a toda América.

pancarta f. Cartel, letrero.

panceta f. Tira de tocino.

páncreas m. Glándula abdominal detrás del estómago cuyo jugo contribuye a la digestión.

panda m. Mamífero parecido al oso. ‖ *Fam.* Pandilla.

pandear v. i. Torcerse una cosa (ú. t. c. pr.).

pandeo m. Alabeo, combadura.

pandereta f. Pandero.

pandero m. Instrumento de percusión formado por una piel sujeta a un aro con sonajas.

pandilla f. Conjunto de personas, generalmente jóvenes, que se reúnen para divertirse juntas.

pandino, na adj. y s. De Pando (Bolivia).

panegírico adj. De alabanza. ‖ — M. Loa.

panegirista com. Persona que hace elogios.

panegirizar v. t. Elogiar.

panel m. Cada uno de los compartimientos en que se dividen los lienzos de pared, las hojas de puertas, etc. ‖ Tabla de madera en que se pinta. ‖ Tablero indicador en las estaciones y aeropuertos. ‖ Material prefabricado de grandes dimensiones y poco espesor que sirve para separar o dividir un espacio construido. ‖ Especie de cartelera de grandes dimensiones. ‖ Técnica de encuesta que consiste en repetir a intervalos de tiempo más o menos largos las mismas preguntas a las mismas personas. ‖ Grupo de estas personas.

panera f. Cesta del pan.

pánfilo, la adj. y s. Muy tranquilo. ‖ Tonto, bobo.

panfletista m. Libelista.

panfleto m. Libelo.

pánico m. Terror, miedo grande.

panificación f. Transformación en pan.

panificadora f. Instalación para hacer pan.

panificar v. t. Transformar harina en pan.

panocha o **panoja** f. Mazorca.

panorama m. Vista de conjunto.

panorámico, ca adj. Relativo al panorama: *vista panorámica.* ‖ *Fig.* Global, de conjunto.

panqué o **panqueque** m. *Amer.* Especie de tortilla hecha con harina y azúcar.

pantaletas f. pl. *Amer.* Bragas.

pantalla f. Lámina de diversas formas que se coloca delante o alrededor de la luz. ‖ Telón blanco sobre el cual se proyectan imágenes cinematográficas o diapositivas, o parte delantera de los televisores donde aparecen las imágenes. ‖ *Por ext.* Cinematógrafo: *actriz de la pantalla.* ‖ *Fig.* Persona que encubre a otra. ‖ *La pantalla pequeña*, la televisión.

pantalón m. Prenda dividida en dos piernas que cubre desde la cintura hasta los tobillos.

pantano m. Hondonada natural donde se acumulan aguas. ‖ Embalse.

pantanoso, sa adj. Cenagoso.

panteísmo m. Sistema según el cual Dios se identifica con el mundo.

panteísta adj. y s. Seguidor del panteísmo.

panteón m. Templo consagrado por los griegos y romanos a todos sus dioses. ‖ Monumento funerario donde se entierran varias personas.

pantera f. Leopardo de manchas anilladas.

pantomima f. Arte de expresarse por medio de gestos y movimientos, sin recurrir a la palabra. ‖ Representación teatral sin palabras.

pantorrilla f. Pierna debajo de la corva.

pantufla f. Zapatilla.

panucho m. *Méx.* Tortillas de maíz unidas por el borde y rellenas de frijoles y carne.

panza f. Barriga.

pañal m. Trozo de tela de varias formas en que se envuelve a los recién nacidos. ‖ Faldón de la camisa del hombre. ‖ — Pl. Principios de una cosa: *una cultura aún en pañales*.

paño m. Tejido de lana tupida. ‖ Tela. ‖ Ancho de una tela. ‖ Tapiz o colgadura. ‖ Trapo para limpiar. ‖ Cada una de las divisiones de una mesa de juego. ‖ Impureza que empaña el brillo de una cosa.

pañuelo m. Pedazo de tela pequeño y cuadrado para diferentes usos, para limpiarse las narices.

papa m. Sumo pontífice de la Iglesia católica.

papa f. Patata: *la palabra papa es mucho más empleada en América que patata*. ‖ *Fam.* Comida.

papá m. *Fam.* Padre.

papada f. Carne debajo de la barba.

papado m. Pontificado.

papagayo m. Ave de plumaje amarillento verde y encarnado.

papal adj. Relativo al papa. ‖ — M. *Amer.* Plantío de papas.

papalote m. *Guat.* y *Méx.* Cometa.

papanatas m. inv. *Fam.* Bobo.

paparrucha f. Mentira: *contar paparruchas*.

papaveráceo, a adj. y s. f. Dícese de las plantas herbáceas como la adormidera.

papaverina f. Alcaloide del opio.

papaya f. Fruta del papayo.

papayo m. Arbolillo tropical.

papel m. Hoja delgada fabricada con toda clase de sustancias vegetales molidas que sirve para escribir, imprimir, envolver, etc. ‖ Pliego, hoja, escrito o impreso. ‖ Parte de la obra que representa cada actor de cine o teatro. ‖ *Fig.* Función, empleo: *tu papel es obedecer*. ‖ Dinero en billetes de banco. ‖ Conjunto de valores mobiliarios. ‖ *Fam.* Periódico. ‖ — Pl. Documentación, lo que acredita la identidad de una persona: *tener los papeles en regla*. ‖ *Papel biblia*, el muy fino. ‖ *Papel carbón*, el usado para sacar copias. ‖ *Papel cebolla*, el muy fino. ‖ *Papel de estaño o de plata*, laminilla de este metal que se usa para envolver y conservar ciertos productos. ‖ *Papel del Estado*, documento de crédito emitido por el Gobierno. ‖ *Papel de lija*, el fuerte para pulir. ‖ *Papel moneda*, el creado por el Estado para reemplazar la moneda metálica.

papeleo m. Acción de revolver papeles. ‖ Gran cantidad de papeles inútiles. ‖ Trámites para resolver un asunto.

papelera f. Fábrica de papel. ‖ Cesto para arrojar los papeles.

papelería f. Tienda de objetos de escritorio.

papeleta f. Cédula, resguardo: *papeleta de empeño*. ‖ Papel pequeño que lleva algo escrito: *papeleta de voto*. ‖ Pregunta, sacada por sorteo, a la que el candidato a un examen debe responder. ‖ *Fig.* y *fam.* Asunto difícil: *se me presentó una papeleta difícil de arreglar*. ‖ Cosa molesta, pesada.

papera f. Bocio. ‖ — Pl. Inflamación de la parótida.

papi m. *Fam.* Papá.

papiamento m. Lengua criolla de Curazao.

papila f. Prominencia más o menos saliente de la piel y las membranas mucosas.

papilionáceo, a adj. Aplícase a las plantas leguminosas de corola amariposada (ú. t. c. s. f.).

papilla f. Comida de niños, hecha con harina, patatas u otras féculas, cocida en agua o en leche.

papiro m. Planta cuya médula empleaban los antiguos para escribir. ‖ Hoja de papiro escrita.

papiroflexia f. Arte de doblar el papel para darle forma de objetos o animales.

papirusa f. *Arg.* Muchacha linda.

paprika f. Especie de pimentón picante.

paquete m. Lío o envoltorio: *paquete de cigarrillos*. ‖ *Fig.* Conjunto de medidas. ‖ Persona que va en el sidecar de una moto. ‖ *Pop.* Cosa pesada y fastidiosa: *¡vaya un paquete!* Castigo. ‖ — Adj. *Arg.* Presumido, elegante. ‖ — *Guat.* y *Méx. Darse paquete*, darse tono. ‖ *Fam.* y *Mil. Meter un paquete*, reprender. ‖ *Paquete postal*, el que se envía por correo.

paquetear v. i. *Fam. Arg.* Ir bien vestido, fardar.

paquidermo adj. y s. m. Aplícase a los animales de piel muy gruesa y dura, como el elefante, el rinoceronte y el hipopótamo.

paquistaní adj. y s. Del Paquistán.

par adj. Igual, semejante en todo. ‖ *Mat.* Exactamente divisible por dos: *seis es un número par*. ‖ — M. Conjunto de dos personas o cosas de la misma clase: *un par de zapatos*. ‖ Objeto compuesto de dos piezas idénticas: *un par de tijeras*. ‖ Título de alta dignidad en ciertos países: *Cámara de los pares en Inglaterra*. ‖ Conjunto de dos fuerzas iguales, paralelas y de sentido contrario. ‖ Igualdad del cambio de monedas entre dos países.

para prep. Indica varias relaciones: Término de un movimiento: *salió para Madrid*. ‖ Término de un transcurso de tiempo: *faltan tres días para mi cumpleaños*. ‖ Duración: *alquilar un coche para una semana*. ‖ Destino o fin de una acción: *trabajar para ganarse la vida*. ‖ Aptitud o competencia: *ser capaz para los negocios*. ‖ Comparación o contraposición: *es un buen piso para el alquiler que paga*. ‖ Motivo suficiente: *lo que ha hecho es para pegarle*. ‖ Estado físico o de ánimo: *no estoy para bromas*. ‖ Inminencia de una acción: *estoy para marcharme*. ‖ Intención: *está para dimitir*.

parabién m. Felicitación.

parábola f. Narración de la que se deduce una enseñanza moral. ‖ Línea curva cuyos puntos son todos equidistantes de un punto fijo llamado *foco*, y de una recta igualmente llamada *directriz*.

parabólico, ca adj. De la parábola.

parabrisas m. inv. Cristal al frente de los automóviles para proteger del viento.

paraca f. *Amer.* Viento fuerte del Pacífico.

paracaídas m. inv. Saco de tela que se abre automáticamente o por la acción del hombre cuando un cuerpo cae desde gran altura.

paracaidismo m. Lanzamiento de un avión en vuelo con paracaídas. ‖ *Méx.* Ocupación indebida.

paracaidista adj. Aplícase a la persona que desciende en paracaídas (ú. t. c. s.).

parachoques m. inv. Protector de choques.

parada f. Acción de detenerse. ‖ Sitio donde se para un vehículo para dejar y recoger viajeros. ‖ Fin del movimiento de una cosa. ‖ *Mil.* Revista de tropas.

PAR

|| En ciertos deportes, detención del balón por el guardameta. || En esgrima, desviación del arma del adversario.

paradero m. Morada. || *Amer.* Apeadero.

paradigma m. Ejemplo, modelo.

parado, da adj. Que no se mueve. || Poco activo. || Sin empleo (ú. t. c. s. m.). || *Amer.* De pie, en pie.

paradoja f. Contradicción.

paradójico, ca adj. Que incluye paradoja.

parador m. Mesón, hotel.

paraestatal adj. Que coopera con el Estado sin formar parte de él.

parafernalia f. Conjunto de ritos o de cosas que rodea determinados actos o ceremonias.

parafina f. Sustancia sólida, blanca, insoluble en el agua que se extrae de los aceites del petróleo.

parafrasear v. t. Hacer la paráfrasis.

paráfrasis f. Explicación.

paragolpe o **paragolpes** m. Parachoques.

paragonar v. t. Comparar.

paraguas m. inv. Utensilio portátil para protegerse de la lluvia.

paraguayo, ya adj. De Paraguay (ú. t. c. s.). || — M. Modalidad del castellano hablado en Paraguay. || — F. Fruta parecida al pérsico.

paraguayismo m. Voz o giro usados en Paraguay. || Carácter paraguayo. || Amor al Paraguay.

paraíso m. En el Antiguo Testamento, jardín de las delicias donde colocó Dios a Adán y Eva. || En el Nuevo Testamento, cielo. || *Fig.* Lugar sumamente agradable. || *Teatr.* Localidades del piso más alto. || *Ave del Paraíso*, pájaro cuyo macho lleva un plumaje de colores vistosos.

paraje m. Lugar, sitio.

paralelepípedo m. Sólido de seis caras iguales y paralelas de dos en dos, y cuya base es un paralelogramo.

paralelismo m. Calidad de paralelo.

paralelo, la adj. *Geom.* Aplícase a las líneas o a los planos que se mantienen, cualquiera que sea su prolongación, equidistantes entre sí. || Correspondiente, correlativo, semejante: *acción paralela.* || Aplícase al mercado que, contrariamente a lo legislado, mantiene unos precios más elevados que los oficiales. || Dícese de lo que es más o menos clandestino, de las actividades que se encargan en parte las efectuadas por un organismo legal u oficial: *policía paralela.* || — F. Línea paralela a otra: *trazar paralelas.* || — F. pl. En gimnasia, aparato compuesto de dos barras paralelas. || — M. *Geogr.* Círculo del globo terrestre paralelo al ecuador. || Comparación, parangón. || Cada una de las secciones de una superficie de revolución al ser ésta cortada por planos perpendiculares a su eje.

paralelogramo m. Cuadrilátero cuyos lados opuestos son paralelos entre sí.

parálisis f. inv. Privación del movimiento de una parte del cuerpo. || *Fig.* Paralización.

paralítico, ca adj. y s. Enfermo de parálisis.

paralización f. Acción y efecto de paralizar o paralizarse. || *Fig.* Detención que experimenta una cosa dotada normalmente de movimiento.

paralizar v. t. Causar parálisis. || *Fig.* Detener, impedir la acción de una cosa o persona.

paramecio m. *Zool.* Organismo unicelular ciliado.

parámetro m. *Geom.* Cantidad distinta de la variable a la cual se puede fijar un valor numérico y que entra en la ecuación de algunas curvas, especialmente en la parábola. || *Fig.* Dato que se considera fijo en el estudio de una cuestión.

páramo m. Terreno yermo.

paranaense adj. y s. Del o relativo al río Paraná (Argentina y Paraguay).

parangón m. Comparación. || Modelo, dechado.

parangonar v. t. Comparar.

paranoia f. Cierta clase de locura.

paranoico, ca adj. Relativo a la paranoia. || Que la padece (ú. t. c. s.).

parapetarse v. pr. Resguardarse con parapetos.

parapeto m. Barandilla: *parapeto de un puente.* || Muro para protegerse del enemigo.

paraplejía f. Parálisis de la mitad inferior del cuerpo.

parapléjico, ca adj. Relativo a la paraplejía. || Enfermo de ella (ú. t. c. s.).

parar v. i. Cesar en el movimiento o en la acción: *ha parado la lluvia.* || Detenerse un vehículo público en un sitio determinado. || Acabar, ir a dar: *el camino va a parar en un bosque.* || Hospedarse: *parar en un mesón.* || Convertirse una cosa en otra diferente de la que se esperaba. || No trabajar. || Decidir. || — *Ir a parar,* llegar. || *Parar de,* cesar o dejar de. || *Sin parar,* sin descanso. || — V. t. Detener, impedir el movimiento o acción: *parar un vehículo.* || Prevenir o precaver. || Mostrar el perro la caza deteniéndose ante ella. || En deportes, detener el balón. || — V. pr. Detenerse. || *Fig.* Reparar: *pararse en tonterías.* || *Amer.* Ponerse de pie. || *Méx.* Levantarse después de dormir.

pararrayos m. inv. Aparato para proteger contra el rayo.

parásito, ta adj. y s. m. Aplícase al animal o planta que se alimenta o crece con sustancias producidas por otro a quien vive asido. || *Fig.* Dícese de la persona que vive a expensas de los demás. || *Fís.* Dícese de las interferencias que perturban una transmisión radioeléctrica.

parasitosis f. Enfermedad causada por la presencia de parásitos.

parasol m. Quitasol.

parcela f. Superficie pequeña.

parcelación f. División en parcelas.

parcelar v. t. Dividir en parcelas.

parchar v. t. Poner parche a alguna cosa.

parche m. Pedazo de tela, papel, etc., que se pega sobre una cosa para arreglarla. || Pedazo de goma para componer un neumático que se ha pinchado. || *Fig.* Cosa añadida a otra y que desentona.

parchís o **parchesi** m. Juego que se hace sobre un tablero dividido en cuatro casillas.

parcial adj. Relativo a una parte de un todo. || No completo: *eclipse parcial.* || Que procede o juzga con parcialidad, sin ecuanimidad: *autor parcial.*

parcialidad f. Falta de ecuanimidad. || Facción.

parco, ca adj. Sobrio. || Mezquino. || Moderado.

¡pardiez! interj. ¡Por Dios!

pardo, da adj. De color más o menos oscuro.

pareado m. Estrofa consonante de dos versos.

parecer m. Opinión. || Aspecto.

parecer v. i. Suscitar cierta opinión: *¿qué te parece esta novela?* || Tener cierta apariencia: *parece cansado.* || Convenir: *allá iremos si te parece.* || Existir cierta posibilidad: *parece que va a nevar.* || — V. pr. Tener alguna semejanza.

parecido, da adj. Algo semejante. || Que tiene cierto aspecto. || — M. Semejanza.

238

pared f. Obra de fábrica levantada para cerrar un espacio. || Superficie lateral de un cuerpo.

paredón m. Pared aún en pie de una ruina. || Lugar donde se realizan los fusilamientos.

pareja f. Conjunto de dos personas o cosas semejantes. || En particular, dos guardias. || Dos animales, macho y hembra. || Dos cosas que siempre van juntas: *este guante hace pareja con el otro.* || Compañero o compañera de baile. || Matrimonio o novios. || Compañero en el juego.

parejo, ja adj. Igual. || Llano.

parentela f. Conjunto de parientes.

parentesco m. Vínculo entre los parientes.

paréntesis m. Palabra o frase incidental que se intercala en el período formando sentido por sí sola. || Signo ortográfico ( ) en que suele encerrarse esta oración o frase. || *Fig.* Interrupción.

pargo m. Pez marino comestible.

paria com. Persona que no pertenece a ninguna casta.

paridad f. Igualdad o semejanza. || Comparación o símil. || Relación existente entre una unidad monetaria y su equivalencia en peso de metal.

pariente, ta m. y f. Persona unida con otra por lazos de consanguinidad. || — M. *Fam.* El marido. || — F. *Fam.* La mujer, respecto del marido.

parietal adj. y s. m. Aplícase a cada uno de los dos huesos de las partes laterales del cráneo.

parir v. i. y t. Nacer la cría que ha concebido la hembra. || *Fig.* Salir a la luz lo que estaba oculto. || — V. t. *Fig.* Producir una cosa.

parisién, parisiense y **parisino, na** adj. y s. De París (Francia).

paritario, ria adj. Dícese de un organismo o negociación en los que las dos partes son representadas por el mismo número de personas.

parlamentar v. i. Conversar. || Negociar el vencido la rendición.

parlamentario, ria adj. Relativo al Parlamento. || M. y f. Miembro de un Parlamento.

parlamento m. Asamblea que ejerce el Poder legislativo. || *Fam.* Charla.

parlanchín, ina adj. y s. Hablador.

parlotear v. i. Hablar mucho.

parloteo m. Charloteo.

parnasiano, na adj. Relativo al Parnaso, reino simbólico de los poetas.

paro m. Nombre de varios pájaros.

paro m. *Fam.* Suspensión en el trabajo. || — *Med. Paro cardiaco,* síncope. || *Paro estacional,* el existente en algunas profesiones en las que los trabajadores sólo se emplean en determinadas épocas del año.

parodia f. Imitación burlesca de una obra literaria o de cualquier otra cosa.

parodiar v. t. Hacer una imitación.

parónimo, ma adj. Aplícase a los vocablos semejantes por su etimología, su forma o su sonido, como *honda* y *onda* (ú. t. c. s. m.).

parótida f. Glándula salival situada debajo del oído y detrás de la mandíbula inferior.

paroxismo m. Exacerbación.

parpadear v. i. Abrir y cerrar los párpados.

parpadeo m. Acción de parpadear.

párpado m. Membrana móvil del ojo.

parque m. Lugar arbolado, de cierta extensión, para caza o para recreo. || Aparcamiento de vehículos. || *Mil.* Recinto donde se custodian cañones, municiones, automóviles, etc. || Cuadrilátero donde juegan los niños pequeños.

parqué y **parquet** m. Entarimado.

parqueadero m. *Chil., Col., Ecuad., Guat., Per.* y *Venez.* Lugar de estacionamiento.

parquear v. t. *Amer.* Estacionar.

parquedad f. Moderación.

parquímetro m. Máquina que regula el tiempo para el pago del estacionamiento.

parra f. Vid, viña trepadora.

párrafo m. Cada una de las divisiones de un capítulo o de cualquier escrito. || *Gram.* Signo ortográfico (§) con que se señalan estas divisiones. || *Fam.* Conversación corta: *echar un párrafo.*

parranda f. *Fam.* Jolgorio, juerga.

parrandear v. i. Juerguearse.

parricida com. Persona que mata a su ascendiente, descendiente o cónyuge.

parricidio m. Acción de parricida.

parrilla f. Rejilla de horno o fogón. || Sala de restaurante donde se asan carne o pescado. || Útil de cocina de figura de rejilla que sirve para asar o tostar: *bistec a la parrilla* (ú. t. en pl.).

parrillada f. Plato compuesto de diversos pescados, mariscos o carne que se asan en la parrilla.

párroco m. Sacerdote encargado de una feligresía (ú. t. c. adj.).

parroquia f. Territorio bajo la jurisdicción de un cura párroco. || Conjunto de feligreses y clero de dicho territorio. || Su iglesia. || Clientela.

parroquiano, na m. y f. Feligrés. || Cliente.

parsimonia f. Moderación.

parte f. Porción en todo: *parte de la casa.* || Lo que toca a uno en el reparto de algo: *parte proporcional.* || Lugar: *la parte norte de México.* || Cada una de las divisiones de una obra: *la segunda parte del Quijote.* || Cada una de las personas que participan en un negocio o en un pleito: *las partes contratantes de un acuerdo.* || Lado, partido: *ponerse de parte de los insurrectos.* || Rama de una familia: *primos por parte de madre.* || — Pl. Facción o partido. || *Anat.* Órganos de la generación.

parte m. Escrito breve que se envía a una persona para informarla de algo. || Informe o comunicado breve: *parte meteorológico.* || — *Dar parte,* comunicar. || *Parte de boda,* tarjeta en la que se comunica un matrimonio. || *Parte médico* o *facultativo,* informe periódico sobre el estado de salud de un enfermo.

partera f. Mujer que asiste a la parturienta.

partición f. División.

participación f. Acción de participar y su resultado. || Parte: *participación de boda.* || Aviso, notificación. || Sistema mediante el cual los empleados de una empresa son asociados a sus beneficios y eventualmente a su gestión. || Posesión por una empresa, un banco, una entidad pública o privada de una parte del capital social de una compañía.

participante adj. y s. Dícese del que participa.

participar v. t. Dar parte, notificar, comunicar. || — V. i. Intervenir: *participar en un trabajo.* || Compartir: *participar de la misma opinión.* || Recibir parte de algo: *participar de una herencia.*

partícipe adj. y s. Que tiene parte.

participio m. Forma del verbo que se usa como adjetivo y como verbo propiamente dicho.

partícula f. Porción pequeña de algo. || *Fig.* Cada uno de los elementos que constituyen el átomo (electrón, protón, neutrón). || Parte invariable de la oración como los adverbios, sufijos, etc.

particular adj. Propio y privativo de una cosa, característico. || Individual, opuesto a general: *interés particular*. || Dícese de la clase que un estudiante recibe fuera de un centro de enseñanza con un profesor privado. || Privado, no público: *domicilio particular*. || — M. Individuo que no tiene ningún título especial. || Asunto, cuestión de que se trata: *no sé nada de este particular*.

particularidad f. Carácter particular.

particularizar v. t. Expresar una cosa con todas sus circunstancias y detalles. || Caracterizar, dar carácter particular. || Referirse a un caso determinado. || — V. pr. Distinguirse en una cosa.

partida f. Marcha, salida. || Asiento en los libros del registro civil o de las parroquias, o su copia certificada: *partida de nacimiento*. || Cada uno de los artículos o cantidades parciales que contiene una cuenta o presupuesto. || Cantidad de mercancía entregada de una vez: *una partida de papel*. || Expedición, excursión: *partida de caza*. || Mano de juego: *una partida de ajedrez*.

partidario, ria adj. y s. Adicto.

partidismo m. Inclinación a favor de un partido.

partido, da adj. Dividido. || — M. Grupo de personas unidas por la misma opinión o los mismos intereses: *partido político*. || Provecho: *sacar partido*. || Resolución, decisión: *tomar el partido de marcharse*. || Equipo, conjunto de varios jugadores que juegan contra otros tantos: *el partido contrario*. || Prueba deportiva entre dos competidores o dos equipos: *un partido de fútbol*. || Distrito de una administración o jurisdicción que tiene por cabeza un pueblo principal: *partido judicial*. || Novio, futuro marido: *un buen partido*.

partir v. t. Dividir en dos o más partes: *partir leña*. || Repartir, fraccionar: *partir un pastel entre cuatro*. || — V. i. Empezar. || Marcharse: *partir para la India*. || *Fig.* Asentar una cosa para deducir otra: *partiendo de este supuesto*. || Contar desde: *a partir de hoy*. || — V. pr. Irse. || Romperse. || Dividirse. || — *Fam. Partirse de risa*, reír mucho. | *Partirse el pecho*, deshacerse por conseguir algo.

partitura f. *Mús.* Texto completo de una obra.

parto m. Alumbramiento.

parvada m. Conjunto de aves.

parvedad f. Pequeñez.

párvulo, la adj. y s. Niño pequeño.

pasa f. Uva pasa.

pasable adj. Pasadero, mediano.

pasada f. Paso. || Cada aplicación de una operación a una cosa. || — *De pasada*, de paso. || *Fam. Mala pasada*, jugarreta.

pasadizo m. Paso estrecho.

pasado, da adj. Dícese del tiempo anterior: *el año pasado*. || — M. Tiempo anterior al presente.

pasador m. Barra pequeña de hierro que se corre para cerrar puertas, ventanas, etc. || Colador. || — Pl. Gemelos de camisa.

pasaje m. Acción de pasar de una parte a otra. || Sitio por donde se pasa. || Precio o billete de un viaje marítimo o aéreo. || Totalidad de los viajeros que van en un mismo barco o avión. || Trozo o lugar de un escrito. || Paso entre dos calles.

pasajero, ra adj. Que dura poco: *capricho pasajero*. || Que utiliza un medio de transporte (ú. t. c. s.).

pasamano m. Barandilla.

pasamontañas m. inv. Gorra que cubre el cuello y las orejas.

pasante m. y f. Persona que asiste a un abogado, profesor, etc., para adquirir práctica.

pasaporte m. Documento para pasar de un país a otro.

pasar v. t. Llevar, conducir, trasladar de un lugar a otro. || Atravesar, cruzar: *pasar un río*. || Introducir géneros prohibidos: *pasar contrabando*. || Poner en circulación: *pasar moneda falsa*. || Contagiar una enfermedad. || Colar un líquido. || Adelantar: *pasar un coche*. || Aprobar un examen (ú. t. c. i.). || Volver: *pasar las hojas de una revista*. || *Fig.* Rebasar, ir más allá: *pasar los límites*. | Superar, aventajar. | Padecer: *pasar frío*. || Ocupar el tiempo: *pasé la noche desvelado*. | Tolerar, consentir. || — V. i. Ir: *pasaré por tu casa*. || Entrar: *dígale que pase*. || Moverse una cosa de una parte a otra: *pasó el tren*. || Poder entrar: *este sobre no pasa por debajo*. || Transcurrir: *el tiempo pasa*. || Ocurrir, suceder: *¿qué pasó ayer?* || Morir: *pasar a mejor vida*. || Dejar alguna actividad para comenzar otra: *pasar al estudio del último punto*. || Ser considerado: *su hermano pasa por ser muy listo*. || En algunos juegos, no jugar por no tener naipe o ficha conveniente. || *Fam.* Tener sin cuidado, resultar indiferente. || — V. pr. Cambiar de partido: *pasarse al bando contrario*. || Dejar de ver: *a este niño no se le pasa nada*. || Acabarse. || Excederse uno: *pasarse de listo*. || Echarse a perder las frutas, carnes, etc.

pasarela f. Puente pequeño o provisional. || En los barcos, puentecillo ligero delante de la chimenea. || En los teatros, pequeña prolongación del escenario más o menos circular para presentarse las artistas, especialmente las bailarinas. || Plataforma en la que se verifican desfiles de modelos.

pasatiempo m. Distracción.

pascola f. Baile de los indios yaquis de México.

pascua f. Fiesta de la Iglesia en memoria de la Resurrección de Cristo. || Cualquiera de las fiestas de Navidad, de la Epifanía y de Pentecostés.

pascualina f. *Arg.* y *Urug.* Tarta pascualina.

pase m. Permiso para que se use de un privilegio. || Salvoconducto: *pase de favor*. || *Taurom.* Cada uno de los lances en que el matador cita al toro con la capa o muleta y le deja pasar. || Movimiento que hace con las manos el hipnotizador. || En ciertos deportes, envío del balón a un jugador.

paseante adj. y s. Que se pasea.

pasear v. i. Andar a pie, en coche, etc., por diversión o para tomar el aire. Ú. t. c. pr.: *pasearse por el campo*. || — V. tr. Hacer pasear.

paseo m. Acción de pasear: *dar un paseo*. || Sitio por donde suele pasearse. || Distancia corta.

pasillo m. Corredor.

pasión f. Perturbación o efecto violento y desordenado del ánimo: *dominado por la pasión*. || Afición vehemente y su objeto: *pasión por la lectura*. || *Relig.* En el Evangelio, relato de la condenación, agonía y muerte de Jesucristo.

pasionaria f. Planta originaria del Brasil. || Su flor.

pasividad f. Falta de reacción.

pasivo, va adj. Aplícase al que es objeto de una acción: *sujeto pasivo*. || Que permanece inactivo y deja actuar a los demás. || Dícese del haber o pensión que se disfruta por jubilación, viudedad, etc. || Aplícase al importe total de las deudas y cargas de un comerciante (ú. t. c. s. m.). || — *Clases pasivas,* conjunto de las personas que disfrutan pensiones. || *Verbo pasivo,* el que expresa una acción sufrida por el sujeto.

pasmar v. t. Asombrar mucho.

pasmo m. Asombro.

paso m. Movimiento de cada uno de los pies para andar. || Espacio recorrido al avanzar el pie. || Manera de andar. || Acción de pasar: *el paso del mar Rojo por los judíos.* || Lugar por donde se pasa. || Huella impresa al andar. || Licencia para poder pasar sin estorbo: *dar paso a uno.* || Situación difícil, apuro: *salir de un mal paso.* || Grupo escultórico que representa una escena de la Pasión de Jesucristo y se saca en procesión por la Semana Santa. || Pieza corta dramática: *un paso de Lope de Rueda.* || Gestión, trámite. || Progreso, adelanto: *dar un paso adelante.* || Estrecho de mar: *el paso de Calais.* || — *Mal paso,* dificultad. || *Paso a nivel,* sitio en que un ferrocarril cruza un camino o una carretera al mismo nivel que él. || *Paso doble,* pasodoble. || *Paso en falso,* acción contraproducente.

pasodoble m. Música de marcha de compás 4/4. || Baile de movimiento muy vivo.

pasqueño, ña adj. y s. De Cerro de Pasco (Perú).

pasquín m. Octavilla de propaganda.

pasta f. Masa hecha de una o diversas cosas machacadas: *pasta de papel.* || Masa de harina y manteca o aceite que se emplea para hacer pasteles, etc. || Cartón cubierto de tela o piel para encuadernar. || Sustancia utilizada para hacer ciertos productos alimenticios, farmacéuticos, técnicos. || *Fam.* Dinero. | Parsimonia, lentitud. || — Pl. Masa de harina de trigo y agua que se presenta en forma de fideos, tallarines, etc.: *pastas alimenticias.* || Galletas pequeñas, pastelillos: *tomar el té con pastas.*

pastar v. t. Llevar el ganado al pasto. || — V. i. Pacer el ganado.

pastel m. Masa de harina y manteca en que se envuelve crema o dulce, fruta, carne o pescado, cociéndose después al horno: *pastel de almendras.* || Lápiz compuesto de una materia colorante amasada con agua de goma. || Dibujo hecho con él.

pastelería f. Tienda de pasteles.

pastelero, ra m. y f. Persona que hace o vende pasteles.

pastense adj. y s. De Pasto (Colombia).

pasterización o **pasteurización** f. Operación de calentar entre 75° y 85° ciertas sustancias alimenticias para destruir los microbios.

pasterizar o **pasteurizar** v. t. Esterilizar por pasterización.

pastilla f. Porción pequeña de pasta: *pastilla de jabón, de chocolate.*

pastizal m. Campo donde hay pasto.

pasto m. Acción de pastar. || Hierba que pace el ganado. || Prado o campo en que pasta. || *Fig.* Hecho, noticia que sirven para fomentar algo.

pastor, ra m. y f. Persona que guarda el ganado. || — M. Sacerdote.

pastorear v. t. Llevar el ganado al campo y cuidarlo mientras pasta.

pastoreo m. Acción y efecto de pastorear.

pastoril adj. De los pastores.

pastoso, sa adj. Blando, suave y suficientemente espeso: *sustancia pastosa.* || Dícese de la voz de timbre suave: *voz pastosa.*

pastura f. Pasto destinado para alimentar al ganado.

pastuso, sa adj. y s. De Pasto (Colombia).

pata f. Pie y pierna de los animales. || *Fam.* Pie o pierna del hombre. || Cada una de las piezas que sostienen un mueble. || Hembra del pato. || — *Fam. A cuatro patas,* a gatas. | *Estirar la pata,* morir. | *Meter la pata,* cometer un desacierto. | *Patas arriba,* en desorden. | *Poner a uno de patas en la calle,* echarle. | *Tener mala pata,* tener mala suerte.

patada f. Golpe dado con la pata o con el pie. || *Fam.* Paso, gestión. || — *Fig. Dar la patada,* expulsar. | *Darse (de) patadas,* no ir bien dos cosas juntas. | *En dos patadas,* rápidamente.

patagón, ona adj. y s. De Patagonia.

patagónico, ca adj. Relativo a la Patagonia.

patán m. *Fam.* Hombre zafio.

patata f. Planta solanácea cuyos tubérculos, carnosos y feculentos, son uno de los alimentos más útiles para el hombre. || Su tubérculo.

patatús m. *Fam.* Desmayo.

patear v. t. *Fam.* Dar golpes con los pies. || *Fig. y fam.* Tratar ruda y desconsideradamente. | Abuchear dando patadas. | Reprender. || — V. i. *Fam.* Dar patadas en señal de dolor, cólera, impaciencia. | Andar mucho para lograr algo.

patena f. Platillo en el cual se pone la hostia.

patentado, da adj. Con patente.

patentar v. t. Conceder y expedir patentes. || Obtener patentes.

patente adj. Manifiesto, evidente. || — F. Documento por el cual se confiere un derecho o privilegio. || Documento que acredita haberse satisfecho el impuesto para el ejercicio de algunas profesiones o industrias: *patente industrial, profesional.* || *Amér. M.* Matrícula de un vehículo.

patentizar v. t. Hacer patente.

paternal adj. De padre.

paternalismo m. Carácter paternal.

paternalista adj. Del paternalismo.

paternidad f. Calidad de padre.

paterno, na adj. Del padre.

patético, ca adj. Que conmueve.

patetismo m. Carácter patético.

patíbulo m. Tablado o lugar en que se ejecuta la pena de muerte.

patidifuso, sa adj. Asombrado.

patilla f. Pelo delante de las orejas.

patín m. Plancha de metal provista de una cuchilla que se adapta a la suela del zapato para deslizarse sobre el hielo (con ruedas permite patinar sobre pavimento duro).

pátina f. Especie de barniz.

patinador, ra adj. y s. Que patina.

patinaje m. Acción de patinar.

patinar v. i. Deslizarse por el hielo o el suelo con patines. || Resbalar. || *Fam.* Errar, equivocarse.

patinazo m. Acción de patinar. || *Fam.* Desliz.

patineta f. Patín, juguete.

patio m. Espacio descubierto en el interior de un edificio. || Piso bajo de teatro: *patio de butacas.*

patitieso, sa adj. Asombrado.

pato m. Ave acuática palmípeda de pico ancho. || *Fam. Pagar el pato,* llevar un castigo injusto.

patógeno, na adj. Que causa enfermedad.

patología f. Estudio de las enfermedades.

patológico, ca adj. De la patología.

patota f. *Arg., Par., Per. y Urug.* Pandilla.

patraña f. *Fam.* Embuste.

patria f. País en que se nace. || — *Madre patria*, país de origen. || *Patria chica*, lugar de nacimiento.

patriarca m. Jefe de familia.

patriarcado m. Dignidad de patriarca.

patriarcal adj. Relativo al patriarca.

patricio, cia adj. y s. Noble.

patrimonial adj. Del patrimonio.

patrimonio m. Hacienda que se hereda del padre o de la madre: *patrimonio familiar*. || *Fig.* Bienes propios adquiridos por cualquier motivo.

patrio, tria adj. Relativo a la patria.

patriota adj. y s. Que tiene amor a su patria.

patriotería f. *Fam.* Alarde propio del patriotero.

patriotero, ra adj. y s. *Fam.* Que presume de patriotismo.

patriótico, ca adj. Relativo a la patria.

patriotismo m. Amor a la patria.

patrocinador, ra adj. y s. Que patrocina.

patrocinar v. t. Defender, proteger, favorecer.

patrocinio m. Protección.

patrón, ona m. y f. Dueño de una casa de huéspedes. || Jefe de una empresa industrial o comercial (pl. del m. *patronos*, en Amér. *patrones*). || Santo titular de una iglesia. || Santo o santa escogidos como protector. || — M. Jefe de un barco mercantil o de pesca. || Modelo: *el patrón de un vestido*. || Tipo, ejemplo o modelo que sirve para efectuar comparaciones. || Valor tipo que se utiliza para definir una unidad. || Metal adoptado como tipo de moneda: *patrón oro*. || Tipo legal de los pesos y las medidas. || Plantilla taladrada para pintar números, letras. || *Fig. Cortado con el mismo patrón*, muy parecido.

patronal adj. Relativo al patrono o al patronato. || — F. Confederación que reúne a los jefes de las principales empresas de un país.

patronato m. Poder del patrono. || Corporación de éstos. || Fundación de una obra pía.

patronímico m. Nombre común a todos los descendientes de una raza.

patrono, na m. y f. Persona que tiene empleados. || Santo titular de una iglesia o pueblo. || Patrón, protector de una iglesia o corporación.

patrulla f. Partida de soldados, en corto número, que ronda para mantener el orden. || Escuadrilla de buques o aviones. || *Fig.* Grupo de personas.

patrullar v. i. Rondar una patrulla.

paulatino, na adj. Lento.

pausa f. Breve interrupción. || Tardanza, lentitud.

pausado, da adj. Lento.

pauta f. Cada una de las rayas trazadas en el papel en que se escribe o se hace la notación musical o conjunto de ellas. || *Fig.* Lo que sirve de regla o norma para hacer una cosa. | Dechado, modelo.

pava f. Hembra del pavo. || *Fig.* Mujer sosa.

pavada f. *Arg.* y *Urug.* Tontería.

pavana f. Danza española antigua. || Su música.

pavesa f. Partícula que se desprende de un cuerpo en combustión.

pavimentación f. Acción de pavimentar. || Revestimiento del suelo.

pavimentar v. t. Revestir el suelo con baldosas.

pavimento m. Piso solado.

pavo m. Ave gallinácea de plumaje negro verdoso, cabeza desnuda cubierta de carúnculas rojas y cresta eréctil. || — M. *Pop.* Duro, cinco pesetas. || *Pavo real*, ave asiática cuyo macho tiene un bello plumaje que se extiende como abanico.

pavonear v. i. Vanagloriarse (ú. m. c. pr.).

pavor m. Temor muy grande.

pavoroso, sa adj. Que da pavor.

payada f. *Amer.* Canto del payador. | Justa poética y musical de dos payadores.

payador m. *Arg.* Gaucho que canta acompañándose con la guitarra.

payar v. i. *Arg.* Cantar payadas.

payasada f. Bufonada, farsa.

payasear v. i. Hacer payasadas.

payaso m. Artista cómico del circo.

payo, ya adj. y s. Aldeano, campesino ignorante. || *Pop.* Tonto, mentecato. || Para los gitanos, aplícase a cualquier persona que no es de su raza.

paz f. Situación de un país que no sostiene guerra con ningún otro. || Unión, concordia entre los miembros de un grupo. || Tratado que pone fin a una guerra: *firmar la paz*. || Sosiego, tranquilidad: *la paz de un monasterio*. || Reconciliación. Ú. t. en pl.: *hacer las paces los reñidos*.

pazguato, ta adj. y s. Simple, bobo.

pazo m. Casa solariega gallega.

Pb, símbolo químico del *plomo*.

Pd, símbolo químico del *paladio*.

P.D. abreviatura de posdata.

pe f. Nombre de la letra *p*.

peaje m. Derecho de tránsito pagado en ciertas autopistas, carreteras, etc.

peatón m. El que camina a pie.

peatonal adj. Para peatones.

pebeta f. *Arg.* Muchacha.

pebete m. *Arg.* Niño.

peca f. Mancha en el cutis.

pecado m. Hecho, dicho, deseo, pensamiento u omisión contra la ley divina: *pecado venial*.

pecador, ra adj. y s. Que peca.

pecaminoso, sa adj. Relativo al pecado.

pecar v. i. Incurrir en pecado. || Cometer una falta. || Dejarse llevar de una afición o pasión.

pecarí o **pécari** m. *Amer.* Especie de cerdo.

pecera f. Recipiente con agua para peces.

pechera f. Parte de la camisa que cubre el pecho. || Pecho de mujer.

pecho m. Parte del cuerpo humano que se extiende desde el cuello hasta el vientre. || Parte anterior del tronco de los cuadrúpedos entre el cuello y las patas anteriores. || Cada una de las mamas de la mujer: *dar el pecho al hijo*. || *Fig.* Corazón. | Calidad o duración de la voz: *dar el do de pecho*. || — *Dar el pecho*, dar de mamar. || *Fig. De pecho*, aplícase al niño que mama. || *Echarse* o *tomarse algo a pecho*, tomarlo con gran interés; ofenderse por ello.

pechuga f. Pecho de las aves. || *Fam.* Pecho.

peciolo m. Rabillo de la hoja.

pecoso, sa adj. Que tiene pecas.

pectoral adj. y s. Relativo al pecho. || — M. Adorno que se lleva sobre el pecho.

peculiar adj. Propio o privativo de cada persona.

peculiaridad f. Condición de peculiar.

peculio m. Dinero.

pecuniario, ria adj. Del dinero.

pedagogía f. Ciencia de la educación. || Arte de enseñar a los niños. || Método de enseñanza.

pedagógico, ca adj. De la pedagogía.

pedagogo, ga m. y f. Educador.

pedal m. Palanca que se mueve con el pie.

pedalear v. i. Accionar los pedales.

pedaleo m. Acción de pedalear.
pedante adj. y s. Que hace alarde de saber.
pedantería f. Afectación.
pedazo m. Trozo, porción.
pederasta m. Sodomita.
pederastia f. Sodomía.
pedernal m. Cuarzo de color amarillento que da chispas al ser golpeado con el eslabón.
pedestal m. Cuerpo con base y cornisa que sostiene una columna, estatua, etc. || *Fig.* Lo que permite encumbrarse, apoyo.
pedestre adj. Que anda a pie. || Dícese del deporte que consiste en correr. || *Fig.* Vulgar.
pediatra com. Médico de niños.
pediatría f. Parte de la medicina relativa a las enfermedades infantiles.
pediátrico, ca adj. Perteneciente a la pediatría.
pedicuro, ra m. y f. Callista.
pedido m. Encargo de géneros hecho a un fabricante o vendedor.
pedigrí m. (pal. ingl.). Genealogía de un animal.
pedigüeño, ña adj. Que pide (ú. t. c. s.).
pedinche adj. y s. *Méx.* Pedigüeño.
pedir v. t. Rogar a uno que dé o haga una cosa: *pedir protección.* || Por antonomasia, pedir limosna. || Exigir: *pedir justicia.* || Encargar: *pedir un café.* || Requerir: *las plantas piden agua.* || Fijar precio a una mercancía el que la vende. || Rogar a los padres de una mujer para que la concedan en matrimonio: *pedir la mano.*
pedo m. Ventosidad que se expulsa por el ano.
pedrada f. Acción de arrojar una piedra. || Golpe dado con ella, y herida producida.
pedregoso, sa adj. Con piedras.
pedregullo m. Conjunto de piedras menudas.
pedrusco m. *Fam.* Piedra tosca.
pedunculado, da adj. Que tiene pedúnculos.
pedúnculo m. *Zool.* Prolongación del cuerpo.
peer v. i. Echar pedos (ú. t. c. pr.).
pega f. Pegadura. || *Fam.* Pregunta difícil en los exámenes. || Dificultad: *no me vengas con pegas.* || *Amer.* Trabajo, empleo. || *Pop.* De pega, falso.
pegadizo, za adj. *Fig.* Contagioso: *risa pegadiza.* || Que se retiene fácilmente: *música pegadiza.*
pegado, da adj. Ignorante: *siempre he estado pegado en matemáticas.*
pegajosidad f. Viscosidad.
pegajoso, sa adj. Que se pega con facilidad. || Cargante, pesado: *amigo pegajoso.*
pegamento m. Producto para pegar.
pegar v. t. Adherir, unir dos cosas con cola o producto semejante: *pegar un sello, un sobre.* || Atar, coser: *pegar un botón.* || Fijar, unir una cosa con otra (ú. t. c. pr.). || *Fig.* Comunicar, contagiar: *pegar la escarlatina* (ú. t. c. pr.). | Golpear: *pegar a un niño* (ú. t. c. pr.). || Dar: *pegar un bofetón, un tiro, un salto, un susto.* || Lanzar, dar: *pegar un grito.* || Arrimar, acercar mucho: *pegar el piano a la pared* (ú. t. c. pr.). || *Fam.* Hacer sufrir: *¡menudo rollo nos ha pegado!* || — *Fig. No pegar ojo,* no dormir. || Dar fuego, prender, incendiar algo. || — V. i. Sentar o ir bien: *dos colores que pegan.* || Dar: *aquí el sol pega muy fuerte.* || *Fam.* Realizar una acción con esfuerzo: *este actor está pegando muy fuerte.* || — V. pr. Unirse con alguna sustancia viscosa. || Quemarse y adherirse los guisos a las vasijas en que se cuecen: *pegarse el arroz.*

pegote m. Emplasto. || *Fig.* Cosa que no va con otra a la cual ha sido añadida.
peinado m. Arreglo del pelo.
peinar v. t. Arreglar el cabello (ú. t. c. pr.).
peine m. Utensilio de concha, plástico, hueso, etc., con púas, para desenredar, limpiar o componer el cabello. || Pieza del telar por cuyas púas pasan los hilos de la urdimbre.
peineta f. Peine de adorno.
pejelagarto m. *Méx.* Pez de agua dulce de carne estimada.
peladez f. *Méx.* Expresión grosera.
peladilla f. Almendra confitada.
pelado, da adj. Que se ha quedado sin pelo. || Que no tiene piel o carne. || Sin vegetación: *monte pelado.* || Aplícase al número que tiene decenas, centenas o millares justos: *el veinte pelado.* || *Fam. Estar pelado,* estar sin dinero. || — M. Corte de pelo. || — M. y f. *Méx.* Tipo popular de las clases bajas. | Persona mal educada.
pelaje m. Pelo de un animal. || *Fig.* y *fam.* Apariencia: *persona de mal pelaje.* | Índole, categoría.
pelambre m. Conjunto de pelo.
pelambrera f. Porción de pelo o vello crecido.
pelandusca f. *Pop.* Prostituta.
pelar v. t. Cortar o quitar el pelo. || Mondar una fruta: *pelar una manzana.* || Desplumar: *pelar un ave.* || *Fig.* y *fam.* Ganar a otro todo el dinero en el juego: *pelarle el sueldo.* | Quitar a uno sus bienes con engaño o violencia: *dejarle pelado.* | Quitar parte de la piel a uno o una enfermedad. Ú. t. c. pr.: *no hay que tomar demasiado sol para no pelarse.* || — V. pr. *Fam.* Hacerse cortar el pelo. || *Amer.* Confundirse.
peldaño m. Escalón.
pelea f. Combate.
pelear v. i. Batallar, combatir. || Reñir de palabra. || *Fig.* Combatir entre sí u oponerse las cosas unas a otras. | Luchar para vencer las pasiones y apetitos. || — V. pr. Reñir dos o más personas.
pelele m. Muñeco de paja o trapos. || *Fig.* y *fam.* Persona sin carácter.
peleonero, ra adj. y s. *Col., Méx.* y *Salv.* Pendenciero.
peletería f. Oficio y tienda del peletero.
peletero, ra m. y f. Persona que tiene por oficio trabajar en pieles finas o venderlas.
peliagudo, da adj. Muy difícil.
pelícano m. Ave acuática de pico muy largo.
película f. Piel muy delgada y delicada. || Cinta de acetato de celulosa que se emplea en fotografía y cinematografía. || Cinta cinematográfica.
peligrar v. i. Estar en peligro.
peligro m. Riesgo.
peligrosidad f. Riesgo.
peligroso, sa adj. Arriesgado.
pelirrojo, ja adj. De pelo rojo.
pella f. Masa que se une y aprieta.
pelleja f. Piel de un animal. || *Fig. Salvar la pelleja,* salvar la vida.
pellejo m. Piel. || *Fam.* Vida: *salvar el pellejo.*
pelliza f. Prenda de abrigo de pieles finas.
pellizcar v. t. Apretar la piel con dos dedos. || Tomar una pequeña cantidad de una cosa.
pellizco m. Acción de pellizcar y señal en la piel que resulta de ello. || Porción pequeña que se coge.
pelma y **pelmazo** adj. y s. Pesado, molesto.
pelo m. Filamento cilíndrico, sutil, de naturaleza córnea, que nace y crece en diversos puntos de la piel

del hombre y de los animales. || Filamento parecido que crece en los vegetales: *pelos del maíz.* || Cabello: *cortarse el pelo.* || Hebra delgada de seda, lana, etc. || Color de la piel de los caballos. || Defecto en un diamante. || *Fig.* Cosa de muy poca importancia. || — *A contra pelo,* en dirección contraria a la del pelo. || *Fig.* Con pelos y señales, con muchos detalles. | *De medio pelo,* poco fino, de poca categoría. | *Echar pelos a la mar,* olvidar. | *Estar hasta la punta de los pelos,* estar harto. | *No tener pelo de tonto,* no ser nada tonto. | *No verle el pelo a uno,* no verlo. | *Ponérsele a uno los pelos de punta,* sentir miedo. | *Por los pelos,* por muy poco. | *Tomar el pelo a uno,* burlarse de él.

pelota f. Bola hecha con distintos materiales, generalmente elástica y redonda, que sirve para jugar. || Juego que se hace con ella. || *Fam.* Balón. || Bola de cualquier materia blanda: *hacer una pelota con un papel.* || *Pop.* Cabeza. || — *Fam.* En pelota, desnudo. | *Hacer la pelota,* adular. || — *Adj.* y s. *Fam.* Cobista, adulón.

pelotera f. *Fam.* Pelea, disputa.

pelotero m. *Amér. C., Antill., Col., Ecuad., Méx.* y *Venez.* Jugador de pelota, especialmente de béisbol.

pelotón m. *Mil.* Grupo pequeño de soldados. || *Fig.* Aglomeración de personas.

peluca f. Cabellera postiza.

peluche m. Felpa.

peludo, da adj. Con mucho pelo.

peluquear v. t. *Méx.* Cortar el pelo.

peluquería f. Tienda u oficio del peluquero.

peluquero, ra m. y f. Persona que corta el pelo.

peluquín m. Peluca pequeña.

pelvis f. inv. Cavidad del cuerpo humano en la parte inferior del tronco determinada por los dos ilíacos, el sacro y el cóccix.

pena f. Castigo impuesto por un delito o falta: *pena correccional.* || Tristeza, aflicción: *tengo mucha pena.* || Lástima: *es una pena que no vengas.* || *Amer.* Timidez. || — *A duras penas,* con mucha dificultad. || *Pena capital,* la de muerte.

penacho m. Grupo de plumas que tienen en la parte superior de la cabeza ciertas aves.

penado, da m. y f. Condenado a una pena.

penal adj. Relativo a la pena o que la incluye: *derecho penal.* || — M. Lugar en que los penados cumplen condenas mayores que las del arresto.

penalidad f. Trabajo, dificultad: *sufrir penalidades.* || *For.* Sanción impuesta por la ley penal.

penalización f. Sanción. || En deportes, desventaja, castigo o sanción que sufre un jugador por haber cometido falta.

penalizar v. t. Infligir penalización.

penalti m. Penalty.

penalty m. (pal. ingl.). En fútbol y otros deportes, sanción máxima contra un equipo que ha cometido una falta en el área de gol.

penar v. t. Infligir una pena a uno. || — V. i. Padecer, sufrir.

penca f. Hoja carnosa de algunas plantas. || *Amer.* Racimo de plátanos. || *Arg.* Chumbera.

pencal m. *Arg.* Nopal.

penco m. *Fam.* Jamelgo.

pendejada f. *Fam. Amer.* Tontería. | Cobardía.

pendejear v. i. *Amer.* Hacer o decir tonterías.

pendejismo m. *Amer.* Tontería. | Cobardía.

pendejo m. *Amer.* Tonto. | Cobarde.

pendencia f. Contienda, pelea.

pendenciero, ra adj. y s. Aficionado a pelear.

pender v. i. Colgar.

pendiente adj. Inclinado, en cuesta. || Que cuelga. || *Fig.* Que está sin resolver: *problemas pendientes.* | Que depende de algo: *pendiente de sus decisiones.* || — M. Arete para adornar las orejas. || *Méx.* Preocupación. || — F. Cuesta.

pendón m. Bandera, insignia.

pendular adj. Del péndulo.

péndulo m. Cuerpo pesado que oscila por la acción de la gravedad alrededor de un punto fijo del cual está suspendido con un hilo o varilla.

pene m. Miembro viril.

penetrable adj. Que se puede penetrar.

penetración f. Acción de penetrar.

penetrante adj. Que penetra. || *Fig.* Hablando de un sonido, agudo: *voz penetrante.*

penetrar v. t. *Fig.* Causar un dolor profundo: *su quejido me penetra el alma* (ú. t. c. i.). | Llegar a comprender o adivinar. || — V. i. Entrar en un sitio con cierta dificultad: *penetrar en la selva tropical.* || Llegar una cosa a entrar dentro de otra. Ú. t. c. t.: *penetrar un clavo en un madero.*

penicilina f. Cierta clase de antibiótico.

península f. Tierra rodeada de agua excepto por una parte que comunica con otra tierra.

peninsular adj. De la península: || Natural o habitante de una península (ú. t. c. s.). || *Amer.* Español.

penique m. Duodécima parte del chelín.

penitencia f. Sacramento en el cual, por la absolución del sacerdote, se perdonan los pecados. || Pena impuesta por el confesor. || *Fig.* Castigo.

penitenciario, ria adj. Relativo a las cárceles.

penitente adj. De la penitencia. || — M. y f. Persona que se confiesa. || En las procesiones, persona que viste cierta túnica en señal de penitencia.

penoso, sa adj. Difícil. || Que causa pena.

penquisto, ta adj. y s. De Concepción (Chile).

pensador, ra adj. Que piensa (ú. t. c. s.).

pensamiento m. Facultad de pensar. || Cosa que se piensa. || Sentencia, máxima. || Mente: *una idea le vino al pensamiento.* || Intención.

pensar v. t. e i. Reflexionar. || Imaginar: *con sólo pensarlo me entra miedo.* || Tener intención: *pienso marcharme para América.* || Creer, juzgar: *pienso que mejor sería no hacerlo.*

pensativo, va adj. Que piensa.

pensión f. Cantidad anual o mensual asignada a uno por servicios prestados anteriormente: *pensión civil, militar.* || Casa de huéspedes. || Cantidad que se paga por albergarse en ella. || *Fig.* Gravamen. || *Media pensión,* en un hotel, régimen del cliente que paga la habitación, el desayuno y una sola comida; en un colegio, régimen del alumno que come al mediodía.

pensionado, da adj. y s. Que goza de una pensión. || — M. Colegio de alumnos internos.

pensionar v. t. Conceder pensión.

pensionista com. Persona que goza de una pensión. || Persona que paga pensión en un colegio, casa de huéspedes, etc.

pentaedro m. Sólido de cinco caras.

pentágono, na adj. Dícese del polígono de cinco ángulos y cinco lados (ú. t. c. s. m.).

pentagrama m. Rayado de cinco líneas paralelas en las cuales se escribe la música.

Pentecostés m. Fiesta celebrada por la Iglesia católica en memoria de la venida del Espíritu Santo.

penúltimo, ma adj. y s. Anterior a lo último.

penumbra f. Falta de luz.

penuria f. Escasez.

peña f. Roca. ‖ Grupo, círculo, reunión.

peñasco m. Peña grande.

peñascoso, sa adj. Con peñascos.

peñón m. Peña grande.

peón m. Jornalero que ayuda al oficial: *peón de albañil*. ‖ En el ajedrez y en las damas, cada una de las piezas de menos valor.

peonada f. Trabajo que hace un peón en un día.

peonza f. Trompo.

peor adj. Más malo. ‖ — Adv. Más mal.

pepinillo m. Pepino pequeño en vinagre.

pepino m. Planta cucurbitácea de fruto comestible. ‖ Este fruto. ‖ *Fig. No importar un pepino*, no tener ninguna importancia.

pepita f. Simiente de algunas frutas: *pepitas de melón*. ‖ Trozo rodado de metal nativo, particularmente de oro. ‖ *Amer.* Almendra de cacao.

pepito m. Pequeño bocadillo de carne.

pepitoria f. Guisado de carne de pollo o gallina.

peplo m. Túnica sin mangas.

pequeñez f. Calidad de pequeño. ‖ *Fig.* Bajeza, mezquindad. ‖ Cosa insignificante.

pequeño, ña adj. De tamaño reducido. ‖ De corta edad. Ú. t. c. s.: *clase de los pequeños*. ‖ Dícese del hermano menor (ú. t. c. s.). ‖ *Fig.* De poca importancia. ‖ Bajo, mezquino.

pequinés, esa adj. y s. De Pequín (China).

pera f. Fruto del peral. ‖ *Fig.* Pequeña barba en punta que se deja crecer en la barbilla.

peral m. Árbol rosáceo cuyo fruto es la pera.

peraltar v. t. Levantar el carril exterior en las curvas de ferrocarriles o de carreteras.

perca f. Pez de río.

percal m. Tela de algodón.

percance m. Contratiempo.

per cápita, expresión latina que se aplica a lo que corresponde a cada persona: *renta per cápita*.

percatarse v. pr. Darse cuenta.

percebe m. Crustáceo comestible. ‖ *Fam.* Torpe.

percepción f. Acción de percibir el mundo exterior por los sentidos. ‖ Idea. ‖ Recaudación.

perceptible adj. Que se puede percibir.

perceptor, ra adj. y s. Que percibe.

percha f. Soporte de forma adecuada, provisto de un gancho, que sirve para colgar trajes. ‖ Perchero.

perchero m. Soporte, con uno o varios brazos, que sirve para colgar abrigos, sombreros, etc.

percibir v. t. Apreciar la realidad exterior por los sentidos. ‖ Recibir o cobrar: *percibir dinero*.

percusión f. Golpe dado por un cuerpo que choca contra otro. ‖ *Instrumentos de percusión*, los que se tocan dándoles golpes (tambor, triángulo, platillos, etc.).

percusor y **percutor** m. En las armas de fuego, pieza que hace estallar el fulminante.

percutir v. t. Golpear.

perdedor, ra adj. y s. Que pierde.

perder v. t. Verse privado de una cosa que se poseía o de una cualidad física o moral: *perder su empleo*. ‖ Extraviar: *perder las llaves* (ú. t. c. pr.). ‖ No poder seguir: *perder el hilo de un razonamiento*. ‖ Disminuir de peso o dimensiones: *ha perdido cinco kilos en un mes*. ‖ Ser vencido: *perder la batalla* (ú.

t. c. i.). ‖ *Fig.* Desaprovechar: *perder una oportunidad*. ‖ Malgastar, desperdiciar: *perder su tiempo* (ú. t. c. pr.). ‖ No poder alcanzar o coger: *perder el tren*. ‖ No poder disfrutar de algo por llegar tarde: *al llegar retrasado me perdí la exposición*. ‖ Faltar a una obligación: *perder el respeto*. ‖ Arruinar. ‖ Ser perjudicado. Ú. t. c. i.: *en todos los negocios salgo perdiendo*. ‖ Perjudicar: *su excesiva bondad le pierde*. ‖ — V. i. Sufrir una desventaja: *hemos perdido mucho con la marcha de este profesor*. ‖ — V. pr. Errar el camino, extraviarse: *perderse en la selva*. ‖ No percibirse claramente: *su voz se pierde entre la de sus compañeros*. ‖ *Fig.* Corromperse. ‖ Entregarse completamente a los vicios. ‖ No seguir la ilación de un discurso: *perderse en consideraciones*.

perdición f. Pérdida. ‖ *Fig.* Ruina.

pérdida f. Privación de lo que se poseía. ‖ Lo que se pierde: *tener grandes pérdidas*. ‖ Muerte: *sentir la pérdida de un amigo*. ‖ Menoscabo, daño. ‖ Diferencia desventajosa entre el costo de una operación comercial o financiera y la ganancia: *vender con pérdida*. ‖ Mal empleo: *pérdida de tiempo*. ‖ — Pl. *Mil.* Bajas, militares puestos fuera de combate como consecuencia de una batalla.

perdido, da adj. Extraviado. ‖ *Fam.* Muy sucio: *ponerse perdido de barro*. ‖ Consumado, rematado: *tonto perdido*. ‖ Golfo (ú. t. c. s.).

perdigón m. Pollo de la perdiz. ‖ Cada uno de los granos de plomo que forman la munición de caza.

perdiz f. Ave gallinácea con plumaje ceniciento.

perdón m. Remisión de pena o deuda.

perdonar v. t. Remitir una deuda, ofensa, falta.

perdonavidas m. y f. inv. Bravucón.

perdurable adj. Perpetuo.

perdurar v. i. Durar mucho.

perecedero, ra adj. Poco duradero.

perecer v. i. Morir.

peregrinación f. Viaje.

peregrinaje m. Peregrinación.

peregrinar v. i. Ir a un santuario por devoción.

peregrino, na adj. Extraño, singular, raro: *idea peregrina*. ‖ Extraordinario: *peregrina belleza*. ‖ — M. y f. Persona que por devoción visita algún santuario. ‖ — F. Vieira, molusco.

perejil m. Planta cuya hoja se utiliza para condimento.

perengano, na m. y f. Palabra con que se llama a una persona cuyo nombre se desconoce.

perenne adj. Eterno.

perennidad f. Perpetuidad.

perentorio, ria adj. Terminante.

pereza f. Repugnancia al trabajo, al esfuerzo.

perezoso, sa adj. y s. Que tiene pereza. ‖ — M. Mamífero desdentado de América tropical.

perfección f. Calidad de perfecto.

perfeccionador, ra adj. Que perfecciona.

perfeccionamiento m. Mejora para intentar alcanzar la perfección.

perfeccionar v. t. Mejorar una cosa para alcanzar la perfección.

perfecto, ta adj. Que tiene el mayor grado posible de las cualidades requeridas: *obra perfecta*. ‖ Excelente, muy bueno: *equipación perfecta*. ‖ — *Gram. Futuro perfecto*, el que indica que una acción futura es anterior a otra también venidera. ‖ *Pretérito perfecto*, aplícase al tiempo que denota que una acción pasada está terminada.

perfidia f. Falta de lealtad.

pérfido, da adj. Desleal, infiel (ú. t. c. s.).

perfil m. Silueta, contorno.

perfilar v. t. Perfeccionar, rematar con esmero una cosa. || — V. pr. Ponerse de perfil. || *Fam.* Destacarse: *el campanario se perfila en el cielo.* | Empezar a tomar forma: *se perfila el resultado final.*

perforación f. Acción de perforar. || Taladro. || Rotura de las paredes de algunos órganos: *perforación intestinal.* || Agujero hecho en una cinta, tarjeta o ficha por medio de una perforadora. || Exploración del terreno perforándolo en busca de petróleo, gas natural o agua.

perforado m. Perforación.

perforador, ra adj. Que perfora u horada. || — F. Herramienta de barrena rotativa, generalmente accionada por aire comprimido, que sirve para taladrar las rocas. || Instrumento para perforar el papel. || Máquina que, en las tarjetas perforadas, traduce los datos en forma de taladros.

perforar v. t. Taladrar. || Hacer fichas o tarjetas perforadas para su utilización en diferentes máquinas especiales (calculadoras, clasificadoras).

perfumar v. t. Impregnar una cosa con materias olorosas (ú. t. c. pr.). || — V. i. Exhalar perfume.

perfume m. Composición química que exhala un olor agradable.

perfumería f. Fábrica o tienda de perfumes.

perfusión f. *Med.* Introducción de una sustancia medicamentosa o de sangre en un órgano.

pergamino m. Piel de cabra o de carnero preparada especialmente para que se pueda escribir en ella. || Documento escrito en esta piel. || — Pl. *Fig.* y *fam.* Títulos de nobleza.

pergeñar v. t. Esbozar.

pérgola f. Galería de columnas.

pericardio m. Tejido que envuelve el corazón.

pericarpio m. Parte exterior del fruto.

pericia f. Habilidad.

perico m. Especie de papagayo.

pericón m. *Arg.* Baile criollo en cuadrilla.

periferia f. Circunferencia. || Contorno de una figura curva. || Alrededores de una población.

periférico, ca adj. Relativo a la periferia: *paseo periférico.* || Dícese del elemento de un sistema de tratamiento de la información que es distinto de la unidad central y sirve esencialmente para comunicar con el exterior (ú. t. c. s. m.).

perífrasis f. Circunloquio.

perilla f. Porción de pelo que se deja crecer en la punta de la barba. || Interruptor eléctrico.

perímetro m. *Geom.* Línea que limita una figura plana. || Su dimensión. || Contorno.

periné o **perineo** m. Parte del cuerpo entre el ano y las partes sexuales.

periodicidad f. Condición de lo que es periódico.

periódico, ca adj. Que se repite a intervalos determinados: *movimiento periódico.* || Que se edita en época fija: *publicación periódica* (ú. t. c. s. m.). || *Mat.* Aplícase a la fracción decimal en la cual una misma cifra o grupo de cifras se repite indefinidamente. || — M. Diario.

periodismo m. Profesión de periodista. || Conjunto de periodistas.

periodista com. Persona que tiene por oficio el escribir en periódicos.

periodístico, ca adj. Relativo a periódicos.

período o **periodo** m. Espacio de tiempo después del cual se reproduce alguna cosa. || Espacio de tiempo, época. || Conjunto de oraciones que enlazadas entre sí forman un sentido cabal: *período gramatical.* || Fase de una enfermedad. || Menstruación.

peripecia f. Suceso imprevisto.

periplo m. Circunnavegación.

peripuesto, ta adj. Ataviado con esmero.

periquete m. *Fam.* Instante.

periscopio m. Aparato óptico instalado en la parte superior de un tubo que usan para ver lo que pasa en el exterior los barcos submarinos.

peristilo m. Galería de columnas.

peritación y **peritaje** m. Informe de perito.

perito, ta adj. Experimentado. || — M. y f. Persona autorizada legalmente por sus conocimientos para dar su opinión acerca de una materia. || Grado inferior en las carreras técnicas.

peritoneo m. Membrana serosa que cubre el interior del vientre.

peritonitis f. Inflamación del peritoneo.

perjudicado, da adj. Que ha sufrido perjuicios (ú. t. c. s.).

perjudicar v. i. Causar perjuicio.

perjudicial adj. Que perjudica.

perjuicio m. Daño.

perjurio m. Juramento en falso.

perla f. Concreción esferoidal nacarada, de reflejos brillantes, que suele formarse en el interior de las conchas de diversos moluscos.

permanecer v. i. Quedarse.

permanencia f. Estancia en un mismo lugar.

permanente adj. Que permanece. || — F. Ondulación del cabello.

permeable adj. Que puede ser atravesado por el agua u otro fluido.

permisividad f. Carácter permisivo.

permisivo, va adj. Que incluye la facultad o licencia de hacer una cosa sin preceptuarla.

permiso m. Autorización: *pedir permiso para salir.* || Licencia: *permiso de conducir, de caza.*

permitir v. t. Dar su consentimiento. || Dar cierta posibilidad: *esto permite vivir bien.* || — V. pr. Tomarse la libertad de hacer algo.

permuta f. Cambio.

permutación f. Cambio.

permutar v. t. Cambiar.

pernicioso, sa adj. Perjudicial.

pernil m. Anca y muslo de un animal. || Parte del pantalón en que se meten las piernas.

perno m. Clavo corto con cabeza redonda.

pernoctar v. i. Pasar la noche.

pero m. Variedad de manzano. || Su fruto.

pero conj. Se emplea para indicar la oposición, la restricción, la objeción, etc.: *el piso es bonito, pero caro.* || — M. *Fam.* Inconveniente, reparo: *poner peros a todo.* | Defecto.

perol m. Cacerola.

peroné m. Hueso largo y delgado de la pierna.

perorar v. i. Discursear.

perorata f. Discurso largo.

perpendicular adj. *Geom.* Aplícase a la línea o al plano que forma ángulo recto con otro. || — F. Línea perpendicular.

perpetración f. Ejecución.

perpetrar v. t. Cometer.

perpetuación f. Acción de perpetuar.

perpetuar v. t. Hacer perpetuo.
perpetuidad f. Duración sin fin.
perpetuo, tua adj. Que dura toda la vida.
perplejidad f. Irresolución.
perquirir v. t. Investigar.
perplejo, ja adj. Irresoluto.
perra f. Hembra del perro. || *Fig.* y *fam.* Dinero. | Rabieta. | Obstinación.
perrera f. Lugar donde se guardan los perros.
perrería f. Mala jugada.
perro m. Mamífero doméstico carnicero de la familia de los cánidos, de tamaño, forma y pelaje muy diversos, según las razas. || — *Fig. Andar como perros y gatos*, llevarse muy mal. | *De perros*, muy malo. | *Humor de perros*, muy mal humor. || *Perro caliente*, bocadillo de salchichas calientes. || *Fig. Ser perro viejo*, experimentado.
perro, rra adj. *Fam.* Muy malo: ¡vida perra!
persa adj. y s. De Persia, hoy Irán.
persecución f. Acción de perseguir.
persecutorio, ria adj. Relativo a la persecución.
perseguidor, ra adj. y s. Que persigue.
perseguir v. t. Seguir al que huye intentando alcanzarle: *perseguir al adversario*. || *Fig.* Acosar, estar siempre detrás de una persona: *perseguirle a todas horas*. | Atormentar, no dejar en paz: *el recuerdo de sus faltas le persigue*. | Intentar conseguir porfiadamente. | Ocurrir varias veces seguidas: *le persiguen las desgracias*. || *For.* Proceder judicialmente contra uno: *perseguir al delincuente*.
perseverancia f. Firmeza y constancia.
perseverante adj. y s. Que persevera.
perseverar v. i. Mantenerse constante en la prosecución de lo comenzado.
persiana f. Especie de celosía formada de tablillas movibles por entre las cuales pueden entrar la luz y el aire, pero no el Sol.
pérsico, ca adj. Persa, de Persia: *el golfo Pérsico*.
persignarse v. pr. Santiguarse.
persistencia f. Constancia. || Larga duración.
persistente adj. Muy duradero.
persistir v. i. Perdurar.
persona f. Individuo de la especie humana, hombre o mujer. || *For.* Entidad física o moral que tiene derechos y obligaciones: *persona jurídica*. || *Gram.* Accidente gramatical que indica quién es el agente o paciente de la oración (*primera persona*, la que habla; *segunda persona*, aquella a quien se habla; *tercera persona*, aquella de quien se habla).
personación f. Acción y efecto de personarse o presentarse en un lugar. || *For.* Comparecencia.
personaje m. Persona notable. || Ser humano que se representa en una obra literaria.
personal adj. Propio de una persona: *calidades personales*. || Presenciado o hecho por la persona misma de que se trata: *entrevista personal*. | *Pronombres personales*, los que designan a las tres personas del verbo. || — M. Conjunto de personas que trabajan en un sitio: *personal de una empresa*.
personalidad f. Carácter que distingue a una persona de las demás: *tener una gran personalidad*. || *For.* Aptitud legal: *personalidad jurídica*. || Persona notable por su actividad.
personalizar v. t. Dar carácter personal.
personamiento m. Personación.
personarse v. pr. Presentarse personalmente.

personería f. *Amer.* Función del personero. | Personalidad jurídica y hecho de ser capaz para comparecer en juicio. | Representación de otro.
personero, ra m. y f. *Amer.* Representante.
personificación f. Acción de personificar.
personificar v. t. Simbolizar, representar perfectamente. || Aludir a personas determinadas en un escrito o discurso.
perspectiva f. Conjunto de cosas que se presentan ante la vista en la lejanía. || *Fig.* Contingencia que es previsible: *perspectivas económicas*.
perspicacia f. *Fig.* Sagacidad.
perspicacidad f. Agudeza del entendimiento.
perspicaz adj. Sagaz.
persuadir v. t. Convencer (ú. t. c. pr.).
persuasión f. Acción de persuadir. || Convicción.
persuasivo, va adj. Que persuade.
pertenecer v. i. Ser una cosa de la propiedad de uno. || Formar parte de.
pertenencia f. Propiedad. || Espacio o territorio que toca a uno por jurisdicción o propiedad. || Cosa accesoria de otra: *las pertenencias de un palacio*. || Adhesión: *la pertenencia a un partido*.
pértiga f. Vara larga. || *Salto de pértiga*, salto de altura con ayuda de una pértiga.
pertinacia f. Obstinación.
pertinaz adj. Obstinado, tenaz. || *Fig.* Persistente.
pertinencia f. Condición de pertinente.
pertinente adj. Oportuno.
pertrechos m. pl. Utensilios propios para determinada cosa.
perturbación f. Desorden: *sembrar la perturbación*. || Disturbio: *perturbaciones sociales*.
perturbador, ra adj. Que perturba (ú. t. c. s.).
perturbar v. t. Trastornar.
peruanismo m. Voz o giro propios del Perú. || Condición de peruano. || Amor a Perú.
peruano, na adj. Natural del Perú (ú. t. c. s.). || Relativo a este país. || — M. Modalidad del castellano hablado en Perú.
perversidad f. Suma maldad.
perversión f. Corrupción.
perverso, sa adj. y s. Depravado.
pervertidor, ra adj. y s. Que pervierte.
pervertir v. t. Corromper (ú. t. c. pr.).
pervivir v. i. Sobrevivir.
pesa f. Pieza de determinado peso que sirve para evaluar en una balanza el que tienen las otras cosas. || Pieza del teléfono que agrupa el micrófono y el auricular. || — Pl. Haltera.
pesadez f. Peso: *la pesadez de un paquete*. || Gravedad. || *Fig.* Cachaza, lentitud. | Sensación de peso: *pesadez de estómago*. | Molestia: ¡qué pesadez este trabajo! | Aburrimiento: ¡qué pesadez de novela!
pesadilla f. Ensueño angustioso. || Preocupación continua. | *Fam.* Persona o cosa fastidiosa.
pesado, da adj. De mucho peso. || *Fig.* Profundo: *sueño pesado*. | Difícil de digerir: *comida pesada*. | Aplícase a los órganos en que se siente pesadez: *tener la cabeza pesada*. | Caluroso y cargado: *tiempo pesado*. | Molesto: *un amigo pesado* (ú. t. c. s.). | Aburrido: *una película pesada*. || Dícese de una categoría de boxeadores o luchadores de gran peso (ú. t. c. s.). || Dícese de la industria que se dedica a la construcción de maquinarias que requiere la utilización de una técnica importante.
pesadumbre f. Tristeza, pesar.

pesaje m. Peso.

pésame m. Expresión del sentimiento que se tiene por la aflicción de otro: *dar el pésame.*

pesar m. Sentimiento o dolor interior. || Arrepentimiento: *tener pesar por haber actuado mal.* || — *A pesar de,* contra la voluntad de; haciendo caso omiso de. || *A pesar de que,* aunque.

pesar v. t. Determinar el peso de una cosa o persona por medio de un aparato adecuado. || *Fig.* Examinar cuidadosamente: *pesar el pro y el contra.* || — V. i. Tener peso. Ú. t. c. t.: *esta maleta pesa diez kilos.* || *Fig.* Ser sentido como una carga: *le pesa la educación de sus hijos.* | Recaer: *todas las responsabilidades pesan sobre él.* | Tener influencia: *en su decisión han pesado mis argumentos.* | Causar tristeza o arrepentimiento: *me pesa que no haya venido.* || *Pese a,* a pesar de.

pesaroso, sa adj. Afligido.

pesca f. Arte, acción de pescar. || Lo que se pesca.

pescada f. Merluza, pez.

pescadería f. Lugar para vender pescado.

pescadero, ra m. y f. Vendedor de pescado.

pescado m. Pez comestible.

pescador, ra adj. y s. Que pesca.

pescante m. En carruajes, asiento del cochero.

pescar v. t. Coger con redes, cañas u otros instrumentos, peces, mariscos, etc.: *pescar gambas.* || *Fig.* Sorprender a alguno o agarrarle: *pescar a un ladronzuelo.* | Coger, pillar: *pescar un resfriado.* | Lograr algo ansiado: *pescar un marido.*

pescuezo m. Parte del cuerpo desde la nuca hasta el tronco.

pesebre m. Especie de cajón para dar de comer a las bestias.

pesero m. *Méx.* Taxi colectivo de precio fijo.

peseta f. Antigua unidad monetaria en España que se dividía en 100 céntimos.

pesimismo m. Propensión a ver siempre el lado malo de las cosas.

pesimista adj. y s. Que ve con pesimismo.

pésimo, ma adj. Muy malo.

peso m. Efecto de la gravedad sobre las moléculas de un cuerpo. || Su medida tomando como punto de comparación unidades determinadas: *peso de diez kilos.* || Balanza. || Acción de pesar: *el peso de los boxeadores.* || Unidad monetaria de varios países americanos dividido en cien centavos: *el peso mexicano, cubano, colombiano, dominicano, uruguayo, boliviano, chileno.* || Esfera metálica de 7,257 kg que se lanza con una mano en los juegos atléticos. || *Fig.* Carga: *el peso de los años.* | Importancia o eficacia: *argumento de peso.* || — *Peso atómico,* el del átomogramo de un elemento. || *Peso bruto,* el total sin descontar la tara. || *Peso neto,* el que queda, deducida la tara, del peso bruto. || *Peso pluma, gallo, ligero, mosca, medio; semipesado, pesado,* categorías en el boxeo y otros deportes como la lucha.

pesquería f. Actividades de la pesca.

pesquero, ra adj. Referente o relativo a la pesca. || — M. Barco de pesca.

pesquisa f. Averiguación.

pesquisidor, ra adj. y s. Que hace pesquisas.

pestaña f. Cada uno de los pelos de los párpados. || Parte al borde de ciertas cosas.

pestañear v. i. Mover los párpados.

peste f. Enfermedad infecciosa y contagiosa causada por el bacilo de Yersin que transmiten las ratas

y las pulgas. || Mal olor, fetidez. || — Pl. Palabras de crítica: *echar pestes contra uno.*

pestilencia f. Hedor.

pestilente adj. Pestífero.

pestillo m. Pasador, cerrojo.

petaca f. Estuche para el tabaco o los cigarrillos. || *Méx.* Maleta. || — Pl. *Méx.* Nalgas.

pétalo m. Cada una de las hojas que componen la corola de la flor.

petardo m. Cohete cargado de pólvora que explota con ruido. || *Fig.* Mujer muy fea. | Porro.

petate m. Estera de palma. || *Loc.* Liar el petate, mudarse.

petenera f. Cante andaluz.

petenero, ra adj. y s. De El Petén (Guatemala).

petición f. Acción de pedir.

peticionar v. t. *Amer.* Hacer una petición.

petimetre, tra m. y f. Persona presumida.

petirrojo m. Pájaro de cuello rojo.

petiso, sa adj. *Amer.* Pequeño, bajo de estatura (ú. t. c. s.). || — M. y f. *Riopl.* Muchacho.

petizo, za adj. y s. Petiso.

peto m. Armadura del pecho. || Parte superior de un delantal, mono o prenda parecida. || *Taurom.* Protección almohadillada con que se cubre a los caballos de los picadores.

petrel m. Ave palmípeda de color oscuro muy común en todos los mares.

pétreo, a adj. De piedra.

petrificación f. Transformación en piedra.

petrificar v. t. Transformar en piedra.

petroglifo m. Grabado realizado en la roca.

petróleo m. Líquido oleoso negro constituido por una mezcla de hidrocarburos y otros compuestos orgánicos que se encuentra nativo en el interior de la Tierra o en las profundidades del mar.

petrolero, ra adj. Relativo al petróleo: *industria, producción petrolera* (ú. t. c. s. m.). || Dícese del barco dedicado a transportar petróleo.

petrolífero, ra adj. Que contiene petróleo: *zona petrolífera.*

petroquímica f. Industria que utiliza el petróleo como materia prima.

petulancia f. Presunción vana.

petulante adj. y s. Vanidoso.

petunia f. Planta solanácea de hermosas flores.

peyorativo, va adj. Despectivo.

peyote m. Planta cactácea de México.

pez m. Animal acuático, vertebrado, de cuerpo alargado cubierto de escamas, respiración branquial, generación ovípara y con extremidades en forma de aletas aptas para la natación. || *Pescado de río.* || — Pl. Clase de los peces. || — *Fam.* Estar pez, no saber nada. || *Fig. Pez de cuidado,* persona que no es de fiar. || *Pez espada,* acantopterigio marino cuya mandíbula superior tiene forma de espada. || *Fam. Pez gordo,* persona importante.

pezón m. Extremidad de la mama.

pezuña f. En los animales de pata hendida, parte final de ésta.

pH m. *Quím.* Coeficiente que indica el grado de acidez de un medio.

phi [*fi*] f. Fi, letra griega (φ).

pi f. Letra griega (π) que corresponde a la *p* castellana. || *Mat.* Símbolo que representa la relación constante que existe entre la circunferencia y el diámetro del círculo (aproximadamente 3,1416).

piadoso, sa adj. Que tiene piedad.

pianista com. Persona que toca el piano.

piano m. Instrumento musical de teclado y cuerdas. || — Adv. Suavemente.

pianola f. Piano mecánico.

piar v. i. Emitir su voz los pollos y algunas aves.

piara f. Manada de cerdos.

P.I.B. Producto interno bruto.

pibe, ba m. y f. *Riopl.* Niño.

piberío m. *Arg.* Chiquillos.

pibil adj. *Méx.* Asado en el horno.

pica f. Arma antigua compuesta de una vara larga terminada por una punta de metal. || Soldado que llevaba esta arma. || Garrocha del picador de toros.

picadero m. Sitio donde los picadores adiestran los caballos o en que las personas aprenden a montar. || *Fam.* Cuarto de soltero.

picadillo m. Guiso de carne cruda picada con tocino, verdura y ajos u otros aderezos.

picado, da adj. Que tiene en la piel, generalmente de la cara, cicatrices: *está picado de viruela.* || Aplícase al vino ligeramente avinagrado. || *Fig.* Enfadado. || *Fig. Amer.* Algo ebrio. || — M. Acción y efecto de picar o picarse.

picador m. Torero de a caballo que hiere al toro con la garrocha.

picadura f. Acción de picar una cosa. || Mordedura. || Caries en la dentadura. || Hoyuelo en la piel dejado por la viruela. || Tabaco picado.

picante adj. Que pica. || *Fig.* Mordaz: *palabras picantes.* || Gracioso: *chiste picante.* || — M. Sabor de lo que pica.

picapleitos m. inv. Mal abogado.

picaporte m. Barrita para cerrar las puertas.

picar v. t. Herir levemente con un instrumento punzante: *picar con un alfiler.* || Morder con el pico o la boca ciertos animales. || Herir el picador al toro con la garrocha. || Morder el pez en el anzuelo. || Enardecer el paladar ciertas cosas excitantes como la pimienta, guindilla, etc. (ú. t. c. i.). || Escocer: *esta herida me pica* (ú. t. c. i.). || Cortar en trozos menudos: *picar tabaco.* || Comer cosas una por una: *picar aceitunas.* || Comer las aves. || Espolear o adiestrar al caballo. || Hacer un agujero en un billete de tren, metro, etc. || Herir con la punta del taco la bola de billar para que tome determinado movimiento. || Dar con el pie a la pelota para obtener un efecto: *picar el balón.* || *Fig.* Irritar, enojar: *le ha picado lo que le dije.* | Herir: *picarle a uno el amor propio.* | Excitar, mover: *picarle la curiosidad.* || — V. i. Lanzarse en vuelo de arriba abajo las aves de rapiña o los aviones para atacar. || Calentar mucho el sol. || *Fig.* Dejarse atraer: *está tan bien hecha la propaganda que mucha gente pica.* || Registrar las horas de entrada y salida en una fábrica u oficina. || — V. pr. Agujerearse algo con la polilla. || Echarse a perder: *picarse una muela.* || Agitarse la superficie del mar. || *Fig.* Irritarse, ofenderse, resentirse: *se pica por cualquier cosa.* | Presumir de algo: *picarse de literato.*

picardía f. Acción baja. || Malicia. || Travesura.

picaresca f. Pandilla de pícaros. || Vida de pícaro. || Género de la novela española del Siglo de Oro que satirizaba violentamente la sociedad de aquel entonces por medio del pícaro.

picaresco, ca adj. Relativo a los pícaros.

pícaro, ra adj. y s. Bajo, ruin. || Taimado, astuto. || Bribón. || *Fig.* Sinvergüenza, pillo (tómase en buen sentido). || — M. Individuo vagabundo, travieso, astuto y de mal vivir, pero generalmente simpático, que figura en varias obras de la literatura española: *el pícaro Lazarillo de Tormes.*

picazón f. Desazón que causa algo que pica.

piche m. *Amer.* Armadillo. || *Arg.* y *Cub.* Miedo.

pichí m. *Arg.* y *Chil.* Orina.

pichicatear v. i. *Méx.* Escatimar.

pichicato, ta adj. *Méx.* Mezquino.

pichinchense adj. y s. De Pichincha (Ecuador).

pichón m. Pollo de la paloma.

pico m. Punta, parte saliente en la superficie de algunas cosas: *sombrero de tres picos.* || Zapapico, herramienta de cantero y cavador: *trabajar de pico y pala.* || Parte saliente de la cabeza de las aves con dos piezas córneas en punta para tomar el alimento. || Parte de algunas vasijas por donde se vierte el líquido. || Montaña de cumbre puntiaguda: *el pico del Teide.* || Parte pequeña que excede de un número redondo: *dos mil euros y pico.* || Extremo del pan. || Panecillo de forma alargada. || *Fam.* Facundia, facilidad en el hablar: *tener buen pico.* || — Pl. Uno de los palos de la baraja francesa. || *Fam.* Cerrar el pico, no hablar; callar. | *Costar un pico*, costar mucho. | *Hincar el pico*, morir. | *Irse del pico*, hablar demasiado.

picor m. Escozor, picazón.

picotazo m. Golpe dado por las aves con el pico.

pictografía f. Escritura ideográfica.

pictográfico, ca adj. Relativo a la pictografía. || *Escritura pictográfica*, Escritura por medio de dibujos.

pictograma m. Ideograma.

pictórico, ca adj. De la pintura.

picudo, da adj. Que tiene pico.

pie m. Extremidad de cada una de las piernas del hombre o de las patas del animal que sirve para sostener el cuerpo y andar: *tener los pies planos.* || Pata, cada una de las piezas en que se apoyan los muebles o cosas semejantes. || Base, parte inferior: *el pie de la montaña.* || Parte de las medias, calcetas, etc., que cubre el pie. || Cada una de las partes en que se divide un verso para su medición. || Medida de longitud usada en varios países con distintas dimensiones. || Parte que está al final de un escrito: *al pie de la carta.* || Explicación que se pone debajo de una foto, grabado, etc. || *Fig.* Fundamento, origen o base de una cosa. || Modo: *tratar en un pie de igualdad.* || — Pl. Parte opuesta a la cabecera: *a los pies de la cama.* || *Fig. Al pie de la letra*, textualmente. | *A pie*, andando. | *Fig. A pie juntillas*, sin la menor duda. | *Con pies de plomo*, con mucha prudencia. | *Dar pie*, dar ocasión. | *De pies a cabeza*, enteramente. | *Fig. Levantarse con el pie izquierdo*, levantarse de muy mal humor. | *Nacer de pie*, tener buena suerte. | *No dar pie con bola*, hacerlo todo desacertadamente. | *No tener pies ni cabeza*, no tener sentido alguno. | *Poner pies en polvorosa*, huir. | *Saber de qué pie cojea uno*, conocer sus defectos. | *Sacar los pies del plato*, tomarse ciertas libertades.

piedad f. Devoción. || Lástima. || Representación artística de la Virgen de las Angustias.

piedra f. Sustancia mineral más o menos dura y compacta: *estatua de piedra.* || Pedazo de esta sustancia: *tirar una piedra.* || *Med.* Cálculo, piedrecilla que se forma en la vejiga o en la vesícula biliar. || Pedernal de las armas o de los instrumentos de chispa: *la piedra de un mechero.* || — *Fig. No dejar* piedra sobre piedra, destruirlo todo. || *Piedra angular*, sillar que forma esquina; (fig.) base, fundamento. || *Piedra pómez*, piedra volcánica, muy ligera y dura, que sirve como abrasivo. || *Piedra preciosa*, la dura, transparente y rara que, tallada, se usa en joyería.

piel f. Membrana que cubre el cuerpo del hombre y de los animales: *hombre de piel blanca*. || Cuero curtido: *artículos de piel*. || Parte exterior que cubre la pulpa de las frutas y algunas partes de las plantas: *la piel de las ciruelas*. || *Piel roja*, nombre dado al indio de América del Norte.

pienso m. Alimento del ganado.

pierna f. Cada uno de los miembros inferiores del hombre. || Pata de los animales.

pieza f. Cada parte en que se divide una cosa, particularmente una máquina: *las piezas de un motor.* || Moneda: *pieza de cuproníquel*. || Alhaja u obra de arte trabajada con esmero: *pieza de joyería*. || Cada unidad de una serie: *en su colección tiene magníficas piezas*. || Trozo de tela para hacer un remiendo: *poner una pieza a un pantalón*. || Habitación, cuarto: *piso de cuatro piezas*. || Nombre de las fichas o figurillas que se utilizan en ciertos juegos: *piezas de ajedrez*. || Obra dramática: *una pieza en tres actos.* || Composición musical: *pieza para orquesta*. || *Pieza de recambio o de repuesto*, pieza que puede sustituir en un mecanismo otra igual que ha sido estropeada. || *Fam. Quedarse de una pieza*, quedarse estupefacto, muy asombrado.

pifia f. Error, metedura de pata.

pifiar v. i. Meter la pata.

pigmentación f. Formación y acumulación del pigmento en un tejido.

pigmentar v. t. Colorar con pigmento.

pigmento m. Materia colorante en el protoplasma de muchas células vegetales y animales.

pigmeo, a m. y f. Individuo muy pequeño.

pignoración f. Acción de pignorar.

pignorar v. t. Empeñar.

pijada f. *Pop.* Tontería.

pijama m. y f. Traje ancho y ligero compuesto de chaqueta y pantalón usado para dormir.

pila f. Recipiente donde cae o se echa el agua para varios usos: *la pila de la cocina, de una fuente*. || En las iglesias, sitio donde se administra el sacramento del bautismo. || Montón: *una pila de leña*. || *Fam.* Gran cantidad: *tener una pila de niños*. || *Arq.* Machón que sostiene los arcos de un puente. || *Fís.* Generador de electricidad que convierte la energía química en energía eléctrica. || — *Nombre de pila*, el que precede a los apellidos. || *Pila atómica*, reactor nuclear, generador de energía que utiliza la fisión nuclear.

pilar m. Elemento vertical macizo que sirve de soporte a una construcción. || *Fig.* Apoyo.

pilca f. *Amer.* Tapia de piedras.

pilcha f. *Chil.* y *Riopl.* Prenda del recado de montar a caballo. | Ropa de vestir en mal estado.

píldora f. Medicamento de forma de bolita: *píldora purgante*. || *Fam.* Anticonceptivo oral.

pileta f. Pila o fuente pequeña. || Pila de cocina o de lavar. || *Amer.* Piscina.

pillaje m. Robo.

pillar v. t. Saquear. || *Fig.* y *fam.* Alcanzar, coger: *pillar a un ladrón*. | Atropellar: *cuidado que no te pille un coche.* | Coger: *el engranaje le pilló un dedo.* | Descubrir: *pilló a su hijo fumando*. || Agarrar: *pillar*

un resfriado. || — V. i. Estar situado: *el colegio pilla de camino para ir a tu casa.*

pillería f. Acción propia de pillo.

pillo, lla adj. y s. *Fam.* Pícaro.

pilón m. Pila grande. || Receptáculo de piedra que se coloca debajo del caño de una fuente.

piloncillo m. *Méx.* Azúcar morena.

píloro m. *Anat.* Abertura a través de la cual pasan los alimentos del estómago al intestino.

pilosidad f. Revestimiento piloso.

piloso, sa adj. Relativo al pelo.

pilotaje m. Acción de pilotar.

pilotar v. t. Dirigir, guiar un buque, automóvil, avión o cualquier otro vehículo.

pilote m. Madero firme para asegurar los cimientos.

piloto m. Persona que gobierna o dirige un buque, un avión, un helicóptero o un vehículo (motocicleta, automóvil) en una competición deportiva. || *Fig.* Luz roja en la parte posterior de un vehículo. | Pequeña lámpara que sirve para indicar que funciona un aparato. || — Adj. Aplícase a lo que sirve de modelo: *granja, fábrica piloto.*

piltrafa f. *Fam.* Trozo de carne mala.

pima adj. y s. Del pueblo amerindio que vive en el norte de México y sur de Estados Unidos. || Individuo de ese pueblo.

pimentón m. Polvo de pimientos secos.

pimienta f. Fruto picante usado como condimento. || *Fig.* Gracia.

pimiento m. Planta cuyo fruto es una baya hueca, generalmente cónica, al principio verde y después roja. || Fruto de esta planta. || Pimentón. || *Fig. Me importa un pimiento*, me da igual.

pimpollo m. Vástago que echan las plantas.

pinacate m. Coleóptero negruzco de mal olor que vive en zonas húmedas de México y América Central.

pinacoteca f. Galería de pintura.

pináculo m. Parte más elevada de un edificio monumental o templo. || *Fig.* Cumbre, cima, auge.

pinar m. Bosque de pinos.

pincel m. Instrumento hecho con pelos atados a un mango con que el pintor asienta los colores. || *Fig.* Pintor, estilo de éste o modo de pintar.

pincelada f. Toque que se da con el pincel.

pincelar v. t. Pintar.

pinchar v. t. Punzar con una cosa aguda o punzante: *pinchar con un alfiler* (ú. t. c. pr.). || *Fig.* Irritar, provocar. | Enojar, picar. || — V. i. Perforarse una cámara de aire. || — V. pr. *Fam.* Inyectarse.

pinchazo m. Herida que se hace con un objeto que pincha. || Perforación que provoca la salida del aire de un neumático, balón, etc. || *Fam.* Inyección.

pinche m. y f. Ayudante de cocina o aprendiz de una profesión. || — Adj. y s. *Méx.* Despreciable.

pincho m. Aguijón, espina, púa de planta o animal. || Nombre aplicado a los manjares ensartados en un mondadientes que se sirven en los bares como tapa. || *Pincho moruno*, brocheta de carne de cordero sazonada.

pingo m. *Arg.* Caballo. || *Méx.* Muchacho travieso.

ping-pong m. Juego de tenis sobre una mesa.

pingüe adj. Abundante.

pingüino m. Ave palmípeda blanca y negra.

pinitos m. pl. Primeros pasos del niño.

pinnípedo, da adj. Dícese de los mamíferos marinos de patas palmeadas, como la foca, la otaria, la morsa (ú. t. c. s.). || — M. pl. Orden formado por estos animales.

pino m. Árbol con tronco de madera resinosa y hojas siempre verdes que da frutos llamados piñas.

pinol m. *Amer.* Harina de maíz tostado. | Pinole.

pinole m. *Amer.* Mezcla de vainilla y otros ingredientes aromáticos que se echaban, para darle color y sabor, al chocolate.

pinta f. Adorno en forma de mancha redonda. || Mancha. || *Fig.* Aspecto: *tiene muy buena pinta.* || Medida de capacidad equivalente a 0,568 litros en Inglaterra y 0,473 en los Estados Unidos. || En ciertos juegos de cartas, triunfo. || *Arg.* Color de las animales. || — M. *Fam.* Golfo, persona poco seria. || *Méx.* *Hacer una pinta,* dibujar o escribir un letrero en una pared.

pintada f. Gallina de Guinea.

pintado, da adj. Naturalmente matizado de diversos colores. || *Fig.* Exacto: *es su padre pintado.* || *Fig. El más pintado,* el más listo. | *Venir como pintado,* venir muy bien. || — M. Acción de pintar. || — F. Letrero o dibujo hechos en un muro, generalmente de contenido político o social.

pintar v. t. Representar cosas o seres vivos con líneas y colores: *pintar un paisaje.* || Cubrir con pintura: *pintó su coche.* || *Fam.* Dibujar. || *Fig.* Describir: *pintar una escena.* || — V. i. *Fig.* y *Fam.* Tener importancia o influencia: *yo no pinto nada en la dirección de la empresa.* || — V. pr. Darse colores y cosméticos: *pintarse los labios.*

pintiparado, da adj. Muy parecido: *es su madre pintiparada.* || Muy adecuado u oportuno: *esto me viene pintiparado.* || Adornado, emperejilado.

pintor, ra m. y f. Persona que pinta.

pintoresco, ca adj. Vivo, muy expresivo: *un lugar muy pintoresco.*

pintura f. Arte de pintar. || Obra pintada. || Sustancia con que se pinta. || *Fig.* Descripción. || *Pintura rupestre,* pintura prehistórica que se halla en las rocas y las cavernas.

pinzas f. pl. Instrumento de metal a modo de tenacillas para coger o sujetar cosas pequeñas: *pinzas de cirugía.* || Órgano prensil de los crustáceos. || Pliegue hecho en el interior de la ropa para estrecharla o como adorno.

pinzón m. Pájaro insectívoro.

piña f. Fruto del pino. || Ananás. || *Fig.* Conjunto de personas o cosas muy unidas.

piñata f. Olla llena de dulces que en los bailes de máscaras suele colgarse del techo y que se tiene que romper con los ojos vendados.

piñón m. Simiente del pino, dulce y comestible en el pino piñonero. || Esta simiente bañada en azúcar. || Rueda dentada de un sistema de transmisión de movimiento en la que engrana una cadena de eslabones articulados.

pío, a adj. Devoto.

piojo m. Género de insectos hemípteros, parásitos en el hombre y en los animales.

piola adj. y s. *Fam. Arg., Parag.* y *Urug.* Agradable, simpático. || *Arg.* y *Urug.* Astuto, pícaro.

piolín m. *Arg., Bol., Chil., Méx., Parag.* y *Urug.* Cordel delgado.

pionero, ra m. y f. Persona que abre el camino a otras, adelantado. || Colonizador norteamericano que, durante los siglos XVIII y XIX, protagonizó la expansión desde las colonias del Este hasta el Pacífico.

Fig. Persona que inicia una actividad completamente nueva y sirve de indicador a aquellos que intentarán hacer lo mismo después.

piorrea f. Flujo de pus en las encías.

pipa f. Utensilio para fumar consistente en un cañón y una cazoleta. || Pepita o semilla: *las pipas de la calabaza.* || Semilla del girasol.

pipeta f. Tubo de cristal para transvasar pequeñas porciones de líquidos.

pipí m. *Fam.* Orina.

pipián m. Guiso americano elaborado con carne, pepita de calabaza y chile o achiote.

pípila f. *Méx.* Hembra del guajolote.

pique m. Resentimiento, enfado. || Amor propio. || — *A pique,* a punto de, próximo a; a plomo, perpendicularmente. || *Echar a pique,* hundir una embarcación; (fig.) destruir una empresa. || *Irse a pique,* hundirse una embarcación; (fig.) fracasar una empresa; arruinarse.

piqueta f. Zapapico.

piquete m. Lesión causada por un objeto punzante. || Agujero pequeño. || Grupo pequeño de personas o soldados.

pira f. Hoguera.

piragua f. Embarcación larga y estrecha.

pirámide f. Sólido que tiene por base un polígono y cuyas caras son triángulos que se reúnen en un mismo punto llamado vértice. || Monumento con esta forma: *las pirámides de Cholula.*

piraña f. Pez muy voraz.

pirarse v. pr. *Fam.* Marcharse.

pirata adj. Clandestino, ilícito: *emisora pirata.* || — M. El que se echa a la mar para asaltar y robar barcos. || *Pirata del aire,* persona que desvía un avión en vuelo para hacerlo aterrizar en otro sitio que el señalado como destino.

piratear v. i. Apresar y robar embarcaciones. || *Fig.* Robar. | Copiar y atribuirse textos ajenos.

piratería f. Actividad de los piratas.

pirenaico, ca adj. De los Pirineos.

pirita f. Sulfuro natural de hierro o cobre.

pirómano, na adj. y s. Que tiene la manía de provocar incendios.

piropear v. t. *Fam.* Echar piropos.

piropo m. *Fam.* Requiebro.

pirueta f. Voltereta.

pirulí m. Caramelo montado sobre un palito.

pis m. *Fam.* Pipí, orina.

pisa f. Acción y efecto de pisar. || Operación consistente en estrujar uvas o aceitunas en el lagar o en el molino para hacer vino o aceite.

pisada f. Huella que deja el pie en la tierra. || Ruido que hace una persona al andar.

pisado m. Pisa.

pisar v. t. Poner el pie sobre algo: *me has pisado el pie.* || Apretar o estrujar con el pie o con un instrumento: *pisar la uva.* || Entre las aves, cubrir el macho a la hembra: *pisar el palomo a la paloma.* || *Fig.* Pisotear: *pisar la Constitución, las leyes.* | Aprovechar una cosa anticipándose a otra persona: *pisarle el puesto a uno.* || Entrar en un lugar, estar en él: *es la última vez que piso este sitio.*

piscícola adj. Relativo a la piscicultura.

piscicultura f. Arte de criar peces.

piscina f. Estanque artificial para nadar.

pisco m. *Amer.* Aguardiente de uva elaborado en Pisco (Perú). | Tinajuela en que se vende.

piscolabis m. *Fam.* Comida ligera.

piso m. Suelo de un edificio, habitación o terreno: *el piso de una carretera.* || Cada una de las plantas de una casa: *primer, último piso.* || Vivienda: *un piso de cinco habitaciones.* || *Geol.* Cada una de las capas que se distinguen en un terreno.

pisón m. Instrumento pesado con el cual se golpea el suelo para apretar la tierra, etc.

pisotear v. t. Pisar repetidamente. || *Fig.* Humillar, maltratar de palabra: *pisotear al vencido.* | Hacer caso omiso de, infringir: *pisotear las leyes.*

pisotón m. Acción de pisar.

pisqueño, ña adj. y s. De Pisco (Perú).

pista f. Rastro o huellas de los animales en la tierra por donde han pasado: *la pista del jabalí.* || Sitio destinado a jugar al tenis, a las carreras y otros ejercicios: *la pista de un hipódromo, de un circo.* || Sitio adecuadamente allanado para ciertas cosas: *pista de baile.* || Terreno destinado al despegue y aterrizaje de los aviones. || *Fig.* Conjunto de indicios que puede conducir a la averiguación de un hecho. || *Tecn.* Parte de la cinta magnética en que se graban los sonidos.

pistacho m. Fruto del alfóncigo.

pistilo m. Órgano femenino de la flor.

pisto m. Fritada de pimientos, tomates, cebolla y varias hortalizas más. || *Amér. C.* Dinero. || *Fig.* y *fam. Darse pisto*, darse importancia.

pistola f. Arma de fuego pequeña, de cañón corto y que se dispara con una sola mano.

pistolero m. Bandido con pistola.

pistón m. Émbolo. || Cápsula, mixto para escopeta o para hacer el efecto de explosión en las pistolas de juguete. || *Mús.* Llave en forma de émbolo de ciertos instrumentos: *corneta de pistón.*

pita f. Planta de hojas grandes y carnosas. || Acción de pitar, abucheo: *al entrar recibió una pita.*

pitahaya f. Nombre de varias plantas cactáceas y de su fruto.

pitanza f. *Fam.* Alimento cotidiano.

pitar v. i. Tocar el pito. || *Fig.* y *fam.* Ir algo a medida de los deseos de uno: *mi negocio pita.* | Funcionar. || *Fam. Salir pitando*, irse a todo correr. || — V. t. Manifestar desaprobación o descontento mediante silbidos: *pitar a un torero.*

pitazo m. *Méx.* Aviso, soplo: *lo arrestaron gracias a un pitazo.*

pitido m. Silbido.

pitihué m. *Chil.* Ave trepadora que hace su nido en los huecos de los árboles.

pitillera f. Petaca.

pitillo m. Cigarrillo.

pito m. Pequeño instrumento parecido al silbato y de sonido agudo. || Dispositivo que silba por acción del vapor o del aire comprimido. || *Fam.* Cigarrillo. | Claxon. | Pene. || — *Fig. No importar un pito*, no importar nada. | *No valer un pito* o *tres pitos*, no valer nada.

pitón m. Cuerno que empieza a salir a ciertos animales: *pitón del toro.* || Especie de clavo utilizado en montañismo. || Reptil no venenoso.

pitonisa f. Sacerdotisa de Apolo.

pitorrearse v. pr. *Pop.* Burlarse.

pitorreo m. *Pop.* Guasa, burla.

pituitaria f. *Anat.* Mucosa de las fosas nasales donde radica el sentido del olfato.

pituitario, ria adj. *Membrana pituitaria*, la mucosa de la nariz.

piurano, na adj. y s. De Piura (Perú).

pivotante adj. Que gira.

pivote m. *Tecn.* Pieza cilíndrica que gira sobre un soporte. | Soporte en el que puede girar algo. || En baloncesto, delantero centro.

piyama m. y f. *Amer.* Pijama.

pizarra f. Roca de color negro azulado. || Trozo de esta piedra o de otra materia que sirve para escribir o dibujar.

pizarrón m. *Méx.* Pizarra.

pizca f. *Fam.* Porción pequeña.

pizza f. (pal. ital.). Tarta rellena de tomates, anchoas, aceitunas, etc.

pizzería f. Restaurante en el que se sirven pizzas.

placa f. Lámina, plancha u hoja delgada y rígida. || Lámina de cristal o de metal sensibilizada que sirve para obtener una prueba fotográfica negativa. || *Med.* Mancha en la piel o en una mucosa provocada por una dolencia. || Insignia de ciertas órdenes y profesiones. || Lámina de metal, mármol, materia plástica, etc., que se coloca en la puerta de una casa con una inscripción para señalar el nombre, la profesión de la persona que la ocupa o cualquier otra cosa. || *Méx.* Chapa, patente. || *Placa tectónica*, una de las secciones en las que se divide la corteza terrestre.

placard m. *Arg., Chil., Parag.* y *Urug.* Clóset.

placenta f. Órgano ovalado que une el feto con la superficie del útero.

placentario, ria adj. Relativo a la placenta. || — M. pl. Mamíferos que están provistos de placenta.

placentero, ra adj. Agradable.

placer m. Sentimiento experimentado a causa de algo que agrada. || Gusto: *lo haré con placer.* || Diversión: *los placeres de la vida.* || Voluntad: *tal es mi placer.* || Yacimiento superficial aurífero.

placer v. i. Agradar.

placidez f. Calma, apacibilidad.

plácido, da adj. Tranquilo.

plaga f. Calamidad grande.

plagar v. t. Llenar (ú. t. c. pr.).

plagiar v. t. Copiar o imitar.

plagiario, ria adj. y s. Que plagia.

plagio m. Copia o imitación. || *Amer.* Secuestro.

plaguicida m. Sustancia que ataca a las plagas.

plan m. Estructura general de una obra: *el plan de una novela.* || Intención, proyecto: *no tengo ningún plan para esta tarde.* || Conjunto de medidas gubernamentales o intergubernamentales tomadas para organizar y desarrollar la actividad económica: *plan quinquenal.* || Régimen y tratamiento médico prescrito a un enfermo: *estar a plan para adelgazar.* || *Méx.* Compromiso político de carácter revolucionario: *el Plan de Iguala.* || *Fam.* Chico o chica con quien uno sale. | Relación que éstos tienen entre sí. | Mujer fácil en amores.

plana f. Cara de una hoja de papel.

plancha f. Lámina o placa de metal. || Utensilio consistente en una superficie metálica calentada generalmente por una resistencia eléctrica y un asa que sirve para planchar la ropa. || Conjunto de ropa planchada. || *Impr.* Reproducción estereotípica o galvanoplástica lista para la impresión. || En el fútbol, golpe dado con la planta del pie. || Modo de nadar flotando en el agua de espaldas. || En gimnasia, posición horizontal del cuerpo en el aire apoyándose en las manos que están asidas a un punto. || *Fig.* Metedura de pata: *tirarse una plancha.*

planchado m. Acción de planchar.

planchar v. t. Desarrugar la ropa con la plancha.

plancton m. Conjunto de animales y vegetales diminutos que pueblan las aguas saladas y dulces.

planeador m. Avión sin motor.

planeamiento m. Acción de planear.

planear v. t. Trazar el plan de una obra. || Proyectar. || — V. i. Cernerse en el aire como las aves. || Hacer proyectos. || *Vuelo planeado*, el de un avión que vuela sin motor.

planeta m. Cuerpo celeste opaco que gira alrededor del Sol.

planetario, ria adj. Relativo a los planetas. || Relativo a todo el mundo: *a escala planetaria*. || — M. Aparato mecánico con el cual se imita el movimiento de los planetas.

planicie f. Llanura. || Meseta.

planificación f. Programación.

planificar v. t. Establecer un plan.

planilla f. *Amer.* Lista, nómina de empleados.

planisferio m. Mapa que representa las esferas celeste o terrestre.

plano, na adj. Llano, de superficie lisa. || *Geom.* Relativo al plano: *geometría plana*. | Aplícase al ángulo que es igual a dos rectos. || — M. *Geom.* Superficie plana limitada. || Representación gráfica de las diferentes partes de una ciudad, un edificio, una máquina, etc.: *un plano de Barcelona*. || Elemento de una película fotografiado en una sola toma de vistas: *primer plano*. || *Fig.* Esfera, violencia.

planta f. Nombre genérico de todo lo que vive adherido al suelo por medio de raíces: *planta herbácea*. || Parte del pie o de la pata que se apoya en el suelo. || Piso: *vivir en la primera planta*. || Fábrica, instalación: *planta eléctrica*. || *Fam.* Presencia: *tener buena planta*.

plantación f. Acción de plantar. || Conjunto de lo plantado.

plantar v. i. Meter en tierra una planta o un vástago para que arraigue: *plantar vides*. || *Fig.* Clavar en tierra: *plantar postes*. | Colocar: *plantar su tienda en un campo*. | Establecer, fundar. || *Fig.* y *fam.* Asestar un golpe: *plantar un bofetón*. | Poner con violencia: *le plantaron en la calle*. | Abandonar: *le plantó la novia*. | Dejar callado, callar. || *Fam. Dejar plantado*, abandonar. || — V. pr. *Fig.* Ponerse de pie firme en un sitio: *plantarse ante la puerta*. || *Fig.* y *fam.* Llegar a un sitio sin tardar mucho: *en una hora me plantaré en tu casa*.

planteamiento m. Acción de plantear.

plantear v. t. Trazar las líneas fundamentales para resolver algo: *plantear un problema*. || Proponer, exponer un tema para que se examine y discuta (ú. t. c. pr.).

planteo m. Planteamiento.

plantificar v. t. Establecer, implantar. || *Fam.* Dar (golpes, etc.). | Dejar a uno en alguna parte en contra de su voluntad, dejar plantado.

plantígrado, da adj. y s. m. Dícese de los cuadrúpedos que al andar apoyan toda la planta de los pies y las manos, como el oso.

plantilla f. Suela interior del zapato. || Conjunto de los empleados y trabajadores de una empresa o de un servicio público. || Lista de estos empleados: *estar en plantilla*.

plantío, a adj. Aplícase al terreno plantado o que puede serlo. || — M. Acción de plantar.

plantón m. *Dar un plantón*, no acudir a una cita.

plañidero, ra adj. Lloroso.

plañido m. Lamento, queja.

plañir v. i. Gemir y llorar.

plaqueta f. Elemento celular de la sangre.

plasma m. Líquido donde están los glóbulos de la sangre y de la linfa.

plasmar v. t. Dar forma. || *Fig.* Manifestar, concretar. || — V. pr. *Fig.* Concretarse.

plasta f. Masa aplastada. || Cosa aplastada.

plástica f. Aspecto de una persona o cosa desde el punto de vista de la estética.

plasticidad f. Calidad de plástico.

plasticina f. *Arg.* y *Urug.* Plastilina.

plástico, ca adj. Relativo a la plástica: *artes plásticas*. || Moldeable: *materia plástica*. || — M. Materia sintética consistente, por lo general, en resina artificial, susceptible de ser modelada o moldeada en caliente o a presión.

plastificado m. Acción y efecto de plastificar.

plastificar v. t. Recubrir con plástico.

plastilina f. Sustancia blanda de varios colores que usan los niños para moldear.

plata f. Metal precioso, de un color blanco brillante, inalterable y muy dúctil (símb. Ag), de número atómico 47. || Vajilla u otros objetos de este metal. || *Fig.* Moneda o monedas de este metal. || *Fam.* Dinero: *tiene mucha plata*.

plataforma f. Tablero horizontal más elevado que lo que le rodea. || Parte de un tranvía o de un autobús en la que se viaja de pie. || Estación de perforación petrolífera instalada en el mar. || Programa: *plataforma electoral*. || *Fig.* Lo que sirve para lograr algún fin.

plátano m. Planta cuyos frutos, agrupados en racimos, tienen un sabor dulce. || Este fruto.

platea f. Palco en la planta baja de un teatro.

plateado, da adj. De color de plata. || — M. Acción de platear.

platear v. t. Cubrir con plata.

platelminto adj. m. Dícese de un grupo de gusanos que tienen el cuerpo en forma de cinta, como la tenia. || — M. pl. Este grupo.

platense adj. y s. De la región del Río de la Plata o de la ciudad de La Plata (Argentina).

plateresco, ca adj. Dícese del estilo arquitectónico español del s. XVI en que se emplean elementos clásicos y ojivales con profusión de adornos y bajorrelieves (ú. t. c. s. m.).

plática f. Conversación, charla.

platicar v. i. Hablar. || — V. t. *Amer.* Decir. | Hablar de.

platillo m. Plato pequeño. || Disco en las balanzas sobre el cual se pone lo que se ha de pesar o las pesas. || Instrumento de percusión (ú. m. en pl.). || *Méx.* Plato de comida. || *Platillo volador*, Ovni.

platinar v. t. Cubrir con una capa de platino.

platino m. Metal precioso (símb. Pt). || — Pl. En los motores de automóvil, bornes de tungsteno que establecen el contacto en el ruptor.

plato m. Recipiente generalmente redondo donde se echa la comida. || Manjar, guiso: *poner carne como plato fuerte*. || Objeto en forma de disco: *plato de la bicicleta*. || Objeto circular móvil con que se ejercita la puntería: *tiro al plato*.

plató m. Escenario de un estudio de cine.

platónico, ca adj. Relativo a Platón. || Ideal.

platudo, da adj. *Amer.* Rico.

plausible adj. Que se puede admitir o aprobar.

playa f. Extensión llana, cubierta de arena o guijarros, a orillas del mar. || *Arg.* Aparcamiento.

playera f. Camisa ancha de verano. || — Pl. Sandalias.

playo, ya adj. *Amer.* De poca profundidad.

plaza f. Lugar espacioso rodeado de casas en el interior de una población. || Mercado: *ir a la plaza a hacer las compras.* || Ciudad fortificada. || Población donde se hacen operaciones de comercio: *la Bolsa de la plaza de París.* || Oficio, puesto o empleo. || Espacio que se reserva a un viajero en un medio de transporte. || En un colegio, pensionado, hospital, hotel, hospicio, etc., lugar destinado para ser ocupado por una persona. || Sitio: *un aparcamiento de quinientas plazas.* || Suelo del horno. || *Plaza de toros,* circo donde se verifican las corridas de toros.

plazo m. Tiempo máximo concedido para pagar una suma o hacer una cosa. || Cada parte de una cantidad pagadera en varias veces. || *A plazos,* pagando en dos o más veces y en fechas sucesivas.

pleamar f. *Mar.* Marea alta.

plebe f. Pueblo bajo, populacho.

plebeyo, ya adj. Propio de la plebe. || Que no es noble ni hidalgo: *hombre plebeyo* (ú. t. c. s.).

plebiscitar v. t. Someter a plebiscito.

plebiscito m. Resolución tomada por todos los habitantes de un país a pluralidad de votos.

plegamiento m. Deformación de las capas de la corteza terrestre.

plegar v. t. Hacer pliegues en una cosa. || Doblar los pliegos: *plegar un libro.* || — V. pr. Someterse.

plegaria f. Oración.

pleistoceno, na adj. y s. m. *Geol.* Dícese del primer período de la era cuaternaria.

pleitear v. i. Litigar o contender judicialmente.

pleitesía f. Acatamiento.

pleito m. *For.* Proceso judicial.

plenario, ria adj. Completo, en que participan todos los miembros: *asamblea plenaria* (ú. t. c. s. f.). || *Indulgencia plenaria,* remisión total de las penas debidas a los pecados.

plenilunio m. Luna llena.

plenipotenciario, ria adj. y s. Aplícase a la persona con plenos poderes.

plenitud f. Totalidad. || Abundancia. || *Fig.* Completo desarrollo.

pleno, na adj. Lleno. || — M. Reunión plenaria.

pleonasmo m. Repetición de palabras que tiene un sentido equivalente, como *subir arriba.*

plétora f. Abundancia.

pletórico, ca adj. Rebosante.

pleura f. Cada una de las membranas que cubren la superficie de los pulmones.

pleuresía f. Inflamación de la pleura.

plexiglás m. Resina sintética transparente y flexible que se emplea principalmente como vidrio de seguridad.

pléyade f. Grupo de personas.

plica f. Sobre cerrado y sellado.

pliego m. Papel doblado por la mitad. || *Por ext.* Hoja de papel.

pliegue m. Doblez en una cosa. || Tabla: *pliegues de una falda.* || *Geol.* Ondulación del terreno.

plioceno, na adj. y s. m. *Geol.* Aplícase al último período de la era terciaria que sucede al mioceno.

plisado m. Acción de plisar.

plisar v. t. Hacer pliegues.

plomada f. Pesa de plomo que sirve para determinar la línea vertical.

plomería f. *Arg., Cub.* y *Méx.* Fontanería. || *Méx.* y *Venez.* Establecimiento donde se realizan trabajos de fontanería.

plomero, za m. *Amer.* Fontanero.

plomizo, za adj. Con plomo o de este color.

plomo m. Metal pesado, dúctil, maleable, blando, fusible y de color gris azulado (símb. Pb). || Bala. || *Electr.* Fusible. || Carácter tipográfico y composición de imprenta, fundición. || *Fam.* Supercarburante. || *Fig.* Persona pesada.

pluma f. Órgano producido por la epidermis de las aves formado de una especie de tubo o cañón cubierto de barbillas que sirve para el vuelo, la protección y el mantenimiento de una temperatura constante. || Conjunto de estas plumas. || Instrumento para escribir con tinta. || *Fig.* Estilo o manera de escribir: *escribir con pluma mordaz.* | Escritor. | Oficio de escritor. || Categoría de boxeadores que pesan entre 57,172 y 61,235 kilos. || *Pluma estilográfica,* la que contiene un depósito para la tinta en el interior del mango.

plumaje m. Conjunto de plumas.

plumazo m. Trazo de pluma.

plúmbeo, a adj. De plomo.

plumero m. Mango con plumas para quitar el polvo.

plumilla f. Parte de la pluma para escribir.

plural adj. y s. m. *Gram.* Dícese del número que se refiere a dos o más personas o cosas.

pluralidad f. Gran número.

pluralismo m. Multiplicidad.

pluralización f. Acción de pluralizar.

pluralizar v. t. *Gram.* Dar el número plural a palabras que ordinariamente no lo tienen. || Aplicar a varios sujetos lo que sólo es propio de uno.

pluricelular adj. *Biol.* Ser vivo compuesto por muchas células.

pluricultural adj. Aplícase al suceso en el que intervienen varias culturas.

plus m. Gratificación.

pluscuamperfecto m. Tiempo del verbo que expresa una acción pasada anterior a otra también pretérita.

plusmarca f. Récord.

plusmarquista m. y f. Persona que tiene un récord o plusmarca.

plus ultra loc. lat. Más allá.

plusvalía f. Aumento de valor.

plutocracia f. Gobierno de los ricos.

plutonio m. Metal (Pu), obtenido del uranio.

pluvial adj. Relativo a la lluvia.

pluviómetro m. Aparato para medir la lluvia.

pluviosidad f. Abundancia de lluvia.

pluvioso, sa adj. Lluvioso.

p. m., abrev. de *después de mediodía.*

Po, símbolo químico del *polonio.*

población f. Conjunto de los habitantes en un país, región o ciudad. || Aglomeración, agrupación de casas que puede llegar a formar un lugar o una ciudad. || Acción de poblar.

poblado, da adj. Habitado. || Arbolado. || Espeso: *barba poblada.* || — M. Población.

poblador, ra adj. y s. Que habita.

poblano, na adj. y s. De Puebla (México).

poblar v. t. Asentarse en un lugar (ú. t. c. pr.).

pobre adj. Que no tiene lo necesario para vivir: *hombre pobre* (ú. t. c. s.). || *Fig.* Que tiene algo en muy poca cantidad: *pobre en vitaminas*. | Estéril: *terreno pobre*. | De poco valor o entidad: *libro pobre de contenido*. || — M. y f. Mendigo.

pobretear v. i. Comportarse como un pobre.

pobreza f. Condición del que no tiene lo necesario para vivir. || Falta, escasez: *pobreza de recursos*. || Abandono voluntario de todos los bienes propios: *voto de pobreza*.

pocho, cha adj. Pálido. || Pasado, demasiado maduro: *fruta pocha*. || *Fig.* Estropeado. | Algo enfermo. || *Méx.* Dícese de los estadounidenses de ascendencia mexicana que entremezclan hablando el inglés y el castellano (ú. t. c. s.).

pochoclo m. *Arg.* y *Urug.* Maíz inflado.

pochote m. *C. Rica* y *Hond.* Ceiba.

pocilga f. Establo para cerdos.

pocillo m. Recipiente con asa de peltre o zinc para beber.

pócima f. Bebida de mal sabor.

poción f. Bebida.

poco, ca adj. Limitado en cantidad. || — M. Cantidad pequeña: *un poco de vino*. || — Adv. En pequeña cantidad: *beber poco*. || Indica también corta duración: *se quedó poco aquí*. || Insuficientemente: *este guiso está poco salado*.

poda f. Acción de podar.

podar v. t. Cortar las ramas inútiles de los árboles.

poder m. Autoridad: *tiene el poder de nombrar a los ministros*. || Dominio: *estar bajo el poder de un país extranjero*. || Gobierno de un Estado: *el poder político*. || Facultad, capacidad: *tiene un gran poder de trabajo*. || Posesión: *la carta llegó a su poder*. || Documento notarial en el que se da autorización a uno para que haga cierta cosa. || — Pl. *Fig.* Autorización para actuar en nombre de otra persona: *casarse por poderes* (ú. t. en sing.). || — *Dar poder*, autorizar. || *Poder ejecutivo*, el que se dedica a hacer ejecutar las leyes. || *Poder judicial*, el que ejerce la administración de la justicia. || *Poder legislativo*, el que se ocupa de la preparación y modificación de las leyes.

poder v. t. Tener facultad o autoridad para hacer algo: *puedo pagarme el viaje*. || Tener permiso o autorización: *no puedo salir por la noche*. || Tener facilidad: *con tanta gente en medio no puedo estudiar*. || Ser incapaz: *no puedo dejarle solo en tan triste circunstancia*. || Tener cierta probabilidad: *puedes encontrártelo a cada paso*. || — V. impers. Ser contingente o posible una cosa.

poderío m. Poder.

poderoso, sa adj. Que tiene mucho poder. || Muy rico: *un poderoso industrial*. || Muy eficaz o activo: *remedio poderoso*. || Muy fuerte: *argumento poderoso*. || — M. pl. Gente rica o de influencia.

podio m. Plataforma a donde se suben los tres primeros vencedores en una prueba deportiva.

podólogo, ga m. y f. *Med.* Especialista en podología. | *Amer.* Pedicurista, pedicuro.

podología f. *Med.* Rama de la medicina que atiende las afecciones y deformidades de los pies, siempre que no implique cirugía mayor.

podredumbre f. Putrefacción.

podrido, da adj. Echado a perder. || *Fig.* Viciado.

poema m. Obra en verso de alguna extensión.

poemario m. Serie de poemas.

poesía f. Arte de componer versos: *dedicarse a la poesía*. || Cada uno de los géneros de este arte: *poesía lírica*. || Composición en verso, generalmente corta. || Carácter de lo que produce una emoción afectiva: *la poesía de un paisaje*.

poeta m. y f. Persona que compone obras poéticas. (El femenino puede ser también *poetisa*.)

poético, ca adj. Relativo a la poesía o propio de ella. || Que podría inspirar a un poeta. || — F. Tratado sobre los principios y reglas de la poesía.

poetisa f. Mujer poeta.

poetización f. Acción y efecto de poetizar.

poetizar v. t. Dar carácter poético.

póker m. Juego de cartas de envite de origen norteamericano. || Juego de dados. || Conjunto de cuatro cartas o dados del mismo valor.

polaco, ca adj. y s. De Polonia. || — M. Lengua de los polacos.

polaina f. Prenda que cubre el pie y la pierna hasta la rodilla.

polar adj. Relativo a los polos.

polarización f. Propiedad que presenta un rayo luminoso, después de sufrir la reflexión o la refracción, de producir vibraciones localizadas desigualmente alrededor de este rayo. || Concentración de la atención, de las fuerzas, etc., en algo.

polarizar v. t. *Fís.* Someter al fenómeno de la polarización. || *Fig.* Atraer toda la atención.

polca f. Danza y música originarias de Bohemia.

polea f. Rueda de canto acanalado, móvil sobre su eje, por la que corre una cuerda.

polémico, ca adj. Relativo a la polémica. || — F. Discusión.

polemista com. Persona que sostiene polémicas.

polemizar v. i. Sostener o entablar una polémica.

polen m. Polvillo fecundante de las flores.

polenta f. Guiso de harina de maíz, en forma de gachas o torta.

polichinela m. Personaje cómico del teatro de marionetas. || *Fig.* Hombre muy cambiadizo.

policía f. Conjunto de las reglas cuya observancia garantiza el mantenimiento del orden y la seguridad de los ciudadanos. || Cuerpo encargado de mantener este orden. || Conjunto de los agentes de este cuerpo. || — M. Agente de policía.

policiaco, ca, policíaco, ca y **policial** adj. Relativo a la policía.

policromía f. Mezcla de varios colores.

policromo, ma adj. De varios colores.

poliedro adj. m. Dícese de un sólido de caras planas y de los ángulos formados por estas caras. || — M. Sólido limitado por varias caras planas.

poliéster m. Materia textil sintética.

polifacético, ca adj. De varios aspectos. || Aplícase a la persona con aptitudes muy variadas.

polifonía f. Conjunto simultáneo de voces o de instrumentos musicales.

poligamia f. Condición del hombre casado con varias mujeres.

polígamo, ma adj. Dícese del hombre casado simultáneamente con varias mujeres (ú. t. c. s. m.).

políglota, ta adj. Escrito en varias lenguas: *Biblia políglota*. || Que habla varios idiomas (ú. t. c. s.).

polígono m. Figura plana de varios ángulos limitada por líneas rectas o curvas. || Campo de tiro. || *Polígono industrial*, zona industrial.

polígrafo, fa m. y f. Persona que ha escrito sobre muy diversas materias.

polilla f. Mariposa nocturna cuya larva destruye los tejidos y la madera.

polimerización f. Unión de varias moléculas idénticas para formar otra mayor.

polinesio, sia adj. y s. De Polinesia (Oceanía).

polinización f. *Bot.* Movimiento del polen del estambre al pistilo.

polinomio m. Expresión algebraica que consta de varios términos.

polio f. *Fam.* Poliomielitis.

poliomielitis f. Enfermedad contagiosa del hombre producida por un virus fijado en los centros nerviosos, en particular en la médula espinal, que provoca parálisis.

pólipo m. *Zool.* Animal celentéreo que vive en el fondo del mar. || *Med.* Tumor pedunculado que crece en las mucosas.

polisílabo, ba adj. De varias sílabas (ú. t. c. s. m.).

politécnico, ca adj. Que comprende muchas ciencias o artes: *escuela politécnica.* || — M. Alumno de esta escuela.

politeísmo m. Creencia en varios dioses.

político, ca adj. Relativo a la organización y al gobierno de los asuntos públicos. || Relativo a un concepto particular del gobierno de un país: *credos políticos.* || Dícese de la persona que se ocupa de los asuntos públicos, del gobierno de un Estado (ú. t. c. s.). || Sensato, juicioso: *su actuación ha sido poco política.* || Educado, cortés, urbano. || Dícese del parentesco por afinidad: *tío, hermano político.* || — F. Arte de gobernar o dirigir un Estado. || Conjunto de los asuntos que interesan al Estado: *política interior.* || Manera de dirigir los asuntos de un Estado: *política liberal.* || *Fig.* Manera de obrar, de llevar un asunto: *llevar una buena política.* || Cortesía, urbanidad.

politización f. Acción de dar carácter político.

politizar v. t. Dar carácter u orientación política.

poliuretano m. Materia plástica.

polivalente adj. Eficaz en varios casos diferentes.

póliza f. Documento en que consta un contrato de seguro. || Sello que hay que poner en ciertos documentos para satisfacer un impuesto.

pollera f. Sitio o cesto donde se crían pollos. || Andador, cesto de mimbres o de otro material sin fondo donde se pone a los niños para que aprendan a andar. || *Amer.* Falda.

pollino, na m. y f. Asno.

pollo m. Cría de las aves. || *Fam.* Muchacho joven. || *Pop.* Esputo.

polluelo m. Pollo.

polo m. Cada uno de los dos extremos de un eje imaginario alrededor del cual gira la esfera celeste en veinticuatro horas. || Cada uno de los extremos del eje de la Tierra: *polo Norte.* || Cada uno de los extremos de un generador o receptor eléctrico utilizado para las conexiones con el circuito exterior. || Cada uno de los extremos de un imán en el que se encuentra la fuerza magnética. || *Fig.* Lo que atrae, centro: *polo de atención.* | Término en completa oposición con otro: *el error y la verdad están en dos polos diferentes.* || Zona de desarrollo agrícola e industrial. || Camisa de sport de punto y con mangas largas. || Juego practicado a caballo y en el que los jinetes impulsan la pelota con una maza. (Tb. existe otro juego de polo, llamado *acuático,* en el que par-

ticipan dos equipos de siete nadadores.) || Bloque de helado que se sostiene con un palo para chuparlo. || Variedad de cante flamenco.

pololo, la m. y f. *Chil.* Persona que pretende a otra con fines amorosos.

polonesa f. Cierta danza o baile de Polonia. || Música que la acompaña.

polonio m. Metal (Po) radiactivo.

poltrona f. Silla con brazo.

polución f. Contaminación.

polucionar v. t. Contaminar.

polvareda f. Cantidad de polvo.

polvera f. Caja para polvos de tocador.

polvo m. Conjunto de partículas de tierra fina que se levanta en el aire: *nube de polvo.* || Materia dividida en partículas muy pequeñas: *polvos dentífricos.* || Cantidad de una sustancia pulverizada que se toma con los dedos: *polvo de rapé.* || *Fig.* Restos del hombre después de su muerte: *eres polvo y en polvo te convertirás.* || *Fam.* Cocaína. || — Pl. Mezcla de productos minerales destinados a la protección y al embellecimiento del rostro de las mujeres.

pólvora f. Sustancia explosiva que se emplea para impulsar un proyectil en las armas de fuego.

polvoriento, ta adj. Con polvo.

polvorín m. Almacén de explosivos.

pomada f. Producto graso que se emplea en medicina para uso externo o como cosmético.

pomelo m. Fruto comestible ácido, algo mayor que una naranja. || Árbol que lo produce.

pomo m. Remate redondeado de algunas cosas. || Tirador de una puerta, cajón, etc., que sirve para abrirlos. || Frasco de perfume. || Extremo del puño de la espada, de un bastón.

pompa f. Acompañamiento suntuoso: *entierro con gran pompa.* || Esplendor, magnificencia: *la pompa real.* || Burbuja de aire que se forma con un líquido: *pompa de jabón.* || — Pl. Vanidades, vanos placeres del mundo. || *Pompas fúnebres,* ceremonias celebradas en honor de un difunto.

pomposidad f. Solemnidad.

pomposo, sa adj. Solemne.

pómulo m. Hueso de cada una de las mejillas.

ponchada f. *Amer.* Lo que cabe en un poncho. | Gran abundancia.

ponchar v. i. Picar, punzar. || — V. pr. Reventarse un neumático.

ponche m. Bebida hecha con una mezcla de ron u otro licor con agua caliente, limón, azúcar.

poncho m. *Amer.* Prenda de lana sin mangas con abertura en el centro para pasar la cabeza.

ponderación f. Prudencia, moderación.

ponderado, da adj. Mesurado.

ponderar v. t. Considerar con mesura. || Loar.

ponderativo, va adj. Que pondera.

ponedora adj. Aplícase a las aves que ponen huevos.

ponencia f. Cargo de ponente. || Informe o proyecto ponente. || Comisión ponente.

ponente adj. Aplícase al miembro de un cuerpo colegiado o a la comisión encargados de que redacte un informe o presente una propuesta o proyecto para que sea discutido (ú. t. c. s.).

poner v. t. Colocar en un lugar determinado una persona o cosa. || Adoptar: *poner cara de mal genio.* || Preparar; disponer: *poner la mesa.* || Pensar, suponer: *pongamos que sucedió así.* || Vestir: *no tengo qué ponerle.* || Apostar: *pongo cien pesos a que no lo* haces. || Tardar: *puso dos horas en venir.* || Instalar: *poner un piso.* || Montar: *puse una tienda.* || Hacer que funcione: *poner la radio.* || Colocar en un empleo: *a Juan le han puesto de secretario.* || Representar: *poner una comedia suya.* || Proyectar: *poner una película.* || Causar un efecto: *el sol pone moreno.* || Exponer: *poner en peligro.* || Calificar, tratar de: *poner de mentiroso.* || Asignar, establecer: *poner precio.* || Dar: *poner un nombre.* || Invertir: *poner su capital en el negocio.* || Hacer: *no pone nada de su parte.* || Escribir o enviar: *le pondré dos letras.* || Presentar: *poner por testigo.* || Enunciar: *poner condiciones.* || Soltar el huevo las aves. || — V. pr. Colocarse, situarse: *ponerse de pie.* || Volverse: *ponerse enfermo.* || Vestirse: *ponerse el abrigo.* || Mancharse: *ponerse de grasa hasta los pelos.* || Ocultarse los astros tras el horizonte. || Llegar a un lugar determinado: *en diez minutos me pongo en tu casa.*

poney [*poni*] m. (pal. ingl.). Caballo pequeño.

poniente m. Oeste.

pontevedrés, esa adj. y s. De Pontevedra (España).

pontificado m. Dignidad y ejercicio de pontífice.

pontificar v. i. Ser pontífice u obtener la dignidad pontificia. || *Fam.* Obrar, hablar con solemnidad.

pontífice m. Papa.

pontificio, cia adj. Del papa.

pontón m. Puente flotante.

ponzoña f. Veneno.

ponzoñoso, sa adj. Venenoso.

popa f. Parte posterior de una embarcación.

popayanejo, ja y **popayanense** adj. y s. De Popayán (Colombia).

popelín m. o **popelina** f. Cierto tejido.

popotal m. *Méx.* Lugar en el que se crían popotes.

popote m. *Méx.* Paja utilizada para hacer escobas y para tomar sorbiendo refrescos.

populachero, ra adj. Relativo al populacho. || Propio para halagar al populacho.

populacho m. Bajo pueblo.

popular adj. Relativo al pueblo. || Grato al pueblo.

popularidad f. Fama.

popularismo m. Carácter popular.

popularista adj. Relativo al popularismo.

popularización f. Acción y efecto de popularizar.

popularizar v. t. Propagar entre el pueblo, hacer popular: *popularizar una canción.* || Hacer grato al pueblo. || — V. pr. Adquirir popularidad.

populismo m. Régimen o movimiento político que intenta buscar apoyo en las masas populares.

populista adj. Relativo al pueblo.

populoso, sa adj. Dícese de los lugares muy poblados.

popurrí m. Sucesión de diversas melodías.

póquer m. Póker.

por prep. Indica la causa de una cosa: *trabajar por necesidad.* || A través de: *ir por las calles.* || Indica el medio, el instrumento: *avejentado por los sufrimientos.* || Indica el destino: *lo hice por ayudarte.* || En favor de: *interceder por uno.* || Como: *dar por hecho.* || Denota la manera de hacer una cosa: *por escrito.* || Indica trueque o venta: *lo compré por diez mil pesos.* || En lugar de: *tiene a sus padres por maestros.* || Indica multiplicación: *tres por dos son seis.* || Lugar aproximado: *está por el centro.* || Tiempo aproximado: *iré por Navidad.* || Durante: *vendré por tres días.* || Porque: *no viene por tener trabajo.* || Para: se calló *por no equivocarse.* || Seguida de infinitivo,

indica perspectiva futura o necesidad: *la solución está por encontrar.* || — Por qué, por cuál razón. || *Por tanto,* por consiguiente.

porcelana f. Producto cerámico.

porcentaje m. Tanto por ciento.

porche m. Soportal.

porcino, na adj. Relativo al cerdo. || — M. Cerdo.

porción f. Cantidad.

pordiosero, ra adj. y s. Mendigo.

porfía f. Empeño: *porfía inútil.* || Disputa.

porfiado, da adj. y s. Terco.

porfiar v. i. Disputarse con obstinación. || Insistir.

pormenor m. Detalle.

pormenorizar v. t. Detallar.

pornografía f. Obscenidad.

pornográfico, ca adj. Obsceno.

poro m. Hueco en las moléculas de los cuerpos.

porongo m. *Amer.* Calabaza.

porosidad f. Calidad de poroso.

poroso, sa adj. Que tiene poros.

poroto m. *Amer.* Judía, frijol.

porque conj. Por la razón de que: *porque es rico no quiere estudiar.* || Para que: *trabajamos por que no nos falte nada.*

porqué m. *Fam.* Causa: *el porqué de las cosas.*

porquería f. *Fam.* Suciedad. | Acción sucia o indecente. | Indecencia: *contar porquerías.* | Mala jugada: *me hizo una porquería.* | Cosa insignificante, de poco valor o mala: *este reloj es una porquería.*

porqueriza f. Pocilga.

porra f. Cachiporra. || Especie de churro grande. || *Méx.* Claque. | Conjunto de partidarios de un equipo deportivo, un torero, un político, etc. || *Mandar a la porra,* mandar a paseo.

porrazo m. *Fig.* Golpe.

porrista com. *Méx.* Hincha: *los porristas del equipo local hicieron mucha bulla.*

porro m. Cigarrillo de marihuana o hachís.

porrón m. Vasija de vidrio con pitón largo para beber vino a chorro. || *Fam. Un porrón,* mucho.

porta adj. f. *Vena porta,* la que lleva la sangre al hígado.

portaaviones m. inv. Buque de guerra con aviones, que despegan y aterrizan en su cubierta.

portada f. Obra de ornamentación en la puerta de un edificio. || *Fig.* Frontispicio de una cosa. || Primera página de un libro impreso en la cual figura el título de la obra, el nombre del autor, etc.

portador, ra adj. Dícese de la persona que lleva consigo una cosa o está en posesión de algo (ú. t. c. s.). || Dícese de la persona encargada de entregar una carta, un mensaje. Ú. t. c. s.: *portador de malas noticias.* || — M. y f. Persona en favor de quien se ha suscrito o girado un efecto de comercio: *cheque al portador.* || Persona o cosa que lleva con ella los agentes contagiosos de una infección.

portaequipaje y **portaequipajes** m. inv. Parte de un vehículo para poner equipajes.

portafolio y **portafolios** m. *Amer.* Cartera de documentos.

portal m. Zaguán en la entrada de una casa. || Sitio genérico de Internet que vincula con otros lugares de información más detallada.

portallaves m. Utensilio para guardar las llaves.

portamaletas m. Portaequipajes.

portamonedas m. inv. Bolsa para el dinero.

portarse v. pr. Conducirse, obrar: *siempre se porta como un caballero.*

POR

PO

257

portátil adj. Que se puede transportar.

portaviones m. inv. Portaaviones.

portavoz m. Persona que habla en nombre de una colectividad, de un grupo, de una autoridad.

porte m. Transporte, traslado: *porte de mercancías*. || Cantidad pagada por el transporte. || Facha, aspecto: *porte distinguido*.

portento m. Prodigio.

portentoso, sa adj. Prodigioso.

porteño, ña adj. y s. Del Puerto de Santa María (España), de Puerto Cortés (Honduras) y de Valparaíso (Chile). || Bonaerense, de Buenos Aires. || Barrioporteño, de Puerto Barrios (Guatemala).

portería f. Cuarto en el que está el portero o portera de una casa. || En algunos deportes, como el fútbol, meta, espacio limitado por dos postes y una red por donde hay que hacer pasar el balón.

portero, ra m. y f. Persona encargada del cuidado y custodia de una casa privada o de un edificio público. || — M. Jugador que defiende la portería. || *Portero automático* o *electrónico* o *eléctrico*, interfono que comunica una vivienda con la puerta de entrada por medio de un dispositivo que permite franquear esta puerta al visitante.

pórtico m. Lugar cubierto y con columnas.

portobaquericense adj. y s. De Puerto Baquerizo (Ecuador).

portón m. Puerta que separa el zaguán del resto de la casa.

portorriqueño, ña adj. y s. Puertorriqueño, de Puerto Rico.

portovejense adj. y s. De Portoviejo (Ecuador).

portuario, ria adj. Del puerto.

portuense adj. y s. De cualquiera de las ciudades llamadas *Puerto*.

portugués, esa adj. y s. De Portugal. || — M. Lengua de este país.

portuguesismo m. Lusitanismo.

porvenir m. Tiempo futuro.

pos (en) m. adv. Tras, detrás.

posada f. Hospedería, fonda. || *Méx.* Fiesta popular que se celebra nueve días antes de Navidad.

posadeño, ña adj. y s. De Posadas (Argentina).

posar v. t. Colocar, poner. || — V. i. Detenerse los pájaros para descansar (ú. t. c. pr.). || Ponerse una persona delante del pintor o escultor para servirle de modelo. || Colocarse una persona en postura para que sea fotografiada. || Darse tono, presumir. || — V. pr. Depositarse en el fondo las sustancias que están en suspensión en un líquido o en un objeto las partículas que están en el aire. || Aterrizar aeronaves o astronaves.

posdata f. Lo que se añade a una carta.

pose f. (pal. fr.). *Fot.* Exposición. || Sesión de un modelo. || *Fig.* Afectación, poca naturalidad.

poseedor, ra adj. y s. Que posee.

poseer v. t. Ser propietario: *posee muchos bienes*. || Tener en su poder: *él posee la llave*. || Tener: *posee un carácter endiablado*. || Contar con, disponer de: *poseer excelentes comunicaciones*. || Conocer a fondo: *poseo tres idiomas*. || Gozar de los favores de una mujer: *nunca llegó a poseerla*. || Detentar: *poseer un récord*.

posesión f. Acto de poseer una cosa. || La cosa poseída. || Colonia de un Estado. || Ayuntamiento carnal con una mujer. || *Amer.* Finca rústica.

posesionar v. t. Dar posesión. || — V. pr. Tomar posesión.

posesivo, va adj. Que denota posesión. || — *Adjetivo posesivo*, el que determina el sustantivo añadiendo una idea de posesión. || *Pronombres posesivos*, los que van en lugar del nombre y denotan posesión o pertenencia (ú. t. c. s. m.).

posesor, ra adj. y s. Poseedor.

posguerra f. Tiempo posterior a la guerra.

posibilidad f. Calidad de posible.

posibilitar v. t. Hacer posible.

posible adj. Que puede ser.

posición f. Lugar preciso en que está colocada una cosa. || *Fig.* Situación relativa a un objetivo, a circunstancias particulares: *posición difícil*. | Condición económica o social de una persona.

positivismo m. Realismo.

positivo, va adj. Que se basa en hechos ciertos, reales: *hecho positivo*. || Fundado en la afirmación de un hecho: *prueba positiva*. || Que está escrito: *derecho positivo*. || Que existe de hecho (por oposición a *negativo*). || Aplícase a la prueba fotográfica sacada de un negativo (ú. t. c. s. m.). || Dícese de la electricidad que se obtiene frotando el vidrio con un paño y que lleva el signo +. || — M. Lo que es real.

positón y **positrón** m. Antipartícula del electrón que posee la misma masa y carga que éste, pero de signo positivo.

poso m. Sedimento.

posología f. Dosis.

posponer v. t. Colocar una persona o cosa tras otra. || Aplazar.

pospretérito m. Tiempo verbal de la nomenclatura de Bello equivalente a potencial simple.

posromanticismo m. Literatura entre el romanticismo y el realismo.

posromántico, ca adj. Posterior al romanticismo. || Seguidor del posromanticismo (ú. t. c. s.).

post prep. Pos. || — *Post scriptum*, posdata, postscriptum. || *Post merídiem*, posterior al mediodía (abrev. *p. m.*).

posta f. Conjunto de caballerías y carruajes que se paraba varias veces en el camino para cambiar los tiros, entregar el correo y descender o montar los viajeros que transportaba. || *A posta*, adrede.

postal adj. Del correo. || — F. Tarjeta postal.

postdata f. Posdata.

poste m. Madero, pilar de hierro o de hormigón colocado para servir de apoyo o señal.

poste restante f. (pal. fr.). *Amer.* Lista de correos.

póster m. (pal. ingl.). Cartel.

postergación f. Retraso. || Relegación. || Olvido.

postergar v. t. Hacer sufrir atraso, dejar atrasada una cosa: *postergar un asunto*. || Dejar de lado.

posteridad f. Descendencia de aquellos que tienen un mismo origen. || Fama póstuma.

posterior adj. Que viene después o está detrás. || — M. *Fam.* Trasero.

posterioridad f. Estado de una cosa posterior a otra.

postguerra f. Posguerra.

postigo m. Tablero con que se cierran las ventanas.

postín m. Presunción. || *De postín*, de lujo.

postizo, za adj. Que no es natural.

postor m. Licitador.

postración f. Abatimiento.

postrar v. t. Debilitar, abatir, quitar el vigor a uno: *postrado por la calentura, la desgracia* (ú. m. c. pr.). || — V. pr. Hincarse de rodillas. || Humillarse.

postre m. Fruta o dulce que se toma al fin de la comida. || *A la postre*, en definitiva.

postrero, ra adj. y s. Último.

postrimería f. Último período.

postrimero, ra adj. Postrero.

postromanticismo m. Posromanticismo.

postromántico, ca adj. Posromántico.

postscriptum m. Posdata.

postsincronizar v. t. Grabar el sonido de una película después de la toma de vistas.

postulación f. Acción de postular.

postulado m. Proposición que hay que admitir sin pruebas para establecer una demostración.

postulante, ta adj. y s. Que postula.

postular v. t. e i. Pedir.

póstumo, ma adj. Nacido o publicado después de la muerte del padre o del autor.

postura f. Posición, actitud, disposición de una persona, animal o cosa: *una postura incómoda*. || Opinión, comportamiento. || Precio ofrecido por el comprador en una subasta. || Puesta, cantidad que se juega en una apuesta. || *Fig.* Condición, situación: *estar en mala postura*.

postventa y **posventa** adj. Dícese del servicio que asegura el cuidado de las máquinas vendidas.

potabilidad f. Condición de potable.

potable adj. Que puede beberse.

potaje m. Guiso de legumbres secas y verduras.

potasa f. *Quím.* Hidróxido de potasio y carbonato de potasio.

potasio m. Metal alcalino (K), de número atómico 19, extraído de la potasa.

potencia f. Fuerza capaz de producir un efecto: *la potencia del viento*. || Poder, fuerza de un Estado: *potencia militar*. || Estado soberano: *las grandes potencias*. || Virtud generativa, virilidad. || Energía eléctrica suministrada por un generador en cada unidad de tiempo. || *Mat.* Cada uno de los productos que resultan de multiplicar una cantidad por sí misma tantas veces como su exponente indica: *elevar un número a la potencia cuatro*.

potenciación f. Fomento.

potencial adj. Que tiene en sí potencia: *energía potencial*. || Posible, que puede suceder o existir: *enemigo potencial*. || *Gram.* Que enuncia la acción como posible: *modo potencial* (ú. t. c. s. m.). || — M. *Electr.* Grado de electrización de un conductor. || *Fig.* Poder, fuerza disponible: *potencial militar*.

potenciar v. t. Dar potencia. || Fomentar.

potentado, da m. y f. Persona poderosa.

potente adj. Que tiene potencia.

potestad f. Poder. || *Patria potestad*, autoridad de los padres sobre los hijos no emancipados.

potestativo, va adj. Facultativo.

poto m. *Arg., Bol., Chil., Ecuad., Parag.* y *Per.* Nalgas. || *Per.* Pequeño recipiente de barro.

potosí m. *Fig.* Gran riqueza.

potosino, na adj. De Potosí (Bolivia) o de San Luis Potosí (México).

potra f. Yegua joven. || *Fam.* Suerte.

potrero m. Sitio para la cría de ganado caballar. || *Arg.* y *Per.* Terreno baldío. || *Amer.* Finca rústica.

potro m. Caballo joven de menos de cuatro años y medio de edad. || Aparato de gimnasia para ejecutar diferentes saltos. || Aparato de madera con el que se daba tormento.

poyete y **poyo** m. Banco contra la pared.

pozo m. Hoyo profundo, abierto en la tierra para llegar a la capa acuífera procedente de manantiales subterráneos. || Hoyo profundo por donde se baja a una mina. || *Fig.* Manantial abundante: *pozo de sabiduría*. || *Pozo de petróleo*, el excavado para extraer este mineral.

pozol m. *Méx.* Bebida preparada con maíz y agua.

pozole m. *Méx.* Caldo con granos de maíz, carne, chile y especias.

práctica f. Aplicación, ejecución de las reglas, de los principios de una ciencia, de una técnica, de un arte, etc. || Cumplimiento de un deber moral, social, religioso. || Experiencia creada por la repetición de actos: *tiene mucha práctica en hacer diccionarios*. || Realización de un ejercicio: *la práctica de un deporte*. || Costumbre, uso. || — Pl. Clases en que los alumnos hacen aplicación de los conocimientos adquiridos teóricamente.

practicante adj. y s. Que lleva a cabo las obligaciones impuestas por su religión. || Dícese de la persona que hace las curas, pone inyecciones y realiza otras intervenciones de cirugía menor.

practicar v. t. Aplicar, ejecutar, poner en práctica. || Ejercer: *practicar la medicina*. || Observar los deberes del culto: *practicar la religión* (ú. t. c. i.). || Ejercitarse: *practicar un idioma*. || Realizar por costumbre: *practicar los deportes*. || Hacer, ejecutar.

práctico, ca adj. Relativo a la acción, a la aplicación (por oposición a *teórico*): *medicina práctica*. || Que es adecuado para conseguir un fin. || Dícese de la persona que tiene un gran sentido de la realidad. || Experto en una actividad.

pradera f. Prado extenso.

prado m. Terreno que sirve para pasto.

pragmático, ca adj. Que funda las teorías en el estudio de los textos. || Referente a la acción (por oposición a *teórico*). || — F. Edicto de un soberano.

pragmatismo m. Empirismo.

preámbulo m. Prefacio, prólogo. || Digresión.

prebenda f. Renta de ciertas dignidades eclesiásticas. || *Fig.* Ventaja.

precámbrico, ca adj. y s. m. Dícese del período geológico más antiguo.

precario, ria adj. Poco duradero.

precaución f. Cautela, prevención.

precaver v. t. Prevenir un riesgo (ú. t. c. pr.).

precedencia f. Anterioridad en el tiempo.

precedente adj. Que precede. || — M. Antecedente.

preceder v. t. Ir delante en tiempo, orden, lugar o importancia.

preceptivo, va adj. Obligatorio. || Que incluye los preceptos. || — F. Conjunto de preceptos.

precepto m. Disposición, orden. || Cada una de las reglas de los mandamientos de la ley de Dios.

preceptor, ra m. y f. Educador de los niños.

preceptuar v. t. Ordenar.

preces f. pl. Oraciones. || Súplicas.

preciar v. t. Apreciar, estimar (ú. t. c. pr.).

precintar v. t. Poner un sello de plomo, banda pegada o cualquier otra cosa que se rompe al abrir lo que debía mantenerse cerrado.

precinto m. Plomo sellado, banda pegada o cualquier otra cosa parecida con que se cierran los cajones, puertas, etc., para que no se abran.

precio m. Valor venal de una cosa respecto a su venta o a su compra, valoración en el dinero o en algo similar a éste. || *Fig.* Lo que cuesta obtener una

PRE ventaja cualquiera. | Valor, importancia. || *Precio de fábrica* o *de coste*, aquel en el que no hay ningún margen de beneficio.

preciosidad f. Condición de precioso.

preciosismo m. Afectación extremada.

precioso, sa adj. De mucho valor: *piedra preciosa*. || Muy bonito.

precipicio m. Lugar escarpado.

precipitación f. Gran prisa. || Acción química en la cual el cuerpo que se encuentra en una solución se deposita en el fondo. || Cantidad total del agua que cae de la atmósfera.

precipitado, da adj. Que obra con mucha prisa o que sucede rápidamente.

precipitar v. t. Hacer caer una cosa desde un lugar elevado. || Hacer caer, tirar: *lo precipitó por tierra*. || *Fig.* Apresurar, acelerar: *precipitar los acontecimientos*. | Llevar: *precipitó el país a la ruina*. || — V. pr. Caer desde un lugar elevado. || Lanzarse, arrojarse: *precipitarse contra el enemigo*. || Decir o hacer algo con apresuramiento.

precisar v. t. Determinar, fijar, expresar de modo preciso: *precisar una fecha*. || Obligar, forzar: *verse precisado a irse*. || Necesitar. || Aclarar: *precisa tu idea*. || — V. impers. Ser necesario.

precisión f. Carácter de lo que es claro, preciso. || Exactitud. || Necesidad absoluta de algo.

preciso, sa adj. Necesario, indispensable: *es preciso que vengas*. || Fijo, determinado: *fecha precisa*. || Puntual, exacto: *definición precisa*. || Claro, conciso, que dice lo esencial. || Justo: *lugar preciso*. || Mismo: *en aquel preciso momento*.

precocidad f. Condición de precoz.

precolombino, na adj. Anterior a Colón.

preconizar v. t. Recomendar.

precortesiano, na adj. Anterior a Hernán Cortés.

precoz adj. *Fig.* Que muestra más talento o habilidad de lo que corresponde a sus años: *niño precoz*. | Que sucede antes de lo acostumbrado.

precursor, ra adj. y s. Que precede o va delante.

predador, ra adj. Depredador.

predecesor, ra m. y f. Antecesor.

predecir v. t. Anunciar antes.

predestinación f. Destinación anterior de algo.

predestinado, da adj. y s. *Teol.* Destinado por Dios desde la eternidad para lograr la gloria. || Que tiene que acabar en algo ya sabido.

predestinar v. t. Destinar para un fin.

predeterminar v. t. Determinar con anticipación.

prédica f. Sermón.

predicación f. Sermón.

predicado m. Lo que se afirma del sujeto en una proposición filosófica. || *Gram.* Aquello que se dice del sujeto en una oración.

predicador, ra adj. y s. Que predica.

predicamento m. Autoridad.

predicar v. t. e i. Pronunciar un sermón.

predicción f. Presagio.

predilección f. Preferencia.

predilecto, ta adj. Preferido.

predio m. Finca. || Edificio.

predisponer v. t. Disponer anticipadamente algo o preparar el ánimo para un fin. || Inclinar a favor o en contra de algo o alguien (ú. t. c. i.).

predisposición f. Inclinación, propensión, aptitud. || Tendencia a adquirir ciertas enfermedades.

predispuesto, ta adj. Dispuesto de antemano.

predominante adj. Que predomina, que sobresale.

predominar v. t. e i. Dominar.

predominio m. Dominio.

preeminencia f. Superioridad, supremacía.

preeminente adj. Superior.

prefabricación f. Sistema de construcción que permite ejecutar ciertas obras valiéndose de elementos hechos de antemano que se unen entre sí.

prefabricado, da adj. Dícese de un elemento de construcción que se fabrica en la obra y que se monta después en ella. || Dícese de una construcción realizada con elementos hechos antes.

prefacio m. Prólogo. || Parte de la misa que precede al canon. || *Fig.* Lo que precede.

prefecto m. Entre los romanos, título de varios jefes militares o civiles. || Nombre de dignidades militares o políticas en diversos países.

prefectura f. Dignidad, cargo, territorio del prefecto. || *Prefectura apostólica*, circunscripción eclesiástica en un país de misión, análoga al vicariato apostólico, regida por un prefecto apostólico.

preferencia f. Inclinación hacia alguien o algo que incita a escogerlo entre todo lo demás.

preferible adj. Más ventajoso.

preferido, da adj. y s. Que goza de preferencia.

preferir v. t. Gustar más. || Dar primacía.

prefijo m. Partícula antepuesta a ciertas palabras para modificar su sentido añadiendo una idea secundaria. || Número o serie de números que sirven para identificar la procedencia de un mensaje telefónico, telegráfico o radiofónico.

pregón m. Anuncio que se hace de una mercancía en la calle y a gritos. || Anuncio que se hace todavía en ciertos pueblos, por medio de los pregoneros, de una orden o comunicación del ayuntamiento. || Discurso literario pronunciado por alguien para inaugurar ciertas fiestas.

pregonar v. t. Anunciar por medio de un pregón. || Decir algo para que lo sepa todo el mundo.

pregonero, ra m. y f. Persona empleada en un ayuntamiento que anuncia los pregones.

pregunta f. Proposición que uno formula para que otro le responda.

preguntar v. t. Hacer uno preguntas. || — V. pr. Dudar de algo.

prehispánico, ca adj. Anterior a la Conquista en los países que estuvieron bajo dominio español.

prehistoria f. Parte de la historia anterior a la existencia de documentos escritos.

prehistórico, ca adj. Anterior a los tiempos históricos.

preincaico, ca adj. Anterior a la dominación incaica.

prejuicio m. Actitud discriminatoria hacia personas de otra clase social o de otra raza: *prejuicio racial*. || Opinión preconcebida.

prelación f. Anterioridad.

prelado m. Superior eclesiástico.

prelatura f. Dignidad de prelado.

preliminar adj. Que sirve de antecedente.

preludiar v. t. Preparar, iniciar.

preludio m. Lo que precede o sirve de entrada. || Dícese del niño que nace, viable, antes del término del embarazo (ú. t. c. s.).

prematuro, ra adj. Hecho antes de tiempo. || Dícese del niño que nace, viable, antes del término del embarazo (ú. t. c. s.).

premeditación f. Acción de premeditar. || Circunstancia agravante de la responsabilidad.

premeditado, da adj. Hecho con premeditación.

premeditar v. t. Pensar, planear una cosa antes de ejecutarla.

premiado, da adj. y s. Que ganó un premio.

premiar v. t. Galardonar.

premio m. Recompensa o galardón por algún mérito. || Lote sorteado en la lotería.

premiosidad f. Calma, lentitud.

premisa f. Cada una de las dos primeras proposiciones del silogismo, de donde se saca la conclusión. || *Fig.* Fundamento, base.

premonición f. Presentimiento.

premonitorio, ria adj. Precursor.

premura f. Apremio, urgencia. || Escasez.

prenatal adj. Antes de nacer.

prenda f. Lo que se da en garantía de una obligación. || Cualquiera de las alhajas, muebles o enseres de uso doméstico. || Cualquiera de las partes que componen el vestido y calzado: *prenda de abrigo*. || *Fig.* Cualidad, virtud, perfección moral.

prendar v. t. Enamorar (ú. t. c. pr.).

prender v. t. Asir, agarrar, sujetar una cosa. || Apresar a una persona metiéndola en la cárcel. || Enganchar: *prender un clavel en el pelo*. || *Prender fuego*, incendiar; (Amer.) Encender. || — V. i. Empezar a arder la lumbre. || Comunicarse el fuego. || — V. pr. Encenderse.

prendimiento m. Captura.

prensa f. Máquina para comprimir. || Imprenta. | Conjunto de las publicaciones periódicas.

prensado m. Acción de prensar.

prensar v. t. Apretar en la prensa. || Estrujar la uva, etc.

prensor, ra adj. Aplícase a ciertas aves con pico robusto como el guacamayo, el loro.

preñado, da adj. Dícese de la mujer o hembra fecundada (ú. t. c. s. f.). || *Fig.* Lleno, cargado.

preñar v. t. Embarazar a una mujer. || *Fig.* Llenar.

preocupación f. Inquietud.

preocupado, da adj. Inquieto.

preocupar v. t. *Fig.* Ocupar el ánimo de uno algún temor, sospecha, etc.: *la salud de su hijo le preocupa*. | Dar importancia: *no le preocupa lo que digan*. || — V. pr. Inquietarse: *no preocuparse por nada*. | Tener cuidado, prestar atención: *no me preocupo más del asunto*. || Encargarse: *preocúpese de que cumplan las órdenes*.

preparación f. Acción de preparar o prepararse. || Cosa preparada. || Conjunto de conocimientos: *tiene preparación científica*.

preparado m. Medicamento.

preparador, ra adj. y s. Que prepara. || — M. y f. Entrenador.

preparar v. t. Disponer para un fin. || Prevenir para una acción: *preparar los ánimos*. || Poner en estado: *preparar un piso*. || Estudiar una materia: *preparar el bachillerato*. || Tramar: *preparar un complot*. || — V. pr. Disponerse para ejecutar una cosa. || Existir síntomas: *se prepara una tormenta*.

preparativo, va adj. Preparatorio. || — M. Cosa preparada.

preparatorio, ria adj. Que prepara.

preponderancia f. Importancia mayor.

preponderante adj. Que tiene más importancia.

preponderar v. i. Predominar.

preposición f. *Gram.* Parte invariable de la oración que indica la relación entre dos palabras: *las pre-*

posiciones españolas son a, ante, bajo, cabe, con, contra, de, desde, en, entre, hacia, hasta, para, por, según, sin, so, sobre, tras.

prepucio m. Piel del bálano.

prerrogativa f. Privilegio anexo a un cargo.

presa f. Cosa apresada, botín: *presa de guerra*. || Muro o dique construido a través de un río con objeto de regular su caudal o embalsar agua para aprovecharla para el riego o la producción de fuerza hidráulica. || Llave en la lucha para inmovilizar al contrario. || *De presa*, rapaz (ave).

presagiar v. t. Predecir, prever.

presagio m. Conjetura.

presbicia f. Mala visión de cerca.

présbita adj. y s. Que adolece de presbicia.

presbítero m. Sacerdote.

prescindir v. i. Hacer caso omiso.

prescribir v. t. Preceptuar, ordenar, mandar una cosa. || Recetar el médico. || Caducar un derecho por haber transcurrido el tiempo señalado por la ley.

prescripción f. Acción de prescribir. || *For.* Modo de adquirir la propiedad de una cosa por haberla poseído durante el tiempo fijado por las leyes. || *Prescripción facultativa*, receta del médico.

prescrito, ta adj. Señalado.

preselección f. Selección previa.

presencia f. Acción de estar presente. || Asistencia personal: *hacer acto de presencia*. || Aspecto exterior: *persona de buena presencia*.

presenciar v. t. Estar presente.

presentación f. Acción de presentar. || Aspecto: *presentación impecable*. || Acción de trabar conocimiento, por medio de alguien, con otra persona. || Arte de representar con propiedad y perfección: *presentación de una ópera*. || *Amer.* Demanda.

presentador, ra adj. y s. Dícese de la persona que presenta. || — M. y f. Persona que en las emisiones de radio o televisión presenta o comenta.

presentar v. t. Mostrar, poner algo para que sea visto: *presentar los modelos de la colección*. || Exhibir ante el público: *presentar una película*. || Hacer conocer una persona a otra: *le presenté a mi hermana*. || Proponer a un cargo: *presentaron su candidatura*. || Dar: *le presentó sus disculpas*. || Explicar, hacer ver: *presenta sus doctrinas de modo hábil*. || *Mil.* Poner las armas para rendir honores. || Tener: *el problema presenta dificultades*. || Poner ante alguien: *le presenté una bandeja con diferentes licores*. || Hacer: *presentó una solicitud*. || Librar: *presentar batalla*. || — V. pr. Llegar a un lugar: *se presentaron en mi casa*. || Aparecer: *presentarse un obstáculo*. || Comparecer: *presentarse ante sus jefes*. || Sufrir: *no se presentó al examen*. || Visitar: *preséntate a él de mi parte*.

presente adj. Que se encuentra en persona en un lugar: *presente en una reunión*. || Actual: *el día presente*. || Que está ante la vista: *la presente carta*. || Que está constantemente en la memoria. || *Gram.* Dícese del tiempo en que la acción del verbo ocurre en el momento actual (ú. t. c. s. m.). || — M. Época actual: *pensar en el presente*. || Regalo: *recibir muchos presentes*.

presentimiento m. Presagio.

presentir v. t. Prever.

preservación f. Acción de preservar.

preservar v. t. Poner a cubierto anticipadamente de algún daño o peligro (ú. t. c. pr.).

preservativo m. Anticonceptivo masculino.

presidencia f. Cargo de presidente. || Acción de presidir: *ejercer la presidencia.* || Edificio en que reside el presidente.

presidencial adj. Relativo a la presidencia.

presidencialismo m. Sistema de gobierno en el que el presidente de la República es también jefe del Gobierno o del Poder ejecutivo.

presidencialista adj. Relativo al presidencialismo. || Partidario de éste (ú. t. c. s.).

presidente, ta m. y f. Persona que preside.

presidiario m. Condenado a presidio.

presidio m. Cárcel, prisión.

presidir v. t. Ocupar el primer puesto en un Estado, junta, asamblea, consejo o tribunal.

presidium m. Presidencia del Consejo Supremo de los Soviets en la ex U.R.S.S.

presilla f. Cordón que sirve de ojal.

presión f. Acción de apretar o comprimir. || *Fig.* Coacción que se ejerce sobre una persona. || *Fís.* Cociente de la fuerza ejercida por un fluido sobre determinada superficie y esta misma superficie.

presionar v. t. Hacer presión.

preso, sa adj. y s. En prisión.

prestación f. Renta o tributo: *prestación por maternidad.* || Servicio exigible por la ley. || Obligación de hacer algo: *prestación de juramento.* || Acción y efecto de prestar un servicio, ayuda, etc.

prestamista com. Persona que presta dinero.

préstamo m. Acto de prestar o tomar prestado. || Lo prestado.

prestancia f. Distinción.

prestar v. t. Entregar algo a uno con obligación de restituirlo: *le presté diez mil euros.* || Contribuir al logro de una cosa: *prestar ayuda.* || Dar: *prestar alegría.* || — V. pr. Acceder, consentir. || Dar lugar a: *esto se presta a errores.*

presteza f. Prontitud.

prestidigitación f. Arte de hacer juegos de manos.

prestidigitador, ra m. y f. Persona que hace juegos de manos.

prestigio m. Buena fama.

prestigioso, sa adj. Con prestigio.

presto, ta adj. Dispuesto.

presumido, da adj. y s. Que presume.

presumir v. t. Suponer. || — V. i. Vanagloriarse.

presunción f. Vanagloria. || Suposición.

presunto, ta adj. Supuesto.

presuntuoso, sa adj. Lleno de presunción.

presuponer v. t. Dar por supuesto.

presupuestar v. t. Hacer un presupuesto. || Incluir en un presupuesto.

presupuestario, ria adj. Del presupuesto.

presupuesto m. Cálculo anticipado del gasto o del coste de una obra. || Cálculo de los gastos e ingresos de una colectividad o Estado.

presurizar v. t. Mantener una presión normal.

pretencioso, sa adj. Presuntuoso (ú. t. c. s.).

pretender v. t. Solicitar una cosa: *pretender un cargo.* || Intentar, tratar de. || Asegurar algo que no es demasiado cierto: *pretender ser el primero.* || Cortejar a una mujer para casarse con ella.

pretendienta f. Mujer que pretende.

pretendiente adj. y s. Aspirante, persona que pretende o solicita algo. || Aplícase al hombre que corteja a una mujer con idea de casarse con ella.

pretensar v. t. Someter un material a una presión permanente en sentido opuesto a la que tendrá que soportar a causa de las cargas que se le apliquen posteriormente.

pretensión f. Reclamación de un derecho, reivindicación. || Intención, designio.

pretérito, ta adj. Pasado: *acontecimiento pretérito.* || — M. *Gram.* Tiempo verbal que indica que una acción se verificó en el pasado. || — *Pretérito anterior,* el que enuncia una acción inmediatamente anterior a otra pasada *(se fue cuando hubo terminado).* || *Pretérito imperfecto,* el que expresa que una acción pasada y no terminada se realiza al mismo tiempo que otra igualmente pasada *(el día que me marché, llovía).* || *Pretérito indefinido,* el que indica que la acción enunciada es anterior al momento presente sin precisar si está o no acabada *(ayer recorrí toda la ciudad).* || *Pretérito perfecto,* el que expresa que una acción acaba de verificarse cuando se habla *(no me lo, ha dicho).* || *Pretérito pluscuamperfecto,* el que indica que una acción ya se había verificado cuando se efectuó otra *(había terminado mi trabajo).*

pretextar v. t. Utilizar un pretexto.

pretexto m. Motivo que sirve de excusa.

prevalecer v. i. Predominar.

prevaricación f. Acción del que falta a las obligaciones de su cargo.

prevaricar v. i. Cometer una infracción en los deberes.

prevención f. Precaución. || Conjunto de medidas tomadas con vistas a evitar accidentes de la circulación o del trabajo, enfermedades profesionales, propagación de epidemias, deterioro de la asistencia sanitaria. || Desconfianza.

prevenir v. t. Preparar, disponer con anticipación. || Precaver, evitar: *prevenir una enfermedad.* || Advertir, informar, avisar: *prevenir a la autoridad.* || — V. pr. Precaverse, tomar precauciones.

preventivo, va adj. Que previene.

preventorio m. Hospital en el que se cuidan preventivamente ciertas enfermedades.

prever v. t. Pensar de antemano.

previo, via adj. Anticipado.

previsible adj. Que puede preverse.

previsión f. Acción de prever. || Lo que se prevé.

previsor, ra adj. y s. Que prevé.

previsto, ta adj. Sabido antes.

prima f. Cantidad pagada por un asegurado a la compañía aseguradora. || Cantidad de dinero pagada a un obrero o empleado, además de su sueldo normal, para reembolsarlo de ciertos gastos o para que participe en los beneficios de la producción. || Subvención dada por el Estado a una persona que construye una vivienda o realiza otra cosa de interés público: *prima de exportación.*

primacía f. Preeminencia.

primado, da adj. Dícese del obispo más antiguo de una nación (ú. t. c. s. m.). || Del primado.

primario, ria adj. Primordial, básico, fundamental: *necesidad primaria.* || Relativo al grado elemental de instrucción: *enseñanza primaria* (ú. t. c. s. f.). || Dícese del sector de actividades económicas de producción de materias primas, principalmente de la agricultura y de las industrias extractoras.

primate m. Orden de mamíferos superiores que comprende principalmente a los monos (ú. t. c. adj.).

primavera f. Estación del año que corresponde en el hemisferio boreal a los meses de marzo, abril y mayo, y en el austral a los de octubre, noviembre y diciembre. || *Fig.* Incauto, simple, cándido.

primaveral adj. De la primavera.

primer adj. Apócope de *primero.*

primero, ra adj. Que precede a los demás en el tiempo, en el lugar, en el orden (ú. t. c. s.). || — M. Piso que está después del entresuelo. || Primer año de estudios. || — F. La menor de las velocidades de un automóvil. || Clase mejor en los ferrocarriles, buques y aviones. || — Adv. Ante todo, en primer lugar: *le digo primero que no se marche.* || Antes, más bien: *primero morir que vivir en la esclavitud.* || Antes: *llegué primero.*

primicias f. pl. Primeros frutos de la tierra.

primitivismo m. Calidad de primitivo, de los pueblos primitivos. || *Fig.* Calidad de poco evolucionado. | Tosquedad, rudeza.

primitivo, va adj. Primero en su línea, o que no tiene ni toma origen en otra cosa. || Dícese de los colores principales del espectro solar (violeta, índigo, azul, verde, amarillo, anaranjado, rojo). || Dícese del hombre o de las sociedades humanas que no siguen la pauta trazada por los países desarrollados y que han conservado sus características propias (ú. t. c. s.).

primo, ma adj. Primero. || — *Materias primas,* productos naturales que no han sido aún labrados o manufacturados. || *Número primo,* el que es sólo divisible por sí mismo y por la unidad. || — M. y f. Hijo o hija del tío o tía. || *Fig.* Tonto.

primogénito, ta adj. y s. Dícese del hijo que nace primero.

primogenitura f. Calidad de primogénito.

primor m. Cuidado, esmero. || Belleza.

primordial adj. Fundamental.

primoroso, sa adj. Esmerado.

princesa f. Mujer del príncipe o hija de él.

principado m. Dignidad de príncipe. || Territorio de un príncipe.

principal adj. Primero en importancia: *el personaje principal de una obra.* || Aplícase a la planta que se halla entre la planta baja y el primer piso: *piso principal* (ú. t. c. s. m.).

príncipe adj. Aplícase a la primera edición de un libro: *edición príncipe.* || — M. El primero y el superior de una cosa: *el príncipe de las letras.* || Por antonomasia, primogénito del rey. || Individuo de familia real o imperial. || Soberano de un Estado. || — *Príncipe Azul,* personaje de los cuentos de hadas. || *Príncipe de Asturias,* heredero al trono de España.

principiante, ta adj. y s. Que empieza.

principiar v. t. e i. Comenzar.

principio m. Primera parte de una cosa o acción, comienzo: *el principio del mes.* || Base, fundamento: *los principios de la moral.* || Regla de conducta. || Plato que se sirve entre el primero y los postres. || *Fís.* Ley general cuyas consecuencias rigen toda una parte de la física: *el principio de Arquímedes.*

pringoso, sa adj. Grasiento.

pringue m. y f. Grasa. || Suciedad.

prior, ra m. y f. Superior de algunas comunidades religiosas.

priorato m. Dignidad de prior. || Su jurisdicción.

prioridad f. Preferencia.

prisa f. Apresuramiento, rapidez. || — *A* (o de) *prisa,* con prontitud. || *Correr prisa,* ser urgente. || *Darse prisa,* apresurarse.

prisión f. Cárcel. || Estado del que está preso.

prisionero, ra adj. y s. Dícese de la persona detenida en prisión o por cualquier enemigo.

prisma m. Cuerpo geométrico limitado por dos polígonos paralelos e iguales, llamados *bases,* y por tantos paralelogramos como lados tenga cada base. || *Fig.* Lo que nos deslumbra y nos hace ver las cosas diferentes de lo que son.

prismático, ca adj. De forma de prisma. || — M. pl. Anteojos.

privación f. Hecho de ser privado o de privarse.

privado, da adj. Que no es público. || Particular, personal: *mi domicilio privado.* || — M. Hombre que goza de la confianza de un gobernante.

privanza f. Situación del privado.

privar v. t. Quitar o rehusar a uno la posesión, el goce de algo: *le privaron de sus bienes.* || Quitar a una cosa todas o parte de sus propiedades características. || Impedir: *no le prives de ver a sus amigos.* || Gustar mucho. || — V. pr. Dejar o abandonar voluntariamente algo: *se priva de todo.*

privativo, va adj. Propio de una cosa o persona.

privatización f. Acción de privatizar.

privatizar v. t. Dar carácter privado a lo que antes era estatal.

privilegiar v. t. Favorecer.

privilegio m. Ventaja o excepción especial.

pro m. *El pro y el contra,* lo favorable y lo adverso. || *En pro,* en favor. || *Pro indiviso,* aplícase a los bienes que se poseen en común.

proa f. Parte delantera de un barco, de un avión.

probabilidad f. Calidad de probable.

probable adj. Que es fácil que ocurra, verosímil.

probador, ra adj. y s. Que prueba. || — M. Sala donde los clientes se prueban los trajes.

probar v. t. Demostrar indudablemente la certeza de un hecho o la verdad de una afirmación: *probar lo que se dice.* || Indicar: *eso prueba tu malestar.* || Experimentar las cualidades de una persona, animal o cosa: *probar un método.* || Poner para ver si tiene la medida adecuada: *probar un traje.* || Gustar un manjar: *probar la salsa.* || — V. pr. Ver si una prenda sienta bien: *probarse un vestido.*

probeta f. Tubo de cristal.

problema m. Cuestión o proposición dudosa que se trata de aclarar: *resolver un problema.* || Cosa difícil de explicar o que presenta una dificultad: *los problemas económicos.* || *Mat.* Proposición dirigida a averiguar el modo de obtener un resultado conociendo ciertos datos.

problemático, ca adj. Dudoso. || — F. Serie de problemas que se estudian sobre un asunto.

probo, ba adj. Íntegro, recto.

procacidad f. Indecencia.

procaz adj. Descarado.

procedencia f. Origen de una cosa.

procedente adj. Que procede.

proceder m. Comportamiento.

proceder v. i. Derivarse, tener su origen una cosa en otra: *esta palabra procede del latín.* || Tener su origen: *los que proceden de España.* || Obrar con cierto orden: *proceder con método.* || Conducirse bien o mal una persona: *proceder con corrección.* || Empezar a ejecutar una cosa. || Convenir: *procede tomar* otro rumbo. || Ser sensato, pertinente. || *For.* Ser conforme a derecho.

procedimiento m. Manera de hacer o método práctico para hacer algo. || Manera de seguir una instancia en justicia: *ley de procedimiento civil.*

prócer adj. Ilustre. || — M. Hombre ilustre.

procesado, da adj. Sometido a un proceso judicial (ú. t. c. s.).

procesador m. Elemento de un ordenador que efectúa el tratamiento de una serie de datos.

procesal adj. Relativo al proceso. || — M. Derecho procesal, es decir, conjunto de leyes que ordena el desarrollo de un proceso judicial.

procesamiento m. Acción y efecto de procesar. || En informática, tratamiento de la información.

procesar v. t. Enjuiciar, someter a un proceso judicial. || Someter una cosa a un proceso de elaboración, transformación, etc. || Tratar la información por un ordenador o computadora.

procesión f. Marcha de un grupo de personas.

proceso m. Progreso, curso del tiempo. || Conjunto de las fases de un fenómeno en evolución: *proceso de una enfermedad.* || Procedimiento: *proceso de fabricación.* || *For.* Conjunto de los autos y escritos de una causa criminal o civil. | Causa criminal, juicio. || En informática, procesamiento.

proclama f. Aviso público.

proclamación f. Publicación solemne de un decreto, bando o ley. || Conjunto de ceremonias públicas con que se inaugura un régimen.

proclamar v. t. Dar a conocer públicamente por un acto oficial. || Declarar solemnemente el principio de un reinado, república, etc. || Mostrar: *esto proclama la verdad.* || — V. pr. Declararse uno investido de un cargo, autoridad o mérito.

proclive adj. Propenso.

procreación f. Acción de procrear.

procrear v. t. Engendrar.

procuración f. Poder dado a otro para que éste obre en nombre de aquél.

procurador, ra adj. y s. Que procura. || — M. y f. Persona que, con habilitación legal, representa en juicio a cada una de las partes. || *Procurador de* (o *a* o *en*) *Cortes,* diputado en las Cortes.

procurar v. t. Hacer diligencias para conseguir lo que se desea. || Proporcionar, facilitar: *le ha procurado un piso muy bueno.* || — V. pr. Conseguir.

prodigalidad f. Derroche. || Abundancia.

prodigar v. t. Derrochar, malgastar: *prodigar el caudal.* || Dar con profusión y abundancia. || *Fig.* Dispensar profusa y repetidamente: *prodigar favores.* || — V. pr. Excederse en la exhibición personal.

prodigio m. Suceso extraordinario.

prodigioso, sa adj. Extraordinario.

pródigo, ga adj. y s. Despilfarrador. || Generoso.

producción f. Acción de producir. || Cosa producida. || Organismo que facilita el capital para la realización de una película cinematográfica.

producir v. t. Dar: *árbol que produce muchos frutos.* || Hacer, realizar: *producir obras artísticas.* || Fabricar. || Hacer ganar, dar beneficios: *su negocio le produce mucho.* || Causar: *producir alegría.* || Financiar una película cinematográfica.

productividad f. Facultad de producir. || Cantidad producida teniendo en cuenta el trabajo efectuado o el capital invertido.

productivo, va adj. Que produce.

producto m. Lo que crea cualquier actividad de la naturaleza, del hombre. || Resultado de una operación: *los productos de la destilación del petróleo.* || Resultado de la multiplicación. || Sustancia destinada al cuidado de algo: *producto de limpieza.* || *Fig.* Creación: *es un producto clásico de la época moderna.* || — *Producto interior,* suma de todos los bienes y servicios producidos en un país durante un período de tiempo. || *Producto interior bruto,* valor del coste total de la producción al cual se suman los impuestos indirectos y se restan los subsidios. || *Producto interior neto,* el producto interior bruto una vez deducidas las amortizaciones. || *Producto manufacturado,* el obtenido después de la transformación de la materia prima. || *Producto nacional,* el interior una vez que se ha desquitado la parte correspondiente a los factores productivos extranjeros. || *Producto nacional bruto,* conjunto de la producción global de un país y de las compras hechas por éste en el mercado exterior durante el año considerado.

productor, ra adj. y s. Dícese de lo que produce. || Obrero, trabajador: *las clases productoras.* || — M. y f. Persona que tiene la responsabilidad económica de una película cinematográfica.

proeza f. Hazaña.

profanación f. Acción de profanar.

profanador, ra adj. y s. Que profana.

profanar v. t. Tratar sin respeto las cosas sagradas. || *Fig.* Deshonrar.

profano, na adj. Que no es sagrado. || Ignorante.

profecía f. Predicción.

proferir v. t. Decir.

profesar v. t. Ejercer: *profesar la medicina.* || Tener un sentimiento o creencia.

profesional adj. Relativo a la profesión. || — Com. Persona que trabaja retribuida.

profesionalismo m. Ejercicio de una profesión.

profesionista m. y f. *Méx.* Quien se dedica a una profesión.

profesor, ra m. y f. Persona que enseña.

profesorado m. Cargo de profesor. || Cuerpo de profesores.

profeta m. Persona que predice el futuro.

profético, ca adj. De la profecía o del profeta.

profetizar v. t. Predecir.

profiláctico, ca adj. Relativo a la profilaxis. || — F. Profilaxis.

profilaxis f. Conjunto de medidas para evitar las enfermedades.

prófugo, ga adj. Dícese del que huye de la justicia o que elude el servicio militar (ú. t. c. s. m.).

profundidad f. Distancia entre el fondo y la superficie, hondura. || *Fig.* Carácter de lo que es profundo.

profundización f. Acción de profundizar.

profundizar v. t. Ahondar una cosa para que esté más profunda. || *Fig.* Examinar atentamente.

profundo, da adj. Hondo, que tiene el fondo distante del borde: *piscina profunda.* || Que penetra mucho: *corte profundo.* || *Fig.* Intenso.

profusión f. Gran abundancia.

profuso, sa adj. Muy abundante.

progenie f. Familia.

progenitor, ra m. y f. Ascendiente de una persona. || — Pl. Antepasados. || Padres.

progenitura f. Progenie.

programa m. Escrito que indica los detalles de un espectáculo, de una ceremonia, etc. || Exposición que fija la línea de conducta que ha de seguirse. || Plan de las materias correspondientes a un curso o a un examen. || Conjunto de instrucciones preparadas para que un ordenador, máquina, herramienta u otro aparato automático pueda efectuar una sucesión de operaciones determinadas.

programación f. Fijación del programa.

programador, ra adj. y s. Que establece un programa. || — M. Aparato acoplado a un ordenador en el cual se inscribe el programa de las operaciones que la máquina ha de resolver.

programar v. t. Fijar un programa. || Proyectar. || Descomponer los datos de un problema que ha de efectuar un ordenador en una sucesión de instrucciones codificadas propias para ser interpretadas y ejecutadas por dicha máquina.

progresar v. i. Hacer progresos.

progresión f. Acción de avanzar o de proseguir una cosa. || Serie no interrumpida; movimiento progresivo. || — *Progresión aritmética,* serie de números en que los términos consecutivos difieren en una cantidad constante: *1, 3, 5, 7, 9,* etc. || *Progresión geométrica,* serie de números en que cada uno es igual al anterior multiplicado por una cantidad constante: *1, 3, 9, 27, 81, 243,* etc.

progresismo m. Ideas y doctrinas progresistas.

progresista adj. y s. Que tiene ideas avanzadas.

progresivo, va adj. Que se desarrolla o aumenta.

progreso m. Aumento, adelanto.

prohibición f. Acción de prohibir.

prohibido, da adj. Que no está permitido.

prohibir v. t. Vedar o impedir (ú. t. c. pr.).

prohijar v. t. Adoptar.

prójimo m. Cualquier persona respecto de otra.

prole f. Descendencia.

proletariado m. Clase social de los proletarios.

proletario, ria adj. Relativo a los obreros. || — M. y f. Obrero.

proletarización f. Acción de proletarizar.

proletarizar v. t. Reducir a los productores independientes (agricultores, artesanos, comerciantes, etc.) a la condición de obreros.

proliferación f. Multiplicación.

proliferar v. i. Reproducirse.

prolífero, ra adj. Que se multiplica o reproduce.

prolífico, ca adj. Que se reproduce con rapidez.

prolijo, ja adj. Largo, difuso.

prologar v. t. Hacer el prólogo. || *Fig.* Servir de preliminar, hacer preceder.

prólogo m. Escrito que antecede a una obra para presentarla al público.

prologuista com. Autor del prólogo.

prolongación f. Acción de prolongar.

prolongar v. t. Alargar (ú. t. c. pr.).

promedio m. Término medio.

promesa f. Voto de hacer algo.

prometedor, ra adj. Que promete.

prometer v. t. Obligarse a hacer, decir o dar alguna cosa. || Augurar, hacer creer: *los viñedos prometen muchas uvas.* || — v. i. Dar muestras de precocidad o aptitud: *este niño promete.* || Tener buenas perspectivas: *negocio que promete.* || — V. pr. Esperar mucho de una cosa: *prometérselas felices.* || Darse palabra de casamiento.

prometido, da m. y f. Futuro esposo.

prominencia f. Elevación.

prominente adj. Que sobresale.

promiscuidad f. Mezcla.

promiscuo, cua adj. Mezclado.

promoción f. Acción de elevar a una o varias personas a una dignidad o empleo superior. || Conjunto de personas que efectúan los mismos estudios en el mismo establecimiento y durante el mismo período. || Accesión a un nivel de vida superior, a la cultura: *promoción social.* || *Dep.* Partido o liguilla entre los equipos de una división y los de otra inferior para determinar el ascenso de estos últimos. || *Promoción de ventas,* técnica para acrecentar el volumen de negocios de una empresa por medio de una red de distribución.

promocionar v. t. Acrecentar la venta. || Elevar a un empleo superior. || Favorecer el desarrollo.

promontorio m. Tierra que avanza en el mar.

promotor, ra adj. y s. Que promueve. || Que se compromete a construir uno o varios edificios en el marco de una operación de promoción.

promover v. t. Dar impulso a una cosa. || Ascender a una dignidad superior. || Ocasionar.

promulgación f. Acción y efecto de promulgar.

promulgar v. t. Publicar una cosa solemnemente.

pronombre m. Parte de la oración que sustituye al nombre.

pronominal adj. Dícese del verbo cuya acción recae en el sujeto que la realiza, como *atreverse, quedarse,* etc. || Relativo al pronombre.

pronosticador, ra adj. y s. Que pronostica.

pronosticar v. t. Conocer o conjeturar lo futuro.

pronóstico m. Conjetura del futuro. || Juicio que da el médico respecto a una enfermedad.

prontitud f. Celeridad en ejecutar una cosa.

pronto, ta adj. Veloz, rápido: *pronto en enfadarse.* || Listo: *estar pronto para el viaje.* || — M. *Fam.* Arrebato repentino de ánimo: *le dio un pronto.* || — Adv. En seguida. || Temprano.

pronunciación f. Acción y efecto de pronunciar.

pronunciamiento m. Levantamiento militar.

pronunciar v. t. Emitir y articular sonidos para hablar: *pronunciar palabras.* || Echar: *pronunciar un discurso.* || Determinar, resolver. || *For.* Publicar la sentencia o auto. || — V. pr. Sublevarse, rebelarse. || Declarar su preferencia.

propagación f. Multiplicación de los seres por vía de reproducción. || Difusión.

propagador, ra adj. y s. Que propaga.

propaganda f. Toda acción organizada para difundir una opinión, una religión, una doctrina, etc. || Publicidad dada a un producto comercial para fomentar su venta.

propagandista adj. y s. Que hace propaganda.

propagandístico, ca adj. De la propaganda.

propagar v. t. Multiplicar por generación: *propagar una raza* (ú. t. c. pr.). || *Fig.* Difundir una cosa: *propagar una noticia* (ú. t. c. pr.). || — V. pr. Extenderse el fuego, una epidemia, una rebelión.

propalador, ra adj. Que propala (ú. t. c. s.).

propalar v. t. Divulgar, difundir.

propano m. Hidrocarburo saturado gaseoso.

propasar v. t. Rebasar. || — V. pr. Excederse.

propender v. i. Tener propensión.

propensión f. Predisposición.

propenso, sa adj. Inclinado.

propiciar v. t. Hacer propicio.

propicio, cia adj. Benigno, benévolo. || Favorable: *momento propicio.* || Adecuado.

propiedad f. Derecho de gozar y disponer de una cosa con exclusión de otra persona. || Cosa en la que recae este derecho. || Característica particular: *la propiedad del imán es atraer el hierro.* || Exactitud: *imitación hecha con gran propiedad.* || — *Propiedad horizontal*, la de casas por pisos.

propietario, ria adj. y s. Que tiene derecho de propiedad sobre algo.

propileno m. Un tipo de hidrocarburo.

propina f. Gratificación.

propinar v. t. Dar.

propio, pia adj. Que pertenece a uno en propiedad: *su propio hogar.* || Característico, peculiar: *propio de él.* || Conveniente, adecuado, a propósito para un fin: *propio para curar.* || Mismo: *escrito de su propio puño y letra.* || Dícese del significado original de una palabra: *en su sentido propio.* || Gram. Dícese del nombre que se da a persona, país, etc.: *nombre propio.*

proponer v. t. Manifestar algo para inducir a un acto: *proponer una solución.* || Tener intención de hacer una cosa. Ú. t. c. pr.: *se propone ir a Madrid.* || Indicar o presentar a uno para un empleo o beneficio: *proponer un candidato.*

proporción f. Relación, correspondencia de las partes entre ellas o con el todo. || Importancia.

proporcionado, da adj. Que tiene proporción.

proporcional adj. Relativo a la proporción.

proporcionar v. t. Disponer con la debida proporción: *proporcionar sus gastos a sus recursos.* || Dar: *esto proporciona animación.*

proposición f. Acción de proponer. || Cosa que se propone. || Gram. Oración.

propósito m. Intención, ánimo.

propuesta f. Idea, proyecto encaminado a un fin. || Indicación de alguien para un empleo.

propugnar v. t. Defender.

propulsar v. t. Impulsar.

propulsión f. Acción de impeler o empujar hacia adelante. || *Propulsión a chorro o por reacción*, la de un avión, cohete o proyectil para que avance por medio de la reacción.

propulsor, ra adj. Que propulsa (ú. t. c. s.).

prorrateo m. Reparto entre varias personas.

prórroga f. Prolongación.

prorrogar v. t. Prolongar.

prorrumpir v. i. *Fig.* Emitir voces, risa, llanto.

prosa f. Forma natural del lenguaje no sometido a la medida y ritmo del verso. || *Fig.* Aspecto vulgar.

prosaico, ca adj. De la prosa.

prosaísmo m. *Fig.* Vulgaridad.

prosapia f. Abolengo, linaje.

proscribir v. t. Desterrar. || Prohibir.

proscripción f. Destierro. || Prohibición.

proscrito, ta adj. y s. Desterrado, expatriado.

prosecución f. Continuación.

proseguir v. t. Seguir (ú. t. c. i.).

prosista com. Escritor en prosa.

prosodia f. Tratado de la pronunciación.

prosopopeya f. Pompa.

prospección f. Exploración en busca de yacimientos. || Búsqueda de mercados o clientes.

prospecto m. Folleto publicitario.

prosperar v. i. Mejorar de situación.

prosperidad f. Mejorar de situación.

próspero, ra adj. Que se desenvuelve bien.

próstata f. Glándula entre la vejiga y la uretra.

prostíbulo m. Casa de mujeres públicas.

prostitución f. Acción por la que una persona tiene relaciones sexuales con un número indeterminado de otras mediante remuneración.

prostituir v. t. Entregar a la prostitución.

prostituta f. Mujer que se entrega por dinero.

protactinio m. Metal radiactivo (Pa).

protagonismo m. Papel principal. || Actuación.

protagonista com. Personaje principal de cualquier obra literaria, de una película, de un suceso.

protagonizar v. t. Ser el protagonista de algo.

protección f. Acción de proteger.

proteccionismo m. Sistema económico que defiende la protección de la producción nacional.

proteccionista adj. Relativo al proteccionismo.

protector, ra adj. y s. Que protege.

protectorado m. Parte de soberanía que un Estado ejerce en territorio extranjero.

proteger v. t. Poner al amparo, defender (ú. t. c. pr.). || Ayudar: *proteger a los huérfanos.*

proteína f. Sustancia orgánica de las células.

prótesis f. Procedimiento mediante el cual se sustituye artificialmente un órgano o parte de él.

protesta f. Acción de protestar.

protestante adj. Que protesta. || Que profesa el protestantismo (ú. t. c. s.).

protestantismo m. Conjunto de las doctrinas religiosas y de las Iglesias originadas en la Reforma.

protestar v. t. Hacer el protesto de una letra de cambio. || — V. i. Afirmar con ahínco: *protestar de su inocencia.* || Manifestar oposición.

protocolo m. Ceremonial, etiqueta: *el protocolo real.* || Expediente que tiene un médico de cada paciente que cuida.

protón m. Núcleo del átomo de hidrógeno con electricidad positiva.

prototipo m. Ejemplo, modelo.

protozoario, ria o **protozoo** adj. y s. m. Dícese de los animales de cuerpo unicelular y de forma rudimentaria. || — M. pl. Subreino que forman.

protuberancia f. Saliente.

protuberante adj. Saliente.

provecho m. Beneficio.

provechoso, sa adj. Benéfico.

proveedor, ra m. y f. Persona que abastece.

proveer v. t. Abastecer, suministrar lo necesario para un fin: *proveer de alimentos* (ú. t. c. pr.). || Subvenir, atender: *ella proveía a sus necesidades.*

provenir v. i. Proceder, venir.

provenzal adj. y s. De Provenza (Francia). || — M. Lengua de Provenza.

proverbial adj. Habitual.

proverbio m. Refrán.

providencia f. Disposición, medida para lograr un fin. || Suprema sabiduría de Dios.

providencial adj. Relativo a la Providencia. || *Fig.* Oportuno.

provincia f. Cada una de las grandes divisiones administrativas de un Estado.

provincial adj. De la provincia.

provincialismo m. Predilección por los usos de una provincia. || Voz, giro o manera de hablar de una provincia. || Carácter provincial.

provincianismo m. Condición de provinciano.

provinciano, na adj. Que vive en una provincia (ú. t. c. s.). || Relativo a ésta.

provisión f. Suministro, abastecimiento. || *Provisión de fondos*, existencia de fondos en poder del pagador para hacer frente a un cheque, etc.

provisional adj. No definitivo.

provisorio, ria adj. Provisional.

provocación f. Reto, desafío.

provocador, ra adj. y s. Que provoca.

provocar v. t. Incitar a uno a que haga algo. || Irritar: *provocar con ademanes*. || Desafiar, retar: *provocar al adversario*. || *Amer*. Apetecer.

provocativo, va adj. Que provoca.

proxeneta com. Persona que comercia con los amores ilícitos.

proxenetismo m. Actividad del proxeneta.

proximidad f. Cercanía.

próximo, ma adj. Cerca.

proyección f. Acción de lanzar un cuerpo pesado, un líquido. || Acción de proyectar una película. || *Fig*. Influencia, influjo poderoso: *la proyección de la cultura hispánica*.

proyectar v. t. Arrojar, lanzar a distancia. || Preparar o trazar un plan, concebir un proyecto. || Hacer los planos de una obra de ingeniería o arquitectura. || Hacer ver una película en la pantalla.

proyectil m. Todo cuerpo al cual se comunica una velocidad y es lanzado en una dirección determinada, como bala, bomba, cohete, etc.

proyecto m. Plan, intención de hacer algo. || Conjunto de planos y documentos explicativos, con indicación de costes, que se hace previamente a la construcción de una obra. || Esbozo: *proyecto de novela*. || Texto de ley elaborado por el Gobierno y que se somete a la aprobación del Parlamento.

proyector, ra adj. Que sirve para proyectar. || — M. Reflector de luz muy fuerte. || Aparato para proyectar imágenes sobre una pantalla.

prudencia f. Moderación.

prudente adj. Que obra con prudencia.

prueba f. Razón o argumento con que se demuestra una cosa. || Ensayo, experiencia: *pruebas nucleares*. || Una de las partes en que se divide un examen. || *Fig*. Señal: *prueba de amistad*. || Acción de ponerse un traje que se está haciendo para que el sastre o la costurera compruebe si le va bien al cliente. || Competición deportiva. || *Mat*. Operación mediante la cual se comprueba la exactitud del resultado de un problema o cálculo cualquiera. || Primera impresión para corregir las erratas: *prueba de imprenta*. || *Fot*. Copia positiva.

prurito m. Picor. || *Fig*. Afán.

pseudo adj. Seudo.

psi f. Vigésima tercera letra del alfabeto griego.

psico, prefijo griego en la composición de algunas palabras. (Actualmente se autoriza prescindir de la *p* inicial, v. gr.: *sicosis, sicología*, etc.)

psicoanálisis m. Exploración psicológica del pasado moral y mental de un enfermo.

psicoanalista m. y f. Médico en psicoanálisis.

psicología f. Ciencia que trata del alma, de los fenómenos de la conciencia. || *Fig*. Todo lo que atañe al espíritu. | Carácter, modo de ser.

psicológico, ca adj. Referente a la psicología.

psicólogo, ga adj. y s. Especialista en psicología.

psicópata com. Enfermo mental.

psicopatía f. Enfermedad mental.

psicosis f. Nombre genérico de las enfermedades mentales. || Estado anímico colectivo.

psique y **psiquis** f. El alma.

psiquiatra com. Especialista en psiquiatría.

psiquiatría f. Parte de la medicina que estudia las enfermedades mentales.

psiquiátrico, ca adj. Relativo a la psiquiatría.

psíquico, ca adj. Relativo al alma, al espíritu.

Pt, símbolo químico del *platino*.

Pu, símbolo químico del *plutonio*.

púa f. Objeto delgado y rígido que termina en punta aguda. || Diente de un peine o de la carda. || Pincho del erizo, del puerco espín, etc.

púber, ra adj. y s. Adolescente.

pubertad f. Adolescencia.

pubis m. Parte inferior del vientre que se cubre de vello en la pubertad. || Hueso que se une al ilion y al isquion para formar el hueso innominado.

publicación f. Acción y efecto de publicar.

publicar v. t. Hacer pública una cosa. || Imprimir y poner en venta un escrito: *publicar un libro*.

publicidad f. Notoriedad pública: *dar publicidad a un escándalo*. || Conjunto de medios empleados para dar a conocer una empresa comercial, industrial, etc., para facilitar la venta de los artículos que produce. || Anuncio: *agencia de publicidad*.

publicista com. Persona que hace publicidad.

publicitario, ria adj. Referente a la publicidad.

público, ca adj. Relativo a una colectividad: *interés público*. || Común, que es de todos: *monumento público*. || Relativo al gobierno de un país: *funciones públicas*. || Que puede ser utilizado por todos: *vía pública*. || Que puede presenciar cualquiera: *sesión pública*. || Notorio, manifiesto, que no es secreto. || — M. Todo el mundo en general, el pueblo: *aviso al público*. || Concurrencia de personas reunidas para oír, ver. || Conjunto de personas que leen, ven, oyen una obra literaria, musical, etc.: *este escritor tiene su público*.

pucallpeño, ña adj. y s. De Pucallpa (Perú).

pucará m. *Amer*. Fortín precolombino.

puchero m. Vasija para guisar. || Cocido. || — Pl. *Fam*. Gesto de los niños al empezar a llorar.

pucho m. *Amer*. Poco. || Cigarrillo.

pudibundo, da y **púdico, ca** adj. Pudoroso.

pudiente adj. y s. Rico.

pudín m. Pastel hecho con harina.

pudor m. Vergüenza, recato.

pudoroso, sa adj. Con pudor.

pudrir v. t. Corromper (ú. t. c. pr.).

pueblerino, na adj. Aldeano (ú. t. c. s.).

pueblo m. Población. || Conjunto de los habitantes de un lugar o país: *el pueblo mexicano*. || Gente común de una población. || Nación: *el pueblo inca*. || Conjunto de personas que están unidas por cualquier vínculo, religión, etc.

puente m. Obra destinada a poner en comunicación dos puntos separados por un obstáculo o que permite que pasen sin cruzarse al mismo nivel dos corrientes de circulación. || Conexión eléctrica para permitir el paso de la corriente entre dos cables. || En los automóviles, conjunto formado por los elementos que transmiten a las ruedas el movimiento del árbol de transmisión y el peso del vehículo. || Ejercicio de acrobacia que consiste en arquear el cuerpo hacia atrás apoyándose en los dos pies y en las dos manos. || *Mar*. Plataforma elevada desde la cual el oficial de guardia da las órdenes de mando a la tripulación de un barco. || Parte de las gafas que cabalga sobre la nariz. || Aparato de prótesis dental que consiste en la inserción de un diente o muela artificial entre dos sanos. || *Fig.* Existencia de dos días de fiesta separados por uno de trabajo y que se aprovecha para declarar de asueto los tres días. || — *Fig.* Hacer puente, considerar como festivo el día intermedio entre dos que lo son. | *Puente aéreo*, enlace aéreo muy frecuente entre dos ciudades; servicio aéreo que se establece con un lugar que ha quedado incomunicado por vía terrestre.

puerco, ca adj. y s. Cerdo. || *Puerco espín*, mamífero roedor que tiene el cuerpo cubierto de púas.

puericultor, ra m. y f. Médico de niños.

puericultura f. Medicina de niños.

pueril adj. Del niño.

puerilidad f. Condición de pueril.

puerro m. Planta de raíz comestible.

puerta f. Armazón de hierro o madera que, sujeta a un marco, sirve para el paso entre dos habitaciones de una casa, a través de una verja o vallado, o para cerrar un armario o mueble. || Entrada: e*n las puertas de la ciudad.* || Meta en fútbol.

puerto m. Lugar en la costa defendido de los vientos y dispuesto para seguridad de las naves. || Paso estrecho entre montañas. || *Fig.* Asilo, refugio.

puertorriqueñismo m. Vocablo o giro propio del habla de Puerto Rico. || Condición de puertorriqueño. || Amor, afecto a Puerto Rico.

puertorriqueño, ña adj. y s. De Puerto Rico. || — M. Modalidad del castellano en Puerto Rico.

pues conj. Denota causa, razón o consecuencia y se usa a veces como condicional o ilativa. || Con interrogante equivale a *¿cómo?*

puesta f. Acción de ponerse u ocultarse un astro: *la puesta del Sol.* || Cantidad que se apuesta en un juego de azar. || Acción de poner: *puesta al día.* || Funcionamiento: *la puesta en marcha de un motor.* || Cantidad de huevos que ponen las aves.

puesto, ta adj. Vestido, arreglado. || Enterado, conocedor. || — M. Sitio que ocupa una cosa o una persona. || Lugar ocupado en una clasificación. || Tienda ambulante para vender al por menor. || Cargo, empleo: *un puesto del Estado.* || *Mil.* Lugar donde hay soldados apostados con algún fin. || Sitio donde se oculta el cazador para tirar. || — Conj. *Puesto que*, ya que.

púgil m. Boxeador.

pugilismo m. Boxeo.

pugilista m. Púgil.

pugna f. Lucha.

pugnar v. i. Luchar, batallar.

puja f. Acción de pujar.

pujanza f. Fuerza, vigor.

pujar v. t. e i. Ofrecer un licitador en una subasta más dinero que el anunciado por su predecesor.

pulcritud f. Esmero.

pulcro, cra adj. Cuidado, esmerado.

pulga f. Insecto parásito. || *Tener malas pulgas*, tener mal genio.

pulgada f. Medida de longitud de 25,4 mm.

pulgar adj. Dícese del dedo más grueso de la mano (ú. t. c. s. m.).

pulido, da adj. Pulcro. || — M. Pulimento.

pulimentar v. t. Pulir.

pulimento m. Acción de pulir.

pulir v. t. Alisar o dar brillo. || Perfeccionar. || Civilizar: *pulir a un lugareño.* || *Pop.* Vender.

pulla f. Dicho ocurrente con que se zahiere a uno.

pulmón m. Órgano de la respiración.

pulmonar adj. Del pulmón.

pulmonía f. Inflamación del pulmón.

pulpa f. Tejido de algunos frutos carnosos. || Tejido conjuntivo del interior de los dientes.

pulpería f. *Amer.* Tienda de comestibles, bebidas y géneros de droguería, mercería, etc.

pulpero, ra m. y f. *Amer.* Dueño de una pulpería.

púlpito m. Tribuna del predicador.

pulpo m. Molusco cefalópodo con ocho tentáculos provistos de dos filas de ventosas. || Tiras de goma que sirven para fijar los bultos.

pulque m. Bebida alcohólica hecha con la fermentación de varias especies de maguey.

pulquería f. Lugar en que se vende pulque.

pulsación f. Cada uno de los latidos de una arteria. || Cada uno de los golpes del teclado de una máquina de escribir, de un piano, etc.

pulsador, ra adj. Que pulsa. || — M. Interruptor.

pulsar v. t. Tocar, tañer: *pulsar una guitarra.* || Presionar: *pulsar un botón eléctrico.* || *Fig.* Tantear.

púlsar m. *Astr.* Fuente de radiación radioeléctrica, luminosa, X o gamma.

pulseada f. *Arg., Bol., Chil., Ecuad., Parag., Per.* y *Urug.* Acción y efecto de pulsear.

pulsear v. i. Competir dos personas, que se toman de la mano, con los codos apoyados sobre un lugar firme, para vencer el brazo del contrario.

pulsera f. Joya que se pone en la muñeca.

pulsión f. Impulso para realizar un acto.

pulso m. Transmisión de la onda provocada por la contracción cardiaca en un vaso de la circulación, perceptible en la muñeca por un latido intermitente: *tomar el pulso.* || Parte de la muñeca donde se siente este latido. || *Fig.* Seguridad y destreza en la ejecución de ciertos trabajos de precisión.. | Tacto, discreción. || *Amer.* Pulsera.

pulular v. i. Abundar.

pulverización f. División en corpúsculos o gotas.

pulverizador m. Aparato que proyecta al exterior un líquido en gotas o un sólido en polvo. || Surtidor del carburador de un automóvil.

pulverizar v. t. Reducir a polvo una cosa. || Proyectar un líquido en gotitas: *pulverizar un vaso.* | *Fig.* Hacer añicos: *pulverizó al enemigo.* | Sobrepasar en mucho: *pulverizar un récord.*

puma m. Mamífero carnívoro félido de América.

puna f. En los Andes, plataforma de tierras frías comprendida entre los 3 000 y los 5 000 m, según la latitud. || *Amer.* Cualquier gran extensión de terreno o de tierras llanas y estériles. | Soroche.

punción f. Operación quirúrgica que consiste en introducir un instrumento punzante en una cavidad llena de un líquido para vaciarla.

pundonor m. Amor propio.

pundonoroso, sa adj. Que tiene pundonor.

puneño, ña adj. y s. De Puno (Perú).

punición f. Castigo.

púnico, ca adj. Cartaginés (ú. t. c. s.).

punir v. t. Castigar.

punta f. Extremo puntiagudo de una cosa. || Clavo pequeño. || Parte final del cuerno de un toro. || Porción del ganado que se separa del rebaño. || *Fig.* Un poco, algo: *tiene puntas de escritor dramático.* || *Horas (de) punta*, aquellas en que hay mucho tráfico.

‖ *Poner los nervios de punta*, crispar los nervios. ‖ *Velocidad punta*, velocidad máxima.

puntada f. Agujero hecho por la aguja de coser.

puntal m. Madero que sirve de sostén o de entibado. ‖ *Fig.* Sostén.

puntano, na adj. y s. De San Luis (Argentina).

puntapié m. Golpe con la punta del pie.

puntarenense adj. y s. De Punta Arenas (Chile) y de Puntarenas (Costa Rica).

puntear v. t. Marcar, señalar puntos en una superficie. ‖ — V. i. *Amer.* Encabezar un grupo de personas o una manada de animales.

puntera f. Contrafuerte de cuero en la punta de algunos zapatos.

puntería f. Orientación de un arma de fuego para que el proyectil dé en el objetivo.

puntero, ra adj. Que descuella en lo que hace.

puntero, ra adj. y s. En algunos deportes, persona o equipo que aventaja a los otros. ‖ *Arg., Bol., Chil., Guat., Parag., Per.* y *Urug.* En algunos deportes, jugador que forma parte de la línea delantera. ‖ — M. *Ecuad.* Manecilla del reloj.

puntiagudo, da adj. En punta.

puntilla f. Encaje fino. ‖ Clavo pequeño. ‖ Puñal para matar reses. ‖ — *Fig. Dar la puntilla*, rematar. ‖ *De puntillas*, sobre las puntas de los pies.

puntillero m. El que remata al toro con la puntilla.

puntilloso, sa adj. Susceptible.

punto m. Señal de pequeña dimensión: *marcar con un punto*. ‖ Pequeño signo ortográfico que se pone sobre la *i* y la *j*. ‖ Signo ortográfico (.) que, empleado solo, indica el fin de una frase; cuando son dos, situados verticalmente (:), se ponen al final de una frase para anunciar una cita, una palabra, una explicación, una consecuencia. ‖ Intersección de dos líneas. ‖ Sitio determinado: *punto de reunión.* ‖ Asunto de una materia: *estar de acuerdo en un punto.* ‖ Aquello que es esencial, importante, delicado; tema, pregunta: *el punto capital de un asunto.* ‖ Momento, instante: *al llegar a este punto se fue.* ‖ Cada unidad de una nota que sirve para estimar la conducta y los conocimientos de un alumno. ‖ Valor que se atribuye a cada carta de la baraja, a los dados o a las fichas de dominó. ‖ Unidad de cálculo que sirve para saber los derechos adquiridos en ciertos regímenes basado en el reparto, en la determinación de la pensión de jubilación: *puntos de subsidios familiares.* ‖ Unidad en los valores de la Bolsa, en la cotización del cambio de divisas monetarias. ‖ Unidad, sin especificación de medida o valor, utilizada en numerosos deportes para designar el vencedor. ‖ Lo que se pone en los labios de una herida para cerrarla. ‖ Clase de tejido hecho con mallas entrelazadas formadas con agujas especiales (de jersey, de medias, etc.) y manera de combinar los hilos en este tejido. ‖ Persona que juega contra el banquero en los juegos de azar. ‖ — Pl. Plus familiar. ‖ — *A punto de*, muy cerca de. ‖ *En punto*, exactamente: *a la hora en punto.* ‖ *Fig. En su punto*, en la mejor manera que puede estar. ‖ *Punto cardinal*, el Norte, el Sur, el Este y el Oeste. ‖ *Punto de vista*, punto en que se coloca el observador para examinar algo; (fig.) criterio, modo de ver. ‖ *Punto flaco*, debilidad. ‖ *Punto muerto*, posición de la palanca del cambio de velocidades cuando el automóvil está parado; (fig.) estado de un asunto o negociación en que no se realizan progresos. ‖ *Punto y aparte*, signo de puntua-

ción que se pone para separar dos párrafos. ‖ *Punto y coma*, signo (;) con el que se separan dos miembros de la misma frase. ‖ *Puntos suspensivos*, signos (…) que se emplean cuando se deja sin concluir una oración.

puntuación f. Acción y manera de puntuar. ‖ Conjunto de signos gráficos que señalan las separaciones entre los diversos elementos de una oración. ‖ Conjunto de puntos obtenidos en una clasificación o nota de un alumno.

puntual adj. Que llega a la hora.

puntualidad f. Condición de puntual.

puntualizar v. t. Precisar.

puntuar v. t. Escribir los signos de puntuación. ‖ Sacar puntos en una competición deportiva o en cualquier prueba. ‖ Poner puntos o notas.

punzada f. Dolor agudo.

punzante adj. Que pincha. ‖ *Fig.* Mordaz.

punzar v. t. Pinchar. ‖ Dar punzadas. ‖ — V. i. *Fig.* Provocar, causar un sentimiento penoso.

punzón m. Instrumento de acero puntiagudo para perforar chapas de metal, abrir ojetes, etc.

puñado m. Lo que cabe en el puño.

puñal m. Arma blanca de corto tamaño.

puñalada f. Herida hecha con el puñal.

puñeta f. *Pop.* Tontería. ‖ Pejiguera. ‖ Historia, cuento. ‖ — *Pop. Hacer la puñeta*, fastidiar. ‖ *Hacerse la puñeta*, fastidiarse. ‖ *Importar una puñeta*, dar igual. ‖ *Mandar a hacer puñetas*, mandar a paseo. ‖ *¡Puñeta!*, expresión de enojo.

puñetazo m. Golpe con el puño.

puño m. Mano cerrada. ‖ Parte de las prendas de vestir que rodea la muñeca. ‖ Empuñadura.

pupila f. Abertura del iris del ojo por donde entra la luz. ‖ Huérfana respecto a su tutor.

pupilo m. Huérfano respecto a su tutor. ‖ Individuo que se hospeda en una pensión.

pupitre m. Mueble con tapa inclinada que hay en las escuelas. ‖ Unidad periférica de un ordenador con un teclado y una pantalla de visualización.

puquío m. *Amer.* Manantial.

puré m. Alimento que se obtiene moliendo y pasando por un tamiz legumbres cocidas.

purépecha adj. y s. Del pueblo amerindio de Michoacán, México. ‖ Individuo de ese pueblo.

pureza f. Condición de puro.

purga f. Medicamento para exonerar el vientre. ‖ *Fig.* Eliminación de elementos indeseables.

purgante adj. Que purga. ‖ — M. Medicamento que purga.

purgar v. t. Administrar un purgante para exonerar el vientre. ‖ Destruir, borrar por medio de la purificación: *purgar sus pecados.* ‖ Expiar una falta: *purgar una condena.* ‖ *Fig.* Eliminar enemigos políticos. ‖ — V. pr. Tomar una purga.

purgatorio m. Lugar donde las almas de los justos, incompletamente purificadas, acaban de purgar sus culpas antes de ir a la gloria.

purificación f. Acción de purificar.

purificar v. t. Quitar las impurezas.

puritano, na adj. y s. Aplícase al miembro de una secta de presbiterianos, rigurosos observadores de la letra del Evangelio. ‖ Muy austero.

puro, ra adj. Que no está mezclado: *agua pura.* ‖ Que no está alterado con nada: *atmósfera pura.* ‖ Que es exclusivamente lo que se expresa: *una pura coincidencia.* ‖ Sin mancha moral: *alma pura.*

|| Conforme a las reglas del lenguaje, castizo: *castellano puro.* || Perfecto, bello: *facciones puras.* || Exclusivamente teórico: *matemáticas puras.* || Íntegro, moral: *conducta pura.* || — M. Cigarro hecho con una hoja de tabaco enrollada.

púrpura f. Color rojo oscuro algo morado.

purpurado m. Cardenal.

purulento, ta adj. Con pus.

pus m. Humor espeso, amarillento, que se produce en los tejidos inflamados, tumores, llagas.

pusilánime adj. Apocado.

pusilanimidad f. Cobardía.

pústula f. Vesícula de la piel llena de pus.

puta f. Ramera, prostituta.

putativo, va adj. Tenido por padre, hermano, etc., no siéndolo.

putear v. i. *Pop.* Ir con prostitutas. | Ser prostituta.

puterío m. Prostitución.

puto, ta adj. *Pop.* Maldito. | Fastidioso. | Malo. | Difícil. || — M. *Pop.* Astuto. | Homosexual. | Hombre que se prostituye.

putrefacción f. Descomposición de las materias orgánicas.

putrefacto, ta adj. Podrido.

putumaense, putumayense y **putumayo, ya** adj. y s. De Putumayo (Colombia).

puya f. Punta de las varas de los picadores.

puyazo m. Herida hecha con la puya.

q

q f. Decimaoctava letra del alfabeto castellano. || — **q,** símbolo del *quintal.*

quantum m. *Fís.* Cantidad mínima de energía que puede emitirse, propagarse o ser absorbida. (Pl. *quanta.*)

quasar m. Astro de aspecto estelar que constituye generalmente una radiofuente de gran potencia.

que pron. rel. Equivale a *el, la o lo cual; los o las cuales: el libro que estoy leyendo; la casa que veo.* || Puede equivaler a *algo que: dar que pensar.* || — Conj. Sirve para enlazar oraciones: *quiero que vengas.* || Equivale a *porque o pues: hable más fuerte que oigo mal.* || Equivale a *o: ¡cállate que te mato!* || Equivale a *si: que no viene, nos arreglamos sin él.* || En oraciones principales o independientes puede expresar deseo, mandato o imprecación: *que me muera si...* || Sirve de correlativo con *tan, más, menos, mejor,* etc. || Forma parte de loc. conj. como *antes que, con tal que, hasta que, luego que,* etc. || Puede usarse con sentido de encarecimiento y equivale a *y: corre que corre.* || Da un sentido enfático: *¡que no lo volverá a ver!*

qué pron. interr. Se emplea como adjetivo para preguntar por personas o cosas: *¿qué edad tienes?* || Puede usarse exclamativamente: *¡qué suerte!* || Como neutro equivale a *qué cosa: ¿de qué se trata?* || — El qué dirán, la opinión pública. || *Qué de,* cuánto, cuántos: *¡qué de gente!* || *¿Qué hay?* o *¿qué tal?,* expresiones de saludo. || *¿Qué tal?,* cómo: *¿qué tal le pareció la película.*

quebrachal m. *Riopl.* Lugar poblado de quebrachos.

quebracho m. Árbol de madera dura.

quebrada f. Paso estrecho entre montañas. || *Amer.* Arroyo o riachuelo.

quebradizo, za adj. Frágil.

quebrado, da adj. Aplícase al que ha hecho bancarrota o quiebra: *banquero quebrado* (ú. t. c. s.). || Que padece una hernia (ú. t. c. s.). || *Mat.* Dícese del número que expresa una o varias de las partes iguales en que está dividida la unidad. || Dícese del verso o pie que es más corto que los otros de la misma estrofa. || — M. *Mat.* Fracción.

quebrantamiento m. Acción de quebrantar.

quebrantar v. t. Romper, quebrar o hender una cosa. || *Fig.* Faltar al cumplimiento de algo: *quebrantar la ley.* | Debilitar: *quebrantar la salud.*

quebranto m. Quebrantamiento.

quebrar v. t. Romper con violencia. || Doblar: *quebrar el cuerpo.* || V. i. Romperse (ú. t. c. pr.). || Declararse insolvente, hacer quiebra.

quechua adj. Dícese del individuo de un pueblo indio que habitaba, en tiempos de la colonización, la región andina de los actuales Estados de Perú y Bolivia (ú. t. c. s.). || Relativo a este individuo y al pueblo al cual pertenece. || — M. Lengua hablada por este pueblo y que es oficial en algunos países andinos junto con el castellano.

quechuismo m. Voz o giro propios de la lengua quechua. || Voz quechua introducida en otra lengua. || Admiración y apego a la cultura y a todo lo que es propio de los quechuas.

quedada f. *Méx.* Solterona.

quedar v.i. Permanecer en un lugar: *quedó en casa* (ú. t. c. pr.). || Subsistir: *me quedan dos euros.* || Cesar, acabar: *ahí quedó la conversación.* || Faltar: *faltan aún unos minutos para acabar.* || Seguir estando: *la carta que recibió quedó sin contestar.* || Estar: *queda lejos.* || Llegar a ser, resultar: *su pantalón le quedó corto.* U. t. c. pr.: *quedarse ciego.* || Portarse de cierta manera: *has quedado como una señora.* || Hacer cierto efecto: *tus zapatos quedan muy bien con tu bolso.* || Darse cita: *hemos quedado para el lunes.* || Acordar: *quedamos en salir mañana.* || Frustrarse: *por mí que no quede.* || — V. pr. Retener una cosa en vez de devolverla: *se quedó con mi libro.*

quedo, da adj. Quieto, tranquilo. || Bajo, suave.

quehacer m. Trabajo, tarea.

queja f. Manifestación de dolor, pena o sentimiento. || Acusación hecha ante el juez.

quejarse v. pr. Expresar su dolor: *quejarse de pena.* || Manifestar uno el resentimiento que tiene de otro: *quejarse de su vecino.*

quejido m. Voz lastimosa.

quejumbroso, sa adj. Que se queja.

quelite m. *Méx.* Nombre genérico de hierbas comestibles.

quelmahue m. *Chil.* Mejillón pequeño.

quelonios m. pl. Familia de reptiles que tienen cuatro extremidades cortas y el cuerpo protegido por un caparazón duro (ú. t. c. adj.).

quema f. Acción de quemar.

quemada f. *Méx.* Acción con que se queda en ridículo: *quiso contradecir al experto y se dio la quemada de su vida.*

quemadura f. Quema. || Herida causada por algo que quema.

quemar v. t. Abrasar o consumir con fuego: *quemar leña.* || Estropear un guiso por haberlo dejado demasiado tiempo o haber puesto el fuego demasiado fuerte (ú. t. c. pr.). || Destruir algo una sustancia corrosiva: *los ácidos queman la piel.* || Calentar con exceso. U. t. c. i.: *el sol quema en el estío.* || Causar sensación picante en la boca: *el pimiento me quemó los labios.* || *Fig.* Malgastar, derrochar: *quemar su fortuna.* | En deportes, entrenar de una manera excesiva y perjudicial para el estado físico del deportista. | Causar perjuicio a la fama de uno. || — *A quema ropa*, refiriéndose a disparos, desde muy cerca; (fig.) de improviso. || — V. i. Estar demasiado caliente una cosa: *esta sopa quema*. || — V. pr. Acercarse al fuego y sufrir sus efectos: *quemarse la mano*.

quemón m. *Méx*. Pifia, chasco.

quena f. Flauta con cinco agujeros de los indios del Perú y de Bolivia.

querandí adj. y s. Dícese del individuo de un pueblo indio de Argentina. || — M. Su lengua.

queratina f. Sustancia a la que deben su consistencia uñas, cuernos y pelo.

querella f. Acusación ante el juez. || Pelea.

querellarse v. pr. Presentar querella contra uno.

querencia f. Inclinación o tendencia del hombre o animales a volver al sitio en que se han criado.

querendón, ona m. y f. *Fam*. Amante.

querer m. Cariño, afecto, amor.

querer v. t. Desear o apetecer: *querer comer*. || Amar, tener cariño: *querer a sus abuelos*. || Resolver, desear: *querer terminar sus estudios*. || Intentar, procurar, pretender: *quiere dárselas de listo*. || Necesitar, requerir: *esta planta quiere agua*. || Pedir cierto precio: *¿cuánto quieres por tu casa?* || — V. pr. Experimentar un cariño recíproco: *los dos jóvenes se querían como dos tórtolos*.

queretano, na adj. y s. De Querétaro (México).

querido, da m. y f. Amante.

querosén y **queroseno** m. Líquido obtenido de la destilación del petróleo natural.

querubín m. Ángel del primer coro.

quesadilla f. *Amér. C*. y *Méx*. Empanada de masa de maíz rellena de queso y otros ingredientes.

queso m. Masa hecha con leche cuajada y privada de suero.

quesquémetl m. Prenda típica de México, de forma triangular que cubre los hombros.

quetzal m. Ave trepadora, de pico corto y larga cola, que tiene un plumaje verde tornasolado en las partes superiores del cuerpo y rojo en el pecho y abdomen. || Unidad monetaria de Guatemala.

quezalteco, ca adj. y s. De Quezaltenango (Guatemala).

quibdoano, na o **quibdoense** adj. y s. De Quibdó (Colombia).

quiché adj. y s. Dícese de un pueblo indígena de Guatemala. || — M. Lengua hablada por él.

quichelense adj. y s. De El Quiché (Guatemala).

quichua adj. y s. Quechua.

quichuismo m. Quechuismo.

quicio m. Parte de la puerta o ventana en la que entra el espigón que asegura el marco. || *Sacar de quicio a uno*, hacer que pierda el dominio de sí.

quid m. Razón, punto principal.

quídam m. *Fam*. Individuo.

quid pro quo loc. lat. Error.

quiebra f. Rotura, abertura. || *Com*. Estado del comerciante que no puede satisfacer las deudas que sobre él pesan. || Procedimiento legal para resolver la situación de este comerciante. || Hundimiento de valores en Bolsa. || *Fig*. Fallo, fracaso.

quiebro m. En fútbol, regate. || Gorgorito.

quien pron. rel. Se refiere esencialmente a las personas y hace en plural *quienes*: *el hombre a quien hablo*. || Con el antecedente implícito, equivale a *la persona que*: *quien te ha dicho esto es un ignoran-*

te. || Puede usarse como pron. interr. o exclamat., en cuyo caso lleva un acento gráfico: *¿quién llama?*; *¡quién pudiera!*

quienesquiera pron. indet. pl. Personas indeterminadas, personas cualesquiera.

quienquiera pron. indet. Cualquier persona.

quieto, ta adj. Que no tiene movimiento.

quietud f. Carencia de movimiento. || *Fig*. Sosiego, tranquilidad.

quijada f. Cada uno de los dos huesos de la cabeza del animal.

quijotada f. Acción propia de un quijote.

quijote m. *Fig*. Hombre demasiado idealista.

quijotesco, ca adj. Que obra con quijotería.

quijotismo m. Caballerosidad exagerada.

quilate m. Cada una de las veinticuatro partes de oro fino en una aleación de este metal.

quilla f. Parte inferior del casco de un barco.

quilo m. Kilo, kilogramo.

quimbayá adj. y s. Dícese de un pueblo indio colombiano en Caldas y Valle del Cauca.

quimera f. *Fig*. Ficción, ilusión.

quimérico, ca adj. Imaginario.

química f. Ciencia que estudia la composición interna y propiedades de los cuerpos simples y sus transformaciones, combinaciones y acciones recíprocas. || *Química general*, la que trata de las leyes relativas al conjunto de los cuerpos químicos. || *Química inorgánica*, la que estudia los cuerpos simples y compuestos sin carbono. || *Química orgánica*, la que estudia los compuestos del carbono.

químico, ca adj. Relativo a la química. || Dícese de las armas que utilizan productos con efectos tóxicos. || — M. y f. Especialista en química.

quimioterapia f. Tratamiento de las enfermedades con productos químicos.

quimono m. Túnica larga japonesa.

quina f. Corteza del quino.

quincalla f. Conjunto de objetos de metal, generalmente de poco valor.

quincallería f. Tienda de quincalla.

quince adj. Diez y cinco: *tener quince años* (ú. t. c. s. m.). || Decimoquinto (ú. t. c. s.).

quincena f. Espacio de quince días. || Paga por un trabajo de quince días: *cobrar la quincena*.

quincenal adj. Que sucede cada quincena.

quinceno, na adj. Decimoquinto (ú. t. c. s.).

quincuagenario, ria adj. De cincuenta años (ú. t. c. s.).

quincuagésimo, ma adj. Que ocupa el lugar cincuenta. || — M. Cada una de las cincuenta partes iguales en que se divide un todo.

quincha f. *Amer*. Trama de junco para hacer cercos, armazones, etc.

quindiano, na adj. y s. De Quindío (Colombia).

quingombó m. *Amer*. Planta malvácea de hojas grandes, flores amarillas y fruto casi cilíndrico.

quinielas f. pl. Juego público de apuestas que consiste en señalar en un boleto los triunfadores de una jornada de partidos de fútbol, y que consigue acertar el máximo de resultados se ve premiado con una parte de lo recaudado con la venta de los boletos. (Se hacen también quinielas en las carreras de caballos y de galgos.) || Este boleto (ú. t. en sing.). || *Arg*. Cierto juego de azar consistente en apostar a la última o a las últimas cifras del número premiado en la lotería.

quinielista adj. y s. Que hace quinielas.

quinientos, tas adj. Cinco veces ciento.

quinina f. Alcaloide sacado de la corteza de la quina utilizado para combatir el paludismo.

quino m. Árbol americano rubiáceo cuya corteza es la quina. || Zumo de varios vegetales empleado como astringente. || Quina (bebida).

quinqué m. Lámpara con tubo de cristal.

quinquenal adj. Que dura cinco años.

quinquenio m. Cinco años.

quinta f. Finca de recreo en el campo. || Mil. Reclutamiento. | Reemplazo anual para el ejército.

quintaesencia f. Lo mejor.

quintaesenciar v. t. Refinar, apurar. || Alambicar, sutilizar.

quintal m. Cien kilos.

quinteto m. Combinación métrica de cinco versos de arte mayor. || Composición musical para cinco voces o instrumentos. || Conjunto musical de cinco músicos o cantantes.

quintilla f. Poesía de cinco versos.

quintillizo, za m. y f. Cada uno de los cinco hermanos que han nacido en un parto quíntuple.

quinto, ta adj. y s. Que sigue en orden al o a lo cuarto. || — M. Cada una de las cinco partes iguales en que se divide un todo. || Soldado durante el primer período de instrucción militar.

quintuplicar v. t. Multiplicar por cinco.

quíntuplo, ple adj. y s. m. Dícese de lo que es cinco veces mayor: diez es el quíntuplo de dos.

quinua f. Amer. Planta anual quenopodiácea cuyas hojas son parecidas a las espinacas. || Esta hoja.

quiosco m. Pequeño edificio que suele constar de un techo sostenido por columnas y que adorna las azoteas, parques, jardines, etc.: esta tarde tocará la banda en el quiosco. || Pabellón pequeño donde se suelen vender periódicos, flores, etc.

quipos y **quipus** m. pl. Cuerdas de varios colores con que, haciendo diversos nudos, los indios del Perú hacían sus cálculos.

quiquiriquí m. Canto del gallo.

quirófano m. Sala de cirugía.

quiromancia f. Adivinación por las rayas de la mano.

quiropráctica f. Tratamiento de ciertos males con la manipulación de las vértebras.

quiróptero adj. y s. m. Dícese de los animales mamíferos adaptados al vuelo, con membranas laterales en forma de alas, como los murciélagos, vampiros, etc. || — M. pl. Orden que forman.

quirquincho m. Armadillo.

quirúrgico, ca adj. De la cirugía.

quisque (cada o todo) adv. m. Cada uno.

quisqueyano, na adj. y s. Dominicano.

quisquilla f. Fam. Pequeñez, menudencia. || Camarón, crustáceo. || — Adj. y s. m. Dícese del color de este animal, salmón claro.

quisquillosidad f. Condición de quisquilloso.

quisquilloso, sa adj. y s. Que se para en quisquillas o pequeñeces.

quiste m. Vejiga membranosa, de contenido líquido, que se desarrolla anormalmente en diferentes partes del cuerpo.

quitamanchas adj. y s. m. inv. Que sirve para quitar manchas.

quitar v. t. Separar una cosa de otra: quitar la piel. || Sacar una cosa del lugar en que estaba: quitar los platos de la mesa. || Despojar, suprimir: me han quitado el pasaporte. || Robar: quitar a uno la cartera. || Hacer que desaparezca: quitar una mancha (ú. t. c. pr.). || Impedir, obstar: esto no quita que sea un holgazán. || Restar: quitar dos de tres. || Privar de algo: el café quita el sueño. || Apartar: quitar a uno la preocupación. || — V. pr. Despojarse de una prenda: quitarse el abrigo. || Apartarse de una cosa: me quité de fumar. || — Quitarse años, rejuvenecerse. || Quitarse de en medio, irse, marcharse: se quitó de en medio cuando estalló la guerra. || Quitarse la vida, suicidarse.

quitasol m. Sombrilla.

quite m. Lance con que el torero libra a otro de la acometida del toro.

quiteño, ña adj. y s. De Quito (Ecuador).

quitina f. Sustancia orgánica nitrogenada en la cutícula de los insectos y otros animales articulados, en muchos hongos y bacterias.

quizá o **quizás** adv. Indica la posibilidad de una cosa: quizá vaya a Roma.

quórum m. Número de miembros presentes requerido para que sea válida una votación en una asamblea.

r

r f. Decimonovena letra del alfabeto castellano. || — R, símbolo del *röntgen*.
Ra, símbolo químico del *radio*.
rabadilla f. Extremidad de la columna vertebral.
rábano m. Planta de raíz carnosa.
rabia f. Enfermedad infecciosa que se transmite al hombre por mordedura de algunos animales y trae consigo la parálisis y la muerte. || *Fig.* Enojo, enfado: *le da rabia trabajar.*
rabiar v. i. Padecer rabia: *el perro rabió.* || *Fig.* Enojarse: *está que rabia.* | Sufrir intensamente: *está rabiando de dolor.* | Desear mucho.
rabieta f. *Fam.* Berrinche.
rabillo m. Ángulo: *rabillo del ojo.*
rabino m. Jefe espiritual israelita.
rabioso, sa adj. y s. Que padece rabia. || *Fig.* Muy enojado. | Vehemente, excesivo: *ganas rabiosas de irse.* | Chillón: *verde rabioso.*
rabo m. Cola de un animal: *el rabo del lobo.* || Rabillo, pecíolo o pedúnculo: *el rabo de una hoja.* || Ángulo, rabillo: *el rabo del ojo.*
rabona f. *Fam.* Hacer rabona, hacer novillos.
racha f. *Mar.* Ráfaga: *racha de aire.* || *Fig.* Período breve en que sólo ocurren cosas buenas o malas.
racial adj. Relativo a la raza.
racimo m. Conjunto de frutos unidos a un mismo tallo como en las uvas, los plátanos, los dátiles, etc.
raciocinar v. i. Razonar.
raciocinio m. Razonamiento.
ración f. Porción de alimento que se reparte a cada persona: *una ración de cocido.*
racional adj. Dotado de razón (ú. t. c. s. m.). || Conforme con la razón: *método racional.*
racionalismo m. Carácter de lo que se fundamenta sólo en la razón.
racionalista adj. y s. Relativo al racionalismo o que es partidario de él.
racionalización f. Acción de racionalizar.
racionalizar v. t. Organizar de una manera razonable. || Volver más eficaz y menos costoso un proceso de producción.
racionamiento m. Distribución de cantidades limitadas de bienes que escasean.
racionar v. t. Someter a racionamiento.
racismo m. Teoría que sostiene la superioridad de ciertos grupos raciales frente a los demás.
racista adj. Del racismo. || Partidario de esta teoría (ú. t. c. s.).
rada f. Ensenada.
radar m. Dispositivo para determinar la distancia entre dos objetos o la posición que tienen, detectar aviones, buques, costas, obstáculos, etc., por medio de ondas radioeléctricas.

radiación f. *Fís.* Emisión de ondas, rayos.
radiactividad f. *Fís.* Propiedad que tienen ciertos elementos químicos (radio, uranio, etc.) de transformarse espontáneamente en otros elementos con emisión de determinadas radiaciones.
radiactivo, va adj. *Fís.* Relativo a la radiactividad.
radiado, da adj. Dispuesto en forma de rayos. || Difundido por radio: *noticia radiada.*
radiador m. Aparato de calefacción. || Dispositivo para refrigerar el agua en un motor.
radián m. *Geom.* Unidad angular que corresponde a un arco de longitud igual al radio.
radiante adj. Que radia. || *Fig.* Resplandeciente.
radiar v. t. Irradiar (ú. t. c. i.). || Difundir o emitir por radio. || *Med.* Tratar una lesión por medio de los rayos X. || — V. i. *Fís.* Emitir radiaciones.
radical adj. *Fig.* Fundamental, básico. | Muy eficaz: *emplear un medio radical.* | Total: *curación radical.* || En política, partidario de reformas democráticas avanzadas (ú. t. c. s.): *el partido radical.* || — M. *Gram.* Parte de una palabra que no varía: *el radical del verbo comer es* COM. || Signo (√) con que se indica la operación de extraer raíces. || *Quím.* Grupo de átomos inseparables que funcionan como uno solo.
radicalismo m. Calidad de radical.
radicalización f. Acción y efecto de radicalizar.
radicalizar v. t. Volver radical.
radicando m. *Mat.* Número del cual se ha de extraer la raíz.
radicar v. i. Arraigar (ú. t. c. pr.). || Estar situado en determinado lugar. || *Fig.* Estribar, consistir en: *la dificultad radica en esto.* || — V. pr. Establecerse.
radio m. Recta tirada desde el centro del círculo a la circunferencia o desde el centro de la esfera a su superficie. || Cada una de las piezas que unen el cubo de la rueda con la llanta. || Hueso contiguo al cúbito, con el cual forma el antebrazo. || Metal (Ra), de número atómico 88, de gran poder radiactivo. || Apócope de *radiografía, radiotelegrafía, radiotelegrafista, radiotelefonía y radiodifusión.* || *Fam.* Apócope de *radiorreceptor.* || — *En un radio de cien kilómetros,* a cien kilómetros a la redonda. || *Radio de acción,* distancia máxima a la cual puede alejarse un avión, barco u otro vehículo sin aprovisionarse en combustible y conservando lo necesario para volver a su punto de partida; (fig.) esfera de actividad, zona de influencia. || — F. Aparato radiorreceptor.
radiocomunicación f. Técnica de la transmisión radioeléctrica de imágenes, textos y sonidos.
radiodetección f. Detección por medio de las radiaciones.

radiodifundir v. t. Emitir por radiotelefonía.

radiodifusión f. Transmisión por ondas hertzianas de música, noticias; reportajes. || *Estación de radiodifusión,* emisora.

radiodifusor, ra adj. Que emite por radio.

radioelemento m. *Quím.* Elemento radiactivo.

radioemisora f. Radiodifusora.

radioescucha m. y f. Persona que oye transmisiones de radio.

radiofonía f. Radiotelefonía.

radiofrecuencia f. Frecuencia utilizada para las ondas radiofónicas.

radiografía f. Fotografía interna del cuerpo por medio de los rayos X. || Cliché así obtenido.

radiografiar v. t. Fotografiar con rayos X.

radiología f. Empleo terapéutico de los rayos X.

radiólogo, ga m. y f. Especialista en radiología.

radionovela f. Novela radiada.

radiorreceptor m. Aparato receptor de las ondas.

radioscopia f. Examen de un objeto o de un órgano del ser humano por medio de la imagen que proyectan en una pantalla fluorescente al ser atravesados por los rayos X.

radiotelefonía f. Sistema que permite la comunicación de dos personas por medio de ondas electromagnéticas.

radiotelefonista com. Persona que trabaja en radiotelefonía.

radiotelegrafía f. Telegrafía sin hilos.

radiotelegráfico, ca adj. De la radiotelegrafía.

radiotelegrafista com. Persona que hace funcionar los aparatos radiotelegráficos.

radioterapia f. Empleo de los rayos X.

radiotransmisión f. Transmisión por radio.

radiotransmisor m. Transmisor de radiotelegrafía o de telefonía sin hilos.

radiotransmitir v. t. Transmitir por radio.

radioyente com. Persona que escucha las emisiones de radio.

radón m. Elemento químico (Rn) radiactivo.

raer v. t. Raspar.

ráfaga f. Movimiento violento y rápido del aire. || Golpe de luz vivo y de poca duración. || Serie de disparos sucesivos y rápidos de un arma.

raído, da adj. Muy gastado.

raigambre f. Conjunto de raíces. || *Fig.* Conjunto de antecedentes, tradición, hábitos o afectos, etc., que vinculan una cosa a otra.

raíz f. Parte de los vegetales que está en la tierra, de donde saca las sustancias nutritivas: *las raíces de un árbol.* || Parte de un órgano animal implantado en un tejido: *la raíz de un diente.* || *Fig.* Origen: *la raíz de un mal.* || *Gram.* Elemento de una palabra a partir del cual se derivan todas las que son de la misma familia: CANT *es la raíz de cantar, cantante,* etc. || *Med.* Prolongación profunda de ciertos tumores: *la raíz de un lobanillo.* || *— A raíz de,* inmediatamente. || *Mat. Raíz cuadrada,* cantidad que se ha de multiplicar por sí misma una vez para obtener un número determinado. | *Raíz cúbica,* cantidad que se ha de multiplicar por sí misma dos veces para obtener un número determinado.

raja f. Porción de poco espesor cortada a lo largo de un melón, sandía, salchichón, etc. || Hendidura que se hace en una cosa. || Grieta.

rajá m. Antiguo soberano de la India.

rajado, da adj. y s. Cobarde.

rajar v. t. Partir en rajas: *rajó la sandía.* || Hender, partir, abrir: *rajar un mueble* (ú. t. c. pr.). || — V. i. *Fig.* Hablar mucho. | *Refunfuñar.* || *Amer.* Hablar mal de uno. || — V. pr. *Fig.* Volverse atrás, desistir de una cosa por miedo.

rajatabla (a) adv. De modo absoluto.

ralea f. Especie, categoría.

ralentí m. *Cin.* Proyección más lenta que el rodaje. || Velocidad menor a que puede funcionar un motor de explosión con el mínimo de gases.

rallador m. Útil para rallar.

rallar v. t. Desmenuzar con el rallador.

ralo, la adj. Poco espeso. || Muy separado.

R.A.M. *Random Acces Memory,* memoria de la computadora de acceso directo, que puede leerse, modificarse o borrarse a voluntad.

rama f. Cada una de las partes nacidas del tronco de la planta. || *Fig.* Cada una de las familias del mismo tronco. | Cada una de las subdivisiones de una cosa. | División primaria del reino animal.

ramadán m. Noveno mes del año lunar musulmán consagrado al ayuno.

ramaje m. Conjunto de ramas.

ramal m. Cada uno de los tramos de una escalera que van al mismo rellano. || Subdivisión: *los ramales de una carretera.*

ramalazo m. Ataque pasajero.

rambla f. Paseo o avenida con árboles.

ramera f. Prostituta.

ramificación f. División de una planta en ramas. || Bifurcación de las arterias, venas o nervios. || *Fig.* Consecuencia derivada de algún hecho. | Subdivisión: *las ramificaciones de una ciencia.* | División en varios ramales de una carretera, de una vía de ferrocarril, de un conducto, etc.

ramificarse v. pr. Dividirse en ramas. || *Fig.* Subdividirse. | Extenderse las consecuencias.

ramillete m. Conjunto de flores, de cosas, etc.

ramo m. Ramillete de flores. || *Fig.* Subdivisión.

rampa f. Terreno en declive: *subir por la rampa.* || Superficie inclinada. || *Rampa de lanzamiento,* plano inclinado para el lanzamiento de aviones, proyectiles o cohetes de propulsión.

ramplón, ona adj. *Fig.* Vulgar.

ramplonería f. Vulgaridad.

rana f. Batracio saltador de piel verdosa.

rancagüino, na adj. y s. De Rancagua (Chile).

ranchera f. Canción popular de México. || Danza rural de los alrededores de Buenos Aires.

ranchería f. Conjunto de ranchos.

ranchero m. El que guisa el rancho. || Dueño de un rancho o finca. || Campesino que trabaja en un rancho. || *Fig. Méx.* Apocado, ridículo.

ranchito m. *Amer.* Chabola.

rancho m. Comida hecha para muchos: *el rancho de la tropa.* || *Fam.* Comida o guiso malo. || Campamento: *rancho de gitanos.* || *Amer.* Choza con techo de ramas o paja: *rancho pampero.* | Finca, granja, hacienda. | *Per.* Quinta, casa de campo. || *Fig. Hacer rancho aparte,* aislarse.

rancio, cia adj. Aplícase al vino y ciertos comestibles grasientos que con el tiempo adquieren sabor y olor fuertes: *tocino rancio.* || *Fig.* Antiguo.

rango m. Clase, categoría. || *Amer.* Generosidad.

ranura f. Hendidura estrecha hecha en un madero, etc. || Pequeña abertura alargada donde se introduce una moneda o una ficha.

rapacidad f. Avidez, codicia. || Inclinación al robo.

rapar v. t. Afeitar la barba (ú. t. c. pr.).

rapaz adj. Dado al robo, hurto o rapiña. || *Fig.* Ávido de ganancias: *comerciante rapaz.* || Aplícase al ave de rapiña. || — F. pl. Orden de aves carnívoras, de pico corvo, uñas grandes y aceradas, como el águila, el halcón, el buitre, etc. || — M. y f. Muchacho o muchacha de corta edad.

rapidez f. Calidad de rápido.

rápido, da adj. Veloz. || — M. Tren de gran velocidad. || Parte de un río muy impetuosa.

rapiña f. Robo o saqueo hecho con violencia. || *Ave de rapiña,* la carnívora, como el águila.

rapsoda com. Recitador de poemas.

rapsodia f. Trozo de un poema que cantaban los rapsodas. || Composición musical.

raptar v. t. Cometer rapto.

rapto m. Delito que consiste en llevarse de su domicilio por el engaño, la violencia o la seducción a alguien, especialmente a una mujer, a un niño. || *Fig.* Éxtasis. | Arrebato: *rapto de locura.*

raptor, ra adj. y s. Que rapta.

raqueta f. Aro de madera, provisto de una red de cuerdas de tripa o de otra materia y terminado por un mango, que sirve para jugar al tenis, etc. || Pala utilizada para jugar al tenis de mesa.

raquítico, ca adj. Que sufre raquitismo (ú. t. c. s.). || *Fig.* Escaso, mezquino.

raquitismo m. Enfermedad infantil, caracterizada por las deformaciones del sistema óseo.

rarefacción f. Enrarecimiento.

rarefacèr v. t. Disminuir la densidad (ú. t. c. pr.).

rareza f. Calidad de raro.

rarificar v. t. Rarefacer (ú. t. c. pr.).

raro, ra adj. Poco frecuente o corriente: *fenómeno, libro raro.* || *Gases raros,* los que, en pequeña cantidad, forman parte de la atmósfera (helio, neón, argón, criptón, xenón).

ras m. Igualdad de nivel.

rasante adj. Que pasa rozando. || — M. Línea de una calle o camino considerada en relación con el plano horizontal. || *Cambio de rasante,* punto más elevado de la pendiente de una carretera.

rasar v. t. Igualar con el rasero. || Pasar muy cerca.

rascacielos m. inv. Edificio de muchas plantas.

rascar v. t. Refregar o frotar la piel con las uñas (ú. t. c. pr.). || Raspar una superficie.

rasero, ra adj. Rasante. || — M. Palo cilíndrico para rasar las medidas de los áridos.

rasgado, da adj. Dícese de los ojos con la comisura de los párpados prolongada. || — M. Rasgón.

rasgar v. t. Romper, destrozar una cosa tirando de ella en varias direcciones (ú. t. c. pr.). || — V. t. Rasguear un instrumento músico de cuerdas.

rasgo m. Línea trazada con la pluma. || *Fig.* Expresión acertada: *rasgo de humor.* | Acción notable: *un rasgo de heroísmo.* || Característica. || — Pl. Facciones de la cara: *rasgos finos.*

rasgón m. Rotura en una tela.

rasguear v. t. Tocar la guitarra u otro instrumento rozando varias cuerdas a la vez.

rasguño m. Arañazo.

raso, sa adj. Llano, liso, despejado: *terreno raso.* | Sin nubes, desencapotado. || Que casi toca el suelo: *vuelo raso.* || Dícese del que en su empleo no tiene ni título ni categoría especial: *un soldado raso.* || — M. Satén. || *Al raso,* al aire libre.

raspa f. Espina de pescado.

raspadilla f. *Per.* Refresco con hielo raspado y jarabe.

raspado m. Acción de raspar. || Operación que consiste en raer con un instrumento quirúrgico la mucosa del útero o la superficie de un hueso. || *Méx.* Refresco elaborado con hielo raspado al que se agrega jarabe de sabores.

raspar v. t. Raer una cosa para quitar la parte superficial. || Hacer la operación quirúrgica del raspado.

raspón m. Lesión provocada por un roce fuerte.

rasposo, sa adj. Áspero al tacto: *manos rasposas.* || De trato desapacible. || *Arg.* y *Urug.* Dícese de la prenda de vestir raída. || — Adj. y s. *Arg.* y *Urug.* Que lleva este tipo de prendas. || *Arg.* y *Urug.* Mezquino, tacaño.

rastra f. Huella. || *Agr.* Grada. | Rastro, rastrillo. || *Riopl.* Adorno, generalmente de plata, que los gauchos llevan en el cinturón a manera de hebilla.

rastrear v. t. Buscar a una persona, animal o cosa siguiendo su rastro. || *Fig.* Averiguar una cosa valiéndose de varios indicios, indagar (ú. m. c. i.).

rastreo m. Acción de rastrear.

rastrillado m. Acción de rastrillar.

rastrillar v. t. Limpiar con rastrillo.

rastrillo m. Instrumento de jardinería formado de un palo largo cruzado en su extremo inferior por un travesaño con púas que sirve para recoger la broza, paja, etc. || Utensilio parecido usado en las mesas de juego para recoger el dinero apostado.

rastro m. Huella. || Mercado de cosas viejas.

rastrojo m. Paja de la mies después de segar.

rasurar v. t. Afeitar.

rata f. Mamífero roedor voraz y de cola larga.

rata f. Parte proporcional. || *Fís.* Variación por unidad de tiempo. || *Col.* Porcentaje. || — *Rata parte,* prorrata. || *Rata por cantidad,* a prorrata.

ratería f. y **raterismo** m. Hurto.

ratero, ra adj. Ladrón (ú. t. c. s.).

raticida m. Sustancia química para matar ratas.

ratificación f. Confirmación.

ratificar v. t. Aprobar o confirmar (ú. t. c. pr.).

rato m. Espacio de tiempo corto.

ratón m. Mamífero roedor. || En computación, dispositivo que permite mover el cursor con rapidez por la pantalla de una computadora.

ratona f. Hembra del ratón.

ratonera f. Trampa para cazar ratones. || Madriguera de ratones. || *Fig.* Trampa. || *Amer.* Cuchitril.

raudal m. Corriente violenta de agua.

raudo, da adj. Rápido.

ravioles o **raviolis** m. pl. Cuadritos de pasta con carne picada y servidos con salsa y queso rallado.

raya f. Línea recta: *las cinco rayas del pentagrama.* || Lista: *camisa a rayas.* || Separación de los cabellos hecha con el peine. || Pliegue del pantalón. || *Gram.* Guión algo más largo que el corriente que separa oraciones incidentales o indica el diálogo. || Pez marino selacio de cuerpo aplastado. || *Méx.* Sueldo.

rayado, da adj. Que tiene rayas o listas. || — M. Conjunto de rayas. || Acción de rayar.

rayano, na adj. Cercano.

rayar v. t. Hacer o tirar rayas: *rayar una hoja de papel.* || Subrayar: *rayar una frase.* || Tachar lo escrito o impreso: *rayar las palabras inútiles.* || Suprimir: *lo rayaron de la lista.* || — V. i. Ser colindante o limítrofe: *su casa raya con la mía.* || Despuntar, empezar a salir: *rayar el alba, el día.* || *Fig.* Estar a punto de alcanzar, frisar: *rayar en los cincuenta años.* | Ser casi, aproximarse mucho a: *su conducta raya en lo ridículo.* | Distinguirse, descollar, destacarse: *raya por su inteligencia.* || *Méx.* Pagar a los trabajadores el salario.

rayo m. Haz de luz que procede de un cuerpo luminoso, especialmente del Sol: *los rayos solares.* || Línea de propagación de la energía: *rayos caloríficos.* || Corpúsculo o radiación electromagnética que posee esta energía: *rayos X, gamma.* || Chispa eléctrica de gran intensidad entre dos nubes o entre una nube y la Tierra: *cayó un rayo en el campanario de la iglesia.* || Radio de una rueda. || *Fig.* Persona muy viva: *este chico es un rayo.* | Cosa o desgracia imprevista: *la noticia cayó como un rayo.* || *— Rayos alfa (α), beta (β)* y *gamma (γ),* los emitidos por los cuerpos radiactivos. || *Rayos cósmicos,* los que proceden del espacio sideral. || *Rayos X* o *de Röntgen,* los que atraviesan muchos cuerpos opacos y se utilizan en medicina como medio de investigación y tratamiento. || Cada una de las partes en forma de radio que forma parte de la rueda de un vehículo.

raza f. Grupo de individuos cuyos caracteres biológicos son constantes y se perpetúan por herencia: *raza blanca.* || Conjunto de los ascendientes y descendientes de una familia, de un pueblo.

razón f. Facultad de pensar, discurrir y juzgar: *el hombre está dotado de razón.* || Motivo, causa: *la razón de un acto.* || Recado: *llevar una razón.* || Información: *razón aquí.* || *Mat.* Relación que resulta de la comparación entre dos cantidades. || *— A razón de,* al precio dado; según la proporción de. || *En razón a* o *de,* debido a. || *Perder la razón,* enloquecer. || *Razón social,* sociedad comercial.

razonable adj. Sensato.

razonamiento m. Acción o manera de razonar.

razonar v. i. Exponer las razones en que se funda un juicio, creencia, demostración, etc. || Discurrir: *razonar por inducción.* || *— V. t.* Apoyar con pruebas o documentos una cosa, justificar.

re m. Nota de la escala musical.

reacción f. Acción provocada por otra y de sentido contrario: *todo exceso suscita una reacción.* || En política, acción de un partido opuesto a todas las innovaciones políticas o sociales y empeñado en resucitar las instituciones del pasado; partido que tiene estas opiniones: *acabar con la reacción.* || En psicología, comportamiento de un ser vivo en presencia de un estímulo externo o interno. || *Quím.* Fenómeno por el cual, del contacto de dos o más cuerpos, resulta la formación de cuerpos diferentes. || *— Avión de reacción,* el propulsado por un motor de reacción. || *Motor de reacción,* el que eyecta chorros de gases y, en virtud del principio de la acción y de la reacción, hace avanzar un vehículo en sentido opuesto al de la eyección.

reaccionar v. i. Producirse una reacción.

reaccionario, ria adj. y s. Que se opone a las innovaciones.

reacio, cia adj. Que resiste.

reactivación f. Acción y efecto de reactivar.

reactivar v. t. Dar nueva fuerza.

reactor m. Propulsor aéreo que utiliza el aire ambiente como comburente y funciona por reacción directa sin ayuda de hélice. || Instalación industrial donde se efectúa una reacción química en presencia

de un catalizador. || Avión de reacción. || *Reactor nuclear,* fuente de energía que utiliza la fisión.

readaptación f. Acción de readaptar.

readaptar v. t. Adaptar de nuevo (ú. t. c. pr.).

readmitir v. t. Volver a admitir.

real adj. Que tiene existencia verdadera y efectiva: *afecto real.* || Del rey o de la realeza: *familia real.* || *Fig. Regio.* | Hermoso: *un real mozo.* || *Derechos reales,* impuesto que grava toda transferencia de propiedad. || — M. Campamento de un ejército. || Campo de una feria, ferial. || Antigua moneda española de 25 céntimos.

realce m. *Fig.* Relieve.

realeza f. Dignidad real. || Magnificencia.

realidad f. Existencia efectiva de una cosa: *la realidad del mundo físico.* || Cosa concreta. || Mundo real: *vivir fuera de la realidad.* || Verdad.

realismo m. Doctrina literaria y artística basada en la descripción precisa y objetiva de los seres y de las cosas. || Doctrina favorable a la monarquía.

realista adj. Que tiene muy en cuenta la realidad tal y como es, que observa una conducta práctica (ú. t. c. s.). || Relativo al realismo filosófico, literario o artístico. || Seguidor o partidario de este realismo (ú. t. c. s.). || Perteneciente o relativo a la monarquía. || Partidario de la monarquía, monárquico (ú. t. c. s.). || Perteneciente o relativo a las instituciones, tropas, etc., españolas del período colonial de la América hispana (ú. t. c. s.).

realización f. Acción de realizar. || Cosa realizada. || Conjunto de operaciones necesarias para hacer una película, una emisión de radio o de televisión.

realizador, ra m. y f. Director de cine o de una emisión radiofónica o televisada.

realizar v. t. Efectuar, llevar a cabo: *realizar un viaje.* || Ejecutar: *realizar una hazaña.* || Dirigir la ejecución de una película o de una emisión radiofónica o televisada. || — V. pr. Tener lugar.

realquilar v. t. Subarrendar.

realzar v. t. Poner de relieve.

reanimación f. Acción y efecto de reanimar. || *Med.* Conjunto de medios terapéuticos destinados a restablecer las funciones vitales (circulación, respiración, sistema nervioso). || Nuevo vigor.

reanimar v. t. Dar vigor, restablecer las fuerzas: *medicina que nos reanima.* || Restablecer las funciones vitales: *reanimar al desmayado.* || *Fig.* Levantar el ánimo. | Reavivar: *reanimar la conversación.*

reanudación f. Continuación.

reanudar v. t. Continuar lo interrumpido.

reaparecer v. i. Volver a aparecer.

reaparición f. Vuelta a aparecer.

reapertura f. Nueva apertura.

reata f. Cuerda que sujeta dos o más caballerías e hilera que éstas forman.

reavivar v. t. Volver a avivar (ú. t. c. pr.).

rebaba f. Resalto en los bordes de un objeto.

rebaja f. Descuento, disminución del precio.

rebajamiento m. Acción de rebajar.

rebajar v. t. Volver algo más bajo de lo que era. || Disminuir, reducir: *rebajar el sueldo.* || Oscurecer o disminuir la intensidad de un color en pintura o fotografía. || *Fig.* Abatir, hacer que disminuya: *rebajar la soberbia.* | Humillar. || — V. pr. *Fig.* Humillarse.

rebanada f. Porción delgada, ancha y larga.

rebaño m. Hato de ganado. || *Fig.* Congregación.

rebasar v. t. Pasar de cierto límite. || Dejar atrás, ir más allá en una marcha, camino, recorrido.

rebatir v. t. Refutar, impugnar.

rebelarse v. pr. Sublevarse.

rebelde adj. y s. Que se rebela.

rebeldía f. Calidad de rebelde. || Insubordinación.

rebelión f. Sublevación.

rebenque m. Látigo.

reblandecer v. t. Ablandar.

reblandecimiento m. Acción de reblandecer.

rebosar v. i. Derramarse un líquido por encima de los bordes del recipiente en que no cabe. || Fig. Tener algo en abundancia: *rebosar de alegría.*

rebotar v. i. Botar repetidamente.

rebote m. Acción de rebotar.

rebozar v. t. Cubrir casi todo el rostro con la capa, el manto u otra prenda (ú. t. c. pr.). || Bañar una cosa comestible en huevo, harina, etc.

rebozo m. Modo de cubrirse casi todo el rostro con la capa o manto. || Fig. Pretexto. || Amer. Pañolón, típico de México, que usan las mujeres.

rebuscado, da adj. Afectado.

rebuscar v. t. Buscar con cuidado.

rebuznar v. i. Dar rebuznos.

rebuzno m. Voz del asno.

recabar v. t. Pedir, solicitar.

recadero, ra m. y f. Persona que hace recados.

recado m. Mensaje verbal: *le di recado que no iría.* || Mensaje escrito. || Encargo, comisión, mandado. || Conjunto de utensilios necesarios para cierto fin: *recado de escribir.* || Amer. Conjunto de las piezas que constituyen la montura.

recaer v. i. Caer nuevamente enfermo. || Fig. Ir a parar: *la culpa recayó sobre él.* | Dirigirse: *la sospecha recayó sobre él.* | Volver: *la conversación recae siempre sobre el mismo tema.* | Reincidir: *recaer en los mismos vicios.*

recaída f. Reaparición de una enfermedad que no había curado completamente: *tener una recaída.* || Reincidencia, acción de volver a incurrir en los mismos vicios o defectos.

recalar v. i. Llegar un barco a la costa. || Bucear, nadar bajo el agua. || Fig. Llegar a un sitio.

recalcar v. t. Subrayar.

recalcificar v. t. Aumentar la cantidad de calcio.

recalcitrante adj. Terco en el error. || Reacio.

recalentado m. Méx. Comida sobrante de una celebración que se consume al día siguiente: *nos invitaron al recalentado de año nuevo.*

recalentamiento m. Acción de recalentar.

recalentar v. t. Volver a calentar. || Calentar mucho. || Fig. Excitar (ú. t. c. pr.).

recámara f. Parte de la culata de las armas de fuego donde se coloca el cartucho. || Fig. Cautela, segunda intención. || Méx. Dormitorio.

recambio m. Acción de recambiar. || Pieza que sustituye a otra semejante.

recapacitar v. t. e i. Reflexionar.

recapitulación f. Resumen.

recapitular v. t. Resumir.

recargamiento m. Abundancia excesiva.

recargar v. t. Volver a cargar. || Adornar excesivamente: *estilo recargado.* || Aumentar la cantidad que hay que pagar: *recargar los impuestos.*

recargo m. Nueva carga o aumento de carga. || Aumento en los impuestos o precios. || Sobretasa. || Agravación de una pena.

recatado, da adj. Circunspecto.

recatar v. t. Encubrir u ocultar lo que no se quiere que se vea o se sepa (ú. t. c. pr.).

recato m. Modestia, pudor.

recauchutado m. Acción de recauchutar.

recauchutar v. t. Revestir un neumático gastado con una disolución de caucho.

recaudación f. Cobro de contribuciones, de dinero de la venta de objetos. || Oficina en la que se efectúa este cobro. || Cantidad recaudada.

recaudador, ra m. y f. Cobrador.

recaudar v. t. Cobrar o percibir caudales públicos.

recelar v. t. Sospechar. || Temer. || — V. i. Desconfiar.

recelo m. Suspicacia. || Desconfianza. || Miedo.

receloso, sa adj. Suspicaz. || Temeroso.

recental adj. Dícese del animal que no ha pastado aún (ú. t. c. s.).

recepción f. Acción de recibir: *recepción de un paquete.* || Admisión en una asamblea o corporación acompañada de una ceremonia. || Ceremonia oficial en que un alto personaje acoge a los diplomáticos, miembros del gobierno, etc. || Gran fiesta en una casa particular. || Sitio donde se recibe a los clientes en un hotel. || Rad. Acción de captar una emisión de ondas hertzianas.

recepcionista com. Encargado de la recepción en un hotel, etc.

receptáculo m. Cavidad.

receptor, ra adj. Que recibe. || — M. Aparato que recibe las señales eléctricas, telegráficas, telefónicas, radiotelefónicas o televisadas: *un receptor de televisión.* || Persona que por medio de una transfusión recibe parte de la sangre de un donante.

recesión f. Disminución de una actividad.

recesivo, va adj. Biol. Rasgo hereditario que no se manifiesta en un individuo, pero puede aparecer en su descendencia. || En economía, que se inclina hacia o causa recesión.

receso m. Suspensión. || Amer. Estar en receso, haber suspendido sus sesiones una asamblea.

receta f. Prescripción médica. || Nota que indica los componentes de un plato de cocina y la manera de hacerlo. || Fig. Fórmula.

recetar v. t. Prescribir un medicamento.

rechazamiento m. Acción de rechazar.

rechazar v. t. Obligar a retroceder: *rechazar al enemigo.* || Resistir victoriosamente: *rechazar un asalto.* || Fig. No ceder a, apartar: *rechazar los malos pensamientos.* | Rehusar, no aceptar: *rechazar un regalo.* | No atender: *rechazar una petición.* | Refutar. || No aceptar un injerto el organismo.

rechazo m. Rechazamiento, negativa. || No aceptación de un trasplante por un organismo.

rechinar v. i. Emitir un sonido desagradable el roce de dos objetos.

rechoncho, cha adj. Fam. Gordo y bajo.

recibidor, ra adj. y s. Aplícase al que recibe. || — M. Antesala donde se reciben las visitas.

recibimiento m. Acogida.

recibir v. t. Aceptar o tener entre las manos lo dado o enviado: *recibir un regalo.* || Cobrar una cantidad. || Ser objeto de algo: *recibir felicitaciones.* || Tomar, acoger: *recibieron con gran entusiasmo su propuesta.* || Aceptar: *reciba mi sincera enhorabuena.* || Admitir, acoger en una asamblea o corporación. || Admitir visitas una persona. Ú. t. c. i.: *a esta mujer no le gusta recibir.* || Salir al encuentro del que llega:

recibir con gran pompa a uno. || Acoger: *me han recibido muy bien.* || — V. pr. Tomar el título necesario para ejercer una profesión: *se recibió de doctor en medicina.*

recibo m. Recepción, acción y efecto de recibir algo: *acusar recibo de una carta.* || Salón. || Resguardo en que se declara haber recibido una cosa o haber sido pagada una suma: *recibo de la electricidad.*

reciclado, da adj. Dícese del producto obtenido por reciclaje. || — M. Acción de reciclar.

reciclaje y **reciclamiento** m. Reconversión de una persona en el campo laboral.

reciclar v. t. Procesar un material usado para que se pueda volver a emplear. || Actualizar y ampliar la competencia profesional. || — V. pr. Adquirir una nueva formación.

recién adv. Hace poco.

reciente adj. Que acaba de suceder o hacerse.

recinto m. Espacio cerrado.

recio, cia adj. Fuerte.

recipiente adj. Que recibe. || — M. Receptáculo para recibir o contener fluidos, objetos, etc.

reciprocidad f. Correspondencia.

recíproco, ca adj. Mutuo: *amor recíproco.* || — F. Acción semejante o equivalente a la que se hizo.

recitador, ra adj. y s. Que recita.

recital m. Función dada por un solo artista: *recital de piano.* || Lectura de las obras de un poeta.

recitar v. t. Decir de memoria y en voz alta.

reclamación f. Acción de reclamar.

reclamar v. t. Pedir o exigir.

reclamo m. Publicidad, propaganda.

reclinar v. t. Inclinar una cosa o el cuerpo apoyándose sobre algo (ú. t. c. pr.).

reclinatorio m. Silla baja para arrodillarse.

recluir v. t. Encerrar (ú. t. c. pr.).

reclusión f. Prisión.

recluso, sa adj. y s. Preso.

recluta m. Mozo que hace el servicio militar.

reclutamiento m. Acción de reclutar.

reclutar v. t. Alistar reclutas. || Reunir gente para cierta labor.

recobrar v. t. Volver a tener lo que antes se tenía.

recoger v. t. Volver a coger o levantar una cosa caída: *recogió del suelo el pañuelo.* || Juntar cosas dispersas: *recoger documentos.* || Ir juntando: *recogió mucho dinero.* || Cosechar: *recoger las mieses.* || Arremangar: *recoger la falda.* || Guardar: *recoge esta plata.* || Dar asilo, acoger: *recoger a los menesterosos.* || Ir a buscar: *le recogeré a las ocho.* || *Fig.* Obtener: *por ahora sólo ha recogido disgustos.* || — V. pr. Retirarse a dormir o descansar: *yo me recojo tarde.* || *Fig.* Ensimismarse.

recogida f. Acción de recoger.

recogimiento m. Recopilación: *recolección de datos.* || Cosecha: *la recolección de la aceituna.*

recolección f. Acción y efecto de recolectar. || Cosecha.

recolectar v. t. Cosechar. || Recaudar fondos.

recolector, ra m. Recaudador. || Cosechador.

recomendable adj. Digno de ser recomendado.

recomendación f. Acción de recomendar.

recomendado, da m. y f. Persona que goza de una recomendación.

recomendar v. t. Aconsejar. || Hablar en favor de uno: *recomendé a mi amigo.*

recomenzar v. t. Comenzar de nuevo.

recompensa f. Premio.

recompensar v. t. Premiar.

reconcentrar v. t. Concentrar, reunir: *reconcentrar las fuerzas.* || — V. pr. Ensimismarse.

reconciliación f. Acción y efecto de reconciliar.

reconciliar v. t. Poner de acuerdo a los que estaban enfadados (ú. t. c. pr.).

recóndito, ta adj. Oculto.

reconducir v. t. For. Prorrogar un contrato.

reconocer v. t. Ver una persona o cosa es cierta, determinada, que se conocía anteriormente: *no reconoció a su hermano.* || Confesar, admitir como cierto: *reconocer sus errores.* || Admitir la legalidad o existencia de algo: *reconocer un gobierno.* || Examinar detenidamente: *reconocer el terreno.* || Agradecer: *reconocer los favores.* || — V. pr. Dejarse conocer fácilmente una cosa. || Confesarse: *reconocerse culpable.*

reconocido, da adj. Agradecido.

reconocimiento m. Acción de reconocer o admitir como cierto: *reconocimiento de un error.* || Gratitud, agradecimiento. || Acto de admitir como propio: *reconocimiento de un niño.* || *Reconocimiento médico,* examen facultativo.

reconquista f. Acción de reconquistar.

reconquistar v. t. Volver a conquistar.

reconsiderar v. t. Considerar de nuevo, volver a tomar en cuenta.

reconstitución f. Acción y efecto de reconstituir.

reconstituir v. t. Volver a formar: *reconstituir un partido.* || Reproducir un suceso a partir de los datos que se tienen: *reconstituir un crimen.*

reconstrucción f. Nueva construcción.

reconstruir v. t. Volver a construir. || Reconstituir.

reconversión f. Adaptación de una producción antigua a una nueva: *reconversión de una empresa.* || Nueva formación de una persona para que pueda adaptarse a otra actividad.

reconvertir v. t. Proceder a una reconversión.

recopilación f. Reunión de varios escritos.

recopilar v. t. Recoger o unir diversas cosas.

récord m. (pal. ingl.). En deporte, resultado que supera a todos los alcanzados hasta la fecha, plusmarca, marca. || Resultado excepcional. || *Col., C. Rica, Dom., Ecuad., Guat., Méx., Per.* y *Venez.* Expediente, historial.

recordar v. t. Acordarse. || Traer a la mente: *esto recuerda mi juventud.*

recordatorio m. Estampa de primera comunión, primera misa, en recuerdo de los difuntos, etc.

recorrer v. t. Andar cierta distancia. || Leer rápidamente: *recorrer un escrito.*

recorrido m. Trayecto.

recortar v. t. Cortar lo que sobra de una cosa. || Cortar el papel u otro material en varias figuras. || *Fig.* Reducir. || — V. pr. Destacarse, perfilarse.

recorte m. Acción de recortar y fragmento cortado. || *Fig.* Reducción.

recrear v. t. Entretener, divertir, deleitar (ú. t. c. pr.). || Provocar una sensación agradable: *recrear la vista.* || Crear de nuevo.

recreativo, va adj. Que recrea, que distrae.

recreo m. Diversión, distracción. || Tiempo que tienen los niños para jugar en el colegio.

recriminación f. Reproche.

recriminar v. t. Reprochar.

recriminatorio, ria adj. Que recrimina.

recrudecer v. i. Incrementar algo.

recrudecencia f. Acción y efecto de recrudecer.

recta f. Línea recta.

rectangular adj. *Geom.* Que tiene forma de rectángulo. || Que tiene uno o más ángulos rectos.

rectángulo, la adj. *Geom.* Rectangular. | Aplícase principalmente al triángulo y al paralelepípedo. || — M. Paralelogramo que tiene los cuatro ángulos rectos y los lados contiguos desiguales.

rectificación f. Corrección de una cosa inexacta. || Palabra o escrito con que se rectifica algo.

rectificador, ra adj. Que rectifica.

rectificar v. t. Corregir una cosa inexacta: *rectificar un error.* || Transformar una corriente eléctrica alterna en otra continua.

rectificativo, va adj. Que rectifica o corrige.

rectilíneo, a adj. Compuesto de líneas rectas.

rectitud f. Calidad de justo.

recto, ta adj. Derecho: *camino recto.* || *Fig.* Justo, íntegro: *persona recta.* | Dícese del sentido propio de una palabra, por oposición a *figurado.* || *Ángulo recto,* aquel cuyos lados son perpendiculares. || — M. Última porción del intestino grueso que termina en el ano. || Página de un libro que, abierto, cae a la derecha del que lee, por oposición a *verso.* || — F. Línea más corta de un punto a otro: *siga recto.* || — Adv. Derecho, todo seguido: *siga recto.*

rector, ra adj. Que rige o gobierna: *principio rector.* || — M. y f. Superior de un colegio, comunidad, universidad, etc. || *Fig.* Dirigente.

rectorado m. Cargo del rector.

recua f. Conjunto de caballerías.

recuadro m. Espacio encerrado con líneas para que sobresalga un texto.

recuento m. Cálculo.

recuerdo m. Impresión que se queda en la memoria de un suceso. || Regalo hecho en memoria de una persona o suceso. || Objeto que se vende a los turistas en los lugares muy concurridos. || — Pl. Saludos: *da recuerdos a tu madre y a todos los amigos de siempre.*

recuperación f. Acción y efecto de recuperar.

recuperador, ra adj. Que recupera.

recuperar v. t. Recobrar. || Recoger materiales para aprovecharlos: *recuperar chatarra.* || — V. pr. Restablecerse, reponerse después de una enfermedad o emoción. || Reactivarse los negocios.

recurrir v. i. Acudir a uno para obtener alguna cosa: *recurrir al médico.* || Utilizar un medio: *recurrir a la adulación.* || Acudir a un juez o autoridad con una demanda.

recurso m. Acción de recurrir a alguien o algo. || Medio, expediente que se utiliza para salir de apuro: *no me queda otro recurso.* || Acción que concede la ley al condenado en juicio para que pueda recurrir a otro tribunal: *recurso de casación.* || — Pl. Medios económicos. || *Recursos naturales,* conjunto de elementos de la naturaleza para satisfacer necesidades.

recusación f. Acción de recusar.

recusar v. t. Rechazar la competencia de un tribunal, juez, etc. || No aceptar una cosa.

red f. Aparejo para pescar o cazar hecho con hilos entrelazados en forma de mallas. || Cualquier labor de mallas, como la que se tiende en medio de un campo de tenis, detrás de los postes de la portería de fútbol, etc. || Redecilla para sujetar el pelo. || *Fig.* Engaño, trampa: *caer en la red.* | Conjunto de vías de comunicación, líneas telegráficas o eléctricas, gasoductos, oleoductos, ríos y sus afluentes, cañerías para el abastecimiento de agua, etc.: *red ferroviaria, de carreteras.* | Conjunto de personas o cosas estrechamente relacionadas entre sí para algún fin: *red de espionaje.* | Organización con ramificaciones en diferentes lugares: *red de hipermercados.* | Conjunto de enlaces telefónicos, de radio y televisión.

redacción f. Acción y efecto de redactar. || Oficina donde se redacta. || Conjunto de los redactores. || Escrito redactado.

redactar v. t. Escribir.

redactor, ra adj. y s. Que redacta.

redada f. Lanzamiento de la red. || Conjunto de animales cogidos en la red. || *Fig.* Conjunto de personas cogidas de una vez: *redada de policía.*

redención f. Rescate.

redentor, ra adj. y s. Que redime. || *El Redentor,* Jesucristo.

redil m. Aprisco del ganado.

redimir v. t. Rescatar o sacar de esclavitud.

rédito m. Interés del capital.

redoblar v. t. Reiterar, repetir aumentando.

redonda f. Letra redondilla. || *A la redonda,* alrededor: *en muchos kilómetros a la redonda.*

redondear v. t. Poner redonda una cosa. || *Fig.* Convertir una cantidad en un número completo de unidades: *redondear una suma.*

redondel m. Espacio donde se lidian los toros en las plazas. || Círculo o circunferencia.

redondeo m. Eliminar en una cifra las cantidades fraccionarias: *fueron 9.95, pero con el redondeo gastamos 10 pesos.*

redondilla f. Estrofa de cuatro versos octosílabos. || Letra de mano o imprenta que es derecha y circular (ú. t. c. adj. f.).

redondo, da adj. De forma circular o esférica: *pelota redonda.* || *Fig.* Claro, sin rodeo. | Total, rotundo: *éxito redondo.* || — M. Cosa de forma circular o esférica. || — *Fam.* Negocio redondo, negocio magnífico. || *Número redondo,* el aproximado que sólo expresa unidades completas.

reducción f. Disminución. || Sometimiento: *reducción de una sublevación.* || Durante la colonización de América, pueblos de indios convertidos al cristianismo. || Copia reducida: *la reducción de una escultura.* || Conversión de una cantidad en otra equivalente, pero más sencilla: *reducción de fracciones a un común denominador.*

reducir v. t. Disminuir. || Cambiar una cosa en otra: *reducir a polvo.* || Copiar o reproducir disminuyendo: *reducir una foto.* || Resumir, compendiar: *han reducido el texto.* || Componer los huesos rotos o descompuestos: *reducir una fractura.* || *Fig.* Someter, vencer: *reducir una sublevación.* | Sujetar, obligar: *reducir al silencio.*

reducto m. Fortificación cerrada.

redundancia f. Empleo de palabras inútiles.

redundante adj. Que demuestra redundancia.

redundar v. i. Resultar.

reedición f. Nueva edición.

reeducación f. Método que permite a algunos convalecientes recobrar el uso de sus miembros o de sus facultades.

reeducar v. t. Aplicar la reeducación. || — V. pr. Hacer la reeducación.

reelección f. Nueva elección.

reelecto, ta adj. Elegido de nuevo.

reelegir v. t. Volver a elegir.

reembolsar v. t. Devolver una cantidad desembolsada. || — V. pr. Recuperar lo desembolsado.

reembolso m. Acción de reembolsar. || *Envío contra reembolso*, envío por correo de una mercancía cuyo importe debe pagar el destinatario para que se le entregue.

reemplazar v. t. Sustituir.

reemplazo m. Acción de reemplazar. || *Mil.* Renovación parcial y periódica del contingente activo del ejército. | Quinta.

reencauchar v. t. *Amér. C., Col., Ecuad., Per. y Venez.* Recauchutar.

reestreno m. Pase de una película al segundo circuito de exhibición: *cine de reestreno.*

reestructuración f. Acción de dar una nueva estructura.

reestructurar v. t. Dar una nueva estructura.

reexpedición f. Envío de una cosa que se ha recibido.

reexpedir v. t. Expedir al remitente o a otro algo que se ha recibido.

refacción f. *Méx.* Pieza para reparar un aparato mecánico.

refajo m. *Amer.* Falda.

refectorio m. Comedor.

referencia f. Relación, semejanza de una cosa respecto de otra. || Remisión de un escrito a otro. || Indicación en el encabezamiento de una carta a la cual hay que referirse en la contestación.

referéndum m. Votación directa de los ciudadanos de un país sobre cuestiones importantes.

referente adj. Que se refiere.

referir v. t. Dar a conocer, relatar o narrar un hecho: *referir el resultado de una investigación.* || Relacionar una cosa con otra. || — V. pr. Tener cierta relación. || Aludir: *no me refiero a usted.*

refinación f. Refino.

refinado, da adj. *Fig.* Distinguido, muy fino y delicado. || Que no tiene impurezas. || — M. Refino.

refinamiento m. Esmero. || Buen gusto, distinción. || Ensañamiento: *refinamiento en la crueldad.*

refinar v. t. Hacer más fina o más pura una cosa.

refinería f. Fábrica donde se refinan determinados productos: *refinería de petróleo, de azúcar.*

refino m. Operación que consiste en volver más fino o puro el azúcar, el petróleo, el alcohol, etc.

reflector, ra adj. Que refleja. || — M. Aparato que refleja rayos luminosos, calor u otra radiación.

reflejar v. t. Hacer retroceder o cambiar de dirección los rayos luminosos, caloríficos, acústicos, etc., oponiéndoles una superficie lisa (ú. t. c. pr.). || *Fig.* Expresar, manifestar: *cara que refleja bondad.* || — V. pr. *Fig.* Dejarse ver una cosa en otra.

reflejo, ja adj. Que ha sido reflejado: *rayo reflejo.* || Dícese del movimiento involuntario. || Reflexivo: *verbo reflejo.* || — M. Luz reflejada: *reflejos en el agua.* || *Fig.* Representación, imagen. || Conjunto de una excitación sensorial transmitida a un centro por vía nerviosa y de la respuesta motriz o glandular, siempre involuntaria, que aquélla provoca. || Reacción rápida y automática ante un hecho repentino o imprevisto: *tener buenos reflejos.*

reflexión f. Cambio de dirección de las ondas luminosas, caloríficas o sonoras: *reflexión de la luz.* || Acción de reflexionar.

reflexionar v. t. Meditar, pensar.

reflexivo, va adj. Que refleja. || Hecho o que obra con reflexión. || *Verbo reflexivo*, el que indica que el sujeto de la proposición sufre la acción.

refocilar v. t. Alegrar (ú. t. c. pr.).

reforestación f. Acción y efecto de reforestar.

reforestar v. i. Volver a sembrar árboles en un lugar.

reforma f. Cambio en vista de una mejora: *reforma agraria.* || En una orden religiosa, vuelta a su primitiva observancia. || Enmienda, perfeccionamiento. || *Religión reformada*, protestantismo.

reformador, ra adj. y s. Que reforma.

reformar v. t. Dar una nueva forma, modificar, enmendar: *reformar las leyes.* || Transformar: *reformar la cocina.* || — V. pr. Enmendarse.

reformatorio, ria adj. Que reforma. || — M. Establecimiento para corregir las inclinaciones perversas de ciertos jóvenes.

reforzar v. t. Dar mayor solidez, consolidar.

refracción f. Cambio de dirección de la luz.

refractar v. t. Hacer que cambie de dirección el rayo de luz.

refractario, ria adj. Que rehúsa cumplir un deber o admitir una cosa: *refractario a toda reforma.*

refrán m. Dicho sentencioso.

refranero m. Colección de refranes.

refregar v. t. Estregar una cosa con otra.

refrenar v. t. Reprimir.

refrendar v. t. Aprobar.

refrendo m. Aprobación.

refrescamiento m. Acción y efecto de refrescar.

refrescar v. t. Hacer bajar la temperatura de algo: *refrescar vino.* || *Fig.* Reavivar, renovar: *refrescar recuerdos.* || — V. i. Disminuir el calor. || — V. pr. Beber algo refrescante. || Tomar el fresco.

refresco m. Bebida fría.

refriega f. Combate. || Riña.

refrigeración f. Acción de hacer bajar artificialmente la temperatura.

refrigerador, ra adj. Dícese de lo que refrigera. || — M. Frigorífico.

refrigerar v. t. Someter a refrigeración.

refrigerio m. Colación.

refuerzo m. Pieza con que se fortalece algo: *echar un refuerzo a los zapatos.* || Socorro, ayuda: *un refuerzo de tropas, de policía.*

refugiado, da adj. y s. Dícese de la persona que, a causa de una guerra o convulsión política, halla asilo en país extranjero.

refugiar v. t. Acoger, dar asilo: *refugiar a un perseguido político.* || — V. pr. Acogerse a asilo. || Guarecerse, cubrirse: *refugiarse bajo un árbol.*

refugio m. Asilo, amparo: *buscar refugio.* || Instalación, generalmente subterránea, para protegerse de los bombardeos.

refulgir v. i. Resplandecer.

refundición f. Nueva fundición de los metales. || Obra literaria que adopta nueva forma.

refundir v. t. Volver a fundir o liquidar los metales. || *Fig.* Dar nueva forma a una obra literaria.

refunfuñar v. i. Gruñir.

refutación f. Acción de refutar.

refutar v. t. Contradecir lo que otro asegura.

regadera f. Utensilio para regar. || *Méx.* Ducha.

regaderazo m. *Méx.* Acción de tomar una ducha.

regadío, a adj. Que se puede regar.

regalar v. t. Dar una cosa en muestra de afecto: *regalar un reloj.* || Recrear, deleitar: *regalar la vista.*

regalía f. Prerrogativa regia. || Privilegio. || Royalty. || *Amer.* Regalo.

regalo m. Obsequio.

regañadientes (a) m. adv. *Fam.* Con desgana.

regañar v. t. reñir.

regañina f. y **regaño** m. Riña.

regañón, na adj. Que regaña.

regar v. t. Echar agua por el suelo para limpiarlo o refrescarlo: *regar la calle.* || Dar agua a las plantas: *regar el huerto.* || Atravesar un río o canal una comarca o territorio: *El Ebro riega Zaragoza.*

regata f. Competición entre embarcaciones.

regate m. Movimiento pronto y rápido que se hace burlando el cuerpo.

regatear v. t. Debatir el comprador y el vendedor el precio de una cosa puesta en venta. || *Fam.* Poner dificultades para hacer algo: *no regatea el apoyo a una empresa.* || — V. i. Hacer regates.

regateo m. Debate o discusión sobre el precio de algo. || Acción de regatear en fútbol.

regazo m. Parte del cuerpo de una persona sentada que va desde la cintura hasta la rodilla.

regencia f. Gobierno de un Estado durante la menor edad del soberano.

regeneración f. Reconstitución de un órgano destruido o perdido, o de un tejido lesionado. || Tratamiento de materias usadas para que puedan servir otra vez.

regenerar v. t. Restablecer, reconstituir una cosa que degeneró. || *Fig.* Renovar moralmente: *regenerar una nación.* || Tratar materias usadas para que puedan servir de nuevo: *regenerar caucho.*

regentar v. t. Dirigir.

regente adj. y s. Que gobierna. || — M. y f. Jefe del Estado durante la menor edad del soberano.

regicida adj. Que mata a un rey (ú. t. c. s.).

regicidio m. Asesinato de un rey.

regidor, ra adj. y s. Que rige o gobierna. || — M. y f. Persona que en el teatro está encargada del orden y realización de todos los efectos escénicos. || En cine, director adjunto de producción.

régimen m. Conjunto de reglas observadas en la manera de vivir, especialmente en lo que se refiere a alimentos y bebidas: *estar a régimen.* || Forma de gobierno de un Estado: *régimen parlamentario.* || Administración de ciertos establecimientos. || Conjunto de leyes o reglas, sistema: *el régimen de seguros sociales.* || Conjunto de variaciones que experimenta el caudal de un río: *régimen torrencial.* || *Gram.* Dependencia existente entre las palabras de una misma frase. (Pl. *regímenes.*)

regimiento m. *Mil.* Cuerpo de varios batallones, escuadrones o baterías al mando de un coronel.

regio, gia adj. Real. || *Fig.* Excelente.

regiomontano, na adj. y s. De Monterrey (México).

región f. Parte de un territorio que debe su unidad a causas de un orden geográfico o humano (población, economía, etc.). || Espacio determinado del cuerpo: *región pectoral.*

regional adj. Relativo a la región.

regionalismo m. Doctrina política que propugna la concesión de la autonomía a las regiones de un Estado. || Amor a determinada región. || Giro o vocablo propio de una región.

regionalista adj. Relativo al regionalismo.

regionalización f. Acción de regionalizar.

regionalizar v. t. Adaptar a las necesidades de una región. || Asentar en regiones diferentes. || Aumentar los poderes de las regiones administrativas.

regir v. t. Dirigir. || *Gram.* Tener una palabra a otra bajo su dependencia. || — V. i. Estar vigente: *aún rige esta ley.* || — V. pr. *Fig.* Fiarse de algo, confiar en algo: *se rige por su buen sentido.*

registrador, ra adj. Dícese de un aparato que anota automáticamente medidas, cifras, fenómenos físicos (ú. t. c. s. m.). || Que registra o inspecciona. || — M. y f. Funcionario encargado de un registro: *registrador de la propiedad.*

registrar v. t. Cachear a una persona: *registrar a un ladrón.* || Inspeccionar, reconocer minuciosamente: *la policía registró todo el barrio.* || Inscribir en los libros de registro: *registrar un nacimiento.* || Marcar un aparato automático ciertos datos. || Tomar nota, anotar. || Grabar sonidos, imágenes. || Tener: *el país ha registrado un aumento de la criminalidad.* || *Amer.* Certificar: *carta registrada.* || — V. i. Buscar algo con empeño, rebuscar. || — V. pr. Matricularse. || Ocurrir.

registro m. Libro en que se anotan determinados datos: *registro mercantil.* || Oficina donde se registra. || Acción de registrar o inscribir. || Investigación policiaca. || Acción de cachear a uno. || *Mús.* Mecanismo del órgano que modifica el timbre de los sonidos. || Grabación (cinta, disco, etc.). || — *Registro civil,* oficina en que se hacen constar los hechos relativos al estado civil de la persona, como nacimiento, vecindad, etc. || *Registro de la propiedad,* libro oficial en el que el registrador inscribe a quienes pertenecen los bienes raíces.

regla f. Listón largo, de sección rectangular o cuadrada, para trazar líneas rectas. || Norma: *regla de conducta.* || Operación de aritmética: *las cuatro reglas son suma, resta, multiplicación y división.* || Menstruación. || *Regla de cálculo,* instrumento que efectúa ciertos cálculos.

reglamentación f. Acción de reglamentar. || Conjunto de reglas.

reglamentar v. t. Sujetar a reglamento.

reglamentario, ria adj. Que sigue el reglamento.

reglamento m. Colección ordenada de reglas.

regleta f. Regla de metal.

regocijado, da adj. Alegre.

regocijar v. t. Alegrar (ú. t. c. pr.).

regocijo m. Júbilo, alegría.

regodearse v. pr. Deleitarse.

regodeo m. Deleite.

regresar v. i. Volver.

regresión f. Retroceso.

regresivo, va adj. Que retrocede.

regreso m. Vuelta, retorno.

regulación f. Acción de regular, ordenar.

regulador, ra adj. Que regula: *sistema regulador.* || — M. Mecanismo para regular automáticamente el funcionamiento de una máquina. || *Regulador cardiaco,* marcapasos.

regular adj. Conforme a las reglas, a las leyes naturales: *movimiento regular.* || De frecuencia e itinerario establecidos: *línea aérea regular.* || Razonable, moderado en las acciones y modo de vivir: *persona de vida regular.* || Mediano, mediocre, ni bueno ni malo: *un alumno regular.* || Así, así, ni mucho ni poco:

el agua está regular de fría. || Aplícase al polígono cuyos lados y ángulos son iguales entre sí y al poliedro cuyas caras y ángulos son también iguales. || Dícese de la palabra derivada o formada de otro vocablo siguiendo la regla general de otras de su misma clase: *participio regular.*

regular v. t. Poner en orden, arreglar: *regular la circulación.* || Someter a reglas: *regular el turismo.* || Controlar: *regular los precios.* || Ajustar un mecanismo, poner a punto su funcionamiento.

regularidad f. Calidad de regular.

regularización f. Acción y efecto de regularizar.

regularizar v. t. Regular, ajustar.

rehabilitación f. Acción de rehabilitar. || *Med.* Reeducación. || Restauración de casas viejas.

rehabilitar v. t. Restablecer a una persona en sus derechos, capacidad, situación jurídica de los que fue desposeída. || *Fig.* Devolver la estimación pública: *rehabilitar la estima del calumniado.* || *Med.* Reeducar. || Restaurar casas viejas.

rehacer v. t. Volver a hacer (ú. t. c. pr.). || — V. pr. Recobrar la salud, la tranquilidad, etc.

rehén m. Persona que queda como fianza o garantía en poder de un adversario.

rehilete m. *Méx.* Juguete que consiste en un mango con una estrella de papel que gira con el viento.

rehuir v. t. Tratar de eludir.

rehusar v. t. No aceptar o negarse a hacer algo.

reimpresión f. Nueva impresión.

reimprimir v. t. Imprimir de nuevo.

reina f. Esposa del rey. || La que ejerce la potestad real por derecho propio. || Pieza del juego de ajedrez. || Hembra fértil de cualquier sociedad de insectos (abejas, hormigas). || *Fig.* Mujer que sobresale entre las demás: *reina de belleza.*

reinado m. Tiempo en que gobierna un rey. || *Fig.* Predominio.

reinar v. i. Gobernar un rey. || Predominar.

reincidencia f. Reiteración de un mismo delito.

reincidir v. i. Incurrir de nuevo en un error, falta.

reino m. Territorio sujeto a un rey. || Cada uno de los tres grandes grupos en que se dividen los seres naturales: *reino animal, vegetal, mineral.*

reintegración f. Acción y efecto de reintegrar.

reintegrar v. t. Restituir o devolver íntegramente una cosa. || Volver a ocupar: *reintegrar a uno en su cargo* (ú. t. c. pr.). || — V. pr. Recobrarse enteramente de lo perdido o gastado.

reintegro m. Reintegración. || Pago de dinero. || Premio de la lotería que consiste en la devolución del dinero que se había jugado.

reír v. i. Mostrar alegría o regocijo mediante ciertos movimientos de la boca acompañados de espiraciones más o menos ruidosas: *reír a carcajadas* (ú. t. c. pr.). || Manifestar alegría: *sus ojos ríen.* || *Fig.* Hacer burla, mofarse. || V. t. Celebrar con risa una cosa: *reír una gracia.* || — V. pr. Burlarse.

reiteración f. Acción de reiterar.

reiterar v. t. Volver a decir o ejecutar (ú. t. c. pr.).

reivindicación f. Acción y efecto de reivindicar.

reivindicar v. t. Reclamar.

reja f. Pieza del arado que abre el surco y remueve la tierra. || Conjunto de barras de hierro que se ponen en las ventanas para su defensa.

rejuvenecedor, ra adj. Que rejuvenece.

rejuvenecer v. t. Dar a uno la fuerza y vigor de la juventud (ú. t. c. i. y pr.). || *Fig.* Renovar.

rejuvenecimiento m. Acción de rejuvenecer.

relación f. Conexión de una cosa con otra. || Correspondencia, trato entre personas por razones de amistad o de interés: *relaciones amistosas.* || Narración, relato. || Lista, catálogo: *relación de gastos.* || Informe. || — Pl. Personas conocidas, amistades: *tener muchas relaciones.* || Noviazgo: *estar en relaciones.* || *Con relación a,* respecto a.

relacionar v. t. Hacer relación de un hecho: *relacionar un suceso.* || Poner en relación dos o más personas o cosas (ú. t. c. pr.). || — V. pr. Tener enlace. || Tener muchas amistades. || Referirse: *esto se relaciona con lo que dije ayer.*

relajación f. Aflojamiento, disminución del ardor, de la severidad, etc. || Disminución de la tensión de los músculos, del ánimo. || *Fig.* Depravación: *relajación de las costumbres.*

relajador, ra adj. Que relaja.

relajamiento m. Relajación.

relajar v. t. Aflojar: *relajar los músculos* (ú. t. c. pr.). || *Fig.* Esparcir, divertir el ánimo con algún descanso: *este espectáculo relaja.* || Hacer menos riguroso: *relajar la severidad* (ú. t. c. pr.). || — V. pr. Aflojarse. || *Fig.* Viciarse, depravarse: *relajarse en las costumbres.* || Distender uno los músculos para obtener un descanso completo: *relajarse en una hamaca.* | *Fig.* Disminuir la tensión.

relajo m. Desorden, barullo.

relámpago m. Resplandor vivísimo e instantáneo producido en las nubes por una descarga eléctrica. || *Fig.* Resplandor repentino. || — *Amer.* Cierre relámpago, cremallera de prendas de vestir. || *Fot.* Luz relámpago, flash. || — Adj. Muy rápido o corto.

relampaguear v. i. Haber relámpagos.

relanzamiento m. Nuevo impulso, reactivación.

relanzar v. t. Dar nuevo impulso, reactivar.

relatar v. t. Narrar, contar.

relatividad f. Calidad de relativo. || *Fís.* Teoría de Einstein según la cual la duración del tiempo no es la misma para dos observadores que se mueven uno con respecto al otro.

relativo, va adj. Que hace relación a una persona o cosa. || Que no es absoluto: *todo es relativo.* || *Pronombres relativos,* los que se refieren a personas o cosas de las que ya se hizo mención.

relato m. Narración.

relator, ra adj. y s. Que relata.

relegar v. t. Desterrar. || *Fig.* Apartar, posponer.

relevancia f. Importancia.

relevante adj. Importante.

relevar v. t. Mudar una guardia. || Sustituir a una persona en un empleo u obligación. || Destituir de un cargo. || — V. pr. Reemplazarse mutuamente.

relevo m. *Mil.* Acción de relevar. | Soldado o cuerpo que se releva. || En los deportes por equipos, sustituir un atleta o grupo de atletas por otro en el curso de la prueba: *carrera de relevos.*

relicario m. Estuche o medallón para guardar reliquias o un recuerdo.

relieve m. Lo que resalta sobre el plano: *bordados en relieve.* || Conjunto de desigualdades en la superficie de un país. || — *Fig. De relieve,* importante. | *Poner de relieve,* hacer resaltar.

religión f. Conjunto de creencias o dogmas acerca de la divinidad.

religiosidad f. Fiel observancia de las obligaciones religiosas. || *Fig.* Exactitud en hacer una cosa.

religioso, sa adj. Relativo a la religión. || Que practica la religión (ú. t. c. s.). || *Fig.* Exacto, puntual: *religioso en sus citas.* || — M. y f. Persona que ha tomado hábito en una orden religiosa regular.

relincho m. Voz del caballo.

reliquia f. Parte del cuerpo de un santo. || *Fig.* Resto, vestigio: *reliquias del tiempo pasado.*

rellano m. Descansillo de escalera.

rellenar v. t. Volver a llenar. || Escribir un impreso: *rellenar un formulario.* || Llenar de carne picada u otro manjar: *rellenar una empanada.* || Llenar con una materia más o menos compresible: *rellenar un sillón.* || Colmar un hueco o una brecha.

relleno, na adj. Muy lleno o lleno de algún manjar: *aceitunas rellenas.* || — M. Picadillo sazonado para rellenar aves, pescados, etc. || Acción de rellenar. || Materias que se usan para rellenar.

reloj m. Máquina que sirve para medir el tiempo en horas, minutos y segundos.

relojería f. Comercio del relojero.

relojero, ra m. y f. Persona que hace, compone o vende relojes.

reluciente adj. Que reluce.

relucir v. i. Despedir luz una cosa resplandeciente: *el Sol reluce.* || Lucir, resplandecer, brillar. || *Fig.* Sobresalir, destacarse. || — *Sacar a relucir,* citar; poner de relieve. | *Salir a relucir,* aparecer.

remachar v. t. Machacar la punta o cabeza de un clavo. || Sujetar con remaches. || *Fig.* Recalcar.

remache m. Acción de remachar.

remanente m. Resto.

remanso m. Detención de la corriente del agua.

remar v. i. Mover los remos.

rematador, ra m. y f. Persona que remata.

rematar v. t. Finalizar una cosa: *rematar una traducción.* || Poner fin a la vida de la persona o animal que está agonizando: *rematar un toro.* || — V. i. Terminar. || En fútbol, tirar a gol.

remate m. Fin. || Coronamiento de la parte superior de un edificio. || Postura última en una subasta. || Lo que termina una cosa, final. || En deportes, tiro a gol.

rembolsar v. t. Reembolsar.

rembolso m. Reembolso.

remedar v. t. Imitar.

remediar v. t. Poner remedio al perjuicio. || Evitar que se ejecute algo que pueda provocar un daño.

remedio m. Cualquier sustancia que sirve para prevenir o combatir una enfermedad. || *Fig.* Medio que se toma para reparar cualquier daño.

remembranza f. Recuerdo.

rememorar v. t. Recordar.

remendar v. t. Reforzar con remiendo.

remera f. *Chil.* y *Riopl.* Camiseta, vestimenta informal de punto, sin cuello.

remero, ra m. y f. Persona que se encarga de los remos.

remesa f. Envío.

remiendo m. Pedazo de tela que se cose a lo roto. || Compostura de una cosa deteriorada.

remilgo m. Gesto y ademán afectado. || Melindre.

reminiscencia f. Recuerdo.

remisión f. Envío, expedición. || Perdón: *remisión de pecados.* || En un escrito, indicación para que el lector acuda a otro párrafo o página.

remitente adj. y s. Que remite.

remitir v. t. Enviar: *remitir un giro postal.* || Perdonar: *remitir los pecados.* || Aplazar, diferir, suspender.

|| Entregar: *remitir un pedido.* || Indicar en un escrito otro pasaje relacionado con el que se estudia (ú. t. c. i. y pr.). || — V. i. Perder una cosa parte de su intensidad: *la fiebre ha remitido.*

remo m. Pala larga y estrecha que sirve para mover las embarcaciones haciendo fuerza en el agua. || Deporte acuático que se practica en embarcaciones ligeras. || *Fam.* Brazo o pierna.

remojar v. t. Mojar algo de modo que el líquido lo penetre (ú. t. c. pr.). || *Amer.* Dar propina.

remojo m. Acción de remojar. || *Amer.* Propina.

remolacha f. Planta de raíz grande y carnosa.

remolcador, ra adj. Que remolca. || — M. Cualquier vehículo que remolca.

remolcar v. t. Arrastrar una embarcación a otra por medio de un cabo o cadena. || Llevar por tierra un vehículo a otro. || *Fig.* Llevar tras sí, arrastrar.

remolino m. Movimiento giratorio y rápido del aire, agua, etc. || *Fig.* Apiñamiento de gente.

remolón, ona adj. y s. Perezoso.

remolonear v. i. Holgazanear.

remolque m. Acción de remolcar. || Cabo con que se remolca. || Vehículo remolcado.

remontarse v. pr. Volar muy alto las aves o aviones. || *Fig.* Elevarse hasta el origen de una cosa.

remorder v. t. Causar remordimiento.

remordimiento m. Pesar que queda después de ejecutar una mala acción.

remoto, ta adj. Distante.

remover v. t. Trasladar una cosa de un lugar a otro. || Mover un líquido.

remozamiento m. Rejuvenecimiento.

remozar v. t. Rejuvenecer (ú. t. c. pr.). || *Fig.* Poner como nuevo.

remuneración f. Precio o pago de un trabajo.

remunerador, ra adj. Que remunera.

remunerar v. t. Retribuir, pagar.

renacentista adj. inv. Dícese de la persona o de estilo de la época del Renacimiento (ú. t. c. s.).

renacer v. i. Nacer de nuevo.

renacimiento m. Acción de renacer. || Renovación. || Resurgimiento de un país. || Movimiento literario, artístico o científico que se produjo en Europa en los siglos XV y XVI. || — Adj. inv. Relativo a la época o al estilo renacentista.

renacuajo m. Larva de los batracios.

renal adj. Relativo a los riñones.

renano, na adj. y s. Del Rin y de Renania.

rencilla f. y **rencor** m. Resentimiento.

rencoroso, sa adj. Que guarda rencor (ú. t. c. s.).

rendición f. Acción de rendirse.

rendido, da adj. Sumiso. || Muy cansado: *estoy rendido de tanto trabajar.*

rendija f. Hendidura.

rendimiento m. Agotamiento, cansancio. || Producción o utilidad de una cosa: *el rendimiento de la tierra.* || Utilidad que da un trabajador.

rendir v. t. Vencer al enemigo y obligarle a entregarse. || Someter al dominio de uno: *rendir una plaza* (ú. t. c. pr.). || Dar o devolver a uno lo que le corresponde: *rendir honores.* || Dar utilidad una cosa: *rendir interés* (ú. t. c. i.). || Cansar, fatigar, agotar (ú. t. c. pr.). || Presentar: *rendir cuentas.*

renegar v. t. Volver a negar. || — V. i. Cometer apostasía, abjurar. || Negarse a reconocer como tal, abandonar: *renegar de su familia.*

renglón m. Línea escrita o impresa. || Partida de una cuenta. || Parte en un gasto.

reno m. Mamífero rumiante.

renombre m. Fama, celebridad.

renovable adj. Que es posible renovar.

renovación f. Acción de renovar.

renovar v. t. Hacer como de nuevo una cosa o volverla a su primer estado: *renovar un local.* || Sustituir lo viejo por lo nuevo: *renovar un mobiliario.* || Reemplazar, cambiar: *renovar el personal.* || Reanudar, restablecer: *renovar una alianza.* || Reiterar, repetir: *te renuevo mi petición.*

renquear v. i. Cojear.

renta f. Utilidad, beneficio, ingreso anual: *las rentas del trabajo.* || Lo que paga en dinero o frutos un arrendatario: *renta de una casa.* || Deuda pública o títulos que la representan. || *Fam.* Pensión, gasto periódico: *sus estudios son una renta para nosotros.* || *Amer.* Alquiler. || — *Renta nacional,* conjunto de las rentas públicas y privadas de un país. || *Renta per cápita* o *por habitante,* la obtenida al dividir la renta nacional por el número de habitantes de un país. || *Renta pública,* cantidades que cobra el Estado, sea de los impuestos, sea de sus propiedades. || *Renta vitalicia,* pensión pagada mientras vive el beneficiario.

rentabilidad f. Carácter de rentable.

rentabilizar v. t. Hacer que produzca un beneficio.

rentable adj. Que produce ganancias.

rentar v. t. Producir renta (ú. t. c. i.). || *Amer.* Alquilar.

renuevo m. Vástago de un árbol.

renuncia f. Acto por el cual una persona hace abandono de una cosa, un derecho, un cargo, una función. || Documento en que consta.

renunciación f. y **renunciamiento** m. Renuncia.

renunciar v. t. Abandonar una cosa: *renunciar a un proyecto.* || Dejar de pretender.

reñir v. i. Disputarse, contender de obra o de palabra: *reñir con un amigo.* || Desavenirse, enfadarse: *reñir con la novia.* || — V. t. Regañar: *reñir a un hijo.* || Efectuar una batalla o desafío.

reo com. Acusado.

reorganización f. Acción y efecto de reorganizar.

reorganizar v. t. Volver a organizar (ú. t. c. pr.).

reostato m. Resistencia que varía la intensidad de una corriente en un círculo eléctrico.

repanchigarse v. pr. Repantigarse.

repantigarse v. pr. Arrellanarse en el asiento.

reparación f. Acción de reparar.

reparador, ra adj. Que repara o mejora una cosa: *justicia reparadora* (ú. t. c. s.). || Que restablece las fuerzas: *descanso reparador.* || — M. y f. Persona que compone o arregla algo roto.

reparar v. t. Componer una cosa: *reparar una máquina.* || *Fig.* Advertir, ver: *reparar un error.* | Desagraviar: *reparar el honor ofendido.* || — V. i. Ver.

reparo m. Advertencia. || Crítica. || Reserva.

repartidor, ra adj. Que reparte. || — M. y f. Empleado que lleva a domicilio las mercancías.

repartimiento m. Reparto. || Durante la colonización española de América, concesión de indios hecha a favor de los conquistadores.

repartir v. t. Distribuir.

reparto m. Distribución: *reparto de premios.* || Entrega a domicilio. || División: *el reparto de Polonia.* || Distribución de papeles entre los actores de una obra teatral o cinematográfica.

repasador m. *Riopl.* Paño de cocina.

repasar v. t. Volver a pasar: *repasar por una calle.* || Examinar de nuevo. || Revisar lo estudiado: *repasar la lección.* || Recoser la ropa o zurcirla.

repaso m. Acción de repasar. || Lectura rápida de lo aprendido de memoria. || *Fam.* Reprimenda.

repatriación f. Acción de repatriar.

repatriar v. t. Hacer regresar a la patria.

repecho m. Cuesta, pendiente.

repelencia f. Rechazo. || Repugnancia o aversión.

repeler v. t. Repugnar, asquear.

repente m. Movimiento súbito. || Arrebato.

repentino, na adj. Pronto.

repercusión f. Acción de repercutir. || *Fig.* Consecuencia. | Alcance, eco.

repercutir v. i. Producir eco el sonido. || *Fig.* Trascender, causar efecto una cosa en otra.

repertorio m. Índice, registro, en que las materias están ordenadas de forma que puedan encontrarse fácilmente: *repertorio alfabético.* || Colección de obras de una misma clase. || Conjunto de las obras que representa una compañía de teatro, una orquesta o un músico.

repetición f. Acción de repetir.

repetidor, ra adj. y s. Que vuelve al mismo curso de estudios por no haber aprobado. || — M. Estación de radio o televisión que retransmite por ondas hertzianas las señales recibidas por una estación principal.

repetir v. t. Volver a hacer o decir lo que se había hecho o dicho (ú. t. c. pr.). || Volver al mismo curso escolar por no haber aprobado: *repetir curso* (ú. t. c. i.). || Tomar de nuevo un plato de comida.

repetitivo, va adj. Que se repite.

repicar v. t. Tañer rápidamente y a compás las campanas en señal de fiesta (ú. t. c. i.). || — V. i. Tocar el tambor con golpes ligeros y rápidos.

repisa f. Estante.

replanteamiento m. Acción de replantear.

replantear v. t. Plantear de nuevo.

replegar v. t. Ocultar, hacer desaparecer un órgano mecánico saliente: *replegar el tren de aterrizaje de un avión.* || — V. pr. Retirarse las tropas.

repleto, ta adj. Muy lleno.

réplica f. Respuesta.

replicar v. i. Responder.

repliegue m. Pliegue doble. || *Fig.* Profundidad: *repliegues del alma.* || Retirada de las tropas.

repoblación f. Acción y efecto de repoblar. || *Repoblación forestal,* plantación de árboles.

repoblar v. t. Volver a poblar.

repollo m. Col.

reponer v. t. Volver a poner. || Volver a representar una obra dramática o una película. || Hacer recobrar la salud. || — V. pr. Recobrar la salud.

reportaje m. Artículo periodístico. || Película cinematográfica o emisión de radio o televisión de carácter documental.

reportar v. t. Alcanzar, lograr: *reportar un triunfo.* || *Amér. C.* y *Méx.* Acusar. | Informar. || — V. pr. Reprimirse, contenerse. | Serenarse.

reporte m. Informe.

reportero, ra adj. Que hace reportajes. || — M. y f. Periodista.

reposado, da adj. Descansado.

reposar v. i. Descansar de la fatiga o trabajo, durmiendo o no (ú. t. c. t. y pr.).

reposición f. Renovación, acción de reemplazar lo viejo por lo nuevo: *reposición de existencias.*

reposo m. Descanso.

repostar v. i. Reponer provisiones, combustibles (ú. t. c. pr.).

repostería f. Tienda de dulces. || Arte de preparar dulces.

repostero, ra m. y f. Persona que hace dulces.

reprender v. t. Amonestar.

reprensión f. Amonestación.

represa f. Embalse, presa.

represalia f. Derecho de causar al enemigo igual o mayor daño que el recibido.

representación f. Acción de representar una obra teatral. || Idea del mundo exterior. || Expresión artística de la realidad. || Conjunto de personas que representan una colectividad. || Acción de negociar por cuenta de una casa comercial.

representante adj. Que representa. || — Com. Persona que representa a un ausente o colectividad. || Agente comercial que vende un producto en una plaza o zona. || *Amer.* Diputado.

representar v. t. Hacer presente algo en la imaginación por medio de palabras o figuras, figurar: *este dibujo representa una casa.* || Ejecutar en público una obra teatral: *representar un drama.* || Desempeñar un papel. || Sustituir a uno o hacer sus veces: *representar al presidente.* || Ser imagen o símbolo de una cosa: *Pérez Galdós representa el realismo en España.* || Aparentar, parecer: *representa menos edad de la que tiene.* || Equivaler.

representatividad f. Calidad de representativo.

representativo, va adj. Que representa.

represión f. Acción de reprimir.

represivo, va adj. Que reprime.

represor, ra adj. y s. Que reprime.

reprimenda f. Reprensión.

reprimir v. t. Contener, detener.

reprobar v. t. Censurar.

reprochar v. t. Criticar (ú. t. c. pr.).

reproche m. Censura, crítica.

reproducción f. Proceso biológico por el que dos seres vivos perpetúan la especie. || Copia o imitación de una obra literaria o artística. || Acción de reproducir un texto, una ilustración, sonidos, valiéndose de medios mecánicos.

reproducir v. t. Volver a producir (ú. t. c. pr.). || Imitar, copiar: *reproducir un cuadro.* || Sacar una copia por medio de una máquina de un texto, escrito, ilustración (ú. t. c. pr.). || Dar una imagen exacta, equivalente (ú. t. c. pr.).

reproductivo, va adj. Que da beneficio. || Que participa en la reproducción.

reproductor, ra adj. Que reproduce (ú. t. c. s.).

reptar v. i. Andar arrastrándose.

reptil adj. y s. m. Aplícase a los animales que caminan rozando la tierra con el vientre.

república f. Forma de gobierno representativo en el que el poder reside en el pueblo.

republicano, na adj. Relativo a la república. || Partidario de la república (ú. t. c. s.).

repudiación f. Acción de repudiar.

repudiar v. t. Rechazar.

repudio m. Repudiación.

repuesto, ta adj. Puesto de nuevo. || Restablecido en un cargo. || Recuperado de salud. || — M. Provisión de víveres o de otras cosas. || Pieza de recambio. || *De repuesto,* de reserva; de recambio.

repugnancia f. Aversión. || Asco.

repugnante adj. Que repugna.

repugnar v. i. Causar asco.

repujado m. Labrado de chapas metálicas en frío, o de cuero por martilleo.

repujar v. t. Labrar de relieve.

repulsión f. Aversión.

repulsivo, va adj. Repelente.

repuntar v. i. *Amer.* Empezar a manifestarse algo como enfermedad, cambio de tiempo, etc. || — V. t. *Arg.* Reunir los animales que están dispersos en el campo. | Recuperar una buena situación que se había perdido. || Aparecer. | Manifestarse, mostrarse. || — V. pr. Empezar a picarse el vino. || *Fig.* y *fam.* Enfadarse.

repunte m. *Arg.* Acción y efecto de repuntar. | Alza, subida de precios. | Aumento.

reputación f. Fama.

reputado, da adj. Célebre.

reputar v. t. Estimar.

requerimiento m. Demanda.

requerir v. t. Intimar, avisar a la autoridad pública. || Necesitar, tener precisión de algo: *requerir cuidados.* || Exigir. || — V. pr. Exigirse.

requesón m. Queso hecho con leche cuajada.

requetebién adv. Muy bien.

requiebro m. Piropo.

réquiem m. Oración por los difuntos. || Su música.

requisar v. t. Hacer una requisición.

requisición f. Acción de la autoridad que exige de una persona o de una entidad la prestación de una actividad o el goce de un bien.

requisito m. Formalidad.

res f. Cualquier animal cuadrúpedo de ciertas especies domésticas, como el ganado vacuno, lanar, porcino. || *Amer.* Buey o vaca: *carne de res.*

resabio m. Vicio o mala costumbre que queda.

resaca f. Movimiento en retroceso de las olas del mar al llegar a la orilla. || *Fig.* Malestar padecido al día siguiente de la borrachera: *tener resaca.*

resaltar v. i. Destacarse, hacer contraste. || Sobresalir de una superficie. || *Fig.* Distinguirse.

resalto m. Saliente de la superficie de una cosa.

resanar v. t. Arreglar una superficie.

resarcimiento m. Indemnización.

resarcir v. t. Indemnizar, compensar (ú. t. c. pr.).

resbaladero, ra adj. Que resbala o se desliza fácilmente. || — M. Lugar resbaladizo. || *Col., Guat., Méx.* y *Nicar.* Tobogán.

resbaladilla f. *Méx.* Tobogán.

resbaladizo, za adj. Que resbala.

resbalar v. i. y pr. Escurrirse, deslizarse.

resbalín m. *Bol.* y *Chil.* Tobogán.

resbalón m. Acción de resbalar.

rescatar v. t. Recobrar mediante pago, redimir: *rescatar a un cautivo.* || Salvar, recuperar: *rescatar a un náufrago.* || *Fig.* Librar: *rescatar a uno de la desesperación.* | Sacar: *rescatar del olvido.*

rescate m. Acción y efecto de rescatar.

rescatista m. y. f. Persona que participa en rescates.

rescindir v. t. Dejar sin efecto un contrato.

rescisión f. Anulación.

rescoldo m. Brasa menuda. || *Fig.* Resto.

resecar v. t. Secar mucho.

reseco, ca adj. y s. Muy seco. || Flaco.

resentido, da adj. y s. Que tiene resentimiento.

resentimiento m. Animosidad.

resentir v. t. Sentir. || — V. pr. Sentir los efectos de un mal, de una enfermedad. || *Fig.* Tener los caracteres de: *se resentía de falta de unidad.* | Experimentar resentimiento contra alguien.

reseña f. Relato, narración sucinta, artículo.

reseñar v. t. Hacer una reseña.

resequedad f. Sensación de sequedad en la boca.

reserva f. Acción de reservar. || Cosa reservada. || Guarda, custodia de algo: *tener provisiones en reserva.* || Acción de reservar un asiento en un vehículo de transporte público, una habitación en un hotel, localidad para un espectáculo, etc. || *Fig.* Limitación, restricción. | Discreción, comedimiento: *obrar con reserva.* | Cautela, circunspección: *acoger una noticia con mucha reserva.* || Terreno reservado para la repoblación: *reserva zoológica.* || Territorio reservado a los indígenas en ciertos países. || Parte del ejército que no está en servicio activo y puede ser movilizada, y situación de los que pertenecen a ella. || *For.* Fondo creado por las empresas constituido por parte de los beneficios. || — Com. En deportes, jugador que sustituye en un equipo a un titular (ú. t. c. adj.). || *Reserva de la biosfera,* zona natural controlada y destinada a la preservación del ambiente natural.

reservado, da adj. Discreto, poco comunicativo. || No seguro: *pronóstico reservado.* || — M. Departamento en algún sitio, como restaurante, vagón de ferrocarril, etc., destinado a personas que quieren estar apartadas de los demás.

reservar v. t. Guardar una cosa para disponer de ella más adelante. || Retener una habitación en un hotel, un asiento en un barco, avión, una localidad en un espectáculo, etc. || Callar una cosa: *reservo mi opinión.* || Dejar: *reservar una salida.* || — V. pr. Esperar, conservarse para mejor ocasión.

resfriado, da adj. Acatarrado. || — M. *Med.* Indisposición causada por el frío.

resfriarse v. pr. Acatarrarse.

resfrío m. *Arg.* Resfriado.

resguardar v. t. Defender, proteger (ú. t. c. pr.).

resguardo m. Documento que acredita la entrega a una persona de una suma, un objeto, etc. || Talón: *resguardo de un recibo.* || Vale.

residencia f. Acción de residir. || Lugar en que se reside. || Establecimiento donde viven personas unidas por afinidades: *residencia de estudiantes.* || Hotel, casa de huéspedes.

residencial adj. Dícese del barrio reservado a viviendas, muy especialmente cuando son de lujo.

residente adj. y s. Que reside.

residir v. i. Tener domicilio en un lugar. || *Fig.* Radicar en un punto lo esencial de una cuestión.

residual adj. Relativo a los residuos.

residuo m. Parte que queda de un todo. || *Mat.* Resultado de la operación de restar.

resignación f. Conformidad.

resignar v. t. Renunciar a un cargo a favor de alguien. || — V. pr. Conformarse con lo irremediable, someterse: *resignarse con su suerte.*

resina f. Sustancia viscosa de ciertas plantas.

resinoso, sa adj. Que tiene resina.

resistencia f. Propiedad que tiene un cuerpo de reaccionar contra la acción de otro cuerpo. || Fuerza que se opone al movimiento. || Fuerza que permite sufrir el cansancio, el hambre, etc.: *resistencia física.* || Capacidad de defensa del organismo contra la agresión microbiana. || Defensa contra un ataque.

|| Oposición a obedecer: *encontrar resistencia entre la gente.* || Obstrucción que hace un conductor al paso de la corriente eléctrica.

resistente adj. Que resiste al cansancio, al dolor, etc. || Que tiene resistencia: *madera resistente.*

resistir v. i. Hablando de personas, oponer la fuerza a la fuerza, defenderse: *resistir al enemigo.* || Soportar físicamente: *resiste bien al cansancio.* || Mostrarse firme no aceptando algo que atrae: *resistir a las pasiones* (ú. t. c. pr.). || — V. t. Sufrir, soportar: *resistir el calor.*

resolana f. *Amer.* Luz y calor derivados de la reverberación del sol.

resollar v. i. Respirar con ruido.

resolución f. Acción de resolverse. || Decisión, determinación. || Cosa resuelta por una autoridad.

resolución f. Nitidez de una imagen en el monitor de la computadora.

resolver v. t. Decidir, tomar una determinación. || Encontrar la solución: *resolver un problema.*

resonancia f. Propiedad de aumentar la duración o la intensidad de un sonido: *la resonancia de una sala.* || Modo de transmisión de las ondas sonoras por un cuerpo. || *Fig.* Repercusión, divulgación.

resonante adj. Que resuena.

resonar v. i. Reflejar más fuerte el sonido.

resoplido m. Resuello fuerte.

resorte m. Muelle. || *Fig.* Medio para lograr un fin.

resortera f. *Méx.* Tiragomas.

respaldar m. Respaldo.

respaldar v. t. Proteger. || Garantizar.

respaldo m. Parte del asiento en que se apoyan las espaldas. || Vuelta, verso del escrito en que se anota algo. || *Fig.* Protección, amparo. | Garantía.

respectivo, va adj. Que atañe a persona o cosa determinada. || Dicho de los miembros de una serie, que tienen correspondencia con los de otra: *los hijos iban con sus respectivos padres.*

respecto m. *Al* (o a este) *respecto,* en relación con. || *Con respecto a* (o respecto a o de), en relación con.

respetable adj. Que merece respeto. || Muy grande. || — M. Público de un espectáculo.

respetar v. t. Tener respeto por alguien: *respetar a las autoridades.* || Cumplir, acatar: *respetar las leyes.* || Tomar en consideración: *respeto tu punto de vista.* || No ir contra: *respetar el bien ajeno.*

respeto m. Sentimiento que induce a tratar a alguien con deferencia a causa de su edad, superioridad o mérito. || Actitud que consiste en no ir en contra de algo: *respeto de los bienes ajenos.* || Acatamiento, cumplimiento: *respeto de las leyes.* || — Pl. Manifestaciones de cortesía, de urbanidad: *preséntele mis respetos.*

respetuoso, sa adj. Que respeta. || Conveniente.

respingo m. Salto o sacudida violenta del cuerpo.

respiración f. Función común a toda célula viviente que consiste en un intercambio gaseoso (absorción de oxígeno y expulsión de gas carbónico). || Aliento: *perder la respiración.*

respiradero m. Abertura para el aire.

respirar v. i. Aspirar y expeler el aire para renovar el oxígeno del organismo. || *Fig.* Vivir: *lo sé desde que respiro.* | Tener un poco de tranquilidad: *déjame respirar.* || — V. t. Aspirar por las vías respiratorias: *respirar aire puro.* || *Fig.* Expresar.

respiro m. Respiración. || *Fig.* Descanso, pausa.

resplandecer v. i. Brillar.

resplandeciente adj. Que resplandece.

resplandor m. Brillo.

responder v. t. Dar a conocer, después de una pregunta, su pensamiento por medio de la voz o de un escrito. || — V. i. Dar una respuesta. || Replicar en lugar de obedecer: *no respondas a tus padres*. || Contestar a la llamada de alguien: *toqué el timbre y nadie respondió*. || Presentarse: *responder a un llamamiento militar*. || Deberse: *¿a qué responde tanta insistencia?* || *Fig.* Garantizar: *responde de su solvencia*. | Corresponder, devolver: *responder a los favores recibidos*. | No frustrar, no defraudar: *responder a las esperanzas*. | Obrar de cierta forma: *responder a la fuerza con la fuerza*. | Asumir la responsabilidad, ser responsable de.

responsabilidad f. Obligación de responder de los actos que alguien ejecuta o que otros hacen.

responsabilizarse v. pr. Ser responsable.

responsable adj. Que ha de dar cuenta de sus propios actos o de los de otra persona (ú. t. c. s.).

responso m. Rezo en honor de los difuntos.

respuesta f. Palabra o escrito dirigidos en correspondencia a lo que se ha dicho, escrito o preguntado: *respuesta categórica, terminante*. || *Fig.* Contestación.

resquebrajar v. t. Rajar (ú. t. c. pr.).

resquicio m. Abertura. || *Fig.* Posibilidad.

resta f. Sustracción.

restablecer v. t. Volver a poner en el primer estado: *restablecer las comunicaciones* (ú. t. c. pr.). || Recuperar la salud: *restablecido de su enfermedad*. || Volver a colocar a alguien en su puesto, categoría, clase, empleo. || Poner de nuevo: *restablecer el orden* (ú. t. c. pr.). || — V. pr. Recobrar la salud.

restablecimiento m. Acción de restablecer.

restallar v. i. Chasquear.

restañar v. t. Detener la salida de la sangre.

restar v. t. Sustraer, hallar la diferencia entre dos cantidades. || Quedar: *resta algo de vino*. || *Fig.* Quitar: *restar importancia*. || En el tenis, devolver la pelota. || — V. i. Quedar: *lo que resta del año*.

restauración f. Acción y efecto de restaurar.

restaurador, ra adj. Que restaura (ú. t. c. s.).

restaurant y **restaurante** m. Casa de comidas.

restaurar v. t. Restablecer en el trono. || Restablecer: *restaurar las costumbres*. || Volver a poner en el estado que antes tenía una obra de arte.

restitución f. Devolución.

restituir v. t. Devolver.

resto m. Aquello que queda, que subsiste de un conjunto del que se ha quitado una o varias partes. || Resultado de una sustracción. || En la división, diferencia entre el dividendo y el producto del divisor por el cociente. || Jugador que en el tenis devuelve la pelota lanzada por el que saca. || Envite en que se juega toda la cantidad de dinero que se arriesga en una partida de cartas. || *Fig.* Lo que queda en poca cantidad: *un resto de esperanza*. || — Pl. Ruinas de un monumento. || Cuerpo humano después de muerto. || Desperdicios, desechos, sobras: *restos de comida*.

restorán m. Restaurante.

restregar v. t. Frotar con fuerza una cosa.

restricción f. Limitación. || Disminución.

restrictivo, va adj. Que restringe.

restringir v. t. Disminuir.

resucitado, da adj. Que vuelve a la vida (ú. t. c. s.).

resucitar v. t. Hacer que un muerto vuelva a la vida. | *Fig.* Restablecer.

resuelto, ta adj. Decidido.

resuello m. Aliento, respiración.

resultado m. Lo que resulta de una acción.

resultar v. i. Nacer, originarse o venir una cosa de otra: *los males que resultan de la guerra*. || Salir, venir a ser: *el plan resultó un fracaso*. || Dar un resultado acorde con lo que se esperaba: *la fiesta no ha resultado*. || Salir, venir a costar.

resumen m. Exposición breve.

resumidero m. *Amer.* Sumidero.

resumir v. t. Abreviar (ú. t. c. pr.).

resurgimiento m. Acción de resurgir.

resurgir v. i. Surgir de nuevo, volver a aparecer.

resurrección f. Acción de resucitar. || Por antonomasia, la de Jesucristo. || *Teol.* La de todos los muertos en el día del Juicio Final.

retablo m. Elemento arquitectónico que se coloca encima de un altar y que sirve para su decoración.

retador, ra adj. Que desafía (ú. t. c. s.).

retaguardia f. *Mil.* Espacio detrás de una formación militar en guerra. || Parte rezagada de una formación militar que atiende a cualquier necesidad de las unidades que están en la línea del frente.

retahíla f. Serie.

retalteco, ca adj. y s. De Retalhuleu (Guatemala).

retama f. Arbusto papilionáceo.

retar v. t. Desafiar.

retardado, da adj. Aplícase al artefacto que posee un dispositivo que permite provocar una explosión en un momento determinado. || Dícese del movimiento cuya velocidad disminuye.

retardar v. t. Diferir, retrasar (ú. t. c. pr.).

retardo m. Retraso, demora.

retazo m. Retal de tela.

retención f. Conservación en la memoria. || Acción de retener o retenerse. || Parte que se retiene de un sueldo.

retener v. t. Impedir que uno se vaya. || Guardar uno lo que es de otro. || Conservar: *retener el agua*. || Deducir. || No dejar obrar: *le retuvo el miedo*. || Conservar en la memoria. || Contener: *retener el aliento*. || — V. pr. Moderarse, contenerse.

retentiva f. Memoria.

reticencia f. Omisión voluntaria con intención malévola de lo que se debería o pudiera decir.

reticente adj. Que tiene reticencia. || Reacio.

reticular adj. De forma de red.

retina f. Membrana interna del ojo en la que se reciben las impresiones luminosas.

retirado, da adj. Apartado, alejado, poco frecuentado: *barrio retirado*. || Solitario: *vida retirada*. || Dícese de los militares o empleados que han dejado ya de prestar servicio. || — F. Retroceso de un ejército. || Acción de retirar: *la retirada de una moneda*. || Estado de lo que vuelve atrás: *la retirada del mar*. || Acto por el cual se da fin a una actividad: *la retirada de un actor*. || Abandono en una competición: *la retirada de un equipo*.

retirar v. t. Apartar, quitar: *retirar los platos de la mesa*. || Sacar: *retirar dinero del banco*. || Quitar de la circulación: *retirar una moneda*. || Jubilar: *retirar a un militar*. || *Fig.* Desdecirse, retractarse: *retiro lo dicho*. | Dejar de otorgar: *retirar la confianza a uno*. || — V. pr. Dejar el trato con la gente: *retirarse en un convento*. || Cesar un funcionario o empleado sus actividades, jubilarse: *retirarse del ejército*. || Abandonar una competición: *se retiró del campeonato*. || Recogerse, irse: *retirarse a dormir*.

retiro m. Acción de abandonar un empleo, los negocios, el servicio activo. || Pensión que se cobra en este caso. || Lugar apartado donde uno se retira.

reto m. Desafío. || Amenaza.

retobar v. t. *Méx.* Rezongar.

retocar v. t. Dar la última mano a una cosa.

retoño m. Brote de planta. || Hijo pequeño.

retoque m. Modificación hecha para mejorar. || Rectificación de un traje de confección hecha después de que se lo ha probado el comprador.

retorcer v. t. Torcer mucho una cosa dándole vueltas: *retorcer un alambre*. || *Fig.* Tergiversar, dar un significado falso a lo afirmado por otro.

retorcimiento m. Acción y efecto de retorcer.

retórico, ca adj. De la oratoria o retórica. || *Fig.* Afectado. || Especialista en retórica (ú. t. c. s.). || — F. Conjunto de reglas y principios referentes al arte de hablar o escribir de manera elegante. || *Fig.* Grandilocuencia afectada.

retornar v. t. Devolver, restituir. || — V. i. Volver.

retorno m. Acción de retornar.

retorta f. Vasija de laboratorio.

retortijón m. Dolor intestinal breve y agudo.

retozar v. i. Juguetear.

retozo m. Acción de retozar.

retracción f. Reducción del volumen.

retractación f. Acción de desdecirse.

retractar v. t. Retirar lo dicho o hecho, desdecirse de ello. Ú. m. c. pr.: *retractarse de una opinión*. || Ejercitar el derecho de retracto.

retracto m. Derecho de adquirir, por el mismo precio, la cosa vendida a otro.

retraer v. i. Encoger (ú. t. c. pr.). || Ejercitar el derecho de retracto. || — V. pr. Aislarse.

retraído, da adj. *Fig.* Que gusta de la soledad.

retraimiento m. Acción de retraerse.

retransmisión f. Acción y efecto de retransmitir.

retransmitir v. t. Volver a transmitir: *retransmitir un mensaje*. || Difundir directamente un concierto, un espectáculo, por radio o televisión.

retrasado, da adj. Que llega con retraso (ú. t. c. s.). || Que está más atrás de lo que debe (ú. t. c. s.): *retrasado en estudios*. || Dícese del reloj que señala una hora anterior a la que realmente es. || Inadecuado a la época actual: *costumbres retrasadas*. || Poco desarrollado o culto: *naciones retrasadas*. || Que ha pasado ya el momento en que se debía hacer algo: *estoy retrasado en el pago del alquiler*. || *Retrasado mental*, débil mental.

retrasar v. t. Dejar para más tarde. || Hacer llegar más tarde de lo que se debe. || Hacer obrar más lentamente: *esto retrasa mi trabajo*. || Poner las agujas de un reloj a una hora inferior a la que es. || — V. i. Funcionar un reloj a un ritmo inferior al del paso del tiempo. || — V. pr. Llegar más tarde.

retraso m. Hecho de llegar demasiado tarde, de hacer algo más tarde de lo que se debía. || Demora: *el retraso del avión*. || Atraso, condición de los pueblos poco desarrollados. || Tiempo que retrasa un reloj. || Debilidad mental: *retraso mental*.

retratar v. t. Pintar o fotografiar. || Describir. || — V. pr. Reflejarse. || Fotografiarse. || *Pop.* Pagar.

retrato m. Representación hecha en pintura o fotografía. || *Fig.* Descripción.

retrete m. Habitación y receptáculo para la evacuación de los excrementos.

retribución f. Paga.

retribuir v. t. Pagar.

retroactividad f. Aplicación al tiempo pasado de los efectos de una ley, sentencia o acto jurídico.

retroactivo, va adj. Que obra sobre lo pasado.

retroceder v. i. Volver hacia atrás. || Retirarse ante el enemigo.

retroceso m. Acción de retroceder.

retrógrado, da adj. Que va hacia atrás. || Reaccionario, opuesto al progreso (ú. t. c. s.).

retrospección f. Mirada o examen retrospectivo.

retrospectivo, va adj. Que se refiere a un tiempo pasado. || — F. Exposición cronológica de las obras de un artista, escuela o época.

retrovisor m. Espejo que permite al conductor de un vehículo ver lo que hay detrás. Ú. t. c. adj.: *espejo retrovisor*.

retruécano m. Empleo de vocablos parónimos, pero con distintos significados.

retumbar v. i. Resonar.

reúma o reuma m. o f. Reumatismo.

reumático, ca adj. Que padece reumatismo (ú. t. c. s.). || Relativo a esta enfermedad.

reumatismo m. Enfermedad caracterizada por dolores en las articulaciones, los músculos, etc.

reunificación f. Nueva unión.

reunificar v. t. Volver a unir.

reunión f. Acción de reunir. || Conjunto de personas reunidas.

reunir v. t. Volver a unir. || Hacer de dos o más cosas una sola: *reunir dos pisos*. || Juntar, congregar: *reunir a los asociados*. || Tener ciertas condiciones: *los que reúnan estos requisitos vendrán*.

reválida f. Examen final para obtener un grado.

revalidación f. Acción de revalidar.

revalidar v. t. Ratificar.

revalorización f. Acción de revalorizar.

revalorizar v. t. Adquirir más valor.

revancha f. Desquite.

revelación f. Acción de revelar aquello que era secreto u oculto y cosa revelada. || Persona que pone de manifiesto en un momento determinado sus excelentes cualidades para algo: *fue la revelación de la temporada*.

revelado m. Operación de revelar una película.

revelador, ra adj. Que revela.

revelar v. t. Dar a conocer lo secreto. || Divulgar. || Ser señal o indicio de: *su cara revelaba terror*. || Mostrar, poner de manifiesto. || Hacer visible, con ayuda de un revelador, la imagen obtenida en una película fotográfica. || — V. pr. Manifestarse.

revendedor, ra adj. Que revende. Ú. t. c. s.: *revendedor de entradas de teatro*.

revender v. t. Vender lo que se ha comprado con fines de lucro.

reventa f. Acción de revender.

reventado, da adj. Agotado, muy cansado.

reventar v. i. Estallar una cosa a causa de una fuerza interior: *reventar un neumático* (ú. t. c. pr.). || *Fig.* Desear mucho: *revienta por ir al cine*. || Estallar, prorrumpir: *reventar de risa*. || Estar lleno de: *reventar de orgullo*. || — V. t. Romper una cosa aplastándola. || *Fig.* Cansar mucho (ú. t. c. pr.). || Fastidiar.

reverberación f. Reflexión de la luz o del calor.

reverberar v. t. Hecho de reflejarse la luz en un lugar liso o el sonido en donde no se absorbe.

reverbero m. Farol de cristal para iluminar.

reverdecer v. i. Ponerse verde otra vez.

reverdecimiento m. Acción de reverdecer.

reverencia f. Profundo respeto. ‖ Inclinación del cuerpo que se hace para saludar.

reverenciar v. t. Honrar, venerar.

reverendo, da adj. Dícese de cierto tratamiento dado a las dignidades eclesiásticas (ú. t. c. s.). ‖ *Fam.* Descomunal, tremendo, enorme.

reversible adj. Dícese de un traje que está hecho para que pueda ser llevado tanto al derecho como al revés. ‖ Dícese de un fenómeno en el que el efecto y la causa pueden ser invertidos.

reverso m. Revés.

revertir v. i. Volver una cosa al estado anterior.

revés m. Lado opuesto al principal. ‖ Golpe dado con la parte contraria a la palma de la mano. ‖ En tenis, golpe dado con la raqueta de izquierda a derecha. ‖ *Fig.* Contratiempo, hecho desafortunado: *los reveses de la vida.* ‖ Derrota: *revés militar.* ‖ *Al revés,* en sentido contrario al normal.

revestimiento m. Lo que recubre algo.

revestir v. t. Cubrir con una capa. ‖ Ponerse un traje (ú. t. c. pr.). ‖ *Fig.* Cubrir, dar un aspecto. ‖ — V. pr. *Fig.* Armarse, ponerse en disposición de ánimo para lograr un fin: *revestirse de paciencia.*

revisar v. t. Someter a nuevo examen.

revisión f. Control de los billetes en un transporte público. ‖ Verificación: *revisión de cuentas.* ‖ Inspección: *revisión de armamento.* ‖ Examen para ver el estado de funcionamiento de algo: *revisión del coche.* ‖ Modificación de un texto jurídico para adaptarlo a una situación nueva.

revisor, ra adj. Que revisa. ‖ — M. y f. Empleado que comprueba que los viajeros de un transporte público tienen billete.

revista f. Examen detallado de algo. ‖ Publicación periódica: *revista cinematográfica.* ‖ Inspección de los efectivos, armas y materiales de una tropa. ‖ Espectáculo teatral de carácter frívolo compuesto de cuadros sueltos.

revitalizar v. t. Dar nueva vida.

revivir v. i. Resucitar. ‖ — V. tr. Evocar, recordar.

revocación f. Medida disciplinaria tomada contra un funcionario por la que éste se ve desposeído de su función. ‖ Anulación de una disposición.

revocar v. t. Anular. ‖ Poner fin a las funciones por medida disciplinaria: *revocar a un funcionario.* ‖ Enlucir las paredes exteriores de un edificio.

revolcar v. t. Derribar por tierra, echar al suelo. ‖ — V. pr. Tirarse al suelo y dar vueltas.

revolotear v. t. Volar.

revoloteo m. Vuelo.

revoltijo y **revoltillo** m. Mezcolanza.

revoltoso, sa adj. y s. Travieso. ‖ Rebelde.

revoltura f. *Méx.* Mezcla. ‖ *Méx.* Desorden.

revolución f. Movimiento circular que un móvil vuelve a su posición inicial: *la revolución de la Tierra alrededor del Sol.* ‖ Vuelta: *motor de muchas revoluciones.* ‖ Cambio violento en las estructuras políticas, sociales o económicas de un Estado. ‖ *Fig.* Cambio completo.

revolucionar v. t. Provocar un cambio con la introducción de principios revolucionarios. ‖ Causar agitación. ‖ Cambiar, transformar totalmente.

revolucionario, ria adj. Relativo a las revoluciones. ‖ Partidario en una revolución (ú. t. c. s.).

revolvedora f. *Méx.* Máquina que se emplea para hacer hormigón.

revolver v. t. Remover lo que está junto: *revolver papeles.* ‖ Crear el desorden en algo que estaba ordenado: *revolver el cajón.* ‖ Alterar, turbar: *revolver los ánimos.* ‖ Causar trastornos: *esto me revuelve el estómago.*

revólver m. Pistola con un tambor que contiene varias balas.

revoque m. Acción de revocar.

revuelo m. *Fig.* Agitación.

revuelto, ta adj. En desorden: *pelo revuelto.* ‖ Mezclado: *viven revueltos unos con otros.* ‖ Agitado: *mar revuelto.* ‖ Alborotado: *el pueblo está revuelto con esas medidas.* ‖ — F. Vuelta: *daba vueltas y revueltas por el mismo sitio.* ‖ Cambio de dirección de un camino, carretera, calle. ‖ Motín.

revulsivo, va adj. y s. m. Aplícase al medicamento que produce revulsión. ‖ — M. *Fig.* Reacción, cosa que hace reaccionar.

rey m. Monarca o soberano de un Estado. ‖ *Fig.* El que sobresale entre los demás de su clase. ‖ Pieza principal en el juego del ajedrez. ‖ Carta duodécima de un palo de la baraja española.

reyerta f. Riña, pelea.

rezagado adj. y s. Que se queda atrás.

rezagar v. t. Dejar atrás. ‖ Aplazar. ‖ — V. pr. Quedarse atrás.

rezar v. t. Dirigir a Dios súplicas. ‖ Recitar una oración. ‖ Decir la misa sin cantarla. ‖ *Fam.* Decir. ‖ — V. i. Ser aplicable: *esto no reza conmigo.*

rezo m. Acción de rezar.

rezongar v. i. *Fam.* Refunfuñar.

rezumar v. t. Dejar pasar un cuerpo por sus poros gotas de un líquido.

rho o **ro** f. Decimoséptima letra del alfabeto griego.

ría f. Parte de un valle fluvial invadido por el mar.

riachuelo m. Río pequeño.

riada f. Avenida, inundación.

ribera f. Orilla.

ribete m. Cinta que se pone a la orilla del vestido, calzado, etc. ‖ — Pl. *Fig.* Visos, indicios.

ribetear v. t. Poner ribetes.

ribonucleico, ca adj. Dícese de un grupo de ácidos nucleicos, situados en el citoplasma y en el nucléolo, que desempeñan un papel importante en la síntesis de las proteínas.

ricino m. Planta de cuyas semillas se extrae un aceite purgante.

rico, ca adj. Que tiene mucho dinero o bienes (ú. t. c. s.): *rico propietario.* ‖ Que posee en sí algo abundante: *mineral rico en plata.* ‖ Fértil: *tierras ricas.* ‖ Abundante: *viaje rico en aventuras.* ‖ De mucho precio: *adornado con ricos bordados.* ‖ Exquisito, delicioso: *pastel muy rico.* ‖ Mono, agradable, lindo: *¡qué niño más rico!* ‖ Empléase como expresión de cariño: *come, rico.*

ricota f. *Arg.* y *Urug.* Requesón.

rictus m. Contracción espasmódica de los músculos de la cara.

ricura f. Condición de bueno de sabor o de bonito, lindo.

ridiculez f. Cosa que provoca la risa o la burla. ‖ Cosa muy pequeña.

ridiculizar v. t. Poner en ridículo. || — V. pr. Hacer el ridículo.

ridículo, la adj. Digno de risa, de burla. || Escaso, parco: *ganancia ridícula*. || — M. Ridiculez.

riego m. Acción y efecto de regar. || *Riego sanguíneo*, cantidad de sangre que nutre los tejidos.

riel m. Carril de una vía férrea.

rienda f. Correa fijada en el bocado de una caballería para que el jinete pueda conducirlo. || — Pl. *Fig.* Dirección: *las riendas del gobierno*.

riesgo m. Peligro. || Daño, siniestro garantizado por las compañías de seguros.

rifa f. Sorteo.

rifar v. t. Sortear en una rifa.

rifle m. Fusil.

rigidez f. Condición de rígido.

rígido, da adj. Inflexible, difícil de doblar. || *Fig.* Riguroso, severo.

rigor m. Severidad: *el rigor de un juez.* || Intensidad, crudeza: *el rigor del clima.*

rigurosidad f. Rigor.

riguroso, sa adj. Muy severo. || Estricto: *aplicación rigurosa de la ley.* || Duro, difícil de soportar: *pena rigurosa.* || Austero, rígido: *moral rigurosa.* || Rudo: *invierno riguroso.* || Exacto, preciso: *en sentido riguroso.* || Completo: *luto riguroso.*

rima f. Consonancia o asonancia de dos o más versos. || — Pl. Composición en verso.

rimador, ra adj. Que rima (ú. t. c. s.).

rimar v. i. Componer en verso. || Ser una voz asonante o consonante de otra: ASTRO *rima con* CASTRO. || *Fam.* Pegar, ir bien junto: *una cosa no rima con la otra.* | Venir: *¿y esto a qué rima?* || — V. t. Hacer rimar una palabra con otra.

rimbombante adj. Aparatoso.

rincón m. Ángulo entrante que se forma en el encuentro de dos superficies. || Lugar apartado.

rin m. *Méx.* Aro metálico de la rueda de un vehículo.

rinconera f. Mesita, armario o estante que se pone en un rincón.

ring m. Cuadrilátero de boxeo.

rinoceronte m. Mamífero paquidermo con uno o dos cuernos cortos.

rinofaringe f. Parte superior de la faringe.

rinofaringitis f. Inflamación de la rinofaringe.

riña f. Pelea, disputa.

riñón m. Cada uno de los dos órganos glandulares secretorios de la orina situados en la región lumbar. || Este mismo órgano en los animales con el que se hace un plato culinario.

río m. Corriente de agua continua y más o menos caudalosa que va a desembocar en otra o en el mar. || *Fig.* Gran abundancia.

riobambeño, ña adj. y s. De Riobamba (Ecuador).

riohachero, ra adj. y s. De Riohacha (Colombia).

rioja m. Vino de La Rioja (España).

riojano, na adj. y s. De La Rioja (Argentina o España).

riqueza f. Abundancia de bienes, prosperidad. || Fecundidad, fertilidad: *la riqueza de la tierra.* || Condición de una materia que da un rendimiento abundante: *la riqueza de un mineral.* || Carácter que da valor a algo: *la riqueza de una joya.* || Lujo, esplendor: *la riqueza del decorado.* || Abundancia de términos y locuciones de una lengua: *la riqueza del castellano.* || — Pl. Bienes de gran valor, especialmente en dinero o en títulos. || Objetos de gran valor: *el museo tiene inestimables riquezas.*

risa f. Manifestación de un sentimiento de alegría que se produce al contraer ciertos músculos del rostro y que va acompañada por una espiración espasmódica y ruidosa. || Irrisión, objeto de burla.

risco m. Peñasco.

risible adj. Que provoca risa.

risotada f. Carcajada.

ristra f. Trenza de ajos. || *Fig.* y *fam.* Serie.

risueño, ña adj. Sonriente.

ritmar v. i. Acompasar.

rítmico, ca adj. Del ritmo.

ritmo m. Distribución simétrica y sucesión periódica de los tiempos fuertes y débiles en un verso, una frase musical, etc.: *ritmo poético.* || Frecuencia periódica de un fenómeno fisiológico: *ritmo cardiaco.* || *Fig.* Cadencia, orden regular.

rito m. Conjunto de reglas establecidas para el culto y ceremonias de una religión.

ritual adj. Relativo al rito. || — M. Ceremonial.

rival adj. y s. Adversario.

rivalidad f. Competencia entre personas.

rivalizar v. i. Esforzarse por conseguir una cosa a la cual aspira también otra persona. || Intentar igualar e incluso superar a otro.

riverense adj. y s. De Rivera (Uruguay).

rizado, da adj. Que forma rizos: *pelo rizado.* || Dícese del mar movido. || — M. Acción de rizar.

rizar v. t. Formar rizos o bucles en el cabello. || Mover el viento la mar, formando olas pequeñas. || — V. pr. Ensortijarse el cabello.

rizo, za adj. Rizado. || — M. Mechón de pelo ensortijado: *un rizo rubio.*

Rn, símbolo químico del *radón.*

ro f. Rho, letra griega.

róbalo o **robalo** m. Pez marino.

robar v. t. Tomar para sí con violencia lo ajeno. || Hurtar de cualquier modo que sea. || En ciertos juegos de naipes y de dominó, tomar algunas cartas o fichas de las que quedan sin repartir. || *Fig.* Causar preocupación, quitar: *robar el sueño.*

roble m. Árbol de madera muy dura cuyo fruto es la bellota. || *Fig.* Persona o cosa muy resistente.

robleda f., **robledal** y **robledo** m. Sitio poblado de robles.

robo m. Delito cometido por el que se apropia indebidamente del bien ajeno: *cometer un robo.* || Producto del robo. || Acción de vender muy caro.

robot m. (pal. checa). Aparato capaz de realizar de manera automática diversas operaciones. || *Fig.* Persona que obra de manera automática, muñeco. (Pl. *robots.*) || *Retrato robot,* el dibujado siguiendo las indicaciones dadas por los testigos que han visto al autor de un delito.

robótica f. Conjunto de estudios y técnicas destinado a fabricar sistemas capaces de desempeñar funciones motrices o intelectuales en sustitución del hombre.

robotización f. Acción y efecto de robotizar.

robotizar v. t. Hacer funcionar por medio de robots. || *Fig.* Quitar a alguien cualquier iniciativa, hacer un trabajo sea una tarea meramente automática, semejante a la de un robot.

robustecer v. t. Dar vigor (ú. t. c. pr.).

robustecimiento m. Acción de robustecer.

robusto, ta adj. Fuerte.

roca f. Cualquier masa mineral que forma parte de la corteza terrestre. || Peñasco que se levanta en la tierra o en el mar. || *Fig.* Cosa o persona muy dura o muy firme, inquebrantable.

roce m. Acción de tocar suavemente una cosa. || *Fig.* Trato frecuente. | Desavenencia.

rociar v. t. Esparcir un líquido en gotas. || Acompañar una comida con alguna bebida. || Arrojar cosas de modo que se dispersen al caer.

rocín m. Penco, caballo malo.

rocío m. Conjunto de gotitas menudas que se depositan de noche sobre la tierra o las plantas.

rock m. (pal. ingl.). Baile moderno llamado también *rock and roll.*

rococó m. Estilo decorativo muy recargado derivado del barroco que floreció en el s. XVIII en Europa y especialmente en Alemania. || — Adj. Que tiene ese estilo.

rocoso, sa adj. Con rocas.

rodaballo m. Pez marino.

rodado, da adj. Aplícase a las piedras redondeadas a fuerza de rodar: *canto rodado.* || *Fig.* Experimentado. || *Tránsito rodado,* tráfico de vehículos.

rodadura f. Acción y efecto de rodar.

rodaja f. Disco de madera, metal. || Tajada circular de ciertas frutas, pescados, embutidos. || Parte de la espuela con la que se pica. || Ruedecilla.

rodaje m. Acción de filmar una película. || Período en el cual las piezas de un motor nuevo no han de soportar grandes esfuerzos hasta que por frotamiento se realice su ajuste.

rodamiento m. Cojinete formado por dos cilindros entre los que se intercala un juego de rodillos de acero que pueden girar libremente.

rodante adj. Que rueda.

rodar v. i. Avanzar girando sobre sí mismo: *la pelota rueda.* || Moverse por medio de ruedas. || Funcionar de cierto modo, avanzar a cierta velocidad: *coche que rueda bien.* || Caer dando vueltas: *rodar escaleras abajo.* || *Fig.* Llevar una vida aventurera: *mujer que ha rodado mucho.* || Ir de un lado para otro, vagar: *rodar por las calles.* | Recorrer. Ú. t. c. t.: *rodar mundo.* | Existir: *aún ruedan por el mundo modelos tan viejos.* | Tener en la mente: *mil proyectos rodaban en su cabeza.* || — V. t. Impresionar una película: *cinta rodada en Madrid.* || Hacer marchar un vehículo o funcionar una máquina para que se ajusten sus piezas.

rodear v. t. Poner alrededor. || Cercar. || Tratar con miramiento: *rodear de cuidados.* || *Amer.* Reunir el ganado en un sitio por medio de caballos que lo acorralan. || — V. pr. Tener en torno a sí.

rodeo m. Camino más largo que el directo: *dar un rodeo.* || Reunión que se hace del ganado mayor para recontarlo y reconocerlo. || Sitio donde se efectúa. || Corral de forma circular donde charros y rancheros compiten en los ejercicios propios de los ganaderos, y fiesta que se celebra con este motivo en algunas partes de América. || *Fig.* Manera indirecta de decir una cosa, circunloquio.

rodete m. Rosca de tela, esparto u otra cosa que se pone en la cabeza. || Guarda de una cerradura.

rodilla f. Parte del cuerpo donde se une el muslo con la pierna: *tiene el pantalón roto en las rodillas.*

rodillera f. Lo que se pone por comodidad, defensa o adorno en la rodilla.

rodillo m. Cilindro macizo que sirve para diversos usos. || Cilindro de caucho duro que soporta el golpe de las teclas de las máquinas de escribir, máquinas

contables, calculadoras y tabuladoras. || Cilindro de caucho que sirve para dar masajes. || Cilindro que se utiliza para el entintado de las formas en las máquinas de imprimir. || Instrumento con que se allana o apisona la tierra. || Objeto de forma cilíndrica que se utiliza en vez de la brocha para pintar. || Cilindro de madera que se emplea en repostería para alisar la masa.

rodrigón m. Palo o caña puesto al pie de una planta para sujetarla.

roedor, ra adj. Que roe. || *Fig.* Que conmueve o agita el ánimo: *una pasión roedora.* || Dícese de un orden de mamíferos con dos incisivos en cada mandíbula como la ardilla, el ratón, el castor, el conejo, la marmota, etc. (ú. t. c. s. m.).

roentgen m. Röntgen.

roer v. t. Raspar con los dientes: *el perro roe un hueso.* || *Fig.* Concomer, atormentar, desazonar.

rogar v. t. Pedir, suplicar.

rogativa f. Oración pública para suplicar algo.

rojizo, za adj. Que tira a rojo.

rojo, ja adj. Encarnado muy vivo. || En política, dícese de la persona de ideas muy izquierdistas (ú. t. c. s.). || — M. Uno de los colores fundamentales de la luz, el menos refrangible. || Temperatura en la que los cuerpos entran en incandescencia y emiten este color: *poner un metal al rojo.* || Color característico de las señales de peligro o detención: *el semáforo está en rojo.* || Cosmético de color rojo: *rojo de labios.*

rol m. Lista de nombres. || *Mar.* Licencia donde consta la lista de la tripulación. || Galicismo por *papel* de un actor o en un asunto.

rollazo m. *Fam.* Cosa o persona pesada.

rollizo, za adj. Robusto y gordo.

rollo m. Objeto cilíndrico formado por una cosa arrollada: *rollo de papel.* || Carrete de película. || Cilindro de madera, rulo, rodillo: *rollo de pastelero.* || *Fam.* Discurso, conversación larga y aburrida: | Labia, verbosidad. | Cuento, embuste. | Cosa o asunto pesado, aburrido. | Persona latosa, pesada. | Mundo o ambiente en que se encuentra uno. | Tema, asunto del que se habla. | Conversación. | El mundo de los drogadictos y de los pasotas. | Droga. | Tipo de vida, actividad.

R.O.M., *Read Only Memory,* memoria de la computadora que sólo es posible leer, pero no modificar.

romadizo m. Catarro nasal.

romance adj. y s. m. Dícese de cada una de las lenguas modernas derivadas del latín, como el castellano, el catalán, el gallego, el francés, el portugués, el italiano, el rumano, el provenzal, etc. || — M. Composición poética que consiste en repetir al fin de todos los versos pares una asonancia y en no dar a los impares rima de ninguna especie. || Aventura amorosa pasajera (es un anglicismo).

romancero m. Colección de romances poéticos.

románico, ca adj. Dícese del arte que predominó en los países latinos entre los siglos XI y XIII (ú. t. c. s. m.). || Románico, neolatino.

romano, na adj. De Roma (ú. t. c. s.). || Dícese de la Iglesia católica. || — *Números romanos,* las letras numerales I, V, X, L, C, D y M. || *Fig. Obra de romanos,* trabajo muy difícil.

romanticismo m. Conjunto de los movimientos intelectuales que, al final del siglo XVIII, hizo prevalecer los sentimientos y la imaginación sobre la razón. || Carácter de romántico.

romántico, ca adj. Relativo al romanticismo. ‖ Dícese de los escritores y artistas que se adhirieron al romanticismo (ú. t. c. s.). ‖ Sentimental.

rombo m. Paralelogramo de lados iguales y dos de sus ángulos mayores que los otros dos.

romboedro m. Prisma cuyas bases y caras son rombos.

romboide m. Figura geométrica plana con los lados contiguos desiguales.

romería f. Viaje o peregrinación.

romero, ra adj. y s. Peregrino. ‖ — M. Planta labiada aromática.

romo, ma adj. Sin filo.

rompecabezas m. inv. Juego en el que se reconstituye un dibujo recortado. ‖ Problema.

romper v. t. Separar con violencia las partes de un todo: *romper una silla.* ‖ Hacer pedazos: *romper la vajilla* (ú. t. c. pr.). ‖ Rasgar: *romper un papel.* ‖ Gastar, destrozar: *romper el calzado.* ‖ *Fig.* Interrumpir: *romper la monotonía.* ‖ Tener principio, comenzar: *romper el día.* ‖ — V. i. Dejar de ser amigos, novios, etc.: *Juan y Pilar han roto.* ‖ Quitar toda relación: *romper con el pasado.* ‖ Empezar bruscamente: *rompió a hablar.* ‖ Prorrumpir: *romper en llanto.* ‖ — V. pr. No funcionar, tener una avería: *se me rompió el coche.*

ron m. Bebida alcohólica hecha con zumo de caña de azúcar.

roncar v. i. Respirar haciendo con la garganta y las narices un ruido sordo mientras se duerme.

roncha f. Bultillo que aparece en la piel después de una picadura.

ronco, ca adj. Que ronca.

ronda f. Vuelta dada para vigilar. ‖ Patrulla que ronda. ‖ Grupo de jóvenes que andan rondando por la noche. ‖ Estudiantina, tuna. ‖ Trayecto que efectúa el cartero repartiendo el correo. ‖ Vuelta ciclista por etapas. ‖ Camino de circunvalación en una población. ‖ *Fam.* Invitación de bebida o tabaco a varias personas: *pagar una ronda.* ‖ Serie de negociaciones.

rondalla f. Grupo de músicos que tocan por calles y plazas.

rondar v. i. Recorrer de noche una población. ‖ — V. t. *Fig.* Dar vueltas alrededor de una cosa. ‖ *Fig.* Rayar en: *rondar la cincuentena.*

rondeño, ña adj. y s. De Ronda (España).

rondó m. Composición musical cuyo tema se repite varias veces.

ronquear v. i. Estar ronco.

ronquera f. Afección de la laringe que hace bronco el timbre de la voz.

ronquido m. Ruido que se hace roncando.

ronronear v. i. Producir el gato cierto ronquido de satisfacción. ‖ *Fig.* Dar vueltas en la cabeza.

röntgen o **roentgen** o **roentgenio** m. Unidad de cantidad de radiación X o gamma (símb. R).

ronzal m. Cuerda que se ata al cuello o a la cabeza de las caballerías.

roña f. Sarna del ganado lanar. ‖ Suciedad, mugre. ‖ Roñería. ‖ — M. y f. *Fam.* Persona tacaña.

roñosería f. *Fam.* Tacañería.

roñoso, sa adj. Que tiene roña: *carnero roñoso.* ‖ Sucio, mugriento. ‖ Oxidado, mohoso. ‖ *Fig.* y *fam.* Avaro, tacaño (ú. t. c. s.). ‖ *Méx.* Rencoroso.

ropa f. Prenda de vestir: *quitarse la ropa.* ‖ *A quema ropa,* refiriéndose a disparos, desde muy cerca; (fig.) de improviso.

ropaje m. Conjunto de ropas.

ropavejero, ra m. y f. Persona que vende ropas viejas y baratijas.

ropero m. Armario o cuarto para guardar ropa.

roquefort m. Queso hecho con leche de ovejas.

rorro m. Niño que aún mama.

rosa f. Flor del rosal. ‖ Adorno que tiene forma de rosa. ‖ *Arq.* Rosetón. ‖ *Rosa de los vientos* o *náutica,* círculo cuyas puntas señalan las direcciones del horizonte. ‖ — M. Color de la rosa. ‖ Adj. Que tiene un color rojo claro. ‖ *Fig. Novela rosa,* la que narra aventuras amorosas.

rosáceo, a adj. De color semejante al de la rosa.

rosado, da adj. De color de rosa. ‖ Dícese del vino ligero y de color claro (ú. t. c. s. m.).

rosal m. Arbusto que da las rosas.

rosaleda f. Plantío de rosales.

rosarino, na adj. y s. De Rosario (Argentina, Paraguay y Uruguay).

rosario m. Rezo en que se celebran cinco misterios de la Virgen. ‖ Sarta de cuentas separadas de diez en diez por otras más gruesas que se usa para este rezo. ‖ *Fig.* Serie.

rosbif m. Trozo de carne de vaca asada.

rosca f. Resalto helicoidal de un tornillo o estría helicoidal de una tuerca. ‖ Pan, bollo o torta de forma circular. ‖ *Fig. Hacer la rosca,* adular.

roscado, da adj. En forma de rosca.

roseta f. Rosa pequeña. ‖ *Arg.* Rodaja de espuela. ‖ — Pl. Granos de maíz tostados.

rosetón m. Ventana redonda y calada con adornos. ‖ Mancha roja en la cara.

rosquilla f. Bollo, rosca.

rostro m. Cara.

rota f. Tribunal de apelación del Vaticano.

rotación f. Movimiento de un cuerpo alrededor de un eje real o imaginario: *la rotación de la Tierra.* ‖ Empleo metódico y sucesivo de material, de mercancías, de procedimientos, etc. ‖ Frecuencia de los viajes de un barco, avión, etc., en una línea regular. ‖ *Rotación de cultivos,* sistema de cultivo en que se alternan las especies sembradas.

rotar v. t. Alternar.

rotativo, va adj. Que da vueltas. ‖ Dícese de la máquina tipográfica formada por dos cilindros cubiertos por una plancha estereotipada y entintada entre los que se desliza el papel que se va a imprimir (ú. t. c. s. f.). ‖ — M. Periódico impreso en estas máquinas.

rotería f. *Chil.* Plebe.

roto, ta adj. Que ha sufrido rotura. ‖ *Fig.* Destrozado, deshecho. ‖ *Chil.* Dícese de la persona de muy baja condición social (ú. t. c. s.). ‖ *Pop. Arg.* Chileno (ú. t. c. s.). ‖ — M. Rotura, desgarrón.

rotonda f. Plaza circular.

rotor m. Parte móvil en un motor, turbina, etc. ‖ Sistema de palas giratorias de un helicóptero que sirve para sustentarlo e impulsarlo.

rótula f. Hueso plano de la rodilla.

rotulación f. y **rotulado** m. Composición de un letrero.

rotulador, ra adj. y s. Que dibuja rótulos. ‖ — M. Instrumento para escribir, formado por una barra de fieltro impregnada de tinta, con el que se hacen trazos gruesos. ‖ — F. Máquina para rotular.

rotular v. t. Poner un rótulo.

rótulo m. Inscripción que se pone a una cosa indicando lo que es. || Letrero, anuncio público.

rotundidad f. Carácter categórico.

rotundo, da adj. *Fig.* Terminante.

rotura f. Acción de romperse.

roturación f. Primer arado de una tierra.

roturar v. t. Arar por primera vez una tierra.

round m. Asalto en un combate de boxeo.

rozadura f. Roce.

rozagante adj. *Fig.* Espléndido.

rozamiento m. Roce. || Fricción, resistencia al movimiento de un cuerpo o de una pieza mecánica debida al frotamiento. || *Fig.* Enfado, disgusto.

rozar v. t. Pasar una cosa tocando ligeramente la superficie de otra. Ú. t. c. i.: *la rueda rozó con el bordillo de la acera* (ú. t. c. pr.). || Pasar muy cerca: *rozaba las paredes.* || Raspar, tocar o arañar levemente. || *Fig.* Rayar en: *rozaba la cuarentena.* | Escapar por poco, estar muy cerca: *rozó el accidente.* | Tener cierta relación con: *su actitud roza el descaro* (ú. t. c. i.). || — V. pr. Sufrir una rozadura. || Desgaste por el roce. || *Fam.* Tener trato, tratarse.

Ru, símbolo químico del *rutenio.*

ruana f. *Arg., Chil., Col., Urug.* y *Venez.* Poncho abierto en la parte delantera.

rubéola y **rubeola** f. Cierta enfermedad eruptiva.

rubí m. Piedra preciosa de color rojo.

rubidio m. Metal alcalino (Rb).

rubio, bia adj. De color parecido al del oro: *cabello rubio.* || — M. y f. Persona que tiene el pelo rubio. || — M. Este color.

rublo m. Unidad monetaria rusa, dividida en 100 copecks.

rubor m. Color rojo muy encendido. || Color que la vergüenza saca al rostro. || *Fig.* Bochorno.

ruborizar v. t. Avergonzar (ú. t. c. pr.).

rúbrica f. Rasgo o rasgos que se pone tras el nombre al firmar. || *Fig.* Firma, nombre. || Título, epígrafe de un capítulo o sección en un periódico.

rubricar v. t. Poner uno su rúbrica después de la firma. || Firmar. || *Fig.* Concluir, coronar.

rubro m. *Amer.* Rúbrica, título. | Asiento, partida de comercio. | Sección de un comercio.

rucio y **rucho** m. Asno.

ruco, ca adj. *Amér. C.* y *Méx.* Viejo, de edad avanzada.

rudeza f. Brusquedad.

rudimentario, ria adj. Elemental.

rudimento m. Estado primero de un órgano. || — Pl. Nociones elementales de una ciencia.

rudo, da adj. Tosco, basto. || Duro, difícil, penoso: *trabajo rudo.* || Brusco, sin artificio: *franqueza ruda.* || Severo: *los rudos golpes de la vida.*

rueca f. Útil para hilar.

rueda f. Órgano plano de forma circular destinado a girar alrededor de su centro y que permite que un vehículo se mueva o que, en una máquina, se transmita el movimiento mediante los dientes que rodean su contorno. || Corro: *rueda de personas.* || Tajada: *rueda de merluza.* || Rodaja: *rueda de salchichón.* || Tambor que contiene los números en un sorteo de lotería: *rueda de la fortuna.* || — *Rueda de prensa,* reunión de varios periodistas para interrogar a una persona.

ruedo m. Redondel, de las plazas de toros.

ruego m. Súplica, petición.

rufián m. Sinvergüenza.

rugby m. Especie de fútbol practicado con las manos y pies, en el cual dos equipos de 15 ó 13 jugadores se disputan un balón de forma oval.

rugido m. Grito del león. || *Fig.* Grito fuerte de reprobación. | Bramido, ruido del viento.

rugir v. i. Dar rugidos el león, el tigre y otras fieras. || Producir un ruido fuerte y ronco el viento, la tempestad. | Dar gritos muy fuertes una persona.

rugosidad f. Condición de rugoso. || Arruga.

rugoso, sa adj. Que tiene arrugas.

ruido m. Conjunto de sonidos inarticulados y confusos. || *Fig.* Escándalo, jaleo.

ruidoso, sa adj. Aplícase a lo que hace o donde hay ruido. || *Fig.* Que da mucho que hablar.

ruin adj. Vil. || Tacaño.

ruina f. Destrucción, natural o no, de una construcción. Ú. m. c. pl.: *caer en ruinas.* || *Fig.* Pérdida de la fortuna, del honor: *vamos a la ruina.* | Pérdida: *labrar su ruina.* | Decadencia moral. | Caída, derrumbamiento: *la ruina del régimen.*

ruindad f. Abyección. || Avaricia.

ruinoso, sa adj. Que arruina.

ruiseñor m. Pájaro insectívoro de plumaje pardo.

rulero m. *Arg., Bol., Parag., Per.* y *Urug.* Cilindro para rizar el pelo.

ruleta f. Juego de azar con una rueda horizontal giratoria dividida en 37 casillas radiales numeradas y pintadas alternativamente de negro y rojo.

ruletero m. *Méx.* Taxista.

rulo m. Rodillo para allanar la tierra. || Pequeño cilindro de plástico para rizar el pelo. || Rizo del cabello.

rumano, na adj. y s. De Rumania. || — M. Lengua de Rumania.

rumba f. Cierto baile cubano y su música.

rumbear v. i. *Arg.* Orientarse. || *Cub.* Andar de juerga o parranda. || — V. pr. Bailar la rumba.

rumbo m. Dirección del barco o del avión. || *Fig.* Camino que uno se propone seguir. | Pompa, boato, ostentación. | Generosidad.

rumboso, sa adj. Generoso.

rumiante adj. Que rumia. || Dícese de los mamíferos ungulados que carecen de dientes incisivos en la mandíbula superior y tienen cuatro cavidades en el estómago, como el buey, el camello, el ciervo, el carnero, etc. (ú. t. c. s.).

rumiar v. t. Hablando de los rumiantes, masticar por segunda vez los alimentos que ya estuvieron en el estómago volviéndolos a la boca (ú. t. c. i.). || *Fig. y fam.* Reflexionar. | Refunfuñar.

rumor m. Ruido confuso: *el rumor del público.* || Noticia vaga que corre entre la gente.

rumorear v. t. e i. Hablar de (ú. t. c. pr.).

runrún m. Ruido confuso. || Rumor.

runrunear v. t. e i. Correr el rumor (ú. t. c. pr.).

runruneo m. Runrún, rumor.

rupachico m. *Amer.* Ortiga.

rupestre adj. Dícese de los dibujos y pinturas de la época prehistórica en rocas y cavernas.

rupia f. Unidad monetaria de la India (dividida en 100 paise), Nepal, Paquistán, Indonesia.

ruptura f. Acción y efecto de romper o romperse. || Rompimiento, desavenencia: *ruptura conyugal.* | Suspensión, anulación: *ruptura de un contrato.* || Separación, discontinuidad, oposición de las cosas: *la mentalidad de hoy está en ruptura con la del pasado.* || *Med.* Fractura.

rural adj. Relativo al campo o que vive en poblaciones del campo: *médico rural.* || De tierra cultivable. || Rústico, campesino (ú. t. c. s.).

ruso, sa adj. y s. Natural de Rusia o relativo a ella (ú. t. c. s.). || Dícese de la ensalada de diferentes verduras y patatas cortadas en trocitos cuadrados y con mayonesa. || — M. Lengua eslava hablada en Rusia. || Albornoz.

rusticidad f. Condición de rústico.

rústico, ca adj. Relativo al campo: *fincas rústicas.* || Campesino (ú. t. c. s.). || *Fig.* Tosco, grosero, basto, poco refinado. || *En rústica,* encuadernado con cubiertas de papel o de cartulina.

ruta f. Camino e itinerario de un viaje. || *Mar.* Rumbo. || *Fig.* Medio para llegar a un fin.

rutenio m. Metal (Ru) de número atómico 44.

rutilante adj. Brillante.

rutilar v. i. Brillar mucho.

rutina f. Costumbre de hacer las cosas del mismo modo.

rutinario, ria adj. Que se hace por rutina. || Que obra siguiendo la rutina (ú. t. c. s.).

S

s f. Vigésima letra del alfabeto castellano y decimosexta de sus consonantes. ‖ — **s,** símbolo del *segundo,* unidad de tiempo. ‖ — **S,** símbolo químico del *azufre.* ‖ — **S.,** abreviatura de *Sur.* ‖ **$,** símbolo del *dólar* y del *peso.*

sabadellense y **sabadellés, esa** adj. y s. De Sabadell (España).

sábado m. Séptimo y último día de la semana.

sábalo m. Pez marino.

sabana f. *Amer.* Llanura extensa sin vegetación.

sábana f. Cada una de las dos piezas de lienzo que se ponen en la cama.

sabandija f. Bicho generalmente asqueroso.

sabanear v. i. *Amer.* Recorrer la sabana para reunir el ganado o vigilarlo.

sabañón m. Lesión inflamatoria de los pies, manos y orejas provocada por el frío y caracterizada por ardor y picazón.

sabático, ca adj. Relativo al sábado. ‖ Dícese del año sin trabajar que se concede, generalmente cada siete años, en ciertos países a algunos empleados o profesores de universidad.

sabedor, ra adj. Enterado.

sabelotodo com. *Fam.* Sabihondo.

saber m. Sabiduría.

saber v. t. Conocer una cosa. Ú. t. c. i.: *supe que había venido.* ‖ Ser docto en una materia: *saber griego.* ‖ Haber aprendido de memoria: *saber su lección* (ú. t. c. pr.). ‖ Tener habilidad: *saber dibujar.* ‖ Ser capaz: *saber contentarse con poco.* ‖ Hacer saber, comunicar. ‖ — V. i. Tener sabor una cosa: *esto sabe a miel.* ‖ Parecer: *los consuelos le saben a injurias.* ‖ — *A saber,* es decir. ‖ *Saber de,* tener noticias de: *hace un mes que no sé de él;* entender en: *sabe de mecánica.*

sabido, da adj. Conocido: *como es sabido.*

sabiduría f. Gran conocimiento. ‖ Prudencia.

sabiendas (a) adv. Con conocimiento.

sabihondo, da adj. y s. Que presume de sabio.

sábila f. Áloe, planta liliácea de cuyas hojas se extrae un jugo resinoso° empleado en cosméticos y medicamentos.

sabio, bia adj. Aplícase a la persona que tiene conocimientos científicos profundos y que suele dedicarse a la investigación (ú. t. c. s.). ‖ Prudente: *una sabia medida.* ‖ Que instruye: *sabia lectura.*

sablazo m. Golpe dado con el sable. ‖ Herida que produce. ‖ *Fig.* Acción de sacar dinero prestado.

sable m. Arma blanca parecida a la espada.

sableador, ra m. y f. *Fam.* Sablista.

sablear v. i. *Fam.* Dar sablazos.

sablista adj. y s. *Fam.* Que acostumbra sablear.

sabor m. Sensación que ciertos cuerpos producen en el órgano del gusto. ‖ *Fig.* Impresión que una cosa produce en el ánimo. ‖ Carácter, estilo.

saborear v. t. Disfrutar detenidamente y con deleite el sabor de una cosa (ú. t. c. pr.).

saboreo m. Acción de saborear.

sabotaje m. Daño o deterioro que para perjudicar a los patronos hacen los obreros en la maquinaria, productos, etc. ‖ Daño que se hace como procedimiento de lucha contra las autoridades, las fuerzas de ocupación o en conflictos sociales o políticos. ‖ *Fig.* Entorpecimiento de la buena marcha de una actividad.

saboteador, ra adj. Que sabotea (ú. t. c. s.).

sabotear v. t. Cometer sabotaje.

saboteo m. Sabotaje.

sabroso, sa adj. De sabor agradable. ‖ *Fig.* Delicioso. ‖ Gracioso: *un chiste muy sabroso.*

sabueso adj. Dícese de una variedad de perro podenco de olfato muy desarrollado (ú. t. c. s. m.).

sacacorchos m. Utensilio para quitar tapones.

sacapuntas m. Utensilio para afilar los lápices.

sacar v. t. Poner una cosa fuera del sitio donde estaba: *sacar dinero de la cartera.* ‖ Llevar fuera: *sacar al perro.* ‖ Salir con una persona para que se entretenga: *este chico saca mucho a su hermana.* ‖ Quitar o apartar a una persona o cosa de un sitio: *sacar al niño de la escuela.* ‖ Quitar: *sacar una mancha.* ‖ Soltar una costura o dobladillo. ‖ Extraer: *sacar azúcar de la caña.* ‖ Derivar: *sacar una película de una novela.* ‖ Comprar: *sacar un billete.* ‖ Hacer las gestiones necesarias para la obtención de algo: *sacar el pasaporte.* ‖ Librar: *sacar de la pobreza.* ‖ Solucionar, resolver: *sacar un problema.* ‖ Deducir: *de nuestra conversación saqué que no llegaríamos nunca a un acuerdo.* ‖ Encontrar: *sacarle muchas faltas a un alumno.* ‖ Conseguir, obtener, lograr: *sacar mayoría en las elecciones.* ‖ Hacer confesar a uno lo que quería ocultar: *por fin le saqué la verdad.* ‖ Poner hacia fuera: *sacar el pecho al andar.* ‖ Enseñar, mostrar: *sacar el documento de identidad.* ‖ Citar, traer a la conversación: *siempre nos saca la historia de su vida.* ‖ Hacer aparecer: *sacaron a su hija en los periódicos.* ‖ Hacer perder el juicio: *sacar de sí.* ‖ Apuntar, copiar: *sacar datos.* ‖ Obtener cierto número en un sorteo: *sacar un buen número en una rifa.* ‖ Ganar en la lotería: *sacar el gordo.* ‖ Aventajar: *le sacó un largo de piscina.* ‖ *Dep.* Lanzar la pelota para iniciar el juego o volverla a poner cuando ha salido. ‖ *Mat.* Extraer: *sacar una raíz cuadrada.* ‖ — *Fig. Sacar adelante,* dicho de personas, cuidar de su educación; aplicado a negocios, llevarlos a buen término. ‖ *Sacar de quicio o de sus casillas a uno,* hacer que pierda el dominio de sí mismo. | *Sacar en claro* o *en limpio un asunto*, dilucidarlo. || *Sacar partido* o *provecho*, aprovechar. || *Sacar una foto*, hacerla, fotografiar.

sacárido m. *Quím.* Glúcido.

sacarina f. Sustancia blanca de sabor azucarado utilizada por los diabéticos y obesos.

sacarosa f. Azúcar de la caña o de la remolacha.

sacatepesano, na adj. y s. De Sacatepéquez (Guatemala).

sacerdocio m. Dignidad, estado y funciones del sacerdote. || Conjunto de sacerdotes.

sacerdote m. Ministro religioso.

sacerdotisa f. Mujer dedicada al culto de una deidad.

saciar v. t. Satisfacer completamente (ú. t. c. pr.).

saciedad f. Satisfacción total.

saco m. Receptáculo a modo de bolsa que se abre por arriba: *un saco de yute*. || Su contenido: *un saco de cemento*. || Vestidura holgada que no se ajusta al cuerpo. || *Fig.* Cosa que incluye en sí otras varias: *un saco de embustes*. | Persona gorda: *esta mujer es un saco*. | Saqueo: *el saco de Roma*. || *Amer.* Chaqueta. | Bolso d mujer.

sacón, ona adj. y s. Cobarde, gallina: *es un sacón, no se atreve a reclamar*.

sacramental adj. Relativo a los sacramentos.

sacramento m. Acto de la Iglesia católica por el cual se santifica o recibe la gracia divina una persona.

sacrificar v. t. Ofrecer en sacrificio: *sacrificar una víctima a los dioses*. || Degollar, matar reses para el consumo. || *Fig.* Abandonar algo en beneficio de otra cosa o persona: *sacrificar sus amigos a su ambición*. || — V. pr. Ofrecerse a Dios. || *Fig.* Dedicarse enteramente: *sacrificarse por un ideal*.

sacrificio m. Muerte de una víctima en ofrenda a una deidad. || Esfuerzo hecho o pena sufrida voluntariamente en expiación de una falta o para conseguir la intercesión divina. || *Fig.* Privación que sufre o se impone una persona.

sacrilegio m. Profanación.

sacrílego, ga adj. Que comete o implica sacrilegio (ú. t. c. s.).

sacristán m. Encargado de la sacristía.

sacristía f. Lugar donde se visten los sacerdotes.

sacro, cra adj. Sagrado. || Aplícase al hueso inferior de la columna vertebral (ú. t. c. s. m.).

sacrosanto, ta adj. Sagrado.

sacudida f. Movimiento brusco. || Oscilación del suelo en un terremoto. || *Fig.* Conmoción. || *Sacudida eléctrica*, descarga eléctrica.

sacudidor, ra adj. Que sacude. || — M. Instrumento con que se sacude y limpia, zorros.

sacudir v. t. Mover violentamente una cosa a una y otra parte: *sacudir un árbol*. || Golpear con violencia una cosa para quitarle el polvo. || *Fig.* Emocionar: *la noticia sacudió al país*. || *Fam.* Dar, asestar: *sacudir una bofetada*. | Pegar a uno.

sádico, ca adj. Relativo al sadismo. || Que se complace en hacer sufrir (ú. t. c. s.).

sadismo m. Placer perverso ante el sufrimiento de otra persona.

saeta f. Flecha. || Manecilla del reloj. || Copla cantada ante los pasos de la Semana Santa.

safari m. Expedición de caza mayor.

saga f. Leyenda mitológica de la antigua Escandinavia. || *Fig.* Historia o novela de una familia.

sagacidad f. Perspicacia.

sagaz adj. Perspicaz, prudente.

sagrado, da adj. Consagrado a Dios y al culto divino. || *Fig.* Digno de veneración.

sagrario m. Parte de una iglesia donde se guardan las cosas sagradas. || Tabernáculo donde se guardan las hostias consagradas.

sahariano, na adj. y s. Del Sahara (África).

sahumar v. t. Dar humo aromático (ú. t. c. pr.).

sainete m. Obra teatral corta, de asunto jocoso y carácter popular. || Cierta clase de salsa.

saíno m. Mamífero paquidermo de América.

sajón, ona adj. y s. De Sajonia. || Aplícase a los individuos de un pueblo germánico que vivía en la desembocadura del Elba y parte del cual se trasladó a Inglaterra en el s. v.

sal f. Sustancia cristalina de gusto acre, soluble en el agua, que se emplea como condimento y para conservar la carne o el pescado. || Compuesto que resulta de la acción de un ácido o de un óxido ácido sobre una base, o de la acción de un ácido sobre un metal. || *Fig.* Agudeza, gracia: *sátira escrita con mucha sal*. | Garbo, salero: *una mujer con mucha sal*. || — *Sal gema*, cloruro de sodio. || *Fig. Sal gorda*, humor chabacano. || *Echar la sal*, dar mala suerte, provocar desgracias.

sala f. Pieza principal de una casa: *sala de recibir*. || Conjunto de muebles de esta pieza. || Local para reuniones, fiestas, espectáculos, etc.: *sala de cine*. || Dormitorio en un hospital: *sala de infecciosos*. || Sitio donde se constituye y reúne un tribunal de justicia: *sala de lo criminal*.

salacidad f. Inclinación a la lujuria.

saladería f. *Arg.* Industria de salar carnes.

salado, da adj. Que tiene sal. || *Fig.* Gracioso.

salamandra f. Batracio que se alimenta principalmente de insectos. || Estufa para calefacción.

salamanquesa f. Saurio terrestre.

salamateco, ca adj. y s. De Salamá (Guatemala).

salame y **salami** m. *Amer.* Embutido de carne vacuna y grasa de cerdo. || *Arg.* Tonto.

salar m. *Arg.* Salina.

salar v. t. Echar en sal: *salar tocino*. || Poner sal. || *Amer.* Echar a perder, estropear. | Deshonrar.

salariado m. Pago por medio del salario.

salarial adj. Relativo al salario.

salario m. Remuneración de la persona que trabaja por cuenta ajena en virtud de un contrato laboral: *un salario insuficiente*.

salaz adj. Lujurioso.

salazón f. Acción y efecto de salar.

salazón f. *Amér. C.*, *Cub.* y *Méx.* Desgracia, mala suerte.

salchicha f. Embutido de carne de cerdo.

salchichería f. Tienda de embutidos de carne.

salchichón m. Embutido de jamón y tocino.

saldar v. t. Liquidar enteramente una cuenta, unas deudas: *saldar una factura*. || Vender a bajo precio una mercancía. || *Fig.* Liquidar, acabar con.

saldo m. Liquidación de una deuda. || Diferencia entre el debe y el haber de una cuenta: *saldo deudor*. || Mercancías que saldan los comerciantes para deshacerse de ellas. || *Fig.* Resultado.

salero m. Recipiente para la sal. || *Fig.* Gracia.

saleroso, sa adj. *Fig.* Que tiene gracia.

salesa adj. Relativo a la orden de las salesas. || — F. Religiosa de la Visitación.

salida f. Acción y efecto de salir o salirse: *presenciar un accidente a la salida del trabajo*. || Partida de un

S

tren, buque, autobús, avión, etc. || Aparición de un astro: *la salida del Sol.* || Parte por donde se sale de un sitio. || Despacho o venta de los géneros: *dar salida a una mercancía.* || Publicación, aparición: *la salida de un periódico.* || *Fig.* Posibilidad abierta a la actividad de alguien: *las carreras técnicas tienen muchas salidas.* | Escapatoria. | Solución: *no veo salida a este asunto.* || *Fig.* Ocurrencia: *tener una buena salida.*

saliente adj. Que sale (ú. t. c. m.).

salina f. Yacimiento de sal gema.

salinidad f. Calidad de salino.

salino, na adj. Que contiene sal.

salir v. i. Pasar de la parte de adentro a la de afuera: *salir al jardín.* || Abandonar un sitio donde se había estado cierto tiempo: *salir del hospital.* || Marcharse: *saldremos para Barcelona.* || Dejar cierto estado: *salir de la niñez.* || Escapar, librarse: *salir de apuros.* || Haberse ido fuera de su casa: *la señora ha salido.* || Ir de paseo: *salir con los amigos.* || Dentro de un mismo recinto, ir a otro sitio para efectuar cierta actividad: *salir a escena.* || Partir: *el tren sale muy temprano.* || Aparecer: *salió un artículo en una revista hablando de su caso.* || Presentarse una ocasión, una oportunidad. || Verse con frecuencia un chico y una chica, generalmente como etapa previa al noviazgo. || Franquear cierto límite: *salir del tema.* || Aparecer: *ha salido el Sol.* || Brotar, nacer: *ya ha salido el maíz.* || Sobresalir, resaltar: *esta cornisa sale mucho.* || Resultar: *el arroz ha salido muy bueno.* || Deshacerse de una cosa: *ya he salido de esta mercancía.* || Mostrarse en público: *mañana saldré en la televisión.* || Costar: *cada ejemplar me sale a veinte euros.* || Encontrar la solución: *este problema no me sale.* || Hablar u obrar de una manera inesperada: *¿ahora sales con eso?* || Deducirse: *de esta verdad salen tres consecuencias.* || Tener buen o mal éxito algo: *salir bien en un concurso.* || Dar cierto resultado un cálculo: *esta operación me ha salido exacta.* || Parecerse una persona a otra: *este niño ha salido a su padre.* || Ser elegido por suerte o votación: *Rodríguez salió diputado.* || Ser sacado en un sorteo: *mi billete de lotería no ha salido.* || Dar, desembocar: *este callejón sale cerca de su casa.* || — *A lo que salga* o *salga lo que salga,* sin preocuparse de lo que pueda resultar. || *Salir con,* conseguir. || *Salir del paso,* cumplir una obligación como se puede. || *Salir por,* ganar cierta cantidad por todos los conceptos. || — V. pr. Irse un fluido del sitio donde está contenido, por filtración o rotura: *el gas se sale.* || Rebosar un líquido al hervir: *la leche se salió.* || Dejar de pertenecer: *Ricardo se salió del Partido Socialista.* || *Salirse con la suya,* conseguir lo que uno deseaba.

salitral adj. Yacimiento de salitre.

salitre m. Nitrato de potasio.

salitrera f. *Bol.* y *Chil.* Lugar donde se fabrica salitre.

saliva f. Líquido claro y algo viscoso de la boca.

salivar adj. De la saliva.

salivar v. i. Segregar saliva.

salivazo m. *Fam.* Escupitajo.

salmantino, na adj. y s. De Salamanca (España).

salmo m. Canto a Dios.

salmón m. Pez fluvial y marino de carne rosa pálido muy estimada. || — Adj. Del color del salmón.

salmonela f. Bacteria que produce infecciones intestinales.

salmonete m. Pez marino teleósteo rojizo.

salmuera f. Líquido salado en el cual se conservan carnes y pescados.

salobre adj. Que contiene sal.

salón m. Sala grande: *salón de actos.* || En una casa, cuarto donde se reciben las visitas. || Nombre dado a ciertos establecimientos: *salón de té, de peluquería.* || Exposición: *salón del automóvil.*

salpicadera f. *Méx.* y *Urug.* Guardabarros.

salpicadura f. Acción y efecto de salpicar.

salpicar v. t. Rociar, esparcir gotas menudas. || *Fig.* Esparcir, diseminar. | Amenizar una conversación o texto con datos diversos.

salpicón m. Guiso de carne, pescado o marisco, desmenuzado. || Salpicadura.

salpimentar v. t. Aderezar con sal y pimienta. || *Fig.* Amenizar.

salpullido m. Erupción cutánea.

salsa f. Mezcla de varias sustancias desleídas que se hace para aderezar los guisos: *salsa verde.*

saltador, ra adj. Que salta (ú. t. c. s.).

saltamontes m. Insecto ortóptero de grandes patas traseras.

saltar v. i. Levantarse del suelo con impulso y ligereza o lanzarse, arrojarse o tirarse de un lugar a otro, esencialmente de una altura, para caer de pie. || Botar una pelota. || Levantarse rápidamente: *al oír eso saltó de la cama.* || Moverse ciertas cosas con gran rapidez: *una chispa saltó de la chimenea.* || Estallar, explotar: *el polvorín saltó.* || Desprenderse algo de donde estaba sujeto: *saltó un botón de la americana.* || Romperse: *el vaso saltó al echarle agua caliente.* || Salir con ímpetu: *el equipo de fútbol saltó al terreno.* || *Fig.* Pasar bruscamente de una cosa a otra: *el conferenciante saltaba de un tema a otro.* | Pasar de un sitio a otro sin seguir el orden establecido: *el alumno saltó de cuarto a sexto.* | Decir algo inesperado o inadecuado: *saltó con una impertinencia.* | Reaccionar vigorosamente ante alguna acción o palabra: *saltó al oír semejantes insultos.* || — V. t. Franquear de un salto: *saltar una valla.* || Hacer explotar: *saltar un puente.* || Hacer desprenderse algo del sitio donde estaba alojado: *le saltó un ojo.* || *Fig.* Omitir algo al leer o escribir: *saltar un renglón* (ú. t. c. pr.).

salteado m. Alimento sofrito.

salteador, ra m. y f. Persona que saltea.

saltear v. t. Robar en despoblado. || Sofreír.

salteño, ña adj. y s. De Salta (Argentina). || De Salto (Uruguay).

saltillense adj. y s. De Saltillo (México).

saltimbanqui m. Titiritero.

salto m. Movimiento brusco producido por la flexión y súbita extensión de los músculos de las piernas por el cual se eleva el cuerpo. || Espacio que se salta: *un salto de varios metros.* || Acción de lanzarse en paracaídas desde un avión en vuelo. || Desnivel grande en el terreno. || Cascada de agua. || Lanzamiento al agua del nadador: *el salto de la carpa.* || En atletismo, prueba que consiste en salvar una altura o un espacio: *salto de altura, con pértiga.* || — *Fig. A saltos,* sin continuidad. || *En un salto,* muy rápidamente. || *Salto de agua,* instalación hidroeléctrica movida por el agua que cae de un desnivel. || *Salto de cama,* bata.

salubre adj. Saludable.

salubridad f. Calidad de salubre. || Estado general de la salud pública en un país.

salud f. Buen estado físico: *gozar de buena salud.* || Estado de gracia espiritual: *la salud del alma.*

saludable adj. Bueno para la salud. || Provechoso.

saludar v. t. Dar una muestra exterior de cortesía a una persona que se encuentra o de quien se despide uno. || *Fig.* Aclamar.

saludo m. Acción de saludar. || Palabra, gesto o fórmula para saludar.

salutación f. Saludo.

salutífero, ra adj. Saludable.

salva f. Saludo hecho con armas de fuego. || *Fig. Una salva de aplausos,* aplausos repetidos.

salvación f. Acción de salvar o salvarse. || Gloria eterna.

salvado m. Cascarilla que envuelve el trigo.

salvador, ra adj. y s. Dícese de la persona que salva. || — M. Por antonomasia, Jesucristo.

salvadoreñismo m. Locución, modo de hablar, palabra propios de los salvadoreños. || Condición de salvadoreño. || Amor o afecto a El Salvador.

salvadoreño, ña adj. y s. De El Salvador. || — M. Modalidad del castellano hablado en El Salvador.

salvaguardar v. t. Defender.

salvaguardia f. Protección.

salvajada f. Hecho o dicho propio de salvajes.

salvaje adj. Dícese del animal no domesticado. || Natural de un país todavía en estado primitivo (ú. t. c. s.). || *Fig.* Sumamente bruto (ú. t. c. s.).

salvajismo m. Modo de ser de los salvajes.

salvamento m. Acción de salvar o salvarse.

salvar v. t. Librar de un peligro. || Poner a salvo: *salvar una obra de arte.* || Dar la salvación eterna: *salvar el alma.* || Evitar, soslayar: *salvar una dificultad.* || Recorrer la distancia que separa dos puntos. || *Fig.* Conservar intacto: *salvar su honra.* || Exceptuar, excluir. || — V. pr. Librarse de un peligro. || Alcanzar la gloria eterna.

salvavidas adj. y s. m. inv. Dícese de la boya, chaleco o bote utilizados en caso de naufragio.

salvedad f. Excepción.

salvo, va adj. Salvado de un peligro: *sano y salvo.* || — Adv. Excepto: *haré todo, salvo irme.* || — *A salvo,* en seguridad: *poner a salvo;* sin daño o menoscabo. || *Salvo que,* a no ser que.

salvoconducto m. Documento para poder ir por ciertos sitios.

samaniegano, na y **samaniegueño, ña** adj. De Samaniego (Colombia).

samario m. Metal (símb. Sm).

samario, ria adj. y s. De Santa Marta (Colombia).

samaritano, na adj. y s. De Samaria (Palestina).

samba f. Alegre baile brasileño. || Su música.

sampedrano, na adj. y s. De Villa de San Pedro (Paraguay). || De San Pedro Sula (Honduras).

samurai m. Guerrero feudal japonés.

san adj. Apócope de *santo.*

sanandresano, na adj. y s. De San Andrés (Colombia).

sanar v. t. Curar. || — V. i. Curarse.

sanatorio m. Establecimiento destinado al tratamiento de enfermos.

sanción f. Acto solemne por el que un jefe de Estado confirma una ley o estatuto. || Autorización, aprobación: *la sanción de un acto.* || Pena o castigo que la ley establece para el que la infringe.

sancionado, da adj. y s. Que ha sufrido sanción.

sancionador, ra adj. y s. Que sanciona.

sancionar v. t. Dar la sanción a algo: *el Rey sancionó la Constitución.* || Autorizar, aprobar: *palabra sancionada por el uso.* || Castigar.

sancochar v. t. Cocer ligeramente.

sancocho m. Carne o plato a medio guisar o cocer. || Plato americano de yuca, carne, plátano, etc., a modo de cocido. || *Fig. Méx.* Lío.

sandalia f. Calzado consistente en una suela de cuero sostenida por correas.

sándalo m. Planta labiada de jardín. || Árbol de madera aromática. || Esta madera.

sandez f. Necedad, tontería.

sandía f. Planta cucurbitácea de fruto comestible.

sanducero, ra adj. y s. De Paysandú (Uruguay).

sandunga f. *Fam.* Gracia. || *Chil., Méx.* y *Per.* Jolgorio. || *Méx.* Cierto baile de Tehuantepec.

sandunguero, ra adj. Saleroso.

sándwich [-*duich*] m. (pal. ingl.). Bocadillo.

saneado, da adj. Aplícase a los bienes libres de cargas. || Dícese del beneficio obtenido en limpio.

saneamiento m. Dotación de salubridad.

sanear v. t. Hacer desaparecer las condiciones de insalubridad en un sitio. || Desecar un terreno. || Equilibrar, estabilizar: *sanear la moneda.*

sanedrín m. Consejo supremo de los judíos.

sanfelipeño, ña adj. y s. De San Felipe (Chile).

sangrar v. t. Abrir una vena y dejar salir determinada cantidad de sangre. || *Fig.* Dar salida a un líquido abriendo un conducto por donde corra. || *Impr.* Empezar un renglón más adentro que los otros de la plana. || — V. i. Arrojar sangre.

sangre f. Líquido rojo que circula por las venas y las arterias de los vertebrados, irriga el corazón, transporta los elementos nutritivos y arrastra los productos de desecho. || *Fig.* Linaje, parentesco, raza. | *Vida: dar su sangre por la patria.* || — *A sangre fría,* con tranquilidad. || *Fig. Llevar una cosa en la sangre,* ser esta cosa innata o hereditaria. | *Sangre azul,* linaje noble. | *Sangre fría,* serenidad.

sangría f. Acción de sangrar. || Parte de la articulación del brazo opuesta al codo. || Incisión que se hace en un árbol para que fluya la resina. || *Fig.* Salida continua de dinero. || Bebida refrescante compuesta de agua, vino, azúcar y limón.

sangriento, ta adj. Que echa sangre o que está bañado en sangre: *rostro sangriento.* || Que causa efusión de sangre: *batalla sangrienta.*

sangrón, ona adj. *Fam. Cub.* y *Méx.* Antipático.

sanguijuela f. Gusano de boca chupadora.

sanguinario, ria adj. Feroz, cruento.

sanguíneo, a adj. Relativo a la sangre.

sanguinolento, ta adj. Sangriento.

sanidad f. Calidad de sano. || Salubridad. || Conjunto de servicios administrativos encargados de velar por la salud pública.

sanitario, ria adj. Relativo a la sanidad. || *Aparatos sanitarios,* los de limpieza e higiene instalados en cuartos de baño. || — M. Excusado.

sanjosense o **sanjosino, na** adj. y s. De San José (Uruguay).

sanjuanino, na adj. y s. De San Juan (Argentina). || De San Juan Bautista (Paraguay).

sanluiseño, ña y **sanluisero, ra** adj. y s. De San Luis (Argentina).

sanmartinense adj. y s. De San Martín (Perú).

sanmartiniano, na adj. Relativo a José de San Martín, héroe argentino liberador de América.

sanmiguelense adj. y s. De San Miguel de Allende (México).

sano, na adj. Que goza de salud: *persona sana.* || Saludable: *aire sano.* || *Fig.* En buen estado, sin daño: *fruto sano.* | Libre de error o de vicio: *principios sanos.* | Sensato: *en su sano juicio.*

sánscrito, ta adj. Aplícase a la lengua de los bramanes (ú. t. c. m.).

santabarbarense adj. y s. De Santa Bárbara (Honduras).

santacruceño, ña adj. y s. De Santa Cruz (Argentina) y de Santa Cruz de Tenerife (España).

santacrucero, ra adj. y s. De Santa Cruz de Tenerife (España).

santacruzano, na adj. y s. De Santa Cruz del Quiché (Guatemala).

santafecino, na o **santafesino, na** adj. y s. De Santa Fe (Argentina).

santandereano, na adj. y s. De Santander (Colombia).

santanderino, na adj. y s. De Santander (España).

santaneco, ca adj. y s. De Santa Ana (El Salvador).

santarroseño, ña adj. y s. De Santa Rosa (Guatemala y El Salvador).

santateresa f. Insecto ortóptero.

santería f. *Cub.* Brujería.

santiaguense adj. y s. De Santiago de los Caballeros (Rep. Dominicana).

santiagueño, ña adj. y s. De Santiago (Panamá y Uruguay). || De Santiago del Estero (Argentina).

santiaguero, ra adj. y s. De Santiago de Cuba.

santiagués, esa adj. y s. De Santiago de Compostela (España).

santiaguino, na adj. y s. De Santiago de Chile.

santiamén m. *Fam. En un santiamén,* en un instante.

santidad f. Estado de santo. || *Su Santidad,* tratamiento que se da al Papa.

santificación f. Acción de santificar.

santificar v. t. Hacer a uno santo: *la gracia santifica al hombre.* || Venerar como santo: *santificar el nombre de Dios.* || Guardar el descanso dominical y el de los días de fiesta o precepto.

santiguar v. t. Hacer con la mano derecha la señal de la cruz desde la frente al pecho y desde el hombro izquierdo al derecho (ú. t. c. pr.).

santísimo, ma adj. Tratamiento dado al Papa. || — M. *El Santísimo,* Cristo en la Eucaristía.

santo, ta adj. Divino; dícese de todo lo que se refiere a Dios: *el Espíritu Santo.* || Aplícase a las personas canonizadas por la Iglesia católica (ú. t. c. s.). || Conforme con la moral religiosa: *llevar una vida santa.* || Aplícase a la semana que empieza el domingo de Ramos y termina el domingo de Resurrección. || Inviolable, sagrado: *lugar santo.* || *Fig.* Dícese de la persona muy buena o virtuosa. Ú. t. c. s.: *este hombre es un santo.* | Que tiene un efecto muy bueno: *remedio santo.* || *Fig. y fam.* Antepuesto a ciertos sustantivos, refuerza el significado de éstos, con el sentido de real, mismísimo, gran: *hizo su santa voluntad; tener santa paciencia.* || — M. Imagen de un santo: *un santo de madera.* || Día del santo cuyo nombre se lleva y fiesta con que se celebra: *mi santo cae el 30 de mayo.* || Ilustración, grabado con motivo religioso. || *¿A santo de qué?,* ¿por qué razón o motivo? | *Írsele a uno el santo al cielo,* olvidar lo que se iba a hacer o decir. | *No ser santo de su devoción,* no caer en gracia una persona a otra. || *Santo Oficio,* tribunal de la Iglesia católica cuya misión era la defensa de la fe y las costumbres.

santoral m. Libro que contiene vidas de santos. || Lista de los santos que se celebran cada día.

santuario m. Templo dedicado a un santo.

saña f. Ensañamiento.

sapiencia f. Sabiduría.

sapindáceo, a adj. y s. f. Dícese de unas plantas dicotiledóneas con fruto en cápsula.

sapo m. Batracio insectívoro.

sapotáceo, a adj. Relativo a una familia de plantas tropicales como la goma de chicle o la gutapercha.

saque m. *Dep.* En los juegos de pelota, lanzamiento de la pelota al iniciarse el partido. | Acción de volver a poner la pelota en juego cuando ésta ha salido del campo.

saquear v. t. Llevarse todo lo que hay en un sitio.

saqueo m. Acción de saquear.

saraguate y **saraguato** m. *Amér. C.* y *Méx.* Mono velludo.

sarampión m. Fiebre eruptiva que se manifiesta por manchas rojas.

sarandí m. *Arg.* Arbusto de ramas largas.

sarao m. Fiesta nocturna.

sarape m. *Méx.* Capote de monte de lana o colcha de algodón de vivos colores con una abertura en el centro para pasar la cabeza.

sarcasmo m. Ironía amarga.

sarcástico, ca adj. Que denota sarcasmo. || Que emplea sarcasmos.

sarcófago m. Sepulcro.

sarcoma m. Tumor maligno.

sardanés, esa adj. y s. De Cerdaña (Cataluña).

sardina f. Pez marino parecido al arenque.

sardo, da adj. y s. De Cerdeña (Italia).

sardónico, ca adj. Irónico.

sargazo m. Alga marina.

sargento m. *Mil.* Suboficial que manda un pelotón. || *Méx.* Especie de pato de los lagos.

sarmiento m. Vástago de la vid.

sarna f. Enfermedad contagiosa de la piel que se manifiesta por la aparición de vesículas y pústulas.

sarpullido m. Salpullido.

sarpullir v. t. Salpullir.

sarraceno, na adj. y s. Musulmán.

sarro m. Sustancia calcárea que se pega al esmalte de los dientes. || Capa amarillenta que cubre la parte superior de la lengua a causa de determinados transtornos gástricos.

sarta f. Serie de cosas metidas por orden en un hilo, cuerda, etc. || *Fig.* Serie.

sartén m. o f. Utensilio de cocina para freír.

sastra f. Mujer que confecciona o arregla trajes.

sastre m. El que tiene por oficio cortar y coser trajes. || Traje femenino compuesto de chaqueta y falda (dícese también *traje sastre*).

sastrería f. Taller de sastre.

satánico, ca adj. Perverso.

satanismo m. Perversidad.

satélite m. *Astr.* Planeta secundario que gira alrededor de otro principal y le acompaña en su revolución alrededor del Sol. || *Fig.* Persona dependiente de otra. || — Adj. y s. m. Que depende de otro política, administrativa o económicamente: *ciudad, país satélite.* || *Satélite artificial,* astronave lanzada por un cohete que la coloca en una órbita elíptica alrededor de un planeta.

satén y **satín** m. Tejido de seda brillante.

satinar v. t. Dar aspecto de satén.

sátira f. Composición poética, escrito o dicho en que se censura o ridiculiza a personas o cosas.

satírico, ca adj. Burlón, mordaz.

satirizar v. i. Escribir sátiras. || — V. t. Ridiculizar.

sátiro m. Semidiós mitológico que tiene orejas puntiagudas, cuernos y la parte inferior del cuerpo de macho cabrío. || Fig. Individuo dado a las manifestaciones eróticas sin respeto al pudor.

satisfacción f. Realización de lo que se deseaba. || Reparación de un agravio o daño.

satisfacer v. t. Conseguir lo que se deseaba. || Dar a alguien lo que esperaba: *satisfacer a sus profesores.* || Pagar lo que se debe: *satisfacer una deuda.* || Saciar: *satisfacer el hambre.* || Colmar: *satisfacer la curiosidad.* || Cumplir la pena impuesta por un delito. || Llenar, cumplir: *satisfacer ciertas condiciones.* || Bastar: *esta explicación no me satisface.* || Gustar: *ese trabajo no me satisfizo.* || — V. pr. Contentarse: *me satisfago con poco.*

satisfactorio, ria adj. Que satisface.

satisfecho, cha adj. Contento.

sátrapa m. En la antigua Persia, gobernador de una provincia. || Fig. Persona que vive de modo fastuoso o que gobierna despóticamente.

saturación f. Acción de saturar.

saturar v. t. *Quím.* Combinar dos o más cuerpos en las proporciones atómicas máximas en que pueden unirse. || Fig. Colmar, saciar, hartar (ú. t. c. pr.). | Ser superior la oferta a la demanda.

sauce m. Árbol en las márgenes de los ríos.

saudade f. Nostalgia.

saudí y **saudita** adj. y s. De Arabia Saudí.

sauna f. Baño de calor seco.

saurio adj. m. y s. Dícese de los reptiles con cuatro extremidades cortas y piel escamosa.

savia f. Líquido nutritivo de los vegetales.

saxofonista com. Persona que toca el saxófono.

saxófono o **saxofón** m. Instrumento músico de viento y metal. || Saxofonista.

saya f. Falda.

sazón f. Punto o madurez de las cosas.

sazonado, da adj. Condimentado.

sazonar v. t. Condimentar, aderezar. || Fig. Adornar, amenizar, ornar.

Sb, símbolo del *antimonio.*

Sc, símbolo del *escandio.*

scanner m. (pal. ingl.). Aparato compuesto de un dispositivo de tomografía y un ordenador, destinado a analizar los datos obtenidos, que sirve para establecer un diagnóstico muy preciso a partir de la observación radiográfica de secciones muy finas del organismo. || Aparato de teledetección capaz de captar, gracias a un dispositivo que opera por exploración, las radiaciones electromagnéticas emitidas por superficies extensas. || En artes gráficas, aparato que realiza, por exploración electrónica de un documento original en colores, las selecciones necesarias para su reproducción.

scout com. (pal. ingl.) Escaut.

script m. (pal. ingl.) Guión.

se pron. pers. reflexivo de la tercera persona en ambos géneros y números: *se enamoró de ella.*

Se, símbolo químico del *selenio.*

SE., abreviatura de *sureste* o *sudeste.*

sebo m. Grasa sólida y dura de los animales herbívoros: *vela de sebo.* || Grasa, gordura.

secado m. Operación de secar.

secador m. Aparato para secar.

secadora f. Máquina para secar.

secante adj. Que seca (ú. t. c. s. m.): *aceite, papel, pintura secante.* || Mat. Dícese de las líneas o superficies que cortan a otras líneas o superficies (ú. t. c. s. f.).

secar v. t. Extraer la humedad de un cuerpo: *secar la ropa.* || Ir consumiendo el jugo en los cuerpos: *el sol seca las plantas.* || Limpiar: *secar las lágrimas* (ú. t. c. pr.). || — V. pr. Evaporarse la humedad de algo. || Quedar sin agua: *secarse un río.* || Perder una planta su verdor o lozanía.

sección f. En cirugía, corte: *la sección de un tendón.* || Cada una de las partes en que se divide un todo continuo o un conjunto de cosas. || Cada una de las partes en que se divide un conjunto de personas: *sección de ventas.* || Categoría introducida en cualquier clasificación. || Geom. Figura que resulta de la intersección de una superficie o de un sólido con otra superficie: *sección cónica.*

seccionar v. t. Dividir en partes o secciones.

secesión f. Acto de separarse un Estado parte de su pueblo y territorio.

seco, ca adj. Que no tiene humedad: *aire seco; clima seco.* || Carente de agua: *pozo, río seco.* || Sin lluvia: *tiempo seco.* || Que ya no está verde: *ramas secas.* || Dícese de las frutas de las que se saca la humedad para conservarlas: *higos secos.* || Desprovisto de secreciones humorales: *piel seca.* | Fig. Desabrido, adusto, poco sensible: *carácter seco.* | Estricto, que no tiene sentimientos: *respuesta seca.* | Tajante, categórico: *un no seco.* | Sin nada más: *a pan seco.* | Escueto: *explicación seca.* | Aplícase a los vinos y aguardientes sin azúcar: *anís seco.* | Ronco, áspero: *tos, voz seca.* | Aplícase al golpe o ruido brusco y corto: *porrazo seco.*

secoya f. Árbol de América del Norte.

secreción f. Sustancia segregada.

secretar v. t. Expulsar una sustancia.

secretaría f. Cargo y oficina del secretario. || Oficina donde se encuentran los servicios administrativos de una entidad. || Amer. Ministerio.

secretariado m. Conjunto de personas que desempeñan el cargo de secretario. || Función del secretario. || Secretaría, oficina administrativa. || Estudios para ser secretario o secretaria.

secretario, ria m. y f. Persona encargada de redactar la correspondencia por cuenta de otro, extender las actas de una oficina o asamblea. || *Secretario de Estado,* en los Estados Unidos y en el Vaticano, ministro de Asuntos Exteriores; en México y algunos otros países de América, ministro.

secreto, ta adj. Que se mantiene oculto: *matrimonio secreto.* || Dícese de lo que no es manifiesto o aparente: *encanto secreto.* || — M. Lo que hay más escondido, lo que no es visible, lo más íntimo: *revelar un secreto.* || Lo que es más difícil y que exige una iniciación especial: *los secretos del arte de escribir.* || Medio que no se revela para alcanzar un fin.

secta f. Reunión de personas que profesan una misma doctrina.

sectario, ria adj. Que sigue una secta (ú. t. c. s.). || Fanático.

sector m. Geom. Porción del círculo comprendida entre un arco y los dos radios que pasan por sus extremidades. || Mil. Zona de acción de una unidad:

sector de operaciones. ‖ *Fig.* Parte, grupo: *un sector de la opinión pública.* | Zona, área: *la luz fue cortada en varios sectores de la capital.* ‖ División de las actividades económicas: *el sector primario comprende las minas y la agricultura, el secundario la industria, y el terciario el comercio, el transporte y los servicios de administración.*

secuaz adj. y s. Partidario.

secuela f. Consecuencia.

secuencia f. Serie de cosas que van unas tras otras y que tienen entre sí cierta relación.

secuestrador, ra adj. y s. Que secuestra.

secuestrar v. t. Raptar a una persona para exigir dinero por su rescate. ‖ Recoger la tirada de un periódico o publicación por orden superior. ‖ Apoderarse por la violencia del mando de una nave o avión o de cualquier otro vehículo para exigir como rescate cierta cantidad de dinero o la concesión de determinadas reivindicaciones.

secuestro m. Acción y efecto de secuestrar.

secular adj. Seglar, que no es eclesiástico: *justicia secular.* ‖ Que sucede o se repite cada siglo.

secularización f. Conversión en secular.

secularizar v. t. Convertir en secular.

secundar v. t. Ayudar, apoyar.

secundario, ria adj. Que viene en segundo lugar en una serie: *enseñanza secundaria.* ‖ *Fig.* Derivado, accesorio: *efecto secundario.* ‖ *Geol.* Aplícase a la era caracterizada por la abundancia de moluscos, la existencia de gran variedad de reptiles y la aparición de las aves y mamíferos (ú. t. c. s. m.). ‖ *Sector secundario,* actividades económicas tendentes a la transformación de materias primas en bienes productivos o de consumo.

sed f. Gana de beber. ‖ *Fig.* Vivo deseo.

seda f. Secreción que tienen unas glándulas especiales con la que forman los capullos ciertos gusanos o arañas. ‖ Hilo formado con varias de estas hebras. ‖ Tejido formado por estos hilos.

sedal m. Hilo de la caña de pescar.

sedante adj. y s. m. Sedativo.

sedar v. t. Calmar.

sedativo, va adj. y s. m. Aplícase a aquello que calma el dolor o la excitación nerviosa.

sede f. Asiento o trono de un prelado que ejerce jurisdicción: *sede arzobispal.* ‖ Capital de una diócesis. ‖ Diócesis. ‖ Jurisdicción y potestad del Sumo Pontífice. ‖ Domicilio: *sede social.*

sedentario, ria adj. Que se hace sentado o con poco movimiento: *labor sedentaria.*

sedicente adj. Supuesto.

sedición f. Sublevación, rebelión.

sedicioso, sa adj. Rebelde (ú. t. c. s.).

sediento, ta adj. Que tiene sed (ú. t. c. s.).

sedimentación f. Formación de sedimentos.

sedimentar v. t. Depositar sedimento un líquido.

sedimentario, ria adj. Del sedimento.

sedimento m. Materia que, habiendo estado suspensa en un líquido, se posa en el fondo. ‖ *Fig.* Lo que queda de algo.

sedoso, sa adj. De aspecto o suavidad similar a la de seda.

seducción f. Acción de seducir. ‖ Atractivo.

seducir v. t. Conseguir un hombre los favores de una mujer. ‖ Cautivar con algún atractivo.

seductivo, va adj. Que seduce.

seductor, ra adj. y s. Que seduce.

sefardí o **sefardita** adj. Dícese de los judíos de origen español (ú. t. c. s.). ‖ — M. Lengua que hablan los sefarditas, judeoespañol.

segador, ra adj. y s. Que siega.

segar v. t. Cortar mieses o hierba.

seglar adj. Laico (ú. t. c. s.).

segmentación f. División en segmentos.

segmento m. Parte cortada de una cosa. ‖ *Geom.* Parte del círculo entre un arco y su cuerda.

segregación f. Secreción. ‖ Separación de las personas de raza o religión diferentes.

segregacionismo m. Segregación racial.

segregacionista adj. De la segregación racial.

segregar v. t. Separar una cosa de otra. ‖ Secretar: *segregar saliva.*

seguida f. *En seguida,* inmediatamente.

seguidilla f. Composición poética de cuatro o siete versos. ‖ Danza popular española y música que la acompaña (ú. m. en pl.).

seguido, da adj. Continuo, consecutivo.

seguidor, ra adj. y s. Que sigue. ‖ Partidario: *un seguidor del Real Madrid.*

seguimiento m. Prosecución. ‖ Acción de observar atentamente la evolución de un sector o la realización de un proyecto.

seguir v. t. Ir después o detrás de uno (ú. t. c. i.). ‖ Ir en busca de una persona o cosa: *seguir su rastro.* ‖ Ir en compañía de uno: *seguirle siempre.* ‖ Continuar: *sigue haciendo frío.* ‖ Perseguir, acosar: *seguir un animal.* ‖ Caminar, ir: *seguir el mismo camino.* ‖ Observar: *seguir el curso de una enfermedad.* ‖ Ser partidario: *seguir un partido.* ‖ Obrar, conducirse de acuerdo a. ‖ Suceder: *la primavera sigue al invierno.* ‖ Cursar: *seguir la carrera de medicina.* ‖ Reanudar, proseguir: *cuando escampe seguiremos la marcha.* ‖ — V. i. Ir derecho, sin apartarse. ‖ Estar aún: *sigue en París.* ‖ — V. pr. Deducirse una cosa de otra. ‖ Suceder una cosa a otra. ‖ Derivarse.

según prep. Conforme, con arreglo a: *según el Evangelio.* ‖ — Adv. Como, con arreglo a: *según te portes irás o no al cine.* ‖ A medida que, conforme: *según venían los trenes.* ‖ Quizá, depende: *¿lo vas a hacer? — Según.*

segunda f. Segunda intención. ‖ Segunda velocidad en un automóvil. ‖ Segunda clase en ferrocarril.

segundero m. Aguja que señala los segundos.

segundo, da adj. Que sigue inmediatamente en orden al o a lo primero: *Felipe Segundo; capítulo segundo.* ‖ Otro: *para mí ha sido un segundo padre.* ‖ De segundo grado: *tío segundo.* ‖ — M. Sexagésima parte del minuto (símb. s). ‖ *Fig.* Instante. ‖ Unidad de medida angular (símb. ″). ‖ Piso más arriba del primero en una casa.

seguridad f. Calidad de seguro. ‖ Certidumbre en la realización de algo: *tiene seguridad en la victoria.* ‖ Situación de lo que está a cubierto de un riesgo. ‖ Confianza: *seguridad en sí mismo.* ‖ *Seguridad Social,* conjunto de leyes y de los organismos que las aplican y que tienen por objeto proteger a la sociedad contra determinados riesgos (accidentes, enfermedad, paro, vejez, etc.).

seguro, ra adj. Libre y exento de riesgo. ‖ Cierto: *negocio seguro.* ‖ Confiado: *seguro de sí mismo.* ‖ Fiel: *su seguro servidor.* ‖ — M. Contrato por el cual una persona o sociedad (*asegurador*) se compromete a indemnizar a otra (*asegurado*) de un daño o perjuicio que pueda sufrir ésta, mediante el pago de una cantidad de dinero (*prima*). || Dispositivo destinado a evitar accidentes en las máquinas o armas de fuego.

seibo m. Árbol de flores rojas.

seis adj. Cinco y uno. || Sexto: *año seis*. || — M. Signo que representa el número seis. || El sexto día de un mes. || Naipe de seis puntos.

seiscientos, tas adj. Que hace seis veces ciento: *seiscientas mujeres.* || Sexcentésimo: *el número seiscientos.* || — M. Número que lo representa.

seísmo m. Terremoto.

selacio, cia adj. y s. m. Dícese de los peces cartilaginosos de cuerpo deprimido, como el tiburón.

selección f. Elección de una persona o cosa entre otras. || Conjunto de cosas o personas elegidas: *la selección nacional de fútbol.*

seleccionado, da adj. y s. Dícese del jugador deportivo o de la persona escogida para representar a una colectividad. || — M. *Amer.* Selección.

seleccionador, ra adj. y s. Dícese de la persona encargada de formar una selección.

seleccionar v. t. Elegir, escoger.

selectividad f. Selección. || Condiciones y pruebas a las que se somete a los estudiantes para ingresar en la universidad.

selectivo, va adj. Que supone una selección. || — M. Curso que precede a una carrera técnica.

selector, ra adj. Que selecciona (ú. t. c. s. m.).

selenio m. Metaloide de número atómico 34.

sellado m. Acción de sellar.

sellar v. t. Imprimir el sello. || *Fig.* Concluir: *sellar una amistad.* | Cerrar: *sellar los labios.*

sello m. Plancha de metal o de caucho usada para estampar armas, divisas, letras, etc., grabadas en ella. || Señal que deja esta plancha. || *Fig.* Carácter distintivo de algo: *un sello de nobleza.* || Viñeta de papel que se usa como señal del pago de algún derecho: *sello postal, fiscal, móvil.*

selva f. Terreno extenso poblado de árboles.

selvático, ca adj. Relativo a la selva. || Tosco, silvestre.

semáforo m. Poste indicador con luces verde, ámbar y roja, que regula la circulación de autos.

semana f. Serie de siete días naturales consecutivos: *el año tiene 52 semanas.* || *Fig.* Remuneración pagada por una semana de trabajo: *semana de un obrero.* || — *Fin de semana*, de sábado a lunes. || *Semana Santa, Mayor o Grande*, la que va desde el domingo de Ramos al de Resurrección.

semanal adj. Que ocurre cada semana.

semanario, ria adj. Semanal. || — M. Publicación que aparece semanalmente.

semántico, ca adj. Relativo a la significación de las palabras. || — F. Estudio de este significado.

semblante m. Cara. || *Fig.* Aspecto.

semblanza f. Reseña biográfica.

sembradío adj. y s. Aplícase al campo destinado a la siembra || — m. Terreno sembrado.

sembrado, da adj. Dícese del terreno donde se ha efectuado la siembra (ú. t. c. s. m.).

sembrar v. t. Echar las semillas en la tierra. || *Fig.* Propagar: *sembrar el odio.* | Difundir: *sembrar a los cuatro vientos.* | Hacer algo que pueda producir un fruto: *el que siembra, recoge.* | Estar lleno: *senda sembrada de dificultades.*

semejante adj. Igual. || Tal: *no he visto a semejante persona.* || — M. Hombre o animal en relación con los demás: *amar a sus semejantes.*

semejanza f. Parecido.

semejar v. i. Parecer (ú. t. c. pr.).

semen m. Secreción de las glándulas genitales masculinas que contiene los espermatozoides.

semental adj. y s. m. Dícese del animal macho destinado a la reproducción.

sementera f. Siembra. || *Fig.* Origen, fuente.

semestral adj. Que ocurre cada semestre.

semestre m. Período de seis meses. || Renta o sueldo que se cobra o paga cada semestre.

semiacabado, da adj. Dícese del producto entre la materia prima y el producto acabado.

semicírculo m. *Geom.* Cada una de las dos mitades del círculo separadas por un diámetro.

semiconductor, ra m. *Electr.* Aplícase a sustancias a las que se colocan impurezas y gracias a ellas se transforman en conductores empleados en los transistores y los circuitos integrados.

semifinal f. *Dep.* Prueba que precede a la final.

semifinalista adj. y s. *Dep.* Que toma parte en una semifinal.

semilla f. Cada uno de los cuerpos que forman parte del fruto que da origen a una nueva planta. || *Fig.* Germen, origen: *semilla de discordia.* || — Pl. Granos que se siembran.

semillero m. Sitio donde se siembran los vegetales. || Lugar donde se guardan las semillas. || *Fig.* Origen, causa: *semillero de pleitos, de vicios.* | Cantera: *semillero de hombres ilustres.*

semimanufacturado, da adj. Dícese de los productos no terminados que de la materia prima que ha sido parcialmente transformada.

seminal adj. Del semen.

seminario m. Casa destinada a la educación de los jóvenes que se dedican al estado eclesiástico. || Curso práctico de investigación en las universidades, anejo a la cátedra. || Reunión de técnicos.

seminarista m. Alumno de un seminario.

seminómada adj. Característica de los grupos humanos que en temporadas permanecen en un lugar y luego emigran.

semiótica f. En lingüística, ciencia de los signos. || En lógica matemática, teoría de los símbolos.

semita adj. Dícese de los árabes, hebreos, sirios y otros pueblos (ú. t. c. s.). || Semítico.

semítico, ca adj. Relativo a los semitas: *pueblos semíticos.* || Dícese de un grupo de lenguas del SE de Asia y N de África, como el árabe y el hebreo.

semitransparente adj. Translúcido.

sémola f. Pasta de harina de flor.

semoviente adj. *Bienes semovientes*, el ganado.

sempiterno, na adj. Eterno.

senado m. En un régimen parlamentario bicameral, asamblea formada de personalidades designadas o elegidas por su notabilidad. || Edificio en el que se reúne la asamblea de los senadores.

senador, ra m. y f. Miembro del Senado.

sencillez f. Calidad de sencillo.

sencillo, lla adj. De un solo elemento: *una hoja sencilla.* || Simple, fácil. || Desprovisto de artificio, claro: *escribe en un estilo muy sencillo.* || Poco complicado: *mecanismo sencillo.* || Que carece de adornos: *traje sencillo.* || *Fig.* Franco en el trato, llano: *hombre sencillo.* | Carente de refinamiento: *comida sencilla.* || — M. *Amer.* Dinero suelto.

senda f. Camino.

sendero m. Senda.

sendos, das adj. pl. Uno o una para cada cual de dos o más personas o cosas: *los soldados llevaban sendos fusiles.*

senectud f. Vejez.

senegalés, esa adj. y s. Del Senegal.

senil adj. Propio de los viejos.

senior m. (pal. lat.). Mayor, de más edad. (Se aplica para distinguir al padre del hijo con el mismo nombre: *Mr. John Mill, senior.*) || En deportes, participante que ha pasado la edad de los juniors (unos veinte años).

seno m. Concavidad, cavidad. || Cavidad en el espesor de un hueso: *el seno frontal.* | Pecho de mujer, mama. || *Fig.* Parte interna de una cosa. || *Geom.* Perpendicular tirada de uno de los extremos del arco al radio que pasa por el otro extremo.

sensación f. Impresión de los sentidos.

sensacional adj. Impresionante.

sensacionalismo m. Carácter sensacional.

sensacionalista adj. De carácter sensacional.

sensatez f. Buen sentido, cordura.

sensato, ta adj. Juicioso.

sensibilidad f. Facultad de sentir privativa de los seres animados. || Propensión del hombre a dejarse llevar por los afectos de compasión y ternura. || Receptividad para determinados efectos: *la sensibilidad de la placa fotográfica.*

sensibilizador, ra adj. Que hace sensible a la acción de la luz o de otro agente (ú. t. c. m.).

sensibilizar v. t. Hacer sensible.

sensible adj. Capaz de sentir física y moralmente: *corazón sensible.* || Perceptible, manifiesto, muy patente: *adelanto sensible.* || Que causa dolor: *pérdida sensible.* || *Fís.* Capaz de señalar o registrar muy leves diferencias: *termómetro sensible.*

sensitivo, va adj. Relativo a los sentidos. || Capaz de sensibilidad. || Que excita la sensibilidad.

sensual adj. Sensitivo. || Aplícase a los gustos y deleites de los sentidos. || Carnal: *apetito sensual.*

sensualidad f. Apego a los placeres sensuales.

sensuntepequense adj. y s. De Sensuntepeque (El Salvador).

sentado, da adj. Juicioso: *hombre sentado.* || Dar algo por sentado, considerar algo como cierto.

sentar v. t. Poner en un asiento (ú. t. c. pr.): *sentar al niño en su silla.* || Establecer: *sentar una verdad.* || — V. i. *Fig.* Caer bien, ir una prenda de vestir. | Cuadrar, convenir: *su modestia le sienta bien.* | Caer bien o mal un alimento o bebida en el estómago: *sentar bien la comida.* | Hacer provecho: *le sentó bien la ducha.*

sentencia f. Dicho que encierra doctrina o moralidad. || Resolución del tribunal, juez o árbitro.

sentenciar v. t. Dar sentencia. || Condenar.

sentencioso, sa adj. Que contiene sentencia.

sentido, da adj. Sincero: *dolor muy sentido.* || Dolido, resentido: *estoy muy sentido con él.* || Emotivo: *un sentido recuerdo.* || — M. Cada una de las facultades que tiene el hombre y cualquier animal de recibir por medio de determinados órganos corporales la impresión de los objetos externos: *el sentido de la vista.* || Entendimiento: *un hombre sin sentido.* || Modo de entender algo: *sentido del deber.* || Conocimiento: *perdió el sentido.* || Significado: *el sentido de una palabra.* || Objeto: *tu gestión no tiene sentido.* || Capacidad o aptitud para algo: *sentido del humor.* || Dirección: *van los dos en sentido opuesto.*

|| *Amer.* Sien. || *Fig.* Costar o valer un sentido, ser muy cara una cosa. || Sentido común, sensatez.

sentimental adj. Dícese de la persona inclinada a experimentar sentimientos afectivos (ú. t. c. s.).

sentimentalismo m. Estado de sentimental.

sentimiento m. Conocimiento. || Estado afectivo. || Pena, aflicción: *le acompaño en el sentimiento.*

sentir m. Sentimiento.

sentir v. t. Experimentar una impresión física. || Experimentar cierto sentimiento: *siento un gran amor por ella.* || Darse cuenta: *sentir el descontento del pueblo.* || Pensar: *se lo dije como lo sentía.* || Lamentar: *todos sentimos su muerte.* || Oír: *sentía ruidos.* || — V. pr. Encontrarse: *me siento feliz.*

sentón m. *Méx.* Golpe recibido al caer sentado.

seña f. Nota o indicio para dar a entender una cosa: *hacer señas.* || Cosa que conciertan dos personas para entenderse: *convenir una seña.* || Signo usado para acordarse de algo. || — Pl. Detalles del aspecto de una persona o cosa que se dan para reconocerla. || Domicilio, dirección: *dar sus señas.* || Signos, manifestaciones: *señas de contento.*

señal f. Marca o nota que se pone en algo para distinguirlo: *poner una señal en un naipe.* || Indicio, signo: *lo que me dices es buena señal.* || Gesto: *hacer una señal con la mano.* || Prueba: *señal de prosperidad.* || Hito, mojón para marcar un lindero. || Signo para recordar una cosa: *una señal en la página de un libro.* || Placa rotulada con símbolos que se pone en las vías de comunicación para regular o dirigir la circulación: *respetar las señales.* || Vestigio o impresión que queda de una cosa. || Cicatriz: *la señal de una herida.* || Dinero que se da como anticipo y garantía de un pago.

señalado, da adj. Famoso.

señalador m. *Méx.* Instrumento para señalar. || Útil para indicar el lugar donde se quedó la lectura de un libro.

señalamiento m. Acción de señalar.

señalar v. t. Poner una señal. || Ser seña de: *señalar el principio de la vejez.* || Mostrar: *señaló con el bastón.* || Hacer observar: *ya lo señalé anteriormente.* || Determinar, fijar: *señalar la fecha.* || Indicar: *el reloj señalaba las cinco.* || Hacer una herida que deje cicatriz: *le señaló la cara de un latigazo.* || Designar: *el soldado fue señalado para esta misión.* || — V. pr. Distinguirse.

señalización f. Conjunto de señales indicadoras.

señalizar v. t. Poner señales.

señor, ra adj. Noble, distinguido, señorial: *un gesto muy señor.* || *Fam.* Grande, hermoso. Ú. antepuesto al sustantivo: *tiene una señora fortuna.* || — M. y f. Dueño, amo, propietario: *un señor feudal.* || *Fig.* Persona distinguida, noble: *es un gran señor.* || Hombre, mujer, cuando se habla de persona desconocida: *una señora nos recibió amablemente.* || Tratamiento que se antepone al apellido de toda persona o al cargo que desempeña: *el señor Fox.* || Tratamiento que, seguido de *don,* o *doña,* se antepone al nombre y apellido: *Sr. D. Ricardo García.* || — M. Dios o Jesucristo en la Eucaristía (en esta acepción debe escribirse en mayúscula). || — F. Esposa, mujer: *de recuerdos a su señora.* || — *Nuestra Señora,* la Virgen María. || *Nuestro Señor,* Jesucristo.

señorear v. t. Dominar.

señoría f. Tratamiento de cortesía.

señorial adj. Relativo al señorío. || Noble.

señorío m. Dominio sobre algo. || Antiguo territorio del dominio de un señor. || *Fig.* Caballerosidad, dignidad. | Dominio de las pasiones.

señorita f. Tratamiento que dan los criados a las jóvenes a quienes sirven, y a veces a la señora. || Mujer soltera y joven.

señorito m. Tratamiento que dan los criados a los jóvenes a quienes sirven. || Joven acomodado.

señuelo m. Cualquier cosa que sirve de cebo.

sépalo m. Hoja del cáliz de la flor.

separación f. Acción de separar. || Espacio entre dos cosas distantes. || Interrupción de la vida conyugal sin llegar a romper el lazo matrimonial.

separar v. t. Poner a una persona o cosa fuera del contacto o proximidad de otra: *separar lo bueno de lo malo*. || Desunir lo que estaba junto: *separar un sello de un sobre*. || Apartar a dos o más personas que luchan entre sí. || Considerar aparte: *separar varios significados de un vocablo*. || Dividir: *el canal de Panamá separa América en dos*. || —V. pr. Retirarse, apartarse: *separarse de la política*. || Dejar de cohabitar los esposos.

separata f. Tirada aparte de un artículo.

separatismo m. Doctrina o partido separatista.

separatista adj. y s. Dícese de lo que labora por separar un territorio de un Estado.

sepelio m. Entierro.

sepia f. *Zool.* Jibia. || Color ocre (ú. t. c. s. m.).

septenio m. Siete años.

septeno, na adj. Séptimo.

septentrión m. Norte.

septentrional adj. Nórdico.

septeto m. *Mús.* Composición para siete instrumentos o voces. | Orquesta o coro de siete instrumentos o voces.

septicemia f. Infección de la sangre.

septicémico, ca adj. De la septicemia. || — M. y f. Persona que la padece.

septiembre m. Noveno mes del año.

séptimo, ma adj. Que sigue inmediatamente en orden al o sexto. || — M. Cada una de las siete partes en que se divide un todo.

septingentésimo, ma adj. Que ocupa el lugar setecientos. || — M. Cada una de las setecientas partes iguales de un todo.

septuagenario, ria adj. y s. De setenta años.

septuagésimo, ma adj. Que ocupa el lugar setenta. || — M. Cada una de las setenta partes iguales en que se divide un todo.

septuplicar v. t. Multiplicar por siete.

séptuplo, pla adj. y s. m. Dícese de la cantidad que incluye en sí siete veces a otra.

sepulcro m. Obra que se construye para la sepultura de los muertos.

sepultar v. t. Enterrar.

sepultura f. Entierro. || Fosa donde se entierra.

sepulturero m. Enterrador.

sequedad f. Calidad de seco.

sequía f. Falta de lluvia.

séquito m. Grupo de personas que acompañan a otra principal. || *Fig.* Secuela, acompañamiento.

ser m. Esencia o naturaleza: *ser orgánico*. || Ente, lo que es o existe: *el ser humano*. || Hombre, persona. || Naturaleza íntima de una persona.

ser v. sustantivo que afirma del sujeto lo que significa el atributo: *la nieve es blanca*. || — V. Auxiliar que sirve para la conjugación de todos los verbos

en la voz pasiva: *yo seré juzgado*. || — V. i. Haber o **SER** existir. || Pertenecer: *este diccionario es de mi hijo*. || Servir, tener utilidad: *este traje es para el invierno*. || Suceder: *la cosa fue bien*. || Corresponder, tocar: *este asunto no es de mi incumbencia*. || Formar parte de un cuerpo o asociación: *este funcionario es del ayuntamiento*. || Tener principio, origen o naturaleza: *yo soy de Jerez*.

serbio, bia adj. Relativo a los serbios y croatas. || — M. Lengua hablada en Serbia y Croacia.

serenar v. t. Moderar (ú. t. c. i. y pr.).

serenata f. Música o canciones que se ejecutan por la noche para rendir homenaje a alguien.

serenidad f. Calma, calidad de sereno.

sereno, na adj. *Fig.* Sosegado. || — M. Vigilante que ronda las calles durante la noche.

seri adj. y s. Relativo a un pueblo amerindio del norte de México e individuo de ese grupo.

serial m. Novela radiofónica o televisada que se da por episodios.

seriar v. t. Clasificar por series.

serie f. Conjunto de cosas relacionadas entre sí y que se suceden unas a otras: *una serie de hechos*. || *Mat.* Sucesión ininterrumpida de carambolas en el juego de billar. || Prueba preliminar deportiva para poder participar en una gran competición. || — *Electr.* En serie, dícese del montaje en que toda la electricidad pasa por el circuito. || Fabricación en serie, ejecución de un trabajo por un procedimiento mecánico que permite obtener un gran número de unidades por un precio mínimo.

seriedad f. Gravedad, formalidad.

serio, ria adj. Que tiene carácter grave, sentado: *persona seria*. || Severo en el semblante, en el modo de mirar o hablar. || Real, sincero: *promesas serias*. || Grave, importante: *enfermedad seria*.

sermón m. Discurso pronunciado en el púlpito por un sacerdote. || *Fig.* Represión.

sermonear v. t. Reprender.

seropositivo, va adj. Aplícase a la persona que lleva en su sangre anticuerpos contra la infección del sida.

serpenteado, da adj. Ondulado.

serpentear v. i. Moverse dando vueltas.

serpentín m. Tubo espiral del alambique.

serpentina f. Tira de papel arrollada que se arroja.

serpiente f. Cualquier reptil ofidio, generalmente de gran tamaño. || Culebra.

serrallo m. Harén.

serrana f. Serranilla.

serranía f. Espacio de terreno con montes.

serranilla f. Poesía de asunto rústico.

serrano, na adj. De la sierra (ú. t. c. s.). || *Jamón serrano*, el curado al aire de la montaña.

serrar v. t. Cortar con una sierra.

serrín m. Partículas finas de madera serrada.

serrucho m. Sierra de hoja ancha con mango.

servicial adj. Que sirve.

servicio m. Acción y efecto de servir. || Manera de servir o atender: *en este hotel el servicio es muy malo*. || Estado de sirviente: *muchacha de servicio*. || Servidumbre: *ahora es difícil encontrar servicio*. || Mérito que se hace sirviendo al Estado: *hoja de servicio*. || Culto. || Utilidad que se saca de una cosa: *este coche me presta buen servicio*. || Turno: *estoy de servicio*. || Disposición: *al servicio de alguien*. || Conjunto de la vajilla o de la mantelería: *servicio de mesa*.

|| Organismo que forma parte de un conjunto en una administración o en una actividad económica: *servicio de publicidad.* || En un hotel, restaurante o bar, porcentaje que se añade a la cuenta en concepto de la prestación hecha por los mozos o camareros: *allí el servicio es de un 15%.* || En el tenis, saque de la pelota. || — Pl. Parte de un alojamiento dedicada a la servidumbre. || Lavabo, aseo. || Producto de la actividad del hombre que no se presenta en forma material (transportes, espectáculos, etc.). || *Servicio militar,* el que tienen que prestar los ciudadanos para contribuir a la defensa del país.

servidor, ra m. y f. Persona que sirve a otra. || Encargado del manejo de un arma, de una máquina o de cualquier otra cosa. || Término de cortesía: *su seguro servidor.* || *Inform.* Computadora que controla una red conectada a la Internet. || *Servidor público,* persona que trabaja en la administración pública. || *Un servidor,* yo.

servidumbre f. Conjunto de criados. || Estado o condición de siervo. || *Fig.* Obligación o dependencia pesada. || *For.* Derecho que tiene una casa o heredad sobre otra: *servidumbre de vistas.*

servil adj. Relativo a criados.

servilismo m. Sumisión ciega.

servilleta f. Tela o papel para limpiarse la boca.

servir v. i. y t. Desempeñar ciertas funciones o cumplir con unos deberes para con una persona o colectividad. || Vender, suministrar mercancías: *servir un pedido.* || Ser útil: *este aparato no sirve para nada.* || Ser uno apto para algo: *yo no sirvo para periodista.* || Ser soldado en activo: *servir en filas.* || Asistir con naipe del mismo palo: *servir una carta.* || Poder utilizarse: *servir de instrumento.* || En tenis, hacer el saque. || Poner en la mesa: *servir el almuerzo.* || Presentar o dar parte de un manjar a un convidado. Ú. t. c. pr.: *sírvase más paella.* || Ser favorable: *esto sirve sus intereses.* || Dar culto: *servir a Dios.* || Obrar en favor de otro: *servir de introductor.* || — V. pr. Valerse de: *servirse de las manos.* || Tener a bien: *sírvase venir conmigo.* || Beneficiarse de: *servirse de sus amistades.*

sesear v. i. Pronunciar la *ce* o la *zeta* como *ese.*

sesenta adj. Seis veces diez. || Sexagésimo: *año sesenta.* || — M. Número igual a seis veces diez.

sesentavo, va adj. y s. m. Aplícase a cada una de las sesenta partes en que se divide un todo.

sesentón, ona adj. y s. Sexagenario.

seseo m. Pronunciación de la *c* o la *z* como *ese.*

sesgar v. t. Cortar el sesgo.

sesgo, ga adj. Oblicuo. || — M. Oblicuidad. || *Fig.* Rumbo, camino: *este asunto tomó mal sesgo.*

sesión f. Reunión de un cuerpo deliberante. || Tiempo que dura. || Función de teatro o cine.

sesionar v. i. Celebrar sesión o asistir a ella.

seso m. Cerebro.

seta f. Hongo de sombrerillo.

setecientos, tas adj. Siete veces ciento. || Septingentésimo: *número, año, setecientos.* || — M. Número equivalente a siete veces ciento.

setenta adj. Siete veces diez. || Septuagésimo. || — M. Número equivalente a siete veces diez.

setentón, ona adj. y s. Septuagenario.

setiembre m. Septiembre.

seto m. Cercado, valla.

seudo, prefijo que significa *supuesto, falso.*

seudónimo m. Nombre adoptado por algún autor o artista en vez del suyo.

severidad f. Rigor. || Seriedad.

severo, ra adj. Riguroso: *castigo severo.* || Sin adornos. || *Grave: severa derrota.*

seviche m. *Amer.* Pescado crudo aderezado.

sevicia f. Crueldad excesiva.

sevillano, na adj. y s. De Sevilla (España). || — F. pl. Danza y música que la acompaña propias de la provincia de Sevilla.

sexagenario, ria adj. y s. Que ha cumplido sesenta años y tiene menos de setenta.

sexagésimo, ma adj. Que ocupa el lugar sesenta. || — M. Cada una de las sesenta partes iguales en que se divide un todo.

sexcentésimo, ma adj. Que ocupa el lugar seiscientos. || — M. Cada una de las seiscientas partes iguales en que se divide un todo.

sexenio m. Período de seis años.

sexismo m. Actitud discriminatoria de los hombres en su trato con las mujeres.

sexista adj. Relativo al sexismo. || Partidario del sexismo (ú. t. c. s.).

sexo m. En los seres humanos, animales y plantas, condición orgánica que distingue el macho de la hembra. || Órgano de la generación. || Circunstancia de ser macho o hembra.

sexteto m. *Mús.* Composición para seis instrumentos o seis voces. || Orquesta de seis instrumentos o coro de seis voces.

sexto, ta adj. y s. Que sigue inmediatamente al o a lo quinto. || — M. Cada una de las seis partes iguales en que se divide un todo.

sextuplicar v. t. Multiplicar por seis. || Hacer seis veces mayor una cosa.

séxtuplo, pla adj. Que incluye en sí seis veces una cantidad. || — M. Número seis veces mayor.

sexual adj. Relativo al sexo. || *Órganos sexuales,* los de la generación o reproducción.

sexualidad f. Característica de cada sexo.

short [*chort*] m. Pantalón corto.

show m. (pal. ingl.). Espectáculo.

shullo m. *Per.* Gorro con orejeras.

si conj. Implica o denota condición o hipótesis: *si lloviera iría en coche.* || A principio de cláusula da énfasis a las expresiones de duda, deseo o aseveración: *si ayer lo negaste, ¿cómo te atreves a afirmarlo hoy?* || Precedida de *como* o de *que* se emplea en conceptos comparativos. || En lenguaje indirecto sirve para expresar la afirmación: *dime si quieres ir al cine.* || En expresiones ponderativas equivale a *cuanto: ¡mira si sabe este niño!* || Exclamación de sorpresa: *¡sí será posible!*

si m. *Mús.* Séptima nota de la escala.

Si, símbolo químico del *silicio.*

sí pron. Forma reflexiva del pron. pers. de tercera persona empleada siempre con preposición: *de sí; por sí; para sí.* || — *Dar de sí,* alargarse, estirarse. || *Volver en sí,* recobrar el sentido.

sí adv. Se emplea para responder afirmativamente: *¿tienes dinero suficiente? — Sí.* || — M. Consentimiento: *dar el sí.* (Pl. *síes.*)

sial m. Parte superficial de la corteza terrestre.

siamés, esa adj. y s. De Siam. || *Dícese* de una raza de gatos. || *Hermanos siameses,* mellizos que nacen unidos por cualquier parte del cuerpo.

sibarita adj. y s. Aficionado a los placeres.

sibaritismo m. Vida regalada.

siberiano, na adj. y s. De Siberia.

sibila f. Adivina.

sic adv. lat. Así (se usa entre paréntesis para indicar que se cita textualmente).

sicario m. Asesino asalariado.

siciliano, na adj. y s. De Sicilia (Italia).

sicoanálisis m. Psicoanálisis.

sicoanalista m. y f. Psicoanalista.

sicología f. Psicología.

sicológico, ca adj. Psicológico.

sicólogo, ga m. y f. Psicólogo.

sicópata com. Psicópata.

sicopatía f. Psicopatía.

sicosis f. Psicosis.

sicu o **siku** m. Amer. Flauta de Pan, instrumento musical formado por dos hileras de tubos.

sida m. Síndrome de inmunodeficiencia adquirida o enfermedad en la que los organismos de los aquejados por ella quedan sin defensa alguna para afrontar los agentes infecciosos externos.

siderurgia f. Arte de elaborar acero.

siderúrgico, ca adj. Relativo a la siderurgia.

sidra f. Bebida alcohólica obtenida por la fermentación del zumo de las manzanas.

siega f. Corte de las mieses.

siembra f. Acción de sembrar.

siempre adv. En todo o cualquier tiempo: *siempre han ocurrido desgracias.* ‖ En todo caso.

sien f. Parte lateral de la cabeza, entre la frente, la oreja y la mejilla.

sierra f. Herramienta que sirve para cortar madera, piedra, etc. ‖ Cordillera de montes. ‖ *Pez sierra,* variedad de pez espada.

siervo, va m. y f. Esclavo.

sieso m. Ano.

siesta f. Sueño después de haber almorzado.

siete adj. Seis más uno. ‖ Séptimo. ‖ — M. Número equivalente a seis más uno. ‖ Carta de siete puntos. ‖ Desgarradura en forma de ángulo.

sietemesino, na adj. y s. Nacido a los siete meses de engendrado.

sífilis f. Enfermedad venérea.

sifilítico, ca adj. Relativo a la sífilis. ‖ Enfermo de sífilis (ú. t. c. s.).

sifón m. Tubo en el que se hace el vacío y sirve para trasegar líquidos de un recipiente a otro. ‖ Dispositivo consistente en un tubo acodado, que siempre contiene agua, y sirve para aislar de los malos olores en las cañerías de fregaderos, retretes, etc. ‖ Botella de agua gaseosa provista de un tubo acodado y de una espita para vaciarla.

sigilo m. Secreto, silencio.

sigiloso, sa adj. Silencioso.

sigla f. Letra inicial usada como abreviatura: *O.N.U. son las siglas de la Organización de las Naciones Unidas.*

siglo m. Período de cien años. ‖ Época en que vive uno: *nuestro siglo.* ‖ *Fig.* Mucho tiempo: *hace un siglo que no te veo.* ‖ — *Siglo de las Luces* o *de la Ilustración,* nombre dado al siglo XVIII por el movimiento de la Ilustración que se produjo en él. ‖ *Siglo de Oro,* época de mayor esplendor en las artes, las letras, etc.

sigma f. Decimoctava letra del alfabeto griego.

signatario, ria adj. y s. Firmante.

significación f. Significado. ‖ Importancia.

significado, da adj. Conocido, importante. ‖ — M. Manera como se ha de entender algo.

significante m. Manifestación fónica de un signo lingüístico.

significar v. t. Ser una cosa representación o indicio de otra: *la bandera blanca significa rendición.* ‖ Representar una palabra, una idea o una cosa material: *rezar significa rogar a Dios.* ‖ Equivaler: *esto significaría la derrota.* ‖ Hacer saber, indicar: *significar sus intenciones.* ‖ — V. i. Representar, tener importancia: *esto no significa nada para mí.* ‖ — V. pr. Hacerse notar, distinguirse.

significativo, va adj. Que tiene significado claro.

signo m. Representación material de una cosa, figura o sonido que tiene un carácter convencional: *signos de puntuación.* ‖ *Mat.* Señal en los cálculos para indicar las operaciones: *el signo +.* ‖ Indicio, señal: *signos de tormenta.* ‖ Tendencia: *un movimiento de signo derechista.* ‖ Cada una de las doce divisiones del Zodiaco. ‖ En lingüística, unidad que consta de forma de contenido (significado) y forma de expresión (significante).

siguiente adj. Que sigue.

sílaba f. Sonido que se emite de una sola vez.

silampa f. Amér. C. Llovizna.

silba f. Pita, acción de silbar.

silbar v. i. Producir el aire un sonido agudo al pasar por un espacio estrecho: *las ventanas silbaban con el viento.* ‖ Producir este sonido una persona con la boca o un silbato. ‖ Agitar el aire produciendo un ruido parecido al silbido: *las balas silbaban.* ‖ Pitar: *la locomotora silba antes de arrancar.* ‖ *Fig.* Manifestar su desaprobación con silbidos. Ú. t. c. t.: *silbar a un actor.*

silbato m. Instrumento que produce un silbido o silba cuando se sopla en él.

silbido o **silbo** m. Sonido agudo que hace el aire al pasar por un sitio estrecho. ‖ Acción de silbar.

silenciador m. Amortiguador del ruido.

silenciar v. t. Callar.

silencio m. Abstención de hablar: *permanecer en silencio.* ‖ Ausencia de ruido: *haber silencio.*

silencioso, sa adj. Que calla. ‖ Sin ruido.

sílex m. Pedernal.

sílfide f. Ninfa.

silicato m. Sal de ácido silícico y una base.

sílice m. Combinación de silicio y oxígeno, que produce el cuarzo y el ópalo.

silicio m. Metaloide (Si), análogo al carbono.

silla f. Asiento individual con respaldo y por lo general cuatro patas: *silla de rejilla.* ‖ Aparejo para montar a caballo: *silla inglesa.* ‖ Sede de un prelado: *la silla de Toledo.* ‖ Dignidad de papa y de otras autoridades eclesiásticas: *la silla pontificia.* ‖ — *Silla de tijera,* la que es plegable. ‖ *Silla eléctrica,* asiento donde se ejecuta a los condenados a muerte por medio de la electrocución.

sillar m. Piedra grande usada en construcción.

sillería f. Conjunto de asientos.

sillín m. Asiento de bicicleta o moto.

sillón m. Silla de brazos.

silo m. Lugar o edificio donde se guarda el trigo.

silogismo m. Argumento de lógica que consta de tres proposiciones, la última de las cuales (*conclusión*) se deduce de las otras dos (*premisas*).

silueta f. Dibujo sacado siguiendo los contornos de un objeto. ‖ Figura, líneas generales del cuerpo: *silueta esbelta.* ‖ Imagen de un objeto cuyo contorno se dibuja claramente sobre el fondo.

SIL **silúrico, ca** o **siluriano, na** adj. y s. m. Aplícase a un terreno sedimentario antiguo comprendido entre el cambriano y el devónico.

siluro m. Pez de agua dulce parecido a la anguila.

silvestre adj. Que se cría o crece sin cultivo.

sima f. Abismo, cavidad muy profunda en la tierra. || Zona intermedia de la corteza terrestre entre el *nife* y el *sial*.

simbiosis f. Asociación entre personas.

simbólico, ca adj. Que sólo tiene apariencia.

simbolismo m. Sistema de símbolos con que se representa algo. || Movimiento poético, literario y artístico, nacido en Francia a fines del siglo XIX.

simbolizar v. t. Representar con un símbolo.

símbolo m. Cosa que se toma como representación de un concepto: *el laurel es el símbolo de la victoria*. || *Quím.* Letra o letras adoptadas para designar los cuerpos simples.

simetría f. Correspondencia entre los elementos de un conjunto.

simétrico, ca adj. Con simetría.

simiente f. *Bot.* Semilla.

símil m. Comparación.

similar adj. Semejante.

similitud f. Semejanza.

simio m. Mono.

simpatía f. Inclinación natural por la cual dos personas se sienten mutuamente atraídas: *le tengo simpatía*. || Amabilidad, manera de ser de una persona grata y atractiva para las demás.

simpático, ca adj. Que inspira simpatía (ú. t. c. s.): *persona simpática*. || Agradable: *reunión simpática*. || *Gran simpático*, parte del sistema nervioso que regula la vida vegetativa.

simpatizante adj. y s. Que tiene simpatías.

simpatizar v. i. Sentir simpatía.

simple adj. Que no está compuesto de varias partes: *un cuerpo simple*. || Sencillo, único, sin duplicar: *una simple capa de yeso*. || Fácil, que no presenta dificultad: *un trabajo simple*. || Que basta por sí solo: *le calló con una simple palabra*. || Sin adornos superfluos: *estilo simple*. || Que rehúye la afectación: *carácter simple*. || Aplícase a la persona falta de inteligencia o astucia (ú. t. c. s.). || — M. Partido de tenis entre dos adversarios.

simpleza f. Tontería, necedad.

simplicidad f. Sencillez.

simplificación f. Acción y efecto de simplificar.

simplificar v. t. Hacer más sencilla una cosa.

simplista adj. Aplícase al razonamiento, acto o teoría carente de base lógica y que pretende resolver fácilmente lo que de suyo es complicado. || Dícese de la persona que generalmente tiende a ver soluciones fáciles en todo (ú. t. c. s.).

simplón, ona y **simplote, ta** adj. y s. Ingenuo.

simposio o **simposium** m. Reunión de especialistas para estudiar a fondo algún asunto.

simulación f. Acción de simular o fingir.

simulacro m. Acción por la que se aparenta algo.

simulador, ra adj. y s. Que simula algo.

simular v. t. Dar la apariencia de algo que no es.

simultanear v. t. Realizar al mismo tiempo.

simultaneidad f. Existencia simultánea.

simultáneo, a adj. Que se hace u ocurre al mismo tiempo. || — F. pl. Enfrentamiento de un jugador de ajedrez contra varios tableros.

simún m. Viento abrasador del Sahara.

sin prep. Denota carencia o falta: *estaba sin un céntimo*. || *Sin embargo*, no obstante.

sinagoga f. Lugar donde se reúnen los judíos para el culto. || Reunión religiosa de los judíos.

sinaloense adj. y s. De Sinaloa (México).

sinceano, na adj. y s. De Sincé (Colombia).

sincelejano, na adj. y s. De Sincelejo (Colombia).

sincerarse v. pr. Hablar sinceramente.

sinceridad f. Calidad de sincero.

sincero, ra adj. Que habla o actúa sin doblez.

síncopa f. Supresión de un sonido o de una sílaba en el interior de una palabra: *hidalgo es la síncopa de hijodalgo*.

síncope m. Síncopa de una palabra. || *Med.* Suspensión momentánea o disminución de los latidos del corazón, por falta de presión sanguínea, que causa la pérdida del conocimiento.

sincronía f. Coincidencia de varias cosas.

sincrónico, ca adj. Que sucede al mismo tiempo.

sincronismo m. Circunstancia de ocurrir varias cosas al mismo tiempo.

sincronización f. Acción de sincronizar.

sincronizado, da adj. Dícese de lo que sucede con los mismos movimientos y al mismo tiempo que algo más.

sincronizar v. t. Hacer que coincidan en el tiempo varios movimientos o fenómenos.

sindicación f. Adhesión a un sindicato.

sindicado, da adj. De un sindicato (ú. t. c. s.).

sindical adj. Relativo al síndico o al sindicato.

sindicalismo m. Sistema de organización laboral por medio de sindicatos.

sindicalista adj. Del sindicalismo. || Partidario del sindicalismo o miembro de un sindicato (ú. t. c. s.).

sindicalizar v. t. Sindicar.

sindicar v. t. Organizar en sindicato a los de una misma profesión. || — V. pr. Afiliarse a un sindicato.

sindicato m. Agrupación formada para la defensa de intereses profesionales comunes.

síndico m. Persona que defiende los intereses de una comunidad. || Liquidador de una quiebra.

síndrome m. Conjunto de síntomas.

sine qua non loc. lat. Indispensable.

sinfín m. Infinidad.

sinfonía f. *Mús.* Conjunto de voces, instrumentos, o ambas cosas, que suenan a la vez. || Sonata para orquesta caracterizada por la multiplicidad de músicos y la variedad de timbres de los instrumentos. || *Fig.* Acorde de varias cosas que producen una sensación agradable.

sinfónico, ca adj. De la sinfonía. || — F. Orquesta.

singladura f. Distancia recorrida por una nave en veinticuatro horas. || *Fig.* Rumbo. | Camino, senda.

singular adj. Único, solo, sin par. || *Fig.* Fuera de lo común, excepcional, raro: *hecho singular*. || *Gram.* Aplícase al número de una palabra que se atribuye a una sola persona o cosa o a un conjunto de personas o cosas (ú. t. c. s. m.).

singularidad f. Condición de singular.

singularizar v. t. Particularizar (ú. t. c. pr.).

sinhueso f. *Fam.* Lengua.

siniestrado, da adj. y s. Víctima de un siniestro.

siniestro, tra adj. Izquierdo: *lado siniestro*. || *Fig.* Funesto: *año siniestro*. || — M. Daño o pérdida que sufren las personas o cosas y que hace entrar en acción la garantía del asegurador. || — F. La mano izquierda.

sino m. Destino, hado, suerte.

sino conj. Sirve para contraponer a un concepto afirmativo otro negativo: *no lo hizo él, sino yo.* || Salvo, excepto: *nadie le conoce sino Pedro.*

sínodo m. Reunión de eclesiásticos.

sinonimia f. Circunstancia de ser sinónimo.

sinónimo, ma adj. Aplícase a los vocablos que tienen una significación idéntica o muy parecida (ú. t. c. s. m.).

sinóptico, ca adj. Dícese de lo que permite apreciar las diversas partes de un todo: *tabla sinóptica.*

sinovia f. Humor viscoso que lubrica las articulaciones óseas.

sinsabor m. Pesar, disgusto.

sintagma m. Unión de dos o más unidades lingüísticas consecutivas.

sintaxis f. Parte de la gramática que estudia la coordinación de las palabras en las oraciones.

síntesis f. Exposición que reúne los distintos elementos de un conjunto.

sintético, ca adj. Relativo a la síntesis: *emplear un método sintético.* || Que resume, que sintetiza. || Aplícase a los productos obtenidos por procedimientos industriales que reproducen la composición y propiedades de algunos cuerpos naturales: *caucho, tela, alimentos sintéticos.*

sintetizar v. t. Preparar por síntesis. || Resumir.

síntoma m. Fenómeno revelador de una enfermedad. || *Fig.* Indicio.

sintomático, ca adj. Revelador.

sintonía f. Adaptación de un aparato receptor de radio o televisión a la longitud de onda de la emisora. || Música característica que anuncia el comienzo de una emisión radiofónica o televisada.

sintonización f. Pulsación de los mandos adecuados para poner un receptor en sintonía.

sintonizar v. t. Poner el receptor de radio o de televisión en sintonía con la estación emisora.

sinuosidad f. Calidad de sinuoso.

sinuoso, sa adj. Que tiene recodos: *camino sinuoso.* || *Fig.* Poco claro.

sinvergonzada, sinvergonzonada y **sinvergonzonería** f. Falta de vergüenza.

sinvergüenza adj. y s. *Fam.* Pillo, granuja. | Desvergonzado, descarado.

sionismo m. Movimiento que propugnaba el establecimiento de un Estado judío autónomo en Palestina, fin logrado al crearse Israel en 1948.

sionista adj. Relativo al sionismo. || Adepto a este movimiento (ú. t. c. s.).

sique y **siquis** f. Psique.

siquiatra o **siquiatra** m. o f. Psiquiatra.

siquiatría f. Psiquiatría.

siquiátrico, ca adj. Psiquiátrico.

síquico, ca adj. Psíquico.

siquiera conj. Equivale a *bien que, aunque.* || — Adv. Por lo menos: *déjame siquiera un poco.*

sirena f. *Mit.* Ser fabuloso con busto de mujer y cuerpo de pez. || *Fig.* Mujer seductora. || Señal acústica que emite un sonido intenso y se utiliza para avisar la entrada y salida en las fábricas, para anunciar una alarma aérea, para que puedan abrirse paso las ambulancias, etc.

siringa f. Árbol de caucho. || Zampoña.

sirio, ria adj. y s. De Siria.

siroco m. Viento caluroso.

sirvienta f. Criada.

sirviente adj. Que sirve a otra persona (ú. t. c. s.). || — M. Servidor, criado.

sisa f. Robo en cosas menudas.

sisa f. Corte curvo de una prenda de vestir en donde se halla la axila.

sisal m. Variedad de agave de México.

sisar v. t. Hurtar.

sisear v. t. e i. Pronunciar repetidamente el sonido inarticulado de *s* y *ch* para mostrar desagrado o para llamar la atención: *sisearon al actor.*

siseo m. Acción de sisear.

sismicidad f. Propensión a la ocurrencia de sismos.

sísmico, ca adj. Del seísmo.

sismógrafo m. Aparato para medir y registrar la intensidad de los temblores de tierra.

sistema m. Conjunto de principios coordinados para formar un todo científico o un cuerpo de doctrina: *sistema filosófico.* || Combinación de varias partes reunidas para conseguir cierto resultado o formar un conjunto: *sistema nervioso, solar.* || Combinación de procedimientos destinados a producir cierto resultado: *sistema de educación, de defensa.* || Manera de estar dispuesto un mecanismo: *un sistema de alumbrado.* || Modo de gobierno, de administración o de organización social: *sistema monárquico.* || Manera ordenada de hacer las cosas: *hacer un trabajo con sistema.* || Conjunto de unidades fijadas para expresar las medidas principales de modo racional: *sistema decimal.*

sistemático, ca adj. Relativo a un sistema o hecho según un sistema. || — F. Ciencia de la clasificación.

sistematización f. Acción de sistematizar.

sistematizar v. t. Organizar con sistema.

sístole f. Período de contracción del músculo cardiaco que provoca la circulación de la sangre.

sitiar v. t. Cercar un lugar para apoderarse de él.

sitio m. Lugar, espacio que ocupa una persona o cosa. || *Méx.* Lugar de estacionamiento de taxis. || Acción y efecto de sitiar un lugar. || *Sitio arqueológico,* lugar donde hay vestigios arqueológicos.

sito, ta adj. Situado.

situación f. Posición: *la situación de una casa.* || Estado de los asuntos políticos, diplomáticos, económicos, etc.: *la situación política internacional.* || Estado característico de los personajes de una obra de ficción: *situación dramática.*

situado, da adj. Colocado. || Que tiene una buena situación económica o social.

situar v. t. Poner, colocar (ú. t. c. pr.). || — V. pr. Abrirse camino en la vida.

siútico, ca adj. *Chil.* Cursi.

siutiquería y **siutiquez** f. *Chil.* Cursilería.

smog m. Esmog.

smoking m. Traje de ceremonia con solapas de raso utilizado por los hombres.

Sn, símbolo químico del *estaño.*

snob adj. y s. (pal. ingl.). Esnob.

snobismo m. Esnobismo.

so m. Palabra usada seguida de adjetivos despectivos para reforzar su sentido: *so tonto.*

so prep. Bajo: *so capa de, so pena de,* etc.

¡so!, interj. empleada para que se detengan las caballerías.

SO., abreviatura de *suroeste* o *sudoeste.*

soba f. Manoseo. || Paliza.

sobaco m. Concavidad en el arranque del brazo con el cuerpo.

sobado, da adj. Gastado. || *Fig.* Manido, trillado.

sobadura f. Soba.

sobar v. t. Manosear repetidamente.

soberanía f. Calidad de soberano, de autoridad suprema. || Territorio de un príncipe soberano o de un país. || Poder supremo del Estado.

soberano, na adj. Que ejerce o posee la autoridad suprema: *príncipe soberano* (ú. t. c. s.). || *Fig.* Extremo, muy grande: *una soberana lección.* || — M. y f. Rey, reina, monarca.

soberbia f. Orgullo y amor propio desmedidos.

soberbio, bia adj. Orgulloso. || Magnífico.

sobornar v. t. Corromper.

soborno m. Corrupción de alguien por medio de dádivas. || Dádiva con que se soborna.

sobra f. Resto. || *De sobra,* más que lo necesario.

sobrado, da adj. Demasiado, suficiente, bastante, que sobra. || — M. Desván. || *Arg.* Vasar.

sobrador, ra adj. y s. *Arg., Bol., Chil., Parag.* y *Urug.* Que sobra, muestra superioridad.

sobrante adj. Que sobra. || — M. Resto.

sobrar v. i. Estar una cosa de más.

sobrar v. t. *Arg., Bol., Chil., Parag.* y *Urug.* Mostrar superioridad burlona.

sobre m. Cubierta de papel que encierra una carta. || Bolsa de papel, de materia plástica o de papel de estaño, que contiene una materia en polvo: *un sobre de sopa.*

sobre prep. Encima: *sobre la mesa.* || Acerca de: *discutir sobre política.* || Aproximadamente: *tendrá sobre 25 hectáreas.* || Además de, por encima de: *pagó un 20% sobre lo estipulado.* || Prefijo unido a otra palabra y utilizado para aumentar la significación de ésta: *sobresaliente, sobrecargar.* || Se emplea también para indicar una idea de repetición, de abundancia: *en aquella época había crímenes sobre crímenes.* || Por encima de: *cinco grados sobre cero.* || *— Ir sobre seguro,* no arriesgar. || *Sobre todo,* principalmente.

sobreabundancia f. Abundancia excesiva.

sobreabundante adj. Excesivo.

sobreabundar v. i. Abundar mucho.

sobrealimentación f. Método terapéutico consistente en aumentar anormalmente la cantidad de alimento que se da a un enfermo.

sobrealimentar v. t. Dar a alguien una ración alimenticia superior a la normal (ú. t. c. pr.).

sobrecama m. Colcha.

sobrecarga f. Carga excesiva.

sobrecoger v. t. Coger desprevenido. || Asustar (ú. t. c. pr.).

sobredosis f. Dosis excesiva.

sobreentender v. t. Sobrentender (ú. t. c. pr.).

sobreentendido, da adj. Que se sobreentiende, implícito.

sobreexceder v. t. Sobrexceder.

sobreexcitación f. Sobrexcitación.

sobreexcitar v. t. Sobrexcitar.

sobregirar v. t. Sobrepasar el crédito disponible.

sobreexplotación f. Acción y efecto de sobreexplotar.

sobreexplotar v. t. Abusar de un recurso natural.

sobrehumano, na adj. Superior a lo humano.

sobrellevar v. t. Soportar.

sobremanera adv. Mucho.

sobremesa f. Tapete que se pone sobre la mesa. || Tiempo que los comensales siguen reunidos después de haber comido.

sobrenatural adj. Dícese de lo que no sucede según las leyes de la naturaleza.

sobrenombre m. Nombre añadido al apellido.

sobrentender v. t. Entender una cosa que no está expresa, pero que se deduce (ú. t. c. pr.).

sobrepaga f. Suplemento a la paga.

sobrepasar v. t. e i. Exceder. || Adelantar.

sobrepeso m. Sobrecarga.

sobreponer v. t. Poner una cosa encima de otra. || *Fig.* Anteponer.

sobresaliente adj. Que sobresale. || — M. Calificación máxima en los exámenes: *obtener un sobresaliente.* || — M. y f. *Fig.* Persona que suple la falta de otra, como un comediante, un torero.

sobresalir v. i. Exceder una persona o cosa a otras en figura, tamaño, etc. || Ser más saliente, resaltar: *la cornisa sobresalía medio metro.* || *Fig.* Destacarse o distinguirse por algo.

sobresaltar v. t. Asustar (ú. t. c. pr.).

sobresalto m. Temor.

sobresdrújulo, la adj. y s. Aplícase a las voces que llevan un acento en la sílaba anterior a la antepenúltima: HABIÉNDOSEME.

sobreseer v. t. *For.* Suspender un procedimiento.

sobreseimiento m. Interrupción, suspensión.

sobrestimación f. Estimación por encima del valor real.

sobrestimar v. t. Estimar más que su valor.

sobrevenir v. i. Suceder.

sobrevivir v. i. Vivir uno más que otro o después de un determinado suceso o plazo.

sobrevolar v. t. Volar por encima de.

sobrexceder v. t. Exceder.

sobrexcitación f. Excitación excesiva.

sobrexcitar v. t. Excitar más de lo normal.

sobriedad f. Moderación.

sobrino, na m. y f. Hijo o hija del hermano o hermana (sobrinos carnales) o del primo o la prima (sobrinos segundos).

sobrio, bria adj. Moderado.

socarrón, ona adj. y s. Burlón.

socarronería f. Malicia, burla.

socavar v. t. Excavar, cavar. || Hacer un hueco por debajo de un terreno o dejándole en falso: *el agua socavó los cimientos.* || *Fig.* Minar, debilitar: *socavar la moral.*

socavón m. Hundimiento del suelo.

sociabilidad f. Cualidad de quien se relaciona bien con los demás.

sociable adj. Que gusta y busca la compañía de sus semejantes.

social adj. Relativo a la sociedad o a una compañía mercantil.

socialdemocracia f. Partido o doctrina de tendencia socialista moderada.

socialdemócrata adj. Relativo a la socialdemocracia. || Partidario de ella (ú. t. c. s.).

socialismo m. Doctrina socioeconómica y política que preconiza una distribución más equitativa de la riqueza basada en el principio de la colectivización de los medios de producción.

socialista adj. Relativo al socialismo. || Perteneciente al socialismo (ú. t. c. s.).

socialización f. Colectivización de los medios de producción, de las fuentes de riqueza, etc.

socializar v. t. Poner al servicio del conjunto de la sociedad determinados medios de producción.

sociedad f. Reunión de hombres o de animales sometidos a leyes comunes: *las sociedades primitivas.* || Medio humano en el que está integrada una persona: *deberes para con la sociedad.* || Asociación de personas sometidas a un reglamento común, o dirigidas por convenciones tendentes a una actividad común o en defensa de sus intereses: *sociedad literaria, deportiva.* || Reunión de personas formada por el conjunto de los seres humanos con quienes se convive: *huir de la sociedad por misantropía.* || Conjunto de personas más distinguidas, afortunadas y de alta categoría social: *pertenecer a la alta sociedad.* || Contrato por el que dos o más personas ponen en común su ya sea capitales su sea capacidades industriales con objeto de alcanzar unos beneficios que se repartirán más tarde entre ellas. || Persona moral o entidad creada por este contrato. || — *Sociedad anónima,* la constituida por acciones transferibles y en la que la responsabilidad económica se limita al valor de dichas acciones (abreviatura S. A.). || *Sociedad comanditaria* o *en comandita* o *de responsabilidad limitada,* forma intermedia entre la anónima y la colectiva en que hay dos clases de socios, unos que poseen los mismos derechos y obligaciones que los de una sociedad colectiva y otros, denominados comanditarios, que tienen limitados los beneficios y la responsabilidad.

socio, cia m. y f. Miembro de una sociedad, de un club. || *Fam.* Individuo, persona: *¡vaya un socio!*

sociología f. Ciencia que trata de la constitución y desarrollo de las sociedades humanas.

sociólogo, ga m. y f. Especialista en sociología.

socorrer v. t. Ayudar.

socorrismo m. Método para prestar los primeros auxilios en caso de accidente: *curso de socorrismo.*

socorro m. Ayuda, auxilio, asistencia. || — *Casa de socorro,* clínica de urgencia donde se prestan los primeros cuidados. || *¡Socorro!, ¡auxilio!*

soda f. *Quím.* Sosa. || Bebida de agua gaseosa.

sódico, ca adj. De sodio.

sodio m. Metal alcalino (Na).

sodomía f. Relación sexual entre varones.

soez adj. Indecente, grosero.

sofá m. Asiento con respaldo y brazos para dos o más personas.

sofisma m. Razonamiento falso.

sofista adj. y s. Que utiliza sofismas. || — M. En la Grecia antigua, filósofo de cierta escuela.

sofística f. Movimiento filosófico de la escuela de los sofistas existente en Atenas en la segunda mitad del siglo v a. de J.C.

sofisticación f. Afectación excesiva, falta de naturalidad. || Complicación y perfección técnica.

sofisticado, da adj. Desprovisto de naturalidad, artificioso, afectado: *una muchacha muy sofisticada.* || Dícese del mecanismo o aparato de muy complicada técnica: *avión de caza muy sofisticado.*

sofisticar v. t. Adulterar con sofismas. || Quitar naturalidad a una persona a base de artificio. || Perfeccionar técnicamente un sistema, un aparato.

sofocación f. Sentimiento ansioso de opresión que molesta la respiración. || *Fig.* Enojo grande.

sofocante adj. Que sofoca.

sofocar v. t. Ahogar, impedir la respiración: *un calor que sofoca* (ú. t. c. pr.). || Apagar, extinguir: *sofocar un incendio.* || *Fig.* Dominar, reducir: *sofocar una rebelión.* || — V. pr. Irritarse.

sofoco m. Sofocación. || Sensación de ahogo.

sofreír v. t. Freír ligeramente.

software m. Logicial.

soga f. Cuerda gruesa.

soja f. Planta de cuyo fruto se extrae un aceite comestible.

sojuzgar v. t. Avasallar.

sol m. Astro central, luminoso, del sistema planetario en que vivimos y alrededor del cual giran los planetas. || Imagen simbólica del Sol. || Luz, calor del Sol. || Día. || Unidad monetaria del Perú, sustituida en 1986 por el *inti.* || *Fig.* Encanto: *¡qué sol de niño!* || Persona a quien se quiere mucho: *ella es el sol de mi vida.*

sol m. Quinta nota de la escala musical. || Signo que la representa.

solamente adv. m. Únicamente.

solanáceo, a adj. y s. f. Dícese de las plantas con flores acampanadas y fruto en baya, como la tomatera, la patata, la berenjena, el tabaco.

solapa f. Parte de la chaqueta o abrigo, junto al cuello, que se dobla hacia afuera. || Parte del sobre de carta que sirve para cerrarla. || Prolongación lateral de la sobrecubierta de un libro que se dobla hacia adentro. || Carterilla de un bolsillo.

solapado, da adj. Hipócrita.

solar adj. Relativo al Sol: *día solar.* || — M. Terreno donde se edifica. || Suelo: *el solar patrio.*

solar v. t. Revestir el suelo con entarimado, ladrillos, losas, etc.: *solar la cocina con mosaicos.*

solario m. Lugar habilitado para tomar el sol.

solaz m. Recreo, esparcimiento.

solazar v. t. Dar solaz (ú. t. c. pr.).

soldadera f. *Méx.* Mujer que acompañaba a los soldados durante la Revolución Mexicana.

soldado m. Persona que sirve en el ejército.

soldador, ra m. y f. Obrero que suelda.

soldadura f. Modo de unión permanente de dos piezas metálicas o de determinados productos sintéticos ejecutado por medios térmicos. || Aleación fusible a baja temperatura, a base de estaño, utilizada para realizar la unión de dos metales. || Juntura de dos piezas soldadas.

soldar v. t. Unir por medio de una soldadura. || — V. pr. Unirse.

solear v. t. Poner al sol.

solecismo m. Vicio de dicción consistente en una falta de sintaxis o en el empleo incorrecto de una palabra o expresión.

soledad f. Vida solitaria; estado de una persona retirada del mundo o momentáneamente sola. || Sitio solitario, desierto. Ú. m. en pl.: *en las soledades de la Pampa.* || *Fig.* Estado de aislamiento: *soledad moral.*

solemne adj. Celebrado con pompa o ceremonia: *sesión solemne.* || Enfático, grave, majestuoso: *tono solemne.* || *Fig.* Enorme, descomunal.

solemnidad f. Carácter solemne.

soler v. i. Acostumbrar (seres vivos). || Ser frecuente (hechos o cosas).

solfeo m. Disciplina que constituye la base principal de la enseñanza de la música.

solicitación f. Ruego insistente. || Tentación. || *Solicitación de fondos,* petición de capitales.

solicitador, ra o **solicitante** adj. y s. Que solicita.

solicitar v. t. Pedir una cosa.

solícito, ta adj. Atento.

solicitud f. Diligencia o instancia cuidadosa. || Petición. || Escrito en que se solicita alguna cosa.

solidaridad f. Circunstancia de ser solidario.

solidario, ria adj. Aplícase a las obligaciones contraídas por varias personas de modo que deban cumplirse enteramente por cada una de ellas. || Aplícase a la persona que ha adquirido este compromiso con relación a otra u otras.

solidarizar v. t. Hacer solidario (ú. t. c. pr.).

solidez f. Calidad de sólido.

solidificación f. Paso del estado líquido o gaseoso al sólido.

solidificar v. t. Hacer pasar al estado sólido.

sólido, da adj. Aplícase al cuerpo cuyas moléculas tienen entre sí mayor cohesión que la de los líquidos (ú. t. c. s. m.). || Fig. Asentado, establecido con razones fundamentales: *un argumento sólido.* | Fuerte, resistente: *muro sólido.* | Vasto, grande: *una sólida formación.* || — M. *Geom.* Espacio limitado por superficies.

soliloquio m. Monólogo.

solípedo, da adj. Dícese de los mamíferos ungulados que tienen el pie con un solo dedo o pezuña, como el caballo (ú. t. c. s. m.).

solista adj. y s. *Mús.* Dícese de la persona que ejecuta un solo.

solitaria f. *Zool.* Tenia.

solitario, ria adj. Desamparado, desierto: *paraje solitario.* || Que vive solo o sin compañía (ú. t. c. s.). || — M. Diamante montado aisladamente. || Juego de naipes que sólo necesita un jugador.

soliviantar v. t. Excitar el ánimo.

sollozar v. i. Emitir sollozos.

sollozo m. Contracción del diafragma que se produce al llorar.

solo, la adj. Que no tiene compañía, aislado: *estoy solo en mi casa.* || Que no tiene quien le ampare: *solo en el mundo.* || Único en su especie: *un solo ejemplar.* || — M. Paso de danza ejecutado por una pareja. || *Mús.* Composición para una sola voz o un solo instrumento. || Café sin leche.

sólo adv. Solamente.

sololateco, ca adj. y s. De Sololá (Guatemala).

solomillo m. En los animales de consumo, carne que se extiende por entre las costillas y el lomo.

solsticio m. Época en que el Sol está en uno de los dos trópicos, es decir del 21 al 22 de junio para el trópico de Cáncer y del 21 al 22 de diciembre para el de Capricornio.

soltar v. t. Desatar: *soltar el cinturón* (ú. t. c. pr.). || Dejar en libertad: *soltar a un prisionero.* || Desasir lo que estaba sujeto: *soltar la espada.* || Desprender, echar. || Ablandar, laxar: *soltar el vientre.* || Iniciar, romper: *soltó la risa.* || *Fam.* Decir: *soltar un disparate.* | Asestar, propinar: *soltar una bofetada.* || — V. pr. Adquirir soltura en hacer algo: *el niño se está soltando en andar.* || Hablar con facilidad: *me he soltado en inglés.*

soltero, ra adj. Que no se ha casado (ú. t. c. s.).

solterón, ona adj. Soltero (ú. t. c. s.).

soltura f. Agilidad, desenvoltura: *moverse con soltura.* || *Fig.* Descaro, desvergüenza. | Facilidad y claridad de dicción: *soltura en el hablar.*

soluble adj. Que se puede disolver o resolver.

solución f. Operación por la que un cuerpo se disuelve en un líquido, disolución. || Líquido que contiene un cuerpo disuelto. || Modo de resolver una dificultad. || Desenlace, conclusión. || *Mat.* Valor de las incógnitas en una ecuación. | Indicación de las

operaciones que hay que efectuar sirviéndose de los datos de un problema para resolverlo. || *Solución de continuidad,* interrupción.

solucionar v. t. Resolver.

solvencia f. Capacidad para pagar las deudas.

solventar v. t. Resolver.

solvente adj. Capaz de cumplir cualquier compromiso. || — M. *Quím.* Sustancia capaz de disolver.

sombra f. Oscuridad, falta de luz: *las sombras de la noche.* || Proyección oscura que produce un cuerpo al interceptar la luz: *la sombra de un ciprés.* || *Fig.* Oscuridad, falta de claridad intelectual: *las sombras de la ignorancia.* | Protección, asilo: *cobijarse a la sombra de la Iglesia.* | Imagen: *no es ya ni sombra de lo que fue.* | Indicio, señal: *no hay ni sombra de duda.* || *Fig. Buena* o *mala sombra,* gracia o poca gracia; suerte o mala suerte.

sombreado m. Gradación del color en pintura.

sombrear v. t. Dar sombra. || Poner sombra.

sombrerería f. Fábrica o tienda de sombreros.

sombrero m. Prenda para cubrir la cabeza compuesta de copa y ala. || — *Sombrero cordobés,* el ancho de ala y bajo de copa. || *Sombrero de copa,* el de ala estrecha y copa alta casi cilíndrica usado en ceremonias solemnes.

sombrilla f. Quitasol.

sombrío, a adj. Algo oscuro.

somero, ra adj. Superficial.

someter v. t. Reducir a la obediencia. || Proponer la elección, hacer enjuiciar a: *someter un proyecto.* || Hacer que alguien o algo reciba cierta acción: *someter a tratamiento médico.* || — V. pr. Rendirse en un combate. || Ceder, conformarse: *someterse a la decisión tomada.* || Recibir determinada acción: *someterse a una intervención quirúrgica.*

sometimiento m. Sumisión.

somier m. Bastidor metálico del colchón.

somnífero, ra adj. Que causa sueño. Ú. t. c. s. m.: *abusar de los somníferos.* || *Fig.* Muy aburrido.

somnolencia f. Pesadez de los sentidos producida por el sueño. || *Fig.* Falta de actividad.

somnoliento, ta adj. Que tiene o produce sueño.

son m. Sonido agradable: *el son del violín.*

sonado, da adj. Famoso: *sonada victoria.* || De que se habla mucho. || *Fam.* Chiflado.

sonaja f. Par de chapas metálicas en algunos juguetes o instrumentos músicos. || Sonajero.

sonajero m. y **sonajera** f. Aro con mango provisto de sonajas utilizado para distraer a los niños.

sonambulismo m. Estado en el cual la persona anda a pesar de estar dormida.

sonámbulo, la adj. Dícese de la persona que, estando dormida, anda (ú. t. c. s.).

sonar m. Aparato submarino de detección por ondas ultrasonoras.

sonar v. i. Causar un sonido: *instrumento músico que suena bien.* || Mencionarse, citarse: *su nombre suena en los medios literarios.* || Tener cierto aspecto, causar determinado efecto: *todo eso suena a una vulgar estafa.* || Llegar: *cuándo sonará el momento de la libertad.* || *Fam.* Recordarse vagamente, decir algo, ser familiar: *no me suena ese apellido, esa cara.* || *Dar:* *sonar las horas.* || Tocar un instrumento o hacer que se oiga el sonido producido por una cosa. || Limpiar de mocos las narices (ú. t. c. pr.). || Dejar atontado a un boxeador a causa de golpes.

sonata f. Composición de música instrumental.

sonda f. Instrumento utilizado para medir las profundidades del agua en un lugar determinado. || Instrumento médico que se introduce en cualquier vía orgánica para evacuar el líquido que contiene, inyectar una sustancia medicamentosa o simplemente para explorar la región que se estudia. || Aparato de meteorología utilizado para la exploración vertical de la atmósfera. || Aparato con una gran barra metálica que se emplea para perforar a mucha profundidad en el suelo.

sondar v. t. Echar la sonda al agua para averiguar la profundidad y explorar el fondo. || Averiguar la naturaleza del subsuelo. || Med. Introducir en el cuerpo sondas o instrumentos para diversos fines.

sondear v. t. Sondar. || Fig. Tratar de conocer el pensamiento ajeno. || Tantear, estudiar las posibilidades: sondear un mercado.

sondeo m. Acción y efecto de sondar o sondear. || Procedimiento utilizado para conocer la opinión pública, las posibilidades de un mercado, etc.

sonero, ra m. y. f. Persona que interpreta sones musicales.

soneto m. Poesía de catorce versos endecasílabos distribuidos en dos cuartetos y dos tercetos.

sonido m. Sensación auditiva.

sonorense adj. y s. De Sonora (México).

sonoridad f. Calidad de sonoro.

sonorización f. Aumento de la potencia de los sonidos para mejorar su difusión. || Acción de poner sonido a una película cinematográfica.

sonorizar v. t. Instalar un equipo amplificador de sonidos. || Poner sonido: sonorizar una película.

sonoro, ra adj. Que produce un sonido: instrumento sonoro. || Que causa un sonido: golpes sonoros. || Que tiene un sonido intenso: voz sonora. || Dícese de cualquier fonema que hace vibrar las cuerdas vocales (ú. t. c. s. f.). || — Banda sonora, zona de la cinta cinematográfica en la que va grabado el sonido. || Cine sonoro, el hablado.

sonreír v. i. Reírse levemente (ú. t. c. pr.). || Fig. Tener aspecto agradable y atractivo. | Favorecer: si la fortuna me sonríe.

sonriente adj. Que sonríe.

sonrisa f. Esbozo de risa.

sonrojar v. t. Ruborizar (ú. t. c. pr.).

sonrosado, da adj. Rosado.

sonsacar v. t. Lograr algo con insistencia.

sonsera f. Arg., Bol., Chil., Per. y Urug. Zoncera.

sonso, sa adj. Tonto (ú. t. c. s.).

sonsonateco, ca adj. y s. De Sonsonate (El Salvador).

sonsonete m. Sonido continuado.

soñador, ra adj. y s. Que sueña.

soñar v. t. Ver en sueño: soñé que habías venido. || Imaginar, figurarse: nunca dije tal cosa, usted la soñó. || — V. i. Pensar cosas cuando se duerme: soñé que me casaba. || Fig. Estar distraído, dejar vagar la imaginación: siempre está soñando. | Decir cosas poco juiciosas, extravagantes: usted sueña cuando habla de paz universal. | Desear con ardor: soñar con un futuro mejor.

soñarrera f. Ganas de dormir.

soñolencia f. Somnolencia.

soñoliento, ta adj. Presa del sueño.

sopa f. Pedazo de pan empapado en cualquier líquido. || Guiso consistente en un caldo con trozos de pan o arroz, fideos, féculas, pastas, etc.

sopapo m. Cachete.

sope m. Méx. Tortilla de maíz con picadillo.

sopera f. Recipiente para servir la sopa.

sopesar v. t. Pesar.

sopetón m. Golpe repentino con la mano. || Loc. De sopetón, de improviso.

sopicaldo m. Caldo claro.

soplado, da adj. Borracho. || — M. Operación de soplar el vidrio.

soplar v. i. Echar el aire por la boca o por un fuelle con cierta fuerza. || Correr: el viento sopla. || Fam. Beber vino, comer: ¡cómo sopla! || — V. t. Dirigir el soplo hacia una cosa para activar, apagar, llenar de aire: soplar el fuego. || Apartar con el soplo: soplar el polvo. || Dar forma al vidrio mediante el aire expelido por la boca. || Fig. Apuntar: soplar la lección. | Dar: le sopló un par de bofetadas. || Fig. y fam. Hurtar: le sopló la cartera. | Denunciar, acusar: soplar el nombre del criminal. || — V. pr. Fam. Comer o beber en abundancia.

soplete m. Aparato que produce una llama al hacer pasar una mezcla de aire o de oxígeno y un gas inflamable por un tubo: soplete oxhídrico.

soplido m. Soplo.

soplo m. Aire echado por la boca. || Movimiento del aire. || Sonido mecánico u orgánico parecido al producido por la respiración o por un fuelle: soplo del corazón. || Fig. Inspiración. | Momento, instante: llegó en un soplo. | Denuncia, delación.

soplón, ona adj. Delator (ú. t. c. s.).

soponcio m. Fam. Desmayo.

sopor m. Adormecimiento.

soporífero, ra y **soporífico, ca** adj. Que incita al sueño o lo causa. || Fam. Pesado, aburrido.

soportal m. Pórtico en la entrada de casas.

soportar v. t. Sostener por debajo, llevar la carga de: pilares que soportan un edificio. || Fig. Resistir. | Tolerar, admitir (ú. t. c. pr.): soportar un olor.

soporte m. Apoyo que sostiene por debajo. || Fig. Lo que sirve para dar una realidad concreta: son los soportes de su doctrina. || En informática, cualquier material que sirve para recibir, transportar, conservar y restituir la información (tarjeta perforada, cinta magnética, disco, etc.).

soprano m. y f. Voz más aguda al cantar.

soquete m. Arg., Chil. y Urug. Calcetín que llega al tobillo. || Méx. Barro, lodo: resbaló en la calle y se manchó la ropa de soquete.

sor f. Hermana, religiosa.

sorber v. t. Beber aspirando.

sorbo m. Líquido que se bebe de una vez.

sordera f. Privación del sentido del oído.

sordidez f. Miseria. || Avaricia.

sórdido, da adj. Bajo, mezquino.

sordina f. Mús. Recurso mecánico que sirve para amortiguar el sonido de un instrumento.

sordo, da adj. Que tiene el sentido del oído más o menos atrofiado (ú. t. c. s.). || Que no quiere comprender: ¿está usted sordo? || Dícese de aquello cuyo sonido está apagado: ruido sordo. || Fig. Que no quiere hacer caso, insensible: sordos a nuestras súplicas. | Que se verifica secretamente, sin manifestaciones exteriores: guerra sorda. || Dícese de un fonema cuya emisión no hace vibrar las cuerdas vocales: las consonantes sordas p, z, s, son, f, k, c, q y j (ú. t. c. s. f.).

sordomudo, da adj. y s. Dícese de la persona muda por ser sorda de nacimiento.

sorgo m. Planta de cuyos granos se hace pan.

sorianense adj. y s. De Soriano (Uruguay).

soriano, na adj. y s. De Soria (España).

sorna f. Tono burlón.

sorocharse v. pr. *Amer.* Tener soroche.

soroche m. *Amer.* Dificultad de respirar producida por la rarefacción del aire en ciertos lugares elevados: *el soroche de los Andes.* || *Chil.* Rubor.

sorprendente adj. Asombroso.

sorprender v. t. Coger en el momento de verificar un hecho: *sorprender a un atracador.* || Ocurrir inesperadamente: *le sorprendió la noche mientras viajaba.* || Asombrar (ú. t. c. pr.).

sorpresa f. Impresión producida por algo que no se esperaba. || Asombro.

sorpresivo, va adj. *Amer.* Sorprendente.

sortear v. t. Hacer un sorteo. || *Fig.* Esquivar.

sorteo m. Acción de sacar los números en una lotería.

sortija f. Aro de metal que se pone en un dedo.

sortilegio m. Magia, hechicería.

S.O.S. m. Señal de auxilio.

sosa f. Óxido de sodio.

sosegado, da adj. Tranquilo.

sosegar v. t. *Fig.* Aquietar el espíritu (ú. t. c. pr.).

sosera y **sosería** f. Cosa que no tiene gracia.

sosiego m. Tranquilidad, calma.

soslayar v. t. Esquivar.

soso, sa adj. Falto de sal: *la sopa está sosa.* || *Fig.* Carente de gracia. | Insípido, insulso.

sospecha f. Simple conjetura, indicio.

sospechar v. t. Tener la creencia de que alguien sea el autor de un delito. Ú. t. c. i.: *todo el vecindario sospechaba de él.* || Creer, tener indicios.

sospechoso, sa adj. Que da lugar a sospechas (ú. t. c. s.).

sostén m. Lo que sostiene o sirve de apoyo: *sostén del emparrado.* || Persona que asegura la subsistencia de la familia. || *Fig.* Apoyo: *el sostén de una organización.* || Prenda interior femenina que sirve para sostener los pechos.

sostener v. t. Servir de base, de apoyo, de fundamento. || Impedir que se caiga: *sostener a un inválido.* || *Fig.* Apoyar, ayudar: *sostener un partido.* | Mantener: *sostener una gran familia.* | Defender: *sostener sus convicciones.* | Resistir a: *doctrina que no puede sostener un análisis profundo.* | Exponer y responder a las preguntas u objeciones hechas: *sostener una tesis.* | Afirmar, asegurar: *sostenía la esfericidad de la Tierra.* | Continuar, seguir: *sostuvieron el combate largo tiempo.* | Poder resistir: *sostuvo su mirada.* || Alimentar, nutrir: *la carne sostiene más que las verduras.*

sostenido, da adj. Que no decae.

sostenimiento m. Sostén. || Mantenimiento.

sota f. Décima carta de la baraja española.

sotana f. Vestidura de cura.

sótano m. Parte subterránea de un edificio.

sotavento m. *Mar.* Costado de la nave opuesto al barlovento.

soviet m. Consejo de los delegados de obreros, campesinos y soldados en la ex U.R.S.S.

soya f. Soja.

spaghetti m. Espagueti.

spray m. (pal. ingl.). Pulverizador.

Sr, símbolo del *estroncio.*

Sr., abreviatura de *señor.*

stand m. (pal. ingl.). En una exposición, feria, etc., sitio o caseta reservados a los expositores.

standard m. (pal. ingl.). Tipo, modelo. || *Standard de vida,* nivel de vida. || — Adj. De serie: *producción standard.*

standardización f. Normalización de fabricación.

standardizar v. t. Normalizar, fabricar con arreglo a unas normas definidas.

statu quo m. Estado actual de una situación.

su, sus, adj. pos. de la 3a. pers. en gén. m. y f. y ambos núm.: *su padre, sus amigos.* (Esta forma es apócope de *suyo, suyos* y se emplea sólo cuando precede al nombre.)

suave adj. Dulce: *luz, voz suave.* || Liso y blando al tacto: *piel suave.* || *Fig.* Que no implica gran esfuerzo: *pendiente suave.* | Leve: *brisa suave.* | Que no es violento: *colores suaves.* || Dócil.

suavidad f. Condición de suave.

suavizar v. t. Hacer suave (ú. t. c. pr.). || Templar el carácter áspero.

suba f. *Arg.* Alza, subida de precios.

subalterno, na adj. Subordinado (ú. t. c. s.). || Secundario.

subarrendar v. t. Dar o tomar en arriendo una cosa de manos de otro arrendatario de ella.

subasta f. Procedimiento de venta pública o contrata en la que el adjudicatario es el mejor postor.

subastador, ra adj. Que subasta (ú. t. c. s.).

subastar v. t. Vender u ofrecer una contrata en pública subasta.

subcampeón, ona adj. Dícese de la persona o equipo que ocupa el segundo lugar en la clasificación de un campeonato deportivo (ú. t. c. s.).

subcampeonato m. Acción de quedar en segundo lugar en la clasificación de un campeonato.

subconsciencia f. Actividad mental que escapa a la introspección del sujeto.

subconsciente adj. Que no es consciente. || — M. Subconsciencia.

subcutáneo, a adj. Debajo de la piel.

subdelegación f. Distrito, oficina y empleo del subdelegado.

subdelegado, da adj. y s. Que sirve inmediatamente a las órdenes del delegado o lo sustituye.

subdesarrollado, da adj. Dícese del país o de la región caracterizado por el bajo nivel de vida originado por la escasa explotación de los recursos naturales y la insuficiencia de las industrias y del transporte. || Aplícase a aquello que no alcanza un nivel normal de desarrollo.

subdesarrollo m. Estado de un país cuyo capital es insuficiente en relación con la población y con los recursos naturales existentes y explotados.

súbdito, ta adj. y s. Natural de un país.

subdividir v. t. Dividir lo ya dividido.

subdivisión f. Acción de subdividir.

subestimar v. t. Estimar menos de lo debido.

subida f. Ascensión. || *Fig.* Alza: *subida de precios.*

subir v. t. Recorrer de abajo arriba: *subir una escalera* (ú. t. c. pr.). || Llevar a un lugar más alto: *subir una maleta al desván* (ú. t. c. pr.). || Poner un poco más arriba. Ú. t. c. pr.: *súbete los calcetines.* || Poner más alto: *subir el sonido de la radio.* || Dar más fuerza o vigor: *subir los colores.* || Aumentar: *la empresa subió los salarios.* || Levantar: *subir los hombros.* || — V. i. Ascender, ir de un lugar a otro más alto: *subir a un árbol* (ú. t. c. pr.). || Montar en un vehículo, en un animal: *subir en un avión* (ú. t. c. pr.). || *Fig.* Ascender, alcanzar una categoría más alta: *subir en el escalafón.* || Elevarse: *avión que sube muy alto.* || Ser superior de nivel: *la fiebre sube.* || Aumentar: *han subido los precios, el sueldo.*

súbito, ta adj. Inesperado.

subjetividad f. Calidad de subjetivo.

subjetivismo m. Doctrina que defiende que la realidad es creada en la mente del individuo.

subjetivo, va adj. Personal.

subjuntivo, va adj. Dícese del modo verbal para expresar que una acción está concebida como subordinada a otra, como simple deseo del sujeto o como hipótesis. || — M. Este modo verbal.

sublevado, da adj. Que participa en una sublevación.

sublevación f. y **sublevamiento** m. Desacato violento de la ley o contra la autoridad.

sublevar v. t. Alzar en sedición o motín (ú. t. c. pr.). || *Fig.* Excitar indignación o protesta.

sublimar v. t. Engrandecer, exaltar.

sublime adj. Excelso, eminente.

submarino, na adj. Que está o se desarrolla debajo de la superficie del mar. || — M. Embarcación capaz de navegar bajo el agua.

submúltiplo, pla adj. Aplícase al número contenido exactamente en otro dos o más veces: *4 es submúltiplo de 28* (ú. t. c. s. m.).

subnormal adj. De desarrollo intelectual deficiente (ú. t. c. s.).

subordinación f. Sujeción, sumisión. || Relación entre la oración subordinada y la principal.

subordinado, da adj. Sujeto a otro. Ú. t. c. s.: *tratar con deferencia a los subordinados.* || *Oración subordinada,* oración gramatical que completa el sentido de otra, llamada principal.

subordinar v. t. Hacer que personas o cosas dependan de otras (ú. t. c. pr.).

subproducto m. Cuerpo obtenido de modo accesorio en la preparación química industrial o como residuo de una extracción.

subrayado, da adj. Dícese de la letra, palabra o frase con una línea debajo para llamar la atención. || — M. Acción de subrayar.

subrayar v. t. Poner una raya bajo una letra, palabra o frase. || *Fig.* Insistir, recalcar.

subrepticio, cia adj. Hecho a escondidas.

subrogar v. t. Sustituir (ú. t. c. pr.).

subsanar v. t. Remediar un error. || Corregir. || Resolver.

subscribir *y sus derivados.* V. SUSCRIBIR y sus derivados.

subsecretaría f. Cargo del subsecretario.

subsecretario, ria m. y f. Secretario general de un ministerio.

subsidio m. Socorro o auxilio extraordinario: *subsidio de paro forzoso.* || Prestación efectuada por un organismo para completar los ingresos de un individuo o familia: *subsidios familiares.*

subsistencia f. Hecho de subsistir.

subsistir v. i. Permanecer, durar, conservarse. || Vivir: *subsistir un pueblo.*

subsónico, ca adj. De velocidad inferior a la del sonido.

substancia f. Sustancia.

substantivo *y sus derivados.* V. SUSTANTIVO.

substituir *y sus derivados.* V. SUSTITUIR.

substraer *y sus derivados.* V. SUSTRAER.

substrato m. Esencia. || Terreno que queda bajo una capa superpuesta. || Origen profundo.

subsuelo m. Terreno que está debajo de una capa de tierra laborable: *subsuelo calcáreo.*

subte m. *Arg.* Metropolitano.

subterfugio m. Pretexto, evasiva.

subterráneo, a adj. Que está debajo de la tierra. || — M. Cualquier lugar o espacio que está debajo de tierra. || *Arg.* Metropolitano.

subtitulado, da adj. Que tiene subtítulos.

subtitular v. t. Poner subtítulo.

subtítulo m. Título secundario puesto después del principal. || Traducción resumida de una película cinematográfica en versión original situada debajo de la imagen.

subtropical adj. Cerca de los trópicos. || *Clima subtropical,* clima cálido con estación seca larga.

suburbano, na adj. Que está muy cerca de la ciudad: *barrio suburbano.* || Relativo al suburbio. || — M. En algunas ciudades, tren subterráneo que une la suburbio con la ciudad.

suburbio m. Población próxima a una ciudad.

subvalorar v. t. Subestimar.

subvención f. Cantidad dada por el Estado o por una colectividad, etc., a una sociedad, empresa o individuo: *subvención teatral.*

subvencionar v. t. Dar una subvención.

subvenir v. t. Ayudar.

subversión f. Acto de destruir.

subversivo, va adj. Capaz de trastornar.

subyacente adj. Que está debajo.

subyugar v. t. Dominar.

succión f. Acción de chupar.

succionar v. t. Chupar.

sucedáneo, a adj. Aplícase a cualquier sustancia con la que se sustituye otra (ú. t. c. s. m.).

suceder v. i. Venir después de, a continuación de, en lugar de. || Ser heredero. || — V. impers. Ocurrir, producirse: *sucedió lo que tenía que suceder.* || — V. pr. Ocurrir una cosa después de otra.

sucedido m. Suceso.

sucesión f. Serie de personas o de cosas que se siguen sin interrupción o con poco intervalo: *una sucesión de desgracias.* || Transmisión del patrimonio de una persona fallecida a una o varias personas. || Descendencia, conjunto de herederos.

sucesivo, va adj. Aplícase a lo que sigue a otra cosa.

suceso m. Cosa que sucede. || Éxito, triunfo.

sucesor, ra adj. y s. Que sucede.

suciedad f. Calidad de sucio.

sucinto adj. Breve.

sucio, cia adj. Que tiene manchas: *un vestido sucio.* || *Fig.* Dícese del color turbio: *un blanco sucio.* | Vil, innoble: *conducta sucia.* || — Adv. *Fig.* Sin las debidas reglas o leyes: *jugar sucio.*

sucre m. Unidad monetaria del Ecuador.

sucrense adj. y s. De Sucre (Venezuela). || Sucreño.

sucreño, ña adj. y s. De Sucre (Bolivia).

suculento, ta adj. Muy sabroso.

sucumbir v. i. Ceder, someterse. || Morir, perecer.

sucursal adj. y s. f. Dícese de un establecimiento comercial dependiente de otro central.

sud, forma prefija de *sur.* || — M. *Amer.* Sur.

sudadera f. *Col., Dom., Méx., P. Rico y Salv.* Camiseta deportiva de tela gruesa: *se puso la sudadera para salir a correr.*

sudamericano, na adj. y s. De América del Sur.

sudanés, esa adj. y s. Del Sudán.

sudar v. i. Transpirar. || *Fig.* Trabajar con gran esfuerzo y desvelo. || — V. t. Empapar en sudor. || *Fig.* Lograr con un gran esfuerzo.

sudario m. Lienzo en que se envuelven los cadáveres.

sudeste m. Punto entre el Sur y el Este.

sudoeste m. Punto entre el Sur y el Oeste.

sudor m. Humor acuoso que segregan las glándulas sudoríparas de la piel de los mamíferos. || *Fig.* Trabajo y fatiga: *ganar el pan con sudor.*

sudorípara adj. Característica de la glándula que segrega sudor.

sudoroso, sa adj. Que suda.

sueco, ca adj. y s. De Suecia. || *Fam. Hacerse el sueco,* hacerse el sordo. || — M. Idioma hablado en Suecia.

suegro, gra m. y f. Padre o madre de un esposo respecto al otro cónyuge.

suela f. Parte de los zapatos que toca el suelo.

sueldo m. Retribución de un empleado, un militar, etc., que se da a cambio de un trabajo regular. || *A sueldo,* pagado: *asesino a sueldo.*

suelo m. Superficie en la que se ponen los pies para andar. || Tierra, terreno. || País: *el suelo patrio.* || Piso de una casa: *suelo embaldosado.*

suelto, ta adj. No sujeto, libre: *los perros estaban sueltos en el jardín.* || Desabrochado: *el botón está suelto.* || Desatado: *con los cordones del calzado sueltos.* || Sin recoger: *con el pelo suelto.* || Separado del conjunto de que forma parte: *trozos sueltos de una obra literaria.* || Que no hace juego: *calcetines sueltos.* || Poco ajustado, holgado: *llevaba un traje suelto.* || Desenvuelto: *estuvo muy suelto hablando con sus superiores.* || Natural, ágil: *estilo suelto.* || Poco compacto, que no está pegado: *arroz suelto.* || Que no está empaquetado: *comprar legumbres secas sueltas.* || Por unidades: *vender cigarrillos sueltos.* || Dícese del dinero en moneda fraccionaria. || Aislado: *éstos no son más que hechos sueltos.* || Que hace deposiciones blandas: *el vientre suelto.* || — M. Moneda fraccionaria: *no tengo suelto.* || Reseña periodística de poca extensión: *ha publicado un suelto en el diario.*

sueño m. Tiempo en el que la sensibilidad y la actividad se encuentra en un estado de aletargamiento caracterizado en el hombre por la pérdida de la conciencia del mundo exterior, la desaparición más o menos completa de las funciones de los centros nerviosos y la disminución relativa de las funciones de la vida orgánica. || Representación en la mente de una serie de imágenes mientras se duerme: *tener sueños fantásticos.* || *Fig.* Idea quimérica, imaginación sin fundamento, ilusión. | Deseo, esperanza: *sueños de gloria.* || Estado de insensibilidad o de inercia, letargo. || Deseos de dormir: *caerse de sueño.*

suero m. Líquido extraído de la sangre de un animal que sirve para vacunar contra una enfermedad microbiana o contra una sustancia tóxica.

suerte f. Causa hipotética o predeterminación de los sucesos: *los caprichos de la suerte.* || Estado que resulta de los acontecimientos afortunados o no que le ocurren a una persona: *satisfecho con su suerte.* || Azar, fortuna: *mala suerte.* || Resultado afortunado del dinero en el juego: *tener suerte en el juego.* || Condición, estado: *la suerte del pueblo.* || Sorteo, elección: *me tocó por suerte.* || Clase, género: *tuvo toda suerte de calamidades.* || Manera, modo. || Juego de manos del prestidigitador. || Ejercicio del equilibrista. || Tercio, cada una de las tres partes en que se divide la lidia de un toro: *suerte de banderillas.* || *Amer.* Billete de lotería.

suéter m. Jersey de lana.

suficiencia f. Capacidad para hacer algo. || Presunción insolente.

suficiente adj. Bastante. || *Fig.* Presuntuoso.

sufijo, ja adj. y s. m. Dícese de las partículas inseparables que se añaden a los radicales de algunas palabras cuyos significados varían dándoles una idea secundaria.

sufragar v. t. Costear, satisfacer: *sufragar gastos.* || — V. i. *Amer.* Dar su voto a un candidato.

sufragio m. Voto.

sufrido, da adj. Que sufre con resignación. || *Fig.* Sólido, resistente.

sufrimiento m. Padecimiento.

sufrir v. t. Padecer, sentir: *sufrir una enfermedad.* || Recibir con resignación un daño físico o moral: *sufrir un desengaño.* || Sostener, soportar: *sufrir cansancio.* || Aguantar, tolerar: *sufrir a una persona.* || Tener: *sufrir un accidente.* || *Sufrir un examen,* examinarse. || — V. i. Padecer.

sugerencia f. Sugestión.

sugerir v. t. Proponer.

sugestión f. Insinuación, instigación. || Especie sugerida: *sugestiones del diablo.* || Acción y efecto de sugestionar: *sugestión hipnótica.* || Propuesta.

sugestionar v. t. Inspirar a una persona hipnotizada. || Captar o dominar la voluntad ajena. || — V. pr. Experimentar sugestión.

sugestivo, va adj. Que sugiere o sugestiona.

suicida com. Persona que se mata a sí misma.

suicidarse v. pr. Matarse.

suicidio m. Muerte voluntaria.

suizo, za adj. y s. De Suiza. || — M. Bollo esponjoso (ú. t. c. adj.).

sujeción f. Ligadura, unión firme: *la sujeción de algo en un paquete.* || *Fig.* Dependencia.

sujetador, ra adj. y s. Que sujeta. || — M. Sostén, prenda femenina.

sujetar v. t. Afirmar o contener por la fuerza: *sujetar con cuerdas.* || Fijar: *sujeto por un clavo.* || Agarrar: *sujetar por el brazo.* || *Fig.* Someter al dominio o mando de alguien: *sujetar a un pueblo.* || — V. pr. Acatar, someterse, obedecer: *sujetarse a la Constitución.* || Agarrarse: *sujetarse a una rama.*

sujeto, ta adj. Expuesto o propenso a una cosa. || — M. Persona innominada. || Asunto, materia: *sujeto de discusión.* || Sustantivo o pronombre que indican aquello de lo cual el verbo afirma algo.

sulfa f. Sulfamida.

sulfamida f. Compuesto antibacteriano empleado contra las enfermedades infecciosas.

sulfato m. Sal del ácido sulfúrico.

sulfurar v. t. Combinar con azufre.

sulfúrico, ca adj. *Quím.* Dícese de un ácido oxigenado y corrosivo derivado del azufre.

sultán m. Emperador turco. || Príncipe o gobernador mahometano.

sultanato m. Territorio gobernado por un sultán.

suma f. *Mat.* Operación aritmética que consiste en calcular el total de una o varias cantidades homogéneas. || Resultado de esta operación. || Determinada cantidad de dinero o de cualquier cosa. || Conjunto, reunión de ciertas cosas: *una suma de conocimientos.* || *En suma,* en resumen.

sumando m. Cada una de las cantidades parciales que se suman.

sumar v. t. Reunir en un solo número las unidades o fracciones contenidas en varias otras. || Hacer un total de: *los participantes sumaban más de un centenar.* || Elevarse, ascender a: *suma millones de dólares.* || *Suma y sigue,* frase que se pone al final de una página para indicar que la suma de la cuenta continúa en la siguiente. || — V. pr. *Fig.* Adherirse.

sumario, ria adj. Abreviado, resumido: *un discurso sumario.* || Aplícase a los procesos civiles de justicia en los que se prescinde de algunas formalidades para que sean más rápidos. || — M. Resumen, compendio, análisis abreviado. || Epígrafe que se pone al principio de una revista o de un capítulo con la relación de los puntos que se tratan o estudian. || Conjunto de actuaciones judiciales que estudian todos los datos que van a ser dirimidos en un proceso.

sumarísimo, ma adj. Dícese de ciertos juicios tramitados con un procedimiento muy breve.

sumergible adj. Que puede sumergirse. || — M. Submarino.

sumergido, da adj. Que se halla bajo el agua.

sumergir v. t. Meter debajo de un líquido.

sumerio, ria adj. y s. De Sumeria.

sumersión f. Inmersión.

sumidero m. Alcantarilla.

suministrar v. t. Abastecer, surtir.

suministro m. Abastecimiento.

sumir v. t. Meter debajo de la tierra o del agua. || *Fig.* Sumergir, abismar: *sumir en la duda.*

sumisión f. Sometimiento.

sumiso, sa adj. Obediente.

súmmum m. El grado sumo.

sumo, ma adj. Supremo. || *Fig.* Muy grande: *ignorancia suma.* || — *A lo sumo,* a lo más. || *En sumo grado,* en el más alto grado.

suntuosidad f. Grandiosidad.

suntuoso, sa adj. Espléndido.

supeditación f. Subordinación.

supeditar v. t. Someter, subordinar (ú. t. c. pr.).

súper adj. *Fam.* Superior. || *Gasolina súper* o *súper,* gasolina superior con un índice de octano próximo a 100, supercarburante. || — M. Supermercado. || — Adv. Muy bien, excelente.

superabundancia f. Gran abundancia.

superabundante adj. Muy abundante.

superación f. Exceso. || Resolución: *superación de las dificultades.*

superar v. t. Aventajar, ser mayor, exceder: *superar una marca deportiva.* || Pasar, dejar atrás, salvar: *la época del colonialismo está superada.* || Vencer, resolver: *superar una dificultad.*

superávit m. Exceso del haber sobre el debe de una cuenta. || Diferencia existente entre los ingresos y los gastos en un negocio.

supercarburante m. Gasolina de un índice de octano próximo a 100.

superchería f. Engaño, fraude.

superdotado, da adj. y s. Que tiene un coeficiente intelectual superior.

superestructura f. Conjunto de instituciones, ideas o cultura de una sociedad (por oposición a *infraestructura* o base material y económica de esta misma sociedad). || Conjunto de construcciones hechas encima de otras.

superficial adj. Referente a la superficie: *medidas superficiales.* || Poco profundo: *herida superficial.* || Falto de fondo: *examen, noción superficial.*

superficialidad f. Carencia de profundidad.

superficie f. Extensión, medida de un espacio limitado por una línea: *la superficie de un triángulo.* || Cualquier parte superior de algo. || *Fig.* Apariencia, aspecto externo.

superfluidad f. Condición de superfluo.

superfluo, a adj. No necesario.

superhombre m. Hombre excepcional.

superior adj. Que está colocado en un espacio más alto que otra cosa: *mandíbula superior.* || Que tiene una graduación más alta: *temperatura superior a la corriente.* || Dícese de los miembros del cuerpo situados más arriba del tórax. || Aplícase a los estudios hechos después de los de la enseñanza secundaria o media en una universidad o escuela especial. || Que se encuentra más próximo del nacimiento de un río: *Renania Superior.* || *Fig.* Que supera a los otros, que pertenece a una clase o categoría más elevada: *grados superiores.* || Mayor o mejor que otra cosa: *producto de calidad superior.* || Dícese de la persona que tiene autoridad sobre las otras en el orden jerárquico: *padre superior* (ú. t. c. s.).

superíndice m. Número o letra pequeña que se coloca en el nivel superior de un texto: *la potencia a la que se eleva un número se marca con superíndice.*

superioridad f. Condición de superior. || Autoridad oficial.

superlativo, va adj. Muy grande y excelente en su línea. || — M. *Gram.* Grado superior de significación del adjetivo y el adverbio.

superponer v. t. Poner encima (ú. t. c. pr.).

superposición f. Acción y efecto de superponer.

superpuesto, ta adj. Puesto uno encima de otro.

superrealismo m. Surrealismo.

supersónico, ca adj. De velocidad superior a la del sonido. || — M. Avión que va a velocidad supersónica.

superstición f. Presagio infundado originado sólo por sucesos fortuitos.

supersticioso, sa adj. De la superstición. || Que cree en ella (ú. t. c. s.).

supervaloración f. Valoración excesiva.

supervalorar v. t. Valorar en más (ú. t. c. pr.).

supervisar v. t. Revisar.

supervisión f. Revisión.

supervisor, ra adj. y s. Que supervisa.

supervivencia f. Acción de sobrevivir.

superviviente adj. y s. Que sobrevive.

supervivir v. i. Sobrevivir.

supino, na adj. Tendido sobre el dorso. || Aplícase a la falta absoluta de conocimientos.

suplantar v. t. Ocupar el lugar de otro.

suplementario, ria adj. Que se añade.

suplemento m. Lo que sirve para completar algo, para hacer desaparecer la insuficiencia o carencia de algo: *suplemento de información.* || Cantidad que se da de más en un teatro, tren, avión, hotel, etc., para tener más comodidad o velocidad: *suplemento de lujo.* || Lo que se añade a un libro para completarlo. || Páginas independientes añadidas a una publicación periódica para tratar de un asunto especial: *suplemento económico*. || Publicación que completa otra: *suplemento del «Gran Larousse Enciclopédico»*. || *Geom*. Ángulo que falta a otro para llegar a constituir dos rectos. | Arco de este ángulo.

suplente adj. y s. Sustituto.

súplica f. Petición, ruego. || Oración religiosa.

suplicar v. t. Rogar.

suplicio m. Pena corporal acordada por decisión de la justicia. || *Fig*. Gran dolor físico o moral.

suplir v. t. Sustituir.

suponer v. t. Admitir por hipótesis: *supongamos que es verdad lo que se dice* (ú. t. c. pr.). || Creer, imaginar: *puedes suponer lo que quieras* (ú. t. c. pr.). || Implicar, llevar consigo: *esta obra supone mucho trabajo*. || Costar: *el alquiler me supone mucho dinero*. || Significar, representar: *esta molestia no me supone nada*.

suposición f. Hipótesis.

supositorio m. Preparado farmacéutico sólido, de forma ovoide, administrado por vía rectal.

supramundo m. El más allá.

suprarrealismo m. Surrealismo.

suprarrenal adj. *Anat*. Encima de las glándulas renales.

supremacía f. Superioridad.

supremo, ma adj. Que está por encima de todos y de todo: *jefe supremo del Estado*. || Último: *la hora suprema*. || Imposible de sobrepasar: *momento supremo de felicidad*. || *El Ser Supremo*, Dios. || — M. El Tribunal Supremo.

supresión f. Eliminación.

suprimir v. t. Quitar.

supuesto, ta adj. Presunto, pretendido: *un supuesto periodista*. || — M. Suposición. || — *Dar algo por supuesto*, considerarlo cierto y admitido. || *Por supuesto*, sin ninguna duda, claro que sí.

supuración f. Proceso inflamatorio que supura.

supurar v. i. Echar pus.

sur m. Punto cardinal del horizonte opuesto al Polo Norte. || Parte de un país que está más cerca del Polo Sur que las otras. || — Adj. Situado al Sur. || Que viene del Sur: *viento sur*.

sura m. Capítulo del Corán.

suramericano, na adj. y s. Sudamericano.

surcar v. t. Hacer surcos en la tierra. || *Fig*. Navegar un barco. | Cruzar el aire un avión.

surco m. Hendidura que hace el arado en la tierra. || Señal que deja una cosa sobre otra. || Arruga en el rostro. || Ranura grabada en un disco fonográfico para reproducir los sonidos.

surero, ra y **sureño, ña** adj. y s. *Chil*. Natural del Sur. || — M. Viento del Sur.

sureste m. Sudeste.

surgir v. i. Surtir, brotar el agua. || Aparecer.

surmenaje m. Agotamiento producido por un exceso de trabajo intelectual.

suroeste m. Sudoeste.

surrealismo m. Movimiento poético, literario y artístico, debido al poeta francés André Breton en un manifiesto de 1924.

surrealista adj. Relativo al surrealismo. || Partidario del mismo (ú. t. c. s.).

surtido, da adj. Que tiene abundancia y variedad: *tienda bien surtida*. || — M. Conjunto de cosas variadas del artículo de que se habla: *gran surtido de trajes de baño*.

surtidor, ra adj. Abastecedor, que surte (ú. t. c. s.). || — M. Chorro de agua que sale despedido hacia arriba: *los surtidores de una fuente*. || Aparato que sirve para distribuir un líquido: *surtidor de gasolina*. || Orificio calibrado en las canalizaciones del carburador de un vehículo automóvil por el que sale la gasolina pulverizada.

surtir v. t. Abastecer, aprovisionar, proveer (ú. t. c. pr.). || *Surtir efecto*, dar resultado; entrar en vigor: *la ley surtirá efecto dentro de un mes*.

susceptibilidad f. Propensión a ofenderse.

susceptible adj. Que puede ser modificado. || Que se ofende fácilmente.

suscitar v. t. Ser causa de.

suscribir v. t. Firmar al fin de un escrito: *suscribir un contrato*. || Convenir con el dictamen de uno: *suscribir una opinión*. || — V. pr. Pagar cierta cantidad para recibir una publicación periódica.

suscripción f. Acción y efecto de suscribirse.

suscriptor, ra m. y f. Persona que se suscribe.

susodicho, cha adj. Dicho antes.

suspender v. t. Colgar en alto. || Detener por algún tiempo: *suspender una sesión* (ú. t. c. pr.). || Dejar sin aplicación: *suspender una prohibición*. || Privar a uno temporalmente de su empleo o cargo: *suspender a un funcionario*. || Declarar a alguien no apto en un examen: *suspender a un alumno*. || No aprobar un examen o asignatura.

suspensión f. Acción y efecto de suspender. || Dispositivo para reunir la caja del automóvil al chasis y para amortiguar las sacudidas en marcha. || *Suspensión de pagos*, situación jurídica del comerciante que no puede atender temporalmente al pago de sus obligaciones.

suspensivo, va adj. Que suspende. || *Puntos suspensivos*, signo gráfico (…) que se pone al final de una frase incompleta.

suspenso, sa adj. No aprobado, no apto: *estar suspenso en latín*. || Absorto, enajenado: *quedarse suspenso ante un espectáculo*. || — M. Nota de un escolar en la que se declara su ineptitud.

suspicacia f. Recelo.

suspicaz adj. Receloso.

suspirar v. i. Dar suspiros.

suspiro m. Respiración fuerte causada por un dolor, emoción, etc.

sustancia f. Lo que hay permanente en un ser. || Cada una de las diversas clases de la materia de que están formados los cuerpos, que se distinguen por un conjunto de propiedades: *sustancia vegetal*. || Parte esencial de una cosa. || *Fig*. Juicio, madurez: *un libro de mucha sustancia*. || — *En sustancia*, en compendio. || *Sustancia gris*, materia gris.

sustancial adj. Relativo a la sustancia.

sustanciar v. t. Compendiar.

sustantivar v. t. Dar valor de sustantivo.

sustantivo, va adj. Que tiene existencia real. || *Verbo sustantivo*, el verbo ser. || — M. *Gram*. Cualquier palabra que designa un ser o un objeto.

sustentación f. y **sustentamiento** m. Acción y efecto de sustentar o sustentarse.

sustentar v. t. Mantener o sostener algo: *la columna sustenta el techo*. || Alimentar (ú. t. c. pr.).

sustento m. Alimentación.

sustitución f. Cambio.

sustituir v. t. Poner en lugar de otra.

sustituto, ta m. y f. Suplente, persona que hace las veces de otra.

susto m. Miedo.

sustracción f. Robo, hurto. || *Mat.* Resta.

sustraendo m. Cantidad que se resta.

sustraer v. t. Separar, apartar, extraer. || Quitar, hurtar, robar. || *Mat.* Restar. || — V. pr. Evitar.

susurrar v. i. Hablar bajo.

susurro m. Murmullo.

sutil adj. Delicado, tenue. || *Fig.* Ingenioso.

sutileza y **sutilidad** f. Condición de sutil.

sutilizar v. t. Discurrir con agudeza.

sutura f. Costura de los bordes de una herida. || Articulación dentada de dos huesos.

suyo, ya, suyos, yas adj. y pron. pos. de 3a. pers. m. y f. en ambos números: *tu coche es más reciente que el suyo; una hermana suya.* || — *De suyo,* de por sí: *de suyo no es mala persona.* || *Hacer de las suyas,* hacer algo bueno (o malo), pero de acuerdo con el carácter de la persona de quien se trata. || *Los suyos,* su familia; sus partidarios. || *Fig.* y *fam. Salirse con la suya,* conseguir lo que uno quiere.

sweater [*suéter*] m. Suéter.

t

t f. Vigésima primera letra del alfabeto castellano. || — **t**, símbolo de *tonelada*.

Ta, símbolo del *tantalio* o *tántalo*.

tabacalero, ra adj. Del tabaco. || — F. En España, nombre del organismo estatal que tiene el monopolio de la venta del tabaco.

tabachín m. Planta mexicana de flores muy vistosas.

tabaco m. Planta cuyas hojas se fuman, se mascan o se aspiran en polvo. || — Adj. De un color parecido al de las hojas de tabaco.

tábano m. Insecto díptero parecido a la mosca. || *Fam.* Persona pesada.

tabaquismo m. Intoxicación provocada por el abuso de tabaco.

tabasqueño, ña adj. y s. De Tabasco (México).

taberna f. Sitio donde se venden y consumen vinos y licores.

tabernáculo m. Sagrario.

tabernero, ra m. y f. Persona que tiene una taberna.

tabicar v. t. Cerrar con tabique.

tabique m. Pared delgada. || *Méx.* Ladrillo.

tabla f. Pieza plana, rígida, larga y de poco espesor de cualquier materia. || Pliegue ancho de la ropa: *falda con tablas*. || Índice de un libro: *tabla de materias*. || Lista, catálogo: *tablas astronómicas*. || Cuadro en que se inscriben los números en un orden metódico para facilitar los cálculos: *tabla de multiplicar*. || Superficie plana de madera utilizada para mantenerse en equilibrio encima de las olas y deslizarse en el agua del mar en el deporte llamado *surf*. || Superficie de madera a modo de bandeja en la que se sirve el queso. || Pintura hecha en piezas planas de madera. || Tablón de anuncios. || — Pl. En el juego de ajedrez y en el de damas, estado en que nadie puede ganar la partida. || *Fig.* Empate: *quedar en tablas*. || Escenario del teatro: *salir a las tablas*. || Soltura en una actuación ante el público. || *Taurom.* Barrera de la plaza de toros. || Tercio del ruedo inmediato a la barrera o vallas. || — *Fig. A raja tabla*, cueste lo que cueste. | *Hacer tabla rasa*, dar al olvido algo pasado. || *Tablas de la Ley*, piedras en que se escribió el Decálogo.

tablado m. Suelo de tablas. || Escenario de un teatro.

tableado, da adj. Con pliegues o tablas: *vestido tableado*. || — M. Conjunto de tablas o pliegues.

tablero m. Superficie plana formada por tablas reunidas para evitar que se combe. || Tabla, pieza plana. || Cartelera para fijar anuncios. || En un coche o avión, conjunto de los órganos que permiten al conductor vigilar la marcha de su vehículo. || Tabla escaqueada para jugar a las damas, al ajedrez y a otros juegos similares. || Encerado en las escuelas. || *Fig.* Campo: *en el tablero político*.

tableta f. Tabla. || Pastilla.

tableteo m. Ruido repetido de golpes secos.

tablón m. Tabla grande. || Tablilla de anuncios. || Trampolín. || *Fam.* Borrachera.

tabú m. Carácter de los objetos, seres o actos que hay que evitar por ser considerados sagrados.

tabulador m. En las máquinas de escribir, dispositivo que facilita la disposición de cuadros, columnas, cantidades o palabras.

taburete m. Asiento sin brazos ni respaldo.

tacañear v. i. *Fam.* Ser avaro.

tacañería f. Avaricia, mezquindad.

tacaño, ña adj. y s. Mezquino.

tacha f. Falta, defecto. || *Amer.* Aparato utilizado en la fabricación del azúcar en el que se evapora en vacío el jarabe hasta obtener una masa cristalizada. | Tacho.

tachadura f. Raya que se hace sobre una palabra para suprimirla.

tachar v. t. Rayar lo escrito. || *Fig.* Censurar.

tache m. *Méx.* Tachadura.

tachero, ra m. y f. *Amer.* Persona que trabaja en los tachos de los ingenios de azúcar.

tachirense adj. y s. De Táchira (Venezuela).

tacho m. *Amer.* Vasija grande de metal de fondo redondo. | Paila grande para cocer el jarabe del jugo purificado de la caña en las fábricas de azúcar. | Hoja de lata. || *Chil.* Cacerola de metal o barro. | *Irse al tacho*, fracasar, irse abajo.

tachuela f. Clavo pequeño.

tácito, ta adj. Sobreentendido.

taciturno, na adj. Callado.

taclla f. Apero de labranza utilizado por los agricultores del imperio incaico.

tacneño, ña adj. y s. De Tacna (Perú).

taco m. Tarugo de madera u otra materia con que se tapa un hueco. || Cuña. || Palo con que se impulsan las bolas en el billar. || Cilindro de cuero u otro material que se fija en la suela de las botas de fútbol para no resbalar. || Conjunto de las hojas del calendario de pared. || Conjunto de billetes de transporte que se venden juntos: *un taco de billetes de metro*. || *Fig. y fam.* Bocado ligero: *tomar tacos de queso con el aperitivo*. | Juramento, palabrota: *soltó un taco*. | Lío, confusión: *se hizo un taco*. | Año: *tengo cuarenta tacos*. | Tableta de hachís. || *Amer.* Tacón. || *Méx.* Tortilla de maíz enrollada que contiene diversas viandas.

tacón m. Pieza en el talón de la suela del zapato.

taconear v. i. Hacer ruido con los tacones.

táctica f. Medios empleados para lograr un fin.

táctico, ca adj. Relativo a la táctica.

tacto m. Uno de los cinco sentidos que permite, por contacto directo, conocer la forma y el estado exterior de las cosas. || Acción de tocar. || *Fig.* Tiento, delicadeza: *contestar con mucho tacto*.

tacuache m. *Cub.* y *Méx.* Mamífero insectívoro.

tacuarembonense adj. y s. De Tacuarembó (Uruguay).

tagalo, la adj. y s. Dícese de los miembros de la población indígena de Filipinas. || — M. Lengua oficial de los filipinos.

tahitiano, na adj. y s. De Tahití.

tahona f. Panadería.

tahonero, ra m. y f. Panadero.

tahúr, ra m. y f. Jugador fullero.

taifa f. Bandería, facción.

taiga f. Selva del norte de Eurasia y América.

taimado, da adj. y s. Astuto.

taino, na y **taíno, na** adj. y s. Dícese del indígena de una población arawaka que vivía en Puerto Rico, Haití y al E. de Cuba.

taita m. Nombre cariñoso con que el niño designa a sus padres o a quien le cuida. || *Arg.* y *Chil.* Nombre dado a las personas de respeto: *taita cura.*

tajada f. Porción que se corta de una cosa. || *Pop.* Borrachera.

tajadura f. Corte.

tajante adj. Categórico.

tajar pr. *Fam.* Embriagarse.

tajo m. Corte profundo. || Filo de un instrumento cortante. || Tarea y lugar donde trabaja una cuadrilla de trabajadores. || Corte profundo en el terreno: *el tajo de Roncesvalles.* || Trozo de madera donde se pica o corta la carne.

tal adj. Semejante: *nunca se ha visto tal cinismo.* || Así: *tal es su opinión.* || Tan grande: *tal es su fuerza que todos le temen.* || Este, esta: *no me gusta hacer tal cosa.* || Calificativo que se aplica a una persona o cosa de nombre desconocido u olvidado: *Fulana de tal; en la calle tal.* || — Pron. Esa cosa: *no dije tal.* || Alguno: *tal habrá que lo sienta así.* || — Adv. Así: *tal estaba de emocionado que me no río.* || — Con tal de o que, con la condición de que; siempre que. || *¿Qué tal?*, ¿cómo estás usted?; ¿cómo va la cosa?; ¿qué le parece? || *Tal vez,* quizá. || *Y tal y cual,* etcétera.

tala f. Corte de un árbol por el pie. || Poda.

talabartería f. Taller o tienda de talabartero.

talabartero m. Guarnicionero.

talacha f. *Méx.* Trabajo de poca monta.

taladrado m. Operación de abrir un agujero con una barrena.

taladrador, ra adj. y s. Que taladra. || — F. Máquina de taladrar.

taladrar v. t. Agujerear con taladro.

taladro m. Barrena. || Agujero hecho con ella.

tálamo m. Cama conyugal.

talante m. Humor.

talar adj. Dícese de la vestidura que llega a los talones: *traje talar.*

talar v. t. Cortar por el pie. || Podar.

talareño, ña adj. y s. De Talara (Perú).

talayot y **talayote** m. Monumento megalítico de las Baleares (España) parecido a una torre de poca altura.

talco m. Silicato de magnesio usado en farmacia reducido a polvo.

talega f. y **talego** m. Saco de tela fuerte para transportar cosas. || Su contenido.

taleguilla f. Calzón de torero.

talento m. Aptitud natural para hacer una cosa determinada: *pintor de gran talento.* || Inteligencia: *hace falta mucho talento para hacerlo.*

talio m. Metal blanco (Tl) parecido al plomo.

talión m. Castigo idéntico a la ofensa causada.

talismán m. Objeto que protege al que lo lleva o le da algún poder mágico.

talla f. Obra esculpida, especialmente en madera. || Estatura: *hombre de buena talla.* || Instrumento para medir a las personas. || *Fig.* Capacidad: *tiene talla para este cargo.* || Operación de labrar las piedras preciosas. || Mano, en el juego de la banca y otros. || *Fig. De talla,* de importancia.

tallado m. Acción y efecto de tallar.

tallar v. t. Esculpir: *tallar una imagen.* || Labrar piedras preciosas: *tallar diamantes.* || Grabar metales. || Tasar, valuar. || Medir con la talla: *tallar quintos.* || Llevar la banca en los juegos de azar.

talle m. Figura, disposición del cuerpo: *talle esbelto.* || Cintura: *la cogió por el talle.* || Parte del vestido que corresponde a esta parte del cuerpo. || Medida que se toma del cuello a la cintura.

taller m. Lugar en el que se hace un trabajo manual.

tallista com. Persona que talla.

tallo m. *Bot.* Órgano del vegetal que lleva las hojas, las flores y los frutos. | Renuevo, brote.

talófitas f. pl. Tipo de plantas que comprende las algas, los hongos y los líquenes.

talón m. Parte posterior del pie. || Parte del zapato o calcetín que la cubre. || Parte que se arranca de cada hoja de un talonario. || Cheque. || Patrón monetario: *el talón de oro.*

talonario m. Cuaderno que consta de varias hojas que se dividen en dos partes: una llamada *talón,* que se entrega, y otra denominada *matriz,* que se conserva como justificante.

talquino, na adj. y s. De Talca (Chile).

talud m. Inclinación de un muro o terreno.

tamal m. *Amer.* Empanada de masa de harina de maíz envuelta en hojas de plátano o de maíz y rellena de diferentes condimentos. || *Chil.* Bulto grande. || *Fam. Amer.* Lío, intriga: *armar un tamal.*

tamalada f. *Amer.* Comida a base de tamales.

tamalería f. Tienda donde se venden tamales.

tamalero, ra m. y f. Persona que elabora o vende tamales.

tamanduá m. Mamífero desdentado de hocico largo.

tamango m. *Arg., Chil., Parag.* y *Urug.* Calzado.

tamaño, ña adj. Tal, tan grande o tan pequeño. || — M. Dimensiones.

tamarindo m. Árbol de flores amarillas. || Su fruto.

tamaulipeco, ca adj. y s. De Tamaulipas (México).

tambache m. *Méx.* Lío de ropa.

tambalear v. i. Moverse a uno o otro lado como si se fuese a caer. Ú. m. c. pr.: *tambalearse al andar.* || Ser inestable. Ú. m. c. pr.: *mueble que se tambalea.* || *Fig.* Perder su firmeza. Ú. m. c. pr.: *la dictadura se tambalea.*

tambarria f. *Amer.* Parranda.

tambero, ra m. *Amer.* Dueño de un tambo. || — Adj. *Amer.* Del tambo. || *Arg.* Manso: *ganado tambero.* || *Arg.* y *Chil.* Que posee vacas lecheras.

también adv. Igualmente.

tambo m. *Amer.* Posada, venta, parador. || *Arg.* Vaquería, lechería. || *Amer.* Lugar para descansar en los viajes hechos en la época de los incas.

tambor m. Instrumento músico de percusión, de forma cilíndrica, hueco, cerrado por dos pieles tensas y que se toca con dos palillos. || El que lo toca. || Cilindro hueco, de metal, para diversos usos: *tambor de una máquina de lavar.* || Depósito cilíndrico con una manivela que lo hace girar y que sirve para meter las bolas de una rifa o lotería. || Cilindro giratorio donde se ponen las balas de un revólver. || Pieza circular de acero, solidaria de la rueda, en cuyo interior actúan las zapatas del freno. || *Amer.* Bote o pequeño barril que sirve de envase. || *Méx.* Colchón de muelles.

tambora f. Tambor grande.

tamborilear v. i. Tocar el tambor.

tamborileo m. Acción de tocar el tambor.

tameme m. *Amer.* Mozo de cuerda indio.

tamiz m. Cedazo muy tupido.

tamizar v. t. Pasar por el tamiz.

tampiqueño, ña adj. y s. De Tampico (México).

tampoco adv. Sirve para expresar una segunda negación: *él no lo hizo y yo tampoco.*

tan adv. Apócope de *tanto.* || Expresa también la comparación: *es tan alto como su hermano.* || Muy: *¡es tan tonto!*

tanagra f. Pequeño pájaro cantor de la América tropical. || Estatuita de terracota.

tanda f. Turno: *ésta es su tanda.* || Tarea. || Capa de varias cosas superpuestas. || Grupo de personas o de bestias que se turnan en un trabajo: *la última tanda.* || Serie: *tanda de carambolas.* || Gran cantidad: *tanda de azotes.* || *Amer.* Sesión de una representación teatral: *teatro por tandas.*

tangencia f. Estado de tangente.

tangencial adj. Relativo a la tangente. || Que sólo tiene vinculación parcial.

tangente adj. Aplícase a las líneas y superficies que se tocan en un solo punto sin cortarse. || — F. Recta que toca en un solo punto a una curva o a una superficie. || Relación entre el seno y el coseno de un ángulo (símb. tg).

tango m. Baile de origen argentino. || Su música.

tangram m. Juego con figuras poliédricas con las que se forman figuras geométricas.

tanino m. Sustancia de la corteza de la encina.

tanque m. *Mil.* Carro de combate. || Vehículo utilizado para transportar líquidos. || Barco cisterna: *tanque petrolífero.* || Avión cisterna. || Depósito para almacenar líquidos.

tantalio y **tántalo** m. Metal plateado (Ta).

tanteador m. Marcador en que se apuntan los tantos de los contendientes en un encuentro deportivo o juego de naipes.

tantear v. t. Apuntar los tantos en el juego (ú. t. c. i.). || *For.* Dar por una cosa, en virtud de cierto derecho, el precio en que se adjudicó a otro en pública subasta. || *Fig.* Examinar una cosa detenidamente antes de decidirse: *tantear un asunto.* | Probar: *tantear el terreno.* | Explorar la intención de uno: *tantear a una persona.* || *Amer.* Calcular aproximadamente.

tanteo m. Ensayo, prueba. || Número de tantos que se apuntan los jugadores o competidores. || Cálculo aproximado de algo. || Derecho que tiene alguien para comprar una cosa por el mismo precio en que fue vendida al que la acaba de adquirir.

tanto, ta adj. Dícese de una cantidad imprecisa y se emplea como correlativa de *cuanto*: *cuanto más trabajo, tanto más ingresos.* || Tal cantidad: *no quiero tanto café.* || Tal número: *¡tengo tantas amigas!* || — Adv. De tal modo: *no grites tanto.* || Muy largo tiempo: *para venir aquí no tardará tanto.* || — Al tanto, al corriente. || *En tanto* o *entre tanto*, mientras. || *Otro tanto*, lo mismo. || *Por lo tanto*, por consiguiente.

|| *Por tanto*, por eso. || — M. Número que se apunta en cada jugada: *jugar una partida a cien tantos.* || En algunos deportes, gol: *el Atlético se apuntó cuatro tantos.* || Porcentaje: *me darás un tanto de la ganancia.* || — Pl. Número indeterminado: *el año mil novecientos ochenta y tantos.* || — A tanto alzado, a destajo. || *Uno de tantos*, uno cualquiera. || *Un tanto*, un poco. || *Un tanto por ciento*, porcentaje. || — F. pl. *Fam. Las tantas*, hora muy tardía.

tañer v. t. Tocar un instrumento músico como la guitarra. || — V. i. Repicar las campanas: *tañer a muerto.*

tañido m. Sonido de cualquier instrumento que se tañe.

taoísmo m. Antigua religión china.

tapa f. Pieza que cubre o cierra una caja, vasija, etc. || Cubierta de un libro encuadernado. || Bocado ligero que se suele tomar con las bebidas. || *La tapa de los sesos*, el cráneo.

tapadera f. Tapa de una vasija.

tapadismo m. *Méx.* Sistema consistente en no revelar el nombre del candidato en las elecciones presidenciales.

tapado, da adj. Cubierto. || Aplícase a la mujer que se tapa con el manto o pañuelo para ocultar su rostro (ú. t. c. s. f.). || *Arg.* y *Chil.* Dícese de la caballería que no tiene ninguna mancha en la piel (ú. t. c. s.). || — M. *Amer.* Entierro, tesoro oculto. | Abrigo. || *Méx.* Presunto candidato cuyo nombre se guarda en secreto.

tapar v. t. Cubrir: *tapar un agujero.* || *Fig.* Encubrir a alguien. || *Chil.* Empastar las muelas.

taparrabo o **taparrabos** m. Calzón corto.

tapatío, tía adj. y s. De Guadalajara (México).

tapete m. Alfombra pequeña. || Paño que se pone por adorno o protección encima de un mueble.

tapetí m. Roedor de Argentina.

tapia f. Pared.

tapiar v. t. Cercar con tapias.

tapicería f. Conjunto de tapices. || Tela con que se cubren los sillones, sofás, etc.

tapicero, ra m. y f. Persona que teje tapices. || Persona cuyo oficio consiste en tapizar muebles y paredes, poner cortinajes, alfombras, etc.

tapioca f. Fécula blanca de la raíz de la mandioca. || Sopa hecha con ella.

tapir m. Mamífero de Asia y América del Sur parecido al jabalí.

tapiz m. Paño con que se adornan las paredes.

tapizado, da adj. Cubierto de tapices. || — M. Acción y efecto de tapizar.

tapizar v. t. Cubrir las paredes con tapices. || *Fig.* Forrar los sillones o los sillones con tela.

tapón m. Objeto de corcho, plástico o cristal usado para tapar las botellas, frascos y otros recipientes de abertura. || *Fig.* Cosa que obstruye algo: *un tapón de cerumen en el oído.* | Aglomeración de vehículos que impide la circulación fluida. || *Fig.* Persona baja y rechoncha.

taponamiento m. Obstrucción con tapones. || Tapón de circulación.

taponar v. t. Cerrar con tapón.

taquear v. i. *Méx.* Comer tacos.

taquería f. *Méx.* Lugar donde se venden tacos para comer.

taquero, ra m. y f. *Méx.* Vendedor de tacos.

taquicardia f. Ritmo muy rápido de las contracciones cardíacas.

taquigrafía f. Escritura formada por signos convencionales que permite escribir a gran velocidad.

taquigrafiar v. t. Escribir taquigráficamente.

taquígrafo, fa m. y f. Persona capaz de utilizar la taquigrafía.

taquilla f. Casillero para billetes de ferrocarril, de teatro, etc. || Sitio donde se despachan los billetes y entradas. || Fig. Dinero recaudado con la venta de las entradas.

taquillero, ra m. y f. Persona encargada de vender los billetes en la taquilla del ferrocarril o de un espectáculo. || — Adj. Fig. Aplícase al artista o espectáculo que atrae mucho público.

taquimecanógrafo, fa m. y f. Persona que escribe utilizando la taquigrafía y la mecanografía.

tara f. Peso del embalaje, vehículo transportador, etc., que se tiene que rebajar del de la mercancía. || Defecto: *tara hereditaria.*

taracea f. Obra de incrustaciones sobre madera.

tarado, da adj. y s. Que padece una tara física.

tarahumara adj. Relativo a un pueblo amerindio del norte de México. || — M. y f. Individuo de ese grupo.

tarántula f. Araña muy grande.

tarapaqueño, ña adj. y s. De Tarapacá (Chile).

tarar v. t. Determinar el peso de la tara.

tararear v. t. Canturrear.

tarareo m. Acción de tararear.

tarascada f. Mordisco. || Rasguño.

tarasco, ca adj. Dícese de un antiguo pueblo indio del NO. de México (Michoacán, Guanajuato y Querétaro). || Natural de este pueblo (ú. t. c. s.). || Relativo a él.

tarascón m. *Arg., Bol., Chil., Ecuad.* y *Per.* Mordedura.

tardanza f. Retraso. || Lentitud.

tardar v. t. Emplear cierto tiempo en efectuar algo.

tarde f. Tiempo entre el mediodía y el anochecer: *las cuatro de la tarde.* || — Adv. A una hora avanzada del día o de la noche: *terminar tarde.* || Después de la hora o del momento conveniente: *llego tarde.* || — *Buenas tardes,* saludo que se emplea por la tarde. || *De tarde en tarde,* de vez en cuando.

tardío, a adj. Que llega u ocurre tarde: *gloria tardía.* || Que se da más tarde de lo conveniente.

tardo, da adj. Lento.

tarea f. Labor, trabajo. || Deberes de un colegial.

tarifa f. Escala de precios, derechos o impuestos.

tarifar v. t. Aplicar una tarifa.

tarificación f. Tarifa.

tarificar v. t. Tarifar.

tarijeño, ña adj. y s. De Tarija (Bolivia).

tarima f. Plataforma movible de poca altura.

tarjeta f. Cartulina rectangular con el nombre de una persona y generalmente con su actividad y dirección: *tarjeta de visita.* || Cartulina que lleva impreso o escrito un aviso, permiso, invitación, etc. || — *Tarjeta de crédito,* documento de un banco que permite a la persona a cuyo nombre está pueda pagar sin extender un cheque o sin abonar en metálico. || *Tarjeta perforada,* ficha de cartulina rectangular en que se registran, por medio de perforaciones, informaciones numéricas o alfabéticas. || *Tarjeta postal,* cartulina generalmente ilustrada por una cara que se suele mandar sin sobre.

tarraconense adj. y s. De Tarragona (España).

tarro m. Vasija cilíndrica de barro o vidrio: *un tarro de mermelada.* || *Arg.* Vasija de lata. || *Antill., Méx.* y *Urug.* Cuerno. || — Pl. *Fam. Arg.* Zapatos.

tarso m. Parte posterior del pie.

tarta f. Pastel. || *Arg.* y *Urug. Tarta pascualina,* la salada hecha de masa hojaldrada, espinaca, cebolla y salsa blanca.

tartajear v. i. Articular impropiamente las palabras.

tartajeo m. Mala articulación al hablar.

tartajoso, sa adj. Que tartajea (ú. t. c. s.).

tartamudear v. i. Hablar con pronunciación entrecortada repitiendo las sílabas.

tartamudeo m. Pronunciación entrecortada.

tartamudez f. Defecto del tartamudo.

tartamudo, da adj. Que tartamudea (ú. t. c. s.).

tártaro, ra adj. y s. De Tartaria (Asia).

tartera f. Cazuela de barro.

tarugo f. Pedazo de madera grueso y corto. || *Fig.* y *fam.* Zoquete, necio.

tasa f. Tasación. || Documento en que se indica esta tasación. || Precio fijado oficialmente para ciertas mercancías: *tasa de importación.* || Medida, norma: *obrar sin tasa.* || Índice: *tasa de natalidad.*

tasación f. Estimación.

tasador, ra adj. Que tasa (ú. t. c. s.).

tasajo m. Carne seca y salada.

tasar v. t. Poner precio a una cosa: *tasar el pan.* || Valorar, estimar el valor de una cosa. || *Fig.* Restringir algo por prudencia o avaricia: *tasar la comida.*

tasca f. Taberna.

tata f. Niñera. || — M. *Fam. Amer.* Papá. | Tratamiento de respeto.

tatarabuelo, la m. y f. Padre o madre del bisabuelo o de la bisabuela.

tataranieto, ta m. y f. Hijo o hija del biznieto o de la biznieta.

tatemar v. t. *Méx.* Asar o tostar ligeramente. || *Fig. Méx.* Poner a alguien en ridículo.

tatetí m. *Arg.* y *Urug.* Juego de tres en raya, que consiste en dibujar cuatro líneas cruzadas que ofrecen nueve espacios; gana el jugador que logra ocupar tres espacios en fila.

tatú m. Mamífero desdentado de América tropical.

tatuaje m. Impresión de dibujos en la piel humana.

tatuar v. t. Imprimir en la piel dibujos.

tau f. Decimonovena letra del alfabeto griego (τ).

taumaturgo, ga m. y f. Persona capaz de hacer milagros.

taurino, na adj. Relativo a las corridas de toros.

tauromaquia f. Arte de lidiar toros, toreo.

tautología f. Pleonasmo.

taxi m. Automóvil de alquiler.

taxímetro m. Contador que en los taxis marca la distancia recorrida y el importe del servicio.

taxista com. Conductor de taxi.

taxqueño, ña adj. y s. De Taxco (México).

taza f. Vasija con asa que sirve para beber. || Pila de las fuentes. || Recipiente de un retrete.

tazón m. Taza grande.

Tc, símbolo del *tecnecio.*

te f. Nombre de la letra *t.*

té m. Arbusto con cuyas hojas se hace una infusión en agua hirviente. || Esta infusión. || Reunión por la tarde en la que se suele servir esta infusión. || *Té de los jesuitas* o del *Paraguay,* mate.

Te, símbolo químico del *telurio.*

tea f. Antorcha.

teatral adj. Relativo al teatro.

teatro m. Edificio destinado a la representación de obras dramáticas y de otros espectáculos. || Profesión de actor. || Conjunto de obras dramáticas: *el teatro de Lope.* || Lugar de un suceso, escenario.

teca f. Árbol verbenáceo.

techado m. Tejado.

techar v. t. Poner techo.

techo m. Parte interior y superior de un edificio, de un aposento o de un vehículo. || Tejado: *techo de pizarras.* || *Fig.* Casa, domicilio, hogar: *el techo familiar.* | Altura máxima, tope (ú. t. c. adj.).

techumbre f. Cubierta de un edificio.

tecla f. Cada una de las piezas que se pulsan con los dedos para accionar las palancas que hacen sonar un instrumento músico o hacen funcionar otros aparatos: *tecla de piano, de máquina de escribir.*

teclado m. Conjunto de teclas.

teclear v. i. Pulsar las teclas.

tecleño, ña adj. y s. De Santa Tecla (El Salvador).

tecleo m. Acción de teclear.

tecnecio m. Elemento químico (Tc).

técnica f. Conjunto de procedimientos propios de un arte, ciencia u oficio. || *Fig.* Método, habilidad.

tecnicidad f. Carácter técnico.

tecnicismo m. Carácter técnico. || Palabra técnica.

técnico, ca adj. Relativo a las aplicaciones prácticas de las ciencias y las artes. || — M. y f. Especialista que conoce perfectamente la técnica.

tecnocracia f. Predominio de los técnicos.

tecnócrata m. y f. Partidario de la tecnocracia. || Estadista o alto funcionario que, en su gestión, hace prevalecer la eficacia sobre los factores sociales, ideológicos o políticos.

tecnología f. Conjunto de los instrumentos y métodos industriales.

tecnológico, ca adj. Relativo a la tecnología.

tecnólogo, ga m. y f. Técnico.

tecolote m. *Hond.* y *Méx.* Búho.

tecomate m. *Amér. C.* Vasija hecha en una calabaza.

tecpaneca adj. Decíase de un pueblo indio del valle de México. || Natural de este pueblo (ú. t. c. s.).

tectónico, ca adj. Relativo a la estructura de la corteza terrestre. || — F. Parte de la geología que trata de dicha estructura.

tectonismo m. Conjunto de características de las fuerzas internas de la corteza terrestre.

tedio m. Aburrimiento, hastío.

tegucigalpense adj. y s. De Tegucigalpa (Honduras).

tegumento m. Membrana que envuelve algunas partes de los vegetales. || Tejido que cubre el cuerpo del animal (piel, plumas, etc.).

tehuano, na adj. y s. De Tehuantepec (México).

tehuelche adj. y s. Relativo a un grupo amerindio de la Patagonia. || — M. Lengua e individuo de ese grupo.

teja f. Pieza de barro cocido en forma de canal con que se cubren los tejados. || *Fam.* Sombrero de los eclesiásticos. || *Fig. A toca teja,* al contado.

tejado m. Parte superior y exterior de un edificio.

tejamanil m. *Cub., Méx.* y *P. Rico.* Tira de madera delgada que se emplea como teja.

tejano, na adj. y s. De Tejas (Estados Unidos). || — M. Pantalón vaquero.

tejar v. t. Poner tejas.

tejemaneje m. Intriga, lío.

tejer v. t. Entrelazar regularmente hilos para formar un tejido, trencillas, esteras, etc. || Formar su tela la araña, el gusano de seda, etc. || *Fig.* Preparar cuidadosamente, tramar: *tejer una trampa.* | Construir poco a poco, labrar: *él mismo tejió su ruina.*

tejido m. Acción de tejer. || Textura de una tela. || Cosa tejida, tela: *tejido de punto.* || Agrupación de células, fibras y productos celulares que constituyen un conjunto estructural: *en el organismo hay tejidos adiposo, cartilaginoso, conjuntivo, epitelial, muscular, nervioso, óseo.* || *Fig.* Serie, retahíla.

tejocote m. *Méx.* Planta que da un fruto de aspecto parecido al de la ciruela.

tejolote m. *Méx.* Mano de piedra del almirez.

tejón m. Mamífero plantígrado. || *Amer.* Coendú.

tela f. Tejido de muchos hilos entrecruzados: *tela de lino.* || Película que se forma en la superficie de un líquido como la leche. || Especie de red que forman algunos animales con los filamentos que elaboran: *tela de araña.* || Lienzo, cuadro. || *Fig.* Materia: *hay tela para rato.* || *Fam.* Dinero. || *— Poner en tela de juicio,* examinar o discutir una cosa sobre la cual existe una duda. || *Fam. Tela de,* mucho, en gran cantidad. || *Tela metálica,* malla de alambre.

telar m. Máquina para tejer.

telaraña f. Tela que teje la araña.

tele f. *Fam.* Televisión. | Televisor.

telecomunicación f. Emisión, transmisión o recepción de signos, señales, imágenes, sonidos o informaciones de todas clases por hilo, radioelectricidad, medios ópticos, etc. (ú. m. en pl.).

teledetección f. Acción de descubrir a distancia.

telediario m. Diario televisado.

teledifusión f. Difusión por televisión.

teledirigir v. t. Dirigir un vehículo a distancia.

telefacsímil m. Telefax.

telefax m. Sistema telefónico para la transmisión de documentos escritos e impresos.

teleférico m. Medio de transporte de personas o mercancías constituido por una cabina y uno o varios cables aéreos por donde se desliza la misma.

telefonazo m. *Fam.* Llamada telefónica.

telefonear v. i. Llamar por teléfono.

telefonía f. Sistema de telecomunicaciones para la transmisión de la palabra.

telefónico, ca adj. Relativo al teléfono.

telefonista com. Persona encargada de las conexiones telefónicas.

teléfono m. Instrumento que permite a dos personas, separadas por cierta distancia, mantener una conversación. || Número que tiene cada persona asignado a su aparato. || *Teléfono móvil,* aparato telefónico portátil que se comunica con otros a través de ondas electromagnéticas.

telegrafía f. Sistema de telecomunicación para la transmisión de mensajes escritos por medio de un código de señales o por otros medios adecuados.

telegrafiar v. t. Transmitir por telégrafo.

telegráfico, ca Adj. Relativo al telégrafo.

telegrafista com. Persona encargada de la transmisión manual y de la recepción de telegramas.

telégrafo m. Dispositivo para la transmisión rápida a distancia de las noticias, despachos, etc.

telegrama m. Despacho transmitido por telégrafo. || Papel en que está este despacho.

teleinformática f. Informática que utiliza las telecomunicaciones para transportar las informaciones.

telemando m. Dirección a distancia de una maniobra mecánica. || Aparato o mecanismo utilizado para el mando automático a distancia.

telemática f. Conjunto de las técnicas y servicios que combinan las telecomunicaciones y la informática.

telémetro m. Instrumento óptico que permite medir la distancia entre dos puntos.

telenovela f. Novela en episodios que pasa por televisión.

teleobjetivo m. Objetivo para fotografiar objetos lejanos.

telepatía f. Transmisión directa del pensamiento entre dos personas alejadas una de otra.

teleproceso m. Técnica de tratamiento de la información que consiste en transmitir los datos a un ordenador, situado a gran distancia, por medio de líneas telefónicas o por haces hertzianos.

telera f. *Cub.* Galleta de forma cuadrada. || *Méx.* Cierto tipo de pan blanco.

telescópico, ca adj. Relativo al telescopio.

telescopio m. Anteojo para observar los astros.

telespectador, ra m. y f. Persona que mira la televisión.

teletipo m. Aparato telegráfico en el que los textos pulsados en un teclado aparecen automática y simultáneamente escritos en el otro extremo de la línea. || Texto así transmitido.

teletratamiento m. Teleproceso.

televidente m. y f. Telespectador.

televisar v. t. Transmitir por televisión.

televisión f. Transmisión por ondas eléctricas de imágenes de objetos fijos o móviles, o de escenas animadas. || Conjunto de servicios encargados de llevar a cabo estas transmisiones. || *Televisión por cable,* transmisión de imágenes de televisión por cables que enlazan la estación emisora con cierto número de receptores cuyos propietarios están abonados a los productores de este sistema.

televisivo, va o **televisual** adj. Relativo a la televisión o propio para ser televisado.

televisor m. Receptor de televisión.

télex m. Sistema de comunicación por teletipo. || Despacho así transmitido.

telón m. Lienzo grande pintado que se pone en el escenario de un teatro. || *Méx.* Acertijo.

telúrico, ca adj. De la Tierra.

telurio m. Cuerpo simple sólido (Te).

tema m. Asunto o materia sobre el cual se habla, se escribe.

temático, ca adj. Relativo al tema.

temazcal m. *Guat., Méx.* y *Nicar.* Recinto especial para tomar baños de vapor.

temblar v. i. Estremecerse, agitarse involuntariamente con pequeños movimientos convulsivos frecuentes: *temblar de frío.* || Estar agitado de pequeñas oscilaciones: *el suelo tiembla.* || Vacilar: *temblar la voz.* || *Fig.* Tener mucho miedo.

temblor m. Movimiento del o de lo que tiembla: *temblor de manos.* || *Temblor de tierra,* terremoto.

tembloroso, sa adj. Que tiembla.

temer v. t. Tener miedo.

temerario, ria adj. Que actúa sin miedo.

temeridad f. Acción temeraria.

temeroso, sa adj. Con temor.

temible adj. Que da miedo.

temor m. Miedo.

témpano m. Pedazo plano de una cosa dura: *témpano de hielo.*

temperamental adj. Del temperamento.

temperamento m. Manera de ser.

temperar v. t. Volver más templado. || Moderar.

temperatura f. Grado de calor. || Fiebre, calentura.

tempestad f. Gran perturbación de la atmósfera caracterizada por lluvia, granizo, truenos, descargas eléctricas, etc.: *el tiempo amenaza tempestad.* || Perturbación de las aguas del mar causada por la violencia de los vientos. || *Fig.* Turbación del alma. | Explosión repentina, profusión: *tempestad de injurias.* | Agitación, disturbio: *tempestad revolucionaria.*

templado, da adj. Moderado en sus apetitos: *persona templada.* || Ni frío ni caliente: *clima templado.* || Hablando de un instrumento, afinado.

templanza f. Virtud cardinal que consiste en moderar los apetitos, pasiones. || Sobriedad, moderación.

templar v. t. Moderar: *templar las pasiones.* || Moderar la temperatura de una cosa, en particular la de un líquido: *templar el agua.* || Endurecer los metales o el cristal sumergiéndolos en un baño frío. || *Fig.* Aplacar: *templar la ira, la violencia.* | Afinar un instrumento músico. || — V. i. Suavizarse: *ha templado el tiempo.* || — V. pr. Moderarse.

templario m. Miembro de una antigua orden militar de caballería religiosa.

temple m. Endurecimiento de los metales y del vidrio por enfriamiento rápido. || *Fig.* Humor: *estar de buen temple.* | Firmeza, energía: *tener temple de acero.* || Armonía que hay entre varios instrumentos músicos. || *Pintura al temple,* la hecha con colores desleídos en clara o yema de huevo, miel o cola.

templete m. Pabellón o quiosco.

templo m. Edificio público destinado a un culto.

temporada f. Espacio de tiempo de cierta duración. || Época: *temporada teatral.* || Momento del año en que hay más turistas, más demanda: *tarifa de fuera de temporada.*

temporal adj. Que no es eterno: *vida temporal.* || Relativo a las cosas materiales: *bienes temporales.* || Que no es duradero: *empleo temporal.* || — M. Tempestad. | Tiempo de lluvia persistente.

temporalizar v. t. Convertir en temporal.

temprano, na adj. Adelantado al tiempo ordinario: *frutas tempranas.* || — Adv. Antes de lo previsto: *venir temprano.* || En las primeras horas del día o noche: *acostarse temprano.* || En tiempo anterior al acostumbrado: *almorzar temprano.*

tenacidad f. Calidad de tenaz.

tenaz adj. Que resiste a la ruptura o a la deformación: *metal tenaz.* || Difícil de extirpar o suprimir: *prejuicios tenaces.* || *Fig.* Firme. | Obstinado.

tenaza f. Instrumento de metal compuesto de dos brazos articulados en un eje para asir o apretar.

tendencia f. Fuerza que dirige un cuerpo hacia un punto. || Fuerza que orienta la actividad del hombre hacia un fin determinado: *tendencia al bien.* || *Fig.* Dirección, orientación de un movimiento.

tendencioso, sa adj. Que tiende hacia un fin determinado.

tendente adj. Que tiende a algo.

tender v. t. Alargar, extender: *tender la mano.* || Echar y extender algo por el suelo. || Colgar o extender la ropa mojada para que se seque. || Echar: *tender las redes.* || Instalar entre dos o más puntos: *tender un puente.* || Disponer algo para coger una presa: *tender una emboscada.* || — V. i. Encaminarse a un fin determinado. || — V. pr. Tumbarse, acostarse.

tendero, ra m. y f. Comerciante que vende al por menor o que tiene una tienda.

tendido m. Instalación: *el tendido de un cable.* || En la plaza de toros, gradería próxima a la barrera.

tendón m. Haz de fibras conjuntivas que une los músculos a los huesos.

tenebroso, sa adj. Sombrío, negro.

tenedor, ra m. y f. Persona que posee o tiene una cosa. || Persona que posee legítimamente una letra de cambio u otro valor endosable. || — M. Utensilio de mesa con varios dientes que sirve para comer alimentos sólidos.

tenencia f. Posesión.

tener v. t. Poseer: *tener dinero.* || Sentir: *tener hambre.* || Mantener asido: *tener el sombrero en la mano.* || Contener o comprender en sí: *México tiene varios millones de habitantes.* || Ser de cierto tamaño: *tener dos metros de largo.* || Mantener: *el ruido me ha tenido despierto toda la noche.* || Padecer, sufrir: *tenía hambre.* || Querer decir tiempo, edad: *ya tengo muchos años.* || Pasar: *tener muy buen día.* || Celebrar: *tener una asamblea.* || Considerar: *tener a uno por inteligente.* || Como auxiliar y seguido de la preposición *de* o la conjunción *que*, más el infinitivo de otro verbo, indica estar obligado a: *tengo que salir.* || — *Tener a bien,* juzgar conveniente; tener la amabilidad de. || *Tener a menos,* despreciar. || *Tener en cuenta,* tomar en consideración. || *Tener parte en,* participar en. || *Tener presente una cosa,* recordarla. || *Tener que ver,* existir alguna relación o semejanza entre las personas o cosas. || — V. i. Ser rico. || — V. pr. Mantenerse: *tenerse en pie.* || Considerarse: *tenerse por muy simpático.*

tenia f. Gusano parásito del intestino delgado.

teniente adj. Que tiene. || — M. Oficial de grado inmediatamente inferior al de capitán.

tenis m. Deporte en que los adversarios, provistos de una raqueta y separados por una red, se lanzan la pelota de un campo a otro. || Espacio destinado para este deporte. || *Tenis de mesa,* juego parecido al tenis y practicado en una mesa, que recibe también el nombre de *ping-pong* o *pingpong.*

tenista com. Jugador de tenis.

tenocha adj. y s. Azteca.

tenor m. *Mús.* Voz media entre contralto y barítono, y hombre que la tiene. || *A tenor,* por el estilo.

tenorio m. *Fam.* Seductor.

tensar v. t. Poner tenso.

tensión f. Estado de un cuerpo estirado: *la tensión de un muelle.* || Presión de un gas. || *Electr.* Diferencia de potencial. || *Fig.* Tirantez, situación que puede llevar a una ruptura o a un conflicto. || *Tensión arterial,* presión de la sangre en las arterias.

tenso, sa adj. En tensión.

tentación f. Sentimiento de atracción hacia una cosa prohibida. || Deseo.

tentáculo m. Cada uno de los apéndices móviles que tienen muchos moluscos, crustáceos, etc., y que les sirven como órganos táctiles.

tentador, ra adj. Que tienta (ú. t. c. s.).

tentalear v. t. *Méx.* Reconocer mediante el sentido del tacto.

tentar v. t. Palpar o tocar. || Inducir a la tentación, seducir, atraer. || Intentar, tratar de realizar.

tentativa f. Intento.

tenue adj. Delicado, muy delgado. || De poca importancia. || Débil.

teñido m. Acción y efecto de teñir.

teñir v. t. Cambiar el color de una cosa o dar color a lo que no lo tiene: *teñir el pelo* (ú. t. c. pr.).

teocali m. Templo antiguo mexicano.

teocracia f. Gobierno ejercido por el clero.

teologal adj. Relativo a la teología. || *Virtudes teologales,* fe, esperanza y caridad.

teología f. Ciencia que estudia la religión.

teológico, ca adj. De la teología.

teólogo, ga m. y f. Especialista en teología.

teorema m. Proposición científica que puede ser demostrada.

teoría f. Conocimiento especulativo puramente racional, opuesto a *práctica.* || Conjunto sistematizado de ideas sobre una materia: *teoría económica.* || *Fig.* Serie: *una larga teoría de conceptos.*

teórico, ca adj. Relativo a la teoría. || — M. y f. Persona que conoce los principios de un arte o ciencia. || — F. Teoría.

teorización f. Acción y efecto de teorizar.

teorizar v. t. Tratar teóricamente (ú. t. c. i.).

teotihuacano, na adj. y s. De San Juan de Teotihuacán (México).

tepache m. *Méx.* Bebida fermentada hecha con jugo de caña o piña, a veces pulque y azúcar.

tepalcate m. *Méx.* Trasto, cacharro. || — Pl. Pedazos de una vasija de barro.

tepehuano, na adj. y s. Del pueblo amerindio que habita parte de Durango, México, e individuo de ese pueblo.

tepemechín m. *Amér. C.* Pez de río.

tepetate m. *Méx.* Roca amarillenta que se usa en la construcción.

tepezcuinte o **tepezcuintle** m. *Méx.* Roedor del tamaño de un conejo de color amarillo rojizo.

tepiqueño, ña adj. y s. De Tepic (México).

teponascle o **teponaztle** m. *Méx.* Árbol cuya madera se emplea en construcción. | Instrumento de percusión.

tequense adj. y s. De Los Teques (Venezuela).

tequila m. *Méx.* Aguardiente extraído de una especie de maguey.

terapeuta com. Especialista en terapéutica.

terapéutica f. Tratamiento de las enfermedades.

terapéutico, ca adj. Relativo a la terapéutica.

terapia f. Tratamiento de las enfermedades.

terbio m. Metal de grupo de las tierras raras (Tb).

tercer adj. Apócope de *tercero.*

tercero, ra adj. y s. Que sigue en orden al segundo: *Víctor es el tercero de la clase.* || Que sirve de mediador: *servir de tercero en un pleito.* || — M. y f. Alcahuete. || Persona ajena a un asunto: *causar daño a un tercero.* || — M. El tercer piso: *vivo en el tercero.* || El tercer curso de un colegio, liceo o academia.

terceto m. Combinación métrica de tres versos. || *Mús.* Composición para tres voces o instrumentos. | Conjunto de tres cantantes o tres músicos, trío.

tercianas f. pl. Fiebre intermitente.

terciar v. t. Poner una cosa atravesada diagonalmente: *terciar el fusil.* || Dividir en tres partes. || *Amer.* Aguar. || — V. i. Mediar en una discusión, etc. || Participar. || — V. pr. Ocurrir: *terciarse la oportunidad.*

terciario, ria adj. Tercero. || Aplícase a la era anterior a la cuaternaria, caracterizada por grandes movimientos tectónicos (ú. t. c. s. m.). || Dícese de la actividad económica que comprende el transporte, comunicaciones, comercio, administración, espectáculos (ú. t. c. s. m.).

tercio, cia adj. Tercero. || — M. Tercera parte. || Nombre de los regimientos españoles de infantería de los s. XVI y XVII. || Legión: *Tercio de extranjeros.* || *Taurom.*

Cada una de las tres partes concéntricas en que se divide el ruedo. | Cada una de las tres partes de la lidia: *tercio de banderillas.*

terciopelo m. Tela de algodón velluda.

terco, ca adj. Obstinado.

tergiversación f. Falsa interpretación.

tergiversador, ra adj. y s. Que tergiversa.

tergiversar v. t. Deformar la realidad o el sentido.

termal adj. Relativo a las termas.

termas f. pl. Baños calientes de aguas medicinales.

termes m. Comején.

térmico, ca adj. Calorífico. || *Central térmica,* fábrica productora de energía eléctrica mediante la energía térmica de combustión.

terminación f. Final.

terminal adj. Final, último, que pone término. || — M. *Electr.* Extremo de un conductor que facilita las conexiones. || Unidad periférica de un ordenador, situada a cierta distancia de éste, capaz de recibir resultados y respuestas y de transmitir datos o instrucciones. || — F. En el casco urbano, sitio a donde llegan y de donde salen los autocares que hacen el empalme entre la ciudad y el aeropuerto.

terminante adj. Concluyente.

terminar v. t. Poner fin. || — V. i. Llegar a su fin. || Reñir: *estos novios han terminado.*

término m. Punto en que acaba algo: *término de un viaje.* || Objetivo, fin. || Expresión, palabra: *términos groseros.* || Territorio contiguo a una población: *término municipal.* || Plazo determinado: *en el término de un mes.* || Elemento, componente de un conjunto: *analizar término por término sus pretensiones.* || Cada una de las partes de una proposición o silogismo. || *Mat.* Cada una de las cantidades que componen una relación, una suma o una expresión algebraica: *términos de la fracción.* || Punto final de una línea de transporte. || — Pl. Relaciones: *está en malos términos con sus padres.*

terminología f. Conjunto de términos.

termita f. Comején.

termo y **termos** m. Vasija aislante en la que los líquidos conservan su temperatura.

termoelectricidad f. Conjunto de los fenómenos reversibles de transformación directa de la energía térmica en energía eléctrica y viceversa.

termómetro m. Instrumento para medir la temperatura.

termonuclear adj. Aplícase a las reacciones nucleares, entre elementos ligeros, realizadas gracias al empleo de temperaturas de millones de grados. || *Bomba termonuclear,* la atómica, llamada también *bomba de hidrógeno* o *bomba H,* fabricada entre 1950 y 1954 y realizada por la fusión del núcleo de los átomos ligeros, tales como el hidrógeno, cuyo efecto es mil millones de veces mayor que el de la bomba A de 1945. (Su potencia se mide en megatones.)

termos m. Termo.

termostato m. Aparato que mantiene constante una temperatura en el interior de un recinto.

terna f. Conjunto de tres personas propuestas para un cargo.

ternario, ria adj. Compuesto de tres elementos.

ternera f. Cría hembra de la vaca. || Carne de ternera.

ternero m. Cría macho de la vaca.

terneza f. Ternura.

ternilla f. Tejido cartilaginoso de los animales vertebrados.

terno m. Conjunto de tres cosas de una misma especie. || Pantalón, chaleco y chaqueta hechos de la misma tela: *un terno azul.* || Voto, juramento.

ternura f. Sentimiento de amor, cariño.

terquedad f. Obstinación.

terracería f. *Méx.* Tierra sin cubierta de asfalto de un camino.

terracota f. Escultura de barro.

terrado m. Azotea.

terraja f. Instrumento para labrar los tornillos.

terramicina f. Antibiótico sacado de un hongo.

terraplén m. Macizo de tierra con que se rellena un hueco o que se levanta para servir de asiento a una carretera, vía, construcción, etc.

terrario m. Sitio acondicionado para mantener ciertos animales o plantas con vida.

terrateniente com. Propietario de tierras o fincas rurales extensas.

terraza f. Azotea. || Parte de la acera a lo largo de un café o bar donde se colocan mesas y sillas. || Bancal, terreno cultivado en forma de grada.

terrazo m. Suelo de baldosas.

terregal m. *Méx.* Polvareda.

terremoto m. Movimiento o sacudida de la corteza terrestre.

terrenal adj. De la Tierra.

terreno, na adj. Terrestre: *la vida terrena.* || — M. Porción más o menos grande de la corteza terrestre de cierta época, cierta naturaleza o cierto origen: *terreno aurífero.* || Espacio de tierra: *terreno para edificar.* || Lugar donde se disputa un partido: *terreno de deportes.* || *Fig.* Campo, sector. || *Vehículo todo terreno,* el capaz de circular por carretera y por diferentes terrenos, jeep, camión.

terrestre adj. Relativo a la Tierra: *la esfera terrestre.* || Que vive o se desarrolla en la Tierra: *planta, transporte terrestre.* || — Com. Habitante de la Tierra.

terrible adj. Espantoso.

terrier m. Raza de perros de caza.

territorial adj. Del territorio: *Aguas territoriales* o *mar territorial,* zona marítima que bordea las costas de un Estado y sometida a su autoridad.

territorio m. Extensión de tierra que depende de un Estado, una ciudad, una jurisdicción, etc.

terrón m. Masa pequeña de una sustancia.

terror m. Miedo grande. || Persona o cosa que infunde este sentimiento.

terrorífico, ca adj. Que infunde terror.

terrorismo m. Lucha violenta ejercida por grupos extremistas para crear un clima de inseguridad o para derribar al gobierno de un país.

terrorista adj. Relativo al terrorismo. || — Com. Partidario o participante en actos de terrorismo.

terruño m. País natal.

terso, sa adj. Resplandeciente. || Sin arrugas.

tersura f. Resplandor. || Lisura.

tertulia f. Reunión de personas para hablar.

terutero o **teruteru** m. *Arg.* Ave zancuda.

tesina f. Tesis de menos importancia que la doctoral que se presenta para obtener la licenciatura.

tesis f. Proposición que se apoya con razonamientos: *no consiguió defender su tesis.* || Disertación escrita sobre una materia para doctorarse.

tesitura f. Estado de ánimo.

tesón m. Tenacidad.

tesonería f. Perseverancia.

tesonero, ra adj. Tenaz.

tesorería f. Empleo y oficina del tesorero.

tesorero, ra m. y f. Persona encargada de recaudar y distribuir los capitales.

tesoro m. Conjunto de dinero, alhajas u otras cosas de valor que se guarda en un sitio seguro. || Sitio donde se guarda. || Cosas de valor que han sido escondidas y que uno encuentra por casualidad. || Erario público. || *Fig.* Persona o cosa que se quiere mucho o que es de gran utilidad.

test m. (pal. ingl.). Prueba, especialmente la destinada a conocer las aptitudes o la personalidad de alguien o la calidad de algo.

testa f. *Fam.* Cabeza.

testador, ra m. y f. Autor de un testamento.

testaferro m. El que presta su nombre a otro que no quiere hacer constar el suyo.

testamentaría f. Junta de los testamentarios. || Conjunto de los documentos necesarios para cumplir lo dispuesto en un testamento.

testamentario, ria adj. Relativo al testamento. || — M. y f. Albacea, persona encargada del cumplimiento de lo dispuesto en un testamento.

testamento m. Declaración escrita en la que uno expresa su última voluntad y dispone de sus bienes para después de la muerte. || *Fig.* Resumen de las ideas que un escritor, artista, científico o político quiere dejar después de su fallecimiento. || — *Antiguo* o *Viejo Testamento,* conjunto de los libros sagrados anteriores a la venida de Jesucristo. || *Nuevo Testamento,* conjunto de los libros sagrados que, como los Evangelios, son posteriores al nacimiento de Cristo.

testar v. i. Hacer testamento.

testarudez f. Obstinación.

testarudo, da adj. y s. Obstinado.

testicular adj. Relativo a los testículos.

testículo m. Cada una de las dos glándulas genitales masculinas que producen los espermatozoides.

testificar v. t. Atestiguar algo un testigo. || *Fig.* Demostrar. || — V. i. Declarar como testigo.

testigo m. Persona que, por haber presenciado un hecho, puede dar testimonio de ello. || Persona que asiste a otra en ciertos actos: *testigo matrimonial.* || Prueba material: *estos restos son testigos de nuestra civilización.* || En una carrera de relevos, objeto en forma de palo que se transmiten los corredores.

testimoniar v. t. Testificar.

testimonio m. Declaración hecha por alguien de lo que ha visto u oído. || Prueba: *testimonio de amistad.* || *Falso testimonio,* deposición falsa.

testosterona f. Hormona sexual masculina.

testuz m. Frente. || Nuca.

teta f. Cada uno de los órganos glandulares que segregan la leche en las hembras.

tetania f. Enfermedad caracterizada por contracciones musculares espasmódicas.

tetánico, ca adj. Del tétanos.

tétanos m. Enfermedad infecciosa que ataca los centros nerviosos.

tetera f. Recipiente para hacer y servir el té.

tetilla f. Órgano de los mamíferos machos situado en el lugar correspondiente al de las mamas de las hembras. || Boquilla de goma que se pone en el biberón para que el niño pueda chupar.

tetraciclina f. Medicamento antibiótico.

tetraedro m. Sólido limitado por cuatro planos triangulares.

tetrágono m. *Geom.* Cuadrilátero (ú. t. c. s. m.). | Aplícase al polígono de cuatro ángulos.

tetralogía f. Conjunto de cuatro obras.

tetraplejía f. Parálisis que afecta a los cuatro miembros.

tetrasílabo, ba adj. De cuatro sílabas.

tétrico, ca adj. Triste.

tetrodo m. Válvula de cuatro electrodos.

teutón, ona adj. Alemán (ú. t. c. s.).

teutónico, ca adj. De los teutones.

textil adj. Que puede ser tejido. || Relativo a la fabricación de tejidos. || — M. Materia textil.

texto m. Lo dicho o escrito inicialmente por un autor: *texto claro.* || Contenido exacto de una ley u ordenanza. || Escrito: *corregir un texto.* || Trozo sacado de una obra literaria: *leer un texto.* || Libro de texto, el que escoge un maestro para su clase y hace comprar a sus alumnos.

textura f. Manera de entrelazarse los hilos en una tela. || Disposición de un todo, estructura.

tez f. Piel del rostro humano.

tezontle m. *Méx.* Roca volcánica porosa y de color rojo.

ti pron. pers. de 2a. pers. sing. (ú. siempre con prep.): *a ti, para ti, de ti.* || Con la prep. *con* forma una sola palabra *(contigo).*

tía f. Respecto de una persona, hermana o prima del padre o de la madre. || *Fam.* Tratamiento despectivo dado a una mujer cualquiera. | Mujer. | Compañera, amiga. | Prostituta.

tianguis m. *Amér. C.* y *Méx.* Mercado pequeño y puesto de venta en este mercado.

tiara f. Mitra de tres coronas que lleva el Papa en las solemnidades. || Dignidad pontificia.

tibia f. Hueso principal y anterior de la pierna.

tibieza f. Calor templado.

tibio, bia adj. Templado: *agua tibia.*

tiburón m. Gran pez selacio.

tic m. Contracción convulsiva de los músculos.

tico, ca adj. y s. *Fam. Amér. C.* Costarricense.

tictac m. Ruido acompasado producido por ciertos mecanismos.

tiempo m. Duración determinada por la sucesión de los acontecimientos, y particularmente de los días, las noches y las estaciones. || Época. Ú. t. en pl.: *en los tiempos de Bolívar.* || Período muy largo: *hace tiempo que no le veo.* || Momento libre: *si tengo tiempo lo haré.* || Momento oportuno, ocasión propicia: *hacer las cosas en su tiempo.* || Estado de la atmósfera: *tiempo espléndido.* || Cada una de las divisiones de una acción compleja: *motor de cuatro tiempos.* || En deporte, división de un partido: *partido de fútbol de dos tiempos.* || *Gram.* Cada una de las formas verbales que indican el momento en que se verifica la acción: *tiempos simples, compuestos.* || — *A tiempo,* antes de que sea demasiado tarde || en el momento oportuno. || *A un tiempo,* a la vez. || *Hacer tiempo,* entretenerse esperando la hora de hacer algo.

tienda f. Armazón de palos hincados en tierra y cubiertos con lona sujeta con cuerdas, que se arma en el campo para alojarse: *tienda de campaña.* || Toldo que protege del sol. || Establecimiento comercial donde se venden mercancías.

tienta f. Instrumento para explorar cavidades, heridas, etc. || Operación para probar la bravura del ganado destinado a la lidia: *tienta de becerros.* || *A tientas,* guiándose por el tacto.

tiento m. Ejercicio del sentido del tacto. || *Fig.* Prudencia: *andar con tiento.*

tierno, na adj. Blando, fácil de cortar: *carne tierna.* || Reciente: *pan, tierno.* || *Fig.* Cariñoso.

tierra f. Planeta que habitamos. || Parte sólida de la superficie de este planeta. || Capa superficial del globo que constituye el suelo natural y materia que forma éste. || Suelo: *echar por tierra.* || Terreno cultivable: *tierra de labor.* || Patria, país, región. || Contacto entre un circuito eléctrico y la tierra: *toma de tierra.* || — *Fig. Echar por tierra,* destruir; derrumbar. | *Echar tierra a un asunto,* silenciarlo, echarlo en olvido. || *Tierra de Promisión,* la que Dios prometió al pueblo de Israel; (fig.) la muy fértil. || *Tierra rara,* óxido de ciertos metales que existe en muy pocas cantidades y tiene propiedades semejantes a las del aluminio. || *Tierra Santa,* lugares de Palestina donde Jesucristo pasó su vida.

tieso, sa adj. Rígido: *pierna tiesa.* || Tenso. || *Fig.* Estirado, afectadamente grave. || *Pop.* Sin dinero.

tiesto m. Maceta. || Cualquier cosa indeterminada.

tifoideo, a adj. Relativo al tifus o a la fiebre tifoidea. || Dícese de una fiebre infecciosa provocada por la ingestión de alimentos que tienen los llamados bacilos de Eberth (ú. t. c. s. f.).

tifón m. Ciclón tropical. || Tromba marina.

tifus o **tifo** m. Género de enfermedades infecciosas con fiebre alta, delirio y postración.

tigra f. Tigre hembra. || *Amer.* Jaguar hembra.

tigre m. Mamífero carnicero félido de piel de color amarillo anaranjado rayado de negro. || *Fig.* Persona cruel y sanguinaria. || *Amer.* Jaguar.

tigresa f. Tigre hembra.

tigrillo m. *Ecuad.* y *Venez.* Mamífero americano del género félido más pequeño que el tigre.

tijera f. Instrumento para cortar compuesto de dos piezas de acero articuladas en un eje. Ú. más en pl.: *tijeras para las uñas.* || *Fig.* Nombre que califica diferentes objetos formados por dos piezas articuladas: *escalera de tijera.* || En deportes, llave en la lucha y también manera de saltar.

tila f. Flor del tilo. || Infusión hecha con esta flor.

tilcoate m. Culebra de México.

tildar v. t. Acusar.

tilde f. Signo que se pone sobre la letra ñ y algunas abreviaturas. || Acento. || *Fig.* Cosa insignificante. | Nota denigrativa. | Falta, defecto.

tiliche m. *Amer.* Baratija (ú. m. en pl.).

tilichero, ra m. y f. *Amér. C.* y *Méx.* Vendedor ambulante.

tilma f. *Méx.* Manta.

tilo m. Árbol de flores medicinales.

timador, ra m. y f. Estafador.

timar v. t. *Fam.* Estafar. || — V. pr. *Fam.* Hacerse señas o cambiar miradas galanteadoras un hombre con una mujer.

timba f. *Fam.* Partida o casa de juego de azar.

timbal m. Tambor.

timbero, ra adj. y s. *Arg., Bol., Chil., Parag.* y *Urug.* Jugador empedernido.

timbiriche m. *Méx.* Árbol de fruto comestible.

timbó m. *Arg.* y *Parag.* Árbol leguminoso.

timbrado, da adj. Aplícase al papel con un sello que se utiliza para extender documentos oficiales.

timbrar v. t. Estampar un sello en un documento.

timbre m. Sello que indica el pago de derechos fiscales en algunos documentos oficiales: *timbre fiscal.* || Aparato de llamada: *timbre eléctrico.* || Sonido característico de una voz o instrumento: *timbre metálico.* || Insignia en la parte superior del escudo de armas. || *Fig.* Acción que ennoblece a la persona que la hace: *timbre de gloria.*

timidez f. Falta de seguridad en sí mismo.

tímido, da adj. Que se encuentra cohibido en presencia de personas con quienes no tiene confianza (ú. t. c. s.). || Dícese de la actitud, gesto, etc., que muestra inseguridad: *sonrisa tímida.*

timo m. Estafa.

timón m. Pieza móvil colocada verticalmente en el codaste de la embarcación para gobernarla. || Dispositivo para la dirección de un avión, cohete, etc.: *timón de dirección.* || Dirección, gobierno.

timonel m. El que maneja el timón.

timorato, ta adj. Tímido. || Miedoso.

tímpano m. *Mús.* Instrumento formado por varias tiras de vidrio o cuerdas que se golpean con un macillo. || Membrana del oído que separa el conducto auditivo del oído medio. || *Arq.* Espacio triangular comprendido entre las dos cornisas inclinadas de un frontón y la horizontal de su base.

tina y **tinaja** f. Vasija grande de barro.

tinaco m. *Amér. C.* y *Méx.* Depósito de gran tamaño para guardar agua.

tinerfeño, ña adj. y s. De Tenerife (España).

tingitano, na adj. y s. De Tánger (Marruecos).

tinglado m. Cobertizo. || Tablado, puesto hecho de madera o lona. || *Fig.* Artificio, intriga. | Lío, embrollo: *¡menudo tinglado se ha formado!* || *Méx.* Laúd, cierta clase de tortuga marina.

tinieblas f. pl. Oscuridad.

tino m. Puntería con un arma: *tener mucho tino.* || *Fig.* Acierto. | Moderación: *comer con tino.*

tinta f. Líquido empleado para escribir con pluma, dibujar o imprimir. || Líquido que los cefalópodos vierten para ocultarse.

tinte m. Operación de teñir. || Colorante para teñir. || Establecimiento donde se tiñe y limpia en seco la ropa. || *Fig.* Tendencia, matiz: *tinte político.* | Barniz: *un ligero tinte de cultura.*

tintero m. Recipiente para la tinta de escribir.

tintineo m. Sonido del timbre.

tinto, ta adj. Teñido: *tinto en sangre.* || Aplícase a la uva de color negro y al vino de color rojo oscuro. Ú. t. c. s. m.: *una botella de tinto.* || *Amer.* De color rojo oscuro. | — *M. Col.* Café solo.

tintorería f. Tienda del tintorero.

tintorero, ra m. y f. Persona que tiene por oficio teñir o limpiar en seco las telas y la ropa.

tintura f. Tinte para teñir. || *Fig.* Conocimientos superficiales.

tiña f. *Med.* Enfermedad de la piel que provoca costras y manchas.

tío m. Respecto de una persona, hermano o primo del padre o de la madre. || *Fam.* Hombre casado o de cierta edad: *el tío Juan.* || Persona digna de admiración: *¡qué tío!* | Individuo despreciable. | Hombre, individuo. | Amigo, compañero.

tiovivo m. Diversión en la que una plataforma giratoria arrastra caballitos de madera u otras figuras en los que se montan los niños.

tiparraco, ca m. y f. Persona despreciable.

típico, ca adj. Propio de un sitio, persona o cosa.

tipificación f. Clasificación. || Normalización.

tipificar v. t. Normalizar, fabricar con arreglo a un tipo uniforme. || Representar el tipo al que pertenece una persona o cosa.

tiple m. La más aguda de las voces humanas. || — Com. Cantante con voz de tiple.

tipo m. Modelo, cosa o persona representativa: *Otelo es el tipo del celoso.* || Figura, facha: *tener buen tipo.* || *Fam.* Persona, individuo: *un tipo vigilaba la puerta.* || Clase, género: *comedia musical de tipo americano.* || Ejemplar individual en el que se basa la descripción de una nueva especie: *tipo ario.* || Conjunto de las características que tiene. || Pieza rectangular de metal en cuya parte superior está grabado cualquiera de los caracteres usados para la impresión tipográfica. || Porcentaje: *tipo de descuento.* || Índice: *tipo de cambio.* || *Fam.* Jugarse uno el tipo, arriesgar la vida.

tipografía f. Procedimiento de impresión con formas en relieve (caracteres móviles, grabados).

tipógrafo, fa m. y f. *Impr.* Compositor.

tira f. Trozo largo y estrecho de tela, papel, cuero u otro material delgado. || En un periódico, serie de dibujos en los cuales se cuenta una historia o parte de ella. || *Fam. La tira,* mucho, gran cantidad.

tirabuzón m. *Fig.* Rizo de cabello retorcido como un sacacorchos. || Salto de trampolín en el que el cuerpo del atleta se retuerce como una barrena.

tirada f. Distancia bastante grande en el espacio o el tiempo: *de mi casa al trabajo hay una tirada buena.* || Serie de cosas que se escriben o dicen de una sola vez: *tirada de versos.* || Impresión de una obra y número de ejemplares que se tiran a la vez.

tirado, da adj. Aplícase a las cosas muy baratas o que abundan: *este reloj está tirado.* || Muy fácil.

tirador, ra m. y f. Persona que tira con un arma: *un tirador de arco excelente.* || — M. Asidero para abrir los cajones o las puertas. || Cordón o cadenilla para tirar de una campanilla. || *Arg.* Cinturón de cuero del gaucho, adornado con monedas de plata, que tiene unos bolsillos para llevar cosas (tabaco, dinero, facón, etc.).

tiralíneas m. inv. Instrumento que sirve para trazar líneas más o menos gruesas.

tiranía f. Gobierno ejercido por un tirano. || *Fig.* Abuso de autoridad.

tiránico, ca adj. Que tiene carácter de tiranía.

tiranizar v. t. Gobernar como un tirano.

tirano, na adj. y s. Déspota.

tirante adj. Tenso. || *Fig.* Que puede conducir a una ruptura: *situación tirante.* || — M. Cada una de las dos tiras elásticas con las cuales se sujetan los pantalones o prendas interiores femeninas.

tirantez f. Tensión.

tirar v. t. Soltar algo de la mano: *tirar un libro al suelo.* || Echar: *tirar agua en la mesa.* || Echar, deshacerse: *tirar viejos objetos.* || Arrojar, lanzar en dirección determinada: *tirar el disco.* || Disparar: *tiró un cañonazo.* || Derribar, echar abajo: *tirar un árbol.* || Traer hacia sí: *tirar de la puerta.* || Estirar o extender: *tirar una cuerda.* || Trazar: *tirar una perpendicular.* || Dar: *tirar un pellizco.* || Disipar, malgastar: *tirar dinero.* || Imprimir: *tirar cinco mil ejemplares.* || *Fam.* Hablar mal: *este chico siempre me está tirando.* | Vender barato. || *Dep.* Chutar el balón: *tirar un saque de esquina.* || — V. i. Atraer: *el imán tira del hierro.* || Arrastrar:

330

el caballo tira del coche. || Disparar un arma: *tirar con la ametralladora.* || Producir aspiración de aire caliente: *esta chimenea tira mal.* || *Fam.* Andar, funcionar: *este motor tira muy bien.* || *Fig.* Atraer: *la sangre siempre tira.* | Torcer: *tirar a la izquierda.* | Coger: *tirar por un camino.* | Durar o conservarse una cosa: *el abrigo tirará todo este invierno.* | Mantenerse: *tira con poco dinero al mes.* | Parecerse: este color *tira a verde.* || — V. pr. Abalanzarse: *se tiró sobre él.* || Arrojarse, precipitarse: *se tiró al río.* || Tumbarse: *tirarse en la cama.* || *Fig.* Pasar: *se tiró todo el día corrigiendo.* | Tener que aguantar: *tirarse un año de cárcel.* | Hacer: *tirarse un planchazo.* || *Dep.* Abalanzarse el portero sobre el balón.

tiritar v. i. Temblar.

tiro m. Acción o arte consistente en disparar un arma: *tiro al blanco.* || Disparo: *tiro de pistola.* || Estampido producido al disparar: *se oían tiros.* || Huella o herida dejada por una bala: *se veían en la pared muchos tiros.* || Manera de disparar: *tiro oblicuo.* || Alcance de un arma arrojadiza: *a tiro de ballesta.* || Medida de distancia: *a un tiro de piedra.* || Aspiración de aire que se produce en un conducto, especialmente en una chimenea: *tiro de caballos.* || En fútbol, chut.

tiroides adj. y s. m. Dícese de la glándula endocrina en la región faríngea que produce una hormona, la tiroxina, que interviene en el crecimiento y el metabolismo.

tirolés, sa adj. Del Tirol.

tirón m. Sacudida. || Estirón. || Agarrotamiento de un músculo. || *Fig. y fam.* Atracción: *el tirón de la familia.* | Distancia grande: *hay un tirón de aquí a tu casa.* | Robo en el bolso o de cualquier otra cosa (collar, cadena, etc.) arrancándoselos con violencia a la persona que lo lleva.

tirotear v. t. Disparar tiros.

tiroteo m. Acción de tirotear.

tirria f. *Fam.* Ojeriza, manía.

tisana f. Infusión de hierbas medicinales.

tísico, ca adj. Tuberculoso (ú. t. c. s.).

tisis f. Tuberculosis pulmonar.

titán m. Gigante.

titánico, ca adj. Grande.

titanio m. Metal (Ti) de color blanco.

títere m. Figurilla de madera o cartón a la que se mueve con cuerdas o con la mano. || *Fig.* Persona sin carácter que se deja dominar por otra.

tití m. Mono de América del Sur muy pequeño.

titipuchal m. *Méx.* Conjunto integrado por una gran cantidad de elementos: *los inconformes llegaron acompañados por un titipuchal de personas.*

titiritar v. i. Tiritar.

titiritero, ra m. y f. Volatinero, acróbata.

titubear v. i. Dudar.

titubeo m. Acción de titubear.

titulación f. Acción y efecto de titular o titularse.

titulado, da adj. Que tiene un título (ú. t. c. s.).

titular adj. y s. Aplícase al que posee cualquier título. || Dícese del que ejerce un cargo para el que tiene el correspondiente título: *profesor titular.* || Aplícase al jugador de un equipo deportivo que no es suplente. || — M. pl. Letras mayúsculas usadas en títulos y encabezamientos que se hace con ellas.

titular v. t. Poner un título. || — V. pr. Tener por título.

titularización f. Acción de titularizar.

titularizar v. t. Hacer titular de un cargo.

título m. Palabra o frase que se pone al frente de un libro, de un capítulo, etc., para indicar el asunto de que trata o para calificarlo. || Dignidad nobiliaria: *título de marqués*. || Persona que la posee. || Escritura auténtica que establece un derecho: *título de propiedad*. || Fundamento jurídico de un derecho. || Atestado representativo de un valor mobiliario, que puede ser nominativo o al portador: *título de renta*. || Nombre que expresa un grado, una profesión: *título de doctor en Letras*. || Diploma, documento en que viene acreditado: *título de bachiller*. || Calificación de una relación social: *el título de amigo*. || *Título al portador*, valor que no tiene el nombre del propietario y es, por lo tanto, pagadero a quien lo tenga en su posesión.

tiza f. Arcilla para escribir en los encerados.

tiznar v. t. Manchar con tizne.

tizne amb. Hollín.

tizón m. Palo a medio quemar.

tizona f. *Fig.* Espada.

tlachique m. *Méx.* Pulque sin fermentar.

tlacoyo m. *Méx.* Tortilla de frijoles.

tlacuache m. *Méx.* Zarigüeya.

tlascalteca o **tlaxcalteca** adj. y s. De Tlaxcala (México).

T.L.C.A.N., siglas de Tratado de Libre Comercio de América del Norte.

toalla f. Paño para secarse después de lavarse. || Tejido de rizo parecido al de este paño.

toallero m. Soporte para colgar las toallas.

toba adj. Relativo a un pueblo de indios americanos que vivían en Argentina, al sur del río Pilcomayo. || Dícese de los miembros de este pueblo (ú. t. c. s.). || — M. Lengua que hablaban.

tobera f. Abertura por donde se inyecta el aire en un horno metalúrgico. || Parte posterior de un motor de reacción donde se efectúa la expansión del gas de combustión.

tobillo m. Protuberancia a cada lado de la garganta del pie.

tobogán m. Deslizadero en declive para lanzar algo o lanzarse.

toca f. Prenda para cubrirse la cabeza.

tocadiscos m. inv. Aparato eléctrico para reproducir los sonidos grabados en un disco.

tocado, da adj. Chiflado. || — M. Peinado. || Prenda que cubre la cabeza.

tocador m. Mueble con un espejo para el aseo o peinado de la mujer. || Cuarto destinado a este fin.

tocante adj. Que toca. || *Tocante*, referente.

tocar v. t. Estar o entrar en contacto con una cosa: *tocar con la mano* (ú. t. c. pr.). || Estar próximo a, contiguo a: *su jardín toca el mío*. || Hacer sonar un instrumento músico. || Interpretar con un instrumento una pieza musical. || Hacer sonar un timbre, una campana, etc. || Poner un disco para escucharlo. || En esgrima, alcanzar al adversario. || Arribar de paso a un lugar: *el barco tocará los siguientes puertos* (ú. t. c. i.). || *Fig.* Abordar: *tocar un asunto arduo*. | Impresionar: *supo tocarle el corazón*. || *A toca teja*, al contado. || — V. i. Llamar: *tocar a la puerta*. | Sonar una campana. || Pertenecer por algún derecho o título: *le toca hacerlo*. || Corresponder parte de una cosa que se distribuye: *tocar algo en un reparto*. || Caer en suerte: *me tocó el gordo en la lotería*. || Llegar el turno: *a ti te toca jugar*. || Ser pariente de uno: *¿qué te toca Vicente?* || — V. pr. Cubrirse la cabeza con un sombrero, etc.

tocata f. *Mús.* Pieza breve.

tocayo, ya m. y f. Persona con el mismo nombre de pila que otra.

tocino m. Carne grasa del cerdo.

tocólogo, ga m. y f. Médico de obstetricia.

todavía adv. Indica que una acción o un estado persiste o dura en un momento determinado: *la tienda está todavía abierta*. || Indica que una acción se repite: *quiso comer todavía más carne*. || Indica que una acción tiene una importancia, una intensidad mayor: *es todavía más inteligente que su hermano*. || Aún, desde un tiempo anterior hasta el momento actual: *todavía está durmiendo*.

todo, da adj. Expresa lo que se toma entero sin excluir nada: *se comió todo el pan*. || Cada: *cien euros todos los meses*. || Empleado hiperbólicamente, indica la abundancia de lo expresado por el complemento: *la calle era todo baches*. || Real, cabal: *es todo un mozo*. || — *Ante todo*, principalmente. || *Sobre todo*, especialmente. || *Todo lo más*, como máximo. || — Pron. Todas las personas mencionadas. || — M. Cosa entera: *esto forma un todo*. || *Jugarse el todo por el todo*, arriesgarse a perderlo todo.

todopoderoso, sa adj. Que todo lo puede. || *El Todopoderoso*, Dios.

toga f. Prenda que los antiguos romanos llevaban sobre la túnica. || Vestidura talar de ceremonia que usan los magistrados y catedráticos.

toldo m. Cubierta de tela que se tiende en un patio o una calle, en la playa, sobre un escaparate, etc., para dar sombra.

toledano, na adj. y s. De Toledo (España).

tolerable adj. Soportable.

tolerancia f. Respeto hacia las opiniones o prácticas de los demás aunque sean contrarias a las nuestras. || Indulgencia: *tolerancia hacia sus hijos*. || Capacidad del organismo de soportar sin perjuicio ciertos remedios, alimentos, bebidas, etc.

tolerar v. t. Consentir, no prohibir terminantemente: *tolerar los abusos*. || Soportar, aguantar. || Admitir, aceptar.

tolete m. *Amér. C., Col., Cub.* y *Méx.* Garrote.

tolimense adj. y s. De Tolima (Colombia).

tolteca adj. Relativo a un pueblo mexicano de antes de la Conquista (ú. t. c. s.).

tolueño, ña y **toludeño, ña** adj. y s. De Tolú (Colombia).

tolueno m. Cierta clase de hidrocarburo.

toluqueño, ña adj. y s. De Toluca (México).

tolvanera f. Remolino de polvo.

toma f. Conquista: *la toma de una ciudad*. || Cantidad de una cosa que se toma de una vez: *una toma de rapé*. || Desviación, lugar por donde se deriva una parte de la masa de un fluido: *toma de aire, de agua, de corriente*. || Porción de una cosa que se toma para examinarla o analizarla: *toma de muestras*. || — *Toma de posesión*, acto por el cual una persona empieza a ejercer un cargo. || *Toma de sangre*, pequeña sangría destinada a un análisis o una transfusión. || *Toma de sonido, de vistas*, grabación fonográfica, cinematográfica. || *Toma de tierra*, conexión conductora entre un aparato eléctrico y el suelo; aterrizaje de un avión.

tomacorriente m. *Amer.* Enchufe eléctrico.

tomadura f. Toma, acción de tomar. || *Tomadura de pelo*, burla.

tomar v. t. Coger o asir con la mano: *tomar un libro.* || Coger aunque no sea con la mano: *tomar un pastel en la fuente.* || Recibir o aceptar: *toma este regalo.* || Conquistar: *tomar una fortaleza.* || Comer, beber, ingerir: *tomar el desayuno* (ú. t. c. pr.). || Adoptar: *tomar decisiones.* || Adquirir: *tomar una costumbre.* || Empezar a tener: *tomar forma.* || Contratar: *tomar un obrero.* || Alquilar. || Comprar: *tomar las entradas.* || Recibir: *tomar lecciones.* || Sacar: *tomar una cita de un autor.* || Interpretar: *tomar en serio.* || Escoger: *tomar el mejor camino.* || Imitar: *tomar los modales de uno.* || Recobrar: *tomar fuerzas.* || Hacer uso de: *tomar la palabra.* || Emplear un vehículo: *tomar el autobús.* || Montarse en él: *tomó el tren a las ocho.* || Requerir: *tomar tiempo.* || — *Tomar el pelo a uno,* burlarse de él. || *Tomarla* (o *tomarlas*) *con uno,* meterse con él; criticarle. || *Tomar parte,* participar. || *Tomar tierra,* aterrizar.

tomatal m. Plantío de tomates.

tomate m. Fruto comestible, encarnado y jugoso. || Tomatera. || *Fam.* Agujero que se forma en el talón de los calcetines. | Jaleo, lío. | *Fam. Ponerse como un tomate,* ponerse colorado.

tomatera f. Planta solanácea originaria de América cuyo fruto es el tomate. || *Fam.* Engreimiento.

tómbola f. Rifa benéfica.

tomillo m. Planta aromática.

tomo m. División de una obra que forma generalmente un volumen completo.

tomografía f. Técnica radiológica para obtener radiografías de un plano interno del organismo.

tomógrafo m. Scanner.

tompeate m. *Méx.* Canasta tejida con palma por los indígenas. || — Pl. *Pop. Méx.* Testículos.

ton m. *Sin ton ni son,* sin ningún motivo.

tonadilla f. Canción corta.

tonalidad f. Tono determinado en el cual está basada una composición musical. || Tinte, matiz.

tonel m. Recipiente de madera para líquidos. || Su contenido.

tonelada f. Mil kilos. || *Fig.* Gran cantidad.

tonelaje m. Capacidad de un buque expresada en toneladas.

tóner m. Tinta en polvo para fotocopiadoras y algunas impresoras.

tónico, ca adj. Que se pronuncia acentuado: *vocal tónica.* || Dícese de un medicamento que fortalece o estimula la actividad de los órganos. Ú. t. c. s. m.: *un tónico cardiaco.* || — F. *Fig.* Tendencia general, tono: *marcar la tónica.*

tonificación f. Acción de tonificar.

tonificar v. t. Fortificar.

tonillo m. Tono monótono.

tono m. Sonido formado por vibraciones periódicas o sonido musical. || Grado de elevación por instrumentos de música o por la voz en relación con determinado punto de referencia: *bajar el tono al cantar.* || Altura de los sonidos emitidos normalmente por la voz de una persona: *tiene un tono de voz agudo.* || Manera de hablar, conjunto de inflexiones que toma la voz: *le habló con tono seco.* || Estilo, modo de expresarse por escrito. || Grado de intensidad de los colores: *tonos claros, neutros.* || *Fig.* Vigor, energía. | Carácter, tendencia: *tono revolucionario.* || — *Fig. Darse tono,* engreírse. | *De buen* (o *mal*) *tono,* propio (o no) de personas distinguidas. | *Estar a tono,* corresponder una cosa o persona con otra, no desentonar. | *Fuera de tono,* de forma poco oportuna o desacertada. | *Mudar el tono,* moderarse al hablar. | *Salida de tono,* despropósito, inconveniencia. | *Subir* (o *subirse*) *de tono,* insolentarse.

tontada f. Tontería.

tontear v. i. Hacer tonterías. || *Fam.* Coquetear.

tontera f. Falta de inteligencia. || — M. Tonto.

tontería f. Falto de inteligencia, de juicio. || Acción o palabra tonta. || *Fig.* Cosa sin importancia.

tonto, ta adj. Falta de juicio y de entendimiento: *persona tonta* (ú. t. c. s.). || Estúpido: *accidente tonto.* || Aplícase a los débiles mentales (ú. t. c. s.). || — M. *Fam.* Payaso de los circos.

topacio m. Piedra preciosa de color amarillo.

topar v. t. e i. Chocar una cosa con otra: *topar dos vehículos.* || Encontrar casualmente algo o a alguien: *topar con un amigo* (ú. t. c. pr.). || *Amer.* Echar a pelear dos gallos para probarlos. || — V. i. *Fig.* Radicar, consistir: *la dificultad topa en eso.* | Tropezar: *topar con una dificultad* (ú. t. c. pr.).

tope m. Parte por donde pueden topar las cosas. || Pieza que impide la acción o el movimiento de un mecanismo. || Pieza metálica circular colocada en los extremos de los vagones de tren y automóviles o al final de una línea férrea para amortiguar los choques. || *Fig.* Freno, obstáculo, límite: *poner tope a sus ambiciones.* | Límite, máximo. Ú. t. c. adj.: *precio tope; fecha tope.*

topetazo m. Golpe dado con la cabeza o tope.

tópico, ca adj. Relativo al tópico. || — M. Tema de conversación frecuentemente empleado. || Afirmación corriente que carece de originalidad.

topinambur o **topinambo** m. *Arg.* y *Bol.* Batata.

topo m. Pequeño mamífero insectívoro de pelo negro que abre galerías subterráneas. || *Fig.* y *fam.* Persona que ve poco.

topografía f. Arte de representar en un plano las formas del terreno y los principales detalles naturales o artificiales del mismo.

topográfico, ca adj. Relativo a la topografía.

topógrafo, fa m. y f. Especialista en topografía.

toponimia f. Nombres de lugar de un país.

toponímico, ca adj. Relativo a la toponimia.

topónimo m. Nombre propio de un lugar.

toque m. Acción de tocar leve y momentáneamente. || Golpecito. || Sonido de las campanas o de ciertos instrumentos músicos con que se anuncia algo: *toque de corneta.* || Pincelada ligera. || Aplicación ligera de una sustancia medicamentosa en un punto determinado. || *Méx.* Descarga eléctrica.

toquetear v. t. e i. Sobar.

toqueteo m. Toques repetidos.

toquilla f. Pañuelo triangular que llevan las mujeres en la cabeza o el cuello.

torácico, ca adj. Relativo al tórax.

tórax m. inv. Cavidad limitada por las costillas que contiene los pulmones y el corazón.

torbellino m. Remolino. || *Fig.* Lo que arrastra irresistiblemente a los hombres: *el torbellino de las pasiones.* | Abundancia de acontecimientos que ocurren al mismo tiempo: *un torbellino de desgracias.* | Persona muy viva e inquieta.

torcaz adj. Paloma torcaz.

torcaza f. *Amer.* Paloma torcaz.

torcedura f. Acción y efecto de torcer. || *Med.* Distensión de las partes blandas de una articulación.

torcer v. t. Dar vueltas a un cuerpo por sus dos extremidades en sentido inverso: *torcer cuerdas.* || Doblar, encorvar: *torcer el cuerpo.* || Desviar: *torcer la mirada.* || Doblar: *torcer la esquina.* || Fig. Interpretar mal: *torcer las intenciones.* || — V. i. Cambiar de dirección: *torcer a la izquierda.* || — V. pr. Sufrir la torcedura de un miembro: *me torcí un pie.* || Combarse una superficie. || Fig. Pervertirse.

torcido, da adj. Que no es recto.

tordo, da adj. y s. Dícese de la caballería que tiene el pelo mezclado de color negro y blanco. || — M. Pájaro de lomo gris aceitunado y vientre blanco. || *Amér. C., Arg.* y *Chil.* Estornino.

torear v. i. y t. Lidiar los toros en la plaza. || — V. t. *Fig.* Entretener a uno engañándole en sus esperanzas. | Burlarse de uno con disimulo.

toreo m. Acción y efecto de torear.

torero, ra adj. Relativo al toreo o a los toreros. || — M. y f. Persona que se dedica a torear.

toril m. Sitio en que se encierran los toros que han de lidiarse.

torio m. Metal radiactivo (Th) de color blanco.

tormenta f. Tempestad. || *Fig.* Adversidad, desgracia: *las tormentas de la vida.* | Agitación o alteración del ánimo: *la tormenta de las pasiones.*

tormento m. Dolor físico intenso. || Tortura a que se sometía al reo para obligarle a confesar o como castigo. || *Fig.* Congoja, desazón.

tornado m. Remolino de viento de gran tamaño y fuerza.

tornar v. t. Devolver, restituir. || Volver, transformar: *tornar a uno alegre.* || — V. i. Regresar.

tornasol m. Girasol. || Reflejo o viso. || Materia colorante vegetal azul violácea que se torna roja con los ácidos y sirve de reactivo químico.

tornasolado, da adj. Que tiene o hace visos o tornasoles. || — M. Reflejo o viso.

tornear v. t. Labrar con el torno.

torneo m. Certamen, encuentro amistoso entre dos o más equipos.

tornero, ra m. y f. Persona que labra con el torno.

tornillo m. Objeto cilíndrico con resalto helicoidal que se introduce en la tuerca.

torniquete m. Cruz que gira sobre un eje vertical y se coloca en las entradas por donde sólo han de pasar una a una las personas.

torno m. Cilindro horizontal móvil, alrededor del cual se arrolla una soga, cable o cadena, que sirve para levantar pesos. || Armario giratorio, empotrado en una pared que sirve para pasar objetos de una habitación a otra sin verse las personas. || Máquina herramienta que sirve para labrar piezas animadas de un movimiento rotativo arrancando de ellas virutas. || Instrumento compuesto de dos mordazas que se acercan mediante un tornillo para sujetar las piezas que hay que labrar. || Máquina provista de una rueda que se usaba para hilar. || *En torno a,* alrededor de.

toro m. Mamífero rumiante, armado de cuernos, que es el macho de la vaca. || *Fig.* Hombre corpulento. || *Arq.* Bocel. || — Pl. Corrida de toros.

torpe adj. Que se mueve con dificultad. || Falto de habilidad.

torpedear v. t. Lanzar torpedos. || *Fig.* Poner obstáculos.

torpedero, ra adj. Aplícase a los barcos o aviones que se utilizan para lanzar torpedos (ú. t. c. s. m.).

torpedo m. Pez marino de cuerpo aplanado y provisto, cerca de la cabeza, de un órgano eléctrico con el cual puede producir una conmoción a la persona o animal que lo toca. || Proyectil automotor cargado de explosivos utilizado contra objetivos marítimos por barcos o aeronaves.

torpeza f. Falta de destreza. || Necedad.

torpor m. Entorpecimiento.

torre f. Edificio alto y estrecho que sirve de defensa en los castillos, de adorno en algunas casas y donde están las campanas de las iglesias. || Casa muy alta, rascacielos. || En los buques de guerra, lugar donde están las piezas de artillería. || Pieza del juego del ajedrez. || — *Torre de control,* edificio que domina las pistas de un aeropuerto y de donde proceden las órdenes de despegue, de vuelo y de aterrizaje. || *Torre de perforación,* armazón metálica que sostiene la sonda de perforación de un pozo de petróleo.

torrefactar v. t. Tostar el café.

torrente m. Curso de agua rápido.

tórrido, da adj. Muy caluroso.

torsión f. Acción y efecto de torcer o torcerse.

torso m. Tronco del cuerpo humano.

torta f. Pastel de forma circular y aplastada. || *Fig.* Cualquier cosa de forma de torta. || *Fig.* y *fam.* Bofetada. | Borrachera. | Choque. || *Méx.* Especie de emparedado que se hace con pan blanco y una gran variedad de rellenos.

tortazo m. *Fam.* Bofetada.

tortear v. t. *Méx.* Elaborar tortillas.

tortícolis f. Dolor en el cuello que impide mover la cabeza.

tortilla f. Huevos batidos y cocidos en una sartén. || *Amer.* Torta de harina de maíz.

tortillería f. *Amér. C.* y *Méx.* Puesto o lugar donde se venden tortillas.

tórtola f. Ave del género de la paloma.

tortuga f. Nombre común de todos los reptiles de cuerpo encerrado en un caparazón óseo.

tortuosidad f. Estado de tortuoso.

tortuoso, sa adj. Que da vueltas.

tortura f. Tormento.

torturar v. t. Dar tortura (ú. t. c. pr.).

tos f. Expulsión violenta y ruidosa del aire contenido en los pulmones. || *Tos ferina,* enfermedad infantil contagiosa, caracterizada por accesos de tos sofocantes.

toscano, na adj. De Toscana (ú. t. c. s.). || — M. Lengua italiana.

tosco, ca adj. Grosero.

toser v. i. Tener, padecer tos.

tostado, da adj. Aplícase al color ocre oscuro. || Bronceado: *tez tostada.* || — M. Acción de tostar. || — F. Rebanada tostada de pan. || Tortilla tostada.

tostador m. Instrumento para tostar.

tostar v. t. Someter una cosa a la acción del fuego hasta que tome color dorado y se deseque sin quemarse. || *Fig.* Broncear la piel (ú. t. c. pr.).

tostón m. Garbanzo tostado. || Cochinillo asado. || *Fam.* Cosa o persona fastidiosa, pesada, rollo.

total adj. Completo: *triunfo total.* || — M. Conjunto de varias partes que forman un todo. || Suma, resultado de la operación de sumar.

totalidad f. Todo, conjunto.

totalitario, ria adj. Aplícase a los regímenes políticos en los cuales todos los poderes del Estado están concentrados en el gobierno de un partido único o en un pequeño grupo de dirigentes y los derechos individuales son abolidos.

totalitarismo m. Régimen, sistema totalitario.

totalitarista adj. Relativo al totalitarismo.

totalizar v. t. Sumar.

tótem m. En ciertas tribus primitivas, animal considerado como protector de la tribu.

totoneca y **totonaco, ca** adj. Dícese de un indio mexicano que habitaba en la región central del Estado de Veracruz (ú. t. c. s.). || Relativo a él o a su cultura. || — M. Lengua hablada por él.

totonicapa, totonicapanés, esa o **totonicapense** adj. y s. De Totonicapán (Guatemala).

totora f. *Amer.* Especie de anea que se cría en terrenos húmedos. (Los indígenas del lago Titicaca la utilizan para hacer sus embarcaciones.)

totuma f. y **totumo** m. *Amer.* Calabaza, güira.

toxicidad f. Calidad de tóxico.

tóxico, ca adj. Venenoso. || — M. Veneno.

toxicomanía f. Hábito morboso de tomar estupefacientes.

toxicómano, na adj. y s. Que padece toxicomanía.

toxina f. Sustancia que produce en el organismo efectos tóxicos.

tozudez f. Obstinación.

tozudo, da adj. y s. Obstinado.

traba f. Unión, lazo. || Estorbo.

trabajador, ra adj. Que trabaja (ú. t. c. s.).

trabajar v. i. Realizar o participar en la realización de algo. || Ejercer un oficio: *trabajar de sastre.* | *Fig.* Producir un efecto: *el tiempo trabaja a nuestro favor.* || — V. t. Labrar: *trabajar el hierro, la tierra.* || Hacer algo con mucho esmero.

trabajo m. Actividad: *trabajo manual, intelectual.* || Ocupación retribuida: *abandonar su trabajo.* || Obra hecha o por hacer: *distribuir el trabajo entre varias personas.* || En economía política, uno de los factores de la producción. || Estudio, obra escrita sobre un tema: *un trabajo bien documentado.* || Fenómenos que se producen en una sustancia y cambian su naturaleza o su forma: *trabajo de descomposición.* || Producto de la intensidad de una fuerza por la distancia que recorre su punto de aplicación. || Efecto aprovechable de una máquina. || *Fig.* Dificultad: *hacer algo con mucho trabajo.*

trabajoso, sa adj. Que cuesta trabajo. || Molesto.

trabalenguas m. Juego de palabras que consiste en algo difícil de pronunciar.

trabar v. t. Juntar una cosa con otra: *trabar dos maderos.* || Atar, ligar. || Poner trabas a un animal. || Espesar, dar consistencia: *trabar una salsa.* || *Fig.* Entablar: *trabar amistad con uno.* || — V. pr. Enredarse los pies, las piernas. || Tomar consistencia u homogeneidad una salsa, etc.

trabazón f. Unión. || Enlace.

tracción f. Acción de tirar, de mover un cuerpo arrastrándolo hacia adelante.

tractor, ra adj. Que arrastra o hace tracción. || — M. Vehículo automotor utilizado, sobre todo en la agricultura, para arrastrar otros.

tradición f. Transmisión de doctrinas, leyendas, costumbres, etc., durante largo tiempo, por la palabra o el ejemplo. || Costumbre transmitida de generación en generación: *tradiciones patrias.*

tradicional adj. Basado en la tradición.

tradicionalismo m. Apego a la tradición. || En España, carlismo.

tradicionalista adj. y s. Partidario del tradicionalismo. || Carlista.

traducción f. Acción de traducir, de verter a otro idioma. || Obra traducida. || Interpretación.

traducir v. t. Expresar en una lengua lo escrito o expresado en otra. || *Fig.* Expresar: *traducir su pasión.* | Interpretar: *tradujo lo que le dije.* || — V. pr. Expresarse por signos externos.

traductor, ra adj. y s. Que traduce. || — M. Programa de informática que sirve para traducir un programa de un lenguaje de programación a otro lenguaje más fácil de comprender que el de la máquina. || — F. Máquina de tarjetas perforadas que facilitan la interpretación de las perforaciones de una tarjeta en esta misma tarjeta o en otra.

traer v. t. Trasladar una cosa al sitio en que se encuentra una persona: *traer una carta* (ú. t. c. pr.). || Llevar: *hoy trae un abrigo nuevo.* || Transportar consigo de vuelta de un viaje: *ha traído cigarros puros de La Habana.* || Acarrear: *traer mala suerte.* || Contener: *el periódico trae hoy una gran noticia.* || — *Me trae sin cuidado,* me da igual. || *Fig. Traer cola,* tener consecuencias. | *Traer de cabeza a uno,* causarle preocupaciones. || — V. pr. *Traerse algo entre manos,* ocuparse de ello.

traficante adj. y s. Que trafica.

traficar v. i. Negociar, realizar operaciones comerciales generalmente ilícitas y clandestinas.

tráfico m. Comercio ilegal y clandestino. || Tránsito, circulación de vehículos. || *Tráfico rodado,* circulación de vehículos por calles o carreteras.

tragahumo m. y f. *Méx.* Bombero.

tragamonedas adj. inv. Dícese de una máquina distribuidora automática que funciona al introducir una moneda en la ranura. || — F. Máquina de juego de azar.

tragar v. t. Hacer que una cosa pase de la boca al esófago. Ú. t. c. i.: *no poder tragar.* || Comer mucho o con voracidad. Ú. t. c. pr.: *¡hay que ver lo que se traga este chico!* || Absorber: *suelo que traga rápidamente el agua.* || *Fig.* Creer fácil y neciamente. Ú. t. c. pr.: *se traga cuanto le dicen.* | Soportar algo vejatorio. Ú. t. c. pr.: *tragarse un insulto.* || — *Fig. No poder tragar a uno,* sentir por él aversión. | *Tragar el anzuelo,* dejarse engañar.

tragedia f. Obra dramática. || Catástrofe.

trágico, ca adj. Relativo a la tragedia. || *Fig.* Terrible. || — M. y f. Autor o actor de tragedias.

tragicomedia f. Obra dramática en que se mezclan los géneros trágico y cómico.

trago m. Cantidad de líquido que se bebe de una vez. || *Fig.* Disgusto, contratiempo: *un mal trago.*

tragón, na adj. Que come mucho.

traición f. Violación de la fidelidad debida.

traicionar v. t. Hacer traición: *traicionar al país, al amigo.* || *Fig.* Descubrir, revelar: *su gesto traiciona sus intenciones.* | Deformar, desvirtuar: *traicionar el pensamiento de un autor.*

traicionero, ra adj. Que traiciona (ú. t. c. s.).

traída f. Derivación de las aguas de un sitio hacia otro.

traidor, ra adj. Que comete traición (ú. t. c. s.).

tráiler m. Remolque con carga que arrastra un camión.

traína f. Tipo de red de pesca.

trainera f. Barca con traína.

traje m. Manera de vestirse propia de cierta clase de personas, de cierto país, de cierta época, etc.

|| Vestimenta completa de una persona. || Conjunto de chaqueta, chaleco y pantalón. || Vestido de mujer, de una sola pieza: *traje camisero*.

trajín m. Tráfico. || Actividad, trabajo, quehaceres.

trajinar v. i. *Fam.* Ajetrearse. | Trabajar. || — V. pr. *Fam.* Conquistar a una mujer.

trama f. *Fig.* Intriga, enredo.

tramar v. t. Cruzar los hilos de la trama con los de la urdimbre. || *Fig.* y *fam.* Preparar en secreto.

tramitación f. Acción de tramitar.

tramitar v. t. Efectuar los trámites (ú. t. c. pr.).

trámite m. Cada una de las diligencias necesarias para resolver un asunto. || Requisito, formalidad.

tramo m. Parte de una escalera entre dos rellanos. || Parte entre dos puntos determinados.

tramoya f. Máquina o conjunto de máquinas para cambiar el decorado en los teatros.

trampa f. Artificio para cazar consistente en una excavación disimulada por una tabla u otra cosa que puede hundirse bajo el peso de un animal. || Puerta abierta en el suelo para poner en comunicación dos pisos. || *Fig.* Ardid con que se engaña a una persona. | Fullería, engaño en el juego. | En prestidigitación, truco. || Deuda: *estar lleno de trampas*.

trampear v. i. *Fam.* Pedir prestado o fiado con la intención de no pagar. | Ir tirando: *va trampeando*. || — V. t. *Fam.* Usar artificios para engañar.

trampilla f. Abertura en el suelo de una habitación.

trampolín m. Plano inclinado y elástico en que toma impulso el nadador, etc., para saltar. || *Fig.* Lo que sirve para obtener un resultado.

tramposo, sa adj. y s. Que hace trampas.

tranca f. Palo grueso que se usa como bastón o con que se asegura una puerta o ventana cerradas.

trancazo m. Golpe dado con una tranca.

trance m. Momento crítico: *trance desagradable*. || Situación apurada, mal paso: *sacar a uno de un trance*. || Estado hipnótico del médium.

tranquilidad f. Quietud, sosiego.

tranquilizante adj. y s. m. Sedativo.

tranquilizar v. t. Calmar, sosegar.

tranquillo m. *Fam.* Truco.

tranquilo, la adj. Apacible.

transa m. *Fam. Méx.* Persona que acepta transar.

transacción f. Operación comercial o bursátil. || Acuerdo basado en concesiones recíprocas.

transalpino, na adj. Del otro lado de los Alpes.

transandino, na adj. Del otro lado de los Andes o que los atraviesa. || — M. Ferrocarril que une la Argentina y Chile pasando por los Andes.

transar v. t. e i. *Amer.* Transigir.

transatlántico, ca adj. Situado del otro lado del Atlántico o que lo cruza. || — M. Buque de grandes dimensiones que hace viajes largos.

transbordador m. Barco grande preparado para transportar vehículos de una orilla a otra. || *Transbordador espacial*, vehículo para salir al espacio y que es posible utilizar de nuevo.

transbordar v. t. Trasladar personas o mercancías de un barco o vehículo a otro. || — V. i. Cambiar de tren o de metro en un sitio determinado.

transbordo m. Acción y efecto de transbordar.

transcendencia f. Trascendencia.

transcedental adj. Trascendental.

transcender v. i. Trascender.

transcribir v. t. Copiar un escrito. || Poner por escrito una cosa que se oye.

transcripción f. Acción de transcribir.

transcurrir v. i. Pasar el tiempo.

transcurso m. Paso del tiempo.

transeúnte com. Persona que transita o pasa por un lugar.

transferencia f. Acción de transferir un derecho de una persona a otra. || Operación bancaria consistente en transferir una cantidad de una cuenta a otra. || Documento en que consta. || Cambio de un jugador profesional de un club a otro.

transferir v. t. Trasladar de un lugar a otro. || Enviar fondos bancarios de una cuenta a otra.

transformación f. Cambio de forma.

transformador, ra adj. y s. Que transforma. || — M. Aparato que obra por inducción electromagnética y sirve para transformar corrientes variables de igual frecuencia, pero de intensidad o de tensión generalmente diferentes.

transformar v. t. Dar a una persona o cosa una forma distinta de la que tenía antes: *transformar un producto*. || Convertir: *transformar vino en vinagre*. || Cambiar mejorando: *su viaje le ha transformado*. || — V. pr. Sufrir un cambio.

tránsfuga com. Persona que pasa de un partido, de un ejército a otro.

transfusión f. Operación que hace pasar sangre de las venas de un individuo a las de otro.

transgredir v. t. Infringir, violar.

transgresión f. Infracción.

transgresor, ra adj. Que comete una transgresión (ú. t. c. s.).

transición f. Cambio de un estado a otro.

transigir v. i. Llegar a un acuerdo mediante concesiones recíprocas. || Tolerar.

transistor m. Dispositivo basado en el uso de los semiconductores que, del mismo modo que un tubo electrónico, puede ampliar corrientes eléctricas, provocar oscilaciones y ejercer a la vez las funciones de modulación y de detección. || Aparato receptor de radio provisto de estos dispositivos.

transitar v. i. Pasar por la calle.

transitivo, va adj. Aplícase al verbo o forma verbal seguidos de un complemento de objeto directo o indirecto.

tránsito m. Paso. || *Tránsito rodado*, tráfico de vehículos.

transitorio, ria adj. Temporal.

translaticio, cia adj. Traslaticio.

translúcido, da adj. Que deja pasar la luz.

transmigración f. Traslado a otro país.

transmigrar v. i. Dejar su país para ir a otro.

transmisible adj. Que se puede transmitir.

transmisión f. Cesión, paso de una persona a otra: *transmisión de bienes*. || Paso de una enfermedad de un individuo a otro. || Propagación: *transmisión del calor*. || Comunicación de un mensaje telegráfico o telefónico. || Comunicación del movimiento de un órgano a otro. || Conjunto de órganos que, en un automóvil, sirve para comunicar el movimiento del motor a las ruedas motrices.

transmisor, ra adj. Que transmite (ú. t. c. s.).

transmitir v. t. Comunicar: *transmitir una noticia*. || Difundir por radio. || Dejar a otro: *transmitir un derecho*. || Comunicar a otro una enfermedad, cualidad o defecto. || — V. pr. Propagarse.

transmutación f. Cambio.

transpacífico, ca adj. Del otro lado del Pacífico o que lo atraviesa.

transparencia f. Propiedad de lo transparente. || Diapositiva.

transparentarse v. pr. Pasar la luz u otra cosa a través de un cuerpo transparente. || Ser transparente.

transparente adj. Que se deja atravesar fácilmente por la luz y permite ver distintamente los objetos a través de su masa. || Translúcido.

transpiración f. Sudor.

transpirar v. i. Sudar.

transplantar v. t. Trasplantar.

transplante m. Trasplante.

transportador, ra adj. Que transporta o sirve para transportar. || — M. Semicírculo graduado empleado para medir o trazar ángulos.

transportar v. t. Llevar de un sitio a otro.

transporte m. Acción de llevar de un sitio a otro, acarreo: *transporte de mercancías*. || *Fig.* Arrebato, entusiasmo. || — Pl. Conjunto de los diversos medios para trasladar personas, mercancías, etc.

transportista com. Persona que se dedica a hacer transportes.

transubstanciación f. En la Eucaristía, cambio del pan y del vino en el cuerpo y sangre de Jesucristo.

transuránico adj. y s. m. Aplícase a los elementos químicos de número atómico superior al del uranio (92) que se obtienen artificialmente ya que no existen en la naturaleza.

transvasar y **transvase**. V. TRASVASAR y TRASVASE.

transversal adj. Que está dispuesto de través.

tranvía m. Ferrocarril urbano de tracción eléctrica que circula por las calles sobre rieles.

trapacería f. Engaño. || Astucia.

trapeador m. *Méx.* Utensilio para fregar el piso, que tiene un mango largo y flecos de cordel o tela.

trapear v. t. *Méx.* Fregar el piso.

trapecio m. Aparato de gimnasia formado por dos cuerdas verticales que cuelgan de un pórtico y están reunidas por una barra horizontal. || Músculo plano situado en la parte posterior del cuello y superior de la espalda. || Hueso de la segunda fila del carpo. || *Geom.* Cuadrilátero que tiene dos lados desiguales y paralelos llamados *bases*.

trapecista m. Gimnasta o acróbata que trabaja en el trapecio.

trapero, ra m. y f. Vendedor de trapos viejos.

trapezoide m. Cuadrilátero cuyos lados opuestos no son paralelos.

trapichear v. i. *Fam.* Ingeniárselas para lograr algo.

trapicheo m. *Fam.* Enredos.

trapisonda f. Lío, enredo.

trapo m. Pedazo de tela viejo y roto. || Trozo de tela que se emplea para quitar el polvo, secar los platos, etc. || *Fig. Poner a uno como un trapo*, insultarle o criticarle.

tráquea f. Conducto formado por anillos cartilaginosos que empieza en la laringe y lleva el aire a los bronquios y pulmones.

traqueteo m. Serie de sacudidas o tumbos acompañados de ruido.

tras prep. Detrás de: *tras la puerta*. || Después de: *tras una larga ausencia*. || Más allá: *tras los Pirineos*. || En pos de: *corrieron tras el ladrón*. || Además: *tras ser malo, es caro*.

trasalpino, na adj. Transalpino.

trasandino, na adj. Transandino.

trasatlántico, ca adj. Transatlántico.

trasbordador, ra adj. y s. m. Transbordador.

trasbordar v. t. e i. Transbordar.

trascendencia f. Calidad de lo que trasciende. || *Fig.* Importancia.

trascendental adj. Que se extiende a otras cosas. || *Fig.* De suma importancia.

trascender v. i. Empezar a ser conocida una cosa, divulgarse: *trascendió la noticia*. || Extenderse, comunicarse los efectos de varias cosas.

trascribir v. i. Transcribir.

trascripción f. Transcripción.

trascurrir v. i. Transcurrir.

trascurso m. Transcurso.

trasegar v. t. Cambiar un líquido de recipiente.

trasero, ra adj. Situado detrás: *rueda trasera de un coche*. || — M. Parte posterior e inferior del animal o persona. || — F. Parte posterior.

trasferencia, trasformar, trasfusión, trasgredir y *derivados*. V. TRANSFERENCIA, TRANSFORMAR, TRANSFUSIÓN, TRANSGREDIR y derivados.

trásfuga com. Tránsfuga.

trashumancia f. Traslado de los rebaños de un sitio a otro para que aprovechen los pastos.

trashumante adj. Que trashuma.

trashumar v. i. Pasar el ganado en verano a las montañas o a pastos distintos de los de invierno.

trasiego m. Acción de trasegar.

traslación f. Acción de trasegar. || Acción de mudar de sitio. || Traducción. || *Movimiento de traslación*, el que sigue un astro al recorrer su órbita.

trasladar v. t. Llevar de un lugar a otro. || Cambiar de oficina o cargo: *trasladar a un funcionario*. || — V. pr. Cambiar de sitio.

traslado m. Traslación: *traslado de un preso*. || Cambio de destino. || Mudanza.

traslaticio, cia adj. Aplícase al sentido figurado de una palabra.

traslúcido, da adj. Translúcido.

trasluz m. Luz que pasa a través de un cuerpo translúcido. || *Al trasluz*, por transparencia.

trasmigración, trasmisión y *sus derivados*. V. TRANSMIGRACIÓN, TRANSMISIÓN y sus derivados.

trasmutación f. Transmutación.

trasnochador, ra adj. y s. Que trasnocha.

trasnochar v. i. Acostarse tarde.

traspapelar v. t. Extraviar un papel (ú. t. c. pr.).

trasparencia, trasparentarse y **trasparente**. V. TRANSPARENCIA, TRANSPARENTARSE y TRANSPARENTE.

traspasar v. t. Atravesar de parte a parte: *la bala le traspasó el brazo*. || Pasar hacia otra parte. || Vender o ceder a otro una cosa: *traspasar un piso*. || Transferir un jugador profesional a otro equipo. || *Fig.* Producir un dolor físico o moral grande.

traspaso m. Cesión, transferencia de un local o negocio. || Cantidad pagada por esta cesión. || Local traspasado. || Transferencia de un jugador profesional a otro equipo.

traspié m. Resbalón, tropezón.

traspiración f. Transpiración.

traspirar v. i. Transpirar.

trasplantar v. t. Mudar un vegetal de un terreno a otro. || *Med.* Hacer un trasplante.

trasplante m. Acción de trasplantar. || *Med.* Injerto de tejido humano o animal o de un órgano completo: *trasplante de córnea, del corazón*.

trasportador, ra adj. y s. m. Transportador.

trasportar v. t. Transportar.

trasporte m. Transporte.

trasportista com. Transportista.

trasquilar v. t. Cortar mal el pelo. || Esquilar.

trastada f. *Fam.* Jugarreta.

trastazo m. Porrazo, golpe.

traste m. *Méx.* Trasto, pieza de loza.

trastero, ra adj. Aplícase al cuarto donde se guardan trastos viejos o inútiles (ú. t. c. s. m.).

trastienda f. Local situado detrás de la tienda.

trasto m. Mueble, útil, cosa o persona inútil. || — Pl. Útiles, instrumentos, utensilios de un arte: *trastos de pescar; los trastos de matar de un torero.*

trastocar v. t. Desordenar (ú. t. c. pr.). || — V. pr. Perturbarse.

trastornar v. t. Revolver las cosas, desordenarlas. || *Fig.* Perturbar los sentidos. | Impresionar, emocionar. || — V. pr. Estar conmovido. || *Fig.* Volverse loco.

trastorno m. Desorden, confusión. || Cambio profundo. || Disturbio: *trastornos políticos.* || *Fig.* Turbación. || Anomalía en el funcionamiento de un órgano, sistema: *trastornos mentales.*

trastrocar v. t. Invertir el orden, intercambiar. || Transformar.

trasunto m. Copia. || Imagen exacta de una cosa.

trasvasar v. t. Hacer un trasvase.

trasvase m. Trasiego. || Acción de llevar las aguas de un río a otro para su mayor aprovechamiento.

trasversal adj. Transversal.

trata f. Antiguo comercio que se hacía con los negros que se vendían como esclavos. || *Trata de blancas,* tráfico de mujeres para la prostitución.

tratado m. Convenio escrito y concluido entre dos gobiernos: *tratado de amistad, de paz.* || Obra que trata de un tema: *un tratado de historia.*

tratamiento m. Trato. || Título de cortesía: *tratamiento de señoría.* || Conjunto de medios empleados para la curación de una enfermedad. || Conjunto de operaciones que se someten las materias primas: *tratamiento químico.*

tratante com. Persona que comercia.

tratar v. t. e i. Conducirse de cierta manera con uno: *tratar con humanidad.* || Atender: *nos trató opíparamente.* || Tener trato social: *no trato a esta gente* (ú. t. c. pr.). || Aplicar un tratamiento terapéutico. || Someter a la acción de un agente físico o químico: *tratar un mineral con ácido.* || Estudiar y discutir: *mañana trataremos este problema.* || — *Tratar de,* dar uno un título de cortesía: *tratar de excelencia, de usted;* calificar, llamar: *tratar a uno de ladrón;* tener como tema, ser relativo a: *¿de qué trata este libro?* || — V. i. *Tratar de,* intentar, procurar. || *Tratar en,* comerciar: *tratar en vinos.* || — V. pr. Cuidarse. || Ser cuestión, constituir el objeto de algo: *¿de qué se trata?*

trato m. Manera de portarse con uno. || Relación: *tengo trato con ellos.* || Modales, comportamiento: *un trato muy agradable.* || Acuerdo, contrato: *cerrar un trato.* || — Pl. Negociaciones.

trauma m. Traumatismo.

traumatismo m. Lesión de los tejidos producida por un agente mecánico, en general externo. || *Fig.* Choque emocional que deja una impresión duradera en el subconsciente.

traumatizar v. t. Producir un trauma psíquico.

través m. Inclinación. || *Fig.* Revés, contratiempo.

travesaño m. En una armazón, pieza horizontal que atraviesa de una parte a otra.

travesía f. Viaje por mar: *la travesía del Pacífico.* || Camino transversal. || Distancia entre dos puntos de tierra o de mar. || *Arg.* Llanura extensa y árida entre dos sierras.

travestí o **travestido** adj. Dícese de la persona que se viste con la ropa propia del sexo contrario (ú. t. c. s. m.).

travestir v. t. Vestir a una persona con la ropa del sexo contrario (ú. t. c. pr.).

travestismo m. Acción y efecto de travestir.

travesura f. Picardía, diablura.

traviesa f. Madero colocado perpendicularmente a la vía férrea en que se asientan los rieles.

travieso, sa adj. Bullicioso (ú. t. c. s.).

trayecto m. Espacio que hay que recorrer para ir de un sitio a otro.

trayectoria f. Línea descrita en el espacio por un punto u objeto móvil. || *Fig.* Tendencias.

traza f. *Fig.* Huella, señal, rastro.

trazado m. Acción de trazar. || Representación por medio de líneas de un plano, dibujo, etc. || Recorrido de una carretera, canal, etc.

trazar v. t. Tirar las líneas de un plano, dibujo, etc. || Escribir. || *Fig.* Describir, pintar: *trazar una semblanza.* | Indicar: *ha trazado las grandes líneas del programa.* | *Trazar planes,* hacer proyectos.

trazo m. Línea.

trebejo m. Trasto o utensilio.

trébol m. Planta herbácea de flores blancas, rojas o moradas que se cultiva para forraje. || Uno de los palos de la baraja francesa.

trece adj. Diez y tres: *el día trece.* || Decimotercero: *León XIII* (trece). || — M. Número equivalente a diez y tres.

trecho m. Distancia. || Tramo, trozo de un camino, etc.

tregua f. Suspensión temporal.

treinta adj. Tres veces diez: *tiene treinta años.* || Trigésimo.

trentaitresino, na adj. y s. De la c. y del dep. de Treinta y Tres (Uruguay).

treintavo, va adj. y s. Trigésimo.

treintena f. Conjunto de treinta unidades.

treinteno, na adj. Trigésimo.

tremebundo, da adj. Espantoso.

tremendo, da adj. Espantoso.

tremolar v. i. Ondear.

tremolina f. *Fam.* Alboroto.

trémolo m. *Mús.* Sucesión rápida de notas cortas iguales.

trémulo, la adj. Tembloroso.

tren m. Sucesión de vehículos remolcados o en fila: *tren de camiones.* || Conjunto formado por los vagones de un convoy y la o las locomotoras que los arrastran. || *Tecn.* Conjunto de órganos mecánicos semejantes acoplados con algún fin: *tren de laminar.* || *Méx.* Tranvía. || *Mil.* Conjunto de material de un ejército lleva consigo en campaña. || *Fig.* Paso, marcha: *ir a buen tren.* || — *Tren correo,* el que lleva la correspondencia. || *Tren de aterrizaje,* dispositivo de aterrizaje de un avión. || *Tren de vida,* manera de vivir en cuanto a comodidades, etc. || *Tren directo* o *expreso,* el muy rápido. || *Tren rápido,* el que tiene mayor velocidad que el expreso. || *Fig.* y *fam. Vivir a todo tren,* vivir espléndidamente.

trenza f. Entrelazamiento de tres o más fibras, hebras, de los pelos.

trenzar v. t. Hacer una trenza.

trepador, ra adj. y s. Que trepa. || Dícese de ciertas plantas de tallo largo, como la hiedra, que trepan por las paredes, las rocas, etc. || Aplícase a las aves que pueden trepar a los árboles, como el papagayo, el pico carpintero, etc. || — F. pl. Orden que forman estas aves.

trepanación f. Operación quirúrgica que consiste en la perforación de un hueso, especialmente de la cabeza, para tener acceso a una cavidad craneana con objeto de extirpar un tumor o disminuir la tensión existente en la misma.

trepanar v. t. Horadar el cráneo u otro hueso con fin terapéutico.

trepar v. i. Subir a un lugar.

trepidación f. Temblor.

trepidar v. i. Temblar.

tres adj. Dos y uno: *tiene tres hermanos.* || Tercero. || — M. Número equivalente a dos más uno. || Naipe que tiene tres figuras: *el tres de oros.* || — F. pl. Tercera hora después del mediodía o de la medianoche: *las tres de la madrugada.* || *Regla de tres,* cálculo de una cantidad desconocida a partir de tres otras conocidas de las cuales dos varían en proporción directa o inversa.

trescientos, tas adj. Tres veces ciento. || Tricentésimo. || — M. Guarismo que representa el número equivalente a tres veces ciento.

tresillo m. Conjunto de un sofá y dos sillones que hacen juego.

treta f. Artificio, ardid.

trezavo, va adj. Dícese de cada una de las trece partes iguales de un todo (ú. t. c. s. m.).

triangular adj. De figura de triángulo.

triángulo m. *Geom.* Figura delimitada por tres líneas que se cortan mutuamente.

triar v. t. Escoger, entresacar.

triásico, ca adj. *Geol.* Aplícase al primer período de la era secundaria (ú. t. c. s. m.).

tribal adj. Lo que se refiere a la tribu.

tribu f. Conjunto de familias que están bajo la autoridad de un mismo jefe.

tribulación f. Adversidad.

tribuna f. Plataforma elevada desde donde hablan los oradores. || Espacio generalmente cubierto y provisto de gradas desde donde se asiste a manifestaciones deportivas, carreras de caballos, etc.

tribunal m. Órgano del Estado que administra la justicia. || Conjunto de personas capacitadas para juzgar a los candidatos de unos exámenes, etc.

tribuno m. Magistrado romano defensor de los derechos de la plebe. || *Fig.* Orador elocuente.

tributación f. Tributo.

tributar v. t. Pagar tributo. || *Fig.* Manifestar: *tributar respeto.*

tributario, ria adj. Relativo al tributo: *sistema tributario.* || Afluente de un río (ú. t. c. s. m.).

tributo m. Lo que un Estado paga a otro en señal de dependencia. || Lo que se paga para contribuir a los gastos públicos, impuesto: *tributo municipal.*

tricentenario, ria adj. Que tiene trescientos años o que dura desde hace trescientos años. || — M. Espacio de tiempo de trescientos años. || Fecha en que se cumplen trescientos años.

tricentésimo, ma adj. Que ocupa el lugar trescientos. || — M. Cada una de las trescientas partes iguales en que se divide un todo.

tríceps adj. y s. m. Dícese del músculo que tiene tres cabezas.

triciclo m. Vehículo de tres ruedas.

tricolor adj. De tres colores.

tricornio adj. Dícese del sombrero cuyos bordes replegados forman tres picos (ú. t. c. s. m.).

tricot m. y **tricota** f. *Arg.* Jersey de punto.

tricotar v. t. Hacer un tejido de género de punto.

triedro, dra adj. y s. m. Dícese del ángulo formado por tres planos o caras que concurren en un punto del ángulo.

trienal adj. Que dura tres años. || Que sucede cada tres años.

trienio m. Tres años.

trifulca f. *Fam.* Disputa, riña.

trigal m. Plantío de trigo.

trigarante adj. De tres garantías.

trigésimo, ma adj. Que ocupa el lugar treinta. || — M. Cada una de las treinta partes iguales en que se divide un todo.

trigo m. Planta gramínea con espigas de cuyos granos molidos se saca la harina.

trigonometría f. Parte de las matemáticas que trata del estudio de las funciones circulares de los ángulos y de los arcos (seno, coseno, tangente) y cálculo de los elementos de un triángulo definidos por relaciones numéricas.

trigonométrico, ca adj. De la trigonometría.

trilateral adj. De tres lados.

trilingüe adj. Que tiene tres lenguas. || Que habla tres lenguas (ú. t. c. s.). || Escrito en tres lenguas.

trilla f. *Arg.* Acción de trillar.

trillado, da adj. Muy conocido.

trillar v. t. Quebrantar la mies para separar el grano de la paja.

trillizo, za m. y f. Cada uno de los tres hermanos o hermanas nacidos en un mismo parto.

trillón m. Un millón de billones, que se expresa por la unidad seguida de dieciocho ceros.

trilogía f. Conjunto de tres obras dramáticas o novelísticas que tienen entre sí cierto enlace.

trimestral adj. Que ocurre cada trimestre.

trimestre m. Espacio de tiempo de tres meses. || Cantidad que se cobra o se paga cada tres meses.

trimotor adj. Aplícase al avión provisto de tres motores (ú. t. c. s. m.).

trinar v. i. *Mús.* Hacer trinos. || Gorjear las aves.

trincar v. t. *Fig.* y *fam.* Comer. | Beber. | Coger.

trinchar v. t. Cortar en trozos la carne.

trinchera f. Zanja que permite a los soldados disparar a cubierto. || Abrigo impermeable.

trineo m. Vehículo para desplazarse sobre la nieve o el hielo.

trinidad f. Conjunto de tres divinidades que tienen entre sí cierta unión.

trinitario, ria adj. y s. De Trinidad (Bolivia y Uruguay).

trino m. Canto de las aves.

trinomio m. Expresión algebraica compuesta de tres términos.

trío m. *Mús.* Terceto, composición para tres instrumentos o voces. | Conjunto de tres músicos o cantantes. || Grupo de tres personas o tres cosas: *trío de ases.*

triodo, da adj. Aplícase al tubo electrónico que tiene tres electrodos (ú. t. c. s. m.).

tripa f. Intestino. || *Fam.* Vientre: *dolor de tripa*. || Panza, parte abultada de un objeto. || *Col.* y *Venez.* Cámara de las ruedas del automóvil. || *Esp.* Parte abultada de algún objeto.

tripartito, ta adj. Dividido en tres partes. || Formado por la asociación de tres partidos.

triple adj. Que contiene tres veces una cosa. || Dícese del número que contiene a otro tres veces. Ú. t. c. s. m.: *el triple de cuatro es doce*.

triplicar v. t. Multiplicar por tres (ú. t. c. pr.). || Hacer tres veces una misma cosa.

trípode adj. De tres pies: *mesa, asiento trípode*. || — M. Banquillo de tres pies. || Armazón de tres pies para sostener un cuadro, ciertos instrumentos fotográficos, geodésicos, etc.

tríptico m. Pintura, grabado o relieve en tres hojas de las cuales las dos laterales se doblan sobre la del centro.

triptongo m. Conjunto de tres vocales que forman una sílaba.

tripulación f. Personal que conduce un barco o avión.

tripulante com. Miembro de la tripulación.

tripular v. t. Conducir.

triquina f. Gusano parásito que vive adulto en el intestino del hombre y del cerdo, y, en estado larvario, en sus músculos.

triquiñuela f. *Fam.* Artimaña, treta, ardid.

triquitraque m. Buscapiés, tira de cohetes que produce varias explosiones.

trisílabo, ba adj. y s. m. De tres sílabas.

triste adj. Afligido, apesadumbrado: *triste por la muerte de un ser querido*. || Que expresa o inspira tristeza: *ojos tristes*. || Falto de alegría: *calle triste*. || Deplorable: *fin triste*. || *Fig.* Insignificante, insuficiente: *triste sueldo*. || — M. Canción popular de tono melancólico y amoroso de la Argentina, Perú y otros países sudamericanos que se canta con acompañamiento de guitarra.

tristeza f. Estado natural o accidental de pesadumbre, melancolía. || Impresión melancólica o poco agradable producida por una cosa.

tritio m. Isótopo radiactivo del hidrógeno.

trituración f. Desmenuzamiento.

triturar v. t. Moler, desmenuzar, quebrar una cosa dura o fibrosa: *triturar rocas, caña de azúcar*. || *Fig.* Maltratar, dejar maltrecho: *triturar a palos*. | Vencer estrepitosamente.

triunfador, ra adj. y s. Dícese de la persona que triunfa.

triunfal adj. De triunfo.

triunfalismo m. Actitud de aquellos que tienen una confianza exagerada en ellos mismos.

triunfalista adj. y s. Que muestra triunfalismo.

triunfar v. i. Ser victorioso: *triunfar de los enemigos*. || *Fig.* Tener éxito: *triunfar en la vida*.

triunfo m. Victoria: *los triunfos de Bolívar*. || *Fig.* Gran éxito: *triunfo teatral*. || Carta del palo considerado de más valor en algunos juegos.

triunvirato m. Unión de tres personas.

triunviro m. Cada uno de los tres magistrados romanos que compartieron el poder.

trivalente adj. *Quím.* Que posee la valencia 3.

trivial adj. Común. || Superficial.

trivialidad f. Calidad de trivial. || Cosa trivial.

trocar v. t. Cambiar (ú. t. c. pr.).

trocear v. t. Dividir en trozos.

troceo m. División en trozos.

trocha f. Vereda estrecha. || Atajo.

trofeo m. Monumento, insignia, etc., que conmemora una victoria.

troglodita adj. y s. Que vive en cavernas.

trole m. Pértiga por donde los trenes o tranvías eléctricos y trolebuses toman la corriente.

trolebús m. Vehículo eléctrico de transporte urbano montado sobre neumáticos.

tromba f. Columna de agua o vapor que se eleva desde el mar con movimiento giratorio.

trombo m. Coágulo de sangre.

trombocito m. Plaqueta sanguínea.

trombón m. Instrumento músico de viento. || Músico que lo toca.

trombosis f. Formación de coágulos en los vasos sanguíneos. || Oclusión de un vaso por un coágulo.

trompa f. Instrumento músico de viento que consta de un tubo enroscado y de tres pistones. || Prolongación muscular tubular larga y flexible de la nariz de ciertos animales: *la trompa del elefante*. || *Fam.* Borrachera. | Trompazo, puñetazo. | Hocico. | Nariz. || — M. Músico que toca la trompa. || *Fam.* Borracho. || *Trompa de Eustaquio*, parte del oído interno. || *Trompa de Falopio*, conducto de los ovarios.

trompeta f. Instrumento músico de viento, metálico, con pistones o sin ellos, de sonido muy fuerte. || — M. El que toca este instrumento.

trompetilla f. Aparato en forma de trompeta que suelen emplear los sordos para oír mejor.

trompetista m. y f. Persona que toca la trompeta.

trompicar v. i. Tropezar.

trompicón m. Tropezón.

trompo m. Peonza, juguete.

tronado, da adj. Sin dinero.

tronar v. impers. Haber truenos: *tronó toda la noche*. || — V. i. Causar gran ruido.

tronco m. Parte de un árbol desde el arranque de las raíces hasta el de las ramas. || El cuerpo humano, o el de cualquier animal, prescindiendo de la cabeza y de los miembros superiores e inferiores. || Fragmento del fuste de una columna. || Conjunto de caballerías que tiran de un carruaje. || *Fig.* Origen de una familia.

tronera f. Abertura en el costado de un barco o en el parapeto de una muralla para disparar. || Ventana muy pequeña.

tronido m. Ruido del trueno.

trono m. Sitial con dosel de los soberanos.

tropa f. Grupo de militares. || Conjunto de todos los militares que no son oficiales ni suboficiales.

tropel m. Multitud.

tropelía f. Atropello, abuso de la fuerza.

tropezar v. i. Dar involuntariamente con los pies en un obstáculo. || *Fig.* Encontrar un obstáculo: *tropezar con una dificultad*. | Encontrar por casualidad: *tropezar con un amigo* (ú. t. c. pr.).

tropezón, ona adj. *Fam.* Que tropieza. || — M. Paso en falso, traspiés. || *Fig.* Error.

tropical adj. De los trópicos. || Que es propio de los trópicos: *fruta tropical*.

trópico, ca adj. Concerniente a la posición exacta del equinoccio. || — M. Cada uno de los dos círculos menores de la esfera celeste paralelos al ecuador, y entre los cuales se efectúa el movimiento anual aparente del Sol alrededor de la Tierra. || — *Trópico de Cáncer*, el del hemisferio Norte por donde pasa el Sol al cenit el día del solsticio de verano. || *Trópico de Capricornio*, el del hemisferio Sur por donde pasa el Sol al cenit el día del solsticio de invierno.

tropiezo m. Cosa en que se tropieza, estorbo. || *Fig.* Desliz, equivocación, falta: *dar un tropiezo*.

troquel m. Molde que sirve para acuñar monedas.

troquelar v. t. Acuñar.

trotar v. i. Andar el caballo al trote. || Cabalgar sobre un caballo al trote. || *Fig.* Andar mucho dirigiéndose a varios sitios una persona.

trote m. Modo de andar una caballería, intermedio entre el paso y el galope, levantando a la vez la mano y el pie opuestos. || *Fam.* Actividad muy grande y cansada: *ya no estoy para estos trotes.* | Asunto complicado, enredo.

trova f. Conjunto de versos. || Composición para cantarse.

trovador, ra adj. Que hace versos. || — M. y f. Poeta, poetisa.

trovadoresco, ca adj. Relativo a los trovadores.

trovar v. i. Componer versos.

troyano, na adj. y s. De Troya, antigua ciudad de Asia Menor.

trozo m. Pedazo.

trucha f. Pez salmónido de agua dulce.

truco m. Maña, habilidad. || Procedimiento ingenioso, artimaña, ardid: *andarse con trucos.* || Artificio cinematográfico para dar apariencia de realidad a secuencias que es imposible obtener directamente al rodar la película.

truculencia f. Aspecto espantoso.

truculento, ta adj. Espantoso.

trueno m. Estampido que acompaña al relámpago. || Ruido fuerte del tiro de un arma o cohete.

trueque m. Cambio.

trufa f. Hongo ascomiceto subterráneo.

trufar v. t. Rellenar de trufas. || *Fig.* Llenar.

truhán, ana adj. y s. Granuja.

trujillano, na adj. y s. De Trujillo (Colombia, España, Honduras, Perú y Estado de Venezuela).

trujillense adj. y s. De Trujillo (Venezuela).

truncado, da adj. Aplícase a las cosas sin su parte esencial. || *Cono truncado, pirámide truncada,* cono o pirámide sin el vértice.

truncar v. t. Quitar alguna parte esencial. || *Fig.* Romper, cortar: *truncar las ilusiones.*

trusa f. *Per.* Bragas. || *Cub.* Traje de baño.

tse-tsé f. Nombre de una mosca africana cuya picadura transmite la enfermedad del sueño.

tsunami m. (pal. japonesa). Ola gigante provocada por un sismo.

tu, tus pron. poses. de 2a. pers. en sing. usado como adjetivo antes de un sustantivo.

tú pron. pers. de 2a. pers. en sing.

tubérculo m. Excrecencia feculenta en una planta, particularmente en la parte subterránea del tallo, como la patata, la batata, etc.

tuberculosis f. Enfermedad infecciosa y contagiosa del hombre y de los animales causada por el bacilo de Koch en los pulmones.

tuberculoso, sa adj. Relativo a la tuberculosis. || Que padece tuberculosis (ú. t. c. s.).

tubería f. Conjunto de tubos o conductos para conducir un fluido.

tuberosidad f. Tumor.

tubo m. Pieza cilíndrica hueca: *el tubo del agua.* || *Anat.* Conducto natural: *tubo digestivo, intestinal.* || Recipiente alargado, metálico o de cristal de forma más o menos cilíndrica, destinado a contener pintura, pasta dentrífica, píldoras, etc. || En radioelectricidad, lámpara, tubo electrónico en forma de ampolla cerrada que tiene una de sus caras a modo de una pantalla fluorescente en la que incide un haz de electrones: *tubo catódico.* || *Riopl.* Auricular de teléfono. || — *Tubo de escape,* tubo de evacuación de los gases quemados en un motor. || *Tubo de ensayo,* el de cristal, usado para los análisis químicos. || *Guat.* y *Méx. Mandar por un tubo,* despedir, romper una relación. || *Méx. Pegar con tubo,* acertar, tener éxito.

tubular adj. Con forma de tubo o hecho con tubos. || — M. Neumático para bicicletas formado por una cámara de aire con una cubierta de goma.

tucán m. Ave trepadora.

tuco, ca adj. y s. *Bol., Ecuad.* y *P. Rico.* Manco. || — M. *Arg., Bol., Chil., Per.* y *Urug.* Salsa de tomate cocida con cebolla, orégano, perejil, ají, etc.

tucumano, na adj. y s. De Tucumán (Argentina).

tucutuco m. *Arg.* y *Bol.* Mamífero roedor.

tuerca f. Pieza con un orificio labrado en espiral en que encaja la rosca de un tornillo.

tuerto, ta adj. Que no ve por un ojo (ú. t. c. s.).

tuétano m. Médula.

tufo m. Mal olor: *tufo de alcantarilla.* || Mechón de pelo que se peina o riza delante de las orejas. || — Pl. *Fig.* Soberbia, presunción.

tugurio m. Casa miserable.

tui m. *Arg.* Loro pequeño.

tul m. Tejido fino y transparente.

tulcaneño, ña adj. y s. De Tulcán (Ecuador).

tule m. *Méx.* Nombre genérico de varias plantas que se utilizan en cestería y para elaborar asientos de sillas.

tulipán m. Planta liliácea. || Su flor.

tullido, da adj. Baldado, que no puede mover algún miembro (ú. t. c. s.). || *Fig.* Muy cansado.

tullir v. t. Dejar tullido, lisiar. || *Fig.* Cansar mucho.

tumba f. Sepultura. || Ataúd.

tumbar v. t. Hacer caer, derribar: *tumbar a uno al suelo.* || Inclinar mucho: *el viento ha tumbado las mieses.* || *Fig.* y fam. Suspender en un examen. || — V. pr. Echarse: *tumbarse en la cama.*

tumbesino, na adj. y s. De Tumbes (Perú).

tumbo m. Vaivén violento.

tumbona f. Especie de hamaca o silla de tijera.

tumefacción f. Hinchazón.

tumefacto, ta adj. Hinchado.

tumescencia f. Tumefacción.

tumescente adj. Que se hincha.

tumor m. *Med.* Multiplicación anormal de las células. || *Tumor maligno,* cáncer.

tumoroso, sa adj. Que tiene tumores.

túmulo m. Sepulcro levantado encima del nivel del suelo. || Catafalco.

tumulto m. Motín, disturbio. || *Fig.* Agitación.

tumultuoso, sa adj. Que promueve tumultos.

tuna f. *Bot.* Nopal. | Su fruto, higo chumbo. || Orquestina formada por estudiantes, estudiantina.

tunal m. Nopal.

tunante, ta adj. y s. Pícaro.

tunda f. Acción de tundir paños. || *Fam.* Paliza.

tundir v. t. Cortar e igualar con tijera el pelo de los paños. ‖ *Fam.* Pegar.

tundra f. En las regiones polares, formación vegetal con musgos, líquenes, árboles enanos.

tunecí y **tunecino, na** adj. y s. De Túnez.

túnel m. Galería subterránea abierta para dar paso a una vía de comunicación.

tungsteno m. *Quím.* Volframio.

túnica f. Cualquier vestidura amplia y larga.

tunjano, na adj. y s. De Tunja (Colombia).

tuntún (al o **al buen)** m. adv. *Fam.* Sin reflexión.

tupé m. Copete. ‖ *Fig.* Caradura.

tupí adj. y s. Tupí-guaraní.

tupí-guaraní adj. y s. Dícese de una familia lingüística y cultural india de América del Sur y de sus miembros que efectuaron grandes migraciones desde la zona comprendida entre los ríos Paraná y Paraguay hasta el Amazonas y llegaron a los Andes bolivianos y al Chaco occidental. ‖ — M. Idioma hablado por estos indios.

tupido, da adj. Espeso.

turba f. Combustible fósil de materias vegetales carbonizadas. ‖ Muchedumbre bulliciosa.

turbación f. Confusión.

turbador, ra adj. Que turba.

turbante m. Faja de tela arrollada en la cabeza.

turbar v. t. Perturbar (ú. t. c. pr.).

turbera f. Yacimiento de turba.

túrbido, da adj. Turbio.

turbiedad f. Estado de turbio.

turbina f. Motor constituido por una rueda móvil de álabes sobre la cual actúa la fuerza viva de un fluido (agua, vapor, gas, etc.).

turbio, bia adj. Que ha perdido su transparencia natural: *líquido turbio.* ‖ *Fig.* Equívoco, poco claro: *negocio turbio.* | Agitado: *período turbio.* | Falto de claridad: *vista turbia.*

turboalternador m. Grupo generador de electricidad constituido por una turbina y un alternador.

turbocompresor m. Compresor rotativo centrífugo que tiene alta presión.

turbodinamo f. Acoplamiento hecho con una turbina y una dinamo.

turbomotor m. Turbina accionada por el aire comprimido que funciona como motor.

turbopropulsor m. Propulsor constituido por una turbina de gas acoplada a una o varias hélices.

turborreactor m. Motor con una turbina de gas cuya expansión a través de toberas produce un efecto de propulsión por reacción.

turbulencia f. Agitación.

turbulento, ta adj. *Fig.* Agitado.

turco, ca adj. y s. De Turquía. ‖ *Amer.* Dícese, en general, del árabe inmigrante y de sus descendientes. ‖ *Cama turca,* la que no tiene cabecera. ‖ — M. Lengua turca.

turgencia f. Hinchazón de un órgano.

turgente adj. Hinchado.

turinés, esa adj. y s. De Turín (Italia).

turismo m. Acción de viajar por distracción y recreo. ‖ Organización, desde el punto de vista técnico, financiero y cultural, de los medios que facilitan estos viajes: *Oficinas de Turismo.* ‖ Automóvil de uso privado y no comercial. ‖ *Gran turismo,* vehículo de alquiler con chófer que se contrata por servicio o por horas.

turista com. Persona que viaja por distracción.

turístico, ca adj. Relativo al turismo.

turnar v. t. Alternar o establecer un turno con otras personas (ú. t. c. pr.).

turno m. Orden establecido entre varias personas para la ejecución de una cosa: *turno de día.* ‖ Cuadrilla, equipo a quien toca trabajar.

turón m. Mamífero carnicero.

turpial m. Pájaro parecido a la oropéndola.

turquesa f. Piedra preciosa de color azul verdoso.

turquí adj. Dícese del azul más oscuro.

turrón m. Dulce hecho de almendras, avellanas o nueces, tostadas y mezcladas con miel.

turulato, ta adj. *Fam.* Estupefacto. | Atolondrado.

tusa f. *Amer.* Raspa del maíz. ‖ *Amér. C.* y *Cub.* Bráctea del maíz. ‖ *Amer.* y *And.* Cigarro envuelto en la hoja del maíz. ‖ *Amér. C.* y *Chil.* Barbas del maíz. ‖ *Amér. C.* y *Cub.* Mujer de vida alegre.

tute m. Juego de naipes en el cual hay que reunir los cuatro reyes o caballos. ‖ Reunión de estos naipes. ‖ *Pop.* Paliza. ‖ *Fig.* y *fam.* *Darse un tute,* trabajar mucho; darse un hartazgo.

tutear v. t. Hablar de tú (ú. t. c. pr.).

tutela f. Autoridad conferida por la ley para cuidar de la persona y bienes de un menor. ‖ Función de tutor. ‖ *Fig.* Protección, defensa, salvaguardia: *estar bajo tutela.* ‖ *Territorio bajo tutela,* aquel cuya administración está confiada por la O.N.U. a un Gobierno determinado.

tutelaje m. Acción y efecto de tutelar.

tuteo m. Acción de tutear o tutearse.

tutor, ra m. y f. Persona encargada de la tutela. ‖ — M. Profesor de un centro docente encargado de seguir de cerca los estudios de un grupo de alumnos o de una clase. ‖ *Agr.* Rodrigón.

tutoría f. Cargo de tutor.

tutú m. *Arg.* Ave de rapiña.

tuyo, ya pron. pos. de 2a. persona. ‖ — *Ésta es la tuya,* ahora te toca actuar y demostrar lo que vales. ‖ *Hiciste de las tuyas,* hiciste una cosa muy propia de ti. ‖ *Los tuyos,* tu familia.

tuza f. *Méx.* Mamífero roedor subterráneo.

TV, abreviatura de *televisión.*

tweed m. (pal. ingl.). Tejido de lana utilizado para la confección de trajes de sport.

tzotzil adj. y s. Chamula.

u

u f. Vigésima segunda letra del alfabeto castellano y última de las vocales: *la «u», si no lleva diéresis, es muda cuando va precedida de «g» o de «q».* || — Conj. Se emplea delante de palabras que empiezan por *o* y por *ho: oriente u occidente; patíbulo u horca.* || — **U**, símbolo químico del *uranio.*

uapití m. Ciervo de gran tamaño.

ubérrimo, ma adj. Muy fértil.

ubicación f. Posición, situación.

ubicar v. i. Estar situado. Ú. m. c. pr.: *el museo se ubica en la plaza Mayor.* || — V. t. *Amer.* Situar, colocar. | Estacionar un automóvil. || — V. pr. *Arg.* Colocarse en un empleo.

ubicuidad f. Condición de ubicuo.

ubicuo, cua adj. Que está presente al mismo tiempo en todas partes.

ubre f. Mama de las hembras de los mamíferos.

ucraniano, na o **ucranio, nia** adj. y s. De Ucrania.

Ud., abreviatura de *usted.* (Tb. se escribe Vd.)

ufanarse v. pr. Vanagloriarse.

ufanía f. Orgullo.

ufano, na adj. Orgulloso.

ujier m. Ordenanza.

ukelele m. Instrumento músico de cuerdas parecido a la guitarra.

úlcera f. Pérdida de sustancia de la piel o de las mucosas a consecuencia de un proceso patológico de destrucción molecular o de una gangrena.

ulceración f. Formación de úlcera.

ulcerar v. t. Causar úlcera. || *Fig.* Ofender, herir.

ulterior adj. Que está en la parte de allá o que ocurre tras otra cosa.

ultimación f. Fin, terminación.

ultimar v. t. Acabar. || Concertar: *ultimar la paz.*

ultimátum m. Resolución terminante.

último, ma adj. Aplícase a lo que, en una serie, no tiene otra cosa después de sí: *diciembre es el último mes del año.* || Dícese de lo más reciente: *las últimas noticias.* || Relativo a lo más remoto, retirado o escondido: *vive en el último rincón de la Argentina.* || Extremo: *recurriré a él en último caso.* || Más bajo: *éste es mi último precio.*

ultra adj. Que representa una tendencia extrema en una ideología política o de cualquier otra índole: *es un partido ultra en todos los sentidos.* || Se usa como partícula inseparable antepuesta a algunos adjetivos con el significado de excesivo, extremo *(los ultranacionalistas)* o en persona *ultramentirosa)* y con el de al otro lado de, más allá de *(productos ultramarinos; territorios de ultramar).* || — M. y f. Persona que defiende opiniones extremas. || Muy conservador.

ultracorto, ta adj. Dícese de la onda cuya longitud es inferior a un metro.

ultraderecha f. Tendencia más extremista de la derecha en política.

ultraísmo m. Movimiento creado en 1919 por poetas españoles e hispanoamericanos que proponía una renovación total de la técnica poética.

ultraísta adj. Relativo al ultraísmo. || Partidario del ultraísmo (ú. t. c. s.).

ultraizquierda f. Tendencia más extremista de la izquierda en política.

ultrajar v. i. Injuriar gravemente.

ultraje m. Ofensa, injuria grave.

ultramar m. País que está en el otro lado del mar.

ultramarino, na adj. Que está del otro lado del mar. || — M. pl. Tienda o comercio de comestibles.

ultramoderno, na adj. Muy moderno.

ultramundo m. El otro mundo.

ultranza (a) m. adv. A muerte: *lucha a ultranza.* || Resueltamente.

ultrarrápido, da adj. Muy rápido.

ultratumba adv. Más allá de la muerte.

ultravioleta adj. inv. y s. m. Aplícase a las radiaciones invisibles del espectro.

umbelífero, ra adj. Dícese de las plantas herbáceas o leñosas que tienen hojas grandes y flores pequeñas.

umbilical adj. Del ombligo.

umbral m. Parte inferior del vano de la puerta, contrapuesta al dintel. || *Fig.* Principio, origen.

un adj. Apócope de *uno* delante de un sustantivo masculino o de *una* delante de un nombre femenino que empieza por *a* o *ha* acentuada.

unánime adj. General.

unanimidad f. Conformidad entre varios pareceres.

unción f. Extremaunción. || Devoción, gran fervor de una persona.

uncir v. t. Sujetar al yugo.

undécimo, ma adj. Que ocupa el lugar once. || — M. Cada una de las once partes iguales en que se divide un todo.

U.N.E.S.C.O., siglas de *United Nations Educational Scientific and Cultural Organization* (Organización de las Naciones Unidas para la Educación, la Ciencia y la Cultura).

ungimiento m. Unción.

ungir v. t. Poner óleo sagrado para bendecir.

ungüento m. Cualquier medicamento con que se unta el cuerpo.

ungulado, da adj. y s. m. Aplícase a los mamíferos que tienen casco o pezuña. || — M. pl. Grupo de estos mamíferos.

ungular adj. De la uña.

U.N.I.C.E.F., siglas de *United Nations International Children's Emergency Fund* (Fondo Internacional de las Naciones Unidas para el Socorro de la Infancia).

unicelular adj. De una célula.

único, ca adj. Solo en su especie: *es mi única preocupación.* Ú. t. c. s.: *es el único que tengo.* || *Fig.* Extraño, extraordinario: *caso único.*

unicornio m. Animal fabuloso de cuerpo de caballo con un cuerno en mitad de la frente.

unidad f. Propiedad de lo que forma un todo: *la unidad del país.* || Condición de aquello que no está dividido en partes. || Tamaño tomado como término de comparación: *unidad de medida.* || En un número entero de varias cifras, cifra que se encuentra a la derecha. || Elemento de una fuerza militar al mando de un jefe. || Cada uno de los barcos o aviones que componen una flota. || Nombre de una parte de un ordenador o calculadora que efectúa cierto tipo de operaciones. || El primer número de la serie ordinal. || Cada una de las partes, secciones o grupos que integran un organismo: *unidad de producción.* || Condición de la obra artística o literaria en la que sólo hay un tema o pensamiento principal o central: *las unidades de acción, de lugar, de tiempo eran reglas de la literatura clásica que obligaban a que cada obra literaria debía desarrollarse en simplemente una acción principal, en el mismo lugar y en el espacio máximo de un día.* || — *Unidad central de proceso,* en informática, parte de un ordenador o computadora que realiza un programa. || *Unidad de control,* en informática, parte de un ordenador que dirige y coordina la realización de las operaciones que están en el programa. || *Unidad de vigilancia intensiva* (u. v. i.), en los hospitales, departamento en el que se atiende a los enfermos o accidentados en estado de gravedad extrema. || *Unidad de entrada-salida,* en informática, parte de un ordenador en la que se verifican los intercambios de información con el exterior. || *Unidad monetaria,* moneda legal que sirve de base al sistema monetario de un país.

unifamiliar adj. Que corresponde a una sola familia: *vivienda unifamiliar.*

unificación f. Acción de unificar.

unificador, ra adj. y s. Que unifica.

unificar v. t. Reunir varias cosas en una.

uniformar v. t. Hacer uniformes dos o más cosas entre sí. || Dar traje igual a las personas de una colectividad. || — V. pr. Ponerse un uniforme.

uniforme adj. Que posee la misma forma, el mismo aspecto, que no presenta variedades: *colores uniformes.* || Siempre parecido, igual: *movimiento uniforme.* || Que no tiene ninguna variedad: *estilo uniforme.* || Que no cambia, regular: *vida uniforme.* || — M. Traje igual y reglamentario para todas las personas de un mismo cuerpo o institución. || Traje de los militares.

uniformidad f. Carácter de uniforme.

uniformizar v. t. Hacer uniforme.

unilateral adj. Dícese de lo que se refiere a una parte o aspecto de una cosa: *decisión unilateral.* || Situado en sólo una parte: *estacionamiento unilateral.* || *For.* Que compromete sólo a una de las partes: *pactos unilaterales.*

unión f. Reunión, asociación de dos o varias cosas en una sola: *la unión del alma y del cuerpo.* || Asociación, conjunción, enlace entre dos o más cosas. || Asociación de personas, de sociedades o colectividades con objeto de conseguir un fin común: *unión de productores.* || Casamiento, matrimonio. || Acto que une bajo un solo gobierno varias provincias o

Estados. || Provincias o Estados así reunidos: *la Unión Americana.* || Asociación por la que dos o varios Estados vecinos suprimen la aduana en las fronteras que les son comunes: *unión arancelaria.*

unipersonal adj. De una sola persona.

unir v. t. Juntar dos o varias cosas. || Asociar: *unir dos empresas.* || Establecer un vínculo de afecto, de amistad: *estoy muy unido con él.* || Casar: *los unió el arzobispo* (ú. t. c. pr.). || Mezclar, trabar: *unir una salsa.* || — V. pr. Asociarse.

unísono, na adj. Que tiene el mismo tono.

unitario, ria adj. Compuesto de una sola unidad.

universal adj. Que pertenece o se extiende a todo el mundo y a todos los tiempos: *historia universal.* || Que procede de todos: *aprobación universal.*

universalidad f. Carácter de lo que es universal.

universalización f. Acción de universalizar.

universalizar v. t. Hacer universal, generalizar.

universidad f. Institución de enseñanza superior constituida por varios centros docentes, facultades o colegios en los que se confieren los grados académicos. || Edificio donde reside.

universitario, ria adj. Relativo a la universidad: *título universitario.* || — M. y f. Estudiante en la universidad o persona que ha obtenido en ella un grado o título. || Profesor de universidad.

universo m. Mundo, conjunto de todo lo existente. || La Tierra y sus habitantes. || La totalidad de los hombres. || Medio en el que uno vive.

unívoco, ca adj. Que tiene el mismo significado.

uno, na adj. Que no se puede dividir: *la patria es una.* || Idéntico, semejante. || Dícese de la persona o cosa profundamente unida con otra: *estas dos personas no son más que una.* || — Adj. num. Que corresponde a la unidad: *este trabajo duró un día.* || — M. El primero de todos los números: *el uno.* || Unidad: *uno y tres son cuatro.* || — Pron. indef. Dícese de una persona indeterminada o cuyo nombre se ignora: *uno me lo afirmó esta tarde.* || Úsase también contrapuesto a otro: *uno tocaba y el otro cantaba.* || — Art. indef. Alguno: *un escritor.* || — Pl. Un par de: *unos guantes.* || Aproximadamente: *unos cien kilómetros.*

untar v. t. Cubrir con una materia grasa o pastosa. || *Fig. y fam.* Sobornar a uno con dádivas.

untuoso, sa adj. Grasiento.

uña f. Parte dura, de naturaleza córnea, que crece en el extremo de los dedos. || *Chil. y Méx. Rascarse con sus propias uñas,* arreglárselas por su cuenta.

uralita f. Cierto material de construcción obtenido por aglomeración de amianto y cemento.

uranio m. Metal (U) de número atómico 92, de densidad 18,7, que tiene una gran radiactividad.

urbanidad f. Cortesía.

urbanismo m. Conjunto de medidas de planificación, administrativas, económicas y sociales referentes al desarrollo de las poblaciones.

urbanista adj. Urbanístico. || — M. Arquitecto que se dedica al urbanismo.

urbanístico, ca adj. Relativo al urbanismo.

urbanización f. Acción de urbanizar. || Núcleo residencial urbanizado.

urbanizador, ra adj. Que urbaniza (ú. t. c. s.).

urbanizar v. t. Hacer urbano y sociable a uno: *urbanizar a un palurdo.* || Hacer que un terreno pase a ser población abriendo calles y dotándolo de luz, alcantarillado y otros servicios municipales.

URB

U

urbano, na adj. De la ciudad, en contraposición a *rural*: *propiedad urbana.* || Aplícase al guardia que dirige el tráfico de vehículos en una ciudad (ú. t. c. s.). || Cortés, bien educado.

urbe f. Ciudad grande.

urco m. Macho de la llama.

urdimbre f. Conjunto de hilos paralelos colocados en el telar entre los que pasa la trama para formar el tejido. || *Fig.* Maquinación, trama.

urdir v. t. Preparar los hilos de la urdimbre para ponerlos en el telar. || *Fig.* Maquinar, tramar.

urea f. Sustancia nitrogenada en la orina.

uremia f. Aumento de la urea.

uréter m. Cada uno de los dos conductos por los que la orina va de los riñones a la vejiga.

uretra f. Conducto por el que se expulsa la orina.

urgencia f. Carácter de lo que es urgente. || Necesidad apremiante.

urgente adj. Que urge: *labor urgente.*

urgir v. i. Exigir una cosa su pronta ejecución, correr prisa: *el asunto urge.* Ú. t. c. impers.: *urge terminar estas obras.*

urinario, ria adj. De la orina. || *Aparato urinario,* conjunto formado por los riñones y las vías que tienen como función expeler la orina (vejiga, uréteres y uretra). || — M. Lugar para orinar.

urna f. En sorteos y votaciones, caja donde se depositan las papeletas: *urna electoral.* || *Ir a las urnas,* votar.

uro m. Especie de toro salvaje.

urogallo m. Ave gallinácea.

urología f. Estudio del aparato urinario.

urólogo, ga m. y f. Especialista en urología.

urraca f. Pájaro domesticable de plumaje blanco y negro y larga cola.

ursulina adj. Dícese de las monjas de una orden fundada por Ángela Merici en 1537 (ú. t. c. s. f.).

urticáceo, a adj. Dícese de las plantas pertenecientes a la familia urticácea (ú. t. c. s. f.).

urticaria f. Erupción en la piel de ronchas acompañadas de fuerte picor.

urubú m. Ave rapaz diurna.

uruguayismo m. Palabra o giro propio del Uruguay. || Carácter de uruguayo. || *Amor a Uruguay.*

uruguayo, ya adj. y s. Del Uruguay. || — M. Modalidad del castellano hablado en Uruguay.

urutaú m. *Arg.* Pájaro nocturno de plumaje pardo.

U.S.A., siglas de *United States of America* (Estados Unidos).

usado, da adj. Gastado por el uso. || Utilizado.

usanza f. Uso, costumbre.

usar v. t. Utilizar, emplear habitualmente. || Tener costumbre de llevar: *usar gafas.* || — V. i. Hacer uso de: *usar de su derecho.* || Acostumbrar. || — V. pr. Emplearse: *esta palabra ya no se usa.*

usía com. Vuestra señoría.

usina f. *Riopl.* Fábrica o central de electricidad.

uso m. Acción de utilizar o valerse de algo: *hacer uso de la fuerza.* || Utilización, empleo. || Costumbre, práctica consagrada. || — *En uso de,* valiéndose de. || *Fuera de uso,* que ya no se utiliza. || *Tener uso de razón,* haber pasado de la infancia.

usted com. Contracción de *vuestra merced,* pronombre pers. de segunda persona «de respeto».

— OBSERV. *Usted* tiene que ir seguido del verbo en tercera persona.

usual adj. Acostumbrado.

usuario, ria adj. y s. Aplícase a la persona que emplea cierto servicio, que disfruta del uso de algo.

usufructo m. Derecho de disfrutar de algo cuya propiedad directa pertenece a otro.

usufructuar v. t. Tener o gozar el usufructo.

usuluteco, ca adj. y s. De Usulután (El Salvador).

usura f. Interés superior al legalmente establecido que se pide por la cantidad prestada.

usurario, ria adj. Con usura.

usurero, ra m. y f. Persona que presta con usura (ú. t. c. adj.).

usurpación f. Acción de usurpar.

usurpador, ra adj. y s. Que usurpa.

usurpar v. t. Apoderarse indebidamente de un bien o derecho ajeno: *usurpar el poder.*

utensilio m. Objeto manual para realizar ciertas operaciones.

uterino, na adj. Relativo al útero.

útero m. Órgano de gestación de la mujer.

útil adj. Que es de provecho: *obras útiles.* || Eficiente, que puede prestar muchos servicios: *una persona útil.* || Dícese del tiempo o días hábiles. || — M. pl. Utensilios: *útiles de labranza.*

utilidad f. Servicio prestado por una persona o cosa. || Provecho que se saca de una cosa: *la utilidad de los estudios.* || — Pl. Ingresos procedentes del trabajo personal, del capital, etc., que suelen gravarse con un impuesto.

utilitario, ria adj. Que antepone a todo la utilidad y el interés. || Aplícase al automóvil pequeño y no de lujo (ú. t. c. s. m.).

utilitarismo m. Valoración de las acciones por la utilidad que tienen.

utilización f. Uso.

utilizador, ra adj. Que utiliza algo (ú. t. c. s.).

utilizar v. t. Emplear, servirse de.

utillaje m. Conjunto de herramientas, instrumentos o máquinas.

uto-azteca adj. Dícese de una familia de indios, llamada también *yuto-azteca,* que habitaba desde las Montañas Rocosas (Estados Unidos) hasta Panamá (ú. t. c. s.).

utopía f. Proyecto cuya realización es imposible.

utópico, ca adj. De la utopía.

utopista m. y f. Persona que imagina utopías.

uva f. Fruto de la vid consistente en granos blancos o morados que forman un racimo. || Cada uno de estos granos. || Fruto del agracejo. || — *Fig.* y *fam. Estar de mala uva,* estar de mal humor. | *Tener mala uva,* tener mala intención. || *Uva moscatel,* la de sabor dulce y de grano redondo y liso, muy característica de Málaga. || *Uva pasa,* la secada al sol.

uve f. Nombre de la letra *v.* || *Uve doble,* W.

úvea f. Capa pigmentaria del iris del ojo.

uveítis f. Inflamación de la úvea.

uvero, ra adj. Relativo a las uvas.

úvula f. Apéndice carnoso y móvil que cuelga de la parte posterior del velo palatino.

¡uy! interj. Denota sorpresa o dolor.

V

v f. Vigésima tercera letra del alfabeto castellano. || — **V**, cifra romana que vale cinco. || Símbolo del *vanadio*. || *Electr.* Símbolo del *voltio*. || *V doble*, la w.

vaca f. Hembra del toro. || Carne de res vacuna que sirve de alimento. || Asociación de varias personas para jugar dinero en común, por ejemplo en la lotería (también se dice *vaquita*).

vacación f. Acción y efecto de vacar un empleo o cargo. || Cargo y dignidad que se encuentran vacantes. || — Pl. Período de descanso. || Período en que se suspenden las clases.

vacante adj. Aplícase al cargo o empleo sin proveer: *sede vacante*. || Sin ocupar: *piso vacante*. || — F. Plaza o empleo no ocupado por nadie.

vacar v. i. Quedar un cargo o empleo sin persona que lo desempeñe. || Cesar uno por algún tiempo en sus habituales negocios o estudios.

vacaray m. *Arg.* Ternero nonato.

vaciado m. Acción de vaciar.

vaciar v. t. Dejar vacía una cosa. || Verter, arrojar. || Beber: *vaciar el contenido de un vaso*. || Hacer evacuar: *vaciar una sala pública*. || Formar objetos echando en un molde yeso o metal derretido: *vaciar una estatua*. || Ahuecar.

vaciedad f. Cosa vana.

vacilación f. Duda.

vacilada f. *Méx.* Broma, tomadura de pelo.

vacilar v. i. Moverse por falta de estabilidad, tambalearse, oscilar. || Temblar levemente: *luz que vacila*. || *Fig.* Tener poca estabilidad o firmeza: *vacilar las instituciones del régimen*. | Dudar, titubear. || *Fam.* Hablar en broma e irónicamente. | Tomar el pelo a alguien. | Hablar mucho a causa de haberse drogado.

vacilón m. *Méx.* Fiesta, jolgorio, juerga.

vacilón, ona adj. y s. *Fam. Ponerse vacilón*, estar bajo los efectos de drogas estimulantes.

vacío, a adj. Falto de contenido: *saco vacío*. || Que contiene sólo aire: *botella vacía*. || Que no tiene aire: *neumático vacío*. || Que está sin habitantes o sin gente: *ciudad vacía*. || Sin muebles: *habitación vacía*. || *Fig.* Insustancial, superficial: *espíritu vacío*. || — M. *Fís.* Espacio que no contiene materia alguna: *hacer el vacío*. || Espacio en el cual las partículas materiales se hallan muy enrarecidas. || Hueco en un cuerpo cualquiera. || *Fig.* Vacante, empleo sin proveer. | Sentimiento penoso de ausencia, de privación: *su muerte dejó un gran vacío*. | Vanidad, vacuidad.

vacuidad f. Estado de vacío.

vacuna f. Preparación microbiana que, inoculada, inmuniza contra una enfermedad determinada.

vacunación f. Inmunización contra alguna enfermedad por una vacuna.

vacunar v. t. Poner una vacuna.

vacuno, na adj. Relativo a los bueyes y vacas. || — M. Res vacuna.

vacuo, cua adj. Insustancial.

vadear v. t. Cruzar por el vado. || *Fig.* Esquivar.

vado m. Lugar de un río en donde hay poca profundidad. || Rebajamiento del bordillo de una acera de una calle para facilitar el acceso de un vehículo a una finca urbana.

vagabundear v. i. Llevar vida de vagabundo.

vagabundeo m. Acción de vagabundear.

vagabundo, da adj. Que va sin dirección fija. || — M. Persona que no tiene domicilio determinado ni medios regulares de subsistencia.

vagancia f. Pereza, holgazanería, ociosidad.

vagar v. i. Andar errante. || Andar ocioso.

vagina f. Conducto que en las hembras se extiende desde la vulva hasta la matriz.

vago, ga adj. Ocioso, perezoso (ú. t. c. s.). || Indeterminado, confuso: *una vaga idea*. || Impreciso.

vagón m. Coche de ferrocarril.

vagoneta f. Vagón pequeño y descubierto usado para transporte. || *Fam. Arg.* Persona sin ocupación. | Sinvergüenza. | Persona de mal vivir.

vaguada f. Fondo de un valle.

vaguear v. i. Vagar.

vaguedad f. Calidad de vago.

vahído m. Desmayo.

vaho m. Vapor tenue.

vaina f. Funda de ciertas armas o instrumentos. || Envoltura alargada y tierna de las semillas de las plantas leguminosas. || *Fam. Amer.* Molestia, contratiempo. || — Com. *Fam.* Botarate.

vainilla f. Planta cuyo fruto se emplea en pastelería para aromatizar. || Fruto de esta planta.

vaivén m. Balanceo. || *Fig.* Alternativa.

vajilla f. Conjunto de vasos, tazas, platos, fuentes, etc., para el servicio de la mesa.

valdiviano, na adj. y s. De Valdivia (Chile).

vale m. Documento por el que se reconoce una deuda, pagaré. || Contraseña que permite a la persona que la tiene asistir gratuitamente a un espectáculo. || *Amer.* Compañero, camarada, amigo.

valedero, ra adj. Válido.

valedor, ra m. y f. Protector. || *Amer.* Amigo.

valencia f. Número máximo de átomos de hidrógeno que pueden combinarse con un átomo de cuerpo simple.

valencianidad f. Carácter de valenciano. || Afecto o amor a Valencia.

valencianismo m. Vocablo o expresión propio de Valencia. || Valencianidad.

valenciano, na adj. y s. De Valencia (España y Venezuela). || — M. Lengua hablada en la mayor parte de la región de Valencia (España).

valentía f. Valor.

valer m. Valor, mérito.

valer v. t. Procurar, dar: *sus estudios le valieron gran consideración.* || Ser causa de: *su pereza le valió un castigo.* || — V. i. impers. Tener una cosa un precio determinado. || Equivaler, tener el mismo significado: *en música, una blanca vale dos negras.* || Servir: *esta astucia no le valió.* || Ser conveniente o capaz: *este chico no vale para este cargo.* || *Vale,* está bien, de acuerdo, conforme; basta. || — V. pr. Servirse de una cosa. || Recurrir a: *valerse de sus relaciones.*

valeriana f. Planta de flores rosas o blancas.

valeroso, sa adj. y s. Valiente.

valía f. Valor, estimación.

validación f. Acción de validar.

validar v. t. Hacer válido algo.

validez f. Calidad de válido.

valido f. Favorito.

válido, da adj. Que satisface los requisitos legales para producir efecto: *contrato válido.*

valiente adj. Dispuesto a arrostrar los peligros: *un soldado valiente* (ú. t. c. s.). || *Fig.* Grande: *¡valiente frío!* | Menudo: *¡valiente amigo tienes!*

valija f. Maleta.

valimiento m. Privanza.

valioso, sa adj. De mucho valor.

valla f. Cerca que se pone alrededor de algo. || Obstáculo artificial puesto en algunas carreras: *100 metros vallas.* || *Fig.* Obstáculo.

valladar y **vallado** m. Valla.

vallar v. t. Cercar con valla.

valle m. Llanura entre dos montañas. || Cuenca de un río.

vallecaucano, na adj. y s. De Valle del Cauca (Colombia).

vallisoletano, na adj. y s. De Valladolid (España).

valón, ona adj. y s. De Valonia. || — M. Lengua hablada en Valonia (Bélgica) y en el N. de Francia.

valor m. Lo que vale una persona o cosa: *artista de valor.* || Precio justo: *joya de valor.* || *Fig.* Importancia: *no doy valor a sus palabras.* | Interés: *su informe no tiene ningún valor.* || Calidad de valiente, decisión, coraje: *armarse de valor.* || *Fam.* Osadía: *¿tienes el valor de solicitarme tamaña acción?* || *Mat.* Una de las determinaciones posibles de una magnitud o cantidad variables. || — Pl. Títulos de renta, acciones, obligaciones, etc., que representan cierta cantidad de dinero. || *Impuesto al valor añadido* (I.V.A.), el que grava el incremento de valor que confieren las empresas a un producto o servicio en cada fase de la producción.

valoración f. Evaluación.

valorar v. t. Determinar el valor (ú. t. c. pr.).

valorización f. Evaluación.

valorizar v. t. Valorar. || Acrecentar el valor.

vals m. Baile que ejecutan las parejas con movimiento giratorio. || Su música.

valsar v. i. Bailar el vals.

valuación f. Valoración.

valuar v. t. Valorar.

válvula f. Dispositivo empleado para regular el flujo de un líquido, un gas, una corriente, etc., de modo que sólo pueda ir en un sentido. || Mecanismo que se pone en una tubería para regular, interrumpir o restablecer el paso de un líquido. || Obturador colocado en el cilindro de un motor para que el orificio por el que se aspira la mezcla del carburador se halle abierto mientras baja el émbolo en el cilindro y cerrado cuando se verifica la combustión. || Obturador para dejar pasar el aire en un neumático cuando se infla con una bomba. || Lámpara de radio. || Repliegue membranoso de la capa interna del corazón o de un vaso que impide el retroceso de la sangre o de la linfa.

vampiresa f. Mujer fatal, seductora.

vampiro m. Mamífero quiróptero parecido al murciélago.

vanagloria f. Presunción.

vanagloriarse v. pr. Jactarse.

vandalismo m. Barbarie.

vándalo, la adj. y s. Dícese de un ant. pueblo germánico que invadió las Galias, España y África en los siglos V y VI. || — M. y f. *Fig.* Bárbaro.

vanguardia f. *Mil.* Parte de una fuerza armada que va delante del cuerpo principal. || *Fig.* Lo que tiene carácter precursor o renovador.

vanguardismo m. Doctrina artística de tendencia renovadora que reacciona contra lo tradicional.

vanguardista adj. y s. Relativo al vanguardismo o su partidario.

vanidad f. Presunción.

vanidoso, sa adj. y s. Presumido.

vano, na adj. Falto de realidad, infundado: *ilusiones vanas.* || Infructuoso, inútil, ineficaz: *trabajo vano.* || Vanidoso, frívolo, presuntuoso: *persona vana.* || — M. Hueco en un muro que sirve de puerta o ventana o espacio entre dos elementos arquitectónicos. || *En vano,* inútilmente.

vapor m. Gas que resulta del cambio de estado físico de un líquido o de un sólido: *vapor de agua.* || Energía obtenida por la máquina de vapor. || Cuerpo gaseoso que desprenden las cosas húmedas por efecto del calor. || Buque de vapor.

vaporización f. Acción de vaporizar.

vaporizador m. Aparato para vaporizar.

vaporizar v. t. Hacer pasar del estado líquido al estado gaseoso.

vapulear v. t. Azotar.

vapuleo m. Paliza.

vaquería f. Establo de vacas.

vaquero, ra adj. Relativo a los pastores de ganado bovino. || *Pantalón vaquero,* pantalón ceñido de tela gruesa. || — M. y f. Pastor o pastora de reses vacunas. || — M. Pantalón vaquero.

vara f. Rama delgada y sin hojas. || Palo largo y delgado. || Bastón de mando. || Medida de longitud de 0,835 m en Castilla, pero que variaba de una a otra provincia. || Puya del picador. || Cada una de los dos palos en la parte delantera del coche entre los cuales se enganchan las caballerías. || *Mús.* En el trombón, parte móvil del tubo.

varado, da adj. Dícese del barco encallado. || *Amer.* Aplícase a los vehículos averiados.

varal m. Vara muy larga. || Cada uno de los palos en que encajan las travesaños del carro.

varar v. i. Encallar una embarcación. || Anclar. || *Fig.* Estancarse un asunto. || — V. t. Sacar a la playa y poner en seco una embarcación.

varear v. t. Derribar los frutos del árbol con una vara. || Golpear, sacudir con vara o palo.

vareo m. Acción de varear.

vargueño m. Bargueño.

variabilidad f. Propiedad de lo que varía.

variable adj. Que varía o puede variar. || − F. *Mat.* Magnitud indeterminada que, en una relación o función, puede ser sustituida por diversos términos o valores numéricos (constantes).

variación f. Cambio.

variante adj. Variable. || − F. Forma diferente.

variar v. t. Modificar, transformar, hacer que una cosa sea diferente de lo que antes era. || Dar variedad: *variar el programa*. || − V. i. Cambiar.

varice o **várice** f. Dilatación o hinchazón de una vena provocada por la acumulación de la sangre en ella a causa de un defecto de la circulación.

varicela f. Enfermedad eruptiva y contagiosa.

variedad f. Serie de cambios: *la variedad de sus ocupaciones*. || Diferencia entre cosas que tienen características comunes: *variedad de tejidos*. || Diversidad: *variedad de pareceres*. || − Pl. Espectáculo teatral compuesto de diferentes números sin que exista relación alguna entre ellos (canciones, bailes, prestidigitación, malabarismo, etc.).

varilla f. Vara larga y delgada. || Cada una de las piezas metálicas que forman la armazón del paraguas o de madera o marfil en un abanico, un quitasol, etc. || Barra delgada de metal.

vario, ria adj. Diverso. || Inconstante. || − Pl. Algunos, unos cuantos: *varios niños*. || − Pron. indef. pl. Algunas personas: *varios piensan ir*.

varón m. Hombre.

varonil adj. Relativo al varón.

varsoviano, na adj. y s. De Varsovia (Polonia).

vasallaje m. Condición de vasallo.

vasallo, lla adj. y s. Dícese de la persona que estaba sujeta a un señor por juramento de fidelidad o del país que dependía de otro. || Súbdito.

vasar m. Estante en las cocinas.

vasco, ca adj. y s. Vascongado. || − M. Vascuence.

vascongado, da adj. y s. Natural de alguna de las Provincias Vascongadas o relativo a ellas. || − M. Vascuence.

vascuence m. Lengua de los vascongados, navarros y de los habitantes del territorio vasco francés: *el vascuence tiene también los nombres de vasco, éuscaro, eusquero, euskara, euzkara, euskera, euzkera, euscalduna o euskalduna.*

vascular adj. Relativo a los vasos sanguíneos.

vasija f. Recipiente.

vaso m. Recipiente, generalmente de vidrio, que sirve para beber. || Cantidad de líquido que cabe en él. || Jarrón para contener flores, etc. || Cada uno de los conductos por donde circula la sangre o la linfa del organismo.

vástago m. Renuevo, brote de una planta. || *Fig.* Hijo, descendiente. || *Mec.* Varilla o barra que transmite el movimiento: *vástago del émbolo*.

vasto, ta adj. Grande.

vate m. Poeta.

vaticano, na adj. Relativo al Vaticano.

vaticinador, ra adj. Que vaticina (ú. t. c. s.).

vaticinar v. t. Presagiar, predecir.

vaticinio m. Predicción.

vatio m. Unidad de potencia eléctrica (símb. W), equivalente a un julio o a 10^7 ergios por segundo.

vatio-hora m. Unidad de energía eléctrica.

Vd., abreviatura de *usted*.

vecinal adj. Relativo al vecindario, a los vecinos. || Municipal.

vecindad f. Condición de vecino. || Conjunto de personas que viven en una ciudad, barrio o casa. || *Méx.* Vieja casa de apartamentos de los barrios populares de la ciudad de México.

vecindario m. Población, habitantes de una ciudad. || Conjunto de personas que viven en la misma casa o en el mismo barrio.

vecino, na adj. Que está cerca de. || Dícese de las personas que viven en una misma población, en el mismo barrio o en la misma casa (ú. t. c. s.). || *Fam. Cualquier hijo de vecino*, todo el mundo.

vector adj. m. Que es origen de algo: *radio vector*. || − M. Segmento rectilíneo de longitud definida trazado desde un punto dado que representa ciertas magnitudes geométricas o físicas.

vectorial adj. De los vectores.

veda f. Prohibición de cazar o pescar.

vedado adj. Prohibido. || Dícese del campo o sitio acotado por ley o mandato (ú. t. c. s. m.).

vedar v. t. Prohibir.

vega f. Huerta.

vegetación f. Conjunto de plantas: *campo de gran vegetación*. || En medicina, excrecencia morbosa que se desarrolla en una parte del cuerpo, especialmente en la faringe.

vegetal adj. De las plantas. || *Carbón vegetal*, el de leña. || − M. Ser orgánico que crece y vive incapaz de sensibilidad y movimientos voluntarios.

vegetar v. i. Germinar y desarrollarse las plantas. || *Fig.* Vivir una persona con vida muy precaria.

vegetativo, va adj. Que concurre a las funciones vitales comunes a plantas y animales (nutrición, desarrollo, etc.), independientemente de las actividades psíquicas voluntarias. || *Fig.* Disminuido, que se reduce a la satisfacción de lo esencial.

vehemencia f. Movimiento impetuoso y violento.

vehemente adj. Que obra o se mueve con ímpetu. || Que se expresa con pasión y entusiasmo. || Fundado: *sospechas vehementes*.

vehículo m. Medio de locomoción. || Lo que sirve para transportar: *vehículo de contagio*. || Lo que sirve para transmitir: *el aire es el vehículo del sonido*. || Medio de comunicación.

veintavo, va adj. y s. Vigésimo.

veinte adj. Dos veces diez. || Vigésimo: *la página veinte*. || − M. Cantidad de dos decenas de unidades. || Número veinte: *jugar el veinte*. || Día vigésimo del mes: *llegaré el día veinte de julio*.

veintena f. Conjunto de veinte unidades.

veintésimo, ma adj. Vigésimo. || Dícese de una de las veinte partes iguales de un todo (ú. t. c. s.).

veinticinco adj. Veinte y cinco. || Vigésimo quinto. || − M. Número veinticinco.

veinticuatro adj. Veinte y cuatro (ú. t. c. s. m.). || Vigésimo cuarto.

veintidós adj. Veinte y dos (ú. t. c. s. m.). || Vigésimo segundo.

veintinueve adj. Veinte y nueve (ú. t. c. s. m.). || Vigésimo nono.

veintiocho adj. Veinte y ocho (ú. t. c. s. m.). || Vigésimo octavo.

veintiséis adj. Veinte y seis (ú. t. c. s. m.). || Vigésimo sexto.

veintisiete adj. Veinte y siete (ú. t. c. s. m.). || Vigésimo séptimo.

veintitantos, tas adj. Entre veinte y treinta.

veintitrés adj. Veinte y tres (ú. t. c. s. m.). || Vigésimo tercero.

veintiún adj. Apócope de *veintiuno*.

veintiuno, na adj. Veinte y uno (ú. t. c. s. m.). || Vigésimo primero.

vejación f. Acción de vejar.

vejamen m. Vejación.

vejar v. t. Ofender, humillar.

vejatorio, ria adj. Que veja.

vejez f. Condición de viejo.

vejiga f. Bolsa membranosa abdominal que recibe y retiene la orina segregada por los riñones. || Ampolla en la epidermis.

vela f. Acción de permanecer despierto para estudiar, asistir de noche a un enfermo, etc. || Tiempo que se vela. || Asistencia por turno delante del Santísimo Sacramento. || Cilindro de cera, etc., con una mecha en el interior, utilizado para alumbrar. || Pieza de lona o de cualquier tejido que, puesta en los palos de una embarcación, al recibir el soplo del viento, hace que ésta se mueva sobre las aguas. || — Pl. *Fam.* Moco colgante.

velado, da adj. Tapado con velo. || Dícese de la voz sorda, sin timbre. || Aplícase a la imagen fotográfica borrosa. || — F. Reunión nocturna de varias personas.

velador, ra adj. y s. Que vela. || — M. Mesita ovalada con un solo pie. || *Méx.* Guardián nocturno.

velamen m. Conjunto de velas de un barco.

velar adj. Dícese del sonido cuyo punto de articulación está en el velo del paladar y de las letras que lo representan, como la *c* (delante de las vocales, a, o, u), *k, q, j, g, o y u* (ú. t. c. s. f.).

velar v. i. No dormitar: *veló toda la noche*. || Hacer guardia, vigilar. || Prestar cuidado, vigilar. || Tomar medidas de precaución, de defensa: *velaban por conservar sus situaciones.* || Cuidar por el cumplimiento de: *velar por la observancia de las leyes.* || — V. t. Pasar la noche al lado de: *velar a un enfermo.* || Ocultar.

velatorio m. Vela de un difunto.

velcro m. (marca registr.) Sistema de cierre especial por medio de dos tipos de fibras que se adhieren entre sí.

veleidad f. Inconstancia.

veleidoso, sa adj. Inconstante.

velero m. Barco de vela.

veleta f. Pieza metálica giratoria en lo alto de una construcción para indicar la dirección del viento. || — Com. *Fig.* y *fam.* Persona inconstante.

vello m. Pelo corto en algunas partes del cuerpo.

vellón m. Toda la lana de carnero u oveja que sale junta al esquilarla. || Moneda de cobre.

vellosidad f. Vello.

velludo, da adj. Que tiene mucho vello.

velo m. Tela fina y transparente con que se cubre una cosa. || Prenda de tul, gasa o encaje con que las mujeres se cubren la cabeza, a veces el rostro, en determinadas circunstancias. || Especie de manto que las monjas y novicias llevan en la cabeza. || Banda de tela que cubre la cabeza de la mujer y los hombros del hombre en la ceremonia de las velaciones después de casarse. || Todo aquello que oculta la visión. | Lo que encubre el conocimiento de algo: *levantar el velo de su ignorancia.* || *Velo del paladar,* membrana que separa las fosas nasales de la boca.

velocidad f. Rapidez con que un cuerpo se mueve de un punto a otro. || Relación de la distancia recorrida por un móvil en la unidad de tiempo. || Rapidez. || Cada una de las combinaciones que tienen los engranajes en el motor de un automóvil: *caja de velocidades.*

velocista com. Atleta especializado en las carreras de velocidad.

velódromo m. Pista para carreras de bicicletas.

velorio m. Velatorio.

veloz adj. Rápido.

vena f. Cualquiera de los vasos que conduce la sangre al corazón después de haber bañado los tejidos orgánicos. || Filón, veta en un yacimiento mineral: *vena aurífera.* || Porción de distinto color, larga y estrecha, en la superficie de la madera o piedras duras. || Corriente subterránea natural de agua. || *Fig.* Estado de ánimo: *trabajar por venas.* || Conjunto de disposiciones: *tiene vena de orador.* || Inspiración: *vena poética.*

venablo m. Arma arrojadiza.

venado m. Ciervo común.

venal adj. Que se adquiere por dinero.

venalidad f. Carácter de aquello que se vende.

vencedor, ra adj. y s. Triunfador.

vencejo m. Pájaro insectívoro.

vencer v. t. Aventajar al enemigo o al contrincante, derrotar, triunfar: *vencer a los contrarios.* Ú. t. c. i.: *vencer o morir.* || Tener más que otra persona: *vencer a alguien en generosidad.* || Dominar: *le vence el sueño.* || *Fig.* Reprimir, refrenar: *vencer la cólera.* | Superar, salvar: *vencer los obstáculos.* | Imponerse: *venció sus últimos escrúpulos.* | Ser superior a: *vence a todos en elegancia.* || Hacer ceder: *el mucho peso venció las vigas.* || Coronar, llegar a la cumbre: *vencer una cuesta.* || — V. i. Llegar a su término un plazo, un contrato, una obligación, etc. || *Fig.* Dominar: *el orgullo venció en él.* || — V. pr. *Fig.* Reprimirse, dominarse. || Ceder algo por el peso.

vencido, da adj. Derrotado (ú. t. c. s.). || Aplícase a los intereses o pagos que hay que liquidar por haber ya pasado el plazo señalado.

vencimiento m. Término, expiración de un plazo, contrato, obligación. || Victoria. || Derrota. || Acción de ceder por efecto de un peso.

venda f. Banda de gasa con la que se cubre una herida o de tela para sujetar un hueso roto.

vendaje m. Acción de vendar. || Venda.

vendar v. t. Poner una venda.

vendaval m. Viento fuerte.

vendedor, ra adj. y s. Que vende.

vender v. t. Traspasar a otro la propiedad de una cosa por algún precio: *vender una casa.* || Exponer al público las mercancías para el que las quiere comprar. || *Fig.* Sacrificar por dinero cosas que no tienen valor material: *vender su conciencia.* | Traicionar, delatar por interés: *vender al amigo.* || — V. pr. Ser vendido. || Dejarse sobornar.

vendimia f. Cosecha de la uva.

vendimiar v. t. Recoger la uva.

venduta f. *Arg.* y *Cub.* Subasta.

veneciano, na adj. y s. De Venecia (Italia).

veneno m. Cualquier sustancia que, introducida en el organismo, ocasiona la muerte. || *Fig.* Lo que puede producir un daño moral.

venenoso, sa adj. Que tiene veneno.

venera f. Concha de cierto molusco comestible que llevaban cosida en la capa los peregrinos que volvían de Santiago. || Venero, manantial. || Vieira.

veneración f. Respeto o amor profundo.

venerar v. t. Tener gran respeto y devoción por una persona. || Dar culto.

venéreo, a adj. Aplícase a las enfermedades contraídas por contacto sexual.

venero m. Manantial de agua. || *Fig.* Origen.

venezolanismo m. Palabra o expresión propia de Venezuela. || Carácter venezolano. || Afecto a Venezuela.

venezolano, na adj. y s. De Venezuela. || — M. Modalidad del castellano hablado en Venezuela.

venganza f. Satisfacción que se toma del agravio o daño recibidos.

vengar v. t. Obtener por la fuerza reparación de un agravio o daño (ú. t. c. pr.).

vengativo, va adj. Predispuesto a vengarse (ú. t. c. s.).

venia f. Permiso, autorización. || Perdón de la ofensa o culpa. || *Amer.* Saludo militar.

venial adj. Sin gravedad.

venida f. Acción de venir.

venidero, ra adj. Futuro.

venir v. i. Dirigirse una persona o moverse una cosa de allá hacia acá: *su marido va a venir* (ú. t. c. pr.). || Presentarse una persona ante otra: *vino a verme.* || Ajustarse, ir, sentar: *este traje le viene pequeño.* || Convenir, ir: *me viene bien no ir.* || Proceder: *esta palabra viene del latín.* || Suceder, acaecer: *la muerte viene cuando menos se espera.* || Seguir una cosa inmediatamente a otra: *después de la tempestad viene la calma.* || Pasar por la mente: *me vino la idea de marcharme.* || Estar, hallarse: *su foto viene en la primera página.* || Resultar: *el piso nos viene ancho.* || *Venir a las manos,* pelearse. || *Venir al caso,* tener que ver. || *Venir al mundo,* nacer. || *Fam. Venir al pelo* (o *a punto*), ser muy oportuno. || *Venir a ser,* equivaler. || — V. pr. Volver, regresar.

venoso, sa adj. Compuesto de venas.

venta f. Convenio por el cual una parte (*vendedor*) se compromete a transferir la propiedad de una cosa o de un derecho a otra persona (*comprador*) que ha de pagar el precio ajustado. || Función en una empresa de aquellos que están encargados de dar salida a los productos fabricados o comprados para este efecto. || Servicio comercial de esta función. || Cantidad de cosas que se venden. || Albergue, posada fuera de una población.

ventaja f. Superioridad de una persona o cosa respecto de otra. || Hecho de ir delante de otro en una carrera, competición, etc.: *llevar 20 metros de ventaja a uno.* || En tenis, punto marcado por uno de los jugadores cuando se encuentran empatados a 40: *ventaja al saque.*

ventajoso, sa adj. Conveniente.

ventana f. Abertura que se deja en una pared para dar paso al aire y a la luz.

ventanal m. Ventana grande.

ventanilla f. Ventana pequeña. || Ventana en los coches, trenes, aviones, barcos, etc. || Taquilla de las oficinas, o despacho de billetes.

ventear v. impers. Soplar el viento o hacer aire fuerte. || — V. t. Olfatear los animales el viento para orientarse con el olfato. || Airear.

ventero, ra m. y f. Encargado de una venta.

ventilación f. Acción y efecto de ventilar. || Abertura para ventilar un local. || Corriente de aire que se establece al ventilarlo.

ventilado, da adj. Que tiene ventilación.

ventilador m. Aparato que produce una corriente de aire.

ventilar v. t. Renovar el aire de un recinto (ú. t. c. pr.). || Exponer al viento, airear: *ventilar las sábanas.* || *Fig.* Examinar, tratar de resolver, dilucidar: *ventilar un problema* (ú. t. c. pr.). || — V. pr. *Fig.* Salir a tomar el aire. || *Fam.* Matar. | Hacer. | *Fam. Ventilárselas,* arreglárselas.

ventisca f. y **ventisquero** m. Borrasca de nieve. || Viento muy fuerte.

ventosa f. Campana de vidrio en cuyo interior se hace el vacío y que produce un aflujo de sangre en el lugar donde se aplica sobre la piel. || Órgano con el que algunos animales se adhieren a la superficie de los cuerpos sólidos.

ventosidad f. Pedo.

ventoso, sa adj. Con viento.

ventrículo m. Cada una de las dos cavidades inferiores del corazón de donde parten las arterias aorta y pulmonar.

ventrílocuo, cua adj. Dícese de la persona que puede hablar de tal modo que la voz no parece venir de su boca ni de su persona (ú. t. c. s.).

ventura f. Fortuna, suerte.

venturoso, sa adj. Afortunado.

ver m. Sentido de la vista. || Aspecto, apariencia: *cosa de buen ver.* || Parecer, opinión: *a mi ver.*

ver v. t. e i. Percibir con la vista: *he visto el nuevo edificio.* || Examinar, mirar con atención: *ve si esto te conviene.* || Visitar: *fue a ver a su amigo.* || Recibir: *los lunes veo a los representantes.* || Encontrarse: *ayer lo vi en el parque.* || Consultar: *ver al médico.* || Informarse, enterarse: *voy a ver si ha venido ya.* || Saber: *no veo la decisión que he de tomar.* || Prever: *no veo el fin de nuestros cuidados.* || Conocer, adivinar: *vi sus intenciones perversas.* || Entender: *ahora lo veo muy claro.* || Comprobar: *veo que no has sido bueno.* || Sospechar, figurarse: *veo lo que vas a decir.* || Ser escena de: *¡imagínese lo que habrán visto estas paredes!* || Juzgar: *es su manera de ver las cosas* (ú. t. c. pr.). || Tener en cuenta: *sólo ve lo que le interesa.* || Darse cuenta: *no ves lo difícil que es hacerlo.* || *Ser juez en una causa.* || *Por lo visto* (o *por lo que se ve*), al parecer, según las apariencias. || — V. pr. Mirarse, contemplarse: *verse en el espejo.* || Ser perceptible: *el colorido no se ve.* || Encontrarse en cierta situación: *verse apurado.* || Tratarse: *nos vemos a menudo.* || Encontrarse, entrevistarse. || Ocurrir: *esto se ve en todos los países.*

vera f. Lado.

veracidad f. Realidad.

veracruzano, na adj. y s. De Veracruz (México).

veragüense adj. y s. De Veraguas (Panamá).

veranda f. Galería a lo largo de las casas.

veraneante com. Persona que pasa el verano en un sitio.

veranear v. i. Pasar las vacaciones de verano en cierto sitio.

veraneo m. Acción de veranear: *no ir de veraneo.*

veraniego, ga adj. Del verano.

verano m. Estación más calurosa del año que, en el hemisferio septentrional, comprende los meses de junio, julio y agosto y, en el hemisferio austral, los meses de diciembre, enero y febrero. || *De verano,* a propósito para ser utilizado en verano: *traje de verano.*

verapacense adj. y s. De Verapaz (Guatemala).

veras f. pl. Realidad, verdad en las cosas que se dicen o hacen. || *De veras*, realmente, de verdad.

veraz adj. Que dice la verdad.

verbal adj. Que se hace de palabra y no por escrito: *promesa verbal*. || Relativo al verbo.

verbena f. Planta verbenácea de flores usadas en farmacia. || Feria y fiesta popular nocturna.

verbenáceo, a adj. y s. f. Dícese de plantas dicotiledóneas como la verbena.

verbigracia y **verbi gratia** expr. lat. Por ejemplo.

verbo m. Segunda persona de la Santísima Trinidad, encarnada en Jesús: *el Verbo divino*. || Lenguaje, palabra. || *Gram.* Palabra que, en una oración, expresa la acción o el estado del sujeto.

verborrea f. Abundacia de palabras inútiles.

verdad f. Conformidad de lo que se dice con lo que se siente o se piensa: *decir la verdad*. || Cosa cierta.

verdadero, ra adj. Conforme a la verdad, a la realidad. || Auténtico, que tiene los caracteres esenciales de su naturaleza: *un verdadero bandido*. || Real, principal: *el verdadero motivo de su acción*. || Conveniente, adecuado.

verde adj. De color semejante al de la hierba fresca, a la esmeralda. || Que tiene savia y no está seco: *leña verde*. || Fresco: *hortalizas verdes*. || Que aún no está maduro: *uvas verdes*. || *Fig.* Inmaduro, en sus comienzos: *el negocio está aún verde*. | Libre, escabroso, licencioso: *chiste verde*. || Que tiene inclinaciones galantes a pesar de su edad: *viejo verde*. || *Fig.* y *fam. Poner verde a uno*, insultarle o desacreditarle. || — M. Color verde: *no me gusta el verde*. || Conjunto de hierbas del campo. || *Fig.* Carácter escabroso: *lo verde de sus palabras*. || *Riopl.* Mate, infusión.

verdear v. i. Volverse una cosa verde.

verdor m. Color verde. || *Fig.* Lozanía.

verdoso, sa adj. Que tira a verde.

verdugo m. Ministro de la justicia que ejecuta las penas de muerte. || Vara flexible para azotar. || *Fig.* Lo que mortifica mucho.

verdulería f. Tienda de verduras. || Palabra o acción escabrosa.

verdulero, ra m. y f. Vendedor de verduras. || *Fig.* Persona escabrosa o vulgar, ordinaria.

verdura f. Hortaliza, legumbre.

vereda f. Senda. || *Amer.* Acera de las calles.

veredicto m. Juicio.

verga f. Miembro genital. || Palo colocado horizontalmente en un mástil para sostener la vela.

vergajo m. Látigo.

vergel m. Huerto.

vergonzante adj. Vergonzoso.

vergonzoso, sa adj. Que causa vergüenza. || Que se avergüenza fácilmente (ú. t. c. s.).

vergüenza f. Turbación del ánimo causada por alguna ofensa recibida, por una falta cometida, por temor a la deshonra, al ridículo, etc.: *pasar vergüenza*. || Timidez, apocamiento: *tener vergüenza*. || Estimación de la dignidad: *si tiene vergüenza lo hará*. || Honor, pundonor: *hombre de vergüenza*. || Oprobio: *la vergüenza de la familia*.

vericueto m. Caminillo. || *Fig.* Lío, enredo.

verídico, ca adj. Verdadero.

verificación f. Comprobación.

verificador, ra adj. Encargado de verificar algo (ú. t. c. s.). || — M. Aparato para verificar.

verificar v. t. Comprobar la verdad o exactitud de una cosa. || Realizar, ejecutar, efectuar: *verificar un sondeo*. || — V. pr. Efectuarse.

verja f. Enrejado metálico utilizado para cerrar una casa, un parque, etc.

vermicida y **vermífugo, ga** adj. y s. m. Que mata las lombrices intestinales.

vernáculo, la adj. Propio de un país o región.

verosímil adj. Que puede creerse.

verosimilitud f. Probabilidad.

verruga f. Excrecencia cutánea.

versado, da adj. Instruido.

versal adj. f. Mayúscula.

versalilla o **versalita** adj. y s. f. Mayúscula pequeña.

versar v. i. *Versar sobre*, referirse a.

versátil adj. Inconstante.

versatilidad f. Inconstancia.

versificación f. Arte de versificar.

versificar v. i. Hacer o componer versos. || — V. t. Poner en verso.

versión f. Traducción. || Modo de referir o interpretar un mismo suceso. || *En versión original*, aplícase a una película de cine no doblada.

verso m. Reunión de palabras combinadas con arreglo a la cantidad de las sílabas (versos griegos o latinos), al número de sílabas, a su acentuación y a su rima (versos castellanos, alemanes, ingleses) o sólo al número de sílabas y a su rima (versos franceses). || Reverso de una hoja.

vértebra f. Cada uno de los huesos cortos que, enlazados entre sí, forman la columna vertebral.

vertebrado, da adj. y s. m. Aplícase a los animales que tienen vértebras. || — M. pl. División o tipo del reino animal que forman estos animales y comprende los *peces*, los *reptiles*, los *batracios*, las *aves* y los *mamíferos*.

vertebral adj. De las vértebras.

vertedero m. Sitio por donde se vierte algo.

verter v. t. Derramar, dejar caer líquidos o sustancias pulverulentas. || Echar una cosa de un recipiente a otro. || Traducir.

vertical adj. *Geom.* Aplícase a la recta o plano perpendicular al horizonte (ú. t. c. s. f.).

verticalidad f. Estado de vertical.

vértice m. Punto en que concurren los dos lados de un ángulo. || Punto donde se unen tres o más planos. || Cúspide de un cono o pirámide.

vertiente adj. Que vierte. || — F. Cada una de las pendientes de una montaña o de un tejado.

vertiginoso, sa adj. Que causa vértigo.

vértigo m. Sensación de pérdida del equilibrio.

vesania f. Locura, furia.

vesánico, ca adj. y s. Loco.

vesícula f. Ampolla en la epidermis, generalmente llena de líquido seroso. || Bolsa membranosa parecida a una vejiga: *la vesícula biliar*.

vespertino, na adj. De la tarde.

vestíbulo m. Sala o pieza que da entrada a un edificio o casa.

vestido m. Prenda usada para cubrir el cuerpo.

vestidura f. Vestido.

vestigio m. Huella, señal.

vestimenta f. Conjunto de las prendas de vestir.

vestir v. t. Cubrir el cuerpo con vestidos (ú. t. c. pr.). || Proveer de vestidos: *vestir a sus hijos* (ú. t. c. pr.). || Hacer la ropa: *este sastre viste a toda la familia*. || Cubrir: *vestir un sillón de cuero*. || Fig.

Adoptar cierto gesto: *vestir su rostro de maldad.* || — V. i. Ir vestido: *vestir bien.* || Ser apropiado para una fiesta o solemnidad: *un traje de vestir.* || *Fig.* Dar categoría: *tener un coche deportivo viste mucho.* || — V. pr. Cubrirse: *el cielo se vistió de nubarrones.* || Cambiarse de ropa o vestido. || Ser cliente de un sastre o modista.

vestuario m. Conjunto de los trajes. || Sitio del teatro donde se visten los actores.

veta f. Filón. || Vena de ciertas piedras.

vetar v. t. Poner el veto.

veteranía f. Antigüedad.

veterano, na adj. Aplícase a la persona que ha desempeñado mucho tiempo el mismo empleo, que lleva muchos años sirviendo en el ejército o al Estado o practicando un deporte (ú. t. c. s.).

véterinario, ria adj. Referente a la veterinaria. || — M. y f. Persona que se dedica a la veterinaria. || — F. Arte de curar las enfermedades de los animales.

veto m. Oposición, denegación.

vetustez f. Vejez.

vetusto, ta adj. Muy viejo.

vez f. Usado con un numeral, indica cada realización de un hecho o acción, o el grado de intensidad de una cosa: *he visto esta película dos veces.* || Ocasión: *se lo dije una vez.* || Tiempo en que le toca a uno actuar, turno: *le tocó su vez.* || — A la vez, simultáneamente. || *De una vez*, de un golpe. || *De vez en cuando*, en ocasiones. || *En vez de*, en sustitución de. || *Hacer las veces de*, servir de. || *Tal vez*, quizá, acaso.

vía f. Camino: *vía pública.* || Todo lo que conduce de un sitio a otro: *vía aérea.* || Doble serie de rieles paralelos que sirven de camino de rodadura a los trenes: *vía férrea.* || Canal, conducto: *vías respiratorias.* || *For.* Ordenamiento procesal: *vía ejecutiva.* || *Estar en vías de*, estar en curso de. || *Vía de comunicación*, cualquier camino terrestre, línea marítima o aérea. || *Vía férrea*, ferrocarril. || — Prep. Pasando por: *Madrid-Londres, vía París.*

viabilidad f. Calidad de viable.

viable adj. Que puede vivir. || *Fig.* Realizable.

viaducto m. Puente sobre una hondonada para el paso de una carretera o del ferrocarril.

viajante adj. y s. Que viaja. || — Com. Representante que viaja para vender mercancías.

viajar v. i. Efectuar un viaje.

viaje m. Ida de un sitio a otro. || *Chil., Nicar., Per.* y *Riopl. Agarrar viaje*, aceptar una propuesta, decidirse a hacer algo.

viajero, ra adj. Que viaja (ú. t. c. s.).

viático m. Dinero dado a la persona que va de viaje, dieta. || Sacramento de la Eucaristía administrado a un enfermo en peligro de muerte.

víbora f. Serpiente venenosa.

viborear v. t. *Méx.* Hablar mal de alguien.

vibración f. Movimiento de vaivén periódico de un cuerpo alrededor de su posición de equilibrio.

vibrar v. t. Dar un movimiento rápido de vaivén. || — V. i. Hallarse un cuerpo sujeto a vibraciones. || *Fig.* Conmoverse.

vicaría f. Dignidad de vicario. || Territorio de su jurisdicción. || Oficina o residencia del vicario.

vicario m. Cura párroco.

vicealmirante m. Oficial inferior al almirante.

vicecanciller m. Persona que suple al canciller.

vicecancillería f. Cargo de vicecanciller.

vicecónsul, la m. y f. Funcionario inmediatamente inferior al cónsul.

viceconsulado m. Cargo de vicecónsul.

vicepresidencia f. Cargo de vicepresidente.

vicepresidente, ta m. y f. Persona que suple al presidente.

vicerrector, ra m. y f. Funcionario que suple al rector.

vicesecretaría f. Cargo de vicesecretario.

viceversa adv. Inversamente.

vichar o **vichear** v. t. *Riopl.* Espiar.

viciar v. t. Corromper física o moralmente: *viciar las costumbres.* || Adulterar los géneros: *viciar la leche.* || *Fig.* Deformar (ú. t. c. pr.). || — V. pr. Entregarse a los vicios. || Alabearse una superficie.

vicio m. Defecto, imperfección grave: *vicio de conformación.* || Mala costumbre: *fumar es un vicio.* || Inclinación al mal.

vicioso, sa adj. Que tiene algún vicio o imperfección. || Entregado a los vicios (ú. t. c. s.).

vicisitud f. Sucesión de cosas opuestas. || — Pl. Sucesión de acontecimientos.

víctima f. Persona o animal sacrificado a los dioses. || *Fig.* Persona que se sacrifica voluntariamente: *víctima del deber.* | Persona dañada por algún suceso: *víctima de un accidente.*

victoria f. Ventaja sobre el contrario en cualquier contienda.

victorioso, sa adj. Que ha conseguido una victoria o conducido a ésta.

vicuña f. Mamífero de los Andes cubierto de pelo largo y fino. || Tejido hecho con su pelo.

vid f. Planta cuyo fruto es la uva.

vida f. Conjunto de los fenómenos que concurren al desarrollo y la conservación de los seres orgánicos: *el principio de la vida de un ser.* || Espacio de tiempo que transcurre desde el nacimiento hasta la muerte: *larga vida.* || Lo que ocurre durante este tiempo: *le encanta contar su vida.* || Actividad: *la vida intelectual de un país.* || Sustento, alimento necesario para vivir: *ganarse bien la vida.* || Modo de vivir: *vida de lujo.* || Costo de la subsistencia: *la vida no deja de subir.* || Biografía: *las «Vidas» de Plutarco.* | Profesión: *abrazar la vida religiosa.* || Duración de las cosas: *la vida de un régimen político.* || *Fig.* Actividad, vitalidad: *persona llena de vida.* || — *En la vida*, nunca. || *Pasar a mejor vida*, morir. || *Vida de perros*, la muy dura. || *Vida eterna*, la de los elegidos después de la muerte.

vidala f. *Riopl.* Vidalita.

vidalita f. *Riopl.* Canción melancólica que se acompaña con la guitarra.

vidente adj. y s. Que ve.

video y **vídeo** m. Técnica que graba la imagen y el sonido para reproducirlos más tarde en un televisor. || — Adj. inv. Relativo a esta técnica.

videocasete m. Casete que contiene una cinta magnética que permite grabar y reproducir un programa de televisión.

videoclip m. Escena grabada en un video que se emite por un canal de televisión.

videoconferencia f. Sistema que permite que personas que se encuentran en diferentes lugares sostengan una conferencia por medio de señales televisadas.

videograbadora f. Aparato para grabar imágenes en movimiento.

videotex m. Sistema de visualizar textos o elementos gráficos en la pantalla de un televisor a partir de una señal de televisión o telefónica.

vidriado, da adj. Dícese de lo que da la apariencia de vidrio.

vidriera f. Bastidor con vidrios para cerrar puertas y ventanas. Ú. t. c. adj.: *puerta vidriera*. || Ventana cerrada por esta clase de bastidor con vidrios generalmente de colores. || *Amer.* Escaparate.

vidriero m. El que coloca o arregla cristales.

vidrio m. Sustancia dura, frágil y transparente que proviene de la fusión de la sílice con potasa o sosa. || Cristal de ventana, puerta, etc.

vidriosidad f. Calidad de vidrioso.

vidrioso, sa adj. Frágil como el vidrio. || *Fig.* Delicado: *tema vidrioso*. || Que no brillan (ojos).

vieira f. Molusco comestible cuya concha es la venera. || Esta concha.

viejo, ja adj. De mucha edad: *mujer vieja*. || Que existe desde hace tiempo: *chiste viejo*. || Deslucido, estropeado por el uso: *coche viejo*. || Que ejerce una profesión desde hace tiempo: *un viejo profesor*. || Hacerse viejo, envejecer. || — M. y f. Persona de mucha edad. || *Amer.* y *And.* Voz de cariño aplicada a los padres, cónyuges, etc.: *¡buenos días, viejo!* || — *Fam. El viejo, la vieja,* el padre, la madre. | *Los viejos,* los padres. | *Viejo verde,* persona libidinosa de cierta edad.

vienés, esa adj. y s. De Viena.

viento m. Corriente de aire.

vientre m. Cavidad donde están los intestinos.

viernes m. Sexto día de la semana. || *Viernes Santo,* día aniversario de la muerte de Jesucristo.

viga f. Pieza larga de madera, metal o cemento que se utiliza para sostener techos.

vigencia f. Calidad de vigente.

vigente adj. Que se usa o es válido en el momento de que se trata.

vigesimal adj. Que tiene como base el número veinte.

vigésimo, ma adj. Que ocupa el lugar veinte. || — M. Cada una de las veinte partes iguales en que se divide un todo.

vigía m. com. Persona que vigila.

vigilancia f. Cuidado y atención en lo que está a cargo de uno. || Servicio encargado de vigilar.

vigilante adj. Que vigila (ú. t. c. s.).

vigilar v. i. y t. Velar con mucho cuidado.

vigilia f. Estado del que está despierto o en vela. || Víspera de una festividad religiosa importante. || Oficio que se reza en esos días. || Comida con abstinencia por precepto de la Iglesia.

vigor m. Fuerza. || *Estar en vigor,* estar vigente.

vigoroso, sa adj. Que tiene vigor.

vigués, esa adj. y s. De Vigo (España).

V.I.H. *Virus de inmunodeficiencia humana,* siglas del virus del sida.

vihuela f. Instrumento músico de cuerda.

vihuelista com. Persona que toca la vihuela.

vikingo, ga adj. Perteneciente o relativo a los vikingos. || — M. Pueblo, e individuo que formaba parte de él, de guerreros, comerciantes y navegantes que realizó expediciones marítimas desde fines del siglo VIII hasta principios del siglo XI.

vil adj. Bajo, despreciable.

vileza f. Bajeza. || Acción vil.

vilipendiar v. t. Despreciar.

vilipendio m. Desprecio.

villa f. Población menor que la ciudad y mayor que la aldea. || Casa del recreo. || *La Villa del Oso y el Madroño* o *la Villa y Corte,* Madrid. || *Arg. Villa miseria,* barrio de viviendas precarias en los suburbios.

villancico m. Composición poética de asunto religioso que se suele cantar por Navidad.

villanía f. Vileza.

villano, na adj. y s. Ruin. || Rústico.

villavicense o **villavicenciuno, na** adj. y s. De Villavicencio (Colombia).

vilo (en) m. adv. Inquieto.

vinagre m. Producto que resulta de la fermentación acética del vino empleado como condimento.

vinagrera f. Vasija para el vinagre.

vinagreta f. Salsa de aceite, cebolla y vinagre.

vinatero, ra adj. Relativo al vino. || — M. y f. Comerciante en vinos.

vinculación f. Acción de vincular.

vincular v. t. Unir, ligar.

vínculo m. Unión, nexo.

vincha f. *Amer.* Pañuelo o cinta en la frente para sujetar el pelo.

vindicación f. Venganza.

vindicador, ra adj. y s. Que vindica.

vindicar v. t. Vengar. || *For.* Reivindicar.

vindicativo, va adj. Que vindica.

vinería f. *Amer.* Despacho de vinos.

vinícola adj. Relativo al cultivo de la vid o al vino.

vinicultor, ra m. y f. Persona que se dedica a la vinicultura.

vinicultura f. Elaboración de vinos.

vinílico, ca adj. Aplícase a una resina sintética obtenida del acetileno.

vino m. Bebida alcohólica que se obtiene por fermentación del zumo de las uvas: *vino tinto.*

viña f. Sitio plantado de vides.

viñador, ra m. y f. Cultivador de viñas.

viñamarino, na adj. y s. De Viña del Mar (Chile).

viñatero, ra m. y f. Propietario de viñas.

viñedo m. Terreno de viñas.

viñeta f. Dibujo o estampita puesto como adorno al principio o al final de un libro o capítulo.

viola f. Instrumento músico de cuerda mayor que el violín. || — Com. Persona que lo toca.

violáceo, a adj. Violado (ú. t. c. s. m.).

violación f. Penetración en un lugar en contra de la religión, la ley o la moral: *la violación de una iglesia.* || Quebrantamiento de la ley social o moral. || Delito que consiste en abusar de una mujer o menor de edad mediante violencia.

violado, da adj. De color violeta (ú. t. c. s. m.).

violador, ra adj. y s. Que viola.

violar v. t. Infringir, quebrantar: *violar la ley.* || Abusar de una mujer o menor de edad por violencia o por astucia. || Entrar en un sitio prohibido.

violencia f. Fuerza extremada: *la violencia del viento.* || Abuso de la fuerza. || Violación de una mujer. || *Fig.* Molestia, embarazo.

violentar v. t. Vencer por la fuerza la resistencia de una persona o cosa: *violentar la conciencia.* || *Fig.* Entrar en un lugar o abrir algo contra la voluntad de su dueño. || — V. pr. *Fig.* Obligarse uno mismo a hacer algo que le molesta.

violento, ta adj. De mucha fuerza o intensidad. || Propenso a encolerizarse, iracundo. || Cohibido, avergonzado. || Molesto.

violeta f. Planta de flores de color morado muy perfumadas. || Flor de esta planta. || — Adj. inv. y s. m. Dícese del color de estas flores.

violín m. Instrumento músico de cuatro cuerdas que se toca con un arco. || Violinista.

violinista com. Persona que toca el violín.

violón m. Contrabajo, instrumento músico de cuatro cuerdas, parecido al violín, pero de mayor tamaño y tono más grave. || Persona que lo toca.

violoncelista y **violonchelista** com. Persona que toca el violoncelo, instrumento músico.

violoncelo y **violonchelo** m. Instrumento músico de cuatro cuerdas, parecido al violón, aunque más pequeño. || — Com. Violoncelista.

viraje m. Cambio de dirección de un vehículo. || Curva en una carretera. || Fig. Cambio completo de orientación, de conducta.

virar v. t. Cambiar la nave de rumbo (ú. t. c. i.). || — V. i. Cambiar de dirección un vehículo: *virar a derecha*. || Fig. Cambiar de ideas, de opinión, de orientación en la forma de obrar.

virgen adj. Dícese de la persona que no ha tenido contacto sexual: *una mujer virgen* (ú. t. c. s. f.). || Fig. Intacto, íntegro: *nieve virgen*.

virginal adj. Relativo a una virgen.

virginidad f. Entereza corporal de la persona que no ha tenido contacto sexual. || Fig. Pureza.

virgo adj. Virgen (ú. t. c. s.). || — M. Pop. Himen.

viril adj. Varonil.

virilidad f. Calidad de viril.

virreina f. Mujer del virrey.

virreinato m. Cargo de virrey. || Territorio gobernado por él.

virreino m. Virreinato.

virrey m. El que gobierna en nombre del rey.

virtual adj. Posible, que no tiene efecto real.

virtud f. Capacidad para producir cierto efecto. || Disposición constante a obrar bien. || — *En virtud de*, como consecuencia de. || *Virtud cardinal*, cada una de las cuatro (prudencia, justicia, fortaleza y templanza) que son principio de otras. || *Virtud teologal*, cada una de las tres (fe, esperanza y caridad) cuyo objeto directo es Dios.

virtuosismo m. Gran habilidad.

virtuoso, sa adj. Que tiene virtud. || — M. y f. Persona que domina la técnica de su arte.

viruela f. Enfermedad caracterizada por una erupción de manchas rojizas (ú. t. en pl.).

virulencia f. Lo que es virulento.

virus m. Microbio invisible con el microscopio responsable de las enfermedades contagiosas.

viruta f. Laminilla de madera o metal que salta al cepillar un objeto.

vis f. Fuerza: *vis cómica*.

visa f. Amer. Visado.

visado, da adj. Que ha sido visado. || — M. Visto bueno o autorización en ciertos documentos, especialmente pasaportes, para darles validez.

visar v. t. Examinar un documento poniéndole el visto bueno para darle validez: *visar un pasaporte*.

víscera f. Cualquiera de los órganos situados en las principales cavidades del cuerpo como el estómago, el corazón, los pulmones, el hígado, etc.

viscosa f. Celulosa sódica empleada en la fabricación de rayón, fibrana y películas fotográficas.

viscosidad f. Propiedad que tiene un fluido de resistir a un movimiento uniforme de su masa.

viscoso, sa adj. Que tiene viscosidad.

visera f. Parte del yelmo que cubría el rostro. || Parte delantera de la gorra, del quepis, etc., para proteger los ojos. || Trozo de cartón o plástico de forma parecida empleada para el mismo uso.

visibilidad f. Calidad de visible.

visible adj. Perceptible con la vista.

visigodo, da adj. Relativo a los visigodos. || — M. y f. Individuo de una parte del pueblo godo que se estableció en España desde 415 hasta 711. || — M. pl. Este pueblo.

visigótico, ca adj. De los visigodos.

visillo m. Cortinilla de las ventanas.

visión f. Vista: *perdió la visión de un ojo*. || Percepción imaginaria de objetos irreales: *tener visiones*. || Aparición sobrenatural. || Punto de vista.

visir m. Ministro de un príncipe musulmán.

visita f. Acción de ir a visitar a alguien: *visita de cumplido*. || Acción de ir a ver con interés alguna cosa: *visita de un museo*. || Persona que visita: *recibir visitas*. || Reconocimiento médico.

visitar v. t. Ir a ver a uno en su casa. || Recorrer para ver: *visitar un museo*. || Ir el médico a casa del enfermo para reconocerle. || Inspeccionar.

vislumbrar v. t. Ver (ú. t. c. pr.).

vislumbre f. Reflejo. || Indicio.

viso m. Reflejo. || Fig. Apariencia. | Tendencia.

visón m. Mamífero carnívoro parecido a la nutria. || Su piel y abrigo hecho con ella.

visor m. Enfoque de las máquinas fotográficas o cinematográficas o armas de fuego, etc.

víspera f. Día anterior a otro. || *En vísperas de*, cerca de, próximo a.

vista f. Facultad de ver, de percibir la luz, los colores, el aspecto de las cosas: *vista aguda*. || Los ojos, órgano de la vista: *tener buena vista*. || Mirada: *dirigir la vista a*. || Extensión de terreno que se ve desde algún sitio, paisaje, panorama. || Cuadro, fotografía de un lugar, monumento, etc.: *una vista de París*. || Fig. Ojo, sagacidad: *tiene mucha vista en los negocios*. || For. Conjunto de actuaciones llevadas a cabo en una audiencia. || — *A la vista de*, en vista de. || *A primera vista*, sin examen. || *Conocer a una persona de vista*, conocerla sólo por haberla visto alguna vez. || *En vista de*, dado. || Fig. *Hacer la vista gorda*, fingir uno que no se da cuenta de algo. || *Hasta la vista*, hasta pronto. || Fig. *Punto de vista*, criterio. || *Ser corto de vista*, ser miope; (fig.) ser poco perspicaz.

vista m. Encargado de registrar en las aduanas.

vistazo m. Mirada rápida: *echar un vistazo*.

visto, ta p. p. irreg. de *ver*. || For. Juzgado, fórmula con que se da por concluida la vista pública de una causa: *visto para sentencia*. || Muy conocido: *esa clase de espectáculos están muy vistos*. || — Bien (o mal) *visto*, considerado bien (o mal). || *Por lo visto*, por lo que se ve; según parece, aparentemente. || *Visto que*, puesto que. || — M. *Visto bueno*, aprobación, conformidad.

vistosidad f. Apariencia llamativa.

vistoso, sa adj. Llamativo.

visual adj. Relativo a la visión.

visualización f. En informática, presentación gráfica en una pantalla de los resultados obtenidos en el procesamiento de datos.

visualizar v. t. Imaginar con rasgos visibles algo que no se ve. || En informática, representar en una pantalla los resultados de un proceso de datos.

vital adj. Relativo a la vida. || Fundamental.

vitalicio, cia adj. Que dura toda la vida. || Dícese de la persona que disfruta de un cargo de esa clase: *senador vitalicio*. || Aplícase a la renta que se paga mientras vive el beneficiario (ú. t. c. s. m.).

vitalidad f. Actividad de las facultades vitales.

vitamina f. Cada una de las sustancias químicas orgánicas existentes en los alimentos en cantidades muy pequeñas y necesarias al metabolismo.

vitícola adj. Relativo al cultivo de la vid.

viticultor, ra m. y f. Cultivador de la vid.

viticultura f. Cultivo de la vid.

vitivinícola adj. Relativo a la vitivinicultura. || — Com. Vitivinicultor.

vitivinicultor, ra m. y f. Viticultor.

vitivinicultura f. Arte de cultivar las vides y elaborar el vino.

vitorear v. t. Aplaudir, dar vivas.

vitoriano, na adj. y s. De Vitoria (España).

vítreo, a adj. De vidrio.

vitrificación f. o **vitrificado** m. Acción y efecto de vitrificar.

vitrificar v. t. Convertir, mediante fusión, una sustancia en materia vítrea. || Dar a los entarimados una capa de materia plástica que los protege.

vitrina f. Armario o caja con puertas de cristales. || *Amer.* Escaparate.

vituperar v. t. Censurar.

vituperio m. Censura.

viudez f. Condición de viudo.

viudo, a adj. Dícese de la persona cuyo cónyuge murió y no volvió a casarse (ú. t. c. s.).

viva m. Grito de aclamación.

vivacidad f. Viveza.

vivales com. inv. *Fam.* Fresco.

vivaracho, cha adj. Muy vivo.

vivaz adj. Vigoroso. || Agudo.

vivencia f. Hecho vivido.

víveres m. pl. Comestibles.

vivero m. Terreno a que se trasladan las plantas desde la almáciga para recriarlas. || Lugar donde se crían o guardan vivas dentro del agua peces, moluscos, etc. || *Fig.* Semillero, cantera: *un vivero de artistas.* | Manantial, fuente: *vivero de disgustos.*

viveza f. Prontitud en las acciones o agilidad en la ejecución: *la viveza de los niños.* || Perspicacia.

vividor, ra adj. Que vive (ú. t. c. s.). || — M. y f. Persona a quien le gusta vivir bien.

vivienda f. Lugar donde habitan personas.

vivificar v. t. Dar fuerzas.

vivíparo, ra adj. Aplícase a los seres vivos que paren crías vivas.

vivir m. Vida.

vivir v. t. Estar presente: *viví en México horas inolvidables.* || Participar, tomar parte: *los que vivimos una juventud dorada.* || Pasar: *vivimos tantas horas felices.* || — V. i. Estar vivo. || Gozar, disfrutar los placeres de la vida: *vivió agradablemente.* || Estar tranquilo, sosegado. || Durar, subsistir: *sus hazañas vivirán siempre en el recuerdo.* || Habitar, residir: *vivo en París.* || Mantenerse: *gana para poder vivir.* || Conducirse, portarse: *vivir austeramente.* || Convivir: *vivo con él.*

vivisección f. Disección.

vivo, va adj. Que está en vida. Ú. t. c. s.: *los vivos y los muertos.* || Fuerte, intenso: *dolor vivo.* || Brillante: *colores vivos.* || Rápido, ágil en sus movimientos.

|| *Fig.* Que concibe pronto: *ingenio vivo.* | Despabilado, despierto, listo: *niño muy vivo.* | Astuto, hábil. Ú. t. c. s.: *eres un vivo.* || Expresivo, realista, que da la impresión de la vida: *descripción viva.* || Grande: *viva curiosidad.* || Duradero, que no ha desaparecido: *recuerdo vivo.*

vizcacha f. Roedor semejante a la liebre.

vizcaíno, na adj. y s. De Vizcaya (España).

vizcondado m. Título y territorio de vizconde.

vizconde m. Título nobiliario inferior al de conde.

vocablo m. Palabra.

vocabulario m. Conjunto de palabras utilizadas en una lengua, en el lenguaje de una colectividad.

vocación f. Inclinación que se siente por cierta clase de vida, por una profesión: *tener vocación para el teatro.* || Inclinación a la vida religiosa.

vocal adj. Relativo a la voz: *cuerdas vocales.* || Compuesto para ser cantado: *música vocal.* || — F. Sonido del lenguaje producido por la vibración de la laringe mediante una simple aspiración. || Letra que representa este sonido: *el alfabeto castellano tiene cinco vocales* (a, e, i, o, u). || — Com. Miembro de una junta, consejo, etc., que no tiene asignado un cargo o función especial.

vocativo m. *Gram.* Forma que toma una palabra cuando se utiliza para llamar a una persona o cosa personificada.

voceador, ra adj. Que grita (ú. t. c. s.). || — M. y f. *Méx.* Vendedor de periódicos por las calles.

vocear v. i. Dar voces o gritos. || — V. t. Pregonar los vendedores. || Llamar a uno a voces. || *Fig.* Manifestar. | Pregonar con jactancia algo.

vocería f. y **vocerío** m. Gritería.

vocero, ra m. y f. Portavoz.

vociferación f. Grito.

vociferar v. t. e i. Decir gritando.

vodevil m. Comedia alegre y frívola.

vodka m. Aguardiente de centeno.

voladizo, za adj. Dícese de la parte de un edificio que sobresale de la pared (ú. t. c. s. m.).

volado m. *Méx.* Juego en el que se lanza una moneda al aire y se apuesta por una de las caras.

volador, ra adj. Que vuela. || — M. Juego de los indios mexicanos consistente en un palo alrededor del cual giran varios hombres colgados de una cuerda a gran distancia del suelo.

voladura f. Explosión.

volandas (en) m. adv. Por el aire.

volante adj. Que vuela. || Móvil, que se puede trasladar fácilmente: *equipo volante de cirugía.* || — M. Órgano circular que sirve para dirigir las ruedas de un vehículo por medio de un engranaje. || Rueda parecida empleada para regularizar los movimientos de cualquier máquina. || *Fig.* Automovilismo: *los ases del volante.* || Tira de tela fruncida que se pone en un vestido femenino: *falda con un volante.* || Hoja de papel alargada que se utiliza para hacer una comunicación. || Esfera de corcho con un penacho de plumas que sirve para lanzársela los jugadores por medio de raquetas. || Juego así realizado. (Se le llama también *juego del volante* o *badminton*.)

volar v. i. Moverse, sostenerse en el aire ya sea por medio de alas o valiéndose de avión: *volar encima de la ciudad.* || Hacer con gran rapidez: *se fueron volando al trabajo.* || *Fig.* Pasar muy de prisa: *el tiempo vuela.* | Ir por el aire algo arrojado con violencia: *las sillas volaban durante la pelea.* | Gastarse: *el dinero* *vuela en ciudades tan caras.* | Estar uno muy enojado o muy confuso: *estoy volado de vergüenza.* || — V. t. Hacer saltar o explotar con un explosivo: *volar un buque.* || — V. pr. Emprender el vuelo. || Elevarse en el aire. || *Amer.* Irritarse, encolerizarse. || *Méx.* Robar.

volátil adj. Que se volatiliza o se evapora. || Que vuela (ú. t. c. s. m.). || *Fig.* Inconstante (ú. t. c. s.).

volatilización f. Evaporación.

volatilizar v. t. Transformar un cuerpo sólido o líquido en gaseoso (ú. t. c. pr.).

volatinero, ra m. y f. Acróbata.

volcán m. Montaña formada por lavas y otras materias procedentes del interior del Globo y expulsadas por una o varias aberturas del suelo. || *Fig.* Persona de carácter ardiente, fogoso, apasionado.

volcánico, ca adj. Del volcán. || *Fig.* Agitado.

volcar v. t. Inclinar o invertir un objeto, de modo que caiga su contenido: *volcar un vaso.* || Tumbar, derribar: *volcar a un adversario.* || — V. i. Caer hacia un lado un vehículo: *el camión volcó* (ú. t. c. pr.). || — V. pr. *Fig.* Poner uno el máximo interés y esfuerzo para algún fin.

volea f. Voleo, trayectoria parabólica de la pelota.

voleibol m. *Amer.* Balonvolea.

volframio m. Metal (símb. W) de color gris casi negro. (Llámase también *tungsteno.*)

volquete m. Vagón o cualquier vehículo utilizado para el transporte que se descarga haciendo girar sobre el eje la caja que sostiene el bastidor.

volt m. *Fís.* Voltio.

voltaje m. Cantidad de voltios de un aparato.

volteada f. *Arg.* Operación de separar una parte del ganado acorralándolo los jinetes.

voltear v. t. Dar vueltas a una persona o cosa. || Poner una cosa al revés de como estaba: *voltear el heno.* || Hacer dar vueltas a las campanas para que suenen. || *Fig.* Derribar: *voltear un gobierno.* || *Fam.* Suspender un examen. || *Amer.* Volcar, derramar. || — V. i. Dar vueltas una persona o cosa. || Repicar las campanas. || — V. pr. *Méx.* Volverse del otro lado. | Volver la cabeza. || *Amer.* Cambiar de ideas políticas o de partido.

voltereta f. Trecha.

voltio m. Unidad de fuerza electromotriz y de diferencia de potencial o tensión (símb. V).

voluble adj. Versátil, cambiante.

volumen m. Libro: *enciclopedia en tres volúmenes.* || Extensión del espacio de tres dimensiones ocupado por un cuerpo: *el volumen de un paralelepípedo.* || Espacio ocupado por un cuerpo: *paquete de gran volumen.* || Intensidad: *voz de mucho volumen.* || Cantidad de dinero empleada o que sirve para realizar las operaciones comerciales: *volumen de ventas.* || Importancia.

voluminoso, sa adj. Grande.

voluntad f. Facultad o potencia que mueve a hacer o no una cosa: *carece de voluntad.* || Energía mayor o menor con que se ejerce esta facultad. || Deseo: *ésa no fue mi voluntad.* || Capricho, antojo: *siempre hacía su santa voluntad.* || Libertad para obrar: *lo hizo por su propia voluntad.*

voluntario, ria adj. Hecho por la propia voluntad.

voluntarioso, sa adj. Lleno de buena voluntad.

voluptuosidad f. Goce intenso.

voluptuoso, sa adj. Dado a los placeres.

voluta f. Lo que tiene forma de espiral.

volver v. t. Cambiar de posición o de dirección mediante un movimiento de rotación: *volver la cabeza.* || Dirigir: *volver los ojos hacia uno.* || Pasar: *volver las páginas de un libro.* || Poner al revés: *volver un vestido.* || *Fig.* Convertir: *volver el vino en vinagre.* | Hacer que una persona o cosa cambie de estado: *el éxito le ha vuelto presumido.* | Retornar: *volvió contra él sus argumentos.* || Devolver una cosa a su estado anterior: *producto que vuelve el pelo a su color.* || — V. i. Regresar, retornar: *volver a casa.* || Ir de nuevo. || Torcer de camino: *volver a la derecha.* || Reanudar, proseguir: *volvamos a nuestro tema.* || Reaparecer: *el tiempo pasado no vuelve.* || Repetir, reincidir (con la prep. *a* y el verbo en infinito): *volver a llover.* || *Volver en sí,* recobrar el conocimiento. || — V. pr. Mirar hacia atrás: *me volví para verlo.* || Regresar: *vuélvete pronto.* || Cambiar, tornarse: *el tiempo se ha vuelto lluvioso.* || Ponerse: *volverse triste.* || *Volverse atrás,* retroceder; (fig.) desdecirse.

vomitar v. t. Arrojar por la boca lo contenido en el estómago.

vómito m. Acción de vomitar.

voracidad f. Avidez.

voraz adj. Que devora con avidez.

vos pron. de la 2a. persona del s. y del pl. Usted. || Ant. Tú.

vosear v. t. Hablar de *vos.* || *Amer.* Tutear.

voseo m. Acción de hablar de *vos.* || *Amer.* Tuteo.

vosotros, tras pron. de 2a. pers. de ambos gén. y núm. pl.: *vosotros lo haréis.*

votación f. Acción de votar.

votar v. i. Dar uno su voto en una deliberación o elección. || — V. t. Decidir o emitir un voto.

voto m. Promesa hecha a Dios, a la Virgen o a los santos. || Cada una de las tres promesas de renunciación (pobreza, castidad y obediencia) hechas al tomar el hábito religioso. || Opinión emitida por cada una de las personas que votan, sufragio. || Derecho a votar: *tener una voz y voto.* || Deseo ardiente: *votos de felicidad.* || Juramento, reniego, blasfemia: *echar votos.*

voz f. Sonido que produce el aire expelido de los pulmones al hacer vibrar las cuerdas vocales: *voz chillona.* || Aptitud para cantar: *voz de bajo.* || Persona que canta. || Grito. Ú. t. en pl.: *dar voces de dolor.* || Derecho de expresar su opinión en una asamblea: *tiene voz, pero no voto.* || *Fig.* Rumor: *corre la voz que se ha marchado.* | Impulso, llamada interior: *la voz del deber.* | Consejo: *oír la voz de un amigo.* || *Gram.* Forma que toma el verbo para indicar si la acción es hecha o sufrida por el sujeto: *voz activa.* | Vocablo, palabra: *una voz culta.*

vuelco m. Acción de volcar.

vuelo m. Acción de volar: *el vuelo de las aves.* || Recorrido hecho volando sin posarse. || Desplazamiento en el aire de una aeronave: *vuelo sin visibilidad.* || Viaje en avión. || Amplitud de un vestido: *el vuelo de una falda.* || *Fig.* Amplitud de la inteligencia, de la voluntad, envergadura. || — *Vuelo a vela* o *vuelo sin motor,* el que se realiza con un avión ligero, desprovisto de motor, basándose en las características aerodinámicas del modelo y aprovechando las corrientes ascensionales del aire. | *Vuelo espacial,* vuelo emprendido a través del espacio celeste para la exploración del Sistema Solar, de la Luna, de los planetas, para establecer observatorios, medios de comunicación, estaciones de experimentación o de paso, etc.: *el primer vuelo espacial lo realizó la ex Unión Soviética con el lanzamiento del primer Sputnik el 4 de octubre de 1957.*

vuelta f. Movimiento de un cuerpo que gira sobre sí mismo o que describe un círculo: *la vuelta de la Tierra alrededor de su eje.* || Movimiento con el que se coloca una cosa en la posición opuesta a la que estaba: *el camión dio una vuelta al tropezar con el pretil.* || Recodo, curva: *carretera con muchas vueltas.* || Movimiento con el que una persona abandona un lugar para volver a él: *dar la vuelta a España.* || Paseo: *me di una vuelta.* || Vez, turno: *elegido en la primera vuelta.* || Regreso: *estar de vuelta de un viaje.* || Fila: *collar con tres vueltas.* || Entrega del dinero que se devuelve cuando la cantidad pagada excede al precio de lo comprado: *me dio toda la vuelta en calderilla.* || Labor que el agricultor da a la tierra. || Acción de girar o hacer girar un objeto: *dar dos vueltas a la llave.* || Parte doblada en el extremo de una prenda de vestir: *las vueltas del pantalón.* || Cambio, alteración: *la vida da muchas vueltas.* || Cambio repentino y total en una situación. || Parte que sigue a un ángulo: *está a la vuelta de la esquina.* || — *A la vuelta de,* de regreso de; después de: *a la vuelta de diez años.* || *Fig. A la vuelta de la esquina,* muy cerca; en cualquier sitio. || *A vuelta de correo,* en el mismo día en que se recibe una carta. || *Fig. Buscarle a uno las vueltas,* intentar cogerle en falta. | *Cogerle las vueltas a alguien o a algo,* llegar a conocerlo bien. || *Dar la vuelta de campana,* dar una vuelta completa en el aire. || *Fig. Darle cien vueltas a alguien,* superarlo con mucho. | *Dar media vuelta,* irse. | *Dar vueltas,* girar; andar alrededor; andar uno buscando una cosa sin hallarla; pensar mucho en algo, examinarlo: *dar vueltas a un asunto.* || *Dar vueltas la cabeza,* estar mareado. | *De vuelta,* al regresar. || *Fig. Estar de vuelta de todo,* saber las cosas por experiencia y sentir por esto cierto desengaño. || *Media vuelta,* acción de poner lo que estaba delante, detrás o lo contrario. || *Fig. No andar con vueltas,* no andarse con rodeos. | *No hay que darle vueltas,* no hay por qué pensarlo más. | *No tener vuelta de hoja,* ser evidente, indiscutible. | *Ponerle a uno de vuelta y media,* insultarle; hablar muy mal de él. | *Tener muchas vueltas,* ser muy complicado. | *Vuelta al ruedo,* recorrido que hace un torero alrededor de la plaza para saludar al público después de haber realizado una buena faena.

vuelto m. *Amer.* Vuelta de dinero.

vuestro, tra adj. y pron. pos. de la 2a. pers. del pl.: *vuestros hijos.*

vulcanizar v. t. Mezclar caucho y azufre para reforzar la elasticidad. || *Méx.* Reparación de neumáticos.

vulcanología f. Parte de la geología que estudia los volcanes.

vulgar adj. Característico del vulgo. || Que carece de educación, de distinción. || Corriente, ordinario: *vida vulgar.* || Que no es especial o técnico: *niña del ojo es el nombre vulgar de pupila.* || Dícese de la lengua hablada por el pueblo, por oposición a la lengua literaria: *latín vulgar.* || *Mat.* Logaritmo vulgar, el de base diez.

vulgaridad f. Carácter del que o de lo que carece de distinción.

vulgarización f. Acción de dar a conocer a gentes sin gran cultura nociones difíciles o complejas.

vulgarizador, ra adj. y s. Que expone de un modo simple los conocimientos complejos de algo.

vulgarizar v. t. Poner al alcance de todo el mundo, divulgar: *vulgarizar un método.* || Hacer perder a algo su carácter distinguido: *vulgarizar las costumbres folklóricas.* || — V. pr. Hacerse vulgar.

vulgo m. La mayoría de los hombres, la masa, el pueblo. || Conjunto de personas que desconocen la materia de que se trata.

vulnerable adj. Que puede ser perjudicado.

vulneración f. Infracción.

vulnerar v. t. *Fig.* Dañar. | Violar, infringir una ley, un contrato.

vulva f. Órgano genital externo de la mujer.

W

w f. Vigésima cuarta letra del alfabeto castellano. || — **W**, símbolo del *volframio*. || Símbolo del *vatio*. — Se da a la *w* el nombre de *uve doble*. Úsase únicamente en las palabras tomadas de ciertas lenguas extranjeras sin cambiar su ortografía. Tiene el sonido de la *v* ordinaria en los nombres alemanes (*Wagram* se dice *vagram*) y el de la *u* en los ingleses y holandeses (*Wellington* se pronuncia *uelington*).

wapití [*ua-*] m. (pal. ingl.). Ciervo grande.

watercloset o **water** [*váter*] m. (pal. ingl.). Retrete.

water-polo m. (pal. ingl.). Polo acuático.

watt [*uat*] m. Vatio.

wau [*uau*] f. Nombre dado en lingüística a la *u* cuando se le considera como semiconsonante, agrupada con la consonante anterior (*guarda*), o como semivocal, agrupada con la vocal precedente (*auto*).

Wb, símbolo del *wéber*.

w.c., abreviatura de *watercloset*.

web, *World Wide Web* (Red del Mundo Entero), sistema de acceso y búsqueda en la Internet.

wéber [*ueber*] m. (pal. alem.). Unidad de flujo magnético (símb. Wb).

weberio m. Wéber.

week-end [*uiken*] m. (pal. ingl.). Fin de semana.

welter [*uelter*] m. (pal. ingl.). En boxeo, semimedio.

western m. (pal. ingl.). Película de cowboys o vaqueros del Oeste norteamericano.

whisky [*uiski*] m. (pal. ingl.). Bebida alcohólica fabricada con granos de cereales, principalmente cebada, hecha en Escocia, Irlanda, Canadá y EU.

winchester [*uín-*] m. (pal. ingl.). Cierto fusil de repetición.

windsurf m. (pal. ingl.). Tabla a vela. || Deporte practicado con ella.

wolfram o **wolframio** [*vol-*] m. Volframio.

www, siglas de *World Wide Web* (Red del Mundo Entero), sistema de acceso y búsqueda en la Internet.

X

x f. Vigésima quinta letra del alfabeto castellano (su nombre es *equis*). ‖ — **x**, representación de la incógnita o de una de las incógnitas en una ecuación algebraica. ‖ — **X**, cifra romana que equivale a diez, pero que, precedida de I, sólo vale nueve. ‖ Sirve también para designar a una persona o cosa que no se quiere o no se puede nombrar más explícitamente: *el señor X; a la hora X.* ‖ *Cromosoma X,* uno de los dos cromosomas sexuales (la dotación cromosómica en el varón es XY y en la hembra XX).

Xe, símbolo químico del *xenón.*

xenofilia f. Simpatía hacia los extranjeros.

xenófilo, la adj. y s. Amigo de los extranjeros.

xenofobia f. Aversión hacia los extranjeros.

xenófobo, ba adj. y s. Afectado de xenofobia.

xenón m. Elemento químico, de la familia de los gases raros, de número atómico 54, que se encuentra en la atmósfera en proporciones ínfimas (símb. Xe).

xerocopia f. Copia fotográfica lograda con la xerografía.

xerocopiar v. t. Reproducir en copia xerográfica.

xerografía f. Procedimiento electrostático para hacer fotocopias. ‖ Esta fotocopia.

xerografiar v. t. Reproducir textos o imágenes por la xerografía.

xi f. Decimocuarta letra del alfabeto griego.

xifoideo, a adj. Relativo o perteneciente al apéndice xifoides.

xifoides adj. inv. Aplícase al apéndice situado en la extremidad inferior del esternón (ú. t. c. s. m.).

xihuitl m. Año azteca compuesto de 20 meses.

xilofonista com. Persona que toca el xilófono.

xilófono m. Instrumento músico de percusión compuesto de unas varillas de madera o de metal de diferentes longitudes que se golpean con dos macillos.

xilografía f. Grabado hecho en madera. ‖ Impresión tipográfica hecha con esta clase de grabado.

xilote m. *Amér C.* y *Méx.* Mazorca de maíz con los granos sin cuajar.

xilotear v. t. *Amér C.* y *Méx.* Hecho de que empiece a cuajar el maíz.

xiuhmolpilli m. Siglo azteca de 52 años.

xochimilca adj. y s. Dícese del individuo de la tribu nahua de este nombre que fundó el señorío de Xochimilco en el valle de México.

y

y f. Vigésima sexta letra del alfabeto castellano y vigésima primera de sus consonantes. (Su nombre es *i griega* o *ye*. Esta letra puede ser a la vez vocal y consonante.) || — Y, símbolo químico del *itrio*.

y conj. copulativa. Sirve para enlazar dos palabras o dos oraciones con idéntica función gramatical. || Denota idea de adición, oposición o consecuencia. || Cuando va precedida y seguida de una misma palabra, expresa repetición: *días y días.* || Al principio de una cláusula, se emplea para dar énfasis a lo que se dice (*¡y no me lo habías dicho!*) o con valor de adverbio interrogativo (*¿y tu padre, cómo está?*). || — Y eso que, aunque, a pesar de: *no está cansado, y eso que trabaja mucho.* || Y todo, incluso; aunque. — OBSERV. Por motivos fonéticos, la letra *y* se cambia en *e* delante de palabras que comienzan por *i* o *hi: España e Inglaterra.* Este cambio sólo se realiza cuando la *i* es vocal plena y no semiconsonante (*cobre y hierro*) o cuando *y* no tiene valor tónico en una interrogación (*¿y Isabel?*).

ya adv. En tiempo anterior: *ya ocurrió lo mismo.* || Actualmente, ahora: *ya no es así.* || Más adelante, más tarde, después: *ya hablaremos.* || Por fin, por último: *ya se decidió.* || Al instante, en seguida: *ya voy.* || Equivale a veces a un adv. de afirmación con el sentido de sí, de acuerdo. || Sirve para dar énfasis a lo que expresa el verbo: *ya lo sé.* || Úsase como conj. distributiva, ora, ahora: *ya en la paz, ya en la guerra.*

yac m. Mamífero rumiante doméstico con largos pelos en la parte inferior del cuerpo y en las patas.

yacamar m. Pájaro de la América tropical.

yacaré m. *Amer.* Caimán.

yacente adj. Que yace: *estatua yacente.* || — M. Efigie funeraria de un personaje que yace.

yacer v. i. Estar echada o tendida una persona. || Estar enterrado en una tumba. || Existir o estar una persona o cosa en algún sitio: *aquel tesoro yace sepultado.* || Cohabitar, tener trato carnal.

yaciente adj. Yacente.

yacija f. Lecho, cama. || Tumba.

yacimiento m. Disposición de las capas de minerales en el interior de la Tierra. || Acumulación de minerales en el sitio donde se encuentran naturalmente. || *Yacimiento petrolífero,* acumulación de petróleo o sitio en el que existe este producto.

yack m. Yac.

yacú m. *Arg.* Ave negra del tamaño de una gallina pequeña.

yaguané adj. *Arg.* Dícese del vacuno con el pescuezo y la región de las costillas de color distinto del resto del cuerpo (ú. t. c. s. m.). || — M. *Arg.* Mofeta.

yaguar m. Jaguar.

yaguareté m. *Arg.* Jaguar.

yaguarú m. *Arg.* Nutria.

yaguarundí m. *Amer.* Eyrá.

yaguré m. *Amer.* Mofeta.

yak m. Yac.

yanacón y yanacona adj. Dícese del indio que durante el imperio incaico estaba al servicio personal de los soberanos y más tarde de los conquistadores españoles (ú. t. c. s.). || — M. *Bol.* y *Per.* Indio aparcero de una finca.

yankee, yanque y yanqui adj. y s. De los Estados Unidos.

yantar m. (Ant.). Comida.

yantar v. t. (Ant.). Comer.

yapa f. *Amer.* Azogue que se agrega al plomo argentífero para aprovecharlo. || Regalo que hace el vendedor al comprador para atraerlo. || *Méx.* Propina, gratificación. || *Riopl.* Parte última y más fuerte del lazo. (Escríbase también *llapa* y *ñapa.*)

yapar v. t. *Amer.* Hacer un regalo o yapa. || *Arg.* Agregar a un objeto otro de la misma materia o que sirve para idéntico uso.

yaqui adj. Dícese de una tribu amerindia que vivía a orillas del río del mismo nombre (México). || — M. y f. Individuo que pertenecía a ella.

yaracuyano, na adj. y s. De Yaracuy (Venezuela).

yaraví m. Canto lento y melancólico de los indios de Perú, Bolivia y otros países sudamericanos.

yarda f. Unidad de longitud anglosajona equivalente a 0,914 m.

yare m. *Amér. C.* y *Venez.* Jugo venenoso de la yuca amarga. || *Venez.* Masa de yuca dulce.

yate m. Barco de recreo de vela o con motor.

yaurí m. *Amer.* Serpiente venenosa.

yautía f. *Amer.* Planta tropical.

Yb, símbolo químico del *iterbio.*

ybicuíense adj. y s. De Ybicuí (Paraguay).

ye f. Nombre de la *y.*

yedra f. Hiedra.

yegreño, ña adj. y s. De Yegros (Paraguay).

yegua f. Hembra del caballo.

yeguada f. Recua de ganado caballar. || *Amér. C.* Disparate, necedad.

yeísmo m. Pronunciación de la *elle* como *ye,* diciendo por ejemplo, *caye* por *calle.*

yeísta adj. Relativo al yeísmo. || Que practica el yeísmo (ú. t. c. s.).

yelmo m. Pieza de la armadura que cubría la cabeza y el rostro.

yema f. Brote que nace en el tallo de una planta o en la axila de una hoja y que da origen a una rama, una flor o a varias hojas. || Parte central del huevo de las aves de color amarillo. || Parte de la punta del dedo, opuesta a la uña. || Golosina hecha con azúcar y **yema de huevo.** || *Fig.* Lo mejor de algo: *la yema de la sociedad.*

yemení y **yemenita** adj. y s. Del Yemen.

yen m. Unidad monetaria del Japón.

yerba f. Hierba. || *Amer.* Mate. || *Yerba mate,* mate.

yerbal m. *Amer.* Campo de hierba mate.

yerbatero, ra adj. *Amer.* Relativo al mate: *industria yerbatera.* || Dícese del curandero que trata a sus pacientes con yerbas (ú. t. c. s.). || — M. y f. Persona que recoge el mate y comercia con él.

yerbear v. i. *Arg.* Tomar mate.

yerbero, ra m. y f. *Méx.* Persona que vende hierbas. || — F. *Arg.* Vasija en que se guarda el mate. | Recipiente de madera para cebar el mate.

yermo, ma adj. Despoblado. || Inhabitado. || Sin cultivar: *campo yermo.* || — M. Despoblado.

yerno m. Respecto de una persona, marido de una hija suya. (Su femenino es *nuera.*)

yero m. Planta leguminosa.

yerra f. *Amer.* Acción de herrar el ganado.

yerro m. Falta, equivocación cometida por ignorancia. || Falta contra los preceptos morales.

yersey, yérsey m. **yersi** m. Jersey.

yerto, ta adj. Tieso, rígido.

yesca f. Materia muy combustible preparada con la pulpa de ciertos hongos, trapos quemados, etc.

yeso m. Roca sedimentaria formada de sulfato de cal hidratado y cristalizado. || Polvo que resulta de moler este mineral calcinado a unos 150 °C.

yeta f. *Fam. Arg.* Mala suerte.

yeti m. Animal legendario del Himalaya.

yeyuno m. Segunda porción del intestino delgado, entre el duodeno y el íleon.

yiddish adj. Dícese de la lengua germánica hablada por las comunidades judías de Europa central y oriental (ú. t. c. s. m.).

yira f. *Pop. Arg.* Prostituta.

yo pron. pers. de primera pers.: *yo iré a verle.* || *Yo que usted,* en su lugar, si yo fuera usted. || — M. Lo que constituye la propia personalidad, la individualidad. || Apego a sí mismo, egoísmo: *el culto del yo.* || *Fil.* El sujeto pensante y consciente por oposición a lo exterior a él. || — *El yo pecador,* rezo que empieza con esas palabras y se dice en latín *confíteor.* || *Fig. Entonar el yo pecador,* confesar sus culpas.

yod f. Nombre dado en lingüística a la *y* cuando se la considera como semiconsonante agrupada con la consonante anterior o como semivocal agrupada con la vocal que la precede.

yodar v. t. Tratar con yodo.

yodato m. Sal del ácido del yodo.

yodo m. Cuerpo simple (I) de número atómico 53, color gris negruzco.

yodoformo m. Cuerpo compuesto que se obtiene por acción del yodo sobre el alcohol y se usa como antiséptico.

yodurar v. t. Transformar en yoduro. || Preparar con yoduro.

yoduro m. Cualquier cuerpo compuesto por yodo y otro elemento.

yoga m. Sistema filosófico que hace consistir el estado perfecto en la contemplación, la inmovilidad absoluta, el éxtasis y las prácticas ascéticas.

yogi, yogui o **yoghi** com. Asceta indio que, por medio de meditación, éxtasis y mortificaciones corporales llega a conseguir la sabiduría y la pureza perfectas.

yoguismo m. Práctica del yoga.

yogur o **yogurt** m. Leche cuajada por el fermento láctico. (Pl. *yogures.*)

yogurtera f. Aparato doméstico para hacer yogures.

yohimbe m. Árbol rubiáceo de África de cuya corteza se extraen la yohimbina y otros alcaloides.

yohimbina f. Alcaloide afrodisiaco.

yola f. Barco muy ligero movido a remo y con vela.

yolombeño, ña y **yolombino, na** adj. De la ciudad colombiana de Yolombó (ú. t. c. s.).

yoreño, ña adj. De la ciudad y del departamento hondureños de Yoro (ú. t. c. s.).

yoyo o **yoyó** m. Juguete formado por un disco ahuecado interiormente como una lanzadera y que sube y baja a lo largo de una cuerda.

yoyote m. Nombre dado a algunas plantas mexicanas de semillas venenosas.

ypacariense adj. y s. De la ciudad de Ypacaraí (Paraguay).

ypsilón f. Ipsilon.

yuca f. Mandioca, planta de raíz feculenta comestible. || Planta de América tropical cultivada en los países templados.

yucal m. Campo de yuca.

yucatense y **yucateco, ca** adj. y s. De Yucatán (México). || — M. Lengua de los yucatecos.

yudo m. Judo.

— El *yudo* supone un excelente entrenamiento para defenderse sin armas. Supone el triunfo de la destreza contra la fuerza, mediante llaves y golpes aplicados en los puntos más vulnerables del cuerpo.

yudoka com. Judoka.

yugada f. Espacio de tierra de labranza que puede arar una yunta en veinticuatro horas. || Yunta de bueyes.

yugar v. i. *Iunf. Arg.* Trabajar mucho o hacer algo con mucho esfuerzo.

yuglandáceo, a adj. Dícese de las plantas angiospermas con fruto en drupa, como el nogal. || — F. pl. Familia que forman.

yugo m. Pieza de madera que se coloca en la cabeza de los bueyes o mulas para uncirlos. || Horca formada por tres picas debajo de las cuales los romanos hacían pasar a los enemigos derrotados. || *Fig.* Dominio, sujeción material o moral. || Cualquier cosa que constituye una carga pesada. | Velo en la ceremonia de casamiento. || — *El yugo y las flechas,* emblema de los Reyes Católicos, tomado más tarde por la Falange Española (1934). Figuró en el escudo de España hasta que fue suprimido en 1981. || *Fig. Sacudir el yugo,* librarse de la tiranía o de una dependencia molesta o afrentosa.

yugoslavo, va adj. y s. De Yugoslavia.

yugular adj. De la garganta. || — F. Vena yugular.

yugular v. t. Degollar. || *Fig.* Detener rápidamente.

yunga f. Nombre que se da a los valles cálidos del Perú, Bolivia y Ecuador. || — Adj. De los habitantes de estos valles.

yunque m. Prisma de hierro encajado en un tajo de madera y sobre el que se martillan los metales en la herrería. || Uno de los huesecillos del oído medio entre el martillo y el estribo.

yunta f. Par de mulas, bueyes u otros animales que se uncen juntos.

yuscaranense adj. y s. De Yuscarán (Honduras).

yute m. Fibra textil obtenida de una planta de la misma familia que el tilo.

yuto-azteca adj. y s. Uto-azteca.

yuxtalineal adj. Línea por línea.

yuxtaponer v. t. Poner una cosa al lado de otra (ú. t. c. pr.).

yuxtaposición f. Acción de yuxtaponer. || Situación de una cosa colocada junto a otra.

yuyal m. *Amer.* Sitio lleno de yuyos.

yuyero, ra adj. Que toma hierbas medicinales. || — M. y f. Curandero que receta hierbas.

yuyo m. *Amer.* Yerbajo.

Z

z f. Vigésima séptima y última letra del alfabeto castellano. Su nombre es zeta o zeda.

zacapaneco, ca adj. y s. De Zacapa (Guatemala).

zacatal m. *Amer.* Terreno de pastos.

zacate m. *Amér. C.* Pasto.

zacatecano, na o **zacateco, ca** adj. y s. De Zacatecas (México).

zacatón m. *Amér. C.* y *Méx.* Hierba alta que sirve de pasto.

zacatonal m. *Méx.* Campo donde crece el zacatón.

zafacoca f. *Amer.* Pelea.

zafado, da adj. *Amer.* Descarado. | Vivo, despierto. | Descoyuntado (huesos).

zafar v. i. *Amer.* Irse, marcharse. || — V. pr. Escaparse. || *Fig.* Esquivar, librarse de una molestia: *zafarse de una obligación.* | Salir con éxito: *zafarse de una situación delicada.* || *Amer.* Dislocarse un hueso.

zafarrancho m. *Fig.* Riña, reyerta: *se armó un zafarrancho.* | Desorden que resulta. || *Zafarrancho de combate,* preparativos de combate.

zafiedad f. Tosquedad, grosería.

zafio, fia adj. Grosero, tosco.

zafiro m. Piedra preciosa, variedad transparente de corindón, de color azul.

zafra f. Cosecha de la caña de azúcar. || Fabricación de azúcar. || Tiempo que dura ésta.

zaga f. Parte trasera de una cosa. || En deportes, defensa de un equipo.

zagal m. Muchacho. || Pastor joven.

zagala f. Muchacha. || Pastora.

zaguán m. Vestíbulo, entrada.

zaguero, ra adj. Que va detrás. || — M. En deportes, defensa.

zahúrda f. Pocilga. || *Fig.* Casa sucia. | Tugurio.

zalamería f. Halago.

zalamero, ra adj. y s. Halagador.

zalema f. *Fam.* Reverencia hecha en señal de sumisión. | Zalamería.

zamacueca f. Baile popular de Chile, Perú y otros países. (Llámase generalmente *cueca.*) || Música y canto que acompañan a este baile.

zamarra f. Pelliza, prenda de abrigo en forma de chaquetón hecha con piel de carnero. || Zalea.

zamarrear v. t. Sacudir, zarandear. || Golpear.

zamarreo y **zamarreón** m. Acción de zamarrear.

zamba f. *Arg.* Baile popular derivado de la zamacueca. || Samba.

zambo, ba adj. y s. Dícese de la persona que tiene las piernas torcidas hacia fuera desde las rodillas. || *Amer.* Mestizo de negro e india, o al contrario. || — M. Mono americano muy feroz.

zambomba f. Instrumento músico rudimentario, utilizado principalmente en las fiestas de Navidad, formado por un cilindro hueco cerrado por un extremo con una piel tensa a cuyo centro se sujeta una caña, la cual, frotada con la mano humedecida, produce un sonido ronco y monótono.

zambullida f. Sumersión: *zambullida en el agua.*

zambullir v. t. Sumergir bruscamente en un líquido. || — V. pr. Meterse en el agua para bañarse.

zambutir v. t. *Méx.* Hundir, meter hasta el fondo.

zamorano, na adj. y s. De Zamora (España).

zampa f. Estaca o pilote que se hinca en un terreno poco firme para asegurarlo.

zampar v. t. Comer de prisa, con avidez. || Dar, estampar: *le zampó un par de bofetadas.* || Poner: *le zampo un cero a quien no sepa la lección.* || — V. pr. Engullir, tragar.

zampeado m. Obra de mampostería o de hormigón armado asentada sobre pilotes que sirve de cimiento a una construcción.

zampoña f. Caramillo.

zamuro m. *Col., Hond.* y *Venez.* Zopilote, ave rapaz.

zanahoria f. Planta de raíz roja y fusiforme.

zanca f. Pata de las aves, considerada desde el tarso hasta la juntura del muslo. || *Fig.* y *fam.* Pierna del hombre muy larga y delgada.

zancada f. Paso largo.

zancadilla f. Acción de derribar a una persona enganchándola con el pie. || *Fam.* Estratagema, manera poco leal de suplantar a alguien.

zancadillear v. t. Echar la zancadilla a uno. || *Fig.* Armar una trampa para perjudicar a uno. || — V. pr. *Fig.* Crearse obstáculos a uno mismo.

zanco m. Cada uno de los dos palos largos con soportes para los pies que sirven para andar a cierta altura del suelo, generalmente por juego. || *Amer.* Comida espesa sin caldo ni salsa.

zancudo, da adj. De piernas largas. || Aplícase a las aves de tarsos muy largos como la cigüeña (ú. t. c. s. f.). || — F. pl. Orden de estas aves.

zángano m. Macho de la abeja maestra.

zángano, na adj. y s. *Fam.* Perezoso, holgazán.

zanja f. Excavación larga y estrecha para echar los cimientos de un edificio, tender una canalización, etc.: *zanja de desagüe.* || *Amer.* Surco que la corriente de un arroyo abre en la tierra.

zanjar v. t. Abrir zanjas en un sitio. || *Fig.* Resolver: *zanjar un problema.* | Obviar un obstáculo.

zanquilargo, ga adj. y s. *Fam.* De piernas largas.

zapa f. Pala pequeña y cortante que usan los zapadores. || Excavación de una galería.

zapador m. Soldado de un cuerpo destinado a las obras de excavación o de fortificación.

zapallo m. *Amer.* Calabaza.

zapapico m. Piocha, herramienta semejante a un pico cuyas dos extremidades terminan una en punta y la otra en corte estrecho, que se emplea para excavar en la tierra dura, derribar, etc.

zapar v. t. e i. Trabajar con la zapa. || *Fig.* Minar: *zapar su reputación.*

zapata f. Zapatilla de grifos. || Parte de un freno por la que éste entra en fricción con la superficie interna del tambor.

zapateado m. Baile español con zapateo. || Su música.

zapatear v. t. Golpear el suelo con los pies calzados. || *Fig.* Maltratar a uno. || — V. pr. *Fam.* Quitarse de encima una cosa o a una persona. || *Fam. Saber zapateárselas,* saber arreglárselas.

zapateo m. Acción de zapatear en el baile.

zapatería f. Taller donde se hacen o arreglan zapatos. || Tienda donde se venden.

zapatero, ra adj. Duro, correoso después de guisado: *patatas zapateras.* || — Com. Persona que hace, repara o vende zapatos. || — M. Pez que vive en los mares de la América tropical.

zapatilla f. Zapato ligero de suela delgada: *zapatilla de baile.* || Zapato sin cordones y ligero que se usa en casa. || Suela, cuero que se pone en el externo del taco de billar. || Rodaja de cuero o plástico que se emplea para el cierre hermético de llaves de paso o grifos.

zapato m. Calzado que no pasa del tobillo.

zapotal m. Terreno en el que abundan los zapotes.

zapotazo m. *Méx.* Golpe fuerte.

zapote m. Árbol americano de fruto comestible muy dulce. (Llamado tb. *chico sapote.*) || Su fruto.

zapoteca adj. y s. Indígena mexicano que, mucho antes de la llegada de los españoles, habitaba en la región montañosa comprendida entre Tehuantepec y Acapulco y actualmente en el Estado de Oaxaca. (Sus dos grandes centros de cultura fueron Monte Albán y Mitla, donde dejaron muestras del estado avanzado de su arquitectura, urnas funerarias, cerámica y grandes monolitos.)

zaquizamí m. Desván. || Cuchitril. || Tugurio.

zar m. Título que tenía el emperador de Rusia o el rey de Bulgaria o Serbia.

zarabanda f. Danza picaresca de España en los s. XVI y XVII. || Su música. || *Fig.* Jaleo, alboroto.

zaragozano, na adj. y s. De Zaragoza (España). || — M. Almanaque en cuyas páginas se encontraban predicciones meteorológicas.

zaramullo m. *Hond.* y *Venez.* Hombre despreciable.

zarandajas f. Insignificancias.

zarandear v. t. Cribar. || *Fig.* Agitar, sacudir. | Empujar por todas partes: *zarandeado por la muchedumbre.* || — V. pr. *Amer.* Contonearse.

zarandeo m. Cribado. || Meneo, sacudida. || *Amer.* Contoneo.

zarcillo m. Arete o pendiente en forma de aro. || Órgano de ciertas plantas trepadoras que se arrolla en hélice alrededor de los soportes que encuentra.

zarco, ca adj. Azul claro: *ojos zarcos.*

zarigüeya f. Mamífero marsupial americano.

zarina f. Esposa del zar. || Emperatriz de Rusia.

zarismo m. Gobierno absoluto de los zares.

zarista adj. Del zarismo. || — M. y f. Partidario de los zares.

zarpa f. Garra de ciertos animales. || Acción de zarpar el ancla. || *Fam.* Mano de una persona.

zarpar v. i. Levar el ancla un barco, hacerse a la mar.

zarpazo m. Golpe dado con la zarpa. || *Fam.* Caída, costalada.

zarrapastrón, ona y **zarrapastroso, sa** adj. y s. *Fam.* Andrajoso.

zarza f. Arbusto rosáceo muy espinoso cuyo fruto es la zarzamora.

zarzal m. Terreno cubierto de zarzas.

zarzamora f. Fruto comestible de la zarza.

zarzaparrilla f. Planta liliácea oriunda de México, cuya raíz se usa como depurativo. || Bebida refrescante hecha con sus hojas.

zarzuela f. Género musical, genuinamente español, en el que alternan la declamación y el canto. || Su letra y música. || Plato de pescados aderezados con salsa picante.

¡zaz! m. Onomatopeya del ruido de un golpe.

zascandil m. *Fam.* Botarate.

zascandilear v. i. *Fam.* Curiosear, procurar saber todo lo que ocurre: *andar zascandileando.* | Vagar, callejear. | Obrar con poca seriedad.

zeda f. Zeta.

zelayense adj. y s. De Zelaya (Nicaragua).

zepelín m. Globo dirigible rígido.

zeta f. Nombre de la letra z.

zigzag m. Serie de líneas quebradas con ángulos entrantes y salientes. (Pl. *zigzags* o *zigzagues.*)

zigzaguear v. i. Serpentear, andar en zigzag. || Hacer zigzags.

zigzagueo m. Zigzag.

zinc m. Cinc. (Pl. *zines.*)

zíngaro, ra adj. y s. Gitano nómada húngaro.

zipa m. Cacique chibcha de Bogotá.

zíper m. *Amér. C., Cub., Dom.* y *Méx.* Cierre de cremallera.

zipizape m. *Fam.* Gresca, trifulca.

¡zis, zas! interj. *Fam.* Voces con que se expresa un ruido de golpes repetidos.

ziszás m. Zigzag.

Zn, símbolo químico del *cinc.*

zócalo m. Parte ligeramente saliente en la base de una pared, que suele pintarse de un color diferente del resto. || Nombre dado en México a la parte central de la plaza mayor de algunas poblaciones y, por extensión, a la plaza entera. || *Zócalo continental,* plataforma continental.

zoco m. En Marruecos, mercado.

zodiacal adj. Del Zodíaco.

Zodíaco m. Nombre de una zona de la esfera celeste que se extiende en 8,5° a ambas partes de la eclíptica y en la cual se mueven el Sol, en su movimiento aparente, la Luna y los planetas. Se llama *signo del Zodíaco* cada una de las 12 partes, de 30° de longitud, en que se divide el Zodíaco (*Aries, Tauro, Géminis, Cáncer, Leo, Virgo, Libra, Escorpión, Sagitario, Capricornio, Acuario* y *Piscis*).

zona m. Enfermedad causada por un virus, que se caracteriza por una erupción de vesículas en la piel sobre el trayecto de ciertos nervios sensitivos.

zona f. Extensión de territorio cuyos límites están determinados por razones administrativas, económicas, políticas, etc. || *Fig.* Todo lo que es comparable a un espacio cualquiera: *zona de influencia.* || — *Zona de libre cambio* o *de libre comercio,* conjunto de dos o más territorios o países entre los que han sido suprimidos los derechos arancelarios. || *Zona franca,* parte de un país que, a pesar de estar situada dentro de las fronteras de éste, no está sometida a las disposiciones arancelarias vigentes para la totalidad del territorio y tiene un régimen administrativo especial. || *Zonas verdes*, superficies reservadas a los parques y jardines en una aglomeración urbana.

zoncear v. i. *Amer.* Tontear.

zoncera o **zoncería** f. *Amer.* Tontería.

zonda f. *Arg.* y *Bol.* Viento cálido de los Andes.

zonzo, za adj. y s. *Fam.* Soso. | Tonto, necio.

zoo m. Parque zoológico.

zoología f. Estudio de los animales.

zoológico, ca adj. De la zoología. || *Parque zoológico*, parque de fieras y otros animales.

zoólogo, ga m. y f. Especialista en zoología.

zoom [*sum*] m. (pal. ingl.). Objetivo de distancia focal variable en una cámara cinematográfica. || Efecto de travelling obtenido con este objetivo.

zopenco, ca adj. y s. *Fam.* Tonto.

zopilote m. *Amer.* Ave de rapiña negra, de gran tamaño, cabeza pelada y pico corvo, que recibe también el nombre de *aura* o *gallinazo*.

zoquete m. Tarugo, pedazo de madera pequeño sin labrar. || *Fig.* Mendrugo, pedazo de pan duro. || *Fam.* Persona estúpida, cernícalo (ú. t. c. adj.).

zorra f. Mamífero carnicero de la familia de los cánidos, de cola peluda y hocico puntiagudo. || Hembra de esta especie. || Carro bajo para transportar cosas pesadas. || *Fig.* y *fam.* Borrachera: *dormir la zorra.* | Prostituta.

zorrear v. i. *Fam.* Conducirse astutamente. | Llevar una vida disoluta.

zorrería f. *Fam.* Astucia.

zorrillo y **zorrino** m. *Amer.* Mofeta.

zorro m. Macho de la zorra. || Piel de la zorra empleada en peletería. || *Fig.* y *fam.* Hombre astuto y taimado. | Perezoso, remolón, que se hace el tonto para no trabajar. | *Amer.* Mofeta. || — Pl. Utensilio para sacudir el polvo hecho con tiras de piel, paño, etc., sujetas a un mango. || *Fig.* y *fam. Hecho unos zorros*, reventado, muy cansado.

zorro, rra adj. Astuto, taimado.

zorruno, na adj. Relativo a la zorra. || Dícese de lo que huele a humanidad.

zorzal m. Pájaro semejante al tordo.

zozobra f. Desasosiego, inquietud, ansiedad.

zozobrar v. i. Fracasar, frustarse. || — V. pr. Acongojarse, estar desasosegado.

Zr, símbolo químico del *circonio*.

zueco m. Zapato de madera de una sola pieza.

zuliano, na adj. y s. De Zulia (Venezuela).

zulú adj. y s. Dícese del individuo de un pueblo negro de África austral (Natal) de lengua bantú.

zumaya f. Autillo, ave. || Ave zancuda de paso que tiene pico negro y patas amarillentas.

zumbar v. i. Producir un sonido sordo y continuado ciertos insectos al volar, algunos objetos, dotados de un movimiento giratorio muy rápido, etc.: *un abejorro, un motor, una peonza zumban.* || *Amer.* Lanzar, arrojar. || — *Fam. Ir zumbando*, ir muy rápido. || *Zumbarle a uno los oídos*, tener la sensación de oír un zumbido. || — V. t. Asestar, dar: *zumbarle una bofetada.* | Pegar a uno. || — V. pr. Pegarse mutuamente varias personas.

zumbido m. Ruido sordo y continuo.

zumbón, ona adj. *Fam.* Burlón.

zumo m. Jugo, líquido que se saca de las hierbas, flores o frutas exprimiéndolas: *zumo de naranja.* || *Fig.* Jugo, utilidad, provecho: *sacar zumo a un capital.* || *Fig.* y *fam. Sacarle el zumo a uno*, sacar de él todo el provecho posible.

zuncho m. Abrazadera, anillo de metal que sirve para mantener unidas dos piezas yuxtapuestas o para reforzar ciertas cosas, como tuberías, etc.

zurcido m. Acción de zurcir. || Remiendo hecho a un tejido roto. || *Un zurcido de mentiras*, serie de mentiras que dan apariencia de verdad.

zurcidor, ra adj. y s. Que zurce. || *Fig. Zurcidor, zurcidora de voluntades*, alcahuete, alcahueta, persona que se entremete en las cosas de los demás.

zurcir v. t. Coser el roto de una tela. || *Fig.* Combinar hábilmente mentiras para dar apariencia de verdad. | Unir, enlazar una cosa con otra. || — *Fig.* y *fam. ¡Anda y que te zurzan!*, expr. de enfado para desentenderse de uno. || *Zurcir voluntades*, alcahuetear, entremeterse indiscretamente en las cosas de los demás.

zurdo, da adj. Izquierdo: *mano zurda.* || Que usa la mano izquierda mejor que la derecha (ú. t. c. s.). || — F. Mano izquierda. || Pie izquierdo de los futbolistas. || — *A zurdas*, con la mano izquierda; (fig.) al contrario de como debía hacerse. || *Fig.* y *fam. No ser zurdo*, ser hábil o listo.

zurear v. i. Arrullar la paloma.

zurito, ta adj. Aplícase a las palomas y palomos silvestres.

zurra f. Curtido de pieles. || *Fig.* Paliza.

zurrar v. t. Ablandar y suavizar mecánicamente las pieles ya curtidas. || *Fig.* y *fam.* Dar una paliza, pegar. | Azotar. | Reprender a uno con dureza.

zurrón m. Morral.

zurupeto m. *Fam.* Corredor de bolsa no matriculado. || Intruso en la profesión notarial.

zutano, na m. y f. Nombre usado, después de Fulano y Mengano, al hacer referencia a una tercera persona indeterminada: *vinieron a verme Fulano, Mengano, Zutano y Perengano para mostrarme que todos estaban en desacuerdo conmigo.*

PARA SACARLE
JUGO AL DICCIONARIO

Los diccionarios son libros curiosos: sólo los vemos cuando
necesitamos consultar algo. No obstante, nos acompañan casi todo
el tiempo, desde la escuela primaria hasta la secundaria, en la universidad,
incluso en el trabajo profesional.
Conocer y usar de la manera más provechosa
los diccionarios es una necesidad,
y Ediciones Larousse ha querido acercar este conocimiento
a todos ustedes a través de estas páginas.

AUTORES

Francisco Petrecca
Silvia Calero • Liliana Díaz

¿Qué es un diccionario?

Si alguien nos pregunta ¿qué es un diccionario?, seguramente responderemos: es un libro donde tenemos palabras en orden alfabético que se definen. Es cierto, pero los diccionarios también nos ofrecen más información e incluso pueden ayudarnos a resolver tareas escolares.

Para empezar, todo buen diccionario nos brinda lo siguiente:

• Datos de edición
Se trata del número de edición, la dirección de la editorial, el equipo editorial responsable de la redacción del diccionario y el colofón, que generalmente se halla en la última página y señala fecha y lugar de impresión, así como el número de ejemplares.

• El prólogo
También se puede llamar *Presentación*, *Introducción*, *Palabras preliminares*. La lectura del prólogo es importante, ya que nos brinda información acerca del tipo de diccionario, para quién se hizo y su finalidad.

• Listado de abreviaturas
Todos los diccionarios usan abreviaturas, y éstas se explican en las primeras páginas. Por ejemplo:

> *adj.* adjetivo
> *adv.* adverbio
> *Amér.* América
> *Amér. C.* América Central
> *Ant.* antónimo

Algunos diccionarios traen además otros elementos. Se trata de imágenes y textos con información enciclopédica sobre temas de interés. Veamos un ejemplo:

Chocolate
El chocolate es originario de Mesoamérica, donde los indígenas preparaban una bebida fría y espumosa con las semillas del cacao. En el siglo XVI los conquistadores españoles lo llevaron a Europa, donde se mezclaba con azúcar y vainilla, y se bebía caliente. La palabra *chocolate* tal vez provenga del náhuatl *xocoatl*, que significa "bebida amarga".

1. Revisa las primeras páginas de tu diccionario y contesta las siguientes preguntas.

   a. Según el prólogo, ¿para quién es el diccionario?
   b. ¿Qué encontrarás en sus páginas?
   c. ¿Qué tipos de palabras incluye?
   d. ¿Dice cuántas palabras tiene? Si lo dice, ¿cuántas son?

2. Lee con mucho cuidado las instrucciones de uso que se incluyen en tu diccionario, pues de esa manera tendrás una idea muy clara de lo que encontrarás en sus páginas.

3. Revisa la lista de abreviaturas. Así, sabrás a qué se refiere cada una de ellas cuando consultes alguna palabra.

4. Algunos diccionarios, como ya mencionamos, incluyen datos enciclopédicos. Te proponemos que hagas un texto, como el del chocolate de la página anterior, sobre este tema:

Águila

_____

_____

_____

_____

_____

¿Cómo encontramos las palabras?

El diccionario es un libro muy ordenado y cada palabra se encuentra en su lugar. Es como una caja que guarda dentro de ella muchas otras cajas, y para saber qué hay adentro de cada una se les pone una etiqueta. Esta etiqueta es la letra inicial, y el diccionario sigue el orden del abecedario.

Éste es nuestro abecedario, con sus letras mayúsculas y minúsculas y los nombres que reciben:

A a	a		M m	eme	
B b	be, be alta, be larga, be grande		N n	ene	
			Ñ ñ	eñe	
C c	ce		O o	o	
Ch ch (dígrafo)	che, ce hache		P p	pe	
			Q q	cu	
D d	de		R r	erre, ere	
E e	e		S s	ese	
F f	efe		T t	te	
G g	ge		U u	u	
H h	hache		V v	ve, uve, ve baja, ve corta, ve chica	
I i	i				
J j	jota		W w	uve doble, ve doble, doble ve, doble u	
K k	ka				
L l	ele		X x	equis	
Ll ll (dígrafo)	elle		Y y	i griega, ye	
			Z z	ceta, zeta	

Como puedes ver, algunas reciben varios nombres. Al mismo tiempo, aprovechemos para señalar que la *ch* y la *ll* son las únicas letras dobles del abecedario español. Se llaman **dígrafos**, lo que quiere decir que se trata de grupos inseparables de dos letras que representan un solo sonido.

Para ordenarlos en listas y diccionarios, estos dígrafos se incluyen dentro de la letra *c* y de la letra *l*. Esto significa que la *ch*, y todas las palabras que empiezan con ella, se encontrarán a continuación de la secuencia *ce-* y antes de *ci-*. Del mismo modo, la *ll* se encontrará luego de la secuencia *li-* y antes de *lo-*.

Así, el alfabeto de nuestra lengua consta de 29 letras, dos de las cuales están formadas por dos elementos.

¿ORDENAMOS ESTAS LETRAS?

Para hacerlo, pondremos sobre cada una de ellas el número de orden que tienen en el abecedario. ¡Es fácil! Además, te damos una ayudita: la figura con la letra C-Ch es 3 y el de la G es 7.

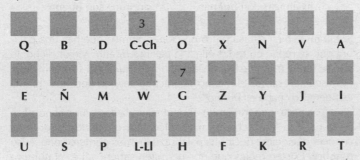

			3					
Q	B	D	C-Ch	O	X	N	V	A

			7					
E	Ñ	M	W	G	Z	Y	J	I

U	S	P	L-Ll	H	F	K	R	T

¿CÓMO SE LLAMAN?

Ahora vamos a escribir los nombres de lo que vemos en los dibujos y luego los ordenamos alfabéticamente colocando en los recuadros el número que les corresponda.

b ___ ___ ___

r ___ ___ ___ ___ ___ ___ ___ ___ ___ ___ ___

p ___ ___ ___ ___ ___

á ___ ___ ___ ___

Aprendamos a buscar las palabras en el diccionario

Mi mamá es **buen**a.   Mi papá es **buen**o.

Mis amigas son **buen**as.   Mis primos son **buen**os.

Si miramos bien estas cuatro oraciones, vemos que hay una palabra que se repite en todas ellas: la palabra **bueno**. Mejor dicho, lo que se repite es *una parte* de la palabra: la que lleva su significado. Por eso expresamos el mismo significado cuando decimos "mamá es buena" o "papá es bueno".

A esa parte que transmite el significado la llamamos el **nombre** de la palabra. Para consultar un diccionario, cuando queremos conocer qué quiere decir una palabra, debemos primero conocer su **nombre**. Existen reglas que nos permiten saber cuál es el **nombre** de una palabra:

- Los nombres de los verbos siempre terminan en **-ar**, **-er** o **-ir**. Por eso no debemos buscar *cantan*, *canté* o *cantaron*, sino **cantar**. Tampoco tenemos que buscar *salieron*, *saliste* o *salimos*, sino **salir**, que también es la forma del infinitivo.

- Los adjetivos (como *buena*, *lindas*, *simpáticos*, *bonito*, *agradable* o *amables*) y los sustantivos (como *mesa*, *gatas*, *libro*, *besos*, *asistente* o *gerentes*) los encontraremos siempre en la forma singular. Si sabemos que se dice *un cuaderno*, *dos cuadernos*; *un lápiz*, *dos lápices*, al consultar el diccionario tenemos que buscar los nombres **cuaderno** y **lápiz**.

  Además, el nombre de los adjetivos y de los sustantivos está en masculino (muchas veces termina en **o**, otras veces en **e**, otras en consonante). El nombre de *linda*, *lindas*, *lindo* y *lindos* es **lindo**.

- No tenemos que hacerle caso a los diminutivos o a los aumentativos. Un *gatito* o un *gatazo* es siempre un **gato**; una *perrita*, unos *perritos* y un *perrititito* son siempre un **perro**. Por eso, si buscamos en el diccionario, tenemos que hallar los nombres **gato** y **perro**.

GLOBOS Y PALABRAS

Veamos un ejemplo de lo que acabamos de explicar.

Atado a cada globo hay un cartel con el "nombre" de la palabra.

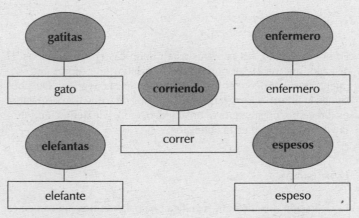

Muy bien. ¿Ahora le ponemos el "nombre" a estos globos?

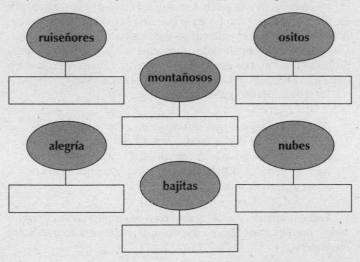

El artículo – la definición

Cuando queremos conocer el significado de una palabra acudimos al diccionario. Allí la encontramos ordenada alfabéticamente y destacada en letras más gruesas y bien marcadas, que llamamos **negritas**.

EL ARTÍCULO

En el diccionario, las palabras están definidas en los **artículos**. El artículo, que recibe el nombre de la palabra que representa, comienza generalmente con esa palabra en letras **negritas**. Después siguen la **información gramatical**, que nos dice qué tipo de palabra es (un verbo, un sustantivo, un adjetivo, etc.), y la **definición**. Ahora vamos a ver qué es la definición.

LA DEFINICIÓN

La definición nos dice qué significa una palabra, nos indica qué es una cosa, a qué clase de objetos pertenece, también nos explica cuáles son sus características, cómo es y para qué sirve.

Muchas veces una palabra se emplea con un solo sentido, por ejemplo: **bajamar**, "tiempo en el que baja la marea". Sin embargo, la mayor parte de las palabras se emplea con varios significados. Cada uno de estos significados, que llamamos **acepciones**, tiene su propia definición. Los diccionarios ordenan y numeran o dividen entre barras dobles (||) los sentidos de estas palabras.

Tomemos, por ejemplo, la palabra *pico*.

pico *m.* **1.** Órgano que se encuentra en la parte delantera de la cabeza de las aves, formado por dos mandíbulas recubiertas con dos piezas córneas. **2.** Cúspide de una montaña. **3.** Herramienta formada por una pieza puntiaguda de acero y un mango de madera.

Como podemos ver, la palabra **pico** se emplea con tres significados; por ello tiene tres definiciones diferentes encabezadas por un número.

SOPA DE DEFINICIONES

Mientras trabajaba el lexicógrafo, que es la persona que hace diccionarios, un viento muy fuerte le desordenó los papeles y las palabras de las definiciones se mezclaron. Vamos a ayudarle. Las organizaremos y luego copiaremos la definición correcta para cada palabra.

rinoceronte. Artista de circo que dice y hace cosas que hacen reír al público.

árbol. Es una de las distintas especies marinas de cetáceos. Puede llegar a medir 30 metros de largo.

ballena. Planta que puede alcanzar gran altura, con tallo grueso que se ramifica.

payaso. Mamífero de gran tamaño y piel gruesa, que tiene uno o dos cuernos sobre la nariz.

árbol _____

_____

_____

rinoceronte _____

_____

_____

payaso _____

_____

_____

ballena _____

_____

_____

La información gramatical

En un diccionario no solamente se definen palabras, también podemos encontrar más información. Algunas abreviaturas nos indican qué clase de palabra se define. Por ejemplo: **abeja** es sustantivo femenino; entonces en el diccionario aparece así: **abeja** *f.*

Veamos cuáles son las abreviaturas y qué significan:

- *m.*: sustantivo masculino.
  oro *m.*
- *pl.*: sustantivo plural.
  abarrotes *m. pl.*
- *adv.*: adverbio.
  sí *adv.*
- *conj.*: conjunción.
  y *conj.*
- *pron.*: pronombre.
  él *pron.*
- *vb.*: verbo.
  hablar *vb.*

- *f.*: sustantivo femenino.
  casa *f.*
- *adj.*: adjetivo.
  lindo, da *adj.*
- *art.*: artículo.
  un *art.*
- *prep.*: preposición.
  con *prep.*
- *interj.*: interjección.
  ¡hola! *interj.*
- *vb. irreg.*: verbo irregular.
  hacer *vb. irreg.*

Ejercicio

A PONER UN POCO DE ORDEN

La computadora se descompuso y las palabras se mezclaron. Vamos a ordenarlas y darles a cada una la categoría gramatical que le corresponda, uniéndolas con una flecha. Por ejemplo: **abeja** es sustantivo femenino, entonces la unimos a la letra *f.* Puedes consultar tu diccionario si tienes dudas.

abeja ⟶	*f.*
para	*m.*
convertir	*pron.*
copo	*conj.*
pelo	*adv.*
no	*prep.*
yo	*adj.*
ridículo, la	*vb. irreg.*
y	*m.*

Sinónimos

En numerosas oportunidades tenemos que escribir un texto y no queremos repetir algunas palabras. Observemos lo que pasa en este párrafo:

La semana pasada le pagaron el sueldo a Pedro. Le pagaron el mismo sueldo del mes pasado.

Las palabras *sueldo*, *pagaron* y *pasada* se repiten y tenemos que remplazarlas por otras que tengan el mismo significado, es decir, por *sinónimos*:

La semana pasada le pagaron el sueldo a Pedro. Le abonaron el mismo salario del mes anterior.

Los sinónimos, entonces, nos permiten decir lo mismo sin tener que repetir palabras.

En el diccionario encontraremos muchas veces sinónimos. Algunos diccionarios no marcan los sinónimos. No obstante, si se consulta la palabra que nos interesa hallaremos algún equivalente.

Ejercicio

PONGAMOS SINÓNIMOS

Con la ayuda del diccionario vamos a encontrar los sinónimos de las palabras subrayadas y cursivas, es decir, las letras que se ven inclinadas.

Para que la búsqueda sea más fácil, les damos la primera letra.

A Eduardo le gustan mucho los *dulces*. Siempre está comiendo

g———————————.

Hay *bastante* comida en la alacena. Es s——————————

para una semana.

Tuvimos que subir muchos *escalones* para llegar al cuarto piso.

Contamos hasta cien p——————————.

El juego de la serpiente

¿EN QUÉ CONSISTE EL JUEGO?

El objetivo del juego es competir y crear obstáculos a los compañeros hasta vencerlos. Gana el que muestra la habilidad mayor en agregar letras de posibles palabras existentes. Van a entender mejor esto que les decimos cuando lean los pasos que detallamos a continuación.

PASOS DEL JUEGO

Primero vamos a formar grupos de seis amigos y a sentarnos en forma de círculo.

Después elegiremos al compañero que va a iniciar el juego y a otro que será el árbitro y que por esa razón va a tener en su poder un diccionario para determinar quién cumple con las reglas del juego. Como ya se pueden imaginar, el que tiene el diccionario no puede jugar porque si lo hiciera llevaría ventaja.

A continuación determinaremos un orden para las intervenciones: quién será el segundo, quién será el tercero…

Previamente debemos preparar una bolsa en la que estén las letras del abecedario. El árbitro sacará una letra con la que empezaremos a formar la palabra. Por ejemplo la **M**.

Se abren en ese momento un montón de posibilidades. Todas las palabras del diccionario que comienzan con **M** están a nuestra disposición. Entonces interviene el número 1 para proponer la letra siguiente: la **O**, por ejemplo. Si la letra propuesta no es válida, lo indicará el árbitro y el siguiente jugador hará su propuesta.

Las posibilidades de formar palabras se achican a medida que cada participante va agregando una letra. Es entonces cuando viene la parte más difícil del juego: cada participante debe tratar de ponerle obstáculos al compañero agregando letras que le compliquen la formación de la palabra al siguiente jugador.

Supongamos que se llegó a formar **MORTER**… Puede ser que el compañero que sigue (digamos, por ejemplo, el número 3) al que propuso la última letra, la **R**, diga que no se puede formar palabra. El árbitro se fija en el diccionario y comprueba que sí, que existe una palabra, pero que no puede decirla (existe la palabra **MORTERO**). Entonces el número 3 debe retirarse del juego.

Supongamos que el jugador número 4 cierra la palabra y dice **MORTERO**. También debe retirarse del juego. La habilidad del jugador consiste en no cerrar palabra y en proponer otras letras. Por ejemplo, en nuestro caso, el jugador número 4 puede proponer la **I**, pensando en el diminutivo **MORTERITO**.

Gana el jugador que sobrevive porque ha sido capaz de vencer los desafíos de los otros y porque supo plantear nuevos desafíos a los que le seguían.

ESTRUCTURA DE LA TIERRA

La Tierra tiene capas concéntricas. El manto (inferior y superior) representa 4/5 del volumen terrestre, mientras que la corteza sólo representa 1/500. El núcleo interno es sólido, mientras que el externo es líquido.

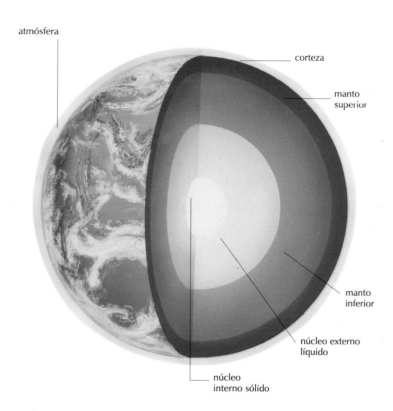

atmósfera

corteza

manto superior

manto inferior

núcleo externo líquido

núcleo interno sólido

♦ **Características físicas y orbitales de la Tierra**

Diámetro ecuatorial: 12,756 km	Inclinación del ecuador respecto de la órbita: 23° 26'
Diámetro polar: 12,713 km	Distancia máxima al Sol: 152,100,000 km
Masa: $5.98 \cdot 10^{24}$ kg	Distancia mínima al Sol: 147,100,000 km
Densidad promedio: 5.52	Periodo de revolución sideral: 365 d, 6 h,
Periodo de rotación sideral: 23 h 56 min 4 s	9 min, 9.05 s

NUBES Y VIENTOS

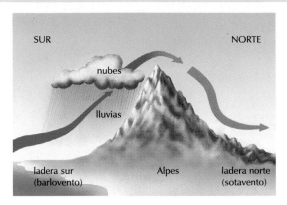

SUR

NORTE

nubes

lluvias

ladera sur
(barlovento)

Alpes

ladera norte
(sotavento)

◆ **El efecto de *fœhn***

Este efecto produce un viento cálido y seco que desciende por la ladera de un relieve que queda a sotavento. Es seco porque la humedad ya se descargó sobre la ladera de barlovento. Y es cálido porque al pasar por la cima se comprime y se calienta.

◆ **Brisas de valle y de montaña**

De día, el aire sobre las laderas soleadas de la montaña se calienta más que el fondo sombreado del valle. El aire cálido asciende y genera la brisa de valle (izquierda). De noche, el aire del valle se enfría menos que el de las laderas elevadas y al ascender genera la brisa de montaña (derecha).

◆ **Brisas de mar y de tierra**

De día, la tierra se calienta más que el mar, el aire cálido se eleva y genera la brisa marina (izquierda). De noche, el mar se enfría menos que la tierra, asciende el aire marino y se genera la brisa de tierra (derecha).

LA HISTORIA DE LA VIDA

porcentaje de sobrevivientes
porcentaje de desaparecidos
las grandes crisis de la historia de la vida

hace 425 mda   hace 360 mda   hace 245 mda   hace 210 mda   hace 65 mda

reptiles voladores   Los antepasados de las AVES son algunos dinosaurios.

ave gigante (*Diatryma*)

reptiles parecidos a mamíferos

dinosaurios

mamíferos primitivos

Los MAMÍFEROS proliferan en mar y tierras tras la extinción de los dinosaurios.

Los ANFIBIOS conquistan tierra firme

De los reptiles, el grupo de los DINOSAURIOS reina durante 140 millones de años.

Ichtiostega (anfibio)

peces con caparazón

tiburones primitivos

reptiles marinos

amonites

Los TRILOBITES sobreviven dos extinciones.

Los CORALES se diversifican lentamente y pasan varias fases de extinción.

LOS AMONITES desaparecen a finales del Cretácico.

LOS PECES de esqueleto óseo se diversifican en el Terciario.

ÉPOCA ACTUAL

medusa

nautiloide

braquiópodos

trilobites

Precámbrico	Cámbrico	Ordovícico	Silúrico	Devónico	Carbonífero	Pérmico	Triásico	Jurásico	Cretácico	ERAS TERCIARIA Y CUATERNARIA
hace 530 mda explosión de la vida		ERA PRIMARIA					ERA SECUNDARIA			

◆ La historia de la vida

La vida apareció muy poco después de la formación de la Tierra, hace alrededor de 3,500 millones de años (mda), en forma de organismos unicelulares (bacterias). No se sabe bien cuándo aparecieron los primeros organismos pluricelulares, pero a principios de la era Primaria, hace unos 550 millones de años, ya estaban bien diversificados.

REGIONES NATURALES

◆ **Bosque**

◆ **Pastizal**

REGIONES NATURALES

♦ **Selva húmeda**

♦ **Región marina**

ANATOMÍA

◆ **El aparato digestivo**

paladar

cavidad bucal

lengua

faringe

esófago

diafragma

estómago

hígado

vesícula biliar

duodeno

colon

yeyuno

íleon

apéndice

recto

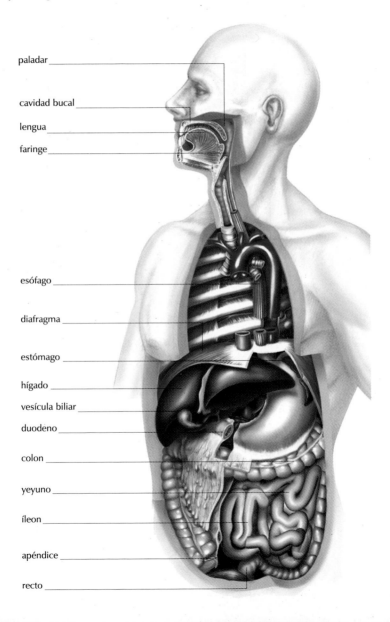

ANATOMÍA

◆ **El ojo**

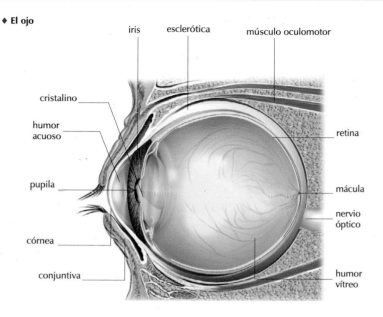

iris   esclerótica   músculo oculomotor

cristalino

humor
acuoso

pupila

córnea

conjuntiva

retina

mácula

nervio
óptico

humor
vítreo

◆ **El oído**

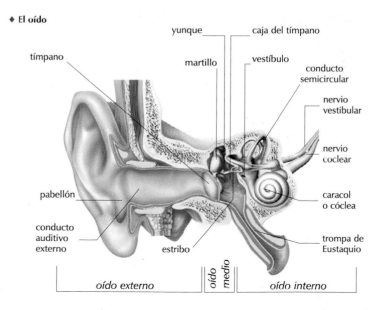

yunque   caja del tímpano

tímpano

martillo   vestíbulo

conducto
semicircular

nervio
vestibular

nervio
coclear

pabellón

caracol
o cóclea

conducto
auditivo
externo

estribo

trompa de
Eustaquio

oído externo   oído medio   oído interno

LAS CÉLULAS

◆ La célula vegetal

La célula vegetal se distingue de la animal porque su membrana exterior está reforzada por una pared de celulosa y tiene cloroplastos, que contienen la clorofila y realizan la fotosíntesis, entre otros aspectos.

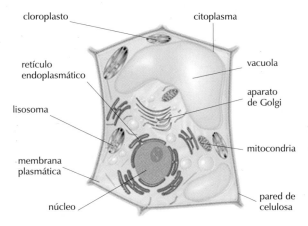

cloroplasto

citoplasma

retículo endoplasmático

vacuola

aparato de Golgi

lisosoma

mitocondria

membrana plasmática

núcleo

pared de celulosa

◆ Célula animal

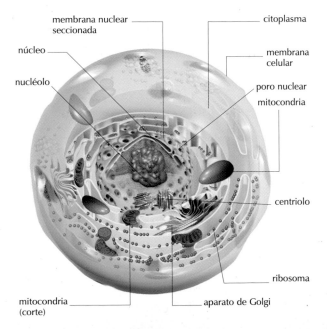

membrana nuclear seccionada

citoplasma

núcleo

membrana celular

nucléolo

poro nuclear

mitocondria

centriolo

ribosoma

mitocondria (corte)

aparato de Golgi